安乡县志

（1989–2009）

《安乡县志》编纂委员会　编

方志出版社

图书在版编目（CIP）数据

安乡县志：1989~2009/《安乡县志》编纂委员会
编.--北京：方志出版社，2015.12
ISBN 978-7-5144-1873-6

Ⅰ.①安… Ⅱ.①安… Ⅲ.①安乡县-地方志-
1989~2009 Ⅳ.①K296.44
中国版本图书馆CIP数据核字（2015）第307855号

安乡县志（1989-2009）

编　者：《安乡县志》编纂委员会
责任编辑：罗　滔
出 版 人：冀祥德
出 版 者：方志出版社
地址 北京市朝阳区潘家园东里9号（国家方志馆4层）
邮编 100021
网址 http://www.fzph.org
发　行：方志出版社发行中心
电话 （010）67110500
经　销：各地新华书店
印　刷：湖南省娄底市涟邵印刷有限公司
开　本：889×1194　1/16
印　张：50.625
字　数：1527千字
版　次：2015年12月第1版　2015年12月第1次印刷
印　数：1-3000册
ISBN 978-7-5144-1873-6　定价：580.00元

《安乡县志》编纂委员会

第 一 任

（2007年11月–2008年6月）

顾　　　问　张开松
主　　　任　王先蒙
常务副主任　汤祚国
副　主　任　欧阳忆清　章海南　华云泽
委　　　员　侯慧明　汤　平　宋华刚　田跃斌　杜德云
胡盛勇　丁敬钧　安　彦　周德林　张廷见
周文武　周华东　周海云　陈遵义　金德贵
张廷觉　祁开斌　李秋安　龚　军

第 二 任

（2008年6月–2012年2月）

顾　　　问　王先蒙
主　　　任　石玉林
常务副主任　廖可元
副　主　任　欧阳忆清　章海南　华云泽
委　　　员　侯慧明　周宏林　宋华刚　田跃斌　黄振波
胡盛勇　丁敬钧　安　彦　杨　成　潘文华
周文武　周华东　周海云　高荣华　潘宏祥
许保文　瞿宏辉　李秋安　龚　军

第 三 任

（2012年3月–2013年3月）

顾　　　问　王先蒙

主　　　任　张　阳

常务副主任　徐　荩

副　主　任　祁圣波　章海南　华云泽

委　　　员　侯慧明　周宏林　宋华刚　田跃斌　李　军

胡盛勇　侯正武　安　彦　余　英　任建华

周文武　周华东　周海云　高荣华　潘宏祥

许保文　瞿宏辉　李秋安　龚　军

第 四 任

（2013年4月–2014年10月）

顾　　　问　宋云文

主　　　任　张　阳

常务副主任　黄旭峰

副　主　任　王苠睿　潘　勇　华云泽

委　　　员　廖　宏　周宏林　易红武　田跃斌　李　军

侯慧明　唐　慧　龚佑忠　余　英　任建华

周文武　周华东　潘能仲　高荣华　潘宏祥

刘定云　江继承　李秋安　李益国

《安乡县志》编辑人员

主　　　编　汤祚国　廖可元　徐　苳　黄旭峰

执 行 主 编　李秋安

执行副主编　湛　刚

编　　　辑　李益国　熊兴炎　戴道君　熊慧琴

　　　　　　贺　缅　刘国荣　徐兴华　周敬祺

湖南省地方志编纂委员会审稿验收人员

易介南　袁勇前　邓建平　杨盛让

隆清华　尹克加　李章进

常德市地方志编纂委员会审稿人员

陈国华　夏业清　刘李波　周华辉

梅亚利　葛　锐　娄建英　周　波

序　一

安乡，古老文明。春秋战国时期属楚，秦建郡县之后依次隶属慈姑、孱陵、作唐三县。南北朝陈天嘉二年析作唐建置，迄今一千四百五十三年。昔之先古相依聚落，七千年脉络未断。遗存的108个考古遗址中原始社会村落遗址7处、历代文化遗存38处、春秋至明清古墓群70处，数千件出土文物中国家一级文物17件、二级文物21件、三级文物63件，被考古界、史学界誉为长江中游洞庭湖区史前文化的摇篮，“汤家岗文化”为长江中游地区具有独特性的最为强大的文化。

地方志为中华民族独有的文化瑰宝，“盛世修志”为中华民族的文化传统。明代初期至民国中期，安乡11次编修县志，载述了各个历史时期的区域史实。20世纪80年代至90年代编修了社会主义时期第一部新县志，承上启下，全面、客观地记述了本行政区域的地理环境、政治军事、经济建设、文化社会的历史与现状，载录了古今人物，被评为湖南省优秀县志。

中国共产党十七大报告指出：文化越来越成为民族凝聚力和创造力的重要源泉，越来越成为综合国力竞争的重要因素，作为国粹的地方志务必在建设社会主义核心价值体系中承担起神圣使命。2006年5月，国务院发布《地方志工作条例》，令“自公布之日起施行”。2007年11月，县委、县政府决定承担使命，继往开来，编修社会主义时期第二部县志，载盛世之风貌，昭世盛之哲理，励全民之心志，为服务经济发展、促进社会进步做出新的奉献。数年来，在编纂、评审、修改、定稿进程中，遵循《地方志工作条例》和中国地方志指导小组《关于第二轮地方志编纂的若干意见》与《地方志书质量规定》，坚持依法修志、实事求是、质量第一、“述而不论”“生不立传”的基本原则和观点正确、体例严谨、内容全面、特色鲜明、记述准确、资料翔实、表述通顺、文风端正的质量标准，以马克思列宁主义、毛泽东思想、邓小平理论和“三个代表”重要思想、科学发展观为指导，以辩证唯物主义和历史唯物主义的立场、观点和方法为准则，众手修志，众手成书，即将付梓，可喜可贺！

地方志为“一方之全史”，具有“资治”“教化”“存史”功能。新编《安乡县志》是全县人民了解安乡历史特别是特色社会主义建设历程与硕果的地情书，经世致用。发展终无竟时，祝安乡人民在铸筑中国梦的进程中美圆“兴我安乡”之梦。

中共安乡县委书记 宋云文

2015年10月

序　二

《安乡县志（1989–2009）》历时六个寒暑，终于面世。这部志书，全面翔实地记述了二十年来安乡在政治、经济、社会建设等方面的巨大成就。它的面世是全县各界辛勤劳动的成果，凝聚了方志工作者的心血，是全县人民政治、文化生活的一件大事，是全县文化建设的一项重要成果。作为编纂委员会主任，我甚感欣慰，借此契机，聊寄数语，以代序。

二十年来，安乡人民在县委、县政府的正确领导下，以经济建设为中心，坚持改革开放，致力于法制和民主政治建设，致力于教育强县、科技兴县、文化兴县、生态文明建设，致力于治理经济发展环境，致力于工业经济、个体私营经济发展和农业经济结构调整、农业产业化建设，致力于提高人民群众的幸福指数，政治、经济、社会各项事业全面进步。“盛世修志”，县委、县政府顺应时势，举各方之力，进行第二轮修志。

志为信史，第二轮修志，述、记、志、传、图、表、录诸体并用，采用章、节、目结构，由区域概况、政治·军事、经济、文化·社会、乡镇简况、人物六部分组成，首为概述、次为大事记、后为专志、末为附录，共六十四章。全书以科学发展观为统领，以经济社会发展为主体，坚持辩证唯物主义和历史唯物主义立场观点，准确地把握了安乡二十年的发展脉络，详尽地记述了全县政治、经济以及社会各项事业的发展和沧桑变化。一卷在手，全县情况了然于胸，可从中了解到全县各项事业的发展概况，认识到发展成果来之不易，更加珍惜今天安乡的良好发展局面和幸福生活。以志为鉴，《安乡县志》的“存史、教化、资治”作用得以充分展现。

岁月流逝，历史长存。今日安乡，工业、农业、商贸服务业持续快速发展，城市建设、交通运输发展突飞猛进，科技、文化、教育、卫生和其他社会各项事业全面发展，先后荣获“全国商品棉生产百强县”“全国平原绿化先进县”“国家生态林县”“全国渔业先进县”“全国基本农田保护示范建设县”“国家计划生育优质服务先进县”“国家科技进步先进县”“全国群众体育运动先进县”“中国乒乓球全民健身之乡”“国家卫生县城”“国家低碳国土实验区”“中华诗词之乡”等多项殊荣。全县社会和谐稳定，人民群众安居乐业，幸福指数不断攀升。繁荣盛世，任重道远，在建设繁荣富强、公平正义、文明和谐的美丽安乡征程中，安乡人民正奋力前行。

安乡县人民政府县长 张 阳

2015年10月

凡　例

一、本志遵循国务院《地方志工作条例》，以马克思列宁主义、毛泽东思想、邓小平理论和“三个代表”重要思想、科学发展观为指导，实事求是，突出时代特点和地方特色。全志以记事为主，寓观点于记述之中。

二、本志为第一部新编《安乡县志》的续修志，断限时间为1989—2009年，部分内容适当上溯或下延。

三、本志由区域概况、政治·军事、经济、文化·社会、乡镇简况、人物六部分组成，述、记、志、传、图、表、录诸体并用，以志为主。全志设64章，采用章、节、目结构，有的章节下设无题概述，以构成志书的纵横体系。

四、本志《大事记》采用编年体与纪事本末体相结合的方式，以记录断限期内关系国计民生的大事、要事、新事为主体。

五、本志人物部分设传略。坚持生不立传、本籍为主、当代为主、正面为主的原则。入志人物一律直书其名，排列以卒年为序，上溯、下延时间有的超越了本志断限。

六、本志主要数据以县统计局各年的《统计年鉴》为准，其他数据一般由承编单位提供。计量单位除个别使用市制外，均使用法定计量单位。

七、本志所用各种名称，第一次出现时均用全称，再次出现时用简称。

八、本志所用照片由县摄影家协会、承编单位选送和编辑部拍摄，所用图表由承编单位及有关资质部门提供，有的由编辑部制作。

九、本志行文按《湖南省志行文通则》规定使用。

安乡县政区图

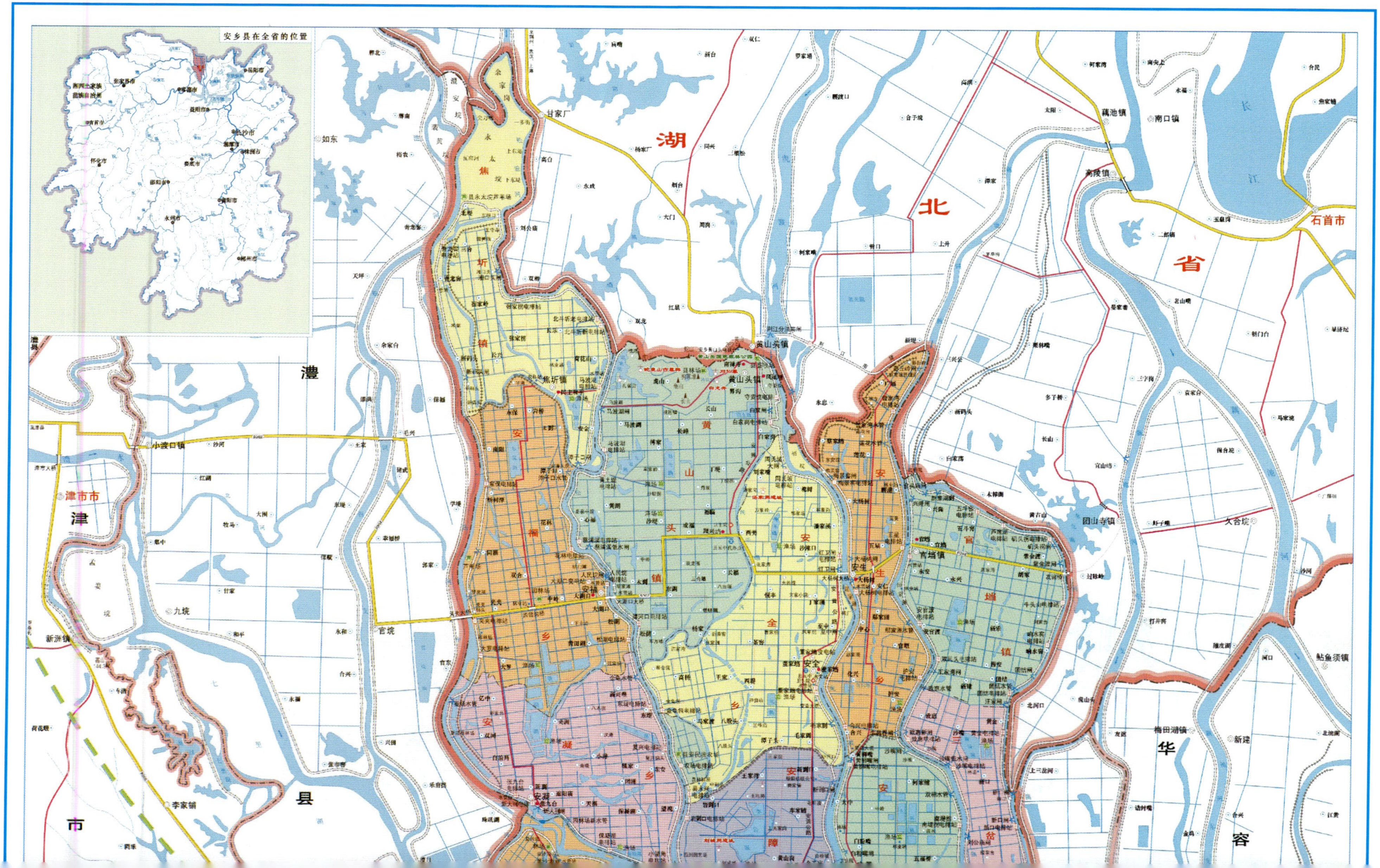

安乡县在全省的位置
湖
北
省
石首市
藕池镇
南口镇
团山寺镇
黄山头镇
焦圻镇
官垱镇
安生乡
安全乡
安福乡
安凝乡
黄山头镇
小渡口镇
新洲镇
李家铺
九垸
官垸
梅田湖镇
鲇鱼须镇
澧
县
津市市
津
市
华
容
长
江

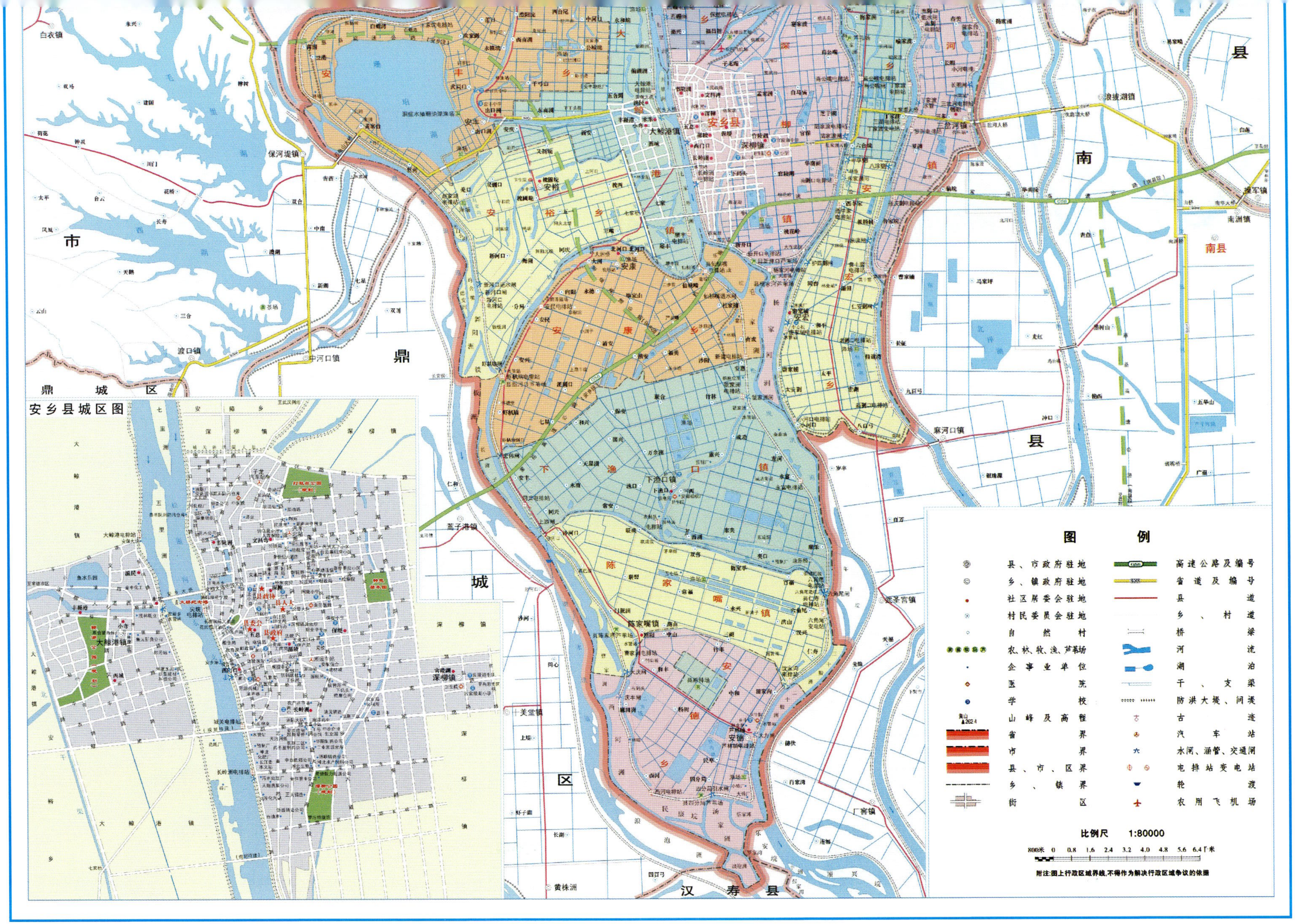

安乡县人民政府2011年编制

2002年6月26日，中共湖南省委书记杨正午（前左一）到安乡考察农业生产情况。

2008年10月24日，中共湖南省委书记张春贤（前排中）到安乡考察工业生产情况。

2007年4月9日，湖南省省长周强（左三）、副省长杨泰波（左一）到安乡考察水利工作。

2014年4月24日，湖南省省长杜家毫（右二）到安乡调研交通工作并到大湖口大桥考察。

2014年9月5日，湖南省政协主席陈求发（左五）到安乡调研交通工作并到陆家渡大桥建设现场考察。

2012年9月16日，中央巡视组成员、海南省委原副书记蔡长松（左二）到安乡调研并考察县中医院。

2012年8月30日，湖南省常务副省长于来山（右四）到安乡考察并听取工业园情况汇报。

2013年9月16日，中共湖南省委常委、组织部部长郭开朗（左六）率部分全国人大代表视察安乡。

2013年9月17日，中共湖南省委常委、统战部部长李微微（左五）到安乡考察交通工作情况

县城一角（2014年摄）

县城步行街广场（2014年摄）

大雅
从大雅起步

稻田喷洒药物治虫

碧绿荷塘

棉花大田

油菜花飘香

稻穗金黄

渔业捕捞

银花似雪

蔬菜基地

农村新貌（2014年摄）

冲凤峪水库

荆江分洪南闸

仙桃电排

退耕还林

蔬菜大棚

丰富的湿地资源

农民专业合作社

农村党支部活动室

农村居民文化、娱乐、健身活动场所

安乡大道（2014年摄）

洞庭大道夜景（2014年摄）

优美的县城区居住环境（2014年摄）

220千伏变电站

自来水厂

汽车站

建材城

购物超市

农贸市场

县城经济开发区一角（2014年摄）

康源药业公司

凯斯公司数控机床车间

药圣堂药业公司

王饺儿食品生产车间

香生坊食品

惠宜佳木业厂房

锦豪纺织公司生产车间

柏力能源项目签约落户安乡

瑞源科技防水材料公司

岳常高速公路安乡段

安乡大桥

境内国道353黄安公路

境内省道306大石公路

境内省道231鲸沙公路

董家垱中学

清晨校园的乒乓球操

1992年，世界卫生组

安乡一中校园

县人民医院住院大楼

织官员到安乡考察血防工作

专家义务坐诊

县中医院门诊大楼

安乡体育馆

首届湘鄂边体育舞蹈联谊会

广场太极拳

2012年，第四届全国“县

汤家岗发现6800年前的碳化稻谷堆

汤家岗发现6000年前的人类头盖骨

春节联欢晚会

干部、职工赛歌会

首届集体婚礼60对新人入场

广场舞电视大赛

迎国庆广场文艺晚会。

2011年，庆祝建党90周年红歌电视大赛。

农民运动会

农民运动会趣味比赛项目

职工体育运动会

2011年，全省中学生排球赛在安乡体育馆举行。

长杯”乒乓球赛在安乡体育馆举行。

县体育中心运动场

安乡图书馆

2009年10月19日，安乡县首届集体婚礼。

黄山大顶忠济寺

2009年，县老年体协

神兽纹玉樽

曲折纹彩陶盘

汤家岗文化遗址

书画作品

書以載道

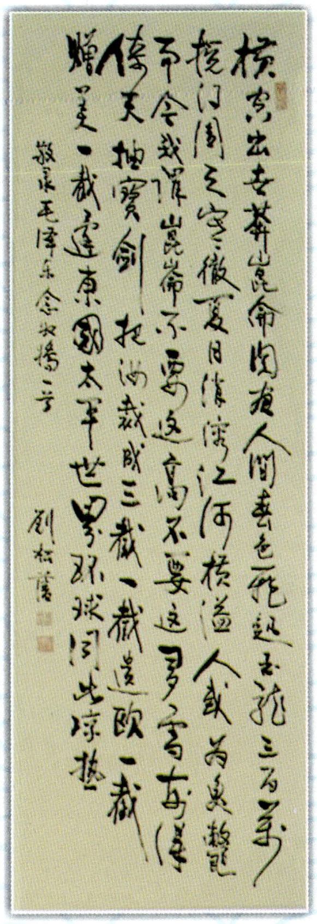

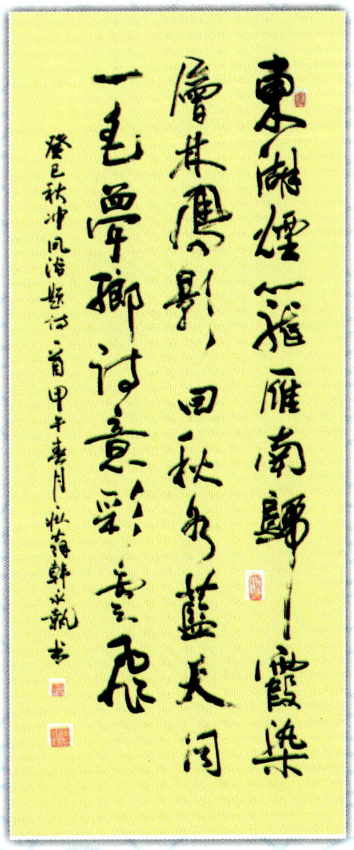

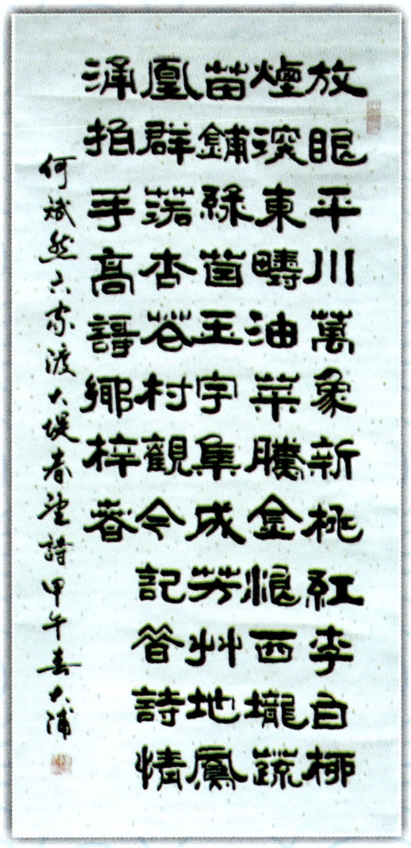

2013年1月7日，《安乡县志》评审会现场。

《安乡县志》评审会参会人员（从右至左）

第一排： 汤菊华 魏邦发 夏业清 邓建平 张 阳 袁勇前 陈国华 余 斌 李承武 尹克加

第二排： 梅小平 李秋安 祁圣波 徐 苳 隆清华 葛 锐 周华辉 官姿伶 彭小春

第三排： 湛 刚 廖可双 罗志秋 周瑞宏 周 波 李章进 谢应林 张吉全 高建良 方移洪 戴道君

目 录

经 济

文化 社会

乡镇简况

人　物

附　录

概 述

一

安乡,位于湖南省北部、常德市东部,东与益阳市南县相连,西与常德市鼎城区、津市市、澧县以水相依,南与常德市汉寿县隔水相望,北与湖北省公安县、石首市接壤,形如"排筏",南北长约70公里,东西宽约30公里,总面积1087.032平方公里,折合163.0548万亩。2009年,设2个直辖镇、6个建制镇、11个乡及2个农场、1个林场、1个渔场、1个畜牧场、1个芦苇场,共31个居民(社区)委员会、256个村民委员会。年末总人口598114人,其中非农业人口121586人。

安乡古老文明。长江中游地区具有独特性的最强大的文化"汤家岗文化"遗址考古实证,6800年前即有人类在此繁衍生息,过着以原始农业为主的定居生活,而且脉络未断。域内有古文化遗址44处、古墓群64处,为湖南省出土文物最多的县。

安乡的建置很早。春秋战国时期为楚国属地,秦昭襄王三十年(前277年)为秦中郡属地,秦始皇嬴政二十六年(前221年)为慈姑县属地,西汉高祖五年(前202年)为武陵郡孱陵县属地,东汉建武十六年(40年)为作唐县属地。南北朝陈天嘉二年(561年)从作唐县析出,名安乡县,至今1448年。唐贞观元年(627年),母体县并入,合为一体。从母体县建置至今,长达1969年。

安乡的地理位置为北纬29°08′-29°45′、东经111°59′-112°18′,属中亚热带向北亚热带过渡的季风湿润气候区,四季分明,气候温和,阳光充足,热量丰富,雨量充沛,无霜期长,气压值高。多年年均气温16.5℃,年均日照时数1848.8小时,年均降水量1208.2毫米,年均无霜期270天,年均气压值1011.9百帕,适宜人类生活和农业生产,但也有暴风、骤雨、冰冻等自然灾害。

安乡的地质构造非常古老,北寓黄山至少形成于5.7亿年前,地壳厚度推断为33.8公里,境地覆盖物95%以上为新生代第四纪全新统冲积物,地层厚度探测为767.32米。

安乡的地貌变化巨大。新石器时代为丘陵地貌,东连巴陵,西接武陵,山岭连绵;地质洞庭湖消亡与近代洞庭湖(今洞庭湖)发育兴起期,演变为滨湖平原;近代洞庭湖壮大期,每逢春涨,大部分境地沦为洞庭水域,成为"水乡泽国",今安福乡的大湖口村为南北船只进出八百里洞庭之口;近代洞庭湖转入萎缩期后,河湖冲积物沉积速度加快,滩涂增多、面积扩大、地势抬高,围垸垦殖加速,逐渐演变为堤垸型地貌。明万历元年(1573年)始筑堤垸32个,清宣统三年(1911年)增加到314个,民国25年(1936年)多达508个,1949年合为31个大圈,新中国成立后改造为5个防洪大垸。垸内总面积143.3299万亩,为县域总面积的87.9%。

安乡河网密布,史称"洪水走廊",1949年有主支河流35条。堵支并流后仍有4大水系的8条河流穿境而过,多年年均径流量994.69亿立方米。洪祸为安乡常遇的最大自然灾害,1949-1989年洪水年35个,其中丰水年11个、3.6年一遇;1990-2009年洪水年17个,其中丰水年10个、2年一遇。1998年最高水位达到40.46米,最大流量达到7280秒立方米,安造大垸溃决,1镇、2乡和县城区书院洲小垸受灾,直接经济损失23.5亿元。

二

安乡是革命老区县,1949年7月30日和平解放。8月10日,安乡县人民政府成立;8月17日,中国共产党安乡县委员会成立。60多年来,经历了中华人民共和国的成立和向社会主义的实现时期、社会主义建设的全面展开和对中国建设社会主义道路的艰辛探索时期、“文化大革命”的内乱和林彪、江青两个反革命集团的覆灭时期、在徘徊中前进和实现伟大的历史转折时期、改革开放和建设中国特色社会主义的伟大历史时期,安乡人民与时俱进,建设新安乡,奉献新中国,至1989年,成为全国商品粮、商品棉、商品鱼、商品油生产基地县和全国平原绿化县。以“湖、水、田、林、路综合治理”为中心的园田化建设,将5个大垸的农田建成方向一致、大小相等、排灌分家、旱涝保收的高标准棋盘式农田;以农业为主体的经济建设全面发展,社会总产值年均递增6.5%,工农业总产值年均递增6.1%;农业人口年均向国家交售粮食居全省之首。人民生活水平显著提高,农村居民年人均纯收入增长5.9倍,职工年人均报酬增长3.7倍;农村居民年人均消费水平提高4.7倍,城镇居民年人均消费水平提高3倍。

1990－2009年,中共安乡县委、安乡县人民政府高举中国特色社会主义伟大旗帜,领导全县人民全面推进经济建设、政治建设、文化建设、社会建设、生态文明建设及其他各方面的建设,取得前所未有的业绩。

三大产业全面发展,社会总产值达到83.6631亿元,比1989年(下同)增长15.76倍、年均递增15.2%。其中第一产业24.8738亿元,增长8.06倍、年均递增11.5%;第二产业19.7054亿元,增长24.46倍、年均递增17.5%;第三产业39.0839亿元,增长25.26倍、年均递增17.7%。种植业优质、高产、高效发展,粮食总产量达到34.8538万吨,增长4.03%;棉花总产量达到2.5873万吨,增长1.87倍;油料总产量达到7.5677万吨,增长2.62倍。养殖业稳中求进,出栏与存栏生猪60万头,增长69%;水产品总产量达到7.8096万吨,增长4.51倍。林业稳步发展,活立木蓄积量83万立方米,增长50%。农林渔牧业总产值38.5417亿元,增长14.58倍、年均递增14.7%。工业在“改革、发展、稳定”进程中城乡合力,“兴工强县”,已形成七大支柱产业,新建、扩造规模企业69家,工业总产值达到56.74亿元,增长15.26倍、年均递增14.9%,工业总产值占工农业总产值的59.55%。其中规模工业企业总产值38.5亿元,为上限年工业总产值的11.03倍。国内商贸业快速发展,社会商品零售总额达到25.9919亿元,增长10.37倍、年均递增12.9%。

基础设施建设大规模进行。投资1.5亿元,修整垸内水利工程设施450处,完成近4500公里主支干渠道的疏洗和城关防洪圈建设;投工7956万个,对防洪大堤进行加修与保护,大堤抗洪能力增强,垸内渠道畅通。投资近3亿元,完成“村村通电”、“节能改造”和农电“三为”达标等工程建设,配电网络为全省100%到户县之一,城区、农村用电率分别达到99.96%、99.88%。陆路交通网建设突飞猛进。改建省道2条、61公里,县道4条、166公里,改建、新建乡道43条、369公里,新建通村公路180条、598公里,改建、新建公路桥梁42座,乡乡村村通公路,汽车可以开到家门口,年旅客周转量达到4755.9万人公里,年货物周转量达到8103万吨公里。城镇建设,城乡合力,同步进行。县城区规划面积扩大到91.2平方公里,建成区达到22平方公里,主次街道61条、62公里,人均拥有道路面积15平方米。6个建制镇和11个乡的集镇建成区达到36.8平方公里,街道总长120公里,总面积188.53万平方米。信息化建设快速发展,邮政网络、电信网络覆盖乡村,移动通信村组覆盖率100%。

随着经济的快速发展,人民生活水平相应提高。农民年人均纯收入达到4586元,提高8.03倍,居全省农村县的前20位;职工年人均报酬达到20921元,提高13.8倍;城乡居民年末储蓄余额达到32.3928亿元,增长40.14倍;农民年人均生活消费支出4483.68元,提高9.4倍;城镇居民年人均生活消费支出9728.04元,为2000年的1.03倍。

党组织建设按照“坚持标准,保证质量,改善结构,慎重发展”的方针,结合安乡实际,制定“向党组织薄弱环节倾斜、向青年骨干倾斜、向生产一线倾斜”的原则,分期实施党员发展和入党积极分子培训计划,培训入党积极分子30077人,发展党员13157人,党员队伍扩大到28959人。2003年列入全国保持共产党员先进性教育试点县,对20个乡镇党委、576个农村党支部的26307名党员进行了保持共产党员先进性教育。贯彻执行《深化干部人事制度改革纲要》,不断强化干部队伍建设。自2000年始,逐步推进人事制度改革,实施干部推荐、考察责任制、干部任前公示制和试用期制、考察预告制,公开选拔科级领导干部,建立事业单位领导人员聘任制度、领导干部离任审计制度、干部教育培训制度;先后进行"三讲""三个代表"重要思想学习教育和"五好""四化"教育;树立两个模范党委书记,扎扎实实开展学习活动。在职能转换进程中改革行政审批制度,全面推行政务公开,2001 年成立县人民政府政务服务中心,实行"阳光作业",实事实办,列入全省先进行列。权力机关与政治协商机关的工作逐日强化,历届县人民代表大会提出议案、建议等 1155 件,县人大常委会对全县政治、经济建设等方面的重大事项作出 29 项决议与决定;历届县政治协商会议提出提案 1889 件,提交关于农业科技、工业经济、学校德育教育、生态安乡等 5 个调研报告。

文化事业快速发展。群众文化活动广泛,民间文艺演出活跃,县文化馆成为省一级文化馆,获文化部"标准文化馆"称号;"中华诗词之乡"创建授牌。文艺创作队伍扩大,各类协会(学会)会员 630 人,其中国家级 26 人、省级 52 人,公开出版各类专著 58 部。12 部文艺作品获丁玲文学奖,8 件书画作品在省级以上展出与竞赛中获奖,13 件舞蹈作品在省级以上大赛中获奖、2 件在中央电视台"地方台 30 分钟"中转播。电影发行放映与图书发行管理克难而进,电影发行放映公司成为湖南省农村数字电影工作先进单位,图书馆成为湖南省三级图书馆,获文化部"国家三级图书馆"称号。发掘西晋镇南大将军刘弘墓,出土文物 79 件,其中国家一级文物 7 件;第三次发掘汤家岗遗址,填补了中国从环壕向城壕过渡的考古空白。教育事业稳步发展,多次获省级奖励。中小学、幼儿园 180 所,在校学生 51918 人,适龄儿童入学率 100%,残疾儿童入学率 91. 17%,15 周岁人口完成初等教育率 99. 25%。为高校输送人才 24705 人,高考录取率由 17. 23%(1990 年)上升到 73. 83%。在职教职员工 6209 人,其中副高以上教师 290 人、特级教师 3 人,68 项科技兴教成果获国家、省、市级奖励。卫生事业调整改革,再创先进。爱国卫生运动扎实开展,县城文明卫生创建已结"国家卫生县城"之果,农村改水改厕获省农村改水先进县称号,卫监所成为全国卫生监督先进集体;预防接种的"四苗"全程覆盖率 98. 6%、新生儿访视率 98. 69%、7 岁以下儿童系统管理率 90. 51%、3 岁以下儿童系统管理率 87. 27%。医疗卫生机构 27 个,其中乡镇中心卫生院 5 个,在职医疗人员 1311 人,其中高级职称 39 人、中级职称 292 人、初级职称 876 人。另有 256 个村卫生室、117 家个体诊所,共 522 人。新型合作医疗覆盖城镇乡村,参合率 96. 44%,居全省前列。特色体育、群众体育、学校体育、竞技体育全面发展,已创建"市级乒乓球之乡";成立各种体育协会 11 个,开展全民健身活动 84 次,县人民政府获全国群众体育工作先进单位;学生体育达标合格率农村达到 88%、县城区达到 90%;体育竞赛获国家级奖牌 18 块、省级奖牌 26 块。

"法治安乡"建设力大果硕。"横到边、纵到底"的联防网络健全,各级联防组织 2573 个、联防人员 10394 人。协助公安机关抓获各类违法犯罪人员 3352 人、侦破刑事案件 862 起、查处治安案件 2526 起,查获卖淫嫖娼案件 965 起、抓获 1276 人,捕判 5 人、劳教 83 人、治安处罚 1264 人;抓获赌博人员 9300 人次,捕判 8 人、劳教 29 人、行政拘留 1372 人;查获毒品案件 1287 件,抓捕涉毒人员 1982 人,逮捕 112 人、劳教 298 人;收缴各类枪支 2360 支、子弹 5235 发(粒)、管制刀具 4763 把,社会治安综合治理列入全省先进行列,安裕乡的"十户联防"列为"全国社会治安综合治理会"典型经验。专案侦查、专项打击全力进行,立案 18794 件,破案 16004 件,处理 10789 人,其中刑事拘留 4646 人、提请逮捕 3912 人、劳教 2231 人。审理各类刑事案 2372 件、4084 人,结案率 100%。其中判决结案 2059 件、3697 人,检察机关撤诉 135 件、205 人,刑事直诉案调解 178 件、178 人。配合和参加市中级人民法院审理一批涉及安乡的重特大案件,判处死刑 48 人、死缓 21 人、无期徒刑 34 人。受理民商事案件 25426 件,审结 24519 件,结案率 96. 3%。法制教育形成制度,成立普法依法治理领导小组 120 个,配备工作人员 266 人、普法辅导员 360 人、普法宣传员 6659 人、中小学法制副校长 220 名,普法活动全面展开,多次获市级普法先进集体;县公安局获评公安部一等功集体 1 个、先进集体 2 个,获评省公安厅二等功集体 1 个;县人民检察院 11 次被省人民检察院评为"五好检察院",由最高人民检察院记集体一等功1次。县人民法院被省高院授予“人民满意好法院”。

“廉洁安乡”建设力度加大。“干部清正、政府清廉、政治清明、社会清新”活动两度进行，干部监督机制强化，查办违纪案件1739件，处理违纪人员1644人，其中副科级以上领导干部208人，193人撤销党政职务。立案查处各类经济犯罪案件372件、417人，其中副处级干部1人、科级干部10人，逮捕、判刑168人；立案查处渎职侵权案件103件、137人，其中科级干部10人。

“文明安乡”建设，持续开展以“社会公德、职业道德、家庭美德”为中心的公民道德教育，获全市农村思想教育工作先进单位；先后开展“践行‘八荣八耻’”“公共礼仪”“五好家庭”“十星文明户”“争做诚信人、共建诚信县”“爱我安乡、美我安乡”等文明创建活动，并开展“百里文明走廊”创建，28个单位(村)获省、市文明单位，1万多户农户获星级农户，其工作经验在全省推介。

“和谐安乡”建设以“关注民生”为重点，着力实施《县党政领导接待制度》，先后有45名县级领导坐班接访257次，接待上访人员3261人次，解决问题591件次。群众来信来访工作及时、求是进行，共受理群众来信来访37674件人/次，2009年办结率达到98.97%。信访部门多次获市级先进集体，三任局长获省级先进并记二等功。

生态文明建设逐日强化。作为全国平原绿化达标县，垸外的河洲滩涂、垸内的公路、沟渠、堋堤、荒坪隙地及农户的四旁地，无一处不植树造林，农田林网、小林场、小用材林基地、小果园、小苗田等点、带、网、片综合林业体系进一步强化，林业面积达到30万亩，森林覆盖率10.48%，林木绿化率18.5%，“绿色安乡”色更浓。县城区的绿化列入总体建设规划，旧城区改造实行“绿化补缺”，新城区建设实行标准绿化，城区绿地面积达到15万平方米，人均1.2平方米，形成了“点、线、面”有机结合的绿化体系，“林在城中”“城在林中”的生态县城，16个单位获省级“园林式单位”。县城区环境污染状况得到改善。大气污染由低于国家标准(与上限年相比，下同)达到国家空气质量二级标准；处理后的废水排放占废水排放总量的比例，由98.23%下降到53.84%；噪声昼间平均等效声级值合格率达到97.2%，夜间平均等效声级值合格率达到95.5%。创建了安丰乡巴巴湖渔场、安德乡民阜村两个“生态农业园”，启动了农村生态环境改善与自然环境保护。

三

20年间，安乡创造了垂世业绩，但也存在后世借鉴之事。作为全国商品粮生产基地县，农业内部结构调整中粮食种植面积欠稳定，粮食总产量仅下限年略超上限年。全县的堤垸建设虽已达标，但1998年安造大垸溃决。其他各方面的建设也有不尽完美之处。道路是曲折的，但前景广阔。安乡人民在建设中国特色社会主义道路中必阔步前进，为圆中国梦做出新的更大的贡献。

大 事 记

1989 年

1 月 大鲸港镇人民政府获评全省普及法律知识先进单位。

2 月 县委修订县委成员带头保持廉洁的十二条规定。

3 月 29 日 县电视差转台开始转播。

5 月 4 日 在沈阳举行的全国青年锦标赛上,徐联国获男子 59 公斤级摔跤金牌。

6 月 10 日 县邮电局首次通过中间站开通与台湾的电话、传真电报。

8 月 省卫生厅厅长游沛到安乡考察卫生、血防、农村改水工作。

11 月 15 日 安乡地震地下水位观测井——安一井由国家地震局纳入中国地震地下水位动态观测网序列。

12 月 2 日 省人民政府批准安乡兴建大鲸港公路桥,1994 年 10 月试通车。

是年 县人民检察院获评全省法纪检察工作先进单位。

是年 国家林业部授予安乡“全国平原绿化达标县”证书、镀金铜盾和奖金 4 万元。

是年 详查全县国有土地,总面积为 1087.032 平方公里。

1990 年

1 月 13 日 县委决定分期分批在全县农村和部分企业单位进行社会主义思想教育。县设总队,乡设工作队。第一批抽调 348 名干部组成农村工作队,集中培训后,进驻 21 个乡镇 46 个村。至 1992 年结束。县、乡党政机关派出 740 名干部组成工作队,布点到 21 个乡镇的 211 个村(占总数的 80.22%)和 8 个企业单位,受教育面达 95%。在指定的联系点村续签、重签承包合同 3.5 万份,收回各类欠款 235.8 万元,扶持乡镇企业 178 个,新增产值 340 万元。

1 月 19 日 省农业厅将安乡列为全省优质棉生产基地县。

1 月 23 日 县委作出《关于再次开展向焦裕禄同志学习,争做焦裕禄式好干部活动的决定》,要求各级干部在治理整顿和深化改革新形势下,恢复和发扬党的优良传统,发扬焦裕禄的革命精神,坚持四项基本原则,加强思想作风建设,保持艰苦奋斗作风,推动两个文明建设发展。

是日 县委转发团县委、县总工会、县妇联、县人武部政工科《关于在全县职工、妇女、民兵、团员和青少年中广泛开展学雷锋活动的意见》,要求各级党组织把学雷锋活动作为一项政治任务和精神文明建设的重要措施抓落实。

2 月 6－8 日 全县三级干部大会召开。会上,县委发出《关于学习焦裕禄和雷锋的决定》。

2 月 10－14 日 县政协第三届委员会第一次会议召开。选举产生了县政协第三届委员会及主席、副主席、秘书长。

2 月 10－15 日 县第十一届人大第一次会议召开。会议审议通过了县人民政府《关于加快林业生产的议案的决议》《关于加强农作物种子生产、管理的议案的决议》。选举产生了县第十一届人大常委会及主任、副主任、县人民政府县长、副县长、县人民法院院长、县人民检察院检察长。

2 月 27 日 县委常委听取县人武部关于国防教育汇报,强调把安乡国防教育搞出特色,受教育面达到 95%,并办好 8 件事。即在学校、工厂、农村办好国防教育试点;加强党员国防教育,党校开国防教育课;搞好学校国防教育;抓好民兵国防教育;县广播电视台办好国防教育专题节目;在城乡放映国防教育片;组织国防教育知识竞赛;利用重大节日开展国防教育活动。

3月13日 安德乡西河电排穿堤土建工程连同大堤严重滑坡。

3月18日 县人口普查领导小组成立,开始第四次人口普查工作。至8月30日结束,共登记137460户、541840人,其中男性人口278258人、女性人口263582人。

3月25日 市委书记庞道沐、市政府秘书长钦时中到安德乡研究解决西河电排垮堤垮坡问题,县领导龚德培、罗英碧陪同。

4月5日 副省长卓康宁到县,察看安保垸大堤及安德乡西河电排垮堤垮坡修复工程,县领导龚德培、熊宜斌陪同

4月18－20日 省交通设计院有关人员到县,县领导龚德培陪同察看大鲸港大桥桥址,并研究安德乡西河电排修复工作有关事项。

4月30日 县委常委召开紧急会议,听取县委政法委关于1－3月刑事、治安案件急剧上升及侦破处理情况汇报,议定实行"谁主管谁负责"目标责任制,并迅速发动群众深入开展"两反"斗争,严惩犯罪。

5月16日 市长蔡长松、市政府秘书长钦时中到县,察看安全、安康等乡的农业生产,县领导洪明祥、龚德培陪同。

5月21－22日 国家防汛指挥部副总指挥、水利部部长杨振怀、省长陈邦柱、副省长卓康宁、省军区副司令员肖求如等一行到县检查防汛工作,市领导蔡长松、颜永盛陪同。

5月29日 县政府发出《关于完善分级办学管理体制,切实加强基础教育的几点意见的通知》。

是日 县政府发出《关于建立农田保护区的通知》。

6月2－4日 县委第六届四次全会召开。会议讨论通过了《中共安乡县委贯彻落实〈中共中央关于加强党同人民群众联系的决定〉的若干规定》。

6月25日 省民政厅作出批复,认定安乡县为革命老根据地。

6月28日 全县"严打"宣判大会召开。根据省高级人民法院下达的死刑命令,对抢劫犯张某、张某、谢某执行了死刑。

7月26日 湘运安乡公司一客车在长(沙)常(德)公路汉寿牛路滩地段发生重大恶性交通事故,32人死亡、21人受伤。县领导洪明祥、龚德培、张义田、李承武赶赴现场指挥抢救、打捞、火葬等工作,并组织县直各部门单位负责人分头包干,妥善处理善后事宜。

8月19日 县政府在大鲸港镇政府召开现场办公会议,专题研究大鲸港大桥修建中大鲸港镇政府机关拆迁的问题,并印发会议纪要。县领导余斌、杜修元和大鲸港镇党委、政府等负责人参加。

是月 在全国中学生田径赛上,下渔口镇刘艳(女)获二组100米、4×400米和跳远3枚金牌。

9月2日 县境黄山头山林失火,县领导洪明祥、李承武赶赴现场指挥灭火。

9月12－14日 武汉经济协作区第三届商品交易会暨湖南省辖八市经技贸洽谈交易会在常德召开。会议期间,安乡95家企业的100多个地方产品参展,成交总额3200多万元。

9月16－18日 省交通厅组织省、市有关单位负责人及部分专家教授共69人到县,召开大鲸港大桥初步设计审查会。审定大桥定位大鲸港,桥面宽16米,双柱式墩台,上部构造为连续型桥梁,总投资3000万元(后增至5000万元)。

9月29日 晚11时左右,县氮肥厂失火,县领导李承武、高可荣及县政府办、纪委、公安局、安全办、保险公司等单位负责人赶赴现场,调查处理事故。

11月8日 省委书记熊清泉到县考察,县领导洪明祥、龚德培陪同并汇报1990年全县经济工作情况。

1991年

1月5－6日 县政府常务会议召开,研究公费医疗改革、大鲸港大桥接线工程及城建总体规划修编等问题。会议对改进公费医疗管理办法、解决大

鲸港大桥接线工程有关问题形成了决议。

1 月 14 日 全县肉食行业实行“管批放零”经营税费征管会议召开。会议决定 1991 年继续实行“管批放零”,要求不断完善配套措施,切实加强税费征管,搞活肉食行业。

1 月 30 日 县政府召开“三员”座谈会。会上,对 6 名县政府特约教育督导员、8 名特约审计监督员、10 名特约监督员分别颁发聘书。

2 月 8 日 县政府常务会议研究确定,大鲸港大桥、中心集贸市场、自动电话大楼等 8 项工程为全县 1991 年重大项目,并对其管理问题形成一致意见。

2 月 23 -26 日 全县三级干部大会召开,确定“稳农兴工,搞活‘三通’(流通、融通、交通)”为安乡经济发展的路子。

2 月 28 日 县委、县人武部制定党管武装工作五年规划。要求在新形势下,进一步加强党对武装工作的领导,大力抓好民兵工作的组织、政治、军事“三落实”,加强全民国防教育,切实搞好武装干部队伍建设,广泛开展“以劳养武、富民强兵”活动。

2 月 县政府召开专题会议,研究 1991 年农民负担问题,形成《关于农民负担的各项税费提取标准及管理的若干规定》。

3 月 1 日 县政府开通县长信箱、县长公开电话,县政府领导与人民群众的联系更广泛、直接。

3 月 3 日 县委、县政府印发《安乡县贯彻〈湖南省计划生育条例〉实施办法》。《实施办法》共 13 项、52 条,对生育指标、安排、申报审批程序、子女收养、节育措施、流动人口管理、优待与奖励及计划生育费征收等作了明确规定。

3 月 7 -10 日 世界卫生组织和儿童基金会对安乡儿童免疫工作联合评审。抽查 20 个乡镇、30 个村、210 名儿童,“四苗”接种率均达标。县领导余斌、张元生陪同。

3 月 16 日 考古工作者在县黄山头镇南禅湾发掘出西晋镇南大将军、荆州刺史刘弘墓,出土文物 79 件。其中宣成公章、镇南将军章、龙纹金带扣等 16 件经国家文物鉴定委员会定为国家一级文物。

3 月 25 日 县委常委会议研究决定,全县实行社会治安综合治理“一票否决”责任制。

3 月 28 日 县政府召开专题会议,对加强碳铵收购和销售、农资专营市场管理等作出了决定。

4 月 18 日 卫生部部长陈敏章在省、市领导潘贵玉、刘昌进等陪同下到县考察。察看了安昌、安康、陈家嘴等乡镇的血防、卫生工作情况。

5 月 20 -21 日 副省长王克英、省政府副秘书长谢康生、省委农村工作部部长陈彰嘉、市长蔡长松、市委副书记吴定宪等组成的防汛抗灾检查组到县检查工作。

5 月 22 日 县委常委对《安乡县乡镇企业发展的具体意见》进行补充修改,要求把发展乡镇企业作为经济建设的战略任务,因地制宜制定倾斜政策,采取“乡、村、组、联户、个体五个轮子一起转”的方针。

5 月 28 日 省交通厅公路建设现场会在安乡召开。县领导余斌参加会议并陪同与会人员视察三岔河、安昌、安宏、安全、安生、安福等乡镇境内的公路。

5 月 31 日 县委、县政府召开全县“两清两兑现(清理债务、财产,兑现个人欠款、贷款)”动员大会,县长龚德培作《全面部署,全民动员,全力以赴打好“两清两兑现”整体战》动员报告。

月底 早稻播种育秧受阴雨低温严重影响,县委、县政府组织农口部门和乡镇党委,采取措施落实早稻面积 40 万亩(其中分厢撒播 18 万亩、中苗带土 12 万亩、“双两大”6 万亩)。

6 月 1 日 县政府印发《安乡县血吸虫病防治工作“八五”计划》,其目标任务:流行疫区 90% 以上人口能自觉避免接触疫水并参与有关防治工作;病人总数控制在 18406 人以内,比“七五”期末减少 50%。其中急性发病人数控制在 282 人以内,比“七五”期间减少 60%,晚期病人比 1990 年减少 62%;消灭垸内钉螺面积 13280 亩,使垸内基本查不出阳性钉螺,消灭垸外易感地带面积 7440 亩,其余 46889 亩灭螺处理覆盖率达 100%;病牛数控制在 2079 头内,比“七五”期末减少 60%。

6 月 3 日 县委、县政府发出《关于在“两清两兑现”中全面清收个人欠款、贷款,处理积压物资的通知》,决定利用一个月时间,集中主要精力在全县开展“两清两兑现”工作。

6 月 3 -4 日 国务院副总理邹家华率水利部部长杨振怀、农业部部长刘中一、交通部部长黄镇东、建设部部长侯捷、国务院副秘书长刘仲藜、国家计委副主任刘江等三峡工程审查委员会部分成员在省、市领导陈邦柱、王克英、庞道沐、蔡长松陪同下到县考察。察看了荆江南闸、虎渡河陆家渡堤段、藕池河西支丁家渡桥头及沙河口澧水洪道,并听取了省、市、县汇报。离开安乡前,邹家华接见了县委、人大、政府、政协、人武部主要负责人并合影留念。

6月6日 县委常委听取县经委关于全县上半年工业情况汇报。决定加强机械厂、棉纺织厂班子建设,调整充实力量;为氮肥厂、棉纺织厂解决急需资金;对造纸厂等企业进行设备更新与技术改造,增加生产后劲;棉纺织厂等抓紧产品结构调整;食品厂、机械厂、汽配厂等厂关停并转。

是月上旬 县境连降暴雨,8条洪道有4条超历史最高水位,2条接近历史最高水位,400多公里临洪大堤有180公里超历史最高水位,120多公里接近历史最高水位,洪峰居高不下。此间,28名县级领导、40多名县直单位负责人、268名副科级以上干部及15万多名劳动力投入防洪抢险。历时半个月,安全度汛。

6月20－21日 首都新闻单位三峡工程考察采访组在省、市领导储波、刘昌进陪同下到县考察。

6月24日 市委书记庞道沐、副市长杨万柱在县黄山头镇主持召开现场办公会议,专题研究黄山头镇建设和边界贸易问题,市直有关单位负责人及县领导洪明祥、龚德培、李承武等参加。

是月 全县庆祝中共建党70周年。县委决定把开展党史和党的基本知识学习作为表彰先进、理论研讨、知识竞赛、文艺会演、办实事五大系列活动之一。全县各级党组织购买《党章》《党的基本知识300题》《党史知识300例》等党建书籍8000多本,2.2万余名党员参加学习,2000多名党员参加县、乡、战线组织的党史和党的基本知识竞赛活动。

7月18日 中共中央政治局委员、国务院副总理、国家防汛总指挥部总指挥田纪云、国务委员陈俊生率国家防总、民政部、财政部、水利部、长江水利委员会等部门负责人在省、市领导陈邦柱、庞为强、庞道沐、钦时中陪同下到县,考察了荆江南线大堤、南闸和安福乡夹夹村九组蓄洪安全楼、安凝乡新兴垸村蓄洪安全台。田纪云详细询问了荆江南闸的流量、泥沙淤积和大桥质量、安全楼(台)修建等情况,对蓄洪区建设安全楼(台)十分赞赏。

是月 在全国青年锦标赛上,安昌乡徐立军获63公斤级自由式摔跤金牌。

8月24－25日 境内官垱、安生、安障、安丰等11个乡镇遭受暴风雨、冰雹重大灾害。县委、人大、政府、政协四大家领导分头到各灾区了解情况,慰问灾民,指导救灾补损。

8月27日 县委常委会议研究决定,成立县农业结构调整领导小组,调整全县农业结构,加速农民致富奔小康。粮食稳定在40万亩,调出8万亩水面,扩大棉地3万亩,开挖精养鱼池3万亩,发展蚕桑、湘莲、柑橘等2万亩。

9月20日 县纪委制发《关于狠刹用公款大吃大喝、下乡钓鱼、打牌赌博等不正之风的具体规定》。

10月30－31日 全国政协副主席王光英率39名全国政协常委、委员组成的三峡工程考察团在省、市领导王克英、佟英、王大元、钦时中等陪同下到县,考察了荆江南闸及安猷陆家渡、安昌丁家渡堤段。

11月21日 全国人大常委会副委员长陈慕华率三峡工程考察团,在省、市领导王克英、刘玉娥、庞道沐、蔡长松陪同下到县,考察了荆江南闸和虎渡河、藕池河堤段。

12月18日 国家计委副主任林子玉率三峡工程考察团在省、市领导陈邦柱、庞道沐、蔡长松陪同下到县考察。

12月27日 县委对官垱镇供销社安官渡商店收购棉花坑农事件作出严肃处理,并责成县供销社领导亲自将非法收益全部退给农民。

是月 县委、县政府贯彻实施《湖南省血防管理条例》,制订综合治理血吸虫病中长期规划,获全国血防工作先进县。

1992年

2月16－17日 省长陈邦柱到县考察安丰、下渔口等乡镇。

2月23日 湘北食品贸易总公司副总经理颜明安、香港信德有限公司郭天文察看县印刷厂、服装厂,县长龚德培陪同并进行业务洽谈。

2 月 29 日 县第十一届人大第三次会议召开，选举县人民检察院检察长，作出《关于大力发展乡镇企业的决议》。

3 月 17 日 县政府作出《关于在全县农村推行合作医疗制度的决定》。

4 月 8 -9 日 副省长王克英在安造乡等地检查防汛抗灾准备工作。

4 月 9 日 卫生部地病司血防处有关领导在下渔口、陈家嘴镇检查血防灭螺和改水改厕工作。

4 月 13 日 省委书记熊清泉一行在市长蔡长松陪同下到县检查工作，考察了城关镇、安昌乡、安造大垸等地，并听考引进农场机制改革试点方案汇报。

4 月 21 日 县政府颁布《关于严格保护野生动物的布告》。

4 月 23 日 特大龙卷风袭击安乡，2 万多户农户遭灾，617 户的房屋倒塌。

6 月 3 -4 日 国务院副总理邹家华率水利部部长杨振怀、农业部部长刘中一、交通部部长黄镇东、建设部部长侯捷一行到县考察防汛工作。市领导庞道沐、蔡长松、陈德铨陪同并汇报工作。

6 月 10 日 县政府发布《安乡县实施〈军人抚恤优待条例〉办法》。

6 月 13 日 《安乡县志》志稿评议会召开。省、市有关领导及县历届党政领导、各区县修志界同行 138 人与会，对志稿给予了肯定。

6 月 16 -20 日 全国初级卫生保健复核评审领导小组到县评审，认定安乡为全国初级卫生保健达标县。

6 月 25 日 县政府发布《安乡县松滋、虎渡、藕池河水域功能区划》《安乡县饮用水源保护污染防治管理办法》。

6 月 30 日 安福乡、安凝乡、焦圻镇农工商总公司成立。

7 月 27 日 县政府发布《关于实行土地统征和土地有偿使用的通告》，8 月 24 日发布《安乡县土地有偿使用暂行办法》。

9 月 17 日 县政府发出《关于深化企业劳动人事、工资分配、社会保险制度综合配套改革的意见》。

9 月 21 -22 日 中共安乡县第七次代表大会召开。大会选举产生第七届县委、县纪委及出席市第二次党代会代表，选举产生县委常委、书记、副书记和县纪委常委、书记、副书记。

10 月 4 日 安乡一中建校 50 周年校庆暨安乡经济贸易洽谈会举行，省、市、县有关负责人及校友 3000 多人参加。

10 月 5 日 县政府发布《关于加强婚姻登记管理的暂行规定》。

10 月 30 -31 日 全国政协副主席王光英率全国政协三峡工程考察团到县考察防汛抗洪工作。

11 月 21 -22 日 全国人大常委会副委员长陈慕华率全国人大三峡工程考察团到县考察，市领导罗寅阶、钦时中陪同。

11 月 25 -27 日 县第十二届人大第一次会议召开。大会选举产生县人大常委会主任、副主任、县人民政府县长、副县长、县人民法院院长、县人民检察院检察长、出席市第二届人大会代表。

11 月 28 日 县内自动电话开通。

12 月 25 日 县政协第四届委员会第一次会议召开，大会选举产生县政协主席、副主席。

1993 年

1 月 9 -10 日 县委、县政府召开全县个体私营经济表彰大会，印发《关于大力发展个体私营经济的决定》。

1 月 13 日 省委确定安乡为第三批县级机构改革试点县，《安乡县机构改革方案》出台。

2 月 9 -23 日 县委、县政府部署实施县直单位机构改革。

3 月 14 日 副省长王克英到县检查防汛抗灾工作。

3 月 24 日 县政府颁布《关于切实减轻农民负担的布告》。

4 月 12 -13 日 全国人大常委会原副委员长廖汉生到县考察，考察工缝机厂、恒安卫生用品有限公司并听取全县经济和社会发展情况汇报。

4 月 14 -15 日 中共中央政治局常委、国务院副总理朱镕基、国务委员陈俊生率国家经贸委副主任石万鹏、财政部副部长张佑才、水电部部长周文智、农业部副部长万宝瑞、国内贸易部副部长马来胜、中国人民建设银行行长助理朱元梁等在省、市领导熊清泉、庞道沐陪同下到县考察。县领导洪明祥、李金城汇报农业和农村工作特别是农民负担等情况,朱镕基就农民负担及洞庭湖治理等作重要讲话。

5月27－28日 卫生部部长陈敏章一行6人在副省长潘贵玉、省卫生厅厅长曾繁友陪同下到县考察血防工作,听取了卫生血防工作情况并考察安康、安宏等乡灭螺点及县血防站、妇幼保健站、中医院等单位。

7月7日 县政府颁发《关于整顿城关地区市场市容的通告》。

8月25日 县政府颁发《关于加强城乡盐业市场管理的通告》。

12月18日 省交通厅厅长李顺到县重点考察大鲸港大桥工程筹备工作。

1994年

1月25－29日 县第十二届人大第三次会议召开,作出《关于加快个体私营经济发展的决定》。

2月19日 县委作出《关于加快乡镇企业发展若干问题的决定》。

3月17日 省委书记王茂林、省委常委、省委秘书长胡彪、副省长郑培民、市委书记庞道沐、市长吴定宪及省、市有关单位负责人到县考察农田水利基本建设和农业生产情况。

4月23日 县委常委会决定,集资8000万元,3年内对安澧大垸东线大堤再打整体战,将焦圻北堤至安福潭子口堤身低矮、沙眼险段险情多的14694米堤段加高至43.5米,面宽增至8米,农民出义务工1个/年人。

是月 县人大常委会主任李承武、副县长余斌率21人参加上海举办的招商会,发布招商引资项目44项,签订合同2项、协议3项、意向性合同7项。

6月16日 县委常委听取县农委关于村级经济的调查汇报,研究制定选好班子,发展生产,壮大集体经济,收回欠款,压缩开支,停止高息借款,控制村级基建的措施。

6月28日 县政府发出《关于征收国有土地使用权有偿使用费的通知》。

7月9日 中共中央政治局常委、全国政协主席李瑞环在省、市领导王茂林、陈邦柱、刘正、庞道沐等陪同下到县考察洞庭湖治理情况。

是月 县人大常委会法工委、联工委组织570多名驻县的省、市、县、乡(镇)人大代表,对全县公安派出所、法庭、检察院、司法所执法工作和政法干警形象进行评议,共提出意见514条,重点案件线索17件。

9月13日 市委、市政府审核批准《安乡县党政机构改革调整方案》,县直党政机构由40个调整为58个。

10月 县委从48个县直单位、19个乡镇抽调120名干部,组成40个"支帮促"工作组到农村党支部开展工作。

11月7日 副省长周时昌、副市长洪明祥到县检查棉花收购工作,并察看安澧大垸焦圻东线大堤培修。

11月30日 县政府发布《关于加强省道1804线安乡段管理的公告》。

12月20－22日 县人大常委会组织驻县的省、市人大代表视察反不正当竞争法、消费者权益保护法、产品质量法和关于惩治生产、销售伪劣商品犯罪的决定等执行情况,实地察看了城关、陈家嘴、大鲸港、黄山头、安全等乡镇的企业、商店、学校、村组、工农贸市场、电排站及文化、广播电视等30多个单位。

12月28日 大鲸港大桥通车典礼举行。省军区参谋长罗学平、常德军分区司令员方子珍及省、市有关单位领导和在外地工作的安乡籍人士应邀参加。

是月 安乡获1994年度全国计划生育工作先进集体。

1995年

2月12－14日 全县党员骨干大会召开。大会表彰1994年度先进单位131个、先进个人65名。

2月21日 市委、市政府召开的全市两个文明建设总结表彰大会上,安乡获评1994年度物质文明建设先进县。

是月 县委、县政府决定农村耕地承包期延至30年不变,增人不增地,减人不减地,以利于稳定家庭联产承包责任制,调动广大农民劳动致富积极性。

3月1－3日 县第十二届人大第四次会议召开。补选县人民政府县长、副县长,作出了《关于加强农资市场管理的决议》。

3月15日 省长杨正午、副省长庞道沐一行40人到县考察防汛工作。

3月21日 卫生部部长陈敏章到县考察血防工作,省、市领导潘贵玉、刘昌进陪同。

3月22日 全县整顿农资市场动员大会召开,发布《关于加强农业生产资料市场管理的通告》。

4月3日 县委、县政府决定在全县实施教育扶贫"百校工程",即组织100个党政机关、企事业单位对口支援100所农村学校,帮助改善学校条件,救助贫困失学儿童。

4月14日 市委书记吴定宪到县检查防汛准备工作。

是月 安福乡花林村农民江从新获评全国植棉劳动模范。

5月10日 县政府发布《关于深化土地使用制度改革的通告》。

6月4日 市委书记吴定宪在县领导陪同下,到重灾区焦圻镇了解渍灾情况,研究救灾补损措施。

6月19日 县政府发布《关于在全县范围内实行生猪定点屠宰的通告》。

8月17日 县政府召开常务会议,重点讨论研究全县"九五"计划、黄山头镇与安造乡撤乡并镇方案。

9月14日 县委、县政府发出《加快安乡工业发展的意见》。

12月19日 县委、县政府召开全县推行全员劳动合同制及深化社会养老保险制度改革动员大会。

1996年

3月1－3日 全县三级干部大会召开。大会表彰1995年度"两个文明建设"先进单位176个、先进个人236名。

3月12日 由卫生部、水利部、农业部组成的国家综合治理血吸虫病检查组到县检查。

3月23日 全市农村工作会议在安乡召开。市领导吴定宪、王孝忠、洪明祥到会并考察安乡的农业生产。

是月 中国人民解放军安乡县人民武装部复为中国人民解放军建制。

5月14日 全县实施教育扶贫"百校工程"基本结束,73所中小学分别与市、县有关单位结对支教,捐款、捐物30万元。

5月29日 县罐头食品厂、食品冷藏加工厂、酒厂、食品添加剂厂、副食品公司、密封材料厂、棉织厂、皮鞋厂等8家企业因严重资不抵债,申请依法破产。

6月25日 卫生部副部长殷大奎率国务院血吸虫病防治试点县验收检查小组到县检查血吸虫病防治情况,省卫生厅厅长曾繁友、副市长刘昌进陪同。

7月10日 全县种子会议召开。颁布《安乡县种子管理条例》。

10月24日 县委、县政府决定用3年时间实施安造大垸城关防洪段建设方案,每年征集城关防洪段建设资金500万元。

11月1日 县委决定在全县范围开展向刘光明学习,实施党建"先锋工程",开展"领导班子创先进,领导干部做表率,共产党员当模范"活动。

11月12日 国家二级光缆干线常德至岳阳"718"架设工作,途经境内7个乡镇全面施工。

11月15日 全省6－8日大范围遭受百年不遇洪涝灾害,县政府发动非灾、轻灾区农民无偿捐献支灾粮食1000吨。

12月17日 全县农业普查工作全面展开。

1997年

1月10日 县氮肥厂整体接收原县冻肉厂。

1月16日 常务副县长郭道义、县长助理戴作凡在黄山头镇主持召开相关单位负责人及投资方代表参加的专题会议。听取了投资方代表关于黄山头商贸城建设项目的情况介绍,对该项目拟建地点进行了实地考察,并讨论形成一致意见。商贸城于4月动工兴建。

2月2日 县政府通报"大富豪酒店'12·4'"重大火灾事故处理情况。1996年12月4日凌晨1时47分,县城大富豪酒店三楼KTV包房发生重大火灾事故,烧毁房间10间,烧死11人,直接经济损失25万余元。经省、市消防部门现场勘查和调查认定,起火原因为违章装修,擅自加接电器线路,造成吸顶灯线路短路故障,引燃装修可燃材料而酿成。县人民法院对皇某等4名责任人以重大责任事故及玩忽职守罪分别处2－6年不等的有期徒刑。

2月16－18日 全县三级干部大会召开。县委书记姚正先作大会报告,县长徐万发就当年工作重点强调把抗灾、农村工作、财经管理、招商引资、责任制等抓落实。大会表彰先进单位154个、先进个人239名。

3月5日 县政府颁发《关于加强我县医药市场管理的暂行办法》。

4月4日 省委书记王茂林到县考察工作。

4月15－16日 国家防汛总指挥部办公室副主任张志彤一行及省水利厅、省防汛办、省洞庭湖工程管理局有关领导到县,考察洞庭湖1997年防洪度汛及松澧洪道并流的可行性情况,并实地勘察了安福乡花林堤段垮坡修复工程。

5月8日 省长杨正午率省有关部门负责人到县,察看了安澧大垸花林堤段垮坡修复工程和安造大垸北堋堤险段的处理现场。

6月1－2日 全国地方病防治领导小组办公室主任张景霖一行代表国务院血防工作督察组到县督察血防工作。察看了安庆村沟渠硬化、三嘴村改水、杜家村改水改厕、虾叭电排内拦网、大庆闸哑河综合治理等工程,督察组对安乡血防工作给予了充分肯定。

6月6日 全县遭受龙卷风暴雨的袭击,中心风力达12级,暴雨中心区半小时降雨达50毫米,全县倒塌房屋230栋,刮断树木10多万株、电杆1200根,直接经济损失1936万元。

6月17－19日 中共安乡县第八次代表大会召开。选举产生第八届县委和县纪委及出席市第三次党代会代表。选举产生县委常委、书记、副书记和县纪委常委、书记、副书记。

7月8日 省委副书记胡彪、省人大常委会副主任罗海藩到县考察防汛工作,察看了安澧、安造大垸。

7月9日 省委副书记郑培民、副省长潘贵玉、市委书记吴定宪、市长张昌平到县检查血防工作。

7月25日 县委决定在农村中开展以"万名党员干部联万户、万户群众脱贫致富奔小康"为主要内容的"联户帮困"活动。至年底,6520户达到了无违法乱纪、无计划外生育、无拖欠提留,有温饱型生活的"三无一有"目标。

8月11日 县委发出《关于公费住宅电话、BP机和超范围配置移动电话的处理意见》。组织人员对全县公费配置的800多部住宅电话、1098个BP机和超范围配置的355部手机全部作价到人,收缴处置款103万元。

9月19日 县政府决定从11月1日起在县城建成区内禁止生产、贮存、销售、燃放烟花鞭炮。从禁止日起,县城建成区燃放烟花鞭炮活动绝迹。

是月 经省政府验收评估团抽样调查,全县适龄儿童入学率为100%,初中生辍学率为1.53%,残疾少儿入学率为91.17%,15周岁人口受初等教育完成率为99.25%,17周岁人口受初级中等教育完成率为89%,15周岁人口文盲率为0.3%,15－45周岁青壮年非文盲率为98.4%。认定安乡"两基"合格。

11月20日 县城关镇境内发生一起交通肇事逃逸案,造成2人死亡。肇事者洪某酒后开车,县人民法院以交通肇事罪判处其有期徒刑10年。

11月24－25日 县政协第五届委员会第一次会议召开。选举产生县政协常务委员、主席、副主席。

11月25－27日 县十三届人大第一次会议召开。选举产生县人大常委会主任、副主任、县人民政府县长、副县长、县人民法院院长、县人民检察院检察长。

12月6日 市创建文明卫生县城检查团到县检查。检查了县自来水公司、粮食局、人民医院、一中、建设局等单位和部分居民小区,综合评分在全市名列第一。

是年 县纪委全面开展建房专项清理,对527户超标优惠购房、10个违规集资建房单位及304户党政干部在城镇自筹自建私房的,分别处以补交超标款80.4万元、违规集资罚款76.5万元、补交税款20.1万元。

1998年

1月9日 下渔口镇中学发生一起特大学生食堂投毒案,造成103名学生中毒。事发后,省、市、县领导高度重视,副省长潘贵玉派专家组携带药品连夜赶赴安乡参与紧急抢救。经抢救无一例死亡。

2月7－10日 全县三级干部大会召开。会议明确民营经济为全县经济发展的主体,招商引资为县域经济发展的首选战略。

3月23日 市人大常委会主任彭孟芝一行4人到县考察人大工作,听取了县人大常委会主任李承武的工作汇报,并和工交系统的市、县人大代表座谈。

4月7－9日 市委书记吴定宪到县,先后考察了13个乡镇和县造纸厂、棉纺织厂等企业。

中旬 省委书记王茂林一行在市领导陪同下到县考察防洪保安、个体企业、民营经济、农业综合开发情况。

4月23日 特大龙卷风袭击县境,2万多户农户遭灾,房屋全倒户617户。

4月25－26日 常德军分区司令员李家金率工作组到县,先后到安康乡、安裕乡、焦圻镇察看房屋倒塌情况,并到医院看望受伤群众。

5月22－23日 省军区司令员张德仁、政委乔新柱在省水利厅负责人和市领导陪同下到县察看防汛工作并听取了有关汇报。

是月 安丰乡党委书记刘光明被授予"湖南省人民满意公仆"荣誉称号。

是月 县委发出《关于在全县开展向虢光明同志学习的决定》。要求全县各级领导干部学习虢光明信念坚定、勤政爱民、开拓进取、清廉无私。

6月18日 省长杨正午在市领导陪同下到县考察防汛工作。

6月23日 为确保洞庭湖区安全度汛,荆江分洪区南线大堤防洪协商会议在安乡召开。省、市有关领导、湖北省及长江水利委员会有关领导参加。

6月27－29日 全县普降特大暴雨,持续时间长,河水猛涨,263个村29万人受灾。

6月30日至7月1日 卫生部副部长彭玉率国务院血防工作检查组到县考察,就继续执行"九五"血防治理工作提出了要求。

7月3日 市委书记吴定宪、市委常委、组织部部长姚正先、市水利局副局长姜正安到县检查防汛准备工作并听取有关情况汇报。

7月24日 安造大垸县棉纺织厂附近一段大堤发生异常险情于22时40分溃决。县防汛指挥部迅速组织数千名劳力堵口,同时在附近的安障南垌堤上抢筑子堤,力图将洪水围堵在书院洲小垸内。

7月25日 县防指利用电话、电台、电视发布安造大垸干群火速转移的命令,同时成立县救灾领导小组。

是日 在澧县指挥抗洪抢险的省委副书记郑培民、省政协副主席陈彰嘉、省军区副司令员蔡家作及省稳定办主任刘万清、省公安厅副厅长励明安一行到县,组织各方力量抗洪救灾。

是日 省委书记王茂林致电市委、市政府负责人,对安乡抗洪抢险救灾作出重要指示。即迅速稳定群众情绪,立即转入正常的工作秩序;县委、县政府要统一指挥,领导要明确分工,坚守阵地,各负其责,积极主动工作;当前工作一是迅速有序地转移人员,建立临时棚子,把受灾群众安置好。灾民的吃、喝、防、治要妥善解决,确保人民群众生命安全。二是继续抢险,其他各垸要坚决守住,不能再发生溃垸,要精心组织,精心指挥;常德市要组织一个强有力的班子,协助安乡搞好抗灾救灾工作;加强社会治安,坚决打击趁水打劫的各类刑事犯罪,确保社会政治稳定。

是日 为保卫安乡县城,县内组织1.2万名劳力与来自津市、鼎城、桃源、汉寿、临澧的万余民工在安猷北垌堤11公里大堤上抢筑子堤。

7月26日 为确保安乡县城,市委、市政府研究决定成立安造大垸堵口指挥部,紧急调集部队官兵

1000人、民工1500人实施堵口。

是日 市领导吴定宪、程海波、彭孟芝、李家金、周用金、姚正先、曹儒国组织在大鲸港镇政府召开各区县(市)委书记会议,提出“保卫安乡”“保卫安乡县城”的口号。

7月27日 省长杨正午在郑培民、陈彰嘉、蔡家作、吴定宪、程海波等省、市领导陪同下,徒步察看安猷北垸堤,了解垸堤修筑质量,随后登上轮船,察看安造大垸大堤决口,上堤看望、慰问了转移到此的灾民。

是日 省军区司令员张德仁、政委乔新柱到县看望参加抗洪抢险的驻湘某舟桥团、长沙民兵舟桥营、驻湘某高炮旅、驻长空军某部官兵和民兵。

是日 省长杨正午主持召开省、市、县领导和抢险部队领导参加的“战地会议”。指示省、市、县不惜一切代价筑好安猷北垸堤,加大堵口力度,把灾民按乡、村、组成建制组织起来,解决吃、住、喝问题,每个村设一个医疗点,为灾民防病治病。

7月28日 中共中央政治局委员、国务院副总理、国家防汛抗旱指挥部总指挥温家宝、中共中央办公厅副主任陈福今、国务院副秘书长马凯、民政部副部长范宝俊、水利部副部长周文智、水利部长江水利委员会主任黎安田在省、市领导陪同下实地察看了安猷北垸堤、书院洲堵口工地,慰问抗洪部队官兵和受灾群众。

7月29日 中国平安保险公司副总经理宋连坤、办公室主任陈克祥一行到县考察灾区。察看了安造大垸受灾区及金鹏纺织有限公司临时办公地点,慰问了部分受灾群众和干部职工。宋连坤表示将尽快组织力量查勘灾情理赔,帮助受灾保户恢复生产,重建家园。

7月31日 郑培民、潘贵玉、陈彰嘉、蔡家作、程海波等省、市领导在县氮肥厂慰问参加抗洪抢险的300名子弟兵代表。潘贵玉代表省委、省政府、省军区宣读《致战斗在抗洪抢险一线的人民解放军、武警部队指战员的慰问信》。

8月1日 农业部常务副部长路明在省、市领导陪同下,先后察看了书院洲堵口现场、书院洲小垸和安障乡德兴村的灾情,与受灾群众交谈并表示慰问。

8月4日 省委副书记胡彪在市、县领导陪同下,察看了书院洲灾区、堵口复堤现场、安猷北垸堤抢修工地并询问全县抗洪救灾情况。

是日 副省长唐之享偕省教委主任许云昭在市、县领导陪同下,察看水中的安障德兴小学。唐之享指示确保灾区学校9月1日准时开学,确保没有一个学生失学。

8月5日 市委书记吴定宪、代市长程海波在县防指主持召开迎战第四次洪峰调度会。省、市领导郑培民、陈彰嘉、蔡家作、洪明祥、姚正先、李家金、刘本之及县领导徐万发、张孝岳参加会议。会议号召上下总动员,决战一星期,确保安乡县城和其他垸安全,夺取抗洪胜利。

是日 水利部农水司司长陈雷、水土保护司副司长刘震一行13人受国家防指委托,在省水利厅副厅长刘其亚、副市长刘本之等陪同下到县,察看了书院洲堵口工地,了解受灾情况。

8月6日 为害灾区、妨碍抗洪抢险的违法犯罪人员公开处理大会在安猷北垸堤召开。自安造大垸溃决后,共查涉灾案件47起,捣毁犯罪团伙6个,抓获趁水打劫违法人员34人,依法提请逮捕6人、刑事拘留9人、治安拘留19人。

8月7日 因湖北黄金大垸溃决,省、市、县有关负责人召开紧急会议决定,成立安造北垸堤防汛抢险指挥部,市委组织部部长姚正先任指挥长。从全县8个乡镇抽调劳力2800名,调集部队官兵1000名抢修安造北垸堤,“保卫安乡、保卫洞庭北大门”战斗打响。

8月9日 省长杨正午到县督察防汛抢险,在省、市领导蔡家作、吴定宪、程海波陪同下,察看了安造北垸堤、安猷北垸堤、书院洲堵口工地,并慰问全体民工。当日,杨正午夜查安昌大垸西线大堤。

是日 广州军区副司令员文国庆中将、政治部主任张国初中将在省、市领导陪同下到县看望和慰问参加抗洪抢险的部队官兵和舟桥民兵。在书院洲堵口现场,文国庆代表广州军区向担负堵口任务的某集团军高炮旅官兵表示感谢和慰问,给该旅发放慰问金6万元。

8月10日 县防指召开全县电话会议。县委书记徐万发传达省长杨正午关于安乡当前防汛工作的重要指示,号召全县再动员、再鼓劲、再坚持、再冲刺,誓死保卫县城、保卫安乡,夺取抗洪胜利。

是日 省领导杨正午、胡彪、蔡家作等全面检查安昌大垸和安造大垸东线堤防,并专程到黄山头安置点看望灾民,察看安造北堈堤抢修情况。

8月11日 书院洲堵口截流成功并召开庆祝大会。堵口复堤工程7月27日开始,历时16天。先后使用过抛料护坡钢架卵石块石结合推进、单抛与连环抛投铁笼子和铁菱角、架浮桥抛料、沉船堵口、浮吊定位投料等方法,共投入劳动工日6万多个,耗用钢材400多吨,抛投卵、块石4.5万多吨。

8月12日 省委副书记郑培民、省人大常委会副主任王克英察看安造北堈堤加固工程。

是日 常德卷烟厂党委书记、厂长罗毅率该厂慰问团抵县,捐赠价值42万元的救灾物资。

是日 美联社记者毛乐天(译名)、张卫群到县采访报道,并受美国驻中国大使馆委托,为灾区送来8吨帐篷、毯子和饮用水具等物品。

8月14日 民政部副部长杨衍银在省、市、县领导陪同下,先后考察安丰东南洲村、安障堤段灾民安置点,并慰问驻扎在大鲸港镇的抗洪抢险部队官兵。

是日 来自美、英、德、法、日、芬、澳7国和香港特别行政区的38名记者组成的中外记者采访团到县灾区现场采访。

8月14－16日 省委书记王茂林到县督战安造北堈堤抢修。北堈堤指挥部"升格",由代市长程海波任指挥长,县级领导分段把守,舟桥部队在明塘湖抢搭浮桥。

8月15日 中保财产保险公司总经理孙希岳在省、市分公司及县有关领导陪同下,察看书院洲溃口现场和金鹏公司、棉麻公司书院洲仓库等被淹现场,孙希岳表示将认真搞好勘灾理赔。

8月16日 国土资源部副部长寿嘉华一行在省、市、县有关领导陪同下考察书院洲堵口复堤现场及安障西线大堤灾民聚居点,并听取灾情汇报。

是日 卫生部副部长曹荣桂一行在省、市、县有关领导陪同下考察书院洲堵口现场及安障灾民安置医疗点。

是日 安造北堈堤指挥部、县防指分别召开紧急会议,迎战长江第六次洪峰和澧水再次高洪。县委书记徐万发号召"全县紧急动员,再战七昼夜,保卫安乡县城,保卫400公里生命堤,夺取抗洪斗争新胜利"。省领导王茂林、郑培民、蔡家作分别作重要讲话。

8月17日 安造北堈堤指挥部组建临时党委和工程指挥部,党委书记姚正先,副书记钦时中、张孝岳,临时党委有职务任免、宣传发动、奖励审批、纪律处置四项权限。

是日 省领导王茂林、郑培民、胡彪、蔡家作在县黄山头镇作紧急会商,部署洞庭湖区抗洪抢险决战阶段的措施。

是日 中保人寿保险有限公司副总经理王耀华在省、市分公司负责人及市、县领导陪同下,到书院洲堵口现场和安障德兴村灾民安置点考察。

是日 市委书记吴定宪、省水利厅厅长王孝忠实地察看安造北堈堤加固和抗洪抢险情况。

8月18日 中央军委总参谋部、总政治部、总后勤部、总装备部一行7人在吕登明少将率领下,先后到书院洲堵口工地和安猷北堈堤看望慰问广州军区某舟桥团、高炮旅、驻湘某师全体官兵。

8月19日 中国农业银行副行长郑晖一行到县勘查灾情,并代表总行捐款30万元。

是日 信息产业部副部长杨贤足一行在所属省、市部门负责人及有关领导陪同下到县,察看灾区光纤电缆毁损情况,并表示慰问。

8月20日 省财政厅厅长张锐夫到县考察,察看了书院洲堵口复堤现场、安猷北堈堤及安造北堈堤抗洪抢险情况,听取了安乡抗洪抢险、生产自救及财政收支等方面的情况汇报。

是日 中国人民解放军二炮司令员杨国梁上将、政委隋明太中将、政治部副主任王炳青少将一行到县,督战抗洪抢险一线。

8月21日 杨国梁、隋明太、王炳青和某部首长戚天伦、张立民、王庆原及省领导郑培民、庞道沐察看安造北堈堤并慰问部队官兵。

8月22日 安造北堈堤工程指挥部举行"保卫安乡北堈堤誓师大会"。省领导郑培民、庞道沐分别作重要讲话。

8月23日 教育部副部长吕福源一行6人在省、市有关领导陪同下,到县五中、安全乡董家垱中学及中心小学察看灾情,慰问部分受灾教师和家属。

8月24日 焦圻镇新渡口堤段加固工程(湖北黄金大垸吐洪口对岸)战役打响,市委副书记洪明祥任总指挥。全县9个乡镇4500名劳力及1000名部队官兵投入护坡加固工程。

8月26日 省委常委、宣传部部长文选德率副部长李凌沙、湖南日报社总编万茂华、省广电厅副厅长丁来文在市领导周用金陪同下到县察看灾情,看望一线新闻工作者。

8月27日 县环卫所副所长、共产党员李建国在抗洪抢险一线因劳累过度,以身殉职。县委发出向抗洪功臣李建国学习的决定,要求全县人民发扬抗洪精神,团结奋斗,顽强拼搏,夺取抗洪救灾胜利。

是日 市政协主席刘昌进率市有关单位负责人及光彩基金会成员到县慰问受灾教师和学生,并捐款8万元。

是日 中保财产保险湖南分公司到县召开现场理赔大会。县棉麻公司、金鹏公司分获预付赔款600万元、200万元。

8月30日 南京爱德基金会(宗教组织)秘书长顾某、国际友人芬兰籍牧师鲍某在省、市委统战部负责人、省基督教会会长陪同下,到县慰问受灾教民和群众,捐赠军用棉被1470床。

8月31日 省委书记王茂林在省、市领导陪同下到县,考察书院洲堵口复堤工程、安造北堈堤工地,到安障沙湖口小学了解学生就读情况,要求在半个月内完成溃垸区的抢排任务,让灾民重返家园。

9月1日 全县灾区15500多名学生如期入学就读,无一生流失。

9月3日 中共中央总书记、国家主席、中央军委主席江泽民,中央政治局委员、国务院副总理温家宝,中央政治局候补委员、中央办公厅主任曾庆红,中央军委委员、解放军总参谋长傅全有在省、市领导陪同下,到书院洲堵口现场看望部队官兵和公安干警,随后考察了安障沙湖口帐篷小学、村党支部活动室、医疗点、治安执勤点、灾民安置点,询问教学、党组织工作、灾民防病防疫、治安秩序和军民的衣食住行情况。县公安局设立的帐篷派出所得到江泽民高度赞许。

9月7日 安造大垸恢复重建指挥部召开第一次会议,要求在2000年前生产恢复到灾前水平,重点设施建设和公益事业超过灾前水平。

9月8日 县城民众夹道欢送参加抗洪抢险的部队官兵。

9月13日 市委、市政府召开安造大垸破口吐洪现场办公会,确定安障乡德兴村、毛耳渡为吐洪口。

9月14日 市领导程海波、洪明祥、陈君文、刘本之率市直有关部门负责人到县,召开安造大垸“三通一排”现场办公会,要求在11月10日前将垸内洪水排干。

9月15日 公安部部长贾春旺在省、市领导李贻衡、吴定宪陪同下,到县考察灾后治安工作,要求公安战线用抗洪抢险的劲头帮助灾区恢复生产、重建家园,确保灾区安全。

9月16日 国家经贸委副主任陈邦柱一行在省、市领导陪同下到县,察看了县棉纺织厂灾情,要求用好用活纺织行业改革政策,解决灾后出现的问题。

9月18日 县人大常委会主任李承武及常委会组成人员视察安造北堈堤、书院洲堵口复堤工程、安猷北堈堤和灾后校园重建、救灾保学情况,并听取有关情况汇报。

是日 上海市卫生局副局长何梦乔率上海第二批救灾医疗队到县,并带来价值100多万元的药品和医疗器械。医疗队40余名教授、主治医师分别来自上海医大附属华山医院、第二医科大学仁济医院、上海军医大学长海医院、上海市第一人民医院、曙光医院,分赴5个灾区医疗点开展防病治病。

9月22－23日 省委副书记储波在市领导陪同下到县考察灾情,要求既抓好重建工作,又抓好经济工作。

9月25日 因灾中断交通3个月的县主要交通干线黄安公路恢复通车。

是日 联合国驻北京工业发展组织到县考察灾后工业恢复情况。

9月27－28日 40名省、市人大代表视察县水利建设和抗洪救灾情况。市、县领导程海波、徐超文听取了代表的意见。

9月28日 黄山头商贸城举行剪彩活动。省、市、县领导郑培民、周用金、张孝岳等参加剪彩。

9 月 30 日 由中国人民解放军第一军医大学捐建的军兴小学在安全乡沙滩口村举行奠基仪式。第一军医大学政治部主任兰承晖，市、县领导陈君文、周用金、钦时中、陈立云、张孝岳、李绍源参加奠基仪式。该校于 1999 年 9 月 1 日正式接纳新生。

11 月 4 日 市委书记吴定宪到安障乡会子庙新村工地考察，要求把新村建成模范村、社会主义新农村。

12 月 26 日 中保财险公司安乡分公司召开洪灾理赔兑现大会。向安乡 13 家企业、7000 多名城乡居民兑现洪灾理赔款 5060 万元。至此，中保财险常德分公司已经全部兑现 1998 年理赔款，总额达 8307 万元。

是月 安造北垸堤灾后整治达标任务完成。11 月 2 日起，历时 2 个月，投资 330 万元，将原高程 41 米、面宽 5 米的 2700 米堤段全部加高培厚至高 43.5 米、面宽 6 米、内外坡比 1 ： 2.5（其中 462 米堤段坡比 1 ： 3），共加修土方 27.3 万立方米。

1999 年

1 月 5－6 日 省委副书记胡彪到县考察灾后重建工作。考察会子庙、木刬灾民新村，并看望抗洪功臣李建国家属。

1 月 9 日 全国人大代表团到县视察水利建设情况。

1 月 29 日 全县灾后重建及四大重点工作总结表彰大会召开。四项工作是水利建设、救灾安置、经济建设、社会稳定。

2 月 5 日 县委发出《关于加强干部教育管理的意见》《关于加强农村村级干部队伍建设的意见》《关于加强党风廉政建设的十项规定》。

2 月 10 日 县委、县政府发出《关于进一步加快发展乡镇企业和个体私营经济的意见》，出台一系列鼓励个体私营经济发展的政策，明确把个体经济作为县域经济的主体。

2 月 12 日 市委宣传部举行 1998 年常德十大新闻人物和十大新闻事件发布会。安乡抗洪功臣李建国、“百姓书记”虢光明入选。

2 月 25－27 日 县委经济工作会议召开。历年全县三级干部大会由县委经济工作会议取代，突出经济工作，突出发展成为会议主题。

是日 省委书记杨正午一行在市领导陪同下到县考察防汛工作。

4 月 7 日 由黄玉章率领的全国人大救灾工作检查团在市领导陪同下，到安障乡、安全乡考察救灾情况。

4 月 10 日 水利部副部长张基尧、长江水利委员会黎安田一行 8 人在省、市领导陪同下到县检查汛前准备工作，实地察看了书院洲堵口复堤和城关防洪圈工程。

4 月 14 日 湖南卫视播出《百姓书记》虢光明事迹的 6 集连续专题片。该片记录了安障乡党委书记虢光明勤政爱民、甘守清贫，为官一任、造福一方的事迹。

4 月 19 日 县治理经济发展环境动员大会召开。发布《关于进一步治理经济发展环境的决定》。

4 月 23 日 省政协副主席陈彰嘉一行 19 人到县考察防汛工作，先后考察了城关堤段混凝土建设工程和书院洲堵口复堤工程。

是日 全县普降特大暴雨，并遭龙卷风袭击。受损房屋 5559 幢、倒塌 616 幢，死伤 190 人（死亡 4 人）、重伤入院救治 113 人，油菜倒伏断杆 12.2 万亩、损毁棉苗 6.8 万亩，折断电杆 2315 根，造成 11 个乡镇停电。

4 月 25 日 市长程海波到县勘灾，要求妥善安置受灾群众，抓好抗灾救灾。

5 月 22 日 安乡大市场建设奠基仪式举行，省、市、县有关领导参加。该工程由县政府与省国际信贷投资公司共同投资兴建，占地 98 亩，计划投资 6000 万元，第一期工程于 2000 年 5 月完工。此为县内招商引资、搞活流通、发展个体私营经济的重大举措。

6 月 18 日 市中级人民法院终审判决，县境安昌、安丰、三岔河等 8 个乡镇 2535 户农民获农业损失理赔款 392001.12 元。其中原供种单位广西宾阳县种子公司因提供劣质“籼优桂 99”杂交稻种理赔 265556.48 元，县种子公司因销售劣质稻种赔偿农户损失 126444.64 元。

是月 “安乡之窗”正式开通运行，此为全省第一个县级政府国际互联网站。以宣传安乡政治、经济、地方风情为目的，设县情简介、党政机构、地方企业、农业生产、防汛抗灾、网上教室、招商引资、网上信息等栏目。

7月3日 省领导杨正午、郑培民、庞道沐、彭楚政等在市领导陪同下到县检查防汛工作，要求防汛工作务必抓实，确保万无一失。

7月16－17日 省领导郑培民、周时昌、彭楚政在市领导陪同下到县检查督导防汛工作，到安造、安澧、安保、安昌大垸，实地检查防洪大堤的防汛备料和巡逻情况，要求做好打大仗、打恶仗、打持久战的准备。

7月23日 省、市领导周时昌、陈彰嘉、彭楚政、洪明祥、周用金、何佑民、刘春林等分组对安昌、安造、安澧大垸进行督查，并到荆江大堤勘测分析藕池河和荆江南闸的洪水流量。

8月20日 全县在乡镇干部中开展增强“四个观念(政治组织观念、政策法制观念、群众观念、勤政廉政观念)”教育活动，4600名乡镇干部参加，9月底结束。

8月28日 县委发布《关于全面开展依法治县的决定》。

9月28日 驻县的省人大代表余习中、李承武、刘光明、王红霞在县领导陪同下，视察全国植棉劳模江从新的种植基地并听取有关情况汇报。

11月1日 中宣部、公安部、中华见义勇为基金会授予官垱镇居民夏先友全国见义勇为先进个人称号。

12月16日 全省灾后学校重建总结表彰大会在安乡召开。来自全省各地、市教育战线的代表总结交流重建“百校工程”的经验，县领导徐超文、朱晓平出席会议。

2000年

1月5日 经民主推荐、组织考评，县委、县政府审定，确定王志英、潘能均、申建春、谌天喜、易善贵、张远胜、石继荣、刘汉城、陈运国、李伟冠、雷德春等11人为全县首批学术和技术带头人。

1月18－20日 县第十三届人大第四次会议召开。补选了县人民政府县长。

3月7日 全县“三讲”教育动员大会召开。在干部中开展“讲学习，讲政治，讲正气”为主要内容的党性教育活动，分4个阶段进行，至5月9日结束。

3月25日 特大“女毒枭”杨长秀被县公安局抓获。杨长秀贩毒团伙犯罪成员38人，采取人体藏毒的方法贩毒近40公斤。为侦破此案，县公安局成立专门班子，历时8个月，行程万余公里，终将团伙成员缉捕归案。

4月17日 县政府发布《切实加强防汛抗灾工作的通告》。

4月23日 省长储波、副省长庞道沐在有关部门负责人和市领导陪同下到县，先后察看了城关防洪圈建设和安保大垸黄沙湾堤段综合治理情况。

7月3－4日 省委书记杨正午在市领导陪同下到县考察特种养殖情况，先后考察了安裕乡河蟹养殖基地、城关镇长岭洲鳝鱼养殖基地。

7月4日 市领导吴定宪、程海波、洪明祥到县境黄山头镇、安昌大垸等地督导防汛工作，要求加强防汛责任制，确保防汛力量和防汛物资到位。

9月2－4日 省人大常委会领导到县调查农民负担情况，了解乡村负债沉重的深层原因。

是月 在全省2000年度“芙蓉杯”水利建设检查验收中，安乡被评为全省水利建设十强县。

10月7日 县公安局接到举报，在安福乡东保村将“9·1”大案和湘、渝、鄂系列持枪抢劫杀人案主犯陈四清抓获。安福乡农民李某、魏某等13名群众积极举报并参与围捕，受到市委、市政府通报表彰和奖励。

10月26日 县人大代表及驻县的省人大代表视察县境交通重点工程荆八公路和大湖口大桥建设情况。

2001年

2月5日 县委经济工作会议召开。县委书记徐超文、县长朱晓平作会议讲话。

2月10日 开始在全县县直部门、乡镇、村领导班子和基层干部中,有计划、有步骤地开展“三个代表”重要思想学习教育活动。共有707个单位、13575人参加。

2月20-22日 县第十三届人大第五次会议召开。补选县人大常委会副主任1名。

3月2日 县城镇建设暨省级文明卫生城市创建动员大会召开。至此,县城区各项卫生指标基本达到省检标准,有的达到国家标准。县城区32条、40万平方米街道硬化率达到93%,有标准公厕24座、垃圾中转站27个,城市绿化率达到28%。

3月25日 安生乡59名学生感染恶性传染病猩红热。县委、县政府召开全县防疫猩红热紧急会议,2天内,全县各中小学共发放消毒药品3000多瓶、投服预防药品130万片,有效遏制了该病蔓延。

是月 全县农村开展创“三户(经济大户、五星农户、贫困户脱贫)”活动。至年底,共培植种、养、加和流通、服务大户2000个,创建五星农户1万个,重点扶持贫困户1.5万户、脱贫1万户。

4月26日 县第十三届人大常委会第二十三次会议上,撤销官垱镇第十一届人大、焦圻镇第十四届人大严重违反国务院关于减轻农民负担的有关政策、规定及中央、省、市农村工作会议精神的《关于教育集资的决议》。

5月22日 水利部副部长张基尧一行5人在省市领导陪同下到县考察安昌大垸水利建设情况。

6月11日 全县农业结构调整大会召开。确定大力调整农业结构,退田还水,退耕还林,退耕还草,发展高效农业的举措。

6月28日 安乡县纪念中共建党80周年群众歌咏会举行,共13支代表队、1000人参赛。其中,100多名副科级以上干部参赛。

7月8日 县委、县政府发布《关于加快农业经济结构调整的若干规定》,允许土地合理流转,鼓励土地向大户集中,鼓励社会力量参与结构调整。

7月11日 安乡先后派出14个项目计202名运动员参加全市第三届运动会。共夺得金牌24枚、银牌23枚、铜牌37枚。

8月 举行安乡县工业园奠基仪式。为加快工业园的建设,促进招商引资,县政府发布对新进入工业园的工业企业实施优惠的政策。

10月8日 县政务服务中心挂牌成立,正式对外办公。时有进入中心窗口的单位30家,首批公布的项目700多项。

10月18-20日 乡镇人大换届选举。全县共设469个选区,选出乡镇人大代表1177名、乡镇人大主席19名、副主席38名、乡镇长20名、副乡镇长61名。整个选举工作从8月20日开始至10月底结束。

10月19日 省政协副主席陈彰嘉率团到县考察以珊珀湖为中心的特种养殖示范带。

11月18日 县内第一条步行街——香港商业步行街奠基仪式举行。香港商业步行街由县政府与香港起凡投资发展有限公司协议投资开发,总投资5500万元。

12月6-7日 驻县的省、市人大代表集中视察县内城镇建设、水利建设、工业企业改制、重点工程城市基础建设、文教卫生发展等情况。市、县领导李少甫、钦时中、徐超文、朱晓平以代表身份参加视察。

12月10日 经民主评议、组织考察,全县评选出虢光明、王志英、杨华贵、文世新、王国安、毕家厚等6名人民群众的“贴心人”。县委随即作出《关于开展向群众“贴心人”学习的决定》。

2002年

1月 全县县、乡、村各级近3000名干部开展“察民情、送温暖”活动。到特困农户、特困居民家中走访慰问,送去大米、鱼肉等生活物资,并帮助他们解决一些生活中的具体困难。

2月22日 县委经济工作会议召开。会议主题是贯彻中央、省、市经济工作会议精神,推进全县工业化进程,“兴工强县,民营富民”。

3月3日 中央电视台新闻联播中播出由湖南卫视、县广播电视台记者共同采编的新闻《安乡县委认真贯彻落实“三个代表”重要思想,干部下到安丰乡铁路湾村帮助农民备耕备种》。

3月5-7日 县政协第五届委员会第六次会议召开,选举了县政协副主席、秘书长。

3月6-8日 县第十三届人大第六次会议召

开。补选了县人民政府县长。

3月25日 县国土局4名工作人员在工作时间接受吃请,酗酒滋事,殴打他人致死。县国土局局长引咎辞职,其他相关责任人分别受到党纪、政纪处分和法律制裁。县委、县政府以此为教材,在全县开展整顿干部作风活动。

3月26日 省领导杨正午、谢康生在市领导陪同下到县考察,下田头、到企业了解农业、工业发展情况。

3月27日 省领导张云川、杨泰波一行到县检查水利工作,先后察看了藕池河丁家渡、虎渡河陆家渡等堤段。

4月12日 全县农村税费改革动员大会召开,全面推行以"一减轻,两确保"为基本目标的农村税费改革。分五个阶段进行,于10月底结束。改革后,农业税费由农税员依法向农户常年征收。

4月16日 省委原副书记王治国到县考察,听取了省道1804线农业结构调整、书院洲溃口情况汇报。

4月29日 县人大常委会领导李承武、张树武、倪再湘及常委会组成人员视察全县去冬今春重点水利工程建设情况,听取了县水利水电局关于贯彻执行《中华人民共和国水法》《中华人民共和国防洪法》情况汇报。

是月 全县县、乡两级机构改革基本完成。改革后,县委设置工作机构7个、部门管理机构2个,县政府设置工作部门22个、部门管理机构2个,乡镇机构及事业站所、人员编制大幅精简。

5月9日 安乡一中被确定为省重点中学,县领导张开松、李承武、余斌参加授牌仪式。

5月17日 县政协领导余斌、孙云飞、熊长青率部分政协委员视察全县防汛抗灾准备工作,重点视察了安造大垸堤防建设和城关防洪圈,并听取有关情况汇报。

5月25日 国家防总负责人在省、市领导陪同下到县考察防汛工作。

6月7日 县人大常委会领导李承武、张树武、倪再湘、李长青及常委会组成人员共21人视察全县农业结构调整情况并听取汇报。

6月16－18日 中共安乡县第九次代表大会召开。选举产生第九届县委和县纪委及出席市第四次党代会代表。选举产生县委常委、书记、副书记和县纪委常委、书记、副书记。

6月20日 县政协主席余斌率政协委员视察县内医保、社保工作并听取相关工作情况汇报,对全县社会保障工作提出了意见和建议。

6月28日 省委书记杨正午在市领导陪同下到县督查防汛抗灾,现场察看了肖公嘴、终南寺等堤段垮坡整治工程。

8月3日 财政部到县检查民政救灾款物管理发放情况,重点检查了安猷、安障、安全、黄山头、官垱、安凝、陈家嘴、城关等8个乡镇。

8月18日 市委书记程海波到县检查督导防汛工作,并到安德乡调研农村税费改革、农业结构调整、乡村消赤减债。

8月20日 省领导孙载夫、黄明开等一行在市领导陪同下到县检查防汛工作,要求全县全力以赴防汛,确保万无一失。

8月26日 省领导庞道沐等在市领导陪同下到安昌大垸考察秋汛防守情况。

是日 省领导孙载夫、黄明开在市领导陪同下到县察看汛情。孙载夫仔细察看了安造大垸荆江南闸、松滋河东支和中支交汇地段,要求集中领导、技术力量,集中劳力、思想,确保平安度汛。

9月9日 县人大常委会领导李承武、张树武、李长青、李盈山及常委会组成人员一行21人视察县工业园建设情况并听取工业发展情况汇报。

9月27日 县政府与上海新高潮集团有限公司正式签订营造10万亩速生丰产林合作造林合同。合同期限30年,从2003年1月1日起至2032年12月31日止。安乡获30%的收益。

10月2－4日 县委、县政府组织举办安乡一中60周年校庆及经贸洽谈会,2700多名校友、客商,280多名工商业人士参加了洽谈会。上海新高潮集团有限公司、湖南洞庭白杨林纸业公司等6家企业先后与县林业局、安全乡、县物资总公司、县工业园、县建设局签订项目合同,总投资额2.57亿元。

11月19－21日 县政协第六届委员会第一次会议召开。选举产生县政协第六届委员会、常务委员、主席、副主席。

11月19日 省领导庞道沐率省水利厅、农业厅、畜牧水产局、计委、财政厅、湖南日报社、湖南卫视负责人一行19人到县考察水产开发工作，并听取税改工作情况汇报。

11月20－22日 县第十四届人大第一次会议召开。选举产生县人大常委会主任、副主任、县人民政府县长、副县长、县人民法院院长、县人民检察院检察长。

12月4日 市领导程海波、戴军勇、曹儒国、刘本之、彭孟芝、莫道宏、刘明、欧运崇、覃清香、李明安等及各区县(市)委书记到县，参观考察种养基地虾叽垴牛场、黄家台牛羊养殖示范带。

2003年

1月29日 县委、县政府发出《关于兴工强县，民营富民的意见》《关于加快农业产业化建设的意见》。

2月1日 晚7时40分左右，县安康造纸有限公司发生火灾。县领导徐超文、张开松、莫汉桃、毕家生、田华、汤世才等赶赴现场指挥调度。

2月11－13日 县委经济工作会议召开。

2月24日 省领导周伯华、杨泰波到县考察安澧大垸垮坡堤段。

3月26日 全县农村保持共产党员先进性教育活动动员大会召开。县长张开松作动员报告，市先进性教育驻安乡指导组组长陈祖新到会并讲话。

是日 县委、县政府发出《关于2003农民负担监督管理工作意见》，下达了2003年全县农村负担审批方案，并就涉负政策、纪律等作了明确规定。

3月30日 市委书记程海波到县考察。先后到三岔河镇和安裕乡，分别考察了镇先进性教育活动阵地、乡经管站，并参加镇、乡的相关座谈会。县长张开松作全县有关工作汇报。

是日 全县防治“非典型”肺炎工作紧急会议召开。县长张开松就防治“非典”工作作总体安排部署，全体县级领导、县直单位“一把手”及乡镇党委书记参加。

5月22－23日 省农办主任武吉海、副主任符星海等一行到县检查防汛抗灾工作。县委副书记戴作凡汇报全县防汛抗灾准备工作和农村工作情况。

6月30日 安乡县纪念中国共产党建立82周年座谈会召开。

7月9－11日 全县有320公里临洪大堤超过危险水位，其中澧水洪道洪峰和流量超历史，市委常委、市委组织部部长欧运崇坐镇安乡指挥。汛期，全县共发生各类险情210处，出动一线防汛领导2750多人、劳力7.5万多人，超危险水位的乡镇，都集结了150人的抢险队伍，总数达2400多人。落实以船代仓、以车代仓砂卵5000多吨，疏洗和开挖导浸沟1.8万条。在县委、县政府统一指挥下，全县未溃一堤一垸，无一人死伤，未出现一处大险，未造成大的灾害损失。

7月12日 省农办主任武吉海、副主任符星海在县领导陪同下检查安保大垸防汛准备工作。先后察看了安保大垸水位变化、导浸沟开挖等情况。

是日 县领导徐超文、张开松、田华看望慰问到县支援抗洪抢险的省武警总队官兵，并和官兵们一道在城关堤段开挖导浸沟。

8月9日 全县提升省级卫生县城、争创省级文明县城动员大会召开，全面安排部署创建工作。

8月27日 县委驻县粮食局改革指导组召开动员大会。会议明确了指导组成员工作职责，安排部署了粮食系统改制任务。

9月10日 全县事业单位人事制度改革工作会议召开。会议要求各单位统一思想，加大力度，全面推进人事制度改革。

9月14日 市领导程海波、刘明、刘春林率市农办、林业局、畜水局等单位主要负责人到县，考察“三化(农业产业化、工业化、城镇化)”建设情况。先后考察了三岔河镇美国三角叶杨苗圃基地、官垱镇渔场珍珠养殖基地、安昌乡六合村水生蔬菜良繁基地和杨树新型栽培模式基地、洞庭牧业草食鹅加工厂、工业园、劳动就业服务大厅、南安路拓宽工程现场、和平休闲街、书院洲广场及香港商业步行街。

10月4日 全县深化农村税费改革暨农民负担专项整治工作会议召开。会议总结了农村税费改革的经验，分析了需继续研究解决的问题，明确了今后的任务。

10月10日 全县创办全省人口与计划生育工作模范县动员大会召开。县领导唐汇元、汤菊华、康长利、张树武、宋凡华、王红霞及县直有关单位负责人、各乡镇长、计生办主任参加。

11月5日 市委常委李平及市有关部门负责人组成的检查组到县检查招商引资、工业上项目情况。在县领导汤世才陪同下,先后察看了新安都纺织有限公司、香港商业步行街、银嘉宾馆扩建工程和老百姓大药房生产基地建设情况。并就优化招商引资环境,扩大工业上项目召开了座谈会。

11月11日 省政策研究室副主任邓可梧等一行5人在县领导陪同下,考察县内洞庭牧业公司、香港商业步街及工业园等地,并就县域经济发展现状进行座谈。县长张开松、县计划物价、劳动保障、贸易发展、农办等部门负责人参加座谈。

12月5日 省委副书记、代省长周伯华在市领导陪同下到县考察水利冬修情况。主要察看了安猷乡大友垸大堤培土工程施工现场,肯定了安乡水利冬修的成绩,对领导、资金、劳动力、工程质量提出了具体要求。

是日 省委巡视组一行在县领导陪同下考察县内经济建设情况。先后考察了洞庭牧业公司、工业园、南安路出城口及书院洲广场等地。巡视组对安乡的建设现况、“兴工强县、民营富民”战略思路表示肯定。

12月10－11日 驻县的37名省、市人大代表进行视察活动。先后视察了凯斯公司、洞庭牧业、香港步行街等,肯定了全县“三化”建设的成绩并提出建设性意见。

12月29－30日 省人大常委会副主任庞道沐在市领导陪同下到县,先后考察了安猷乡大友垸大堤培修工程、良富大雁鹅良种繁育基地、工业园、香港商业步行街及洞庭牧业公司,对全县水利冬修工作予以肯定。

2004年

1月28日 省人大常委会副主任颜永盛一行到县视察城镇建设情况,并到县人大常委会座谈和看望部分老同志。

2月2－3日 县委经济工作会议召开。中心议题是兴工强县,民营富民,加速提质,超常发展。提出2004年经济工作继续坚持“四增三保两求一提高”总目标不变:即经济总量增加,城乡居民增收,财政收入增长,经济后劲增强;堤垸保安全,任务保完成,大局保稳定;经济建设求发展,社会事业求发展;提高人民的生活水平。力争国民生产总值增长10%,财政收入增加11%,农民人均可支配收入增长6%,全社会固定资产投资增长20%,新增就业岗位4000个,人口自然增长率控制在3.5‰以内。

2月13日 县委书记徐超文听取县畜牧水产局关于禽流感防治工作情况汇报,并到安障乡新剅口村养鸡大户彭卫明家中察看情况,对全县禽流感防治工作提出了要求。

3月27日 省政协原副主席陈彰嘉、市政协原主席韩林安一行在市、县领导陪同下考察县境大湖口大桥、工业园、香港商业步行街和荆江分洪闸等,听取灾后重建情况汇报。

4月2日 省、市领导周伯华、程海波、陈君文一行到县,在县领导陪同下检查县防汛指挥调度系统。

4月28日 县人民医院新住院大楼落成庆典仪式举行,逾千人参加庆典。县领导徐超文、张开松、樊明雪、龚德湘及相关领导为大楼落成剪彩。

5月中旬至6月底 全县禁赌专项活动成效明显。县委副书记莫汉桃亲自调度,共开展集中抓赌行动3次,出动公安干警1000多人次、警车200多台次,抓获、查处赌馆老板、参赌人员700多人,其中治安拘留134人,收缴赌具1500余件、赌资10万余元。

7月16日 省委副书记、纪委书记孙载夫在市、县领导陪同下考察县境防汛抗灾工作。

9月8日 晚8时,县境迎来新中国成立以来流量最大的一次秋汛。松滋河、虎渡河全面超警戒水位,其中松滋河王守寺站水位39.38米,超警戒水位0.38米。

9月20日 经投票评选产生首届安乡县十大杰出青年。即县国税局局长向贤民、官垱镇党委书记雷光承、潺陵实验中学副校长彭曼君、县移动公司副总经理金逸云、县挖泥船队队长兼党支部书记丁雁觅、县城关派出所教导员何勇、县电信局大客户中心主任黄必勇、湘北集团公司总经理肖昌武、新阳光大酒店总经理唐梦君、官垱镇紫金渡村党支部书记喻立炳。

10月20－21日 《人民之友》杂志社社长李彪、副主编杨志勇到县考察代表工作。安乡构筑代表活动平台、坚守代表职责、围绕产业创新活动模式、创立约束与激励机制的代表工作经验得到肯定。

11月3日 县委、县政府召开优化经济环境公开测评大会。全县30家行政执法单位参加测评,县消防大队、建设环保局、文化局分获前三名。

11月28日 安生乡官堰村被省司法厅、民政厅评选为全省法制示范村。

12月18日 省能源重点工程黄山岗220千伏变电站在县境安障乡破土动工。该工程占地42亩,计划总投资1.38亿元,是全县最大的工程建设项目。省人大常委会副主任颜永盛为工程奠基,副市长李爱国出席奠基仪式。

是日 县广兴购物广场开业。该项目由香港商业步行街招商、县政协引资,经营面积6000多平方米,总投资1000多万元,销售商品近万种。

是日 嘉德商贸城奠基仪式启动。

2005年

1月31日 城关书院洲北哑河开发项目正式签约。该项目总长2200米,面积580亩,总投资5亿元。计划2006年6月底前完成吹填工程,2007年上半年建成主街道、广场,2007年下半年全面铺开商业楼盘建设,2012年完工。

2月20－21日 县委经济工作会议召开。会议确定2005年五大奋斗目标即全县生产总值增长13%,达到44.74亿元;引进内资3.5亿元以上,外资到位1200万美元,全社会固定资产投资增长20%,达到8.69亿元;财政总收入增加3000万元,行政事业单位工作人员人均增收2000元,农民人均纯收入增加200元;工商企业改革全面清盘扫尾;争创全国计划生育优质服务先进县、国家级卫生县城,社会治安评估排序进入全省前40位。

是月 在全市的表彰大会上,安乡获年度目标管理、党管武装、社会治安综合治理、"两个确保"、维护社会稳定等五个先进单位称号。

3月15－16日 县第十四届人大第四次会议召开。补选了县人民政府县长。

4月3日 省领导周伯华、杨泰波、黄明开率省直有关部门负责人一行到县检查汛前准备工作。

4月12日 全县殡葬改革大会召开。从5月10日起,城关、大鲸港镇区域内实行强制火化。

6月20日 县委、县政府发出《关于严格社会保险费征缴任务考核结账的意见》,严格规范社会保险费征缴任务考核结账,确保全县保险费征缴任务按时按量完成。

7月5日 市领导刘本之、徐万发率市水利局负责人督查县内防汛抗灾准备工作。先后察看了陈家嘴镇西线大庆排水闸、安德田家吹填工程、陈家嘴东线仁寿"三石"储备场、仙桃电排等防汛设施。

8月12日 县委、县政府发出《关于进一步加强全县农业技术推广工作的意见》。

8月25日 县委、县政府发出《关于创建国家卫生县城的决定》,全面启动争创国家卫生县城工作。

8月29日 省卫生厅厅长刘家望在省、市卫生、血防部门领导陪同下到县考察血防工作。通过实地查看、走访农户和听取汇报,刘家望要求继续落实以控制血吸虫病传染为主的血防综合治理措施。

9月14日 第十届全国人大常委会委员、全国人大财经委主任委员、中国工程院院士傅志寰、省人大常委会副主任、党组书记吴向东、武警湖南总队政委赵龙、省九届人大常委会副主任罗海藩等15位全国人大代表视察县大湖口大桥和夹夹大桥建设情况。

9月28－29日 省委常委、宣传部部长蒋建国到县,对安乡农村基层文化建设、当前面临的突出困难、存在的问题和解决的对策进行专题调研。蒋建国就如何解决文化站机构、队伍、阵地等建设中存在的问题,将文化事业推向市场,走服务型、管理型和民办公助的路子提出了具体意见。省文化厅副厅长吴爱华、市、县领导周用金、覃清香、张开松、王先蒙等陪同调研并参加座谈。

10月13日 县委、县政府发出《关于进一步优化教育发展环境的若干意见》。

是日 县城关潺陵敬老院工程建设破土动工。县领导张开松、戴作凡、章海南、熊斌出席奠基仪式。

11月1日 全县成功取缔人力三轮车(慢慢游)。取缔人力三轮车,提高了城市品位和城市形象,加快了创建国家卫生县城的步伐。

11月24日 全县干部作风整顿大会召开。决定从11月24日开始,用一个月时间在全县集中开展干部作风整顿活动,解决"三大(目无纪律、我行我素,见利忘义、违规执法,贪图享乐、作风不实)"问题。

12月16日 上午9时38分,举行香港商业步行街批发城开业剪彩暨维多利亚大酒店(现长鹰国际酒店)奠基庆典,逾千人参加。省人大常委会副主任庞道沐、县领导张开松、王先蒙、樊明雪、龚德湘出席剪彩和奠基仪式。

2006年

1月13-18日 全县开展"送温暖、解难题"活动。10600名党员、干部、职工捐款53.76万元、衣物1.2万件,走访和救济困难党员、伤残军人、特困户、五保户、低保户、企业困难职工1800余户。

2月2日 县委、县政府发出《关于加快工业经济发展的意见》。

2月8-9日 县委经济工作会议召开。会议确定2006年奋斗目标:发展的目标。全县生产总值力争突破50个亿,增速达到11%。引进的目标。力争引进内资6亿元以上,外资到位1500万美元。增收的目标。要实现"323"增收目标即通过强征严管、向上争资,力争财政总收入增加3000万元;行政事业单位工作人员人均增收2000元;农民人均纯收入增加300元。创优的目标。要争创国家卫生县城、全国计生优质服务先进县、全省综治先进县。

3月5日 上午10时58分,县委、县政府组织举行湖南正园饲料有限公司开业庆典。该公司坐落在大鲸港镇,总投资2600万元,拥有一条18吨级饲料生产线,年产值达5600万元。市、县有关领导出席庆典。

3月7-16日 全县乡镇第五次党委班子换届选举。每个乡镇选出5-7名党委委员,乡镇班子平稳交接,大局稳定。

3月10日 在全市的表彰大会上,安乡获招商引资、党管武装、农民负担监管工作等三个先进单位称号。

3月25日 县委常委会议研究确定在县城工业园区内筹建一大型公园。公园拟占地320亩,结合水塘治理形成一个有湖乡特色、兼具宣传教育、娱乐休闲为一体的风景园区。建设分两个五年完成,第一个五年("十一五"时期)为水塘治理阶段,主要做好整体规划、征地、开渠、绿化及硬化工作。第二个五年主要是功能区建设。

3月27日 市领导程海波、刘明、欧运祟到县听取了有关工作情况汇报,欧运祟察看了水利建设情况。

4月17日 市领导欧运祟、孙振华、孙维忠、李金城在县领导陪同下,考察县内防汛抗灾工作。

4月25日 市领导武吉海、刘明到县调研考察。武吉海要求全县当前工作是集中精力抓好工业建设,完成2006年的工业发展任务;坚持以点带面,推进社会主义新农村建设;认真落实防汛抗灾责任制,确保安全度汛。

6月27-28日 中共安乡县第十次代表大会召开。大会选举产生了第十届县委和县纪委及出席市第五次党代会代表。选举产生了县委常委、书记、副书记和县纪委常委、书记、副书记。

7月18日 市领导武吉海、刘本之、刘春林、刘明、何佑明、徐万发率市农办、水利等部门负责人考察县内水利工程建设和汛前准备工作。

7月21-22日 省"三湘农民健康行"新闻采访团到县,对全县农村卫生院、农村疾病防控和公共卫生服务与管理等进行全方位采访。

9月20日 上午8时,安乡大鲸港大桥收费站正式停止收费。

9月22日 水利部长江水利委员会专家组到县考察防洪区安全建设情况。

10月11日 市领导武吉海、刘本之、刘明、徐万发到县考察新农村建设等工作。

10月22日 全市新农村建设流动现场会在安

乡召开。与会人员实地考察了县内新农村建设示范点安障乡会子庙村、安全乡志中村，对安乡新农村建设予以高度评价。市领导武吉海、吴友云、高勇、徐万发参加了会议。

11月10日 中央纪委原副书记曹庆泽到县考察城镇化建设、工业建设等工作。在市、县领导及市、县有关部门负责人陪同下先后考察了香港商业步行街、工业园，详细了解了全县城镇化建设和工业建设等工作情况。

2007年

1月26日 县委经济工作会议召开。

2月7日 市领导武吉海、彭安沙、刘明一行在县领导陪同下，走访慰问县内部分困难户和企业。

3月19日 全县千名机关干部四送下乡活动启动仪式在安全乡志中村举行。县领导张开松、王先蒙、万勇、欧阳忆清、杨成先、谭登发、魏邦发、刘储士、汤平参加启动仪式。

4月6日 省委常委、副省长徐宪平一行在市、县领导陪同下，对县造纸企业整治工作进行调研。

4月24日 市领导武吉海、刘明、宋冬春一行在县领导陪同下，对县工业园区建设情况进行调研。。

6月7日 省委副书记梅克保一行在市领导陪同下，到县检查防汛准备情况。

7月26日 省委副书记梅克保在市、县领导陪同下，检查县内防汛工作。

7月29日 市领导武吉海、宋冬春在县领导陪同下，巡查县内安保大垸全线防洪大堤。

8月3-4日 市领导武吉海、彭安沙、宋冬春一行到县城镇、农村考察经济社会发展和干部思想作风建设情况。

8月14-15日 香港柏力集团董事局主席董超祺一行到县考察、洽谈投资项目，与县政府签约柏力工业园项目。县领导张开松、王先蒙、戴君耀、欧阳忆清、章绍君等陪同考察并出席签约仪式。

9月23日 省委组织部副部长李英华在市领导陪同下到县考察新农村示范片建设情况。

10月10日 县长王先蒙与柏力集团负责人就投资建设项目协议中的具体问题进行细致探讨和洽谈。县领导廖可元、汤世才、曾文波出席。

10月22日 香港柏力集团投资的常德柏力科学园暨毅力能源项目与县政府签约，并举行毅力能源项目奠基仪式。市领导彭安沙参加奠基仪式并致贺词。

11月15-16日 县政协第七届委员会第一次会议召开。大会选举产生县政协第七届委员会、常委、主席、副主席。

11月16-18日 县第十五届人大第一次会议召开。大会选举产生县第十五届人大常委会委员、主任、副主任、县人民政府县长、副县长、县人民法院院长、县人民检察院检察长和出席市第五届人代会代表。

12月7日 汤家岗遗址“考古发现之旅”新闻座谈会在安乡召开，进一步丰富了汤家岗文化的内涵，为申报国家级重点文物保护单位打下了坚实基础。省文化厅厅长金则恭和省文化局、省文物局领导和专家、省、市部分媒体记者、市、县领导张元英、王先蒙及县直有关单位领导、专家参加了座谈会。

12月11日 省基本农田保护示范区建设工作会议在安乡召开。省、市国土部门领导颜学毛、苏思贤、钟华山、市、县领导徐超文、王先蒙及全省各市、州政府分管领导参加会议。

12月15日 市领导卿渐伟、宋冬春率市直相关单位主要负责人到县，征求各界人士对市政府工作报告的意见和建议。县领导王先蒙、戴君耀、田华、汤菊华、汤祚国、汤平和部分驻县的省、市人大代表、政协委员及县直相关职能部门负责人参加座谈。

2008年

2月18日 全县千名干部下基层农村减灾补损活动启动仪式举行。全体县级领导、县直单位负责人、乡镇党委书记、减灾补损工作队员和技术人员共1000余人参加。

3月26日 长江水利委员会副总工程师夏正平一行到县，在市、县领导陪同下检查汛前准备工作情况。

3月30日 市领导武吉海、彭安沙、徐超文一行到县考察,对全县工业项目发展、工业项目建设及其他全局性工作开展情况进行了座谈。县领导王先蒙、石玉林、章绍君、陈支文、华云泽、汤平等陪同并参加座谈。

5月9日 省水利厅厅长戴军勇、副厅长钟再群在副市长徐万发及市水利部门负责人陪同下,到县考察汛前准备工作情况,对防汛工作提出了明确要求。

6月10－13日 省教育工作督导考核组一行在副市长万成贞陪同下,到县进行教育工作两项督导评估考核检查。

7月2日 市领导武吉海、吴友云、徐万发率市农办、水利、气象、水文等部门负责人到县考察和指导防汛、安全饮水、镇村同治等工作。

7月7日 省委常委、常务副省长于来山在市领导及省、市交通、水利、民政、发改等部门负责人陪同下到县,考察了杭瑞高速公路安乡互通匝道改线方案,听取了县经济开发区的发展及规划情况介绍,到蹇家渡堤段培修工程现场,询问城关防洪圈建设情况。

8月17日晚 市领导卿渐伟、宋冬春率市农办、水利局等部门负责人到县检查防汛工作。卿渐伟要求,加强防范和巡查,确保万无一失;加强城市防洪圈建设,提高城市防洪水平;加快受灾乡镇排渍,减少农民损失。

8月18日 市领导武吉海、宋冬春率市水利、民政、农业等部门负责人到县察看因"8·16"特大暴雨引起的严重灾情,考察防汛抗灾工作。

9月19日 省人大常委会副主任颜永盛在县领导陪同下,考察安障乡会子庙、新刭口、沙湖口村等地的建设情况。

10月13日 省人口计生委副主任彭振国率创建国家计划生育优质服务县评估小组到县,到安裕、安丰、安全、安障等乡镇,对乡镇计生服务站阵地建设、技术服务、整体工作运行情况等各项创国优工作进行检查评估并给予高度评价

10月24日 省委书记张春贤到县考察,在市、县有关领导陪同下,先后到水产营销农民专业合作社、安丰乡出口洲生态水产养殖示范区、凯斯机械有限公司和毅力能源项目建设工地,对全县新农村建设和工业发展的成绩予以肯定。

12月4日 省委巡视第一组到县,在县领导陪同下,考察洞庭水殖珊珀湖渔场、新农村建设示范片。

2009年

1月8日 市委副书记、代市长陈文浩一行到县,就《2009年常德市政府工作报告》(征求意见稿),向各界人士征求意见和建议。县领导王先蒙、石玉林、田华、汤菊华、廖可元、陶关锋、彭志宏及驻县的全国、省、市人大代表和省、市政协委员参加座谈。

2月7日 市领导卿渐伟、刘明、李平、徐万发一行在县领导陪同下,调研全县部分重点工程项目。先后察看了鲸沙公路建设工程、林城·香格里拉花苑小区,并听取安乡工作情况汇报。

3月13日 县委农村工作暨"三创"工作动员大会召开。安排部署了农村工作及创建"诚信安乡、学习型安乡、乒乓球之乡"工作。

3月25日 县委第一批深入学习实践科学发展观活动动员会召开,全县学习实践科学发展观活动正式启动。

3月31日 长江防总办主任、长江委副主任魏山忠率长江委水利检查组到县检查防汛抗旱准备工作。

4月20日 市领导卿渐伟、陈文浩、刘本之、刘春林率市"项目建设年"领导小组成员单位负责人到县,到毅力能源项目施工现场考察指导。

5月5日 市领导卿渐伟、陈文浩、曹儒国、刘本之、刘春林、刘明、彭安沙、徐万发到县检查防汛准备工作。

5月12日 省委副书记梅克保率省直有关部门负责人在市领导陪同下到县考察大堤垮坡整治工作。梅克保要求彻底消除各类安全隐患,做好防大汛、抗大灾的准备,强化责任,抓好落实,确保安全度汛。

5月26日 市委书记卿渐伟在市信访局负责人

陪同下，到县考察信访维稳工作。卿渐伟对全县信访维稳工作予以肯定，要求继续强化领导责任，健全长效机制，加大矛盾排查化解力度，确保大局稳定。

6月5日 省委副书记、省长周强在省政府秘书长武吉海和省水利厅、农业厅等相关部门负责人陪同下到县，察看安造大垸陆家渡堤段并考察全县防汛抗灾准备工作。

7月2日 省林业厅厅长邓三龙率调研组到县考察“森林县城”建设及城市林业工作。

8月10日 市领导陈文浩、沈习森到县考察重点项目建设工作。

8月18日 晚9时许，市委书记卿渐伟在县领导陪同下，到县内部分上岸定居渔民家中察看生产生活情况。

8月19日 市委书记卿渐伟考察县境三岔河新农村示范片建设和汤家岗文化遗址发掘保护工作。

10月19日 县委、县政府主办，县人口和计划生育局、计生协会承办的全县首届集体婚礼在书院洲广场举行。县委书记王先蒙为60对新人证婚并送上祝福。

11月13日 市委书记卿渐伟考察常岳高速公路安乡段建设情况。

12月24日 市长陈文浩率工作组一行到县，就《2009年常德市政府工作报告》征求意见。县领导王先蒙、田华、汤菊华、廖可元、宋凡华、何国荣等参加座谈。

区域概况

Quyugaikuang

第一章　区域位置

第一节　自然区域位置

安乡位于洞庭盆地湘鄂分界处，东连目平湖凸起，南至冲天湖鞍部，西抵太阳山隆起，北接华容隆起的黄山、虎山台地，处四周隆起带控制的断裂带之中。

安乡濒临西洞庭湖，纳长江之流，接澧水之澜，送入洞庭，处在“洪水走廊”的地理位置。

安乡处于北纬29°08′-29°45′、东经111°59′-112°18′之间，为中亚热带向北亚热带过渡的季风湿润气候区，四季分明，气候温和，阳光充足，热量丰富，雨量充沛，无霜期长，气压值高。1958-1989年，年均气温16.5℃，年均日照时数1848.8小时，年均降水量1208.2毫米，年均无霜期270.3天，年均气压1011.9百帕。1990-2009年，年均气温17.1℃，年均日照时数1818.9小时，年均降水量1267.9毫米，年均无霜期270.3天，年均气压1012.7百帕。两相比较，气候略有变化，年均气温上升0.6℃，年均日照时数减少30.9小时，年均降水量增加59.7毫米，年均气压上升0.8百帕。

第二节　行政区域位置

安乡位于湖南省北部，常德市东部。东与益阳市南县相连，南与常德市汉寿县隔水相望，西与常德市鼎城区、津市市、澧县以水相依，北与湖北省公安县、石首市接壤。县城与周边县、市、区的公路距离为：至南县牧鹿湖13公里，至鼎城区蒿子港（沙河口渡口）24公里，至津市市保河堤（石龟山大桥）20公里，至澧县官垸（夹夹大桥）41公里，至公安县黄山头镇35公里，至石首市（友谊桥）33公里。

第三节　水陆交通位置

安乡有由北向南的过境河流8条，航道总长272公里。丰水季节，北通长江，南通洞庭湖，为航行长江的小吨位船只绕过长江弯道的择优航线；枯水季节，北断南通。

安乡的陆路交通以公路为主体，四通八达，以县城为中心，日发客班车经安（乡）沙（市）线通湖北沙市，远及武汉、西安等地；经安（乡）常（德）线通常德市，远及张家界、长沙、东莞等地；经安（乡）南（县）线通南县，远及岳阳、长沙等地；经安（乡）津（市）线通津市、澧县，远及临澧、石门县，接枝柳铁路。

第二章　区域建置

第一节　建置沿革

安乡县域的建置沿革历史久远。春秋战国时期,为楚国属地。秦昭襄王三十年(前277年)为黔中郡属地,秦始皇(嬴政)二十六年(前221年)为慈姑县属地。西汉高祖五年(前202年)为武陵郡孱陵县属地。新莽始建国元年(9年)为孱陆县(由孱陵县改名)属地。东汉建武六年(30年)为孱陵县属地,建武十六年(40年)为作唐县属地。

南北朝陈天嘉二年(561年),析作唐县西南部置安乡县,为南义阳郡治,与作唐县同属南荆州。隋大业三年(607年)隶属澧阳郡。唐武德四年(621年)隶属澧州。唐贞观元年(627年),已于隋开皇九年(589年)改名为孱陵县的作唐县并入安乡,安乡与其母体县合二为一,隶属山南道澧州。开元二十一年(733年)改属山南东道,天宝元年(742年)改属澧阳郡,乾元元年(758年)复属澧州。五代梁开平二年(908年)后属马氏楚国澧州。宋乾德元年(963年)属澧州澧阳郡,至道年间(995－997年)改隶于湖北路,元丰年间(1078－1085年)改隶于荆湖北路。元至元十三年(1276年)属澧州路,隶于湖广行中书省江南湖北道。朱元璋吴王元年(1364年)属湖广行省澧阳府,明洪武九年(1376年)随澧州隶属于湖广承宣布政使司常德府,洪武二十九年(1396年)随澧州改属分守上荆南道岳州府。清康熙三年(1664年)属岳常澧道澧州。清雍正七年(1729年)属直隶澧州,至清朝灭亡。

中华民国元年(1912年),安乡直属湖南省。民国三年(1914年)省下设道,安乡属武陵道,民国五年(1916年)改属江南道。民国十一年(1922年)废道后复由省直辖。民国二十六年(1937年)省下设行政督察区,安乡属第二行政督察区,民国二十九年(1940年)改属第四行政督察区,至1949年7月30日安乡和平解放。

中华人民共和国成立后,安乡隶属于湖南省常德地区,1988年5月常德地区改为常德市,安乡隶属于常德市。

安乡建县距今已1448年,若从其母体县算起,已1969年,远远早于其周边县。

第二节　行政区划

安乡县域的行政区划情况,元以前(含元)无考。明、清代仅知:明初开始设里,洪武二十年(1387年)设坊廓、南平、长寿、秦铭、永丰、双林、永宁、文田、东高田、西高田、上高田、松渚、军牧等13里;永乐十至十一年(1412－1413年)撤并秦铭、双林里,仅存11里。清代沿袭明制,宣统元年(1909年)设1坊、10里。

民国初期设9乡、50团,民国十七至二十一年(1928－1932年)设5区、9乡、50团,民国二十二年(1933年)设5区、27乡、50团。民国二十四年(1935年)推行保、甲制,次年设27个乡镇、389保、3767甲,区未变。民国二十七年(1938年)撤区并乡,设16个乡镇、242保,民国三十五年(1946年)设145保、2051甲,乡镇未变,民国三十六年(1947年)设12个乡镇、144保、2064甲。

安乡和平解放后,县人民政府建立,设5区,乡、保未变,1950年增设1区,共6区。1951年秋废保、甲,增设1区,共设1镇、7区、153乡、3个区辖镇。1956年撤区并乡,设15个大乡。1958年10月,建立县人民公社联合社,为全国94个“一县建一社”的县之一,下设10个分社、72个生产大队、728个生产队,政社合一,乡建制取消;1959年1月,撤销县人民公社联合社,分社改为农村人民公社,辖4镇、97个生产大队、767个生产队。尔后,公社有分有合,数量有增有减,至1983年,设18个公社、259个生产大队、3984个生产队、4个社辖镇、2个县直辖镇、6个居委会,另有农、林、渔、牧、苇6场。1984年4月,撤社建乡;9月,安金、安文、安化、安武、安成乡分别改为焦圻、官垱、三岔河、下渔口、陈家嘴镇;11月,增设黄山头镇,1995年11月,安造乡并入黄山头镇;2008年10月,城关镇与安猷乡合并为深柳镇。至2009年,设深柳、大鲸港2个县直辖镇,黄山头、焦圻、官垱、三岔河、下渔口、陈家嘴6个建制镇,安障、安昌、安宏、安生、安全、安福、安凝、安丰、安裕、安康、安德11个乡,辖31个居民委员会、256个村民委员会,农、林、渔、牧、苇6场未变。

第三章　区域地质地貌

第一节　地　质

一　构　造

安乡之域地质构造单元谓“安乡凹陷”，北接华容隆起的黄山、虎山台地，南达冲天湖鞍部，西抵太阳山隆起，东至目平湖凸起，处在四周隆起带控制的断裂带之中，基础地质为“断裂带”。据地质部门探测与推断，地壳厚度33.8公里，重力布格异常值－10至30毫伽，为湖南省地壳最薄与重力高值区。

“安乡凹陷”位于洞庭盆地北部。从地质构造来说，洞庭盆地处在新华夏大内斜的构造带上，横跨江南背斜与黔鄂背斜，北为华容隆起，西北为黔北台凹，西南为雪峰隆起，东部为幕阜九岭台凸，湖盆中有东洞庭凹陷、目平湖凸起、西洞庭凹陷。其构造历程为：元古界震旦纪时期处于“地槽”阶段，元古界末期吕梁运动后转为“地台”。新生代二叠纪早期属“江南古陆”，为古特提斯洋(即地中海)的一片浅海盆地。中生代后期的燕山运动中，“江南古陆”中段断裂，准平原“地台”发生隆起或拉力陷，形成一系列大小不等的“地洼”，转入“地洼”阶段，形成洞庭盆地雏形。其间的“华容隆起”构造板块，东起华容县、石首市的墨山、桃花山，西接大王山、石华堰、高基庙、团山寺、鹿湖山，经安乡北境的彭丘岭、黄山、虎山，再接澧县北境的杨家岭、盐井、界山等大山，将湖盆切割成东西两部分。中生代白垩纪早期的地壳升降运动中形成洞庭凹陷盆地雏形，中部的目平湖——华容隆起为区内隆起主体，安乡之地在这个隆起主体之上。新生代第三纪，盆地内部发生一系列北东向断裂和褶皱构造，形成沉陷均匀的石——澧凹陷、太阳山凸起、常——安凹陷、目平湖凸起、沅——湘凹陷等相间的凸起和凹陷地型。6700万年前的白垩纪中晚期，地壳北部继续下沉，盆地由西向东迁移，并逐步扩大，形成安乡——汉寿凹陷、石门——澧县凹陷、沅江——湘阴凹陷等一系列凹陷。650万年前的喜马拉雅运动中，安乡——汉寿凹陷抬升，与原目平湖隆起连成一体。新生代第四纪，以差异升降和断裂沉陷为主要表现的新构造运动中，洞庭湖盆扩大，安乡所处的目平湖——华容隆起主体为新构造运动中的上升区。“安乡凹陷”正是在这种不断变化中形成的，并随着地质时期洞庭湖的演化，经历了由陆地凹陷为湖——再抬升出水为陆——再凹陷为湖——再抬升出水为陆的进程。

二　地　层

据地质部门探测，新生界第四系全新统冲积物覆盖全境99%以上的地面，仅有北隅黄山主峰出露元古界震旦系含砾砂岩、古生界泥盆系紫红色砂质页岩、新生界下第三系棕红色砂岩。据1981年国家地质部第四普查勘探大队1002井队地质组在县城南桥钻井(767.32米)资料，自新(上)至老(下)分述地层于次。

(一)新生界

第四系厚度140米。依次为：褐色含砾黏土层，7米；黄色黏土层，13米；深灰色黏土层，30米；杂色，灰白、灰黑、橘红砾石层，25米；浅黄色黏土层，14米；杂色砾石层，21米；灰色黏土层，10米；灰白色和少量黑色砂砾层，20米。新生界下第三系沅江组一段厚度366.05米。依次为：浅绿色粉砂岩，6米；浅绿色泥岩，3米；深红棕色泥岩，7米；红棕色泥岩，32.23米；深红棕色岩，20.47米；浅黄棕色粉砂岩，0.6米；深红棕色泥岩，12.5米；红棕色含粉砂质泥岩，0.9米；红棕色泥岩，4.9米；红棕色含粉砂质泥岩，1.4米；红棕色含灰质泥岩，10.4米；红棕色含灰质粉砂质泥岩，2.6米；浅绿灰色灰质石英粗粉砂岩，0.8米；灰色含灰质粉砂质泥岩，7.8米；棕黄色石英粗粉砂岩，0.9米；红棕色含灰质泥岩与同色含灰质粉砂质泥岩略等厚互层，中夹棕黄色含泥质灰质石英粉砂岩，浅绿色灰质云母石英粗粉砂岩各一层，40.08米；深棕色含灰质泥质粉砂岩，3.4米；黄绿色灰质石英粉砂岩，1.4米；深棕色含灰质粉质泥岩，1.55米；深红棕色含灰质泥岩，3.85米；红棕色含灰质粉砂质泥岩，4.35米；红棕色含灰质泥岩，0.55米；红棕色含灰质粉砂质泥岩，1.4米；深棕色含灰质泥粉砂岩，2.8米；棕黄色含泥质云母粉砂岩，1米；深棕色含灰质泥岩，3.1米；深棕色含灰质粉砂质泥岩，5.59米；深棕色含灰质泥质粉砂岩，1.35米；深棕色含灰质粉砂质泥岩，2.4米；黄棕色石英细砂岩，1.6米；深棕色含灰质泥岩、含灰质含镁粉砂质泥岩与棕色含灰质石英粗粉砂岩不等厚互层，48米；黄棕色含灰质含泥质细砂岩，6.55米；浅绿色细粒岩屑石英砂岩，1.15米；棕色含灰质粗粉砂岩，6.4米；红棕色含灰质砂质泥岩，9.6米；黄棕色含灰质细粒岩屑石英砂岩，4.7米；红棕色含灰质粉砂质泥岩，1.9米；棕色含灰质粉砂质泥岩，4.65米；棕黄色细粒屑石英砂岩，1.95米；红棕色含灰质泥岩，2.7米；黄棕色含灰质泥质粉砂岩，1.1米；红棕色含灰质泥岩，1.6米；棕色含灰质粉砂质泥岩，1.3米；红棕色含灰质含镁泥岩，12.6米；棕色含灰质含镁泥质石英粉砂岩，5.2米；红棕色含灰质泥岩，4.3米；棕色含灰质泥质石英粗粉砂岩，1.1米；深红棕色含灰质泥岩，8.8米；深棕色含灰质泥质石英粗粉砂岩，2.05米；深红棕色含灰质泥岩，3.05米；深棕色、棕黄色、局部灰绿色含灰质泥质石英粗砂岩、含灰质细粒岩屑石英砂岩与深棕色含灰质泥岩、含灰质粉砂质泥岩互层，45.5米；含灰质细粒岩屑石英砂岩，10.05米。

（二）中生界

白垩系厚度261.27米。依次为：深棕色含灰质粉砂质泥岩，1.8米；深棕色含灰质泥质粗粉砂岩，1.05米；深棕色含灰质含镁粉砂质泥岩，1.3米；棕色含灰质泥质粗粉砂岩，1.95米；深棕色含灰质粉砂质泥岩，1.1米；浅灰绿色细粒岩屑石英岩，0.35米；暗棕色含灰质泥岩，9.8米；棕色含灰质细粒岩屑石英砂岩，5.7米；深棕色含灰质泥岩、含灰质粉砂质泥岩与棕色、棕黄色含灰质细粒岩屑石英砂岩、局部含灰质泥质石英粗粉砂岩互层，43.75米；棕色含灰质粉砂质泥岩，11.05米；灰绿色细粒岩屑石英砂岩，1.3米；棕色含灰质粉砂质泥岩，3.3米；棕色含灰质泥岩，2.2米；棕色含灰质粉砂质泥岩，2.5米；棕色含灰质泥岩，2.6米；浅绿灰色含灰质泥质粉砂岩，4.35米；浅绿灰色含灰质细粒岩屑石英砂岩，1.85米；深棕色含灰质粉砂质泥岩，1.5米；棕色含灰质泥岩，1.7米；深棕色含灰质含镁粉砂质泥岩，12.6米；浅灰绿色含灰质细粒屑石英砂岩，5.5米；深棕色含灰质含镁粉砂质泥岩，3.8米；棕色含灰质泥质粉砂岩，0.8米；深棕色含灰质泥岩，1.9米；浅黄绿色含灰质细粒岩屑石英砂岩，5.7米；深棕色含灰质含粉砂质泥岩，6.7米；棕色灰质泥岩，1.9米；深棕色含灰质粉砂质泥岩，3.9米；棕色含灰质泥质粉砂岩，1.2米；棕色含深棕色含灰质粉砂质泥岩，5.1米；棕色岩屑石英砂岩，2.4米；深棕色含灰质含镁泥岩，10.9米；浅棕色岩屑石英砂岩，2米；深棕色含灰质粉砂质泥岩，3.2米；深棕色含灰质泥岩，4.05米；棕色含灰质粉砂质砂岩，1.85米；深棕色含灰质粉砂质泥岩，3.4米；深棕色含灰质泥质粉砂岩，2米；浅绿灰色岩屑石英砂岩，4.4米；深棕色含灰质粉砂质泥岩，4.85米；深棕色含灰质泥质粉砂质泥岩，8.45米；浅绿灰色岩屑石英砂岩，1.3米；深棕色含灰质含镁粉砂质泥岩，12.1米；深棕色含灰质泥岩、含灰质粉砂质泥岩与棕色含灰质泥质粉砂岩、浅绿色岩屑、石英砂质互层，33.8米；棕色含灰质含膏粉砂质泥岩，12.2米；暗棕色含灰质泥质粉砂岩，2.8米；浅灰绿色岩屑石英砂岩，3.32米。

第二节　地　貌

一　发育概况

新石器时代呈丘陵地貌。

先秦至东汉时期（公元前770年至公元220年），澧水主泓从黄山南侧自西至东的河谷中流出，东注长江，其汊流分布于境内中、南部。地貌向平原转化。

东晋至南北朝时期（317－589年），荆江南岸景口、沦口分洪汇合的沦水（亦称景水）冲过黄山垭口流入县境，东过景港（1950年划归南县），注入赤沙湖，扩展为东洞庭湖。澧水主泓受沦水干扰，自焦圻南下，在县境中、南部分为3支：东支、西支分别流入赤沙湖、沅水,东南支主泓出澧江口注入洞庭湖。县境"左挹洞庭,右接兰澧""众水环绕,形如排筏",呈平原向沼泽转化之势。

唐、宋、元、明时期,县境南部逐渐沦为洞庭水域。范成大(宋)在《安乡县西晚泊》一诗中有"水阔飞鸟倦"的记述。许宗鲁(元)《中秋不见月》描绘安乡县城"浦市依渔火,江城傍蜃楼"。明嘉靖、万历年间,县境中部筑垸防洪。

清至民国时期,由沼泽转化为堤垸密布的景观。乾隆二十四年(1759 年),虎渡河冲决西北边境的尖刀嘴,流出潭子口,成为大湖口河。道光初年,大鲸湖、珊珀湖、黄田湖在洪水季节与西洞庭湖合一水面,大湖口为入洞庭湖之口。道光二十八年(1848 年),虎渡河又冲开西北部三汊垴,形成自治局河。咸丰十年(1860 年)形成的藕池河系,在县境东部分为东、中、西 3 支,分别在团山寺(湖北石首)、三岔河、丁家渡附近注入洞庭湖。同治十二年(1873 年)形成的松滋河系,其西支经青龙窖注入澧县七里湖,东支则从余家岗入境,夺大湖口河、自治局河,迫使虎渡河主泓沿虎西山岗北侧转黄山东麓的原汊道南下,经梅景窖至陆家渡附近入洞庭湖。至此,洪水淹黄山脚,境内北、中部农民与水争田,南部则一片汪洋。后随洪水泛滥,泥沙淤积成洲,河道向洞庭湖延伸出口。光绪年间(1875－1908 年),中部以至南部大片洲土开始围垦成垸。宣统元年(1909 年),南北共有小垸 437 个,至民国十二年(1923 年),增至 700 多个。后逐渐合并,至民国三十八年(1949 年),形成 31 个防洪圈。

新中国成立后,按水系整治河道,堵塞横河汊道 20 多条,并为 5 个防洪大圈,呈现河网、堤垸型平原面貌。

二　现状特征

黄山矗立北隅,东西横亘,山体分布面积 2.75 平方公里,山下平原舒展,呈东北向西南微倾之势。澧水、松滋、虎渡、藕池四水自北向南流入目平湖;5 个大垸在水网中排成 4 行,全境形如"排筏",南北长 71 公里,总面积 1087.032 平方公里(163.0548 万亩)。陆地 1188089 亩,水域 442459 亩,最高点黄山主峰海拔高程(吴淞口,下同)265.8 米,最低点珊珀湖心 25.7 米,极差 240.1 米。平原海拔高程多在 29－36 米之间,相对比高 7 米,地面坡度小于 2 度。丘平比降千分之八,平原比降万分之一。地貌组合的丘陵、平原、水域比例为 0.25 ∶ 72.61 ∶ 27.14。

三　微域分述

(一)岗　地

北境黄山,岗丘起伏,东西蜿蜒约 5.5 公里,南北宽约 1.5 公里。东麓,虎渡河上设荆江分洪南闸,西麓,松滋东支大湖口河穿越马波湖垭口。1950 年湘鄂定界,安乡管辖黄山大顶、二顶、虎山在内的岗地 2.75 平方公里,占全县总面积的 0.25%。山体久经沉降剥蚀,山坡土层浅薄,宜营林。

(二)平　原

占全县总面积的 72.61%。由于河湖的沉积方向、基底的凹凸状况和挽垸的时间迟早而有微域上的差异。大致是:"近河沙包洲,远水泥浆窝""倒口冲坑""老垸田低""湖岸地多,湖中田多"。围垦筑垸呈"碟"形,堵塞哑河筑垸呈"船"形,围绕岗丘筑垸呈"龟"形。经并流合垸,平整土地,昔日小垸的"小碟""小船""小龟"形态依稀有别,大垸地貌为龟形、船形两类。安造大垸属龟形类。黄山山脉的白家岗、汤家岗、尧文岗、黄山岗、打鼓台等丘岗延伸至黄山头、安全、安障、深柳等乡镇垸内,原为黄土丘陵区,虽经地壳沉降与剥蚀,河湖淤积,人工夷平,仍为垸中高阜。"远视是平川,近看似梯田",展现"龟背"地貌。安澧、安保、安昌大垸和安化垸属船形类。合垸前,河港纵横交织,湖塘星罗棋布,形态各异的小垸数以百计。合成大垸后,经农田水利建设,形成以哑河、河流为主线,自北而南,串联湖泊的"碟"形、"船"形洼地,顺洪道鸟瞰,"貌似行船"。

(三)水　域

占全县总面积的 27.14%。垸内哑河、渠道、湖塘共 18.05 万亩,占垸内总面积的 11.07%。垸外洪道、河滩、洲土 261959 亩,占全县总面积的 16.07%,其中 8 条河流的洪道 9.6 万亩。河床海拔高程在 25－27 米之间。

详情见表 3－1－1。

安乡县大垸地貌特征简表

表 3-1-1

平原类型	分布面积				地貌组合		地面高程（米）与相应面积（亩）								
	大垸	所辖乡镇	万亩	%	组合面积(万亩)	%	29.0以下	29.1至30.0	30.1至31.0	31.1至32.0	32.1至33.0	33.1至34.0	34.1至35.0	35.1至36.0	36.0以上
龟背平原	安造	黄山头 安全 安障 深柳	35.19	23.66	丘陵 0.41 平原 29.91 水域 4.87	1.2 85 13.8	3354	21856	47080	81447	96699	49154	25856	19934	6520
船形平原	安澧	焦圻 安福 安凝	20.25	13.62	平原 17.67 水域 2.58	87.3 12.7	–	3996	40602	65340	45314	23314	12996	4795	6143
	安保	大鲸港 安丰 安裕 安康 下渔口 陈家嘴 安德	55.5	37.31	平原 47.72 水域 7.78	86 14	48375	103149	148158	165354	49396	12115	9444	9504	9505
	安昌	安生 安昌 安宏	17.38	11.68	平原 15.93 水域 1.45	91.7 8.3	204	15302	36541	51089	34498	25502	5171	4054	1439
	安化	官垱 三岔河	20.43	13.73	平原 19.34 水域 1.09	94.7 5.3	–	818	19046	33904	37249	27396	83098	1869	920

注:148.75 万亩垸内总面积中,含大堤所占地面 2.6 万多亩。

第四章 区域气候

安乡属中亚热带向北亚热带过渡的季风湿润气候区,四季分明,降水集中,阳光充足,热量丰富,无霜期长,气候地理差异小,适宜工农业生产。但也有寒潮、大风、暴雨、干旱、冰雹、冰冻等灾害性气候,给工农业生产和人民生活造成严重影响。

第一节 四季气候

民间以农历分季,正、二、三月为春季,四、五、六月为夏季,七、八、九月为秋季,十、十一、十二月为冬季。气象部门以公历分季,12 月至次年 2 月为冬季,3－5 月为春季,6－8 月为夏季,9－11 月为秋季。气候上定位以平均气温低于 10℃的期间为冬季,稳定高于 22℃的期间为夏季,由 10℃上升为 22℃的期间为春季,由 22℃降为 10℃的期间为秋季。据资料分析,从气候定位上县域 3 月 16 日入春,5 月 21 日入夏,9 月 22 日入秋,11 月 21 日入冬。春长 66 天,夏长 124 天,秋长 60 天,冬长 115 天。

一 春季气候

春季(3－5 月),南风增强,气候温暖,降水增多,气候多变。

南风频率 9%,比冬季高 4%,北风频率相应降低。季均风速 1.9 米/秒,居四季之首。季均气温 16.8℃,最高值 18.8℃(2008 年),最低值 11.6℃(1991 年)。季均降水量 418.3 毫米,为年均降水量的 32%,仅少于夏季。最高值 872.2 毫米(2002 年),最低值 258.6 毫米(2006 年)。天气多变,时而风和日丽,时而气温骤降,并伴雷雨、大风、冰雹,时而阴雨连绵,时而连晴少雨,造成春旱。季均雨日 45.2 天,居四季之首。季均日照时数 425.3 小时,为年均日照时数的 23%。季均总辐射量 117139 焦耳/平方厘米,为年均总辐射量的 25%。

二 夏季气候

夏季(6－8 月),盛吹南风,降水集中,阳光充足,气候炎热。

南风频率 11%,居各风向之首,西风频率最少,2%,县城最大风速 14 米/秒,龙卷风一般在 10 级以上。季均降水量 467.5 毫米,为年均降水量的 36%,居四季之首。6 月降水量 181.4 毫米,居各月之首,常有洪涝灾害。季均日照时数 638.3 小时,为年均日照时数的 35%,季均总辐射量 170981 焦耳/平方厘米,为年均总辐射量的 37%。季均蒸发量 474.2 毫米,为年均蒸发量的 41%,常有干旱。日照时数、总辐射量、蒸发量均居四季之首。季均气温 27.3℃,最高值 28.5℃(2009 年),最低值 26.2℃(1993 年)。7 月天气最热,月均气温 28.5℃。高温天气季均 17.5 天,酷热天气季均 9.7 天,最多出现在 7 月中旬至 8 月上旬,民谚曰“热在三伏”。季均气压 1000.6 百帕(安乡站,下同),为四季之最低值,极端最低气压 989 百帕。

三 秋季气候

秋季(9－11 月),北风增强,气候凉爽,降水较少,多有初霜。

北风频率最大,为 23%,居四季之首,西风、西南风频率最小,均为 2%,县城最大风速 24.5 米/秒。季均气温 18.1℃,比夏季低 9.1℃。季均降水量 215.3 毫米,为年均降水量的 20%,仅多于冬季,有连晴少雨和秋旱,也有“绵绵秋雨”。深秋多有霜出现(58%的月份为初霜),初霜平均日期在 11 月 27 日,终霜平均日期在 2 月 28 日,霜期 94.7 天,无霜期 270.3 天,霜日 25.9 天。

四　冬季气候

冬季(12 月至次年 2 月),盛吹北风,气温寒冷,降水量少,常有冰冻。

北风频率 20%,居各风之首,东北风频率次之,15%,西风频率最小,1%,最大风速 15.7 米/秒(东北风)。季均气温 6.2℃,最高值 7.9℃(2007 年),最低值 4.7℃(2005 年)。1 月为全年最冷月,月均气温 4.6℃,极端最低气温 -5℃。19% 的冬季为“前冬冷(12 月最冷)”,16% 的冬季为“后冬冷(2 月最冷)”,最低月均气温 4.2℃(1990 年 2 月),民谚曰“冷在三九”。季均降水量 166.8 毫米,为年均降水量的 11%,居四季之末。季均雨日 30.8 天,居四季之末。季均降雪日 10.4 天,最大积雪深度 28 厘米。季均相对湿度 78%,季均蒸发量 127.7 毫米,居四季之末。季均日照时数 294.6 小时,为年均日照时数的 17%。季均总辐射量 10902 焦耳/平方厘米,为年均总辐射量的 15%,均居四季之末。季均气压 1021.6 百帕,极端最高气压 1040.7 百帕,均为四季中最高值,极端最低气压 985 百帕,为四季中最低值。

第二节　气候要素

县域因自然环境差异不大,气候要素的地理差异较小。

一　气　温

年均气温 17.1℃,呈南高北低分布,南北差 0.2℃。2006 年、2007 年,年均气温高达 18.2℃,1993 年仅 16.4℃。月均气温以 1 月最低,4.6℃,7 月最高,28.5℃,气温年较差 23.9℃。极端最低气温 -5℃(1998 年 1 月 9 日),极端最高气温 39.1℃(2010 年 8 月 4 日),气温绝对年较差 44.1℃。1 -7 月,月均气温逐月升高,7 月至次年 1 月,月均气温逐月降低。年均气温日较差 7.1℃。月均气温日较差以 5 月最大,7.8℃,1 月最小,6.1℃。气温日较差极大值 18.5℃(1996 年 1 月 3 日),极小值 0.4℃。气温多以日出前最低,正午后最高。日均气温稳定通过 0℃ 的初日为 1 月 14 日,终日为 1 月 6 日,初终间 357.4 天,积温 6045.3℃。

二　日　照

年均日照时数 1817.9 小时,2001 年达 2060.9 小时,1999 年仅 1521.7 小时。月日照时数 7 月最多,232.2 小时,2 月最少,84.2 小时,2 -7 月,日照时数逐月增多,7 月至次年 2 月,日照时数逐月减少。年均日照百分率 41%,2001 年最高,47%,1999 年最低,34%。月日照百分率 8 月最高,51%,2 月最低,27%。年均总辐射量 461035 焦耳/平方厘米。年日照时数、总辐射量、日照百分比,均居全省最高值。

三　降　水

雨水充沛,降水集中,降水形态多样,除雨、毛毛雨、雷阵雨、冻雨、雨夹雪、雪、米雪、冰粒、冰雹外,还有泥雨等特异降水。

(一)降水量

年均降水量 1267.9 毫米,南多北少,南部陈家嘴 1249.8 毫米,北部官垱 1125.1 毫米,南北差 124.7 毫米。2002 年降水量最多,1930.4 毫米,2001 年最少,985.7 毫米。年降水量相对变化率 16.6%。雨季始于 4 月 21 日,终于 7 月 15 日,长 85.9 天,降水量 610.5 毫米,为年均降水量的 50%。月均降水量 6 月最多,181.4 毫米(最高值 1995 年 6 月,488.7 毫米),12 月最少,36.3 毫米。1 -6 月,月降水量逐月增多,6 月至次年 1 月,月降水量呈波动减少。月降水量相对变化率 12 月最大,64%,5 月最小,31%。旬平均降水量 7 月上旬最多,67.7 毫米,12 月上旬最少,9.8 毫米。最大日降水量 146.5 毫米(2008 年 8 月 16 日),100 毫米以上降水量日为两年一遇。

(二)雨　日

年均雨日 154.8 天,其中小雨日 99.1 天,中雨日 38 天,大雨日 14.3 天,暴雨日 3.4 天(含特大暴雨日 0.3 天)。月雨日 4 月最多,14.8 天,12 月最少,8

天。雨日常连续出现,最长17天(2002年4月23日至5月9日)。平均初雪日为12月14日,终雪日为3月9日,初终间86.3天,年均雪日5.8天,积雪期12月至次年3月,年均积雪日5天。雪日、积雪日均以1月最多,分别为3天、2.7天。最大积雪深度28厘米(1995年1月23日)。

四 风

(一)风 向

年均北风频率最大,18%,东北风频率次之,13%,西南风频率最小,1%。1－5月、8－12月多北风,6－7月多南风,季风明显,"冬季风"明显。

(二)风 速

年均风速1.8米/秒,1990年最大,2.1米/秒,1999年最小,1.6米/秒。月均风速9月最大,2米/秒,11月、12月最小,1.6米/秒。

五 湿 度

年均相对湿度79%(1990年、1991年、1994年、2002年达81%)。月均相对湿度6月、8月最大,82%,12月最小,75%。强降水和连续阴雨时,相对湿度可达100%(1－12月均有出现),而天气连晴,湿度转小,日均气温稳定通过10℃期间的降水量833.9毫米,湿润指数0.99。

六 蒸发量

年均蒸发量1155.9毫米,2001年最多,1298.8毫米,1996年最少,1034.0毫米。月蒸发量7月最多,平均178.9毫米,1月最少,平均37.5毫米。1－7月,月均蒸发量逐月增多,7月至次年1月,月均蒸发量逐月减少。7月、8月、9月、10月、12月,蒸发量大于降水量,常伴有干旱。

七 气 压

县境属全省气压最高值区,年均气压1011.9百帕,1993年最高,1016.3百帕,2006年、2007年最低,1011.2百帕。月均气压12月最高,1027.5百帕,7月最低,1003.5百帕。1－7月,月均气压逐月下降,7－12月,月均气压逐月上升。气压的日变化多以11时前后最高,17时前后最低,有时亦出现两高两低,即11时前后和23时前后最高,5时前后和17时前后最低。极端最高气压1040.7百帕(2009年11月2日),极端最低气压985百帕(2009年2月21日)。

八 地 温

地温垂直分布为三型:4－8月为日射型,地温随深度增加而降低;11月至次年2月为辐射型,地温随深度增加而升高;3月、9月、10月为日射型和辐射型同时存在的过渡型,其中3月、9月上层为日射型,下层为不规则辐射型,10月下层为辐射型,上层为不规则日射型。

(一)地面温度

年均地面温度18.8℃,最高19.6℃(2004年),最低18.4℃(1991年)。极端最高地面温度67℃(2001年7月24日、28日),极端最低地面温度－7.2℃(1991年12月29日)。月均地面温度7月最高,32.4℃,1月最低,5.2℃。1－7月,月均地面温度逐月上升,7月至次年1月,月均地面温度逐月下降。

(二)浅层地温

浅层年均地温5厘米层18.1℃、10厘米层18.1℃、15厘米层18.5℃、20厘米层18.4℃。浅层月均地温5厘米层7月最高,30.2℃,1月最低,5.6℃,1－7月逐月上升,7月至次年1月逐月下降。10、15、20厘米各层8月最高,分别为29.8℃、29.9℃、29.6℃,1月最低,分别为6℃、6.5℃、6.8℃,1－8月逐月上升,8月至次年1月逐月下降。5厘米层日均地温稳定通过10℃、15℃、20℃的初日分别在3月19日、4月16日、5月11日,各初日80%的保证日期分别为3月28日、4月23日、5月21日。

第五章 区域水文

安乡史称“水乡泽国”,明万历元年(1573 年)始修堤垸,“河港交织如网,湖泊星罗棋布”之貌逐渐改变为堤垸型之貌。但水之状仍为安乡之状,水之魂仍为安乡之魂,安乡仍优于水也忧于水,益于水也苦于水。

第一节 地表水

一 降雨量与河流量

前志记载:年均天然降水量 13.12 亿立方米;8 条过境客水年均径流量 994.69 亿立方米。澧水洪道 314.616 亿立方米,松虎洪道 416.3 亿立方米,自治局河 271.5 亿立方米,大湖口河 133.1 亿立方米,虎渡河 195.64 亿立方米,官垱河 31.74 亿立方米。

1990 - 2009 年间,年均天然降水量 1315.9 毫米;8 条过境客水年均径流量 994.69 亿立方米。澧水洪道 314.46 亿立方米,松虎洪道 452.85 亿立方米,自治局河 271.5 亿立方米,大湖口河 133.1 亿立方米,虎渡河 195.64 亿立方米,官垱河 31.74 亿立方米。

二 垸内蓄水量

前志记载:20 世纪 50 年代,垸内湖泊 355 个,总面积 23.57 万亩,调蓄水量 1.41 亿立方米,后经园田化建设和生产条件改造,1989 年垸内湖泊、哑河仅存 140 个(条),总面积 9.25 万亩,有效调蓄水量 0.46 亿立方米。

1990 - 2009 年间,垸内湖泊、哑河仍为 140 个(条),但蓄水面积扩大。据 1992 年国土资源调查,垸内湖泊、哑河总面积 14.31 万亩,其中大、中型湖泊、哑河 13 个(条),总面积 4.86 万亩,有效调蓄水量 0.46 亿立方米。

第二节 地下水

安乡凹陷地表 99% 以上为新生界第四系全新统冲积物,厚度 140 米。该系地层中松散岩性孔隙水,因雨水、河水的补充,总量较为丰富。其上层为潜水,总储量约 1.8 亿立方米。因土层成因不同,潜水量亦不相同。以粗沙土、砂壤土、砂砾石为主的土层,透水性好,含水层厚度 10 米左右,水位埋深 2 米左右;黏土、砂壤土、壤土、粗沙土交叠的土层,透水性较差,含水层厚度小于 10 米,水位埋深 1 米左右;以黏土为主的土层,透水性差,含水层薄,水位埋深 0 - 0.5 米。其下层为承压水,分布在潜水之下、更新统地层中。一般位于地壳凹陷深处,全新统土层覆盖较厚之处,含水量较厚。平原地区的含水岩组分两层,上层为中更新统白沙井组,埋深 19.26 - 29.26 米,下层为下更新统汨罗组,埋深 28.13 - 46.63 米。单井日涌水量 136.5 - 234 立方米,渗透系数每日 2.89 - 35.45 米。

第六章　区域自然资源

第一节　土地资源

安乡为堤垸型地貌。据1991年结束的土地利用现状调查,土地总面积1087.03平方公里,折合163.0548万亩,其中垸内143.1297万亩,垸外19.9251万亩,分别为土地总面积的87.78%、12.22%;水域面积60.7748万亩,为土地总面积的37.27%,其中可利用水面19.9万亩,分别为土地总面积、水域总面积的12.2%、32.74%;耕地75.262万亩,分别为土地总面积、垸内土地面积的46.16%、52.58%。尔后,土地总面积未变,但水域与耕地面积有增有减。2009年,水域面积64.8566万亩,耕地面积79.497万亩,人均占有量分别为1.08亩、1.33亩。

安乡的地质结构古老,垸地覆盖物95%以上为新生代第四纪全新统冲积物。据1979－1980年的土壤普查,有水稻土、潮土、红壤土3个土类,其分布面积分别为54.7914万亩、10.0009万亩、4619亩,分别占普查总面积的83.97%、15.33%、0.7%。土壤质地良好,一级地32.0393万亩、二级地16.3413万亩、三级地16.3372万亩、四级地5364亩,分别为普查总面积的49.1%、25.04%、25.04%、0.82%,一、二、三级宜农地占99.18%。

第二节　水资源

安乡的地表水极为丰富,其源为:降水量大,1990－2009年,年均降水量1267.9毫米;过境客水量大,8条穿境河流年均径流量994.69亿立方米;垸内湖泊、哑河蓄水量大,2009年,垸内有大、中型湖泊、哑河13个(条),总面积4.86万亩,蓄水量0.46亿立方米。

安乡的地下水也十分丰富。全新统地层上层潜水总储量约1.8亿立方米,更新统地层下层承压水单井日涌水量136.5－234立方米。上层潜水有害物质含量较大,不宜饮用;下层承压水为中性重碳酸钙型淡水,可饮用。

第三节　森林资源

安乡为两湖平原栽培植被区,森林资源由次生和营造林两大部分构成,有树种125种,隶属52科、92属。营造林中,有杨树、水杉、池杉、杉木、马尾松、香椿、喜树、泡桐、苦楝、旱柳、枫杨、檫树、竹类、木兰等树种,还有柑橘、桃、梨、李、桑等经济林木和香樟、银杏、雪松、桂花、广玉兰、景裂白兰、杜芙、红花继木等城镇绿化林木。2009年,林业用地多达30万亩,由黄山头林场和垸外河洲与垸内公路、沟渠、堋堤、荒坪隙地及农户的四旁地、城镇的绿化地构成。森林覆盖率10.48%,林木绿化率18.5%,活立木蓄积量83万立方米。

第四节　芦苇资源

安乡堤垸外生长芦苇的洲土面积较大。1965年有大小河洲92块,总面积7.1566万亩,其中可植芦面积49块、6.1096万亩,植芦3.3万亩。1983年有洲土45块,总面积9.0251万亩,其中植芦4.8991万亩,占洲土总面积的52.03%,尔后面积未变。芦苇产量1972年5400吨、1981年1.95万吨、1989年2.18万吨、2009年2.33万吨。芦苇资源中,纤维含量高的占到98.81%。

第五节　生物资源

安乡的生物资源不乏。有维管束植物 88 科、228 属、319 种,其中蕨类植物 6 科、7 属、7 种,种子植物 82 科、221 属、312 种,野菱为国家Ⅱ级保护植物,芡实、香蒲为省级保护植物。有野生脊椎动物 231 种,其中水生脊椎动物 53 种、陆生脊椎动物 178 种。有东方白鹳、白鹤、中华秋沙鸭、大鸨等国家Ⅰ级重点保护动物,虎纹蛙、普通鵟、草鸮、红隼、水獭等 24 种国家Ⅱ级保护动物。

第六节　矿产资源

安乡为贫矿县。地上除有可烧砖瓦的黏土外,仅有可挖但为数极少的河砂与存量有限已禁止开采的石英砂岩。地下除有储量丰富的地下水外,尚未发现能源类、金属类、非金属类矿产资源。

第七章　区域自然灾害

安乡县域自然灾害的形成与发生,主要取决于区域的地理位置、地理环境及域内的自然因素与人为条件。发生过气候、洪涝及地震等自然灾害,以洪涝灾害最为严重。

第一节　气候灾害

安乡县域处于中亚热带向北亚热带过渡的季风湿润气候区,大风、暴雨、干旱及冰雹、冰冻不乏发生,暴雨造成的涝灾最为严重,史称"渍水桶子"。

一　灾害概况

1958－1989年间,八级以上大风年均13.7天(1962年多达32天),连续时间最长的4天(1961年3月18－21日)。龙卷风约三年一遇。暴雨日年均3.7天(1969年、1973年多达8天),大暴雨日五年三遇,连续时间最长的3天(1977年6月13－15日),日最大降雨量182毫米(1988年9月8日),均造成重大涝灾。春旱约四年一遇、夏旱约七年二遇、秋旱约七年三遇、冬旱约七年二遇,最严重时,垸内居民无水可饮。冰雹约三年二遇,雹灾约四年一遇。冰冻五年四遇,年均冰冻日三四天。

1990－2009年间,八级以上大风年均0.1天,1998年、2001年仅各1天。暴雨日年均3.4天,大暴雨日六年四遇,连续时间最长的10天(2002年),日最大降雨量146.5毫米(2008年8月16日),造成重大涝灾5次。大暴雨出现在5－7月,7月最多。特别是1998年7月,大雨、暴雨如注,降雨范围广,雨量集中,强度大,历时长,间隔短,平均降雨405毫米以上,造成全县重大涝灾。春旱3次、夏旱2次、秋旱2次、冬旱1次。冰雹2次。冰冻1次,2008年1月21－29日连续冰冻,树木折断,河湖冰封,车船停运。

二　重灾实录

(一)暴雨、龙卷风灾害

1992年4月23日,县境遭受特大龙卷风袭击,2万多农户受灾,617户的房屋倒塌。1999年4月23日,县境普降特大暴雨,并遭受龙卷风袭击。受损房屋5559栋、倒塌616栋。死伤190人,其中死亡4人,入院救治113人。油菜倒伏断杆12.2万亩,损害棉苗6.8万亩。折断电杆2315根,造成11个乡镇停电。

(二)风、雨、雹灾害

1995年,县境遭受特大风灾、雨灾。受损民房2480间、倒塌3949间。12.9万人受灾,其中重灾区9万余人,死亡3人。农作物受灾面积51.94万亩,其中涝灾45万亩;成灾面积35.9万亩,其中涝灾33万亩。农作物减产面积51.94万亩,其中粮食作物33.48万亩,减产粮食2.4万吨;经济作物18.47万亩,减产棉花7500吨、油料4000吨。死亡生猪178头。经济损失总值14770万元。1996年,县境遭受雨灾、风雹灾。受损民房3400间、倒塌3000间。重灾区灾民2.55万人。农作物受灾面积81万亩,其中水灾75万亩,风雹灾6万亩;成灾面积64.5万亩,其中涝灾60万亩,风雹灾4.5万亩。粮食作物减产面积30万亩,减产粮食8.5万吨;经济作物减产面积34.5万亩,减产棉花4000吨、油料1000吨。死亡大牲畜320头。直接经济损失1.78亿元。

第二节　洪水灾害

安乡县位于洞庭湖北部,是长江"四口(调弦口、太平口、藕池口、松滋口)"泄洪与澧水流入洞庭湖的必经之域，史称“洪水走廊”。前志记载：荆江北岸堵口前(618－1524年)，洪水年15个，平均60.4年一遇；荆江北岸堵口至“四口”南流形成前(1525－1873年)，洪水年73个，平均4.8年一遇，其中大洪水年64个，平均5.5年一遇；“四口”南流期(1874－1958年)，洪水年36个，平均2.4年一遇，其中大洪水年33个，平均2.6年一遇；调弦口堵截后“三口”南流期(1959－1989年)，洪水年25个，平均1.2年一遇，其中大洪水年11个，平均2.8年一遇，特大洪水年3个，平均10.3年一遇。新中国建立后的1949－1989年间，洪水年36个，平均1.1年一遇，其中大洪水年21个，平均2年一遇，特大洪水年5个，平均8.2年一遇。

1990－2009年间，洪水年17个，平均1.2年一遇，其中大洪水年9个，平均2.2年一遇，特大洪水年4个，平均5年一遇。

1996年特大洪水，县境97%的防洪大堤面临历史最高水位，县城站39.72米、石龟山站40.03米。发生重大险情60多个，5万多名干部群众投入防洪抢险，苦战20天，耗资2000万元。

1998年特大洪水，全县6月底进入防汛期，过境洪峰连续9次，水位一次比一次高。与全县堤垸基本溃决的1954年比，县城站40.46米、超2.36米，豆港站42.68米、超3.97米，防洪大堤处于浪涌堤决的险境。7月24日，安造大垸溃决，安障、安全乡和黄山头镇基本淹没，受灾面积23.99万亩，受灾人口11.46万人，直接经济损失23.5亿元。发生险情5250处，其中处理重大险情170多个，干部群众苦战82天，耗资9200万元。

2003年特大洪水，县城站最高水位40.19米，仅比1998年低0.27米，石龟山站最高水位41.84米，75%的防洪大堤险象环生。发生较大险情210个，干部群众苦战15天，耗资300万元。

第三节　地震灾害

安乡凹陷位于洞庭盆地北部，处于四周隆起带控制的断裂带中，为湖南省地壳最薄与重力高值区。1516－1989年间，发生地震20次，形成重大灾害2次。1990－2009年间，发生地震2次。即1994年2月16日21时，官垱镇发生1.8级地震；2008年1月11日7时42分，与湖北省公安县交界处发生2.5级地震，黄山头镇部分房屋出现瓦片滑动与墙体掉灰状况。详情见表7－1－2。

表 7-1-2

安乡县有感地震情况

序号	时间					震级		震中位置			深度	震情记载	备注
	年	月	日	时	分	MS	ML	纬度(N)	经度(E)	地点			
1	1516	–	–	–	–	5.0	–	29.4	112.0	安乡	–	地震	
2	1556	1	23	–	–	–	–	–	–	安乡	–	这一年山陕大地震,震中在陕西华县,岳州府只受到波及	清康熙《安乡县志》
3	1604	4	29	–	–	–	–	–	–	安乡	–	地震、屋瓦有声	
4	1605	–	–	–	–	–	–	–	–	安乡	–	地震	
5	1631	8	14	–	–	6.75	–	–	–	常德～安乡间	–	17日夜地震,自东北来,声如雷,地裂坼,涌水,凡地崩坼者红水溢出,树倒屋倾,鸟兽惊奔、鸣号,打死人无数,百姓建醮御灾	
6	1631	11	8	–	–	5.75	–	29.3	112.0	常德～安乡间	–	又大动,其余小震不一	
7	1632	–	–	–	–	–	–	–	–	安乡	–	地间动	
8	1717	7	6	–	–	5.25	–	29.5	112.0	安乡	–	申时地震	
9	1717	8	7	–	–	–	–	–	–	安乡	–	酉时微震	
10	1737	5	29	–	–	–	–	–	–	安乡	–	地震	
11	1773	–	–	–	–	–	–	–	–	安乡	–	地震	
12	1785	12	14	–	–	4.75	–	29.3	112.3	安乡	–	地震	
13	1786	11	21	–	–	–	–	–	–	安乡	–	地震	
14	1866	11	20	–	–	–	–	–	–	安乡	–	未亥自焦圻至黄山(县治西北六十里)地震,二时许始定	
15	1914	1	26	–	–	–	–	–	–	安乡	–	地震	
16	1965	7	14	7	7	0.8	1.7	29.34	112.09	安乡安福	–	地震	
17	1970	4	6	37	37	1.9		29.22	112.23	安乡陆家渡南	–	地震	
18	1973	4	3	53	53	2.6	3.3	29.4	112.0	安乡、津市交界	–	有声,门窗响,地动,个别人头晕,连续震三次,震中在安丰公社	
19	1977	7	8	29	29	–	1.6	29.6	112.2	安乡官垱	–	地震	
20	1979	2	18	25	25	–	2.5	29.6	112.3	安乡官垱	–	地震	
21	1994	2	16	–	–	–	1.8	29.27	112.14	安乡官垱	–	地震	
22	2003	1	11	42	42	–	2.5	29.42	112.6	湖北公安、安乡交界	–	黄山头镇震感强烈,部分房顶出现瓦片滑动,墙体掉灰	

政治军事

Zhengzhijunshi

第八章　中共地方组织

第一节　机构设置

一　县级机构

历届中国共产党安乡县委员会(简称县委)由相应届中国共产党安乡县代表大会(简称县党代会)选举产生。第六届县委员会由1988年5月召开的县第六次党代会选举产生,届期至1992年9月。1992－2009年,历经第七至第十届县委,分别由县第七至第十次党代会选举产生,其中第七届届期自1992年9月至1997年6月,第八届自1997年6月至2002年6月,第九届自2002年6月至2006年6月,第十届自2006年6月至2011年6月。

每次县党代会闭幕后,紧接着在其选举产生的相应届县委召开的第一次全体会议(简称县委全会)上,选举产生县委常务委员会委员(简称县委常委)和县委书记、副书记,其选举结果报中共常德市委(简称市委)批准。在县委全会闭会期间,县委常委、书记、副书记的调整由市委任免。县委书记、副书记任职情况见表8－1－3。

中共安乡县第六至第十届委员会书记、副书记任职情况

表8－1－3

职务	姓　名	性别	籍　贯	任　职　时　间	备　　注
书记	洪明祥	男	湖南澧县	1989.12－1993.12	
	姚正先	男	湖南鼎城	1993.12－1997.04	
	徐万发	男	湖南鼎城	1997.04－1998.10	
	徐超文	男	湖南澧县	1998.10－2004.06	
	张开松	男	湖南澧县	2004.07－2007.12	
	王先蒙	男	湖南澧县	2008.02－2009.12	
副书记	龚德培	男	湖南澧县	1990.02－1992.07	
	张义田	男	河北泊头	1989.12－1991.08	
	李金城	男	湖南安乡	1989.12－1995.01	
	李湘震	男	湖南常德	1991.08－1992.08	
	徐万发	男	湖南鼎城	1992.08－1997.04	
	罗英碧	男	湖南常德	1992.08－1995.09	
	张孝岳	男	湖南石门	1994.12－1999.06	
	熊宜斌	男	湖南安乡	1995.06－2000.08	
	李爱国	男	湖南汉寿	1995.09－1998.04	
	李寿全	男	湖南安乡	1997.05－2002.05	

续表8－1－3

副书记	龙晓清	男	湖南桃源	1998.05－1999.05	
	朱晓平	男	湖南鼎城	1999.06－2002.02	
	张开松	男	湖南澧县	1999.05－2004.07	
	许宏涛	男	湖南安乡	1995.05－2000.08	
	莫汉桃	男	湖南桃源	2000.11－2006.06	
	戴作凡	男	湖南澧县	2002.03－2006.06	
	唐汇元	男	湖南澧县	2002.05－2006.06	
	毕家生	男	湖北石首	2002.05－2006.06	
	王先蒙	男	湖南澧县	2004.07－2008.02	
	戴君耀	男	湖南长沙	2006.06－2008.02	
	石玉林	男	湖南澧县	2008.02－2009.12	
	陈彰波	男	湖南澧县	2008.02－2009.09	
	罗先东	男	湖南澧县	2009.09－2009.12	

二　工作机构和直属机构

1990－2009年,县委工作机构和直属机构经过了多次调整,特别是1993年、1994年、2002年3次机构改革,变化较为频繁。

(一)工作机构

县委办公室　1949年8月设立。

县委组织部　1993年3月,中共安乡县直机关工作委员会与县委组织部两块牌子、一套人马,合署办公。2002年4月,在县委组织部加挂县直机关工作委员会牌子,对外保留该机构。

县委宣传部　1993年3月,县委统战部并入,仍称县委宣传部。对内统战部、宣传部是一个整体,对外实行两块牌子、两套人马、各司其职的管理体制。1994年10月,县委统战部析出。

县委统一战线线工作部　1994年10月,加挂县委对台办公室、县民族宗教事务办公室牌子。

县委对台办公室　前身为1958年2月设立的县委三三三办公室,归口县公安局。1976年12月更名为县委对台领导小组办公室,对外仍称三三三办公室,归口县委宣传部。1981年8月,取消三三三办公室,归口县委统战部。1984年2月更为现名,归口县委统战部。

县委政法委员会　1982年4月设立。

县社会治安综合治理委员会　1986年4月成立县社会治安综合治理领导小组。1991年4月更为现名,下设办公室,1995年11月与县委政法委合署办公。

县委机构编制委员会办公室　1956年,县人民委员会设编制委员会办公室,属县人委直属机构。1980年12月,县政府设编制委员会。1988年12月更名为县机构编制委员会并下设办公室。1993年3月更为现名。

县委老干部局　前身为1980年7月设立的县委组织部老干部工作办公室。1983年12月成立县委老干部工作局,1993年3月并入县委组织部,1994年10月析出,复置县委老干部工作局。2002年4月更为现名,归口县委组织部。

县信访局　前身为1982年8月设立的县委、县政府信访办公室。1993年3月撤销,在县委办内设信访室。1994年10月,恢复县信访办,隶属县政府,归口县政府办。2002年更为现名。

(二)直属机构

县委农村工作领导小组办公室　1954年5月设立。

县委党校　1958年12月设立。

县国家保密局　1990年12月设立,与县委保密委员会两块牌子、一套人马、合署办公。1994年10月,县委保密委改为县委议事协调机构,下设办公室(简称保密办)为其常设办事机构,对外保留县保密局牌子,归口县委办。1996年6月,县委保密办与县保密局两块牌子、一套人马、合署办公。2001年,县保密局并入县委办,保留牌子。

县委党史资料征集办公室　1993年3月,县委党史办、县志办并入县档案馆,1994年10月从县档案馆析出,复置县委党史办,与县志办两块牌子、一套人马、合署办公。

县委、县人民政府接待处　1999年1月设立。

县档案局　1993年3月,县委党史办、县志办与县档案局、县档案馆合并置县档案馆,局、馆合一。1994年10月,县委党史办、县志办析出,复置县档案局,与县档案馆两块牌子、一套人马、合署办公。隶属县委、县政府,归口县委办。

县事业单位登记管理局　1993年10月,成立县事业单位法人登记管理办公室,属二级事业管理机构,隶属县委编委办。2000年1月升格为副科级事业机构,2000年12月更为现名。2007年7月升格为正科级事业机构。

三　基层组织

(一)党支部、总支

1990年,全县建中共支部委员会(简称党支部)1062个,其中农村党支部484个、占党支部总数(下同)的45.6%,机关党支部119个、占11.2%,学校、企事业单位、街道等党支部459个、占43.2%;党总支委员会(简称党总支)39个,其中农村党总支8个、占党总支总数(下同)的20.5%,机关党总支8个、占20.5%,学校、企事业单位等党总支23个、占59%。2009年,全县建党支部1260个,其中农村党支部271个、占21.5%,机关党支部75个、占6%,学校、企事业单位、街道等党支部914个、占72.5%;党总支51个,其中农村党总支10个、占19.6%,机关党总支7个、占13.7%,学校、企事业单位等党总支34个、占66.7%。

(二)党委会

1990年,全县设中共委员会(简称党委会)38个,其中乡镇场党委会23个、占党委会总数(下同)的60.5%,机关党委会1个、占2.6%,企事业和其他单位党委会14个、占36.9%;2009年,全县设党委会62个,其中乡镇党委会19个、占30.6%,机关党委会28个、占45.2%,企事业和其他单位党委会15个、占24.2%。

第二节　重要会议

一　党的代表大会

每次县党代会召开前,县委根据全县党员总数确定代表比例和总额,将代表名额分配到各级党组织,确定县党代会召开的时间,对有关事项提出具体要求。各级党组织则按照县委的要求召开党代会或党员大会,以无记名投票方式直接差额选举产生出席县党代会代表。县党代会期间,由出席代表听取和审议相关工作报告并形成相应决议,选举产生相应届县委委员、候补委员、中共安乡县纪律检查委员会(简称县纪委)委员和出席市党代会代表。1990－2009年,先后召第七至第十次县党代会,选举产生第七至第十届县委及相应届县纪委。

(一)县第七次党代会

1992年9月21－23日召开,应到代表307名、293名出席。大会的主要任务为:总结五年来的工作,研究部署振兴安乡大计,动员全县党员学习贯彻邓小平南方讲话精神,解放思想,加快安乡改革开放和经济建设步伐;听取和审议第六届县委、县纪委工作报告并通过相应决议;选举产生28名委员、4名候补委员组成第七届县委,12名委员组成县纪委,34名出席常德市(简称市)第二次党代会代表。22－23日,分别召开第七届县委、县纪委第一次全会,选举产生县委常委11名、书记1名、副书记3名,批准县纪委第一次全会选举产生的县纪委常委7名、书记1名、副书记2名。

(二)县第八次党代会

1997年6月17－19日召开,正式代表310名、列席代表88名参加。大会的主要任务为:回顾总结过去五年的工作成绩和经验教训,明确今后五年的指导思想和奋斗目标,努力把安乡建成一个经济富裕、生活小康、社会稳定、两个文明同步发展的经济强县;听取和审议第七届县委、县纪委工作报告并通过相应决议;选举产生29名委员、5名候补委员组成第八届县委,15名委员组成县纪委,37名出席市第三次党代会代表。19日,分别召开第八届县委、县纪委第一次全会,选举产生县委常委12名、书记1名、副书记4名,批准县纪委第一次全会选举产生的县纪委常委9名、书记1名、副书记2名。

(三)县第九次党代会

2002年6月16－18日召开,正式代表315名、列席代表97名参加。大会的主要任务为:听取和审议第八届县委、县纪委工作报告并通过相应决议;选举产生28名委员、5名候补委员组成第九届县委,15名委员组成县纪委,36名出席市第四次党代会代表。18日,分别召开第九届县委、县纪委第一次全会,选举产生县委常委12名、书记1名、副书记5名,批准县纪委第一次全会选举产生的县纪委常委9名、书记1名、副书记3名。

(四)县第十次党代会

2006年6月27－28日召开,正式代表322名、列席代表134名、特邀代表6名参加。大会的主要任务为:听取和审议第九届县委、县纪委工作报告并通过相应决议;选举产生37名委员、6名候补委员组成第十届县委,19名委员组成县纪委。28日,分别召开第十届县委、县纪委第一次全会,选举产生县委常委14名、书记1名、副书记2名,批准县纪委第一次全会选举产生的县纪委常委9名、书记1名、副书记3名。

二 县委全体(扩大)会议

县党代会闭会期间,由其选举产生的相应届县委全会负责工作任务落实。县委全会在每届任期内每年至少召开一次,由县委常务委员会召集,全体县委委员、候补委员参加,县纪委委员列席。县委全体(扩大)会议,列席人员范围一般扩大到乡镇和县直机关党政主要负责人。如因工作需要或经上级党委决定,则不定期召开县委全体(扩大)会议。每届县委第一次全会选举产生同届县委常委和书记、副书记;每届县委最后一次全会讨论研究下一次县党代会的筹备工作,作出召开下一次县党代会的决定;其他各次全体(扩大)会议的主要任务是总结、部署全县工作,传达上级重要指示和决定,讨论研究有关全县大局的重大事项,并作出相应决议、决定。1990－2009年,第六至第十届县委全体(扩大)会议主要有:

(一)六届四次全体(扩大)会议

1990年6月20日召开。全体县委委员、候补委员、县纪委委员、乡镇党委书记、纪委书记参加,社教工作队长及县直各部、委、办、局主要负责人列席。县委书记洪明祥作《用整风精神贯彻落实六中全会决定,进一步密切党同人民群众的血肉联系》的报告。县委常委、常务副县长李承武作经济工作报告。会议讨论通过了《中共安乡县委落实〈中共中央关于加强党同人民群众联系的决定〉的若干规定》。

(二)六届六次全体(扩大)会议

1992年2月10日召开。全体县委委员、候补委员、县纪委委员、乡镇党委书记及县直各部、委、办、局主要负责人参加。会议的主要内容是传达贯彻中央工作会议、党的十三届八中全会、省委六届三次全会和市委一届八次全会精神;审议县委贯彻中共中央关于进一步加强农业和农村工作的决定的实施意见、搞活全县工业企业的奖励办法以及科技兴县的决定;部署安排1992年的工作。县委书记洪明祥就振兴县内经济作重要讲话,并强调学习贯彻党的"一个中心,两个基本点"基本路线,坚持改革开放总方针,团结一致,振奋精神,务实苦干,勇于进取,以优异的成绩迎接党的十四大胜利召开。

(三)七届二次全体(扩大)会议

1993年10月7日召开。全体县委委员、候补委员、县纪委委员、乡镇党委书记及县直各部、委、办、局主要负责人参加。县委副书记、县长李金城作《全面贯彻党的基本路线,坚定不移地为遏制腐败而斗争》的报告。《报告》对改革开放十多年来全县经济建设和社会各项事业的发展成就,广大党员干部在改革开放和现代化建设中做出的贡献,社会各个领域涌现出的廉洁勤政、立场坚定,敢于开拓进取、冲锋陷阵、弘扬正气的优秀党员予以肯定,对反腐败斗争取得的阶段性成果进行了总结。

(四)七届三次全体(扩大)会议

1994年11月15日召开。全体县委委员、候补委员参加,县纪委委员、乡镇党委书记、纪委书记、县直各部、办、委、局主要负责人列席,县人大、县政协、县人武部负责人应邀出席。会议的主要内容是学习贯彻党的十四届四中全会、省委六届七次全会和市委二届三次全会精神,研究全县党建工作。县委副书记罗英碧传达省委关于贯彻党的十四届四中全会《决定》的意见,县委书记姚正先作《贯彻落实四中全会精神,切实加强党的自身建设》的报告,县委副书记、县长李金城作经济工作报告。大会提出全县"立足资源,依托市场,全面开放,主攻效益"的经济发展战略,研究制定"九五"计划和2010年发展规划。优化经济结构,围绕农业大办工业,发展支柱产业;生产培植新的经济增长点,加快发展乡镇企业、个体私营企业和"三资"企业;加强基础设施建设,不断改善投资环境。

(五)七届四次全体(扩大)会议

1996年10月30日召开。全体县委委员、候补委员参加,县纪委委员、乡镇党委书记、纪委书记、县直部、办、委、局主要负责人列席,县人大、县政协、县人武部负责人应邀出席。会议的主要内容是学习贯彻党的十四届六中全会精神,研究全县精神文明建设工作。县委书记姚正先作《认真贯彻落实十四届六中全会精神,切实加强社会主义精神文明建设》的报告,原则通过了《安乡县1996年至2000年干部教育培训规划》。大会号召全县党员干部认真学习贯彻《决议》精神,不断总结新经验,探索新方法,提高工作水平,进一步促进全县精神文明建设与物质文明建设协调、同步发展。

三　县委常委(扩大)会议

县委全会闭会期间,县委常务委员会主持县委日常工作。按照《中共安乡县委常务委员会议事规则》规定,常委会议必须有半数以上常委到会方可举行;讨论决定重大问题和干部任免提名,必须有2/3以上常委到会。决定问题实行少数服从多数的原则;决定重大问题要进行表决。

县委常委会议不定期举行,主要讨论确定贯彻落实上级重要指示、重大工作部署的意见,研究和决定干部任免、调配、奖惩、机构编制、人事、党的建设等重大问题。结合县内实际,对贯彻落实党的各项方针政策和上级指示精神作出决策、决定;制定全县物质文明和精神文明建设工作计划、经济发展目标规划,对重大改革措施、涉及全县大局的重要工作事项的具体方案作出决定。会议议题由常委或有关部门负责人向县委办公室提出,经办公室综合整理后报会议主持人确定,严格控制临时动议。列入会议的议题,由办公室提前3天发给每位常委。常委会议一般由书记召集并主持,或由书记委托1名副书记召集和主持,全体县委常委参加。县委顾问和县人人常委会、县政协党组书记可列席常委会必要时有关部门和单位的主要负责人列席。

县委常委(扩大)会议主要是讨论确定有关经济建设的重要决策和重大工作部署以及相关工作环节的调度方案。一般由书记或副书记召集和主持,也可指定其他常委召集和主持。全体或部分县委常委出席,视会议内容由相关部门、单位主要负责人或全县县直单位、乡镇主要负责人参加。

不需县委常委会议讨论但应由部分县委常委商讨决定的局部性、突发性、专题性问题,则召开常委办公会议讨论决定。常委办公会议视需要不定期举行,其会议议题由召集人确定。一般由书记或副书记召集和主持,也可指定其他常委召集和主持,有关常委出席,必要时有关部门和单位主要负责人参加。经常委办公会议审议的问题,要形成会议纪要,向常委会报告备案。如事关重大,应由会议主持人提请常委会议讨论决定。

四　县委工作会议

1990－2009年，县委在每年年初召开一次会期相对较长、规模较大的工作会议。每次会议的主要内容是总结全县上年度工作、部署安排当年主要工作任务，表彰奖励各行业先进单位、个人。1999年前称全县三级干部大会或党员骨干大会，1999年起称县委经济工作会议。其主要会议有：

(一)三级干部大会

1991年三级干部大会　2月23－26日召开。会议确定"稳农兴工，搞活三通(流通、融通、交通)"为安乡经济发展的主要措施。

1998年三级干部大会　2月7－10日召开。会议明确民营经济为经济发展的主体，招商引资作为发展县域经济的首选战略。

(二)经济工作会议

1999年经济工作会议　2月25－27日召开。历年三级干部大会由经济工作会议取代，突出经济工作、突出发展成为会议主题。县、乡、村及县直单位、县属企业负责人参加。会议回顾总结了1998年的工作，研究部署了1999年的经济发展任务。

2002年经济工作会议　2月22日召开。县、乡、村及县直单位主要负责人参加。会议回顾总结了2001年的工作，研究部署了2002年的经济发展任务。会议明确推进工业化进程、"兴工强县，民营富民"作为全县经济发展战略。

2004年经济工作会议　2月2－3日召开。会议的中心议题是兴工强县，民营富民，加速提质，超常发展。会议提出了2004年全县经济工作的总体目标：继续坚持"四增、三保、两求、一提高"的总目标不变，即经济总量增加，城乡居民增收，财政收入增长，经济后劲增强；堤垸保安全，任务保完成，大局保稳定；经济建设求发展，社会事业求发展；提高人民的生活水平。力争国民生产总值增长10%，财政收入增加11%，农民人均可支配收入增长6%，全社会固定资产投资增长20%，新增就业岗位4000个，人口自然增长率控制在3.5%以内。

2005年经济工作会议　2月20－21日召开。会议确定了2005年的五大奋斗目标，即全县生产总值增长13%，达到44.74亿元；引进内资3.5亿元以上，外资到位1200万美元，全社会固定资产投资增长20%，达到8.69亿元；县财政总收入增加3000万元，行政事业单位工作人员人均增收2000元，农民人均纯收入增加200元；工商企业改革全面清盘扫尾；争创全国计划生育优质服务先进县、国家级卫生县城，社会治安评估排序进入全省前40位。

2006年经济工作会议　2月8－9日召开。会议确定了2006年全县发展、引进、增收、创优四大工作目标，要求全县生产总值突破50亿元，增速达到11%；引进内资6亿元以上，外资到位1500万美元；实现"323"增收，即县财政总收入增加3000万元，行政事业单位工作人员人平增收2000元，农民人均纯收入增加300元；争创全国计划生育优质服务先进县、国家级卫生县城、全省社会治安综合治理先进县。

2007年经济工作会议　1月25－29日召开。会议主题是"工业强县，和谐安乡"。会议提出了2007年全县经济工作的总要求：以科学发展观统领全县工作大局，以经济建设为中心，以改革开放为动力，以社会和谐为目标，大力实施新型工业化带动战略，坚持又好又快发展，力争完成生产总值53.28亿元，比上年增长11.1%；完成县一级财政预算收入1.21亿元，增长15%；完成社会固定资产投资9.52亿元，增长13.1%；实现社会消费品零售总额15.3亿元，增长14.2%；农民人均纯收入达到3434元，增长9%；城镇居民人均可支配收入达到9100元，增长11.5%；居民储蓄存款余额达到21.01亿元，增长18.7%；城镇化水平达到36.2%，比上年提高1.7个百分点。

第三节　重大决策与活动

一　重大决策决定

(一)密切联系群众制度

1990年2月27日，县委常委会议讨论通过《关于县级负责人密切联系群众制度》。其主要内容为：深入基层，开展调查研究。县级负责人每人每年深入基层调研必须在80天以上，每人每年必须写出2篇有指导价值的调查报告，其中有1篇在市级以上刊物发表；脚踏实地，办好联系点。县级负责人除管好一条线、负责一个片或一个乡镇的工作外，要确定一个村和一个企业作为自己的联系点，每月在点上工作时间不少于5天，每年在点上为群众办1－2件公益或福利事业，扶持1－2个贫困户致富；身体力行，参加生产劳动。县级负责人每人每年参加生产劳动必须在20天以上；广开言路，倾听群众呼声。县级负责人每人要确定2名人大代表和1名政协委员作为其联系对象。

（二）贯彻《湖南省计划生育条例》实施办法

1991年3月3日，县委、县政府制定《安乡县贯彻〈湖南省计划生育条例〉实施办法》。《实施办法》共13项、52条，对生育指标、安排、申报审批程序、子女收养、节育措施、流动人口管理、优待与奖励及计划外生育费征收等作了明确规定。

（三）加强农业和农村工作的决定

为贯彻执行党的十二届八中全会通过的《中共中央关于进一步加强农业和农村工作的决定》，1992年4月10日，县委作出《关于贯彻中共中央〈关于加强农业和农村工作的决定〉的实施意见》（简称《意见》），要求各级党组织和广大党员干部认真学习、宣传和执行中央决定，创造性地开展工作，使全县农业和农村工作在20世纪90年代迈上新台阶。《意见》分六个部分：90年代农业和农村工作的战略目标、任务是稳农兴工，活商富县，带领全县人民奔小康；深化农村改革，完善统分结合的双层经营体制，发展社会化服务体系，壮大集体经济，引导农民走共同富裕的道路；调整农村产业结构，建立农村经济新格局。遵循经济规律，坚持经济、社会、生态效益相统一的原则，走投入少、产出多、质量优、效益高、后劲足的农村经济发展新路子；增加农业投入，提高农业综合生产能力，建立稳定的农业投资渠道，提高资金的使用效益，保证重点项目的建设；以社会主义思想教育为主线，加强农村精神文明建设，坚持不懈地开展社会主义思想教育，加强社会主义民主和法制建设，保持农村大局的稳定，增强全民的国策意识，切实保护耕地，控制人口增长；改进领导作风，加强党对农业和农村工作的领导。

（四）发展个体私营经济的决定

1993年1月8日，县委、县政府作出《关于大力发展个体私营经济的决定》，要求各级各单位为发展个体私营经济放宽政策，创造宽松环境，把发展个体私营经济作为振兴安乡经济的重大战略措施。简化办证手续，允许个体工商户、私营企业跨地区、跨行业开展各种形式的经营；改进税费征管，允许个体经营者和私营业主来去自由、不受限制，发展个体私营经济以自筹资金为主、面向社会全方位发展，允许个体工商户、私营企业刻制与国营、集体企业同样规模的图章，税务专用发票享有国营、集体企业的同等效力；鼓励个体工商户和私营企业主（含外县城乡居民）到城镇经济开发区投资办厂和经商（是农村户口的，可办理开发区户口，享受城镇户口人员的同等待遇）。通过2－3年努力，个体私营经济的比重占全县国民生产总值的30%。

（五）发展乡镇企业的决定

1994年2月19日，县委作出《关于加强乡镇企业发展若干问题的决定》，要求乡镇党委书记把发展乡镇企业作为工作的重中之重，县乡配备专门班子，抓典型，抓资金、人才、科技投入，坚决兑现奖惩，促进乡镇企业全面发展。1994年投入8000万元、产值12亿元、利润1亿元，1995年投入1.2亿元、产值18亿元、利润1.5亿元，1996年投入2亿元、产值25亿元、利润2.5亿元。

（六）农民承担税费和劳务提取及管理的决定

1995年2月15日，县委、县政府对农民承担税费和劳务提取及管理作出若干规定。即农民承担税费和劳务提取原则必须以国务院《农民承担费用和劳务管理条例》和各级党委、政府有关文件为依据，以农民的经济承受能力为基础，实行总量控制、定项限额、保证重点，坚持合理负担，严格分级管理；乡统筹费，按1994年农民人均纯收入的2%提取，用于乡村办校、优抚、民兵训练、计划生育、血防、广播、乡村公路建设等民办公助事业；农民承担税费和劳务任务总量控制,按合理负担的原则落实,严禁向农民乱收费,实行分级管理、分户立账,分项核算、专款专用,对违反规定加重农民负担的单位和单位主要负责人、直接负责人,一经查实,按有关规定作出经济处罚和行政处分。

(七)向刘光明学习的决定

1996年11月1日,县委作出《在全县开展向刘光明同志学习的决定》。刘光明,时任安丰乡党委书记,勤政为民,廉洁自律,务实求新,赢得了广大干部和群众的拥护,被市委、市政府授予模范党委书记称号。《决定》指出,开展向刘光明学习活动,是加强社会主义精神文明建设、党内廉政建设,继承和发扬党的优良传统和作风的需要,是加强党员、党员干部教育和管理,用身边的典型教育人、引导人、鼓舞人、激励人的需要。全县党员干部要学习刘光明信念坚定,对党的事业执着追求的优秀共产党员风范;宗旨明确,勤勤恳恳为人民服务的公仆精神;务实创新,带领群众共同致富的模范行为;为政清廉,保持和发扬党的优良传统和作风的高尚品德,坚定社会主义信念,转变工作作风,密切党群、干群关系,调动各方面积极性,推动全县两个文明建设。

(八)救灾补损、恢复重建、发展经济的决定

1998年,县境遭遇百年不遇的特大洪涝灾害,安造大垸溃决。抗洪抢险结束后,全县工作重点转移到救灾补损、重建家园和各项目标任务落实上。10月10日,县委作出《关于救灾补损、恢复重建、发展经济的决定》,要求发扬抗洪精神,鼓舞斗志,坚定信心;妥善安排灾区群众生活,积极组织生产自救,重建家园;把灾害减少到最低程度,努力实现经济持续、稳定增长;掀起大兴水利建设高潮;加强精神文明建设,突出做好灾民的思想政治工作;切实加强对救灾重建工作的领导。

(九)依法治县的决定

1999年8月24日,县委作出《关于全面开展依法治县的决定》。《决定》分三个部分,将开展依法治县作为贯彻落实党中央依法治国方略的重大举措,对更新思想观念、转变工作方式,充分运用法律手段管理经济和社会事务作为依法治县的主要措施。

(十)加强小城镇建设的决定

2000年5月30日,县委作出《关于加强小城镇建设的决定》,明确小城镇发展的总体目标和工作重点。总体目标:建立以县城为中心,以现有集镇为基础,以产业发展为支撑,以交通干线为骨架的小城镇格局,逐步建立布局合理、设施配套、功能齐全、经济繁荣、环境优美、两个文明协调发展的新型城镇体系。工作重点:在县城、边贸镇和省道1804沿线集镇扩张人口、集聚产业、配套功能和加强管理;科学规划,合理布局,严格按规划进行建设;放开城镇户口管理政策,促进农村人口有序地向城镇流动;发展城镇二、三产业,增强城镇的经济能力。每个城镇要选准主导产业,确定发展方向,充分利用本地资源,实现规模生产与经营,一镇一业,创造自己的品牌,努力培养经济特色,提高城镇的综合实力,走产业立镇、特色兴镇之路;用活土地政策,服务小城镇建设;建立多元化、多渠道的投资融资体制,全方位吸引建设资金;加强小城镇建设管理,争创文明卫生城镇;加强对小城镇建设的领导。

(十一)向群众"贴心人"学习的决定

2001年12月10日,经民主评议、组织考察,全县评选出虢光明、王志英、杨华贵、文世新、王国安、毕家厚等6名群众的"贴心人"。县委随即作出《关于开展向群众"贴心人"学习的决定》。

(十二)加强农村卫生工作的决定

2003年11月4日,县委作出《关于加强农村卫生工作的决定》,确定了农村卫生工作的目标和任务。工作目标:到2010年基本建立适应社会主义市场经济体制要求和农村经济社会发展水平的农村卫生服务体系和合作医疗制度,达到初级卫生保健第二个十年规划目标,农村卫生和农民健康的主要指标达到全省中等以上水平。工作任务:切实加强农村卫生服务体系建设;努力提高农村卫生队伍素质,健全和落实继续教育制度,加强农村在职卫生技术人员培训;全面落实农村公共卫生工作,建立和完善新型农村合作医疗制度和医疗救助制度;加大农村卫生投入,加强卫生扶贫与对口技援工作;依法加强农村医药卫生监管;加强对农村卫生工作的领导。

（十三）高中阶段学校办学体制改革的决定

2004年8月12日，县委作出《关于全县高中阶段学校办学体制改革的决定》。《决定》指出：开展高中阶段学校办学体制改革，形成以政府投入为主，多渠道筹措资金，公办学校和民办学校共同发展的格局，是化解教育资源不足同人民群众教育需求日益增长矛盾的重要途径，是教育改革形势发展的迫切需要。明确改制的任务和目标，积极稳妥地推进高中阶段学校办学体制改革。高中阶段办学体制改革，必须有利于巩固和发展高中教育成果；有利于改革学校运行机制，增强办学活力，全面推进素质教育，提高教育教学质量；有利于吸收社会资金投入教育，多渠道增加教育投入，改善办学条件，确保国有资产保值增值；有利于加强薄弱学校建设，调整学校布局，促进教育资源的合理配置，提高办学效益。加强对改制工作的领导与管理，促进高中教育健康发展。

（十四）促进民营经济发展的决定

为加快民营经济发展，推动工业化、农业产业化和城镇化建设进程，实现“兴工强县、民营富民”的县域经济发展目标，加速建设小康安乡，2005年2月17日，县委、县政府作出《关于促进民营经济发展的决定》，放宽民营经济的准入限制，除法律、法规明确禁止或限制的行业外，所有竞争性领域和对外开放领域都允许民营经济进入；优化民营经济的发展环境，设立民营经济投诉中心，向社会公布办公地址、举报电话和投诉受理承诺；建立发展民营经济的激励机制，拓宽民营经济的融资渠道，提供发展民营经济的人才保障；完善工业新区的优惠政策。

（十五）重大责任追究的决定

2006年4月21日，县委、县政府制定《关于对重大负面情况责任人员实行备案登记和组织处理的暂行规定》，确定了备案登记的对象范围，规范了登记程序，强调了组织处理的规定。

（十六）建设教育强县的决定

2007年12月4日，县委、县政府作出《关于建设教育强县的决定》，对建设教育强县的基本原则、总体目标和任务指标、促进教育均衡发展、促进教育公平、推进素质教育、建设高素质教师队伍、教育事业投入、优化教育发展环境和加强组织领导等作出明确规定。任务指标：到2010年，确保全县3－5岁幼儿毛入园率达90%以上，小学入学率100%，初中入学率99%以上，九年义务教育完成率达98%以上，残疾儿童入学率达95%左右，高中阶段毛入学率达90%左右。

（十七）推进新型工业化的意见

2008年4月23日，县委、县政府制定《关于加速推进新型工业化的若干意见》。明确工业发展目标：五年内，全县规模工业企业销售收入年均增长20%，入库税金年均增长20%。要求加快工业园区发展，实施激励扶持政策，优化工业发展环境，强化目标管理考核，加强工业经济领导。

二　重大活动

（一）县级机构改革

1992年10月，安乡被定为全省县级机构改革试点县。10月18日，成立县机构改革领导小组并开始运作。1993年1月13日，《安乡县机构改革方案》（简称《方案》）出台，2月中旬正式实施，3月中旬进入运行调试阶段，4月中旬结束。

改革前，县直机关设各类工作机构86个，改革后设40个。其中：县委工作部门5个，即办公室、组织部、宣传部、政法委、编制委员会；县政府工作部门21个，即办公室、计划统计局、人事劳动局、民政局、公安局、司法局、审计局、财政局、工商物价局、城建环保国土局、工业局、乡镇企业局、农业经济局、水利水电局、交通局、科学技术监督局、商业贸易局、教育体育局、文化广播局、卫生局、计划生育局；按《宪法》《党章》和国家有关规定设置的机构11个，即县人大常委会的办公室、法制工作委员会、科教文卫工作委员会、经济工作委员会，县政协的办公室、学习文史资料委员会，县人武部，县纪委（与县监察局合署办公），县检察院，县法院；群团组织3个，即县总工会、县妇联、团县委。其余46个机构或裁撤或合并或转体，精简53.5%。原有机关工作人员959人，改革后

596人、裁减363人、精简37.9%;原有副科级以上领导干部356人,改革后在新机构担任领导职务的199人、减少157人、精简44%(工作人员与领导人数中均未含公、检、法、司人数)。此次机构改革,以建立社会主义市场经济、转变职能、理顺关系、精兵简政、提高效率、减轻财政负担,走"小机构、大服务"的路子,建立"精简、统一、效能"的行政管理体制为目的,但因外部大环境原因和《方案》本身存在某些不合理因素,新机构未能有序、高效运行。

1994年10月,根据省委、省政府《关于印发〈湖南省党政机构方案的实施意见〉的通知》和市委、市政府《关于印发〈常德市区县(市)党政机构改革的实施意见〉的通知》精神,按照上下对口的原则和省、市规范意见,县委、县政府拟制《安乡县党政机构改革调整方案》,与全省机构改革同步进行调整、完善,合并、拆分、变更、调整部分机构,至年底结束。调整后,党政群机构58个。其中:县委工作机构6个,即办公室、组织部、宣传部、统战部、政法委(加挂县社会治安综合治理委员会办公室牌子)、编制委员会;县纪委(与县监察局两块牌子、一套人马);县人大常委会工作机构6个,即办公室、法制工作委员会、联络工作委员会、农村工作委员会、财贸工作委员会、教科文卫工作委员会;县政府工作机构31个,即办公室、经委、计划物价局、建设局、科技局、教育局、公安局、司法局、民政局、财政局、人事局、劳动局、交通局、农业局、林业局、水利水电局、文化局、卫生局、计生局、监察局、审计局(以上为政府组成单位)、财贸办、乡企局、统计局、工商局、国土局、地税局(新设)、粮食局、农村办、环保局、技监局;县政协工作机构5个,即办公室、经济工作委员会、提案工作委员会、联络工作委员会、文史资料工作委员会;群团机构4个,即县总工会、县妇联、团县委、县工商联;议事协调机构的常设办事机构5个,即县保密办、血防办、城管办、外经办、信访办。工作人员672人,副科级以上领导干部180人(均不含公安、司法人数)。改为(设立)具有行政职能的事业单位有县档案局、党史办(与县志办两块牌子、一套人马)、广电局、体委、经管站(科)、畜水局、农机局、县国家粮食储备管理站(新设)等8个单位。

(二)县、乡机构改革

2001年11月中旬,成立县机构改革领导小组及其办公室,进行县、乡机构改革。2001年12月中旬至2002年1月底,《安乡县县直党政群机关机构改革方案实施意见》《安乡县乡镇机构改革方案实施意见》《安乡县政府机构改革中人员分流实施意见》和《安乡县政府机构改革中人员选配定岗实施意见》相继出台,2002年4月中旬机构改革工作结束。

此次机构改革,围绕转变职能、理顺关系、合理调整机构、精简领导职数和内设机构、人员定岗分流开展工作。调整职能133项、下放16项、取消15项。设置县政府工作部门22个、部门管理机构2个,减少7个、减幅23%;县委工作机构7个、部门管理机构2个,与改革前持平;副科级以上具有行政职能的事业机构20个,减少3个、减幅13%;股级内设机构由167个减至138个、精简17.3%。县党政群机构(含人大、政协)行政编制减至454名,减少137名、精简23.1%,实有人数减至469名,减少216名、精简31.5%;领导职数减至182名,减少56名、精简23.5%;政法机关和县直副科级以上事业单位的编制和人员均按上级规定比例进行了精简。其中政法机构31个,专项编制427名,实有520人。

改革后,乡镇机关内只设置一个综合性办公室。原有行政编制539名,改革后定编431名、精简编制108名、精简20%,原有工作人员511人(不含后勤编制人员20名),改革分流144人、分流率28.1%。各乡镇事业站所大幅度精简,由19个减至8个、精简57.9%。乡镇事业站所(除学校、卫生院,下同)原定编2480名,改革后定编1046名、精简编制1434名、精简57.7%,实有人数由2494人减至1046名,改革清退、分流1448人,清退、分流率58%。乡镇机关人员编制大幅度精简,切实减轻了农民负担和乡镇财政压力,实行竞争上岗、双向选择,职责明确、奖惩分明,工作人员积极性明显提高,干群关系逐步好转。

(三)社会主义思想教育

1990－1992年,按照中央和省委的部署,在全县农村和部分企业单位集中开展社会主义思想教育。县、乡党政机关派出740名干部组成工作队,布点到21个乡镇的211个村(占总数的80.22%)和8个企业单位。社教坚持以经济建设为中心，巩固党的十一届三中全会以来农村改革成果，消除了实行家庭联产承包责任制以来农村工作中存在的一些薄弱环节，为农村实现产品经济、计划经济到市场经济的转变打下了良好的物质、组织和思想基础，受到农村广大干部群众的真诚拥护。社教以村级组织建设为重点，配套村级组织的整体功能。同时，以发展经济为中心，不断完善双层经营体制，壮大集体经济，提高农民生活水平。社教中，坚持从严治队，严格管理，工作队员注重自身建设，在实践中得到锻炼提高。

历时3年的社教，全县在指定的联系点村续签、重签土地承包合同3.5万份，收回各类欠款235.8万元，扶持乡镇企业178个，新增产值340万元。

（四）农业结构调整

2001年6月始，县委、县政府把农业经济结构调整作为富民兴县的关键，采取多种措施，加速农业产业化。7月，发布《关于加快农业经济结构调整的若干规定》，允许土地合理流转，鼓励土地向大户集中，鼓励社会力量参与结构调整。

至2002年，全县已形成水产、珍珠、杨树、畜禽等四大农业支柱产业和初具规模的牛羊、优质果蔬、草食畜禽产业。有养殖水面24万亩，其中珍珠养殖面积7万多亩、河蟹养殖面积3万亩，杨树面积12万亩、水果面积5万多亩、蔬菜面积8万亩、饲草面积5万亩（其中人工牧草1.5万多亩）。农业经济结构调整，壮大了产业规模，完善了产业链条，促进了农村经济发展和农民增收。是年，全县农业总产值（1990年不变价）11.2亿元、比2001年增长（下同）6.2%，农民人均可支配收入2400元以上、增长13%。随着农业经济结构的不断调整和优化，加快了农业产业化进程。2009年，全县农业总产值38.5亿元，农民人均可支配收入4458元。

（五）"四个观念"教育

按照省、市委要求，1999年8月20日至9月30日，在全县乡镇干部中开展增强"四个观念"教育活动，共4600多名乡镇干部参加。活动按传达精神、制定方案，思想发动、学习提高，自我总结、开展批评，建章建制、认真整改四个阶段进行。逐段制定了验收标准，严格督查，涌现出大批先进典型。选出8名先进个人、1个优秀党委班子组成先进事迹报告团，在全县巡回演讲，社会反响较好。

2000年4月，开展"四个观念"教育回头看活动，巩固了教育活动成果。此次学习教育活动有针对性地解决了干部信心、思想和工作作风、改革与发展稳定等问题，依法行政的自觉性明显提高，廉洁从政、勤政为民风气初步形成。

（六）"三讲"教育

2000年3月，在全县县级领导班子和领导干部中开展以"讲学习、讲政治、讲正气"为主要内容的党性党风教育活动，至5月9日结束。

活动按思想发动、学习提高，自我剖析、听取意见，交流思想、开展批评，认真整改、巩固成果四个阶段进行。3月7日，在全体县级领导、县直单位"一把手"、乡镇党委书记、乡镇长、乡镇人大主席参加的"三讲"教育动员大会上，发放《征求意见表》245份，对县委、人大、政府、政协"四大家"领导班子和领导干部民主测评。活动中，向干部当面征求意见1333人次（省委巡视组征求意见184人次）、收集整理各类意见3136条，其中针对领导班子2507条、领导干部629条。参加活动的领导班子和领导干部均撰写班子、个人《党性党风剖析材料》，对"四大家"班子剖析材料的"满意度"、查摆问题的"准确度"、剖析的"深刻度"测评满意和基本满意率分别为100%、99.2%、100%、100%，县级领导干部剖析材料评议满意和基本满意率平均为99.8%。省委巡视组对县委主要负责人、县委主要负责人与省委巡视组对"四大家"主要负责人、"四大家"主要负责人对班子成员和非领导职务的县级领导干部开展面对面谈心活动，征求对班子和个人的意见、建议，制定班子整改方案和个人整改措施。县委班子针对民主集中制问题，制定《县委议事规则》；针对用人问题，制定《关于加强领导班子和干部队伍建设整改方案》；针对党风廉政建设问题，制定《关于加强党风廉政建设整改方案》；针对抓经济工作力度问题，制定《县委加强对经济工作领导的整改方案》和《县委常委包重点工作的分工责任制》；针对思想政治工作问题，制定《宣传思想政治工作方案》。通过"三讲"教育活动，领导干部政治观念增强，正气更足，学习风气更浓。

(七)"三个代表"重要思想学习教育

2001年1月,在全县县直部门、乡镇、村级领导班子和基层干部中开展"三个代表"重要思想学习教育活动。旨在用"三个代表"重要思想武装基层干部,切实解决农村存在的突出问题,推动农村工作。活动以正面教育、自我教育为主,坚持从实际出发、分类指导、上下结合、综合治理、标本兼治的原则。共707个单位、13575名党员干部参加,至2002年5月结束。

活动中,组织了3期、每期5天的县直部门党政"一把手"、乡镇党委书记、乡镇长、村支部书记、村主任集中学习培训,共638人参加;党员县级领导均确定了联系点,全县派出督察组和指导组301个、942人;发放问卷调查表、组织群众座谈,收集批评、意见、建议,单位领导班子和党员干部均写出对照检查材料并制定整改方案和措施。通过学习教育活动,部分县直部门、乡村领导班子战斗力不强和部分基层干部观念不新、信心不足、责任心不强、作风不实不廉、宗旨不牢等问题得到解决。同时,因地制宜调整了产业结构,较好地解决了农业和农村经济结构的突出矛盾,有效处理了社会治安的突出问题。

(八)共产党员先进性教育

2003年3月,全县开展保持共产党员先进性教育试点,2004年全面铺开,2006年结束。

活动中,20个乡镇党委、576个农村党支部、20367名党员通过参加"乡村夜话""驻乡工作月"、执政为民、整改提高,定岗定责、联户帮带,争先创优、保格升格三大主题活动,党员受到教育、群众得到实惠。共拉通了50多个村的广播,建起了3个乡镇差转台,维修学校45所,整修机埠34处,解决7个村用电难的问题,修整村级道路377公里,清洗沟渠5万多米,为群众送科技书籍3000多本、科技资料11万多份,慰问贫困户2400户,资助贫困生154人,送资金80多万元,做好事3000多件,办实事14154件。

第四节　组织建设

2009年,县委组织部内设办公室、干部一组、干部信息组、干部监督组、干部教育组、县直机关工作委员会、组宣组(研究室)、基层党建办、远教办等9个组室。

1990－1997年,组织工作以加强各级领导班子建设、基层党组织建设和党员教育管理、选拔年轻干部为主,选拔配备、调整干部800余人次;建立科级干部管理谈话制度、个人重大事项请示报告制度,与干部交心谈心3500多人次,干部主动报告个人重大事项400多件次,诫勉8人;调整干部管理权限,实行干部分层次管理;添置基础设施,干部人才信息电脑管理与党员电化教育管理步入正规化轨道,多次获评市委组织部知识分子工作先进单位。

1998－2002年,按照任人唯贤、德才兼备、群众公认、注重实践的原则选拔配备、调整干部500余人次,建立乡科级后备干部近200名、妇女后备干部30名、非党后备干部35名;农村党支部开展"三户"建设,深化"两会三联"活动;开展村级"三个代表"重要思想学教活动,重点整顿后进村党支部18个。2000年始,加大干部人事制度改革力度,相继建立干部推荐、考察责任制和任前公示、试用期、考察预告制及事业单位领导人聘任制度,公示和试用干部160名,对试用期满的25名干部进行考察预告;添置相关设施,实行党员信息化管理,更新干部电脑信息2100人次,重新分类、鉴别、整理档案材料5970本、办理干部转递1800余人次,多次获评市委组织部组织工作先进单位。

2003－2009年,以围绕中心、服务大局为宗旨,抓党建、促和谐为主线,创特色、争一流为目标,全面推进干部人才队伍建设、基层组织建设和自身建设。按照中央统一部署,开展保持共产党员先进性教育活动,全县20个乡镇党委、576个农村支部和20367名农村党员实现了存在问题的整改,不合格党员得到处置,长效机制得到完善,党员自身素质得到提高,各方面工作得到促进。在县、乡党委、人大、政府、政协换届中,精简乡镇领导职数97个。在领导班子和干部队伍建设中,以建设"五好(学习好、团结好、作风好、机制好、发展好)"领导班子和争创"四型(学习型、创新型、、实干型、廉洁型)"领导干部为目标,深化"双争(争创'五好'班子、争做'四型'干部)"主题教育活动,拓展了"一把手"发挥表率作用的范围和途径;不断规范干部监督管理机制,对单位

"一把手"进行领导干部经济责任审计；大规模开展干部教育培训，完善了干部轮训和办班审批制度。

一　基层党组织建设

1991年，围绕纪念建党70周年，在农村、企业、机关开展"双带（党员带头致富、带领群众致富）"活动，农村党员联系贫困户11040户，带头兴办集体企业41个，带领群众完成水利工程426处；机关党员带头为基层排忧解难2630件次，参加义务劳动2.1万人次；在县电视台开辟《来自基层党组织的报道》专栏，拍摄播放先进基层党组织和优秀党员事迹专题片。1992年，制发《民主评议党支部细则》，开展党支部和党员"双评议"活动，1091个党支部中一类支部430个、二类支部580个、三类支部81个。1993年，选派3名干部到居委会和街道企业任职。1994年，选派5名干部任村党支部书记，并对116个后进村派驻村工作队，300多名干部驻村开展农村奔小康"支帮促"工作。1995年4月，在党员中开展学习建设有中国特色社会主义理论和《党章》的"双学"活动，成立由45人组成的县级干部学习中心组和38个基层党委学习中心组，举办大型培训班14期，1200人（次）参训。1996年，实施以"领导班子创先进、领导干部作表率、共产党员当模范"的"先锋工程"。1997年，开展"联户帮困"活动，结成"对子"8500多对，联户干部为贫困户送资金36万元、肥料69吨、衣物1860件。

2000年，按照"三个代表"重要思想要求，组织党员干部开展进村入户活动，为3000多个贫困户解决物资、资金20多万元，落实生产项目3800多个；调整农业结构，退田还水7.2万亩，发展高效经济作物2.8万亩；规范农民负担，减轻农民负担5000万元；投资160多万元，修整公路80多公里、新建水利设施160处，完成30个村的电网改造。2003年，在县、乡镇、村级党组织中开展以"五好"村党组织、乡镇党委和农村基层组织建设先进县为主要内容的"三级联创"活动，树立"为民书记"刘光明、"百姓书记"虢光明等先进典型，评选红旗乡镇党委2个、先进乡镇党委3个。是年，开展保持共产党员先进性教育活动，至2006年结束。20个乡镇党委、576个农村党支部、20367名党员受到教育，群众得到实惠。

2007年，以落实先进性长效机制为主线，以创新党建工作平台为动力，夯实基础。完成37个村级组织活动场所建设和农村党员冬春训；加强特殊群体党员教育管理，对6370名涉军群体党员、1687名企业下岗职工党员和935名离退休干部党员实施"安家工程"；制定《关于进一步加强和改进村干部队伍建设的意见》，建立村党支部书记异动备案登记和村干部待遇保障机制；开展"双争创五好、共建新农村"活动，95家后盾单位结对帮扶42个村（社区）；探索"三位一体（实行村级党组织、村民委员会和农民专业合作社组织领导职务由一人担任，领导班子成员交叉任职）"运行机制，在安裕、安凝、安全等乡镇试行村党支部书记、村主任和农民专业合作社理事长"一肩挑"。2008年，全力实施县委《关于进一步加强农村基层基础建设的意见》，按照重基层、打基础的要求，重点加强农村基层组织和领导班子建设、干部队伍建设、优秀青年党员发展、村级组织运转、村干部待遇落实、乡村办公条件改善等工作。全县256个村党支部书记、村主任实现"一肩挑"，乡镇、村干部教育培训纳入新一轮大规模干部培训范畴，首次招聘7名大学生到村任职，村级运转保障水平达到3万元，村干部误工补贴按照主干6000元、其他干部4800元实现打卡发放，完成4个乡镇机关改造，新建和改建村级组织活动场所20个。

2009年3月始，在全县476个单位的党员中，分两批开展学习实践活动。实践活动以"三抓三创（抓新型工业化建设、创工业安乡，抓森林县城建设、创生态安乡，抓民生工程建设、创和谐安乡）"和"四个一批（建设一批项目、办好一批实事、破解一批难题、构建一批机制）"为主题，解决群众最关心、最直接、最现实的利益问题。大力推进"为民办实事"工程，县、乡财政持续加大投入，10项为民办实事项目全面完成。投入2100万元，解决5.6万名农村居民的安全饮水问题，新建沼气池2000口；完成13所合格学校、8所乡镇卫生院和55所村级卫生室建设，44万多人参加新型农村合作医疗，参合率达99%；政府主导就业培训6879人，新开发就业岗位1384个，新安置下岗失业人员1013人，完成农村贫困家庭转移就业987人，援助城乡就业困难对象就业864人，实现零就业家庭动态就业援助100%；发放小额担保贷款248万元，引导256人次返乡农民工党员创业；帮扶城乡特困群体,新建经济适用房2万平方米、廉租房1万平方米,发放租赁补贴1000户,152户专业捕捞渔民实现上岸定居。制定《关于建立农村基层党建工作相关制度的意见》,建立农村基层党建工作定期研究、专题报告和述职评议制度;组建“两新(新经济组织、新社会组织)”党支部37个,推行“社区党总支、小区党支部、楼栋党小组”三级管理模式,整顿软弱涣散的农村党支部,党组织和党的工作覆盖面扩大,组织保障全面落实;完成12个乡镇机关改造,新建和改建村级组织活动场所15个;村干部“一定三有(定职责目标,收入有保障、干部有希望、退后有所养)”政策全面落实,基本补贴按村党支部书记7600元、其他干部6080元实现打卡发放,859名在职村干部全部纳入养老保险范畴,村平低限运转经费提高到4万元。

二 党员队伍建设

1990－2009年,按照“坚持标准,保证质量,改善结构,慎重发展”的方针,结合县内中共党员(简称党员)性别、年龄、文化、职业结构等状况,制定发展党员“三个倾斜(向党组织薄弱环节倾斜、向青年骨干倾斜、向生产一线倾斜)”原则,编制党员发展和入党积极分子培训计划,加强发展党员工作的宏观管理,逐步走上制度化、规范化轨道。先后实行预审制、公示制、责任追究制、答辩制、票决制,确保了新发展党员的质量。2000年始,建立入党积极分子档案库,以县委党校和乡镇党校为基地,每年培训入党积极分子,共培训30077人,培训合格率达98.5%。2001年始,以发展农民党员为重点,着重在返乡退伍军人、返乡农民工、种养殖业大户、个体经营者和在外务工者中选拔培养优秀青年积极分子,发展年轻党员比例逐年提高,农村党员后备力量不足的问题初步缓解。1990年,全县有党员23060名,1990年以来新发展1.3万余名。2009年,有党员28959名,其中当年发展458名。详情况见表8－2－4。

安乡县部分年度党员人数及结构情况

表 8-2-4　　单位:人

项目 年度	党员人数		年龄结构			文化结构			职业结构				当年发展
	总数	其中女党员	35岁及以下	36至60岁	60岁以上	大专及以上	中专高中	初中及以下	职工	农牧渔民	城镇个体劳动者	其他	
1993	24532	2756	4145	16982	3405	1310	5596	17626	8142	12396	224	3770	540
1995	25777	2934	4669	17241	3867	1524	6432	17821	8611	12793	288	4085	930
1997	26910	3187	5232	17722	3956	1966	7622	17322	9136	12672	398	4704	750
1999	28033	3451	5616	18166	4251	2430	8447	17156	9284	13104	508	5137	750
2001	28879	3638	5575	18193	5111	3054	8402	17423	7203	14019	540	7117	672
2006	29797	4449	5936	18444	5417	4015	9378	16404	8113	16931	126	4627	520
2007	29901	4552	5963	18544	5394	4036	9549	16316	7474	16997	2332	3098	543
2009	28959	4612	6305	17600	5054	3863	9454	15642	8387	17409	260	2903	458

三　干部队伍建设

(一)干部人事制度改革

2000年,中央发出《深化干部人事制度改革纲要》,全县逐步实施干部人事制度改革。

干部推荐、考察责任制　2000年4月21日,县委发出《关于建立干部推荐、考察责任制的实施意见》,规定单位党组织向县委推荐干部,必须集体研究,并获得2/3以上班子成员同意;要向县委写出书面推荐报告,并附班子成员集体讨论原始记录(复印件);领导干部个人推荐干部,必须填写《干部推荐责任卡》,写明推荐理由和推荐承诺,推荐者对推荐结果负责,出现推荐失误的追究推荐者的连带责任;考察领导班子和领导干部必须按程序进行,考察者对考察结果负责,因考察不准造成用人失误的追究考察者的责任。在制定和执行《干部考察工作责任制》《干部考察工作纪律》《考察情况反馈制》《干部考察责任追究制》基础上,还实行《考察预告制》,推荐和考察干部责任制进一步完善。2001年始实行干部考察预告制,变封闭神秘考察为公开考察。是年5月,对试用期满的25名干部,考察前在其单位张贴考察预告,公布被考察对象的有关情况,接受群众的公开监督。2006年后,在乡镇换届考察和乡科级领导班子考察中实行考察预告制度,增强了干部考察工作透明度,提升了组织工作开放度。

干部任前公示制和试用期制　2000年4月21日,县委发出《关于实行新提干部任前公示、试用制度的实施意见》,对提拔性使用的干部实行公示制和试用期制。提拔性使用的干部由县委常委会议研究后,通过媒体和张贴公告在一定范围内公示7－10天,对群众反映有严重问题并查实者不予任用;提拔性使用的正副科级干部(按法律规定选举任免的除外)均试用一年,试用期内无不良反映正式行文任职,有不良反映则取消试用资格。至2009年,有615名提拔性使用的干部任前公示,对其中10名有争议者,经调查核实取消6人的任职资格。

公开选拔科级领导干部　1999年始实行公开选拔科级领导干部。是年5月,县委组织部、县委统战部公开选拔非党科级干部,35人报名参选。通过初审、笔试、面试、考察,公选6人担任县直单位副科级领导职务。2000年11月,296人报名参选,公选10人,其中县直单位副局长职位5人、乡镇非党副乡镇长职位5人。2001年后,4次公开选拔副科级领导干部22名,两次公开选拔优秀年轻后备干部210多名。

干部任免票决制　县委在讨论决定干部任免时,除按规定将乡镇、县直单位"一把手"纳入县委全会票决外,对有争议对象的任免也采用票决,并对一些重点部门和焦点单位的主职人选实行差额票决。2002年以来,因犯严重错误被撤职的副科级以上干部5人,因工作失误和政绩平庸被降职安排17人,按划定年龄界限改变职务和动员提前离岗78人。

党政机关中层骨干竞争上岗　2002年始,通过办点示范,党政机关中层骨干竞争上岗逐步规范。全县出缺的133个职位均实行竞争上岗,1500人次参与竞争,晋升职务41人,降职26人。

事业单位干部聘任制　安乡是全市事业单位人事制度改革试点县,为建立适合事业单位特点的用人机制,2000年7月8日,县委发出《关于实行事业单位领导干部聘任制的实施意见》,对推行公务员制度和参照公务员制度管理以外的事业单位领导干部实行聘任制,聘任期一般3年。是年,县中医院和大鲸港镇医院院长实行聘任制。次年1月,县成人中专、职中、二中、四中校长实行聘任制。机构升格后,县一中、二中、三中、五中、教师进修学校,安昌、安澧、安保、安造大垸,人民医院、中医院及其他未参照公务员管理的事业单位均实行聘任制。至2009年,全县有19个事业单位的54名领导班子成员实行聘任制,248个事业单位的10057名事业干部全部实行聘任制,并逐步实行技术职称评聘公开、劳动分配绩酬挂钩制度改革。

县属直管企业人事制度改革　至2009年,原有直管的14家副科级以上企业改制完毕,66名副科级以上企业干部全部妥善安置。新改制企业全部市场化运作,人事管理彻底还权于企业。

(二)乡镇班子换届

1990－2003年间,乡镇领导班子届期为3年,

2006 年后改为 5 年。

2001 年 9 月乡镇班子集中换届后，2006 年 3 月乡镇党委班子换届。在 2007 年 11 月乡镇人大、政府班子换届中改革力度较大，安猷、安丰、安全乡和下渔口、黄山头、城关镇等 6 个二类乡镇，班子按 9 线配备，安障、安昌、安宏、安生、安福、安凝、安裕、安康、安德乡和大鲸港、三岔河、官垱、焦圻、陈家嘴镇等 14 个三、四类乡镇，班子按 7 线配备，实行党政交叉任职，共精简职数 58 个，89 名干部退出班子。换届后，乡镇领导班子年龄更轻、文化更高、结构更优，平均年龄 35.2 岁，大专以上文化占 89.4%，其中每个乡镇配备女干部和 30 岁以下干部各 1 名以上，共配备党外干部 13 人，30 岁以下党政正职 4 名。

（三）后备干部管理

县级后备干部管理　县级后备干部由县委向市委组织部呈报，市委组织部批复后确定。1998 年、2002 年，分别确定县级后备干部 26 名、22 名，此后每两年一次调整补充。县级后备干部由市委组织部不定期组织到省、市委党校培训和政治理论水平测试。1998 年以来，先后有 23 名县处级后备干部得到提拔。

科级后备干部管理　按照滚动发展的管理原则，建立了常年保持在 180 人左右的科级后备干部队伍，并辅以各 30 人左右的妇女后备干部和非党后备干部。县委组织部制订并实施培养计划。一是传帮带。各单位主要负责人为培养后备干部的直接责任人，负责 1－2 名后备干部的培养教育；二是理论和业务培训。在县委党校定期举办优秀中青年培训班，重点学习政治理论、市场经济相关知识、领导科学知识和法律知识等，提高思想理论素质，同时鼓励后备干部进行继续教育；三是实践锻炼。2000 年，选派 25 名优秀大、中专毕业生到乡镇和县直企业锻炼，提拔重用表现突出的选调干部。出台《关于选拔优秀干部下基层锻炼的意见》，开展百名干部下基层锻炼活动，县委组织部成立专业班子进行考核。其中 18 人担任乡（镇）长助理、19 人担任村支部书记、18 人担任村支部副书记、5 人担任村主任助理、2 人担任厂长（经理）助理、37 人到县直“支帮促”点村锻炼，24 名科技干部下基层挂职。10 年间，提拔 186 名科级后备干部进入乡、科级领导班子。

（四）干部监督

1990 以来，贯彻执行中央、省、市委干部监督工作政策与法规，以领导班子和领导干部监督为重点，以制度建设为基础，创新监督方法，完善预防、处理机制。

1990－1996 年，推行领导干部离任审计制度，先后对 70 多名科级干部进行离任审计，3 名责任人分别受到党纪、政纪处分。1999 年始，在干部选拔任用中实行任前公示制度，先后公示 300 多名拟任副科级以上职务的干部，因群众反映有关问题，其中 3 人经查实未予提拔。2002 年，贯彻执行中央《党政领导干部选拔任用工作条例》，组织 600 名副科级以上干部参加中组部和《人民日报》社举办的《条例》知识竞赛，县直部门和领导班子成员参赛率达 95% 以上；县委、县政府制定《安乡县领导干部经济责任审计工作实施细则》，进一步明确领导干部经济责任审计的内容、程序、方法、权限及结果运用，加强对“一把手”任职期间履行经济责任、依法行政的监督和管理。

2005 年，县委发出《关于加强科级干部退休管理工作的通知》，严格规范党政机关、事业单位科级干部退休制度；县委组织部制定《关于干部形象监督的暂行规定》，拓宽干部监督渠道，在市、县党代表、人大代表和群众代表中聘请 10 名形象监督员，及时掌握科级干部在八小时之外生活、社交、娱乐情况。2006 年，县委组织部先后制定《关于加强国家工作人员出国（境）护照管理的通知》《关于加强股级干部任免权限有关人事管理的意见》。科级干部因公、因私出国（境）护照上缴县委组织部集中保管，共收管护照（含港澳通行证）38 本，其中护照 12 本、通行证 26 本；明确股级干部的任免形式、任免办法、归口管理权限。2007 年始，县委组织部建立科级干部年度考核制度，制定《关于党员领导干部报告个人有关事项的通知》。全面考核科级干部德、能、勤、绩、廉；对科级干部应报告的本人婚姻变化、持有因私出国（境）证件、子女与外国人和港澳台居民通婚、配偶、子女出国定居、私人经商办企业、司法机关追究刑事责任等 8 种报告事项实行电子信息化管理。2008 年，县委组织部制定《干部监督工作部内分工协作暂行办法》,完善内部协作机制,将监督工作贯穿于干部教育、管理、使用全过程;建立干部监督、经济责任审计工作联席会议制度,加强与纪检、监察、人事、审计、信访等部门的沟通联系,增强合力,相互配合、齐抓共管机制初步形成。至2009年,共查处科级干部11人,其中党纪处分5人、政纪处分2人、党纪政纪处分4人。

(五)干部教育

2005年始,全县干部教育培训工作以建设高素质干部队伍为目标,实施统筹规划,规范管理。每年年初,统筹安排年度教育培训规划,对县委党校主体班培训跟踪管理。2007－2009年,除省、市培训外,县委党校每年举办科级干部培训班3期、年培训150人次,共举办年轻人才培训班2期、200多人次,农村(社区)党支部书记培训班3期、900多人次,中青年干部培训班2期、培训优秀科级后备干部120人次,党外干部培训班2期、400多人次。

主体班教育 强化主体班规范化、制度化管理,相继制定《干部轮训制度》《干部培训与使用相结合制度》《干部培训学制管理制度》《干部调训纪律》等,培训成为干部任职的必备条件。规定副科级以上领导干部特别是党政正职,每5年或每届任期内必须轮训一次,短训班7天、进修班1个月、青干班2个月。培训中,除安排兼职教师外,并聘请县内理论功底深厚、工作经验丰富的科局"一把手"和县级领导授课,聘请省、市委党校专家为客座教授。培训期间,坚持教育培训与使用相结合的原则,培训情况全面记入干部培训档案,并根据学习、考试等情况评选优秀学员。突出重点,增强培训实效。丰富培训内容,以理论为基础,以知识更新为重点。以能力建设为目的确定培训内容,科级干部进修班注重政治学习、党风党纪教育和思想道德教育,同时开设招商引资、优势产业发展、执政能力建设和构建和谐社会课程,并结合专题组织学员开展讨论、演讲。创新培训形式,注重多样性、灵活性和趣味性。采用互动式、安全式教学,以查找问题、研究对策为主,通过典型案例,引导学员放开视野,拓宽思路;采取论坛、研讨方式教学,将实践中的问题放到教学中,使学员集思广益,共同学习提高。管理民主自治。学员民主推荐产生班委会成员,组织开展班务活动。2008年以来,以提高党外青年干部综合素质,培养和选拔党外青年干部中的优秀青年为宗旨,制定《关于进一步加强全县干部职工学历教育的通知》,确定干部学历教育与干部提拔使用、年度考核相结合。先后组织53名科局干部、69名乡镇二层骨干分别培训45天。以"三抓三创"为内容,对134名35岁以下科级干部培训一周。

远程教育 1990年,县委组织部内设县党员电化教育中心站,2003年12月更名为县党员干部远程教育管理中心,2005年4月更名为县委农村党员干部现代远程教育管理中心,并升格为副科级。远程教育以拍摄、宣传基层党组织或党员先进典型,播放电教片等手段,对党员干部进行教育培训。实施远程教育,党员群众开阔了眼界,种、养殖水平提高,农民群众得到实惠。2003年6月,常德被列为全国农村党员干部现代远程教育试点市,决定自2003年6月至2005年底建成覆盖全市所有行政村的农村远教站点网络。此间,全县建成远程教育站点282个,"一库三网(数据库、卫星网、互联网、有线电视网)"为基本构架的农村党员干部现代远程教育体系基本形成。教育部门牵头,在乡镇中学或行政村小学建立远程教育站点147个,其中以乡镇中学为依托的扩展型站点20个、农村小学基本型站点127个;组织部门牵头,在无小学的行政村村部建立远程教育站点135个,其中村级扩展型站点4个、村级基本型站点131个。2005年11月,全国远程教育办抽查安障乡会子庙村、安生乡中心村、陈家嘴镇三湖村、安全乡丁家洲村、安猷乡官保村、安昌乡大中村等6个村级站点的设备安装、调试、建设情况,全部评为合格。2008年,根据国家文化部、财政部《关于进一步推进全国文化信息资源共享工程的实施意见》,全县新建农村远程教育与文化信息共享站点231个。1990年,20个乡镇及部分行政村建党员电教室站点127个、县直单位建68个,播放、收看电教片4800多场次,7.35万人次党员干部参训。至2010年6月,全县19个乡镇共建农村远程教育站点244个。远程教育站点年均教育培训党员干部5850多场次、16.6万多人次参训。

(六)干部档案管理

县委组织部干部信息组(档案室)管理档案6449本,其中副处级以上干部档案副本55本,科级和一般干部档案4145本,县委、人大、政府、政协在职职工档案41本,离退休干部档案2208本。完成了中组部"大组工网"建设,实现了干部档案信息数据共享;档案管理职责、档案工作人员守则建立健全,档案收集、整理、归档、审核、查借阅、安全保密等制度和程序规范,有章可循。2003年获评国家一级档案室。2007年12月,县委将科级干部工资管理审批权限由县人事局调整到县委组织部,干部信息组职能拓展到管理干部档案、干部信息和处级、科级干部的工资业务。

四　党校教育培训

2003年12月,县委编委发出《关于印发〈中共安乡县委党校职能配置、内设机构和人员编制方案〉的通知》,重新核定县委党校职能配置、内设机构和人员编制,实行校务委员会(简称校委会)领导体制,校长由分管党群工作的县委副书记兼任,常务副校长主持全面工作。县委党校内设办公室、教研室、行政室3个副科级机构,在编在职教职工19人、退休干部职工12人,其中专职教师4人、兼职教师4人。2009年,有高级讲师3人、讲师4人。

1990－2009年,举办各类主体培训班142期、12524人次。其中科级干部培训班34期、1796人次,后备干部培训班11期、539人次,村级干部培训班12期、813人次,公务员培训班20期、3360人次,入党积极分子培训班7期、2625人次,其他部门培训班58期、3391人次。1987年9月与省委党校函授学院联办干部学历教育函授大专班,1996年9月与中央党校函授学院联办干部教育函授本科班。2008年10月与湖南文理学院函授部联办干部学历教育函授本科、大专班,首届招收本科、大专班学员76名。1990－2009年,招收学历教育本科班13届、大专班16届,共2006人,其中一般干部1457人、副科级以上干部544人、县级领导干部5人,毕业1707人,309人获评优秀学员。

1991－2009年,有9人、8篇理论和学术文章在省级以上报刊发表,20人、20篇学术论文在省级以上学术研讨会上获奖。其中侯永才的《按照"三个代表"重要思想的要求充分发挥共产党员先锋模范作用》《农民增收与科学发展观》分获2001年省委讲师团征文评比一等奖、2004年全省党校系统理研会一等奖;熊甫成的《唱响社会主义文化的主旋律,促进农村文化建设健康发展》《努力实践"三个代表"重要思想,建设一支高素质领导干部队伍》分获2001年江泽民"七一"重要讲话学习征文评比一等奖、2002年全省党校系统理研会一等奖;2001年,熊甫成、廖军华、曾庆裕共同完成省级社科课题《乡村债务问题研究》。2002年,县委党校获评全省合格党校,2003年,获评全省党校系统函授教育先进集体。

五　老干部管理

县委老干部局负责全县离休干部和副科级以上退休干部管理。1990年以来,按照中央《关于建立老干部退休制度的决定》,建立、完善管理机制,落实老干部政治、生活待遇并发挥其作用,成效显著。

(一)落实政治待遇

关心老干部政治、精神生活。固定每月15日为全县老干部政治学习日,组织其学习中央、省、市、县相关政策和规定,及时掌握时事动态。2005年始,每年为任过实职的副处级以上离退休干部免费订阅《中共中央办公厅通讯》。每年邀请部分老干部代表参加县人大、政协、经济工作会议或重大庆典活动。每逢春节、重阳节,组织老干部召开"三个文明建设"情况通报会并征求意见,由县委、县政府主要领导通报全年或半年全县经济社会发展情况。2006年始,每年两次组织老干部参观、视察县内工农业生产、城镇建设等工作。

多年来,各单位为老干部订阅《老年人》杂志,县委老干部局工作人员分片包干,将杂志及时送到老干部手中。加强老干部组织管理。贯彻中组部《关于进一步加强和改进离退休干部党支部建设工作的意见》,规范离退休党员干部管理。老干部党员人数3人以上的单位,成立老干总支或支部;部分居住分散、行动不便的老干部党员,结合社区(村)党建,安置到社区(村)支部过组织生活;长期居住外地的老干部党员,各单位采取邮寄学习资料、电话征求意见、网上沟通交流等方法管理。

2009年,全县有老干支部133个、离退休党员干部2227名。利用老干部政治学习日的平台,开展政治理论、形势政策、法纪和作风建设教育。各级党组织以党的十五大、十六大、十七大精神和解放思想大讨论及科学发展观等为中心内容,组织老干部学习,引导其始终坚持理想信念,继续发扬优良传统作风。1998－2009年,组织专题学习90次、2000多人次参加。搞好老干部安置管理。2000年始,全县国有、集体企业先后破产改制,有23家企业的49名离休干部曾一度移交社区安置管理,为此,老干部颇有怨气。2004年4月,县委组织部、编委办、老干部局联合发出《关于明确县直有关单位老干部工作职责的通知》,破产改制企业离休干部由原企业主管部门归口管理,离退休干部较多的县工业发展局、商务局成立县工业企业人才及老干部管理中心、县商业企业人才及老干部管理中心,分别负责工业、商业系统破产改制企业离休干部的管理服务工作。至2009年,破产改制企业离休干部与机关单位同职级离休干部基本享受同等政治待遇。

(二)落实生活待遇

建立健全"三个机制(离休干部离休费社会统筹、医药费保障、离休费和医药费财政支持)",从优落实离休干部的"两费(离休费、医疗费)"。

2003年前,全县相关单位拖欠103名离休干部离休费、医疗费54.58万元,其中工资31.85万元、医疗费22.73万元,老干部上访较多。2003年,县委、县政府出台《关于建立离休干部离休费医疗费财政支付机制暂行办法》和《关于建立离休干部离休费医疗费保障机制暂行办法》,"三个机制"建设正式起步,离休干部离休费、医疗费全部统筹解决。同时,县委老干部局督促相关单位,逐步偿清了拖欠的离休干部"两费"。医疗费年人平标准由2005年5000元提高到2009年的7000元,就诊有定点的医院、门诊、住院部。加大保障力度,从优落实离休干部的特殊待遇及津补贴。2003年始,破产改制企业32名离休干部的"三项补贴(交通费、健康休养费、物价补贴)"纳入财政预算,当年一次性发放。是年,破产改制企业离休干部无固定收入的配偶、遗孀生活补助费纳入民政部门统一管理和支付,当年一次性发放。2007年6月,为80多名无固定收入的离休干部配偶、遗孀落实医疗保险。2008年始,离休干部津补贴按在职公务员标准的85%发放,2009年提高到90%,由县财政全额支付。

(三)发挥老干部作用

按自愿、可行的原则,组织和引导老干部为经济社会发展建言献策,各种老年社团组织在全县各个领域的作用充分发挥。

县关心下一代工作委员会 1989年12月成立。至2009年,县、乡(科局)、村(社区)、中小学的关心下一代工作网络基本建立健全,有"五老(老干部、老战士、老专家、老教师、老模范)"为主体的会员1400余人。组建以县教育局为主的家庭教育讲师团、以县司法局为主的法制教育讲师团和以团县委为主的青少年思想道德教育讲师团,"讲师团"进机关、学校、企业、村(社区),对青少年进行思想道德、法制教育,创办家长学校,普及家教知识,传播家教新理念,促进青少年健康成长。开展阳光助学活动,20年间,募集助学资金近1000万元,资助贫困学生4213人次。

县老科学技术工作者协会 1999年6月成立。至2009年,拥有35个分会(乡镇分会19个、部门分会16个)、1220名会员(高、中级职称者738名)。县老科协注重调查研究、建言献策,科技示范、服务"三农",养身保健、自当表率。原县委书记徐超文称其为"县委的参谋、政府的助手、安乡的财富、群众的知音。"2001年、2004年,获省老科协工作先进集体;2004年,于必歇(协会会长)获省老科协精英;2002年、2006年、2008年,唐斌、余乾三、易嘉堂等获省老科协先进工作者。

县老年人体育协会 1984年成立。至2009年,组织开展门球、太极拳(剑)、健身球操、钓鱼、地掷球等健身活动项目。门球队发展到26支,有近千名老年人参加。每季组织一次县直单位门球循环赛,每年组队参加湘鄂边和省、市门球比赛,已形成规范化、制度化。1997年获省老年门球赛第二名,2008年获省第七届老年人运动会健身球操赛二等奖。1997年、1999年、2002年,获省老年体育先进集体。

县老年人钓鱼协会　2007年5月成立,隶属县老年人体协。每年组织一次老年人钓鱼比赛。2008年9月,承办市第21届老年人钓鱼比赛,获得好评。

县老年大学　2003年10月成立。至2009年,有学员112人,开设诗词、书画、电脑、摄影4个常设班,辅以养生保健、舞蹈、门球、太极拳等短训班。学员中先后有19人加入中华诗词学会、11人加入省诗词学会、39人加入市诗词学会。

县老干部书画诗词协会　1995年3月成立。至2009年,有会员90人,其中县处级干部17人。2002年始,每年编辑出版诗词集《书台诗雨》,举办一次书画展。其中15名会员先后出版个人诗词与诗词评论集17本,李承武的《鲸湖归雁》《深柳闻莺》、吴思维的《月当窗》获丁玲文学奖,年届90岁的王子恕书画作品多次获省、市书画比赛一等奖。2008年,20名安乡籍中华诗词学会会员作品选《湖畔清吟》编辑出版。

县老摄影家协会　2005年3月成立。至2009年,外出采风30次、举办摄影展5次、参加市老年摄影艺术展3次,有10件作品获奖。2008年,摄影画册《潺陵神韵》编印出版。

县老年京剧协会　1982年成立。会员活跃于街头巷尾,不计报酬为民间红白喜事进行演唱活动,在县组织的迎香港回归、庆祝建国五十周年及每年的春节晚会中出演精彩节目。1994年,被评为全国39个优秀京剧票社之一。2007年,刘锦花(协会秘书长)获市十大京剧名票,有13位票友入选中国京剧票友大典。

县健身艺术团　2002年12月成立县夕阳红健身艺术团、县喜洋洋龙舞健身艺术团。两家艺术团以强身健体、老有所乐为宗旨,为城关地区的民营企业、个体经营户开业庆典进行宣传,并经常参加县内的公益活动,丰富了城关地区群众的文化生活。

第五节　宣传工作

1993年县级机构改革中,县委统战部并入县委宣传部,内设党教理教组、新闻宣传组、基层统战组、工商对台组(由工商联、对台办合并,对外保留两块牌子)、办公室5个组室。1994年机构调整时县委统战部析出,内设理论教育组(加挂党员教育组牌子)、宣传文艺组(加挂县文明创建办、县企业政工人员职称评定办牌子)、新闻出版组(加挂县外宣办牌子)、办公室(加挂战线组牌子)4个组室。归口管理县文化局、广播电视局、文联、体委、新华书店(双管单位)。1999年,县卫生局、人民医院、中医院、卫校(更名为县第二人民医院)、血防办纳入其归口管理,2001年下半年取消归口管理,实行牵头管理。2002年机构改革后,增加两项职能,即协同有关部门开展对外、对港澳及涉台问题宣传;归口管理、统筹协调互联网的新闻宣传。内设办公室(加挂理论教育组牌子)、宣传文艺组、新闻出版组3个组室。2003年,县卫生局、人民医院、中医院、第二人民医院、血防办从宣传战线划出。

一　理论学习与教育

(一)县委中心组学习

1990年始,县委中心学习组实行季度集中学习制度,以马列主义、毛泽东思想、邓小平理论、“三个代表”重要思想、科学发展观为学习重点。

1990－1997年,以邓小平理论、社会主义市场经济等基本知识、党性教育、经济体制改革中的法律知识和领导干部讲政治等五个课题为学习重点。县级集中学习《什么是社会主义市场经济》《邓小平文选》和《国家赔偿法》《劳动法》。1994年,全县县级领导参加全省学习《邓小平文选》知识竞赛。是年,县委书记姚正先、县长徐万发获全省理论学习先进个人。1996年,姚正先获全省理论学习先进个人。1998－2002年,以邓小平理论、“三个代表”重要思想、市场经济理论、WTO(世界贸易组织)、党性教育和有关法律知识等六个课题为学习重点,形成了“学习一个专题,讨论一个问题,出台一项(政府)措施”的学习格局。2000年2月,根据中央《关于在县级以上党政领导班子、领导干部中深入开展以“讲学习、讲政治、讲正气”为主要内容的党性党风教育的意见》,成立县"三讲"教育领导小组,制定《安乡县处级领导干部"三讲"教育实施方案》,组织县委、人大、政府、政协领导班子及全体县处级领导干部,集中参加封闭式"三讲"学习。次年,开展"三个代表"重要思想、江泽民"七一"讲话、党的十五届六中全会《决定》及 WTO 等专题学习,"三个代表"重要思想学习教育活动得到省、市委的肯定,县委宣传部长樊明雪获全省县级以上领导干部理论学习先进个人。2006 年,县委书记张开松在省委机关《决策天地》等刊物上发表《新农村建设要突出"六个一"》等 10 多篇文章,县长王先蒙在《人民日报》上发表《加速环洞庭湖地区县域经济发展的思考与对策》。2008 年,全县开展解放思想大讨论活动,县委中心组以科学发展观、十七大、十七届三中全会精神等主题为学习重点,2009 年,还先后邀请省社科院副院长周小毛、省委党校常务副校长徐晨光、市委政法委副书记姚景平、市经管局局长张业湘等理论专家到县讲课。

(二)乡局级中心组与干部群众理论学习

1990－1997 年,以《邓小平文选》为学习重点。1992 年,邓小平《在武昌、深圳、珠海、上海等地的谈话要点》发表,全县随即掀起学习邓小平南方讲话高潮。通过对"什么是社会主义、怎样建设社会主义"大讨论,较系统地掌握建设有中国特色社会主义理论。1993 年,学习《邓小平文选》第三卷,举行学习报告会 120 场次、5 万多人次参加、写出学习论文 1500 多篇。科局级中心组理论学习网络和制度逐步建立完善,1994 年制定并实施《党委中心组学习若干制度》,创办《理论与宣传》刊物。1996 年,组织 6000 多名党员干部学习、研讨中宣部编写的《邓小平同志建设有中国特色社会主义理论学习纲要》、省委宣传部编写的《邓小平关于建设有中国特色社会主义的论述摘编》,并参加全省的竞赛活动,县委宣传部获组织奖,张孝岳、樊明雪、安彦、田跃斌、欧阳忆清、邹明清、李其伟、康长利等获个人优胜奖。是年,成立县委理论学习讲师组,下基层讲课 100 多场次。1997 年,以学习十五大精神、《邓小平论社会主义精神文明建设》和《邓小平论社会主义市场经济建设学习纲要》为重点,县委宣传部获全省理论教育先进单位。

1998 年,县境遭遇特大洪涝灾害,开展"内鼓士气、外树形象、同心同德、稳定发展"主题活动和"爱祖国、爱湖南、爱安乡"读书教育活动。1999 年,县委办印发《全民教育方案》,由县委宣传部组织全县党员干部,特别是副科级以上干部一年一度的政治理论考试。县委宣传部发出《关于在全县农村开展"三个代表"重要思想学习辅导活动的通知》,组成宣讲团到乡镇、县直单位巡回宣讲 38 场次,发放学习辅导资料 5000 册。2000 年,开展企业改革政策税收法规、"三个代表"重要思想、WTO、中央思想政治工作会议、十五届五中全会精神、"坚定社会主义信念"征文竞赛、理想信念和形势教育等学习教育活动。发放《信念丛书》《中国加入 WTO 与湖南发展对策》《毛泽东、邓小平、江泽民论思想政治工作》《税收知识读本》等书籍 5000 余册,印发有关学习资料 1 万余份。2002 年,举办十六大精神理论骨干培训班,召开十六大精神宣讲报告会,组成宣讲团到乡镇、县直单位巡回宣讲 16 场次,发放《十六大报告新思想新论断新举措专题读本》《新世纪执政兴国的伟大纲领》《坚持以"三个代表"重要思想为指导,与以胡锦涛为总书记的党中央保持高度一致》等十六大专题学习辅导资料 4400 册。

2004－2005 年,与县委组织部联合制发《关于进一步加强和改进乡、局级党委(组)学习中心组政治理论学习的意见》,建立政治理论学习报告、督查制度,各级党委中心组围绕"立党为公,执政为民"和"保持共产党员先进性教育"等十个专题,采取看电视和录像、上辅导课、现场考察、中心发言、组织交流等方式学习。

2006－2009 年,以科学发展观、党的十六届六中全会精神、"三个代表"重要思想、和谐社会、社会主义新农村建设、"八荣八耻"等为主要内容的社会主义核心价值体系学习。2009 年,乡局级党委(组)中心组集中学习 570 余次,邀请理论专家 430 余人次到县授课。

二　新闻宣传

1995 年后,先后制定并实施《关于加强全县新闻工作管理的若干意见》《安乡县黄金时段节目播出管理制度》《安乡县新闻记者编辑聘任制度》《安乡县广播电视微波传输管理制度》，按照“内鼓士气，外树形象”的要求，从四个方面强化新闻宣传工作。队伍建设。1990－2009年，系统培养100余名通讯员，深入基层采访、撰写新闻稿件、拍摄新闻照片和电视片，每年被省、市、县新闻单位、报刊、电台采用1000条以上。

（一）重大事件集中报道

1997－1999年，以爱国主义教育为主题的迎香港回归、澳门回归集中报道。2000－2008年，开展建党80周年、加入WTO等主题宣传活动。2009年，配合市“沅澧流域行”报道采访团，对新中国成立60年来全县农村经济发展和新农村建设进行深层次采访报道；围绕全县新型工业化、新型城市化、新农村建设、森林城镇与生态安乡建设、文化旅游业、和谐安乡建设等主题，开展价格诚信评选、作风建设、创建国家级乒乓球之乡、“6·26”禁毒日等专题报道。

（二）典型宣传

1995年，在全县开展刘光明事迹宣传；1996年，刘光明获全市模范乡镇党委书记，市委作出《关于开展向刘光明同志学习的决定》；1997年7月，新华社湖南分社和省七家新闻单位记者联合采访报道刘光明先进事迹。2001年，“百姓书记”虢光明先进事迹在《人民日报》头版刊出。2004年，重点推介“水乡天使”王志英、抗洪功臣李建国、珍珠大王龚德生、人民满意公仆马钦佩等先进典型人物。

（三）对外宣传

多渠道、全方位、有计划、有重点地宣传全县两个文明建设成就。1994年，外宣工作起步，先后编印《安乡投资指南》《黄山风光》《走进安乡》等外宣品数十件，摄制《情系安乡》《洞庭峭壁》《今古安乡》《安乡交通话今昔》《外资企业在安乡》《一夜春风过洞庭》《富县之路》《崛起的码头》《可爱的安乡》《诗意水乡》《一枝独秀湘鄂边》《活水强县》等10余部专题片，举办安乡经济成果展览，印制《安乡县东港商业步行街投资指南》《安乡大市场投资指南》《安乡县工业园开发建设投资指南》。在《人民日报》（海外版）、香港《大公报》发表《马年春来早，水乡吊蚌忙》《科技扶贫富了安乡农民》《外资企业落户安乡》等外宣稿件150篇（幅）。2003年，《安乡推进农村社会协调发展》的新闻在《人民日报》发表。2006年，设计印制《走进安乡》贺年卡5万张，面向全国发行。

三 社会宣传

（一）“五下乡”活动

20世纪90年代始，围绕全县工作中心、重大节日和纪念日，开展“五下乡（送政策、法律、文化、卫生、科技）”宣传活动。发放科技、法律宣传资料10万余份，法律咨询10万人次，义诊6万人次，送图书9万册，放映电影和文艺演出数百场，送农资、肥料、种子和慰问贫困户折款数百万元。至2009年，在组织送文化下乡活动中，每年由县文化局、文联、青年艺术团等单位编导精品节目，以文艺形式向农村群众宣传党的政策。

（二）“五个一工程”建设

1997年5月，县委办、县政府办发出《关于组织全县精神文明建设“五个一工程”评奖活动的通知》，成立县“五个一工程（一篇好理论文章、一篇好文学作品、一个好文艺节目、一篇好书法作品、一篇好新闻报道）”评奖领导小组和评审委员会。是年，《安乡哦歌》获省、市“五个一工程”奖；全县首届“五个一工程”评奖活动中，李承武、李爱国、龙晓清、樊明雪、李卫和、田祖明、张昌银获理论文章类优胜奖；李世俊、谌天喜、何俊、彭需梅、韩霆、陈宏喜、张波、张硕炳、陈忠孝、汤萍获文艺类优胜奖；曹玉林、何俊、潘能震、刘国伟、唐继钢、施卓、毛建军、符文娟、徐兆玉、刘贤安、彭金安获新闻类优胜奖。1998年，谌天喜创作的小品《老表退亲》获市“五个一工程”二等奖和曹禺戏剧三等奖。1999年、2000年，县委党史办编纂出版的《安乡保卫战》《安乡人民革命史》分获市“五个一工程”图书类二等奖、三等奖。2002年，县人大常委会樊明雪主编的《安乡之恋》获市“五个一工程”图书类三等奖。力邀著名诗人于沙、作曲家邹启炎创作县歌《走进安乡》，由著名歌唱家宋祖英演唱；

2004年7月1日,县歌首唱仪式在县城步行街书院广场举行,近3万人参加。

(三)中心宣传

1990－2009年,集中开展禁毒、环保、计生、艾滋病防疫等专题宣传和保持共产党员先进性教育、抗击"非典""3·15"维权等宣传活动,社会效果明显。在爱国歌曲大家唱活动中,唱响了共产党好、社会主义好、改革开放好、伟大祖国好、民族团结好的时代主旋律,营造了隆重、喜庆、祥和的气氛。在"6·26"国际禁毒日活动中,组织干部群众和学生观看禁毒宣传专题片,并利用广播、电视等媒体或宣传栏、墙报开展各种形式的宣传活动。

(四)节庆宣传

1990－2009年,每逢重要节日,或召开纪念会、庆祝会,或组织文艺演出,或举办展览,或举行焰火晚会。

1991年6月,县委决定把开展党史和党的基本知识学习作为表彰先进、理论研讨、知识竞赛、文艺会演、办实事五大系列活动之一,庆祝建党70周年。各级党组织购买《党章》《党的基本知识300题》《党史知识300例》等党建书籍8000多本,2.2万余名党员参加学习,2万余名党员参加县、乡、战线组织的党史和党的基本知识竞赛活动,县教委、经委、财委、城关镇、安生乡、安裕乡等6个代表队参加决赛。2001年,组织建党80周年八大系列活动,其中"党在我心中"主题歌咏活动获全市比赛第一名。5月下旬至6月上旬,县文化局、文联组织全县美术、书法、摄影爱好者开展"赞改革、颂党恩"作品展览,并选送30幅优秀作品参加全市作品展。6月28日,在安乡剧院举行纪念建党80周年群众歌咏会暨纪念大会,13个队、1000人参加,100名副科级以上干部同台参赛,赛出一、二、三等奖5名,特别奖4名,优秀指挥奖6名。6月30日至7月10日,在县体育场举办纪念建党80周年"潺陵之夏"大型灯展暨广场文艺晚会,组织大型艺术灯20组,文艺演出4场,参观者每天逾万人。6月下旬,团县委组织乡镇、县直单位共青团员开展"党在我心中"演讲赛,评出一、二、三等奖6名,优胜奖若干名。6月底,县委组织部、教育局、新华书店组织开展以党、团员、中小学教师及学生为主的读书教育活动,以《我们的旗帜——中国共产党在湖南》系列教育读本为教材,通过多种形式重点展示80余年来中共湖南地方组织领导人民进行革命和建设光辉历史。2003年后,组织以"弘扬雷锋精神"为主题的九大实践活动,持续深入开展学雷锋、当先锋活动。

四 精神文明建设

(一)文明创建

进入改革开放年代后,持续开展文明单位、文明窗口、文明行业、文明村镇评选和"弘扬雷锋精神,践行'八荣八耻'"活动,组织学生、职工、居民和志愿者参与义务清扫、诊治、维护交通秩序等十项行动。

公共礼仪宣教,提倡公务礼仪、社交礼仪,倡导礼貌谦让、礼让为先等公共场所礼仪;文明创建示范工程,健全"五好文明家庭""十星文明户"及文明单位、文明社区、文明村镇创建的考核,文明创建活动成效提高,覆盖面扩大;诚信劝导行动,以"争做诚信人,共建诚信县"为主题,效果良好;"文明创建进农家",按照"生产发展、生活宽裕、乡风文明、村容整洁、管理民主"的总要求,以丰裕(安丰、安裕乡)示范片建设为中心,以培育新型农民、突出新型村庄建设、加大文化产业建设为重点,推进新农村精神文明建设。1996年,落实乡村精神文明阵地"五大件(每个行政村建设一个读报栏、一个黑板报、一个广播室、一个图书室、一个教育娱乐室)"建设,建村级读报栏和黑板报600余个、村级广播室262个、村级图书室和教育娱乐室320余个、村级有线电视网络1个。农村读报栏建设经验在《湖南日报》《湖南宣传动态》等报刊发表,在全市精神文明建设工作会议上作为典型发言,中宣部刊发推广了《突出抓好乡村"五大件"建设,把精神文明阵地构筑在田边地头》。至2002年,先后有县国税局、检察院、地税局、电信局、一中、五中、卫生局、人民医院、建设局、计生局、安猷乡桃花岭村等单位获省、市级文明创建先进单位,安凝乡亿中村、三岔河镇新口村、安丰乡巴巴湖渔场、下渔口镇国兴村等10个单位获农村双文明星级村，县建设银行营业处、工商银行储蓄所等20个单位获“青年文明号”，县邮电局、电力局、自来水公司、人民医院等10个单位获文明行业窗口。

2001年，在全县开展“爱我安乡，建我安乡，富我安乡，美我安乡”教育活动。2003年，加强“百里文明走廊”创建。2008年，按照中央“坚持把社会主义核心价值体系融入公民教育和精神文明建设全过程”的要求，开展“八荣八耻”进校园、进课堂、进机关、进社区、进农村、进家庭活动，获省级文明单位4个、市级文明标兵单位6个、市级文明单位3个、星级农户1万余个，“破陋习、树新风”工作经验被省委宣传部推介。2008年、2009年，每年举办大型乒乓球赛事10余场次，开展“乒乓球之乡”创建，2009年，安乡获全国群众体育活动先进单位、湖南省乒乓球之乡。

（二）创学工作

2003年7月，县建设学习型城市工作指导委员会办公室正式挂牌，县委制发《关于建设学习型城市的意见》。8月，全县召开动员大会，成立学习型领导班子、学习型机关、学习型企业、学习型社区、学习型村镇、学习型家庭等六类组织，开展学英语、学电脑、学理论、学科技、学法律法规，推广普通话的“五学一推广”活动。7年的实践，70%以上的干部通过了普通话测试，90%以上通过了电脑考试。

2005年3月，举办全县首届学习报告会，学习型领导班子、机关、村镇、企业、家庭代表分别作学习报告。贾谷良等6人获全市学习之星，唐浩等18个家庭获学习型家庭，深柳镇西门口等6个社区获学习型社区，三岔河镇罗洲等6个村镇获学习型村镇。2008年1月，县委经济工作会议上提出创建“学习型安乡”的战略目标，印发学习宣传资料10万份，干部、职工、居民、村民近8万人次参与。2009年初，县委提出创建“学习型安乡、诚信安乡、国家乒乓球之乡”的“三创”工作目标，成立领导小组，组织经验交流报告会，筛选两名学习型典型作经验发言，评选、表彰16个创学先进单位、17名先进个人。县委宣传部牵头组织“全民学习周”、青年演讲赛、“书香飘澧陵”“2009才艺我最牛”大型群众比赛和青年干部职工迎春钢笔书法大赛等活动。

（三）公民道德教育

1990年以来，以提高全民思想道德和科学文化素质为目标，开展“爱国主义、集体主义、社会主义”和“社会公德、职业道德、家庭美德”教育活动。1993－1995年，连续获全市农村思想教育工作先进单位。1995－1998年，表彰了一批遵纪守法、维护社会公德的先进单位和个人。

1999年，开展“学习贯彻江泽民同志重要讲话精神，深入开展爱国主义教育”活动，组织党员干部和青年学生观看爱国主义教育片《国歌》，开展“党在我心中”征文竞赛等系列活动。城乡普遍进行提倡唯物论、反对唯心论，提倡科学、反对迷信，提倡文明、反对愚昧的宣传教育。2001年，以市民学校、村民学校和县委党校为阵地，组织干部群众特别是青少年系统学习中央文明委颁布的《公民道德建设实施纲要》。至2009年，以职业道德、勤政廉政为重点，在县直机关干部职工中开展改进机关干部作风、为人民服务、敬业奉献、反腐倡廉教育；以社会公德为重点，在社区居民中进行《纲要》宣传普及教育；以家庭美德为重点，在千家万户开展尊老爱幼、邻里和睦、移风易俗教育；以文明礼貌为重点，在青少年、中小学生中开展爱国主义、集体主义和思想道德教育。

（四）纪念毛泽东诞生100周年

1993年，县委宣传部牵头组织三大活动，纪念毛泽东诞生100周年。即编排花鼓清唱“十个红辣椒”和“歌舞”两个文艺节目参加市组织的《伟人之光》文艺调演，获演出二等奖；举办书法作品展，80余名书法爱好者书写143件以毛泽东诗歌为主体内容的书法作品参展；组织乡镇文艺调演，演出文艺节目187个，观众5万余人次。

（五）爱国主义影视片观映

1994年8月5日，按照中央、省、市主管部门指示，县委宣传部组织县文化局、广播电视局、电影公司等单位在各中小学校开展“百部爱国主义影（视）片观映”活动，持续两年，放映爱国主义影片26部、1500场次、观众80万人次；放映爱国主义电视片75部、200多万人次中小学生观看；开展“观后感”征文、爱国主义教育主题班会、爱国主义电影电视歌曲演唱比赛等十项系列活动。全县评选出31名优秀指导教师、8个优秀组织单位,编印了中小学生爱国主义影(视)片征文集锦《第一声呢喃》。

(六)未成年人思想道德教育

2004年,按照中央、国务院《关于进一步加强和改进未成年人思想道德建设的若干意见的实施意见》,县委成立未成年人思想道德建设领导小组,建设示范点,开展五项工作。即因地制宜整合资源,各单位、乡镇建设青少年活动场所;实施以网吧治理和“扫黄打非”为主要内容的“净化工程”;组织动员家长带领子女走访乡村、企业和贫困家庭;以学校为单位组织学生参观城乡爱国主义教育基地;组织部分老红军、老干部、老专家、老教师、老劳模担任未成年人思想道德教育辅导员和宣传员。

(七)拆庙驱神兴科技

1995年,全县城乡开展“把菩萨请下来,将科技送上门”的拆庙驱神兴科技活动,净化农村思想文化阵地。以教育为主,重点整治思想文化阵地和意识形态领域,共举办各类学习辅导班和帮教座谈会557期(次)、出宣传墙报1363块,帮教、转化落后群众1667人;拆除土地庙91个、水府庙4个、观音阁1个、荷花池1个;投入200余万元,完善全县科技知识电视教学网络,组织216名农业科技人员到乡村、农户传授农业科技知识和致富技术,其经验在《湖南宣传动态》上刊发。

(八)庆祝新中国成立60周年

2009年9月,为开展国庆60周年庆祝活动,组建活动组委会,举办“祝福祖国”文艺晚会、“水墨安乡”书法美术作品联展,编印《图文安乡》、出版《书院洲》国庆专刊,开展“我与祖国共奋进”中学生演讲赛、“祖国颂”中学生书画作品评比、青年干部诗歌朗诵会、“迎国庆、讲文明、树新风”志愿服务、革命题材影(视)片展播和庆国庆专题片制作、“才艺我最牛”电视才艺大赛、亲子大讲堂、“五个一工程”作品征集和走访慰问南下干部等十四项活动。

(九)其他主题教育

1995年,县委宣传部与其他部门联合举办国旗国徽插挂、《爱国主义教育实施纲要》学习、厂窖惨案遇难同胞纪念馆参观活动。2003年,组织党政干部观看《为民书记——郑培民》《扭曲的人生——李真贪污受贿案剖析》等电教片,配合县纪委开展“艰苦奋斗、执政为民”主题教育活动。2005－2007年,组织观看《国旗伴我行》《纪念抗战胜利50周年》《迎接香港回归》。2009年,组织爱国歌曲大合唱,思想道德教育大宣讲。

第六节　统战工作

1993年县级机构改革中,县委统战部并入县委宣传部,设基层统战组、工商对台组(工商联、对台办合为一组,对外保留两块牌子),统战、宣传对内是一个整体,对外两块牌子、两套人马、各司其职。1994年机构调整时县委统战部单列,并加挂县委台湾工作办公室、县民族宗教事务办公室(2005年5月更名为县民族宗教事务局)牌子。

20世纪90年代初开始,统战工作以宣传党的统战理论政策,建立统战工作新机制为主要内容。统战工作方针、政策、理论等纳入县委中心学习组、科(局)以上单位和县委党校每年举办的党政干部培训班学习内容,并通过广播、电视、刊物、墙报、板报、晚会、竞赛等形式宣传;选派党员和非党员干部参加省、市社会主义学院培训班。1997年后,统战工作履行“了解情况、掌握政策、协调关系、安排人士”基本职能,为“三个文明”建设服务。建立健全了县、乡、村统战工作网络,与县广播电台、电视台开设统战联办节目,创办《老板之窗》,印发资料2000份,百余篇稿件被省、市新闻单位采用。1998－2002年,举办晚会7场,发行刊物45期,举办电视、广播专题节目30次,15篇稿件被中央、省、市新闻单位采用。2001年5月,组织人员参加全国、省、市和中南赛区16省(市)统战知识电视抢答赛,分获全国第三名和省、市、中南赛区3个第一名。

一　民主党派与党外人士工作

县内有3个民主党派组织，即中国国民党民主同盟、中国农工民主党安乡县支部（其前身为安乡活动小组）、九三学社常德支部安乡联络组。各民主党派成员积极参与县委、县政府重大活动，合作共事、参政议政。同时，逐步完善的政治协商、部门对口联系、大事要事通报、领导联系制度和邀请民主党派负责人参加考察、检查活动制度，为民主党派“知情出力”创造了条件。至2009年，在10届（次）县人大、政协换届中，有7名民主党派成员选为代表（委员），其中县政协常委3名。民主党派的代表（委员）共撰写提案20条、调研文章5篇，受到各级政府和有关部门关注。

党的十一届三中全会以后，落实中央、省、市关于党与非党人士合作共事及党外人士政治安排和实职安排的精神，全面开展党外人士基本情况摸底，进行建档造册、实地考察、重点培养、选拔任用等工作，建立了完整的、分层面的、规范性的党外人士人才库。建立重点党外人士花名册，为同级人大、政府、政协换届及科局、乡镇干部的任用提供人才信息。1991年、1995年、1999年，分别与组织部门共同制定《安乡县1991－1995年培养选拔党外干部工作方案》《安乡县1995－1999年培养选拔党外干部工作规划》《安乡县1999－2003年党外领导干部选拔培养规划》，还分别于1991年、2002年、2005年、2009年在县社会主义学校举办党外优秀青年干部学习班，共350人次参加。1988－2008年，县委提拔50名党外人士到县乡人大、政府、政协和县直单位任职，其中担任历届县人大副主任2人、历届县政府副县长5人、历届县政协副主席15人。2009年，全县有党外知识分子3353人、占知识分子总数的46.7%，副科级以上党外干部56人（任实职37人），其中副处级5名，正、副科级各16名，党外干部中推荐为省人大代表和省政协委员各2人。

二　对台工作

2009年，县内有安乡籍台湾同胞416人、港澳和海外侨胞718人，留境亲属1510户、5600人，回乡定居台胞10人。1988年以来，加强海峡两岸交流交往。先后组织大型经贸文化团赴台考察10余次，办理台属及相关人员出境80人次，办理涉台案件5件，办理台胞回乡定居手续10人，接待台胞1408人次，其中邀请省、市台办及县“四大家”领导参加大型和重点接待15人次，帮助台胞寻亲300余人次。

（一）对台经贸

组织对台经贸座谈会、联谊会，扩大对外宣传，引进台商独资、合资企业各1家。1997年，台胞朱先生在黄山头镇投资3000万元兴建黄山头商贸城；台胞郑久雄投资150万元，县航运公司出资55.5万元，创办安乡县台安汽运公司。此外，部分台胞对县内的公路建设、教育事业、扶贫救济方面进行了资助。官垱镇台胞刘斌资助8名学生从小学到高中的全部学费，人均8000余元。

（二）台胞台属联谊

每年中秋节，县台办、台胞台属联谊会均组织联谊活动，平时则广泛联系台胞与大陆亲友的交往、接待等工作。2001年开展涉台婚姻调查，2003年完成安乡籍去台的第二、三代的摸底造册建档工作，获市台办嘉奖。

（三）对台宣传维稳

对外宣传上，配合县人武部组织稿件，在《华声报》《中国建设》《福建海峡之声》等广播电台、报刊媒体发表广播稿和文章。对内宣传上，每年举办台湾形势报告会、座谈会、培训班、讲座等，宣传对台政策和“一国两制、和平统一祖国”的构想，并邀请台胞台属畅谈对大陆发展的亲身感受，营造宣传氛围。加强维稳。县内涉台人员多，维稳难度大，注重做好信访接待，妥善处理各类矛盾。至2009年，共接待涉台信访210人次，化解矛盾11件次，其中民事9件次、经济2件次。

三　黄埔军校同学会联谊

安乡县黄埔军校同学会于1987年6月成立，通过了《安乡县黄埔军校同学会章程》,时有会员73人,2009年有会员8人,其中新吸收1人。

黄埔军校同学会"发扬黄埔精神,联络同学感情,促进祖国统一,致力振兴中华",积极参与县政改革。1991年9月,组织会员学习讨论国务院台办和国务院新闻办发表的《台湾问题与中国的统一》白皮书,就台湾形势的发展和两岸黄埔军校同学共同关心的问题座谈,增进反分裂、反"台独"、促统一的共识。1994年7月,召开纪念黄埔军校建校70周年座谈会,县委领导参与座谈。1995年8月、1997年5月,分别组织会员召开纪念中国人民抗日战争和世界反法西斯战争胜利50周年座谈会、"迎香港回归,庆祖国统一"联欢座谈会。1998年7月,安造大垸溃决后,黄埔同学自发组织捐赠援助、救灾补损。参与并组织长沙、常德黄埔外语专修学院的办学,选拔输送安乡籍学员128人。

第七节　政法工作

县委政法委员会(简称县委政法委)1982年4月成立,属县委领导政法工作的职能部门。领导班子由7人组成,设主任1名、副主任2名,公、检、法、司"四长"为成员。1984年5月始,主任为专职。1987年5月始,主任之职改称书记。1995年11月,与县综治办合署办公,内设办公室、综治组、调研督查组。2002年5月始,书记改由异地交流干部担任,内设办公室(加挂政工室牌子)、稳定办、执法监督室。2009年,内设办公室、政工室、执法监督室、稳定办。归口管理县公安局、检察院、法院、司法局、民政局、交警大队、610办。

一　政法队伍建设

1988年,有政法干警331人,其中副处级6人、科级100人、股级45人,大专以上学历74人、中专72人、高中97人、初中77人。2009年,政法干警增至708人、增长1.14倍,其中副处级9人、科级301人,研究生学历3人、大专以上613、占政法干警总数(下同)的87%,中专、高中92人、占13%,35岁以上377人、占53.25%,35岁以下331人、占46.75%。

(一)领导班子建设

强化领导班子组织、思想、制度建设和监督机制。公、检、法"三长"列为县委中心学习小组成员,与县"四大家"领导班子成员一道参加政治学习和理论培训。

在1998年抗洪抢险中,县公、检、法机关分别被公安部、最高人民检察院、最高人民法院记集体一等功。安乡获2006年全市社会治安综合治理红旗县,2007年全省平安建设先进县。政法工作政务管理、宣传调研、执法监督和法学会工作2008年获全市先进单位。官陵湖派出所2001年获全省"人民满意派出所",县公安局综合考评、执法监管工作2007年分获省、市先进单位,"三基一化(抓基层、打基础、苦练基本功,全面推进正规化建设)"工程建设获2008年全省公安机关先进单位,交警大队2008年获全市抗冰救灾先进集体。县人民检察院获1999年全省"五好检察院,重点预防项目——安德乡国土整理项目获2008年全省优秀预防项目。县人民法院2002年获全省"人民满意的好法院"并记集体二等功,2006年获全省司法绩效先进集体,法警大队2008年获全省法院"十佳警队"。县司法局1998年获省司法厅抗洪救灾先进集体,2005－2007年获全市执法监管先进单位,黄山头司法所2008年获"全省司法行政大动员,化解矛盾促和谐"专项维稳活动先进集体,杨钦分获2007年、2008年全省"十佳司法局长"、优秀司法局局长。

(二)政治和业务教育

开展建设有中国特色社会主义理论、国际国内形势、共产党员理想宗旨、政纪法纪、"三讲"教育。坚持岗位练兵,强化政法队伍建设。政法干警每年进行1－2次岗位业务培训。

2000－2009年,部署开展"争创人民满意政法干警""带警创优""联带包创星级管理""联带包创精细化管理"和"百日大练兵"等活动。1996年11月,制定《安乡县政法队伍集中教育整顿方案》,由县委政法委集中组织教育整顿,同时针对群众反映强烈的热点问题,开展"两反(反特权、反刑讯逼供)"、除

"三乱(乱收费、乱摊派、乱罚款)"活动。至1997年,先后有黄先伟、罗海林、李泽栋等获国家、省、市有关部门记功和表彰。在全县"四明(办案文明、执法严明、清正廉明、勤政开明)"竞赛活动中,树立了一批最佳警察、最佳检察官、最佳法官和最佳法律工作者。1998年,黄先伟、雷光宇获全国优秀人民警察,何勇等3人获全省优秀人民警察,傅义慧获全省优秀检察干警,陈忠获省人民检察院'98抗洪救灾先进个人,郭东海获最高人民法院'98抗洪救灾先进个人并记一等功,曾敏燕获司法部'98抗洪救灾先进个人并记二等功。

(三)公正执法

建立执法监督员队伍,全县415名执法监督员监督干警执法活动,强化干警教育整顿,建立并推行执法责任制,促进严肃、文明、公正执法。

1998年后,各局(院)层层签订《执法责任状》,执法责任分解到人,保证办案质量。至2002年,所办案件的行政复议率和行政诉讼率均为零,无刑讯逼供和冤假错案。以办事公开为主要内容,开展"阳光作业",主动接受群众监督,有力防范司法腐败。每年由县人大、政协有关负责人和执法执纪监督员组成检查组,对上级有批示、群众反响强烈、久拖不决的案件重点抽查,提出整改意见和建议。1998－2002年,清查各类案件1665件,重点复查了再审、发回重审、申诉案件58件,发现问题并依法纠正12件。2009年,在"执行积案清理活动"中,执行重点积案7件、9人;在涉法涉诉案件办理中,受理涉法涉诉信访案件15件、25人次,息访罢诉12件、20人,息访罢诉率80%。坚持"两手抓"的方针,查处干警违法违纪案件。1990－1997年,查处案件20件、24人,其中党内警告7人、严重警告1人、留党察看3人、开除党籍1人,行政降级1人、开除留用1人、记过6人、记大过3人,判缓刑1人。1998－2002年,查处案件13件、15人,其中调离政法系统2人。

二　专项严打整治

1990年、1991年,贯彻执行中央《关于严厉打击刑事犯罪的决定》和全国人大常委会《关于严惩严重危害治安犯罪分子的决定》,严厉打击严重刑事犯罪(简称"严打"),依法从重从快惩处一批违法犯罪分子。1990年,抓获1286人,治安处罚901人、劳动教养154人、判刑231人。1991年,开展"禁赌""反盗""反扒大会战"专项斗争,破获各类刑事案件981起,抓获1804人,治安处罚1518人、劳动教养56人、判刑230人,较好地解决了聚众赌博、抢劫、流氓和盗窃等突出治安问题。两年间,共逮捕482人、判刑461人,其中死刑10人、无期徒刑3人、10年以上有期徒刑32人。

1992－1994年,开展"反黑除恶"、打击车匪路霸、整治农村社会治安等为主要内容的专项行动,破获刑事案件1455起,逮捕421人,召开公捕公判大会13场,劳动教养353人、治安处罚1851人、判处死刑15人。

1995－1998年,开展"春夏严打整治""扫黄禁毒打流""反盗禁毒"、侦防双百会战等专项行动,破获刑事案件2420起,逮捕619人,抓获在册逃犯149人,举行大型公开打击处理活动9次,劳动教养401人、判处死刑13人。在禁毒专项斗争中,侦破贩卖毒品案件7起,抓获贩毒人员12人,查处吸毒、注射毒品人员96人,缴获海洛因56克、杜冷丁317支、罂粟壳10公斤;查获非法出售杜冷丁等麻醉、精神药品的医院8家、个体诊所9家,毒品违法犯罪率得到遏制。在扫黄禁赌打击流氓犯罪专项行动中,查破卖淫嫖娼案件107起、赌博案件41起、流氓案件18起,抓获203人,治安处罚127人、劳动教养45人、判刑31人。

1999－2002年,开展"打黑除恶""百日会战""治爆缉枪""夏季攻势""扫毒除恶""水域严打""蓝箭行动"等重大专项严打整治,破获刑事案件3631起,逮捕936人,劳动教养484人、判处死刑6人;查处治安案件7930起,治安处罚5230人,收缴非法枪支785支、子弹207发、炸药3404公斤、雷管269枚。

2003－2008年,开展"两禁两打""天剑""四打一反""四打三建""打黑除恶"等专项行动,破获刑事案件5517起,逮捕1262人(含部分直诉),抓获网上逃犯319人,劳动教养336人、强制戒毒486人。2004年、2006年、2007年,共查处治安案件5003起,治安拘留2193人。2009年,开展严惩各类犯罪,部署“五打三禁一建(打击黑恶势力犯罪、打击盗抢等多发性侵财犯罪、打击地下六合彩、打击非法传销、打击严重危害经营管理秩序犯罪,禁毒、禁赌、禁黄,健全综治‘专业化体系’)”等专项行动,破获刑事案件830起,追回逃犯152人,查处治安案件1927起,强制戒毒116人、治安拘留881人,逮捕直诉250人,判处有期徒刑53人。

三　综治维稳

1986年4月成立县综治领导小组,县直各科局、乡镇及大型企事业单位亦成立相应机构,综治工作纳入年度精神文明建设考核。1989年,建立行政首长治安责任制,初步形成“社会治安社会治,综合治理综合抓”格局。

1990年3月,全县首次综治基层工作经验交流会召开,15个单位、个人作典型发言。1991年,中央、国务院发出《关于加强社会治安综合治理的决定》,社会治安实行“谁主管,谁负责”责任制,县内实行综治工作“一票否决”制。是年9月,县综治委制发《安乡县社会治安综合治理的职责任务》《安乡县社会治安综合治理委员会办公室的职责任务》和《安乡县社会治安综合治理委员会部门单位的职责任务》,全县层层建立责任制,签订《综治责任状》,综治工作由此步入规范化、制度化轨道。是年底,县、乡组织综治工作大检查,1个镇、6个机关和企事业单位被“一票否决”。1992年,在全县推广石门“四长”责任制经验,并在安生、安裕、安康乡和官垱镇创建“农户轮流值日制”、乡“十户联防制”、乡“治安管理三到位制”和“治安巡更制”等四种群防群治模式。1993年,全县有综治工作领导班子成员1309人、专干123人,工作责任分解到21个乡镇、97个县直单位、126个企事业单位,签订治安责任状1190份,实行月考评、季抽查、半年小评、年终检查验收表彰机制。是年底,1个乡、141个村(居)委会、38个企事业单位被“一票否决”,55个单位受到黄牌警告、通报批评和经济处罚。至1997年,全县有专业联防队20个,单位“六护队(护厂、护院、护店、护校、护楼、护路)”425个,队员2150人,护路护车治安报警站(点)20个,工作人员62人。此后,进一步健全综治组织,强化群防群治。至2002年,20个乡镇、305个村(居)委会,配备党委副书记或支部副书记专抓综治工作,有专业、义务巡逻队445个,队员2150人。2009年,专业、义务巡逻队员达2600多人,深柳镇城区专职治安巡逻队员达60人,并配置了巡逻车、警械、警具等专业设备。

1996－1997年,以开展“四创活动(在城镇以居民委员会为主体创建安全文明小区,在农村以村民委员会为主体创建安全文明村镇,在交通沿线创建安全文明走廊,在城乡居民户中创建安全文明家庭)”为综治工作重心,县、乡制定创建方案、细则和考评办法,县办1个样板乡、乡办1个导向村、村办1个示范组典型引路,计划定期达标对象由县、乡领导蹲点督促,量化管理,动态考核,月结账、季通报、年总评,创建安全文明小区完成100%、安全文明村镇完成70%、安全文明走廊完成100%、安全文明家庭完成75%。至2002年,安全文明村镇创建达标率85%,安全文明家庭创建达标率90%以上。1998年9月,县综治委发出《关于切实做好灾后社会稳定工作的意见》,12月,县稳定办发出《当前影响我县社会稳定的四大突出问题》,要求各乡镇党委、政府和县直各单位党组织做好相应工作。1999年3月,县委、县政府作出《关于建立确保社会政治持续稳定三项制度的决定》。是年,重点处理了陈家嘴镇门板村的“7·16”事件。1999年7月16日,陈家嘴镇门板村少数村民因涉负问题使用暴力殴打执法民警,聚集冲击陈家嘴镇政府,严重扰乱社会治安。8月9日,县公安局制定执行逮捕“7·16”涉案对象行动方案,成立行动小组和指挥部。2000年1月22日,县委组成22人工作组进驻门板村开展工作。至年底,门板村治安状况已趋稳定,群众情绪基本安定,群众反映的热点问题得到处理,村支两委班子得到调整、充实和加强。

2001年,安乡为省禁毒委挂牌督办的扫毒重点县。6月,县委办、县政府办发出《安乡县维护社会政治稳定三项制度的补充规定》,7月,县委、县政府制发《县级领导维护稳定工作责任制》,突击整治毒品犯罪,破获毒品案件28起,捣毁涉毒团伙5个,抓获涉毒人员219名,其中提请逮捕7人、劳教22人,强制戒毒122人。2002年,全县坚持“八个不出(不出现5人以上集体上市赴省进京上访，不出现堵路堵桥、冲击党政机关及聚众械斗等群体性事件，不出现雷管、炸药、储油库、液化气罐、锅炉等重大物品爆炸事件，不出现因爆炸、火灾、交通运输、安全生产、剧毒物品中毒、公共秩序混乱等造成的群死群伤事故，不出现造成重大伤亡或造成他人伤亡等性质恶劣的重特大刑事案件，不出现邪教'法轮功'人员聚众练功、自焚、自残或上市赴省进京滋事事件，不出现因涉负而造成的群体事件或人员伤亡的涉负恶性案件，不出现反面典型在电视、电台等新闻媒体及其他公开场合曝光）"的稳定工作总目标，以"一中心五网络（在乡镇、街道、村居、单位层层建立综治管理中心及信访维稳站、调解转化站、人口管理站、治安防控站、帮教矫正站）"基层综治工作新模式为载体，围绕社会稳定，强化综治责任，促进了综治维稳工作。2001－2004年，稳定工作连续获全市红旗单位，2002－2004年，综治工作连续获全市先进单位。

2005年8月，县综治办发出《关于上半年乡镇综合治理工作开展情况的通报》，对安昌乡予以"一票否决"预告。2006年4月，县维稳领导小组发出《关于对安全稳定工作实行责任追究的规定》。6月27日，《湖南政法综治动态》充分肯定了安乡"六统一（统一调度指挥、统一专业建队、统一标志标识、统一区域包保、统一培训演练、统一经费保障）"，努力提高广大农村治安防控能力的经验。7月25日，县委、县政府制发《县委、县政府相关领导班子成员维护安全稳定工作职责》。是年，综治工作获全市红旗单位。2007年3月，安全乡、安裕乡获全市平安建设先进集体。6月，获省委、省政府授予平安建设先进县。是年，综治、维稳工作均获全市先进单位。2008年，强化治安防控体系，扩充和规范"110"处警队伍，建立50人的专业巡逻队，整合"119""110""120"报警系统，实现"三台合一"联动机制。是年底，县城公共区域电子防控系统68个监控点工程建设任务全部完成。

1994年3月，县委发出《关于进一步加强我县社会治安综合治理工作的意见》。4－5月，县社会治安见义勇为奖励基金会筹备小组出台《关于成立社会治安见义勇为奖励基金的报告》《安乡县社会治安见义勇为奖励基金会章程》和《安乡县社会治安见义勇为奖励基金管理奖励暂行办法》。1995年5月，县见义勇为奖励基金会成立，各乡镇、县直战线亦建立分会。全县筹集奖励基金20.687万元，10月达到30万元。至1997年，鄢丙章、郭绍政、曹元满、孙广宇、彭先松等15名见义勇为人员获表彰奖励。2000年2月，夏先友、刘尚军、谢长席等3名见义勇为人员获表彰奖励。夏先友还分别获国家、省、市表彰，是县内见义勇为获国家表彰的第一人。2001年2月，储修文、叶长保、刘光明获县综治委授予见义勇为先进个人。2005年5月，张祖红见义勇为获县综治委表彰。

第八节　机构编制

1956年，县人委设编制委员会办公室，属县人委直属机构。1980年12月，县政府设编制委员会，1989年更名为县机构编制委员会，下设办公室（正科级行政管理机构），履行县委、县政府对机构编制的综合协调、监督管理等职能。1993年3月，县机构编制委员会办公室更名为县委机构编制委员会办公室（简称县委编委办）。1993年10月，成立县事业单位法人登记管理办公室，属二级事业管理机构，隶属县委编委办，2000年1月升格为副科级事业机构，2000年12月更名为县事业单位登记管理局，2007年7月升格为正科级事业机构。其间，隶属关系未变。

一　机构编制管理

机构编制管理遵循精简、统一、效能的原则，实行统一领导、分级管理的体制，坚持依法行政。县委机构编制委员会及其办公室是机构编制的主管机关，履行本级党政机关、事业单位的机构编制管理职责。凡涉及职能调整、机构、编制和领导职数增减的，统一由机构编制部门审核，按程序报同级机构编制委员会或党委、政府审批。

（一）县直机关机构编制管理

1992年，党政群机构由1990年（下同）的64个增至70个,行政编制由616名增至807名,实有人数由711人增至918人。1990年,政法(公、检、法、司)机构36个,其中正科级4个、副科级1个、派出所26个、法庭5个,编制341名,实有363人。1992年,政法机构35个,其中正科级4个、派出所26个、法庭5个,专项编制355名,实有人数由1991年355人增至368人。1993－1996年,县级机构改革期间,机构、人员编制均有较大调整。1994年,省增县内专项编制33名(公安系统12名、检察系统8名、法院系统12名、司法行政系统1名);1995年,省增县公安系统专项编制3名;1996年,省增县公安系统专项编制41名,市增县内专项编制7名(检察院1名、法院2名、司法行政机关4名)。1996年末,党政群机构56个,行政编制633名,实有616人。政法机构未变,编制增至439名,实有人数增至479人。1997－2000年,县地税局、工商局、技监局实行垂直管理后,党政群机构57个,行政编制615名,实有人数621－676人之间。此间,政法机构未变,政法编制增至448名(县公安局增编9名),实有人数增至532人。2001－2002年,县、乡机构改革时设置党政群机构51个,行政编制454名,实有469人。政法机构31个,专项编制427名,实有520人(比上年减少37人)。2004年,党政群机构未变,行政编制455名(县物价检查所增编1名),实有492人(比上年增加10人)。政法机构未变,专项编制429名(公安专项增编2名),实有520人(比上年增加11人)。2008年,党政群机构增至54个,追加2001－2007年军转干部行政编制10名、市为县下达行政编制73名、市将县物价检查所4名专项编制置换为行政编制,行政编制增至542名,实有623人。由于乡镇行政事业人员调入和军转干部安置,导致党政群机关人员增长过快,超编严重。政法机构增至35个,市下达县政法专项编制96名,专项编制增至525名,实有605人。政法机关人员增减控制较好,县农机监理站人员移交是政法机关编制增加的主要原因。

2009年,党政群机构57个,行政编制542名,实有619人。政法机构35个,市将县森林公安局5名专项事业编制置换为政法专项编制,专项编制530名,实有585人。

(二)乡镇机关机构编制管理

1990－1994年,有8镇、13乡,核定行政编制522名,实有人数保持在490人左右。1995年,安造乡并入黄山头镇,有8镇、12乡。1995年10月,省核行政编制539名。1995－1998年,机构、编制均未变化,实有人数逐年减少,在519－475人之间。1999年12月,省核行政编制446名,实有475人。2000年,行政编制446名,实有434人。2001年,乡镇机构改革时,省核行政编制431名,实有559人。是年,乡镇财政所83人纳入乡镇行政编制统计。2002－2004年,机构、编制均未变化,实有人数逐年下降,在389－348人之间。2002年5月,市核乡镇财政所行政编制81名,事业编制20名,实有81人。2005年,行政编制增至451名,实有358人。乡镇财政所行政编制81名,实有86人。2006－2007年,机构、编制均未变化。2007年,实有行政人员385人(财政所79人),比上年减少43人(财政所9人)。2008年,安猷乡与城关镇合并设深柳镇,有8镇、11乡,行政编制451名,实有293人。乡镇财政所行政编制81名,实有80人。2009年6月,省核行政编制404名,乡镇财政所行政编制81名,核销财政所事业编制。

至2009年,有乡镇机关行政人员305人,乡镇财政所行政人员80人。

(三)事业单位机构编制管理

1992年,事业单位由1990年(下同)的484个增至509个,事业编制(下同)由6527名增至8208名,实有人数由6658人增至8324人。1993年,县级机构改革中机构撤并划转,单位减至442个,编制减至7979名,实有人数增至8434人。2000年,单位增至686个,编制增至9852名,实有人数增至10381人。2001年,单位671个,编制9757名,实有10390人。比2000年机构减少24个(新设1个、行政转为事业2个、撤销4个、事业转为行政22个、垂直管理1个),编制减少95名,实有人数增加9人。2002年,单位541个,编制9401名,实有9905人。比2001年机构减少130个,编制减少356名,实有人数减少485人。2004年,单位由2003年的562个减至553个,编制由10568名减至10553名,实有人数由

11205人减至10621人。2005年，单位388个（教学点不计入机构数），编制9597名，实有9624人。

2009年，单位由2006年417个增至430个，编制由9638名增至10479名，实有人数由9741人减至9281人。

二　事业单位登记管理

县事业单位登记局根据国务院《事业单位登记管理暂行条例》（简称《条例》）和相关规定，拟定事业单位登记管理工作规则和制度，负责事业单位的登记管理工作；依法保护核准登记或备案的事业单位和登记事项有关的合法权益，协助事业单位办理有关事宜；监督事业单位贯彻落实《条例》并处理违反《条例》规定的事件。

1995年配专职人员1名，对全县事业单位编制人员、履职等情况全面摸底，历时两年，澄清了事业单位机构编制、职能任务及存在的问题，为登记工作全面展开打下了基础。1997年3月登记工作全面展开，484个事业单位全部按要求登记。1998年，贯彻《条例》，非法人单位向法人单位过渡，484个事业单位全部完成年检。2001年，事业单位年检373个（总数632个，因乡镇机构改革，259个乡镇事业站所未年检），合格333个（获A级178个、B级155个），对未通过年检的40个单位，提出责令整改、完善资料，新登记事业单位14个。2004年，登记率由2002年的96.7%提高到100%。2005年，新设5个、变更49个、注销21个，年检432个，登记率、年检率均达100%。2006年，按照省《事业单位登记管理暂行条例实施细则》及补充办法，全面启动事业单位印章和法人手迹备案制度。2009年，全县登记事业单位425个。其中新登记9个，需年检416个（变更登记30个、属上级委托管辖登记2个、注销登记20个），年检416个，年检率100%。1999年，事业单位登记资料全部整理归档并输入微机，管理逐步完善。2000年7月，中央机构编制委员会办公室等15部委发出《关于事业单位法人证书使用问题的通知》，全县开展事业单位初始登记工作和换发《事业单位法人证书》，数据导入《事业单位登记管理信息系统》，与国家事业单位登记管理系统联网并轨。2005年，对登记管理档案按照登记、变更、注销、年检四类重新清理归档。2007年，根据国家事业单位登记管理局《事业单位登记管理档案管理办法》，对全县432个事业单位的登记档案重新整理归档。

第九节　机要保密

县国家保密局以《中华人民共和国保守国家秘密法》（简称《保密法》）及《〈保密法〉实施细则》为依据，坚持“积极防范，突出重点，既确保国家秘密又便于各项工作”的方针，实行专项工作与群众路线、保密部门与业务部门相结合，依法管理行政区域内的保密工作。同时贯彻执行县以上各级党委、政府有关保密工作的方针、政策、决定、指示，制订或会同制定全县保密工作计划并组织实施；向县委、县政府和上级保密部门报告全县保密工作情况，提出改进和加强保密工作的建议；指导、协调全县党、政、军、人民团体及企事业单位的保密工作，监督检查《保密法》及其他保密法规、规章的实施。

一　保密宣教

1989年5月，《保密法》及《〈保密法〉实施细则》施行后，采用播放保密教育片、办专栏、贴宣传标语和图片、举办保密形势专题报告会等形式开展保密宣传教育，购买、印发各种学习资料2000余册。1991年，《保密法》列入全省“二五”普法内容，随之将《保密法》基本知识教育列入全县党员干部培训教学内容，每年由县保密局、县委党校具体组织实施并对县级领导干部进行一次保密知识测试，获上级业务部门好评。1997年3月，与县城关派出所联合召开县城特种行业人员会议，宣传贯彻《保密法》及特种行业的相关保密规定。

二　保密制度建设

1991年，转发市委办、市政府办关于县级以上领导干部保密规定，在县级领导办公室、常委会议室张贴。1992年5月，由县工商局配合，逐户上门对全县打字、印刷、复印行业注册登记,并制定复制国家秘密载体的若干规定,确定县印刷厂为印刷定点单位,县档案馆为复印定点单位。1996年,督促有关单位制定各种制度,保密室配齐“三铁(铁门、铁窗、铁柜)”。1999年以来,注重县级领导保密工作制度的落实。2000年3月,县保密委员会印发《关于认真贯彻有关保密制度的通知》。保密制度建设逐步完善并走上法制化轨道。

三　保密设施与技术监管

1993年,为县委常委配备文件保密报警手提箱。1995年、1996年,为县委主要领导办公室配备保密电话机。2002年9月,为县委、人大、政府、政协主要领导办公室配备电脑密码柜、碎纸机。1999年,与市保密局对县邮电大楼建筑项目进行实地保密审查。2001年3月,受省、市保密部门委托,先后三次对县检察院密码通信机房进行考察、整改,圆满通过验收。

四　保密执法检查

1990－2009年,每年由县委办、政府办联合下发《关于做好春节期间保密工作的通知》,要求各乡镇和县直各单位落实各项保密制度,确保春节期间保密安全。1991年,县保密局、档案局联合对各乡镇保密、档案工作进行全面调查,并将调查情况通报全县。是年4月,根据群众举报,组织县财政局、档案局对县饮食服务公司部分会计档案被盗卖情况进行调查,3名相关责任人分别给予行政记大过处分,调查处理结果通报全县。1992年5月,海峡记者三峡工程联合考察团一行50余人到县采访,为搞好接待、通信中的保密工作,分别与县政府办、公安局、水利局、邮电局、对台办等单位联系,在提供有关资料和情况时,做到内外有别,把好文字关。

1995年始,按照上级有关部门规定,县保密局介入全县中考、高考试卷保密工作,参与试卷运行的全过程,未出现任何差错。1998年以来,每年进行重点涉密单位保密工作执法检查,查漏补缺,清除失泄密隐患。2002－2009年,根据全国统一部署,每年在县直单位开展互联网有害信息专项清理整治,并建立上网信息审查审批制度,确保了全县互联网信息和计算机信息系统安全。

第九章　纪检监察

第一节　机构设置

1990－1992 年,县纪委、县监察局分别履行党的纪律检查和政府行政监察职能。1993 年 2 月,县纪委与县监察局合署办公,实行两块牌子、一套人马的双重领导体制,其职能未变。内设办公室、干部管理教育室、纪检监察室、案件审理室、信访室、党风廉政建设室、执法监察室。县直机关和乡镇纪检、监察机构亦合署办公。1997 年后,县监察局局长由县纪委副书记兼任,副局长由县纪委常委兼任。2002 年 4 月机构改革,县纪委内设办公室、干部宣传教育室、信访室(举报中心)、纪检监察室、案件审理室、纠风室、执法监察室,有专职干部 22 人。是年,全县增设纪检监察机构 11 个,达到 84 个,增配纪检监察干部 21 名,有 11 名乡镇纪委书记由同级党委副书记担任。2004 年 5 月,增设县优化办及行政效能室。2009 年,19 个乡镇、43 个设党委的部门(单位)均设置纪委,设党组的部门(单位)均设置纪检组,行政部门(单位)均设置监察室。

县纪委委员由相应届党的代表大会选举产生,县纪委常委、书记、副书记由每届县纪委第一次全体会议选举产生。1992－2006 年,分别由县第七至第十次党代会选举产生县纪委委员 12 名、15 名、15 名、19 名组成相应届县纪委,分别在相应届县纪委第一次全体会议上选举产生县纪委常委 7 名、9 名、9 名、9 名,分别选举产生书记 1 名,副书记 2 名、2 名、3 名、3 名。党代会闭会期间,县纪委书记、副书记的调整分别由市委、县委任命。县纪委书记、副书记任职情况见表 9－1－5。

中共安乡县纪律检查委员会 1989－2009 年书记、副书记任职情况

表 9－1－5

职务	姓　名	性别	籍　贯	任 职 时 间	备　注
书记	李湘震	男	湖南常德	1989.12－1991.06	
	李寿全	男	湖南安乡	1991.06－1997.05	
	张开松	男	湖南澧县	1997.05－2000.01	
	杨庆武	男	湖南长沙	2001.01－2000.05	
	唐汇元	男	湖南澧县	2000.06－2006.05	
	陈彰波	男	湖南澧县	2006.06－2008.02	
	唐俊武	男	湖南石门	2008.03－2009.12	
副书记	王精明	男	湖南安乡	1988.01－1991.12	
	李盈山	男	湖南安乡	1988.05－1997.06	兼监察局局长
	王保国	男	湖南安乡	1991.12－1993.09	
	杜德云	男	湖南安乡	1993.11－2008.03	兼监察局局长
	易继瑜	男	湖南安乡	1993.11－1997.10	

续表9-1-5

副书记	肖泽德	男	湖南安乡	1997.10-2003.02	兼监察局局长
	马钦佩	男	湖南安乡	1997.09-2007.06	
	梁　明	男	湖南安乡	2002.06-2003.01	
	侯正武	男	湖南安乡	2003.02-2006.06	
	黄振波	男	湖南安乡	2003.02-2009.12	兼监察局局长
	刘　军	女	湖南安乡	2006.01-2009.12	
	李　军	男	湖南安乡	2008.04-2009.12	兼监察局局长

第二节　党风廉政建设

1989-1992年,贯彻党的十三届三中全会和县委六届二次全会精神,治理经济环境,整顿经济秩序,规范各级党组织、党员的思想和行动,保证了“治理、整顿”顺利进行。1989年春夏之交,北京发生动乱后,及时组织纪检干部学习中央指示精神,旗帜鲜明地反对资产阶级自由化,作出《关于严肃党的纪律,维护党的团结统一的规定》,对全县大局稳定和经济发展起到了积极作用。1990年后,组织全县党员干部学习中央制定的“三十九个不准”、《廉政准则》等纪检监察法规,通过民主生活会等形式,提高领导干部廉洁自律的自觉性。1991年,针对改革开放和经济建设中出现的新情况、新问题,组织近百名纪检干部,深入70余家企业调查研究,摸清了企业经营活动中涉及党风党纪的问题,制定《关于正确处理企业经济活动中有关问题的意见》,明确了经济活动中正常活动与违纪、违规等十个问题的界限。

1994-1997年,先后制定《关于副科级以上党员干部廉洁自律的几条规定》《关于严格控制接待标准,制止公款大吃大喝的规定》《关于公款购置使用移动电话的管理规定》《关于禁止副科级以上干部在电视台点歌或接受他人点歌的规定》,有效地规范了领导干部的从政行为。

1998-2002年,全县各级纪检监察组织贯彻落实中央、国务院《关于党政机关厉行节约制止奢侈浪费的若干规定》,针对群众反映强烈的“车子、机子、房子、筷子”等问题,县纪委先后制定《关于加强党风廉政建设的十项规定》《关于加强党风廉政建设的五项补充规定》《关于进一步加强和改进科级以上干部作风建设的若干规定》,并监督检查落实情况,有效地遏止了奢侈浪费现象。据1997年统计,全县副科级以上领导干部共263人次拒收和上交礼品礼金25.85万元。1993-1997年,查出违规小汽车29辆,其中违控购车23辆,违规挂特种牌照车6辆,补交调节基金7.3万元,处罚款16万元。1998-2002年,全县党政机关小汽车实行定编管理,31辆超编小汽车全部封存或拍卖,超标和违规购车问题均按规定处理到位,并建立健全了小汽车购置、更换、使用和管理等制度。专项清理公款购置移动电话,对违规购置的电话报停、封存或转让处理。1997年8月,县委作出《关于公费住宅电话、BP机和超范围配置移动电话的处理意见》并组织人员清理。至2002年,清理出公款购置的移动电话747部、住宅电话1100部、BP机1098个,全部作价处理到人,收回处置款106万元,并按定岗限额的原则,规范公务话费补贴,实行“凭据报销,节余留存,超支自付,一季一结账”管理,建立台账,经常督查,解决了公款配置通讯工具及话费开支无度的问题。至2002年,全县党政机关、企事业单位普遍建立和实施了公务接待、接待费财务单列等制度,公费大吃大喝和营业性娱乐场所公款消费等问题有所节制,招待费用明显减少。共立案查处大操大办、借机敛财的党员干部54人,其中副科级以上干部15人,大操大办、借机敛财之风基本遏制。

2003-2009年,不断完善反腐倡廉“大宣教”工作格局,先后开展“艰苦奋斗、执政为民”“三观”“共产党员先进性教育”等系列主题教育活动。开展廉政文化下乡活动，开设县级纪检监察网站，抓党风廉政建设责任制分解，落实党政领导干部“一岗双责”，并纳入全县“双文明”考核范畴，与干部评岗、任免挂钩。2005 年，在全市率先推行乡镇公务消费货币化改革，清理党员领导干部兼职兼酬，清理出拖欠公款或利用职权将公款外借的党员干部 138 名，归位资金 81.77 万元。2006 年成立县反腐败协调领导小组，2008 年，县委制定《2008－2012 年反腐败工作规划》，反腐败工作责任分解到乡镇和县直单位。

1990－2009 年，与组织、宣传等部门配合，在党员干部中开展典型教育、电化教育和党纪政纪条规教育。举办党纪培训班 421 期，召开违纪案件公开处理大会 253 场次，播放党纪教育片 96 部，宣传正面典型 56 个。

1994 年，组织万名党员党纪政纪条规知识竞赛，在职县级干部、科级干部参赛率分别为 100%、96%。1995－1997 年，县纪委机关记三等功 6 人，记二等功 3 人。1998－2002 年，落实县委八届一次全会《关于加强纪检监察法规教育的决定》，分层次、多形式地组织党员干部党纪政纪条规学习竞赛活动，学习全国先进典型人物事迹。在县电视台开办《廉政之窗》专栏，编印《公仆本色》读本，宣传本县廉洁奉公、勤政为民的先进典型人物。以典型案件为教材，组织党员干部观看《生死抉择》《铁窗下的忏悔》《胡长清案件警示录》等党纪教育片，通报县内查处的违纪案例 17 件。举办纪检监察干部业务培训班 5 期，选派 5 批次、41 人参加省、市纪委培训。纪检监察系统 32 篇工作经验和调研论文在省以上报刊发表，县纪委连续获全省信息工作先进单位，29 名纪检监察干部获全县“十佳纪检监察干部”。

第三节　不正之风治理

1990－1992 年，进行了四项清理。一是清理党政干部违章违纪营建私房。对 1986 年后在县城营建私房的 359 名党政干部逐户清理，县纪委立案 14 起，12 名党员干部受到党纪处分，罚、补各种款项 268 户、24.3 万元，退出多占耕地 78 户、2953 平方米，拆除违章建筑 13 户、290 平方米。1996－1997 年，此项工作再度展开，清理 1992 年后党政干部违规集资建房、超标准优惠购房和在城镇自筹自建私房问题。清出 10 个单位的 12 栋、165 套集资建房，超面积 4302.77 平方米，清缴超标准款 79.89 万元；房改中超标准优惠购房 527 户，超购面积 6256 平方米，补款 81.5 万元；在城关自筹自建私房 304 户，需补交税款、罚款 235 户，其中科级干部 161 户，补交税费、罚款 20 余万元。立案查处有严重违纪问题的科级干部 2 名。二是清理公费送子女读书。1990 年，清出 64 名党员干部动用公款 11.1 万元送子女读书，按照相关规定作出退赔处理。三是清理私欠公款。1991 年，开展以清收私欠公款为主要内容的“两清两兑现”活动，收回党员干部欠款 1761 万元，立案查处党员干部 4 名，分别给予党纪、政纪处分。四是清理乱着装。完成着装单位调查摸底，部分单位工作人员按规定脱装。同时，狠刹公款大吃大喝、送礼受礼、下乡钓鱼、打牌赌博等不正之风，查处案件 16 起，处分党员 16 人。

1993－1997 年，开展了五项治理整顿。一是治理公路“三乱”。全县拆除乡级道路拦车卡 4 处，基本实现了省、县、乡、村四级道路无“三乱”。二是行风评议。对第一批 5 个单位进行了评议，督促整改了存在的问题。三是政务公开。开展基建工程招标、内部权力分解、重点岗位轮换和经济内审制度的推广与实施。四是优化经济环境。对县棉纺织厂等 10 家国有企业和三资企业实行挂牌保护。五是减负治乱。对农民负担、中小学乱收费、救灾款物发放使用等群众反映强烈的热点问题，开展执法监察。共立项 48 项，其中独立承办 27 项，联办 21 项。

1998－2002 年，开展了三项治理整顿。一是减负治乱。成立县杜绝涉负恶性案件办公室，下发《关于严格执行减负纪律，杜绝涉负恶性案件的意见》，县、乡、村层层签订《杜绝涉负恶性案件责任状》，在全县 263 个村聘请 1080 名减负信息监督员。全县累计减负近 1100 万元，减少劳务工日 68.5 万个，立案查处违反涉负政策和纪律的案件 5 件，处分党员干部 14 人；查处中小学乱收费违纪案件和问题 23 件（个），取消不合理收费项目 26 个，累计减少教育收费 2398.3 万元，处理相关责任人 11 人；进一步规范行政事业性收费管理，取消行政事业性收费 191 项，降低收费标准38项。二是医药、建筑领域专项治理。打击取缔非法诊所、无证经营药店220家，清理销毁过期失效、假劣药品价值60余万元，纠正违价品种2460个，查处违规行为23起，查证非法所得34.8万元，收缴罚款9.1万元；规范建筑市场和招投标，全县50万元以上的工程项目一律按程序进入建筑市场，全部实行招投标；依法审计县盐业公司、新华书店办公楼等工程项目30多个，审减资金近千万元，审减率达8.42%。查处建设领域违纪违规案件4件，有10人受到党纪、政纪处分和法律制裁。三是经济发展环境专项治理。重点整治8个职能部门乱收费问题，查处案件5件，处分责任人9人；处理制假售假、非法经营农药案78件，处罚20人，收缴资金38万元。

2003－2009年，开展了五项治理整顿。一是治理教育乱收费。严格执行义务教育收费一费制、会审制、备案制和公示制。二是农民负担监管。配合农村税费改革，发现和整改问题100余个，查处违反农民负担政策的人和事。三是治理医药购销不正之风。取缔非法诊所188家，查处城乡游医药贩38人，销毁假药价值达138万元。四是治理公路、水上“三乱”。查处公路、水上“三乱”案件184起，党纪、政纪处分100人。五是行风建设。加强报纸杂志发行治理、部门着装治理，17个单位、390名工作人员按规定按期脱装。

第四节 违纪案件查处

1990－1997年，集中力量查处以权谋私、贪污盗窃、行贿受贿、违反社会主义道德等违纪案件。共受理群众来信来访2096件次，办结2054件次，办结率98%，从中发现案件线索480条。立案查处各类案件630件，涉及违纪人员633人。处分违纪人员628人，其中副科级以上党员干部56人。党纪处分594人(开除党籍138人)、政纪处分34人、免予处分8人。挽回直接经济损失500余万元。

1998－2002年，重点查办党政领导机关、行政执法机关、司法机关和经济管理部门中的违纪案件。共受理群众信访举报891件次，办结874件次，办结率98%，从中发现案件线索305条。立案查处各类违纪案件491件，其中万元以上经济大案73件。处分党员干部500人，其中党纪处分404人(撤销党内职务以上处分169人)、政纪处分96人(降级以上处分26人)。县纪委、县监察局直接立案157件，查处副科级以上干部案件65件，处分65人。挽回直接经济损失近700万元，追缴违纪资金170余万元。

2003－2009年，受理群众信访举报980件次，立案694件，其中科级干部105人。党纪处分633人，其中警告350人、严重警告170人、撤职21人、留党察看54人、开除党籍38人。政纪处分113人，其中警告44人、记过34人、记大过18人、撤职10人、开除7人。挽回直接经济损失1200余万元。

第五节 源头治腐

1998－2002年，构建党内监察、专门机关监督和民主监督的立体监督网络。县委、县政府、县纪委先后制定《关于对党政领导干部实行党风廉政责任追究的暂行办法》《关于对完不成主要工作任务实行责任追究的暂行办法》《关于对安全稳定工作实行责任追究的暂行办法》《关于党员干部打牌赌博、操办敛财、违反减负纪律和因领导不力导致出现重大责任事件的处分处理的意见》，约束和规范了党员干部的从政行为。健全党内监督。各级纪委书记参加同级党委书记碰头会制度普遍落实，民主集中制特别是重大决策、重要干部任免、重要项目安排和大额度资金使用集体讨论决定等制度得到落实。深化专门机关监督。围绕全县中心工作和党风廉政建设工作重点，县纪委主动监督检查或督查督办，建立特邀监察员、党风廉政信息员等制度，各乡镇纪委建立纪检监察员等制度，强化了监督功能。拓宽民主监督。全县普遍推行村务、厂务、政务公开等制度，形成办事公开县、乡、村三级联动格局。投入480余万元建立县政务服务中心，30余个部门、单位进入中心，统一审批项目、集中收费；各乡镇建立“便民服务中心”，推行“一站式、现场式、窗口式”服务；各村财务管理实现“三上墙”。落实党风廉政建设责任制。贯彻落实中央、国务院《关于实行党风廉政建设责任制的规定》,强化各级党政领导班子和党员领导干部的党风廉政建设责任,层层签订《责任状》,加强责任考核和责任追究。2000－2002年,69名党员干部在责任追究中受到党纪、政纪处分,其中科级干部24人。

2003－2009年,推进行政审批制度改革,开展行政审批项目全面清理、审核和编撰,取消行政审批项目334项。完善"多家费、一家收、分头拨"制度。落实非税收入"收支两条线"管理规定,开展"小金库"清理,落实《政府采购法》,实行财政资金直达,对单个或批量金额50万元以上的项目直接监督。深化人事制度改革,对部分领导干部实行公开选拔、竞争上岗。清理整顿中介机构,规范了49家中介机构的从业行为。初步建立优化经济环境的制度框架,坚持重点联系企业测评、群众测评和会议测评"三把尺子"考量环境,办理各类投诉,对破坏经济发展环境的人和事快查快结,处分党员干部100余人次。

第六节　执法监察

1998－2002年,开展粮食流通体制改革执法监察,受理群众举报40余起,处分违纪违规人员7人,挽回直接经济损失20余万元,促进了粮改"三项政策"和"一项改革"落实。强化水利工程执法监察,全面监督检查1998年后洞庭湖二期治理建设项目及资金使用情况,整改问题20余个,查处违纪违法人员6人,提高工程建设质量。加大农村电网改造、国债和社保资金使用管理情况的清理和监管力度,确保了专项资金健康运行。

2003－2009年,开展四个方面的监察。一是建设领域专项治理。全面落实《招投标法》,50万元以上的建设工程、30万元以上的装饰工程项目进入交易中心公开或邀请招标,共招投标64个项目,涉及资金1.8亿元,节约投资514万元。二是土地资源管理和土地市场建设执法监察。查处严重违规土地交易259宗,挽回经济损失674万元。三是安全生产监督检查。重点交办各类安全隐患事项175处,追究安全生产责任事故责任人12人。四是专项资金监督检查。重点监察平垸行洪、救灾、长江防护林工程项目等专项资金,立案查处科级干部6人。

第十章 人民代表大会

第一节 机构设置

一 县级机构

县人民代表大会依法对本行政区域内的重大事项行使讨论、决定权,属地方国家最高权力机关。1990－2009年,依法产生第十一至第十五届县人民代表大会。每届县人民代表大会第一次会议上依法选举产生相应届县人民代表大会常务委员会(简称县人大常委会)。县第十一届人民代表大会届期为3年,从第十二届起,每届5年。第十一届自1990年2月至1992年11月,第十二届自1992年11月至1997年11月,第十三届自1997年11月至2002年11月,第十四届自2002年11月至2007年11月,第十五届自2007年11月至2012年11月。

县人大常委会为县人民代表大会常设机构,县人民代表会议闭会期间,县人大常委会依法代行县人民代表大会权力。县人大常委会下设若干工作机构,并经历了多次调整。1997年12月,代表联络工作委员会易名为选举任免联络工作委员会(简称联工委)、法制工作委员会易名为内务司法工作委员会(简称内司委)。2005年8月,财政经济工作委员会(简称财经委)加挂城乡建设环保资源保护工作委员会(简称城环委)牌子。2007年12月,县第十五届人大常委会第一次会议始单独任命城环委主任。2009年,县人大常委会设办公室、联工委、内司委、财经委、教科文卫工作委员会(简称教科文卫委)、农村工作委员会(简称农工委)等6个工作机构。县人大常委会议主要议程是听取和审议县人民政府、县人民法院和县人民检察院(简称"一府两院")、财政预决算、经济社会发展计划等工作报告、常委会及其工作机构工作报告和调查报告,进行人事任免等事项,作出县人民代表大会换届的决定。县人大常委会主任、副主任任职情况见表10－1－6。

安乡县第十至第十五届人大常委会主任、副主任任职情况

表10－1－6

职务	姓　名	性别	籍　贯	任职时间	备　注
主任	李涛白	男	湖南安乡	1990.01－1990.02	
	张爱亲	男	湖南安乡	1990.02－1992.11	
	李承武	男	湖南安乡	1992.11－2002.11	
	樊明雪	男	湖南安乡	2002.11－2007.11	
	田　华	男	湖南安乡	2007.11－2009.12	
副主任	孙立人	男	湖南安乡	1990.01－1990.02	
	张光彩	男	湖南安乡	1990.01－1990.02	
	陈克明	男	湖南安乡	1990.01－1990.02	
	刘荣孝	男	湖南安乡	1990.01－1992.11	

续表 10－1－6

副主任	汤胜保	男	湖南安乡	1990.01－1992.11	
	白芙华	女	湖南安乡	1990.01－1997.11	兼职
	何斌然	男	湖南安乡	1990.02－2002.11	
	尹绍安	男	湖南安乡	1990.02－1992.11	
	陈康裘	男	湖南安乡	1990.02－1992.11	
	龚道赐	男	湖南安乡	1992.11－1997.11	
	于必歇	男	湖南安乡	1992.11－1997.11	
	陈正明	男	湖南安乡	1992.11－1997.11	
	康长利	男	湖南安乡	1997.11－2002.11	
	倪再湘	男	湖南安乡	1997.11－2002.11	
	李长青	男	湖南安乡	1997.11－2002.11	
	李盈山	男	湖南安乡	1997.11－2002.11	
	戴红兵	男	湖南安乡	1997.11－2009.12	2006年前兼职
	张树武	男	湖南安乡	2001.02－2007.11	
	刘光明	男	湖南安乡	2002.11－2007.11	
	谭登发	男	湖南安乡	2002.11－2007.11	
	彭志宏	男	湖南安乡	2002.11－2009.12	
	肖泽德	男	湖南安乡	2002.11－2007.11	
	章海南	男	湖南安乡	2007.11－2009.12	
	田祖明	男	湖南安乡	2007.11－2009.12	
	曹德春	男	湖南安乡	2007.11－2009.12	

二 乡镇机构

乡镇人民代表大会依法对本行政区域内的重大事项行使讨论、决定权，乡镇人大主席团为其常设机构。乡镇人民代表会议闭会期间，乡镇人大主席团全体会议依法代行乡镇人民代表大会权力。

1992年11月，县委决定各乡镇人大主席团常务主席由乡镇党委书记兼任，原21名人大主席团常务主席改任专职主席。1993年12月，县委决定各乡镇党委书记不再兼任人大主席团常务主席职务，并依法律程序任命21名乡镇人大主席团常务主席。根据1995年2月28日第八届全国人大常委会第十二次会议修改实施的《中华人民共和国地方各级人民代表大会和地方各级人民政府组织法》（简称《地方组织法》）规定，各乡镇人大主席团常务主席改称人大主席。2009年，全县19个乡镇人大主席团均设主席、副主席、专干各1名，县直各战线设人大工作联络员1名。2004年3月，第十届全国人民代表大会第二次会议通过《中华人民共和国宪法》（简称《宪法》）修正案，据此，各乡镇人民代表大会届期由每届3年改为5年。1990－2009年，各乡镇先后依法选举产生六届人民代表大会。因乡镇设置时间不一或撤并等因素，故乡镇人民代表大会届次不尽一致。

第二节 人民代表大会代表

一 代表选举

1990－2009年,县、乡镇人民代表大会代表均由选民直接选举产生,全国、省、市人大代表均采取间接选举的办法产生,即由下一级人民代表大会选举产生上一级人大代表。直接选举产生了县第十一至第十五届和六届乡镇人大代表,由县人民代表大会及其常务委员会选举产生市人大代表,推荐省人大代表和全国人大代表。

历届县、乡镇人大代表换届选举前,县、乡镇均成立选举委员会,战线设选举领导小组领导选举工作。县、乡镇人大代表候选人按划定的选区由选民推荐或党政团体联系和单独推荐,再由选举委员会张榜公布。各选区按县、乡镇选举委员会分配的代表名额和选举要求,对提名推荐的代表候选人讨论酝酿、民主协商,确定正式候选人并在选举日前5天张榜公布。在正式选举中,以选区为单位采取无记名投票方式差额选举产生代表。

1990－2009年,县人民代表大会经历了五次换届选举(1990年1月、1992年11月、1997年10月、2002年11月、2007年10月),在相应届第一次会议上先后选举产生市第十一至第十五届人大代表216名(分别为42名、44名、45名、42名、43名)。乡镇人民代表大会经历了六次换届选举(1990年1月、1992年11月、1995年12月、1999年2月、2001年10月、2007年10月),先后选举产生乡镇人大代表6169名(分别为1345名、1330名、1150名、1172名、1172名)、县第十一至第十五届人大代表1255名(分别为283名、283名、233名、224名、232名)。

1993－1997年,市人民代表大会选举安乡出席省第八届人民代表大会代表9名:潘贵玉(女)、李顺、姚正先、李承武、周用功、李四阳、邓伯元、周化民、谌和香(女);1998－2003年,安乡出席省第九届人民代表大会代表4名:李承武、刘光明、王红霞(女)、江从新;2004－2007年,安乡出席省第十届人民代表大会代表5名:樊明雪、王志英(女)、彭曼君(女)、唐西英(女)、沈冬生;2008年,安乡出席省第十一届人民代表大会代表5名:王先蒙、沈冬生、申建春、陈星、瞿宏辉。2008年1月,省第十一届人民代表大会第一次会议选举王志英(女,县人民医院副院长)为第十一届全国人大代表。

二 代表结构

选举产生的1255名县第十一至第十五届人大代表,其结构更注重社会各阶层的广泛性和比例的合理性,使其充分代表广大民众行使民主权力。代表结构详情见表10－2－7。

安乡县第十一至第十五届人大代表结构情况

表 10-2-7 单位:人

项目 届次	县人大代表数	女性	少数民族	非中共党员	年龄结构					文化结构			职业结构						
					平均年龄	40岁以下	41至50岁	51至60岁	60岁以上	大专以上	中学	小学以下	工人	农民	干部	军人	文卫	工商	其他
第十一届	283	62	2	75	40.1	99	147	34	3	73	138	72	17	120	95	1	20	24	6
第十二届	283	52	2	73	40.7	87	150	40	6	72	197	14	16	116	103	1	22	14	11
第十三届	233	54	–	60	42.6	108	96	29	–	68	161	4	9	90	85	1	22	14	12
第十四届	224	57	–	64	43.8	79	113	32	–	88	114	22	12	77	89	1	19	10	16
第十五届	232	53	–	58	43.1	78	120	34	–	123	109	–	17	54	107	1	19	25	9
合计	1255	278	4	330	42.1	451	626	169	9	424	719	112	71	457	479	5	102	87	54

第三节　人民代表会议

一　县人民代表会议

县人民代表会议依法定程序组织召开，1990－2008年，先后召开23次会议。代表会议设主席团、代表资格审查委员会、提案审查委员会，负责主持会议、审查代表资格、收集与整理各类提案。会议的基本议程是审议通过县人民政府、县人大常委会、县人民法院、县人民检察院工作报告和县财政预决算、全县国民经济和社会发展计划执行情况的报告，并作出相应决议；讨论本行政区域内的重大事项，并作出相应决议、决定；选举(或补选)县人民政府县长、副县长、县人大常委会主任、副主任、县人民法院院长、县人民检察院检察长及出席市人民代表大会代表。详情见表10－3－8。

安乡县第十一至第十五届人民代表会议情况

表10－3－8

届	次	时间	议程
第十一届	一次会议	1990.02.10－15	审议通过县政府、县人大常委会、1987年至1989年国民经济和社会发展计划执行情况及后三年基本设想、县财政预决算、县法院、县检察院工作报告；讨论通过关于种子生产、管理和林业生产的决议；选举县人大常委会主任、副主任、委员、县长、副县长、县法院院长、县检察院检察长
	二次会议	1991.02.02－06	审议通过县政府、县人大常委会、县财政预决算、县国民经济和社会发展“七五”计划执行情况和“八五”计划大体设想、县法院、县检察院工作报告并作出决议
	三次会议	1992.02.29－03.03	审议通过县政府、县人大常委会、县财政预决算、县国民经济和社会发展“八五”计划纲要的说明和1991年计划执行情况、县法院、县检察院工作报告并作出决议；通过发展乡镇企业的决定；选举县检察院检察长
第十二届	一次会议	1992.11.25－27	选举县人大常委会主任、副主任、委员、县长、副县长、县法院院长、县检察院检察长及出席市第二届人代会代表
	二次会议	1993.03.11－15	审议县政府、县人大常委会、县法院、县检察院工作报告；审议批准1992年财政决算和1993年财政预算(草案)、1992年国民经济和社会发展计划执行情况及1993年国民经济和社会发展计划(草案)的报告；作出公路、市场建设的决议
	三次会议	1994.01.25－29	审议县政府、县人大常委会、县法院、县检察院工作报告；审议批准1993年财政决算和1994年财政预算(草案)、1993年国民经济和社会发展计划执行情况及1994年国民经济和社会发展计划(草案)的报告；作出个体私营经济发展的决议；召开非公有制经济、农村改革和减轻农民负担、教育、社会治安和反腐倡廉等代表专题审议会
	四次会议	1995.02.27－03.03	审议县政府、县人大常委会、县法院、县检察院工作报告；审议批准1994年财政预算执行和1995年财政预算(草案)、1995年国民经济和社会发展计划(草案)的报告并作出决议，对农贸市场管理议案作出了决议；补选县长、副县长、市第二届人代会代表；召开教育、农村工作、粮棉收购和生产资料供应、社会治安等代表专题审议会
	五次会议	1996.01.28－02.01	审议县政府、县人大常委会、县法院、县检察院工作报告；审议批准1995年财政预算执行和1996年财政预算(草案)、国民经济和社会发展“八五”计划、1995年计划执行、1996年计划、“九五”计划及2010年远景目标纲要的报告并作出决议；补选县人代会代表
	六次会议	1997.01.22－25	审议县政府、县人大常委会、县法院、县检察院工作报告；审议批准1996年财政预算执行和1997年财政预算(草案)、1996年国民经济和社会发展计划执行情况和1997年国民经济和社会发展计划(草案)的报告并作出决议；补选县检察院检察长

续表 10－3－8

第十三届	一次会议	1997.11.25－27	选举县人大常委会主任、副主任、委员、县长、副县长、县法院院长、县检察院检察长、出席市第三届人代会代表
	二次会议	1998.03.17－20	审议县政府、县人大常委会、县法院、县检察院、1997年国民经济社会发展计划执行情况和1998年民民经济社会发展计划（草案）、1997年财政预算执行情况和1998年财政预算（草案）的工作报告并作出相应决议，对《关于增收节支偿还乡村债务的议案》作出决议
	三次会议	1999.03.22－25	审议县政府、县人大常委会、县法院、县检察院工作报告；审议1998年国民经济社会发展执行情况和1999年国民经济社会发展计划（草案）、1998年财政预算执行情况和1999年财政预算（草案）的报告并作出决议。补选县人大常委会委员
	四次会议	2000.01.17－20	审议县政府、县人大常委会、县法院、县检察院、1999年国民经济社会发展计划执行情况和2000年国民经济社会发展计划（草案）、1999年财政预算执行情况和2000年财政预算（草案）工作报告并作出决议。补选县长、县人大常委会委员，增选市第三届人代会代表
	五次会议	2001.02.19－22	审议县政府、县人大常委会、县法院、县检察院工作报告；审议国民经济和社会发展"九五"计划、2000年计划执行情况和2001年计划（草案）、"十五"计划（草案）、2000年财政预算执行情况和2001年财政预算（草案）的报告并作出决议。审查、审议批准国民经济和社会发展"九五"计划、2000年计划执行情况和2001年计划、"十五"计划、2000年财政预算执行和2001年财政预算。补选县人大常委会副主任
	六次会议	2002.03.05－08	审议县政府、县人大常委会、县法院、县检察院工作报告；审议2001年国民经济社会发展计划执行情况和2002年计划（草案）、2001年财政预算执行情况和2002年财政预算（草案）报告并作出决议
第十四届	一次会议	2002.11.20－22	选举县人大常委会主任、副主任、委员、县长、副县长、县法院院长、县检察院检察长、出席市第四届人代会代表
	二次会议	2003.02.26－28	审查县政府、县人大常委会、县法院、县检察院、2002年国民经济和社会发展计划执行情况与2003年计划（草案）、2002年财政预算执行情况和2003年财政预算（草案）工作报告并作出决议。补选县人大常委会委员
	三次会议	2004.03.01－04	审查县政府、县人大常委会、县法院、县检察院、2003年国民经济和社会发展计划执行情况与2004年国民经济和社会发展计划（草案）、2003年财政预算执行情况和2004年财政预算（草案）工作报告并作出决议
	四次会议	2005.03.14－17	审查县政府、县人大常委会、县法院、县检察院、2004年国民经济和社会发展计划执行情况与2005年国民经济和社会发展计划（草案）、2004年财政预算执行情况和2005年财政预算（草案）工作报告并作出决议。补选县人大常委会委员
	五次会议	2006.02.14－17	审查县政府、县人大常委会、县法院、县检察院、2005年国民经济和社会发展计划执行情况与2006年国民经济和社会发展计划（草案）、2005年财政预算执行情况和2006年财政预算（草案）工作报告并作出决议，审查批准《安乡县国民经济和社会发展第十一个五年规划纲要（草案）》
	六次会议	2007.02.18－20	审查县政府、县人大常委会、县法院、县检察院、2006年国民经济和社会发展计划执行情况与2007年国民经济和社会发展计划（草案）、2006年财政预算执行情况和2007年财政预算（草案）工作报告并作出决议
第十五届	一次会议	2007.11.16－18	选举县人大常委主任、副主任、委员、县长、副县长、县法院院长、县检察院检察长、出席市第五届人代会代表
	二次会议	2008.03.25－27	审议县政府、县人大常委会、县检察院工作报告并作出决议，审查批准2007年国民经济和社会发展计划执行情况与2008年国民经济和社会发展计划（草案）、2007年财政预算执行情况与2008年财政预算（草案）报告。补选县长

二　乡镇人民代表会议

乡镇人民代表大会一般每年召开一次会议，每次会议听取和审议乡镇人大主席团、乡镇政府工作报告和乡镇财政预算执行情况报告，讨论本行政区域内的重大事项，并作出相应决议、决定。

1990－2009年，共选举产生六届乡镇人民代表大会，在历届代表大会第一次会议上，共选举产生乡镇人大主席团常务主席（或主席）120名、副主席112名、乡镇长122名、副乡镇长358名。当选的乡镇人大主席主持乡镇人民代表大会的日常工作

第四节　权力行使

一　重大事项讨论决定

县人民代表会议依法定程序组织召开，县人大常委会依法至少每两个月举行一次会议。对讨论决定县内重大事项、监督法律法规执行、办理人大代表提案、决定国家机关工作人员任免与述职评议、组织人大代表视察等依法行使权力。1990－2009年，县第十一至第十五届人民代表大会期间，县人民代表会议和县人大常委会议作出的实质性决议、决定主要有：

1990年　《关于加强农作物种子生产、管理的决议》《关于加快林业生产的决议》；

1991年　《关于“二五”普法的决议》《安乡县九年制义务教育实施规划的决议》；

1992年　《关于大力发展乡镇企业的决定》；

1993年　《关于建立安乡县人民教育基金的决议》《关于加强公路建设的决议》《关于加快市场建设的决议》《关于局部调整县城总体规划的决议》《安乡县人事任免办法》；

1994年　《关于加快个体私营经济发展的决议》《关于安乡县土地利用总体规划（草案）的决议》；

1995年　《关于加强农资市场管理的决议》；

1996年　《关于继续开展法制宣传教育的决议》《关于安造大垸城关防洪堤段建设规划方案的决议》；

1997年　《关于实现“两基”工作目标的决议》《关于调整县城总体规划的决议》；

1998年　《关于增收节支偿还乡村债务的决议》；

1999年　《关于继续征集城关防洪圈城区堤段建设资金的决议》《关于推行执法责任制，加快依法治县进程的决议》；

2001年　《关于进一步开展法制宣传教育和依法治理工作的决议》《关于安乡县城总体规划修编（2000－2010）的决议》；

2003年　《关于加强代表工作“三项建设”的决定》《关于县人民法院、县人民检察院有关人员法律职务实行随届任命的决定》；

2005年　《关于安乡县城总体规划局部调整的决定》《关于加强国有资产管理的决议》；

2006年　《关于“五五”普法期间开展法制宣传教育的决议》；

2008年　《关于部分乡镇行政区划调整及城关镇更名的决议》《关于建设教育强县的决议》。

二　法律法规施行监督

县人大常委会依法监督“一府两院”的工作，撤销下级人民代表大会不适当的决议，以保证在本行政区域内对《宪法》、法律、法规、上级人民代表大会及其常委会决议的遵守和执行。

为有效监督“一府两院”和加强自身建设，促进“依法治县”，1990－2009年，县人大常委会先后制定、修改和完善《县人民代表大会议事规则》《县人大常委会议事规则》《县人大常委会组成人员守则》《关于述职评议工作的办法》《关于实施审议意见书督办制度的办法》《关于实施人大代表参与信访接待制度的办法》《关于加强代表工作三项建设的决定》《基层人大工作考核办法》《县人大代表小组工作考核办法》《县人大代表履职考核办法》《个案监督暂行办法》《关于讨论、决定重大事项的规定》《县人民代表大会代表建议、批评和意见办理工作的规定》等

制度。

1990年，乡镇人民代表大会上报决定、决议27件，县人大常委会对其中违背上级规定的4件予以纠正。1990年1月，安障乡黄山岗选区投票选举县人大代表，非候选人选民陈某票数过半且票数最多，应当选为县人大代表，但该选区未宣布陈某当选。县选举委员会获知并确认违背《选举法》第三十四条之规定，即派员实地考察、座谈，确认了陈某当选。2001年4月26日，县第十三届人大常委会第二十三次会议上，针对同年3月召开的官垱镇第十一届人民代表大会第四次会议、焦圻镇第十四届人民代表大会第三次会议分别作出的教育集资决议，确认违反了国务院《农民承担费用和劳务管理条例》的相关规定和中央、省、市农村工作会议精神，决定予以撤销。

1990－2009年，县人大常委会先后进行执法检查31次，撤销乡镇人民代表大会作出的不适当决议2件、纠正和改正乡镇人民代表大会作出的违背政策和规定的决议4件、纠正违反《选举法》规定的事项2件。

三　提案(议案)督办

依照法律规定，县人民代表大会期间，大会主席团、县人大常委会、县人民政府或10名以上县人大代表联名，在大会主席团通过的议案提交截止时间内提出的，属县人民代表大会及其常委会职权范围内的议事案，自县第八届人民代表大会后，代表大会期间设立提案(议案)审查委员会或大会秘书处设立议案组。按提案审查委员会向大会作提案审查报告、县人大常委会专门部门送交县政府有关职能部门承办、承办单位将提案处理意见和结果报告县人大常委会和县人民政府、县人大常委会向各提案代表书面答复的程序办理，并在下次代表大会上，由县人大常委会向大会报告提案处理情况。代表的提案，要求在3－5个月内予以答复，由承办单位主要负责人和承办人签名。1990－2009年，历届县人民代表会议上，提出议案、建议、批评和意见1155件，其中涉及工业交通235件、农业258件、财贸199件、文教卫生90件、城建167件、政法99件、其他107件。当年由有关部门答复，得到解决或列入解决计划的929件、占80.4%。列入大会议程的议案9件，其中会议主席团提出2件、县人大常委会提出1件、县人民政府提出5件、县人大代表联名提出1件，大会分别作出了决议。

1990年2月18日，县第十一届人民代表大会第一次会议审议县人民政府提出的关于加强农作物种子生产、管理和关于加快林业生产的议案，并作出相应决议。1992年3月3日，县第十一届人民代表大会第三次会议审议大会主席团提出的关于大力发展乡镇企业的议案，并作出相应决议。1993年3月15日，县第十二届人民代表大会第二次会议审议大会主席团交办的关于加强我县公路建设、县人民政府提出的关于加快我县市场建设的议案，并作出相应决议。1994年1月29日，县第十三届人民代表大会第三次会议审议县人民政府提出的关于加快个体私营经济发展的议案，并作出相应决议。1995年3月3日，县第十二届人民代表大会第四次会议审议安猷乡、三岔河镇、农林水3个代表团37名代表联名提出的关于加强农资市场管理的议案，并作出相应决议。1998年3月20日，县第十三届人民代表大会第二次会议审议县人民政府提出的关于增收节支偿还乡村债务的议案，并作出相应决议。1999年3月，县第十三届人民代表大会第三次会议上，吴东海等47名代表联名提出的关于改变农村弃田抛荒现象的议案，提交县人大常委会讨论。2000年1月，县第十三届人民代表大会第四次会议上，张光复等91名代表联名提出的关于稳定乡村干部队伍，巩固基层政权的议案，由大会主席团提交县委研究。2000年1月，蒋青等10名代表联名提出的人大常委会加强对全县执法单位的检查、监督、查处，并将检查结果向人大会议通报议案(2号)，经大会主席团研究交县人大常委会审议；6月26日，县第十三届人大常委会第十七次会议作出审议意见，即县人民政府要高度重视代表的意见，严格按照有关规定，坚持“收支两条线”制度，切实加强检查督促，并将其列入治理经济环境的重要内容；议案中所涉及的单位对执行“收支两条线”的情况搞好自查和整改，在整改中加强执法队伍建设，提高执法人员的思想素质和工作水平，有关单位将自查和整改情况书面报告县人大常委会；责成县人民政府有关工作机构对县人民法院、县人民检察院、县公安局、县物价局、县审计局“收支两条线”的情况进行一次专项审计，并将审计结果于11月底前向县人大常委会报告；12月28日，县第十三届人大常委会第二十一次会议听取了县人民法院、县人民检察院、县公安局对2号议案审议意见的落实情况汇报。

县第十四届人民代表大会第二次会议确定10件重点1号议案，第三次会议确定5件重点建议案，第四次会议确定13件重点建议案，第五、六次会议分别确定10件重点建议案；县第十五届人民代表大会第二次会议确定10件重点建议案。这些议案(建议案)，由县人大常委会督办，交“一府两院”办理，并在规定期限内将办理落实情况向提议代表作出了答复。

四　视察与执法检查

县人大常委会组织常委会成员、县人大代表及驻县的全国、省、市人大代表，针对本行政区域内的一些重大问题、人民群众普遍关注的热点难点问题进行视察，并对有关法律法规实施情况开展执法检查。视察、检查的主要内容为工农业生产、民主与法制建设、文教卫生、环境保护等。1990－2009年，县第十一至第十五届人大常委会期间，组织常委会成员、县人大代表视察34次，组织驻县的省、市人大代表视察16次，开展执法检查31次。

第十一章　人民政府

第一节　机构设置

一　县级机构

1990－2009年，历经第十至第十五届县人民政府（简称县政府）。1987年2月至2007年11月先后召开县第十至第十五届人民代表大会，每届县人民代表大会第一次会议上选举产生相应届县政府及县长、副县长。第十至第十五届县政府任期与相应届县人民代表大会任期相同。其中第十届届期1987年2月至1990年2月，第十一届1990年2月至1992年11月，第十二届1992年11月至1997年11月，第十三届1997年11月至2002年11月，第十四届2002年11月至2007年11月，第十五届2007年11月至2012年11月。县人民政府县长、副县长任职情况见表11－1－9。

安乡县第十至第十五届人民政府县长、副县长任职情况

表11－1－9

职务	姓　名	性别	籍　　贯	任职时间	备　　注
县长	龚德培	男	湖南澧县	1990.02－1992.07	1989.12－1990.02代县长
	李金城	男	湖南安乡	1992.11－1995.01	1992.07－1992.11代县长
	徐万发	男	湖南鼎城	1995.03－1997.04	1995.01－1995.02代县长
	张孝岳	男	湖南石门	1997.11－1999.06	1997.04－1997.10代县长
	朱晓平	男	湖南鼎城	2000.01－2002.02	1999.06－2000.01代县长
	张开松	男	湖南澧县	2002.03－2004.07	2002.02－2002.03代县长
	王先蒙	男	湖南澧县	2005.03－2008.03	2004.08－2005.03代县长
	石玉林	男	湖南澧县	2008.03－2009.12	2008.03代县长
副县长	李承武	男	湖南安乡	1990.01－1992.11	
	余　斌	男	湖南安乡	1990.01－1997.10	
	罗英碧	男	湖南常德	1990.01－1992.08	
	陈耀国	男	湖南安乡	1990.01－1991.07	
	李锦蒙	男	湖南安仁	1990.01－1991.11	
	熊宜斌	男	湖南安乡	1990.02－1995.06	
	朱远林	男	湖南安乡	1990.02－1990.08	
	高可荣	男	湖南益阳	1990.08－1992.05	
	万成贞	女	湖南澧县	1991.07－1994.02	
	张运鑫	男	湖南安乡	1991.11－1995.12	

续表 11 -1 -9

副县长	万善志	男	湖南汉寿	1992.07 -1995.01	
	肖本权	男	湖南安乡	1992.11 -1993.11	
	万善志	男	湖南汉寿	1992.07 -1995.01	
	肖本权	男	湖南安乡	1992.11 -1993.11	
	赵先桃	女	湖南安乡	1992.11 -1995.01	
	崔年青	男	湖南安乡	1994.02 -1997.04	
	郭道义	男	湖南常德	1995.01 -1997.04	
	杨庆武	男	湖南长沙	1995.02 -2000.02	
	陈安生	男	湖南安乡	1995.10 -1997.04	
	龚德湘	男	湖南澧县	1996.03 -2002.11	
	李绍源	男	湖南安乡	1996.03 -2005.10	
	龙晓清	男	湖南桃源	1997.06 -1998.06	
	肖文彬	男	湖南安乡	1997.06 -2000.09	
	毕家生	男	湖北石首	1998.06 -2002.11	
	周建仁	男	湖南益阳	1998.09 -2001.02	
	戴作凡	男	湖南澧县	2000.02 -2002.06	
	魏邦发	男	湖南安乡	2000.09 -2009.12	
	杨超坤	男	湖南汉寿	2001.11 -2002.06	
	汤祚国	男	湖南澧县	2002.06 -2008.03	
	汤世才	男	湖南安乡	2002.06 -2007.11	
	曾文波	男	湖南汉寿	2002.06 -2009.12	
	潘　勇	男	湖南安乡	2002.11 -2009.12	
	宋凡华	女	湖南安乡	2002.11 -2006.06	
	章海南	男	湖南安乡	2003.03 -2007.11	
	王学武	男	湖南沅江	2003.09 -2006.06	
	廖可元	男	湖南安乡	2006.07 -2009.12	
	熊　斌	男	湖南汉寿	2006.07 -2007.11	
	陶关锋	男	浙江绍兴	2007.04 -2007.11	
	陈支文	男	湖南石门	2007.11 -2009.12	
	唐西英	女	湖南安乡	2007.11 -2009.12	
	汤　平	男	湖南安乡	2008.04 -2009.12	
	胡凯波	男	湖南茶陵	2009.08 -2009.12	

二　县人民政府工作机构

1990－2009年，县政府工作机构除平时正常调整外，经历过1993年3月、1994年10月、2002年4月3次机构改革，此间机构设置变化较大。

1993年3月，县政府设办公室、计划统计局、人事劳动局、民政局、公安局、司法局、审计局、财政局、工商物价局、城建环保国土局、工业局、乡镇企业局、农业经济局、水利水电局、交通局、科学技术监督局、商业贸易局、教育体育局、文化广播局、卫生局、计划生育局等21个工作机构。

1994年10月，合并、拆分、变更、调整部分机构。工业局更名为经济委员会；撤销计划统计局，设立统计局；归并物价职能，组建计划物价局；城建环保国土局分设建设局、国土局，环境保护改设事业机构；科学技术监督局改为科技局，其技术监督职能并入经委；教育体育局改为教育局，体育局改设事业机构；人事劳动局分设人事局、劳动局；农业技术服务总公司改设农业局；林业服务总公司改设林业局；文化广播局改为文化局，广播电视改设事业机构；商贸局更名为财贸办公室；工商物价局改为工商行政管理局，其物价职能并入计划物价局；新设地方税务局；粮油总公司改设粮食局；农业经济局更名为农村工作办公室；标准计量所更名为技术监督局，归口经委。农业机械管理局、畜牧水产局、农村经营管理站（科）归口农村工作办公室，环境保护局归口建设局，血吸虫病防治领导小组办公室归口政府办。设立对外经济贸易委员会、城镇管理委员会，归口政府办。由此，县政府工作机构增为31个。即办公室（保留信访办公室牌子，对外加挂法制办公室、经济体制改革办公室、老龄委员会办公室牌子）、经济委员会、计划物价局、建设局、科学技术局、教育局、公安局、司法局、民政局、财政局、人事局、劳动局、交通局、农业局、林业局、水利水电局、文化局、卫生局、计划生育局、监察局、审计局等21个县政府组成单位；另设财贸办公室、乡镇企业局、统计局、工商行政管理局、国土局、地方税务局、粮食局、农村办公室、环保局、技术监督局。

2002年4月，设办公室、计划物价局、工业局、招商局、教育局、科技局、公安局、监察局、民政局、司法局、财政局、人事局、劳动和社会保障局、国土资源局、建设环保局、交通局、水利局、农业局、林业局、文化局、卫生局、计生局、审计局等22个工作机构；统计局、粮食局等2个部门管理机构。

2009年，县政府有工作部门27个，即办公室、发展改革物价局、工业发展局、民政局、财政局、人事局、劳动和社会保障局、教育局、科学技术局、公安局、监察局、司法局、文化局、卫生局、人口和计划生育局、建设局、环境保护局、国土资源局、交通局、水利局、农业局、林业局、商务局、审计局、城管局、粮食局、统计局；直属机构17个，即广播电视局、体育局、农业机械化管理局、畜牧水产局、招商合作局、供销合作社联合社、农村经营管理局、农业综合开发办、房地产管理局、血吸虫病防治领导小组办公室、安全生产监督管理局、法制办、民族宗教事务局、规划局、非税收入征收管理局、信息化办、劳动就业服务管理处。另有县属局级事业单位43个，即一中、二中、三中、五中、二职中、教师进修学校、人民防空办、市场服务中心、驻京联络处、安造大垸水利委员会、安保大垸水利委员会、安昌大垸水利委员会、安澧大垸水利委员会、芦苇管理站、人民医院、中医院、新型农村合作医疗管理办、卫生监督所、契税和耕地占用税征收管理局、工业园管理委员会、移民开发局、政务服务中心、医疗保险基金管理服务中心、机关事业单位社会保险处、企业社会保险处、工伤保险处、能源办、农民素质教育办、老龄办、救助局、原种场、安民垸农场、畜牧良种场、国库集中支付局、农业技术推广中心、人才交流中心、地震局、防汛办、交通建设质量安全监督管理所、公路管理处、港航管理处、道路运输管理处、食品安全委员会办公室；双重领导以上级为主管理机构27个，即人民银行安乡支行、工商银行安乡县支行、农业银行安乡县支行、建设银行安乡县支行、农业发展银行安乡县支行、农村信用社联合社、人民保险安乡县支公司、人寿保险安乡县支公司、邮政局、邮政储蓄银行安乡县支行、电信公司、移动营业部、电力局、公路局、国家税务局、地方税务局、烟草专卖局、中石化安乡经营部、盐务局、国家统计局安乡调查队、新华书店、气象局、工商行政管理局、质量技术监督局、食品药品监督管理局、住房公积金管理部、公安交警大队。

三　乡镇政府机构

1990－2009年，全县行政区按乡镇划分，基层政权组织亦分别设置乡镇人民政府(简称乡镇政府)，乡镇辖区内设置村、居民委员会(简称村、居委会)。其间，随着乡镇的撤并、行政区划的调整，乡镇政府、村、居委会的设置亦随之调整。

1990年，全县设城关、大鲸港、黄山头、三岔河、官垱、下渔口、陈家嘴、焦圻等8镇，安猷、安障、安昌、安宏、安生、安全、安造、安福、安凝、安丰、安裕、安康、安德等13乡。亦相应设立8个镇政府、13个乡政府，辖41个居委会、263个村委会。1995年11月，撤安造乡并入黄山头镇，设立黄山头镇政府。2008年10月，城关镇与安猷乡合并组建深柳镇，设立深柳镇政府。至2009年，全县设深柳、大鲸港、黄山头、三岔河、官垱、下渔口、陈家嘴、焦圻等8个镇政府，安障、安昌、安宏、安生、安全、安福、安凝、安丰、安裕、安康、安德等11个乡政府，辖31个居委会、234个村委会。

第二节　重要会议

一　政府全体(扩大)会议

县政府全体或全体(扩大)会议(简称政府全会)不定期举行，一般每年召开1－3次。20世纪80年代末，县政府作出规定，政府全会每半年召开1次，全年召开2次，即形成制度并逐渐完善。会议由县长、副县长、顾问、调研员、县长助理、政府各委办主任、政府组阁局和工作局局长组成，由县长或常务副县长召集，由县政府办主任负责组织工作。会议的主要内容是传达和研究贯彻上级指示、决定；贯彻、讨论研究县人民代表大会及其常委会的决议和县政府常务会议决定的议题；部署县政府的重要工作并确定实施方案。对需要研究处理的问题或需形成的决定，一般由主管副县长提出处理意见，在征求与会者意见的基础上形成一致意见。

二　政府常务会议

县政府常务会议由县长、副县长、顾问、调研员、县长助理或县政府办主任组成，必要时吸收有关部门主要负责人参加，由县长或常务副县长召集。20世纪80年代前，县政府常务会议和县长办公会议无严格区分，一般统称县长办公会。每年召开会议次数20－30次不等，亦无具体规定。20世纪80年代末，出台《县人民政府工作规则》(简称《规则》)并逐渐完善，县政府常务会议和县长办公会始有明确界定：县长办公会是一位或几位县长(含副县长)召集几个部门单位解决一个或多个方面问题的一种会议制度，由召集会议的县长或副县长根据工作需要决定召开会议的时间和地点，由县政府办负责联系和组织工作。协调解决不需县政府全会或常务会议讨论，但应由县长或副县长协调处理的问题。县政府常务会议由县政府全体领导人参加，研究讨论重大问题，集体形成决定，一般每月召开1－2次，由县政府办主任负责组织。会议议题一是由县政府办征求各位县政府领导人的意见，二是由县政府所属各委、办、局向县政府办呈报。对需要研究处理的问题或需作出的决定，一般由主管副县长提出处理意见，在征求与会者意见后形成集体意见或决定。《规则》还规定，尽量减少常务会议的议题，凡属县政府分管领导能解决的问题，或能召开县长办公会议协商解决的问题，不列入常务会议议题。

县政府常务会议研究和讨论的内容主要有：传达贯彻上级政府和同级党委的指示、决定，研究贯彻县人民代表大会及其常委会的决议；研究和讨论县政府工作中的重大问题；讨论请示上级政府和同级党委批准的事项，讨论通过由县人民代表大会及其常委会审议的议案；讨论决定各部门、乡镇请示的重要事项，决定召开政府全会及议题；讨论决定县内国家行政机关工作人员的任免、培训、考核和奖惩等事项。

第三节　施政纪要

一　经济建设

进入20世纪90年代后,安乡在建设中国特色社会主义道路上,大力推进改革开放,经济发展速度不断加快,城乡经济实力不断增强,人民生活水平不断提高。2009年,国内生产总值达到83.6631亿元,比1989年(下同)增长15.8倍,年均递增15.2%;社会固定资产投资总额23亿元,增长42.2倍,年均递增35.3%;完成财政一般预算收入1.4333亿元,增长5.6倍,年均递增9.3%;城区职工年人均报酬20921元,增长13.9倍,城区居民生活消费水平提高1.1倍(与2000年相比);农民年人均纯收入4586元,增长7倍,生活消费水平提高8.4倍;城乡居民年末存款余额32.3928亿元,增长40.1倍。县域经济脉络之搏,今非昔比。

(一)农村经济建设

安乡为全国商品粮、商品棉、商品油、商品鱼生产基地县和全国平原绿化达标县。20年间,"兴农强县"主旋律未改,农村经济建设不断强化。一是完成农村土地二轮承包,并逐步完善,高标准地做到了"五到户(承包面积、承包地位置、承包合同、承包经营权证、基本农田到户)""四相符(承包面积、承包合同、承包经营权证、承包经营权证登记簿相符)",农村土地承包管理走上规范化、制度化、法制化轨道。二是圆满完成农村税费改革,并从农民"负担超重,怨声载道"的实际出发,以农民"零负担"为目标进行大整治、大规范,"零负担"实现,"怨声载道"变为家家欢乐,土地抛荒问题彻底解决。三是适时把握市场对农产品需求的变化,以提高效益、富民强县为宗旨,进行农业结构调整,形成农产品朝着优质、高产、高效方向发展的格局。四是坚持不懈地按照"广度开发、深度开发、高度开发、密度开发"的规范与要求,进行农业综合开发,农业生产资源得到保护,农业生产条件得到改善,农业生态环境得到优化,成为全省农业综合开发先进县。五是以《农民专业合作社法》为本,发展农民专业合作社,农民的组织化程度大为提高,先进生产技术得到有效推广,专业生产规模不断扩大。全县农村经济在稳产、高产的基础上持续发展。2009年,粮食总产量34.8538万吨,增长40%;棉花总产量2.5873万吨,增长1.9倍;油料总产量7.5677万吨,增长2.6倍;水产品总产量7.8096万吨,增长4.5倍;活立木蓄积量83万立方米,增长40%。农林渔牧业总产值38.5417亿元,增长14.6倍,年均递增14.7%。

(二)地方工业发展

安乡历来为以农为本的工业弱势县,1989年工农业总产值比重为45 : 55。20世纪90年代后,工业发展速度加快,21世纪以"工业强县,民营富民"为目标,城乡合力,发展地方工业。一是进行工业企业体制改革。2000－2009年,坚定不移地执行县委作出的《关于加快企业改革和发展的决定》,按照《安乡县国有工商企业改革实施办法》,成立企业改革领导机构,大规模地进行工业企业体制改革。至2009年,19家县经委直属工业企业和10家县二轻系统工业企业均改为私营体制,"民营富民"的工业体系形成。二是创建工业园。为推进工业化,2001年年初作出创建工业园的决策,9月,县城区工业园开始创建,至2006年形成"一区两片(县工业园区,县城区新工业园谓河东片、大鲸港老工业园谓河西片)"总体框架。园区远景面积22平方公里,已完成控制性详细规划5.5平方公里,建成3平方公里,31家规模以上工业企业先后入园投产,"大力发展新型工业,走新型工业化道路"的格局基本形成。三是强化工业经济宏观管理。先后制发"优化经济发展环境""引进工业项目促进工业化进程""工业园优惠政策""加强工业园区建设和管理"等文件,在"向管理要效益"的征途上扎扎实实地迈步。2009年,已形成造纸、化学、纺织、机械、食品、制药、饲料七大工业支柱产业,新建、扩建规模以上工业企业69家。工业总产值达到56.74亿元,增长15.3倍,年均递增15%。其中规模工业企业总产值38.5亿元,增长10倍。工农业总产值比重上升到60 : 40,"工业强县"日益旺盛。

(三)乡镇、民营企业建设

20世纪80年代末，全县乡镇企业均为乡(镇)、村集体企业。90年代后，县委、县政府先后作出“乡镇企业发展的具体意见”“大力发展乡镇企业的决定”“加快发展乡镇企业和个体私营经济的意见”等决策，将乡镇企业转型改制，转变为个体民营企业。进入21世纪后，采取招商、引资、联营等措施，大力推进生产、加工、销售“一条龙”的产业化。至2009年，各类“龙头企业”发展到453家，其中年产值500万元以上的32家、1000万元以上的22家；市级“龙头企业”6家、省级“龙头企业”2家。总产值达到43.0678亿元，增长15.8倍，年均递增29.2%。

二 基础设施建设

(一)水利建设

安乡为“洪水走廊”，水患是最大的自然灾害。20年间，洪水年17个，遭遇特大洪涝灾害4次。1998年安造大垸溃决，10万余人直受其灾，转移家园，9万余人亦间受其灾，直接经济损失23.5亿元。为强化抵御水患的能力，全县人民紧紧把握水利命脉，致力于整治水毁工程，恢复水患创伤，并按照洞庭湖区近期治理工程规划，在防洪、蓄洪、排灌三大水利建设工程上进行规模性建设。修筑防洪大堤，投工7956万个，移动土石方359万立方米；蓄洪工程建设，投资8902万元，建成568栋、安全面积8.7万平方米的“蓄洪安全楼房”；平垸行洪与移民建镇，投资2.5亿元，移民建房4486栋，建筑总面积50.3万平方米，顺堤筑台122处，建成安全区57个，7000余户垸民摆脱了洪水威胁；以工代赈，完成电力排灌增容改造项目229个，机电排涝标准由五年一遇提高到八年一遇；疏洗主干渠道831公里、支渠2054公里、村组毛(斗)渠2279公里，基本达到渠堤平整、坡比一致、障碍扫除、渠水清澈标准。

(二)公路建设

公路为安乡陆路交通的主体。1991年制订并实施30年公路交通网络规划，1995年后大规模进行省、县、乡三级公路修建与改造，2005年制订并实施农村公路建设规划，全面进行通村公路建设，公路条数增加，里程延长，等级提高，蛛网式交通网络形成。2009年，全县有公路229条，总长1188公里。其中改建省道2条、61公里，改建县道4条、166公里，改建、新建乡道43条、369公里，新建通村公路180条、598公里；二级公路3条、107公里，三级公路3条、129公里，四级公路46条、369公里；水泥砼路面公路803公里。与此同时，改建、新建跨河桥梁6座、跨沟桥梁36座。条条公路畅通无阻，汽车可以开到农户家门口。

(三)电力建设

20世纪60年代中期，柘溪水电站开始对安乡供电。80年代，电力供应规模扩大，设施建设速度加快。90年代末，启动农电“两改一同价”工程，电网建设规模进一步扩大，速度进一步加快。至2009年，“村村通电”“节能改造”和农电“三为”达标等工程建设圆满完成，配电网络为全省100%到户县，城区用电可靠率达到99.96%，农村用电可靠率达到99.88%，城乡居民用电率达到100%，“五保户”、特困户结束了无生活用电的历史。

(四)通信建设

安乡的通信建设，历来与时俱进，20世纪90年代后，发展速度加快。农村邮政网点完成达标改造，改造、扩建投递邮路22条、1271公里；电信网络不断扩大，每5户、12人拥有一部农村住宅电话，获全省“电话县”称号；移动通信网络快速新建、扩建，建成移动通信基站95个，客户规模扩大到14.2万户，村组覆盖率达到100%。

(五)城镇建设

城镇建设，城乡合力同步进行，成效超前。县城区建设总体规划与专项规划先后编制、修订并全力实施，城区建设面积由3.35平方公里扩大到22平方公里；主次街道由58条增至61条，总长度由28.8公里增至62公里，人均拥有道路面积由4.6平方米扩大到15平方米。供电、供水设施建设、亮化、绿化工程建设、环卫设施建设和地下水道建设规模不断扩大，质量不断提高。用电、用水可靠率分别达到99.96%、100%；街道亮化与机关亮化工程建设同步进行，“不夜城”已基本成型；街道绿化、机关绿化、小区绿化合力进行，绿化面积达到15万平方米，人均1.2平方米，16个单位获省级“园林式单位”称号；下水道建设随城区扩大而扩建，排水排污设施基本形成成套体系。同时，执行《村庄和集镇规划建设管理条例》，进行农村小城镇建设，建成小集镇20个。规划面积66.24平方公里，建成面积36.8平方公里，道路总长120公里，总面积188.53万平方米，下水道总长94公里，供电率100%，自来水普及率95%。

第四节　职能转换

一　政务服务

为全面推行政务公开，改革行政审批制度，优化市场经济环境，为公民、法人和其他组织提供统一受理、集中办理政府事项的工作平台，县政务服务中心（简称县政务中心）于2001年10月8日正式挂牌运行，与县优化经济环境办公室、整顿规范经济秩序办公室、行政审批办公室合署办公。是年，进入县政务中心窗口的单位30个，首批公布项目700余项。2005年9月，县政务中心确定为正科级常设机构，隶属县政府办。2001年，县政府办制定《县政务服务中心各类证照办理暂行办法》《办证大厅收件、退件管理暂行办法》。2006年后，县政务中心先后出台《工作人员年度责任制考核办法》《红旗窗口考核办法》《窗口工作制度》《工作人员职责》《窗口工作人员服务规范》《廉政建设制度》《办公经费管理办法》等26项制度、办法，政务服务高效运行，工作日趋规范。

按照既积极稳妥又切实可行的原则，首先把与人民群众生产生活密切相关、办证项目多、收费额度较大的计划局、外经办、建设局、国土局、房管局、环保局、电力局、工商局、技监局、财政局、电信局、文化局、广电局、农机局、交通局、计生委、卫生局、劳动局、农业局、林业局、畜水局等单位的服务项目进入办证大厅，其他有办证、收费职能单位的服务项目逐步进入办证大厅，统一纳入县政务中心管理。对已建立高标准办证服务大厅的国税局、地税局、交警大队，其业务归口县政务中心管理。县政务中心坚持“五制办理（一般事项直接办理、特殊事项承诺办理、重大事项联合办理、上报事项负责办理、控制事项不能办理）”，按照“五公开（服务项目、办事条件、办事程序、承诺期限、收费标准公开）”“五不准”的要求，全面推行“阳光作业”“一站式服务”，形成了“单位为窗口服务，窗口为社会服务”工作体系，实现了证照办理、票据管理、专户储存、纪律管理“四到位”。至2009年，办证大厅建立了收费联网、办证查询、房地产税收一体化征收、大厅监控、背景音乐等系统。县政务中心有办公面积1300平方米，窗口单位35个，工作人员75人，可办理行政许可项目251项，接待办事群众40余万人次，累计办理各类行政事项419281件次，收取规费4.3亿元。为77家改制企业、151个重点建设项目实行全程代理服务，对68家重点联系企业实行“多家费、一家收”管理。

2005－2008年，连续获县委、县政府先进单位，2006－2008年，连续获市政务中心红旗单位，2008年获省政府先进单位。

二　实事实办

2004年，县为民办实事考核办公室成立。2005年，成立县落实省八件实事办公室，2008年更名为县为民办实事办公室。2005－2009年，共投入资金1.52亿元用于为民办实事工程。2006年、2007年，获全省为民办实事工作先进单位。

2005年，落实省下达的8件实事，全县新增城镇就业人员4636人；新建与改造县际及县到乡镇公路23公里；完成通村公路建设13.9公里；城镇社会保障体系完成省考核指标；建成农村沼气池1654个；36个农村中小学危房改造全面完成省考核指标；新、扩、改建乡镇卫生院15所；扩建乡镇敬老院3所。2006－2009年，全县新增城镇就业人员16706人，城镇零就业人员家庭实现动态就业援助达100%，农村贫困家庭转移就业援助723户；城镇居民5.3万人参加医疗保险，农村居民42.6万人参加农村合作医疗，参合率96%；城乡低保对象月人均补助标准分别提高到125元和40元;新开通农村客运线路6条,建设农村客运站4个;新建农村沼气池5266个;完成11处集中式、10处分散式供水工程建设,共解决6.7万余人的饮水安全问题;改、扩建乡镇卫生院3所;新建、扩建敬老院6所,新增集中供养五保户200余人;新建城镇经济适用房1.3万平方米,城镇廉租房8000平方米;义务教育阶段学生杂费全部免除率达100%。

第五节 信访 法制

一 信 访

县信访局是县委、县政府共同管理并主管全县信访工作的正科级议事协调机构,隶属县政府,归口县政府办。1990年以来,20余次获市委、县委、县政府信访工作先进单位。1994－2008年间,县信访办主任徐耀华、县信访局局长杨成、裴进城先后获全省优秀信访工作者、全省信访系统先进个人、全市十佳信访工作者和记二等功等奖励。

(一)群众来信来访

1990－2009年,因经济体制转轨、用工单位体制改革等诸多因素影响而引发的社会矛盾日渐增多,信访量呈不断增加趋势。县信访局受理群众来信来访37674件/人次,其中来信3635件次、来访34039人次。

1989－1991年,受理来信来访1692件/人次,其中来信1010件次、来访682人次,信访总量中,上级转办信中央186件次、省465件次、市53件次,来访总量中,越级上访到京12人次、省58人次、市35人次。反映问题主要涉及申诉、干部作风、劳动人事、民政、各类纠纷等。陈家嘴镇村民写信至省反映沈家沟粮店几届主任合伙贪污,致国家亏损粮食5万多公斤的问题,县委书记洪明祥指示县信访办联合相关部门调查后移交县检察院立案调查,全县粮食系统的经济问题得到清理。1991年后,群众信访进入相对活跃期,信访量呈逐年上升势头,尤其是集体上访呈大幅度增长趋势。反映国有、集体企业退休和下岗职工生活、农民负担、党政干部腐败等方面的信访成为这一时期的热点。

1992－1995年,受理来信843件次、来访1577人次,其中上级转办信中央154件次、省381件次、市28件次,越级上访到京10人次、省80人次、市48人次。1995年10月,安丰乡大鲸港村(现大鲸港镇偏湖洲村)十组村民反映该乡1984年、1987年两次在该组征地新建油脂化工厂,补偿费偏低、环境污染问题,要求予以处理,否则将集体越级上访。县信访局及时组织相关部门调查并作出处理,诉求的问题得到解决。

1996年、1997年,信访工作以“改革、发展、稳定”为中心,确保香港回归和“十五大”顺利召开,着重抓控制集体上访和日常信访工作,受理来信来访1055件/人次,其中来信325件次、来访730人次,信访总量中,上级转办信省216件、市48件,来访总量中,越级上访到京6人次、省35人次、市22人次,集体上访25批、325人次。信访总量增加,越级上访下降,集体越级上访得到控制,此间未出现重大的恶性、越级上访事件。

1998年、1999年,由于农业歉收、洪灾严重、工业企业效益徘徊的影响,信访总量持续上升,受理来信来访2713件/人次,其中来信254件、来访2459人次,集体上访105批、1443人次。1998年7月,安造大垸溃决后,对灾区民众上访优先接待,对合理化建议优先呈报,对重要信访问题优先立案查办,对灾民的实际困难优先解决。安全乡槐树村村民反映村干部虚报冒领救灾粮并挪作他用的问题得到妥善处理,有关人员受到党纪处分。

2000－2002年,随着企业“两个置换”改革和利益结构的调整,社会生活中的矛盾加剧,集体上访、越级上访量大增。受理来信来访10001件/人次,其中来信506件、来访9495人次,集体上访343批、7401人次,立案110件全部办结。2000年3月,各乡镇事业单位被清退和分流人员因拖欠工资、操作不公等问题准备集体赴省上访,分管县级领导指示相关单位负责人层层复查、纠错,消除了集体越级上访隐患。是年11月、12月,县畜牧场70余名退休农牧工人先后两次到县政府上访,并准备筹资集体赴省、市上访，分管副县长接待上访群众并听取诉求，两次召集10余家相关单位参加的协调会，向上访者宣传政策，诉求得到妥善处理。2002年9月，焦圻镇联合总厂86名职工因焦圻镇政府挪用联合总厂资金问题上访，常务副县长汤祚国等县级领导接访后作出处理，确保了群众利益。

2003年，信访总量、集体上访量由连续6年持续上升后呈下降态势，受理来信来访3414件次，其中来信124件，集体上访141批、2576人次，立案55件，结案53件。制定《安乡县群众重复信访问题专项治理工作方案》，8－11月进行专项治理，成效显著。县委、县政府组织力量多次调研，处理了县皮鞋厂、木工厂、民政局福利厂、航运公司等4家集体企业职工经常集体上访要求解决社保的问题。

2004年、2005年，推行信访联席会议工作机制，以抓早、抓小、抓苗头的原则处理信访问题。受理来信173件、来访6199人次，其中集体上访265批、4503人次，立案166件。县水利部门在1985年进行堤段整险时打挖占压部分耕地，引发安宏乡原同春六组群众上访，相关部门曾多次立案查处，但群众不服，并在省人大举行听证会后继续越级上访。县委书记徐超文指示县财政提供周转资金，由安宏乡支付相关赔偿费用，近20年的信访问题得到解决。

2006年，根据全市统一开门大接访活动安排，全年受理来信来访2689件次，其中来信89件、来访2600人次，集体上访101批、1523人次，异常信访5批、107人次，越级信访255件/人次。通过开展“百户信访老户息访活动”，将中央、省、市排查的信访老户统一交办，限期化解，除1人因各种原因未签字息访外，其余均圆满办结。

2007年，受理来信来访2689件次，其中来信158件、来访2531人次，立案34件，其中市以上11件，预防和处理信访突出问题及群体性事件41起。5月，排查得知现代城在北咂河吹填工程使安猷乡子龙庵村一排渍沟渠淤塞，该村与开发商协商未果，全体村民准备到县政府上访。县信访局迅速组织工作人员逐户上门进行思想疏导，并安排10余万元资金疏通沟渠，消除了大规模上访隐患。

2008年，受理来信来访4629件次，其中来信153件，来访1154批、4476人次，集体上访227批、2853人次，越级上访391件/人次。立案292件，其中市以上46件、县委书记交办59件、书记大接访活动交办82件、其他105件，办结289件、办结率98.97%。北京奥运会期间，县委书记王先蒙先后五次召集常委会和紧急调度会部署信访维稳工作，重点研究并化解了县种子公司、乡镇水管站在职职工、企业下岗志愿兵、老上访户等重大信访问题。焦圻镇张家拐村一村民因本人及其父亲的历史遗留问题和在乡村兑现时被村干部打伤等问题，频繁赴京、省、市上访，县长石玉林亲自处理，上访问题得到妥善解决。

（二）县级领导接待日

1994年，县信访工作领导小组制发《关于县党政领导接待日安排的通知》，规范领导接待日制度。1998年，县委、县政府制定《县党政领导接待日制度》，加大县级领导接访力度，规定每月15日为县党政领导接待日，建立领导接待日登记簿，并由专人登记并整理归档。2005年，进一步加大各级领导接访力度，3月始实行县长信访接待日制度，4月始实行局长、乡镇长接待日制度，规定每月10日、20日为县长信访接待日，每月5日、15日、25日为局长、乡镇长接待日，一批重大信访问题得到有效处理。2006年，县长信访接待日制度进一步完善，接待日由每月2天增至3天，即每月5日、15日、25日。1990－2009年，县党政领导坐班接访257次、接待群众3261人次、解决问题591件。

1998年，县委书记徐超文在上任的第三天接访县芦苇场的3名职工，在听取诉求后责成有关部门调查处理，诉求的问题得到妥善解决。2005年，县罐头食品厂下岗职工代表对安置不到位及生活困难问题多次诉求，县委书记张开松、县长王先蒙接访和调度，诉求的问题圆满解决，化解了矛盾。2005－2007年，县级党政领导坐班接访86次、接待群众1430人次、解决问题106件。2008年，信访维稳工作以“平安奥运”为主线，以“案结事了、群众满意”为目标，全面开展书记大接访活动，党政主职领导带头，采取坐班接访、重点约访等方式接待上访群众。7－12月的周一至周五，每天确定1名县级领导在县委或县政府信访接待室坐班接访。7月5日，县委书记王先蒙听取乡镇电排站临时用工人员代表生活补助问题的诉求,责成乡镇党委和政府作好处理并由县信访局督促落实,诉求得到圆满解决。书记大接访活动期间,县委、人大、政府、政协和人武部30名县级领导全部参加,接访128次、接待群众995人、受理问题360个,其中当场解决151个、做政策性解释127个、批示相关单位处理82个。做到了合理诉求解决到位,无理诉求思想教育到位,生活困难的帮扶救助到位。

二 法 制

1988年,设立县政府法制办,为隶属县政府办管理的副科级单位。1993年机构改革中撤销,1995年5月恢复,10月定为正科级单位。2005年5月,确定为正科级政府工作机构,归口县政府办。

(一)拟制、审核与清理规范性文件

规范性文件的审核把关。凡以县政府名义下发的各类规范性文件,按照有关法律法规和相应程序严格审查。涉及机构、编制的内容一律不得写入规范性文件,涉及审批、发证、收费、罚款的内容一律不得与法律法规和上级规定发生冲突,未经法制办审核的文件一律不得签发。1995年,县法制办恢复后,每年组织一次规范性文件清理,各单位将清理结果报县法制办备案。2008年,对2001－2008年10月1日以前的规范性文件进行专项清理,清理审查规范性文件134份,废止24份、宣布失效37份、应当重新公布25份、内容合法需继续执行而确认继续有效48份。

(二)行政赔偿、复议

为做好行政赔偿、追偿工作,1997年,成立县行政赔偿、追偿工作领导小组。对确因过错给原告造成经济损失的,严格按《中华人民共和国国家赔偿法》给予赔偿,同时按责任严格追偿。办理行政复议案件严格按《中华人民共和国行政复议法》规定的时限和程序审理,解决行政争议,纠正违法或不当的具体行政行为。2005－2009年,受理行政复议案件38件,其中维持复议决定34件、撤销复议决定3件、当事人撤回申请1件。

(三)执法监督

依法清理执法机构和执法人员。1996年12月,与县委编委办、县财政局清理审查全县行政执法单位,重新认定其执法主体资格,清理行政执法人员。对临时工、合同工执法的,停止其执法行为,收缴行政执法证。2008年,根据全省行政执法证申领和换发工作要求,全县500余名行政执法人员换发执法证,对新增的90余名行政执法人员进行培训考试。行政执法监督检查。1995年,全县9个行政执法单位与县政府签订《行政执法目标管理责任状》,行政执法管理效果明显。1996年,推行行政执法目标责任制管理,2006年,县政府制定《安乡县行政执法责任实施办法》,是为推行行政执法责任制的纲领性文件。1995－2009年,共组织10余次执法检查,重点检查了《土地管理法》《规划法》《环境保护法》等七部法律的贯彻执行情况,查出问题8件次,均得到有效处理。法制宣传教育。为增强执法理念,提高执法水平,1995－2009年,与县司法局、县委党校等单位采取集中学习培训的方式开展法制宣传教育,先后重点学习宣传《规划法》《房地产管理法》《湖南省行政程序规定》等法律法规。共举办培训班8期、行政执法人员900余人次参加,确保了行政执法人员均接受一次以上培训。

第六节 侨务 外事

1995年,县外事侨务办成立,挂靠县政府办。

1995年、2009年,先后两次对县内的侨眷侨属普查摸底,侨眷侨属由1995年55户增加到2009年132户,外事侨务工作步入规范化、正规化轨道。加强领导干部因公出国境管理。执行市委、市政府规定,对县内领导干部因公出国境由县外事侨务部门归口管理,并不断简化因公出国境管理审批手续,提高审批工作效率。同时认真履行管理职责,加强党风廉政建设,对出国境人员严格执行县委、县政府关于领导干部因公临时出国管理的各项规定,历年来,未出现违规情况。挖掘侨务资源,发挥外事侨务作用,坚持以侨引资引智,为招商引资出力,开展“暖侨

心、维侨益”等服务侨眷侨属活动。每年利用中秋节、春节等传统节日慰问侨眷侨属60余人次，发放慰问品、慰问金5万余元。

第七节　招商引资

1984年6月，县对外经济工作领导小组成立，下设办公室。1990年12月，成立县对外经济贸易委员会办公室（简称县外经办）。1992年11月，成立县经济技术开发领导小组，下设办公室。1993年3月，撤销县外经办，1994年10月恢复。1996年2月，县外经办加挂县招商局牌子，实行两块牌子、一套人马、合署办公。2002年3月，成立县招商局，与县贸易发展局两块牌子、一套人马、合署办公。2003年1月，撤销县工业园管理办公室，成立县工业园管理委员会，与县招商局合署办公。2005年11月，在原县贸易发展局的基础上组建县商务局，加挂县招商局牌子。

县委、县政府采取县内与县外宣传，对上与对下宣传相结合，印资料、发简报、网上推介等多种形式宣传招商引资。2001年，印制《走进安乡》招商宣传画册，1998－2002年，每年编印《安乡县招商引资项目册》，向外宣传、推介安乡。1995年12月，县政府制定《安乡县招商引资优惠试行办法》，1996年10月，县政府作出《关于加快招商引资步伐，促进外向型经济发展的决定》，县内投资环境优化，稳定了在县内落户的合资企业，并使之逐步发展壮大。1999年，县委、县政府出台《关于提高对外开放水平，促进外向型经济发展的意见》和《关于进一步治理经济发展环境的决定》，全县形成“大外经”观念。2002年，县委、县政府出台《关于鼓励投资兴办工业企业项目促发展的意见》《关于进一步优化经济发展环境的意见》《关于领导干部引咎辞职的暂行规定》和《关于国家公务员违反优化经济环境有关规定给予辞退的暂行办法》，有效地净化了投资环境。1998年始，县内对外商企业实行挂牌保护，每年为企业节约各项费用近50万元。1999年，在全省第二次治理经济发展环境工作电视电话会上，县长朱晓平作“以治理经济发展环境为契机，积极优化招商引资环境”典型发言，5月29日，《安乡宽松环境吸引投资》在《湖南日报》进行了报道。1990－2009年，共组织和参与招商活动108次，引进各类项目216个，引进内、外资总额485489万元，其中外资10078.79万美元。

1990年9月12－14日，武汉经济协作区第三届商品交易会暨湖南省辖八市经贸洽谈交易会期间，县内95家企业的100余个地方产品参展，成交总额3200余万元。1993年3月26－30日，’93湖南常德桃花源游园会暨经贸洽谈会期间，发布县内经协项目10项，县航运总公司与香港拾比佰集团有限公司签订“安乡——长沙”豪华客轮合资项目。1994年4月，在上海举办的招商会期间，发布县内招商引资项目44项，签订合同2项、协议3项、意向性合同7项。1997年9月2－5日，第六届湖南省进出口商品展销暨对外经济技术合作洽谈会期间，引进项目总投资963万美元，引进外资702万美元，签订了香港拾比佰集团有限公司兼并县航运总公司合同。1998年7月中旬，深圳产权交易会期间，赴澳门洽谈县印刷厂凹印印刷项目；10月17日，在长沙召开的中西部地区经济技术洽谈会期间，正式签订凹印印刷项目合同。2001年，县政府引资，中铁十九局投资兴建4万平方米的安乡大市场；7月，在湖南省在香港举办的投资洽谈会期间，县房地产公司与香港客商签订了安乡香港路商业步行街开发项目合同。2002年5月25－30日，安乡派出代表团，在广州、深圳、上海等地广泛接触来自全国各地的客商，举办各类小型座谈会6次，签订正式合同项目2个，其中省、市级签约项目各1个，签约投资额2.43亿元，签订投资意向3个；10月2日，举行安乡一中60周年校庆暨经贸洽谈会，共邀请来自全国各地的客商170多家、老板280余人，签订投资合同6个，经贸洽谈引资项目和意向书11个，投资总额3.35亿元，重点推介招商项目24个，发布招商项目名录42个。2003年10月14－17日，2003年湖南（深圳）投资贸易洽谈会期间，新安都纺织有限公司、老百姓大药房建设项目成功签约；是年，引资兴建7055平方米农产品开发市场（今洞庭大道南段）。2004年，引进开发商投资兴建嘉德商贸城（今洞庭大道中段）；是年，发展新型产业生物制药业，先后有湖南津津制药有限公司、湖南药圣堂制药有限公司、湖南常德华安制药有限公司分别在县内投入2580万元、7000万元、2300万元新建项目；是年，津津、华安制药被美国生物科技制药有限公司整体收购，重新启动了华阳制药项目建设，形成了药圣堂、津津、华阳三大骨干药业公司，生产规模达3亿元。2005年，引进内资4.75亿元，外资1117.42万美元，分别为市下达任务的105.6%、101.6%，其中千万元以上项目21个。2007年，天洁纸业和香港柏力集团落户安乡，实现了县内招商引资工业亿元项目的突破；10月22日，县政府与香港柏力工业有限公司正式签订常德柏力科技园建设项目合同。

第八节　安全生产监督

县安全生产监督管理局（简称县安监局）前身为县安全生产管理办公室（简称县安全办）。1979年，成立县安全生产委员会（简称县安委），全县各厂矿、企业均设安全科（股），班组设安全员，坚持以预防为主的方针，消除事故隐患，查处责任事故。1989年，县劳动局设劳动保护监察股，履行劳动卫生、矿山安全和锅炉压力容器安全监察职能。2000年6月，锅炉压力容器监察职能划归县质量技术监督局。2002年1月，成立县安全办，为具有行政职能的副科级事业单位，综合管理全县安全生产工作，隶属县工业发展局。2003年8月，成立县安监局，属县政府正科级直属单位，加挂县安委办公室牌子。综合监管全县安全生产工作，依法行使安全生产监督管理职权，负责非煤矿山、危险化学品和烟花爆竹行业安全行政许可和安全生产监管工作（2005年，烟花爆竹管理职能从县公安局移交至此），负责组织生产安全事故应急救援，乡镇、安委成员单位的年度安全生产目标管理及考核，组织指导、协调安全生产宣传教育，新建、改建、扩建项目安全设施设计审查、备案和竣工验收，指导、协调全县春运安全管理工作等。2005年初，县安委成员单位由原19个调整充实至24个，县安委的综合协调和监管监察能力增强。4月，组建县安全生产监察大队。是年，各乡镇设置安全生产监督管理办公室，加强安全生产执法和基层安全生产监管工作。

1990－2009年，安全生产工作树立安全发展理念，遵循“安全第一，预防为主，综合治理”方针，按照“企业负责，行业管理，国家监察，群众监督，劳动者遵章守纪”管理体制，坚持宣传教育抓认识，宣传法制抓管理，深入现场查隐患，综合治理抓整改的原则，全面落实安全生产措施，全县安全生产形势逐年好转。

一　综合监管

为确保人民群众生命财产安全，促进经济社会协调发展，树立安全发展理念，落实“安全第一、预防为主、综合治理”方针，加大安全生产宣传教育力度。1990－2009年，举办各类安全生产知识培训班59期，培训近2万人次，进行应急演练48次，与县电视台联办安全生产专题节目和讲座65期。

2004年，县政府作出《关于进一步加强安全生产工作的决定》，在县安委下设消防安全委员会、道路交通委员会，各乡镇政府成立安全生产委员会，并按照管理权限负责本辖区内安全生产监督管理等具体工作。县政府制定《安乡县安全生产目标管理考核办法》，每年向各乡镇和县直有关部门下达年度安全生产目标和事故控制指标，由县安监局检查考核。1990－2009年，事故数、死伤人数、直接经济损失额度均低于市安委下达的控制指标。2003年以来，县内未发生过较大以上生产安全事故。2003－2008年，安乡连续获全市安全生产先进单位，2009年获全市安全生产红旗单位。2006－2008年，安康乡、官垱镇、黄山头镇政府先后获市级安全生产示范乡镇。2007年，县安监局局长陈学贵获国家、省优秀安监局长。

二　隐患排查整治

抓安全检查、隐患排查整治。自1990年起，县安委每年组织四次以上安全生产大检查，不定期开展安全生产专项整治，通报检查和整治情况，交办检查中发现的重大隐患。多年来，县内黄山头森林公园地轨缆车是省、市级挂牌的重大安全隐患。2007年1月，县长王先蒙主持召开政府办公会议专题研究其整治工作,组织安监、公安、林业、技术监督、财政、黄山头镇政府等单位,组成联合工作组,投入120万元,2月10日将地轨缆车完全拆除。仅1998－2008年,全县排查隐患2320起,其中省级挂牌1起、市级挂牌60起,整改到位2320起,隐患销号率100%。

加强专项整治。以烟花爆竹、危险化学品、水陆交通、建筑施工、人员聚集场所消防安全专项整治为重点。水陆交通以预防重特大事故为重点,消除客运安全隐患,开展公路危险路段整治专项行动,查处严重违规、违法行为,保障群众出行安全。仅2007－2008年,投入300余万元,改造危桥7座,投入100万元,养护重点路段,投入32万元,更新改造汽车渡口和渡船,投入14万元,建立GPS监控平台,对全县177处渡口进行整合。

三 安全监察执法

安全生产监察执法重点是安全生产监督检查、隐患排查整治、打击违法行为并加强事故的调查处理。1990－2009年,组织现场监察4000余人次,查出事故隐患2320起,下达整改指令和交办文书2320份、行政处罚决定120份。调查生产安全事故63起,追究刑事责任4人、治安拘留8人,事故责任人均受到党纪、政纪处分及相应处罚。

第九节 食品安全监察

2002年7月,成立县放心食品工程领导小组,组建由食品安全相关单位组成共30余人的食品安全联合稽查队,对食品市场联合执法。2005年7月,县放心食品工程领导小组更名为县食品安全委员会办公室(简称县食品安全办),隶属县商务局。2007年7月,县食品安全办从县商务局析出,为县属正科级事业单位,隶属县政府办。

1995年,县政府决定撤销各屠宰点,实行集中统一宰杀,县动物检疫站对生猪屠宰实行宰前健康检查,宰中同步检疫,宰后检验,合格盖章后准予出厂,对不合格的肉品按规定进行无害化处理,从源头上确保肉品安全、卫生。2006年8月26日,县食品安全办、屠管办、畜水局等单位执法人员查封城关南区食品厂冷冻库病死猪87头,按《动物防疫法》规定,在城关长岭洲对此批病死猪现场焚烧、深埋。2006年,全县定点屠宰牲畜6.8万头,查获地下宰场9处,其中乡镇4处、城关5处,查处销毁病害猪肉2700公斤,查封冷冻库1个,焚烧疫情病死猪87头、6700公斤,查处牛肉注水案11起,处理违规人员367人次。2007年7月,县政府引资180万元,在沿河大道建起占地2000余平方米的机械化屠宰场,承担县城区集中屠宰生猪任务。2008年,县、乡两级联合执法25次,对全县20个宰场进行12次检查,抽查肉品58批次,监督市场无害化处理病害猪12头和一批不合格肉品,收缴猪肉60公斤、注水牛肉93公斤,查处白板肉案31个,处理违规屠商32人。

2004年7月,建成县食品安全蔬菜快速检测室,2005年,建成县农产品质量检测中心和各检测站。2006年,检测中心与各检测站检测全县蔬菜基地、乡镇码头和流通领域的蔬菜菜样3.2万批次,农药残留超标率为1.29%,销毁不合格蔬菜1767公斤。2008年,添置检测设备、仪器,维修检测站1个,实行全天候抽样检测,日均检测100批次以上,高峰时达200批次以上,经检测后销售的蔬菜合格率达96%。是年,县农业局开展农资市场整治行动,收缴甲胺磷73公斤、甲基对硫磷145公斤、杀虫脒167.5公斤、“1605”21.5公斤,基地蔬菜抽样389个、农药残留超标5个、超标率1.29%,市场蔬菜抽样13860个、农药残留超标109个、超标率0.79%。

第十节 政务信息化

1989年,县经济信息中心成立,隶属县计划委员会。2002年,调整为具有行政职能的副科级事业单位,隶属县发展计划物价局。2005年,更名为县政府信息化办公室,归口县政府办。是年,更名为县政府信息化工作办公室,由县政府直管。

1990－2009年,收集各类信息4.6万余条,编发采用880余条,编发政府信息90余期,上报1.9万条,国家、省、市级采用4370余条,完成市以上报刊上稿156篇,完成调研课题材料226篇。仅1995年,《洞庭湖区农民负担状况堪忧》《基层广大干部群众对银行存贷款利率再次下调的反映》《湖南省全力解决农民住所的问题》《对全国棉花工作会议的反映》等信息材料被国家信息化办采用;《安乡县城镇住房制度改革取得一定成效》《洞庭湖区积极开展灾后血防灭螺工作》等信息材料被省信息化办采用;《县属工业存在的问题及对策》获市体改委二等奖。

一　政府网站建设

1998年9月,“安乡之窗”建立,是为全省第一个县级政府国际互联网站,成为对外宣传县域政治、经济、地方风情的窗口。1999年3月,“安乡之窗”站点正式接入互联网,结束了租用虚拟空间的历史,省、市信息港在主页上对“安乡之窗”进行了链接。网站建成之初,主要收集、处理和发布经济信息,为县委、县政府和地方企业提供决策参考服务,代表县政府向外发布有关政策和信息,达到“让安乡了解世界、让世界了解安乡”的目的。设立了县情简介、党政机构、招商政策、地方企业、交通信息等颇具地方特色的栏目。在全市开办了第一个网上聊天室“深柳茶社”,供各地网友特别是安乡籍在外地工作的网友实时交流。2005年,“安乡之窗”更名为“中国安乡”,2008年4月升级改版,网站主页设新闻动态、政务公开、县情资料、互动和便民服务五大块,新增10个栏目,成为安乡经济社会动态数据库和政府信息公开的主要平台,日访问量超过3000人次。7月30日,市政府网站《嘉宾访谈》栏目组来县,就“加快发展、改善民生”主题采访县长石玉林并网络视频现场直播,网友提出相关问题200余个,石玉林现场回答其中有代表性的10余个问题,获网友一致好评。是年,发布新闻、政务类信息5000余条,在“安乡论坛”上发布主题帖3000余条,“县长信箱”处理网友来信400余条,编发《政府网站县长信箱来信摘录》5期,及时解决了群众反映的问题。

二　电子政务工程建设及管理

2007年8月,县政府出台《安乡县电子政务工程建设管理暂行办法》,明确县信息化办是电子政务工程建设和运行的主管部门,负责全县电子政务工程建设的统筹规划、综合协调和监督管理。县发展改革物价局、财政局、审计局、公安局、保密局等相关部门按照各自职责,做好电子政务工程建设相关工作。由此,全县电子政务工程建设步入规范化轨道。2008年,县信息化办牵头组织对全县防汛视频会议系统、平安城市监控系统和党校多功能报告厅、房地产税费一体化系统等项目方案的审核和工程监理,为县财政节约了大量资金,项目建成后发挥了最大效用。

三　信息化和信息化产业

2008年10月,结合县内移动电话普及率高、彩信传播快、接收率高、针对性强的特点,县信息化办开办《安乡手机报》,是为全省第一家地方手机报。主要刊载县内时政要闻、工作动态、政务信息等,当年订阅量近2万户。是年,县委、县政府将信息化工作纳入各单位年度目标管理责任制考核,有力地推动和促进了信息化工作。至2008年,全县干部上网率50%以上、社会网民15%以上、城关家庭上网率30%,单位及个人宽带账户近万个,各类网吧和网络茶座100余家、上网终端4000台。县内社会网络基础日趋雄厚,已形成城域网雏形,为发展电子政务夯实了基础。

第十二章　人民政治协商会议

第一节　机构设置

一　县级政协机构

1984年4月3日，中国人民政治协商会议安乡县委员会（简称县政协）成立，第一届一次会议上选举产生县政协第一届常务委员会（简称县政协常委会），县政协常委会为县政协的常设机构。1990年，县政协常委会设办公室、学习文史委员会、提案委员会、经济委员会、联络委员会等5个工作机构。同时设置工交、农业、财贸、教育、医卫、文体、科技、统战、社会团体等9个联络组。1997年8月，县委编委明确县政协常委会设办公室、提案委员会、经济科技委员会、学习文史委员会、法制群团联谊委员会等5个工作机构。2002年6月，按照全县机构改革方案，县政协常委会工作机构未变。另设县经济建设促进委员会办公室，为副科级直属事业机构，归口经济科技委员会。至2009年，县政协常委会工作机构未变。

1990－2009年，县政协5次换届，历经第三至第七届委员会。1992年前，届期为3年，其后届期为5年。其中第三届届期自1990年2月至1992年12月，第四届自1992年12月至1997年10月，第五届自1997年11月至2002年10月，第六届自2002年11月至2007年10月，第七届自2007年11月至2012年10月。县政协主席、副主席、秘书长任职情况见表12－1－10。

安乡县第三至第七届政协主席、副主席、秘书长任职情况

表12－1－10

职务	姓　名	性别	籍　贯	任　职　时　间	备　注
主席	孙立人	男	湖南安乡	1990.02－1997.10	
	余　斌	男	湖南安乡	1997.11－2002.10	
	龚德湘	男	湖南澧县	2002.11－2007.10	
	汤菊华	女	湖南安乡	2007.11－2009.12	
副主席	毕人玉	男	湖南安乡	1990.02－1992.12	
	何浴沂	男	湖南益阳	1990.02－1997.10	
	金双卿	女	湖南鼎城	1990.02－1992.12	
	金行琳	男	湖南安乡	1990.02－1992.12	兼　职
	秦　勤	男	湖南安乡	1990.02－1992.12	兼　职
	戴庭哲	男	四川会理	1990.02－1992.12	兼　职
	万成贞	女	湖南澧县	1990.02－1991.07	兼　职
	陈耀国	男	湖南安乡	1991.08－1991.12	
	唐　斌	男	湖南安乡	1992.12－1995.09	

续表 12－1－10

副主席	李伟冠	男	湖南安乡	1992.12－2002.10	兼　职
	严钦璋	男	湖南安乡	1992.12－1995.06	兼　职
	熊长青	男	湖南安乡	1992.12－2002.10	
	郑博勋	男	湖南安乡	1992.12－2002.10	兼　职
	龙治云	男	湖南安乡	1995.09－2002.10	
	孙云飞	男	湖南安乡	1997.11－2002.10	
	曹再全	男	湖南安乡	1997.11－2009.12	兼　职
	卜茂柏	男	湖南安乡	2002.11－2004.05	
	余学容	男	湖南安乡	2002.11－2007.10	
	王红霞	女	湖南安乡	2002.11－2009.12	兼　职
	唐西英	女	湖南安乡	2002.11－2007.10	兼　职
	何国荣	男	湖南安乡	2002.11－2009.12	兼　职
	刘储士	男	湖南安乡	2006.09－2007.10	
	华云泽	男	湖南安乡	2007.11－2009.12	
	张廷见	男	湖南安乡	2007.11－2009.12	
秘书长	朱瑞鳌	男	湖南安乡	1990.02－1992.12	
	戴开榜	男	湖南安乡	1992.12－1997.10	
	毛绍波	男	湖南安乡	1999.03－2001.02	
	刘储士	男	湖南安乡	2005.03－2009.12	

二　乡镇政协机构

1990年1月，县委发出《关于明确乡镇政协联络员的通知》，全县21个乡镇配政协联络员。是年8月，县委发出《关于成立乡镇政协联络组的通知》，成立各乡镇政协联络组，组长由副乡级以上干部担任，并参加或列席同级党委会。1999年12月，县政协向县委建议，拟将乡镇政协联络组升格为正科级并更名为联络处，配主任1名。2000年1月，县委首次任命11名乡镇政协联络处主任，后陆续任命其余乡镇政协联络处主任。是年3月，各乡镇政协联络组正式更名为政协联络处，升格为正科级。2009年1月，县政协第七届第五次主席会议决定，原城关镇、安猷乡政协联络处合并，更名为深柳镇政协联络处。是年，全县19个乡镇各配政协联络处主任1名、联络员1－2名。

第二节　政协委员

县政协委员以协商推荐方式产生，每届县政协委员名额和人选经上届县政协主席会议审议同意后，由县政协常委会协商决定，省、市政协委员由县政协常委会协商和推荐产生。省、市、县政协委员均由全县各领域、各阶层有代表性且具社会影响，有参政议政能力的人士担任。

1990－2009年，共产生了5届县政协委员977人，其中第三届177人、第四届193人、第五届190人、第六届199人、第七届218人。历届县政协委员分别由党员、工青妇、工交、农业、政法、工商、财贸、教科文卫、体育、民族、宗教、“三胞”、民主党派、工商联及无党派人士代表构成。详情见表12－2－11。

安乡县第三至第七届政协委员构成情况

表 12－2－11　　单位：人

项目 届次	委员	常务委员	女性	40岁及以下	41至50岁	平均年龄	大专及以上	党员	少数民族	干部	工人	农民	教科文卫
第三届	177	14	19	75	81	44.2	59	76	3	92	8	13	48
第四届	193	22	20	78	82	45.5	65	83	3	96	10	18	51
第五届	190	21	36	72	73	43.8	78	81	3	83	9	15	46
第六届	199	21	29	76	73	45.1	98	85	3	84	11	21	38
第七届	218	30	34	82	78	46.2	102	96	3	92	10	18	34
合　计	977	108	138	383	387	45	402	421	15	447	48	85	217

1990－2009年，有历届驻县的省政协委员6名、市政协委员58名。

省政协委员　第六届（1988－1993年），金行琳；第七届（1993－1998年），雷学军；第八届（1998－2003年），熊长青；第九届（2003－2008年），汤菊华（女）、王红霞（女）；第十届（2008－2013年），王红霞（女）。

市政协委员　第一届（1988－1993年），段波、周化民、汪怀安、雷学军、张元香（女）、雷鸣、余乾三、高国政、严钦璋、张天华、李家忠、孙立人、毕人玉、张爱亲、何浴沂；第二届（1993－1998年），王克兰（女）、毛道容、孙立人、刘尚志、李家忠、严钦璋、张天华、张家顺、唐慧、雷鸣、潘能震；第三届（1998－2003年），余斌、龙治云、刘学敬、李武、吴昌顺、陈芳才、夏安邦、章小玲（女）、谢云安、熊兴容（女）、谭淑君（女）；第四届（2003－2008年），龚德湘、余学容、刘学敬、毛勇、沈勇、刘芳琼（女）、吕崇岳、向贤民、戴小强、李均安（女）；第五届（2008－2013年），汤菊华（女）、宋凡华（女）、何国荣、高家乐、金逸云、辛长庚、汤赛男（女）、王小兰（女）、姚家忠、戴小强、王本森。

第三节　政协会议

一　政协委员会全体会议

1990－2009年，县政协第三至第七届委员会先后召开27次全体会议。听取和审议县政协常委会工作报告、提案工作报告，选举（或补选）县政协常委会组成人员、县政协主席、副主席和秘书长为其法定议程。县政协委员会全体会议闭会期间，由县政协常委会依法代行其权力。详情见表12－3－12。

安乡县第三至第七届政协委员会全体会议情况

表 12－3－12

届次		时间	出席人数	议程
第三届	一次会议	1992.02.10－14	177	听取和审议县政协副主席毕人玉所作的常委会工作报告，选举第三届常委会组成人员，选举县政协主席、副主席、秘书长
	二次会议	1991.02.02－06	181	听取和审议常委会工作报告，传达贯彻中共十三届七中全会和省政协会议精神，常务副县长李承武作关于委员提案、建议案、协商议案情况报告。表彰先进集体14个、个人62名
	三次会议	1991.08.12	178	听取常务副县长李承武所作的《关于经济工作的报告》，补选县政协副主席
	四次会议	1992.02.29－03.02	176	听取常委会工作报告，县政协联络组代表协商发言

续表 12－3－12

第四届	一次会议	1992.12.25	193	选举第四届常委会组成人员，选举县政协主席、副主席、秘书长
	二次会议	1993.03.10－14	177	听取和审议常委会工作报告，听取统战、政协知识辅导报告
	三次会议	1994.01.25－27	179	听取和审议常委会工作报告，大会协商发言。表彰先进单位7个、个人61名
	四次会议	1995.02.27－03.01	188	听取和审议常委会工作报告，大会协商发言。表彰先进单位9个、个人37名
	五次会议	1995.09.29	183	听取县长徐万发关于全县经济情况的通报，补选县政协副主席
	六次会议	1996.01.28－30	185	听取和审议常委会工作报告、提案工作报告，大会协商发言。表彰先进单位9个、个人53名
	七次会议	1997.01.22－24	181	听取和审议常委会工作报告、提案工作报告，大会协商发言。表彰先进单位12个、个人54名、优秀提案10件
第五届	一次会议	1997.11.24－25	180	选举第五届常委会组成人员，选举县政协主席、副主席
	二次会议	1998.03.16－19	180	听取和审议常委会工作报告，听取政府工作报告
	三次会议	1999.03.22－24	181	听取和审议常委会工作报告、提案工作报告，大会协商发言，选举县政协秘书长，补选县政协常委。表彰先进单位10个、个人56名
	四次会议	2000.01.17－19	192	听取和审议常委会工作报告、提案工作报告，传达市政协会议精神，大会协商发言。表彰先进集体11个、个人65名及1999年以来的优秀提案24件
	五次会议	2001.02.19－21	194	听取和审议常委会工作报告、提案工作报告，听取政府工作报告，大会协商发言，选举县政协秘书长，补选县政协常委。表彰先进单位11个、个人53名、优秀提案22件
	六次会议	2002.03.05－07	193	听取和审议常委会工作报告、提案工作报告，大会协商发言，选举县政协秘书长，选举县政协副主席
第六届	一次会议	2002.11.19－20	191	选举第六届常委会组成人员，选举县政协主席、副主席、秘书长
	二次会议	2003.02.26－27	191	听取和审议常委会工作报告、提案工作报告，补选县政协常委，大会协商发言
	三次会议	2004.03.01－03	185	听取和审议常委会工作报告、提案工作报告，听取政府工作报告，大会协商发言。表彰先进集体10个、个人56名、优秀提案16件
	四次会议	2005.03.14－16	203	听取和审议常委会工作报告、提案工作报告，听取政府工作报告，大会协商发言和分组协商发言，选举县政协秘书长，补选县政协常委。表彰先进集体9个、个人61名、优秀提案12件
	五次会议	2006.02.14－16	187	听取和审议常委会工作报告、提案工作报告，听取政府工作报告，大会协商发言和分组协商对话。表彰先进集体9个、个人59名、优秀提案13件
	六次会议	2006.09.15	199	学习《中共中央关于加强人民政协工作的意见》，补选县政协副主席
	七次会议	2007.02.28－03.02	185	听取和审议常委会工作报告、提案工作报告，听取政府工作报告，大会协商发言。表彰先进集体11个、个人15名、优秀委员59名、优秀提案13件

续表 12-3-12

第七届	一次会议	2007.11.15-16	218	选举第七届常委会组成人员,选举县政协主席、副主席、秘书长
	二次会议	2008.03.24-26	220	听取和审议常委会工作报告、提案工作报告,听取政府工作报告,大会协商发言,增补县政协常委。表彰先进集体9个、优秀提案10件及县政协六届一次会议以来的10篇优秀发言文章
	三次会议	2009.02.25-27	222	听取和审议常委会工作报告、提案工作报告,听取政府工作报告,大会协商发言

二 政协常委(扩大)会议

县政协常委会的职权是召集并主持政协委员会全体会议,审议提交全体会议的文件;协商决定本届政协参加单位、委员名额、人选的增加或变更,下届政协参加单位、委员名额、人选及届别设置;执行政协委员会全体会议的决议;组织完成全体会议提出的任务;决定县政协常委会工作机构的设置和变动,并任免其领导成员;指导各乡镇政协工作。

县政协常委(或扩大)会议由县政协主席或委托副主席主持,一般每季度召开一次,会议日期、议程由县政协主席会议决定。县政协秘书长、各工作机构正、副职及与议程相关的人员列席。1990-2009年,县政协第三届至第七届委员会共召开常委会议97次。任免干部149人次,交办政协提案2093件,其中第三届299件、第四届351件、第五届462件、第六届385件、第七届596件。第三届就支援农业生产、农业生产资料专营市场和城镇劳动就业问题、全县工业发展调查情况、对农业的视察情况与县委、县政府交换意见;第四届第二次会议就发展个体私营经济、国营商业、供销合作社商业、国有私营、公有私营的情况与县委、政府协商;第四届第十次会议通过《政协委员管理办法》;第五届修订了《政协安乡县常务委员会工作规则》,就全县宗教和盘活工商企业闲置资产问题及行政监察、法院、检察院、公安局及社保、医保工作情况协商讨论,通过《基层政协目标管理考核办法》《委员提案管理办法》;第六届第十二次会议形成《关于理顺城管体制,加大县城管理力度》对县政府的建议案;第七届协商"教育强县""健康安乡"等议题。

第四节 参政议政

一 政治协商

每次县政协全体会议、县人民代表大会召开前,均召开县政协常委会议,对县政府工作报告、国民经济和社会发展计划、财政预决算、法院、检察院工作报告及县政府、法院、检察院的重要人事安排进行协商。县人民代表大会召开会议期间,县政协全体委员列席其会议听取并协商上述报告。

1990-2009年,县政协第三至第七届委员会召开全体会议27次,有17次采取协商发言的形式,124人次针对全县政治、经济、文化、社会等建设中带有普遍性的问题作协商发言。具体内容有农业产业化建设、科技兴农、养殖业发展、农民负担、农资市场、食品、农产品质量安全、水利建设、企业技改和管理、企业改革、文化市场、教育、医疗、卫生管理、土地管理、城镇建设和管理、城镇社区建设、环境保护、资源开发、个体私营经济、民营经济发展、经济发展环境、旅游开发、黄山头森林公园开发、湿地资源保护、廉政建设、社会治安、社会保障、专业技术人才管理、宗教事业发展等。三届四次全会上,县政协委员余乾三作《大力发展安乡水产生产之我见》协商发言,四届三次全会上,县政协农业联络组作《振兴安乡农业,必须把养殖业作为支柱产业来抓》协商发言,得到县委、县政府高度重视。此间,全县养殖业迅速发展。四届四次全会上,县政协联络组作《切实加强种子、农药、化肥市场管理,尽力保护农民利益》协商发言。此后,县人民代表大会作出《关于加强农资市场管理的决议》。六届四次全会上,县政协文广体联络组作《坚决制止黄山头“四乱”,努力促进安乡旅游事业发展》协商发言,尖锐地指出黄山头地域乱采石、乱砍伐、乱葬坟、乱搭建的“四乱”问题。县委、县政府高度重视,当年关停黄山头采石场,遣散采石工人,封山育林,乱葬坟、乱搭建现象得到有效遏制。六届七次全会上,县政协委员覃士清作《建设节约型社会,党政机关要带头》协商发言,批评党政机关的一些浪费现象。县委书记张开松当即批示,将发言稿批转全县各单位组织学习和整改。

二 民主监督

自县政协建立以来,以政治协商、民主监督为主线,坚持诚恳、善意理念,实现民主监督重要职能。创造政治协商、民主监督的条件和氛围,保证民主监督顺利进行。实行广开言路,坚持不抓辫子、不戴帽子、不打棍子,形成了“知无不言,言无不尽”局面。多形式进行民主监督。其中包括协商监督,即在政协会议上协商发言,让人民群众的意见得到充分表达;在政协会议闭会期间,常委会议、主席会议就人民群众关注的热点、难点问题,邀请相关部门负责人协商、提出意见。跟踪监督,每届政协选派参政议政能力较强的委员,担任有关部门监督员,部门则不定期向监督员通报情况,回答监督员质询、反馈民意。视察监督,每届政协由主席会议、常委会议或委员活动小组组织视察,现场调研了解情况,听取汇报,提出意见。不定期组织专门调查组,就某一专题调查分析,监督行政行为和政策的实施。特别是县政协六届四次会议以来,几乎每次全会后都组织政协委员代表向县委、县政府主要负责人面对面地反馈意见,由县委、县政府主要负责人现场解答。

1998年以来,县政协常委会每年对政府职能部门和窗口单位进行民主评议,县法院、检察院、公安局、水利局、交通局等30余个单位接受评议,反映群众意见300余条。1990－2009年,先后有260余名县政协委员担任行政执法监督员和行风评议员。县境芦苇面积大、产量高,为造纸业提供了丰富的原材料,制浆造纸业逐步成为县内支柱产业,同时也成为污染最严重的行业,每年有1600万吨左右的废水直接排入松滋河,多年未得到有效治理,严重污染水体水质,给下游的工农业生产和居民生活造成严重影响,引起群众强烈不满。为保护居民饮用水安全,力促关停污染大户,县政协委员坚持不懈建言献策。1997年,县政协城建联络组提出《松虎洪道水污染不能再继续下去》提案,并在四届七次全会上作协商发言,由于当时河水常年丰盈,并未引起重视。2005年,县政协委员徐利用等提出《关于要求解决安乡四家纸厂水污染治理》提案,促使县政府督促纸厂投资1000万元建设污水处理设施,研究制定了“集中制浆、分散造纸”方案,但因多方面原因未能实现。2006年,县政协委员覃士清再次提出《水污染治理刻不容缓》提案,并在六届五次全会上作协商发言。县政协将其纳入重点提案督办,组织县政协城建联络组委员专题调研,邀请相关部门负责人参加政协委员现场视察。2006年7月,县政协第六届常委会向县委、县政府提出《加快造纸企业治污步伐建议案》。2007年,县政府不惜损失巨额税收,彻底关停了县内4家纸厂。

三 提案办理

提案办理是人民政协履行政治协商和民主监督的一项重要工作,县政协第三至第七届委员会期间,共收到委员提案2093件,回复率100%。提案所涉问题和建议已解决或基本解决、已采纳或列入规划解决的占总数的92%,不能解决、留作参考或不可行的占总数的8%。历次县政协全会上,均由分管副主席或提案委主任报告全会以来提案办理情况,并由全会审议通过。每次全会后,县政协及时做好提案收集整理、审查、立案交办等工作,按职责范围确定承办单位,提出办理落实的建议和要求。事关全局的提案,由领导集体研究解决,涉及多个部门的提案,由主管部门领导牵头解决,单项问题的提案由分管领导解决。

专人敦促落实“热点”“难点”提案。每逢大雨,县城关镇金水桥地段即成“泽国”,群众多次反映,但因资金原因问题仍未解决,群众怨声载道。1999年3月,县政协委员谢云安提出《关于改造和疏通金水桥下水道》提案。4月,县政协提案委与分管副县长协商。县政府研究投入10余万元,6月完成了改造工程,当地居民“坐水牢”的问题得以解决。现场办理回复提案。1991年2月,县政协三届二次全会期间,县政协委员赵国利、龚国华提出《修缮清真寺,落实回民阴地(公墓区)》提案。8月20日,常务副县长李承武邀请县政协、县委统战部负责人和提案人,主持召开县法制办、建委、民政局、国土局和城关镇等单位负责人参加的现场会议,研究并形成会议纪要,落实1万元清真寺修缮经费和1.7亩回民阴地征地费。及时办理紧急提案。1999年5月,县政协委员吴良文撰写关于注水牛肉的紧急提案,县政协及时与县政府沟通,由县政府助理调研员刘光明部署整治,注水牛肉现象得到有效遏制。

1997年1月,县政协四届七次全会首次表彰优秀提案10件,至2009年,共表彰优秀提案120件。

四　调研视察

调研视察是县政协主要日常工作,由此掌握来自第一线的情况,有针对性地开展民主监督和政治协商活动,调研和视察带有专题性质。县政协第三至第七届委员会期间,组织县政协委员及邀请驻县的省、市政协委员调研视察185次,其中视察80余次,报送内参85件,反映社情民意2300余条,写出调研文章100余篇。

1991年6月,县政协调研组的《关于对我县工业经济调查的概况》,1997年11月,县政协调研组《关于我县乡镇企业的调查》《农村土地抛荒的调查》,2004年8月,县政协学习文史委特邀市政协委员刘学敬、县政协委员吴良文、夏安邦等的《关于我县学校德育教育状况的调查》,为县委、县政府决策提供了第一手资料。县政协第五届委员会期间,有10余件调研材料在中央、省、市有关刊物刊载。2000年,县政协委员深入6个乡镇、10个村,形成《安乡农民增收难的调查与分析》调查报告,为上级了解下情,调整对湖区农民的有关政策、减轻农民负担提供了决策依据。2009年3－4月间,县政协一行5人赴望城县、石门县考察学习并对比县域“生态县”建设情况,形成《“森林县城,生态安乡”的调查与思考》调研文章,县委书记王先蒙批示该文发至全县各单位学习。此后,“森林县城,生态安乡”建设全面启动,成效卓著。

第五节　其他活动

一　“三胞”联谊

1991年,县政协三届二次全会后,对全县“三胞(港澳同胞、台湾同胞、海外侨胞)”情况摸底调查,时有台胞262人、港澳同胞和海外侨胞19人,“三胞”亲属869人。2009年,有台胞416人、港澳同胞和海外侨胞718人。历年来,以“三胞”联谊活动作为统战工作的重要内容,通过联谊活动,扩大对外宣传,增强“三胞”对国情、县情的了解。历届县政协均设吸纳“三胞”的组织,首届、第四届、第五届称台侨联界,第二届称三胞亲属界,第六届称统战组,第七届将“三胞”亲属中的政协委员划入民族宗教、台侨联、民主党派组开展活动。

每年举行一次“三胞”中秋茶话会、邀请“三胞”人士代表参加春节团拜会,对回乡定居和探亲的“三胞”人士,做好日常接待。由县政协主席带队,每年上门走访当地知名度较高的“三胞”亲属,帮助解决实际困难,鼓励“三胞”亲属积极参政议政。“三胞”联谊活动成效显著。1990年11月2日,为安乡和平解放做出重大贡献的吴铁铮先生后裔遵从其遗愿,捐资20万元,成立吴铁铮奖学基金会,以奖励全县中小学校的优秀教师和学生(后捐资人失去联系)。1991年,“三胞”人士为大鲸港大桥建设捐资9.14万元、8075美元,其中台北同乡会捐资6.1万元、2275美元。1992年,陈家嘴镇政协联络组发动18名台属和统战对象集资5.65万元,兴办县内第一家台属贸易货栈,为当地商业贸易、物资交流、人员就业发挥了重要作用。2002年10月,因股东相继退出解体。1994年,港胞甘鸿坚、杨吉珍夫妇向安障乡捐资5万元支持当地教育。

二 文史资料编辑

发挥政协委员联系广、阅历丰富的优势,做好文史资料收集整理工作。1984年,县政协文史委副主任周仲元牵头,拟定文史资料征集规划和条目,先后派员赴长沙、汉寿、沅江等地,走访、座谈为实现安乡和平解放策动和组织安乡军政人员起义的各界人士,发动知情人士口述或撰写书面材料,征集70多篇近20万字资料。1986年2月,《安乡文史资料》第一辑(安乡和平解放专辑)出版。1988年3月、1991年3月、1993年7月,《安乡文史资料》第二、三、四辑(安乡解放前的人和事)先后出版,第三辑出版时更名为《安乡文史》。1997年5月、2001年10月、2004年9月,《安乡文史》第五至第七辑(分别为水利、农业、城建专辑)先后出版。1986－2009年,《安乡文史》共出刊7辑,印刷6200册,主要向政协委员、党政领导、行政事业单位免费赠阅。1986－2009年,还陆续编印《安乡文史简报》13期,主要报道《安乡文史》资料、文章征集情况。1998年,市政协编纂《'98抗洪纪实》,县政协3篇稿件、1.5万余字入选。2002年,市政协编纂《沅澧遗韵》,县政协9篇稿件、1.8万余字入选;是年,市政协编纂《百岁老人访谈录》,县政协8篇稿件入选。

三 社会办学

1985年9月,协助县教委恢复县勤工中学。县政协委员彭逢盛、周存煦等6名老教师筹资5万元,修建教室6间,学校(今和平中路北侧,县血防医院处)占地面积1000余平方米,当年招收学生100余名。1986年春,该校与县建筑公司联合创办工业与民用建筑专业电视中专班1个,招收学生40余名。由于经费和生源不足,1989年该校解散。此间共办高(初)中复读班、电视中专班13个,结业学生1100余人,带动了部分乡镇民办中学的发展。1988年3月,在县政协农业联络组支持下,农业界委员积极参与,县政协委员吴正文(住安裕乡新安村)牵头,在部分委员所在单位的少量资金支持下,创办安裕乡新安村农民技术培训学校。按照适应农时,服务农业的原则,开设水稻、棉花、植保、柑橘、土肥、畜牧、食用菌7门课程,组织农业、科技界政协委员并邀请有关科技干部免费授课。首届招收正式学员50人,旁听学员逾百人。课堂上讲理论,实践中下田操作示范,学员学以致用。办校期间,处理僵苗173亩,扩种晚稻"双两大"600亩,增产粮食5万余公斤。1992年年底,因吴正文迁出等原因,学校停办。

四 纪念县政协成立25周年

2009年9月24日下午,县政协成立25周年庆祝大会暨社会各界人士代表中秋茶话会在长鹰国际大酒店举行。县委、县人大、县政府、县政协、县人武部领导及相关部门、单位负责人、特邀代表等200余人出席。县政协党组副书记、秘书长刘储士主持纪念活动,县政协主席汤菊华、县委常委、统战部部长宋凡华、县政协历届主席代表余斌及县政协历届办(委)负责人代表、台属代表、政协联络处负责人代表、政协委员代表等相继作大会发言。县委副书记、县长石玉林发表大会讲话,充分肯定县政协成立25周年来所取得的成绩和做出的贡献。纪念活动中,县青年艺术团进行了精彩的文艺演出。

第十三章　军　事

第一节　军事组织

一　县人民武装部

1996年4月，湖南省安乡县人民武装部更名为中国人民解放军安乡县人民武装部（简称县人武部），收归军队建制，正团级。隶属常德军分区（简称军分区），同时接受县委、县政府领导。设军事、政工、后勤3科（均为正营级）。

县人武部是县委军事部门和县政府兵役机关，坚持党管武装的原则，其主要职责：民兵组织建设和武器装备的管理；民兵预备役人员的军事训练和政治教育、登记统计；组织并带领民兵完成战备执勤任务，组织发动民兵参加“两个文明”建设；协同教育部门对学生实施军事训练；负责征兵、招收飞行学员；组织本区域内的国防潜力调查、制订战时动员计划及做好战时的各项准备，战时负责组织实施兵员动员和带领民兵参军参战，支援前线，保卫后方等各项任务；协同预备役团（营）搞好预备役部队建设；协同有关部门做好人民防空、交通战备工作；对专职武装干部的管理；协同有关部门做好退役军人的安置、军地两用人才的开发使用和烈属的优抚工作。县人武部多次获市委、市政府、军分区“两个文明”建设先进单位、先进人武部。县人武部领导人任职情况见表13－1－13。

安乡县人民武装部1990－2009年领导人任职情况

表13－1－13

职务	姓　名	性别	籍　贯	任　职　时　间	备　　注
部长	杜修元	男	湖南石门	1990.01－1992.03	
	龚德湘	男	湖南澧县	1992.03－1995.12	
	章海南	男	湖南安乡	1996.04－2002.01	
	苏永忠	男	广西北海	2002.02－2005.02	
	杨成先	男	湖南临澧	2005.03－2009.03	
	文及太	男	广东潮州	2009.03－2009.12	
政委	张树武	男	湖南安乡	1990.01－1996.03	
	刘青山	男	湖南临澧	1996.05－1999.05	
	余远升	男	湖南临澧	1999.05－2001.05	
	杨泽民	男	湖南桃源	2001.05－2003.01	
	刘运华	男	湖南桃源	2003.02－2007.03	
	柳英平	男	湖南醴陵	2007.03－2008.09	
	文建军	男	湖南桃江	2008.09－2009.12	

续表 13－1－13

副部长	龚德湘	男	湖南澧县	1990.01－1992.03	
	章海南	男	湖南安乡	1993.04－1996.03	
	龚界清	男	湖南沅江	1996.04－1998.02	
	彭德文	男	湖南安乡	1998.03－1999.02	
	周慧海	男	湖南安乡	1999.03－2002.03	
	侯令龙	男	湖南临澧	2002.04－2005.01	
	罗启明	男	湖南安乡	2005.01－2005.12	
	孙　勇	男	湖南桃源	2006.01－2008.01	
	高少文	男	湖南南县	2008.02－2009.12	

二　县人民武装委员会

1962年8月成立安乡县人民武装委员会(简称县武委会),“文化大革命”期间一度停止活动,1974年4月恢复。其主要职责:贯彻执行中央有关民兵、预备役建设的方针、政策和指示;研究解决全县民兵、预备役工作中的重大问题,研究贯彻兵员动员和军人转业、复员、退伍安置工作的方针、政策;组织协调各方面力量,共同做好人民武装工作。县委、县政府多次获市委、市政府、军分区党管武装工作先进单位。县武委会主任任职情况见表13－2－14。

安乡县人民武装委员会1990－2009年主任任职情况

表13－2－14

姓　名	性别	籍　贯	任职时间	姓　名	性别	籍　贯	任职时间
张义田	男	河北泊头	1990－1991	莫汉桃	男	湖南桃源	2002－2004
李金城	男	湖南安乡	1993－1994	张开松	男	湖南澧县	2005－2006
徐万发	男	湖南鼎城	1995－1998	王先蒙	男	湖南澧县	2006－2009
朱小平	男	湖南鼎城	1999－2001	－	－	－	－

三　县国防教育委员会

1989年11月成立安乡县国防教育委员会。国防教育遵循“全民参与、长期坚持、讲求实效”的方针,实行“经常教育与集中教育相结合”的原则。以中华人民共和国公民为教育对象,以国防理论、国防历史、国防精神、国防常识、国防法制、国防体系为教育内容。1989年以来,全民国防教育坚持以爱国主义为核心,依据《中华人民共和国国防教育法》和《湖南省国防教育条例》,以国家安全、台海形势及国防知识为主要内容,开展国防教育和军事实践活动。调整县国防教育委员会和乡镇国防教育领导小组成员,以党政机关工作人员、民兵预备役人员和青少年为教育重点,初步形成了组织网络化、形式多样化、活动经常化,全社会齐抓共管的格局。

国防教育纳入各类学校教学计划。1995年8月,在县成人中专开设“国防预备役班”,预备役人员以刊授教育为主,订阅《中国民兵》《民兵生活》《国防教育》等杂志,编印《安乡民兵》,建立阅览室,健全学刊考核制度,丰富教育内容。经3年教学实践,成效显著。活动丰富多彩,寓教于乐。先后举办民兵管乐大赛、国防教育板报“一条街”宣传、国防与企业知识竞赛。1988年始,县人武部与县广播电台联办

"国防教育专题讲座"，开展国防教育舆论宣传，主要播放国防建设要闻、县内国防教育新闻，编播县内民兵预备役人员、现役军人家属投身国防建设事迹等。2005 年，结合抗战胜利 60 周年，开展"纪念抗战胜利，牢记历史教训"全民国防教育活动，举办大型专题书法展、演讲竞赛，设宣传教育专栏，组织观看革命影片，县委党校开办国防教育培训班 2 期，培训党政干部 200 余人次。2006 年，县委党校开办国防教育培训班 2 期，组织全县科级以上干部"台海局势"报告会，在县电台、电视台开辟国防教育专栏节目。

国防教育阵地建设。1998 年，为基层人武部统一制作全民国防教育图板，各村民兵营订购全民国防教育挂图，全县 27 个基层人武部、263 个村民兵营均建起国防教育阵地、园地。建立"军事日"制度。将每年的 8 月 1 日定为"军事活动日"，全县党政主要领导亲自参与，体验军事生活。县国防教育委员会主任任职情况见表 13－3－15。

安乡县国防教育委员会 1990－2009 年主任任职情况

表 13－3－15

姓　名	性别	籍　贯	任职时间	姓　名	性别	籍　贯	任职时间
张义田	男	河北泊头	1990－1991	张开松	男	湖南澧县	1999－2001
李金城	男	湖南安乡	1992－1993	莫汉桃	男	湖南桃源	2002－2005
罗英碧	男	湖南常德	1993－1995	戴君耀	男	湖南长沙	2006－2007
张孝岳	男	湖南石门	1996－1998	陈彰波	男	湖南澧县	2007－2009

四　县国防动员委员会

1997 年 7 月成立安乡县国防动员委员会，是县委、县政府、县人武部和上级国防动员委员会领导下主管全县国防动员工作的议事协调机构。其主要任务：贯彻中央有关国防动员工作的方针、政策和指示，拟制国防动员工作的地方性法规和措施；制定全县的动员计划和方案；检查、监督全县各级、各部门实施与执行国家和地方国防动员法规的情况；协调县内军事、经济、社会等方面的重大国防动员工作；组织领导全县的人民武装工作；行使市委、市政府及军分区赋予的其他职权。县国防动员委员会主任任职情况见表 13－4－16。

安乡县国防动员委员会 1997－2009 年主任任职情况

表 13－4－16

姓　名	性别	籍　贯	任职时间	姓　名	性别	籍　贯	任职时间
张孝岳	男	湖南石门	1997－1998	张开松	男	湖南澧县	2005－2006
朱小平	男	湖南鼎城	1999－2001	王先蒙	男	湖南澧县	2006－2007
莫汉桃	男	湖南桃源	2002－2004	石玉林	男	湖南澧县	2007－2009

五　县人民防空办公室

安乡县人民防空办公室（简称县民防办）是县政府直属正科级事业机构（2008 年 11 月独立，此前挂靠县政府办），属县国防动员委员会常设办事机构。其主要职责：贯彻执行国家人民防空的工作方针、政策、法律、法规；管理本行政区域人民防空工作和组织制定人民防空工作中长期发展规划及年度计划；负责人防工程建设与维护的监督管理，受理单建人防工程立项审批、设计审查、质量认可申请;负责新建民用建筑防空地下室建设审批,依法对城市建设和地下空间开发建设执行人民防空建设情况进行监督检查和指导;负责防空地下室易地建设费和公用人防工程维护费征收,并管理人民防空经费、物资和资产;负责人民防空通信、警报网络建设和管理,并抓好人民防空无线电管理,战时负责防空袭警报和组织实施灯火管理;负责组织开展人民防空宣传教育,抓好群众防空队伍建设和训练,组织人民防空演习;拟订本级防空袭预案和各项保障方案,检查督促战时医疗救护、物资储备、水电供应和其他保障方案落实;战时组织指挥人民防空疏散和掩蔽,配合要地防空和城市防卫作战,协助有关部门恢复正常生产和生活秩序;承办上级业务部门和县国防动员委员会交办的其他工作。

六 县武警中队

1984年10月,中国人民解放军安乡县中队易名为中国人民武装警察部队安乡县内卫中队(简称县武警中队),属军队建制,正连级,实行义务兵役制。其主要职责:防止犯人行凶、逃脱,平息犯人骚动、暴狱;防范和打击敌对分子袭击监区、劫夺犯人等破坏活动;协助公安机关解送犯人,防止逃跑、行凶、暴动,打击敌对分子袭击和劫夺犯人等破坏活动,协助公安机关逮捕人犯;制止人犯拒捕,防止人犯行凶、逃跑和敌对分子劫夺人犯;处置各种突发事件,配合地方政府预防自然灾害;担负战时内卫勤务。

七 县公安消防大队

1977年1月成立安乡县公安消防队,1983年8月转为现役制,称中国人民武装警察部队安乡县消防中队,由县公安局代管。1995年扩编,成立县公安消防大队,属中国人民武装警察部队性质,正营级。下设消防中队,正连级。执行"预防为主、防消结合"方针,其主要职责:进行消防宣传教育与监督检查,管理全县消防队伍,训练消防干警,统一组织和指挥火灾扑、救及火灾事故分析、处理。

第二节 兵 役

一 兵役制

1988年起,县人武部根据《中华人民共和国兵役法》(简称《兵役法》),执行以义务兵役制为主体,义务兵役制和志愿兵役制相结合,民兵与预备役相结合的兵役制度。1999年,兵役制度改革,义务兵役制期限由原3－4年改为2年;士官制度改革,志愿兵实行分期服役制度。

二 征 兵

1990年,新兵征集工作分春季和冬季两次进行,此后改为冬季征集。1996年,征兵工作要求严格把好"五关",即推荐关、政审关、体检关、文化年龄关、审批定兵关。1999年,调整新征兵员的年龄和文化程度,一般男青年为年满18－20周岁,高中以上文化程度可放宽至22周岁,农村户口的青年为初中以上,非农业户口的青年为高中(含职高、中专、技校)以上。2000年,调整新兵征集标准和对象,即放宽征集普高以上青年的视力标准;严格征集女兵的文化要求,不再征集职高、中专、技校毕业的女青年;从企事业单位多征集一些掌握了军地通用专业技术的青年。

全县征兵工作制度化、规范化建设,其具体做法。一是加强组织领导。成立县征兵领导小组,由县人武部牵头,从公安、民政、教育、卫生、纪检、交通等相关部门抽调人员组成征兵办公室,各乡镇亦成立相应机构。二是广泛宣传发动。县征兵办设宣传组,县电视台开设征兵工作专栏,各乡镇利用广播、电视、墙报和标语,开展拥军优属、征兵政策宣传。三是实行征兵目标管理责任制。从政审、体检、定兵、廉政建设、征接关系、安全工作等方面,层层签订责任状,形成全方位目标责任管理体系。四是严把政审、体检关,确保兵员质量。五是廉洁征兵。在征兵办设征兵纪检(监察)组,公开办事制度,对初审、体检合格青年和拟定新兵张榜公布，设立举报电话和举报信箱，接受监督。六是密切征接关系。做到热情接待，密切配合，主动协调解决有关问题。

1990－2009年，全县征集新兵数量完成上级配额的100%。

三　优抚安置

1990年后，根据国家有关政策，县政府及时调整复员退伍军人优抚对象定额定量补助，坚持优抚费乡镇统筹。

2005年，全面落实优抚政策，实行优抚金银行发放。全县263名企业军转干部，基本落实了拖欠的工资、医药费和养老金；218名伤残复退人员，其中在乡100名，全部按政策落实阳光工程补助；对49名下岗人员，按时发放320元/月生活费，补发2001－2004年生活费，且全部进入医保；对在乡49名二等乙级以上伤残人员和25名在职伤残人员，按5000元/年人标准解决了医药费；给予政策倾斜，解决了93名特困家属的低保；对486名参加抗美援朝和农村对越作战复退人员，其双定补助和80元/年人医药费全部发放到位。优抚安置详情见表13－5－17。

安乡县2005－2009年优抚安置情况

表13－5－17　　单位：人、户、万元

项目＼年度	2005	2006	2007	2008	2009
抚恤补助优抚对象人数	2550	2430	3430	3567	3718
（一）定期抚恤人数	373	－	－	170	170
烈军属（其中烈属）	110	162（94）	162（94）	94	94
因公牺牲军人家属	58	68	68	51	51
病故军人家属	52	－	－	25	25
（二）定期补助人员	－	－	－	3163	3310
红军失散人员	2	1	1	1	1
在乡复员军人	1257	1254	1254	1254	1246
带病回乡退伍军人	595	790	790	790	945
参战退役人员	－	－	－	1045	1045
参试补助人员	－	－	－	73	73
（三）伤残人员	213	223	223	234	238
革命伤残军人	213	223	223	234	238
优待优抚对象户数	－	－	－	4651	4635
优待优抚总金额	－	－	－	267	258
安置退役士兵	154	76	76	84	88
退伍义务兵	131	66	66	57	45
转业复员士官	－	－	－	27	43

第三节 民兵与预备役

一 民兵建设

1988年,全县民兵组织建设遵循调整组织布局、优化队伍结构,改进编组办法、整合作战力量,突出加强民兵防空、信息作战、合同作战、支前保障和应急维稳骨干队伍建设,确保组、训、用协调发展,逐步构建适应打赢未来信息化战争和新形势需要的民兵预备役建设新格局,努力提高快速动员和执行作战任务的能力。

1988年,按自然乡镇、村,每个乡镇建1个基干民兵连,每个村建1个普通民兵营,凡符合建立民兵组织条件的乡镇企业相应建立民兵组织。1990年始,民兵组织建设围绕新时期军事战略方针做到"四个确保",即确保干部队伍素质提高;确保战备工作落实;确保每年民兵组训任务完成;确保民兵在"三个文明"建设中发挥带头作用。按照基层人武部和民兵营正规化建设的标准与要求,每年进行一次民兵整组工作。对民兵调查摸底和政治教育,搞好出入转队登记,对新入队的基干民兵政审,按照民兵编组原则健全民兵组织,完成干部调配、健全各项规章制度、清点装备、整理资料和统计汇总等工作。是年,组建县民兵应急分队,组建财贸系统、城关镇与安猷乡、经委与安障乡民兵应急分队共若干个连,每个连队100人。1995年9月,在三岔河镇民兵机动连基础上组建县民兵舟桥连(即湖南省民兵独立舟桥团第一营第一连)。2003年,民兵整组工作着眼打牢对台军事斗争的思想基础,加大宣传教育力度,增强各级领导和民兵、预备役人员做好对台军事斗争准备的责任感和紧迫感。结合乡镇机构改革,抓基层武装机构和专武干部队伍建设。2006年,本着"编为用、建为战"的原则,对民兵科学编组,民兵组织结构进一步优化。同时,县、乡分别成立700人和200人的抢险机动队伍。2010年,民兵整组工作积极探索民兵跨区编组、就地编组、行业编组、联合编组方法,坚持"就近就便、对口适用"原则,严格把好出入转队关,配齐配强民兵干部和专业骨干。通过整组,全县设基层人武部27个(19个乡镇、2个农场、6个科局)、村(居)民兵营244个、基干民兵连若干个。

二 预备役工作

预备役登记分军官预备役和士兵预备役,士兵预备役又分现役复员退伍军人和未服现役但经过军事训练的民兵,已编入预备役部队的人员不在登记造册之列。每年9月30日前进行适龄公民兵役登记,基层单位初审确定应服兵役、免服兵役和不服兵役人员,报县人武部批准。应服兵役而未征集服现役的,编入民兵组织服预备役。转业、退伍、复员军人必须登记预备役,但有严重残疾和被依法逮捕、判刑、剥夺政治权利在押、服刑的人员不予登记。

《兵役法》规定,预备役分一、二两类。军士和士兵服役期满后转为一类预备役,18－40岁的公民编为二类预备役。1991年,对全县服预备役退伍军人和应征公民进行登记。1992年,县人武部对1988年9月1日后到地方工作,政治表现好、身体健康、符合服预备役年龄的转业干部逐个登记,建立预备役军官登记卡,设专柜、专人管理。1988－1997年,服预备役的转业干部均得到妥善安置。1992年,县人武部获军分区预备役登记工作先进单位。1996年1月1日,《中华人民共和国预备役军官法》实施后,县人武部每年对当年转业的军官进行预备役登记。进入21世纪后,全县民兵预备役工作围绕"打得赢""不变质",坚持质量建军、科技强军和从严治军,着力打基础、抓基层、保稳定、促发展,做好对台军事斗争准备,全面推进民兵预备役建设的总方针开展工作。2005年,按照"巩固组织、突出重点、确保质量"的原则,重新登记全县预备役人员。

第四节 军事活动

一 军事训练

(一)部队军事训练

1992年,县人武部坚持以训带训,民兵训练时,机关干部跟班作业。机关人平训练170小时。1993年8-10月,县人武干部在军分区组织的国防后备力量建设人员军事业务知识大比武中,依文字和口述令标图作业、快速制作沙盘获4个集体单项第一名、2个集体单项第二名、5个个人单项第一名和团体总分第二名。1995年4-5月,县人武部机关5名干部参加军分区组织的参谋业务集训,获团体总分第四名,个人全能第四名、第五名。1998年,县人武部针对机关业务工作多,在职训练难落实的情况,合理安排训练内容,规定每周5个小时在职训练,采取"三个结合""互教互评"、领导验收考核的办法促进训练任务落实。2005年8月,县人武部组织全体参谋、干事集训,在省军区举行的手枪射击、军事理论、多媒体课件、军事地形学、体能五项、军用文书写作、战术想定作业等七大科目竞赛中列全市第一,刘国栋获全省政工组第一名。2007年以来,按照"班子会指挥、干部能打仗"的要求,抓现役干部军事训练,在同步参加上级机关组织训练的同时,主抓信息化、民兵预备役业务知识等学习,现役干部综合素质不断提高。

(二)民兵军事训练

1988年以来,全县民兵按照"参训人数不能少,训练内容不能减,训练质量要保证"的原则,执行总参和省军区制定的《民兵军事训练大纲》《民兵规范化训练实施细则》和相关条令、条例,训练基地每年组织民兵进行严格军事训练,由军分区、县人武部统一考核验收颁发合格证书。1990年4月15日至5月10日,组织安障、安猷乡的100名应急分队队员参加全市民兵军事训练和校阅,共24个校阅方队,安乡方队获第一名。1993年,县人武部组建1个基干民兵排,强化训练30余天。9月,参加市国防后备力量建设大比武,安乡分获政工理论知识、冲锋枪射击、轻武器分解、对抗射击、弹药识别、擒拿格斗基本功等6个团体总分第一名和单位、基干民兵排、队列、通信等4个团体总分第二名。1998年,重点组织官垱、三岔河镇60名民兵进行为期25天的门桥军事专业集训。集训中的实兵演练,全体官兵对门桥的架设与撤收、操舟、门舟互换、槽渡等专业技术和防汛抢险专业知识掌握熟练,八舟门桥结合仅用时23分钟。2005年,组织7期基干民兵训练,每期15-20天,历时120天。经考核,良好率76%、合格率100%。2006年4月始,组织7期民兵军事训练,至9月30日结束。重点抓民兵舟桥专业分队训练,提高民兵分队整体素质。在军分区组织的民兵军事训练考核中,获综合总分第一名。2007年7月底,县境主要河段超警戒水位。接到县防指命令后仅2小时,常驻民兵应急分队、舟桥连等260人全部集结到位,到位率100%。8月中旬,湘南发生重大汛情。接军分区命令后,在夜深、雨大、装备不全、人员分散的情况下,仅用时3小时,60名舟桥分队队员全部集结待命,并配齐了抗洪抢险保障物资、器材。民兵应急分队快速动员和执行任务能力得到有效检验。

二 战备值勤

战备工作的重点是贯彻落实上级战备工作指示,完善和落实各项制度,组织民兵配合公安部门维护社会治安等。根据不断变化的敌情社情,修订完善战时兵员动员方案、民兵武器库联防方案、应急分队行动预案及民兵防汛抢险救灾方案等,形成战备执勤的制度保障。1992年,县人武部修订完善应急分队行动方案、武器库防暴方案和抢险救灾方案等。对民兵应急分队人员严格点验,定期检查全县各个设防点。

提高执勤民兵军政素质和执行任务能力。将执勤民兵教育训练纳入民兵军事训练计划,统筹安排。重视执勤民兵素质教育,对民兵应急分队实施不定期集结点验,各乡镇执勤分队民兵无案件、无违法行为。注重实战,提高民兵的战斗力,防汛抢险中发挥基干民兵突击队作用,为保卫人民生命财产安全做出了重要贡献。维护社会治安。各乡镇建立10－30人的民兵执勤小分队,工作计划、行动预案、装备配套齐全。小分队护乡护村,日夜巡逻,维护当地治安,配合公安机关追逃、刑事案件侦察等活动,是为公安部门重要的编外警力。

加强机关战备执勤。1991年,落实机关岗位责任制,战备、工作、生活、管理秩序更趋规范。强化值班人员职责,强化安全责任意识,对守库民兵进行严格政审和安全教育,完善安全设施,加强民兵武器装备库安全管理。2007年,围绕军事斗争准备,按照实战要求,重点对城市防空、兵员动员、交通战备、抢险救灾等修订完善各级各类战备方案89个,落实日常战备制度,坚持战备形势教育和节假日战备防护教育,全体干职和民兵预备役人员战备意识普遍增强。

三　人民防空

县民防办配有防空警报器中央控制设备和固定警报器,每年11月1日的防空警报器试鸣,全部实现电脑控制。完成了机动指挥通信系统建设,具备多次、多种报警能力,县城区警报覆盖率100%。

为应对未来反"台独"应急防卫作战,保证县内重要目标和人民生命财产安全,有效地组织指挥全县人民进行防空袭斗争,保存战争潜力,搞好动员支前保障,2006年,县人武部制定《反"台独"应急防卫作战人民防空行动与动员方案》。以"整体作战,确保重点;防抗结合,多手并举;统一指挥,密切协同"为作战指导,采取"积极抗击、严密防护、重点保障"的基本战法,充分发挥党政军警民的整体力量,采用"走、打、藏、消"多种措施,保障县境安全。根据空袭情况,迅速组织抢险抢修和消除空袭后果;加强对重点目标的伪装防护和重要交通干线的安全保障,确保重点目标的安全和支前运输线的畅通;组织掩蔽疏散和物资保障;组织民防支前保障和持续动员;加强支前人员机动沿线和集结地域的灯火管制;适时调整、扩编专业队伍,及时补充装备器材。民防力量组建7种专业队伍,即城建、公用、电力等部门抢险抢修队,卫生、医药部门医疗救护队,公安部门消防队和治安队,卫生、化工、环保部门防化防疫队,电信部门通信队,交通部门运输队。县民防指挥所由分管民防工作的副县长担任总指挥,人武部副部长担任副总指挥,民防办主任担任指挥长。下设综合协调、政工、情报预警、通信保障、工程保障、物资保障等6个小组。2007年,围绕新时期军事战略方针,落实《中华人民共和国人民防空法》,立足民防应急准备要求,实施民防宣传教育和防空袭预案修订。在县城开展民防集中宣传活动,着手民防指挥体系、短波带通信网建设及"两防一体化(战时防空与平时防灾救灾相结合)"建设规划的实施。是年,县城区民防"结建"工程和防空地下室易地建设费征收工作全面启动。

第五节　参建参治

一　抗洪抢险

1992年8月,组建县民兵防汛抢险机动团。坚持"防"重于"抢"的指导思想,针对县境汛期早、快的特点,作好汛前准备。制定、完善防汛抢险救灾预案、紧急疏散方案和计划,准备各种物资、器材,成立抗洪抢险总队,培训抢险人员,实施抗洪抢险演练和各支队点验;汛期,集结各抢险中队,做好抢险准备,组织人员巡提排险;发生重大险情后,调动、集结抢险队抢险。1988－1998年间,县境汛情严重,每年出动民兵数万人次参加防汛抢险、抢修堤垸,为保卫人民生命财产安全做出了重要贡献。

1995年7月4－5日,安康、安全乡210名机动连民兵赴汉寿县支援抗洪抢险,抢修子堤1800米,转移群众1200人。1996年7月,在县内抢险救灾中,调动民兵万余人,出动车辆700余台(次),调用船只350艘(次),抢修子堤8500米,转移各种物资9000余吨,排除各类险情584处,抢救、转移群众6500余人,挽回直接经济损失1000余万元。7月16日,县民兵门桥连赴武陵区河洑、鼎城区本塘垸抢险救灾,连续五天四夜,抢救、转移群众4500余人。1998年7月,县境遭受超历史暴雨高洪袭击,严重威胁人民生命财产安全。县人武部和所辖民兵抢险突击大队、民兵防汛抢险机动团、民兵门桥连先后排除大小险情173处,抢运救灾物资3900吨,抢筑子堤42公里、完成土石方7.75万立方米,抢救、转移群众2300余人。县人武部获广州军区授予集体三等功,县民兵防汛抢险机动团获全军表彰并被授予先进单位。

1999年后,县境未发生特大洪水,仍立足"防大汛、抗大灾、抢大险"指导思想,以完善防汛抢险应急预案、补充防汛抢险物资器材、落实抢险队伍和人员并组织演练为重点。一旦出现险情,确保队伍迅速集结参战。

二　维护社会稳定

进入21世纪后,全国复退军人上访频繁,反映的问题突出。县人武部先后成立稳定复退人员工作领导小组和维稳应急工作领导小组,建立部党委成员包保乡、镇维稳工作联系点。

对复退军人上访反映的问题早发现、早报告、早控制、早解决,按政策要求做好化解工作,把问题解决在萌芽状态。协调地方落实优抚政策,以妥善解决复退军人基本生活保障为重点,并针对下岗伤残退伍军人提出的问题和合理要求,督促相关单位按有关法律、政策及时解决。至2005年,企业军转干部基本做到"十落实",伤病残复退人员的生活费、医药费发放到位,参战复退人员的"双定补助"和医药费全部落实,志愿兵全部安置到位,并发放4万元专项资金救助34名特困复退人员。2007年,以各类矛盾纠纷排查为重点,协助地方政府做好复退人员维稳工作。对安乡籍现役军人涉法涉诉问题,有求必应,协调有关部门维权,当好"娘家人"。12月11日,《解放军报》法制版《一个没有说完的电话》报道安乡涉军维权工作。2009年,市委、市政府、军分区发出《并于在全市军队退役人员中开展"双带双促"活动的意见》,县成立军队退役人员"双带双促(带头建设家乡、促进经济发展,带头维护稳定、促进社会和谐)"活动领导小组,教育引导军队退役人员保持忠诚于党、服从大局、拼搏进取、无私奉献的优秀品质。召开各群体退役军人或退役军人代表座谈会,倾听诉求。召开"双带双促"表彰会,树立先进典型,报道其先进事迹。组织退役军人农技培训,提高致富本领。鼓励退役军人自主创业,拓宽退役军人自主创业市场准入条件,落实税费优惠政策,加大金融和财政扶持力度,优化创业指导服务。落实各种救助措施,对口帮扶贫困退役军人。组织读书学习,培育良好的道德情操。"双带双促"活动开展以来,培养了一批自主创业的企业家、农业产业化领军人物和种养示范户。有23名退役军人入党,60余名优秀退役军人党员被推选为村、支两委干部,全县村、支两委干部中,退役军人比例达30%以上。

自2007年以来,全县未发生复退军人集体赴省、进京上访的重大事件。

三　扶贫帮困

1988年,县人武部始在安凝乡东堤村建立民兵扶贫联系点,开展扶贫工作。1997年,确定安猷乡白马庙村为扶贫联系点,1999年调整为肖公嘴村。同时,配合军分区在安全乡志中村扶贫联系点开展扶贫协调工作。开展"一帮一,一带一"活动,帮带干部每月下到农户了解情况、参加劳动,为农民传授农业科技知识,发展生产,寻找致富门路。1997－1999年,为扶贫联系点投入资金5万元(干部捐款7500元),赠送科技书籍120册,帮建希望小学2所,为贫困户建房5间,20余个农户脱贫。1998年10月,县人武部干部职工为安造大垸灾民捐款2.5万元,并与安障乡遵保村20个重灾户结成对子,帮助解决了过冬衣被、种子、小孩入学等困难。发动民兵扶贫帮困,为烈军属和孤寡老人"送温暖",共为灾区捐款9.7万元,捐衣被3.7万余件(床)。2001－2004年,县人武部先后投入2万元,帮助安裕乡七家村新建电排1座,引种优质棉20亩,创办洞庭草鹅养殖基地。2006年,实施县委、县政府制定的新农村建设工作方案,根据民兵预备役人员分布情况,采取全面铺开重点实施的方法,抓"一村一区"建设,即安裕乡安庆村和大鲸港镇丰凝港社区。先后组织丰凝港社区民兵和民兵预备役人员义务投工600个,平整社区村级公路路基2.5公里、整治村容村貌、清洗和整修主支沟渠。联村领导先后7次到安庆村蹲点指导,先后5次向市、县交通部门反映情况,争取资金,为该村建起了一条高标准村级公路。

第十四章　群众团体

第一节　工　会

一　组织机构

1990年,县总工会内设办公室、生产生活部、组宣部、经费审查委员会(简称经审委)、女职工委员会(简称女工委)。辖工人俱乐部、职工学校、节能密封材料厂。2002年始,县总工会主席职位高配,由县人大常委会副主任兼任。2009年,内设办公室、组宣部、财务部、民管部(加挂生产保护部和法律保障部牌子)、女工委、经审委(办)、困难职工帮扶中心、职工退休补充养老保险站。

1990年,有基层工会203个,会员17824人、占全县职工总数的85.2%。1990年后,全县各级工会组织广大职工参与企业"三项制度(劳动、人事、用工制度)"改革,工会组织和会员数量无大的变化。20世纪末,部分国有、集体企业相继破产、改制,其工会组织自行消亡或名存实亡,非公有制经济工会组织逐步发展。1997年7月,县委办、县政府办发出《关于在全县新经济组织中组建工会的意见》,要求乡镇、街道、外商投资和私营企业等新经济组织,有员工25人以上的建立基层工会委员会,不足25人的建立工会小组并设组织员1名,乡镇、街道办事处依法组建工会组织,乡镇成立联合工会。1998年10月27日,县滨湖家私有限责任公司工会委员会成立,是为县内第一个新经济组织工会。1999年,各乡镇先后成立联合工会。2000年,各乡镇卫生院、修防会、电管站、电排站、林业站、水产站、畜医站、农机站、经管站、农技站、派出所等单位和居委会先后组建工会。2002年4月,县委发出《关于进一步加强新时期工会工作的意见》,对加强工会基层组织建设,建立健全履行各项职能的工作机制,加强领导班子和干部队伍建设提出要求,工会工作列入全县"双文明"建设考核。2003年,改制后的原国有、集体企业,全部重建工会组织。2006年8月,县总工会发出《加强我县工会组织规范化建设的实施意见》和《工会组织规范化建设要求》,要求各级工会组织必须做到"十有(有领导班子、牌子、印章、办公室、工作方案和活动记录、规章制度、活动场地、经费和独立账户、宣传阵地、会员档案资料)",落实"五个一(开好一次职代会、签订一份集体合同、员工人手一份劳动合同、开展一次劳动竞赛、组织一次职工技能培训)",达到"三个基本(组织基本健全、工作制度基本完善、作用基本发挥)",推动工会工作规范化建设。至2008年,80%的工会组织达到规范化建设要求。2010年,全县有基层工会组织275个,会员27328人、占职工总数的95%。其中非公有制经济组织工会78个、占工会组织总数的28.3%,会员6800人(农民工会员5692人)、占会员总数的24.9%。职工入会率100%、农民工入会率80%。

1996－2010年,县人民银行、国税局大鲸港分局、地税局、地税局二分局、电力局、电信局、移动公司等7个工会组织获省级模范职工之家;县工商银行、农业银行、建设银行、农业发展银行、一中、二中、二职中、地税局五分局、邮政局、电力局调度通信班、电力局大户装接班、自来水公司水厂、教师进修学校等13个工会组织获市级模范职工之家。2010年5月,县移动公司工会获全国模范职工之家。

二　县工会会员代表大会

1990－2009年,县总工会先后召开第十一至第十二次会员代表大会(简称县工代会)。每次代表大会一般审议、通过县总工会工作报告、财务工作报告并通过相关决议,选举产生县总工会相应届委员会、常务委员、主席、副主席和经审委委员、主任及女工委委员、主任，推选出席上级工代会、工会积极分子代表大会代表等。

（一）县第十一次工代会

1990年4月3－4日召开，出席代表204名，列席代表3名。王泽槐作工会工作报告，邓海湘作工会财务工作报告。选举产生23名委员（其中常委7名）组成县总工会第十一届委员会，王泽槐、郭才华分别任正、副主席。选举产生5名委员组成经审委。确定了女工委委员。

（二）县第十二次工代会

2003年12月24－25日召开，出席代表150名。陈谷生作工会工作报告，王朝蓉作工会财务工作报告，张琳作工会经费审查工作报告，县委书记徐超文发表《认真实践"三个代表"重要思想，保持工会工作旺盛的生机和活力，团结动员广大职工为建设新安乡而努力奋斗》的讲话。选举产生29名委员（其中常委9名）组成县总工会第十二届委员会，彭志宏（县人大常委会副主任）任主席，陈谷生、邹静（女）、吕崇岳任副主席。选举产生7名委员组成经审委。确定27名委员组成女工委。

（三）县第十三次工代会

2008年11月27－28日召开，出席代表120名。田祖明作工会工作报告，王朝蓉作工会财务工作报告，彭波作工会经费审查工作报告，县委常委、县委统战部部长宋凡华发表讲话。选举产生25名委员（其中常委9名）组成县总工会第十三届委员会，田祖明（县人大常委会副主任）任主席，陈学贵、邹静（女）、严凤珍（女）任副主席。选举产生5名委员组成经审委。确定13名委员组成女工委。

三　工作活动

（一）维护职工合法权益

就业维权　1996年，县委办、县政府办发出《关于在全县企业推行平等协商和集体合同制度的通知》，将此纳入基层工会工作责任制考评。至1999年，85%以上的企事业单位签订集体合同。2000年始，贯彻省总工会《加快新建企业建立平等协商集体合同制度的意见》。至2009年，79家新建企业签订集体合同，21家企业签订工资协商集体合同。21世纪初，县内国有、集体工商企业相继破产、改制，原国家、集体职工除"两五（年满55岁的男性职工、年满45岁的女性职工）"人员外，全部置换身份，部分被改制重组企业留用，部分失业。县总工会与劳动等部门联手，进行再就业培训，帮助下岗职工再就业。经过3年培植，建立恒生超市、滨湖家私公司两个下岗职工再就业基地。2005年，恒生超市、滨湖家私公司同时挂牌，分别招收下岗职工152人、262人。至2008年，再就业培训2123人次，实现再就业3824人。2009年3月，全县企业工会按照省总工会《关于在全省大力开展"共同约定行动"的意见》开展工作。至年底，118个企事业单位与员工签订"共同约定书"，基本做到不减薪、不裁员，确保了企业正常生产和社会稳定。是年，再就业培训1533人次，实现再就业2932人。1990－2010年，各级工会组织依据《中华人民共和国劳动法》等法律法规，维护职工合法权益，消除或缓解职工与企业之间的矛盾，参与劳动争议调解589次、劳动争议仲裁239次。

劳动与医疗保险　1987年始，国家改退休、退职职工企业保险为社会保险，实行退休基金、职工工伤保险金、职工失业救济金统筹，由企业缴纳"三金"。由于经济效益等原因，县内企业拖欠"三金"的现象时有发生。20世纪末，县内部分国有、集体企业相继破产、改制，"三金"拖欠更为严重，下岗职工就医困难。1993年11月，县政府办发出《关于重申严格执行社会劳动保险有关问题的通知》，要求各企业严格按国家规定缴纳社劳统筹金，以保证社劳统筹机制正常运行。2002－2005年，国有企业改制或"两个置换（置换企业所有制、置换职工身份）"、"两五"人员可提前5年退休。2002－2007年，在企业改制资产盘活、分配中，部分用于清偿拖欠的"三金"，清偿不足的部分由县财政兜底，确保了职工劳动保险金足额上缴。已办理退休手续的职工，由劳动部门按月发给养老金，未到退休年龄的职工，每年按标准自行续缴养老统筹金。2008年后，省政府对原全民职工续缴养老统筹金给予补贴。2006年始，全县退休职工实行医疗保险，参保者终身享受医疗保险待遇。2007年始，城镇居民实行医疗保险，属社区管理的下岗职工可参加城镇居民医疗保险，交纳160元/人年。2009年，参加基本医疗保险单位361个，参保25359人，其中在职15541人、退休9818人；应参加企业职工退休费用统筹单位108个，在职19771人、离退休12021人，全部参加统筹。

(二)民主管理

1979年后，全县企事业单位逐步推行职工代表大会(简称职代会)制度，并在以公有制为主的企事业单位逐步完善。企业改制方案、职工福利、集体合同等重大决策、问题提交职代会审议、讨论决定。至2009年，95个企事业单位建立职代会制度。

1997年始，实施市总工会《关于进一步加强职工代表大会民主评议企业领导干部的实施意见》，职代会每年对企业党、政、工等厂级领导成员进行一次民主评议和测评，在全县形成制度。1999年8月，全市推行企业厂务公开，将企业资产、生产经营、领导干部廉洁自律、干部任免、重大改革方案及关系职工切身利益等事项公开。县内国有、集体企业全面推行厂务公开、民主监督制度，文化、教育、卫生、科研等事业单位亦逐步推行。至2000年，国有企业推行面达70%，集体企业推行面60%以上。1999年12月，县教委印发《关于推行校务公开工作的意见》，对学校发展规划、基建维修项目、收入、财务预决算、教师聘任、职称评定、评岗评先、招生情况、管理制度等“九公开”，通过学生会、家长会、教师会、告示等形式宣传。2007年9月，县总工会在县教育局召开现场会，总结推广校务公开经验。是年，安乡获全市推行厂务公开先进单位，县教育局、农业银行、建设银行获全市厂务公开先进单位。

(三)劳动竞赛与劳模管理

劳动竞赛 1989年始，全县开展地处农村企事业职工生活后勤“八有”竞赛活动，即有一个食堂、一栏猪(或一塘鱼)、一园菜、一口水井、一间娱乐室、一个浴室、一个厕所、一个好的厂(店、校、院)容。1990年，将“八有”提升到“八好”，先后在安猷乡联校、六角尾直属粮库召开“八有”“八好”竞赛现场经验交流会，推动“八有”“八好”落实，改善了地处农村职工的生活和工作环境。是年，县内108家乡镇企业在市场疲软、资金紧缺、产品积压的情况下，广泛开展以“优质、低耗、稳产、适销、安全”和搞活销售、搞活资金为主要内容的“七比七赛”，采取内部挖潜和收回欠款、赊购原辅材料及预收货款等措施，筹集资金1680万元，104家企业生产形势好转。1991年，各级工会开展多形式的劳动竞赛，工交、基建系统普遍开展质量、品种、效益竞赛，节能、降耗、安全竞赛，销售、管理、技术竞赛；财贸系统开展优质服务、双规管理竞赛，“创十佳”“效益杯”竞赛；文化、教育、卫生系统开展“双文明”优质服务竞赛，“三育人”教学竞赛，“天使杯”竞赛，教案、医师、护理比武赛；农、林、水系统开展“十好”企业、“五好”职工竞赛，科技攻关竞赛等。2001年，企事业单位开展以提合理化建议、技术革新为基本形式的劳动竞赛。提合理化建议1.1万余条，实施小型技术革新98项，产生直接经济效益700万元。2007年，实施省总工会“百万职工创新兴湘”活动，70%的规模以上企业成立技术协会，组织职工学科学、学技术。2008年、2009年，各级工会持续开展以“工人先锋号”为载体的各种劳动竞赛，举办各种技能大赛、技术比武、提合理化建议及创新发明等活动20场次。金大地化工公司开展“我为节能减排做贡献”、凯斯机械公司开展“创新发展，我与企业共命运”、芳源汽车零部件厂开展“品质是企业的生命”等劳动竞赛活动，增强企业抵御风险能力。深柳镇城关中学、县农村信用联社获全市“五一先锋”集体，张修明、池朝晖、乔文光等3人获全市“五一先锋”，晋煤金牛化工公司原料维修班、凯斯机械公司第一分公司平板车间铣工班获全市“工人先锋号”。

劳动模范管理 至2010年，全县共评选和认定市级以上劳模266人，其中全国劳模5人(李德常、唐纯银、刘炎汉、江从新、王志英)，省(部)级劳模86人、市级劳模175人。1987年以来评选劳模186人，其中全国劳模2人(江从新、王志英)、省(部)级劳模

24 人、市级劳模 160 人。1989 年 11 月 22 日，在县剧院举行劳模事迹报告会，全体县级领导和 1200 余名干部、职工参加。姚本才、周德富、刘金秀、李四阳、邓光耀等 5 位劳模作先进事迹报告。每年"五一"节前后，县委、县政府召开劳模、先进人物代表座谈会，了解其工作、生活及思想状况，听取其对县域经济社会发展的意见和建议。每年"五一"、元旦、春节期间，慰问家庭生活困难的劳模。2004 年以来，为 48 名家庭生活困难劳模解决工资（退休金）等问题。2007 年，调查摸底全国、省级劳模，清理市级劳模，建立综合信息台账，整理 20 余名全国、省级劳模先进事迹，利用电视媒体、板报、宣传窗等报道和宣传。

（四）女职工工作

"芙蓉杯"女职工素质达标成果赛　"芙蓉杯"竞赛是省总工会在全省女职工中开展的社会主义劳动竞赛，1991－2009 年，进行了五轮竞赛。20 世纪 90 年代，全县各级工会根据行业或岗位特点，企业开展"企业有难我有责，我为企业献一策"合理化建议活动，服务行业开展"敬业、文明、微笑"服务竞赛，停产待岗女职工开展"不等不靠、自强拼搏，再创事业第二春"自强赛。组织女职工技术练兵和技术比武 20 余场次，参加者 1.2 万余人次，获省部级科技成果奖 5 项，树"百岗女明星"86 人。2005－2009 年，以经济技术创新和岗位建功立业为目标，开展女职工岗位练兵、技术比武活动，举办女职工创新成果发布会、展览，调动其积极性和创造性。参加竞赛女职工 1.1 万人，参赛率 98%，获各种荣誉 65 人，其中市级 25 人、县级 40 人，获集体荣誉工会组织 63 个，其中市级 21 个、县级 42 个。

维护女职工权益　1989 年 9 月，县总工会女工委成立。2009 年，全县有女职工 11296 人，105 个单位建立女工委。1992 年，县总工会、劳动局牵头，会同县妇联、卫生局、妇幼保健所，检查考核全县女职工劳动保护实施情况，市总工会、劳动局授予县邮电局等 10 个女工委为女职工劳动保护工作达标单位。1996 年，县内女职工待工、息工面逐渐扩大，县总工会女工委调研全县特困企业女职工在岗、待岗、再就业及生活现状，提出了解决问题的途径与办法。特困女职工扶贫列入各级工会"送温暖"工程统筹安排，推进了下岗女职工再就业。元旦、"三八"、春节期间，开展多种形式的"献爱心、送温暖"活动，组织女职工开展"人人捐献一元钱，扶贫帮困献爱心"，收到捐款近 5 万元。1997 年，县总工会女工委为特困企业特困女职工赠送"两癌（乳腺癌、宫颈癌）"保险卡，督促落实女职工妇科普查和"四期（经期、孕期、产期、哺乳期）"保护与下岗后基本生活保障。2006 年 9 月，县总工会女工委发出《在全县开展女职工妇科普查的通知》，女职工所在单位解决费用，5000 余人次参加普查。2008 年 3 月，县总工会发出《在全县女职工中开展妇女病普查普治活动的通知》，在工会经费中列支费用。普查后，各级工会为 3800 余名女职工办理"特殊疾病"保险。2007 年，推行女职工权益保护专项集体合同工作，是年，15 家企业签订女职工专项集体合同。

（五）职工生活保障

"送温暖"工程　20 世纪 90 年代，县内部分企业职工下岗、待业，生活困难。每年元旦、"五一"、春节期间，各级工会开展"进千家门、知千家情、解千家难、暖万人心"活动，走访慰问困难职工，送款送物。2001－2009 年，各级工会慰问困难职工 3800 人次，发放慰问金、物资折款 455 万元。其中，县总工会慰问 550 人次，发放慰问金、物资折款 108 万元。2005 年 8 月，县总工会发出《关于开展"金秋助学"活动的通知》，要求各级工会助学城镇困难职工家庭在学子女。至 2009 年，资助困难学生 153 人、资金 41 万元。2005 年 10 月，县总工会困难职工帮扶中心成立，担负困难职工法律援助、下岗职工再就业援助，职工政策咨询，参与劳动、安全生产监督等工作。2005－2007 年，筹措资金 20.3 万元帮扶困难职工。2006 年，县总工会为 508 名困难职工办理医疗优惠卡，每年减免医疗费用 10 余万元。

"双联"工作　"双联"即党、政机关联系困难企业，机关干部特别是党员干部联系困难职工。2000 年，县委、县政府作出规定，县直机关、在职县级领导必须参加"双联"活动。落实县级领导、县直机关联系的企业，主要是帮助困难企业找项目、上项目，争取资金,协调关系,为企业排忧解难。落实县直机关干部联系的困难职工,主要是帮助困难职工再就业,并给予一定的资金或物资帮助。2003年,93个机关、事业单位对口联系32个困难企业,发动1万余名干部为218户困难职工捐款9万余元。至2009年,全县副科级以上单位参联率100%,机关干部参联率95%。"双联"为促进企业扭亏增盈、转变干部作风、密切干群关系、维护社会稳定发挥了作用。

(六)职工文体活动

1990年以来,在元旦、"五一"、"七一"、"十·一"、春节期间,各级工会组织广泛开展文艺会演或比赛,丰富职工文体生活。1992年9－10月,县总工会组织举办全县庆国庆"三热爱"艺术周活动,有电视歌手大赛、象棋赛、围棋赛、演讲赛和摄影、美术、书法作品展等;12月,组织举办安乡县首届卡拉OK演唱大赛。1993年12月,县经委联合工会举办工交系统纪念毛泽东诞辰一百周年诗歌朗诵会,20余人参赛,300余人参加。1996年,组织开展庆祝县总工会成立70周年系列纪念活动。县经委联合工会举办工交系统职工乒乓球赛,20余个单位、18支男、女球队60余人参赛;县棉麻公司、农业银行、国税局、地税局、氮肥厂等单位举办职工卡拉OK比赛;县邮电局开展"邮电杯"职工男子篮球赛。2004年,县总工会、财政局、国税局、地税局联合举办"稳收杯"职工卡拉OK大赛,各基层工会近千名职工参加初赛、120人参加复赛、20人参加决赛。2007年,县总工会组织"唱工人、颂劳模"为主题的大型音乐演唱会,观众逾千人。2008年5月,响应县委、县政府建设"乒乓球之乡"的号召,县总工会组织开展全县职工乒乓球赛。此后,大多数党政机关、企事业单位建起乒乓球室,职工乒乓球运动和比赛经常化。2009年,新中国成立60周年庆祝活动期间,各级工会组织各种文艺活动,县总工会组队参加市总工会举办的庆国庆文艺会演,获优秀组织奖。2010年10月,县总工会组织48人(运动员32人)的代表队,参加市首届企业职工运动会的田径、篮球、乒乓球、羽毛球等4项比赛,获团体总分第四名和乒乓球男单第二名、羽毛球女单第二名、女子4×100米接力第三名。

(七)工会经费

经费拨缴 各级工会组织活动经费由会员会费、单位拨缴经费及其他经费组成,以单位拨缴部分为主。自1950年县总工会筹备委员会成立始,即收缴工会经费,由于各种原因,未及时足额拨缴的情况时有发生。尤其是20世纪90年代初开始,部分国有、集体企业相继破产、改制,新经济组织还未组建工会,工会经费收缴逾难,严重影响和制约工会工作正常开展。2001年1月始,执行省财政厅、省总工会精神,全县行政事业单位应缴的工会经费,由县财政代扣后足额拨缴县总工会。2005年8月始,各企业应缴的工会经费,由税务部门代收后转拨县总工会。至2007年,税务代收工会经费全面启动,并逐步规范化,经费收缴基本到位。

经费管理 工会经费管理包括县总工会、基层工会两部分。除执行有关财经法规和财务制度管理外,工会财务独立账户,各级工会建立经审委,监督工会经费拨缴、使用和管理,定期或不定期检查财务制度执行情况,发现问题及时整改或整顿。1988年,常德地区总工会、审计局、财政局发出《关于在全区工会系统实行审计制度的通知》,全县工会系统实行审计制度,县总工会设经审委和审计办,审计办负责日常工作,对所辖事业单位和基层工会独立行使审计权。其主要职责:检查会计凭证、账簿、报表、决算、资金、财产,对工会经费提取、拨缴与使用进行检查和监督;对审计中发现的问题由有关单位和人员进行查询并索取证明材料;提出制止、纠正和处理违反财经法纪事项的意见,以及改进管理、提高效益的建议;对严重违反财经法纪和严重失职造成重大损失的人员,向领导提出追究其责任的建议。20世纪90年代始,县总工会机关抓财务规范化管理,除按财务制度管理日常收支外,每季由纪检组长牵头,选派3名干部对季度账目自查、自纠。2008年12月,县总工会发出《关于对工会经费的计提拨缴依法审计的通知》,各级工会开展自查、自纠和整改。县总工会审计办、财务部会同县地税局,依法审计58个基层工会经费的计拨上解。2009年,审计60个基层工会经费,无违规、违法使用工会经费现象。是年,县总工会获全市工会财务工作先进单位。

第二节　中国共产主义青年团

一　组织机构

中国共产主义青年团安乡县委员会(简称团县委),担负领导全县共青团和少先队,对各级团组织指导和管理,维护青少年合法权益,协助各级党组织管理团干部,指导各级团组织做好团员教育和管理工作职责。2009年,全县共青团基层组织设团(工)委22个、团总支32个、团支部457个,有共青团员21130人。

二　共青团县代表大会

1990-2009年,先后召开共青团安乡县第十四至第十八次代表大会(简称县团代会)。每次县团代会听取审议并通过团县委书记代表上届团县委所作的工作报告,选举产生相应届团县委。在每届团县委第一次全会上选举产生团县委书记、副书记。

(一)县第十四次团代会

1991年9月26-28日召开,选举产生第十四届团县委,潘勇任书记,余咏雪(女)、张先明任副书记。

(二)县第十五次团代会

1995年12月4-6日召开,选举产生第十五届团县委,唐慧任书记,李祖军、刘军(女)、周宏林任副书记。

(三)县第十六次团代会

1998年10月8-9日召开,选举产生第十六届团县委,周宏林任书记,张智慧、张兰英(女)、李祖军(兼)任副书记。

(四)县第十七次团代会

2002年10月28-29日召开,选举产生第十七届团县委,沈勇任书记,杨宇、金逸云(兼)任副书记。

(五)县第十八次团代会

2007年4月26-28日召开,选举产生第十八届团县委,胡彬彬任书记,王海兰(女)、贺芳(女)任副书记。

三　工作活动

(一)团组织建设

1995年,县委发出《关于加强我县共青团工作的意见》,团县委先后整改团组织106个、改选团委书记10名、处分违纪团员64名,恢复建立村团支部121个、新组建乡镇直管团支部42个、调整团干168名、发展团员4万名,表彰基层团组织73个、优秀团员和团干361名,推荐805名优秀团员入党。1997年,全县一、二类团支部占总数的95.6%。1998年,团县委发出《关于加强县、乡两级团组织建设的几点意见》,先后整改团组织73个、改选团委书记20名,成立民营团支部2个、民办学校团总支3个,同时加大优秀团干部的推荐和选拔使用。仅1998-2002年间,有10名乡镇团委书记得到提拔,走上领导工作岗位。2002年9月24日,共青团安乡县委团校正式挂牌成立,开展不定期的团干培训工作。

(二)青少年教育

用科学理论武装全县团组织和广大团员,以教育青少年为首要任务。1990年以来,组织邓小平理论进课堂、青少年思想道德讲师团、"学习、诚信、成长"青年演讲赛和征文赛等主题活动,加强青少年理想信念教育;结合建党、新中国成立、建团、"五四"运动、香港回归、抗战胜利等纪念活动,开展永远跟党走、民族精神代代传、向国旗敬礼,做一个有道德的人网上签名寄语等主题活动,加强团员青年的爱国主义教育;开展崇尚科学珍爱自然征文、禁毒知识抢答赛、珍爱生命远离毒品集体签名等系列活动,引导青少年崇尚科学,追求真理,健康成长;开展潺陵雏鹰争戴奖章、十八岁成人仪式、手拉手共建红领巾书屋、争创学习型团组织、争当学习型团干部等活动，加强青少年道德建设，倡导和弘扬文明健康的社会新风。至1997年，在全县3所高中举行十八岁成人仪式，4000余名学生参加宣誓。先后有县城东小学学生李佳获全国少工委“雏鹰奖章”、县城北小学教师许雪枝获团省委、省少工委十佳少先队辅导员。

（三）希望工程

1990年，中国青少年基金会发起实施“希望工程”号召，团县委组织发动基层团组织，利用电台、电视台、板报、标语、宣传窗等进行宣传活动，争得了各级党委、政府和社会各界的重视与支持。1992年，县委、县政府出台实施“希望工程”的相关文件。是年10月，团县委召开“希望工程”新闻发布会，60余个县直企事业单位代表参会并现场捐赠7000余元。至1997年，共筹资3.71万元，救助失学儿童400余人次。1998－2002年，共接受社会各界援助资金14万余元，救助学生680名，争取外界援建款400万元，建成希望小学11所、希望中学1所。2001年始，团县委联合团市委、常德卷烟厂开展“芙蓉学子世纪人才行动”，每年由常德卷烟厂赞助县内高考本科上线的特困生10人、助学金3000元/人。至2009年，开展芙蓉学子、希望工程圆梦大学、移动富民惠农工程助学、佛教协会助学、爱心银行助学、爱心专列进北京等系列“希望工程”品牌活动，共接受社会各界援助资金30余万元，救助贫困学生1580人，争取外界援建款400余万元，建成希望小学15所、希望中学1所、青少年活动中心1家。

（四）青年志愿者行动

1998－2002年，组织学生、青年团员近万人次，开展系列青年志愿者行动，服务内容涉及家电维修、义务诊治、自行车修理、税法宣传、清扫街道等10个方面。至2009年，共组织青年志愿者2万余人次，服务内容涉及尊老爱幼、扶残助残、环境保护、新农村建设、法律援助、禁毒宣传、抗灾救灾等方面。青年志愿者行动，得到广大青年及社会各界积极响应，受到群众普遍欢迎和社会各界好评。1998年，县境遭受特大洪涝灾害，团县委组织青年志愿者服务队战斗在抗洪抢险一线。县卫生局团工委组织7支青年志愿者卫生医疗小分队，深入灾区半个月，诊治受灾群众3000余人次。2002年的全国高考日，团县委从公安、武警、机关事业单位和团员青年中招募40名志愿者，开展为期两天的志愿服务行动，得到考生和家长好评。2003年、2004年，青年志愿者踊跃投身抗击非典、防治禽流感工作。2006－2008年，在“我为创卫做贡献”青年志愿服务专项行动中，全县青年志愿者积极参与国家卫生县城创建工作，是为创卫工作中的一道亮丽风景。2009年，在全县首届集体婚礼上，60名青年志愿者发放《关于在全县青年中提倡晚婚晚育的倡议》近万份，为控制早婚早育、倡导婚育新风营造浓厚氛围。进入21世纪后，对青年志愿者行动实行规范管理，以县二职中为示范点，为志愿者发放青年志愿者服务卡，对活动情况进行登记，并在此基础上做好“一助一”长期结对服务。

（五）“青年文明号”和农村青年科技致富

1998年，团中央在全国开展“青年文明号”创建活动。至2002年，全县创建“青年文明号”集体50个，其中市级14个、省级1个。至2009年，县内金融、公安、电力、税务、国土等窗口行业，创建“青年文明号”集体60个，其中市级18个、省级8个。创建活动推动了“跨世纪青年文明工程”在全县各行业的实施，促进了社会文明。加强创建活动的监督管理，每年考核、复查县、市级“青年文明号”，通过公示制、层级制和末位淘汰制，提高“青年文明号”服务质量。围绕促进企业发展和新农村建设，支持农村青年科技致富，大力推进青年创新创效行动，实施青工技能振兴计划和农村青年转移培训“阳光工程”。至2009年，全县团员青年在“兴工强农活商富县”建功活动中，创小型科技成果13项、解决技术攻关难题47个，创直接经济效益87万元。成立科技致富组织84个、会员2864人，建立实用技术培训基地12个，推广实用技术23项、推广国家星火项目5项。1994年、1995年，安福乡干部张烨、县橡胶厂技术员李四阳分获团中央、国家科委全国青年星火带头人。

第三节　妇女联合会

一　组织机构

县妇女联合会(简称县妇联)是县委、县政府联系妇女的群众组织,主要职责是组织全县妇女参政议政,团结、动员妇女全面参与社会主义现代化建设,维护妇女儿童合法权益。

乡镇设妇女联合会、村(居)委会设妇代会、村(居)民小组设妇代小组;县直战线设妇委会、企业设女工委员会,局以下单位设妇代小组,较大的非公有制企业亦设妇委会。2005年,制定《关于加强建立非公有制企业妇女组织的实施方案》,始在非公有制企业中建立妇女组织。至2009年,全县设19个乡镇妇联、70个县直战线(单位)妇委会、290个村(场、社区)妇代会、3432个妇代小组、2个非公有制企业妇委会。

二　县妇女代表大会

1990－2009年,先后召开县妇联第八至第十一次代表大会(简称县妇代会)。每次县妇代会由县妇联主席作上届县妇联工作报告并由代表审议通过,分别选举产生相应届县妇联执行委员会委员,每届执委会第一次全会选举产生执委常委和主席、副主席。

(一)县第八次妇代会

1991年10月31日至11月3日召开,出席代表273名。会议听取李佩兰《弘扬"四自"精神,为完成"八五"计划建功立业》工作报告。选举产生27名执行委员组成第八届县妇联,李佩兰(女)任主席。

(二)县第九次妇代会

1996年10月30日至11月1日召开,出席代表229名,特邀代表27名。会议听取李佩兰《扬"四自"精神,重展潺陵巾帼风采,抓两个文明,再造安乡妇运辉煌》工作报告。选举产生29名执行委员组成第九届县妇联,李佩兰(女)任主席。

(三)县第十次妇代会

2002年11月17－18日召开,出席代表213名,特邀代表30名。会议听取汤菊华《与时俱进,奋发有为,全面推进安乡妇运的创新与发展》工作报告。选举产生29名执行委员(常委9名)组成第十届县妇联,汤菊华(女)任主席。

(四)县第十一次妇代会

2007年5月17－18日召开,出席代表197名,特邀代表56名。会议听取覃世红《以科学发展观为指导,团结动员广大妇女为加快富民强县构建和谐安乡而努力奋斗》工作报告。选举产生33名执行委员(常委9名)组成第十一届县妇联,覃世红(女)任主席。

三　工作活动

(一)妇女干部培养

1991年,县妇女干部学校(设县委党校)成立,负责定期轮训妇女干部。此后,每年组织女干部、妇女工作者培训1－2期。2004年12月,聘请省女干校校长唐娅辉在培训班上授课3天。至2009年,县妇女干部学校共开班24期,培训女干部1500人次;选送女干部、妇女工作者参加全国、省、市妇联系统组织的培训117人次。

(二)妇女儿童权益维护

1986年,县妇联信访及维护妇女儿童合法权益组成立。1990－1997年,各级妇女组织广泛开展《中华人民共和国婚姻法》《中华人民共和国女职工劳动保护法》《中华人民共和国妇女权益保障法》等法律法规宣传教育,举办学法、讲法、守法、用法培训班860期,法律知识竞赛370余场次,协同有关部门查处260余起妇女儿童侵权案件。1997年3月,成立县维护妇女儿童合法权益合议庭,为全市第一家,维权工作由维护性维权进入维护性维权与建设性维权相结合新阶段。2005年,建立县维护妇女儿童权益工作联席会议制度,与县委政法委、人大内司委等13个单位联合制定《关于建立安乡县维护妇女儿童权益工作联席会议制度的实施意见》。是年,与县法院联合发出《关于成立安乡县家庭暴力鉴定中心的通知》,成立女子合议庭;与县公安局联合建立"110"家庭暴力报警中心;与县司法局联合成立法律援助中心,在县、乡镇妇联建法律援助中心工作站21个。1990－2009年,县妇联接待来信来访3732人次,协调处理侵犯妇女儿童合法权益的大要案32起、结案率100%,免费为妇女儿童提供法律援助90人次。

(三)儿童少年工作

1990年,制定《安乡县儿童少年事业五年发展规划(1991－1995)》,成立县儿童少年工作委员会。各乡镇制订并实施儿童发展规划纲要实施细则,幼儿教育、家庭教育受到重视和全面发展,"亿万爱心献春蕾"活动普遍开展,580余名贫困女童及时得到资助。1994年5月,与县保险公司联合召开全县十万少儿幸福保险工作会议并现场投保。2002年,制定《安乡县妇女儿童发展规划(2001－2010)》。2005年,成立县妇女儿童工作委员会,制定《安乡县妇女儿童工作委员会成员单位目标管理考核办法》,开展留守儿童调研,发放问卷500份,撰写《关注留守儿童,呵护寂寞童年》调研报告,在《新世纪新阶段中国妇女儿童工作实践与研究》上发表。开展"春蕾"行动,关爱贫困女童。是年,与凯斯机械公司联合开展"凯斯助春蕾"活动,"春蕾"行动进一步深化。2008年4月,与县邮政局、教育局联合举办"关爱留守儿童,建立情感通道"大型公益活动,为800名留守儿童捐款捐物(折款)20万元,对1.2万名留守儿童建立专门台账,关怀其生活、学习。1990－2009年,共筹措资金200万元,3800人次贫困女童受益。

(四)"双学双比"活动

1989年,全国妇联联合国家农业部、林业部、教委、科委和国务院扶贫开发领导小组等部委,在全国各族妇女中开展"学文化、学技术,比成绩、比贡献"竞赛活动(简称"双学双比")。是年,市政府办发出《转发市妇联等单位关于在全市农村妇女中深入开展学文化、学科技、比成绩、比贡献竞赛活动的报告的通知》,县政府批转县妇联《关于在全县农村妇女中深入开展学文化、学技术、比才智、比贡献竞赛活动》的报告,成立县"双学双比"协调领导小组并明确协调单位职责,制定《安乡县农村妇女"两学两比"五年规划(1989－1994)》,在全县农村妇女中开展以发展庭院经济为具体内容,以"万户庭院经济大联赛"为主要形式的"双学双比"活动。1992年,"双学双比"协调领导小组制定《安乡县农村妇女"双学双比"竞赛活动规则》。至年底,发展以妇女为主的庭院经济户6万户、占农户总数的55%,省级科技示范户10户、市级18户、县级45户、乡镇152户;发展各类协会、基地267个。2002年10月,安全乡养殖大户李翠云获省农村巾帼科技带头人。2008年,安全乡刘瑛获全国妇联种植"女能手"。2009年,全县有10万名农村妇女参与活动,近万名农妇脱贫致富、6000名农家女获"绿色证书"、3.5万名农妇掌握了1－2门实用技术。

(五)"巾帼建功"活动

1991年,县"巾帼建功"活动领导小组成立,在1.8万名城镇职业妇女中开展"巾帼建功"活动。通过分系统、分片竞赛,县卫生系统的"白求恩杯"、农委系统的"兴牧杯"、财委系统的最佳营业员竞赛等,涌现县以上标兵900余名,其中省级标兵16名。县血防站谌和香5次被省政府记功并获全国血防工作先进个人和南丁格尔护士纪念奖章,参加1992年全省"巾帼建功"报告团;陈家嘴鞭炮厂厂长钟清秀获省农民企业家;审计局注册会计师何香莲获全省"巾帼建功"标兵。随着活动不断深入,城镇妇女在经济建设中的作用凸显。至2009年,有46个岗台获县级"巾帼文明岗"、25个岗台获省市级"巾帼文明岗"。县妇联与县劳动就业处联合开展春风送岗位活动,为下岗女工创造良好的求职机遇和服务环境。至2009年,帮助180余名下岗女工实现再就业。

(六)“五好文明家庭”创建活动

1990－1997 年,在全县妇女中开展“六进家庭(思想教育、计划生育、法律道德、科学技术、卫生保健、文体娱乐)”的家庭文化建设活动,涌现出五好家庭、文明家庭、美好家庭 1.83 万户。农村妇女积极参加红白喜事理事会、妇女禁赌协会、妇女帮教小组、妇女联防队等群众性自治组织,为净化社会风气、弘扬文明新风发挥了积极作用。以“五好文明家庭”创建为主题,组织妇女开展关爱、读书、健身、环保等活动,倡导科学、文明、健康的生活方式和世界观、价值观,促进了尊老爱幼、遵纪守法、男女平等、夫妻和睦、勤俭持家、邻里团结的家庭美德建设。1993 年 4－5 月,在安猷乡桃花岭村办点示范,将传统的“五好家庭”活动引向高层次,赋予其鲜明的时代特色。2003 年,全国妇联发出《关于在全国开展“美德在农家”活动的通知》,2003 年 5 月至 2006 年 5 月,全县开展“美德在农家(家家学、呼唤美德进农家,家家议、点评家家新鲜事,家家做、愿签治家新协议;家家乐、展示农家新生活;家家评、争做家庭好成员)”活动。2005 年,为配合“五好文明家庭”创建活动,制定《安乡县建设学习型家庭活动方案》。2009 年 8 月始,在县、乡、村、组开展“五好文明家庭”联创活动。至年底,共评选表彰县、乡、村、组“五好文明家庭”4200 户、市级 112 户,县级“学习型家庭”40 户、市级 12 户。

第四节　科学技术协会

一　组织机构

1983 年 12 月,县科协恢复独立建制,1993 年 3 月机构改革中挂靠县科学技术监督局。1994 年 10 月,县科学技术监督局撤销,分设县科学技术局和县技术监督局,县科协挂靠县科学技术局,1998 年 4 月恢复独立建制。1990 年,县科协内设办公室、科普部、学会部,辖科技咨询站,有财会学会、农学会、林学会等 11 个学会和 20 个乡镇科协,会员 305 人。2009 年,其内设机构未变,有农学会、卫生学会等 13 个学会和 19 个乡镇科协,会员 451 人。

二　县科协会员代表大会

1990－2009 年,先后召开县科协第四至第六次会员代表大会,分别选举产生相应届县科协委员、常委和主席、副主席。

(一)县科协第四次代表大会

1992 年 2 月 10 日召开,出席代表 140 名。选举产生 22 名委员、13 名常委组成第四届县科协,陈芳才任主席,陈昌荣任副主席。

(二)县科协第五次代表大会

2002 年 7 月 5 日召开,出席代表 80 名,特邀代表 8 名。选举产生 23 名委员、13 名常委组成第五届县科协,杨德忠任主席,谭铁风、王志英(女)、伍瑾、张运胜、徐克章任副主席。

(三)县科协第六次代表大会

2007 年 7 月 7 日召开,出席代表 90 名,特邀代表 10 名。选举产生 25 名委员、15 名常委组成第六届县科协,彭正德任主席,谢铁城、王志英(女)、张运胜、徐克章任副主席。

三　工作活动

县科协是科技工作者的群众组织,其主要工作任务是:开展学术交流,促进学科发展,提高学术水平;普及科学知识,传播科学思想、方法,推广先进技术,提高全民科学文化素质;反映科技工作者的意见和要求,维护其合法权益,为科技团体和科技工作者服务;组织科技工作者为党和政府制订科技政策法规提供咨询;表彰奖励优秀科技工作者,向有关部门推荐人才。

(一)学术交流

1990－1997 年,举行学术交流 150 次,参加市级学术交流60次、省级学术交流24次，交流各种专业学术报告、论文800篇；在国家、省、市级行业杂志登载论文96篇；参加市自然科学论文评选活动2次，8篇论文获优秀奖。1998－2002年，获市以上优秀学术论文31篇，安丰乡出口洲中学生物活动小组参加省科协等6个单位举办的湖南省青少年生物和环境科学实践活动竞赛，获三等奖。2003－2009年，举行学术交流235次，参加市级学术交流80次、省级学术交流32次，交流各种专业学术报告、论文1000余篇；在国家、省、市级行业杂志登载论文115篇；参加市科协论文评选活动3次，15篇论文获优秀奖。2004年，县畜水局石继荣的《试谈安乡县科学养殖情况及改进意见》获市第八届自然科学优秀论文一等奖。2005年，县科协谢铁城的《安乡县农村科普现状与对策》获市一等奖，《关于我县专业技术人才队伍的现状及建议》在县政协全会上作协商发言。

（二）科普活动

1990－2009年，举办各类专业学习班260期、培训2.1万人次，组织科技人员专业深造和学历教育350人次；组织科技人员下乡下厂技术讲座400场次，听众4万人次，推广实用新技术180项次，新增产值2400余万元；在青少年学生中开展“三小”活动，参加率达90%，获市、县知识竞赛优胜奖60项次。县农学会、畜水学会参与《安乡农业科技报》办报工作，每年发行逾百万份，入户率达95%以上。县柑橘协会对橘农进行技术辅导、生产指导、销售引导“一条龙”服务，对外销售县内柑橘750万公斤。1995年，县柑橘协会会长张修洋获省科协全省农村科普十佳示范户，安丰乡科协获全省乡镇科普工作先进单位，县科协主席陈芳才获全国农村科普工作先进个人。1998－2002年，每年组织100余名科技人员下乡，进村入户开展科普工作，共发放各种技术资料1万余份，办各类培训班50余场次，培训各类人员2000余人次，省、市科协授牌科技示范户44户。2003年，安宏乡八百弓村党支部书记夏美华获全省农村党员、基层干部实用技术培训工作先进个人，安昌三仙嘴中学学生何慧获省第二十四届青少年科技创新大赛一等奖，县农业局副局长毛勇获全市十佳科普工作者。2006年，三岔河中心小学学生陈昭宇获全市青少年科技创新大赛一等奖。2007年，县洞庭草鹅繁育基地被省科协评为全省先进农村科普示范基地。2008年，县湘北蔬菜科技协会被市科技局、市科协授予农村先进十大经济合作组织称号。2009年，县城关中学城南分校学生黄佳的《次声波杀虫器》、县城北中学学生刘璐璐的《神奇的空调导向伞》分获机器人世界锦标赛、第三十届全省青少年科技创新大赛金奖，县果蔬科技协会获省科协全省先进农村专业技术协会。

第五节　工商业联合会

一　组织机构

县工商业联合会（简称县工商联）是县委领导下的具有统一战线性质的人民团体与民间商会组织，归口县委统战部，对全县非公有制经济人士履行“团结、教育、引导、服务”工作职能。1996年7月，成立县工商联党组，书记由县委统战部副部长兼任。2000年年底，公开选拔县工商联副会长1名。至2009年，全县有行业协会6个、乡镇与街道分会2个，会员770名。

二　县工商联会员代表大会

1990－2009年，先后召开第七至第十次县工商联会员代表大会。每次会员代表大会听取和审议县工商联会长（或副主任委员）代表上届执委会所作的工作报告，选举产生相应届执委会。会员代表大会期间，县委、县人大常委会、县政府、县政协主要领导出席，并由县委或县政府领导人发表讲话。2002年4月，县工商联第九次会员代表大会召开，同时召开县总商会会员代表大会并选举产生县总商会理事会。自此，县工商联、县总商会会员代表大会同时召开，并实行两块牌子、一套人马、合署办公。县工商联会员代表大会情况见表14－1－18。

安乡县工商联第七至第十次会员代表大会情况

表 14－1－18　　单位：人

项目 届次	时间	会长	党组书记	副主任委员	副会长	秘书长	常务委员	执行委员	顾问
第七届	1990.04	－	－	李希翔 任凌云 吴良文	－	－	11	－	－
第八届	1995.09	杨名远	金则建 朱方桂 韩大章	－	金则建、徐瑾、张家顺	罗碧野	11	23	任凌云 陈松林
第九届	2002.04	王红霞	曾春涛 丁时忠 颜进武	－	金则建、陈忠炎、张金祥、肖昌武、唐梦君、邹清华	唐　浩	15	35	－
第十届	2006.11	王红霞	颜进武	－	颜进武、李忠平、黄明启、沈冬生、申建春、伍瑾、范建平、李君林、李杰、杨科、杨红彪、杨峰、张桂华、邹清华、周章平、周先锋、赵子君	李忠平	40	59	－

三　工作活动

县工商联发挥统战性、经济性、民间性的特点和优势，做好非公有制经济人士工作，履行职责，促进了县域非公有制经济发展。历年来，举办培训班、讲座 25 次，召开座谈会 18 次，发放各种资料 6000 余份，走访、慰问会员中的人大代表、政协委员 176 人次。1999 年 5 月，在全市率先成立县屠宰业工会及其党支部。2000 年，与县委组织部、民营办、工业局、工商局联合举办首届非公有制经济组织建党积极分子培训班，培训新任党支部书记两次，开展“共产党员示范岗（店）”活动。

（一）参政议政

结合县人大、政协换届，推选会员代表进入参政议政机构，提高非公有制经济人士的政治地位，及时调整会员代表在市、县工商联的任职。1990－2009 年，先后推荐工商界人士担任县政协委员 66 人次、市政协委员 13 人次、省政协委员 2 人次，其中当选县政协常委 28 人次。会长王红霞（女）当选县政协第六、七届副主席，党组书记丁时忠、颜进武分别当选县政协第六、七届常委。推荐县人大代表 10 名、市人大代表 11 名、省人大代表 3 名。先后有 78 名非公有制经济代表人士被县政府聘为治理经济环境监督员，监督员经常向县政府及其职能部门提出意见和建议，沟通协商，化解矛盾纠纷。在县人大、政协会议上，会员中的人大代表、政协委员提出提案、议案 130 余件，受到县委、县政府高度关注。

（二）服务非公有制经济发展

优化环境服务。向县政府推荐 68 家重点民营企业实施挂牌保护，23 家企业设立民警值班室，协商举荐 57 名民营企业主担任县治理经济发展环境监督员和职能部门行风监督员。优化信贷、品牌服务。县工商联与银信部门牵线搭桥提供信贷服务，相继向 8 家民营企业提供 800 余万元贷款。在县电台、电视台等媒体开办民营企业风采专栏，向社会各界推介典型，将一批个私企业家及名优特产品推向社会，打通了融资渠道，得到群众认可。仅兼职副会长邹清华每年就为会员融资逾百万元。2002 年，县滨湖家私有限责任公司、县宏达水运有限责任公司获省私营企业十大行业 500 强称号。优化协调服务。维护会员合法权益，成立法律服务中心，聘请常年法律顾问，为民营企业主提供法律咨询。1999 年，祁怀军涉税冤案昭雪，社会反响良好。会员评定专业技术职务工作，名列全市榜首。1997 年以来，有 163 名会员获评中、高级专业技术职务，其中会计、工程、经济序列高级专业技术职务 10 人，提高了非公有制经济人士专业技术素质和经营管理水平。

(三)推动光彩事业

通过“双思(致富思源、富而思进)”教育、信誉宣言等活动,引导非公有制经济人士回报社会。1990－2009年,全县非公有制企业吸纳下岗职工和待业人员3850人。组织和发动会员捐款捐物,资助特困家庭与弱势群体及特困学生、帮助农村修桥修路与改善村级组织办公条件,累计折款280余万元。罗柏樵一家人省吃俭用,为三岔河镇修路捐资7000元。2003年,李武为东后街贫困学生捐助1万元。1998年,县境遭遇特大洪涝灾害后,汪正安、张金祥、施柏云、姚静、马清良等骨干会员踊跃捐款捐物;县工商联发出求助信函百余封,得到省、市工商联、武陵区工商联、广东钦州市工商联、花垣县工商联和爱德基金会大力援助,累计折款300余万元。

第六节　残疾人联合会

一　组织机构

1991年1月25日,首次县残疾人代表大会召开,成立县残疾人联合会(简称县残联),为副科级机构,归口县民政局,与县民政局救助站合署办公。此后,全县20个乡镇残联相继成立。1999年10月,县委编委发出《关于明确县残疾人联合会机构及归口管理关系的通知》,县残联升格为正科级事业团体,人、财、物单列,归口县政府。辖县残疾人服务总社、残疾人就业服务所、残疾人康复指导站、残疾人用品用具供应站等二层事业机构,四块牌子,一套人马。2002年5月,成立由县计划局、教育局、民政局、残联等24个相关单位组成的县政府残疾人工作协调委员会(2006年7月更名为县政府残疾人工作委员会),在县残联下设办公室。至2009年,组建村(社区)残疾人协会263个,县残联“代表、服务、管理”职能和工作体系逐步完善、规范。

二　县残联会员代表大会

1990－2009年,先后召开县残联第一至第四次会员代表大会。

(一)县残联第一次代表大会

1991年1月25日召开,出席代表61名。大会设27人的主席团,选举罗英碧、彭志明为第一届主席团正、副主席,推选余世坤为执行理事会理事长。

(二)县残联第二次代表大会

2000年4月11日召开,出席代表100名。大会总结了县残联前十年的工作,形成县残联今后五年工作事项的决议,选举主席团委员32人组成第二届县残联。同日,举行第二届主席团第一次会议,选举肖文彬(副县长)为第二届主席团主席,推选余世坤为执行理事会理事长。2001年5月,在第二届主席团第二次会议上,改选魏邦发(副县长)为第二届主席团主席。

(三)县残联第三次代表大会

2003年5月15日召开,出席代表102名。大会总结县残联前三年的工作,形成县残联今后四年工作事项的决议,选举主席团委员32人组成第三届县残联。同日,举行第三届主席团第一次会议,选举章海南(副县长)为第三届主席团主席,聘请县委副书记、县长王先蒙,县委副书记戴君耀,县委常委、常务副县长汤祚国,县委常委、县委办主任田华,县人大常委会副主任彭志宏、李盈山,县政协副主席余学容等7人为第三届主席团名誉主席,推选万力清为执行理事会理事长。

(四)县残联第四次代表大会

2008年5月6日召开,出席代表107名。大会以全面实施《残疾人事业“十一五”发展纲要》,努力促进残疾人事业向前发展为指导思想,总结县残联前五年的工作,确定县残联今后五年的工作目标任务,选举主席团委员34人组成第四届县残联。同日,举行第四届主席团第一次会议,选举汤平(副县长)为第四届主席团主席,聘请县委副书记陈彰波,县委常委、常务副县长廖可元,县委常委、县委办主任欧阳忆清,县人大常委会副主任田祖明,县政协副主席张廷见等5人为第四届主席团名誉主席,推选肖晓安为执行理事会理事长。

三　工作活动

县残联动员社会各界发扬扶残助弱传统美德，依法助残。至2009年，全县3.7万名残疾人的康复、就业、教育、文化、生活保障、社会环境等状况明显改善。2001年5月29日，在全省第二次残疾人工作会议上，安乡获全省残疾人工作先进县，获省委、省政府通报表彰。2002－2009年，连续获全市残疾人工作先进单位。2009年，获全省为民办实事先进单位。

（一）维护残疾人合法权益

对残疾人状况进行调研，为制定残疾人优惠政策提供依据。2002年，县政府先后出台《关于对残疾人实行优惠待遇的规定》《关于在税费改革过程中对残疾人实行税费减免的规定》，有效地维护了残疾人合法权益，残疾人得到政府关心和社会扶助。至2004年，为残疾人减免农业税59万余元、减免义务工85983个。

（二）残疾人就业

2000年始，在推行用人单位按比例安排残疾人就业以来，在全县行政、事业单位和省、市线管单位及县直重点企业、私营企业中开展残疾人就业安置工作，创办残疾人就业基地3个、培训基地2个。至2009年，安排残疾人2500余人就业，其中安排到82个单位近300人、推荐到外地220人、基地集中安置80人、帮助到农村从事种植、养殖业1300余人、扶持个体就业600余人。

（三）残疾人康复

2002年8月，国务院办公厅转发卫生部、民政部、财政部、公安部、教育部、残联《关于进一步加强残疾人康复工作的意见》，要求2015年实现残疾人"人人享有康复服务"。此后，国家相关部门相继出台多项残疾人康复政策和规划。2000－2009年，全县募集捐款108.8万元。2002－2009年，有4000余名残疾人享受到不同程度康复服务，其中400名精神病患者得到免费药物治疗、1040名白内障患者通过免费手术重见光明、150名下肢残疾者免费装配假肢、400名下肢瘫痪者坐上轮椅、58名聋儿通过语训恢复语言功能、16名脑瘫儿童通过治疗大脑基本恢复正常、2120名残疾人配发了相关康复用品用具。至2009年，县残联设有康复活动室，深柳镇潺陵、深柳、西门口社区、大鲸港镇小湾社区建立康复服务点，600余名残疾人得到康复训练。

（四）残疾人家庭和子女救助

县残联与县教育部门协调，通过减免学杂费的办法，至2009年，先后扶持97名义务教育残疾儿童在县特殊教育学校就读、扶持565名残疾儿童跟班就读，享受义务教育的残疾学生入学率达88.6%。2001年后，县残联对大学残疾学生资助1500－2000元/年人、高中残疾学生资助500元/年人、跟班就读特困残疾学生资助250元/年人、残疾人职业技能培训重点人员资助1000元/年人。至2009年，资助各类残疾学生就学448人次、资助总额40万元。2009年6月，县残联通过调查，全县0－12岁残疾儿童226人、适龄入学儿童186人、已入学81人，经与县教育局、特教学校等多方联系，在特教学校增加2个班，另105名残疾儿童全部入学。

（五）残疾人扶贫解困

县残联经与县民政局协调，将残疾人列为重点救助对象。至2009年，有9800余名残疾人进入城镇、农村低保，应享受"五保"的残疾人全部得到落实、70名孤寡残疾人实行集中供养、1385名特困残疾人得到特困救助。配合有关乡镇帮扶特困残疾人家庭28户，其中14户脱贫。

（六）解决残疾人其他实际问题

至2009年，接待残疾人上访526人次，处理残疾人信函、电话1257件次，协调处理残疾人各类诉求495项，解决残疾人实际问题436个，为残疾人提供法律援助110人次，走访慰问残疾人460人次。2009年，县残联全体工作人员下到基层，为残疾人更换新证提供方便，办证5000余件次，建立健全了残疾人档案。

(七)树立残疾人自强典型

鼓励倡导残疾人自强自立,扶助残疾人自主创业。贾谷良,1964年因病瘫痪,他刻苦钻研中医药学和针灸按摩并治好了自己的瘫痪,走上治病救人的职业道路。至2009年,经他治愈的患者达4万余人。1999年,他首创的根治各类筋骨痛"追根系统疗法"、研创的"杏闰根系精""杏闰标本丸膏"先后获世界文化艺术研究中心和中国科技研究交流中心中华名医高新科研成果领先荣誉金奖、共和国名医专家成果贡献金奖、国际优秀奖,其本人被国际人才交流中心授予世界优秀专家人才证书并入选中国国际交流出版社出版的《中国专家大辞典》。2000年,获卫生部原部长钱信忠"中华民族医学之光"题词。1995年,贾谷良当选为县政协委员,现任世界中医药学研究会永久会员、中国特色医疗医学会会员、世界特效医术研究会会员、全国风湿病专家公关协作组成员、市国泰筋骨病研究所所长、县风湿病专科医院院长。郭泽军(盲人),2001年由县残联送省按摩学校培训并取得按摩资格证。2002年,由县残联扶助创办郭泽军盲人理疗中心并任经理,该理疗中心已成为县内著名盲人按摩服务企业。至2009年,先后安排42名残疾人(其中盲人27名、聋哑人8名、肢体残疾人7名)就业。2007年8月,郭泽军当选县盲人协会主席,曾出席省第五次残疾人代表大会。赵辉,从小患小儿麻痹症,中学毕业后自学电子技术和无线电技术。1977年受聘于安乡一中校办工厂,从事技术工作,其间主持设计制造50A可控硅汽车充电机、300A不对称双向可控硅镀铁控制屏。1980年,考入中南矿冶学院电大电子专业班,1984年毕业。1985年,为县公安局设计制造防破坏式防盗报警器。1990年,组建安乡奇通电子技术应用研究所并任所长,开设电脑技术培训班,义务培训残疾人80余名,带动残疾人就业。奇通电子技术应用研究所被县残联定点为残疾人职业技能培训基地。2003年、2008年,赵辉先后当选为县残联第三届、第四届主席团委员、副主席。

第十五章　公　安

第一节　机构与队伍

一　机　构

1949年8月，置县政府公安局，后历经多次变化。1973年6月，更名为县公安局，1974年2月设中共安乡县公安局委员会，1984年5月更名为中共安乡县公安局党组，1993年3月复名中共安乡县公安局委员会。1988年1月，设中共安乡县公安局纪检组，1993年3月更名为中共安乡县公安局纪律检查委员会。

随着机构职能的不断完善，其内设机构和基层机构调整较多。1989年3月，设监察室；8月，撤销治安股，建治安队。1990年3月，增设户政股。1991年1月，设法制办公室；9月，建大鲸港大桥派出所。1992年1月，交警队更名为交警大队。1993年12月，组建人民警察巡逻机动队。1995年8月，设林业派出所，撤销大鲸港大桥派出所。1996年2月，撤销理兴垱派出所；5月，设督察室；10月，组建警官教导大队，消防中队扩为消防大队，刑警队更名为刑警大队。1997年3月，组建"110"处警中队；6月，开通"110"报警服务。1998年3月，组建涉税案件侦察大队，设珊珀湖派出所。1999年1月，刑侦、派出所改革，撤销预审股。2000年4月，增设特种养殖保安警察大队，组建禁毒大队。2001年12月，林业派出所更名为森林派出所。2002年，组建网络监察大队。2004年2月，设出入境管理股，组建工业园派出所。2005年8月，户政股更名为人口管理大队。2009年6月，随着城关镇与安猷乡合并组建深柳镇，组建深柳派出所。

2009年，内设政工监督室、警务保障室、法制室等3个综合管理机构，设指挥中心、安全保卫大队、刑事侦查大队、经济犯罪侦查大队、禁毒大队、治安管理大队、人口与出入境管理大队、交通警察大队等8个执法勤务机构。有深柳、官陵湖、大鲸港、黄山岗、三仙嘴、唐家铺、三岔河、官垱、大杨树、董家垱、黄山头、焦圻、大湖口、张九台、出口洲、槐圃垸、北河口、下渔口、陈家嘴、芦林铺等20个乡镇派出所及水上、珊珀湖、森林、工业园等4个派出所。另有看守所、拘留所等2个直属机构。县交警大队为正科级单位，余均为副科级单位。

二　队　伍

1980年前，民警为单一编制序列。1980年5月，中组部、劳动人事部、公安部、编制委员会联合下发《关于三警改为干部的通知》，全局共7批、47名户籍、刑事、治安民警转为国家干部。此后，干警队伍的更替、扩充按《中华人民共和国人民警察法》及公安部《关于吸收新干警工作的暂行规定》，由上级调配和招考录用两种方式进行。1990－2009年，经主管机关批准，共录用干警7批、208名，其中公开招考公务员36名、公安专科学校、警察学校毕业分配34名、党政机关精简充实政法系统15名、军转干部及民警子女义务兵退伍安置34名、农机监理人员改制调入19名。1985年始，在干警较多的刑侦、治安等股配教导员，其他股室由副职兼管政治工作。1990年5月，局政治教导员改为政治委员，二层单位普配教导员。1988年2月，省委决定派出所机构不升级，但符合条件的派出所所长可定为副科级，也可配符合条件的副科级干部出任派出所所长。时配有副科级所长15名，后逐渐延伸至机关二层单位一把手（含教导员）共43名升为副科级，并对部分副科级干部高配至正科级。至1999年，共高配正科级干部31名。2009年，有副处级干部6名、正科级干部66名、副科级干部178名。机构人员及警力配置情况见表15－1－19。

县公安局建立初期,公安干警实行供给制。1952年1月,改为级别工资制。1985年12月,根据国务院工资制度改革领导小组、劳动人事部《关于公安干警工资制改革问题的通知》,改为职务、级别工资制。1992年10月,根据国务院批准公安部《关于做好评定授予人民警察警衔工作意见的通知》,1993年6月,干警首次评定警衔,分警督(一、二、三级)和警司(一、二、三级)两等六级。时评警督一级8人、二级32人、三级36人,警司一级30人、二级40人、三级35人。此后,每年有晋升或授予。至2009年,警督一级67人、二级99人、三级161人,警司一级94人、二级54人、三级31人。随之,干警工资改为职务、级别、警衔津贴制。

按照"从严治警"方针,根据干警自身特点和工作需要,采取经常教育和集训教育、一般教育与典型教育相结合,加强思想纪律、作风教育整顿。1990年、1994年、2003年,先后在干警中开展"纠风治乱(纠正行业不正之风,治理乱罚款、乱收费、乱摊派)"教育整顿,以反特权、反刑讯逼供为主要内容的"两反"教育和坚决杜绝伤天害理、激起民愤的案件,坚决停止一切滥用强制措施行为,坚决取消罚没款指标,坚决废除公安机关参与经营娱乐场所、特种行业的"四个坚决"整治行动,有效遏制了"三乱"和执法腐败现象。1998年,开展严格财经纪律整顿教育,清出预算外收支金额51万余元、"小钱柜"问题单位13个、收缴资金5.5万元,2名主要责任人受到行政警告处分,预算外收支和"小钱柜"现象得以禁止。2000年,开展"三讲""三项教育(全心为人民服务宗旨,实事求是思想路线,严格、公正、文明法制教育)",针对干警中存在的宗旨意识、政治思想意识、法律意识、纪律作风意识等问题,开展专项整治。2005年始,推行"三基一化(抓基层、打基础、苦练基本功,公安工作正规化)"队伍建设管理模式。干警政治思想素质提高,纪律、作风加强,战斗力提升。

弘扬先进,奖惩严明。1998年,在抗洪抢险救灾中,全体干警与灾区群众同生死、共患难,受到江泽民等党和国家领导人高度评价。县公安局获记公安部集体一等功,刑警大队、交警大队、黄山头派出所获记省公安厅集体二等功,城关、北河口、大湖口派出所、看守所、装备股等7个单位获记市公安局集体三等功,县公安局、林业派出所获全国公安系统抗洪抢险救灾先进集体,黄山岗派出所获全省公安系统抗洪抢险救灾先进集体。李建侯、纪祖云等2人获记公安部一等功,李光洪、雷光宇、杨威、范青松等11人获记省公安厅二等功,李卫和、李建侯、纪祖云、邓思敏等4人获全国公安系统抗洪抢险救灾先进个人,许文质、周逢春、丁玉平、刘建华等32人获记市公安局三等功,邹维安、刘国安、胡万全、高国武等4人获记县政府三等功。1989－2009年,获记公安部一等功集体1个、先进集体2个,个人二等功3人,先进、荣誉称号5人;省公安厅二等功集体1个、个人二等功5人,先进、荣誉称号8人;市级劳动模范2人;获记市公安局三等功、县记大功集体40个(次),个人387人次。局监察室、纪委合署办公,专司民警违法违纪处理,轻者教育,重者立案查处。1989－2009年,查处干警违纪案件67起、违纪行为103件次,其中党纪处分18人、政纪处分75人、追究刑事责任5人。

安乡县公安局1990－2009年机构人员及警力配置情况

表15－1－19

单位:个、人

项目/年度	机构			人员				
	合计	内设及直属机构	派出所	职工	离岗	退休	在岗民警	合计
1990	39	13	25	9	－	－	197	206
1991	41	14	26	7	－	－	196	203
1992	41	14	26	11	－	－	204	215
1993	41	14	26	13	－	－	206	219
1994	42	15	26	8	－	－	251	259

续表 15－1－19

1995	42	15	26	11	–	–	266	277
1996	42	15	26	19	–	–	276	295
1997	44	17	26	11	–	–	299	310
1998	46	19	26	8	–	–	306	314
1999	46	19	26	10	–	–	318	328
2000	45	20	24	4	–	18	328	350
2001	44	21	23	3	–	23	343	369
2002	43	20	23	3	33	28	300	364
2003	43	19	23	8	30	31	321	390
2004	44	19	24	5	25	31	334	395
2005	46	21	24	5	32	33	351	421
2006	46	21	24	9	25	39	374	447
2007	46	21	24	13	17	47	369	446
2008	37	13	24	8	15	53	384	460
2009	37	13	24	21	14	60	366	461

注：机构中的交警大队只作一个单位统计；在岗民警包括行政、事业编制人员。

第二节 户政与身份证管理

一 户政管理

户政管理亦称户口管理，始归口治安部门。1990年3月设立户政股，户政管理业务全部归属公安机关。

（一）常住人口管理

常住人口是指在经常居住的地方由户口登记机关注册登记户口的居民。登记机关依照户籍管理法规，以户为单位，对境内居住的中华人民共和国公民的身份、居住地、亲属关系及变动情况实施记载。

20世纪90年代后，人口管理手段逐步科学化。1996年，始推行人口信息微机管理。此后，各派出所实现微机前台办公、全县人口管理微机联网、县市联网、全省联网，人口信息资料全国联通。2009年，全县总人口598114人。其中农业人口476528人、占79.67%，非农业人口121586人、占20.33%；男性304148人、占50.85%，女性293966人、占49.15%。

2003年、2004年，先后对城镇街道路巷钉装牌证，城镇、农村居民户钉装户号牌，实行户牌管理。有违法犯罪可疑或可能危害社会治安的人，纳入公安机关工作视线，调查控制和教育改造，称“重点人口（简称‘重口’）”管理。1988年前，外管对象主要是有危害社会治安行为，有铤而走险可能，被管判、劳改释放、解除劳教及危害安定团结的人口。对这些人建档立卡，所在地治保组织控制帮教，实行“月查、季考、年清理”，转变好的“重口”撤销管理。1990年后，“重口”管理更趋规范，对六种对象即有危害国家安全活动可疑的，有其他刑事犯罪活动可疑的，有危害社会治安可疑的，因民事纠纷激化有行凶闹事苗头、可能铤而走险的，被依法判处管制、剥夺政治权利、缓刑、假释、监外执行和被监视居住、取保候审的，刑满释放、解除劳教、解除收容教养不满3年的，分别进行“依法监改、公开帮教、查证控制、纳入视线”管理。是年，建立档卡的“重口”2463人，占总人口数的4.5‰。1993年始,对"重口"施行"四率(列管率、更新率、改好率、熟悉率)"管理。城关、大鲸港镇按1‰,其他乡镇按6‰列管。由乡镇指派专人,联系公开帮教对象家人建立帮教小组,负责公开帮教,定期或不定期地对其他对象组织调查控制,形成查控帮教网络,每年组织"重口"清理整顿。2009年,列管对象3591人,其中"重口"1463人,分别占总人口的6‰、2.44‰。

(二)暂住人口管理

暂住人口(简称"暂口")是指公民未依法改变法定住址,在常住地乡镇范围以外滞留三日以上的流动人口。

20世纪80年代始,随着城乡商品经济迅速发展,尤其是农村剩余劳动力跨地区流动,"暂口"在城镇不断增加,在乡镇企业中急速增长。1981年,全县"暂口"247人,1987年增至5490人,占常住人口的10‰。1986年2月,省公安厅颁发《湖南省城镇暂住人口管理暂行规定》,县政府发布《暂住人口管理条例》,"暂口"管理着眼点转向搞好流动人口暂住管理,确认和保护流动人口合法权益,防范和打击违法犯罪。对居留两个月以上的流动人口实行申领"暂住证"管理,雇员由雇佣单位逐人登记造册后,向当地派出所统一申领。1989年,各乡镇建立"暂口"申报管理站登记"暂口"。1991年,"暂住证"凭居民身份证办理,无居民身份证的,凭常住地乡镇派出所或政府出具的户口证明办理。1996年,凭"双证(居民身份证、流动人口计划生育证)"办理"暂住证"。1998年,需凭"暂住证"办理劳务、营业执照等手续,派出所与用人单位、房屋出租户、"暂口"共同签订治安承包合同。2001年,先后六次清理整顿流动人口,"暂口"管理纳入派出所管区民警岗位考核。是年,有公私房出租户7369户,"暂口"3783人;流出人口41400余人,其中流出省外28109人。2009年,完成流动人口微机管理,录入房屋出租户2011户,"暂口"3054人,其中外地流入485人;流出人口54409人。1989－2009年,为"暂口"挽回经济损失19.3万余元,从"暂口"中发现违法犯罪人员1438人,破获刑事案件483起,查处治安案件2163起,打击处理违法犯罪人员1427人。

全县人口分类详情见表15－2－20。

二　居民身份证管理

1985年9月,全国人大常委会发布《中华人民共和国居民身份证条例》,全国实行居民身份证制度。1988年6月,颁发居民身份证工作在县城关地区试点,年底全面铺开,颁证对象为居住在县内年满16周岁以上公民。颁证工作经过建立机构、宣传发动、界定区域、制作门牌、核对户口、组织照相、按人编码、填写底卡、张贴照片、技术制作、发证等十一个步骤。至1990年,完成全县地址、服务处所2960处的调查编码,核对户口548438人,颁证任务35.5万人,实颁证36.4万人,完成率103%,获省政府表彰。

1997年,省公安厅开办快证业务,方便部分急需申领、补领居民身份证的居民。是年冬,县内始开办快证业务,与省厅电脑联网,办证网上作业,办证者一般在一周内即可拿到证件。至1999年,共发放快证1.02万人证。1997－1998年,全县开展居民身份证纠错工作,保证公民法定身份证明的严肃性和准确性。对持证人逐人核对,项目内容逐项查验,制表造册,纠错8528个。2003年,换发第二代居民身份证工作全面铺开。是年,录入人口信息573132人、占总人口的99.1%,完成头像扫描400853人、占应扫描人数的82.65%,换发"二代证"25675人证。2008年,为集中换发"二代证"的最后一年,在运用现代信息技术,加大宣传,将任务分解到派出所的同时,以下乡办证、增加办证点、扩大受理面等措施,提供便民服务。是年,完成218985人证。

为健全和完善居民身份证制度,配合全国居民身份证使用和查验制度实施,1989年9月,国家公安部颁发《临时身份证管理暂行规定》。1990年9月,县内始开办临时身份证业务。发放对象为居住在县内16周岁以上的公民,应当申领居民身份证而尚未领到证件的;居民身份证丢失、损坏尚未补领到证件的;居住在县内16周岁以上的常住户口待定的中国公民。临时身份证登记项目与正式身份证一致,证件有效期为1年、2年两种。至1999年,共发放临时身份证2.5万人证。

安乡县1990－2009年人口分类统计情况

表15－2－20　单位:户、人

年度	总计 户数	总计 人口数	性别 男	性别 女	其中 非农业人口
1990	139794	548438	280734	267704	99566
1991	141508	552168	282805	269363	10142
1992	142473	554972	283109	271863	105458
1993	142766	558595	283604	274991	108408
1994	142307	562397	285524	276873	111204
1995	142783	566296	288201	278095	112691
1996	142859	570855	289409	281446	115453
1997	144111	574368	292418	281950	117800
1998	144777	576141	293261	282880	119305
1999	144930	577379	293214	284165	120281
2000	160269	577437	289676	287761	122487
2001	163426	577787	291814	285973	125847
2002	168094	578333	291748	286585	127918
2003	174602	579168	291441	287727	130778
2004	200792	581072	297371	283701	133486
2005	205017	582283	298020	284263	141505
2006	212322	590540	302023	288517	148752
2007	217300	597784	305474	292310	151994
2008	221998	587378	298698	288680	120747
2009	209333	598114	304148	293966	121586

第三节　出入境管理

1984年前,主要以行政手段管控出入境。1985年11月,全国人大常委会颁布实施《中华人民共和国外国人入境出境管理法》,出入境管理走上法制化轨道。

一　入境管理

1999年前,境外人员(外国人、无国籍人员、港澳台居民和华侨)进入县境人数较为稀少。入境后,在法定时间内(城镇24小时、农村72小时)到所在地派出所或县出入境管理部门接受入境证件检验及临时住宿登记,日常管理实行查检报告制度。

随着全方位、多层次、多领域开放格局不断形成和改革开放不断扩大,国际交往日益频繁,21世纪始,境外人员进入县境人数逐年递增,管理措施更加细化。建立健全管理网络,落实管理责任制。形成了信息员、联络员、协管员管理体系和派出所"一把手"负全责的责任制度。至2009年,先后有15名入境人员因未按法定时间申报而受到处理,其中5人被遣送出境、6人被治安处罚。民警对入境人员务必"八知",即知姓名、知国籍和地区、知来华事由、知居留期限、知具体住址、知境内主要社会关系、知主要活动动态。对政治、治安等重点人员专门列管。建立境外人员管理台账、涉外信息登记制度、"三资"企业登记台账。做好涉外案件前期处置工作。日常管理中及时发现"三非(非法入境、非法居留、非法就业)"外国人,做好查处工作。2006年6月,安丰乡礼阳村一村民家居住一名无任何证件的女青年。接到举报后,出入境管理股即展开询问调查,证实为非法入境的越南女阮某,依照《外国人出境入境管理法》将其遣送出境。是年7月,在城关镇查获马来西亚男青年B·ONG(中文名王某)非法居留五个多月的"三非"案件,将王某遣送出境。此两案开全市成功遣送"三非"外国人先例,获省外管部门表彰。2000－2009年,共接纳入境人员4594名(其中外国人218人、港澳同胞2482人、台湾同胞1894人)。未发生危害国家主权、安全和社会稳定的案件、事件。

二　出境管理

2003年前,县内公民因私出国(境)从事商务、劳务、就业、留学、探亲访友、旅游等活动申办出国护照,实行"按条件申请"管理模式。即由申办公民向县出入境管理部门提交所在单位或派出所意见及与出境事由相应的证据,获取审验合格、同意出境的证明材料后,再到市审验、签署意见,到省办理。

2001年11月,公安部推行"按需申领护照"改革措施。即公民根据本人意愿和需要,凭身份证、户口簿到公安机关申办因私出国护照。2004年,市实现"按需申领护照"。是年,县内开始"按需申领护照"准备工作。2004年、2005年,完成人口信息系统与出国境管理系统联网、法定不准出境和特定身份人员报备系统,为公民出国(境)审核把关打下了基础。2006年,县内实现"按需申领护照",申领人凭相关证件到县公安局一次面见即可办理。2000－2009年,办理因私出国(境)护照8481本。

第四节　治安管理

一　治保组织

20世纪90年代,全县各乡镇的村(居)建立健全了治保会,村(居)民小组设治保小组。村(居)以治保会为主体,组织义务巡逻队526个、3102人;企事业单位相应组织护厂、护校、护店等联防队17个、387人;村(居)民防范组2030个、4750人,专职安全值日员2110人。全县共有各级联防组织2573个、联防力量10349人,形成"横到边,纵到底"联防网络。此间,群众自防组织发展迅速。1990年,安生乡以村民小组为单位,首推"农户挂牌值日",实施后,该乡发案率连续4年大幅降低,主管政法的党委副书记潘能震获全国综治先进个人,赴北京参加表彰会。1991年,安裕乡推出"十户联防"获成功,1994年,在全国综治会议上作经验发言。随之,全县推广实施"十户联防",1998年发展为"十户联防联创"。1994年,安丰乡试行乡、村、组、户四级治安责任制,开展"创十星文明户"活动,并在全县推广实施,1997年,省综治委在该乡召开现场经验交流会。

2002年,在年产值50万元以上的县乡企业,年纳税20万元以上的个体和外商企业组建经济民警队,建立健全护厂队、夜巡队,在居民小区设立治保组织。2006年,开始建立农村社会治安防控网络和以街面防控、社区防控、单位防控、哨卡防控为基础的城市社会治安防控体系。以乡镇为责任地域,以派出所为核心,以治保会为基础,农村以1万人或8个行政村为标准设立1个警务室,共设28个警务室;城关镇以社区设置9个警务室。警务区内各单位坚守防控,实行联动,为预防打击违法犯罪,维护社会治安起到了重要作用。2008年6月,警务室建设任务全部完成。2009年,全县有治保会567个、治保小组3031个、单位内保组织183个、治保人员14353人。1989－2009年,治保组织协助公安机关抓获各类违法犯罪嫌疑人员5352人、查破刑事案件992起(其中大案49起)、查处治安案件3126起,为国家、集体和个人挽回经济损失73万余元。

二　特种行业管理

特种行业包括旅馆业、印章业、废旧收购业、典当业、拍卖业、信托寄卖业，由公安机关依法从严管理。

1990年，县内废旧收购业中无证经营，违章收购，从业人员与盗窃分子相互勾结销赃、窝赃问题较多。经县公安机关全面清理整顿，取缔无证和违法经营店（站、点）11家、停业整顿2家，从中查破刑事案件22起、治安案件97起，捕判2人、劳教3人、治安处罚113人。此后，派出所与辖区特种行业负责人每年签订一次治安合同，确定双方责任、奖励办法并实行年终审验。同时，建立特种行业治安管理协会自治组织。1997年9月，全面监督检查信托寄卖业，从一寄卖店销售的手机中发现线索，破获县邮电局价值12万元的手机、BP机等特大盗窃案，抓获盗窃、销脏犯罪嫌疑人4人。进入21世纪后，县内特种行业快速发展。至2009年，有旅店业136家、印刷刻字业44家、旧货业88家、典当寄卖业14家。县公安局建立健全基础台账，严格查验、登记、承修、收购等管理制度，开展经常性治安检查，及时发现并打击行业内的违法犯罪行为。2008年，特种行业刑事、治安案件分别比上年下降17.8%、23.3%。2009年6月，开展特种行业专项整治，发现违法犯罪线索48条，查获违法犯罪嫌疑人115名，缴获赃款、赃物折款48万余元。

三　危险物品管理

1990年，依据《湖南省烟花爆竹安全管理办法》，对爆炸物品生产、储存、销售、运输实行“爆炸物品安全许可证”“产品安全、质量检验合格证”“爆炸物储存许可证”“烟花爆竹销售许可证”和“烟花爆竹运输证”等“五证”管理。清理整顿全县烟花爆竹及易燃易爆物品生产、销售、储存、运输的厂、店、仓库，发给厂店许可证173家、撤销停办25家、取缔37家，有效地规范了烟花爆竹市场。但个体非法生产现象仍未杜绝，重大爆炸事故时有发生。1998年4月11日，安康乡安民鞭炮厂非法生产、违章作业，导致雷击爆炸事故，炸死2人、炸伤5人，经济损失13万元；1999年1月2日，安凝乡亿中村十组村民谭某私设的地下鞭炮工厂发生爆炸事故，炸死2人。此两案责任人均被治安拘留和罚款。加大查处、清理、整顿力度，事故逐步得到控制。2001年4月，开展“治爆缉枪”专项行动，收缴各类枪支785支、子弹207发、炸药3404公斤、雷管269枚、氯酸钾3000余公斤，取缔烟花爆竹作坊78家。全年未发生爆炸事故，获全市一类安全地区。2003年1月21日，安生乡鞭炮厂杨某因操作不当引爆炸药被当场炸死，鞭炮厂被勒令停业整顿。是年底，清理整顿易燃易爆化学危险物品，取缔非法经营店12家、非法作坊1家，发出停业整改通知书37份。此后至2007年，连续4年未发生危爆物品重大事故。2008年5月，开展集中清查行动，捣毁非法生产烟花爆竹窝点1个，缴获黑火药亮珠952公斤、自制硝65公斤，刑事拘留2人。

四　“黄、赌、毒”禁查

（一）查禁娼妓

新中国成立前，公娼视为合法。1952年，县政府成立“乐女”处理委员会，封闭妓院，对妓女进行收容教育改造。至1979年，县境未发现娼妓活动。1980年始，受外来腐朽思想侵蚀，城镇出现暗娼卖淫现象，后逐渐蔓延并日趋严重。县公安机关坚持露头就查的方针，并组织统一清查。1980－1989年，共抓获卖淫妇女269人次，其中提请逮捕5人、劳教35人、收容教育57人、其他处理172人次。

1990年8月，省人大常委会颁布《湖南省禁止卖淫嫖娼条例》，10月，省政府批转省公安厅《关于对卖淫嫖娼人员实行强制收容教育有关问题的请示》，查禁卖淫嫖娼的工作法则进一步健全。县公安机关坚持日常查禁和统一清查，打击卖淫嫖娼。1995年，在打击卖淫嫖娼专项行动中，取缔黄山头遥望山庄、深柳宾馆按摩房、雪立峰茶楼。1990－1999年，共查获卖淫嫖娼案件965起、抓获1276人，其中强迫、引诱、介绍、容留妇女卖淫的124人，取缔容留妇女卖淫窝点58处，捕判5人、劳教83人、治安处罚1264

人。2000年4－8月,开展卖淫嫖娼专项治理,铲除"洁来雅"美容美发厅等18个卖淫嫖娼窝点,抓获257人,刑事拘留4人、劳教5人、收容教育15人、治安拘留164人、收遣119人。2002年、2004年、2006年、2008年,先后对卖淫嫖娼、传播淫秽物品进行集中治理,效果显著。2009年,"亮剑行动"中,摧毁三岔河、出口洲2个传播淫秽信息网站,破案2起,收缴存储658个淫秽文件的硬盘2个、淫秽书刊135册;查处卖淫嫖娼案件34起,摧毁窝点4个,抓获违法人员115人,劳教3人、治安拘留76人。2000－2009年,共查获卖淫嫖娼案件1180起,抓获违法人员1961人。

(二)查禁赌博

20世纪80年代前,县内赌博活动较少,每年查获案件在10起以下。80年代初开始,社情日趋复杂,赌博之风开始蔓延。1985年11月,最高人民法院、最高人民检察院、公安部联合发出《关于严格查禁赌博活动的通知》,省政府发布《关于严禁赌博的布告》,加强赌博查禁。1985年、1987年、1989年,县内先后组织查禁赌博总体战。1980－1989年,共抓获赌博人员1.93万余人次,收缴赌资197万余元,捕判18人、劳教529人、行政拘留8372人,余作其他处理。

90年代后,县内出现利用电子游戏机赌博的现象,且时有起伏。此间,以取缔有奖电子游戏机经营活动为突破口,在城关地区先后进行四次突击取缔行动,在农村开展禁赌专项治理和重点地区整治。1990－1999年,共捣毁赌博据(窝)点537处,抓获聚赌人员5373人。2000年后,县内赌博形式呈多样化趋势,查禁难度较大。公安机关严格掌握正常娱乐与赌博的尺度,捣黑窝、挖据点,集中打击、专项治理赌博和聚赌行为。2003年,对利用茶馆聚赌,严重扰乱社会治安的现象集中整治,取缔聚赌茶馆35家,抓获296人。2008年4－7月,以"百日会战"为主,并连续开展查禁赌博行动。是年,捣毁黑据点34家,收缴电游赌博机189台、麻将机18台和其他赌博工具并公开集中销毁,侦破赌博刑事案10起,刑事拘留18人、劳教14人,查处赌博治安案件124起,治安拘留448人。

(三)查禁毒品

至20世纪80年代,县内未发现吸、贩毒情况。90年代后,吸、贩毒现象在县内出现并逐渐扩展蔓延,由此引发的刑事、治安案件和治安问题日益增多。

1990年12月,全国人大常委会颁布《关于禁毒的决定》后,县内禁毒缉毒工作开始起步,归口县公安局刑警大队。按禁贩、禁种、禁吸并举和贩毒必惩、种毒必究、服毒必戒的方针,大面积查禁和个案办理相结合,开展专项打击,加大查禁力度。1992年、1994年、1996年、1997年,先后五次开展专项打击,破获毒品案件8起,抓获12人,提请逮捕7人、劳教3人,缴获海洛因105.5克、杜冷丁300支、罂粟壳11.5公斤、罂粟籽300克,查获吸毒人员181人,送强制戒毒81人。1997年4月,开展禁毒统一行动,破获县内贩卖海洛因200余克的首起贩毒团伙案,现场缴获毒品44克,抓获团伙成员9人,捕判9人。

2000年后,吸、贩毒不断攀升,查禁难度加大。2000年年初,县公安局组建禁毒大队,专司禁毒工作。5月,省公安厅、市公安局与广东、云南、贵州等地公安机关配合,破获新中国成立以来罕见的特大跨境人体藏毒贩毒团伙案。先后抓获杨某等团伙主要成员39人,其中县内11个乡镇、69名农民涉嫌体内藏毒运毒,贩卖海洛因40公斤,缴获海洛因4000余克及部分毒资。是年,捣毁吸毒窝点9个,铲除罂粟原植物3125株,刑事拘留2人、劳教16人、强制戒毒118人。2001年,"扫毒风暴"专项整治中,破获毒品案件92起,捣毁团伙14个,抓获涉毒人员288人,刑事拘留37人、逮捕30人、劳教28人、强制戒毒194人,缴获海洛因49克、麻醉药品2278粒。2003年、2005年、2009年,先后开展"百日禁毒"、公共娱乐场所集中整治、"百日会战"等专项治理,效果显著。2000－2009年,共查破毒品案件1471起,捣毁吸毒窝点86个,缴获海洛因4633.6克,铲除罂粟原植物5396株,抓获涉毒人员2052人,提请逮捕117人、劳教348人、强制戒毒1525人。2009年6月,两名民警跟踪嫌疑人任某(安裕乡人),在任某与另一毒犯交易时将其当场抓获,从其驾驶的轿车夹层中查出K粉926克和管制刀具,后任某被送劳教。

五　巡查防暴

巡逻防护是公安机关维护社会治安的重要方式,实行专门机关与群众路线相结合的方针。1980年后,各乡镇组建区域性专职巡逻队21个、村(居)、中型企事业单位治安巡逻队354个,由辖区派出所统一协调指挥。各巡逻队负责域内节假日巡逻防护和日常治安检查、重大治安事件发生阶段的处置,配合派出所制止和查处危害社会治安的行为。1985－1998年,协助公安机关抓获各类违法犯罪嫌疑人4435人,查破刑事案件461起(其中大案13起)、查处治安案件1635起,为国家、集体和个人挽回经济损失21.7万余元。

1994年年初,组建巡警大队(1996年加挂特警队牌子),负责城关地区街面巡逻任务。1996年,设"110"指挥中心,负责全局工作调度、接警。1997年,特警队改为巡警大队处警中队,形成了"110"接警、处警、巡逻"一条龙"作业,应突防暴快速反应能力增强。1997－2009年,处警18187次,处理各类案件9423起(涉暴案件32起),抓获各类违法人员2976人,其中刑事拘留459人、提请逮捕398人、治安拘留2119人;制止、调解纠纷3855件。及时清缴与适时组织力量集中清缴社会上散存的各类枪支弹药和管制刀具。1989－2009年,收缴各类枪支2468支、子弹5635发(粒)、管制刀具4863把。

2001年7月29日,城关北中巷与文艺路交汇处40余人械斗火拼,巡逻民警仅2分钟赶到现场,抓获涉毒人员14人,收缴火药枪、砍刀等22支(件),制止了事态发展。2002年6月12日,新加坡人方某在城关怡园宾馆遭劫持,巡警大队赶赴现场,抓获犯罪嫌疑人周某,将被控制18个小时的方某救出,受到公安部、外交部和新加坡驻华使馆的关注和好评。2009年9月21日,大鲸港镇村民孙某等8人因其弟孙某发生车祸医治出院后死因不明,将其尸体挖出运至县委机关门前聚众闹事,造成众多群众围观。局长项文渊率40余名干警赶到现场,在反复宣传、劝导无效后,按照《处置突发事件预案》,将8名为首者强制带离现场,实施治安拘留,平息了事端。

第五节　刑事侦查

一　侦　查

在专项侦查和专项打击中,刑侦部门"依照国家法律法规发现、控制、揭露和证实刑事犯罪,并将犯罪人拘捕归案"的基本任务和"依靠群众,抓住战机,积极侦查,及时破案"的十六字方针,严厉打击和惩处刑事犯罪。

(一)专案侦查

将案情复杂、危害较大、涉及面广、工作艰巨的重特大疑难案件立为专案,确定专人负责,组织专门力量侦查。1990－2009年,共立专案2548件,其中故意杀人案161件、强奸案365件、抢劫案426件、涉毒案98件、其他案1498件,侦破2619件(含积案)。2002－2009年,全县连续无命案积案,创侦破命案历史佳绩。

1991年2月4日下午,在城关长岭洲油库外河滩上发现一无头女尸,经现场勘查、鉴定、检验,查证被害人系安裕乡槐西村钱某。经连续3昼夜调查,确定鼎城区来县打工的罗某有重大嫌疑。经取证突审,罗某供述了强奸杀人、沉尸灭迹的犯罪事实。1996年6月7日晚,一伙歹徒在夜酒摊无端生事,将路人金某打成重伤后逃散。经40天侦查,确定为一个有24名成员的黑社会性质流氓团伙所为。历时4个月,将24名团伙成员全部抓获。该团伙在一年多时间里,作案40余起,伤害20余人,致重伤3人、轻伤2人。首犯曾某被判处死刑、主犯罗某被判处无期徒刑、其他团伙成员均受到法律惩处。2000年9月1日,常德市武陵区发生一起持枪抢劫银行案,杀死经警3人、无辜群众3人,被公安部列为新中国成立以来第一号刑事案。县刑警大队从侦查县农业银行行长胡某夫妇被杀案中,获取了犯罪嫌疑人作案手段、时间等与"9·1"大案十分吻合的重大信息,对侦破湘、渝、鄂系列团伙抢劫杀人案起到了至关重要的作用。在协破此案中,抓获了团伙主要成员陈某、许某等6人,市政府授予县刑警大队侦破“9·1”大案先进集体;2001年4月21日,分别在常德、重庆两地公审该团伙成员,张某、陈某、许某等14名罪犯被判处死刑,其他团伙成员分别被判处无期、有期徒刑。2002年2月25日,安裕乡槐西村八组发生一起恶性入室抢劫杀人案,该组村民张某一家3口被杀死在家中,现金洗劫一空,被省公安厅列为必破案件。在不到两个月的时间里,县刑警大队在广州将主要犯罪嫌疑人黄某、杨某抓获(均被判处死刑);10月,在江西将另一犯罪嫌疑人张某抓获。2008年3月31日晚8时,安乡大桥西北侧发现一具女尸,经勘查、调查走访,确认死者为一外地拾荒女,属硬器砸击头部死亡。经10天侦查和调查取证,将安丰乡的黄某抓获。黄某对其欲强奸拾荒女遭反抗,用砖头砸死该女的罪行供认不讳。

(二)专项打击

针对某一时期、某一区域或某一类相对突出的刑事犯罪活动,集中时间、集中力量、统一行动,有计划、有重点地侦查、搜捕,打击犯罪分子,并结合教育、防范等措施,有效遏制突出犯罪的发展和蔓延。1990－2009年,经过“打黑除恶”“严打两抢”“追逃”“秋季百日会战”等48次专项打击,抓获各类罪犯4398人,捣毁重大犯罪团伙253个,抓获重大犯罪嫌疑人2318人,从重从快审结、起诉,极大地震慑了犯罪。

1993年秋,部分边远村落和集镇码头边缘结合部乡痞村霸为患,盗窃问题严重。全县选择100个治安情况复杂的村,开展“百村治理工程”。经3个月治安整顿,捣毁犯罪团伙18个,逮捕63人、劳教34人。1994年9－11月,开展整治城乡治安“高压行动”,破获各类刑事案件239起,抓获445人,逮捕80人、劳教129人。1995年10－11月,开展“打团伙、镇邪恶”专项打击,打掉以聂某、熊某为首的两个带黑社会性质流氓团伙。1996年3－4月,展开以打击流氓邪恶势力为主要内容的“春雷行动”,为期40天。破获各类刑事案件152起,捣毁犯罪团伙13个,逮捕36人、劳教42人。2001－2002年,在“严打”斗争中,破大、要、恶案,攻积案,追捕“三逃(负案、批捕、批劳教在逃)”人员。破获刑事案件2269起,提请逮捕525人、劳教250人、追捕“三逃”人员285人。2004年上半年,开展“四打一建百日会战”。侦破刑事案件96起,逮捕21人、劳教11人、抓回网上逃犯333人。2005年夏,组织“两禁两打一破(禁毒、禁赌、打抢劫、打盗窃、破积案)”专项百日会战。侦破刑事案件782起,逮捕起诉139人、劳教48人。

侦破刑事案件及处理详情见表15－3－21。

安乡县1990－2009年侦破刑事案件及处理情况

表15－3－21　　单位:件、人

项目 / 年度	侦查破案		处理人数		
	立案	破案	刑事拘留	提请逮捕	劳动教养
1990	1087	778	69	255	154
1991	1119	981	72	202	52
1992	298	269	58	137	103
1993	779	682	95	201	138
1994	839	747	75	187	195
1995	857	846	79	195	158
1996	878	833	122	238	182
1997	799	765	512	226	158
1998	591	567	439	141	106
1999	928	798	486	219	132

续表 15－3－21

2000	1064	766	514	226	146
2001	1274	1015	489	305	138
2002	1475	1254	341	220	112
2003	1130	975	214	166	68
2004	1166	897	227	136	70
2005	1541	1018	285	238	70
2006	1288	1076	221	208	92
2007	871	784	171	252	83
2008	810	953	177	161	74
2009	617	834	238	144	20
合计	19411	16838	4884	4057	2251

二　预　审

预审是专司政治和各类刑事案犯审理工作的职能部门。主要是依法执行拘留、提请逮捕、搜查等工作，通过讯问被拘留、提请逮捕的犯罪嫌疑人，收集证据，查清案件实事，提出处理意见。1949 年 8 月，县公安局设司法股，行使审讯、预审职能。1952 年成立预审股。“文化大革命”开始后，预审职能由公检法军管组的审批组取代，1973 年 9 月恢复。1980 年后，预审职能不断调整、充实。1998 年，预审干警配至 11 人。1999 年年初，预审并入刑警。1949－1999 年，受理打击对象 13820 人次，其中逮捕 8530 人、刑事拘留 5290 人次，法院判决 6677 人，其中死刑 518 人、死缓 28 人、无期徒刑 48 人、有期徒刑 6008 人、拘役 75 人、劳教 1891 人。

1987 年，实行预审工作目标管理，预审功能得到优化。1987－1998 年，预审办案审结率 98% 以上，及时率 94%，准确率、合法率、规范率、安全率均为 100%，退查率 1% 以下。预审股先后 1 次获记集体三等功，8 次获市、县公安系统先进集体。20 世纪 90 年代，预审实行分片划块、确立责任，定人包案、提前介入，参与侦察、广采证据，合力攻坚、综合审理办案方法，效果良好。1996 年、1997 年，在打团（伙）打黑，稳定治安整体战中，将打击重点对准带黑社会性质的流氓团伙和其他刑事犯罪分子。此间，县内流氓团伙“四代同堂”，关系盘根错节，案情错综复杂，办案难度很大。侦审部门联合办案，各个击破。每个团伙明确一个专案组，抓一案带多案，边侦边审边挖，四代团伙逐一覆灭。两年间，审理犯罪嫌疑人 634 人，提请逮捕、诉讼 464 人，未出现冤假错案。

第六节　监所管理

1990 年 3 月，《中华人民共和国看守所条例》颁布实施，县监所管理人员得到调整、充实，设施设备不断更新。开展文明监房、文明改造等评比竞赛活动，打击牢头狱霸，监内秩序井然。1990－2009 年，共关押看守各类犯罪嫌疑人 13027 人次，其中刑事拘留 5311 人、逮捕 4143 人、劳教 2314 人、余刑犯 1268 人。1998 年，县看守所被省公安厅确认为三级看守所，并获省十佳看守所。

监所建设不断加强。1987 年、1996 年，经两次大型改、扩建，至 1998 年，看守所占地面积 11 亩，有监房 20 间、502.8 平方米，明亮通风，坚固防震。并有在押人员活动场地 502.8 平方米，设教育室 3 间、审讯室 5 间，生产区按规范标准建设，获“园林式单位”。2005 年，再次对监所改、扩建，占地面积 15 亩，建筑面积 3000 平方米，有监房 20 间、992 平方米，铺位面积 280 平方米，设收押室 1 间、教育室 3 间、提审室 5 间、图书室 1 间、医务室 1 间。同时，完成了智能电网的升级改造。生活、卫生管理有序。1988－2009 年，按公安部、省公安厅规定，先后四次调高在押人员月生活费标准。按不同季节,做到一日三餐不吃同样菜,节日安排传统食品。在保证安全的前提下,组织余刑犯开展种菜、养猪等农副业生产。在押人员每月定期整理个人卫生,夏季每天洗澡、冬季每10天一次热水澡,保障开水供应。保持监内外清洁和通风,监房定期消毒。配备专职医生和常用药品,并与县人民医院建立联系制度,小病不出所,大病联系医院,传染病隔离关押治疗。

第七节 安全保卫

1989年,北京政治风波后,安全保卫工作的重点转向预防和缓解政治上的不安定因素,维护社会稳定。1990－2009年,全县发生各类涉稳案件189起、破获167起,抓获各类违法人员450人,其中逮捕19人、劳教33人、治安处罚398人。

1990－1994年,先后查破反动会道门复辟案、反革命标语案、与境外挂钩案各1起。1995年5－6月,开展取缔邪教组织“门徒会”专项斗争。1993年,“门徒会”传入县境,1994年,会徒发展至936人,分布在15个乡镇(场)的57个村。取缔行动解散了聚会点,收缴了活动工具和宣传品,受蒙蔽群众主动退会。对少数利用“门徒会”进行封建迷信和违法活动的骨干分子,收审6人、治安处罚7人、具结悔过45人。1999年7月,成功处置一例严重危及基层政权,危害社会政治稳定的暴力群体性事件。7月12－16日,陈家嘴镇门板村八组村民张某、芮某等煽动不明真相的群众,冲击镇政府,无端殴打镇村干部,闯民宅打砸抢,妨碍公安干警执行公务,致2名镇干部、5名民警、10余名村组干部和群众受伤。公安部门采取强制措施,逮捕5人、劳教1人、治安处罚28人。2004年2月25日,侦破一起“门徒会”邪教组织案,捣毁6号分会(安全乡)和7号分会(黄山头镇)两个据点,抓获8人,其中劳教2人、治安拘留6人。

第八节 道路交通管理

一 交警队伍与装备

1987年5月,县公安局交通警察队成立,为副科级单位,1992年1月,更名为县公安局交通警察大队(简称县交警大队),1995年4月,升格为正科级单位。设办公室、安宣股、车辆管理股、交通秩序股、一、二、三中队,定编47人。2008年1月,原县农机监理站成建制划入交警序列。2009年,内设办公室、政工室、法制办、车管所、秩序股、安宣办、监控中心等7个股室,有事故处理、城关、三岔河、理兴垱、出口洲、专业化管理等6个中队,有干警和工作人员93人,其中副科级以上干警42人。履行交通安全宣传教育、交通指挥、维护交通秩序、处理交通事故、车辆检验、驾驶员考核和发牌发照及路障、城市交通标志、标线等安全设施设置与管理职责。

县交警队成立之初,队址设城关镇下东门居委会辖区,仅有100平方米的两层办公楼兼宿舍1栋,配北京213吉普1辆。1988年初,在县城五总新街征地11亩建成新院落,办公条件改善,后逐步配置办公和警用设备。2006年,修建五层办公大楼1栋,重(改)建4个中队办公楼,总建筑面积3580平方米。在县城主干道和车流量较大的重点路口安装视频监控、数据传输、电子抓拍、信号灯指挥系统;在县境重点公路地段安装智能电子警察系统的县级交通监控指挥中心;添置警车23辆、警用摩托车2辆、计算机56台、摄像机10台、数码相机6台。为保障干警人身安全和指挥交通便利,购置防护服、反光背心、电警棍等单警装备150套(件)。2009年,固定资产由建队之初的10万余元增至2000余万元。

县交警大队贯彻“从严治警”方针,坚持政治带警、纪律治警、作风强警、立警为公、执法为民,压事故、保畅通,创建平安畅通安乡。先后72次获省公安厅、省交警总队、市交警支队、县委、县政府表彰,立功受奖干警322人次。高翔、陈宁甫、毛绍发、周章平、彭石柱等5人多次获省、市公安交警机关表彰,高翔、雷立群、毛绍发、徐子赞、林粤军等5人被载入《湖南警界功臣名录》。1998年获集体二等功。2002年、2004年获全市公安交警管理工作先进单位。2004年获省公安厅春运道路交通安全工作先进集体。2008年,获全市交警系统综合考评先进单位;是年,获市委、市政府抗冰救灾先进集体。2006年、2008年、2009年,获全县目标管理红旗单位。2008年、2009年,获县政府安全生产红旗单位。

二　车辆及驾驶员管理

随着县域经济发展,机动车辆和驾驶人员大幅增加。机动车(大小型汽车、摩托车)和驾驶员分别由1987年的不足5000辆、7200人增至2009年的45535辆(其中大型汽车600辆、中小型汽车3658辆、摩托车41277辆)、50268人。1988年始,车辆检测列为车管业务,对机动车和驾驶员实行年检年审,年检时间为每年的3月1日至12月31日,采取按牌号末位数字与对应月份安排,检测包括轴重、废气分析、噪音、侧滑、制动、速度、灯光、外观、烟度等9项,以确保车辆技术性能良好。驾驶员年度审验,包括遵守交通法规、安全驾驶、职业道德、身体适应性及驾驶证登记等,审验以驾驶证尾数为序,以审验培训班和违章肇事审验培训班两种形式进行。对55周岁以上或身体不合格者不予办理年审,发生特大恶性事故肇事逃跑、违法乱纪者不予办理年审并注销驾驶证。车辆和驾驶员管理逐步规范化、科学化、法制化。1989－2009年,共吊扣各类机动车驾驶证6380本,吊销驾驶执照553本。

1989年10月1日,启用全国统一的"正式驾驶证""实习驾驶证""学习驾驶证"和"临时驾驶证",汽车驾驶员由"以运代训"自办短训班过渡到全期培训上来,培训工作逐步正规化、科学化。对报考的汽车驾驶员,须经考试过"三关(初检、复验、升等)",资格审查合格者,经15天培训,领取学习驾驶证成为学习驾驶员,大客车经8个月、其他汽车经6个月学习期,经考核合格转为实习驾驶员,实习期1年,实习期满,经考核合格发给"机动车驾驶证"。1989－2009年,共培训驾驶员15832人。

三　道路交通秩序管理

1990年冬,在全县开展以"清除路障,减少事故,缓解阻塞,保证道路畅通"为主要内容的城乡道路交通秩序大整顿,拆除路旁违章建筑97处,清除路障263处、堵塞交通的摊担312处、占道堆砌物3650余吨。1993年5月始,以省道1804线和黄山头至城关、城关至三岔河两条县道及城关镇为重点,为期7个月的"畅通工程",改建和修复道路2处、拆除违章建筑122处、清除占道摊担688个、纠正道路违章1100人次、报废超期服役车辆22台。1997年,实施"百安工程(百日交通安全专项整治)",整顿城镇交通秩序。搬迁和取缔马路市场86处,在城关一环路、澧陵路两侧设置行人护栏3000米,绿化隔离带500米,隔离石墩2600米,保证了市政设施完好和道路安全畅通。

进入21世纪后,公路建设快速发展,特别是2005年,中央关于建设社会主义新农村的决定,村村通公路是为其重大举措之一,公路建设速度更快。至2009年,全县公路里程达1721公里,为1999年的2.07倍,其中省道59公里、县道164公里、乡村道1498公里。公路里程延伸,机动车辆增多,交通秩序管理难度更大。2006年始,持续开展创建平安畅通安乡活动。一是交通秩序整治。以抓管理、降事故为目标,推行区域联勤、路段承包弹性工作制,提高勤务覆盖密度。二是交通安全宣传。建立县、乡、村三级交通安全网络,通过创建交通安全示范乡镇、文明村、文明学校,送交通安全法律法规进学校、农村、社区、单位、家庭的"五进"活动,营造全民参与的氛围。三是隐患排查整治。开展地毯式排查,危险路段采取"治理限时,质量定标,责任到人,督促到底"的办法,基本达到"路面平整,视野开阔,标志齐全,安全畅通"要求。四是基础设施建设。加大科技装备投入,先后在城区主干道和人车流量较大的重点路口,安装视频监控、数字传输、电子识别抓拍、信号灯指挥系统,其他重点公路、治安卡口安装电子警察和移动电子警察系统,初步实现了传统巡逻与定点静态监控结合的监管模式,道路交通管理由体能型向智能型转变。创建平安畅通安乡活动以来,交通事故发生率以每年1.25%的速度递减。

四 交通事故处理

按照《道路交通管理条例》《道路交通事故处理办法》等法律法规严格执法。发生事故,交警部门现场勘查,查明原因,分清责任,协调调解,按责论处。重特大交通事故,由公安部门和有关单位负责人组织善后处理。对交通事故责任人,根据事故性质、情节、后果、责任程序,按协调或裁定的数额责令赔偿外,分别给予批评教育、警告、扣留车辆、扣留或吊销驾驶证、治安拘留等处罚,触犯《刑法》的,移送司法部门处理。1990－2009年,处理一般程序以上交通事故2216起,重大事故结案率100%。详情见表15－4－22。

1997年11月20日晚9时许,家住大鲸港镇小湾居委会的洪某酒后驾车,在县城一环路地段将人行横道线上行走的城关镇城北居委会居民张某、徐某夫妇撞死并驾车逃离现场。洪某酒后驾车,且违反限速行驶规定并逃逸,被判处有期徒刑10年,赔偿死者安葬费、死亡补偿费、小孩抚养费等16万元。

安乡县1990－2009年道路交通事故情况

表15－4－22　　单位:起、人、万元

项目 年度	事故数	死亡人数	损失金额	项目 年度	事故数	死亡人数	损失金额
1990	41	12	8.62	2001	227	26	28
1991	34	14	6.54	2002	212	22	26
1992	39	16	7.3	2003	239	23	25.5
1993	56	11	8.58	2004	179	26	32.4
1994	49	19	3.46	2005	104	26	19.3
1995	64	31	27.87	2006	144	21	4.7
1996	52	29	28.73	2007	136	16	4.8
1997	51	26	39.46	2008	137	17	4.8
1998	52	17	29.19	2009	135	10	4.9
1999	45	24	11.61	–	–	–	–
2000	224	28	39	合计	2216	414	360.76

第九节 消防管理

一 消防组织

1996年,县消防中队扩为消防大队,是火灾消防工作的职能部门和专业队伍,属县公安局和市消防支队双重领导。消防工作贯彻“以防为主,以消为辅”方针,其主要职责:开展消防宣传教育,实施消防监督检查、建筑防火审核,管理、训练消防队伍,组织、指挥火灾扑救,掌握火灾情况并调查原因。

确立重点防火单位,实行分级管理责任制和专业、义务队伍相结合。20世纪80年代始,列管消防安全重点单位。1995年、2002年、2005年,多次调整列管单位,按照《湖南省消防安全重点单位界定标准》,列管二级重点单位154家、三级567家。二级单位设防火安全委员会,由县消防大队列管,三级单位设防火安全小组,由辖区乡镇派出所管理。并逐步在消防管理单位、村(居)委会、居民小区建立不少于15人的义务消防队或消防自治队,住宅楼配置消防安全管理员、防火巡查员。2002年,在乡镇(场)和列管的消防安全重点单位建立防火安全委员会

187个、村(居)委会建立防火安全领导小组323个,负责领导和督促辖区消防工作。2009年,有义务消防队603个、队员10854名。1989年3月7日9时,下渔口镇麻纺织厂围墙外积存沟里的废黄麻因积存日久自燃,引发特大火灾。50余名厂消防队员用潜水泵、灭火器灭火,600余名员工、1000余名群众或用桶、盆浇水,或用扫帚、树枝扑打灭火。历时近两个小时将大火扑灭,为国家和集体避免经济损失千余万元。

二　消防设施管理

县消防队组建之初,仅有专业水罐消防车1辆。1989年后,消防设施逐年增加。2005年,投入520万元,建1800平方米的县消防指挥中心1栋、1600平方米的消防官兵营房1栋及食堂等设施。并逐年投入600余万元,添置4台水罐消防车、495件个人防护设备。

2000年,省消防委员会对各类消防设施制定规范标准,并实行"谁主管,谁负责,谁受益"的原则,加强消防设施标准化建设和规范化管理。督促各单位、居民住宅楼、商店摊点及公众聚集等场所按标准配备灭火设施和器材;乡镇派出所、居民小区设器材室,配机动泵1台、水枪2支、水带100米、灭火器10具(各楼道配4具)、安全绳10副;器材室附近设火警受理台。市政供水干管的街道每120米设置1个室外消防栓,建筑室内消防栓按规定配置;缺水的棚户区和未设置供水干管的街道,每100米设置1个10立方米水池。至2009年,全县配消防机动泵672台、室外消防栓197个、室内消防栓216个,达到标准要求。

三　火灾扑救与处理

1989年后,随着乡镇、村道路的畅通,火灾扑救由县消防大队组织实施,群众协助。1989－2009年,灭火出动272次、成功扑灭257次、成功率98.7%。详情见表15－5－23。

在火灾查处中,实行"三不放过(原因不清不放过、群众未受到教育不放过、防范措施不落实不放过)"原则。通过火场勘查、收集人证、物证,进行技术鉴定或模拟试验,得出准确的火灾原因结论,分清责任进行处理。触犯刑律的直接肇事者和责任人,移交司法机关追究刑事责任;尚未触犯刑律的责任人,视责任大小给予治安、党纪、政纪或经济处罚。

1990年2月22日6时许,县城复兴街工贸市场发生大火,220户商店货棚、200余户居民、10余家单位受到严重威胁。县消防中队接警后3分钟赶到现场,仅用20分钟将大火扑灭。1996年12月4日1时47分,县城东后街大富豪酒店歌厅包房违章装修,擅自加接电器线路造成短路,引燃装饰材料,致烧死11人、烧毁(坏)房屋10间,直接经济损失25万元的特大火灾事故。该事故居新中国成立以来全省火灾事故死亡人数之首。主要责任人皇某,直接肇事者曹某、曾某,承租业主李某分别被依法判处6年至2年不等有期徒刑。2007年5月23日23时,县翔音爆竹公司陆家渡仓库发生爆炸。县消防大队仅用10分钟赶到现场,解除了爆炸隐患。此时,县日银纸业公司存放的芦苇亦发生火灾,县消防大队调整力量赶赴火灾现场。连续一个通宵的战斗,扑灭两起重大火灾,挽回经济损失千余万元。

安乡县1990－2009年火灾事故情况

表15－5－23　　单位:起、万元

项目 年度	事故数	损失金额	项目 年度	事故数	损失金额
1990	11	23	2001	10	16
1991	6	10.3	2002	9	21
1992	11	35	2003	8	24
1993	4	4	2004	9	3.2

续表 15－5－23

1994	10	43.2	2005	3	21.6
1995	17	47	2006	5	3.3
1996	12	79	2007	8	88
1997	34	4.6	2008	10	201
1998	14	90.5	2009	2	0.7
1999	18	19.8	－	－	－
2000	17	21.6	合计	218	796.8

第十六章　检　察

第一节　机构与队伍

根据《中华人民共和国刑事诉讼法》规定，县人民检察院（简称县检察院）依法独立行使检察权，开展审查逮捕、审查起诉及出席法庭支持公诉，查办国家工作人员贪污贿赂、渎职侵权犯罪案件，办理人民群众来信来访、控告申诉和刑事赔偿案件，对审判机关的民事审判活动和行政诉讼活动实行法律监督，对监管场所的执法活动实行法律监督等检察业务。

一　机　构

2009 年，县检察院内设反贪污贿赂局、反渎职侵权局、侦查监督股、公诉股、监所检察股、民事行政检察股、检察技术股、控告申诉检察股、司法警察大队、执法监督室、办公室、装备股、政工室、预防职务犯罪办公室、监察室等 15 个机构。

二　队　伍

1990 年，定编 47 人，实有 48 人。其中检察长 1 人、副检察长 2 人、检察员 25 人、助理检察员 15 人、其他干部 5 人；副处级 1 人、正科级 6 人、副科级 10 人。2001 年间，增编至 57 人，实有 72 人；是年 12 月，裁减编制 6 人、分流离岗 14 人，定编 51 人，实有 58 人。2005 年 9 月，增加专项编制 2 人。2007 年再度增加专项编制 4 人。2009 年，定编 57 人，实有 58 人。其中检察长 1 人、副检察长 5 人、检察员 30 人、助理检察员 6 人、其他干部 16 人；副处级 2 人、正科级 19 人、副科级 19 人。1990 年，大专以上学历 18 人、占总人数的 39%。至 2009 年，大专以上学历 52 人、占总人数的 88%，其中本科以上学历 38 人（80% 为法律专业）、占总人数的 64%。

1999 年，县首次评定检察官等级，参评 47 人，授予四等高级检察官 5 人、一级 13 人、二级 15 人、三级 8 人、四级 6 人。后根据任职资格不断调整等级，至 2009 年，有四等高级检察官 18 人、一级 16 人、二级 9 人、三级 2 人。

2005 年，设立执法监督室，定期考评执法质量，在办案中落实“一案四卡（廉洁自律卡、办案告知卡、办案回访卡、安全监督卡）”制度，加强内部监督制约。实行检务公开，印发检察服务卡 2 万份，广泛接受社会监督。1990－2009 年，有 298 人次立功受奖，其中省级表彰 13 人；省、市、县三级记功 47 人次，其中记大功 4 人、二等功 5 人。获省、市“五好检察干警”“模范检察官”“十佳青年检察官”“双十佳政法干警”等 6 人。1995 年，获最高检察院集体一等功；1998 年，获最高检察院抗洪抢险先进集体，是年，获省委、省政府双文明先进单位；2000 年，获市委、市政府市首届文明机关和双文明建设单位。先后 11 次获省检察院“五好检察院”等先进集体，5 次获市检察院全面先进院，4 次获县委、县政府红旗单位、双文明先进集体，所辖股、室、局共 73 次获省、市、县先进集体。

第二节　刑事检察

刑事案件检察监督包括审查逮捕、审查起诉及出庭支持公诉，对公安机关的侦察活动和人民法院的刑事审判活动是否合法实行监督。坚持“以事实为依据，以法律为准绳”原则，贯彻刑事司法政策，执行办案制度，严把案件事实关、证据关、定性关，及时、准确地打击犯罪。

县检察院原设刑事检察一股负责审查逮捕工作，刑事检察二股负责审查起诉及出庭支持公诉工作。随着检察体制改革，根据最高检察院的统一要求，2002 年，刑一股、二股分别更名为侦察监督股、公诉股,其职能未变。1990－2009年,受理县公安机关提请逮捕的刑事案件和本院直接立案侦察的刑事案件2872件、4875人,批捕4219人(其中追捕157人)、批捕率90.3%,不批准逮捕335人、不捕率5.7%,不予逮捕234人,撤案202人、占报捕数的6.5%。同期受理公安机关和本院自侦部门移送审查起诉的刑事案件3085件、4779人,移送市检察院提起公诉案件95件、238人,向县法院提起公诉2509件、3747人,其中追诉85人、起诉率73.2%,免予起诉172人,不起诉114人,退回补充侦察及撤案745人。派员出庭支持公诉1655次,发表公诉词1574篇,经法院审判判决罪犯3251人。

1997年,重新修订的《中华人民共和国刑法》和《中华人民共和国刑事诉讼法》相继颁布实施,县检察院加强干警业务训练,开展"示范庭""模拟庭""考核庭"等活动,在办案中加大提前介入、复核证据力度,确保案件质量。1997－2009年,按新《刑法》规定的罪名逮捕犯罪嫌疑人2604人(其中追捕107人)、不批准逮捕220人、不予逮捕212人,按新《刑事诉讼法》规定向法院起诉犯罪嫌疑人2451人(其中追诉75人)、不起诉92人、出庭支持公诉849次、判决罪犯2070人。2004年,全国政法工作会议提出"宽严相济"的刑事司法政策,最大限度地遏制、预防和减少犯罪,最高检察院制定相应实施意见,要求检察机关在严厉打击严重刑事犯罪的同时,对轻微刑事犯罪和未成年人犯罪本着"教育、感化、挽救"的方针。2006年、2007年,县检察院把握"宽严相济"政策,对公安机关提请逮捕的刑事案件中,不予逮捕59件、103人、占报捕数的19.4%,决定不起诉29件、32人,其中未成年人犯罪和其他轻微刑事犯罪达成刑事和解不起诉21件、24人。

一 "严打"斗争

1990年以来,刑事检察工作继续贯彻"严打"方针,突出打击黑恶势力、涉毒、严重暴力和严重影响人民群众安全的多发性犯罪。与县公安局、法院配合,提前介入公安机关侦察预审活动,快捕快诉。

1990－1995年,批捕各类犯罪嫌疑人1418人(其中重大犯罪480人),摧毁犯罪团伙103个、396人,起诉1316人,判决1280人。1990年,县内团伙犯罪猖獗,逮捕起诉团伙犯罪案件46件、178人,其中移送市检察院起诉7件、49人。焦圻镇以彭某为首的流氓团伙成员20余人,横行湘鄂边界,聚众斗殴,敲诈欺压群众。在侦破此案中,刑一股提前介入引导侦察取证,该案报捕后,批捕犯罪嫌疑人18人(其中追捕4人)。是年5月,刑二股受理张某等4人抢劫团伙案、李某等8人重大盗窃团伙案、黄某等6人轮奸团伙案。三案呈送市检察院审查起诉,张某等2人被判处死刑。1996年,在全国性的集中"严打"整治中,批捕各类刑事犯罪嫌疑人215人(其中重大犯罪64人),摧毁犯罪团伙31个,起诉152人,判决137人。三岔河镇何某、陈某、涂某等6人盗窃、强奸团伙,安丰乡李某故意杀人焚尸等一批犯罪分子受到严惩。县检察院获县委、省检察院"严打"先进单位,邓庆云、罗海林、涂敏获"严打"先进个人。

二 专项整治

1990年以来,与县公安局、法院配合,开展社会治安综合治理和专项整治,建立法制联系点75个,深入发案单位、学校、社区讲法制课192场。先后开展反扒窃、打击车匪路霸和涉毒犯罪等专项整治。

1995年,以清扫黄、赌、毒为重点的"秋风行动",召开万人大会公开逮捕10名严重刑事犯罪分子。1999年,严惩"水霸、路霸、村霸、街霸、市霸"专项斗争,抓获犯罪嫌疑人53人,批捕42人,追捕4人。1998年始,县内涉毒犯罪呈上升趋势,尤以2000年、2001年为甚。此两年中,受理公安机关提请逮捕涉毒犯罪案件28件、91人,占报捕人数的15.8%。1998年12月至1999年,杨某组成以家族成员为主的贩毒集团,先后从境外走私毒品40余次数万克,涉案69人。县检察院成立专案组,两年批捕涉毒犯罪嫌疑人90人,占同期逮捕人数的17.7%,其中杨某一案批捕54人,是新中国成立以来县内涉案人数最多的个案。该案起诉后,县检察院配合市检察院审查起诉和出庭支持公诉,历时7个月,杨某等14人被判处死刑、7人判处无期徒刑、10人判处10年以上有期徒刑。曹静获省检察院禁毒先进个人,沈成章、云志斌分获二、三等功。

三　侦查监督和审判监督

为更准确地打击犯罪，保护当事人合法权益，维护司法公正，检察机关依法对公安机关的侦查活动和法院的审判活动行使监督权。1990－2009年，监督公安机关应立案而未立案案件60件、90人，追捕犯罪嫌疑人158人，防止错捕55人，追诉犯罪嫌疑人78人，纠正公安机关违法149次，发出纠正违法通知书96份，纠正法院审判活动中的违法行为11次，提出抗诉案件3件。

2004年8月，在审查逮捕石某抢劫案中，承办人发现王某涉嫌参与抢劫，而公安机关未提请批捕，报经检察长决定直接对王某予以追捕，法院一审以抢劫罪判处王某死刑，剥夺政治权利终身。该案获省检察院侦查监督十大优秀案，承办人彭焕柏获二等功。2005年，追诉漏犯9人，均被法院判处有期徒刑。在审查樊某、赵某等人抢劫案中，发现殷某、周某多次参与抢劫，因证据不足未批捕，公安机关未移送审查起诉。承办人与公安机关共同补查证据，对殷某、周某予以追诉，法院以抢劫罪分别判处其10年、5年有期徒刑。

第三节　反贪污贿赂

1990年，按最高检察院要求，县检察院经济检察股更名为反贪污贿赂局。1990－2009年，受理各类经济犯罪控告举报741件，立案查处380件、431人，依法逮捕犯罪嫌疑人102人，经法院审判，处有期徒刑以上171人。免予起诉101人、不起诉20人、撤销案件132件、尚未结案14人，为国家、集体挽回经济损失2145.6万元。

1990－1997年，遵照《刑法》和全国人大常委会《关于严惩严重破坏经济犯罪的决定》及最高法院、最高检察院的有关司法解释，开展经济领域“严打”斗争。查处国家工作人员、集体经济组织工作人员及其他受委托从事公务人员的贪污贿赂、挪用公款等经济犯罪，同时查处偷税抗税、假冒商标、生产销售假冒伪劣商品、诈骗、投机倒把等其他经济犯罪。此间，立案查处各类犯罪案件290件、323人，其中贪污贿赂案件153件、168人，挪用公款案件67件、76人；查处偷税抗税案件43件、44人，假冒商标、制假贩假、诈骗等犯罪案件29件、38人。上述案件中，贪污受贿万元以上、挪用公款5万元以上重大案件140件。1997年10月，重新修订的《刑法》颁布实施，部分经济犯罪案件划归公安机关管辖，国家工作人员及国家机关、国有公司、企业、事业单位委托管理、经营国有资产的人员贪污、受贿、挪用公款等经济犯罪案件由检察机关管辖，立案标准及重特大案件标准均相应提高。1998－2009年，按新《刑法》规定的罪名立案侦查98件、124人，其中贪污案件69件、91人，受贿案件7件、12人，挪用公款案件18件、18人。上述案件中，法院共判决74人，其中重特大案件43件、依法逮捕38人。

一　贪污贿赂案件查处

1990－2009年，立案查处贪污贿赂犯罪案件228件、260人，分别占立案总数的62%、59%，其中贪污案件205件、232人，受贿案件20件、25人，法院判决115人。

突出查处党政机关、行政执法机关、司法机关和经济管理部门的贪污贿赂犯罪案件。特别是1998年以来，立案查处“三机关一部门”贪污贿赂犯罪案件14件、24人，分别占立案总数的15%、29%，其中副处级干部1人、科级干部10人，判处刑罚8人、免予刑事处罚2人、不起诉9人。2002年，配合市检察院立案查处县财政局、税务局3名主要负责人共同受贿案，判处有期徒刑2人、判免刑1人。2005年，查处县委党校1名负责人伙同会计、出纳贪污公款案件，3名被告分别受到刑事处罚。大力查处乡镇和农村基层干部经济犯罪。1994年、1995年，对黄山头镇部分负债严重、群众反映强烈的村进行财务清理，查出有经济问题的村干部17人，立案查处7件、7人，其中贪污万元以上案件3件、3人，均被判处有期徒刑。2001年，安福乡杨树潭村村民联名举报该村支部书记王某的经济问题，经侦察，查明王某贪污、挪用公款8万余元的事实，法院判处其有期徒刑5年6个月。1999年以来，查处乡镇修防会、国土站、财政所等部门的贪污犯罪案件12件,18人被判处有期刑罚。1999年5月,在调查下渔口镇竹林村有关村干部的经济问题时,发现该镇修防会相关工作人员在水利建设工程中的贪污行为并展开侦察,侦破该修防会6名工作人员趁改建水利设施之机,合伙贪污工程款的案件,6名被告分别被判处有期刑罚,赃款全部追回。1990－2009年,查处金融系统贪污案件37件、37人,22人被追究刑事责任。1993年,县农业银行大湖口营业所金库保管员马某监守自盗,窃取库款46万元外逃,县检察院将马某抓获归案并追回全部赃款,此案移送市中级人民法院,马某被判有期徒刑5年。2004年,立案侦察县建设银行营业部会计夏某贪污公款案,夏某被判有期徒刑11年。2006年,县邮政局官垱支局局长孙某贪污、挪用邮政储蓄款外逃,县检察院将其抓获,孙某被判处有期徒刑19年,剥夺政治权利4年。

二 挪用公款犯罪案件查处

1990－2009年,立案查处挪用公款案件79件、83人,其中50万元以上大案4件、4人,100万元以上3件、3人。

县建设银行营业部原主任朱某等5人合伙挪用公款1000余万元用于炒股及个人挥霍,给国家造成损失840余万元,是新中国成立以来县内涉案金额最大的经济犯罪案件。2004年11月,朱某携款外逃,县检察院组成15人专案组,开展侦察和追逃工作。2005年2月,在河南省郑州市将朱某抓捕归案。市中级人民法院判处朱某无期徒刑,其余4人被判处有期徒刑。

三 其他经济犯罪案件查处

1992年,县检察院设涉税检察室,查处偷税抗税犯罪案件。至1997年,对偷税抗税、假冒商标、生产销售假冒伪劣商品、诈骗、投机倒把等经济犯罪案件行使侦查权。1997年后,上述案件划归公安机关管辖。

1990－1997年,立案查处偷税抗税犯罪案件42件、42人,判刑3人,为国家挽回税款损失300余万元。立案查处假冒商标、生产销售假冒伪劣商品、诈骗、投机倒把等经济犯罪案件28件、37人。1992年,会同县公安、工商、技术监督、卫生防疫等职能部门,开展集中打击假冒商标、生产销售假冒伪劣商品专项斗争,查处此类违法犯罪案件28件,立案侦察假冒商标犯罪案件1件,捣毁生产、销售假冒商品窝点4个,收缴假冒“凤凰”牌自行车1800辆、假“凤凰”牌酱油120件、假“活力28”洗衣粉6.5吨、各类假冒名酒6800件,收缴并销毁一批假冒商标及生产设备。还先后查处生产假药案1件、生产销售伪劣化肥、农药案2件,获县委、省检察院表彰。

四 预防职务犯罪

结合办案,帮助发案单位整章建制,开展重点工程和重大经济活动专题预防。1990－2009年,建立预防职务犯罪联系点81个,在单位、学校、社区上法制教育课97场,发检察建议99份。

2005年,设立预防职务犯罪办公室,配预防专干2名,当年建立预防联系点6个,上法制课10场,发宣传资料3000份,接待群众法律咨询100余人次,开展哑河开发和自来水泵站建设工程专项预防。2006－2009年,先后在金融、水利系统和国土、城建等部门开展预防职务犯罪工作。

第四节 反渎职侵权

1997年前,县检察院设法纪检察股,1997年8月改设渎职犯罪侦察局,2006年1月更名为反渎职侵权局。1990－1997年,除查处国家机关工作人员渎职侵权犯罪外,还查处非法拘禁、重大责任事故、玩忽职守、非法侵宅、重婚、伪证等其他案件。其间,受理控告举报法纪案件线索276件,立案查处109件、149人,逮捕29人,40人被判处刑罚,为国家、集体挽回经济损失253万元。其中,玩忽职守案47件、57人,非法拘禁案26件、34人,解救被非法拘禁的人质及其他受害人33人,徇私舞弊、刑讯逼供案8件、9人,重大责任事故案10件、15人,非法侵宅案6件、7人,非法搜查、伪证、重婚、侵犯公民通信自由等案10

件、19人。1998-2009年,受理控告举报国家机关工作人员渎职侵权犯罪线索140件,审查96件、移送相关职能部门处理44件。立案侦查32件、37人,其中滥用职权14件、17人,徇私枉法、刑讯逼供3件、4人,玩忽职守9件、9人,不征少征税款案1件、1人,非法搜查1件、2人,其他4件、4人。所立案件中有公安干警3人、行政执法机关工作人员16人、行业主管部门工作人员14人、其他4人。副科级以上干部13人、党员21人。移送审查起诉15件、16人,法院判决11人,为国家挽回经济损失550万元。2003年,反渎职侵权局获省检察院"三无一好"先进集体。

1989年12月、1990年6月,安障乡德兴村十一组先后两次发生非法拘禁盗窃违法人员并殴打致死案,3名主要责任人被追究刑事责任。1994年,立案查处全市首例公安干警徇私舞弊案,其主要责任人被追究刑事责任。1996年12月4日,城关大富豪酒店发生特大火灾案,财物损失25万余元,死亡11人,此案被列为当年全国十大火灾之一。县检察院10余名干警赶赴火灾现场勘验和调查取证,分别以玩忽职守罪和重大责任事故罪对4名直接责任人提起公诉,县法院分别判处4名被告人2-6年有期徒刑。1997年10月,新修订的《刑法》实施,渎职侵权案件的管辖范围相应调整,非国家机关工作人员渎职侵权犯罪案件划归公安机关管辖,国家机关工作人员玩忽职守、滥用职权、徇私枉法、刑讯逼供和利用职权侵犯公民人身权利、民主权利的犯罪案件由检察机关管辖。2003年,立案查处某局工作人员罗某、宋某滥用职权案获市检察院优秀案件。

第五节 民事行政检察

1990年,县检察院设民事行政检察专干,与控告申诉股合署办公,1992年,成立民事行政检察股。1991-2009年,受理不服法院判决、裁定的民事行政申诉案件212件,其中立案审查111件、不予立案92件。向市检察院提请抗诉56件、建议原审法院再审39件、执行和解7件、终止审理9件。

1991年,县内面条加工业主高某与湖北某面粉加工厂购销合同纠纷案,高某不服法院判决,向县检察院提出申诉,经市检察院向市中级人民法院提出抗诉,获改判,是为全市首例民事行政抗诉案件改判的案例。1994年,安裕乡政府农经公司收购农户价值近10万元的大蒜苗,委托县食品厂冷冻保鲜,因蒜苗腐烂变质造成损失,要求县食品厂赔偿损失而诉至县法院。法院判决县食品厂赔偿安裕农经公司损失7万余元,该厂不服,多次上诉未果。县检察院受理此案,经调查取证,证实大蒜苗腐烂变质属入库前保鲜处理不当所致,与该厂储存设备及保管无直接因果关系。此案经市检察院提出抗诉,市中级人民法院裁定发回县法院重审,改判县食品厂不负担赔偿责任。

对侵犯公众利益和国家利益的公益性案件,向法院提起公诉,维护公众权益和国家利益。2000-2009年,办理"公益诉讼"案件16件。

1994年,县农机化局将国家投资修建的价值190万元的农机化学校划拨给县农机公司,是年12月,应农机公司申请,县房管局将此房产确定为集体所有并颁发产权证,尔后农机公司将该房产出卖。2001年,县检察院民事行政检察部门审查认为该房产所有权属于国家,未经国资管理部门批准而将该房产出售,造成国有资产流失,侵犯了国家利益,向县法院提起诉讼。法院判决该房产买卖无效,撤销其产权过户手续。

对审判人员贪污受贿、徇私枉法裁判行为进行查处。先后查处审判人员贪污、徇私枉法案件2件。1994年,办理县法院民事审判人员贪污案,是为全市首例。

第六节 控告申诉检察

县检察院设控告申诉检察股,接待人民群众来信来访,受理罪案举报,办理刑事申诉和刑事赔偿案件。

一 来信来访接待

建立健全信访登记、领导批阅、转办、督办等工作制度,实行专职接待与检察长接待相结合。

1990－2009年，检察长接待群众来访878天、756人次，批阅来信418件，参与处理重大信访案件和突发事件142起。受理群众来信1429件、接待群众来访1334人次，其中告急信访27件、集体信访41件、上级交办129件。

1992年10月，官垱供销社在棉花收购中短斤少两，克扣农户棉花6000余公斤，棉农强烈不满围攻供销社。检察长王建国率信访干警到现场调查，有关责任人受到处理，退还了克扣的棉花，避免了一起重大群体性事件发生。1998年7月，安造大垸溃决后，发生多起灾民集体上访事件。县检察院热情接待，耐心疏导，及时查处了3起虚报冒领和倒卖救灾粮的违法事件，对1名贪污救灾款物的村支部书记予以立案侦察，追究其刑事责任。1998年始创建"文明接待室"。2000年获省检察院"文明接待室"；2004年获最高检察院"全国文明接待室"，信访接待员姚湘振获全省检察系统优秀信访接待员。先后4人获省检察院表彰，5人获县、市政府记功。

二　罪案举报受理

1989年，始设罪案举报中心，1998年设专职主任，设置举报专用电话，实行专人接待。对罪案举报线索统一登记，归口管理，及时分流办理。

1989－2009年，受理各类举报线索1159件，其中属县检察院管辖的1102件，举报中心查处613件、转反贪污贿赂局查处223件、转反渎职侦察局114件、转有关部门处理155件、举报中心移送县检察院自侦部门立案侦察140件。建立举报奖励制度，保护举报人合法权益，发放举报奖金3.3万元，查处打击报复举报人案件2件。

三　刑事申诉和刑事赔偿案件办理

遵循实事求是，有错必究的原则，及时受理、及时立案复查、及时答复申诉人，维护申诉人权益。

1990－2009年，受理不服法院判决、不服检察院处理决定的申诉案件60件，其中立案复查44件，通过复查改变或部分改变原决定16件、维持原处理决定28件。1995年，设刑事赔偿办公室。至2009年，办理刑事赔偿案件7件，赔偿和返还金额14.7万元。

第七节　监所检察

县检察院设监所检察股，对公安机关监管场所执法活动及监外执行人员的改造活动实行监督，依法查处被监管人员又犯罪案件。

一　驻看守所检察

1990－2009年，驻所检察7300天，开展各类执法检查活动583次，其中执行判决、裁定检察92次、羁押期限检察106次、安全检察212次、清监检察158次、囚粮囚款、卫生医疗、保外就医、减刑、假释等专项检察64次。消除安全隐患75起，收缴剪刀、铁钉、玻璃等一批违禁物品，纠正各种违法行为316起，其中无证收押3人、违法保外就医4人、打骂被监管人员4起，发纠正违法通知书95份，发检察建议76份。配合看守所开展对被监管人员教育，向在押人员上法制课162场，个别提审教育1000余人次。

1990年8月，省公安厅、检察院、法院、司法厅、劳改局联合发布《关于刑事犯罪分子在规定期限内投案自首的通告》，县检察院负责人和监所检察干警反复向在押人员宣讲《通告》精神，号召检举揭发和交代余罪。有117名在押人员主动检举他人和交代自己的问题，检举犯罪线索160条。通过查证，破获杀人积案1件、抢劫案1件、重大盗窃案10件、经济犯罪案2件，追捕5人，追回赃款近万元。

二　又犯罪案件查办

1990－2009年，立案侦察在押人员及监外执行人员又犯罪案件27件、35人，均被判处刑罚。其中1993年5件、6人，1994年4件、9人，2000年4件、4人，分别获省、市检察院表彰。

1994年1月，在押人员李某等6人将同监室关押的李某殴打致死。主管检察长亲自上案，将案件侦察终结，移送市检察院起诉，主犯李某被判处死刑，其余5人分别被判处无期徒刑和7年以上有期徒刑。同时,对公安机关的立案实施监督,先后监督立案 24 件、28 人,一批漏网嫌疑人受到法律追究。

三　监外“五种人”考察

对服刑监外执行、剥夺政治权利、缓刑、假释、保外就医(简称监外“五种人”)的罪犯定期考察监督。

1990－2009 年,考察监外“五种人”1343 人次,纠正脱管、漏管 27 人,重新收监 13 人,纠正其他违法 32 起,建议减刑 4 人,立案侦察又犯罪案件 25 件。

第八节　检察技术

1991 年 4 月成立检察技术股,与反贪污贿赂局合署办公,开展文字检验、物证照相和现场勘验。当年办理检察技术案件 20 件,其中文字检验 9 件、物证照相 7 件、现场勘验 4 件。此后,陆续选调配备专业人才并培训,检察技术门类逐步拓宽。1994 年设司法会计鉴定和法医鉴定,2000 年设视听资料项目并广泛应用于办案。有高级会计师 1 名、法医主检师 1 名、文字检验助理工程师 1 名。购置照相、摄像、监控等价值 40 余万元的技术设备。

1991－2009 年,办理各类检察技术案件 1221 件,其中司法会计鉴定 205 件、文字检验 178 件、法医鉴定及法医文证审查 464 件、物证照相及摄像 308 件、现场勘验 32 件、视听技术 31 件、其他 3 件。1999 年,向省检察院选送 8 件技术鉴定案件,6 件获优秀案件并通报表彰。2000 年,运用法医鉴定、文字痕迹检验、司法会计鉴定等技术,办理保险鉴定案件 12 件,查出骗保案 3 件、扩大损失金额案 6 件,为国家挽回经济损失 16 万元,其经验在全省检察机关推广。

第九节　司法警察

1999 年前,县检察院设专职司法警察。2000 年设司法警察大队,担负押解、送达、执行传唤、拘传、搜查、保护犯罪现场、参与处置突发事件等任务。在编司法警察 6 人。至 2009 年,出警 310 次,其中执行押解、拘传、传唤 115 次,参与追逃 52 人次、追捕逃犯 8 人,参与平息突发事件 38 起。

2002 年,在全市司法警察技术比武中获二等奖;是年,获省检察院先进法警大队。2003 年,在全省司法警察技术比武中获第二名,法警刘斌获记三等功。

第十七章　法　院

第一节　机构与队伍

一　机　构

1989年,县人民法院(简称县法院)设刑事审判一庭、刑事审判二庭、民事审判庭、经济审判庭、行政审判庭、办公室、政工室等7个机构,辖城关、大鲸港、大湖口、三岔河、陈家嘴、下渔口、官陵湖、董家垱、黄山头、理兴垱、官垱、焦圻、出口洲、北河口、芦林铺、黄山岗等16个农村法庭。1990年撤销三岔河、下渔口、黄山头、焦圻、出口洲、北河口、芦林铺、黄山岗等8个农村法庭。1991年增设法医技术室、司法行政室(与办公室合署办公)。1992－1993年,刑二庭更名为告诉申诉审判庭(简称告申庭),增设执行庭(与法警中队合署办公),下设城关、官垱、董家垱、大湖口、陈家嘴、大鲸港等6个农村法庭。1994－1996年,告申庭更名为审判监督庭,法警中队更名为法警大队。1997年,增设立案庭(与审判监督庭合署办公),撤销官垱法庭。1998－1999年,增设税务法庭,司法行政室从办公室析出并更名为行政装备室,立案庭从审判监督庭析出,撤销大湖口、陈家嘴法庭。2000年,增设交通法庭。2001－2002年,撤销税务法庭、交通法庭。2003年,执行庭更名为执行局,民庭更名为民事审判一庭,经济庭更名为民事审判二庭,撤销城关法庭,增设官陵湖法庭。2005年,撤销法医技术室,执行局、政工室和3个农村法庭升格为副科级单位,增设民事审判三庭。2007年,增设审判管理办公室。2008年,恢复法医技术室。2009年,设办公室、政工室、行政装备室、立案庭、审判监督庭、刑庭、民一庭、民二庭、民三庭、行政庭、执行局、法警大队、法医技术室、审判管理办公室等14个机构,辖官陵湖、董家垱、大鲸港等3个农村法庭。

1989－2009年,县法院开展法官员额配置、诉讼证据制度、审判方式、机关管理、立案流程、裁判文书、执行机制和特邀人民陪审员制度等改革。

建立符合现代审判规律的审判组织,按照法官职业化的要求,确定审判人员与非审判人员的合理比例。完善审判长和独任审判员选任的审判权力配置,落实县人大常委会对“两院”实行法律职务随届任免的决定;设立法官助理,将书记员、执行员、司法警察作为单独序列,逐步实行了法院干警分类管理。落实最高人民法院《关于民事诉讼证据的若干规定》,进一步深化民事诉讼证据制度改革。实行庭前证据交换、限期举证制度,制定证人出庭作证制度,探究新型证据审查认定规则,强化当事人举证责任,构建当庭举证、当庭认证、法官居中裁判的诉讼模式。把普通程序简便审判由刑事审判扩大到民商事审判,不断创新民商事审判的调解理念、模式、艺术和方法,以便捷方式息诉止争。坚持耐心、诚心、恒心、公心“四心调解法”,找准“沟通点”“切入点”“感化点”“借力点”进行调解;建立法庭、乡(镇)、村(居委会)“三级连线”民调网络,形成了以人民法庭为中心、以村民调解委员会为主体、以乡镇司法所为重点的“三位一体”基层综合治理调解服务网络。探索审判工作机制和人财物管理体制改革,完善立、审、执、监业务的职权划分和队伍精细化年度目标管理、公务接待审批、会议审批等制度,淡化审判机关的行政色彩。依法行使立案权,强化案件立案和流程管理,完善再审立案标准,实施再审立案听申制度,规范启动再审程序,变无限申诉为有限申诉,变无限再审为有限再审,维护司法既判力。推行裁判文书改革,对证据的采信过程、当事人争议的事项、裁判的理由、适用法律法规的依据均在裁判文书上公开表述,客观全面反映庭审过程,增强裁判文书的逻辑性和语言的准确性,使裁判文书真正成为展示司法公正的载体。推行执行流程管理机制,建立执行和裁判分权制衡运行机制。实行执行裁决权、执行命令权、执行实施权“三权”分离；推行诉前风险告知和债权凭证制度；设立专门的执行合议庭，通过公开执行听证程序作出裁决；加大对暴力抗法和拒不协助执行等行为的处罚力度，维护法律的严肃性。通过民意调查、行业推荐、公开选任等方式，每年聘请来自“维权”和财会、审计、税务、财政、劳动、建筑、医疗、计算机等不同行业，代表不同的社会组织、团体和阶层，有较高社会公信度，公正意识较强和社会良好形象的公民为特邀人民陪审员，让其参加审判合议庭和决议案件，以确保司法公正。

1998 年，分获最高法院、省高院抗洪救灾集体一等功、二等功。2001 年，法警大队获市中院“青年文明号”。2002 年，获省高院“人民满意好法院”；是年，获省卫生厅文明卫生单位。2004 年、2006 年，先后获市委、市政府文明单位、文明标兵单位。2007 年、2008 年，先后获省高院司法绩效先进单位、人民法庭标准化建设先进单位和“十佳警队”。

二　队　伍

1990－2009 年，严格按照《中华人民共和国法院组织法》（简称《法院组织法》）和《法官法》管理法官、法警和其他工作人员，队伍的政治素质和业务素质不断提高。

1989 年，县法院有干部职工 72 人。2009 年编制增加到 93 人，实有 91 人，其中法律硕士结业 1 人、在读法律研究生 3 人、法律本科生 72 人，占总人数的 81.7%；35 岁以下的 24 人、占 25.8%。法官 67 人、占 72%，其中 45 岁以下 36 人。女干警 17 人、占 18%，法警 16 人、占 17%。一级警督 1 人、二级警督 1 人、三级警督 9 人，一级警司 3 人、二级警司 2 人。公务员序列 82 人、占 88%，副科级以上干警 42 人、占 46%。20 年间，先后有郭东海获记最高法院个人一等功，刘定泽、刘湘葵获记省高院个人二等功，邓新华、粟伟获省高院法院调研工作先进个人，王玮获记市政府个人二等功，郭松、江来访获市人大全市模范法官，陈山中获市政法委全能审判长，沈凌溶获市“巾帼建功立业”先进个人，108 人获记市中院、县政府个人三等功。

第二节　刑事审判

1989－2008 年，县法院审理各类刑事案件 2372 件、4080 人，其中公诉案件 2168 件、3876 人，刑事自诉案件 204 件、204 人，结案率 100%。上述案件中，判决结案 2059 件、3697 人，其中公诉案件 2033 件、3671 人；检察机关撤诉 135 件、205 人；刑事自诉案件调解 178 件、178 人。判决案件中，判处 10 年以上有期徒刑 319 人、占 8.63%，判处 3 年以上 10 年以下有期徒刑 1367 人、占 36.97%，判处 3 年以下有期徒刑 1244 人、占 33.65%；判处拘役 296 人、占 8%；判处管制 172 人、占 4.65%；适用缓刑 236 人、占 6.38%；单处罚金 34 人、占 0.93%；免予刑事处罚 19 人、占 0.52%；判无罪 10 人、占 0.27%。

配合和参加市中级人民法院审理了 2001 年“9·1”张某、李某团伙抢劫杀人案、2002 年杨某团伙贩毒案和“3·25”杨某寻衅滋事故意伤害案等一批重特大案件，判处死刑 48 人、死缓 21 人、无期徒刑 34 人；协助市中级人民法院执行死刑 47 人。1990 年，获记市中院刑事审判工作集体三等功。2000 年，获省高院打击制裁“三假”坑农专项审判先进单位。2003 年，获省高院“严打”整治斗争先进集体。

严格遵守“以事实为根据，以法律为准绳”的刑事诉讼法律基本原则，突出“严打”中心，重点打击危害公共安全和故意杀人、故意伤害、抢劫、重大盗窃等直接侵害人民群众人身及财产安全的暴力性、团伙性、多发性犯罪。在判决的 2033 件刑事公诉案件中，抢劫案件 472 件、923 人，故意伤害案件 228 件、372 人，危害公共安全案件 13 件、21 人，重大盗窃案件 189 件、438 人。其间 30 多天时间内以摩托车为作案工具疯狂抢劫 26 次，涉案金额 3 万余元，在城关地区造成恶劣影响的系列抢劫案，被告人孔某等 3 人均被判处 10 年以上有期徒刑；社会反响强烈的“9·3”“11·14”两起交通肇事案，被告人分别被判处 5 年有期徒刑。

贯彻执行新《刑事诉讼法》，严厉打击贪污、贿赂、挪用公款等经济领域犯罪。20 年间，共审结此类案件 193 件、315 人。夏某等挪用农村信用分社储金

50余万元,导致受害农民挤兑;2004年县建行多人系列贪污案;2006年县邮政官垱支局原局长孙某贪污、挪用公款等案件。县法院组织力量快审快结,确保了涉案乡镇的稳定,维护了金融秩序。

坚持罪刑法定原则,做到快与准结合。对犯罪事实清楚,被告人认罪的刑事案件均按简易程序10天内审结,一般案件20天内审结,复杂疑难案件30天内审结,刑事案件审理平均期限16天。1998年,县境遭受百年不遇的特大洪灾,县法院干警及时打击涉灾和汛期作案的犯罪分子,维护了灾后社会秩序稳定。叶某趁灾打劫案,受理后24小时内在受灾现场公开审理并当庭判决被告人有期徒刑,创造了县法院刑事审判结案时间最短、速度最快两个之最。

严厉打击破坏市场经济秩序和涉农犯罪,净化投资环境,维护市场经济秩序。县法院依法从重从快判处了两起盗窃珍珠蚌团伙犯罪。20年间,开展打击制裁假农药、假种子、假化肥坑农专项审判,共审结此类案件39件、53人。2003年,被告潘某销售假冒"金芙蓉"香烟269件、涉案金额23.9万元,被判处有期徒刑1年,并处罚金24万元;刘某贩卖私盐非法经营案、郭某破坏生产经营案,两被告均受到刑事处罚。

坚持宽严相济原则,参与社会治安综合治理。严格依照法定程序审理,对罪行严重、主观恶性大、社会危害大的黑恶势力犯罪依法重判;对社会危害小,民愤不大并有悔罪诚意的偶犯,依法减轻处罚。始终把打击涉毒犯罪作为刑事审判工作的重点,严惩涉毒犯罪,净化社会环境。20年间,共判处贩毒案件186件、273人,非法种植毒品原植物案件11件、13人,一律依法从重判处。2001年全国"严打"期间,对规定时间内投案自首的,依照法律判处缓刑29人;对未成年人犯罪适用缓刑9人。对公诉案件快速审理的同时,注重刑事自诉案件的处理,确定了"预防为主、打击为辅,调解为主、判决为辅"的办案原则。20年间,共审理刑事自诉案件204件、204人,调解结案178件、178人,调解结案率89.3%,有效地防止了矛盾再次激化。

第三节 民商事审判

1980年前,经济纠纷案件由民事审判机构审理。1981年9月,县法院始设经济审判庭。至此,民事、经济审判与刑事、行政审判严格分离,统称"四大审判"。2003年,大民事审判格局形成,撤销经济审判庭成立民事审判第二庭,民事、经济审判合称民商事审判,审判工作由"四大审判"归结为至今的刑事、民商事和行政审判。县法院严格执行《民法通则》《婚姻法》《合同法》《公司法》《破产法》和《民事诉讼法》等法律法规,充分发挥调节、保护职能,妥善处理各类民商事纠纷,切实保障诉讼当事人的合法权益。1989－2008年,共受理民商事案件25426件、诉讼标的128943.72万元,审结24519件、结案率96.3%,解决争议标的68642.37万元。审结案件中,判决8630件、占35.2%,调解、撤诉15889件,占64.8%。2005年9月,获市综治委、市委政法委指导人民调解工作先进单位。

严格执行《婚姻法》,依法调整婚姻家庭关系。在处理此类案件时,注重保护妇女儿童的合法权益,将深入细致的调解工作贯穿于审理全过程。20年间,共审结此类案件7686件、占审结民商事案件(下同)的31.34%,其中调解结案4788件、调解结案率62.2%,有400余个家庭破镜重圆,无一起"民转刑"案件。

践行新《合同法》,依法调整财产关系。随着经济社会发展,涉及生产流通领域的买卖、民间借贷、不当得利、土地承包、承揽加工和合伙经营者之间内部财产纠纷逐渐增多,产品质量、工伤、医疗纠纷、劳动争议、租赁合同、交通肇事等纠纷也明显上升。20年间,共审理此类案件9869件、占40.25%,解决争议标的16987.5万元。审理案件时,注意保护当事人合法权益,运用司法手段协调各方面利益关系,制裁违法行为。2000年,毛某等50人诉拾比佰航运有限公司、香港中佳实业有限公司借款纠纷案,是根据新《合同法》"代位诉讼"规定审理的新型案件,既为原告方实现债权200余万元,又保证了拾比佰航运有限公司正常运行,达到了法律效果和社会效果"双赢”。2004年初，温州商人滕某与其合伙人购买了破产企业县广安饲料发展公司的一宗土地，欲投资3000余万元开发成一座集商贸、住宅为一体的大型商贸城。不久，受市场行情影响，该宗土地迅速升值，其他几位合伙人极力主张倒手后撤资走人，并停止该项目在安乡的投资。6月，滕某以其他几位合伙人“股东不履行对公司义务”为由向县法院提起诉讼，县法院结合法律、经济效益、发展前景等对双方当事人进行调解，促使滕某与其他合伙人达成一致调解协议，把该投资项目留在了安乡。此间，安生乡车某等120余户村民的土地承包纠纷案，涉及9个区、县、市电信部门240余名职工劳动争议纠纷案等，均得到圆满处理。维护了社会的公平正义和正常的生产生活秩序，促进了县域经济健康有序发展。

审理“三养(赡养、扶养、抚养)”案件，促进社会和谐。与县妇联、团县委等部门配合，设立维护妇女、儿童和老人合法权益法庭，对“三养”案件着重调查，妥善处理家庭纠纷，维护和促进了社会的稳定和谐。20年间，共审理此类案件437件、占1.78%。

审理涉农涉灾案件，服务农村和灾区群众。20年间，共审理涉及农村生产经营的“假农药、假种子、假化肥”等纠纷和农村消费案件1863件、占7.6%，解决争议标的8784.8万元，维护了农村社会稳定。1998年洪灾后，县法院受理的涉及安宏乡、安昌乡等8个乡镇2535户农户诉安乡种子公司种子质量纠纷案，安全乡6549户农户与中国平安保险公司家财保险合同理赔案，安障乡4735户农户与中保财险公司家财保险合同理赔案，共为农户执行到位经济损失赔偿款、理赔款780万元。此间，下渔口镇芦苇山租赁合同纠纷案，因优先承租权问题导致农户多次上访、申诉。本着服务农村的宗旨，严格按法律程序充分协商，在补偿原承租户后，拍卖芦苇山价款145万元、拍卖10年租赁承包权价款885万元，既平息了涉稳纠纷，又补偿了农户，并使租赁权被本土民营企业获得，还使镇政府管理的国有资源和权益实现了最大值。配合农村消赤减债、农业承包合同款清收等专项审判活动，清收欠款300余万元。

维护金融秩序，审理金融借贷合同纠纷案件。1989－2008年，共受理金融机构借款合同纠纷案件1529件，标的总额14628余万元，审结516件、占2.1%，结案标的12879余万元。

支持企业改革，化解企业安置矛盾，维护社会政治稳定。在审理破产案件中，县法院严格法律程序，注重实际，主动向县政府及企业的上级主管部门提出改组改制方案和招商引资建议，尽力促进企业重组搞活，最大限度地盘活破产企业存量资产，协助县政府安置破产企业职工8328人。20年间，共审理破产案件78件、结案71件、结案率90%，结案资产评估总额58642.73万元，所负到期债务121379.24万元(含借款62800万元)；资不抵债82314.38万元，涉及金融债务73342.78万元，依法破掉金融债权58341.39万元，占民商事审判结案标的的84.9%。2005年4月，受理28名原告诉安乡县恒建管道燃气有限责任公司买卖合同纠纷、民间借贷系列诉讼案件。在处理该案时，发现被告公司管理混乱且资不抵债，即时将该案交破产合议庭处理。办案组进驻该公司，协助公司清理财务，将经营供气资产与其他经营资产剥离，剔除破产立案前该公司已产生的各项费用开支，该公司破产财产确定为266.89万元，第一、二顺序债权受偿后，第三顺序债权508.5万元，可供分配财产112.5万元，清偿率22.12%。仅38天全部审结，为县内民间债权人实现债权53万元。既维护了社会稳定，又把企业巨额有效资产留在了安乡，促进了新投资收购项目启动，保障了企业正常安全经营。县棉纺织厂在企业破产改制中，县法院建议该企业所欠养老保险费2100万元以实物向县社保处清偿，再由社保处将该资产以租赁方式交新组建的金鹏公司使用，所得租金用于发放养老金，既保证了社会养老保险金足额到位，维护了退休人员的既得利益，又有利于企业的重组和正常运转，确保了社会稳定。

提供司法救助，保护弱势群体合法权益。20年间，共审结此类案件847件、占3.45%，减免诉讼费168.64万元。2001年，审结了县残疾人服务总社诉湖南电视台经济频道名誉权损害案、瘫痪儿童王传美医疗事故损害赔偿案等。

第四节 行政审判

1983年3月，县法院成立行政审判庭，至1988

年，审结行政诉讼案件3件。1989－2008年，县法院树立服务改革开放、发展稳定的指导思想，严格依法办事，大胆审理，依法评判。强化对被诉具体行政行为合法性审查，让群众的合法权益得到保护，对改革中出现的重大、群体性行政争议，注重协调，行政审判持续、稳定、健康发展。20年间，共受理行政诉讼案件415件、审结407件、审结率98%。

2005年3月，原城关镇护城村二组村民陈某、郭某夫妇与县卫生局旁个体餐饮业主周某约定，借周某白天不经营的门面卖皮带。5月15日下午，县城管局执法人员将陈某摆设的货物收走，未出具收据和货物清单，郭某多次到城管大队要求返还货物未果。5月23日上午，郭某在城管大队办公室当众服毒。后经司法鉴定结论为精神分裂症，构成四级伤残。2006年10月9日，陈某、郭某对被告县城管局行政赔偿案向县法院提起诉讼。2006年12月22日、2007年5月24日，县法院两次公开审理，依照《行政赔偿法》规定，被告应依法予以赔偿。2007年6月4日，县法院组织双方当事人调解达成协议：被告赔偿原告医疗费、后续医疗费、残疾补偿金、护理费、抚养费、必要的交通费、财产损失费等33万元。

加大非诉行政案件执行力度，支持行政机关依法行政。对行政机关申请执行的非诉行政执行案件，从申请主体资格、适用法律法规、处罚所依据事实、处罚程序四个方面进行审查，对符合法定条件的坚决依法执行。20年间，共受理非诉行政执行案件4571件、受案标的6549.4万元，执结4571件、执结率100%、执结标的5876.3万元。在县内现代城、工业园、大湖口大桥、天洁纸业、防洪大堤维护等大型、重点工程建设中，针对征地拆迁和园区规范化管理过程中纠纷多、矛盾突出的特点，县法院提前介入，开展法律法规和政策宣传，组织力量强制执行，有效地保障了重点工程建设进度，有力地维护了被拆迁对象的合法权益。自1997年起，周某私自占用安乡县荆江南堤防汛管理所的7间房屋从事大米加工业务，该所及县水利水电局多次要求其迁出未果。县法院受理县水利水电局的强制执行申请后，经审查认为申请人的处罚正确，为保障防汛工作顺利进行，依法裁定准予执行，并于2000年6月29日将周某拘留。周某认识到自己的错误，自行搬迁。2008年4月17日，县法院受理申请执行人县国土资源局申请强制执行限期腾地一案，依法组成合议庭，对申请强制执行的限期腾地通知书的合法性进行审查后，依法裁定准予执行。裁定下达后，被执行人黄某、谭某履行了腾地义务。1999－2002年，县地税局申请执行"三税"征收案2800余件，县法院强制执行征收"三税"入库1273.6万元。

第五节 案件执行

1992年前，县内案件执行工作未设专门机构，所有审结案件由审理单位自行执行。1992年，县法院设立执行庭，始有专门执行机构，从事审结案件和委托执行案件的执行。在探索中建立执行和裁判分权制衡的执行运行机制。县法院采用财产调查、财产审计和查封、冻结、扣押、拘留等强制措施，组织集中执行活动，提高执结率，确保具备执行案件、被执行人有履行能力的案件及时得到执行，解决"执行难"问题，既使申请执行人的权益得到实现，又尽可能将因执行对被执行人正常生产、经营带来的负面影响降到最小限度；推行执行流程管理机制，实行执行裁决权、执行命令权、执行实施权"三权"分离；设立专门的执行合议庭，对变更、追加被执行主体、案外人异议等关系到当事人及案外人实体权利的案件，一律实行合议制，通过公开听证程序作出裁决，确保执行"公开、公平、公正"。

1995－2008年，重点抓六类案件的执行。执行财产中查封不动产一年以上的案件；涉及群体性权益，容易激化矛盾，影响社会稳定的案件；人大监督建议的案件；上级法院和党委督办的案件；涉外案件；新闻媒体等社会舆论关注的案件。共受理执行案件6539件、执结4232件、中止执行1051件、执结率80.8%，执结标的6528.7万元，为工商企业、金融部门依法清收债权2863.5万元，依法拘留284人次、训诫165人次、责令具结悔过235人次，对拒不执行生效法律文书移送公安机关侦察13人次。申请执行人海口银海公司温某申请执行中国银行安乡县支行案，共执行现金300余万元。三岔河中心小学学生孔某诉同校学生刘某人身损害赔偿案审结后，刘某的父亲作为法定监护人赔偿孔某22880元。该判决生效后，被告因家庭贫困无力履行，县法院提出由被告的父亲到原告亲戚所办酒厂打工，所得劳务工资除保证其家庭基本生活外，其余抵作赔偿金的执行方案，得到双方认可。

第六节 审判监督

1989年前，县法院无专门机构审理再审案件。1979年、1982年，第五届全国人大先后通过《刑事诉讼法》《民事诉讼法（试行）》，审判监督则有法可依。1984－1988年，县法院设刑二庭，按照《刑事诉讼法》《民事诉讼法（试行）》之审判监督程序，专门办理刑事案件的减刑、假释、复查工作。1989年、1991年，第七届全国人大先后通过《行政诉讼法》《民事诉讼法》，审判监督工作始步入依法受理民商事、刑事、行政案件再审的轨道。1992年初，刑二庭更名为告申庭（后为审判监督庭），始有专门审判监督机构且审判监督程序日臻完善，依法纠错已成为审判工作不可或缺的法律手段。同时，审判监督还担负着案件评查职能。随着审判管理办公室的成立，加强了执法监管、司法绩效规范化管理和处理涉法涉诉上访，并取代审判监督评查案件职能。

为保证案件质量，审判监督庭或审判管理办公室根据各类案件办理情况，每季度进行一次案件质量评查通报和究查，案件评查后整改复查优秀率达99%，无不合格案件；审判管理办公室还针对上诉发回重审、改判、涉法信访案件，重点评查111件；定期选聘执法形象监督员，每月定时或不定时与执法监督员联系工作，并适时邀请其参加县法院执法例会，听取执法监督员的意见，促进了执法监督工作；审判委员会研究案件打破只听汇报的惯例，直接听取重大、疑难案件的庭审，保证了案件定性、法律适用和案件处理的准确性。1989－2008年，县法院根据《民事诉讼法》《刑事诉讼法》《行政诉讼法》有关规定，共受理本院决定再审、当事人申请再审、人大监督和检察机关抗诉的再审案件265件、审结259件、审结率98%。审结案件中判决242件、调解17件。其中人大监督建议案再审8件，再审部分改判3件；刑事申诉84件、106人，再审改判13件、18人；民商事申诉140件，再审部分改判46件、另行判决8件；本院决定再审17件，再审部分改判4件、另行判决3件；检察机关抗诉10件，再审部分改判1件。办理减刑、假释38件、38人。受理各类上诉案件548件，二审改判196件、发回重审27件，二审改判率35.8%、发回重审率5%。上诉案件中民商事案件398件，二审改判151件、发回重审20件；刑事案件128件，二审改判40件、发回重审6件；行政案件22件，二审改判5件、发回重审1件。

第七节 立案信访

1996年前，立案工作未设专门机构，所有案件均由各办案单位自收自立。1996年，县法院始设立案庭，履行各类案件归口审查登记立案职能，杜绝了业务庭自立自审。

县法院坚持“依法”“统一”“两便”基本法律原则，实行立案归口管理仅一年时间内，审查立案率和登记立案率均达到100%，为司法公正提供了规范管理保障。至2008年，共审查登记立案诉讼案件11875件，无一例错立、漏立案件。同时，依法行使诉前财产保全和诉前调解职责，及时合法的保护当事人的合法权益；设置审判、执行流程局域网络管理，规范审判流程流转机制；确立审判业务工作六个终极目标，即零申诉信访率、零超审（执）限率、零抗诉发回重审再审改判率、零质量评查漏检漏评率、零案件质量评查不合格率、零违禁违纪违法率；对所有应公开审理的案件进行排期开庭，以“阳光工程”促进司法公正。

加强信访接待。实行信访工作责任制和院长接待日制度，对群众来信来访，专人办理、分工协作、层层负责，确保事事有回音、件件有落实。承办法官对案件质量终身负责，形成办案与息诉息访相连贯的责任机制。从立案接待、案件管理、庭前准备、财产查封保全、申诉听证等贴近群众的环节，认真接待当事人来访与申诉，认真办理人大代表、政协委员建议案和提案，并作出“有访必接，有疑必释，有屈必解，有冤必申”的承诺。至2008年，共处理群众来信984

件,接待群众来访1.68万余人次;依法处理省人大常委会、省高院执法督查室、市人大常委会、市中院执法督查室、县委办督查室和县人大常委会信访室转办、交办、督办件287件。罗某,原系国民党军官,“土改”时因抵抗人民政府政令、威胁人民团体罪被判刑3年。1998年3月,罗某寄来申诉信并附起义投诚证明。据此,立案庭建议立案再审,审判监督庭作出撤销原判、宣告其无罪的判决。

第十八章　司法行政

第一节　机构队伍

县司法局是县政府主管全县司法行政工作的职能部门。1990年,设办公室、宣教股(加挂县普法依法治理办公室牌子)、政工股、基层管理股、公证律师管理股、政策法规股等6个机构,归口管理县公证处、律师事务所。有乡镇司法所20个,配备司法人员35人,以乡镇为主管理。2002年5月,按照省司法厅要求,各乡镇司法员收编县司法局直管,20个乡镇司法所改为派出机构,配备司法助理员20人。2009年,设办公室、宣教股、政工股、基层管理股、法制股(加挂公证律师管理股牌子)等5个机构,有县公证处、法律援助中心2个直管机构,辖19个乡镇司法所,归口管理律师事务所。共有干职47人。

第二节　法制教育

全县有计划的普法教育始于1985年。1985年,县委制定《安乡县1985－1989年普法规划》(简称"一五"普法),是年3月,县九届人大二次会议作出《向全县公民普及法律常识的决议》,成立县普法领导小组,具体实施普法教育。此后,5年为一周期的普法教育形成制度。

1985－2009年,经历了从"一五"到"五五"普法的发展过程。此间,县委6次召开全县法制宣传教育工作会议,研究、部署、总结法制宣传教育和依法治县等工作事项,分别制定出"一五"至"五五"普法规划并由县人大常委会形成相应决议,县委、县政府还发出《关于进一步加强法制宣传教育工作的意见》《安乡县开展法制宣传教育和依法治理工作第四个五年规划的通知》。有计划的普法教育,提升了全民法律意识。

组织领导逐步健全。"一五"普法实施之初,各乡镇、局相应成立普法领导小组("三五"普法期间,各级普法领导小组更名为普法依法治理领导小组)116个,配备辅导员6450人。后调整充实乡(镇)局级以上普法领导小组120个,配备工作人员266人、辅导员360人、聘请宣传员6659人。"四五"普法期间,在全县中小学校配备法制副校长220名。法律知识普及面扩大。"一五""二五"普法期间,在全县公民中开展普及《宪法》《刑法》《民法通则》等"十法一条例"基本法知识,全县干部和相关单位以普及《宪法》为核心,普及部门法为重点开展教育,侧重于《土地法》《税法》《劳动法》《城市规划法》《产品质量法》《计划生育条例》《公司法》《未成年人保护法》《妇女儿童权益保护法》《老年人权益保障法》《道路交通管理法》等28部法律法规。"三五"普法始,在全县公民中以普及新颁布的法律法规,深化依法治理为主要内容,开展国际贸易规则和涉外法律知识宣传和普及,公务员、司法人员则以邓小平行政法制理论、依法行政基本原理、《宪法》《行政诉讼法》《行政复议法》《国家赔偿法》《行政处罚法》《行政监察法》为主要学习内容,提高自身法律素质和执法水平。各级各类学校则开设法制教育课,宣传、学习《宪法》《国旗法》《教师法》《教育法》《未成年人保护法》《预防未成年人犯罪法》等法律法规知识。在普法教育的同时,配合严厉打击刑事犯罪专项斗争开展宣传教育,运用有线广播、宣传车、宣传栏、张贴标语、印发资料和召开群众大会等形式为"严打"造声势。此间,以乡镇为单位举办轻微违法人员法制学习班400余期(次),参学人数3800余人次,提供破案线索650条,75名犯罪嫌疑人投案自首。宣传教育形式更新,参学范围扩大。普法教育中,机关、企事业单位以集中学习面授为主,农村则村村开办普法夜校,利用晚上和农闲时间学习。至1989年,共举办党政干部普法培训班5期,培训干部4658人次,组织法制专题报告会26420场次,编印法制宣传辅导资料27万余册,举办法制广播讲座时长7900小时,组织街头法制文艺宣传10场,在35所中学开设法制常识课。干部普法考试,参学率98.1%,考试合格率99%,407个单位合格。大鲸港镇获全省普法先进单位。1995年,“二五”普法由主管部门以考试考核方式层层检查验收。全县普法对象46万余人,其中处级干部48人、科级干部943人、中小学生7.2万人、一般干部职工1.46万人、村(居)民37万人,考试考核合格率100%。县二职中、县委宣传部部长樊明雪分获全省“二五”普法先进单位和先进个人,县五中、人大常委会机关、税务局等5个单位、县委政法委书记陈长春、副县长余斌、司法局干部车世华等10人分获全市“二五”普法先进单位和先进个人。“四五”普法期间,全县普法对象48万人(其中科级干部1000余人、学生10万余人、执法人员2000余人)参加学习。2006年10月,安乡获市委、市政府“四五”普法先进集体、副县长章海南等7人获先进个人,县委副书记莫汉桃、安生乡政府退休干部潘能震获省委、省政府先进个人。“五五”普法期间,先后发放法律资料3000余份、科普书籍2000余册,组织律师、公证人员到官垱、三岔河等乡镇上法律课30余场,答疑解惑70人次,受到当地群众好评。全县各单位共举办法制广播讲座11247次,办黑板报、墙报1481期,出动法制宣传车38辆,书写大型标语横幅743条(处),在全县263个村的路口、码头和车站旁,建普法宣传栏420个。全县中小学生开展“拒绝邪教,崇尚科学”和告别公共娱乐场所万人大签名活动。2007年、2008年,县司法局局长杨钦两次获全省优秀司法局局长。

第三节 人民调解与乡镇法律服务

一 人民调解

20世纪80年代,人民调解工作移交司法行政机关管理。此后,调解组织进一步完善,形成乡镇、村(居)委会、村(居)民小组三级调解网络。至1997年,全县建立乡镇司法所20个、配司法员35人,建立人民调解委员会330个、配调解委员1650人,建立调解小组3970个、配调解员11910人。2002年5月,乡镇司法员收编后,全县设司法所20个、配司法助理员20人,建立人民调解委员会334个、配调解委员1650人,建立调解小组3970个、配调解员11826人。对调解人员采取常年专题培训、以会代训和办案传、帮、带等形式,提高其业务水平和操作能力。在实践中,各级调解组织贯彻“调防结合,以防为主”的方针,坚持“依靠群众,就地调解”的原则,把各类纠纷调解在基层和萌芽阶段。1990－2009年,共调解各类纠纷近10万件。

边界民间纠纷联防联调。湘、鄂两省的黄山头镇共拥有一座黄山,由于双边贸易、联姻等往来频繁,引发大量纠纷无人管,且时有群体性械斗事件发生。1990年4月,县司法局倡导,经湘、鄂两省黄山头镇政府协商,成立湘鄂黄山头地区联合调解委员会,负责跨省民间纠纷调解。至1997年,调处各类跨省纠纷112件,其中婚姻43件、债务35件、生产经营16件、损害赔偿18件。通过调解,防止和化解群体性械斗事件9件。1999年5月,吸纳公安县甘家厂乡、安乡县焦圻镇、安生乡为联调成员单位,更名为湘鄂黄山周边五乡镇联合调解委员会。1998－2002年,调处各类跨省纠纷112件。通过调解,防止和化解群体性械斗事件13件。1990年11月,安乡加入湘北鄂南八县市民间纠纷联防联调组织。1996年11月,湘北鄂南八县市边界联防联调第七届年会在安乡召开。年会总结了1996年度联防联调工作情况,交流经验、表彰先进,共商下年度工作事宜。湘鄂两省司法厅主要领导和常德市、荆州市、宜昌市有关党政负责人亲临,公安县、石首市、松滋市、五峰县、安乡县、石门县、澧县分管政法工作的副书记(副县长)、司法局长、基层股长及先进单位、先进个人代表共80余人参加会议。2009年8月,市委政法委深入黄山周边调研,拍摄了边界联防联调专题片,在市电视台播放。

2004年3月,始在全县探索基层警司联调工作,整合基层政法部门的力量和资源,在司法所、派出所和人民调解员中形成“三调联动”机制,成立县“三调联动”工作领导小组,有县综治办、信访局、财政局等27个成员单位,从县司法局、信访局、公安局、法院各抽调1人组成办事机构。至2007年,发放普法资料3万册,"化解矛盾提示卡"发至全县16万户家庭。为防止矛盾激化,方便群众求助,公布县、乡(镇)、村(居)三级包保责任人姓名、联系电话和监督举报电话,告知免费法律咨询电话和依法维权途径。至2009年,全县建矛盾纠纷调处中心21个、专兼职工作人员89人,警司联调室20个、专兼职工作人员40人,调解转化组262个、专兼职工作人员262人。

2004年,安裕司法所获省司法厅人民调解工作优秀司法所。2008年,黄山头人民调解委员会获全省优秀调解委员会。

二　乡镇法律服务

1997年,有乡镇法律服务所20个、法律工作者35人。各乡镇法律服务所共担任常年法律顾问846家(次),办理民事、经济等诉讼和非诉讼代理案件2127件,调处一般经济纠纷1015件,协办公证9147件,办理短期见证6975件,代书1913份,解答法律咨询10416人次,为顾问单位的个人避免和挽回经济损失519万元。至2002年,注册登记城关镇和焦圻镇法律服务所,有法律工作者20人。1998-2002年,共担任常年法律顾问700家(次),办理民事、经济等诉讼和非诉讼代理案件1744件,调处一般经济纠纷832件,协办公证7500件,办理短期见证5720件,代书1569份,解答法律咨询8541人次,为顾问单位的个人避免和挽回经济损失600万元。1990-2009年,共担任常年法律顾问1846家(次),办理民事、经济等诉讼和非诉讼代理案件7254件,调处一般经济纠纷5101件,代书9113件,解答法律咨询41016人次。

第四节　公证、律师与司法鉴定

一　公　证

1981年,县公证处成立,公证内容有合同(契约)、委托、遗嘱、身份、产权、继承权、财产馈赠与分割、收养关系、亲属关系等。至1997年,有公证员5人。遵循"真实、合法"的公证原则,保护公民合法权益,预防纠纷,减少诉讼。1990-1997年,办理各类公证15634件,其中民事权益1858件、经济合同13577件、涉外199件,公证总标的额4000余万元。拒办不真实、不合法公证66件,制止不合法经济活动12起,为国家、集体和公民避免经济损失125.5万元。处理有关来信21件,接待来访1984人次。公证准确合格率100%、履行率99%。至2002年,有公证员6人,其中涉外公证员1人、助理公证员2人。1998-2002年,办理各类公证1458件,其中民事权益90件、经济合同1265件、涉外103件,公证总标的额4800万元。制止不合法经济活动23起,为国家、集体和公民避免经济损失260万元。处理有关来信28件,接待来访2300人次。公证准确合格率100%、履行率99%。2007年,公证处主任陈建平获司法部全国公证岗位培训先进个人。

二　律　师

1995年4月,县律师事务所更名为湖南深柳律师事务所。1997年,有律师15人。1990-1997年,律师担任行政企事业单位常年法律顾问385家(次),为顾问单位审查修改合同469份、参与经营决策60余次、提供法律建议837条、处理法律事务893件、上法制课189场(次),为顾问单位避免经济损失1681万元,为其他当事人办结代理诉讼和非诉讼案件1587件,为当事人挽回经济损失1273万元。1999年11月,经省司法厅批准,湖南信义律师事务所成立,是为县内第一家股份制律师事务所。2002年4月,湖南深柳律师事务所改制,与县司法局全面脱钩。至2002年,两家律师事务所有律师19人。1998-2002年,律师担任行政企事业单位常年法律顾问329家(次),为顾问单位审查修改合同756份、参与经营决策115余次、提供法律建议1110条、处理法律事务1580件、上法制课210场(次),为顾问单位避免经济损失2000余万元,为其他当事人办结代理诉讼和非诉讼案件2302件,为当事人挽回经济损失1200万元。

2001年12月,县法律援助中心成立,负责全县法律援助工作的指导、管理和协调,直接办理有影响的法律援助案件。是年,在19个乡镇建立法律援助联络点317个,建立法律援助信息库,制作联络卡,为群众提供方便。2007年,县"青少年维权岗"成立,通过法律手段有效维护青少年合法权益。至2009年,县法律援助中心共提供法律援助、承办刑事、民事案件代理471件。

三 司法鉴定

2005年9月,经省司法厅批准,湖南潺陵司法鉴定中心成立,是为县内司法鉴定市场唯一合法主体,为司法公正、公平创造了条件。至2009年,共办理司法鉴定业务460余件。

第五节 刑释解教人员安置帮教

1997年,根据司法部要求,全县司法所正式将"两劳(劳改、劳教释放)"回归人员安置帮教工作纳入工作范围,对劳改、劳教释放、解教人员进行逐人帮教,并与有关部门联系,给予妥善安置。至2009年,帮教面达100%。县金成沅纺织有限公司与县安置帮教办签订过渡性安置刑释解教人员协议并履行承诺安置数十人。全县共安置200余人。

第十九章 民 政

第一节 机构与队伍

县民政局是县政府管理社会行政事务的职能部门。1993年,按全县机构改革方案,县民政局设办公室(原计划财务股并入)、优抚股、基层政权建设股、社会福利救济股等4个工作机构,定编12人;县残联并入县民政局,保留牌子,县民间组织管理局挂靠县民政局;辖收容安置遣送站、殡葬管理所、殡仪馆、革命老区开发办、农村社会养老保险办公室等5个二层事业单位,定编16人(原有28人,分流12人)。同时,为做好军队离退休干部服务工作,上级民政部门分配服务员1人。1997年10月,计财股从办公室析出,设5个工作机构,定编11人,实有行政编制17人;农村社会养老保险办公室更名为农村社会养老保险站,新置社会福利所,新增社会福利有奖募捐职能,共6个二层机构。共有干职90人。1999年,增设政工股,设6个工作机构,定编12人(其中县残联1人);县残联析出,新增福利工厂、恒安合资厂、被服厂、老区开发服务公司,殡葬管理所与殡仪馆合并,共8个二层机构,定编21人。共有干职148人,其中离退休22人。2001年12月,增设县城市居民最低生活保障管理处。2002年,县政府办发出《安乡县民政局职能配置、内设机构和人员编制规定》,新增民办非企业单位的登记管理、城镇居民最低生活保障的管理与协作、老龄工作的宏观指导和综合协调管理等职能,取消指导农村救灾保险工作职能。设办公室、优抚安置股、救灾救济股、基层政权建设股、老龄工作委员会办公室等5个工作机构,行政编制10人,离退休人员管理服务编制2人,后勤服务事业编制1人。具有行政职能的事业单位县收容遣送站、殡葬管理所,分别核定全额拨款事业编制5人、3人。2003年12月,县委编委办确定县殡葬管理所、婚姻登记管理处、救助管理站(由收容安置遣送站更名)、城镇居民最低生活保障站、农村社会养老保险站为具有行政职能的全额拨款事业单位,共核定编制26人;县殡仪馆为差额拨款事业单位,定编10人;县社会福利院、社会福利有奖募捐办公室为自收自支事业单位,各定编5人。上述单位均归口县民政局。2004年3月,恢复县军队离退休干部管理所;4月,成立县革命老根据地建设委员会办公室(简称县老区办)。直属事业单位共有在职人员48人(编制部门核定事业编制41人),其中干部13人、职工35人。2005年,成立县社会救助管理局,为副科级单位,归口县民政局。2006年4月,县慈善协会办公室设县民政局办公,核定全额拨款事业编制3人。共有行政编制17人、事业编制40人、差额拨款事业编制17人、自收自支事业编制5人。

2009年,设办公室、救灾救济股、优抚安置股、基层政权建设股、计划财务股、政工股、社会事务股、社区办、老区办、老龄办、社会福利有奖募捐办、慈善协会办公室、军队离退休干部管理所等13个工作机构;同时管理县社会救助管理局,县民间组织管理局仍挂靠县民政局;辖救助管理站、殡葬事业管理所、婚姻登记管理站等3个二层机构。共有在职人员92人、离退休人员34人,其中公务员20人(其中参照管理3人)、全额拨款事业编制51人、差额拨款事业编制14人、自收自支事业编制7人。主要职能是城乡社会救助、优抚安置、救灾救济、基层政权建设、社会事务、行政区划、婚姻登记、社会福利事业、民间组织管理等工作。

1998年,投资454万元、3442平方米的县社区服务大楼(县洞庭大道)建成,县民政局从原址(城关镇南门口)搬迁至此。2005年6月,县政府批准购置德成建筑公司办公大楼(城关镇文昌湾社区)作为县社区服务大楼,次年1月,县民政局搬迁至此。

第二节　基层政权建设

一　乡　镇

1990－1994年,全县设13乡、8镇,辖263个村民委员会(简称村委会)、41个居民委员会(简称居委会)。1995年11月,安造乡并入黄山头镇,设12乡、8镇,村(居)委会未变。2008年9月,省民政厅作出《关于安乡县部分乡镇行政区划调整的批复》,县城关镇、安猷乡合并设深柳镇,设11乡、8镇,辖256个村委会、36个社区居委会。2009年,社区居委会调整合并为31个。

二　村民委员会

1990年有村委会263个,2009年256个。《村民委员会组织法》规定,村委会是村民自我管理、自我教育、自我服务的基层群众性自治组织。村委会成员由主任、副主任和委员3－7人组成,每届任期3年,下设人民调解、治安保卫、公共卫生、社会福利等委员会,其成员由村委会委员兼任。村委会与村民之间建村民小组若干,各设小组长1名。1990－2009年,历经了7届村委会。

1990年,全县按照《村民委员会组织法》和直接、差额、公平、民主的原则,进行第一次村委会选举。1993年3月,第二次村委会换届选举增设副主任职位。1995年11月至1996年3月,第三次村委会换届选举,大多数村实行差额选举,少数村采取等额选举。此次换届确定了委员职数,即人口在1000人以下的村设3人、1000人以上3000人以下的村设5人、3000人以上的村设7人,妇女委员不能少于1人。2003年3月,第五次村委会换届选举,18个乡镇(城关、大鲸港镇无换届任务)、256个村换届选举完成后,对3442个村民小组长改选,选出村民小组长3324人。2006年1－6月,第六次村委会换届选举,根据中央办公厅、国务院办公厅《关于进一步做好村民委员会换届选举工作的通知》要求,规定2000人以上的村设主任、副主任各1人、委员3人,2000人以下(含2000人)的村设主任1人、委员2人,均确保有1名妇女委员。选出村委委员906人,其中村委主任256人(同时任村委主任、村支书255人)。大多数村撤销了村民小组长,由村委委员兼任,村民小组长由3324人减至926人。2008年1－6月,第七次村委会换届选举,实行"直推直选"方式,对村委主任、副主任、委员候选人,分别由村民选举委员会召集本村过半数选民以无记名投票方式提名,或由村民小组召集本组过半数选民以无记名投票方式提名,以得票多少确定。选出村委委员888人(村委、支委交叉任职727人),其中村委主任256人(同时任村委主任、村支书252人)、妇女委员258人(9个村未选出妇女委员)。详情见表19－1－24。

三　居民委员会

1990年有居委会41个,2009年31个。《居民委员会组织法》规定,居委会是居民自我管理、自我教育、自我服务的基层群众性自治组织。居委会成员由主任、副主任和委员组成,每届任期3年,下设人民调解、治安保卫、公共卫生、社会福利等委员会,其成员由居委会委员兼任。居委会与居民之间建居民小组若干,各设小组长1名。1990－2009年,历经了7届居委会。

1990年1月,全县按照《居民委员会组织法》进行第一次居委会选举。1997年11月,第三次居委会换届选举时,20个乡镇、42个居委会选出居民代表2750人,设立人民调解、治安保卫、公共卫生,社会福利等下属委员会126个。2000年,第四次居委会换届选举中,41个居委会由全体选民直接参加投票选举的12个,占29.3%,由居民代表参加投票选举的29个,占70.7%,有36名居委会主任按差额选举产生,占87.8%。2003年,第五次居委会换届暨首次社区居委会选举,全县48个居委会有22个列入社区居委会建设,按居委会选举的32个,按社区居委会选举的16个。2006年,第六次社区居委会换届选举时,全县调整合并为36个社区居委会。自此次换届始,居委会主任、书记由同一人担任,居、支两委委员交叉任职。2009年,第七次社区居委会换届选举,社区居委会调整合并为31个，选举委员164人。详情见表19－2－25。

安乡县第一至第七届村民委员会换届选举情况

表19－1－24　单位：个、人

项目 届次	年度	村委会数	村委会委员			
			总数	主任	副主任	妇女委员
第一届	1990	263	1242	263	–	270
第二届	1993	263	1686	263	263	–
第三届	1996	263	1259	263	–	273
第四届	1999	262	1152	262	–	249
第五届	2003	256	896	256	–	258
第六届	2006	256	906	256	–	256
第七届	2008	256	888	256	–	258

安乡县第一至第七届居民委员会换届选举情况

表19－2－25　单位：个、人

项目 届次	年度	居委会(社区)数	居委会(社区)委员		
			总数	主任	妇女委员
第一届	1990	41	205	41	–
第二届	1993	41	210	41	–
第三届	1997	42	140	42	–
第四届	2000	41	172	41	58
第五届	2003	48	268	48	–
第六届	2006	36	202	36	–
第七届	2009	31	164	31	–

第三节　优抚安置

一　拥军优属

1999年，县财政投入80万元，为县人武部兴建综合办公楼。县人武部、县武警中队分别和3所小学、2所中学开展军民共建活动17次。2001年4月，成立县维护国防利益和军人军属合法权益领导小组。是年，拨款4万余元，解决县消防中队、武警中队消防车维修、训练设施资金。2002年，投入80余万元，改造县人武部、消防中队、武警中队基础设施。

1990年，全县对复退军人中的精神病人实行家庭承包护理责任制，除国家对被承包人给予定期定量补助外，对无法承包责任田地的，每人每年还解决实谷300－325公斤、医疗补助费80元、住院费补贴200元；承包人每年由乡镇发给承包护理补助费100元。1991年，县直有关单位帮助扶持50名优抚对象脱贫致富，人均纯收入比上年增长500元。1992年，县政府出台《安乡县〈军人抚恤优待条例〉实施细则》。对全县1149户、5135名在乡复员退伍军人家庭“三难(住房、生活、治病困难)”情况进行调查，其中生活困难355户、住房困难342户、治病困难452户,分别得到救助。1993年,下拨资金1.5万元,帮助21名退伍军人建房。1996年,下拨资金11万余元,帮助老复员军人新建住房156间、整修危房274间。为340名长期患病复员退伍军人解决医疗费3.17万元,为1086名享受优待的人员解决生产扶持资金10.86万元,248人跨入富裕行列。1989－1998年,全县拨建房专款85万元、乡镇自筹50万元、村组帮工帮料折款120万元,为优抚对象建房800栋、2500间。先后为老复员军人、伤残军人、带病回乡退伍军人解决生活救济款21.7万元,为278名慢性病复员军人解决医疗费12.3万元。1999年,县直科局干部与220户优抚对象结对帮困,扶持其脱贫,县民政局拨专款为35名老复员军人建房。2002年,全县干部职工扶持优抚对象220户,给予临时救济11万余元,帮助154户调整农业结构项目30余个。2003年,对60余个家庭经济困难的优抚对象临时救助4万余元,对当年退役武警战士每人发给200元慰问金。2005年,县直37个单位与37户优抚对象结对帮扶,投入11万元,解决其生产、生活困难,并筹措资金9万元,解决优抚对象的临时困难。

每逢元旦、"八一"建军节、春节,县委、县政府召开团拜会、座谈会、庆祝会、表彰会,并走访慰问伤残军人、烈军属、老红军、复退军人等优抚对象。1990－2009年,县政府共召开烈军属、复退、转业军人等先进代表表彰会4次,表彰先进单位56个、先进个人109人次。

1990年"八一"建军节,县、乡、村组成595个慰问小组走访慰问优抚对象,送慰问信7886封、慰问品3540件、化肥62.5吨、农药3650瓶,部分乡镇还为优抚对象减免义务工、医疗费等。1993年春节、"八一"建军节召开团拜会,表彰模范军属22人,送慰问信2000封、慰问品2000件。1994年春节、"八一"建军节,为老红军、烈军属和特困优抚对象发放慰问金5900元,送慰问信1200封、慰问品547件,给某边防部队寄慰问信1124封、慰问品971件,并为缺劳动力的烈军属帮工118个,为特困优抚对象解决生活费3.4万元。1998年洪涝灾害期间,为优抚对象解决棉被1120床、衣物2000余件,送慰问信4000余封、慰问品3700件。1989－1998年,为现役军人寄慰问信8000余封、慰问品2400余件,走访慰问现役军人家属1.1万人次、烈属900人次、复退军人1万人次。2000年,发放慰问金5万元,走访慰问优抚对象300余人,给部队寄慰问信5000余封、慰问品4100件。2001年春节,走访慰问老红军、特一等残废军人和优抚对象特困户、军队离退休干部、烈属代表,发放慰问金3万元。2002年春节、"八一"建军节,走访各类重点优抚对象300余人,送春联、年画2000余幅。2003年,开展抗美援朝胜利五十周年纪念活动,走访慰问抗美援朝老复员军人并发放纪念品,解决部分入朝军人医疗费6000元;是年,春节拥军优属团拜会,发放慰问款5万元、"爱心献功臣"慰问款3万元。2005年春节团拜会,走访慰问部分优抚对象特困户,发放慰问金3万元。2007年8月1日,县委、县政府召开庆祝建军八十周年座谈会。会后,走访慰问县人武部、消防中队、武警中队官兵和部分退役军人,发放慰问款3.5万元。乡镇组成38个慰问小组,走访慰问老复员军人、退役军人和烈属代表,赠送慰问礼品。

二 优待抚恤

1992年,对2000余名享受双定救济的优抚对象全面普查,清理死亡和不合格对象51人。1993年,有复退军人7524人,审查核定定补优抚对象1402人并换发定补证。1996年,对1213名在乡老复员军人和定补优抚对象重新颁发定补证。1999年,对2739名定补优抚对象普查,注销社救对象77人、新增46人,注销优抚对象42人、新增52人,核定定补优抚对象2718人。2000年,优抚对象重新登记换证。原有复员军人1358人,核定登记1214人,原有带病回乡退伍军人293人、新增147人,核定登记440人。原有"三属(烈属、因公牺牲军人家属、病故军人家属)"125人,核定登记94人,核定登记伤残军人72人。2007年,对定补优抚对象全面核查,为1254名老复员军人和790名带病回乡退役军人重新颁发优抚证。同时,重点排查审核参战退役军人,确定定补参战人员1080人。

1993－2001年,全县定补对象优抚经费划拨到乡镇,由乡镇财政拨付发放。2002年,定补对象优抚金由乡镇财政切块包干改为财政部门专项调拨，民政部门专项管理。1990 年，实行义务兵优待金全额留存办法，由各乡镇留存。1996 年，义务兵优待金县统筹，按人均 550 元标准统一征收、统一管理、设立专账、专户，保证了优待金及时兑现。2005 年 10 月始，优抚对象定补经费实行社会化发放，一人一卡按月到银行领取。2006 年，义务兵优待金实行打卡发放。

1990 年，有优抚对象 1684 人，全年发放抚恤金 354574 元，比上年增加 112694 元、增长 46.6%。1990－2009 年，按民政部、财政部关于提高优抚对象抚恤补助标准的相关精神，多次提高在乡复员军人、在乡伤残军人、“三属”、红军失散人员、在职伤残人员、带病回乡退伍军人、“两参（参军、参战）”人员补助标准和现役军人优待金标准。1995 年，为 2 名因公牺牲、病故军人家属发给抚恤金。2006 年，按《军人抚恤优待条例》规定，为 1 名烈士、2 名病逝军人、1 名因公牺牲军人家属补发抚恤金近 20 万元。此外，根据县内具体情况，采取多种措施提高优抚补助标准。1994 年，为 15 个家庭困难的城镇退伍义务兵解决生活困难补助 1370 元。2002 年，全县现役军人优待金标准由 1997 年的每年 650 元提高到 1000 元，纳入乡镇收费项目，由乡镇发放。2003 年，为老复员军人每人每年增加抚恤补助 30 元，并给予每人每年 80 元医疗补助。2004 年 3 月 29 日，县政府专题会议研究落实企业军转干部和伤残军人待遇，解决企业军转干部的工资拖欠、医疗保险、养老金发放、军人家属“低保”及再就业等问题。是年，县财政拨款 57 万元，按每人每月 320 元生活费标准，为 49 名下岗伤残军人补发 2001－2003 年生活费，并按每人每年 300 元标准交纳医疗保险费；为 221 名伤残军人换发证件；为移交政府安置的军队离、退休干部每人每月分别发放交通费 105 元、90 元。2009 年，全县有优抚补助对象 3718 人，其中定期优抚（烈属、因公牺牲军人家属、病故军人家属）170 人、定期补助（红军失散人员、在乡复员军人、带病回乡退伍军人、参战退役人员、参试补助人员）3310 人、伤残军人 238 人，全年发放抚恤金 1384.9 万元。

三　退役军人安置

1991－1993 年，接收退伍军人 771 人，安置城镇退伍军人、志愿兵、伤残军人 437 人。1994 年，接收退伍军人 410 人，安置 156 人；回农村安置 254 人，有技术专长的 47 人安置到乡村企业。1995 年，回乡退伍军人 216 人，安置 116 人，其中省、市属单位 11 人、县属单位 43 人、集体单位 1 人、统分 61 人，100 名农村退伍军人中，为 27 名家庭经济困难的解决资金 5300 元、14 名“军地两用人才”安排到乡镇企业。1988－1997 年，共接收退伍军人 3320 人，安置城镇退伍军人 1145 人、志愿兵 178 人，开发“军地两用人才”980 人，其中充实到村级领导班子 230 人。1998 年、1999 年，接收退伍军人 796 人，安置 302 人，其中安排到事业单位 162 人、企业单位 140 人。2001 年 3 月，成立县重点优抚安置对象和优抚安置事业单位普查领导小组。是年，安置城镇退伍军人 125 人。1998－2002 年，接收退伍军人 1227 人，安置城镇退伍军人和转业志愿兵 565 人，占接收总人数的 46%，开发“军地两用人才”420 人，介绍到外地工作 240 人，40 多名农村退伍军人充实到村级领导班子。2003 年，接收退伍军人、转业志愿兵 345 人，其中农村 231 人、城镇 105 人、转业志愿兵 9 人。试行安置有偿转移制度，采取“按系统包干”办法安置 105 人。同时，为城镇退役军人发放待安置期间生活补助费 20 万元。2004 年，县政府出台鼓励城镇退役士兵自谋职业的若干规定，给予一次性生活经济补偿，一般每人每年补偿 5500－6500 元。是年，接收退伍、转业军人 295 人，安置 91 人。2006 年，安置城镇退役士兵 86 名，并安排 42 名转业士官、伤残军人再就业。2008 年，首次尝试对城镇退役士兵和一、二级转业士官的货币安置办法，鼓励其自谋职业，对自愿申请自谋职业者给予一次性补助 2 万元，并享受相关优惠政策。是年，接收退役士兵 213 人，安置 74 人，其中自谋职业 34 人。同时，根据市民政局《关于改制企业部分军队退役人员解困有关问题的通知》，安排部分军队退役援助上岗人员 133 人，其中伤残军人 17 人、二等功臣 2 人、志愿兵 114 人。

第四节 救灾救济与扶贫

一 灾害救济

县内自然灾害以洪涝灾害为主。1990－2009年,先后发生严重洪涝灾害15次,党和政府及时组织群众生产自救,救灾、救济资金及时投放到位,最大限度地减少了灾害损失。

1990－1992年,县境先后多次遭受渍灾、旱灾、龙卷风和冰雹灾害,致人死伤、农作物受渍、受旱、牲畜死亡、房屋倒塌或损坏。县下拨救灾款166万元,帮助灾民建房和恢复生产,发放救济款769.69万元。1994年7月,县境三次普降大暴雨,并遭受两次洪水袭击,致农作物严重减产、房屋倒塌,并出现钩体病、流行性出血热等疫情。灾后,全县出动干部1570人,劳力11.8万人次,筹集抗灾经费750万元,出动电动机585台34.5万千瓦,柴油机6150台6.08万马力,调运柴油500余吨抗灾和恢复生产。抽调近100名医务人员,赴疫区防疫和救治病人。1996年6月1日,部分乡镇普降大暴雨,黄山头等5个乡镇遭受特大洪涝灾害。全县粮食、棉花减产,房屋倒塌严重。县委、县政府主要领导赴重灾区指挥抗灾救灾,40个县直单位对口支援40个重灾村,支援款物100万元,社会各界捐赠资金39.1万元、尿素120吨、种子7000公斤、水泵2台。筹资200万元为倒房户建房,其中民政部门拨专款46.4万元,662户倒房户春节前全部搬进新居。是年,下拨救灾救济款71.1万元,救灾粮指标3400吨。1988－1997年,下拨救灾资金936万元,募捐款464万元,发放救灾救济款1400万元,衣被2.8万件套,帮助灾民建房1859栋、5480间。

1998年,县境遭受特大洪灾。7月24日晚,安造大垸溃决。灾情发生后,党和政府调集解放军官兵1212名,出动冲锋舟60艘,紧急转移被洪水围困的灾民1万余人。省、市民政部门下拨救灾资金207万元、粮食2876.9吨、食油16283公斤、食盐4750公斤、副食品37352件、矿泉水34392件、帐篷628套、明矾257袋、衣服583721件、蔬菜129.4吨、彩条布42.68万平方米、药品599件、文具6000套救助灾民。县委、县政府抽调干部955人,组成54个疏散小组疏散安置灾民。同时安排59个县直科局负责将3个乡镇59个村、农场、居委会的灾民转移安置到8个对口接收的乡镇。抽调医生78人组成16支医疗队、4支防疫队到溃垸乡镇防疫治病,治疗各类病患20134人。投放价值24万元的消毒、防疫药品,拨医疗费124万元,救治灾民1389人。安置重灾区15329名学生到其他17个乡镇学校就读,就地搭建100顶帐篷教室安排不便转移的学生就读,转移到外县投亲就读学生251人。为考取大中专的灾民学生430人解决学费13万余元。全县开仓借粮15245吨,按每人每天0.5公斤大米的标准发给灾民。拨建房资金1790万元,重建房屋9261栋、整修房屋3944栋,兴建灾民新村8个、居民小区1个,入住灾民1147户。兴建乡村敬老院6个,入住"五保户"200人。安排育苗资金61万元,由8个乡镇育种油菜苗1万余亩,帮助灾民冬种油菜10万余亩。抗灾救灾中,共接收拨款和捐款11655.38万元,其中抗洪和水利专项资金6102万元、农业补损资金130万元、水毁学校恢复资金679.48万元、卫生防疫治病资金154万元、民政救灾资金4589.9万元(其中本级募捐392.3万元),救灾物资折款1860万元,救灾粮15858吨(其中开仓借补15245吨)。是年,发放救灾资金4589.9万元、救灾粮15858吨、救灾物资折款1860万元。2001年6月17日,安凝乡、安全乡、黄山头镇、安障乡、安生乡、三岔河镇等6个乡镇遭受特大暴雨袭击,造成农作物大面积受渍,部分面积粮棉绝收,房屋损毁严重。灾后,民政部门筹措救灾资金110万元,社会各界捐款捐物折款15万余元,信用联社提供贷款100万元,农业部门组织种子12.5万公斤,帮助灾后重建,恢复生产。8月7日晚,特大龙卷风袭击西北部黄山头等7个乡镇,房屋损毁严重。灾后,省、市民政部门和县委、县政府主要领导亲临重灾区黄山头镇白家岗村慰问灾民,勘察灾情,指导抗灾。筹资15万元帮助倒房户恢复重建。是年,发放救灾款271万元(其中县财政110万元、民营企业捐款15万元)、救灾粮151.5吨。1998－2002年,共安排生产生活救灾资金5106万元、救灾物资折款

5000万元、救灾粮1.2万余吨，解决了19.6万人灾后生活困难，为15万余人提供御寒衣被，重建倒塌房屋5.3万间，发放救灾救济款6478万元。

2003年，县建立救灾预备金制度，按全县农业人口1%的标准留足救灾预备金。是年，启动救灾预备金30万元，用于灾民生产自救和生活困难。87个县直单位对口扶持87个受灾严重的村，送救灾物资、资金折款135万元，调集种子7.5万公斤、农药10吨、肥料100吨，救灾补损有序进行。2008年，县境先后遭受了五十年一遇的冰雪低温冰冻灾害和暴雨渍灾，房屋损毁严重，农作物大面积减产。是年，下拨救灾救济款320万元、棉被3600床赈济灾民。

自然灾害救济情况见表19-3-26。

安乡县1990-2008年部分年度自然灾害救济情况

表19-3-26　单位：万元、吨

年度＼项目	建房款	救济款	救济粮	备注
1990	144	211.69	-	
1991	-	259	500	
1992	22	133	-	
1993	68	7	-	
1994	-	-	500	
1995	75	102.7	20	
1996	46.4	24.7	3400	
1998	2000	2589.9	15858	棉被1860床、帐篷628套、衣物583721件、药品599件、食油16283公斤等
1999	-	26.3	200	棉被850床、衣物710件、肉2万公斤、煤100吨
2001	15	256	151.5	减免义务工2167万元、承包款480万元
2002	-	130	-	
2003	-	135	-	
2004	-	249	-	
2008	159	161	-	棉被3600床

二　时令救济

每逢季荒，县委、县政府发动社会各方面力量，或组织救济粮、或组织救济资金、或组织救济物资发放给困难群众，帮助度荒。

1998年，安乡属多灾之年。除安造大垸溃决，另有9个外洲小垸漫溃。中秋节，为灾民发放救济款20万元并送上月饼。春节，为灾民发放大米1050吨、猪肉10.5万公斤、送春联10万幅，保证每个灾民有10公斤大米、1公斤猪肉过年。同时，为非溃垸区拨款60万元，解决6500户特困户无肉、鱼、粮过年的困难。县直各单位为2150个特困户送慰问金22.8万元、棉被780床。1999年，分配冬令救济款26.3万元、棉被850床、衣物710件。春节前，县直各单位为8146个特困户每户送猪肉2.5公斤、大米25公斤。2001年，县境遭受三次自然灾害。6月，分配春荒款27万元；12月，发放冬令救济款28万元。春节前，全县开展亲民送温暖活动，县级领导带队走访慰问特困户3000户，送寒衣寒被525床（件）、慰问款12.5万元。是年，为8415户农村特困户31980人减免义务工折款167.3万元、承包款480万元。

时令救济详情见表19－4－27。

安乡县1991－2009年部分年度农村社会救济情况

表19－4－27　　单位:万元、吨、件/床

项目/年度	春夏荒救济		冬令救济			
	救济款	救济粮	救济款	救济粮	衣被	鱼肉
1991	－	500	－	－	－	－
1992	27	－	20	－	630	－
1994	11	500	－	－	－	－
1995	31	20	15	－	1100	－
1996	8.5	100	－	3400	－	－
1998	－	－	60	1050	－	105
1999	20	－	26.3	200	1560	20
2001	27	－	28	－	525	－
2002	28	－	－	－	－	－
2004	－	－	47.2	－	－	－
2005	－	－	83.4	－	－	－
2007	37	－	－	－	2000	－
2009	－	－	291.1	－	－	－

三　特殊救济

1990年,按省民政厅、财政厅规定,为20世纪60年代初期精简下放的12名职业制武警落实定期定量补助,发放补助3500元;对689名社会救济对象每人每月发给8－26元不等的定期定量补助。1994年、1995年,均为焦圻镇新码头、青龙窖、北堤3个水淹村每年发放救济金2万元,帮助群众度过春荒。1996年12月4日,城关大富豪酒店火灾烧死11人,拨款5万元处理善后事宜。1997年,对88名起义投诚宽释人员提高救助标准,全年发放救助金100878元。其中乡镇和统战部负担59人、67470元,县民政局直接发放29人、33408元。1988－1997年,全县710名社救定补人员,年均发放定补金301585元。其中精简40%社救对象157人、定补金32527元,起义投诚宽释人员88人、定补金50478元,城镇"五保"对象384人、定补金192180元,其他社会救助对象81人、定补金2.64万元。2003年,县社会福利厂改制,县民政局出资112万元,将63名职工(其中残疾人35名)纳入社保。2005年,按每户2000元补贴标准,为150个倒房户建"爱心房",其中城关100户、农村50户。2007年,按每户3000元补贴标准建"爱心房"111户。是年,对20世纪60年代精简退职老职工摸底登记826人,其中已享受定补对象255人、新录入571人。2008年,省民政厅为县拨冰灾专项救灾款159万元,用于"农村安居工程",为倒房户中的139户修建了新居。是年,审核新录入的571名精简退职人员,对符合条件的298人按月人均50元标准发给生活救济款。

四　"五保户"供养

"五保户"供养分为办院集中供养和分散就地供养两种方式,以分散就地供养为主,办院集中供养始于20世纪50年代,90年代后有了进一步发展。

1992年,安福乡敬老院落成,敬老院总数达29所。1996年,有乡镇敬老院4所,建筑面积4700平

方米,安置“五保户”106人;村敬老院22所,建筑面积8218平方米,安置“五保户”365人。1993－1996年,先后投入78万元维修、改造敬老院,改造危房18栋、2606平方米,投入13.2万元新增医疗、娱乐等设施。1999年,广州市民政局捐赠50万元,在黄山头镇理兴垱居委会兴建1000平方米、50张床位的穗黄敬老院。1989－1999年,建敬老院26所,其中乡镇敬老院4所、村级敬老院22所。安猷、安康、城关等3所敬老院获省合格敬老院。2004年,筹资600余万元,改建、扩建陈家嘴镇、安宏乡、三岔河镇等3所乡镇敬老院,村级“五保新村”达到21所,集中安置“五保户”484户、605人。2005年,投入165万元,改、扩建安昌乡梅家洲、安猷乡官陵湖、黄山头镇穗黄等3所敬老院,集中入住“五保户”160人。2006年,筹资190余万元,改、扩建官垱镇、城关镇、安康乡和黄山头镇等4所敬老院,安置“五保户”120人。至2006年,争取省、市建设资金148万元,县、乡镇、村自筹680万元,建乡镇敬老院10所、村级“五保之家”7所。2007年,投入79万元,改、扩建安康、安全乡等2所乡镇敬老院,新增集中供养“五保户”107人,兴建村级“五保之家”5所,安置“五保户”26人。2008年,争取上级资金60万元,县、乡镇、村筹资42万元,改、扩建安德、安障乡等2所乡镇敬老院,兴建安丰乡出口洲、安昌乡何家铺、黄山头镇心福、安裕乡羌口等4所村级“五保之家”。

城镇“五保户”直接纳入城镇低保户,以发放现金为主的方式供养。农村“五保户”的供养方式则经历了乡镇统筹、发放实物和现金的变化。

1990－1993年,农村“五保户”采取乡镇统筹,由村发放的方式供养。1990年、1991年,人均现金320－350元、粮食指标300－350公斤;1992年、1993年,人均现金400元或稻谷300公斤。

1994－2001年,采取实物供给,由村发放的供养方式。1994年,提高“五保户”供养标准,并规定农村供养一律以实物结算。保证其治病、住房及安葬;城镇供养在原基础(年人均360元)上提高60元以上,提高部分由所属乡镇补足。是年,农村“五保户”3610人,按年人均320－350元标准供给实物;城镇“五保户”365人,按年人均380－420元标准供养。1994－1999年,年人均供养稻谷300－350公斤、食油6公斤、烧柴1000公斤。1995年,进行第二次“五保户”普查,重新登记、审定、建档。审定农村“五保户”4247人,其中集中供养345人、分散供养3553人、协议供养349人,取消不符合条件232人、应保未保新列入315人。2000年,年人均供养稻谷300－350公斤、食油6公斤、零用钱180元。2001年,对农村“五保户”全面调查、登记造册,按年人均300－350公斤稻谷标准供养,比1996年人均约低60元。

2002年,核定农村“五保户”集中供养232人、分散供养4533人。据调查,13个乡镇、156个村、2639人达到600元供养标准,占55.4%,其中集中供养的232人年人均达到900元;7个乡镇、106个村、2126人未达到供养标准,占44.6%。据此,县委、县政府决定,县财政按农村“五保户”4765人、年人均600元现金标准与各乡镇结算中央转移支付资金。2003年,按年人均600元现金、150公斤稻谷供养,由乡镇发放。2004－2009年,由县民政局发放现金方式供养。2004年、2005年,年人均现金600元;2006－2009年,年人均现金825元。2004年始,农村“五保户”供养生活费拨入民政专户管理,县财政从中央转移支付资金中下拨,由民政局发放。是年4月,县政府办印发《安乡县农村五保供养办法》;6月,县民政局对农村“五保户”颁证发卡,确保了“五保户”经费及时足额发放。2005年,县建立“五保”对象丧葬互储金,“五保”对象死亡后一律免费安葬;全面核查“五保”对象,集中供养的1046人,月人均生活费提高到100元,同时,按月人均10元的标准发放医药费。2006年,集中供养农村“五保户”1184人,生活标准按城镇供养对象标准执行,由月人均100元提高到150元。2007年,农村“五保户”4825人全部享受新型农村合作医疗保险待遇。2008年,集中供养农村“五保户”1113人,达到年人均2040元标准,且全部纳入低保补足网。2009年,集中供养农村“五保户”1184人、分散供养3641人,供养支出648万元。

农村“五保户”供养详情见表19－5－28。

安乡县1990－2009年农村"五保户"供养情况

表19－5－28 单位:人、元、公斤

项目 年度	人数	供养方式	年人均供养标准	备注
1990	3442	乡镇统筹	现金320－350元、粮食指标300－350公斤	村发放
1991	3620	乡镇统筹	现金320－350元、粮食指标300－350公斤	村发放
1992	3705	乡镇统筹	现金400元或稻谷300公斤	村发放
1993	4120	乡镇统筹	现金400元或稻谷300公斤	村发放
1994	3610	实物供给	稻谷300－350公斤、食油6公斤、烧柴1000公斤	村发放
1995	4247	实物供给	稻谷300－350公斤、食油6公斤、烧柴1000公斤	村发放
1996	4247	实物供给	稻谷300－350公斤、食油6公斤、烧柴1000公斤	村发放
1997	4057	实物供给	稻谷300－350公斤、食油6公斤、烧柴1000公斤	村发放
1998	4037	实物供给	稻谷300－350公斤、食油6公斤、烧柴1000公斤	村发放
1999	4075	实物供给	稻谷300－350公斤、食油6公斤、烧柴1000公斤	村发放
2000	4607	实物供给	稻谷300－350公斤、食油6公斤、零用钱180元	村发放
2001	5360	实物供给	稻谷300－350公斤	村发放
2002	4765	中央转移支付资金	现金600元	乡镇发放
2003	4765	中央转移支付资金	现金600元、稻谷150公斤	乡镇发放
2004	4595	现金发放	现金600元	民政局发放
2005	4825	现金发放	现金600元	集中供养对象1200元
2006	4825	现金发放	现金825元	集中供养对象1800元
2007	4825	现金发放	现金825元	集中供养对象1800元
2008	4825	现金发放	现金825元	集中供养对象2040元
2009	4825	现金发放	现金1000元	集中供养对象2400元

五 社会捐赠与慈善事业

1994年4月,全国第一家综合性慈善组织中华慈善总会成立,慈善事业逐步发展。1999年,成立县慈善总会筹备领导小组,2006年,成立县慈善协会及其办事机构,主管全县社会捐赠与慈善事业。

1991年,县境两次遭受特大暴风雨灾害,省、市、县社会各界人士捐款87081元、县直单位捐款31.9万元,帮助灾民建房130栋。1995年,接受联合国开发署救灾捐助1.2万美元、各乡镇自行组织捐款50万元,及时发放给乡镇受灾群众。1996年,县境遭受洪涝灾害，县直单位干部职工和个体工商户捐款411090元、省华隆公司捐款20万元，帮助倒房灾民建房。1998年7月24日，县境安造大垸溃决，全国各地纷纷为安乡捐款。中华慈善总会捐款300万元、省慈善总会捐款100万元、联合国粮农组织捐款130万元、江苏省无锡市常安区捐款20万元，全部用于灾民建房；广东省广州市民政局捐款450万元，分别在安障乡、黄山头镇兴建穗安新村和穗黄敬老院；广州第一军医大学捐赠40万元，在安全乡沙滩口村兴建完全小学1所。2003年，在两次大风灾、虫灾期间，全县干部职工募集资金90万元，帮助灾民生产自救和解决生活困难。2004年，县直单位与贫困学生结对助学，先后有6个单位与12名贫困大学生结对，助其完成学业；春节前，全县机关干部捐赠19万元，为1520个特困户送温暖献爱心。是年，从募捐款中为30名贫困中学生每人解决1000－3000元学杂费。2006年，募集善款178万元，改、扩建敬老院4所、“五保之家”1所，修建基督教会1座，救助特困学生13人；90多个县直单位的干部职工捐款50余万元，帮助困难户解决了春节物资等问题。2007年10月，开展“慈善一日捐”活动，募集善款43万元、棉被3000床、衣物5200件，救助贫困学生8人、残疾人137人、“三无（无生活来源、无法定赡养抚养人、无住房）”对象2180人，兴建村级“五保之家”5所；在“爱心改变命运”助学活动中，5名大学生受助。是年底，为城关地区100户特困居民免费提供有线电视信号及彩色电视机。2008年，在“爱心改变命运”助学活动和“金叶慈善医疗救助”活动中，资助8名贫困大学生和50户特困家庭4万余元。

此外，组织全县各方面力量，多次为外地受灾群众募集捐款。1990－2009年，21次为外地灾民捐款418.5万元、衣被867件（床）。1997年，向桃源县灾区捐款10万元；2008年5月12日汶川大地震后，全县两次开展“向地震灾区献爱心”慈善募捐活动，募集善款376.3万元、衣被867件（床）。

六　扶贫和革命老区工作

1990年6月，省民政厅认定安乡为革命老根据地县。2004年4月，成立县革命老根据地建设委员会办公室（简称县老区办），主管革命老区扶贫工作。

1989年，全县创办239个救灾扶贫互助储金会（简称储金会）、占村总数的90.9%，发展会员81430户、占农户总数的80%，有储备金1656590元，每个储金会平均资金6931元、户均入储20.35元，为贫困户发展生产提供了条件。是年3月，县民政局和县农业银行合作，为贫困户发放扶贫贴息贷款25万元。1987－1989年，先后扶持5个贫困乡镇、31个贫困村、8323个贫困户，5个贫困乡镇产值、人均纯收入较前分别增长20%以上，17个贫困村、6828个贫困户脱贫。为贫困户免义务工21.3万个，提供平价商品肥600余吨，免除学杂费、防疫费、挂号费、住院床位费等3万元；发放扶贫贴息贷款85万元，下达扶贫周转金63万元；各乡镇筹资24万元、县直单位筹资25万元，为扶持村修建小电排15座、增架输电线路5000米、兴修水利设施57处、疏通沟渠2万米，改善了水利条件，增强了排灌能力。县境有9个乡镇属低洼易涝改造地区，1986－1989年，省、市民政部门先后投入70万元，对其中5个乡镇进行第一批改造试点，解决了3.3万亩低田渍灾问题，每年节约排灌费16万余元，转移剩余劳动力625人，397人脱贫、178户致富。1991年，为33个贫困村、3000个贫困户筹集生产生活资金57万元，提供平价商品肥3800吨、义务送肥3.2万担、帮工3.6万个，2580户脱贫、脱贫率86%，420户致富、致富率14%。是年，达标储金会224个、会员75249户、储金187.5万元。1992年，县政府制定十条扶贫优惠政策，3120名县、乡、村干部承包3020个贫困户，落实扶贫贴息贷款20万元、解决生产资金21.85万元、捐助物资折款11.38万元，脱贫2476户、占82%。是年，储金会发展到245个、会员11.5万户、储金215万元，用于会员发展生产资金95万元，帮助会员解决生活和治病困难资金41万元。1993年，储金会调整为195个、储金64万元。是年，建立“双扶”经济实体20个，为8447个贫困户、33986人提供生产和生活资金。1994年，扶持贫困户3480户、脱贫2800户、脱贫率80%，帮助110户特困户建房。2006年，争取扶贫项目6个，专项建设资金14万元。是年，陈家嘴镇门板村“连心桥”等6个项目获省样板工程。

1992年，县民政局兴办老区经济开发服务公司，为6个村争取老区专项投资6万元。2007年,争取老区建设资金21万元,开发扶贫项目5个。

第五节 社会保障与救助

一 城市低保

1999年,县政府发出《关于实施城市居民最低生活保障制度的通知》,全县城市低保工作正式启动。5月在城关地区试点,7月全面实施。是年,核定低保对象455户、707人,发放保障金243102元,其中县财政拨款141294元、中央财政拨款101808元。

2000年,按1999年低于全县人均年纯收入1724元的标准,核定低保对象3544户、9248人,占非农业人口的7.4%,其中一类对象907人、二类4124人、三类3828人、其他389人,全年发放保障金508098元,其中县财政配套273402元。2001年,县民政局制定《安乡县城市居民最低生活保障制度实施办法》,确定低保月标准为30元。按此标准,全县有低保5882户、13910人,实际确定为762户、975人,应保未保5120户、12935人;确定的保障对象中,一类181人、二类124人、三类153人、其他517人,全年发放保障金74.61万元。是年10月,按国务院关于"城市最低生活保障对象为非农业人口12%以内"的规定,低保对象再次扩面,由975人扩至1.39万人,占非农业人口的11%,后实际确定7500人。1999-2001年,累计发放保障金149.73万元,其中县财政配套69.75万元,救助城市低保对象762户975人。至2002年,低保对象经过三次扩面,受助对象增至6635户、9889人,占非农业人口的8.2%,月人均标准31元,年发放保障金357.28万元,其中中央财政下拨329万元、县财政配套28.28万元。

2003年,低保由战线切块管理划归各社区居委会管理,县政府制定《关于进一步落实城市低保配套政策的通知》并出台《〈城市居民最低生活保障条例〉实施办法》,规定低保户子女在义务教育阶段免收当期杂费;免收低保户挂号费、注射费、住院床位费和防疫费;每月免费提供4吨生活用水、6千瓦时照明用电。县民政局排查大鲸港镇低保对象,取消不符合条件的164户;各乡镇排查不合格对象376户、1972人,新增106户、387人。是年,农村集中供养的"五保"对象全部纳入城市低保,审查核定城市低保对象6506户、11075人,发放保障金676万元。2004年,对低保中的"三无"对象实行定期全额保障,所有城市"五保"对象纳入"三无"范围,确定月人均补助标准150元,对重病重残户实行定期差额保障,月人均补助70元。低保6624户、12986人,发放保障金827万元,其中县财政配套170万元。2005年,县政府出台《关于进一步加强城乡社会救助体系建设的意见》,进一步规范社会救助管理,建立特困群众基本生活长效保障机制。是年,清理整顿低保对象,对黄山头等乡镇216名符合城市低保条件的失地农民纳入城市低保救助范围。清理整顿后,城市低保对象7274户、12651人,发放保障金911万元。2006年,加强城镇低保动态管理,新增低保对象312户、624人,新增资金22.3万元,排查取消不合格对象476户、952人。低保对象8125户、12860人,发放保障金1087万元,其中县财政配套250万元。2007年,对低保对象扩面提标,生活补助标准由月人均65元提高到85元。低保对象12683人,发放保障金1237万元。是年3月,县民政局投入50万元固定资产和10万元流动资金筹建"安乡爱心超市",为城乡"五保户"、低保户发放衣物3500件、棉被1200床、粮食5000公斤及其他日常用品。2008年,成立县住房保障体系管理领导小组,制定县城区保障租赁补贴工作方案,人均住房建筑面积低于8平方米的低收入家庭纳入廉租住房保障范围。补贴标准:县城区廉租住房保障面积标准为人均建筑面积10平方米,不分有房无房,以家庭为单位,确定补贴标准每户每月50元。是年,年检年审、排查36个社区居委会的城市低保对象12683人,取消721户、880人,新增220户、728人,核定城市低保对象7445户、12565人,占非农业人口的9.2%,补助标准由月人均85元提高到125元。其中"五保户"由月人均150元提高到200元,实行全额保障;重病重残户月人均100-120元提高到140-160元,予以重点保障。是年7月,对原澧县七里湖66户、163人移民户中符合城市低保条件的7户、36人,按月人均70元标准救助。全年发放保障金1953万元,其中县财政配套277万元。2009年,城市低保对象7927户、12555人,月人均补助标准160元,发放保障金2425万元。

二　农村低保

1996年10月,在三岔河镇的3个村进行农村低保试点,核实特困户、特困人口分别占总户数和总人口的2.8%、2.38%。是年,低保对象3202户、10795人,按1995年度农村家庭人均年纯收入500元以下,特困户人均年纯收入平均值为356元,确定低保线为500元,人均差额144元。

1997年,县政府常务会议确定低保线为450元;低保补助费筹资按3∶3∶4比例,即县和乡镇财政各30%、村级40%。是年审定低保对象4300人。1998年,县政府常务会议确定将建立农村低保线所需经费列入县财政预算并通过了《安乡县农村最低生活保障暂行办法》。调查核定低保对象1353户、4411人,占农业人口的0.98%。被保障对象年人均纯收入267.33元,人均差额182.67元,年需补助805739.73元,按比例县和乡级各241721.92元、村级322295.89元。

2005年,县政府出台《安乡县农村居民最低生活保障制度实施办法》,确定特困低保对象3146户、9105人并给予临时救济。2006年,对7685人实施特困救助,发放救助金138万元,并将其中2032人纳入低保,月人均补助标准15元。是年,农村低保工作正式全面启动。2007年,低保对象4327人,月人均补助标准由15元提高到30元,发放保障金143万元。2008年,低保扩面提标,农村"三无"对象、重病重残户、特困户纳入低保,月人均补助标准由30元提高到40元。低保对象10210人,发放保障金436万元。2009年,低保对象7471户、19723人,月人均补助标准56元,发放保障金1330万元。

三　农村社会养老保险

根据国家"八五"计划和十年发展规划,全国建立农村社会养老保险制度。1992年7月,经省民政厅同意,全县农村社会养老保险工作起步。8月,在大鲸港镇试点,共投保1131户、占农业总户数的94.4%,投保1844人、投保率93.5%,收取保费22286.2元、人均12元。1993年,再次在安康乡试点。同时,21个乡镇分别在27个村试点。是年,投保5100人,收取保费50.8万元。

1994年,成立县农村社会养老保险工作领导小组,县委编委批复成立县农村社会养老保险站,隶属县民政局。是年,农村社会养老保险全面启动,收取保费371.1万元。1995年,县委办发出《关于在全县建立农村社会养老保险制度的通知》,要求农村社会养老保险基金由县农村社会养老保险站统一管理,设立专户专储,建立专账专卡;农村社会养老保险费以个人交纳为主集体补助为辅,国家予以政策扶持。经县委编委办同意,县农村社会养老保险站更名为县农村社会养老保险管理站,为非营利性事业单位。主要工作任务和职能:负责全县农村养老保险资金的收付、建档等工作,并负责对乡镇养老保险业务的指导。时投保3万余人,当年收缴保费86.5万元,累计保费507.5万元。1997年,按省政府文件精神,全县农村社会养老保险费基本停收。2000年,确定县农村社会养老保险管理站对外属自收自支独立的二层事业单位,对内不作县民政局机关的股室,不再委托站长,农保站的经费由计财股管理。1992－2000年,参保单位19个、参保40776人、农保基金收入总额1170.8万元,其中本金810.2万元、利息360.6万元,基金支出总额165.8万元,其中退保99万元、领取养老金9.5万元、管理费57.3万元。

2005年12月,县长办公会确定:退保(只退到期本金)工作以乡镇为单位,分两年完成,每年集中退保一次,其中2005年退保额度控制在130万元以内,其余部分2006年7月10日前全部退完;在完善相关法律手续的基础上,退保资金由县财政局筹集,县民政局负责发放;以后,农村社会养老保险工作统一归口县劳动和社会保障局管理。2005－2006年,共退保182.4万元,2007年退保36.5万元。至2008年7月31日,已退保本金719.43万元,本金余额92.47万元。

农村社会养老保险收支详情见表19－6－29。

安乡县1992－2000年农村社会养老保险收支情况

表19－6－29　　单位:万元

年度 \ 项目	收入额			支出额				结存
	合计	本金	利息	合计	退保	领保	管理费	
1992	2.2	2.2	－	－	－	－	－	－
1993	50.8	50.7	0.1	1.5	－	－	1.5	49.3
1994	371.1	368.1	3	11.1	－	－	11.1	360
1995	134.5	86.5	48	6.9	3.2	1.1	2.6	127.6
1996	333.4	259	74.4	21	12	1.2	7.8	312.4
1997	133.5	35.7	97.8	13.9	12.8	－	1.1	119.6
1998	82.8	7	75.8	16.3	15.6	0.5	0.2	66.5
1999	39.9	－	39.9	27	23	4	－	12.9
2000	22.6	1	21.6	68.1	32.4	2.7	33	－45.5
合计	1178	810.2	360.6	165.8	99	9.5	57.3	1005

四　重大疾病医疗救助

2005年,县政府制定《安乡县农村特困人口重大疾病医疗救助实施细则》,对8种重大疾病的特困对象患者实施医疗救助。患者一次性支付医疗费0.5万元或全年累计支付1.5万元以上者,给予大病救助。是年,救助173人,发放救助金51.37万元。

2006年,救助446人,发放救助金39.09万元。是年,推行新型农村合作医疗保险,为农村"五保户"、优抚对象、低保对象7798人统一缴纳医疗保险基金并形成制度。2007年,为617名特困住院患者发放救助金99万元。2008年,调整医疗救助政策和标准,完善医疗救助方式,扩大了医疗救助对象范围,取消救助病种限制。农村"五保户"住院取消起付线,补偿标准提高到80%－90%,自费比例控制在5%以内,超过部分由定点医疗机构承担。是年,城乡救助883人,发放救助金123.7万元。

第六节　社会事务管理

一　婚姻登记管理

2003年10月前,婚姻登记由各乡镇民政办办理。此后,统一集中由县民政局办理。

1992年,县政府制定《关于加强婚姻登记管理的暂行规定》,各乡镇成立婚姻管理工作领导小组,10个乡镇配专职婚姻登记员,另11个乡镇由民政助理负责。是年,实行婚前健康检查,要求城关、大鲸港镇婚检率100%,其他乡镇85%,县妇幼保健站为指定婚检单位。1993年10月1日起,使用新式婚姻证件。1994年,县政府出台《关于加强婚姻登记管理的有关规定》,办理婚姻登记除出示户口本外,还需出示男女双方婚姻当事人所在村(居)委会的婚姻状况证明、婚检证明、计划生育证明等。1996年,县政府出台规定,禁止借婚姻登记搭车收费,确定婚姻登记收费标准,不强制婚检、不硬性要求结婚对象交纳农村社会养老保险金等。1998年,县政府召开婚姻登记收费管理专题会议，重申禁止利用婚姻登记乱收费。2003 年 11 月，成立县婚姻登记处，婚姻登记统一集中由此办理，乡镇不再办理。婚姻登记手续简化，只需出示双方户口本、身份证，男女双方婚姻当事人到场即可。

婚姻登记详情见表 19 - 7 - 30。

安乡县 1991 -2009 年部分年度婚姻登记情况

表 19 - 7 - 30　　单位：人、对、%

项目 年度	结婚	离婚	再婚	补办	登记率	合格率
1991	4591	365	-	-	99	99
1992	5160	352	-	-	95	99
1994	3781	-	-	-	100	100
1996	3170	-	-	-	98	100
1998	3780	283	-	-	100	100
1999	3648	188	130	-	95	100
2000	3630	230	-	-	95	100
2001	3186	348	-	-	96	100
2002	3300	220	-	-	100	99.8
2003	2667	82		-	100	100
2004	2935	-	-	-	100	100
2005	2692	547	-	160	100	100
2007	3166	729	-	85	100	100
2008	4254	1010	1087	39	100	100
2009	3897	919	1064	64	100	100

二　殡葬管理

1997 年，国务院颁布《殡葬管理条例》，全县殡葬改革与管理加强，改革土葬，推行火葬。

1991 年，红白理事会发展到 304 个，253 个村利用 1270 亩荒山瘠地建 283 个公益性公墓点，修建官陵湖、黄山头两个县属公墓区。1993 年，县直单位集资 8 万余元整修悼念厅。是年，火化遗体 120 具。1998 年前，年均死亡人数 3000 人以上，棺葬占 97%，火葬 100 人左右、占年均死亡人数的 3%，是全省死亡人口火化率最低的县之一。

1998 年，城关、大鲸港镇划为殡葬火化区，凡火化区的城乡居民、全县公职人员去世后一律火化，其他死者提倡火化。县政府投入 13 万元，更新火化炉、维修悼念厅。1999 年，县政府遵循“积极地、有步骤地实行火葬，改革土葬，节约殡葬用地，革除丧葬陋俗，提倡文明节约办丧事”的方针，制定殡葬改革方案，发布《关于殡葬改革和管理的通告》，殡葬改革推进速度加快。2003 年，县政府出台《安乡县殡葬管理实施细则》《安乡县殡葬管理处罚办法》《安乡县殡葬管理通告》，成立县天缘殡葬服务有限责任公司，占地 18 亩，改建悼念厅 8 个。2005 年，投资 580 余万元，新建悼念厅 7 个、火化车间 500 平方米，添置新型环保火化炉 2 台、恒温棺 7 座。并投资 180 万元，修建官陵湖至火葬场水泥路 6 公里。是年 5 月，城关、大鲸港镇列入强制火化区，强制火化区当年死亡 323 人、火化遗体 323 具、火化率 100%。强制火化区基本制止了抬棺游行、沿街抛撒纸钱、乱搭灵堂灵棚的现象。2007 年 5 月，县政府再次发布关于殡葬改革和管理的布告、通告,强制火化区扩大到各乡镇政府、农场所在地和乡镇社区居委会、企事业单位。强制火化区内无论城镇或农村户口、农村“五保”、社保、优抚家庭成员死亡后一律火化。2005－2007年,强制火化区火化遗体1524具、火化率100%,连续三年居全市第一;2008年791具、2009年776具,火化率均为100%。

1998年,成立县殡葬管理执法大队。2006年,重点清理整顿非法经营性公墓,殡葬执法65次,阻止违法行为37起,化解矛盾28起。2007年,殡葬执法60余次,处理违规案例10起。是年,焦圻镇焦圻社区居委会一居民去世,其家属欲强制棺葬。殡葬执法人员多次上门宣传政策,最终实行火葬。

三 城市流浪乞讨人员救助管理

2003年,国务院颁布《城市生活无着的流浪乞讨人员救助管理办法》,废止《城市流浪乞讨人员收容遣送办法》,对城市流浪乞讨人员实施“自愿受助,无偿救助”人性化管理。是年7月,撤销县收容遣送站,设县救助管理站。

1989－1997年,收容外流人员1270人次,其中遣返1027人次、县内安置243人次。1998－2002年,收容外流人员809人次,遣返710人次、县内安置99人次。2003年前,对流入城区的游民、长流乞丐、灾民实行收容、救济、教育、改造和遣送安置,稳定了社会秩序,净化了社会环境。2003年后,对流入县城的流浪乞讨人员实施无偿救助,发放必要的生活费、交通费。2003－2009年,接待外流人员4419人,发放救助金726290元。

四 社团管理

1989年,国务院颁布《社会团体登记管理条例》,此后,县内社团组织发展较快。

1991年,全县进行社团组织普查,重新登记63个,其中学术性48个、行业性6个、联合性3个、其他6个。1992年,清理整顿县级社团组织,同时发展乡级社团组织。核准登记县级社团组织42个,劝其自行解散6个;乡级社团组织72个,其中备案47个。1995年,县级社团组织发展到56个、乡级72个。合并了门球、武术等体育协会,对工业工程学会、精英武术馆进行整改。成立县社会治安见义勇为奖励基金会、县人民代表大会制度研究会等。1996年,对51个社团组织(实体44个)年检,合格41个、占80%,不合格4个、占7.8%,取缔县精英武术馆。2007年,有各类民间组织62个,其中社会团体58个、民办非企业组织4个。社团组织中学术性14个、行业性23个、专业性16个、联合性5个。2008年,有社团组织64个,其中免检12个,注销县香港步行街商会、县下渔口粮食流通协会。2009年,有社团组织69个。

1992年,安乡社团组织管理获省先进单位。1993年,县民政局、县科协联合召开自然科学团体表彰大会,表彰先进社团6个、先进个人27人。

五 行政区划与地名管理

(一)勘 界

勘界是处理行政区域边界争议,解决边界问题的有效措施和唯一途径。根据国家、省相关文件精神,依照《湖南省市、县行政区域界线勘界测绘技术规定》,至2000年,全县勘界工作基本完成。

1993年,重新确定了安裕乡与大鲸港镇村组地域界线土地权属、安丰乡与国营渔场水面界域。1997－2000年,完成勘界237公里,其中省界线75公里、市界线65公里、县界线97公里,获省勘界工作先进单位。先后完成县境与湖北省公安、石首的县、市交界线和安(乡)澧(县)线、安津(市)线、安南(县)线、安鼎(城)线、安汉(寿)线及安丰乡黄家台村、复兴村、豆港村、白螺村的勘界。2007年,先后开展县境与公安、石首、鼎城、汉寿、津市、澧县、南县的行政区域界线联合检查,重新埋设了界桩。

(二)地名与区划

1995年11月,安造乡并入黄山头镇。2002年,城关镇所辖围庵、保堤、护城、长岭洲4个村分别易名为围庵、保堤、护城和长岭洲居委会,新设文昌湾居委会;农科所的科研村易名为城东居委会;航运家属管理委员会更名为深柳居委会；大鲸港镇西城、丰凝港村分别易名为西城、丰凝港居委会。2003 年，根据民政部《关于在全国城市设置标准地名标志的通知》，主要在县城开展地名标志设置工作，对 29 条街、道、路，设置街牌 176 块，其中主干道设置灯箱式街道牌 112 块。2006 年，对城区道路重新命名和更名后，县城区道路分大道、路、街、巷四级，命名大道 3 条、路 61 条（其中大鲸港镇 16 条）、街 18 条、巷 156 条（其中大鲸港镇 8 条）。2000 年，安丰乡黄家台、复兴、豆港和白螺村划归县水产养殖总场。2008 年 9 月，经省民政厅批准，县城关镇与安猷乡合并，设立深柳镇。深柳镇即原城关镇和安猷乡行政区域，辖 9 个社区居委会、13 个建制村，辖区面积 68.06 平方公里，总人口 11.61 万人，治所驻和平西路（原城关镇政府驻地）；11 月，治所迁移至原安猷乡政府驻地（官陵湖）。是年，安丰乡偏湖洲、五合刬村、丰凝港林场及安裕乡屡丰、七家村、中码头社区居委会划归大鲸港镇管辖。行政区划调整后，大鲸港镇辖 5 个社区居委会、4 个建制村，辖区面积 27.07 平方公里，总人口 23719 人，治所驻大鲸港；安丰乡辖 1 个社区居委会、18 个建制村，辖区面积 74.69 平方公里，总人口 32063 人，治所不变；安裕乡辖 13 个建制村，辖区面积 53.99 平方公里，总人口 22364 人，治所不变。

第七节　社会福利

一　社会福利有奖募捐

县内社会福利有奖募捐始于 1989 年，采取城镇与农村销售结合，以农村为主；摆摊设点与送券上门销售结合，以送券上门为主；固定专人与委托他人代销结合，以委托他人代销为主。当年销售社会福利奖券 25 万元，全县人均 0.5 元、户均 2.5 元。

1991 年，改民政干部包办为自愿认购，当年销售 115 万元。1998 年，开展福利彩票赈灾发行，发行福利奖券 100 万元。2000 年，始发行电脑福利彩票，5 个投注点销售 25 万元。是年，发行即开型福利奖券 33.44 万元。2001 年，发行即开型福利奖券 500 万元，创历史纪录。2002 年，电脑福利彩票投注点增至 11 个，销售 326.09 万元，募集福利基金 38.49 万元。2006 年，电脑福利彩票投注点增至 37 个，发行 1068 万元。2007 年，开通“中福在线”视频彩票。是年，福利彩票发行总量 1200 万元。1989－2007 年，发行奖券 3666 万元，募集福利基金 400 余万元。用福利彩票公益金新建和改（扩）建敬老院 11 所、福利院 1 所，新建社区服务大楼 1 栋、爱心超市 1 所，资助贫困学生 37 人，为部分“五保户”、残疾人解决了生产生活困难。2008 年，销售福利彩票 1183 万元，其中电脑彩票 864 万元、“刮刮乐”彩票 127 万元、“中福在线”彩票 71.6 万元。

二　福利企业

1987－1989 年，全县乡镇投资 500 余万元，兴办福利工厂 26 家，安置就业 500 余人，其中残疾人 270 人。1988 年获纯利 20 万元。1989 年完成总产值 230 万元，创利润 10 万元。1989 年后，由于生产资金紧缺、盲目上马、产销不对路、优惠政策难兑现等原因，大部分企业陷入困境。开始对福利企业进行清理整顿和关、停、并、转，发展小而全的福利企业并实行倾斜扶持政策。

1991－1993 年，对 19 家福利企业进行年检，18 家发给了合格证书，并选送 16 人参加市扶贫福利企业厂长培训，福利企业稳步发展。1994 年，经过清理整顿，福利企业缩减为 13 家，完成总产值 800 万元，创税利 40 万元。1996 年，县民政局赎买原城关镇丝绸厂，与恒安集团公司合资创办湖南安乡恒安卫生材料有限公司。第一期投资 940 万元，1997 年 6 月投产，完成产值 1000 万元。同时，与恒安集团公司合办的无纺布厂试车调试成功，日产无纺布 3.5 吨，月创产值 200 万元。1999 年，县福利工厂倒闭，79 名职工中的 54 名残疾人和 21 名退休人员由民政部门每月发给生活费 100 元。2003 年，县福利工厂改制，33 名在职职工置换身份，福利大楼资产处置 109 万元，其中 80 万元用于职工社会养老保险，其余用于部分困难职工生活补助。

三　助残工作

1993年前,残疾人管理工作挂靠县民政局,1993年机构改革中并入,属县民政局副科级二层机构,对外保留县残联牌子,2000年从县民政局析出。

1990年,县政府批转《关于残疾人三项康复工作实施办法》。是年,召开残疾人三项康复工作会议,各乡镇、县财政局、卫生局、民政局、康复办共同签订残疾人三项康复责任书。全县为残疾人募集捐款6.52万元,其中乡镇3.77万元。对410名白内障患者、400名小儿麻痹症患者、168名14岁以下聋哑儿童进行了康复治疗。1991年1月,县残联成立。是年,为残疾人募捐7万元,治疗白内障患者33人、小儿麻痹症患者15人。县政府颁发《关于对残疾人实行优惠待遇的十项规定》,首次召开扶残助残表彰大会,通报表彰扶残助残和残疾人先进个人各10名。是年,17个乡镇成立残疾人协会。1990－1992年,为残疾人募集资金572350元,县财政、民政部门残疾人专项拨款66550元。用于三项康复77650元、残疾人生活困难3.7万元、残疾人建房和房屋维修25.2万元、残疾人福利企业138750元、残疾人活动经费5.52万元。三项康复治疗204人,其中聋哑语培训19人、小儿麻痹症后遗症矫形53人、白内障复明132人。1993年,普查确认全县残疾人2.6万人。在第三个“全国助残日”活动中,县委、县政府领导走访慰问残疾人,县广播电台、电视台制作专题节目,宣传报道残疾人管理工作,组织2000余人观看了市残疾人文艺巡回会演。1995年,国家医疗队到常德进行白内障患者复明手术,全县组织60名患者前往治疗,32名患者复明。

第二十章　人　事

第一节　机构设置

县人事局为县政府组成机构，是管理全县公务员（干部）及机关、事业单位工作人员的综合协调部门。1988年12月，县劳动人事局撤销，组建县人事局（县科技干部管理局并入），设办公室、专业技术人员管理股、调配奖惩股、工资保险福利股、军官安置公务员管理股，工作人员13人。1993年3月，县级机构改革中，与县劳动局合并为县人事劳动局。1994年10月，县级机构调整中析出，设办公室、公务员管理股、专业技术人员管理股、工资福利与离退休管理股，辖县人才开发交流服务中心。2009年，有工作人员25人。

1996年、1998年，获全省人事宣传工作先进单位；1999年获全县精神文明建设目标管理先进单位；2000－2003年，连续获全县"双文明"建设目标管理先进单位；2004－2006年，连续获全市人事工作先进单位、全县目标管理红旗单位。

第二节　人事制度改革

事业单位人事制度改革，推行聘用制度和竞争上岗，实行新进人员公开招考。聘用制与岗位管理结合，对专业技术岗位实行专业技术职务聘任制，管理岗位推行职员制，工勤岗位建立岗位等级规范，责任重大、社会通用性强、事关公共利益、具备一定专业技术的岗位实行执业资格制度。事业单位人事管理由身份管理向岗位管理转变、单纯行政管理向法制管理转变、行政依附关系向平等人事主体转变、国家用人向单位用人转变。

一　事业单位人事制度改革

1997年，根据省、市人事部门要求开始全县事业单位人事制度改革，事业单位录用制向聘用制转变，停止招工、招干，除部分政策性安置外，对新进人员实行聘用制管理。2000年7月，中组部、国家人事部发出《关于加快推进事业单位人事制度改革的意见》，2001年6月，省委、省政府发出《湖南省事业单位人事制度改革实施意见》，全县事业单位人事制度改革全面推进，新进人员经考试、考核后全部实行聘用（任）制。是年，逐步推行人事代理制。

2000年，县委、县政府发出《关于加强乡镇事业单位人员管理的意见》，规范乡镇事业站所设置，由原21个减至15个，13个站所（除派出所、国土管理站）管理权限下放到乡镇。2002年，成立县事业单位人事制度改革领导小组，在城北中学、中医院、农业局、仙桃电排进行用人制度和分配制度改革试点，乡镇事业站所由13个减至8个，精简40%。次年，根据试点情况，县委、县政府制定《安乡县事业单位人事制度改革实施意见》《安乡县县属事业单位全面实行聘用制改革的实施意见》《安乡县事业单位行政领导人员聘任暂行办法》《安乡县事业单位人事制度改革社会保险实施办法》。是年9月，召开全县事业单位人事制度改革动员大会，106个单位改革全面展开。至年底，共精简机构41个，其中转体2个、撤销22个、合并17个。在11个单位、672人中实施分配制度改革。2005年，继续实施内部分配制度改革，当年改革面达90%以上。与聘用合同到期的乡镇站所1100人续签合同，为乡镇事业人员办理机关事业社会养老保险，在编1100人、内退482人、离、退休359人全部进入社保。2006年，根据国家人事部《事业单位公开招聘人员暂行规定》，制定《安乡县事业单位公开招聘工作实施办法》，对新进人员招聘原则、范围、基本条件等作出规定。是年，转发人事部《事业单位岗位设置管理试行办法》,在县中医院、畜水局试点。着力抓岗位设置管理办法落实,全面推进岗位聘用工作,面向社会招聘47人,其中教育系统23人、县长热线办4人、乡镇社会劳动保障站20人。2007年,县人事局制发《安乡县事业单位聘用合同管理暂行办法》《关于开展县直事业单位工作人员聘用合同到期续签工作的通知》,对聘用人员清理、考核后,合同期满考核合格的10642人续签合同,续签率100%。

二　超编人员分流与临时工清退

1999年,按省委、省政府和省委编委办要求,部署全县乡镇超编人员分流和临时工清退工作。县委组织部、县人事局联合发出《安乡县关于党政机关推行竞争上岗的意见》,在县政法系统、广播局、教育局、乡镇企业局及部分乡镇推行。是年,竞争上岗108人、岗位轮换226人,占推行单位岗位轮换面的48.6%;在县林业局、农业局、水电局等单位和各乡镇事业站所继续推行轮流休岗,休岗1113人、休岗面50%;教育部门实行工资活的部分全面放开,以课时计发活工资。至2000年3月,经公开、公正、公平竞争,竞聘上岗1926人,清退临时工524人、占应清退的100%,分流编外人员457人、占应分流的91.3%。其中乡镇清退临时人员437人、分流超编人员582人,实有人员由2924人减至1905人;教育系统清退代课教师267人,分流编内人员250人、占总数的5%。2002年,乡镇事业站所事业编制由1455人减至1036人,精简28.8%,实有人员由1475人减至1036人,分流29.7%。至2003年,共9397人竞争上岗,改革面达100%。为8538名上岗人员办理聘用手续;分流在编人员859人,其中提前退养600人、转岗安置140人、停薪留职58人、进修学习4人、自谋职业17人、待聘32人、其他安置8人;实行人事代理216人。

三　专业技术人员聘任制改革

2005年,继续实施职称聘任制改革,全县35个事业单位制定职称聘任制改革方案,开展岗位竞聘,专业技术职称与工资挂钩,为6500名专业技术人员办理聘任手续。2006年,事业单位确定专业技术等级聘任岗位,竞争上岗择优聘任专业技术人员,打破职称终身制。且专业技术人员聘任制改革与工资制度改革相结合同步进行,被聘任专业技术人员(技术工人)与相应职称工资挂钩。是年,通过考核竞争,水利系统100人、建设系统65人、卫生系统810人走上相应岗位,确保了专业技术等级岗位人员的素质,防止了高职称、低能力、高报酬情况发生。

第三节　干部队伍

一　干部总量

1989年,全县共有干部8559人,每万人占162人;2001年9827人,每万人占170人、比1989年增加8人。1995年,首次开始公务员过渡,当年过渡833人,每万人占14.7人;2009年,有公务员1129人,每万人占18.9人、比1995年增加4.2人,另有事业单位人员10520人。

二　干部结构

(一)年龄结构

1989年,35岁以下4320人,占总数的(下同)50.4%;36－54岁3864人,占45.1%;55岁以上375人,占4.5%。2007年,35岁以下2627人,占30.3%,比1989年(下同)减少1693人,比例(下同)下降20.1%;36－54岁5540人,占63.9%,增加1676人,增长18.8%;55岁以上506人,占5.8%,增加131人,增长1.3%。2009年,35岁以下3425人,占29.4%,比2007年(下同)增加798人,下降0.9%;36－54岁7433人,占63.8%,增加1893人,下降0.1%;55岁以上791人,占6.8%,增加285人,增长1%。

(二)性别结构

1989年,女干部2575人,占总数的(下同)

30.1%。2007年，女干部3346人，占38.6%，比1989年净增771人，增长8.5%。2009年，女干部4141人，占35.5%，比2007年净增795人，下降3.1%。

（三）文化结构

全县干部文化结构呈低层次向高层次趋势发展，高文化结构比例逐年上升。1989年，大专以上2042人，占23.9%；中专及高中4823人，占56.4%；初中以下1694人，占19.7%。2007年，大专以上5612人，占64.7%，比1989年（下同）增加3570人，增长40.9%；中专及高中3061人，占35.3%，减少1762人，下降21.1%。2009年，大专以上6876人，占59%，比2007年（下同）增加1264人，下降5.7%；中专及高中4773人，占41%，增加1712人，增长5.7%。

第四节　公务员管理

1993年10月，国务院颁布《国家公务员暂行条例》，11月印发《国家公务员制度实施方案》。1995年，省政府印发《湖南省国家公务员制度实施意见》。是年2月，县人事局成立公务员管理股，专事公务员管理工作。1996年3月，县政府印发《关于实行公务员制度的实施意见》，全县实施公务员制度。2005年4月，《中华人民共和国公务员法》（简称《公务员法》）颁布实施。2006年，县政府制发《安乡县实施〈公务员法〉工作方案》，成立实施《公务员法》领导小组和办公室，县人事局负责具体工作。

一　公务员过渡

1995年年初，开始公务员过渡的前期培训准备，对全县党、政、群机关和行使政府职能事业单位中的2762名工作人员过渡培训，组织机关457名“以工代干”人员考试，当年过渡833人。1996年1月，市人事局对县人事局《安乡县国家公务员制度实施意见》作出批复；3月，成立县推行公务员制度工作领导小组。至年底，全县57个单位实施公务员制度，首批过渡国家公务员957人并颁发国家公务员证书和《国家公务员任命书》，其中37个县直机关过渡463人、20个乡镇机关过渡494人。2003年8月，市人事局批复县以工代赈办等26个具有行政职能的事业单位纳入国家公务员管理范围，其工作人员经培训、考试合格后予以过渡。至2006年，已过渡单位83个、过渡1364人。其中女性188人、党员1149人，分别占总数的（下同）13.78%、84.23%；乡镇机关377人、大专以上1019人、45岁以下917，分别占27.63%、74.7%和67.23%。

二　公务员登记

2006年11月，县政府出台《安乡县公务员登记实施意见》，明确全县七类机关中依法履行公职、纳入国家行政编制、国家财政负担工资福利的在职在编工作人员（除工勤人员）为第一批登记对象，按“四先四后”原则进行。即先领导干部后一般干部，先正常进机关后违规进机关，先办理了过渡或录用手续后未办手续，先行政编制人员后离退休人员和管理服务人员。县组织、人事部门按职责分工负责公务员登记的审核、呈报工作，属领导成员的公务员登记按干部管理权限进行；登记中做到了“三无（无漏登、错登、多登）”。2007年年底，首批登记862人，占2006年底公务员总数1364人的63.19%。其中机关736人、参管单位126人，分别占85.3%、14.7%；副主任科员以上527人、科员335人，分别占61.1%、38.9%。

三　公务员培训

1995年，省政府出台《公务员制度实施意见》以来，全县对行政事业单位准备过渡的公务员进行各类知识培训，部分科目由人事部门组织考试后颁发合格证（电脑、英语、普通话、继续教育、依法行政等）。《公务员法》实施后，县人事局成立学习宣传授课组，印发学习宣传资料1500余份，组成4个宣讲组，分战线集中上门授课一周，1500余人参加；对县直单位政工股长、乡镇组织委员115人集中培训2天。1995－2007年，县人事局与相关部门联合举办公务员各类知识培训13160人次、年均1012人次，多次获省、市主管部门好评和奖励。其中《公务员行为规范教程》获市学习组织奖。1995年，办公务员过渡培训班12期、2762人参训，参训率、合格率均达100%，获省人事厅国家公务员过渡培训先进单位；2002年9月，县人事局牵头，组队参加全市依法行政知识竞赛获三等奖。

第五节 干部录用与管理

一 干部录用

县内干部的吸收录用，严格按年轻化、知识化、专业化标准，坚持公开、平等、竞争、择优原则，并不断改革。一是拓宽录用渠道，调整录用分配比例。首先从“五大(夜大、电大、函大、职大、自修大学)”毕业生和有突出贡献的人员及国有企业、乡镇企业、农民优秀分子中录用一批国家干部，解决基层干部缺乏的问题；同时启用一批有真才实学的优秀人才，乡镇聘用一批骨干，聘用期内享受国家干部待遇，在考察其业绩后有计划的录用为国家干部。二是改进录用方法，由单一考核选拔改为笔试、面试、考核相结合。经报名推荐、资格审查、笔试、体检、面试、考核、呈报等程序，层层筛选，择优录用，保证了录用干部质量。

1989－2002年，全县吸收录用国家干部1998人(公务员制度全面实施后，国家干部称呼取消，行政事业单位人员分为国家公务员、聘用人员两种)，吸收录用的主要方式和途径：一是教师民办转公办。1987年，根据省人事厅、省教委文件精神，始从具有大、中专学历的民办和代课教师中录用国家教师。此后，上级人事、教育部门每年下达民办转公办教师计划，至1999年全部结束。1991－1999年，共吸收录用民办转公办教师1046人。二是“以工代干”人员转干。按照1982年国家劳动人事部《关于吸收录用干部的若干规定》和省委组织部、省人事厅《关于解决“以工(技)代干”问题的通知》，对全县抽调到干部岗位上，专职从事党政、专业技术和管理工作的“以工(技)代干”人员，经考试考核符合条件的办理转干手续，至1998年全部结束。1989－1998年，221人办理“以工代干”转干手续。三是乡镇聘用制干部和录用干部。1984年，根据省委组织部、省劳动人事厅《关于乡(镇)干部实行招聘合同制的意见》，全县乡镇干部实行招聘制，解决乡镇干部缺员、年龄偏大、文化偏低等问题。按编制定额内缺什么补什么的原则，实行组织推荐和自愿报名相结合，组织考察和文化考试相结合，择优录用，以合同形式明确被聘者的责、权、利。合同期一般2－3年，合同期满后，平等竞争重新续聘。对聘期内有突出贡献者，在计划内录用为国家干部。至1998年，共聘用151人，其中录用为国家干部144人，解聘7人。四是从优秀工人、农民中录用干部。1991年，按省委组织部、省人事厅《关于有计划地从优秀工人农民中录用国家干部几个问题的通知》，始在全县开展此项工作。在“公开、平等、竞争、择优”原则下，控制录用范围，缩小录用数量，保证录用质量，注重社会效果。至1998年，录用205人。五是以工代警录用干部。1993－1995年，录用54人。六是从专家、劳模子女中录用干部。1996－1998年，录用13人。七是公开招考录用干部。1981年，按“面向社会、公开招收、就地报名、统一考试、全面考核、选择录用”原则，以“五大”毕业生为主要对象，全县首次面向社会公开招考录用干部。1994－2002年，录用315人。2002年后，不再录用干部。

公务员制度全面实施后，始面向社会公开招考录用公务员。按《国家公务员暂行条例》和省委组织部、省人事厅《关于机关补充工作人员实行考试录用办法的通知》，行政机关必须坚持公开考试录用补充(即“凡进必考”)。2002年8月，《湖南省国家公务员录用办法》(简称《办法》)颁布后，公务员招考录用制度更加完善。《办法》明确规定了录用范围、原则、程序及回避、监督、违纪处理等。对考核合格拟录用人员，在一定范围和期限内公示；根据考试、体检、面试、考核、公示结果，由招考单位提出拟录用人员，报人事部门审批；被批准录用的人员，由审批机关发给《湖南省国家公务员录用通知书》。1996年，县内第一次面向社会公开招考录用国家公务员。至2009年，招考8次、录用95人。

二　干部调配

县内的干部调配工作，坚持“统筹安排，倾斜基层，保证重点、注重实效、合理调配”方针，流向合理，人才多的部门向人才紧缺的部门、行政机关向基层和生产第一线调动，严格控制逆向调动。行政机关以1986年县委《关于加强机构编制管理的几项规定》，按编制部门核定的机构编制调配干部，不准调入职工。

1986年后，按县委组织部《关于干部调配工作的暂行规定》，科级干部由县委组织部调配，其他干部由人事部门调配。1991年3月，省人事厅《关于干部调配工作中遇到的一些问题的处理意见》规定，经组织、人事部门批准，可以选派国家干部到集体所有制单位工作，其身份不变，可按国家干部管理办法统一调配。1996年12月，为理顺人事、劳动、编制部门之间干部、职工调配工作职责，县政府专题会议明确：县人事局不直接办理职工的招转调手续；凡企业职工调入行政事业单位，须用人单位向县人事局申请，调出单位签署意见，经人事局同意并签署意见，送县政府主管领导审批后，批转县委编委办审查并签署意见；对单位有编制而需调动的职工，由县政府主管领导召集有关单位负责人研究后，以县劳动局为主、县人事局协助办理相关手续；对单位没有编制而需调入的职工，按程序报经县委编委集体研究后，再按上述程序办理相关手续；一般干部的招聘、录用、转干和调动，由县人事局主管并办理审批手续，其他单位都不得直接办理手续；干部调动程序与职工调动程序相同。1997年，根据《安乡县事业单位新进人员实行聘用制管理暂行办法》，事业单位新进人员全部实行聘用制并与单位签订聘用合同，聘用期1－3年。公务员制度实施后，县内公务员调配分流方式主要有调任、专任、轮换和挂职锻炼等。1989－2009年，全县调配干部3159人，年均调配150人。

三　干部任免

1984年后，干部任免简政放权，副股级干部由主管科（局）任免，股级干部由主管战线任免。1989年后，始对干部实行分类和层次管理，科级行政单位和企事业单位领导人由县委研究交县政府任免，县人事局承办任免手续。其任免方式有组织委任、民主选举、招标聘任。检察院检察长和法院院长以外的科级干部由县委推荐，县人大常委会决定任免；工会、共青团、妇联等群团组织的主要负责人由县委推荐，经相应的代表大会选举产生。1980年后，“一府两院”的组成人员由县人大常委会任免。

1993年，《国家公务员暂行条例》颁布。1995年，全县始实施公务员过渡。1996年始，全县公务员职务逐步实行委任制，部分实行考任制和聘任制。2003年9月，县委、县政府印发《安乡县事业单位行政领导人聘任暂行办法》，确定正、副科级事业单位的行政正职由县委管理，县政府聘任；正科级事业单位的副职由县委委托县委组织部管理，委托单位行政正职聘任；副科级事业单位的行政副职由其主管部门管理，委托单位行政正职聘任；股级事业单位的行政正职由其主管部门党组织管理，以行政名义聘任；股级事业单位的行政副职由其主管部门党组织管理，委托单位行政正职聘任。

第六节　专业技术人员管理

1986年5月，根据中央、国务院《关于转发〈关于改革职称评定，实行技术职务制度报告〉的通知》和省、地有关部门精神，成立县专业技术职称改革领导小组，下设办公室（简称县职改办），归口县科技干部管理局，负责指导全县职改工作。1989年1月，县科干局撤销，其原有职能（含县职改办）移交县人事局。同月，县人事局成立专业技术人员管理股（简称专技股），负责专技人员管理及服务工作。

一　职务评聘

1992年，按省人事厅要求，全县对拟聘高、中级职称人员进行外语考试，合格后再予以聘任。1998年，人事部发出《关于专业技术人员职称外语等级统一考试的通知》，县内职称外语考试与全国考试接轨，晋升中、高级职称人员需外语统一考试合格才予聘任。2000年11月,市人事局制发《专业技术职务聘任管理暂行办法》,县内职改工作即按此执行。2000年始,省、市人事部门要求,专技职务聘任必须坚持先设岗、后聘任,先审核职数、后兑现工资的原则;专技人员任现职期间继续教育的情况作为申报晋升专技职务任职资格与聘任专技职务的必备条件之一。

县职改办成立后,相继设立有关系列专技职务评审委员会,各单位也相继成立职改办,在事业单位的工程、农业、卫生、会计、统计、经济等行业进行职改工作,图书、档案、文博、新闻、出版等专技人员较少的行业则由常德地区对口专技职务评审委员会评审。1987年,县成立中专、中学、小学3个专技职务评审委员会,在教育系统开展职改工作。1988年,职改工作在全县企业单位铺开。1993年,开始在林业工程和乡镇企业中评聘专技人员。1994年,政工系列职称纳入企业中统一评聘,由县委宣传部承办。1995年后,会计、统计、经济系列取消评聘,实行以考代评。至2009年,有会计、统计、经济、卫生、审计、土建等专业实行以考代评。1996年,调整充实县职改领导小组,重新组建工程、农业、卫生和中学、中专、小学、党校教师及档案、群众文化、艺术、乡镇企业、工商联等12个系列专技职务评审委员会,各评委会由5－9人组成,共74人。2005年,全县事业单位专技职务聘任改革完成,6500余名专技人员签订了为期3年的聘约。是年,根据省、市人事部门关于做好农民技术人员职称评定工作的意见,始在全县乡镇评定农民技术职称。至2009年,评定初级职称920人,占农业总人口的2‰。

1988－2009年,经省、市、县评聘,全县有各类专技职务人员7802人。具体分类为:高级252人、占3.21%,其中教育184人、卫生39人、会计1人、审计1人、政工2人、农业18人、工程6人、经济1人;中级3509人、占44.98%,其中教育2776人、卫生330人、农业51人、工程203人、统计2人、会计55人、经济37人、其他55人;初级4041人、占51.81%,其中教育1934人、卫生804人、农业217人、工程698人、统计12人、会计200人、经济87人、其他89人。

二 专技人员管理服务

1989年,针对假学历、假奖励、假业绩、假论文、假职称现象,全县开展职改检查验收。重点清查初、中、高级专技职务和1978年后参加工作,无学历人员档案768份,审查不合格356份,复查后缓评初级职称298人。

1991年,对全县专技人员全面考核,按优秀、称职、不称职三个等次评定,作为专技职务评聘的依据。此后,专技职务评聘实行"一年一评一考核"。1996年,按专业考核8528名专技人员,评定优秀1206人、称职7318人、不称职4人。1997－2007年,专技人员主要按"德、勤、能、绩"实施年度考核,分优秀、合格、不合格三个等次,填写《考核登记表》,分别存入个人档案和专业技术档案。同时,专技人员考核结果与其使用、晋升、奖惩和工资挂钩。至2007年,共整理保存高、中级专技人员档案3840份。2005年始,对全民所有制企业、事业、民营企业及机关中的专技人员实行微机化管理,与国家、省、市联网。同时,统一换发省人事厅印制的防伪技术职称资格证。至2009年,完成75个企、事业单位9000余名专技人员资料信息入网和换证。

1999年、2001年,县委、县政府先后出台《安乡县专业技术人员管理暂行办法》《安乡县学术和技术带头人管理暂行办法》,由县委组织部牵头,县科技局、人事局组织实施,分别于2001年、2003年、2005年在高级专技职务人员中评选学术学科带头人三批42人。任期内,学术学科带头人每年享受县政府生活津贴1800－3000元和一次免费健康检查等待遇,优先安排其承担的科研项目并保证其所需经费和设备。此外,1989年、1996年先后两次为高级专技人员和50岁以上的中级专技人员免费健康检查,86个单位、355人参检。1993－1998年,根据国家、省、市要求,办理专技干部家属"农转非"381人。至2007年,专技人员中获全国"五一劳动奖章"1人、享受国务院特殊津贴3人、享受市政府有突出贡献专家待遇3人。

第七节　考核与奖惩

一　干部考核

1982年始，在全县行政事业单位推行岗位责任制。成立县岗位责任制考核领导小组，制定考核细则，主要考核对象是县直科（局）、乡镇领导班子的领导干部。

1990年后，考核内容量化为百分制，分为政治、智力、能力素质和政绩效率等四个方面，年终在自我鉴定基础上，县岗位责任制考核领导小组进行目标责任考核，乡镇评出物质文明和精神文明"双文明"建设先进单位、物质文明建设先进单位、精神文明建设先进单位，县直单位分别评出红旗单位、先进单位，乡镇和县直机关工作人员评定优秀、良好、合格、不合格岗四个等次，优秀岗按单位总人数的15%比例确定。公务员制度实施后，公务员考核包括德、能、勤、绩四个方面，重点考核工作实绩，确定为优秀、称职（合格）、基本称职（基本合格）、不称职（不合格）四个等次。确定为优秀等次的给予奖励，确定为不称职（不合格）等次的予以适当处理。

二　干部奖惩

1989－1992年，依据国务院《国家工作人员奖惩暂行规定》，开展全县干部奖惩工作。1991年6月，县政府出台干部奖励的原则和条件，全县干部奖惩工作进一步规范，条件进一步细化，操作更为具体。

1995年后，按省政府《湖南省国家公务员奖励实施办法》实施干部奖惩。1993年以来，全县有1人获全国劳动模范、3人获国家和省政府特殊津贴、2人获省部级以上先进工作者。

第八节　人才管理

1989年前，县内未设人才管理专门机构。1990年设县人才开发交流服务中心，挂靠县人事局专技管理股，配工作人员1名。2002年，县人才交流服务中心进入县政务服务中心设立窗口，新辟人事理论培训基地和电脑培训中心。2003年12月，县人才交流服务中心更名为县人才交流考试中心。2009年，有工作人员7名。主要职责任务：负责机关、事业、企业单位管理人员与专技人员的交流；指导、管理人才市场和人事争议仲裁；人才信息库及人事档案管理；各类人事教育培训计划的制订及组织实施和各种人事考试的宣传、报名、组考、发证。

1992年4月，县人事局开拓国际劳务市场，为便于出国（境）人员选派，对乡镇、县属行业特殊人才及乡土人才摸底，时有人才总量11031人。学历结构：研究生1人、占0.009%，本科584人、占5.3%，大专3182人、占28.8%，中专3932人、占35.6%，高中以下3332人、占30.2%。职称结构：高级114人、占10.3%，中级3353人、占30.4%，初级5564人、占50.4%，无职称2000人、占18.1%。年龄结构：35岁以下4486人、占40.7%，36－45岁4128人、占37.4%，46－55岁2383人、占21.6%，56岁以上34人、占0.3%。专业结构：农业315人、占2.9%，工业934人、占8.5%，教育5013人、占45.4%，卫生793人、占7.2%。2009年，有各类人才14312人，占总人口的2.4%。组成情况：国家公务员1557人（处级56人、科级1203人、科员298人）、占11%，专技人员11539人、占80.5%，企业管理人员278人、占2.5%，乡土人才938人、占6%。专业技术分布：教育6021人、卫生752人、农业423人、水利241人、工业202、商业803人、财会151人、其他3146人。职称结构：高级127人、中级3532人、初级5256人。专业人才中享受国家特殊津贴3人、市政府有突出贡献专家待遇1人、获全国"五一劳动奖章"1人、全县学术和技术带头人11人。乡土人才中全国、省级植棉劳模各1人。2002年，省委、省政府出台《关于加强人才队伍建设的若干意见》，全县各类实用人才发展迅速，时有乡村实用人才5700人。其中大中专文化330人、高中文化3920人、初中文化1450人，高级职称8人、中级职称410人。2003年，县内人才交流进入全国新世纪"十百千"人才工程，有二层次人选1人、三层次人选39人、首批入选世纪"121"人才工程

7人。

2002年,县人才交流服务中心组织县内3家民营企业参加全省大型人才交流会,为凯斯公司引进工程师1名,为人民医院引进医学本科生5名,引进珍珠业养殖专家2名。根据《安乡县选拔学科带头人和技术带头人的实施办法》,公开评选出11名学科技术带头人并落实了相关待遇。至2009年,引进各类专技人才728人,其中本科生147人、高级教师、高级记者2人、水利高级专技人才26人、农业专技人才376人、民营企业管理人才177人。

2002年,县人事仲裁公正委员会更名为县人事争议仲裁委员会。1998年始,人事代理业务全面展开。1997－2009年,对全县1267名国家公务员分批进行电脑知识操作、行政执法、《公务员法》培训和考试,分配入网登记大中专毕业生793人,人事争议仲裁7人,人事代理126人。

第九节　工资福利管理

一　工资管理

1993年前,全县机关、事业单位工作人员工资沿袭1985年7月国家制定的结构工资制,工资基金管理亦实行指令性计划。以基础、职务、工龄工资合并为标准工资,另加奖励工资,教师、护士还分别执行教龄、护龄工资。机关、全民所有制企业、事业单位的工资基金由计划、劳动、财政、银行、编委与各有关主管部门分工合作共同管理。根据上级下达的全县年度工资基金限额指标,县计委会同劳动、编制部门分季下达到各主管局(经委系统下达到直属企业),再由主管局下达到所属企事业单位。实行工资基金管理的单位则根据分季年度工资计划,编制分月的季度工资基金使用计划,季初呈报指定部门(行政机关、全民事业单位报编委,全民企业单位报劳动部门,集体企事业单位报主管局)审查,由开户银行监督支付。1991年,按国家人事部、中国人民银行、省人事厅、省委编委办要求,机关、事业单位的工资基金管理由编制部门移交人事部门。2007年12月,全县科级干部工资审批由县人事局移交县委组织部。

1993年10月,国务院改革机关和事业单位工作人员现行工资制度,至2009年,全县机关、事业单位工作人员工资进行了五次调整。

1993年10月,改机关、事业单位人员结构工资(基础、职务工资)为职务、级别、基础、工龄工资。职务工资按职务高低确定,每一职务层次分若干工资档次,并随任职年限变动;级别工资分15级与职务对应确定;各职位人员均按90元/月标准执行基础工资;工龄工资按工作年限确定,工作年限每增加一年则增加1元,至退休当年止。是年,共套改957人,职务、级别工资月增总额27184.5元,人均增加28.4元;基础、工龄工资月增总额8423.4元,人均增加8.8元。调整后,机关、事业单位工作人员年工资总额3006万元,年人均工资3724元,比1989年人均增加2317元。

1997年7月1日,机关行政人员基础工资由每人每月90元提高到110元;机关、事业单位新参加工作工人的学徒期、熟练期工资在原定基础上每人每月分别提高20元。1997年10月1日在职的正式工作人员中,1995年、1996年考核称职以上人员,从1997年10月1日起在本职务(技术等级)所对应的工资标准内晋升一个工资档次。共11928人调标,正常晋升工资档次9308人。调整后,年工资总额7000万元,年人均工资6348元,比1993年人均增加2624元。

1999年7月1日,机关行政人员基础工资由每人每月110元提高到180元,级别工资(1－15级)由55元至470元提高到85元至720元;适当调整机关工人的岗位工资和技术等级(职务)工资标准,按其工资构成中的比例相应提高。共11827人普调、调标。调整后,年工资总额8451万元,年人均工资7140元,比1997年人均增加792元。

2001年1月,按国家人事部、财政部关于调整机关事业单位工作人员工资和增加离退休人员离退休费实施方案,调整全县行政、事业单位工作人员工资。机关行政人员基础工资由每人每月180元提高到230元,级别工资(1－15级)由85元至720元提高到115元至1166元;适当调整机关、事业单位工人岗位和技术等级(职务)工资标准。共12575人调资。调整后,年工资总额10910万元,年人均工资8676元,比1999年人均增加1536元。

2006年7月1日,国务院批准改革公务员工资制度和规范公务员收入分配程序,全县进行公务员工资调整。调整后,公务员年人均工资18624元。

二 离(退)休、退职人员管理

(一)离(退)休、退职条件

1989－1993年间,机关和事业单位工作人员男满60周岁、女满55周岁(女职工年满50周岁),连续工龄满10年者可以退休;男满50周岁、女满45周岁,连续工龄满10年,由医院证明,县劳动鉴定委员会确认丧失劳动能力者,可作退休处理。不符合退休条件,有县以上医院证明,经县劳动鉴定委员会确认完全丧失劳动能力者可作退职处理。1996年,《湖南省公务员退(离)休实施意见》规定,符合男满60周岁、女满55周岁或丧失工作能力条件的应退休;符合男满55周岁、女满50周岁,工作年限满20年者,经本人提出要求,任免机关批准可提前退休。工作年限满30年者,经医院证明完全丧失工作(劳动)能力,又不具备退休条件的应退职。国家工作人员达到退(离)休年龄,不需本人申请,按规定程序由组织办理退(离)休。至2008年,有机关事业单位退休干部3913人,其中离休干部93人。

(二)离(退)休、退职人员待遇

离(退)休人员 离(退)休人员以原工作单位管理为主。1999年10月起,机关事业单位离(退)休人员生活费由政府统筹,县机关、事业单位社会保险站统一发放。2006年前,离休费计发基数:实行职级工资制的,为离休前本人当月职务、级别、基础、工龄工资之和;事业单位离休人员,为离休前本人当月职务(技术等级)工资和工资构成比例所规定的津贴之和。退休费计发基数:实行职级工资制的,全额计发部分为基础工资与工龄工资之和,折扣部分为职务工资与级别工资之和;机关技术工人为岗位、技术等级(职务)工资与奖金之和,普通工人为岗位工资与奖金之和。2006年6月30日前已办理离(退)休手续和达到离(退)休年龄的人员(经组织批准留任的除外),从2006年7月1日起增加离(退)休费。2006年7月1日后的离(退)休人员,离休费按本人离休前基本工资全额计发;退休费以本人退休前基本工资按比例计发,其中工作年满35年的按90%计发、工作年满30年不满35年的按85%计发、工作年满20年不满30年的按80%计发、工作年满10年不满20年的按70%计发,公务员工作不满10年的按50%计发。

退职人员 2006年6月30日前已办理退职手续的人员,从2006年7月1日起按每人每月160元增加退职生活费;2006年7月1日后退职的,事业单位工作人员和机关工人退职生活费以本人退职前基本工资按比例计发,其中工作年满20年的按70%计发、工作年满10年不满20年的按60%计发、工作不满10年的按50%计发。

三 社会保险

1991年6月,国务院发布《关于企业职工养老保险制度改革的规定》,明确机关、事业单位养老保险制度改革由国家人事部负责。1992年、1994年,国家劳动部、人事部、民政部和省政府相继明确,城镇企业、机关和事业单位、农村(含乡镇企业)人员养老保险分别由劳动、人事、民政部门负责。

机关、事业单位社会保险包括养老、专业、公(工)伤残和生育保险。1995年4月,成立县机关事业单位社会保险站,为具有行政职能的股级事业单位,归口县人事局。1996年1月启动县机关事业单位养老保险,依据劳动部、人事部、民政部关于养老保险费用由国家、单位和个人共同负担的原则,制定《安乡县机关、事业单位养老保险实施意见》,确定养老保险的范围和对象,即自收自支、差额拨款事业单位工作人员,机关、全额拨款事业单位工作人员(含固定工),聘用制干部、计划内临时工(含民办教师)及挂靠机关事业单位人员;收缴基金按照以支定收、略有节余、留有部分积累的原则,统一筹集。其中个人缴纳部分为本人月工资总额的3%,单位缴纳部分为单位在职人员月工资总额18%。至2001年,160个单位、7147人参保,当年收缴养老金1149万元,支付154万元。

2001年6月,市政府专题会议决定,各县(市)机关事业单位社会保险机构成建制划转当地劳动和社会保障局。2003年3月,县机关事业单位社会保险站划归县劳动和社会保障局。

第十节 军转干部安置

2001年,中央、国务院、中央军委出台《军队转业干部安置暂行办法》,军转干部安置实行计划分配和自主择业相结合。担任师级职务或担任营级以下职务且军龄不满20年的军转干部,由地方党委、政府采取计划分配的方式安置;担任团级职务或担任营级职务且军龄满20年的军转干部,可选择计划分配或自主择业的方式安置。计划分配的军转干部,由接收安置地地方党委、政府负责安排工作和职务;自主择业的军转干部,由政府协助就业并发给退役金。计划分配到机关、团体、事业单位工作的军转干部,其工资待遇按照不低于接收安置单位与其军队职务等级相应或者同等条件人员的标准确定;自主择业的军转干部,由安置地政府逐月发放退役金。军转干部退役金,按照本人转业时安置地月职务等级、军队干部月职务、军衔(级别)工资和军队统一规定的军贴的80%与全额基础军龄工资之和计发。军转干部随调配偶的工作安排与军转干部同步。县内军转干部安置,由县人事局根据各单位编制数额下达指令性计划,军官安置和公务员管理股承办。1989－2000年,共接收军转干部59人。

分配到机关的军转干部,其职务工资按本人原军队职务(技术等级)工资的80%,就近套入机关对应的职务工资档次(达到或超过半个档差的套入上一档次,低于半个档差的套入下一档次),但套入后的职务工资档次最多不超过机关同等条件人员的四个档次,超过部分不予保留;其级别工资根据本人原在军队中的职务和军龄,按地方同条件工作人员同等对待。分配到事业单位的军转干部,其工资的固定部分按照分配到同等条件机关军队转业干部基本工资(职务、级别、基础和军龄工资之和)的70%,就近就高套入所在单位对应的专业技术职务工资或职员职务工资档次;其津贴部分按照国家有关规定执行。分配到企业的军转干部,其工资按照本人原在军队职务(技术等级)、军队(文职级别)、基础和军龄工资之和的80%,就近就高套入所在企业相当职务的工资档次。

中央办公厅规定,1999年底以前批准转业的干部,均按1998年年底以前军转干部住房的解决办法,由地方政府和接收单位负责解决。即全迁户转业干部按每人3500元,其他转业干部按每人3000元的标准拨发住房补助费;按其服役期间基本工资累计数的40.94%一次性发给购置费,安置单位不再负责其住房安排。

第二十一章　劳动和社会保障

第一节　机构设置

1989年12月，县劳动局从县劳动人事局中析出，分设县劳动局、县人事局。1993年4月，根据《安乡县机构改革方案》，县人事局、劳动局合并组建县人事劳动局。1994年10月，根据《安乡县党政机构改革调整方案》，县人事局、劳动局再度分设。2002年4月，县劳动局更名为县劳动和社会保障局，属县政府组成部门，主管全县劳动和社会保障行政事务。2009年，设办公室、社保股、基金监督股、工伤保险股、法制股、人监股等6个工作机构，辖劳动就业服务管理处、社会劳动保险处、医疗保险处、机关事业单位社会保险处、工伤保险处、劳动争议仲裁院、劳动监察大队、信息中心等8个行政（事业）单位。有编制160人（行政10人、事业150人），实有工作人员127人（行政19人、事业108人）。其主要职责：依法行使劳动和社会保险监督检查职能；落实城乡就业政策和措施；贯彻执行各项社会保险基本政策和标准，组织建设社会和保险服务体系；负责全县劳动关系调整、劳动争议处理和仲裁。

第二节　劳动制度改革

1990年后，县内国有、集体企业就业容量逐渐缩小，企业内部分配制度弊端亦日益突显。坚持劳动工作"为经济建设服务，为企业发展服务，为职工群众服务，为社会稳定服务"的指导思想，适应经济体制改革需要，劳动制度改革进一步发展完善。

一　劳动用工制度改革

1987－1992年，在县内国有企业全面推行劳动用工制度改革，企业可根据生产工作需要面向社会公开招工，"子女顶替上岗"制度废止，新招收工人实行合同制。1992年7月始，劳动用工制度改革力度加大。招工不受行政区划限制；企业完全自主决定公开招工的时间、条件、方式和数量；新招收工人实行劳动合同化管理；企业内部用工改革，定员定额上岗，优化劳动组合；职工可停薪留职自谋职业。1993年始，劳动用工按市场机制运作，实行全员合同化管理，职工可合理自主择业、自由流动。1995年，全面执行《劳动法》，完成了从统一的用工计划管理到自由劳动力市场的重大改革。

1992年9月，县政府出台《关于深化企业劳动人事、工资分配、社会保险制度综合配套改革的意见》，加大全县企业三项制度改革步伐。注重发挥个体私营经济和劳务输出在就业安置中的主导作用，建立完善市场就业机制，不断拓宽就业渠道；鼓励城镇待业青年和失业人员、下岗职工再就业，妥善安置富余职工，充分发挥企业配置劳动力资源的优势，建立健全社会保障体系，为企业自主用工和职工自主择业、合理流动创造良好环境；就业渠道由单一的全民、集体所有制单位招工，向全民、集体、"三资"、个体经济全方位多形式安置转变，逐步转向以市场为主；就业观念由消极等待国家分配，向积极创造条件自谋职业转变，国家统包统配的局面逐渐改变，缓解了就业压力。改革企业内部分配，加强劳动工资宏观调控。改革企业劳动用工，推行全员劳动合同化管理。1995年12月19日，县委、县政府召开全县推行全员劳动合同制及深化社会养老保险制度改革动员大会。此后，企业按生产经营需要定编定员，裁减富余人员，原有固定工实行优化组合，竞争上岗；企业招工则经过全面考试、择优录取，普遍实行劳动合同制。

二　工资制度改革

1990年前，县内部分企业实行工资总额与上缴利润挂钩、“百元建安产值工资含量包干”等办法。1990年始,在部分独立经营、效益稳定的全民企业实行工资总额与经济效益挂钩浮动分配,在国营小型企业实行“全民所有、集体经营、国家征税、自负盈亏”和工资浮动。1992年,在经营正常的所有企业实行工资总额包干,工资分配浮动性更大。1993年后,企业实行计时工资、计件工资加奖励等多种形式工资制度,现代企业工资分配制度逐步建立。1997年,加大工资收入宏观调控力度,各项宏观调控政策和监督检查措施逐步实施。对县属企业下达弹挂一体的工资计划,实行《工资总额使用手册》制度,企业工资总额的使用和增长纳入宏观计划,强化政府对企业工资总量的控制,全面实行干部职工工资、奖金与效益挂钩,充分体现了按劳分配、多劳多得的收入分配原则。是年,在县氮肥厂完成企业职工工资指导标准和岗位技能工资改革试点,在职职工按岗位(职务)、技术等级领取劳动报酬,较好地解决了长期以来“技薪脱节”的问题。1998年后,落实党的十五大提出的“按劳分配为主,多种分配形式并存”方针,实行“市场机制调节、企业自主分配、职工民主参与、国家监控指导”的工资分配制度,平均主义“大锅饭”基本终结。1998年,进行工资指导线制度试点,按照省劳动厅《关于湖南省1999年工资增长指导意见》,全县推行工资指导线制度,依据企业利税,确定企业的工资增量,宏观调控企业工资。

第三节　劳动就业

1985年前,就业安置主要执行国家计划,即由县政府组织实施劳动力计划安置、统包就业和行政调配等。1986年始,根据国务院改革招工、用工制度等相关规定,企业用工和劳动者就业逐步走向市场。1992年始,县政府不再对企业下达用工计划,企业对用工数量、条件、招工时间和方式有完全自主权。20世纪90年代始,随着经济体制改革的深入,经济结构优化,企业自主用工,优胜劣汰法则充分显现,县内相继出现企业职工下岗失业。到1998年,企业职工下岗失业问题突显。特别是企业破产、改制全面展开,企业下岗失业人员大量增加,劳动就业逐步转向以市场为主,就业安置成为全社会普遍关注的热点、难点。

1996年,启动再就业工程,成立县职业介绍机构,各乡镇相继组建劳动服务管理站,开展待业、下岗失业、企业和农村富余劳动力就业登记、培训和职业介绍、劳务输出等工作。2000年,综合一体的多功能劳动服务体系初步形成。至2002年,建立以县劳动力市场为龙头的职业介绍、就业服务体系,有职业介绍所4个,联通了社会就业服务网络。1998－2002年,国有企业就业容量逐步减少,个体私营经济和劳务输出在就业安置中起主导作用,县政府制定各种优惠政策,通过发展第三产业,兴办劳动服务企业,开办集体、民营企业,鼓励城镇待业青年和企业下岗失业人自谋职业等途径,组织劳务输出,安置待业、下岗失业和富余人员。1990年,全县需安置的待业人员1671人,当年安置1101人,其中全民单位233人、集体单位528人、个体就业232人、临时性工作108人;通过其他途径减少待业人员245人,其中大中专招生41人、技校招生70人、参军134人。至1997年,仅县属企业下岗失业人员就增至4733人。1990－1997年,安置待业和下岗失业人员10282人、城镇复退军人1499人,为技校输送新生897人。1998年,县属企业下岗失业人员增至7014人,失业与就业安置矛盾十分突出。县再就业工作领导小组和再就业服务中心成立,有下岗职工的国有企业也相继建立相应机构。是年,下岗的3705名职工全部进入企业再就业服务中心,其中3372人与“中心”签订基本生活保障和再就业协议,2349人实现了再就业,再就业率63.4%。1990－1998年,为县内“三资”企业和国有、集体企业输送临时工3000人,个体就业1.4万人,向广东、海南、广西和周边省市及省内输出1.13万人,发放外出人员就业卡1.1万张。1998－2002年,收集各类劳务信息1800余条,为求职者提供择业岗位7500余个,安置城镇待业、失业人员和下岗职工6508人,其中全民单位587人、集体单位1639人、个体私营企业3191人、“三资”企业349人、出县务工742人;消化农村富余劳动力,组织劳务输出146批(次)、3650人次。2007－2009年,安置下岗失业人员再就业10766人;农村富余劳动力转移就业22767人。2008年底,全县有外出务工劳动力5.13万人，其中省内2.05万人、省外3.08万人。

针对劳动力整体素质偏低，对经济结构调整、传统产业升级、新兴产业与高新技术产业发展适应能力较差的现状，按照“先培训、后就业”原则，进行就业前职业技术培训和职业技能开发。1990年，建立县就业培训机构3个、就业培训学校或网点2所，当年开办五个专业的技术培训班10个、培训510人次。1990－1997年，举办就业培训班191期、12013人次，结业率100%，上岗11063人、占培训人数的92.1%。县氮肥厂结合岗位技能工资制度改革开展全员职业技能鉴定，分初、中、高级工人考评，激发了工人学技术、钻业务的热情。此后，职业技能培训和开发管理体系逐步健全，职业技能鉴定、职业资格证书制度亦开始推行。1998－2002年，建培训网点8个，设电脑、家电维修、缝纫、财会管理、工艺美术、美容美发等专业，培训下岗职工、失业人员和外出务工人员6730人次；职业技能鉴定1183人，其中获中级等级证911人、初级等级证272人。2007－2009年，再就业培训4351人次，发放再就业优惠证23504本。

2009年职工再就业详情见表21－1－31。

安乡县2009年职工再就业情况

表21－1－31　单位：人

项　　目	合　计	项　　目	合　计
城镇新增就业人员	4728	新办就业实体(个)	15
安置下岗失业人员再就业	2932	安排下岗失业人员再就业	1103
其中：大龄就业困难对象就业	92	新增农村富余劳动力转移就业	6879
发放再就业优惠证(本)	–	再就业培训(人次)	1533
新开发社区就业岗位(个)	1435	新增失业保险参保人员	906

第四节　劳动工资

一　职工工资调整

1985年的第三次工资改革，将原有按级别领取工资改为基础、职务、工龄工资与奖金之和的结构工资及企业的“百元产值工资含量包干”、工资总额与上缴利税挂钩等多种形式，即“两挂钩(企业职工工资总额或奖励基金与企业经济效益挂钩、职工的劳动报酬与劳动贡献挂钩)”“一脱钩(企业与国家机关、事业单位的工资改革和工资调整脱钩)”。职工套改新工资标准后的等级工资一般只作为工作异动、计算退休费和其他福利待遇的依据，称“档案工资”。企业的基本工资制度、工资标准、分配形式在国家政策允许范围内由企业自主决定，可实行计件、岗位、结构、基本工资加奖金浮动等形式。

1990年后，劳动工资管理发生了两次大的变化。一是推动企业工资总额与经济效益全面挂钩，基本建立国家对企业、企业对职工的双层分配体制，工效挂钩成为政府宏观调控工资总量的主导形式；二是传统的等级工资制逐步被市场机制对工资分配的作用替代。1991年起，按规定为每个级别的职工每月增加工资6元，企业职工按在册人数3%的比例执行奖励工资升级。1992年，推行岗位技能工资制度。1994年1月，企业在职职工人月均增资50元以内，适当核增工资总额，在成本中列支，并将政策性津贴、补贴全部纳入职工个人标准工资。1995年，推行国有企业经营者年薪制。1996年，实施国有企业职工等级工资指导标准和国有企业职工岗位技能工资指导标准，工资标准由45个等级增至55个，实行了40年的八级工资制废止。是年，年均在岗职工35929人、年人均工资3648元，比1986年(下同)人均增长2647元、增长2.6倍、年递增24%。其中企业职工

22178人、年人均工资3003元,人均增长2002元、增长2倍、年递增18.2%。其中国有企业13294人、年人均工资3095元,人均增长1997元、增长1.8倍、年递增16.4%。1999年,再次调整企业等级工资,职工工资调整升级划分三类,即就近高套升级;提高定级工资标准再升级;职务、职称工资按新标准工资进档后再升级。同时,确定中专、技校、职高、职中毕业生见习期进档工资为9级,大专毕业生进档工资为10级,本科毕业生进档工资为11级,双学士本科毕业生进档工资为12级;普工新进档工资为7级;复员退伍军人分配到企业,工资待遇按本企业同工龄、同岗位、同工种职工工资水平认定。是年,年均在岗职工26448人、年人均工资5664元,比1996年(下同)人均增长2016元、增长55.2%、年递增13.8%。其中企业职工12563人、年人均工资4886元,人均增长1883元、增长62.7%、年递增15.7%。其中国有企业8102人、年人均工资4945元,人均增长1850元、增长59.8%、年递增15%。工资制度不断改革,职工工资逐年增加。2003年,年均在岗职工20180人、年人均工资8888元,比1999年(下同)人均增长3224元、增长56.9%、年递增11.4%。其中企业职工7210人、年人均工资7900元,人均增长3014元、增长61.7%、年递增12.3%。其中国有企业2593人、年人均工资9314元,人均增长4369元、增长88.1%,年递增17.6%。2009年,年均在岗职工26207人、年人均工资18954元,比2003年(下同)人均增长10066元、增长1.13倍、年递增22.7%。其中企业13522人、年人均工资18304元,人均增长10404元、增长1.32倍、年递增26.3%。

干部职工年人均工资详情见表21－2－32。

安乡县1990－2009年部分年度干部职工年人均工资情况

表21－2－32　　单位:人、元

年度 \ 项目	年均职工人数	年人均工资	年度 \ 项目	年均职工人数	年人均工资
1990	32027	1505	2002	20653	7654
1992	34478	1830	2003	20180	8888
1996	35929	3648	2007	23478	14013
1998	34425	4607	2008	26639	16876
2000	25251	6025	2009	26207	18954

二　工资宏观调控

1997年始,全省改革工资指导线制度在常德试点,根据企业经营情况,分别对企业工资定位。即以12.5%的工资增长率为增长基准线,以18%的工资增长率为增长上线,以8%的工资增长率为增长下线,县内以此标准适当调整后在企业实施。加强国家对职工人数与工资总额计划的宏观调控,县属企业实行《工资总额使用手册》制度,实行工资总额与经济效益挂钩,较好地解决了国家与企业、企业与职工的分配问题。工效挂钩企业55家,其中国有企业22家、集体企业33家。是年,完成企业职工工资指导标准和岗位技能工资改革试点并在全县推广,改善了企业工资正常增长和自我约束机制。县属企业84家、13993人实行工资指导标准,其中国有企业38家、6619人,集体企业46家、7374人,月人均增资19元。随着市场经济体制日趋完善,20世纪末,县内开始企业改制。至2008年,全县国有、集体企业大多经过破产、改制和职工身份置换,工资指导线制度名存实亡。现有企业根据自身生产经营、绩效等情况,确定其工人工资标准。

第五节　劳动保护与争议仲裁

一　劳动安全

1989年1月,县劳动人事局设劳动安全监察股,履行劳动安全卫生、矿山安全和锅炉压力容器安全监察职能。2000年6月,锅炉压力容器监察职能划归县质量技术监督局。2002年1月,安全监察职能划归县工业发展局。

1990年以来,贯彻"安全第一,预防为主,综合治理"方针,开展劳动安全卫生监察综合管理、宏观监察和行政执法。职业安全卫生监察以遏制重特大事故为重点,发挥各主管部门和安全机构职能,在经常性安全生产宣传教育和行政执法基础上,每年举办1－2期培训班,进行特种作业人员和生产单位安全管理干部技术、业务培训,安全生产事故呈逐年减少趋势。1996年,开展以"治理隐患,预防事故,整章建制,保障安全,促进发展"为主题的"安全年"活动,提高全民安全意识,强化各级各部门责任和安全措施。对事故隐患调查摸底并治理整顿,贯彻《蒸汽锅炉安全技术监察规程》,开展锅炉压力容器安全监察,治理整顿锅炉房,查封"土锅炉",定期检验和运行检验锅炉压力容器。至1997年,全县有蒸汽锅炉103台、压力容器310台、各类气瓶3.2万余只、气体充装站3个,确保了无重大事故发生。1990－2002年,开辟宣传栏、墙报1050块,组织现场监察300余人次,下达监察意见和整改通知书1005份。

1994年,安乡获全市职业安全生产卫生监察先进单位。1988－1996年,连续获省劳动厅劳动安全政策宣传先进单位。

二　劳动争议仲裁

1987年,成立县劳动争议仲裁委员会,县劳动人事局亦设劳动争议仲裁股。负责县内机关团体、企事业单位劳动合同鉴证和劳动争议处理。1996年,成立劳动监察大队。2002年,县人民法院在县劳动局设立劳动法规执行室,依法审查和执行劳动争议案件。

1990－1997年,劳动合同鉴证24585人次,颁发《职工劳动手册》8000余本,为企业办理《劳动用工许可证》80余套;大型劳动执法检查3次,纠正违反《劳动法》行为4起,为特困企业和职工解决具体问题15件;处理劳动争议37起,结案率100%。1998－2002年,按照《劳动法》要求,检查121家国有、集体、"三资"、个体私营企业和单位劳动用工情况。对不严格执行《劳动法》的企业和单位,责成限期整改12起;对明显违反《劳动法》的用人单位处罚4起,劳动合同制在县内普遍推行;城镇企业签订劳动合同2.2万人次、乡镇企业450人次;受理劳动争议案件142起,其中调解113起、仲裁29起,结案率100%。

第六节　养老保险

1986年,县社会养老保险站成立。至1996年,参保单位90个、15083人,征集养老金3600万元,征缴率75%,基本建立了养老保险个人账户,3294名退休职工生活得到保障。1998年,提高企业退休人员基本养老金,对1997年7月底前59家企业拖欠3138名离退休人员的养老金1015.05万元、津补贴978.36万元全部补发到位。至2002年,参保企业87家、10290人,离退休职工4590人,征集养老金7188万元,征缴率90%以上。1996年前,退休人员到原单位领取养老金。2000年前,实行养老基金统筹,采取差额结算办法,保证了退休金足额及时发放。2000年9月,实行社会化发放,发放率100%。2005年7月,调整企业离退休人员养老金,人均增加295元。2007年,扩大社会养老保险覆盖面,私营企业、个体工商户、灵活就业人员等2413人参加养老保险,征收养老基金618万元。同时,7412名企业离退休人员实行电脑管理与社区管理相结合,做到了"老有所养、老有所医"。2009年企业社会劳动保险详情见表21－3－33。

安乡县2009年企业社会劳动保险情况

表21－3－33　　单位:个、人、万元

项　　目	合　计	项　　目	合　计
企业职工退休费用统筹情况	－	实征基金	10401
应参加统筹单位	108	支付离退休费用	11435
在职职工	19771	期末结余额	4110
离退休人员	12021	本年扩面新增单位	8
已参加统筹单位	108	本年扩面新增人员	7524
在职职工	19771	本年新增离退休人员	2817
离退休人员	12021	本年死亡离退休人员	199
工资总额	25493	本年在职死亡人员	32
离退休费用	11435	续保人数	5197
本年应征收统筹基金	－	个人账户额	13205

1995年4月,成立县机关事业单位养老保险站,负责全县机关事业单位养老保险。制定《安乡县机关事业单位社会养老保险制度改革实施意见》,先以自收自支、差额拨款事业单位、机关全额拨款的工人为投保对象,分步推进。至1997年,参保4000人,占应保人数的83%,征集养老金610万元。至2002年,119个机关事业单位、4573人参保,供养离退休人员976人,征缴养老金2386万元。2004年4月,县机关事业单位养老保险站更名为县机关事业单位社会保险处。2004－2006年,将乡镇事业单位整体纳入养老保险。至2007年,296个单位、12721人参保,征缴养老金2.19亿元,供养离退休人员4076人,发放养老金1.96亿元。机关事业单位养老保险详情见表21－4－34。

安乡县1995－2007年机关事业单位养老保险情况

表21－4－34　　单位:个、人、万元

项　　目	合　计	项　　目	合　计
参加养老保险单位	296	累计征收养老基金	21900
参加养老保险人数	12721	累计供养离退休人员	4076
1996年前参保单位	185	累计发放养老金	19600
1996年前参保职工	3662	供养人数增加	3383
1996年前征收基金	453	供养人员增长率(%)	588
1996年前供养退休人员	693	基金滚存结余	2308

第七节 医疗保险

2000年，县医疗保险基金管理服务中心成立。是年5月，县政府制定《安乡县城镇职工医疗保险试行办法》，128个行政机关和企事业单位、14191人参保，当年征缴医疗保险金504万元，为1048人支付医疗保险费219万元。2003年，县政府制定《安乡县城镇灵活就业人员基本医疗保险试行办法》。次年6月，启动城镇职工生育保险，当年参保10425人、35人受益。2007年10月，启动城镇居民基本医疗保险，当年参保23149人。至2008年，383个单位25333人、15025人参加城镇职工医疗保险和生育保险，城镇居民50148人参加医疗保险，征收医疗保险基金10801万元、支付9095万元。凡参保人员，在个人工资中每月按比例扣发相应金额，单位按比例补贴相应金额一并上缴县医保中心。为方便就医，发放参保人员医疗保险卡，可持卡到指定的医院、药店看病或买药。2009年医疗保险详情见表21－5－35、2004－2008年生育保险详情见表21－6－36。

安乡县2009年医疗保险情况

表21－5－35　　单位:个、人、万元

项　　目	合　计	项　　目	合　计
一、基本医疗保险情况	–	12. 统筹基金余额	1705.3
1. 参保单位数	361	13. 个人账户余额	601.9
2. 参保人数	25359	二、大病互助情况	–
在职人数	15541	1. 参保人数	25359
退休人数	9818	2. 应收保费	182
3. 应收基金	2165	3. 实收保费	180.2
4. 实收基金	2133	4. 征缴率(%)	99
5. 征缴率(%)	98	5. 大病互助收入	180.2
6. 统筹基金	1172	6. 大病互助支出	164.2
7. 个人账户	961	三、城镇居民基本医疗保险情况	–
8. 个人账户支付	830.6	1. 参保人数	53148
9. 住院人数	2933	2. 收医保基金	969
10. 出院人数	2933	3. 统筹基金支付	932.4
11. 住院费	1599.72	4. 累计住院人次	5144
其中统筹基金支付	1035.5	–	–

安乡县2004－2008生育保险情况

表21－6－36　　单位:个、人、万元

项　　目	合　计	项　　目	合　计
参加生育保险单位	383	支付生育保险基金	152
参加生育保险人数	15025	享受生育保险人数	588
征收生育保险基金	396	支付生育保险人次	3140

第八节　失业保险与企业解困

1986年,县就业服务处失业保险股成立,根据国务院《国营企业职工待业保险暂行规定》,开展失业保险工作,参保对象为城镇国有、集体、外商投资和私营企业及城镇事业单位职工,按职工月标准工资总额的1%缴纳失业保险金。组织失业人员培训,指导和促进再就业。至2008年,195个单位、18556人参保,征收失业保险基金1253万元,为失业人员174人发放救济金。失业保险详情见表21－7－37。

1997年2月,县企业解困领导小组成立,下设办公室。至2008年,筹集解困资金645万元,全部发放给158家困难企业,救助困难职工15830人、离退休人员2580人次。

安乡县1986－2008年失业保险情况

表21－7－37　　单位:个、人、万元

项　　目	合　计	项　　目	合　计
参加失业保险单位	195	累计征收失业保险基金	1250
参加失业保险人数	18550	累计发放失业救济金	613
帮助困难人员	13257	累计救济失业人员	782
累计培训失业人员	11354	－	－

第九节　工伤保险

2004年11月,县工伤保险处成立。负责核查办理工伤保险登记、保存用人单位职工个人基本情况,依法征收工伤保险基金,为工伤职工和其直系亲属服务。至2008年,89个企事业单位、13140人及农民工7884人参保。征缴保险基金321.3万元、支付262.63万元。调查工作事故1259人次、认定工伤1132人次,为1128人次工伤事故患者支付工伤费用180万元。详情见表21－8－38。

安乡县2004－2008年工伤保险情况

表21－8－38　　单位:个、人、万元

项　　目	合　计	项　　目	合　计
一、参加工伤保险单位	89	三、累计征缴保险金	321.3
1. 企业参保单位	64	四、累计受理工伤事故人次	1259
2. 事业参保单位	25	五、累计调查工伤事故人次	1259
二、参加工伤保险人数	21024	六、累计认定工伤事故人次	1132
1. 企业单位参保	7250	七、累计支付工伤患者人次	1128
2. 事业单位参保	5890	八、累计支付工伤费用	180
3. 农民工参保	7884	－	－

经济

Jingji

第二十二章　经济综述

一　经济体制改革

经济是社会发展的命脉，其体制改革是经济发展和社会进步的必由之路。进入20世纪90年代后，建设有中国特色社会主义的新道路快速拓展，解放思想，实事求是，克服传统计划经济体制的弊端，深化经济体制和经营机制改革，推进现代化建设新格局的不断完善，是为前所未有的举措。安乡与世俱进，经济体制改革取得相应成效。

农村经济体制改革　安乡为传统农业县，全国商品粮、商品棉、商品油、商品鱼生产基地县，农村经济体制的改革，对“四大生产基地县”的发展和全县经济体系的壮大尤为重要。20世纪70年代末试行“包工到组、联产计酬”等生产责任制，1982年完成“包产到户、包干到户”的家庭联产承包责任制改革，全面实行首轮农村土地承包经营，1984年进一步完善，农民的生产积极性大幅度提高，农业生产全面、快速发展。1993年的农业生产总值比1980年增长2.76倍，年均递增32.2%。1994年，县委、县政府践行中央、国务院《关于当前农业和农村经济发展的若干措施》，运用择优试点与全面展开的方式，进行农村土地承包管理体制改革，1995年签订土地承包合同10.16万份，落实土地承包经营面积64.5万亩，发放土地承包经营权证7.8万个，基本完成为期30年的农村土地二轮延包工作。但承包面积的落实、承包合同的签订与经营权证的发放等具体工作，因速度较快，欠缺村村组组的落实与家家户户的完善。尔后，农民的经济负担不断加重，收入相应减少甚至出现赤字，生产积极性随之减弱，弃田抛荒问题不断出现，全县农业生产发展呈现不太稳定的态势。2002年，国家颁布《农村土地承包法》，2004年，国务院办公厅依次发出《关于尽快恢复撂荒耕地生产的紧急通知》和《关于妥善解决当前农村土地纠纷的紧急通知》，省委、省政府和市委、市政府相应下发关于进一步稳定和完善农村土地承包经营制度的文件。县委、县政府坚定不移地执行国法，实施文件精神，扎扎实实地进行农村土地承包管理的基础工作，建立健全“权属明晰、管理科学、体系健全”的农村土地承包管理新机制，确保农业生产的健康发展和承包户生产收入的增加，于2008年开始以土地“确权、登记、颁证”为主要内容的农村土地二轮延包完善工作，2009年重新登记土地承包合同9.89万份，落实土地承包面积68.27万亩，发放承包经营权证9.89万份，村村组组做到了“承包面积、承包地位、承包合同、承包经营权、基本农田”的“五到户”，家家户户做到了“承包面积、承包合同、承包经营、承包经营权证登记簿”的“四相符”，实现了农村土地承包管理的规范化、制度化，“纠纷”问题全部解决，农民的生产积极性再度提高，撂荒耕地生产全部恢复，农业生产又快速发展，承包户的收入又随之增加。以1999年为基点，农林牧渔业生产总值增长1.55倍，农村住户年人均纯收入增长1.66倍。“四大生产基地县”建设进一步正常化、规模化，不少弃农外出打工的青壮年农民返乡务农，“兴农强县”趋势日益兴旺。

企业改革　安乡为工商企业“从无到有、由小到大”的快速发展县，至20世纪末，有国营和集体经营的大小企业206家，但其继续快速发展与规模化建设面临“重重困难”。105家县直工商企业负债18.4亿元，43家企业被迫停产，未停业企业也多开工不足，职工工资不能正常发放，“不安”因素不乏。为解其难，确保社会安定，县政府为国有企业员工发放生活补贴费800余万元，为因工致残（含伤残军人）、患职业病、绝症或重病丧失劳动力的职工和因工死亡职工的家属发放过年过节慰问金200余万元，交付员工养老保险金1100余万元，垫付员工养老保险金2000余万元，县财政也随之困难重重。20世纪90年代中后期，省委、省政府先后下发《关于进一步放开放活国有小型企业的意见》《关于进一步深化国有企业改革的通知》，市委、市政府下发《关于国有企业实行股份合作体制改革的暂行规定》，县委、县政府按照文件精神，从实际情况出发，先后在国营企业和县属集体企业进行厂长负责制、承包制、员工股份制等经营机制改革。2000年3月，县委、县政府为贯彻落实中央《关于国有企业改革和发展重大问题的决定》和省委《关于贯彻〈中共中央关于国有企业改革和发展重大问题的决定〉的实施意见》，制定《关于加快企业改革和发展的决定》和《安乡县国有企业改革实施办法》，成立由几大家领导牵头、相关部门单位主要负责人为成员的企业改革领导小组，设置工作机构，组建精干队伍，从事企业改革。在12年的进程中，以“改革企业产权制度、用工制度和分配制度，创新企业经营管理体制，强化企业发展活力”和“全面部署、整体推进、精心组织、规范工作、突出重点”为指导思想与总体要求，以国营、县属集体企业为主要对象，国营企业为重点，遵循国家颁布的《破产法》《公司法》《劳动法》，按照“宣传发动、制订方案、具体实施、总结完善”的步骤进行改革，除县自来水公司和县芦苇总场外，204家企业圆满完成，75家破产关闭，125家直接关停解散、注销经营执照，28536名员工(为总人数的96.9%)一次性安置或置换国有、集体身份，一次性买断工龄，组建规模较大的股份制民营企业61家。随之，全县“两个置换”的企业快速扩大，新型民营企业快速发展，年生产总值与销售收入快速提高。2009年的工业生产总值比1999年增长2.24倍，年均递增41.6%；2012年年销售收入1000万元以上的企业增加到41家，其中2000万元以上的3家，3000万元以上的1家，“工业安乡”日新月异。

二　经济结构

产业总体结构　经济产业的总体结构由第一产业、第二产业、第三产业构成，即由农业、工业与建筑业和除此以外的其他各业构成，其不同程度的发展，必然导致总体结构的演变。安乡以“兴农强县”为基础，稳定发展第一产业；以“工业安乡”为重点，加速发展第二产业；以建立适合安乡的统一市场体系、城乡社会化综合服务体系和社会保障体系为目标，快速度、大规模地发展第三产业，呈现出今非昔比的新格局。2009年，国民生产总值836181万元，增长15.76倍(与1989年比，下同)、年均递增28.8%。其中第一产业总产值248738万元，增长8.05倍、年均递增25.3%；第二产业总产值197054万元，增长24.45倍、年均递增31.9%；第三产业总产值390389万元，增长25.55倍、年均递增32.2%。其比例变化见图22－1－1、图22－2－2。

图22－1－1

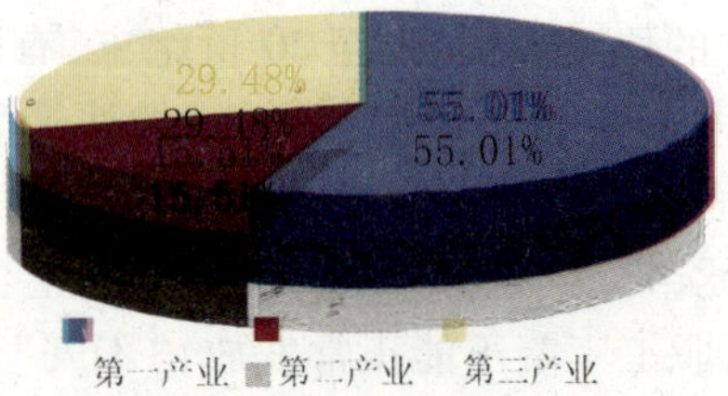

1989年

图22－2－2

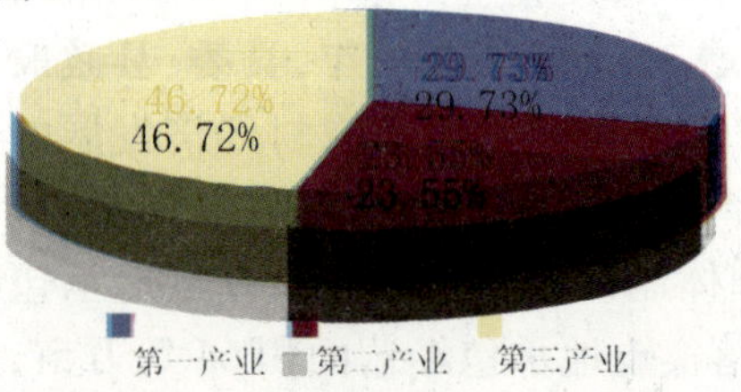

2009年

安乡县1989年、2009年产业总体结构比较图

第一产业结构　安乡的第一产业，包含种植业、林业、牧业、渔业和农林牧渔服务业。种植业中有谷物及其他作物、蔬菜园艺作物、水果、坚果、饮料作物、中药材，谷物及其他作物中有谷物、油料、豆类、棉花、麻类、糖料及其他作物；林业中有林木的培育和种植、竹木采运；牧业中有牲畜养殖、猪的饲养、家禽饲养和其他牧业。种植业为其主体，种植业中又以粮、棉、油种植为主体。2009年，生产总值385417万元，其中种植业总产值181980万元、占47.22%，林业总产值1437万元、占0.37%，牧业总产值109136万元、占28.32%，渔业总产值81584万元、占21.17%，农林牧渔服务业总收入11280万元、占2.92%。

第二产业结构　该产业包含工业与建筑业。安乡的工业行业有采矿业、制造业和电气、煤气及水的生产和供应业，规模较大的企业67家，即农副产品加工业18家、食品制造业2家、饮食制造业4家、纺织业7家、木材加工及木、竹、藤、草制品业2家、造纸及纸制品业6家、印刷业和记录媒介的复制业3家、化学原料及化学制品制造业5家、涂料、油墨、颜料及类似产品制造业1家、医药制造业3家、橡胶制品业3家、非金属矿物制品业5家、通用设备制造业1家、专用设备制造业5家、交通运输设备制造业2家，制造业中以农副产品加工业、纺织业、化学原料及化学制品制造业、非金属矿物制品业为主体。2009年，生产总值163739万元，其中采矿业502万元、制造业159657万元、电力、煤气及水的生产和供应业3580万元，制造业占总产值的97.51%。建筑行业企业7家，其中房屋和土木工程建设业6家，其他建筑业1家；按企业资质等级分组，一级1家、二级2家、三级3家。2009年总产值33315万元。工业与建筑业的生产总值为197054万元。

其比例变化见图22－3－3、图22－4－4。

图22－3－3

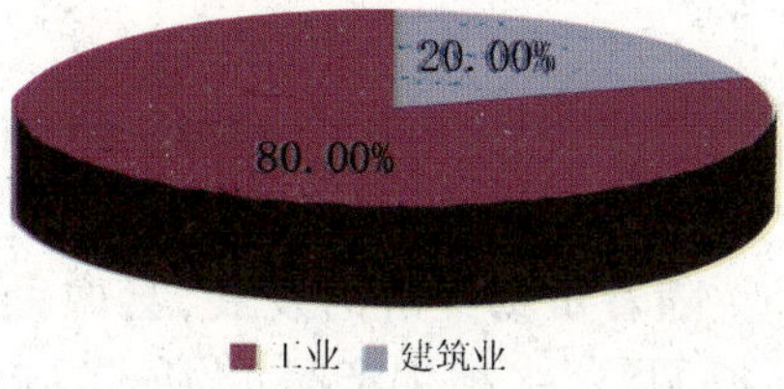

1989年

图22－4－4

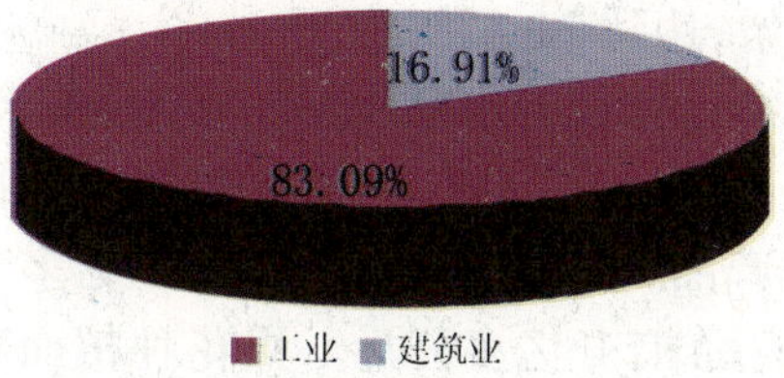

2009年

安乡县1989年、2009年工业、建筑业结构比较图

第三产业结构　安乡的第三产业包含交通运输、仓库和邮政业、信息传输、计算机服务和软件业、批发和零售业、住宿和餐饮业、金融业、房地产业、租赁和商务服务业、科学研究、技术服务和地质勘查业、水利、环境和公共设施管理业、居民服务和其他服务业、教育、卫生、社会保障和社会服务业、文化、体育和娱乐业、公共管理和社会组织等14个行业。2009年总产值390839万元，其中批发和零售业65673万元、占16.8%，居民服务和其他服务业48270万元、占12.35%，交通运输、仓库和邮政业45960万元、占11.76%，住宿和餐饮业35727万元、占9.14%，公共管理和社会组织34325万元、占8.78%，房地产业32376万元、占8.28%，文化、体育和娱乐业31376万元、占8.03%，共293707万元，占总产值的75.14%。

三　经济发展

本志记载的断限期，为新中国建立以来安乡经济发展速度最快和发展水平的最高期，除遭受特大洪水灾害的1998年外，发展速度无不逐年加快，发展水平无不逐年提高。2009年，国民生产总值836631万元，增长15.76倍（与1989年比，下同）、年均递增29.7%；农林牧渔业总产值385417万元，增长8.02倍、年均递增25.3%；工业总产值567400万元，增长15.26倍、年均递增29%；社会商品零售总额259919万元，增长10.37倍、年均递增26.7%；县财政收入14333万元，增长5.59倍、年均递增23.3%；农民年人均纯收入4586元，增长7.87倍、年均递增25.1%；职工年人均报酬20921元，增长13.87倍、年均递增28.4%；居民年末储蓄余额323928万元，增长40.14倍、年均递增35.1%。

第二十三章　种植业

安乡农业以种植业为主,种植业又以粮、棉、油作物占主导地位。1989－2009年,为适应市场对农产品的需求与变化,农业生产以调整结构、提高效益为主,朝着优质、高产、高效方向发展,总产值以年均26.1%的速度递增,达到24.8738亿元。

县内种植的粮食作物有水稻、小麦、大麦、玉米、高粱、大豆、绿豆、蚕豌豆、红薯、马铃薯等10余种,其中水稻是主要产品,高峰期年份总产达3亿多公斤,为国家贡献商品粮1亿多公斤。棉花种植面积由1989年的15.53万亩逐步增加到2008年的30.5万亩,总产2.78万吨。以油菜为主的油料作物年均稳定种植面积50万亩左右,总产量由1989年的2.1万吨增至2008年的6.1万余吨,增长2.9倍。21世纪种植蔬菜10万亩,产值近2亿元,是20世纪90年代的近3倍。

第一节　粮油作物种植与栽培

一　水稻种植

随着市场经济的发展,县内种植业结构不断大规模调整,水稻生产呈波浪式发展:1989年种植面积927015亩,总产量323174吨;1992年种植面积770216亩,为1989年的83.09%;1998年种植面积580404亩,为1992年的75.36%、1989年的62.6%;2003年种植面积319705亩,为1998年的55.08%、1989年的34.49%。2004年,国家出台粮补政策后,种植面积开始回升,2008年种植面积653175亩,也仅为1989年的70.46%。水稻生产波动情况见图23－1－5,水稻作物种植详情见表23－1－39。

图23－1－5

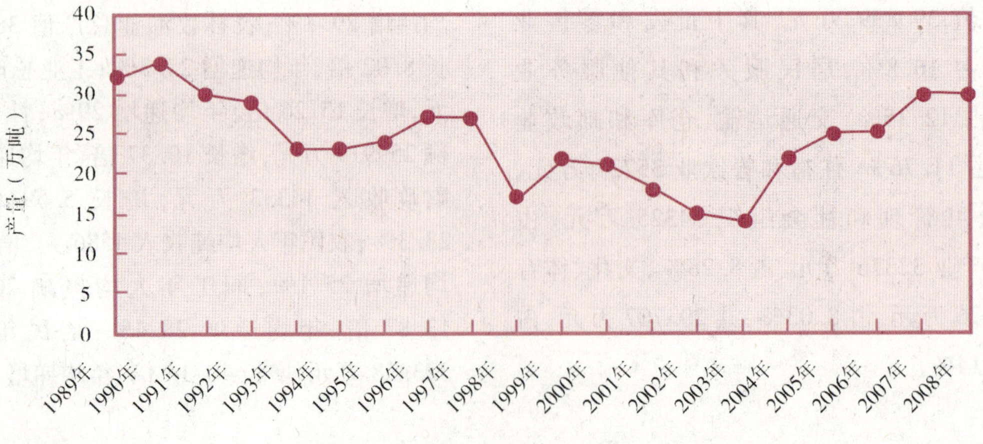

安乡县1989－2008年水稻生产波动图

二　旱粮种植

（一）小麦、大麦

小麦种植1996－2000年间中断，其余年份均有种植。2005年后发展较快，2008年达到8100亩，主要推广品种有鄂麦14号、郑麦9023等。大麦种植1989年2755亩，1990年仅195亩，1994年以后中断。

（二）玉　米

每年都有种植，1992年面积最小，仅56亩。后因推广间作技术得到发展，1999年达到10539亩。栽培模式主要有玉米—稻、玉米—棉花、玉米，推广品种有苏玉1号、掖单13号、西玉3号、农大108、豫玉22、北京超大棒等。

（三）高　粱

主要种在田地荒边余角或河堤外洲，主要品种为湘两优糯粱1号。1992年面积最小，仅11亩，1995－1998年中断种植，1999年3111亩。

（四）大　豆

主要种在油菜苗床地、荒边余角、田塍等处，主要品种有湘春豆13号、鄂豆4号、翠扇大豆。1989年11642亩，2000年4075亩，1989年、1990年、2003年、2004年、2005年均超过1万亩。

（五）绿　豆

主要种在田塍、油菜苗床地、荒边余角处，主要品种有中绿1号、本地绿豆。1990年7678亩，1998年934亩。

（六）蚕豌豆

主要为冬种作物蚕豆，主要品种有荆豆4号、启豆2号及本地品种等。1989年90301亩，2004年7295亩。

（七）红薯、马铃薯

红薯1993年4875亩，1998年600亩。马铃薯1991年1300亩，2007年6750亩。

三　油料作物种植

县内油料作物种植以油菜为主，种植面积呈逐年稳步上升趋势。1989年268030亩，平均亩产76.7公斤；1994年367105亩，平均亩产108.1公斤；1999年突破50万亩，平均亩产96.3公斤；2008年563596亩，平均亩产108公斤。2004年单产创历史最高水平，亩产131.3公斤。详情见表23－2－40。

油菜种植在旱地变化不大，以棉—油两熟为主；水田则由过去的稻—稻—油三熟、稻—油两熟为主向稻—油两熟转变。1994年前均为双高品种，1995年始引进推广双低油菜（低芥酸、低葡萄糖甙），1999年推广面积达1.4万亩，2006年全面普及。种植方式：1989－1998年均为育苗移栽；1999年后棉地为育苗移栽，稻田为直播（翻耕直播、免耕直播、旋耕直播）；2006年，农民开始自发在棉地直播。熟期搭配：棉—油两熟制中，主要为中熟棉花品种搭配迟熟油菜品种秦优系列或中熟油菜品种湘杂油系列、油研系列、华杂系列等；稻—稻—油三熟制中，主要搭配湘油11号、湘油15号、中油821等常规早中熟品种；稻—油两熟制中，主要搭配秦优系列、华杂系列等中迟熟品种。

四　粮油作物栽培

（一）水稻栽培

水稻栽培有直播与移栽两种方式，种植面积双季稻与一季晚稻呈此消彼长态势，双季稻出现增—减—增的过程，一季晚稻则相反。1989年双季稻面积最大，早稻420408亩、晚稻480432亩。尔后逐年减少，2002年面积最小，早稻96690亩、晚稻99640亩。一季晚稻呈逐步增加趋势，2000年前，一季晚稻主要以蓄留再生稻为主，面积一般为2万－5万亩，2000年后，一季晚稻面积迅速扩大，2007年31.47万亩，为1992年的25.84倍。

早稻栽培　栽培模式经历了三个阶段：1989－1996年为育秧移栽与直播（分厢撒播）栽培，育秧方式以通气秧田（干耕干整、上水擂浆播种）为主，有少量的湿润秧田。分厢撒播的主要技术是大田整平后，开沟分垅，种子分厢播种；1997－2002年为育秧移栽、撒播栽培、软盘旱育抛秧栽培；2003年开始单一的撒播栽培。播种期：2000年前为4月7－15日，后调整为4月上旬。有种子处理技术、催芽与播种技术、育秧技术和栽培技术。种子处理技术：1991年始使用强氯精消毒，1998－2004年推广使用百白克消毒，2003年始推广种子包衣。催芽与播种技术：主要采用少浸多露、三浸三露浸种法，1993年前主要应用温室催芽法、小地窖催芽法和煤灰催芽法，尔后大力推广煤灰催芽与保芽技术。育秧技术：根据地膜形式分为普膜育秧和孔膜育秧，1990年前主要采用普膜育秧，1991年全面推广有孔地膜育秧新技术；根据秧田形式分为中苗带土育秧、多两大育秧、软盘抛秧（寄），1994年前，两熟制推广中苗带土育秧，1997年推广软盘抛秧，1996年前，三熟制推广多两大（1990年前称三两大）育秧，1997－2002年推广软盘抛寄。

晚稻栽培 2000年前多为两段育秧，杂交晚稻1997年前以双两大栽培为主，1997－2000年为软盘旱育抛寄，2000－2003年为湿润育秧（大苗洗插），2004年后，农民开始自发应用直播栽培（早稻翻秋）。

中稻栽培 2000年前主要以一季稻蓄留再生稻为主，单纯一季晚稻面积较少。2000年后，因稻田耕作制度改革的推进和超级水稻的推广，促进了一季晚稻迅速发展。2000年前，一季晚稻多以育秧移栽为主，尔后，育秧移栽和直播栽培处于均势，2002年，县内开始一季晚稻起垄免耕直播配套技术研究并取得成功，2008年获县科技进步三等奖。

优质稻栽培 优质稻新品种推广起步较早。1992年，国务院作出发展优质、高产、高效农业决定后，县内即开始优化品种结构，当年发展优质晚稻湘晚籼10号12万亩，2000年扩大到29.3万亩，有南京16、湘晚籼11号、优丰162等7个品种。2001年发展金健3号高档优质一季晚稻5万亩，次年发展规模缩小。2003年优质稻市场需求开始反弹，县农业局粮油站与金健米业签订1万亩中健2号高档优质稻种植合同，主要种植地分布在安康、下渔口、陈家嘴等乡镇，品种为湘晚籼11号。由于优质稻品种适应能力稍弱，培管有一定难度，生产受天气制约因素较大，遇收割整晒天气不好，稻谷质量大受影响，导致销售难，加之市场需求不稳定，2007年始种植规模缩小。

安乡县1989－2008年水稻作物种植情况

表23－1－39　　单位：亩、公斤、吨

年度＼项目	早稻			中稻（一季稻）			晚稻			总产合计
	面积	亩产	总产	面积	亩产	总产	面积	亩产	总产	
1989	420408	316.9	133228	26175	413.3	10819	480432	372.8	179127	323174
1990	418354	354.4	148254	15238	448.5	6835	475727	404.8	192579	347668
1991	390647	266.9	104251	26034	436.4	11360	459555	406.1	186609	302220
1992	347779	362.3	125996	12180	447.4	5449	410257	402.5	165118	296563
1993	302800	258.9	78396	26100	468.3	12223	362970	407.9	148050	238669
1994	274808	355.9	97805	14760	471.4	6958	320560	403	129199	233962
1995	271000	304.6	82538	19387	460.3	8924	331212	474.4	157126	248588
1996	282110	265.9	75027	17555	185.7	8526	336586	509.1	171352	254905
1997	284516	369.4	105088	28577	481.7	13765	335555	464.7	155919	274772
1998	256104	329.5	84395	48150	219.8	10585	276150	290.9	80337	175317
1999	272733	286	78010	59432	432.1	25678	310158	390.7	121186	224874

续表 23－1－39

2000	220424	314.1	69238	100466	410	41191	260872	400.6	104499	214928
2001	158005	300.8	47530	130850	460.8	60294	192328	426.8	82082	189906
2002	96690	248.3	24011	185765	473.9	83287	99640	430.7	42916	150214
2003	60220	343	20655	194020	495.8	96199	65465	398.8	26106	142960
2004	134939	347	46818	221420	530.2	117401	161293	403.9	65146	229365
2005	136340	333	45404	282898	516.4	146084	157106	424.0	66610	258098
2006	139800	343.9	48080	294750	490	144428	159600	419.6	66961	259469
2007	157350	360.1	56655	314700	530	166778	179550	430.4	77283	300716
2008	173623	373.9	64912	304923	531	161905	174590	433.5	75679	302496

(二)油菜栽培

20 年来,油菜栽培方式与主要技术分两个阶段:即育苗移栽和大田直播。育苗移栽技术推广时间长、应用面积最大;大田直播主要用于水田油菜生产。2000 年前,农民自发应用翻耕直播技术,因杂草较多,播期播量不一致,产量不高,亩产多在 100 公斤以下。2001 年,县农业局粮油站在省农业厅粮油作物处指导下,在安裕乡七家村十组开始免耕直播技术示范及技术配套与完善工作,后逐年扩大示范,2004 年全面推广。该技术省工节本、操作简便、增产增效,能解决劳力不足、季节矛盾等突出问题,有利于提高稻田复种指数,增加稻田种植效益,得到了省级专家鉴定和认可。2003 年,开始应用旋耕直播技术。此为免耕直播技术推广成功、旋耕机得到大面积应用时采用的一项栽培新技术,具有省工省时省力、操作简便、增产增效等特点,但不利于在秋风秋雨天气条件下应用。

安乡县 1989－2008 年油料作物种植情况

表 23－2－40　　单位:亩、公斤、吨

项目 年度	油菜			花生			芝麻		
	面积	亩产	总产	面积	亩产	总产	面积	亩产	总产
1989	268030	76.7	20571	1290	120.9	156	2124	86.2	183
1990	295322	90.2	26628	688	129.4	89	2005	86.3	173
1991	332066	81.5	27064	259	154.4	40	1228	76.5	94
1992	330768	85.5	28276	250	148	37	1095	94.1	103
1993	309971	91	28205	360	100	36	1350	75.6	102
1994	367105	108.1	39683	159	125.8	20	550	103.6	57
1995	476155	89.3	42542	136	169.1	23	2057	132.7	273
1996	489362	104.3	51047	76	78.9	6	359	103.1	37
1997	474283	117.6	55763	150	80	12	665	102.3	68
1998	477041	98.7	47066	150	80	12	582	104.8	61
1999	519500	96.3	50042	80	512.5	41	729	93.3	68
2000	450000	111.3	50079	170	211.8	36	953	69.3	66

续表 23－2－40

2001	436878	105	45884	490	206.1	101	1350	82.2	111
2002	450000	79.3	35667	325	147.7	48	2582	79.8	206
2003	427465	94.9	40581	1000	120	120	780	79.5	62
2004	441000	131.3	57893	180	122.2	22	920	84.8	78
2005	421500	109.5	46168	150	146.7	22	600	85.0	51
2006	430950	117.5	50650	170	147.1	25	1350	88.1	119
2007	430950	130.9	56403	300	156.7	47	1200	98.3	118
2008	563596	108	60863	110	218.2	24	1490	100	149

第二节　经济作物种植与栽培

一　棉花种植与栽培

棉花是县内的主要经济作物，1989－2009 年间种植面积、总产、单产均处于平稳上升态势。总面积从 15.5 万亩发展到 29.3 万亩，总产皮棉从 9001 吨增至 33646 吨，皮棉单产从 58 公斤上升到 115.1 公斤。棉花生产发展，一是种植技术提高，单产稳步提升；二是科学技术进步，株行距配置、种植密度、一播全苗、化学调节、重施花铃肥等技术的实用，为提高单产发挥了极大作用；三是品种更新，经历了由常规棉—非抗虫杂交棉—抗虫杂交棉的更新。棉花生产波动情况见图 23－2－6。

图 23－2－6

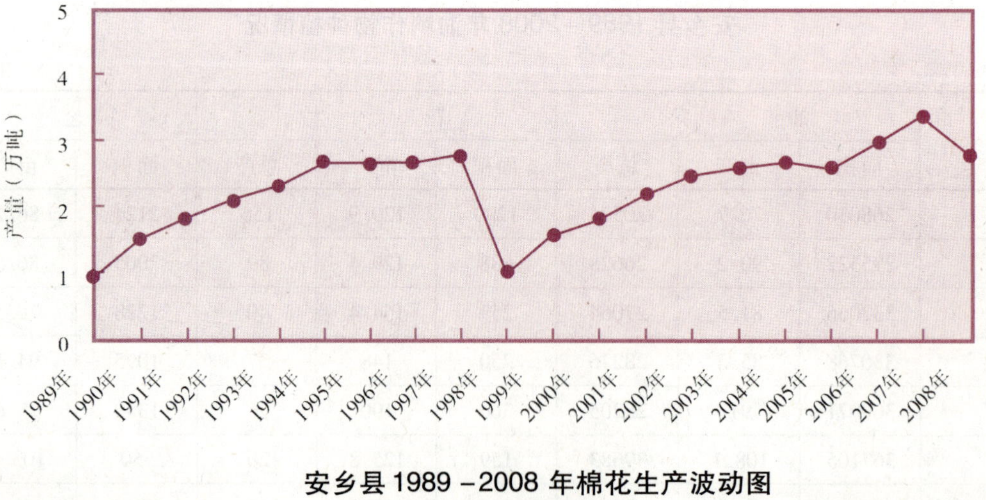

安乡县 1989－2008 年棉花生产波动图

（一）种植方式

县内棉地的主要耕作方式为棉花—油菜（棉套油）两熟，少量为棉花—蚕豆或棉花—藠头、棉花—榨菜两熟复种模式，棉花为单种，至 1995 年前后棉花—蚕豆模式基本退出，1989－1994 年有极少数为冬闲棉田。1987 年开始棉花行间间作，1992 年始由于棉花价格较低，粮棉比价不合理，为争取效益出现了棉—瓜、棉—菜、棉—粮等间作模式，后发展到间作多种作物，大多带有探索性质，面积逐年扩大。间作的主要作物有大豆、绿豆、玉米、西瓜、甜瓜、辣椒、豇豆、四季豆等。至1999年,全县间作面积2.5万亩左右。间作较稳定的作物主要是西瓜、甜瓜,主要分布在陈家嘴、安德等乡镇。1998-1999年,安全乡志中村、安障乡车家铺村等地间作了糯稻。2008年,安全乡有少量面积间作甜(糯)玉米。

1997-2000年出现弃田抛荒现象,同时也出现一些种植大户,旱地的耕作方式出现变化,部分旱地一年一熟,2003年始采用棉花—小麦种植模式,2006年人工成本大幅提高,稻、麦机械收割得到普及,至2008年,棉—麦种植模式达3万亩。

(二)主要栽培技术

播种育苗 种植方式基本为棉—油两熟,采用两行棉花作垄,10月份行中套栽油菜。次年4月份油菜成熟前进行营养钵育棉苗,5月中、下旬油菜收获后进行移栽。1993年始推广使用壮苗素。1995年前大部分采用毛棉子棉种,1996年后随杂交棉的兴起,逐步采用包衣种子。2000年杂交棉充分普及后,育苗数大大减少,从20世纪90年代的每亩做营养钵4000-5000个减至每亩2000-2500个,播种时间也从4月上旬逐步推迟到中、下旬。2005年始,经多年无土基质、水浮育苗、软盘基质育苗试验,但因育苗要求严格、成本增大、移栽成活率不高等原因棉农较难接受。

移栽 油菜收获后,移栽棉花。1992年时提倡大户套栽,安福、安凝、安裕等乡部分棉农采用,未全面普及。杂交棉推广前,油菜收获后栽棉前清理播幅,2000年后基本不清理播幅,使用草甘膦等除草剂灭茬,移栽时淋定根肥水。

种植密度 棉花移栽密度整体呈不断下降趋势。种植常规棉之前,种植密度一般为2500-3100株/亩,从1995年大面积示范种植杂交棉苏杂16和湘杂棉1号开始,密度逐渐下降为1800-2200株/亩。随着杂交棉的推广普及,密度也逐渐下降,到2008年为1000-1300株/亩。此间经历了两次改垄放宽行距,第一次是1988年,由安福乡农技站发起,历经5年,全县行距由0.5-0.65米基本改至0.8米(垄宽1.6米)。第二次是从1995年开始,先是将行距从0.8米改至1米,大面积推广杂交棉后又改至1.2-1.25米,其改变过程较慢,没有第一次改垄彻底,至2008年仍有0.8米行距的丘块。

施肥 1996年前种植的常规棉,全生育期施肥有育床肥、定根肥、苗肥、平衡肥、蕾肥、花铃肥、盖顶肥,每亩肥料总量约为纯氮15公斤、五氧化二磷3-5公斤、氯化钾10公斤,肥料种类主要为碳铵、过磷酸钙、氯化钾,施用方式以淋施、埋施为主。2000年杂交棉普及后由于密度下降,施肥水平逐步提高,2008年全生育期每亩用肥总量约为纯氮23.2公斤、五氧化二磷6.6公斤、氯化钾15公斤。在施用苗肥的基础上,主要是重施花铃肥,盖顶肥施用1-2次。2007年始大量使用复合肥,碳铵基本由尿素代替,施用方式上部分农户开始由淋、埋施改为撒施。

中耕除草 1995年前采用人工除草,生长期一般锄4-6次,1995年开始应用灭生性除草剂草甘膦,油菜收获后、棉花移栽前用草甘膦灭茬,棉花生长期2次行间除草,油菜移栽前用草甘膦除草。2005年复配除草剂增多,人工除草基本取消,实行全程化学除草。但有多种除草剂在棉田使用未得国家许可,时有药害发生。

整枝打顶,化学调节 常规棉打顶有"枝到不等时、时到不等枝"之说,一般果枝数为16-18盘,时间在7月下旬至8月初。杂交棉推广后,2007年前基本按常规棉的原则打顶,但果枝数为20-22盘。2007年后杂交棉品种增多,采用不看果枝,只看长势确定打顶时间,一般在8月上旬,果枝数为18-23盘。在盛蕾至铃期及时整去叶枝,抹除赘芽。1996年前是见到棉花疯长就打缩节胺,故称化学调控,全生长期一般使用2-3次,用量为4-10克/亩。1997年后改为化学调节,整合了苗床床草净、缩节胺的应用,全生长期使用4-5次,缩节胺用量4-12克/亩。2005年后缩节胺总用量降至4-8克/亩。

二 麻类种植

县内1991年主要种植红麻、苎麻,2002年始试种亚麻,2004年红、黄麻基本消失,亚麻面积扩大,2006-2009年稳定在2万亩左右,主要分布在安昌、安裕等乡镇,并建2个加工厂。

经济作物种植详情见表23-3-41。

安乡县1989－2008年经济作物种植情况

表23－3－41　　单位:万亩、公斤、吨

项目 年度	棉花			黄、红麻			苎麻		
	面积	亩产	总产	面积	亩产	总产	面积	亩产	总产
1989	15.53	57.96	9001	–	–	–	–	–	–
1990	17.62	83.33	14682	0.8786	231.28	2032	0.25	120.4	301
1991	18.97	92.39	17526	0.265	186.04	493	0.05	190	95
1992	21.89	97.94	21439	0.2127	234.13	498	0.11	121.82	134
1993	25.005	92.7	23180	0.2865	200.7	575	0.116	150	174
1994	26.724	101	26991	0.0507	185.4	94	1.215	147	1786
1995	25.4917	108.31	27609	0.1652	226.39	374	1.4079	175.37	2469
1996	25.4898	104.94	26750	0.0445	253.93	113	0.9405	178.31	1677
1997	26.6475	104.23	27775	0.0494	56.68	28	0.8334	209.5	1746
1998	27.0133	37.03	10003	0.0600	230	138	0.3473	167.87	583
1999	23.3144	68.94	16073	0.0605	213.22	129	0.3065	173.9	533
2000	20.9693	85.49	17918	0.1602	161.05	258	0.8688	146.29	1271
2001	22.8772	97.34	22269	0.0296	131.76	39	1.05	158.1	1660
2002	22.58	109.61	24751	–	–	–	0.8229	168.19	1384
2003	23.332	113.19	26409	0.0155	64.52	10	0.525	181.52	953
2004	25.2687	107.02	27042	–	–	–	0.408	181.62	741
2005	25.35	103.84	26323	–	–	–	0.435	186.21	810
2006	25.365	120	30438	–	–	–	0.345	190.14	656
2007	29.265	114.97	33646	–	–	–	0.465	190.75	887
2008	30.555	91.52	27964	0.1781	2343.07	4173	0.466	187.77	875

第三节　蔬菜作物种植

一　面积与产量

20世纪90年代初,处于计划经济向市场经济过渡的转型期,市场经济带动了县内蔬菜生产并出现生产高峰。1991年,种植面积达到10万亩,总产量11万吨。2004－2008年,因榨菜、冬瓜、南瓜、辣椒等拳头产品面积稳定,蔬菜面积稳定在9－10万亩,年均总产量14万余吨,年均产值近2亿元,是90年代初的近3倍。

二　种植品种

20世纪90年代,县内蔬菜种类有70余种,其中辣椒、豆角、茄子、白菜、南瓜、冬瓜、黄瓜、韭菜、木耳苋、白萝卜、香菜、莴笋、扁豆、西红柿、苋菜、榨菜等为大宗产品,其他蔬菜以凉薯、丝瓜、芹菜、豌豆、刀豆、芋头、香芋、大蒜、茭白、花椰菜、蘑菇、胡萝卜等为主。1994年种植香芋4000余亩。2003年县老科协建水生蔬菜科技示范园后,又开发引进无公害型水生蔬菜9大类、40个优良品种,大面积示范种植有太空莲、芡实、鄂莲1号、鄂莲5号、菱角、茭白、荸荠、

水芹、藜蒿等。

三　主要技术

(一)选择优良品种

推广应用抗性好、产量高、品质优、商品性好、耐贮运的优良品种,有浙丰3号榨菜、广东黑皮冬瓜、蜜本南瓜、无污染的水生蔬菜太空莲、芡实、鄂莲1号、鄂莲5号等。

(二)标准化种植

制定了榨菜标准化生产操作规程、冬瓜标准化生产规程、南瓜标准化生产技术规程等,推广大棚栽培、无公害化栽培、生态栽培等技术措施。

(三)无公害化措施

开展测土配方施肥,增施有机肥,减少化肥用量;禁用剧毒农药,减少农药用量,保证有效间隔期;搞好农业投入品回收、农作物秸秆等无害化处理;搞好生物防治,推广频振杀虫灯及色板等物理防治措施,减少虫害发生。

四　种植大户

2006年,安生乡五星村施生华种植韭菜15亩,亩均收入8500元,总收入12.75万元。

2007年,三岔河镇三多村十二组刘金海种植广东绿霸黑旋风冬瓜8亩,总产量8.8万公斤,总收入12万余元,亩均纯收入1.3万元。

2008年,县原种场邓小青种植地冬瓜85亩,亩均产量7750公斤,亩均收入3100元,总收入26.35万元;安生乡幺港村二组李文华种植冬瓜235亩,其中地冬瓜100亩,亩均收入2700元,总收入63.45万元;安德乡和丰村十一组曹向前种植冬瓜135亩,亩均收入3630元,总收入49万元;安德乡民阜村二组夏兴年种植大葱31亩,亩均产量4050公斤,亩均收入3750元,总收入11.625万元;安全乡茶窖村三组易生亮在特大冰灾情况下收获榨菜3亩,亩产2025公斤,亩均收入2430元,总收入7290元。

2009年,安全乡志中村九组代开银收获榨菜15亩,亩均产量2100公斤,亩均收入588元,总收入8820元;安障乡会子庙村十一组马伯清种植太空莲26亩,亩均产干莲子130公斤,高产达150公斤,另加采收“藕笋”净增收入1.6万元。

第四节　作物保护

1989－2009年间,县内水稻主要病虫害23种,其中病害10种、害虫13种,有害动物1种;棉花主要病虫害32种,其中病害15种、害虫17种;油菜主要病虫害8种,其中病害3种、害虫5种;柑橘主要病虫害13种,其中病害6种、害虫7种。水田主要杂草9种;棉地主要杂草11种;油菜田主要杂草15种。本节重点记述水稻、棉花、油菜主要病、虫、草害的发生与防治。

一　病虫种类

(一)水稻病虫

主要是纹枯病、稻飞虱、稻纵卷叶螟、二化螟;次为稻曲病、稻瘟病、恶苗病、白叶枯病、小球菌核病、胡麻叶斑病、细菌性基腐病、霜霉病、矮缩病、褐色叶枯病、稻蓟马、大螟、三化螟、稻蟓甲、稻苞虫、黏虫、稻蟓蜻、稻叶蝉等。有害动物为田鼠。杂草主要有稗子、千金子、异型莎草、节节菜、矮慈姑、鸭舌草、茵草、牛毛毡、棒头草等。

(二)棉花病虫

主要是棉铃虫、斜纹夜蛾、棉叶螨、棉蚜、棉红铃虫、棉盲蝽蟓、棉花苗病(炭疽、立枯、红腐、茎枯)、棉枯萎、黄萎病、棉铃病(黑果、红腐、红粉、炭疽、疫病);次为甜菜夜蛾、玉米螟、烟粉虱、棉叶蝉、小地老虎、金刚钻、小造桥虫、棉卷叶虫、棉蓟马、棉尖蟓、蜗牛、红叶茎枯病、棉角斑病、棉黑胫病、生理性早衰等。杂草主要有马唐、狗牙根、牛筋草、早熟禾、看麦娘、铁苋菜、通泉草、猪殃殃、牛繁缕、小蓟、一年篷等。

(三)油菜病虫

主要是菌核病,次为霜霉病、病毒病,苗期有斜纹夜蛾、菜青虫、猿叶虫、甜菜夜蛾、蚜虫、蜗牛等。杂草有棒头草、黄鹌菜、异叶黄鹌菜、牤牛儿苗、看麦娘、野燕麦、狗牙根、牛筋草、早熟禾、牛繁缕、猪殃殃、稻槎菜、碎米荠、通泉草、铁苋菜等。

(四)柑橘病虫

主要是疮痂病、溃疡病、炭疽病、树脂病、煤烟病、裂果病、柑橘潜叶蛾、柑橘红蜘蛛、锈壁虱、黑刺粉虱、白粉虱、柑橘蚧类、花蕾蛆等。

二　病虫害的发生与危害

(一)水稻病虫害的发生与危害

稻飞虱　为迁飞性害虫。1989－2009年间,1991年、1997年发生量较大,2002－2008年均为大发生,其余年份均为中等或中等偏轻发生。早稻以白背飞虱为主,发生轻,中、晚稻以褐飞虱为主,发生重,年均实际损失3000吨左右。2006年大发生。大发生主要原因:一是气候条件影响。7月、8月,台风等暴风雨天气较多,8月平均湿度80%以上,气温正常,9月气温不低于20℃,加之天气偏干不利于防治,有利其发生。二是栽培模式改变,一季稻面积增大,单、双季稻混栽,桥梁田增多,有利其辗转为害。

稻纵卷叶螟　为迁飞性害虫。1989－2009年间,除1990年、1993年、1994年、1995年、1996年外,其余年份均为大发生,其特点为迁入早,迁入持续时间长,峰次多,发生量大。1999年三代螟田间亩幼虫量达19.75万条;1998年四代螟田间亩幼虫量达188571条;2008年四代螟田间亩幼虫量达30.4万条。年均实际损失854吨,2008年高达1485吨。大发生主要原因:一是气候条件影响。近年来,强对流天气频繁,其迁入量大,持续时间长,导致蛾峰多,卵、虫量大,蛾、虫、卵并存,世代重叠严重。二是单、双季稻混栽,生育期参差不齐,为其发生发展提供了丰富的食料条件。

二化螟　1989－2009年间,1999年、2000年、2004年、2005年、2007年均为大发生,1998年、2006年中等偏重发生,其余年份较轻发生。一般一代螟发生较重,二、三代发生较轻,年均实际损失300吨以上。2005年,一代螟亩虫量31750条,枯心株率9.8%。

纹枯病　1989－1998年均为大流行,1999－2009年为中等或中等偏重流行。严重年份的1993年早稻病蔸率40.6%、病株率19.3%、病情指数(简称病指)8.8,晚稻病蔸率49%、病株率20.5%、病指10.9,实际损失1550吨。1994年实际损失2795吨,年均损失1011吨。大流行的主要原因:一是与气候条件有关,温度正常偏高,雨量多,发生则重,反之则轻。二是早稻抛秧及早、中稻撒播田增多,苗足、封行早,导致田间荫蔽度大,利于其发生。

稻曲病　1998年普遍发生,发病蔸率35%、病株率3.64%、病粒率0.12%。2004年较重发生,其余年份均较轻发生。2004年发生面积34.8万亩,成灾面积0.45万亩,实际损失1878吨。主要原因:一是感病品种如红两优6号等栽培面积大。二是水稻破口期遇阴雨天气,相对湿度大。

稻瘟病　1993年早稻上有发生,发生面积880亩,成灾面积600亩,实际损失33.6吨。1998年在安裕乡双剅村五组早稻上发生,品种为原丰早3号,面积80亩,流行期6月中下旬,病蔸率56.8%、病株率3.5%。

恶苗病　1998年严重发生,全县因此改种面积4000亩,折合塑盘旱育苗床54亩,主要品种是岳早籼6号。主要因早稻推广塑盘旱育抛秧技术,种子消毒不严,品种不抗病而导致。

稻蓟马　主要为害秧苗,每年均较轻发生,年均损失50吨左右。

稻蟓甲　1996年、1997年、2005年、2006年在安宏、安昌乡部分中稻丘块秧苗上有所发生。咬断秧苗,造成缺苗,甚至毁灭性损失。

黏虫　1994年部分一季稻丘块严重发生,亩有幼虫1万－2万条,损失20%左右。

稻田杂草　自20世纪90年代推广水稻分厢撒播轻简栽培技术以来,在早、中稻上均有中等偏重发生。但推广分厢撒播技术的同时,由于配套的除草技术及BK粉剂(二氯喹啉酸加苄磺隆)等除草剂的推广应用，虽为重发生，但为害损失较轻，年均损失90－260吨之间。

鼠害　轻发生。

（二）棉花病虫害的发生与危害

棉铃虫　为迁飞性害虫，1994年始上升为棉田主要害虫。1995年大发生，实际损失皮棉2666.5吨。1996年、1997年偏重发生，1998－2001年均为大发生。二代发生轻，三代发生中等或中偏重，四、五代大发生，局部大暴发，发生为害期长，世代重叠严重。1999年、2000年特大发生，实际损失分别为2730吨、2409.5吨。2002年后，由于大面积推广种植抗虫棉及防治措施得力等，其发生危害逐年减轻。

棉蚜　以苗蚜和伏蚜为主。1994年中等偏重发生，7月份卷叶株率平均15.5%、最高22%，百株蚜量平均4580.5头、最高8166头，实际损失40吨。常年发生面积30万亩以上，年均损失20吨以上、最高损失175吨。

棉叶螨　1997年、2000－2006年均为中等偏重发生。一般表现为前轻后重。严重年份如2004年6月下旬至7月上旬，百株虫量平均617头、最高2180头，红叶株率平均17.1%、最高76.4%，实际损失843.9吨。主要原因：一是受气候条件影响。1990年以来，下半年高温干旱年份较多，因而后期较重发生。二是抗虫杂交棉大面积推广种植，长势长相没有普通杂交棉强，有利其扩展蔓延。

斜纹夜蛾　属间歇性、突发性害虫。2002年前均为轻发生，2002－2006年均为中等偏重发生，上升为主要害虫。2006年发生面积86万亩次，高峰期百株虫量平均165.7头，实际损失皮棉650吨，占总损失的30.4%。

棉盲蝽蟓　1989－1998年较重发生，2000年后个别丘块重发生，大面积较轻发生。1989年大发生，主要是中黑盲蝽和绿盲蝽。盛发期被害株率平均8.5%、最高23.3%，蕾被害率平均0.93%、最高4.6%。为害严重的丘块被害株率100%、生长点被害率25%、蕾被害脱落率53.4%、百株虫量38头。2000年后，由于气候条件变化及棉铃虫等大发生，防治措施到位而兼治了棉盲蝽蟓，因而轻发生，为害损失轻。

棉红铃虫　1995年前较重发生，1995年后田间较轻发生，降为次要害虫，1989－1991年均为大发生。1989年，第一代花害率平均26.9%、最高45.4%，第二代青铃被害率平均46.7%、最高50.8%，第三代青铃被害率平均54.2%、最高55%。年均损失250吨以上。2005年后轻发生，主要原因与棉盲蝽蟓类似。

棉叶蝉　1989年、1990年中等发生，其后均为轻发生。1989年盛发期平均百叶虫量74只、最高90.8只，平均缩叶率40.3%、最高55%。

甜菜夜蛾　2000年较重发生，面积8万亩，损失皮棉125吨。

小地老虎　一般只为害棉苗。个别年份部分苗床较重发生，大面积轻发生，损失轻。

棉花苗病　以立枯、炭疽、茎枯病为主，发病主要与气候条件有关。1989－1993年大流行，1995年、2004年中等偏重流行，其全年份发病较轻。1989年平均叶发病株率68.8%、最高100%。随着营养钵育苗移栽技术不断提高，虽发病率高，但造成直接损失轻。

棉铃病　以黑果、红腐、红粉、疫病为主。20世纪90年代初期较重发生，1995－2009年间，除2005年外均较轻发生。1989年平均烂铃率17.4%、最高29.9%、单株烂铃3.3个。2005年因8－9月特殊气候条件，其发生面积25万亩，严重丘块平均烂铃率30%、最高67.5%，实际损失皮棉900吨，占总损失的23.1%，其余年份实际损失较轻，为5－50吨。后期发生轻的主要原因：一是与8－9月气候条件有关。二是抗虫杂交棉推广种植中要求稀植，枝叶没有普通杂交棉茂盛，田间通风透光条件好，不利其发生。三是棉红铃虫轻发生，棉铃伤口少，不利病菌侵入。

棉花枯、黄萎病　1989年、1991年、1999年、2007年大流行，1995年、2004年中等偏重流行，其余年份较轻发生。1989年苗床上严重发生，安德乡西河村发病株率10%－60%，个别苗床达80%以上。2007年大田平均发病株率41.5%、最高81.5%，平均死苗率8.2%、最高47.15%，平均病指31.96，实际损失皮棉6800吨。一般年份损失皮棉100吨－450吨。

生理性早衰 2005年,由于气候条件影响,因生理性综合因素引起棉花早衰严重,发生面积19万亩,成灾面积0.5万亩,平均早衰株率24%、最高80%,平均死苗率15%、最高32%,实际损失皮棉760吨,占总损失的19.5%。2006年、2007年有所减轻,2006年实际损失390.4吨。

棉地杂草 所有棉地均有发生,发生程度中等以上,年均实际损失皮棉100吨－800吨之间。

(三)油菜病虫害的发生与危害

油菜菌核病 1989－2008年均有发生,1997年大流行,1991年、1992年、1996年、2001年、2002年、2008年中等偏重流行,1995年、1998年、2003年、2004年中等流行,其余年份较轻发生。1997年,茎平均发病株率34.8%、病指18.4,实际损失8750吨。2008年,茎平均发病株率25.8%、病指14.5,实际损失1050吨。

油菜田杂草 中等偏重发生。年均损失350吨－800吨之间。

三 病虫测报与防治

(一)病虫测报

县植保站固定4名专业技术干部负责系统病虫测报,各乡镇亦固定1－2名农技干部兼管植保工作。全县病虫测报已基本形成县为骨干、乡镇为基础、村为协作交流的联系网络,年均发布《病虫情报》17期以上。县站每年在乡镇设立5个测报点,每点设黑光灯1盏,及时联系病虫发生情况。2007年前,水稻田均使用白炽灯诱蛾,2007年始使用频振式红外线光控测报灯诱蛾,进行病虫测报。1996年始,棉地使用黑光灯诱蛾(棉铃虫),性诱剂诱棉铃虫、棉红铃虫和杨树枝把诱棉铃虫等,测报准确率提高。

1989－2008年主要测报纹枯病、稻纵卷叶螟、稻飞虱、二化螟、三化螟、大螟、稻曲病、棉花苗期病害、铃期病害、棉花枯萎、黄萎病、棉铃虫、斜纹夜蛾、棉红铃虫、棉叶螨、棉蚜、小地老虎等。此外,还进行了柑橘疮痂病、炭疽病、柑橘红蜘蛛、潜叶蛾、锈壁虱、蚧壳虫、花蕾蛆、星天牛及蔬菜病虫害的测报。

(二)病虫防治

农业经济是县域经济的重要组成部分,棉铃虫、稻飞虱、稻纵卷叶螟等病虫害不断大发生,得到县委、县政府高度重视。20世纪80年代,成立县农作物病虫防治指挥部,2000年成立县棉铃虫防治指挥部。县财政每年为县植保部门拨付经费2万元以上,用于病虫测报及大面积防治工作。在重大病虫害发生期,专题研究部署防治工作并加强督查,防治措施得到落实。

农业防治 棉铃虫大暴发期间,采取"小虫用药,大虫人工捉"的措施和植保站点数、棉麻公司出钱收虫(0.1元/条)的办法,从"虫口夺棉"。1999年,全县各乡村小学轮休3天,学生下田捉虫;2000年8月下旬,县直单位先后组织7700余名干部、职工捕捉棉铃虫272万余条。

物理防治 针对棉铃虫大暴发,2000年始用高压汞灯灭蛾的物理防治措施诱杀成虫,降低田间落卵量。投入15万元购置高压汞灯,2000年安装3500盏,2001年安装2000盏。

生物防治 生物制剂可充分发挥害虫天敌控害作用。2000－2003年,在棉铃虫发生前期,推广使用生物制剂Bt乳剂防治棉铃虫。2001年推广千胜(Bt)80吨,应用20万亩次。既确保了虫害防治效果,又保护了棉田害虫天敌。

统防统治 1997年、1998年,全县开始棉铃虫统防统治。实施"五统一""五不准",即统一组织供药、统一药品种、统一管理机械、统一收费标准,统一监测发报,不准使用无"三证"和未经试验示范的农药品种、不准使用未经项目技术指导小组认可的农药品种、不准未经培训人员上岗用机械防治、不准向棉农强行收取服务费、不准未达防治指标用药。两年共推广统防统治面积32.34万亩次,占应服务面积的71.4%。此举降低了防治成本,减少了用药次数,确保了防治效果。同时大力推广机动喷雾器防治病、虫、草害,2000年推广500台,尔后逐年增加。提高了防治速度、效率,减轻了劳动强度。

药剂防治 1991年,县植保站引进残效期长、效果好的扑虱灵粉剂防治稻飞虱,至1994年推广应用面积126万亩次。1995－2002年棉铃虫盛发期,推广使用90%万灵和快灵、50%速杀威和辛硫磷、1605等高效药剂防治,年使用量均在300吨以上。2006年,国家明令禁止的18种农药和甲胺磷等5种高毒有机磷农药使用量逐年减少,生物、环保农药(氟铃脲等)使用逐步推广。1990年始推广直播稻以来,化学除草成为关键。1993年,县植保站始研究、示范除草效果好的BK粉剂,1995年大面积推广使用,至1997年推广应用94.5万亩,社会效益和经济效益显著。2000年后,千金子成为直播稻田主要杂草,2001年引进10%千金乳油,高效安全除千金子、稗草,此成为后期直播稻田除草的主要药剂。随着水稻直播、棉地免耕、油菜免耕等轻简栽培技术推广,各种除草剂的使用量逐年增加。稻田有BK粉剂、千金乳油、苄磺隆、稻杰、扫茀特、广灭灵、直播净、二甲四氯等,旱地有草甘膦、百草枯、盖草能、精克草能等,特别是草甘膦使用量迅速上升,年均近千吨,由此也给农作物和土壤带来直接或隐形药害。

第五节　作物检疫

一　疫情普查

县植保站每年对农作物、园林、花卉等进行1-2次普查,重点普查水稻细菌性条斑病、白叶枯病、稻蟓甲、棉花枯、黄萎病、柑橘溃疡病、大实蝇、小实蝇、锈壁虱、红火蚁、黄瓜绿斑驳花叶病、黄瓜黑腥病、番茄溃疡病、马铃薯癌肿病、大豆疫病、加拿大一枝黄花、菟丝子、桑萎缩病等。2001年、2002年,安昌乡亚麻种植田发现全国检疫对象菟丝子。此两年,分别有亚麻田2800亩、6000亩,发生菟丝子普遍率100%;有老桑园230亩、300亩,分别有80亩、50亩发生桑萎缩病。2003年普查发现柑橘溃疡病,主要分布在官垱、安全、安福、安凝、林科所、畜牧场等6处、10个村的293亩、32910株,后逐年减少。至2008年发病面积仅45亩,病苗降至8200株。2007年,棉花枯萎病大流行,发生面积28万亩。

二　产地检疫

2003年前,安猷乡蹇家渡村杂交稻制种区每年进行1-2次产地检疫,面积1500亩以上。2000年后,每年对有关种业公司的杂交棉制种基地进行50-917亩产地检疫。同进,县植保站对种子、种苗及农副产品规范调运把关,每年开具柑橘、蔬菜、棉麻等调运检疫证150份以上,外调产品1800吨以上。

三　市场检疫

2005年始,每年4月或10月对全县的种子、苗木经营市场进行1-2次检疫执法大检查,发现问题及时处理。2006年,对城关一种苗门市部进行市场检疫,对其销售带有检疫性病害的980株溃疡病柑橘苗予以异地封存和销毁,并立案调查处理。

第六节　品种更新与繁育

一　水稻品种更新

(一)早稻品种更新

1989-1993年,常规稻当家品种以浙辐802、湘矮早7号、广陆矮4号为主,泸红早3号、益早3号、安早籼1号为搭配品种。此外,有少量杂交稻威优48。1994-1998年,常规稻以87早820、华矮837、赣早籼26号、浙辐218为当家品种。1989-2003年,常规稻以87早820、浙辐802、赣早籼26号、湘早籼13号、岳早籼6号、湘早籼24号、中鉴100、嘉兴23、湘早籼31号、嘉育948、湘早籼19号为主,杂交稻以威优56、金优402、香两优68、金优974为主。2004-2008年常规稻以87早820、浙辐802、湘早籼31号、中鉴100为主,杂交稻以株两优819组合为主。

(二)中稻品种更新

1989－1993年,以杂交组合籼优63、威优64一季蓄再生稻为主。1994－1998年,常规稻以湘中籼3号为主,杂交组合以籼优63、籼优桂99为主。1999－2003年,常规稻以中鉴2号、湘晚籼11号、金健3号(优丰162)、南京16、台稻101为主,杂交组合以籼优63、两优培九、Ⅱ优501、籼63、Ⅱ优明86、金优117、Ⅱ优838、培两优288、培两优E32为主。2004－2008年,常规稻以湘晚籼11号为主,杂交组合以丰两优1号、国丰1号、D优527、两优培九、培两优慈四、Ⅱ优802、K优818、扬两优6号、Ⅱ优7954、亚华优541、皖稻153、丰两优1号为主。

(三)晚稻品种更新

1989－1993年,常规稻以籼繁17、湘早糯1号、晚糯212、84－17湘糯1号、晚35、86－70、鄂宜105、84－17(猫牙米、岳晚籼1号)、晚35(湘晚籼2号、湘南丝苗)、86－70(湖南软米)为主,杂交组合以威优6号、籼优64、常优64、籼优63、籼优6号、籼优桂99、金优桂99、威优46、金优77、威优63为主。1994－1998年,常规稻以晚糯212、鄂宜105、晚35、84－17、89－02为主,杂交组合以常优64、籼优64、威优64、威优77、金优77、籼优桂99、金优桂99、金优170、威优46、籼优63、威优63、湘粳1号、籼优晚3、金优80074为主。1999－2003年,常规稻以晚糯212、湘晚籼10号、湘晚籼11号、中鉴2号、南京16为主,杂交组合以籼优63、Ⅱ优501、籼优桂99、金优桂99、威优46、威优644、籼优晚3、威优77、金优77、Ⅱ优838、籼优77、T优207、金优207、新香优207、糯两优6号为主。2004－2008年,常规稻以湘晚籼11号、晚糯212为主(2007年、2008年以杂交组合为主),杂交组合以国丰1号、金优207、T优207、威优644、Ⅱ优501、Ⅱ优838、丰源优299、金优974(早)为主。

二　水稻品种繁育

1989年,水稻制种7900亩,其中安猷乡蹇家渡村3700亩、安造乡虎山村1900亩、安障乡新剅口村2300亩。制种组合以籼优64、威优64、常优64、籼优63为主,平均亩产175公斤。1990－1994年,早稻以早杂威优98为主,晚稻组合以籼优桂99、籼优46、金优桂99为主,部分为威优77、金优77、籼优晚3、金优晚30。2004年,制种面积2000亩,以威优644、威优46优质高产新组合为主。1991年,杂交稻推广小包装种子300吨,此后杂交稻种子全部实行小包装。1996年始,实行种子生产基地区域化、专业化生产,推广小包装。

三　棉花品种更新

1989－2008年,棉花品种更新经历了三个阶段。一为常规棉种植阶段,从1989－1996年,主要品种有泗棉2号、湘杂棉10号、湘棉15号、4108、岱红杂、湘杂棉16号、鄂沙28、鄂荆92等。二为杂交棉种植示范阶段,1996年始在安裕乡试种,主要组合(品种)是湘D_3F_2(湘杂棉1号F_1),1997年始引种异优2号F_2(湘杂棉2号),扩大种植苏杂16。三为抗虫杂交棉种植阶段,2000年始试种,以SK_5、AK_7等为主。2001年始示范种植抗虫杂交棉,时抗虫杂交棉处于研试阶段,新品种不够成熟,且种子数量有限,不能大面积应用,而当年棉铃虫大暴发,对棉花生产影响极大。在此特定条件下,县农业部门从北方引进美国32B、1560BG等保铃棉新品种,全县种植2万亩,主要分布在棉铃虫大暴发的乡镇,抗虫效果显著。美国32B、1560BG等属常规抗虫棉,抗虫性强,但棉花纤维较短,不符合纺织要求,2002年未大面积推广,只有少量地区继续种植,而主要推广湘杂棉3号、中棉所29等,全县种植8万亩。2004年后杂交棉新组合增多,2006年后抗虫杂交棉品种繁多,种植面积逐年增大,以湘杂和鄂杂棉系列为主,主要是湘杂棉1、2、3、5、8号、湘丰棉3号、鄂杂棉5、10号、太D5、中棉所29、48等及各种业公司选育的50余个品种,基本含有抗虫基因。全县每年种植的棉花95%以上是抗虫棉或具有抗虫基因的杂交棉,98%以上种植F_1。推广发展抗虫杂交棉种植,有效控制了虫害。

四　棉花良种繁育

1989－1996年常规棉种植阶段,大多数棉农一次性购常规棉种后自留种用 2 - 4 年。县内以原种场为主进行系圃原种生产和加繁一代种，同时，县农业局经作站引进新品种进行加代繁殖，品种更新面积每年 15% 左右。1997 年始，县经作站进行杂交棉繁育与良繁，种植杂交棉一代和二代。1999 年后，棉花种业公司迅速发展，原有良种生产繁育体系发生变化，行政直接管理良种繁育的格局由种业公司供种、棉农自愿选择的市场方式取代。由此，棉农的用种习惯彻底发生变化，2000 年后基本不自行留种，2005 年后只用杂交棉一代种。2002 年始，县经作站从事杂交棉育种，与安乡丰原种业公司（后更名为湖南湘丰种业）合作，先后育成（湖南省审定）湘丰棉 1、3、5、6 号，其中湘丰棉 3 号每年种植 10 万亩左右，占全县棉花种子市场的 1/3。

五　油菜品种更新

1989 - 2008 年，县内油菜品种经历了普通油菜—普通杂交油菜—单低油菜（低芥酸）—双低油菜（低芥酸、低硫代葡萄糖甙）的更新过程。1989 - 1991 年，常规品种以中油 802、常泸籽为主，杂交品种为秦油 2 号。1992 年淘汰常泸籽。1992 - 1999 年，常规品种以中油 821、湘油 10 号为主，部分地方试种中双 1 号、中双 2 号双低油菜，杂交品种以秦油 2 号当家，种植面积 40 万亩，占油菜总面积的 90%。2000 年淘汰杂交品种秦油 2 号，推广油研 7 号、湘杂油 2 号，常规品种推广中双 4 号、湘油 10 号、湘油 15 号、中油 821。2001 - 2004 年，主推品种为中油 821、油研 7 号、湘杂 2 号。2003 年淘汰中油 821，推广湘杂油 2 号、秦优 9 号。2004 - 2007 年，主推湘杂油 6 号、华杂 6 号、华杂 9 号、湘杂油 188、华杂 12 号。2008 年推广中双 9 号、华杂 6 号、华杂 9 号、华杂 12 号，部分农户自发种植超级杂交油菜组合希望 98、湘杂油 76S、丰油 730、蓉油 9 号、蓉油 10 号、亮油 9 号。

第七节　土壤肥料

一　土壤肥力

（一）土地肥力自然定位监测

对土壤自然定位监测结果进行分析，土壤速效养分与第二次土壤普查结果比较，全县土壤理化状态变化较为明显，表现为“四升一降”。即有机质水田上升 4.7g/kg（克/公斤）、旱地上升 3.3g/kg，碱解氮水田上升 34mg/kg（毫克/公斤）、旱地上升 58mg/kg，速效磷水田上升 3.9mg/kg、旱地上升 6.7mg/kg，速效钾水田上升 48mg/kg、旱地上升 42mg/kg，PH 值平均下降 0.2 个单位。表明土壤养分肥力状况有所改善，但有酸化趋势。共化验土壤有效硼、有效锌各 400 个，有效铁、有效锰、有效铜、交换性钙、交换性镁各 200 个，涉及全县 27 个土种。微量元素有效铜、有效锰分别为 5.59mg/kg、23.9mg/kg，含量较高；有效锌 0.94mg/kg，含量增加幅度较大；有效硼 0.55mg/kg，含量高于临界值；有效铁 44mg/kg，含量较低。详情见表 23 - 4 - 42。

安乡县 1980 年、2008 年土地肥力自然定位监测结果

表 23 - 4 - 42

项目 土地类型	年度	样本数（个）	PH 值	有机质（g/kg）	碱解氮（mg/kg）	速效磷（mg/kg）	速效钾（mg/kg）	缓效钾（mg/kg）
水　田	2008	1875	7.7	37.5	180	15.1	117	246
	1980	687	7.9	32.8	146	11.2	69	-
旱　地	2008	2107	7.7	23.4	144	24.6	134	272
	1980	146	7.9	20.1	86	17.9	92	-

(二)耕地地力分级

利用县域耕地资源管理信息系统专题评价模块,对全县69.72万亩耕地和1.05万亩园地进行生产潜力评价分级,其结果为:耕地(包括园地)生产潜力共分为六级,其中一级地37798.2亩、占总面积的5.34%,二级地251258.6亩、占35.50%,三级地157389.7亩、占22.24%,四级地122980.4亩、占17.38%,五级地119465.4亩、占16.88%,六级地18862.5亩、占2.67%。水田地力等级主要分布在一至五级,占水田总面积的95.76%,旱地和园地地力等级主要分布在二至三级,分别占旱地和园地面积的82.56%、80.13%。将耕地资源管理单元图与耕地地力评价结果数据连接后,按土壤类型(亚类)统计得出不同土壤类型耕地地力等级分布状况,其结果为:漂白水稻土以四至五级地为主、占92.64%,潴育水稻土以一至四级地为主、占96.84%,潜育水稻土以五级地为主、占86.69%,耕型潮土以二至三级地为主、占82.59%,耕型红壤土以五级地为主、占73.11%。全县耕地地力评价分级详情见表23－5－43、各乡镇耕地(园地)地力评价分级详情见表23－6－44、不同土壤类型耕地地力分级详情见表23－7－45。

安乡县耕地地力评价分级结果

表23－5－43

项目 耕地类型		一级地	二级地	三级地	四级地	五级地	六级地	合计
水田	亩	37798.2	157205.1	34582.2	79078.6	117223.2	18862.5	444749.8
	%	8.5	35.35	7.78	17.78	26.36	4.24	100
旱地	亩	－	90549.2	117864.6	42065.8	1983.4	－	252463
	%	－	35.87	46.69	16.66	0.79	－	100
园地	亩	－	3504.3	4942.9	1836	258.8	－	10542
	%	－	33.24	46.89	17.42	2.45	－	100
耕地(园地)	亩	37798.2	251258.6	157389.7	122980.4	119465.4	18862.5	707754.8
	%	5.34	35.5	22.24	17.38	16.88	2.67	100

安乡县各乡镇耕地(园地)地力评价分级结果

表23－6－44　　单位:亩

乡镇	一级地	二级地	三级地	四级地	五级地	六级地	合计
安昌乡	59.9	11655.4	6883.6	7391.6	6267.9	822.4	33080.8
安德乡	3512.3	11623.8	5646.9	1821	9923.9	1122.1	33650.1
安丰乡	809.5	14949.7	15289.1	11271.3	6342.2	1824	50485.8
安福乡	1026.2	15094.8	14899.1	1487.4	3260.1	117.5	35885.1
安宏乡	4097.2	10471	2178	7215.9	7998	196.8	32156.8
安康乡	1674.1	11624	7890.3	7156.4	14319.4	1085.7	43749.9
安凝乡	734.1	9911.6	16210	3276.5	3604	992.5	34728.7
安全乡	5497.7	19654.2	6822	9012.3	5125.7	259.1	46371

续表 23－6－44

安生乡	1737.2	5492.7	9350.4	7796.6	3816.2	1041.7	29234.9
安猷乡	2262.8	16359.3	5980	5075	7495.7	1655	38827.8
安裕乡	2268.9	18483.7	11653.6	6909.9	8430.5	46.1	47792.6
安障乡	265.2	9461.8	7191.2	4842.9	2904.3	1566.5	26232
陈家嘴镇	4127	21753.7	6152.9	3207.2	7303.8	550.1	43094.8
城关镇	－	2372.3	254	710.8	－	412.9	3750
大鲸港镇	41.9	1487.1	487.9	153.8	1312.3	－	3483
官垱镇	1897.6	7389.4	5741.3	6875.4	4581.5	1628.7	28113.8
黄山头镇	241.5	21109.1	13707.7	6966	5994.4	781.2	48799.8
焦圻镇	1223.1	8354.1	7089.3	3900.1	1431.2	1452	23449.8
三岔河镇	1505.5	8975.2	6099.1	10676.3	5533.4	1185.2	33974.7
下渔口镇	3180.4	18885.2	6045.8	14008.6	11752.3	687.4	54559.7
其他	1636	6150.4	1817.6	3225.5	2068.6	1435.8	16333.8
合计	37798.2	251258.6	157389.7	122980.4	119465.4	18862.5	707754.8

安乡县不同土壤类型耕地地力分级结果

表 23－7－45

项目 / 土壤类型		一级地	二级地	三级地	四级地	五级地	六级地
漂白水稻土	亩	－	－	－	429	1456.3	149.7
	%	－	－	－	218	71.56	7.36
潴育水稻土	亩	37798.2	157205.1	34361.1	78649.5	7849.1	2186.4
	%	11.88	49.43	10.80	24.73	2.47	0.69
潜育水稻土	亩	－	－	－	－	107572.3	16526.4
	%	－	－	－	－	86.69	13.31
潮土	亩	－	94053.6	122731.7	43901.9	1780.5	－
	%	－	35.83	46.76	16.73	0.68	－
红壤土	亩	－	－	296.9	－	807.2	－
	%	－	－	26.89	－	73.11	－

二　耕地质量变化情况

（一）有机质

分析化验结果表明：水田土壤有机质平均含量37.5g/kg，其中小于20g/kg的占2.55%，20－30g/kg的占23.27%，30－40g/kg的占54.73%，大于40g/kg的占18.45%；旱地土壤有机质平均含量23.4g/kg，其中小于10g/kg的占0.35%，10－20g/kg的占27.51%，20－30g/kg的占57.94%，30－40g/kg的占8.87%，大于40g/kg的占5.33%。淹育型、潴育型和潜育型水稻土三大亚类土壤有机质呈递增趋势,即淹育型平均31.8g/kg,潴育型平均36.5g/kg,潜育型平均38.4g/kg;旱地土壤有机质以耕型湖潮土最高,平均26.7g/kg。与第二次土壤普查结果比较,水田土壤有机质平均含量上升,由32.8g/kg上升至37.5g/kg,上升4.7g/kg,上升幅度14.3%,年均递增0.17g/kg,其中有机质含量小于2g/kg的比例由5.48%降至2.55%,含量大于3g/kg的比例由41.7%升至73.2%;旱地土壤有机质平均含量由20.1g/kg升至23.4g/kg,上升3.3g/kg。土壤有机质含量普遍上升,其原因有三:一是秸秆还田面大幅度增加,特别是20世纪90年代以来,农村能源结构变化较大,机械化程度普遍提高,农作物秸秆用作燃料和饲料的比例大幅度减少,增加了秸秆还田数量。据统计,全县秸秆还田比例为72%,总量达21.6万吨;二是施肥水平提高,增加了作物产量,同时也增加了根、残叶还田数量;三是近年来作物种植制度变化明显,特别是水田由一年三熟改为一年两熟,减缓了土壤有机质矿化率。

(二)碱解氮

水田土壤碱解氮平均含量180mg/kg,其中小于60mg/kg的占0.11%,60－90mg/kg占0.37%,90－120mg/kg的占3.69%,120－150mg/kg的占22.45%,大于150mg/kg的占73.38%;旱地土壤碱解氮平均含量144mg/kg,其中小于60g/kg的占1.25%,60－90mg/kg的占8.74%,90－120mg/kg的占21.06%,120－150mg/kg的占54.52%,大于150mg/kg的占14.43%。经统计分析,土壤碱解氮与有机质呈较好的正相关。与第二次土壤普查结果比较,水田土壤碱解氮上升幅度较大,平均值由146mg/kg升至180mg/kg,上升34mg/kg,年均递增1.21mg/kg;旱地土壤碱解氮平均值由86mg/kg升至144mg/kg,上升58mg/kg,年均递增2.07mg/kg。据以往的统计分析,土壤氮素包括全氮、碱解氮,有机质高的土壤,全氮和碱解氮含量都较高,因而导致土壤有机质上升的因素亦是导致碱解氮上升的因素。同时,全县旱地土壤碱解氮含量数据偏大,与县内旱地以棉花种植为主,肥料投入较多亦有直接关系。详情见表23－8－46。

安乡县1980年、2008年土壤碱解氮含量分级结果

表23－8－46。 单位:毫克/公斤

项目 土壤类型	年度	最大值	最小值	平均值	分级结果(%)				
					<60	60－90	90－120	120－150	>150
水田	2008	376	31	180	0.11	0.37	3.69	22.45	73.38
	1980	－	－	146	0.31	7.36	14.8	29.89	47.64
旱地	2008	294	23	144	1.25	8.74	21.06	54.52	14.43
	1980	－	－	86	7.08	46.88	27.54	10.76	7.74

(三)有效磷

水田土壤有效磷平均含量15.1mg/kg,其中小于5mg/kg的占3.16%,5－10mg/kg的占28.62%,10－20mg/kg的占55.03%,20－40mg/kg的占10.73%,大于40mg/kg的占2.46%;旱地土壤有效磷平均含量24.6mg/kg,其中小于5mg/kg的占0.74%,5－10mg/kg的占16.39%,10－20mg/kg的占31.56%,20－40mg/kg的占42.21%,大于40mg/kg的占9.1%。与第二次土壤普查结果比较,水田土壤有效磷平均值由11.2mg/kg升至15.1mg/kg,上升3.9mg/kg,上升幅度34.8%,年均递增0.14mg/kg;旱地土壤有效磷平均值由17.9mg/kg升至24.6mg/kg,上升6.7mg/kg,上升幅度37.4%,年均递增0.24mg/kg。土壤有效磷含量大幅度上升,其主要原因有二:一是水田土壤晚稻施用磷肥和复种指数下降,减少了土壤磷素的消耗

（一般由一年三熟改为一年两熟或一年一熟）；二是旱地土壤磷肥施用过多。据县农业局土肥站野外调查，农户对棉地施用过磷酸钙125kg/亩左右，有的甚至达到150kg/亩。详情见表23－9－47。

安乡县1980年、2008年土壤有效磷含量分级结果

表23－9－47　　单位：毫克/公斤

土壤类型＼项目	年度	最大值	最小值	平均值	分级结果（%）				
					<5	5－10	10－20	20－40	>40
水　田	2008	63	2.2	15.1	3.16	28.62	55.03	10.73	2.46
	1980	－	－	11.2	13.49	45.5	33.71	7.11	0.19
旱　地	2008	76	3.7	24.6	0.74	16.39	31.56	42.21	9.1
	1980	－	－	17.9	25.47	33.62	34.37	5.5	1.04

（四）速效钾

水田土壤速效钾平均含量117mg/kg，其中小于50mg/kg的占12.51%，50－100mg/kg的占31.32%，100－150mg/kg的占40.73%，150－200mg/kg的占10.56%，大于200mg/kg的占4.88%；旱地土壤速效钾平均含量134mg/kg，其中小于50mg/kg的占4.36%，50－100mg/kg的占28.14%，100－150mg/kg的占52.39%，150－200mg/kg的占9.38%，大于200mg/kg的占5.73%。与第二次土壤普查结果比较，水田土壤速效钾平均值由69mg/kg升至117mg/kg，上升48mg/kg，上升幅度69.5%，年均递增1.71mg/kg；旱地土壤速效钾平均值由92mg/kg升至134mg/kg，上升42mg/kg，上升幅度45.6%，年均递增1.5mg/kg。土壤速效钾含量上升，其主要原因：一是水田秸秆还田面大幅度增加，促进了稻田钾素平衡；二是农户认识到了钾肥的增产效应，在施用氮磷钾肥的基础上更注重施用钾肥；三是施肥结构明显变化，由过去偏施单质肥向复混肥转变，农田钾素的投入明显增加；四是近年来稻田复种指数明显下降，减少了稻田土壤钾素消耗；五是在棉花花铃期高氮高钾的施肥习惯，导致旱地钾素大量增加。详情见表23－10－48。

安乡县1980年、2008年土壤速效钾含量分级结果

表23－10－48　　单位：毫克/公斤

土壤类型＼项目	年度	最大值	最小值	平均值	分级结果（%）				
					<50	50－100	100－150	150－200	>200
水　田	2008	268	37	117	12.51	31.32	40.73	10.56	4.88
	1980	－	－	69	31.06	58.57	8.85	1.43	0.09
旱　地	2008	319	28	134	4.36	28.14	52.39	9.38	5.73
	1980	－	－	92	10.64	59.17	20.82	6.85	2.52

（五）缓效钾

土壤缓效钾含量最大值487mg/kg，最小值61mg/kg，平均含量259mg/kg，其中小于100mg/kg的占6.03%，100－200mg/kg的占11.36%，200－300mg/kg的占32.74%，300－400mg/kg的占48.12%，大于400mg/kg的占1.75%。其中水田土壤缓效钾含量在200－300mg/kg范围的占78.17%，

低于200mg/kg的占5.79%;旱地土壤缓效钾含量在300－400mg/kg范围的占58.06%,大于400mg/kg的占12.19%。第二次土壤普查时,无土壤缓效钾分析化验结果,故其变化结果无以比对。从总体上看,土壤缓效钾含量较为丰富,其原因与土壤速效钾含量的增加相关。

(六)PH值

土壤PH值(酸碱度)平均为7.7,其中小于或等于5.5的占1.27%,5.6－7.4的占2.68%,大于7.5的占96.05%。与第二次土壤普查结果比较,土壤PH值呈下降趋势但变化不太大,基本维持在平衡状态。虽然作物施肥量大幅增加,但增加的酸性肥料仅为过磷酸钙,土壤溶液的缓冲作用导致PH值变化不大,施用的氯化钾的酸根离子CL^-极易随水流失,土壤仍以中性偏碱为主,但须警惕土壤变酸的趋势。详情见表23－11－49。

安乡县1980年、2008年土壤PH值分级结果

表23－11－49

项目／年度	最大值	最小值	平均值	分级结果(%)			
				≤5.5	5.6－6.5	6.6－7.4	>7.5
2008	8.14	4.89	7.7	0.5	1.5	1.5	96.5
1980	－	－	7.9	1.27	1.54	1.14	96.05

(七)有效铜

据省农科院农化检测中心对县内200个土样的测定,土壤有效铜含量平均值5.59mg/kg,其中大于4mg/kg的占67.5%,2－4mg/kg的占31.5%,低于2mg/kg的仅占1%。表明土壤有效铜含量居较高水平。第二次土壤普查无微量元素数据,故无法比对。

(八)有效锌

据县内400个土样的测定,土壤有效锌含量平均值0.94mg/kg,其中低于0.5mg/kg的占2.25%,0.5－1mg/kg的占67.5%,1－2mg/kg的占28.5%,大于2mg/kg的仅占1.75%。表明土壤有效锌含量偏低,但绝大部分处于缺锌临界值之上。作物要获高产,特别是早稻防僵苗需补充锌肥。

(九)有效硼

据县内400个土样测定,土壤有效硼平均值0.55mg/kg,其中小于0.5mg/kg的占41.25%,0.5－1mg/kg的占56.25%,大于1mg/kg的仅占2.5%,且0.5－1mg/kg范围内的大多在0.5－0.6mg/kg之间。表明近一半土壤有效硼含量处于临界值0.5mg/kg以下,有97.5%的土壤有效硼缺乏或极缺乏,此与成土母质有极大关系,同时也反映出20多年来农户施用硼肥过少。而安乡是油菜、棉花主产区,此两种作物对缺硼非常敏感,故在测土配方施肥方案中补施硼肥尤为重要。

(十)有效铁

县内土壤有效铁含量总体处于较低水平。据200个土样测定,有效铁平均值44mg/kg,其中10－30mg/kg占56.5%,30－60mg/kg的占18%,大于60mg/kg的仅占25.5%。与土壤不是由第四纪红土红壤发育有关,河湖冲击母质本身铁含量较低,加之多年来一直缺乏对铁元素的重视,农业生产中也未及时补充,导致其含量低。在施肥方案中应提倡适当补施含铁元素的肥料。

(十一)有效锰

据县内200个土样测定,有效锰平均值23.9mg/kg,其中小于20mg/kg的占35%,30－40mg/kg的占61.5%,大于40mg/kg的占3.5%。表明土壤有效锰含量总体处于中等水平。

土壤微量元素分级详情见表23－12－50。

安乡县土壤微量元素分级结果

表23－12－50

元　素	项　　目	一级地	二级地	三级地	四级地	五级地
铜(Cu)	分级指标(mg/kg)	＞4	2－4	1－2	0.5－1	＜0.5
	分级结果(%)	67.5	31.5	1	－	－
锌(Zn)	分级指标(mg/kg)	＞74	2－4	1－2	0.5－1	＜0.5
	分级结果(%)	－	1.75	28.5	67.5	2.25
铁(Fe)	分级指标(mg/kg)	＞60	60－30	30－10	10－5	＜5
	分级结果(%)	25.5	18	56.5	－	－
锰(Mn)	分级指标(mg/kg)	＞40	20－40	10－20	5－10	＜5
	分级结果(%)	3.5	61.5	35	－	－
硼(B)	分级指标(mg/kg)	＞1	0.5－1	0.25－0.5	0.1－0.25	＜0.1
	分级结果(%)	2.5	56.25	41.25	－	－

三　肥料建设及肥料施用

(一)配方肥生产与应用

1989－1993年,县农业局配肥站生产销售棉花、水稻881肥1200吨,累计推广应用面积48万亩;水稻专用肥4500吨,累计推广应用面积9万亩;棉花花桃专用肥1.5万吨,累计推广应用面积30万亩。1994－1998年,生产销售棉花、水稻881肥2500吨,累计推广应用面积100万亩;水稻专用肥5900吨,累计推广应用面积14.7万亩;棉花花桃专用肥2.5万吨,累计推广应用面积52万亩。1999－2005年,生产销售棉花、水稻881肥7820吨,累计推广应用面积325万亩;水稻专用肥6850吨,累计推广应用面积17.2万亩;棉花花桃专用肥2.65万吨,累计推广应用面积53万亩。2006－2008年,安乡被列为全国测土配方施肥补贴资金项目县后,取土化验6025个土样,完成试验示范3414/3415试验30个,肥料校正试验30个,氮、磷、钾不同用量试验各6个,不同质地基追肥比例试验6个,建立不同作物施肥指标体系,研制专用配方肥6个。招标两家配方肥定点生产企业,3年共生产配方肥1.85万吨,累计推广应用面积80万亩。

(二)肥料应用效益

经济效益　测土配方施肥示范对比验收和农户多点调查统计结果表明,早稻亩均增产27.5公斤,亩均净增效益50.08元;中稻亩均增产28.4公斤,亩均净增效益47.62元;晚稻亩均增产21.6公斤,亩均净增效益36.61元;棉花亩均增产籽棉15.1公斤,亩均净增效益64.2元;油菜亩均增产13.7公斤,亩均净增效益43.84元。

社会效益　通过宣传发动、技术培训、办点示范、发放技术资料等手段推广配方肥,项目影响深入人心,干部群众对实施测土配方施肥的要求更加迫切。施肥结构主要体现在氮、磷、钾肥投入结构发生了明显变化,2008年统计结果表明,全县氮肥、磷肥用量分别较上年减少12.4%、38.7%,钾肥用量增加21.7%;肥料品种结构发生了较大变化,从偏爱施用单质肥向使用复混肥转变,由使用低浓度复混肥向高浓度复混肥转变,由使用通用性复混肥向配方肥转变。

生态效益　通过实施测土配方施肥,减少不必要的肥料投入,在增加经济效益、社会效益的同时,亦取得了良好的生态效益。2008年,通过县农业环境检测,项目实施区沟、渠、塘等水体的富营养化程度减轻,杂草数量减少。监测点分析化验数据表明,地表经流水硝态氮含量降低了18.4%。

(三)施肥情况

1989－1993年为有机肥、氮肥、磷肥为主阶段。有机肥以紫云英等绿肥为主,占施肥面积30%左右,其次是塘泥、凼肥。氮肥主要是碳酸氢铵、尿素,一般亩均碳铵25－30公斤、尿素5－8公斤。磷肥主要是过磷酸钙,一般亩均20－25公斤。1993－2000年为平衡施肥阶段。主要以氮、磷、钾为主,有机肥为辅,补施一定量的微量元素肥。有机肥减至20%左右,其原因:一是旱地面积扩大,绿肥种植面积减少;二是水田基本不种植绿肥。氮肥主要是碳铵、尿素,一般亩均碳铵35－40公斤、尿素8－10公斤。磷肥主要是过磷酸钙,一般亩均35－50公斤。钾肥以氯化钾为主,一般亩均5－8公斤。补施微肥,主要是水稻补施锌肥,棉花补施硼肥、锌肥,油菜补施硼肥。2001－2005年为施用氮、磷、钾单质肥向复混肥过渡阶段。氮肥碳铵亩均40－50公斤、尿素10－15公斤,磷肥过磷酸钙亩均45－60公斤,钾肥氯化钾亩均10－15公斤。复混肥以25%、45%、48%的国产复混肥为主,占全县化肥用量的27.6%。一般25%的复混肥占施肥面积的15%左右、亩均35－50公斤,45%的复混肥占施肥面积的8%左右、亩均25－30公斤,48%的复混肥占施肥面积的4.6%左右、亩均20－25公斤。2006－2008年为测土配方施肥阶段。2006年3月,安乡成为农业部测土配方施肥补贴资金项目县,即根据取土化验结果,结合试验示范数据,建立不同作物施肥指标体系,开具测土配方施肥通知单,照单施肥。据2008年统计,全县氮肥、磷肥用量分别较上年减少12.4%、38.7%,钾肥增加21.7%。

化肥施用上存在的主要问题:一是施用方法不当。农户为图简便,喜欢撒施肥料,表现在水稻施肥上的面施、棉花施肥上的淋水泼施,均导致大部分肥料挥发和随水流失,造成沟渠水体富营养化。二是施肥结构不合理。重施氮肥、磷肥,钾肥特别是微量元素肥施用不足,此与农民最先接受氮肥、磷肥的直观效果有关。县境土壤普遍缺硼、锌,尽管宣传多年,仍无大的改变,特别是油菜施硼肥未得到重视。三是有机肥施用逐年减少。县内水稻基本以中稻为主,稻草还田量不足,而旱地基本没有施用有机肥。四是单质肥比例偏大。相对复混肥比较,单质肥价格偏低是主要原因。就复混肥而言,通用肥比例偏大,专用肥比例偏小,此与专用肥推广时间有关。

附:安乡县棉花测土配方施肥指标体系的建立

安乡属湘北棉花主产区,常年棉花种植面积35万亩左右,占全省植棉面积的21.8%,年产皮棉3.63万吨。多年来,棉花生产沿袭经验施肥习惯,缺乏与土壤类型和养分状况相适宜的施肥技术指标体系,致各地施肥水平不同,产量差异较大,影响平衡增产和连续高产稳产。建立棉花测土配方施肥指标体系,对指导棉花生产,节省肥料投入,降低生产成本,减轻农业污染源等具有十分重要意义。

2006年,安乡被列为国家测土配方施肥第二批试点县之一。项目实施三年来,为建立棉花测土配方施肥指标体系,指导棉花高产施肥,落实棉花"3414"或"3415"田间肥效试验10个、棉花不同氮磷钾用量试验各2个、棉花不同质地基追肥比例试验3个、棉花肥效校正试验10个。根据试验结果统计分析,综合试验植株样品分析检测,计算出棉花100公斤籽棉产量的养分吸收量、土壤养分利用系数、肥料利用率等参数,利用"3414"或"3415"试验结果得到最佳施肥量,在此基础上结合土壤测试值与相对产量的回归关系,建立了基于土壤常规测试条件下的土壤养分丰缺指标与施肥数量指标体系,对棉花高产栽培发挥了较大作用。

第八节　农业科教

2008年,全县有农业科技人员266人(含乡镇离、退休),其中总农艺师1人、高级农艺师19人、农艺师52人、助理农艺师89人、技术员105人。1989－2008年间,各业务站每年完成种子、农药、化肥、新技术试验、示范及推广项目40－60项,先后有水稻分厢撒播技术革新、早稻有孔地膜育秧、油菜营养土育苗、启豆2号高产栽培、优质超级稻开发、亚麻引进开发应用、BK粉剂在直播稻田除草和粮、棉、油、菜配方专用肥的研制与应用、榨菜新品种“浙丰3号”引进推广与巴氏高温杀菌、南农98－4、湘丰棉3号选育与推广等57项科研成果获省、市、县科技进步奖和丰收奖。同时，农业科技人员在《中国农技推广》《湖南农业科学》《江西棉花》等10多种省级刊物上发表论文92篇，10余篇论文获全市历届自然科学论文奖。

一　农业科普宣传

每年出版《安乡农业科技报》10－20期，年发行量100万份以上。年均发放病虫信息和防治技术资料5万份，最高年达27.8万份。由县农业局、畜水局、电视台等单位合办农科节目《农村天地》，每年录播40期左右，宣传农村工作的有关方针、政策和实用技术。每年举办一次大型农业实用技术培训，乡镇长、分管农业的副乡镇长、农技站长、村主任约400人参加。

二　农业科技培训

2004年，由农业部、财政部等部门统一实施农村劳动力转移培训阳光工程，全县按照“政府推动，学校主办，部门监管，农民受益”的原则，由县新时代服装学校、农广校等4所培训机构开展培训工作，形成服装加工、计算机应用等劳务品牌。历年培训12050人、转移就业1万人以上，转移就业率90%左右。按照“围绕主导产业，培训专业农民，进村办班指导，发展一村一品”原则，实施新型农民科技培训工程。2006年以来，就水稻、棉花、油菜、蔬菜、养猪、养鱼、果树等产业，在全县的12个乡镇、100余个村举办培训班近2000期次，培训农民学员8万人次，造就了一批有文化、高觉悟、善经营、会管理的新型农民。

三　公司（厂）科研

（一）县农业技术服务总公司

1993年4月机构改革中，县农业局改为农业技术服务总公司，所属业务股站亦改为粮油技术服务公司、经作技术服务公司、土肥技术服务公司、植保技术服务公司，由无偿服务性改为技物结合性，既事技术服务又事农资经营创收。此次改革严重削弱了农业技术指导功能，不利于农业发展。1994年10月，恢复县农业局。

（二）县种子公司

组建于20世纪80年代初期，为县农业局所属二级机构。1993年机构改革中升格为正科级机构，1994年复为县农业局所属二级机构，有干职139人。2001年，因资不抵债，依法破产。其退休人员33人移交社保安置，余106人买断工龄。

（三）县农业科学研究所

位于县城东部，有耕地面积520亩。该所分两个部分：即科研部分（称科研组），主要从事水稻科研项目的试验、研究；农村部分（设3个组），主要从事水稻、棉花、蔬菜、苗木高产示范种植。由于农田水利条件限制和农村部分农户的一些具体问题，1994年，农村部分的农户和耕地划归县城关镇，只保留科研部分9名科研人员和部分行管人员。

（四）县优质棉良种繁育开发中心

1991年组建，有干职130人。2004年，因资不抵债，依法破产。

（五）县棉花科学研究所

位于安福乡卫星队，有棉花生产基地面积210亩，棉农140人。主要从事棉花新品种试验、示范和棉花高产栽培示范，承担省、市棉花区域试验和有关试验示范项目。1992年撤销，技术干部安置在县经作站。

20世纪80年代末至90年代初，县农业局先后组建板鸭、藠头厂和蚕果公司，后均因经济效益较差而撤销。

第九节　农业行政执法监察

一　执法队伍

2008年,县农业局农业综合执法队伍共28人,其中持证执法人员14人。执法人员中,本科学历12人、专科学历2人,农艺师8人,年龄多在36－39岁。执法大队配执法车1台、电脑4台、电话及传真机4部、摄像机1台。曾连续8年获全市农业综合执法先进单位,2004年获全国农业综合执法先进单位,2007年获全省依法办事示范窗口单位。

二　执法机构与职责

1989年,县农业局设植保植检站、土壤肥料工作站。1990－2008年,又先后组建7个内设机构,共同担负全县农业行政执法监察管理职责。

1989年3月,国务院颁布《种子管理条例》。1990年,组建县种子工作管理站(简称县种子站),与县种子公司合署办公(1995年2月析出),其主要职责是计划管理、签发种子生产许可证、种子经营许可证和种子调运许可证。是年,县农业局成立农业法制股,与县种子站两块牌子、一套人马、合署办公,管理职能从单纯的种子管理扩大到其他农业执法。1999年,成立县农药监督管理站,与县种子站合署办公,负责全县农药市场管理。2000年3月,成立县农业执法监察大队,负责全县农业行政综合执法。2003－2004年,先后组建县农产品质量安全监测站、农业环境监测站、农产品质量安全检验检测中心,三块牌子、一套人马、合署办公。修建农产品质量检验检测中心,配置相关检验检测设备,2006年开始基地检测。

三　案件查处

1989－2008年,共查处农资案件323件、结案323件(申请法院强制执行4件)。其中未标识农业转基因种子案件6件、冒用有机食品标志案件1件、未经审定品种案件54件、无生产许可证案件8件、假劣种子、农药、肥料案件96件、标识不规范案件72件。没收假劣种子和未经审定种子3590公斤、假劣农药15850公斤、收缴禁用农药8235公斤。罚没款300余万元,其中处3万元－5万元罚款案件24件、5万元－10万元罚款案件10件。

(一)功城村假种事件

1996年9月,安丰乡功城村原党支部书记姚某违反《种子管理条例》有关规定,私自从安猷乡制种基地购得农民手中截留的杂交水稻种子"籼优64"中熟组合,冒充种子紧张、价格高的高产迟熟组合"籼优桂99"出售给本村农民,种植面积达800余亩,造成大面积晚稻减产5万余公斤。县种子站经调查核实后向县检察院起诉,姚某被依法拘留,并处罚款7万元。

(二)玉米稻劣种事件

1994年,县内个体户引进未经审定的"玉米稻"种子,推广种植约1.5万亩,2100余户农户受害,少收粮食300万公斤,直接经济损失400余万元。县种子站和工商部门进行了查处,并查封"玉米稻"种子10余吨,控制了其继续蔓延。

(三)棉花劣种事件

2003年4月,全县销售"银花"牌抗虫杂交棉"湘杂棉3号(F_1)"劣质种子11万包,发芽率仅60%。县农业执法监察大队查处此案,省亚华种业公司理赔400万元。2004年,查处县金丰种业销售未经审定的"太DF_1"棉种950包,没收违法所得33250元并处罚款3万元。2005年,查处"金农棉1号"劣质种子案,没收违法所得14269.5元并处罚款71347.5元。

(四)违规农药事件

2004年6月,查处青岛东生药业有限公司"2.5%高效氯氰菊酯(穿通杀)"劣质农药生产经营案,没收农药100件并处罚款3万元。2005年7月,查处江苏盐城市龙跃农药有限公司"40%多福澳可湿性粉剂(炭克)”劣质农药经营案,没收违法所得9000元。2007年5月,查处“草甘膦”经营案,对1335件不合格农药令其禁止销售并处罚款2万元。2008年7月,查处不合格农药“25%氟铃王”经营案,令其禁止销售并处罚款6万元。

(五)除草剂药害事件

2005年7月,县芦苇管理站施用化学除草剂“2.4-D丁酯”为芦苇除草,影响附近农作物生产,造成棉花、南瓜、蔬菜等阔叶作物大面积药害减产。事件得到查处,责任方向农民赔偿经济损失130万元。

第十节　农产品质量安全

一　产地认定

2004年10月,认定无公害蔬菜生产基地面积5万亩,主要分布在安猷、安宏、安全、安德、三岔河等乡镇,证书编号WNCR-HN04-001194;2007年6月复查换证,证书编号WNCR-HN07-001194。2005年11月,认定无公害蔬菜生产基地面积2万亩,主要分布在安丰乡黄家台、出口洲、武局口、汇口村,黄山头镇松荫、杨家、长福村,焦圻镇张家拐、五一、三合、北堤村,安昌乡六合、白粉嘴、何家铺村,证书编号WNCR-HN05-01429;2008年10月复查换证,证书编号WNCR-HN08-01429。2005年11月,认定无公害水稻生产基地面积23.9万亩,除城关、大鲸港镇外,其余乡镇和安民垸场、原种场均有分布,证书编号WNCR-HN05-01395;2008年10月复查换证,证书编号WNCR-HN08-01395。2005年11月,认定无公害油菜生产基地面积26.85万亩,除城关、大鲸港镇和安全乡外,其余乡镇和安民垸场、原种场均有分布,证书编号WHCR-HN05-01396;2008年10月复查换证,证书编号WNCR-HN08-01396。2007年12月,认定无公害葡萄生产基地面积900亩,主要分布在安康乡安民、永安、向阳村,证书编号WHCR-HN07-01595。

二　产品认证

2004年7月20日,“娥皇牌”洞庭草鹅通过有机食品认证,证书编号14504B004;7月30日通过无公害产品认证,证书编号WGH-04-07757。2005年6月30日,“来得富”去皮榨菜通过绿色食品认证,标志编号LB-56-0506180966A;2008年6月2日复查换证,标志编号LB-56-0806181931A。2005年6月30日,“来得富”去皮榨菜(美味再现)通过绿色食品认证,标志编号LB-56-0506180968A;2008年6月2日复查换证,标志编号LB-56-0806181933A。2005年6月30日,“来得富”去皮榨菜(南韩风味)通过绿色食品认证,标志编号LB-56-0506180967A;2008年6月2日复查换证,标志编号LB-56-0806181932A。2005年6月30日,“来得富”清真榨菜通过绿色食品认证,标志编号LB-56-0506180969A;2008年6月2日复查换证,标志编号LB-56-0806181934A。2007年1月25日,安德冬瓜、罗洲(三岔河镇)冬瓜通过无公害产品认证,证书编号分别为WGH-07-03408、WGH-07-03409。

三　标准化生产

2004年后,加强三岔河镇罗洲村、安丰乡出口洲村蔬菜生产基地基础设施建设,安装杀虫灯50盏、建农业投入品回收箱40个、建农作物秸秆处理池35个,并硬化沟渠和道路。制定无公害冬瓜、南瓜、辣椒、榨菜标准化生产操作规程,印发蔬菜生产基地农户手册;开展测土配方施肥,减量使用农药,禁止使用违禁农药;采取生物、物理、农业等综合防治措施控制病虫危害。

四　基地检测

2006年开始检测,当年检测4批次、700个样本,超标10个、超标率1.4%;2007年检测6批次、1062个样本,超标40个、超标率3.7%;2008年检测8批次、2016个样本,超标84个、超标率4.2%。共检测

21批次、4630个样本,超标148个、超标率3.2%。其中叶类菜检测1466个、超标70个、超标率4.8%,豆类菜检测786个、超标15个、超标率1.9%,瓜果类菜检测1984个、超标63个、超标率3.2%,根茎类菜检测187个均达标。

第十一节　农作物重大灾害

一　自然灾害

(一)水稻灾害

19万亩早稻受渍　1991年7月1－12日,日平均气温为23.7℃,日照仅2小时,雨日12个,降雨量309.6毫米,致早稻结实率普遍降低,同时形成的洪涝灾害使19万亩早稻受渍。是年,早稻实际收获面积38.755万亩,因渍灾失收面积1.545万亩,占实插早稻面积的14.7%。

3万亩早稻失收　1995年6月,全县普降大雨,月降雨量442毫米,比上年同期增加297毫米。特别是6月1日猛降暴雨162.7毫米,致全县30万亩早稻普遍受渍,其中15万亩严重受渍被淹6天,有3万亩早稻失收改种。严重受渍的15万亩早稻平均亩产280公斤,较其他早稻减产58公斤,减产17.2%,加之3万亩早稻失收,全县损失稻谷1884万公斤,占早稻总产的22.8%。

早稻恶苗病暴发　1998年,全县早稻抛秧恶苗病发生面积达1.1万余亩,主要在安障(6000亩)、下渔口(2000亩)、安裕(1000亩)、安丰(600亩)等4个乡镇,主要品种为岳早籼6号、湘早籼13号,发病株率2%－40%,其中发病较重的4000余亩改为撒播。其主要原因:一是品种抗病性差;二是种子带菌(主要是外地调进的种子带有菌源,导致发病);三是种子消毒不严;四是环境条件影响,早稻抛秧播种前后,连续低温阴雨天气,而出苗后的高温高湿天气,特别适宜恶苗病发生。

10万亩晚稻青枯死秆　1999年,全县晚稻面积33万亩,因严重的寒露风影响,发生死秆丘块的面积10.02万亩、占晚稻面积的30.36%,其中死秆率在30%以上丘块的面积6.48万亩、占晚稻面积的19.64%。全县因此损失稻谷约1500万公斤。其主要原因:一是晚稻生长后期气温异常,气温剧变是死秆的重要诱因。9月27日－10月1日连续5天日平均气温26.7℃,10月2－6日连续5天日平均气温15.3℃,高低差11.4℃;9月27日－10月1日连续5天的日平均气温比历年同期日平均气温21.2℃高5.5℃,10月2－6日连续5天日平均气温比历年同期平均气温19.3℃低4℃;10月1日平均气温27℃,而10月2日仅18.1℃,1天内降温8.9℃。此与历史上死秆较严重的1981年、1982年的气候相似。二是脱水过早加重了死秆,凡干旱严重的田死秆严重。三是部分品种(组合)抗低温死秆能力差,籼优桂99死秆相对严重,威优644、Ⅱ优系列组合死秆相对较轻。四是施肥不当加重了死秆。

8万亩早稻改种　2002年4月23日至5月9日,连续降雨17天,累计降雨370.8毫米,其间4次强降雨,致全县17万亩早稻全部受渍,其中漂白面积10万亩,占早稻实播面积的58.8%。因早稻正处于生长关键期(撒播处于3叶断奶期,抛秧处于抛后返青期),植株抵抗力差,造成大量烂秧死苗。全县因渍灾改种一季稻面积8.07万亩,占早稻实播面积的47.5%。类似天气在1991年、1993年、1999年均有出现。

(二)棉花灾害

1991年7月,上半月连续阴雨,15万亩泗棉2号出现早期不见花蕾的"公棉花"。1992年6月6日暴雨,日降雨163毫米,全县5万亩棉花改种。1995年4月下旬低温阴雨,安全、安丰乡局部棉苗受灾,被迫赶种。6月中旬渍灾,致安障、安全、黄山头、焦圻、安福、安凝等北部乡镇近10万亩棉田受渍,近2万亩改种。1996年7月中旬渍灾,北部乡镇及南部陈家嘴、安德等地近12万亩棉田受渍,近4万亩改种。1998年7月24日,安造大垸溃决,特大洪涝灾害致8万亩棉田失收。2005年,棉花烂铃成灾。由于8－9月份特殊气候影响,棉铃病发生面积25万亩,严重丘块烂铃率30%,最高达67.5%,全县实际损失皮棉9000吨。2008年暴雨灾害。8月15－16日连降暴雨70－220毫米，最大降雨出现在官垱镇。全县40万亩棉花受灾，其中县境北部的官垱、安全、黄山头、安福等10余个乡镇受灾严重，部分棉田渍水长达7天，导致大面积死秆。全县平均减产37.6%，损失超过2亿元。

（三）油菜、蔬菜灾害

1989年2月2－24日，冰雹、大雪、冰冻天气致全县油菜生产重大损失。1988－1989年度，油菜平均亩产76.8公斤，比1988年93.6公斤减少16.8公斤，减少21.9%。22日上午8时15分至8时51分持续冰雹，最大直径4厘米；23日上午至24日上午普降大雪和冰雹，降雪量28.3毫米，冰雹最大直径4毫米，轻度冰冻持续2天。据统计，全县29万亩油菜普遍受灾，其中80%的面积绿叶被击穿、5%的长柄叶断柄。据安裕乡2月26日调查，叶片穿孔多的有9个常规品种，主茎折断率8%－15%、最高达50%。4月27－28日，大风（最大风速7米/秒）加间断暴雨，造成油菜茎秆和枝梗折断。同时，27日平均气温20.3℃，28日降至12.6℃，比常年同期平均气温低6.1℃，大幅度降温对油菜后期养分输送影响很大。据调查，常规油菜茎秆折断率10%－15%，杂交油菜枝梗折断率20%－30%。5月7－16日连续阴雨，雨日9天，影响了油菜的适时收获。2008年1月12日至2月5日，全县遭受了50年来最严重的低温雨雪冰冻灾害。据气象资料统计，2008年1月11日－2月10日，活动积温5.2℃，其中有18天日均温在0℃以下，极端最低温度－4℃（1月29日），极端最高温度7.8℃（2月10日）；总降雨量50.3毫米；日照时数66.5小时，其中1月11－28日仅1小时。冰雪灾害导致油菜裂秆严重，而后期阴雨天较多，菌核病重发生。3月11日－4月30日，活动积温531.9℃，日均温度10.4℃；雨日22个，总降雨量236毫米。与2007年同期比较，活动积温减少295℃，日均温度降低5.8℃，降雨量增加102.2毫米，雨日增加2个。此间为油菜菌核病发生与流行高峰期，低温多雨，且冰雪天气致油菜植株冻伤面积大，伤口多，均为菌核病暴发和流行创造了条件。据调查统计，2008年菌核病发病株率25.8%、病指14.5（2003－2007年发病株率、病指分别为12.5%、2.6，11.9%、2.46，14%、6.9，22.4%、16.1，3.2%、1.5）。冰冻雪灾和菌核病暴发导致油菜严重减产，亩均仅108公斤，比2007年减少22.9公斤。是年，全县5.8万亩蔬菜受到不同程度的冻害，其中3.29万亩榨菜损失达到六成，亩均产量825公斤，损失严重的仅250公斤，部分丘块失收；137个大棚育苗报废，莴笋、大白菜等叶类菜损失大，萝卜、苞菜、大白菜埋在雪中无法运输销售，有的因空心变质而销毁。此项经济损失1980万元。

二　病虫灾害

（一）稻飞虱暴发

2006年稻飞虱大暴发，全县损失稻谷14695吨，占水稻病虫害总损失的85.8%。高峰期中稻百蔸虫量平均3689头，最高丘块达8万头以上，成灾面积6.4万亩，一般减产三至五成。安障乡福昌桥村五组50亩连片中稻损失惨重，安猷乡官保村有12亩中稻颗粒无收，全部放火烧掉。

（二）棉铃虫危害

1999年，全县棉铃虫发生面积87万亩次，成灾面积7万亩，失收面积0.2万亩，实际损失2730吨。2000年，全县棉铃虫成灾面积6万亩，实际损失2496.3吨。安全乡尤为突出，该乡历年种棉3万亩，总产皮棉2500吨以上。1999年种棉3万亩，总产皮棉1050吨、亩产35公斤，减产50%以上，其中1.2万亩亩产籽棉仅75－100公斤，有1500亩“撩尖”基本失收。该乡志中村皮棉产量比常年减产60%以上，茶窖村有一个组200余亩连片棉花全部“撩尖”。安凝乡亿中村1999年种棉3000亩，总产籽棉450吨、亩产150公斤，比1994年减产50%。该村支部书记说：1999年每天出动千余人捉棉铃虫，每人每天要捉千余条，但还是捉不完，还出现了棉铃虫爬上电杆、咬人的怪现象。1999年的棉铃虫防治期，不少农户日夜奋战，晚上打药，白天捉虫，打持久战、疲劳战，而防治效果不好。农民反映：被棉铃虫害苦了、整怕了，谈虫色变，有的甚至怕虫害而弃耕。

三　农药灾害

1994年,由于化学除草剂草甘膦使用不当,致全县1万余亩油菜开花畸形,呈小花瓣,不结实,减产十分严重。安德乡有5000亩油菜损失惨重。2005年7月上旬,县芦苇管理站用高压喷雾器施用“2.4－D丁酯”为芦苇除草,致芦洲附近的安凝、安丰、安康、下渔口、陈家嘴、安德等10余个乡镇的4366亩棉花、南瓜、蔬菜等阔叶作物药害。轻度受害棉株未定型的嫩叶边缘皱缩,幼蕾苞叶裂开,花瓣畸形;重度受害棉株新叶严重畸形扭曲,叶片成柳叶状,幼蕾3片苞叶粘连花瓣连生,花朵变小,不足正常棉株的五分之一,状如牵牛花,且无花粉释放;所有受害棉花植株生长点及幼嫩叶片均已变异,棉株生长速度仅老叶未见明显影响。邻近的阔叶蔬菜(南瓜、辣椒、番茄等)、阔叶作物(苎麻)、阔叶杂草(小飞篷、龙葵等)均表现新叶扭曲畸形,心叶泛黄或节间缩短等症状。经专家鉴定一般减产两成左右,严重的减产三成以上。

第二十四章　养殖业

县内养殖业生产分畜牧业、水产业两大类。畜牧业历来以农户养猪为主,牛、羊、鸡、鸭、鹅养殖次之,其他畜禽很少。1989 年,生猪出栏 20.33 万头、存栏 21.1 万头、能繁母猪存栏 1.3 万头,牛出栏 98 头、存栏 1.2 万头,家禽出笼 60 万羽、存笼 212 万羽、禽蛋产量 5694 吨,畜牧业产值 4038 万元。2008 年,生猪出栏 45 万头、存栏 25 万头、母猪存栏 3.1 万头,牛出栏 0.6 万头、存栏 1.85 万头,羊出栏 5.1 万只、存栏 2.85 万只,家禽出笼 830 万羽、存笼 490 万羽、禽蛋产量 4 万吨,畜牧业总产值 9.25 亿元,较 1989 年(下同)增长 21.91 倍。水产业以养殖为主,江河捕捞很少。1989 年,淡水养殖 96682 亩,池塘养殖 31847 亩(其中精养 30121 亩),湖泊养殖 32103 亩,粗养 60432 亩,河沟养殖 13608 亩,其他养殖 4654 亩,珍珠养殖 689 亩,水产品总量 14175 吨(其中捕捞产量 706 吨),渔业产值 1667 万元。2008 年,淡水养殖 184137 亩,池塘养殖 142978 亩(其中精养 115867 亩),湖泊养殖 34340 亩,粗养 26233 亩,河沟养殖 5919 亩,其他养殖 4250 亩,珍珠养殖 88900 亩,水产品总量 8 万吨(其中捕捞产量 299 吨)、增长 4.64 倍,渔业产值 8.8 亿元、增长 51.79 倍。

第一节　畜禽养殖

一　畜类养殖

畜类养殖有猪、牛、驴、马、骡、羊、兔、犬,以猪、牛为主。猪的种类有宁乡猪、沙子岭猪、大围子猪、长大杂猪、杜洛克猪、长白猪、约克猪、美系大白猪、桃源黑猪等。母猪以宁乡猪、沙子岭猪、大围子猪、长大杂猪、美系大白猪为主;公猪以杜洛克猪、长白猪、美系大白猪、约克猪为主。牛的种类有滨湖水牛、山西黄牛、湘西黄牛、西门塔尔牛、秦川黄牛、中国黑白花奶牛等。羊的种类有浏阳黑山羊、石门马头羊、本地山羊、小口寒羊、波尔山羊等。兔的种类有獭兔、长毛兔、麻兔、七种白兔、青紫兰肉兔、安哥拉兔、日本大耳白兔、新西兰兔等。本目重点记载猪、牛、羊的养殖。

(一)养　猪

养猪历来是县内农村的重要副业,俗话说"要想富,多养猪"。1989 年,87.5% 的农户养有生猪,出栏的 20.33 万头生猪,以农户散养为主。随着农村经济体制改革不断深化和外出务工人员不断增多,养猪农户逐渐减少,养猪大户不断增多。1999 年,养猪农户比例减至 71.3%,出栏的 334949 头生猪,养猪大户占 21%。2008 年,养猪农户比例减至 48%,出栏的 45 万头生猪,养猪规模大户占 42.5%。养猪大户中,出栏 1000 头以上的 13 户、500 头以上的 26 户、100 头以上的 122 户、50 头以上的 199 户。县内养猪状元大户要佳猪场,常年存栏能繁良种母猪 180 头、后备母猪 50 头、种公猪 4 头、仔猪 150 头左右,育肥猪 4000 头以上。2004 - 2008 年,该户分别出栏生猪 1500 头、2700 头、4200 头、5200 头、7800 头。养猪大户的经验证实,规模养殖赚大钱、自繁自养降成本、科学饲养出高效、正确免疫保安全。

(二)养　牛

1989 年前,养牛以役用为主。随着农业结构调整,农业机械化不断普及,养牛转为以食肉为主,仅有极少量的牛仍行劳役之事。1989 年,养牛 1.2 万余头、出栏屠宰仅 98 头,以散养为主。2008 年,养牛 24564 头、出栏屠宰 6014 头,由散养逐渐转向规模养殖为主。1999 - 2006 年,安丰乡黄家台村养牛大户施贤跑年均出栏肉牛 80 头以上。

(三)养　羊

1989 年,仅养羊 1169 只、出栏 348 只,品种以本地山羊为主,有少量马头山羊。2008年,养羊79627只、出栏5.11万只,且品种较多,以波尔山羊与马头山羊杂交改良品种为主。养羊方式由放牧转向圈养和规模养殖为主,有养羊100只以上大户49户。

二 禽类养殖

禽类养殖有鸡、鸭、鹅。肉鸡种类有桃源黑鸡、桃源麻鸡、桃源九斤黄鸡、本地土鸡、湘黄鸡、白洛克鸡、罗斯鸡等;蛋鸡种类有海南灰鸡、罗曼鸡、来航鸡等。鸭的种类以滨湖麻鸭为主,另有绍兴麻鸭、北京鸭、樱桃谷鸭、卡基—康贝尔鸭和江南一号、二号等。鹅的种类有四川白鹅、叙浦鹅、本地麻鹅等。

(一)养 鸡

县内农村居民无不养鸡。1989年,养鸡232.76万羽、出笼53.9万羽、禽蛋产量5694吨。2008年,养鸡1161.4万羽、出笼762.9万羽、禽蛋产量37982吨。1989－1999年,以散户饲养为主,规模养殖仅占总量的21%。2000－2008年,规模养殖发展加快,占总量的67%,特别是蛋鸡养殖发展迅速,其存笼量100万羽以上。安裕联发鸡场夏少刚始在县内养殖蛋鸡1.5万羽,后三年连续发展至3.5万羽、7.5万羽、9.2万羽。在其带动下,万羽以上蛋鸡养殖大户发展到36户。安生乡大杨树石长文鸡场属县内最大养鸡场,蛋鸡存笼4.5万羽。安昌乡黄市嘴鸡场,2008年出笼肉鸡5万羽。安障乡新剅口养鸡大户彭卫民,自1997年始年出笼肉鸡3.2万羽以上,良种肉鸡与本地土杂鸡各占50%。

(二)养 鸭

有近水农户散养和专业农民群养两种方式。1989年鸭存笼33.2万羽,2008年78.5万羽,有养鸭大户63个。

(三)养 鹅

2001年前以散养为主。2002年3月,湖南洞庭牧业有限责任公司成立后,养鹅专业户不断增加。2003年有养鹅大户逾千户,分布在16个乡镇,养鹅40万羽,按当年市场价每只可获利12.6元。

畜牧业生产详情见表24－1－51。

安乡县 1989-2008 年畜牧业生产情况

表 24-1-51　　单位:头、只、万羽、吨

项目 年度	生猪出栏	生猪存栏	能繁母猪	牛出栏	牛存栏	羊出栏	羊存栏	家禽出笼	家禽存笼	禽蛋产量
1989	203300	211489	13003	98	11950	348	821	60	212	5694
1990	200155	239206	12798	352	11164	230	908	62.8	189.5	6861
1991	200419	201873	9329	259	9361	132	488	112.7	141.6	7315
1992	188747	190404	8114	212	7614	174	431	118.2	130.6	5395
1993	213362	205046	11471	698	7166	148	965	101.5	149.9	4139
1994	239826	211328	12348	1897	5679	385	1765	107.6	138.1	4563
1995	281258	276537	15144	5432	11835	3738	4654	317.3	302.3	14411
1996	338501	338649	18256	7965	14147	4590	7938	543.1	305.1	26213
1997	302467	317366	14122	8778	14148	7560	9876	609.3	277.2	14126
1998	337965	216588	11228	9987	10351	16547	10089	598.8	161.2	18958
1999	334949	188396	10811	12087	10393	22715	10765	640.2	449.1	30444
2000	332781	175080	14884	11860	9868	27972	11574	651.6	464.2	32783
2001	333761	177776	14798	12486	10432	33526	13188	963.8	457.9	32807
2002	360954	180559	13855	16029	13912	43507	24042	715.8	368.3	35183
2003	351108	188243	14121	10145	13076	48944	26441	718	374.6	35258
2004	370058	192364	14212	5451	15319	52597	27302	750.6	930.5	36321
2005	388601	196513	14205	5616	15314	53200	28192	762.4	400.6	36716
2006	376911	191711	14100	5913	17104	52933	28300	754.9	393.6	37025
2007	380631	198407	16877	6014	18550	51100	28527	762.9	398.5	37982
2008	450800	250000	31000	6000	18500	51000	28500	830	490	40000
合计	6186554	4347535	284676	127279	245883	471346	264766	10181.5	6734.8	462194

第二节　水产养殖

安乡是水产养殖大县。1989年,总水面20.45万亩,其中可养殖水面11.1万亩。2009年,总水面30万亩,其中淡水养殖面积194250亩,池塘面积149550亩,水产面积和水产品总量均居全省第四位。县域水资源和水体营养丰富,适宜鱼类生长。湖泊浮游植物含量257380个/升、浮游动物900个/升;哑河浮游植物298875个/升、浮游动物1050个/升;成鱼池塘浮游植物469503个/升、浮游动物2925个/升。浮游植物以绿藻、全藻、蓝藻、硅藻为主,浮游动物以轮虫、枝角类、桡足类、原生动物为主,均是鱼类的天然饵料。

一　鱼类养殖

随着养殖技术的提高,鱼类养殖产量大幅度提高。1989年,精养池塘亩平产鲜鱼145.9公斤。2008年,亩均800－1000公斤,比1989年增长4.5－5.85倍。

(一)家鱼人工繁育

1989年,有家鱼人工孵化点21个,孵化鱼苗2.6亿尾。2009年,有正规家鱼人工孵化场22个,孵化鱼苗20多亿尾,不仅满足了县内家鱼苗种供应,并向周边地区提供苗种。

(二)池塘养鱼

1977年,安乡被定为国家商品鱼基地,此后池塘养鱼迅速发展。1990年以来,坚持“五个开发”,渔业生产突飞猛进,成为全省渔业生产发展速度最快的县之一。1991年,鲜鱼总产量15694吨、产值6670万元、纯利润3100万元,分别比1989年增长17.2%、99.6%、106.7%。1992年1月获全国渔业生产先进县。“五个开发”即:精养池开发,1991年投工300万个,开挖面积1.4万亩,完成土方700万立方米,建成精养鱼池1万亩;大中水面开发,1990年始,特别注重哑河拦河筑坝,变粗养为精养,哑河拦网养鱼,变粗养为半精养,大湖投饵施肥,提高产量;立体水面综合开发,大力推广鱼猪配套、鱼鸭混养、鱼珠混养、鱼桑配套、鱼猪果配套等多渠道、多层次、立体综合开发模式;家庭小鱼塘开发,4.2万户家庭建成小鱼塘;名优鱼类开发,引进推广黄板鲴、美国鮰、加州鲈、工程鲤、工程鲫、罗非鱼、胡子鲶、银鲫等14个新品种,提高经济效益。1989年,池塘养鱼5万亩,其中高标准精养2.85万亩,配套种鱼池1.3万亩,产鲜鱼1285.9万公斤、亩均257公斤;2000年,池塘养鱼72410亩,其中高标准精养49277亩,配套种鱼池17810亩,产鲜鱼3765.3万公斤、亩均520公斤;2009年,池塘养鱼14.955万亩,其中精养12.48万亩,配套种鱼池2.35万亩,产鲜鱼7345.4万公斤、亩均635公斤,亩平产量分别为1989年、2000年的2.47倍、1.22倍。

(三)湖泊、哑河养鱼

湖泊养殖　1989年3.7万亩,产量148万公斤、亩均40公斤;1997年30155亩,产量281万公斤、亩均90公斤;2009年3.36万亩,产量1008万公斤、亩均300公斤。

哑河放养　1989年1.1万亩,产量77.5万公斤、亩均70.5公斤;2008年6750亩,产量270万公斤、亩均400公斤。

二　特种水产养殖

20世纪90年代初,随着水产养殖技术大力推广,县内特种水产养殖迅速发展,种类繁多。本目主要记载甲鱼、黄鳝、中华绒毛蟹的养殖。

(一)甲鱼养殖

1989年,养殖户63户,养殖面积263亩,平均亩产不足100公斤。2009年,养殖户4318户,养殖面积23150亩,且从单一种苗繁育发展为自繁自养、产销一条龙的生态健康养殖规模,商品甲鱼亩产300公斤,年产甲鱼150万只,商品甲鱼2850吨,亩均纯利润8000元。安猷、安全、安丰、安裕、下渔口为甲鱼养殖大乡镇，丰裕示范片、罗洲示范片成为高标准健康养殖小区。

（二）黄鳝养殖

1993年开始起步，主要将野外捕捉的黄鳝投到小型坑洼养殖。至2008年，全县有黄鳝养殖网箱10850口，年产量500余吨，上规模苗种繁育场2家，对发展黄鳝养殖给予了苗种保障。

（三）中华绒毛蟹养殖

1995年开始引进，通过小规模试养，规模逐渐扩大。至2008年，全县养殖面积3万亩，年产量2000余吨。

三　珍珠养殖

1989年，全县珍珠养殖面积689亩。1997年后，渔业技术人员彻底解决了珍珠养殖过程中的技术难题，珍珠养殖迅猛发展。2000年养殖面积达到41253亩，2005年扩大到12万亩，吊蚌1.2亿只，年产值2.5亿元，成为全省乃至全国最大的淡水珍珠养殖基地之一，被农业部定为珍珠特色产业示范县。2006年实现产值2.5亿元以上，养殖大户5980户，其中1000亩以上20户、100亩以上184户，养殖大户大多因此致富。官垱镇渔场60余个养殖户，户均存款近50万元。尔后，由于市场与水环境因素影响，珍珠养殖面积、养殖户逐年计划压减。

水产养殖详情见表24－2－52。

安乡县 1989–2008 年水产养殖情况

表 24-2-52　　　　单位：吨、亩

项目/年度	水产品总量	水产品捕捞产量	淡水养殖面积	池塘面积	精养面积	湖泊面积	粗养面积	河沟面积	其他养殖面积	珍珠养殖面积
1989	14175	706	96682	31847	30121	32103	60432	13608	4654	689
1990	13528	760	99528	35768	32110	32008	60309	11069	4328	869
1991	14638	769	93810	48422	45673	33102	60767	12286	3576	968
1992	17238	551	89154	47633	57538	30034	58763	6504	3576	1037
1993	22300	2263	83152	43737	25667	31373	26648	5099	2943	1458
1994	20275	559	75361	41393	22202	28622	28548	4799	5470	2369
1995	29755	855	78048	42481	35053	28594	6917	3929	3044	13085
1996	35676	1031	79997	44478	32124	29260	27829	4065	1694	18764
1997	32675	571	80989	46585	40088	30155	29844	3434	815	21096
1998	31985	1469	81185	48005	42100	28435	27112	3006	1739	30654
1999	39313	1314	90470	55898	48827	27954	27189	3077	3156	32645
2000	42713	1441	111166	72410	42055	31066	27058	2882	4808	41253
2001	45140	1917	120308	74516	49277	33942	27511	5237	4613	49684
2002	50193	2111	172876	135825	122838	27634	26424	5306	4381	59821
2003	55208	2253	186300	147431	127518	28800	27510	5250	4819	73456
2004	59029	2163	191142	147527	127322	33004	30607	6171	4440	88620
2005	66720	2192	191972	146857	127322	33903	29850	6750	4440	120000
2006	72324	2188	193500	148800	124500	33903	29850	6750	4440	120000
2007	76910	2297	194250	149550	124800	33600	29250	6750	4350	89000
2008	80011	2045	184137	142978	115869	34340	26233	5919	4250	88900
合计	819806	29455	2494027	1652141	1373004	621832	668651	121891	75536	854368

第三节　疫病防治

一　畜禽疫病及防治

1989年,县畜牧水产局设畜牧兽医技术服务中心,各乡镇设兽医站,全县共有兽医438人,其中县畜牧兽医技术服务中心25人、乡镇413人,高级职称1人、中级职称46人。2003年机构改革,县畜牧水产局设动物防疫监督站,各乡镇设动物防疫站,事业编制70人,县站10人、乡镇站60人。2006年,各乡镇录用一批误工补工的村级防疫员305人。全县有取得动物诊疗资质证书的职业兽医268人。

(一)畜禽疫病种类

1989年有动物疫病49种,其中生猪发生有猪瘟、猪丹毒、猪肺疫、口蹄疫、仔猪副伤寒、猪溶血性链球菌病、传染性胃肠炎、大肠杆菌病、破伤风、弓型体病、狂犬病、流行性感冒、姜片虫、蛔虫、肺丝虫、亚硝酸盐中毒、食盐中毒等18种;牛发生有口蹄疫、气肿疽、流行性腹泻、传染性结膜炎、牛炭疽、牛出败、牛肺疫、牛狂犬、破伤风、瘤胃积食、毛经虫病、肝片吸虫、血吸虫、焦虫、膨胀、农药中毒等16种;家禽发生有禽霍乱、小鹅瘟、鸡新城疫、鸭瘟、鸭病毒性肝炎、禽农药中毒、鸡白痢、鸡马立克、鸡球虫、鸡涤虫等10种;其他动物发生有兔瘟、兔球虫、兔疥癣、羊血吸虫、狗狂犬病等5种。2008年,除上述病种外,生猪发生增加猪伪狂犬病、猪乙脑、猪细小病毒、猪高致病性蓝耳病;羊发生增加羊痘、羊快疫、羊传染性肺炎;禽发生增加高致病性禽流感。

(二)畜禽疫病危害

1989－2008年,全县生猪发病105万头,死亡17.13万头,占发病数的16.3%、发展数的1.1%;牛发病5.3万头,死亡0.23万头,占发病数的4.3%、发展数的0.8%;羊发病8.8万只,死亡1.2万只,占发病数的13.6%、发展数的1.09%;家禽发病2300万羽,死亡398万羽,占发病数的17.3%、发展数的4.6%。

2004年6月发生生猪高致病性蓝耳病,传播迅速。至8月,有10个乡镇、79个村、2013户的11248头猪发病,死亡6509头、死亡率57.87%。其中死亡种猪111头、肥猪1715头、架子猪3407头、仔猪1276头。此后至2008年,生猪高致病性蓝耳病发生1.3万头,死亡6100头,占发病数的46.9%、发展数的0.15%。1989－2008年,生猪口蹄疫发生8000头,扑杀9600头;牛口蹄疫发生1200头,扑杀1600头;疑似高致病性禽流感发生3500羽,扑杀1.3万羽。1999年,安凝乡发生牛口蹄疫,扑杀处置99头;2002年5月,全县发生羊痘疫情,发病2300只,死亡1088只、死亡率47.3%;2003年5月,安裕乡同庆村周振峰养鸡场发生疑似禽流感(预警点),扑杀发病同群鸡6300只;2006年1月,黄山头镇长山村发生疑似高致病性禽流感(预警点),扑杀鸡1034只;2008年,安猷乡官陵湖村发生高致病性禽流感(预警点),扑杀鸡4500只。

(三)畜禽疫病防治

畜禽疫病给全县养殖业造成了严重的经济损失,人畜共患病亦严重地危及人民群众身体健康和生命安全。20年来,畜禽疫病防治主管部门坚持预防为主的原则,专业技术人员与养殖户紧密配合,开展畜禽免疫。层层签订防控重大动物疫病责任状,养殖大户还签订行政、技术负责人包保责任状。养殖大户制定免疫程序,建立专门台账,从防疫、检疫、饲养、销售全程监管。对病死畜禽采取"四不准一处理"的原则,即不准宰杀、不准销售、不准食用、不准转让,必须进行无害化处理。畜禽一般疫病发生后,须经取得动物诊疗许可证的兽医治疗。凡人畜共患传染病(口蹄疫、高致病性禽流感等)发生后一律不许治疗,按重大动物疫病应急处理意见处置。对国家强制防疫的口蹄疫、高致病性禽流感、高致病性猪蓝耳病、猪瘟、鸡新城疫、狂犬病等,全部实施疫苗免疫;猪乙脑、猪细小病毒、猪伪狂、仔猪副伤寒、禽霍乱、鸭瘟、小鹅瘟、鸡传染性支气管炎、牛出败、牛炭疽、羊痘、羊快疫、羊传染性心膜肺炎等,因地因饲养户情况实施免疫。本地自繁自养的畜禽基本遏制了传染病发生,口蹄疫、高致病性猪蓝耳病主要由外地引种过程中带入。县境除2004年严重暴发过高致病性猪蓝耳病外,未发生过其他重大动物疫病流行,人畜共患病人传染病例为零。动物疫病发生率、死亡率均比1989年前大幅下降,为省、市规定死亡率的50%。

二 鱼病及防治

县畜牧水产局设水生动物疫病防治站,各乡镇设水产站。2009年,县站17人,乡镇站分别由3－5人组成,均为事业编制。

(一)常见鱼病

县内发生的鱼病有拟锥虫病、车轮虫病、小瓜虫病、指环虫病、艾美虫病、细菌性烂鳃病、细菌性肠炎病、赤皮病、出血病、白皮病、打印病、疖疮病、竖鳞病、气泡病、跑马病、萎病、氯中毒、泛塘、感冒、冻伤、农药中毒、水蛭、蚌壳虫、水蜈蚣等。特种水产有虾类红体病、白斑病、瞎眼病、褐斑病、白体病、轻壳病等;蛙类有三角帆蚌瘟病、寄生虫病、细菌性病等;黄鳝、泥鳅有发烧病、打印病、赤皮病等;甲鱼有鳃腺炎、白底板病、腐皮穿孔病、红底板病、红脖子病、水霉病、白眼病、肠炎病等。

(二)鱼病防治

预防措施:一是清塘消毒,在冬季干塘后,清除池底过厚的淤泥、过厚的有机质和致病菌与病毒,投入鱼种前用生石灰清塘(80公斤/亩),杀灭致病生物。二是投入鱼种时药物浸洗鱼种,草鱼种用敌百虫15PPM浓度浸洗15分钟和进行出血病疫苗免疫。三是饲养过程中用生石灰对水体消毒,5－9月每月1－2次,每亩每次用量25公斤。四是高温季节用漂白粉、硫酸铜、硫酸亚铁挂袋挂篓预防发病。五是投喂青饲料时经常性用食盐水浸泡,投喂精料时加入防病药物,每亩50公斤饲料拌入1公斤大蒜泥预防草鱼肠炎病。措施的施行和饲养技术的不断提高,鱼因病死亡相对减少。

第四节 养殖技术服务

县畜牧水产局设畜牧技术推广站、水产技术推广站,分别有事业编制技术人员18人、17人,各乡镇设畜牧水产站,负责全县养殖新品种、新技术推广与培训。

一 畜牧养殖技术服务

1989年后,畜牧技术推广站举办各种新技术推广培训班73期,培训5675人次。

(一)畜禽驱虫技术推广

1989年,生猪驱虫17万头、牛1.2万头、鸡23万羽、鸭10万羽,获市科学新技术推广三等奖。

(二)活鹅拔毛新技术推广

1989年,活鹅拔毛30.5万羽,拔毛36150公斤,产值739.2万元,鹅出笼34万羽。

(三)秸秆微贮氨化技术推广

推广农户3067户,氨化秸秆62544吨,饲养牛羊84640头,新增产值1400万元、利润988万元。

(四)牛羊快速高效养殖技术推广

推广引进肉用型良种公牛与本地湘西黄牛杂交,生产二元杂交牛;推广马头山羊与波尔山羊杂交。加快牛羊生产能力,推广农户3875户,新增利润867万元,促进了节粮型家畜持续快速发展。

(五)瘦肉型猪综合配套技术推广

主要推广饲养杜长大三元杂交商品猪,更新淘汰地方良种母本。共推广1070户、20327头,新增产值1785万元、利润865万元。

(六)猪瘟免疫程序改革

集中免疫与月月补针相结合,确保新进仔猪观察一周后及时免疫,避免猪瘟疫情发生。1990年获市科技进步三等奖、县科技进步二等奖。

（七）高致病性禽流感防控技术推广运用

2004年初，面对高致病性禽流感疫情，在县电视台开辟《防治禽流感知识专栏》，印发宣传资料，派技术服务人员上农户、养殖场，普及识别、防治知识，建立预防信息网。为控制禽流感疫情发生，对全县存笼家禽实行一年两次免疫，免疫率100%。全县设立5个进出口临时检查站，强化检疫监测，对过境车辆严格消毒，对活家禽、家禽产品、家禽粪便严格查物验证，有效控制了疫情。禽流感防治获市科委三等奖、县科委二等奖。

（八）洞庭草鹅技术推广

2002年3月成立湖南洞庭牧业有限责任公司，该公司以鹅产业为基础，集良种繁育、养殖、饲料、食品加工于一体，有祖代父母代种鹅2.5万羽，年供商品鹅120万羽，是省内规模最大、技术含量最高的良种鹅繁育基地，属农业产业化省级龙头企业、省高新技术企业、全国农产品加工示范企业。其选育的优质白羽肉鹅新品系列洞庭草鹅，2003－2006年共饲养洞庭草鹅75万羽、大雁鹅23万羽。畜牧技术推广中心指导农户种菊苣、黑麦草、白三叶、紫云英等牧草1.3万亩，并充分利用自然牧草，仅此一项为农户创收3120万元，获纯利1070万元。

（九）草食家畜安全放牧技术推广

采取圈牧结合安全放牧动物血防技术，建立科学防治模式。2004－2006年，先后建立45个圈牧结合技术示范点，通过牛羊养殖协会，联合疫区近50个牛羊养殖大户，推广和完善圈牧结合安全放牧技术，家畜血吸虫病传染率低，长势良好。2004年，安丰乡黄家台草食动物养殖带出栏肉牛1100头、肉羊500余只，创草食家畜养殖产值400万元；2005年，出栏牛1500头、羊700只，创利润450万元。

（十）草食动物品种改良技术推广

2003年以来，推广良种牛羊人工配种7.3万头次，产良种牛羊8.9万头，受胎率85%，获省市业务部门好评。

（十一）种草养畜推广

2001－2007年，在县富田畜业公司带动下，全县推广种草养猪、养牛4.9万头，出栏草食生猪3.8万头。富田畜业公司的草食猪获省农博会金奖，中央电视台、湖南卫视、《湖南日报》《常德日报》等媒体先后予以报道，前来参观学习者众多。

（十二）禽（蛋鸭）鱼共生养殖技术推广

1995年始，县畜牧技术服务中心与县水产技术推广站先后在安丰乡巴巴湖渔场、陈家嘴镇五七渔场、安凝乡保疑湖渔场、安裕乡双剅村渔场等地推广禽鱼共生养殖技术。该项目投资少、见效快，被广大渔农接受，共推广138户，养鸭38950羽、养鱼4680亩，户平增收3.42万元。

（十三）牛羊圈养技术推广

县域有400公里大堤，外洲面积大，其中10万亩以上有丰富的草场资源，具备发展草食动物的有利条件。但县域属血吸虫病疫区，受封洲禁牧影响，草食动物发展受到限制。2007年，选择8个养殖大户，推广牛羊圈养技术，养殖场房按标准设计，粪便和污物作无害化处理，无牛羊感染血吸虫病。经国家农业部和省、市主管部门验收，完全符合国家立项标准，在全县推广。

（十四）规模化健康养殖小区推广

随着农村经济体制改革深入，农业产业结构调整，生猪散户饲养逐步退出，畜牧业发展以标准化规模健康养殖（小区）建设为主。2007年始，选择13个生猪标准化养殖场，按照健康生态养殖模式设计良种猪舍、仔猪舍、产仔舍、育肥猪舍、饲料加工车间、仓库、兽医工作室、病畜隔离及观察室，完善无害化处理设施，将生活区与生产区分开。这些猪场均饲养上百头母猪，常年存栏量500头以上，年出栏生猪1000头以上。安裕乡正旺猪场每年向农户提供近3000头仔猪，出栏生猪1200头以上；2004－2008年，安凝乡姚佳猪场分别出栏肥猪1500头、2700头、4200头、5200头、7800头。推广规模化健康养殖，全县每年出栏生猪增加5万头以上。

(十五)动物血吸虫病综合治理

全县每年有3万头家畜敞牧于湖洲,感染血吸虫病几率大,被感染家畜轻则减膘,重则成"僵畜"或死亡。20年来,全县养鱼灭螺、开挖鱼池面积5万亩,水改旱面积7万亩,圈养家畜450万头只,血吸虫阳性家畜、家畜死亡率分别由1989年的12.5%、3%降至2008年的1.8%、0.2%。

二　水产养殖技术服务

(一)养殖水域综合高产开发

1992年,县畜牧水产局承担实施期两年的省农业丰收计划"连片池塘养鱼综合高产技术"和"大、中水域综合高产技术"推广项目,经市农业丰收办和市畜牧渔业局分年度抽样测产验收,单产、总产较项目实施前均大幅增长,经济效益显著。1993年获国家农业部和省、市农业丰收计划一等奖。

(二)养殖科技普及

县、乡畜牧业务部门采取各种措施,向养殖专业户普及高产养殖技术,提高其养殖水平。围绕"四大"技术(鱼种投入、池塘生态养殖、投饵施肥、鱼病防治)改革,举办各类培训班190期、培训1.65万人次;根据不同生长季节,结合生产实际,进行广播、电视讲座450次,印发各类科普知识24万份;发行《湖南农业》《内陆水产》《中国水产》等专业杂志2400份。

(三)鱼猪沼果珠混养技术推广

1991年,在安丰乡巴巴湖渔场推广鱼—猪—沼—果—珠混养技术,获科技进步三等奖。该场当年产鲜鱼232吨、亩产315公斤,发展生猪400头、户均8头,建沼气池35个,种植柑橘7500株,吊珍珠蚌2万个,总收入98万元,纯收入24万元,人均纯收入1200元。

(四)家庭小鱼塘开发

1991年,县水产技术推广站在安猷乡桃花岭村办点,利用自然条件对该村489户、376亩水面的512个家庭小鱼塘升级改造,推广科学养鱼,鲜鱼亩产达到400公斤。1992年,对全县6.8万个家庭小鱼塘进行升级改造,改造水面1.2万亩,比原有鲜鱼产量提高10倍。

(五)哑河粗养改精养

1991年,在陈家嘴镇和安康、安裕乡哑河渔场1300亩水面推广精养。通过筑坝、分段养殖,当年亩均产鲜鱼487公斤,比原有粗养产量提高8倍。

(六)大水面投饵施肥技术推广

县珊珀湖渔场养殖面积2.6万亩,其中湖泊2.1万亩。湖泊养殖主要是"人放天养",亩产量仅5.94公斤。在省、市、县业务部门指导下开展投饵施肥科学饲养,1997年,亩均产鲜鱼42公斤,居湖南省八大渔场之首。1990年获农业部科技进步二等奖,1991年获国家科委科技进步三等奖,1993年获国家科委"星火计划"三等奖。

(七)名优鱼套养技术推广

县水产技术推广站利用"淡水池塘80 : 20模式化养鱼技术"项目实施,结合本地渔业生产实际,推广"改变传统养鱼模式,加大名优鱼套养数量,增大名优鱼所占比例"养殖模式。全县有18万亩池塘实现名优鱼套养,精养池名优鱼套养普及率达95%以上。有名优鱼养殖专业户458户、12135亩,主要品种有南方大口鲶、湘云鲫、彭泽鲫、鳜鱼、黄颡鱼、乌鳢、斑点叉尾鮰、加州鲈等,一般亩产值6000元以上,纯收入3000元以上。与未套养名优鱼比较,每亩多获利350元以上,最高达1200元。

附:安乡县珊珀湖草鱼、珊珀湖花鲢、珊珀湖黑鲫地理标志产品简介

2013年,县内申请保护的地理标志产品为珊珀湖草鱼、珊珀湖花鲢、珊珀湖黑鲫,其中珊珀湖为地名,草鱼、花鲢、黑鲫为产品通用名称。申请保护的地域范围为珊珀湖及其周边水域,面积10万亩。

珊珀湖位于县境西北部,是境内最大的淡水湖,是湖南省著名的渔业养殖基地,年产量达3000吨。

珊珀湖历史悠久，距今已有2000多年的历史，原为古"云梦泽"的一部分。唐宋时期，"云梦泽"随泥沙淤积逐渐演化为星罗棋布的湖泊，珊珀湖在澧水和松滋两河尾闾的基础上逐渐积水成湖，明清时期围垦所致。珊珀湖原名山背湖，后名大鲸湖，雅称珊珀湖。一直以来，"鲸湖秋月"为县内八景之一。早在唐代便有文人赋诗词描述和赞誉珊珀湖美丽的自然风光、丰富的渔产资源以及渔家之乐。珊珀湖养殖草鱼、花鲢、黑鲫历史悠久，养殖区域遍及珊珀湖及其周边水域，共有养殖水域10万亩，是县内水产养殖传统区域。珊珀湖及其周边10万亩水域的水文、地理、气候条件与珊珀湖一致，同属一个水系，一个大垸，与珊珀湖水系相通，沟渠相连，水产品养殖产量占全县总产量的50%，是全县渔业主产区，也是全省渔业健康养殖重点示范区和现代渔业示范县重点区域。其中珊珀湖草鱼、花鲢、黑鲫为珊珀湖水系主要养殖鱼类，产量占珊珀湖水产品总量的80%。由于珊珀湖养殖的鱼全部采用"人放天养"，以其口感细腻、鲜嫩、爽滑脆，肉质紧实，营养价值高，深受群众喜爱。自20世纪50年代至今，每年农历十月，珊珀湖"开湖"，渔民在湖边燃放鞭炮，几十上百艘船一字排开拉大网，船头吆喝声、梆子声震天响，一网最多时达250吨。

珊珀湖渔业的规模养殖起源于20世纪60年代。1956年前，当地渔民以捕捞为主，1956年后开始人工养殖，至70年代，养殖技术逐步发展，养殖规模逐步扩大。80年代，抓住建设国家商品鱼基地的机遇，以珊珀湖为中心，快速发展水产养殖，养殖技术日趋成熟，养殖单产与总产量逐年提高，珊珀湖及其周边10万亩水域养殖产量达45万吨，其中珊珀湖草鱼、花鲢、黑鲫达35万吨左右。进入21世纪，以湘北水产养殖、裕华水产营销等20余个水产农民专业合作社为依托，以市级龙头企业湖南香生坊食品有限公司和湖南王饺儿食品工业有限公司为龙头，以珊珀湖草鱼、花鲢、黑鲫为品牌产品，进行水产品精深加工和推广宣传，形成了覆盖全国的销售网络。与北京、上海、广州、深圳、贵州、西安等地的22家经销商长期合作，并与该地80多家超市、酒店达成销售协议。

一　珊珀湖草鱼

感官特征　鱼体略呈筒形，鱼体呈茶黄色，喜在水体中下层和近岸水草区活动。

理化特征　其肉质每100g牛磺酸含量高达105mg、蛋白质含量高达18.1g，天冬氨酸、谷氨酸、甘氨酸、丙氨酸等4种鲜味氨基酸含量占15种氨基酸总量的44%。

肉质特征　经分析，珊珀湖草鱼的腹部和背部肌肉肌纤维中的肌原纤维排列整齐，横纹清楚，肌纤维间脂肪组织极少。因而相比其他草鱼，珊珀湖草鱼肌肉紧硬、鲜嫩爽脆，不易煮烂，切成鱼片和鱼丝不易断。

二　珊珀湖花鲢

感官特征　外形似鲢而黑，大头细鳞。胸鳍发达，以其头大而肥，肉质雪白细嫩，营养丰富闻名。

理化特征　其肉质每100g含牛磺酸140mg、不饱和脂肪酸2g，其中DHA含量为0.25g、占12.5%，EPA含量为0.33g、占16.5%。

三　珊珀湖黑鲫

感官特征　鱼体肥厚，其肉质以细嫩、味鲜美、汤如奶闻名。

理化特征　其肉质每100g含蛋白质高达20g、钙1335mg、牛磺酸218mg、不饱和脂肪酸1.7g，其中DHA含量为0.12g、占7%。

第二十五章　林　业

20世纪80年代,安乡相继获全国平原绿化先进县、达标县和全省先进林业县。90年代后,随着经济改革不断进行,全县林业发展与时俱进。1995年,林地面积108265.5亩,森林覆盖率7.2%,林木绿化率10.63%;2004年,林地面积增至170710.5亩,森林覆盖率增至9.13%,林木绿化率增至16.08%;2008年,林地及四旁植树面积增至30万亩,森林覆盖率增至10.48%,林木绿化率增至18.5%,活立木蓄积量增至83万立方米、比80年代末增加50%。

第一节　森林资源

一　主要树种

安乡地处两湖平原栽培植被区,植被简单,树种较少,已查明的树种125种、分属52科92属。造林树种主要有杨树、水杉、池杉、杉木、马尾松、香椿、喜树、泡桐、苦楝、旱柳、枫杨、檫树、竹类、木兰科诸树种和经济林中的柑橘、桃、梨、李、桑等,主要城镇绿化树种有香樟、银杏、雪松、桂花、广玉兰、景裂白兰、杜英、红花继木等。本目主要记载杨树、杉树、香椿、樟树等主要树种。

(一)杨　树

1979年前,县内仅有零星栽植,加拿大杨、钻天杨、箭杆杨、沙兰杨、PA－15号杨为主要品种。后陆续引进、大面积推广种植美洲黑杨优良无性系哈佛杨(I－63/51)、鲁克斯杨(I－69/55)及欧美杨优良无性系圣·马丁诺杨(I－72/58)。1990年后,以69杨为母本,63杨为父本,不断培育,引进、栽植新的优良无性系杨树,主要品种有中汉17号、22号、578号、592号、南抗1号、2号、3号、中潜3号、中嘉3号、中石3号、107号、108号、三倍体毛白杨、三角叶杨、南林95号、895号、80351号、中林2001号、湘林杨系列、丹红杨等。中石107号、108号、三倍体毛白杨因不适宜县内生长已中止发展,生长最好的中汉17号、南林95号、895号杨成为林木资源的主体。2008年,种植面积19.55万亩,立木蓄积量60万立方米,其资源名列全市前三位,成为洞庭湖区杨树速生丰产用材林基地建设大县。

(二)杉　树

县内引进、种植有水杉、池杉、落羽杉,通称"三杉"。水杉是古老的稀有树种,一度认为第四纪冰川期后绝迹。20世纪40年代,在湖北省利川县谋道溪发现,誉为"植物活化石"。1969年,县内引进水杉,由于树形高大优美、冠幅窄、生长快,成为最主要造林树种和农田防护林首选树种。至20世纪末,常年育苗面积500亩以上,年生产木材超过1.5万立方米。1999年后,因生长速度慢于杨树而被取代。池杉、落羽杉原产于北美东南沿海平原的沼泽和低湿地。1976年春,从湖北省武汉磨山植物园引植于县内乡镇、县林科所和国营黄山头林场。80年代中期,最高种植面积1.2万亩,立木蓄积量约3万立方米。因其生理黄化问题一直未能解决,初期生长速度逊于水杉,2000年后未育苗与栽植。

(三)香　椿

香椿属楝科香椿属树种,木材呈红色,有中国"桃花心木"之称,是较好的家具、建筑用材。1965年,从花桓、永顺县引种育苗,1966年春投入造林。1980年达到发展高峰期。尔后,在农田防护林网中的地位逐渐被水杉取代,但村民房前屋后仍有栽植。1987年,以香椿、喜树为主的速生阔叶林保存面积86490亩,立木蓄积量404864立方米,分别占林木总面积、总蓄积量的58%、73%。2008年,仅在官垱、安生等乡镇村民的房前屋后可见栽植。

（四）樟　树

樟树属樟科常绿性乔木，别名香樟，为亚热带常绿阔叶林代表树种，高可达50米，径围可达5米，树龄逾千年，具有樟脑般的清香，材质细密，是造船、家具、美术作品的上等用材。其枝叶茂密，冠大荫浓，树姿雄伟，能吸烟滞尘、涵养水源、固土防沙和美化环境，广泛用作庭荫树、行道树，是城市绿化的优良树种。20世纪50年代末，国营黄山头林场始栽植百余亩。后随着栽植规模扩大和鸟类啄食其浆果后天然下种，在黄山头镇及附近地区成林。1997年，始在下渔口镇同兴电排至下渔口码头的公路两旁规模性栽植。1998年，在县城区大桥中路和深柳大道两旁栽植，并逐步成为全县道路、庭院绿化的首选树种。2008年，县委、县政府开展"森林城镇、生态安乡"建设，投资近千万元，栽植以其为主的风景树5万余株。

二　生物资源

2007－2008年，经省农林工业勘察设计研究总院专家考察论证，县内有维管束植物88科、228属、319种，其中蕨类植物6科、7属、7种，种子植物82科、221属、312种。有国家Ⅱ级保护植物野菱，省级保护植物芡实、香蒲等。有野生脊椎动物231种，其中水生脊椎动物53种（鱼类7目、16科），为全国四大家鱼主产地；陆生脊椎动物178种，其中两栖类6种、爬行类18种、鸟类137种、兽类17种。有国家Ⅰ级重点保护动物东方白鹳、白鹤、中华秋沙鸭、大鸨等，国家Ⅱ级重点保护动物虎纹蛙、普通鵟、草鸮、红隼、水獭等24种。

三　林业用地面积

县内林业用地主要为垸外河洲滩涂和垸内公路、沟渠、干堤、荒坪隙地及农户房屋四旁地。

1987年，林业用地面积80088.9亩，四旁植树占地面积68967亩，森林覆盖率4.45%，林木绿化率8.69%；1995年，林业用地108265.5亩，比1987年增加28176.6亩、增长35.2%，四旁植树56001亩，森林覆盖率7.2%，林木绿化率10.63%；2004年，林业用地170710.5亩，比1995年增加62445亩、增长57.7%，四旁植树112713亩，森林覆盖率9.13%，林木绿化率16.08%；2008年，林业用地及四旁植树30万亩，森林覆盖率10.48%，林木绿化率18.5%。详情见表25－1－53。

四　林木蓄积

1987年活立木蓄积量552457立方米；1995年556817立方米，比1987年增加4360立方米、增长0.8%；2004年496901立方米，其中乔木林地159796立方米、疏林地1619立方米、四旁植树335065立方米、散生木421立方米、竹158770株，比1955年减少59916立方米、下降10.76%；2008年83万立方米，比1987年增加277543立方米、增长50%，比2004年增加333099立方米、增长67%。详情见表25－2－54。

五　林木资源变化

1987－2008年，全县森林资源消长动态经历了"六五""八五""十五"时期三个阶段。详情见表25－3－55。

安乡县林业用地面积变化情况

表 25－1－53 单位:亩、%

项目 / 时期	国土总面积	林地 合计	林地 其中 有林地	疏林地	灌木林地	苗圃	其他	非林地 合计	非林地 其中 四旁树占地	森林覆盖率	林木绿化率
“六五”期间	1625055	80088.9	72231	234	-	279	7278	1544961	68967	4.45	8.69
“八五”期间		108265.5	99487	655.5	17260.5	486	376.5	1516789.5	56001	7.2	10.63
“十五”期间		170710.5	130306.5	1219.5	18232.5	2536	18417	1454344.5	112713	9.13	16.08

安乡县主要树种面积、蓄积量变化情况

表 25－2－54 单位:亩、立方米

项目 / 时期	杨树 面积	杨树 蓄积	三杉 面积	三杉 蓄积	速阔 面积	速阔 蓄积
“六五”期间	8713.5	19151	39300	12093	86490	404864
“八五”期间	11460	49005	50629.5	234706	26128.5	143260
“十五”期间	195500	94617	14211	62392	123	571

安乡县主要林种面积、蓄积量变化情况

表 25－3－55 单位:亩、立方米

项目 / 时期	用材林 面积	用材林 蓄积	防护林 面积	防护林 蓄积	经济林面积
“六五”期间	9658.5	42034	4288.5	138406	7552.5
“八五”期间	54400.5	294975	34980	136030	17260.5
“十五”期间	64444.5	22287	67167	139124	18135

第二节 营造林工程

一 林业重点工程项目

(一)中德合作洞庭湖区生态造林工程

该项目宗旨是通过植树造林，建立并保持永久的森林覆盖，改善洞庭湖区生态环境，总投资9433万元，其中德国投入1200万马克(合人民币6000万元)，中方配套3433万元。该项目在常德、岳阳、益阳3市、8个区县(市)实施，规划造林45万亩，其中防浪护堤林10.5万亩、防护林10.5万亩、初植型封山育林12万亩、封山育林12万亩。安乡是项目县之一，规划营造防浪护堤林4.5万亩，总投资约750万元。县内项目于1998年正式启动，实施期11年，2008年结束。实际投资884万元，造林49751.5亩，近5万亩外河洲滩基本绿化。其中1998－1999年投资100万元，造林2673亩;2000年投资69万元，造林5197.5亩;2001年投资170万元，造林14106亩;2002年投资200万元，造林11724亩;2003年投资190万元，造林9609亩;2004年投资128万元，造林4897亩;2006年投资27万元，造林1545亩。

（二）长江防护林工程

1998年，长江流域发生特大洪水，境内安造大垸溃决，黄山头、安全、安障等3个乡镇和安民垸农场、畜牧场、黄山头林场、林科所损失有林地1.35万亩、立木蓄积96375立方米。为灾后重建，省林业厅将安乡列入国家长江防护林工程项目县，1999年启动，实施期至2006年，共投资435万元，下达造林计划1.68万亩、封山育林2.24万亩。其中1999年投资170万元，造林1万亩；2002年投资100万元，造林2400亩、封山育林7200亩；2004年投资100万元，造林2400亩、封山育林7200亩；2006年投资65万元，造林2000亩、封山育林8000亩。项目实施后，黄山头镇和安全、安障乡林业生产迅速恢复。至2004年，森林覆盖率分别达到12.89%、8.7%、4.09%，林木绿化率分别达到17.02%、15.35%、9.27%。2008年，此3个乡镇森林覆盖率和林木绿化率均超过全县平均水平。

（三）林业血防工程

该项目初期为林业部科学实验项目，即兴林抑螺科研项目，20世纪90年代初在长江中下游部分省、市的血吸虫流行县（区）试点。1993年，该项目始在县内实施，至1998年结束，共投资70余万元，营造实验林1.2万亩。2006年，林业血防项目作为国家重点造林项目正式启动并实施，安乡为全省首批项目实施县之一。至2008年，共投资415万元，造林2.77万亩。其中2006年投资120万元，造林8000亩；2007年投资150万元，造林1万亩；2008年投资145万元，造林9700亩。

（四）退耕还林工程

该项目是全国最大的一项林业生态建设工程，是林业部门有史以来启动建设规模最大、投资最多、涉及面最广、群众直接受益最多的一项工程。分坡耕地造林和配套荒山造林（每亩补助50元种苗费）两项，2002年启动，实施期8年。2003年，县内始实施配套荒山造林项目，至2006年结束。以沙化地、抛荒地、吹填地、废干堤、外洲河滩为重点，共投资260万元，造林5.2万亩。其中2003年投资100万元，造林2万亩；2004年投资100万元，造林2万亩；2005年投资10万元，造林2000亩；2006年投资50万元，造林1万亩。

（五）世界银行贷款林业持续发展工程

该项目宗旨是通过营造杨树速生丰产用材林，扩大项目区森林资源，达到发展林业、改善生态环境和提高林区农村群众生活水平的目的。项目贷款期限8年（建设期2年、宽限期7年、还贷期1年）。2005年，安乡列为该项目实施县，建设期3年。第一年完成全部造林任务和第一次幼林抚育，第二年完成第二次幼林抚育，第三年进行第三次幼林抚育。项目总投资1370.4万元（其中贷款85.65万美元），建设总规模45360亩。其中2005年投资730.4万元（其中贷款40万美元），造林21360亩；2006年投资640万元（其中贷款45.65万美元），造林及幼林抚育2.4万亩。

二　速生丰产用材林基地建设

（一）育苗生产

1989年前，全县育苗面积稳定在1500亩左右，主要品种为水杉、欧美杨、柑橘等。1989年后，分集体、个体、合作育苗三种形式，苗圃面积扩大，高峰期达5000亩，主要品种为杨树系列新品种和水杉、柑橘、桃、葡萄等。1989－2008年，年均育苗面积3000亩、出圃合格苗木500万余株，满足了县内造林需要并向县外销售。

（二）合作造林

与上海新高潮（集团）有限公司合作造林　2002年6月，上海市最大的民营木材加工企业上海新高潮（集团）有限公司根据企业长远发展和林木资源需求，与县政府洽谈合作造林。10月，双方正式签署合作造林合同，确定从2003年起，上海方提供种苗，安乡方提供林地，在2年时间内合作营造速生丰产林10万亩，每亩造林100株，7年后采伐，上海、安乡方按7∶3比例分成，且安乡方的三成林木由上海方以每株100元价格收购。2003年春，上海方提供三角叶杨插条300余万株、中石107号杨种苗100万株,黄山头、下渔口镇和安猷、安障、安昌、安生、安福、安凝、安裕、安康乡参与合作造林4万亩。2004年,由于企业自身原因和国家林业政策调整,上海方自行退出,所造林木由造林所在地处理。

与岳阳泰格林纸集团合作造林 2002年,常德洞庭白杨林纸公司与安全乡政府签署租赁合作造林合同,该公司以150元/亩年租赁安全乡洲滩、渠路、荒坪隙地造林。2003年,营造三倍体毛白杨5960亩。2005年,该公司被岳阳泰格林纸集团兼并收购,在安全乡的造林地同时移交泰格林纸集团管理。2008年,因该树种明显不适宜南方生长,将其替换为美洲黑杨中汉系列和湘林杨系列,林木生长良好。

(三)个体造林

1989－1997年,县内河洲滩涂(除县芦管站权属外)、干支渠道、废堤、公路、荒坪隙地等林地基本属乡镇政府或村民委员会所有,由乡镇林业站、修防会或村办林场经营管理,乡、村常年固定护林管理人员近2000人。

随着农村经营体制改革不断深化和消赤减债,1998年始,乡镇政府、村民委员会将其所属林地以50元/亩年左右的价格租赁给私人经营管理。至2008年,集体所属林地的使用权基本归个体享有,个体投资租赁造林面积6.5万亩,有造林大户300余个,其中千亩以上35个、500亩以上55个。

第三节 森林资源监测与林政管理

一 森林资源监测

森林资源监测即对森林资源的数量、质量、空间分布及其利用状况进行定期定位观测分析和评价,掌握森林资源现状和消长变化动态,预测森林资源发展趋势,为林业经营管理科学决策服务。《〈森林法〉实施条例》第十一条规定,国务院林业主管部门定期监测全国森林资源消长和森林生态环境变化情况,其他森林资源调查由县级地方人民政府组织实施。通称“一类调查”“二类调查”。

(一)一类调查

1988－2008年,县内开展“一类调查”5次,周期为5年。分别为1988年、1993年、1998年、2003年、2008年各1次。

(二)二类调查

1987－2008年,县内开展“二类调查”3次,周期为10年。即1986年1月至1987年1月的“六五”森林资源规划设计调查;1995年4月至1996年2月的“八五”森林资源规划设计调查;2003年8月至2004年9月的“十五”森林资源规划设计调查。

二 林政管理

(一)森林分类区划界定

森林分类区划界定是依据森林分类体系划分林种,按照一定的原则和要求,以一定面积的地域[县、区(市)]、国有林场等为单位,落实小班或地块,并通过合法程序,经政府批准,以签订合同等规范形式确定有关各方权、责、利关系。《湖南省林业条例》第七条规定,对森林实行生态公益林、商品林分类经营管理。生态公益林包括防护林、特种用途林,商品林包括用材林、经济林和薪炭林。2001年,县内开展森林分类区划界定,划定生态公益林248825亩、商品林44765亩;2004年,开展重点公益林区划界定,划定国家级重点公益林12.7万亩;2007年,开展省级公益林区划界定,划定省级公益林1万亩。

(二)木材生产与销售

木材生产 1989－2008年,全县生产木材35.65万立方米,其中“三杉”12.05万立方米、杨树21万立方来、其他2.6万立方米。1998年“三杉”生产1.7万立方米,为最高年份;2007年生产木材5.2万立方米,为最高年份,其中生产杨树4.2万立方米,亦为最高年份。详情见表25－4－56。

木材销售 1989－2008年,全县销售木材235050立方米,其中“三杉”7.81万立方米、杨树

140975 立方米、其他 15975 立方米。1998 年“三杉”销售 11475 立方米，为最高年份；2007 年外销木材 3.51 万立方米，为最高年份，其中杨树外销 28350 立方米，亦为最高年份。详情见表 25－5－57。

安乡县 1989－2008 年木材生产情况

表 25－4－56 单位:立方米

年度＼项目	合计	其中			年度＼项目	合计	其中		
		三杉	杨树	其他			三杉	杨树	其他
1989	5000	3000	1000	1000	2000	11000	5000	5000	1000
1990	6000	4000	1000	1000	2001	20000	5000	14000	1000
1991	6000	3000	2000	1000	2002	34000	8000	24000	2000
1992	7500	5000	1000	1500	2003	27000	7000	19000	1000
1993	8000	4500	2000	1500	2004	18000	3000	14000	1000
1994	9000	4000	3000	2000	2005	19000	3000	15000	1000
1995	9000	5000	3000	1000	2006	37000	5000	30000	2000
1996	10000	6000	3000	1000	2007	52000	8000	42000	2000
1997	12000	7000	4000	1000	2008	14000	2000	11000	1000
1998	28000	17000	10000	1000	–	–	–	–	–
1999	24000	16000	6000	2000	合计	356500	120500	210000	26000

注：木材生产数量含“四旁林”。

安乡县 1989－2008 年木材销售情况

表 25－5－57 单位:立方米

年度＼项目	合计	其中			年度＼项目	合计	其中		
		三杉	杨树	其他			三杉	杨树	其他
1989	2000	1000	500	500	2000	7425	3375	3375	675
1990	3000	2000	500	500	2001	13500	3375	9450	675
1991	3500	2000	1000	500	2002	22950	5400	16200	1350
1992	4000	3000	500	500	2003	18225	4725	12825	675
1993	4500	2500	1000	1000	2004	12150	2025	9460	675
1994	6000	3000	2000	1000	2005	12825	2025	10125	675
1995	5500	2500	2500	500	2006	24975	3375	20250	1350
1996	6750	4050	2025	675	2007	35100	5400	28350	1350
1997	8100	4725	2700	675	2008	9460	1350	7425	675
1998	18900	11475	6750	675	–	–	–	–	–
1999	16200	10800	4050	1350	合计	235050	78100	140975	15975

（三）林权证管理

林权证是县级以上地方人民政府或国务院林业主管部门依照有关法律规定，按照有关程序发放的证书。1989 年前，县内林业“三定”工作，即稳定山权林权、划定自留山、确定林业生产责任制，对国家和集体所有的林地林权均登记发证。2000年12月,国家林业局规定,国家林业主管部门统一启用全国统一式样、编号的林权证。2003年,县内始按照依法登记发证、申请登记发证与凭证申请采伐、"一地一证"、公开公正登记发证、统一规范的原则,开展林地林权登记发证。至2008年,办理林权登记发证786户、786本、1791宗、76795亩,办证面积占林地面积的80%。

(四)林政执法

木材检查站 经省政府同意,1987年12月增设县城关水上木材检查站(水道)。1990年12月,根据林业部有关精神,木材检查站的财务、人员及林业行政执法业务等均由其隶属的林业行政主管部门领导和管理。1991年12月,省林业厅确定木材检查站是林业法律法规和规章授权的林业行政执法单位。1998年8月,省政府批准设立县城关水上木材检查站(澧水)。2002年5月,县政府确定县城关水上木材检查站(加挂县珊珀湖木材检查站牌子)属县林业局管理具有行政职能的事业单位。2003年12月,县委编委办确定县城关水上木材检查站、县珊珀湖木材检查站独立设置,均属县林业局管理具有行政职能的事业单位。2008年,县城关水上木材检查站与珊珀湖木材检查站合署办公,驻原珊珀湖木材检查站。1992年2月,省政府同意设立县书院洲木材检查站(县、乡道检查站卡)。2001年5月,县书院洲木材检查站更名移址至县珊珀湖木材检查站(省道1804线,后改为省道306线)。1989－1995年,木材检查站年均查验过境运输木材1万余立方米、楠竹1.2万余根;1996－2008年,年均查验过境运输木材3万立方米、楠竹3.5万根。

林业执法监察大队 1989－2005年,县内尚无林业执法专门机构,由县林业局林政股履行职责。2006年,根据国家林业局《关于实行林业综合行政执法的试点方案》,筹建县林业执法监察大队,下设官垱、沙河口、黄山头3个中心林业站,即执法中队。2007年7月,县委编委批准正式设立县林业执法监察大队,属县林业局管理具有行政职能的事业单位。2008年,县林业执法监察大队与林政股合署办公。1989－2006年,林政股查处林政案件200余起,追缴林业规费180余万元,收缴罚款100余万元。2007－2008年,县林业执法监察大队查处各类林政案件79起,追缴林业规费60万元,收缴罚款50万元;通过年审、整顿木材经营加工单位71家(经营49家、加工22家),限期停业整顿6家;收缴、放生蛇、蛙、蟾蜍等省级野生保护动物6800公斤,价值8.2万余元。

第四节 森林资源保护

一 林业有害生物

林业有害生物指对森林植物及其产品产生危害的病原微生物、动物和植物。县内林业有害生物主要有天牛(云斑天牛、桑天牛、光肩星天牛)、舟蛾(杨小舟蛾、杨扇舟蛾、杨二尾舟蛾)、樟巢螟、马尾松毛虫等。

1989－2003年,林业有害生物发生面积30万亩,发生率5.2%。2004－2008年,发生面积30.53万亩,发生率15.7%。其中天牛危害19.38万亩,年均发生38760亩,较严重的年份为2004年、2005年,发生面积分别为4.7万亩、4.83万亩;舟蛾危害11.15万亩,年均发生2.23万亩,较严重的年份为2006年、2008年,发生面积分别为4.94万亩、3.64万亩。

二 森林病虫害防治

森林病虫害指林木由于所处环境不适或受其他生物侵袭,使其正常生长发育受到显著影响,细胞、组织、器官受到破坏,甚至引起植物死亡的现象。

森林病虫害防治指对森林、林木种苗及木材、竹材病害和虫害的预防和除治,包括森林植物检疫、监测预报、预防和除治有害生物。《森林法》规定,各级林业主管部门负责组织森林病虫害防治工作。《森林病虫害防治条例》规定,森林病虫害防治实行"预防为主,综合治理"方针和"谁经营、谁防治"责任制。县级以上地方各级人民政府林业主管部门主管本行政区域内森林病虫害防治工作。

1989－2008年，全县坚持“治早、治小、治了”和责任承包，实行联防联治，化学、物理、生物和人工防治相结合，共投入化学药剂825.6吨、防治劳动工日194.55万个、防治经费735.9万元，实施防治82.56万亩。其中天牛防治面积55.83万亩、舟蛾防治面积26.73万亩，防治率90.1%。2004－2008年，建立森林病虫监测网点40个，聘请兼职测报员20人，监测覆盖率100%，测报准确率90%以上。

三 森林植物检疫

森林植物检疫是防治林业有害生物的重要措施。《植物检疫条例》规定，县级以上地方各级农业、林业主管部门所属的植物检疫机构，负责执行国家的植物检疫任务。《湖南省植物检疫实施办法》规定，植物检疫分别由省农业、林业行政管理部门按职责范围管理，其执行机构为省植保植检站、省森林资源管理保护局及地、州、市、县农业、林业行政管理部门所属植物检疫机构。

1989－2002年，全县贯彻执行“预防为主，科学防控，依法治理，促进健康”方针，严把产地检疫关，依法签署调运检疫证书，加强调入复检。2003年，启动森林植物检疫电脑系统，检疫情况始上报国家、省、市森林植物检疫部门。每年加强对松材线虫病的监测预防，春秋两季对黄山头国有林场进行枯死木调查与普查。2004－2008年，检疫产地苗木5502亩，检疫率100%。

四 野生动物保护

为加强野生动物保护，20世纪80年代，国务院、省政府分别颁布《野生动物保护法》《野生动植物资源保护条例》和《野生动物保护对象名录》。

1989－2008年，县林业局林政股、森林资源管理保护站、森林派出所、林业执法监察大队查处违反《野生动物保护法》案件300余起，行政处罚200余人，收缴各种工具400余件，收缴、放生鸟、野鸭5000余只，收缴、放生蛇、蛙、蟾蜍等4万余公斤，价值50余万元。

五 野生动物疫源疫病监测

20世纪80至90年代，国家先后颁布《野生动物保护法》《传染病防治法》《动物防疫法》，明确各级野生动物行政主管部门监视、监测环境对野生动物影响的职责，类分了传染病和动物疫病类别。2005年，国务院颁布《重大动物疫情应急条例》，规定县级以上人民政府林业、兽医主管部门按照职责分工，加强对陆生野生动物疫源疫病监测，全国启动陆生野生动物疫源疫病监测。

2007年5月，设立县野生动物疫源疫病监测站，在珊珀湖和明塘湖各设1个野生动物疫源疫病监测点。2007－2008年，监测本区域候鸟等野生动物种群动态，调查研究候鸟迁飞路线和规律，制订可能出现的突发性疫情防控应急预案，加强对候鸟等野生动物集中分布区域的巡护保护，保护珍稀濒危野生动物安全。2008年5月，林业部和省林业厅专家到县考察，评价安乡为湖南省野生动物疫源疫病监测建站后第一个达标的县。

第五节 森林公安

1995年12月，设立县公安局林业派出所，实行林业、公安双重领导体制，所长由县公安局选派任命，业务以公安部门为主，行政后勤管理以林业部门为主，归口县林业局。其主要职责是立案查处林业公安管辖的11类森林治安和刑事案件，负责森林防火、林区治安综合治理、木材市场、木材运输、木材加工单位的管理，指导护林队伍建设及安全防范等。2001年12月，林业派出所更名为森林派出所。2005年底，根据国务院办公厅文件精神，森林公安编制纳入政法专项编制序列。2006年始，森林公安人员实行公务员管理。2008年12月，根据省委编委办文件精神，森林派出所更名为森林公安局，升格为正科级单位，人员核定为中央森林公安政法专项编制。

1996－2008年，县林业、森林派出所和森林公安局查处刑事案件14起、治安案件55起，刑事拘留9人、治安拘留25人、提请逮捕3人；查处林业行政案件352起,罚没87.8万元,挽回经济损失284万元。详情见表25－6－58。

安乡县1996－2008年森林执法情况

表25－6－58　　单位:件、人、万元

年度＼项目	刑事案件	治安案件	刑事拘留	治安拘留	提请逮捕	行政案件	行政罚没	挽回经济损失
1996	－	4	－	－	－	25	4.6	10.5
1997	－	7	－	－	－	26	4.3	12.6
1998	2	8	2	4	－	28	4.7	14
1999	1	10	1	3	1	29	5.2	19.4
2000	1	6	1	6	1	31	6.3	20.5
2001	－	9	－	2	－	32	6.8	23.5
2002	2	6	1	－	－	35	8.2	26.5
2003	1	3	－	－	－	34	9.3	30.8
2004	1	－	2	3	1	20	9.3	28.2
2005	2	2	1	－	－	28	8.1	35.5
2006	1	－	－	－	－	29	8.1	25.5
2007	2	－	1	－	－	23	8.7	20.4
2008	1	－	－	7	－	12	4.2	16.6
合计	14	55	9	25	3	352	87.8	284

第六节　林业科技与推广

一　县林业科技推广站

1989－2001年,县内尚无林业科技推广专门机构,由县林业局营林工作站履行职能。2002年5月,县政府确定县林业科技推广站(加挂县种苗站牌子)为具有行政职能的事业单位,归口县林业局。主要负责组织林果良种的选育、引进、审定、推广及林果业新技术的推广和种质资源管理;拟定和组织实施种子生产计划;种苗检验;种苗生产和经营的监督检查及造林种苗余缺调剂。2002－2008年,试验推广杨树截杆留蔸育苗技术、打穴插杆造林技术、林—草—鹅种养模式和林—粮、林—棉、林—油间作模式等,提高了造林效益;引种推广优良杨树中汉17号、南林95号、895号等新品种,深受农民喜爱;完成林业血防、中德合作造林、长防林等重点工程项目和森林分类经营区划界定及三次森林资源规划设计调查,得到省、市业务主管部门认可;先后完成《杨树截杆育苗与插杆造林技术推广》《美国三角叶杨播穗造林技术》《外洲兴林抑螺造林技术研究与应用》《杨树害虫综合防治技术推广与应用》等林业科研课题,分获1999－2000年度县科技进步二等奖、2003年度县科技进步二等奖、2004年度县科技进步三等奖、2006年度县科技进步二等奖,获县委、县政府表彰奖励。

二　县林业科学研究所

县林业科学研究所(简称县林科所)成立于1974年12月。1985年,县林业局与县委党校协商,县委党校原驻地及所属园艺场整体出让给县林业局,其人员移交县林业局。后经县政府批准组建县国有苗圃,与林科所两块牌子、一套人马。2003年12月,县委编委办确定林科所隶属县林业局，主要职责是负责全县林果业新技术开发，研究林木良种选育及森林病虫害防治等技术，引进、示范、推广林果业新品种。2008年，该所总面积1010亩，人口65户、269人，有农牧职工109人、管理人员29人。

该所位于县境北部，松滋东支河旁，北与安民垸场毗邻，东、南与安全乡、安障乡接壤，西与安凝乡隔河相望，距县城11公里。1975－1984年，从外地陆续引进水杉、池杉、落羽杉、欧美杨、柑橘及龙柏、雪松、广玉兰等种苗，开展科学育苗和栽培试验，年育苗面积150亩，出圃各类苗木50万株以上，为全县林木种苗引进与繁育、示范与推广发挥了重要作用。1986－1997年，以发展柑橘为主，常年柑橘面积600亩，年均总产量150万公斤，大株挂果250公斤。1998年遭遇洪灾后，1999年开展生产自救和恢复重建，调整柑橘品种结构，从江西南丰县引进南丰蜜橘等优质水果更换栽培，调整面积150亩。2005年始，南丰柑橘挂果受益，年产量25万公斤，亩产达1750公斤，销售价格2－3元/公斤，畅销越南、泰国和云南、广西等国家和地区。2003－2008年，先后引进中汉17号、美国三角叶杨、南林895号、丹红杨等杨树新品种繁育推广，年育苗面积200亩，出圃合格苗木20万株以上。

第七节　国有林场与森林公园

一　县黄山头国有林场

县黄山头国有林场原名国营黄山头林场，组建于1958年。2003年12月，县委编委办明确其属县林业局管理的事业单位，主要职责是负责场属森林资源、生态林保护和林场规划编制。2007年8月，县委批准设置黄山头国家森林公园管理局，接收县林业局所承担的对黄山头国有林场的行政管理职能，为森林公园管理局所属事业单位，主要职责是保护和培育森林资源，护林防火；对森林病虫害的监测与防治，保护珍稀树种及野生动物资源和生物多样性。2008年，该场总面积4345.2亩，人口90户、328人，有农牧职工130人，管理人员22人；有林地面积3261.6亩、茶园203.7亩、苗圃50亩、竹林122.4亩、板栗和橘园74.4亩，活立木蓄积量17163立方米，森林覆盖率70.4%，林木绿化率73.89%；有山塘、水库10个，其中冲风峪水库库容达20万立方米，除调蓄内部水源外，还为周边地区农田水利灌溉提供了大量水资源。

该场位于县境北部、黄山南麓，北与湖北省公安县接壤，西南与县黄山头镇相连，距县城35公里。该场自建立以来，历时数十年，山上林木分片而植，共生产提供木材2万余立方米。主要植物有马尾松、香樟、翠柏、红枫、杉树、水杉、雪松等；药用植物有无患子、野花椒、何首乌、七叶一枝花、兰星等；珍稀植物有水松、金钱松、银杏、蔷薇等共45科、72属、116种；动物种类160种以上，其中两栖类、爬行类30余种，鸟类100余种。1970年始，引进种植茶树50亩，1972年扩大到200亩，首次产茶100公斤；1975年发展到300亩，当年产茶1750公斤；1987年，“黄山毛尖”获常德地区优质茶。1989年后，林场及其周边茶园面积300亩，年产茶5500公斤。

二　黄山头国家森林公园

县境黄山地处湘鄂边界，千里平原一山独秀，生态环境良好，历史人文景观众多。1991年4月，县文物管理所与国营黄山头林场共同清理发掘了西晋刘弘墓，出土珍稀文物79件，其中国家一级文物7件，轰动海内外。加之原有“黄山八景”等森林旅游资源，黄山头国家森林公园初现雏形。

1992年3月，县政府报经省林业厅和林业部批准，在黄山头国有林场建黄山头国家森林公园（简称森林公园），实行两块牌子、一套人马。1996年始，进行股份制改革尝试，森林公园从国有林场中剥离，组建股份制森林公园，实行承包经营。2003年8月，县政府报经市政府批准，森林公园为风景名胜区（市级），列入全市6个重点旅游开发景点之一。2007年8月，县政府批准设置黄山头国家森林公园管理局，接收县林业局所承担的对森林公园的行政管理职能。主要职责是负责森林公园的经营管理；负责森林公园的保护、建设和管理;依据国家的相关法律法规和政策,编制和修订公园总体规划;负责森林旅游资源的开发与利用,开拓和培植有人文价值的旅游景点,同时研究和制定资源保护的开发、融资政策,加大扶持力度;负责公园安全管理,保护游人安全。2008年,有员工39人。

1993－1995年,随着森林旅游业的蓬勃发展,通过总体规划设计与实施,争取投资和民间集资320余万元,吸纳员工60余人,兴建上下山双向有轨缆车、电视差转台、游乐宫、度假山庄、餐厅等旅游服务设施;修复黄山大顶忠济寺、谢公真人墓、南禅寺等古迹,接待游客10万余人次。2007年,为消除旅游安全事故隐患,县政府投资120万元,拆除上下山有轨缆车,新修上下山公路800米、登山公路500米。

第二十六章　农业机械

第一节　农机管理服务体系

1989年,县内农机管理服务体系已基本建立,有县农业机械管理站。1992年更名为县农业机械总公司,1994年更名为县农业机械管理局,2002年更名为县农业机械化管理局(简称县农机化局)。至2008年,先后4次获全县年度目标管理红旗单位、8次获全市农机综合管理先进单位。1991年,获全省农机化科技进步一等奖。

一　农机管理体系

农机管理服务体系的主要职责是研究、制订并组织实施县内农业机械的发展战略、中长期发展规划;指导农业机械的安全生产、作业规范;实施拖拉机、联合收割机、农用运输车等农业机械的安全监理和产品质量检验、鉴定、认证管理;培训农机驾驶和操作人员;引导农业机械化产业结构调整,提高农业机械化普及与应用水平;指导农业机械服务体系建设和农业机械信息网络建设。

1989－2002年,县农机化局(站、总公司)设管修股、科教股、人保股、财计股、办公室等工作机构,辖县农机监理站、农机化学校、农机推广站、农机公司、农机物资公司等5个二层机构,管理全县21个乡镇农机站。1996年,乡镇农机站并入乡镇农林总站。2000年,县农机公司和农机物资公司因亏损严重,干部职工买断工龄,置换身份,其二层机构减至3个。2002年,乡镇农机站工作人员移交乡镇政府管理。是年,确定县农机化局为县政府授权管理全县农机化工作的直属事业单位,其工作人员实行公务员管理。设办公室、政工股、监督管理股、科技质量股等工作机构,其二层机构未变。2007年,农用运输车辆管理、农机事故处理职能和19名农机安全监理员成建制移交县交警大队。

二　农机经营体系

县农机公司成立于20世纪70年代,属国营企业,实行事业单位管理。主要经销产品有小型拖拉机、小四轮、联合收割机、水泵、柴油机、电动机、汽油机、各种耕作和加工农业机械及零配件。90年代,在县内乡镇码头设5个门市部,固定资产约600万元。经营期间,年经营各类农业机械总值900万元,税后利润20万元左右。

县农机物资公司成立于1991年,属集体所有制性质,始设在大鲸港镇,1992年迁至城关镇。主要经营柴油,兼营汽油、机油,在县内设5个门市部,固定资产约180万元。经营期间,年经营柴油约2000吨、汽油1000吨、机油300吨,税后利润130万元－153万元之间。

20世纪90年代初,县内始有农机个体经营户,后逐步发展。至1996年,有规模农机个体经营户23户,农业机械及零配件经营额占全县的90%。至2008年,有农机个体经营户63户。

第二节　农机推广

1989－2008年,农业机械的推广应用促进了全县农业生产发展。2004年,国家实施农业机械购置补贴,促进了县内农业机械的发展。至2008年,共获国家补贴资金525万元,补贴各类农业机械3386台。农机化技术的推广和发展,促进了非动力机械向动力机械、半动力机械向全动力机械、生产率低下机械向高生产率机械、低科技含量机械向高科技含量先进适应性机械发展,农业机械应用渗透到农业生产各个环节,对减轻劳动强度、增强抗御自然灾害能力和促进农业综合开发、农田水利建设、产业结构调整及农民致富发挥了作用。全县农机总动力由174368千瓦增至469400千瓦、增长1.7倍,农机拥有量由44496台增至179150台、增长3倍。

一　农业生产机械推广

县内农业生产机械主要分为耕作、植保、排灌、收割、渔业五大类。

(一)耕作机械

主要有拖拉机、机耕船、耕整机。1988年有机耕船33艘、耕整机3190台,1989年有用于耕作的拖拉机32台。至2008年,有机耕船1618艘、耕整机8247台、大中型拖拉机550台,可配套多种农机具,机械化耕作水平达到92%。特别是旋耕机的推广应用,工作效率达4－6亩/小时。

(二)植保机械

1989年,农业植保机械只有人力喷雾器1种、54342台。尔后机动喷雾机、电动喷雾机、动力喷雾机、烟雾机等先进农业机械逐渐发展。至2008年,有植保机械33320台,其中机动喷雾机2.85万台、电动喷雾机520台、动力喷雾机23台、烟雾机6台、人力喷雾器4271台。

(三)排灌机械

1989年,有农用水泵8041台,主要是离心泵、轴流泵。尔后逐渐发展潜水泵。至2008年,有农用水泵24850台,其中潜水泵1.95万台、离心泵1050台、轴流泵4300台,农田有效灌溉面积达到67万亩。

(四)收割机械

1989年,有人力打稻机16023台、动力打稻机181台、脱粒机2092台。20世纪90年代后,人力、动力打稻机迅速淘汰,脱粒机成为主要收割机械,90年代末始引进联合收割机。2000年,市、县财政补贴购置联合收割机4台。2004－2008年,国家补贴购置联合收割机342台。共有联合收割机578台,水稻机收率达到90%、油菜机收率达到12%。

(五)渔业机械

安乡是水产养殖大县,渔业养殖机械从无到有。20世纪80年代末始引进渔业机械,尔后快速发展。至2008年,有渔业机械8.05万台,其中增氧机1.5万台、浮水泵3.5万台、投饵机3万台、清淤机500台。

二　农产品加工机械推广

县内农产品加工机械主要分为谷物、棉花、植物油、饲料加工机械等。1989年,有各种混合型碾米机1617台、棉花动力轧花机1607台、榨油机434台(半机械276台、动力158台)、饲料粉碎机215台。此后,农产品加工机械快速发展,产品性能与质量大幅度提高。至2008年,有谷物加工机械3050台,其中固定组合米机505台、流动组合米机415台、小型打米机2130台;动力轧花机1180台;动力榨油机304台;饲料加工机械812台。农产品加工机械化达到100%。

三　农用运输机械推广

1989年,有农用运输车2674辆(其中农用小四轮130辆、小型拖拉机2325辆)、机运船219艘。随着农村经济体制改革和市场经济发展,作为农用运输机械的拖拉机亦发展迅速,20世纪90年代末,小型拖拉机发展到4200辆。尔后,随着汽车的发展,拖拉机数量逐年减少,2007年,县农机化局移交农用车530辆给县交警大队管理。至2008年,仅有盘式拖拉机1350辆、变型式拖拉机160辆。

第三节　农机管理与服务

一　农机人员培训

1993年,县农机化学校获农机成人教育资质,2004年获国家转移农村劳动力培训资质,即实施“阳光工程”项目，负责全县农机法规和驾驶、操作、维修人员及乡镇农机管理干部、初级专业技术人员业务技术培训。至2008年，举办各类农机技术培训班156期，培训拖拉机驾驶人员5745人、农机管理人员169人、专技人员1653人、修理人员4360人、操作人员16520人；培训转移农村劳动力2800人，其中农用驾驶与维修人员、电焊工、电子电器工、机械制造工、机电工等专业人员2496人。

二 安全生产、农机年检与事故处理

县农机安全监理站履行农机安全生产、农机年检与事故处理职责。对全县投入使用的拖拉机、农用车辆、联合收割机年检，对其驾驶员证审验，发现、排除存在的安全隐患，提高农机驾驶操作人员技术水平，改善农机安全技术状态；提高农机注册登记率、检审率和驾驶操作人员持证率，提升农机安全监理水平。每年4－5月，全体监理人员下乡进行为期1个月的农机检审。1989－2008年，全县无特大农机安全生产事故发生，事故结案率100%。详情见表26－1－59。

安乡县1990－2008年农机年检、安全监理与事故处理情况

表26－1－59　　单位：台、人、起

项目/年度	拖拉机、农用车、收割机年检	驾驶员审验	事故处理		项目/年度	拖拉机、农用车、收割机年检	驾驶员审验	事故处理	
			一般事故	重大事故				一般事故	重大事故
1990	3210	3303	28	1	2000	2102	1950	20	1
1991	2902	3020	24	4	2001	2023	1910	18	1
1992	2750	2950	21	2	2002	2006	1906	32	2
1993	2683	2812	18	3	2003	2005	1906	26	1
1994	2611	2704	24	6	2004	1912	1823	45	1
1995	2546	2605	20	2	2005	1914	1810	34	2
1996	2410	2300	12	1	2006	1815	1608	38	2
1997	2305	2202	15	2	2007	1310	1208	此后移交县交警大队	
1998	2106	2010	21	1	2008	1305	1206		
1999	2200	2100	24	0	合计	42115	41333	452	36

三 产品销售与修理质量监督

农机经营与维修网点建设，是农机化事业健康、快速发展和农机安全高效运行的重要保障。2004年，国家实施购机补贴政策以来，补贴机具实行定点经销，由省农机化局确定经销商经营资质。县农机化局落实《农业机械维修管理规定》，加快农机维修网点建设，维修网点人员素质、设备能力、维修水平明显提高。至2008年，42家农机维修网点按国家标准全部核发“农业机械维修技术合格证”，持证上岗率100%，年维修拖拉机1520辆、收割机350台、其他农具8000台（件），年收入达400万元。

农机维修网点建设，一是充分发挥农机校优势，加强农机维修人员维修技能、安全知识培训和职业技能鉴定。二是严格农机修理人员市场准入制度，强化对农机维修经营者从业资质、维修人员职业资格、维修质量、维修设备和检测仪器技术状态及安全生产情况监督检查。三是加大对农机维修网点监管力度，与工商行政管理部门密切配合，加强农机维修市场日常监管。开展农机市场打假,打击制售假劣农机产品、零配件及使用次、旧、不合格农机零配件进行维修,利用维修零配件和报废机具部件拼装农机整机等严重违法违规行为;取缔未经许可擅自从事农机维修业务的企业,查处无资质擅自从事农机维修服务的人员,规范农机维修市场秩序。四是加大宣传力度,营造氛围,提高农机维修人员职业道德。开展农机维修服务放心点、农机维修示范点评比活动,推动农机维修行业健康发展。

第二十七章　农业综合开发

农业综合开发是对农业资源进行综合利用,对制约农业生产发展的不利因素进行综合治理,保障农业和农村经济持续、快速、稳定发展的一项系统工程。1995 年,国家在洞庭湖区进行"洞庭湖农业综合开发"试点,安乡成为湖南省首批农业综合开发县,成立农业综合开发领导小组,设置农业综合开发办公室(简称县农开办),正式启动"兴农强县"的农业综合开发工作。10 多年来,以"中低产田改造、农业产业化建设、农业结构调整"为中心,以"广度开发、深度开发、高度开发、密度开发"为主措,与时俱进地进行农业综合开发,业绩累累,2010 年成为湖南省高标准农田建设示范县。省、市农业综合开发工作会议与现场经验交流会议数次在安乡召开;国家农业综合开发部门的领导、工作人员多次来安乡视察、调研;省内外参观者年年不乏,誉嘉名扬。

第一节　开发项目

农业综合开发,分年度按项目进行,其程序为设计、审批、实施、验收、定型,无一可违。1995 - 2010 年,在 9 个乡镇的 63 个村和 5 个农林渔牧场完成开发项目 58 个,其中土地治理项目 19 个、优质粮基地建设项目 2 个、高标准农田建设示范项目 1 个、节水农田示范工程项目 1 个、多种经营项目 6 个、农业产业化经营项目 13 个、林业项目 2 个、科技项目 1 个、自然灾害损毁工程修复项目 6 个、专业合作社扶植等项目 7 个。治理面积 27.82 万亩,投工 219.52 万个,完成土石方 277.03 万立方米,修建渠道 48.55 公里、机耕道 335.75 公里,修建、修复电排设施 129 座,新建排灌等基础设施 12904 处,植防护林 49796 亩,调整农业生产结构 121187 亩。

详情见表 27 - 1 - 60。

安乡县 1995 - 2010 年农业综合开发项目建设情况

表 27 - 1 - 60

项目 年度	治理面积 (万亩)	投　工 (万个)	土石方 (万立方米)	修建渠道 (公里)	建机耕道 (公里)	修建电排 (座)	新建设施 (处)	植防护林 (亩)	调整结构 (亩)
1995	4.14	39.23	64.96	5.6	6.8	18	76	3476	2851
1996	2.95	27.6	33.4	31.2	40.8	5	1145	5000	2500
1997	2.3	10.20	9.43	56.66	20	29	1075	4500	700
1998	1.9	32.1	24.75	78.6	26	12	1881	5000	200
1999	1.8	29.2	28.22	40.98	17.45	7	1306	1350	1816
2000	1.3	7.69	7.38	20.44	17.9	6	1436	1100	1600
2001	1.2	10.57	14.66	30.61	16.07	2	667	400	2900
2002	1.23	18	18.87	30.5	32.6	4	484	1800	300
2003	0.91	6.5	17.74	13.8	23.5	4	411	21500	1300

续表 27 -1 -60

2004	1.2	6.4	11.17	24.61	20.4	4	930	300	1700
2005 -2006	1.97	10.9	13.91	31.25	23.86	9	1169	1270	20000
2007	2.2	9.5	1.72	25.11	25.9	8	1102	1100	40320
2008	1.32	3.84	5.47	28.87	12.3	10	625	1000	20000
2009	1.3	4.31	1.08	17.42	14.92	4	502	1000	20000
2010	2.1	3.48	24.27	49.85	37.25	7	95	1000	5000
合计	27.82	219.52	277.03	485.5	335.75	129	12904	49796	121187

第二节 开发资金

农业综合开发项目资金的投入由财政资金、银行贷款和农民自筹三部分组成,实行专户储存、专人管理、专账核算。资金流动由县财政局和县农开办跟踪监督,工程竣工决算后由审计部门及时审计。农业综合开发实行县级报账制,县农开办为建账单位,项目区乡镇为报账单位。县财政局设财政资金专账,负责各级财政资金拨付及有偿资金的回收;县农开办设报账专户,负责无偿资金和农民自筹资金的拨付与账目管理。从2004年起,县财政与县农开办两账合一,由县农开办负责核算;项目区乡镇建备查账,负责无偿资金与自筹资金的报账及以技抵资、以物折资的花名册和账务处理。2001年,土地治理项目财政资金中无偿与有偿比例调整为8.5 : 1.5,多种经营项目财政资金中无偿与有偿比例调整为1.5 : 8.5;原则上不再安排专项贷款。2004年始,国家财政资金增加,与地方财政投入比例为1 : 0.5,省、市、县财政投入比例为70 : 22 : 8;土地治理项目投资标准由250元/亩提高到350元/亩。至2007年,全县农业综合开发共完成投资10982.11万元,其中财政无偿资金4798.57万元、有偿资金1829.95万元、贷款600.5万元、自筹资金和以物折款、以技抵资3753.09万元。用于土地治理7417.75万元、多种经营3564.36万元。

1995 -2010年,计划投资19812.85万元,其中财政资金10826.05万元、银行贷款3784万元、单位与农民自筹资金5202.8万元,实际投入20244.09万元,其中财政资金11042.65万元、银行贷款3150.5万元、单位与农民自筹资金6054.94万元,其比重为54.54 : 15.56 : 29.9。其中财政资金中无偿资金9021.2万元,占81.7%。详情见表27 -2 -61。

安乡县 1995–2010 年农业综合开发实际投入情况

表 27–2–61

单位：万元

项目 年度	中央财政		省级财政		市级财政		县级财政		农民自筹	单位自筹	银行贷款	合计	财政无偿合计
	总投入	无偿	总投入	无偿	总投入	无偿	总投入	无偿					
1995	154	70	52	15	27	13	45	45	307.19	28.43	18.5	632.12	143
1996	151.45	67.45	128.5	75.4	20	10	71.05	71.05	165.96	79.56	75	691.52	223.9
1997	166	81	75.05	20.2	27	10.5	33	33	200	–	150	651.05	144.7
1998	310	214	99.5	39.5	49.5	30.5	30	30	242	–	120	851	314
1999	210.5	149.5	135	55	35.5	15.5	55	55	215.5	–	117	768.5	275
2000	373	115	138	65	47	12	155	55	141	430	–	1284	247
2001	280	203	143	105	37	10	51	51	98	53	120	782	369
2002	327	241	145	113	74	55.5	56	56	135	–	–	737	465.5
2003	264	243	126	113	45	42	32	32	135	–	–	602	430
2004	400	302	132	98	37	27	16	16	328	–	–	913	443
2005–2006	591	456	338.6	280.6	39	29.5	16	16	288	175	–	1447.6	782.1
2007	862	780	235	202	46	40	16	16	326.5	522.31	–	2007.81	1038
2008	449	449	185	185	29	29	11.5	11.5	269	–	–	943.5	674.5
2009	952	952	345	345	66	66	22.5	22.5	284.5	652.99	350	2672.99	1385.5
2010	1409	1404	545.1	545.1	–	–	136.9	136.9	414	228.5	2200	5260	2086
合计	6893.95	5726.95	2822.75	2256.8	579	390.5	746.95	646.95	3549.6	2501.209	3150.5	20244.09	9021.2

第三节 开发效益

农业综合开发取得了良好的社会、经济效益。一是有效地保护了农业生产资源。已完成的19个土地治理项目和1个高标准农田建设示范项目,累计治理耕地27.82万亩,治理养殖水面53712亩。通过林、渠、路的改造,大大减少了掠夺式的农业经营,水土、地力得到了有效的保护,项目区的基本农田也得到了很好的保护。10多年来,项目区新增耕地652亩、养殖水面14171亩。二是极大地改善了农业生产条件,增强了农业抗灾能力,降低了农业生产成本。节水示范工程、水利工程、自然灾害损毁修复工程和科技工程的实施,不仅保证了项目区农田旱涝保收,而且节约排灌费用6650万元。全县安装农业植保"佳多"牌频振式杀虫灯200盏,大大减轻了农作物虫害。三是有效地改善和优化了农业生态环境,促进了生态农业的建设。项目区累计推广种植优质稻40余万亩、优质抗虫棉25万亩、优质油菜45万亩、优质蔬菜8万亩,栽种农田防护林和风景林近5万亩,推广优质鱼类220余亿尾,推广良种畜禽800余万羽(头),推广农业新技术160余项,减少了农药使用量,提高了农产品品质,增强了农产品市场竞争力。四是促进了农业产业化的发展。10多年来,先后实施了以珊珀湖为中心的优质高效水产养殖综合开发项目、以洞庭牧业有限公司为核心的洞庭草鹅综合开发项目、以来得富食品有限公司为重点的优质蔬菜综合开发项目、以畜牧良种场为龙头的滨湖鸭、肉牛、肉羊、土鸡等综合开发项目、以鑫源珍珠养殖有限公司为核心的珍珠开发项目,培植了珊珀湖渔场、洞庭牧业、来得富食品、兴农棉业、湘北饲料等10余个产业龙头,加快了农业产业化发展的步伐。全县农民每年利用哑河、鱼塘、果园、树林、冬闲田等养殖鹅、鸭50余万羽,每年利用冬闲田种植优质蔬菜4万余亩,不仅直接增加了农民收入,而且形成了具有安乡特色的八大农业产业,增加了农产品加工企业产值148123万元、利税23090万元。另外,龙头企业解决农民就业1.1万余人,每年为农民增加务工收入1.5亿元以上。五是完善了农村服务体系,提高了综合治理水平。项目区建立了农民技术夜校,开展农业科技培训80余万人次;建立了农机专业服务队,完成水稻、油菜等机械化作业40余万亩次;建立了良种繁育体系,推广水稻、棉花、油菜、蔬菜、水产、畜禽新品种38个;建立了优质稻、棉花、蔬菜、水果、草鹅、杨树等农民专业合作社,增强了农民抵御市场风险的能力。六是改善了农民生产生活环境。特别是太阳能、沼气的综合利用、农村改水工程和农村路、渠的改造,让农民过上了近于小康的生活。详情见表27-3-62。

安乡县1995－2010年农业综合开发效益情况

表27－3－62　　　　单位:人、万元、万公斤

年度＼项目	农业人口	节约排灌费	增产粮食	增产皮棉	增产油料	增加农业产值	增加农民收入	增加企业产值	增加利税
1995	39651	1500	11520	2560	4320	56000	12688	18000	1905
1996	9532	980	10800	1650	4200	79665	11400	52500	5500
1997	7709	650	9100	1540	2100	64400	9700	16800	2400
1998	9800	600	3588	130	520	35000	4190	12000	1800
1999	8320	600	2460	80	600	10020	8000	1824	732
2000	5652	385	1210	145	220	2970	2700	3036	803
2001	6488	540	638	74	141	5450	1660	3855	418
2002	8090	500	920	450	360	7300	2500	4400	1520
2003	2954	288	240	65	130	2100	1600	－	－
2004	4599	400	455	56	56	1700	1440	5700	2880
2005－2006	6129	72	133	26	30	780	520	7200	3600
2007	6775	48	192	18	20	2960	1950	15000	1200
2008	4416	23	60	25	10	1200	330	－	－
2009	4540	14	170	20	23	3600	1100	4500	242
2010	10766	50	220	44	46	9650	1250	3308	90
合计	135421	6650	41706	6883	12776	282795	61028	148123	23090

第二十八章　水　利

安乡是水利大县,水利是安乡的命脉,治水兴县是全县人民一项长期而艰巨的任务。20世纪90年代以来,在战胜1996年、1998年、1999年、2003年特大洪涝灾害后,致力于整治水毁工程,恢复各类洪水创伤,并按照洞庭湖区近期治理一期、二期工程规划,进一步加强防洪大堤、蓄洪安全、洪道疏理整治、城镇防洪、治涝排渍、血防灭螺等工程建设,提高了大堤防洪标准,增强了堤垸抗洪保安能力,提高了基本农田旱涝保收标准。

第一节　防洪工程建设

一　堤防工程建设

防洪大堤是全县人民求生存、谋发展的重要防线,在与洪水灾害的长期斗争中,总结出"堤垸一枝花,全靠大堤保护它""国有国防,垸有堤防,没有大堤,就没有安乡"的经验。

(一)防洪大堤修筑

1989－2009年,全县大堤建设总投工7956万个、年均398万个,移动土石方7179万立方米、年均359万立方米。

1988年,洞庭湖治理一期工程期间下达的《湖南省洞庭湖区堤防管理标准》规定:堤防设计标准为二十年一遇,堤顶高程按新中国成立以来当地最高洪水位加安全超高1.5米(河堤)至2米(湖堤),重点堤垸的堤防较一般堤垸的堤防应高出0.5－1米;重点堤垸湖堤面宽8－10米,一般堤垸湖堤面宽6米,河堤面宽5米。自此,全县开展达标堤建设。至1993年,大堤建设投工2016.12万个、年均340万个,移动土石方2224.9万立方米、年均370万立方米,建成达标堤防31.5公里、占总堤长的8%,部分达标堤防221公里、占总堤长的56.29%。

1994－2006年,主要实施洞庭湖近期治理二期工程计划。1996年启动防洪大堤加固、蓄洪安全建设、洪道整治、城镇防洪、防汛通讯报警系统、治涝排渍、水利结合血防灭螺等七大项目。在全面规划,分段实施方针指导下,县水利建设指挥部组织安澧大垸焦圻东堤大会战与1998年特大洪水后的灾后恢复和重建。此间,总投工4801万个,移动土石方4801万立方米。焦圻镇东线大堤全长15.27公里,堤顶面宽4米左右,堤顶高程40.5米,临洪面堤坡虚悬,坡比为1∶1.2－1∶1.8之间,高洪期抢修子堤挡水,险象环生。该线大堤对抵御长江洪水,保卫县境堤垸乃至洞庭湖区的防洪起着十分重要的作用,素有安乡"北大门"之称。培修该线大堤需土方157万立方米,折合资金1200万元。县委、县政府在调查研究,征求基层干部、群众意见后,决定举全县之力培修加固,发出"苦战三年,建好东堤"的号召,要求每个农业人口每年人均集资1个大堤用工(每工以9元计算)的资金,实行以资代劳,行政、企事业单位干部职工每人每年捐30－50元,支援焦圻东堤建设。为抓好工程建设,成立焦圻东堤建设指挥部,拟定工程设计标准:堤顶高程超历史最高水位2.3米,按照1994年前潭子口、王守寺两地历史最高水位40.47米和41.33米推算,即设计堤顶高程43.05－43.63米,面宽8米,垸内堤顶以下4米处设平台,面宽5米,堤身内外坡比分别为1∶3和1∶2.5,防汛路高出地面0.5－1米,设计总土方157万立方米。1994年6月动工,至1995年12月,按设计标准完成大堤建设12.5公里,修筑土方128万立方米,占总工程量的80%。1996年夏,全线竣工,堤顶超历史最高洪水位2.3米,达到了超二十年一遇的防洪标准。该工程集资736.51万元,其中县直机关干部、职工集资25.27万元、1994年、1995年各乡镇以资代劳资金547.53万元、县水利建设指挥部拨款16.71万元。总支出736.51万元,其中土方工程款(含拆迁赔补)711.15万元、工程审计款2.6万元、征用湖土方款4.5万元、工程贷款利息及其他支出18.26万元。1996年,省计委、财政厅、水利厅先后下达《关于洞庭湖二期治理重点垸堤防建设计划的通知》《关于下达洞庭湖区重点垸堤防应急除险工程预安排计划的通知》,安排县内安保、安造大垸防洪工程项目37个,国家总投资1150万元。其中吹填工程9处、投资360万元,筑堤工程5处、投资222.5万元,设施工程13处、投资333万元,大堤灌浆4处、投资32万元,护岸工程6处、投资187万元,防汛公路建设6处、投资12万元。1996年10月上旬开工建设,至1997年4月,完成工程项目27处、土方212.72万立方米、石方32889立方米、混凝土及钢筋混凝土1795立方米、总投工230万个,完成工程总造价2475.58万元,其中国家投资733.5万元。同时,完成了城关防洪圈大堤建设第一期加固、安造大垸明塘湖大堤培修加固、安澧大垸花林堤段整治和安昌大垸安宏南干堤加固工程,完成土石方87.5万立方米、总投资1678.45万元,其中国家投资320万元、干部群众集资1358.45万元。1998年,县境遭受长江特大洪水袭击,安造大垸溃决,其他堤垸洪水创伤亦很严重。全县人民苦战一个冬春,投资9300万元,完成各类水利工程1650处,投工640万个、移动土石方1570万立方米(其中大堤545万立方米)。1998－2002年,完成大堤加固土方2467万立方米,其中加高培厚大堤265公里、土方680万立方米,挖泥船吹填固基25处、土方800万立方米,筑压浸平台320处、土方637万立方米,块石护坡保脚78公里。

2007－2009年,突出城关防洪圈达标建设、大堤设施工程清隐整险、机电排灌设施设备维修、垸内排灌渠道疏洗。总投工1800万个、完成土石方2585万立方米,其中大堤土方185万立方米。

(二)防洪大堤保护

防洪大堤的主要保护措施:栽草养护,防止水土流失;清沟沥水,保持土壤干燥,防止堤身滑坡;块石或混凝土块护坡保脚,防冲刷和稳定堤身压力;栽植外洲防浪林,减缓风浪袭击;挖泥船吹填固基,增强两水夹堤的抗洪能力;沙质严重的沙眼区及渗漏堤段,挑内平台压沙导滤,堤身用机械灌浆闭浸防渗;常年坚持堤防管理,实行专、群结合。

1989－2009年,对总长104公里的当冲、当浪、两水夹堤的险工险段进行块石、混凝土块护坡保脚,完成方量28.35万立方米;挖泥船吹填固基土方3398.4万立方米;堤身机械灌浆闭浸40公里;对196座穿堤设施全面普查鉴定。2000－2009年,大堤堤身施行药物除草,栽植外洲防浪林3643亩、29.5万株、保护堤长46.1公里,堤内防护林655亩、3.3万株、保护堤长15.5公里。

二　洪道治理

县境有8条主支河流,总长290.4公里。其洪道变化趋势:澧水洪道上淤下堵,中间梗阻,洪水渲泄不畅,河势较劣;松滋东支、松虎洪道、虎渡河常年冲刷,堤岸崩垮严重,防洪负担重;松滋中支淤积大于冲刷,河床逐渐抬高;藕池河西支、中支逐年淤垫,河床抬高,常年断流。历年来,针对各洪道特点进行整治,虽有收效,但任务仍然繁重。

(一)澧水洪道

澧水洪道上游调洪量最大的七里湖,因泥沙淤垫,湖容量严重萎缩,调洪量由10亿立方米削减至3亿立方米。由于主洪道上窄下宽,上深下浅,加上洲滩壅水阻流,松、澧混流,澧水洪道两极分化,上半段窄深式河床迎流当冲,尾闾宽浅式河床淤垫严重,每遇高洪泄流不畅,水位攀升,抗洪形势十分紧张。

该洪道治理始于20世纪50年代。90年代后,采取两大措施治理。一是常年洪道清障,汛前清除洪道高洲有碍泄洪的芦苇、杨柳等高杆植被,冬季对洲滩翻耕种植灭芦,巩固清障成果。二是采取各种工程措施加强堤防建设,重点处理险工险段,确保堤垸安全。1990年后,沿五里河、汇口、黄家台、沙河口、麒麟山等处,挖泥船吹填固基17.18公里、吹填土方278.2万立方米;汇口、引河堤、羌口、熊家渡、高围、周家台、南干堤等险段,块石护坡保脚12.97公里(含重复砌护数),投放砌护、保脚块石和混凝土块2.47万立方米;巴巴湖、白螺、豆港、岩刵口、石龟山至引河堤、红卫闸上下等12处总长度26.4公里沙质较重的堤段,分别采取堤身机械灌浆闭浸和垸内筑平台压浸,减轻堤身渗漏;新河口、沈家沟、虾叭垴、上游闸、西河、庆丰等穿堤设施,分别进行改建、接长、整修加固。澧水洪道的行洪、抗洪能力增强,1998年7月24日,石龟山水位41.89米、流量12400秒立方米,均为新中国成立以来之最,但安保大垸平安无恙。

(二)松滋东支洪道

松滋东支在境内流程43.6公里,洪道特点是窄、深、弯,河面宽120－180米,一般河床高程22.24米,最低高程20米,两岸58公里防洪大堤有33道弯,水流湍急,迎流当冲,堤身虚悬,常年崩垮,险堤占总堤长的60%。河床冲深带来了水情的极大变化,据大湖口水文站记载:20 世纪 60 年代过流量 1400 秒立方米、70 年代 1500 秒立方米、80 年代 2200 秒立方米以上。1981 年 7 月 20 日,水位 39.18 米、流量高达 2240 秒立方米。从湖南境内松滋东、中、西支占松滋口进洪总量的分流比对照,东支的分洪负担逐年加重,20 世纪 50 年代占松滋口进洪总量的 15%、60 年代占 16.6%、70 年代占 19.1%、80 年代占 22.9%、90 年代占 22.6%。1991 年大湖口站水位 40.32 米,过流量 2530 秒立方米、占松滋口进洪总量的 32.2%,为新中国成立以来之最。三峡工程投入运行后,防洪压力虽有减缓,但由于清水下泄的负面影响,河床冲刷切深。每遇汛期,防汛抗洪形势仍十分严峻。

该洪道治理难度大,20 世纪 90 年代以来,两次举全县之力,加修安澧大垸东线和安造大垸明塘湖大堤,并在历年岁修、汛前抢修、洪道清障、整治方面予以资金倾斜。沿河两岸 35 公里大堤险工险段,采取机械灌浆闭浸、挖泥船吹填固基、块石护坡保脚等措施进行洪道维护管理,完成吹填土方 1100 万立方米、块石及混凝土块 12 万立方米,除完成新护坡工程外,加强已护工程断面的厚度和高度,汛期启用土工膜袋抢护,1998 年、2003 年特大洪水安全度汛。

(三)松滋中支洪道

20 世纪 90 年代以来,采取挖泥船疏刨、开辟引洪道、扒毁巴垸、平垸行洪和常年清障等措施,保持了洪道基本稳定,行洪能力亦有改善。

据自治局水文资料记载:中支泄洪量占松滋口进洪量的 38% - 40% 之间。1991 年 7 月 7 日,自治局站最高水位 40.43 米、最大流量 2790 秒立方米,1996 年 7 月 21 日,最高水位 40.05 米、最大流量 2320 秒立方米,1998 年 7 月 24 日,最高水位 41.38 米、最大流量 2940 秒立方米,2003 年 7 月 11 日,最高水位 41.28 米、最大流量 2290 秒立方米,均保证了堤垸安全度汛。

(四)松虎洪道

松滋东支、西支于小望角汇流后南流,经县城、新开口至小河口与虎渡河会合继续南流,经虢家洲、武圣宫至肖家湾汇澧水入目平湖(西洞庭湖),小望角至肖家湾称松虎洪道,全长 44.5 公里,多年平均径流量 452.85 亿立方米。20 世纪 50 年代进行的松澧分流工程,松虎洪道实行退堤让水,展宽卡口,将县城以下河面由 800 - 1000 米拓宽至 1000 - 1500 米,在疏刨主泓的同时,先后开挖了仙桃嘴以下的金家港、毛家洲、安猷下尖、康宁垸引河和大鲸港至仙桃嘴、仙桃嘴至杨家河引河。60 年代松澧分流工程废弃后,展宽的洪道迅速淤垫萎缩,水位壅高,洪水滞流,危及堤垸安全。

为此,60 年代后期和 80 年代,沿岸堤垸集中力量整治松虎洪道,先后拆除县石油公司建在县城河洲上的储油库、建筑公司建在堤岸的装卸码头、船舶修造厂的吊装码头、木材公司临堤外洲营销点,扒毁县商业局肉食良种厂、供销社生资农场、经委橡胶厂、计委混凝土预制件厂、城关交管站农场、安裕公社造纸厂及砖厂等 7 个矮围巴垸,并刨毁所有阻水横堤、隔堤,对仙桃嘴、新开口、虢家洲等河口的洲滩砍柴灭芦,疏洗大鲸港至仙桃嘴引洪道。90 年代后,加强沿岸大堤培修加固的同时,完成了大鲸港、县河、长岭洲、新开口、虢家洲、六角尾、仁寿、沈家沟、肖家湾等堤段的块石护坡保脚、险工险段吹填固基和灌浆防渗等工程,行洪泄洪能力大幅度提高。据县城水文站资料记载:1954 年 7 月 31 日,最高水位 38.10 米、最大流量 5350 秒立方米,1964 年 6 月 30 日,最高水位 38.21 米、最大流量 6120 秒立方米,1991 年 7 月 7 日,最高水位 39.34 米、最大流量 6860 秒立方米,1996 年 7 月 21 日,最高水位 39.72 米、最大流量 5070 秒立方米,1998 年 7 月 24 日,最高水位 40.46 米、最大流量 7280 秒立方米,2003 年 7 月 11 日,最高水位 40.19 米、最大流量 7050 秒立方米,均保证了堤垸安全度汛。

(五)虎渡河

虎渡河从荆江南闸入县境,流程 45.5 公里,河面宽 250 - 300 米,河床高程 25 - 28 米。

虎渡河治理始于荆江分洪工程南闸建成之后,从未间断。20 世纪 60、70 年代,以洪道疏刨、建矶建制、束水攻沙为重点。80 年代,先后两次集中安造、安昌大垸 10 万名劳力,对陆家渡河段进行退堤扩河、裁弯取直、展宽卡口、疏刨河槽等整治,以确保洪水畅流;进行大堤清隐整险、培修加固、块石护坡保脚、挖泥船吹填固基,以增强堤身抗洪能力,提高堤垸防洪标准。河床横断面扩大 400 平方米,陆家渡段河床过流平均断面 2100 平方米,在水位 39.3 米的情况下,可通过流量 3300 秒立方米。90 年代后,继续加固两岸防洪大堤和块石护坡保脚,并用挖泥船对安昌大垸中心、六合、安造大垸毛耳渡、黄桶拐等堤段吹填固基;结合洪道扫障,实施平垸行洪,陆续扒毁居洪道之中的首安垸、乐福垸矮围。一般在未进行荆江分洪的情况下,该洪道能正常泄流,保护堤垸安全渡汛。

(六)藕池河西支

藕池河自湖北省石首市新开铺进洪后,在藕池口以下分为东、西两支,东支为主流,南流至陈家岭又分一支称中支。东支经湖北管家铺、江坡渡至湖南南县注入东洞庭湖,西支和中支流经县境。藕池河西支又名安乡河,亦称官垱河,自石首市康家岗进洪,经县境彭丘岭、官垱镇、丁家渡至下柴市与中支会合,出南县茅草街西侧注入目平湖。藕池河西支境内流程43.9公里,河面宽200－300米,多年平均径流量31.74亿立方米。据官垱镇水利修防委员会资料记载:1954年河床高程26米、1986年32米,32年间淤高6米。尔后,泥沙淤垫有增无减,进洪的康家岗口门已淤积成37米以上的高洲,仅残留一条似山溪沟的小河槽,且常年枯竭。随着河床抬高,进洪量急剧下降。1954年7月22日,康家岗进洪流量2890秒立方米、水位39.87米,1981年7月20日,进洪流量757秒立方米、水位39.16米,流量减少2133秒立方米,水位仅低0.71米,1998年8月18日,进洪流量仅573秒立方米、水位40.4米,与1954年比较,流量减少2317秒立方米、水位高出0.53米,与1981年比较,流量减少184秒立方米、水位高出1.24米。近20多年来,只要康家岗进洪口穿窖通流,洪水位就达38－39米以上,沿河两岸防汛形势十分紧张。由于口门淤塞,河床垫高,河底已高出垸内地面,成了"地上河",且常年断流。据康家岗水文站资料记载:1956－1986年,通流时间仅3945天、年均127.3天,通流时间最短的1986年仅27天。1954年断流150天、1974年240天、1976年300天、1986年338天、1994年315天、2006年317天。三峡工程投入运行后,此种趋势更明显,往往导致水源枯竭,沿岸5个乡镇近20万亩农田春、夏干旱严重,枯水季节若久晴不雨,人畜饮水亦十分困难。

藕池河西支治理难度大。20世纪60、70年代,多次组织开挖康家岗进洪口,旨在束水攻沙,刷深河槽,改变河势。80、90年代,用挖泥船疏浚下游洪道,但仍未解决危机。2000年后,除尽力维持洪道现状外,加强两岸堤防建设,加大蓄洪工程建设力度,在继续抓好安全区(台)、安全楼房、安全转移通道等设施设备建设的同时,有计划地进行平垸行洪、退耕还湖、移民建镇等工作,一旦蓄洪,以保证人民群众有较稳妥的安身之所。

三　防洪大圈建设

新中国成立后,县内大兴水利特别是堤垸建设,致力于建设安全稳定的生产生活环境。从20世纪50年代治湖开始,通过整修堤垸、加固堤防、堵支并流、整治洪道、合并堤垸、建设防洪大圈,将此前的31个堤垸按水系、流域并为5个防洪大圈。1980年4月,以防洪大圈为单位设置安保、安造、安昌、安澧大垸水利委员会(安化垸防洪圈由安昌大垸水利委员会代管),加强堤垸建设和管理。

(一)安保大垸

该垸位于县境西南,西畔澧水洪道,南抵目平湖,东临松滋河、松虎洪道,北顶横贯松、澧两水的五里河与澧县官垸相邻,属洞庭湖区重点堤垸。1980年4月成立安保大垸水利委员会,2005年更名为安保大垸水利管理委员会,为正科级事业单位,驻大鲸港镇。1990年,获水利部全国堤防管理先进单位。1998年,该垸主任段国才获国家防洪功臣,赴北京参加全国防汛表彰大会。

防洪圈内有大鲸港、下渔口、陈家嘴镇和安丰、安裕、安康、安德乡及县原种场,受堤防保护面积53.1万亩、占全县总面积的36.7%,其中耕地面积27.13万亩、占40%,人口18.59万人。防洪圈有临洪大堤100公里,占全县总堤长的25%,堤顶高程39.5－43.72米。2009年各控制点的堤顶高程及超历史最高水位:大鲸港41.78米、超0.73米,虢家洲40.52米、超1.01米,芦林铺39.73米、超0.99米,豆港43.41米、超0.73米,虾叭垴42米、超1.02米,陈家嘴41.44米、超1.87米。

(二)安造大垸

该垸西靠松滋河,东临虎渡河,北以黄山为界与湖北省公安县接壤,南抵松、虎两水汇流处,地势北高南低,高差6－8米,属洞庭湖区重点堤垸。1980年4月成立安造大垸水利委员会,2005年更名为安造大垸水利管理委员会,为正科级事业单位,驻安全乡董家垱。

防洪圈内有深柳、黄山头镇和安障、安全乡和县安民垸农场,受堤防保护面积30.69万亩,其中耕地面积15.39万亩,人口18.82万人。防洪圈有临洪大堤71.9公里,堤顶高程40.8－43.5米,面宽8－12米,内外坡比1∶2.5－1∶3。2009年各控制点的堤顶高程及超历史最高水位:明塘湖43.50米、超1.40米,大湖口42.4米、超1米,小望角41.90米、超0.8米,县城41.5米、超0.9米,陆家渡40.9米、超0.9米,董家垱41.6米、超1米,周氏坡41.9米、超1.1米。

(三)安澧大垸

该垸位于县境西北,处松滋河东支和中支之间,北接湖北省公安县,西靠澧县,东临安造大垸,南抵安保大垸,垸形狭长,北高南低,地理位置险要,有抗击长江洪水的"桥头堡"和"北大门"之称,1984年划定为洞庭湖区蓄洪垸。1980年4月成立安澧大垸水利委员会,2005年更名为安澧大垸水利管理委员会,为副科级事业单位(2006年升格为正科级),驻安福乡潭子口。

防洪圈内有焦圻镇和安福、安凝乡,受堤防保护面积22.88万亩,其中耕地面积9.21万亩,人口7.39万人。防洪圈有临洪大堤68.6公里。经过20世纪80、90年代的几次大会战,特别是1994－1996年连续3年的焦圻东堤大会战,整治了重点险工险段,堤身全面加高培厚,蓄洪安全建设步伐加快,抗洪能力增强。堤顶高程41.5－43.5米,超历史最高洪水位0.8－1.7米。2009年各控制点的堤顶高程及超历史最高水位:王守寺43.36米、超0.83米,大湖口42.4米、超1米,张九台42.08米、超1.7米。按蓄洪建设要求,实施洪道清障、平垸行洪、移民建镇等计划和规划,顺堤筑台31处、安全面积6.45万平方米,建垸内躲水台2处、安全面积2000平方米,建安全楼房197栋、建筑面积31692平方米,平垸行洪移民搬迁136户、680人,建安全转移通道7条、35公里。1991年6月8日,原国务院副总理、国家防汛总指挥部总指挥田纪云等视察该垸蓄洪安全楼房和区(台)建设。

(四)安昌大垸

该垸位于县境东部,东临藕池河西支,西畔虎渡河,北顶荆江分洪区南线大堤,南抵南县汉太垸,垸形狭长,北高南低,1969年划定为洞庭湖区蓄洪垸。1980年4月成立安昌大垸水利委员会,2005年更名为安昌大垸水利管理委员会,为副科级事业单位(2006年升格为正科级),驻安昌乡黄市嘴。

防洪圈内有安昌、安宏、安生乡,受堤防保护面积14.27万亩,其中耕地面积7.64万亩,人口6.71万人。防洪圈有临洪大堤84.2公里,居全县第二,历年来不断加强堤防建设,但因堤线长,负担重,防洪标准仍然不高。堤顶高程39.9－41.4米,面宽6米,超历史最高洪水位0.5－1米。2009年各控制点的堤顶高程及超历史最高水位:梅井窖41.83米、超1.08米,大杨树41.5米、超0.85米,黄市嘴41.17米、超0.69米,陆家渡40.3米、超0.32米,唐家铺40.26米、超0.75米,丁家渡39.42米、超0.62米。按蓄洪建设要求,顺堤筑台46处、安全面积49.33万平方米,建安全楼房158栋、建筑面积20903平方米,建安全小区9个、建房4135栋、迁居垸民6477户、27212人,建垸内躲水台7处、安全面积8000平方米。1991年6月3日,原国务院副总理邹家华等视察虎渡河及该垸蓄洪安全区(台)建设。

(五)安化垸

该垸又称文化垸,位于县境东部,处藕池河西支与中支之间,东北部与湖北省石首市团山区毗邻,东南部与南县南鼎垸、和康垸相接,西畔安昌大垸,垸形似带,上宽下窄,北高南低。1909年堵塞藕池河中支的紫金渡至沙嘴支流后,将59个小垸统在一个防洪圈内。但由于各垸归属不一,大小不等,仍然零星分散,又经陆续合并,至新中国成立前夕,以管理单位划分为安文垸、安化上垸、安化北垸、安化南垸。1950年,安化上垸划归石首市(时为石首县),调整后的安文垸和安化北垸、南垸统称安化垸,1969年划定为洞庭湖区蓄洪垸。该垸尚未成立以防洪圈为单位的管理机构,常年水利建设、防汛抗灾等有关事宜,由安昌大垸水利管理委员会代管。

该垸有临洪大堤43.31公里,受堤防保护面积11.77万亩,其中耕地面积6.64万亩,人口2.87万人。堤顶高程39.7－41米,面宽6－8米。2009年各控制点的堤顶高程及超历史最高水位:官垱41米、超1.32米,沙嘴40.42米、超1.1米,丁家渡39.42米、超0.62米,二岔河39.91米、超1.38米,栗林河39.80米、超1米。蓄洪安全建设顺堤筑台10处、安全面积35.2万平方米,建安全小区10个、迁居垸民4379户、11204人,建安全楼房96栋、建筑面积1.2万平方米,建垸内躲水台6处、安全面积6380平方米，建安全转移通道12条、43.7公里。

四　县城防洪圈建设

该防洪圈由原县城关镇和安猷乡构成，即现深柳镇，为安造大垸防洪大圈的一部分。为确保安造大垸和城关地区防洪安全，1996年10月23日，县政府制定《安造大垸城关防洪堤段建设规划方案》（简称《方案》），获县第十二届人大常委会第二十六次会议审议批准。

《方案》界定：县城防洪圈自城关镇德林干堤西丁头，沿松滋河南下至大鲸港大桥连接老城区大堤到长岭洲，与安猷乡大堤衔接，继续南下，经新开口抵达杨家河，再逆虎渡河北上，经东刭口、西里街、陆家渡、肖公嘴、蹇家渡至书院洲上河坝大堤北丁头，再沿安障乡东干堤南下，跨越黄安公路与德林干堤东端连接，围成一圈。总堤长32.5公里，其中干堤长6.8公里，圈内集雨面积10.2万亩，总人口6.1万人。《方案》确定：32.5公里大堤按二十年一遇防洪标准加修，堤顶高程为41.1－43米，面宽8米，外坡比1∶2.5，内坡比1∶3；堤身保护范围内有碍工程建设的房屋、码头、树木等全部清除和拆迁；冲刷、风浪堤段全部进行块石护坡保脚；清除各类隐患；接长加固穿堤涵闸、涵管、交通闸等，增强抗洪能力。

1996年，防洪圈工程建设启动，至1997年春，加修了大鲸港大桥南至生资公司交通闸大堤，完成土方18万立方米，投资980万元，其中国家投资37万元、干群集资943万元。按设计标准堤顶高程达到43米，面宽12米，内外坡比1∶3。1997年冬至1998年春，加修了生资公司交通闸至长岭洲老电排1.5公里堤段，此工程位于老城区，施工难度大，拆迁公私房屋56栋、718间、2.1万平方米，安置台基地8900平方米；拆迁货运码头10座；改建长岭洲电力排污站（原老电排）装机2台、容量310千瓦；浇灌混凝土防洪墙1.1公里、混凝土9260立方米；需培修土方1.5万立方米，混凝土总方量1.5万立方米，总投资1500万元。1998年5月全线竣工，防洪圈内县城区段大堤全部达到国家县城等级防洪标准，并为沿河堤段增添了一条风景带。1998年大水后，县城防洪圈原安猷部分又陆续修建了一部分工程，整个防洪圈建设共需资金20080万元，1997－2009年，国家投资、县乡自筹、干职集资、日元贷款8902万元，已按规划设计标准完成总工程量的50%，全面达标仍需资金11060万元。

临洪大堤设施详情见表28－1－63。

安乡县2009年临洪大堤设施明细表

表28－1－63　　单位：米

垸名	乡　镇	设施名称	河　系	基本情况							现状鉴定
				堤顶高程	底板高程	孔　径			质　别	兴建时间	
安保大垸	安丰乡	黄沙湾闸	松滋中支	42.58	35.50	1	1.8	1.8	钢筋砼拱涵	2000	
		西台尾电排	松滋中支	42.88	32.48	1	2	2	钢筋砼圆管	1993	
		王家垸电排	澧水	43.42	32.94	1	2	2	钢筋砼圆管	1997	
	大鲸港镇	大鲸港电排	松虎	41.69	32.85	3	1.8	1.8	钢筋砼圆管	1965	
		大鲸港排污电排	松虎	41.21	28.85	2	－	Φ0.3	钢管圆管	2008	
		大鲸港老闸	松虎	41.88	28.85	1	3	3	钢筋砼方涵	2000	
	安裕乡	屡丰电排	松虎	41.22	31.80	1	1.4	1.4	钢筋砼方涵	1999	
		赵家湖电排	澧水	42.48	32.50	1	1.4	1.4	钢筋砼圆管	1992	
		新河口进水闸	澧水	42.48	31.83	1	1.5	1.1	钢筋砼拱涵	1962	
		新河口闸	澧水	42.48	28.50	1	2.5	2.5	钢筋砼拱涵	1998	
		新河口电排	澧水	42.48	32.50	1	2	2	钢筋砼方涵	2000	

续表 28－1－63

安保大垸	安康乡	仙桃大电排	松虎	40.80	30.74	2	3.4	3.4	钢筋砼圆管	1975	
		仙桃进水闸	松虎	40.84	30.50	1	1.5	1.4	钢筋砼拱涵	1990	
		新建电排	松虎	40.49	31.24	1	1.8	1.8	钢筋砼圆管	1978	
		虾叭垴闸	澧水	41.92	31.50	1	2	2.5	钢筋砼拱涵	2000	
		虾叭垴老闸	澧水	41.92	30.84	1	3.25	2.5	条石拱涵	1961	
		虾叭电排	澧水	41.92	31.95	1	2	2	钢筋砼方涵	2000	
	下渔口镇	虢家洲棉麻交通闸	松虎	40.66	36.50	–	5	4	钢筋砼方涵	2001	
		虢家洲出水闸	松虎	40.66	35.50	1	2	2	钢筋砼圆管	1998	
		虢家洲月围闸	松虎	40.66	30.50	1	3	3.5	钢筋砼拱涵	2004	
		永富电排	松虎	40.38	30.70	1	1.8	1.8	钢筋砼方涵	1992	
		虢家洲电排	松虎	40.66	31.50	2	1.8	1.8	砼圆管	1964	
							1.6	1.6			
		六角尾小电排	松虎	39.93	31.12	2	1.8	1.8	钢筋砼圆管	1965	
							1.6	1.8			
		六角尾米厂交通闸	松虎	39.93	36.50	1	3.5	3	钢筋砼	2003	已封闭
		六角尾出水闸	松虎	39.93	29.20	1	2	2	钢筋砼拱涵	2000	
		宏伟闸	澧水	41.96	30.12		2	2	钢筋砼方涵	2000	
		同兴电排	澧水	41.47	30.85	1	2	2	钢筋砼圆涵	1974	
	陈家嘴镇	六角尾大电排	松虎	40.38	30.33	4	2	2	钢筋砼方涵	1976	
		沈家沟电排	松虎	40.04	31.80	2	2	2	钢筋砼圆管	2000	
		沈家沟闸	松虎	39.65	29.00	1	4	3	条石拱涵	1961	
		上游闸	澧水	41.53	30.40	1	2	2.2	钢筋砼拱涵	2000	
		曹家洲水管	澧水	41.42	32.94	1	1.8	1.2	钢筋砼拱涵	2001	
		大庆闸	澧水	41.28	32.50	1	2.5	2.5	钢筋砼拱涵	2002	
		陈家嘴电排	澧水	41.60	31.67	1	2	2	钢筋砼圆管	1965	
	安德乡	大力闸	松虎	39.59	28.73	1	3.8	3	条石拱涵	1963	
		大力电排	松虎	39.73	30.80	2	2	2	钢筋砼圆管	1964	
		庆丰闸	澧水	41.28	30.00	1	2	2	钢筋砼拱涵	2002	
		西河水管	澧水	40.36	31.64	1	1.8	1.8	钢筋砼圆管	2000	
		四分引水闸	澧水	40.34	31.00	1	1.5	1.2	钢筋砼拱涵	2002	
		西河电排	澧水	40.36	31.00	1	1.8	1.8	钢筋砼圆管	1980	
安造大垸	黄山头镇	马坡湖闸	松滋东支	43.53	31.70	1	1.5	1.5	钢筋砼方涵	2001	
		马坡湖电排	松滋东支	42.40	34.50	1	2	2	钢筋砼圆涵	1997	
		黄土堤电排	松滋东支	42.42	33.40	1	2	2	钢筋砼圆涵	1965	
		蔡浦溪电排	松滋东支	42.41	31.50	1	2.2	2.2	钢筋砼圆涵	1992	
		蔡浦溪闸	松滋东支	42.29	20.50	1	2.2	2.2	块石拱涵	1979	
		幺河口电排	松滋东支	42.36	33.30	2	3.6	2.6	钢筋砼圆涵	1965	
							3.6	2.6			

续表 28－1－63

安造大垸	黄山头镇	黄山头闸	虎渡	42.48	33.00	1	1.2	1.2	钢筋砼拱涵	2001	
		白家岗电排	虎渡	42.41	33.00	1	2	2	钢筋砼圆涵	1982	
		白家岗水管	虎渡	42.41	34.50	1	1	1	钢筋砼圆涵	1975	
	安全乡	周氏坡闸	虎渡	41.69	30.00	1	3.5	2.5	钢筋砼拱涵	2001	
		周氏坡电排	虎渡	41.73	34.00	1	1.4	1.4	钢筋砼方涵	1965	
		七号沟闸	虎渡	41.91	20.50	1	1.4	1.4	钢筋砼拱涵	1984	
		七号沟电排	虎渡	41.91	33.30	1	1.4	1.4	钢筋砼方涵	1988	
		红卫闸	虎渡	41.91	32.00	1	1.4	1.4	钢筋砼拱涵	2001	
		志中闸	虎渡	41.45	32.50	1	1.2	0.8	钢筋砼拱涵	1991	
		董家垱电排 1	虎渡	41.56	33.00	1	2	2	钢筋砼圆管	1965	
		董家垱电排 2	虎渡	41.56	33.50	1	2	2	钢筋砼圆管	1997	
		董家垱双闸	虎渡	41.56	29.70	2	2.05	2.2	钢筋砼拱涵	1998	
		董家垱蒸汽机管	虎渡	41.56	31.00	2	1.4	1.4	钢筋砼	1960	已封闭
		毛家剅闸	虎渡	41.58	33.00	1	1.2	0.8	砼拱涵	1989	
		金龟堡电排	松滋东支	42.09	33.00	1	1.4	1.4	钢筋砼方涵	1965	
	安障乡	一农场电排	松滋东支	41.82	33.00	1	1.2	1.2	钢筋砼拱涵	1992	
		五七电排	松滋东支	42.01	28.50	2	3.6	2.6	钢筋砼拱涵	1974	
						2	3.6	2.6			
		岩剅口电排	松滋东支	42.00	33.40	1	1.4	1.4	钢筋砼方涵	1965	
		西硚电排	松虎	41.82	33.50	1	2	2	钢筋砼圆管	2001	
		西硚闸	松虎	41.82	29.30	1	2	2	钢筋砼方涵	1999	
		新剅口闸	虎渡	41.50	32.80	1	1.8	1.2	钢筋砼拱涵	2001	
		白粉嘴闸	虎渡	41.54	32.57	1	1	0.8	钢筋砼拱涵	1988	
		上河坝闸	虎渡	41.29	31.70	1	2	2	块石拱涵	1978	
	深柳镇	新开口闸	松虎	41.03	28.00	1	2	2.5	钢筋砼拱涵	1999	
		新开口电排	松虎	41.03	33.44	1	1.8	1.8	钢筋砼方涵	2000	
		蹇家渡引水闸	虎渡	41.26	27.70	1	1.4	1.4	钢筋砼方涵	1966	
		蹇家渡电排	虎渡	41.26	33.20	1	1.4	1.4	钢筋砼方涵	1966	
		肖公嘴电排	虎渡	41.16	32.00	1	2.2	2.2	钢筋砼圆管	1979	
		陆家渡电排	虎渡	41.25	32.00	1	2	2	钢筋砼圆管	1998	
		陆家渡闸	虎渡	41.25	30.10	1	2.5	2	钢筋砼拱涵	1991	
		东剅口电排	虎渡	41.25	32.00	1	1.4	1.4	钢筋砼圆管	1966	
		尖垸电排	松虎	42.86	39.20	1	0.4	0.4	钢筋砼圆管	1996	
		驿门交通闸	松虎	41.45	37.00	1	4	4.5	钢筋砼方涵	1999	
		西门交通闸	松虎	41.45	37.00	1	4	4	钢筋砼方涵	1999	
		长岭洲新电排	松虎	41.51	33.00	1	1.4	1.4	钢筋砼圆管	1997	
		长岭洲电排	松虎	41.58	33.00	1	1.5	1.5	钢筋砼圆管	1985	
		长岭洲闸	松虎	41.58	30.00	1	1.8	1.2	钢筋砼方涵	2001	

续表 28－1－63

安澧大垸	焦圻镇	香口头闸	松滋东支	43.20	34.00	1	0.8	1.4	钢筋砼拱涵	1992	
		张家拐电排	松滋东支	43.32	34.10	1	1.5	1.5	钢筋砼圆管	2000	
		北斗溪电排	松滋东支	42.98	33.20	1	1.5	1.5	钢筋砼圆管	1983	
		北斗溪新电排	松滋东支	42.98	33.20	1	1.5	1.5	钢筋砼圆管	1990	
		马坡湖电排	松滋东支	42.41	33.49	1	2	2	钢筋砼圆管	1965	
		潭子口水闸	松滋东支	42.67	30.30	1	2.5	2	条石拱涵	1957	
		青龙窖电排	松滋中支	43.09	34.80	1	2	2	钢筋砼圆管	1980	
		新码头闸	松滋中支	42.76	32.20	1	1.5	1.5	钢筋砼拱涵	1981	
	安福乡	潭子口闸	松滋东支	42.55	32.50	1	0.9	0.9	钢筋砼圆管	1984	
		花林电排	松滋东支	41.97	32.75	1	1.5	1.5	钢筋砼圆管	1982	
		人民垸低水管	松滋东支	41.82	29.50	1	1.2	0.8	钢筋砼拱涵	1998	
		人民垸电排	松滋东支	41.82	32.40	1	2	2	钢筋砼圆管	1991	
		松湖电排	松滋东支	41.59	32.45	1	1.5	1.5	钢筋砼圆管	1982	
		东保闸	松滋中支	42.45	29.42	1	1.5	1.5	砼圆管	1967	
		东保新电排	松滋中支	42.45	34.00	1	2	2	钢筋砼圆管	1995	
		东保老电排	松滋中支	42.45	33.05	1	1.5	1.5	钢筋砼圆管	1965	
		同福水管	松滋中支	42.34	32.84	1	0.8	0.8	钢筋砼圆管	1969	已封闭
		东保扩电排	松滋中支	42.45	32.65	1	1.4	1.4	钢筋砼圆管	1967	
		夹洲电排	松滋中支	42.39	29.00	1	2	2	钢筋砼拱涵	1999	
		大罗电排	松滋中支	42.13	34.00	–	1.4	1.4	钢筋砼圆管	2000	
	安凝乡	金龟电排	松滋东支	42.11	31.50	1	0.8	1.2	钢筋砼拱涵	1997	
		东堤电排	松滋东支	42.09	32.72	1	1.5	1.5	钢筋砼圆管	2000	
		复兴电排	松滋东支	41.95	31.95	1	1.4	1.4	钢筋砼圆管	2005	
		蚕厂水闸	松滋中支	42.55	33.50	1	1.2	0.8	钢筋砼拱涵	1999	
		张九台电排	松滋中支	42.51	33.80	1	2	2	钢筋砼圆管	1966	
		新大剅电排	松滋中支	42.51	31.19	1	1.4	1.4	钢筋砼圆管	1997	
		新大剅闸	松滋中支	42.51	28.80	1	2.5	2.2	条石拱涵	1972	
		园林场新水管	松滋中支	42.19	32.50	1	1.2	0.8	砼预制拱涵	1986	
		保凝湖电排	松滋中支	41.76	31.50	1	2	2	钢筋砼圆管	1982	
		小望角电排	松滋中支	41.85	32.88	1	1.4	1.4	钢筋砼圆管	1966	
		小望角闸	松滋中支	41.85	28.70	1	2.2	2.2	条石拱涵	1979	
安昌大垸	安生乡	梅井窖闸	虎渡	41.70	28.34	1	1.4	1.4	砼方管	1966	
		梅井窖电排	虎渡	41.70	33.62	1	1.2	1.2	钢筋砼圆涵	1966	
		大杨树闸	虎渡	41.50	29.00	1	3.2	3	条石拱涵	1972	
		大杨树电排	虎渡	41.50	33.08	1	1.4	1.4	钢筋砼方涵	1965	
		合兴新电排	虎渡	40.95	31.60	1	1.8	1.8	钢筋砼方涵	1979	
		合兴引水闸	虎渡	40.95	28.00	1	2.3	2.1	砼拱涵	1979	
		彭丘岭闸	藕池西支	41.24	34.56	1	0.8	1.2	钢筋砼圆管	1999	

续表 28－1－63

安昌大垸	安生乡	曾家湾电排管	藕池西支	41.02	31.40	1	1.2	1.2	钢筋砼圆管	1990	
		曾家湾水管	藕池西支	41.09	33.14	1	0.8	0.8	钢筋砼圆管	1963	
		莲花水管	藕池西支	41.10	33.14	1	0.8	0.8	钢筋砼圆管	1962	
		南河口电排	藕池西支	40.73	34.60	1	1.6	1.6	钢筋砼圆管	1990	
		五星闸	藕池西支	40.73	28.70	1	2.5	2.5	砼方涵	1974	
		鄢家闸	藕池西支	40.55	33.00	1	1.5	1	钢筋砼拱涵	1998	
		护安闸	藕池西支	40.35	31.80	1	1.2	1.2	块石方涵	1973	
		护安电排	藕池西支	40.35	33.00	1	1.4	1.4	钢筋砼方涵	1990	
		生昌河界	藕池西支	40.35	29.90	1	2	2	砼方涵	1979	
	安昌乡	沙嘴水闸	藕池西支	40.25	31.70	1	1.2	0.8	钢筋砼拱涵	1990	
		双福闸	藕池西支	40.29	32.50	1	0.8	0.8	钢筋砼圆管	1963	
		南堤拐电排	藕池西支	39.99	32.50	1	1.5	1.5	钢筋砼方涵	1985	
		长丰水闸	藕池西支	39.55	30.50	1	1	0.8	钢筋砼拱涵	1988	
		丁家渡电排	藕池西支	39.45	32.60	1	1.4	1.4	钢筋砼圆管	1965	
		三湖电排	藕池西支	39.37	－	20ZLB－50			钢管圆管	1998	
		黄市嘴引水闸	虎渡	41.28	28.50	1	2.65	2	条石拱涵	1973	
		黄市嘴电排	虎渡	41.28	32.60	1	1.8	1.8	钢筋砼方涵	1976	
		白粉嘴闸	虎渡	40.96	32.00	1	1.2	0.8	钢筋砼拱涵	1964	
		金家垱低水闸	虎渡	41.35	28.30	1	2.5	2.5	条石方涵	1979	
		金家垱电排	虎渡	41.35	33.30	2	1.8	1.6	钢筋砼方涵	1966	
							1.8	1.6			
		肖公嘴电排	虎渡	40.49	32.40	1	1.5	1.5	钢筋砼方涵	1979	
		肖公嘴闸	虎渡	40.49	27.50	1	1.6	1.6	条石方涵	1979	
	安宏乡	八珍闸	藕池西支	39.05	31.00	1	1	0.8	砼拱涵	1988	
		马家渡闸	藕池西支	39.12	31.50	1	1.2	0.8	钢筋砼拱涵	1990	
		黄市窖电排	藕池西支	39.12	31.65	1	1.5	1.5	钢筋砼方涵	1985	
		仁安闸	藕池西支	39.04	30.70	1	1.2	0.8	钢筋砼拱涵	1989	
		老刬口电排	藕池西支	38.59	31.30	1	1.4	1.4	钢筋砼方涵	1965	
		新刬口电排	藕池西支	38.73	31.30	1	1.4	1.4	钢筋砼方涵	1989	
		中浮闸	虎渡	40.81	30.70	1	1	0.8	砼拱涵	1987	
		朱家洲闸	虎渡	40.58	33.50	1	0.8	0.8	钢筋砼圆管	1983	
		西李家电排	虎渡	40.93	27.75	－	1.5	1.5	钢筋砼方涵	1977	
		护泗闸	虎渡	40.38	31.50	1	1.05	0.8	砼拱涵	1985	
		唐家铺闸	虎渡	40.32	29.20	1	3.1	2.5	条石拱涵	1964	
		唐家铺电排	虎渡	40.45	31.30	1	2	2	钢筋砼方涵	2000	
		太安闸	虎渡	40.38	31.60	1	1	0.8	砼拱涵	1983	
		小河口电排	虎渡	39.94	32.50	1	1.2	1.2	钢筋砼拱涵	1998	

续表 28－1－63

安化垸	官垱镇	兴隆闸	藕池西支	41.10	33.00	1	1.2	0.8	钢筋砼拱涵	1990	
		官垱排水闸	藕池西支	40.90	31.69	1	3.2	2.5	条石拱涵	1962	
		官垱引水河	藕池西支	41.00	28.70	1	2	2	块石方涵	1972	
		官垱电排	藕池西支	41.00	33.35	1	1.5	1.5	钢筋砼方涵	1972	
		安官电排	藕池西支	40.84	33.07	1	2	2	钢筋砼方涵	1965	
		双峰头电排	藕池西支	40.85	32.50	1	2	2	钢筋砼方涵	1986	
		王家湾闸	藕池西支	40.85	31.30	1	1.5	1.5	钢筋砼方涵	1979	
		致惠水管	藕池西支	40.38	32.31	1	0.8	0.8	钢筋砼圆管	1961	
		新口闸	藕池中支	40.38	30.24	1	2.7	2	条石拱涵	1964	
		窑头庙闸	栗林河	39.70	32.50	1	1	0.6	砼拱涵	1983	
		潘家垸闸	栗林河	39.80	31.00	1	0.8	1.2	钢筋砼拱涵	1997	
		五斗窖电排	栗林河	39.93	31.40	1	1.4	1.4	钢筋砼方涵	1995	
		芦席湖电排	栗林河	39.96	32.50	1	1.2	1.2	钢筋砼方涵	1995	
		矶头拐电排	栗林河	39.73	33.18	1	0.8	0.8	块石圆管	1980	
		矶头拐引水闸	栗林河	39.73	28.59	1	1	1	钢筋砼方涵	1966	
		紫金十队闸	栗林河	39.68	32.00	1	1	0.8	砼拱涵	1988	
		牛头山电排管	栗林河	39.60	31.00	1	1.4	1.4	钢筋砼圆管	1997	
		响水窖闸	栗林河	39.61	30.50	1	1.4	1.4	钢筋砼方涵	1983	
		团结闸	栗林河	39.31	31.50	1	1.2	0.8	钢筋砼拱涵	1991	
		团结十队水管	栗林河	39.65	32.90	1	0.5	0.5	砼圆管	1980	
		团结电排管	栗林河	39.56	30.50	1	1.2	1.2	钢筋砼圆管	1985	
	三岔河镇	致惠新闸	藕池西支	40.27	30.00	1	2	2	钢筋砼方涵	1998	
		致惠电排	藕池西支	40.27	33.00	1	1.5	1	钢筋砼拱涵	1998	
		沙嘴低水闸	藕池西支	40.46	30.86	1	1.45	1.1	条石拱涵	1954	
		沙嘴电排	藕池西支	40.46	33.26	1	1.4	1.4	钢筋砼方涵	1965	
		天保水管	藕池西支	40.42	32.47	1	0.8	0.8	钢筋砼圆管	1963	
		刘公庙闸	藕池西支	40.55	31.25	–	1	0.8	砼拱涵	1986	
		南刬低水闸	藕池西支	40.59	29.94	1	1.8	1.8	钢筋砼方涵	1984	
		南刬电排	藕池西支	40.59	32.76	1	1.6	1.8	钢筋砼拱涵	1965	
		丁家渡水管	藕池西支	39.57	32.20	1	0.8	0.8	钢筋砼圆管	1971	
		罗洲电排管	藕池西支	39.40	32.00	1	2	2	钢筋砼圆管	1980	
		张庆电排	藕池西支	39.43	32.61	1	1.4	1.4	钢筋砼方涵	1965	
		驿新电排	藕池	39.72	32.00	1	1.4	1.4	钢筋砼方涵	1997	
		新口闸	藕池中支	39.72	31.51	1	1.2	1.2	砼方涵	1971	
		驿马水管	藕池中支	40.28	32.51	1	0.6	0.6	钢筋砼圆管	1962	
		春关电排	藕池中支	40.03	29.00	1	2.3	2	钢筋砼拱涵	1976	
		小河水管	藕池中支	39.67	31.89	1	0.8	0.8	钢筋砼圆管	1963	
		长明闸	藕池中支	39.69	29.91	1	2.9	2.5	条石拱涵	1962	

续表 28－1－63

安化垸	三岔河镇	三岔河电排	藕池中支	39.98	32.61	1	1.4	1.4	钢筋砼方涵	1965	
		汪家闸	栗林河	39.67	31.50	1	1.4	0.8	钢筋砼拱涵	1991	
		黄金电排管	栗林河	39.91	32.00	1	1	1	钢筋砼圆管	1983	
		新口五队水管	栗林河	39.73	32.80	1	0.8	0.8	钢筋砼圆管	1988	

第二节　蓄洪安全建设

县内蓄洪堤垸安全建设，大致经历了三个阶段：即以修建安全区（台）、蓄洪仓库为主（1969－1973年）；纳入洞庭湖治理第一期工程建设项目，以修建垸内安全楼房、躲水台、栽植安全树为主，并修筑安全转移道路、桥梁，添置救生设备，设置指挥中心，增添通信设施、设备（1984－1993年）；纳入洞庭湖治理第二期工程项目，以平垸行洪、移民建镇为主（1994－2009年）。

一　安全区（台）建设

1969年1月，水利部召开长江中下游五省防洪工作会议决定：如果1954年洪水重现时，洞庭湖区应承担160亿立方米的蓄洪任务。据此，省革委下达县境安猷、安昌、安宏、安化、安文、安生、安金公社所在堤垸为蓄洪区，总面积281.4平方公里，蓄洪量17.7亿立方米。

县内即成立蓄洪建设规划办公室，制定、上报县境蓄洪建设规划和蓄洪调度方案，省、地委批示：安乡须完成蓄洪建设土方194万立方米，其中顺堤筑台土方122万立方米，修建安全转移区土方72万立方米；修建蓄洪器材仓库8780平方米，安全转移民房6.62万平方米。县境1969年冬开始蓄洪安全建设，至1973年，各蓄洪区堤垸完成顺堤筑台45处、总长度28.8公里、安全面积43.2万平方米、筑台土方173.6万立方米；修建器材仓库37栋、建筑面积9500平方米；修建移民安置房866栋、建筑面积11万平方米。上述工程建设，国家投资71万元，下达钢材指标20吨、木材指标948立方米。此后，国家对蓄洪建设投资减缓，县境蓄洪建设基本停顿，所建蓄洪仓库部分被挪作他用，部分因规划不当，有碍堤防建设而拆除；原转移到堤上居住的部分垸民，也因顺堤筑台高程不定，住房布局不合理，水、电、卫生设施设备未跟上，部分住宅影响大堤岁修和管理养护等原因而纷纷拆迁，重返垸内。至此，所建安全区（台）以无功告终。

二　安全楼房建设

20世纪80年代，长江和洞庭湖区连年大水，加强防洪蓄洪安全建设，人民群众有迫切要求，各级领导也十分关注。1984年，省水利水电厅编制《洞庭湖区近期防洪蓄洪工程初步设计书》（简称洞庭湖治理第一期工程），经“长办”报水电部批准，重新明确县境安澧大垸、安化垸、安昌大垸3个防洪大圈为蓄洪垸。安澧大垸原只有安金公社列为蓄洪区，规划中增加了安福、安凝公社；安猷公社1978年堵塞书院洲河后，并入重点垸安造大垸防洪大圈，故未列入此次规划中。安化垸含安化、安文公社，安昌大垸含安昌、安宏、安生公社，均按1969年规划不变。调整后蓄洪垸总面积316.3平方公里，蓄洪总量21.5亿立方米，蓄洪区总人口19.08万人。

此间的蓄洪安全建设，以修建安全楼房、安全区（台）、安全转移道路和桥梁为主，从1985年实施洞庭湖区治理第一期工程计划开始，国家逐年安排计内器材，下达专项建设资金，重新启动蓄洪工程建设。县成立蓄洪安全建设领导小组办公室，抽调专人负责宣传发动、规划设计、任务下达、器材供应、技术指导、资金管理、质检监理等。国投资金和计内物资器材相应增加，蓄洪安全建设成效显著。1985－1997年，建成安全楼房568栋、安全面积8.7万平方米，修筑垸内躲水台14处、安全面积4.22万平方米，顺堤筑台88处、安全面积19.5万平方米。共投入资金2935.73万元，其中国家投资1135.73万元、单位集体和农户自筹1800万元。国家投资部分用于安全楼房建设863.73万元、安全区(台)建设232万元、安全转移船只修造40万元。共耗用钢材3000吨、木材1800立方米、水泥8000吨、砂卵石4万吨。

三　平垸行洪与移民建镇

平垸行洪、移民建镇是国家治理江河,解决湖区水患的重大举措。根据1998年中央《关于灾后重建、整治江湖、兴修水利的若干规定》和省委《关于平垸行洪、退田还湖、移民建镇的若干意见》,县成立平垸行洪、退田还湖、移民建镇工作领导小组,于1998年10月上报规划,经省、市批准,当年12月实施,历时7年。至2005年4月,全县平垸行洪、移民建镇工程按预定计划全部竣工。

除第一期工程外,第二、三、四期移民搬迁,省下达计划7437户、实际搬迁7097户、占应搬迁户的95.43%,其中集中安置5024户、分散安置2073户,实施范围涉及18个乡镇、1个农场的18个巴垸。全县移民建房4486栋、总建筑面积50.3万平方米,楼房占50%;蓄洪区顺堤筑台122处、移动土方387万立方米;建成安置小区57个,完成居住区供排水、供电、交通通道、卫生设施等基础工程建设177处。总投资1453.68万元,其中国家投资1411.69万元、乡镇自筹41.99万元。3个蓄洪垸建成移民安置小区52个,完成基础设施工程建设154处,建房4249栋,建筑面积48.72万平方米,占全县移民安置户的95%。安昌大垸在实施平垸行洪、移民建镇中,除险加固临洪大堤34公里,顺堤筑台,利用台基建成移民安置小区47个、安全面积33.51万平方米,完成基础设施建设145处,移民4787户。

全县平垸行洪、移民建镇工程,7年总投资2.5亿元,其中国家投资1.2亿元。平垸行洪涉及各洪道的18个巴垸,搬迁江中洲居民区2处、平毁小垸3处、洪道清障18处,有碍行洪的工程及植被等得到妥善处理。对疏通境内洪道,加速长江、澧水泄洪,治理水患,保一方平安,发挥了重大效益,全县7000余户、1万余垸民摆脱了洪水威胁,实现了户户安全,人人安居的愿望。

四　安全转移道路桥梁建设

为配合蓄洪建设和安全转移,1988年、1989年,先后修建安乡驻荆江南线大堤管理所、防汛物资器材仓库,添置通信器材和设备,联通防汛通信网络,并修筑荆江南堤管理所至陆家渡的安全转移通道,公路沿安昌大垸蓄洪区中心地段与东部各乡镇的安全转移通道并网,通过陆家渡大桥延伸至县城。

为应对紧急情况,蓄洪时尽快将群众转移到安全区内,1989年,县政府向市政府呈报《关于修建大鲸港大桥的请示》,同年,市政府向省政府呈报《关于请求尽快修建安乡大鲸港抗洪保安桥的请示》。经审查批准,1991年动工修建大鲸港大桥,历时3年。1994年9月通车,12月交付使用。此后,1994年11月至1998年8月,修建澧水洪道石龟山大桥;2000年4月至2003年5月,修建松滋东支大湖口大桥;2005－2007年,安乡、澧县共建松滋中支夹夹大桥。至此,县境各蓄洪堤垸实现与省道湘北公路干线306、302线的联结,并与各堤垸乡村公路并网,形成乡镇、县、市陆路交通运输大动脉,为蓄洪区实施快速、安全转移提供了保障。

第三节　排灌工程建设

一　电力排灌增容改造

2009年,全县拥有电力外排机埠95座、电机294台、装机容量50825千瓦,变压器139台、61045千伏安,分别比1989年增加18座、63台、12265千瓦和31台、9765千伏安。1989－2009年,先后新建马坡湖、大鲸港、曹家洲、尖垸、德林小垸、芦林铺、五斗窖、牛头山、致惠、黄金、三湖、驿新等18个机埠,总装机24台、装机容量2755千瓦;针对服役期长,设施损坏,设备老化,效益下降的问题,更新改造20世纪60、70年代建成的71座机埠(装机210台、总容量3.15万千瓦)。1999年9月,县水利局《关于安乡县排灌设施更新改造调查情况汇报》表明:1993－1998

年间，全县完成以工代赈项目229个，国家投资2864.01万元，其中以工代赈资金1702.72万元、配套资金1161.29万元。先后完成新建、扩建外排机埠6处、装机19台、总容量2995千瓦；电动机更新105台、容量18320千瓦；电动机大修40台、容量11670千瓦；变压器更新24台、容量9380千伏安；水泵更新63台，水泵大修66台；配电补偿屏更新162块，启动器更新52台；更换电动机电缆1930米；维修改造输电线路25公里；配套发电机组2台套、40千瓦；出水管整修8处、489米；配套整修节制闸10座；更新各类、各型闸门22块；前池挡土墙改造工程9处；改造、维修机房及职工宿舍18处、2905平方米；配套泵站中央控制室1处。更新改造了全县机电设备，机组完好率达到95%以上，机电排涝标准由五年一遇提高到八年一遇。详情见表28－2－64、表28－3－65。

（一）仙桃排涝泵站

仙桃排涝泵站位于安保大垸安康乡境内，纳入更新改造范围包括仙桃、大鲸港、西台尾等3座泵站。改造前总装机15台套、装机容量6205千瓦、设计流量63.5秒立方米，改造后总装机15台套、装机容量6740千瓦、设计流量63.5秒立方米。受益面积31.5万亩、18.2万人。由国家发改委核定，省发改委、水利厅下达仙桃排涝泵站更新改造工程总投资4034万元，其中国投2015万元，省投606万元，市、县投1413万元。实际到位2671万元，其中国家、省投资金全部到位，市、县投资金仅到位50万元。

该工程分为仙桃排涝泵站和协排泵站两个工程单位。仙桃排涝泵站更新改造工程包括拦污、检修闸拆除重建、前池改造、血防工程、房建工程、开关站、机电设备安装、金属结构及启闭机制作安装。协排泵站更新改造工程包括大鲸港泵站主厂房拆除重建、副厂房新建、拦污、检修闸重建、前池改造、出水箱涵整修、消能池重建、灌溉闸加固、血防工程、开关站新建及主电机、水泵、电器设备安装、金属结构及启闭机制作安装；西台尾泵站主厂房拆除重建、副厂房新建、拦污、检修闸整修接长、前池改造、出水流道重建、箱涵和灌溉闸整修加固、血防工程建设及主电机、水泵、电器设备安装、金属结构及启闭机制作安装。工程于2009年1月8日开工，2010年4月24日竣工，更新改造项目均按计划完成。

（二）五七排涝泵站

五七排涝泵站位于安造大垸安障乡境内，纳入更新改造范围包括五七、董家垱、蔡浦溪、幺河口、肖公嘴、金家垱等6座泵站，改造前总装机38台套、装机容量5890千瓦、设计流量58.33秒立方米，改造后总装机38台套、装机容量6890千瓦、设计流量58.33秒立方米。受益面积30.69万亩、31万人。由国家发改委核定，省发改委、水利厅下达五七排涝泵站更新改造工程总投资4662万元，其中国投2330万元、省投700万元、市、县投1632万元。实际到位3090万元，其中国家、省投资金全部到位，市、县投资金仅到位60万元。

该工程分为五七泵站和五七排区协排泵站两个工程单位。五七泵站更新改造划分为7个部分工程，五七排区协排泵站更新改造工程划分为45个部分工程。包括五七泵站土建、机电、水泵、配电、自动化、变压器及协排区泵站土建、机电、水泵、配电、变压器共11个合同工程（含设备采购）。工程于2009年1月8日开工，2010年4月23日竣工，招标签订合同11个，均达到预期目标。

（三）六角尾排涝泵站

六角尾排涝泵站位于安保大垸下渔口镇境内，纳入更新改造范围包括六角尾、虢家洲、大力剅等3座泵站。改造前总装机20台套、装机容量5680千瓦、设计流量52秒立方米，改造后总装机20台套、装机容量6880千瓦、设计流量52秒立方米。受益面积53.27万亩、16.2万人。由国家发改委核定，省水利厅下达六角尾排涝泵站更新改造工程总投资3087万元，其中国投1540万元、省投35万元、市、县投1512万元。实际国投、省投资金1575万元全部到位。

该工程为一个工程单位，包含拦污闸及前池整修、房建工程、进场工程、电器设备安装、主电机与水泵安装、金属结构及启闭机制作安装。工程于2008年12月开工，2009年5月竣工，招标合同和各项工程任务均如期完成。

二 排灌渠道疏洗硬化

县境垸内整齐划一、排灌自如的排灌渠道于20世纪60、70年代建成，总长6790公里，其中干、支渠道3396公里，斗、毛渠道3394公里，为战胜自然灾害、夺取农业增产丰收发挥了重要作用。但80年代中期至90年代后期，80%以上的干、支渠道未进行清淤疏洗，渠堤毁坏严重，渠坡水土流失，渠内植被繁衍，渠底逐年淤高(一般淤高1－1.2米，最高1.5米左右)，排渍抗旱水流不畅，效能减弱。

进入21世纪后，县委、县政府把握洞庭湖区二期治理工程契机，垸内沟渠疏洗与新农村建设同步进行。2006年，将垸内沟渠疏洗纳入年度水利建设重要内容，建立县、乡镇、村党政领导年度水利建设责任制，领导定位蹲点办样板工程。县水利建设指挥部建立垸内沟渠疏洗台账，实行工程到点，责任到人，下达任务，巡回督查，竣工验收，按工程完成的数量、质量、标准记分。连续5年进行垸内沟渠疏洗歼灭战和攻坚战，至2011年，疏洗主干渠道831.32公里、占应疏洗的90%以上，支渠2054.31公里、占应疏洗的83%，村组斗、毛渠2278.92公里、占应疏洗的80%。结合新农村建设、国土开发整理项目，建成硬化沟渠485.5公里。主、干、支渠疏洗基本达到渠堤平整、坡比一致、障碍扫除、渠水清澈的标准，多次受到省、市领导赞扬。

安乡县2009年电力外排机埠情况汇总

表28－2－64

项目 垸名	处数	水泵(台)	电动机		变压器	
			台	千瓦	台	千瓦
安保大垸	20	77	77	18575	30	22260
安造大垸	23	79	79	12870	36	14240
安澧大垸	16	55	55	8160	28	10120
安昌大垸	18	43	43	6320	23	7845
安化垸	18	40	40	4900	22	6580
合计	95	294	294	50825	139	61045

表 28-3-65

安乡县 2009 年电力外排机埠情况明细

垸别	乡镇	机埠名称	兴建年度	水泵型号	水泵台	电机千瓦	电机台	电机型号	变压器千伏安	变压器台	变压器型号
安保大垸	合计	–	–	–	77	18575	77	–	22260	30	–
	安丰乡	大鲸港	1964	700ZLB	9	1620	9	JRL136-8	1500	2	S11-1250/10、S11-1000/10、S11-200/10
		王家垸	1965	28ZLB-70	2	260	2	JRL127-8	320	1	SJ1
		西台尾	1984	700ZLB	4	900	4	JRL136-8	800	2	S11-1000/10、S11-125/10
	大鲸港镇	大鲸港排污	1995	20SAP-8	2	110	2	–	315	1	–
		屡丰	1964	28ZLB-70	2	310	2	JRL128-8	400	1	S7
	安裕乡	新河口	1965	28ZLB-70	4	520	4	JRL127-8	630	2	S7
		赵家湖	1991	28ZLB-70	2	310	2	JRL128-8	400	1	S9
	安康乡	虾叭垴	1965	28ZLB-70	4	620	4	JRL128-8	750	1	SJ1/S7/S9
		新建	1978	28ZLB-70	3	465	3	JRL128-8	580	2	–
	下渔口镇	虢家洲	1964	28ZLB-70	9	1395	9	JRL128-8	1760	4	SJ-10
		六角尾	1965	28ZLB-70	5	775	5	JRL128-8	960	2	SJ-10
		同兴	1973	28ZLB-70	2	310	2	JRL128-8	315	1	SJ-10
		永富	1991	28ZLB-70	3	465	3	JRL128-8	630	1	SJ-10
	陈家嘴镇	陈家嘴	1965	28ZLB-70	4	620	4	JRL128-8	720	2	SJ-10
		沈家沟	1974	28ZLB-70	4	595	4	JRL128-8	720	2	SJ
		曹家洲	–	–	2	150	2	–	–	–	–
	安德乡	大力剅	1964	28ZLB-70	7	1085	7	JRL128-8	13600	2	SJ-10
		西河	1979	28ZLB-70	3	465	3	JRL128-8	500	1	SJ-10
	大电排	仙桃	1975	2800ZLQ21.8-8.1	2	4400	2	TL2200-36/3250	5600	1	S10-6300/35、SCB10-400/35
		六角尾	1977	1600ZLB-8.4	4	3200	4	TL800-24/2150	4000	1	–

续表 28-3-65

安造大垸	合　计	－	－	－	79	12870	79	－	14240	36	－
	黄山头镇	幺河口	1965	700ZLB	5	900	5	JRL136-8	880	2	S11-1250/10、S11-125/10
		黄土堤	1965	PVA-70	4	620	4	JRL128-8	640	2	S9
		蔡浦溪	1978	700ZLB	5	900	5	JRL136-8	880	2	S11-1250/10、S11-125/10
		白家岗	1982	28ZLB-70	4	620	4	JRL128-8	850	3	SL
		马坡湖	1996	28ZLB-70	4	620	4	JRL128-8	800	2	S7
	安全乡	董家垱	1965	700ZLB	8	1440	8	JRL136-8	1600	4	S11-1000/10、S11-200/10
		周氏坡	1965	700ZLB-7.5	2	310	2	S7	400	1	S9
		金龟堡	1965	28ZLB-70	2	310	2	JRL128-8	400	1	S9
		红卫闸	1988	28ZLB-70	2	310	2	JRL128-8	440	1	S9
	安障乡	岩剅口	1965	28ZLB-70	2	310	2	JRL128-8	400	1	SJ
		西　碚	1987	28ZLB-70	4	620	4	JRL128-8	850	3	SJ-7
		保　赋	－	－	2	310	2	JRL128-8	－	－	－
	深柳镇	新开口	1965	28ZLB-70	4	595	4	JRL127-8	720	2	S7/SJ
		东剅口	1977	28ZLB-70	2	260	2	JRL127-8	320	1	JRL127-8
		陆家渡	1998	28ZLB-70	4	545	4	JRL127-8	560	1	S7/S9
		蹇家渡	1966	PVA-70	2	310	2	JRL127-8	560	1	S7
		肖公嘴	1979	700ZLB	5	900	5	JRL136-8	800	2	S11-1250/10、S11-125/10
		长岭洲	1988	28ZLB-70	2	310	2	JRL128-8	400	1	SJ
		新长岭洲	1986	28ZLB-70	2	310	2	JRL128-8	400	1	SJ
		尖　垸	1995	3505	1	55	1	W315LZ-8	100	1	SP-200/10
		德　林	－	－	1	155	1	JRL128-8	－	－	S7
	一农场	一农场	1976	28ZLB-70	2	310	2	JRL128-8	320	1	S7
	大电排	五　七	1977	700ZLB	10	1850	10	YRL355M3-8	1920	3	S10-1250/10、SCB10/100/10

续表 28-3-66

安澧大垸	合 计	–	–	–	55	8160	55	–	10120	28	–
	安福乡	东 保	1965	28ZLB–70	8	1240	8	JRL128–8	1600	4	SL/S7
		人 民	1964	28ZLB–70	4	620	4	JRL128–8	800	2	S7
		大 罗	1965	28ZLB–70	2	310	2	JRL128–8	560	1	SJ
		夹 夹	1976	28ZLB–70	4	570	4	JRL128–8	800	2	S
		花 林	1982	28ZLB–70	2	310	2	JRL128–8	450	2	SL
		松 湖	1983	28ZLB–70	2	260	2	JRL128–8	320	1	S7
	安凝乡	张九台	1965	28ZLB–70	6	980	6	JRL128–8	800	3	SL/S7
		复 兴	1964	28ZLB–70	4	620	4	JRL128–8	800	2	S7
		小望角	1965	28ZLB–70	2	285	2	JRL128–8、JRL127–8	320	1	S
		东 堤	1976	28ZLB–70	2	260	2	JRL128–8、JRL127–8	320	1	SL
		保凝湖	1982	28ZLB–70	4	620	4	JRL128–8	800	2	SL
	焦圻镇	马坡湖	1965	28ZLB–70	4	620	4	JRL128–8	800	2	S
		张家拐	1973	28ZLB–70	2	260	2	JRL127–8	320	1	STL2
		青龙窖	1980	28ZLB–70	4	510	4	JRL128–8	630	2	S7
		北斗溪	1984	28ZLB–70	4	620	4	JRL128–8	800	2	SL
		潭子口	–	20ZLB–70	1	75	1	JQ2L292–6	–	–	SJ1
安昌大垸	合 计	–	–	–	43	6320	43	–	7845	23	–
	安生乡	梅井窖	1966	28ZLB–70	2	310	2	JRL128–8	400	1	S
		大杨树	1965	28ZLB–70	2	310	2	JRL128–8	560	1	SJ1
		合 兴	1979	28ZLB–70	3	465	3	JRL128–8	640	2	S
		曾家湾	1980	28ZLB–70	2	150	2	V280–6	180	1	SJ
		南河口	1982	28ZLB–70	3	465	3	JRL128–8	560	1	SJ
		护 安	1990	28ZLB–70	2	260	2	JRL127–8	320	1	SJ

续表28-3-65

安昌大垸	安昌乡	金家垱	1965	700ZLB	5	900	5	JRL128-8	950	2	S11-1250/10、S11-125/10
		三　湖	1998	28ZLB-70	2	150	2	JRL128-8	200	1	S7
		丁家渡	1965	28ZLB-70	2	285	2	JRL128-8	320	1	SJ
		黄市嘴	1975	28ZLB-70	3	465	3	JRL128-8	500	2	S7
		肖公嘴	1979	28ZLB-70	2	310	2	JRL128-8	400	1	SJ
		南提拐	1986	28ZLB-70	2	285	2	JRL128-8	315	1	S7
	安玄乡	唐家铺	1965	28ZLB-70	4	620	4	JRL128-8	740	2	S7
		新剅口	1964	28ZLB-70	2	310	2	JRL128-8	560	1	SJL
		西李家	1976	28ZLB-70	2	260	2	JRL128-8	320	1	S7
		黄市窖	1986	28ZLB-70	2	310	2	JRL128-8	360	2	SCJ
		老剅口	1989	28ZLB-70	2	310	2	JRL128-8	320	1	S7
		小河口	1998	28ZLB-70	1	155	1	JRL128-8	200	1	S9
安化垸	合　计	–	–	–	40	4900	40	–	6580	22	–
	官垱镇	安官渡	1965	28ZLB-70	4	595	4	JRL128-8	720	2	S7
		官　垱	1975	28ZLB-70	2	310	2	JRL128-8	400	1	SJ
		双凤头	1987	28ZLB-70	4	595	4	JRL128-8	830	3	S7
		团　结	1976	20ZLB-70	2	130	2	SQ2-91-6	200	1	S7/SJ
		矶头拐	1965	28ZLB-70	2	150	2	JQL-92-6	180	1	–
		芦席湖	1994	28ZLB-70	2	150	2	Y315S-6	200	2	S7
		五斗窖	1995	28ZLB-70	2	150	2	Y280-6	160	1	S7
		牛头山	1996	28ZLB-70	2	310	2	JRL128-8	400	1	S7
		响水窖	–	20ZLB-70	1	75	1	SQ2-91-6	–	–	S7
	三岔河镇	张庆剅	1965	PVA-70	2	260	2	JRL127-8	315	1	S7
		三岔河	1965	PVA-70	2	205	2	JRL128-8	250	1	SL

续表 28-3-65

安化垸	三岔河镇	南剅口	1965	28ZLB-70	3	350	3	JRL127-8	560	1	SL
		沙　嘴	1965	PVA-70	2	260	2	JRL127-8	315	1	S7
		春　美	1976	28ZLB-70	2	260	2	JRL127-8	560	1	SL
		罗　洲	1980	PVA-70	4	530	4	JRL128-8	640	2	SL
		致　惠	1998	28ZLB-70	1	130	1	JSL127-8	200	1	S9
		黄　金	1979	28ZLB-70	1	130	1	JRL127-8	250	1	S7
		驿　新	1996	28ZLB-70	2	310	2	JRL128-8	400	1	S9

第四节　防汛抢险

1990－2009 年间，县境洪水年 17 个、枯水年 3 个。洪水年中丰水年 10 个、平水年 7 个。1991 年，县城最高水位 39.34 米、最大流量 6860 秒立方米，1996 年最高水位 39.72 米、最大流量 5070 秒立方米，1998 年最高水位 40.46 米、最大流量 7280 秒立方米，1999 年最高水位 39.15 米、最大流量 5200 秒立方米，2003 年最高水位 40.19 米、最大流量 7050 秒立方米。每进汛期，防洪抢险、保卫家园即为各级领导和广大干部群众的主要任务。历年水文特征值详情见表 28－4－66(一)、(二)。

一　1996 年防汛抢险实录

1996 年 7 月中下旬，长江大水，沅水、澧水上游百年罕见的高强度暴雨与高洪相遇，水位猛涨。18 日凌晨 4 时至 10 时，大雨倾盆，安德等 10 余个乡镇降雨量达 120－150 毫米，近 17 万亩农田被淹；8 条主支洪道的 400 公里临洪大堤有 388 公里超过危险水位，其中 276 公里超过历史最高水位。21 日，县城洪峰水位 39.72 米，超历史最高水位 0.33 米；松虎洪道唐家铺洪峰水位 39.74 米，超历史最高水位 1.07 米；芦林铺洪峰水位 38.63 米，超历史最高水位 1.47 米；虎渡河董家垱洪峰水位 39.68 米，超历史最高水位 0.32 米；藕池河中支三岔河洪峰水位 38.07 米，超历史最高水位 0.22 米。

大灾降临，县委、县政府作出“抗洪保垸”“排渍夺丰收”的决策。县长、县防汛指挥部(简称县指)指挥长徐万发召开电视会议，向全县发布防汛抗灾紧急动员令，要求各级领导、劳力高度集中，全力以赴抗高洪，严密巡逻防守，积极筹措、抢运物资和器材，满足抗洪急需。强调前方后方，集中领导，统一指挥，统一行动，严格纪律，服从命令。会后，28 名包堤垸防汛的县级领导、40 名包堤段防守的县直机关负责人、209 名包剅涵设施防守的县直机关干部，赶赴各自岗位履行职责；乡镇 1100 余名基层干部、5 万名防汛队员迅速集结于抗洪一线。

7 月 20 日、21 日，为全县抗洪保垸最紧张、最关键的时刻。安昌大垸 80 余公里临洪大堤险象环生，多处告急，与安昌大垸仅一堋堤(南堋堤)之隔的南县南鸿垸出现特大险情，严重威胁大堤安全；虎渡河六合堤段有 2000 米堤内脚区沙眼成片，共 180 余处，在高洪压力下穿透堤身翻沙冒水；藕池河西支的格道湾堤段有 200 米大堤外崩，垂直错距 1.2 米；喻家渡堤段有 200 余米大堤内挫，占堤面 1/3 的堤身下滑，最大错距 1.5 米，5 处涌出浊流。面对溃垸性大险，县指召开紧急会议决策，向安昌大垸防汛分指挥部(简称分指)下达严防死守，确保堤垸安全的命令；制定方案，紧急动员抢修安昌大垸南堋堤；严密组织和分工，奋力抢救已出现的几处大险，并将出现的各类险情处理在萌芽阶段。决定成立安昌大垸南堋堤抢修指挥部，抽调安丰、安福、黄山头等 10 个乡镇劳力 1 万人(每个乡镇 1000 人)抢修南堋堤。7 月 20 日下午 1 时，1 万名劳力在南堋堤集结，经 24 小时苦战，筑起了两垸之间的第二道防线。同时，挑选 2000 名精壮劳力，组成抢险队投入抢险，并调动 60 台手扶拖拉机和上百吨位船只运送抢险物资器材。格道湾大险发生后，县委书记、县指政委姚正先率千名抢险队员内挑平台外保脚，省军区副司令员肖求如率省舟桥部队和长沙炮兵学院 300 余名官兵支援抢险，常德军分区司令员李家金、市长张昌平亲临现场督战。喻家渡大险发生后，调集解放军 500 名官兵投入抢险。广大军民团结奋战，溃垸性大险化险为夷。

二　1998 年防汛抢险实录

1998 年，县境遭遇特大洪水。其特征：一是洪峰次数多。7 月 3 日至 8 月 31 日，长江干流出现 9 次洪峰，澧水出现 5 次洪峰。二是洪峰水位高。两水(长江水、澧水)碰头，8 条主支洪道河水暴涨，均成为典型的湖泊型洪道。400 公里防洪大堤，段段水位超历史，河漫堤溢，险情不断。县城水位高达 40.46 米，分别超历史最高水位和 1954 年最高水位(下同)0.74 米、2.36 米；澧水洪道豆港水位 42.68 米，超 1.32 米、3.97 米；松滋河王守寺水位 42.53 米，超 1.2 米、2.14 米；虎渡河大杨树水位 40.65 米，超

0.88米、1.48米；藕池河西支官垱水位39.67米，超0.83米、1.37米。三是高洪水位持续时间长。6月底进入防汛水位，持续抗洪82天，其中超过危险水位的高洪持续期53天。安澧大垸王守寺防汛水位维持时间78天、为历史时长的1.5倍，维持在警戒水位以上70天、为历史时长的2倍，维持在危险水位以上49天、为历史时长的2.5倍。四是过境流量大。7月24日，澧水洪道石龟山站洪峰流量12400秒立方米、松滋河县城站7280秒立方米、虎渡河董家垱站2880秒立方米、藕池河西支康家岗站383秒立方米，四水组合流量22898秒立方米，与三水碰头最典型的1983年比较，增加3752秒立方米，过境流量居新中国建立以来之首。五是降雨多且强度大。1－8月降雨1401.3毫米，仅比1954年同期雨量少362.9毫米；7月降雨量405毫米，比历年平均值多296.6毫米，比1954年7月降雨量多88.7毫米。洪水暴涨，大雨滂沱，防汛抢险更为艰难。6月26日，安保大垸南部堤段进入防汛水位，6月29日，全县拉开防汛抗灾序幕，打了五大战。

（一）县城保卫战

7月24日下午5时至7时30分，安造大垸城关镇县棉纺织厂堤段发生重大险情，晚9时堤脚冒水翻沙，形成喷射型水柱，堤身开始坍塌。此时，风雨大作，电闪雷鸣，突然停电。10时40分，书院洲小垸溃决。25日凌晨1时，安障南堋堤失守，安造大垸溃决。与此同时，黄安公路书院洲段决口，书院洲哑河水位暴涨，直逼县城，城区随时可能被淹。上午7时，郑培民、陈彰嘉、蔡家作等省领导闻讯赶到安乡。省委书记王茂林的“五点指示”也迅速传达到市、县领导。市政府巡视员钦时中一边向市指领导提出抢救预案，一边给安乡县委书记徐万发打电话，要求“抢修安猷北堋堤，保住城关”。下午1时，徐万发与县指顾问张爱亲、县水利局局长张先华及原局长何成朗（时已退休）徒步查勘长11公里的安猷北堋堤，作出“举全县之力，加高加固北堋堤，确保县城不受损失”的决定，并报告市指，请求支援劳力1万人、编织袋20万条、彩条布6万米。市指即作出“三个条件都满足，全力支持”的回复。下午3时，郑培民、陈彰嘉、蔡家作、符星海、徐万发等实地察看安猷北堋堤，郑培民指示：抢住北堋堤，保住县城，只要有一线希望，就要争取百分之百的成功。此时，鼎城区3000名抢险人员抵达北堋堤；下午6时，安猷、安丰乡和官垱、城关镇及县直单位6000名抢险人员在北堋堤集结；晚10时，津市、汉寿、临澧、桃源的7000名抢险人员亦抵达北堋堤。各路抢险大军在北堋堤上抢筑子堤。

7月26日下午，吴定宪、彭孟芝、李家金、周用金等市领导在大鲸港镇召开各区、县（市）委书记会议，提出“保卫安乡”“保卫安乡县城”的口号，决定钦时中、杨宏光、周用金等市领导负责北堋堤抢修的组织领导工作。郑培民强调：抢修北堋堤要坚持高标准、高质量，把北堋堤修成实实在在的防洪工程。27日，吴定宪、钦时中察看北堋堤抢修工程，要求堤顶高程加高到40米、面宽3米、外坡比1∶1、内坡比1∶2，堤身单薄、立身高、险情多的堤段打土牮或筑平台加固，修通巡堤查险防汛路，备足砂卵石2000立方米。并明确内河水位37米以下，每10米大堤固定1个防守劳力；水位38米以下，每3米大堤1个劳力；水位38米以上，每米大堤1个劳力。郑培民、陈彰嘉、蔡家作等也来到北堋堤，对抢修中存在的问题提出整改意见。郑培民强调：我们修的不是一条“决心堤”，而是全省、全国高度关注的“生命堤”。按照省、市委指示，徐万发、张孝岳（安乡县长）主持召开17名乡镇长和包段县级领导参加的紧急会议，明确北堋堤抢修工程由肖文彬、张开松等县领导负总责，从17个乡镇抽调1.2万名劳力，由乡镇长带队加固北堋堤，抽调17名县级领导、40名县直机关负责人分段防守北堋堤。28日下午，王茂林在北堋堤召开来县支援的5个县（市）委副书记会议，要求不惜一切代价抢住北堋堤，不能有任何闪失。自此，11公里长的北堋堤集结了3.2万名抢险大军，经一周苦战，投工15万个，移动土石方21.5万立方米，将失修20年、堤身干涸、毁坏严重、障碍重重的废堋堤普遍加高3－5米，建成面宽3米、外坡比1∶1、内坡比1∶2、堤顶高程40米的防洪生命堤，县城保卫战取得胜利。

（二）堵口复堤攻坚战

安造大垸溃决后，书院洲溃口被洪水撕开近百米，以5米的落差、1700秒立方米的流量向垸内倾注。为减轻垸内受淹损失和安猷北堋堤防洪压力并确保县城,务必立即堵口复堤。

书院洲堵口复堤工程,倍受中央、省、市重视和关注。王茂林指示:要集中人力、物力、财力,采取断然措施,堵住决口。7月25日,县指决定将堵口复堤、死保县城作为防汛抗灾工作的重中之重。当日晚,省水利厅厅长王孝忠、总工程师聂芳蓉等来到书院洲,现场研究堵口方案。26日下午,徐万发、张孝岳与县指顾问孙立人征求部分老干部、老专家意见后向省、市领导汇报,堵口复堤得到省、市领导同意。27日,在省、市、县和抢险部队领导参加的战地会议上,省长杨正午指示:在原定堵口资金700万元的基础上增加100万元,劳力不够请部队支持。并当即与蔡家作商定,再调1000名部队官兵投入堵口工程。27日下午5时,堵口复堤开始实施,副市长洪明祥任堵口复堤指挥部总指挥、常德军分区参谋长何佑明任副总指挥、张孝岳任常务副总指挥,下设工程组、后勤组、办公室,并分设南北两岸指挥机构,县人武部部长章海南任南岸指挥长,县政府顾问刘荣孝、县委顾问唐斌分任北岸正、副指挥长。

堵口复堤是在水头高、落差大、流速急、流量大的情况下进行的,共耗资2055.45万元,耗用砂卵、块石5万吨、钢材400吨、编织袋23万条、麻袋7.5万条、移动土方4000立方米。经历了五个阶段。

全力实施"钢架土石混合坝新技术"抢堵阶段(7月26－31日) 2000立方米卵石和10吨钢管调运到堵口工地南、北两端,按照北京军区抢险专家的意见,实施"钢架土石混合坝新技术",北京军区第二十七集团军工兵处在市建委、县建筑公司配合下,采用直径50毫米、壁厚3毫米、长度5－8米的空心钢管,从溃口两端呈规则排列打入水中,横向每排6根,间距0.8－1米,入土深1米左右,纵向排列距离1－1.2米,按横向成行推进,纵向排列钢管之间从露出水面以上0.8－1米的高度处用扣件联接,按需要采用斜撑扣件联结或斜向钢管支撑,每前进一纵距(0.8－1米)架好一组框架,投放袋装卵石,压脚固桩。至30日,北端钢架向中心推进12米,南端钢架向中心推进22米,溃口断面缩小到35米左右。因过流断面缩小,水流湍急,钢架结构施工极端困难,每天出动军民3500余人轮番作战。

架设浮桥,抛投"铁蒺角"阶段(8月1－2日) 由于口门进一步缩小、流速加快、溃口地质松软,7月31日,钢架下沉5米多,钢架及抛投的块石、砂卵石袋多被水冲走,溃口又接近原状,指挥部当即决定采用"铁蒺角"装料抛投法堵口。县建筑公司、氮肥厂、造纸厂及城关地区的个体焊工全体出动,日夜赶制"铁蒺角"。8月1－2日,3条铁驳船在溃口中心搭成浮桥,将块石、砂卵石袋装入"铁蒺角"内投入溃口,"铁蒺角"沉入水底,扎进土中,相互咬合,填充了决口,抵消了水差,减小了流速,截住了部分流量,有效控制了溃口冲刷,保证了正常施工。

沉船堵口阶段(8月3－4日) 为抢在长江第五次洪峰到来之前堵复溃口,指挥部决定实施沉船堵口方案,县交通局局长郭学能、湖南拾比佰航运有限公司经理汪正华负责装填砂卵石袋,爆破沉船。8月3日晚,第一艘长20米、宽5米的水泥船满载60吨砂卵石袋沉入龙口,首次沉船堵口基本成功;4日零时30分,第二艘同样大小的船驶入龙口,被洪水折断冲走;4日上午10时,第三艘长28米、宽8.2米装载120吨的趸船进入急流时缆绳被拉断卷入垸内。

以攻为守阶段(8月5－9日) 此时已进入长江第五次洪峰期,水位抬高,溃口进洪量加大,流速加快,不便堵口施工作业,加之块石、砂卵、钢材等消耗量巨大,需时间补充。指挥部采取以攻为守的策略,在打桩稳脚,加固背水面护坡,巩固成果的同时抢运器材。省委办公厅、省建委调来钢材90吨,省指、省供销社、益阳市委、澧县县委调运了砂卵、块石和编织袋,全县各垸、各乡镇筹措调运砂卵石、块石,赶制了体积更大、装载更多的"铁蒺角",为堵口合龙打下了物资基础。

堵口合龙阶段(8月10－11日) 8月9日,省路桥公司浮吊船队抵达堵口工地。10日6时30分,指挥部在全面分析气象、水情、物资器材、龙口现状等条件后,确定按方案堵口合龙。蔡家作、孙楚源、吴定宪、徐万发等省、市、县领导来堵口工地督战,浮吊船将7余吨重的"铁蒺角"投入龙口,4000余名军民向龙口抛投"铁蒺角"和块石。8月11日4时18分实现堵口合龙,省指贺电称赞:堵口合龙是一个伟大的胜利,不仅是安乡县城保卫战的胜利,安乡人民、常德人民与洪魔斗争的胜利,也是全省抗洪抢险的重大胜利。8时,在堵口合龙庆祝大会上,宣读了省指贺电,向第四十一集团军舟桥团和高炮旅、陈家嘴镇、安福乡、县建筑公司、湖南拾比佰航运有限公司授锦旗表彰。

(三)"北大门"保卫战

8月7日凌晨1时30分,湖北省黄金大垸黑狗垱堤段溃决,洪水迅速涌向安造大垸北堌堤。安造大垸北堌堤是县境抵御长江洪水的"北大门",如北堌堤不保,洪水从安造大垸倾泻,不仅安乡县城难保,且危及整个洞庭湖区安全。2时30分,县指接到湖北省公安县的告急电话,立即成立安造北堌堤抢修指挥部,调集安丰、安裕、安康、下渔口、陈家嘴等乡镇1500名劳力赶赴安造北堌堤。吴定宪听到汇报后指示,将抢修劳力增加到3000人。当天下午,8个乡镇的3000名劳力在安造北堌堤集结,53062部队的1000名官兵也奉命到达。"北大门"保卫战拉开序幕。

8月7日,姚正先到达安造北堌堤。9日,成立安造北堌堤抢修指挥部,倪再湘任指挥长、李寿全任政委。11日,张孝岳接任指挥长。15日,王茂林、郑培民、吴定宪视察安造北堌堤,调整指挥部领导班子,由钦时中、姚正先接任指挥长和政委,组建由姚正先为书记,钦时中、张孝岳为副书记的工地临时党委。14日,63701部队某舟桥团团长李新民、政委钟兆年率546名官兵在水深数丈、波浪滚滚的明塘湖北侧架设242米长的浮桥,浮桥通车8900余台次,抢运土方1.5万立方米。为排除故障,保障运输安全,20名官兵不分昼夜守护浮桥。20日,长江第六次洪峰到达,黄金大垸水位高达42.04米。晚上,靠近虎山村十二组的一段两水所夹堤段发生20米长的内挫,下滑错距10厘米。千钧一发之时,军民紧急出动,采取水下打桩护堤、内坡清淤导滤、抛块石、砂卵石袋固脚、临洪面挑土闭浸等措施奋力抢救。解放军某部30名敢死队员跳入水中,采取5人一组,4人在水中稳桩,1人站在他人肩上打桩护堤。共历时6个多小时,打桩60余根,并抛投泥土、卵石固桩固脚,抢住了溃决性大险。

严防死守,人在堤在,"北大门"保卫战的胜利是军民浴血苦战的结果。5000军民与时间争速度,与洪魔比高低,短短半个多月时间,在近3公里的堤线上筑土6万立方米,堤顶高程由41.71米增至43.51米,面宽扩大到5米,并构筑二级平台,单薄、矮小的安造北堌堤成为牢固坚实的北大堤,保住了安乡,保卫了洞庭湖区的安全。

"北大门"保卫战倍受国家、省、市领导关怀。王茂林、杨正午、郑培民、胡彪、庞道沐、王克英、陈彰嘉、戚和平、文选德、吴定宪等省、市领导多次考察安造北堌堤,郑培民15次往返安造北堌堤,参加决策和督战。中央军委总参谋部吕登明少将与二炮司令员杨国梁上将、政委隋明太中将、政治部主任王丙青少将、解放军某部队长戚庆伦、政委张立民和某部副队长王庆元及蔡家作、李家金等也多次考察安造北堌堤。

安造北堌堤保卫战共耗用卵石7000吨、块石6400吨、黄沙1000吨、编织袋98万条、彩条布3.5万平方米、麻袋4.6万条、原麻2.2吨、原油58.5吨、木材16立方米、楠竹1200根、芦苇1000捆、雨衣1700件,投入各种机械413台、大小船只56艘。以上物资器材多由省、市组织调拨,加之鼎城、汉寿、临澧、武陵、津市、澧县等兄弟区、县(市)大力援助,为抗洪抢险提供了物资保障。

(四)严防死守持久战

8月9-10日,杨正午第三次到安乡,与胡彪、蔡家作、孙楚源等省领导先后考察安猷北堌堤、安造北堌堤、书院洲堵口工地、安造大垸东线大堤、安昌大垸西线大堤,充分肯定安乡抗洪救灾成绩并强调:安乡的防汛抗洪要再坚持,再鼓劲,抓好堵口生命工程,抓好安猷北堌堤、安造北堌堤生命堤,守住400公里生命线,夺取新的最后胜利。

县委、县政府重点实施安猷北堌堤抢修、书院洲堵口复堤、安造北堌堤除险加固的同时,有效地组织400公里防洪大堤抗洪抢险、严防死守持久战。汛期,投入运输车辆2000余台、船只300余艘,抢修子堤280余公里。其特点:开导浸沟不留湿地。大堤经洪水长时间浸泡,加之水位高、压力大,如不及时开沟导滤晾干堤身,会造成堤身内挫甚至溃垸性大险。为防大险,不留隐患,全县开挖导浸沟4万余条,普遍提高了堤身抗洪强度,有效防止了险情发生。巡逻查险不留死角。每支巡逻队伍的巡堤距离由300－400米缩短至100－200米,危险堤段50米;班次由2班增至4班,每班4人,并安排干部跟班,分堤面、堤腰、堤脚巡查;除正常巡逻查险外,每天上午、下午均组织全体上堤劳力进行拉网式查险,查险范围外至水面,内脚纵向延伸150米,每段立巡查责任牌,建交接班登记簿,做到交接时间记清、巡查情况说清、险情情况交清。8月22日下午,安昌乡巡逻队员相继发现土地堰地段堤身裂缝,卓育垸渔塘边堤身内挫,安昌大垸分指即集结劳力2500人,在土地堰筑平台、打土垡,抢修土方1200余立方米;在渔塘边打桩稳脚,用砂卵石袋垒成4个土垡,耗用砂卵石1560立方米、木材12立方米。历时2天抢救,化险为夷。处理险情不留隐患。汛期,全县发生和处理各类险情5250处,其中重大险情170处。在处险除险中,坚持"抢早、抢小、抢了"原则,将险情处理在萌芽阶段,并采取相应措施消除隐患。8月12日,已溃决的黄金大垸在安造北堈堤上游500米处开挖吐洪口,湍急的洪水直冲安澧大垸焦圻镇新渡口堤段,造成险情。县指即组织对吐洪口锁口控流和新渡口堤段防冲保堤,调集安保、安澧大垸8个乡镇的4500余名干部和劳力,在新渡口堤段挑筑内平台,筑土1.5万立方米,总投工4万个,新渡口大堤转危为安,安澧大垸顺利渡洪。督查不讲情面。除省领导重点抽查外,市委组成4个督查组,形成省、市、县、垸、乡镇五级督查队伍。巡回督查中,发现问题,就地整改,发现险情,及时处理。官垱镇林场小垸450米堤段,先后发生沙眼、渗漏、外崩、内挫等险情50余次,用编织袋1万余条装土垒起宽1.8米、高2米的子堤,挡住了超历史水位的高洪。市委督查组在安澧大垸分线分段日夜督查,该垸巡堤防守、拉网式检查、开沟导浸、查险处险、器材物资准备等防范措施全部落实到位。督查组针对思想疲软、纪律松弛的现象,开展战地整军、表彰先进、惩处违规违纪行为。仅陈家嘴镇就有23人受到党纪、政纪处分,其中开除党籍、撤销职务2人。

(五)救灾安民战

安造大垸溃决后,垸内近20万人口有10余万人受灾,县委成立救灾领导小组,救灾安民。军分区司令员李家金率舟桥部队连夜赶到安乡,在澧县澧南垸完成营救任务的长沙民兵舟桥营、鼎城、桃源、安乡民兵舟桥连和广州军区舟桥八十四团1212名官兵亦赶赴安乡紧急搜救被洪水围困的群众,3天内营救1.4万余人。在书院洲溃口处,县法院院长王玮、副院长姚梅昌率25名抢险队员,从洪水中救出40余人;县检察院20余名干警手拉手,在水中排成人墙,转移群众,50多岁的文继元往返水中7次,在同伴帮助下救出9人;县公安局副政委李建侯率干警通宵达旦转移群众,因极度劳累昏倒;县公安局巡警大队队长李丙一,与16名干警驾船救出被洪水围困的群众5000余人;县电影公司办公室主任廖烈波被洪水卷入急流,不幸牺牲;广州军区常德籍军士李长志冒着生命危险,在战友配合下营救出被洪水围困三天三夜的幼师周运兰。

受灾群众栖身于大堤上,生存状况堪忧。7月28日,成立县灾民安置领导小组,按照王茂林、杨正午等省领导"保证灾民有吃、有喝、有医、有住,坚决不能死人"的指示,采取"对口安置,成建制转移,部门包干,单位一把手负责,限期完成"的措施,转移安置灾民。7月29日始转移安障乡灾民,至8月7日,安障、安全、黄山头3个乡镇除8045人留守大堤外,均成建制转移和对口安置到安丰、安裕、安康、安凝、安福、安生、安昌等7个乡和黄山头商贸城。同时,空军十八师某陆航团连续5天飞行18架次,空投食品1700件、药品160件、彩条布1万米、矿泉水400件、救生圈和救生衣各1000个(件)。在中央、省、市高度重视和相关部门大力援助下,受灾群众得到妥善安置,并确保了吃、喝、穿、住无忧。至年底,各级、各地为灾区拨款、捐款3830.19万元,援助衣服144671件、棉被58194床、床上用品4464件、布匹313卷、鞋48250双、彩条布46万平方米、副食品82310件、矿泉水55241件、罐头2255件、面食3529件、面粉等食用品52.5万公斤、食油1400公斤、食盐10万公斤、药品874件,物资总折款约1860万元。

灾区41所中小学校舍被淹后,县教育局发放重灾区中小学生就读卡15567张,采取对口安置,就近插班等措施,保证了灾区中小学生按时入学就读。省军区官兵在黄山头虎山脚下搭建救灾希望小学,解决了黄山头镇沙堤、虎山村及湖北省黄金大垸500余名小学生的就读问题。

为防止疫病流行，省、市、县先后派出40支医疗队，1260名队员在灾区巡回防病治病，先后治疗病人20万人次，免费发放价值220万元的药品。在灾区环境大消毒行动中，发放漂白粉71吨、84消毒液200箱、一片净251箱、万消炎98箱、漂白粉精片40箱、明矾10吨、秋季灭鼠药8万包。灾区饮水消毒受益人口9万人，实现了无传染病流行、无传染病和医疗失误导致的死亡。

安造大垸受灾群众得到了中央、省、市深切的人文关怀。7月28日下午，中共中央政治局委员、国务院副总理温家宝一行到安障乡德兴村慰问灾民，温家宝说：知道安造垸溃决群众受灾后，党中央、国务院十分关心，江泽民总书记、朱镕基总理派我来看望大家，有党在，有政府在，就一定能把群众生活安排好，请大家放心。并指示陪同的省、市领导：一定要安排好灾民的生活，做到有饭吃、有水喝，有临时住处，有病就医，不因灾饿死人，不出现大的疫病。8月10日，杨正午、胡彪、蔡家作、孙楚源等省领导专程考察黄山头灾民安置区，得知6万余名灾民缺少临时住棚、治病药物紧缺情况后，杨正午指示省防指急调彩条布20万平方米、省卫生厅厅长曾繁友亲自带队到黄山头解决灾民疾病防治和药物问题。9月3日，中共中央总书记、国家主席、中央军委主席江泽民，中共中央政治局委员、国务院副总理温家宝，中共中央政治局候补委员、书记处书记，中央办公厅主任曾庆红，中央军委委员、总参谋长傅全有在省、市领导陪同下到安造大垸，察看了书院洲堵口复堤工程，看望了部队官兵和公安干警，接见了荣立抗洪抢险一等功的军士李长志和抗洪功臣、烈士李建国的妻子王池香。到重灾区安障乡小望角灾民医疗点、灾民安置点、治安执勤点和帐篷小学看望慰问受灾群众和工作人员。到受灾群众刘献伟家走访并与在场群众亲切交谈，鼓励群众“水退后，要尽快恢复生产，重建家园”。

三　2003年防汛抢险实录

2003年7月上旬，县境遭受特大洪水侵袭，其洪涝灾害的特点：一是降雨强度大，且区域集中。7日8时至12日8时，澧水流域及县境连续出现大到暴雨过程，局部地区遭特大暴雨，澧水上游桑植县连续降雨480毫米、石门县446毫米、张家界617毫米，县境部分乡镇降雨量达285毫米。二是洪水来势猛，水位高，水量大。澧水石门站7月8日水位59.55米、流量11200秒立方米，且继续上涨，10日洪峰水位62.31米、流量19000秒立方米；沅水南嘴站10－12日的水位一直维持在35－40.46米之间，严重顶托澧水、江水入湖，致县境各河系水位急剧上升。9日凌晨，县境部分河系进入防汛水位，晚10时，全县400公里临洪大堤有295公里超过防汛水位且继续上涨；澧水洪道的豆港、赵家湖，在8个小时内从防汛水位猛蹿至超危险水位，涨幅达2米以上，涨速为每小时0.25米。11日，县境除藕池河系外，其他河系均超危险水位。豆港洪峰水位接近历史最高的1998年；县城洪峰水位40.19米，仅低于历史最高的1998年水位0.27米，洪峰流量7050秒立方米，仅小于1998年最大流量230秒立方米。三是外洪内渍，损失重。因外河水位高，外排电机被迫停排，致垸内渍水成灾，全县农作物因渍受损面积32万亩，其中漂白通连10万亩，稻棉绝收5.1万亩。灾害特别严重的焦圻、安福、安凝、安全、安障、安德等乡镇，除稻棉受损外，还造成路、渠冲毁，电力中断，通讯受阻，房屋倒塌，直接经济损失6800余万元。

面对外洪内涝的局面，县委、县政府召开全县电视电台会议，进行防大汛、抗大灾总动员。要求各级领导、各级指挥机构、各部门统一思想，集中精力，发扬’98抗洪精神，把防汛抗灾作为第一要务，服从命令、听从指挥、科学决策、严防死守，确保不决堤、不溃垸、不死人、不发生重大险情。全县投入抗洪一线各级领导2750人、劳力7.5万人，突击抓堤身扫障、堤面整修、疏通防汛通道等基础工作；选拔有经验、身强体健的防汛队员，加强堤身险工险段、剅涵设施的检查、监测、防守，领导带班，责任到人；全面清理疏挖渗漏堤身的导浸沟，疏洗、新开导浸沟1.8万余条；安丰乡高围、安昌乡六合、安生乡彭丘岭等6处低矮堤段，突击抢修1米高的子堤9.89公里；抢险器材，除固定存放的棚点外，全县以船、以车代仓，装载砂卵石5000余吨；各乡指以中队为单位集中5台手拖以车代仓,以应急需。高洪期间,全县共发生各类险情210处,由于发现及时,处理果断,措施得当,防守严密,均化险为夷。

7月13日,外河水位转退,县指及时召开救灾补损动员会,明确“防汛、排渍两手抓,抗洪、生产两不误”指导思想。救灾补损一是抢排渍水,共启动外排电机284台、各类大小机械13560台次,村、组、户统一行动,30万亩受渍面积被排干;二是农作物改种、补种4万余亩,动员各部门送技术、种子、肥料下乡,引导群众生产自救;三是灾民生活安置,启动救灾预备资金,发动干部职工捐款捐物,筹集资金80余万元,及时送到受灾群众手中。

战胜2003年特大洪涝灾害,其主要经验:首先是连年水利建设,夯实了水利工程基础,提高了堤垸抗洪排涝能力。继1998年洪涝灾害后,县委提出水利建设工日服从工程、资金服从建设,大干保安、治水兴县的指导思想,持续5年大规模水利工程建设,除新建工程外,除险加固大批运行多年、病险严重的工程,达到安全、稳定、增效。5年间,国家投资和自筹资金4.2亿元,总投工14386万个,移动土(石)方2272万立方米。加高培厚大堤280公里、移动土方655万立方米,挖泥船吹填固基30处、土方750万立方米,改建、整修涵闸64座、土方163万立方米,沙险区堤段压平台闭浸365处、土方298万立方米,块石护岸保脚83公里。其次是超前行动,落实防汛抗灾准备,做到“五早”。即思想早发动。4月召开防汛抗灾动员大会,分析形势,制定方案,全面部署,统一思想,形成防大汛、抗大灾的共识;工程早准备。春节过后,在阴雨霜雪天气条件下,调度水利建设资金200万元,用于重点工程煞尾,保证了工程如期完成并安全度汛;组织早落实。抓防汛队伍建设,“三员”登记造册、分期分批技术培训和战前演习;抢险器材物资早储备。汛前贮存砂、卵、块石18.8万立方米,并择点加强重点险工险段的存放量;职责早明确。汛前,明确各级防汛指挥机构领导成员的分工,包垸、包线、包段责任制确定到人,各级领导到责任区检查、熟悉情况。三是汛前抢修,处理险工隐患。入春后,春雨连绵,地质灾害多发,全县发生堤身跨坡67处、总长9.88公里。各垸、各乡镇狠抓汛前抢修,把险情消灭在萌芽阶段,并逐段落实度汛保安方案和应急措施及专人检查、观测、报告责任制。四是齐心协力,形成抗灾合力。高洪期间,杨正午、周伯华、谢康生等省领导和省水利部门领导专程来县检查、督导防汛工作,陈君文等市领导亦多次来县检查、指导。县指领导昼夜坐镇,及时掌握雨情水情,科学调度,全面指挥。各分指、乡指及包堤垸、堤线、堤段的县级领导和县直单位负责人,以高度的责任心,日夜坚守岗位,服从指挥,确保了一方平安。

安乡县1990-2009年水文特征值

表28-4-66(一)　　单位:米、秒/立方米

项目 年度	城关站				石龟山站				大湖口站				备注
	最高水位	月日	最大流量	月日	最高水位	月日	最大流量	月日	最高水位	月日	最大流量	月日	
1990	36.90	07.03	3850	07.02	37.30	07.02	4290	07.02	37.77	07.05	1390	07.05	平水年
1991	39.34	07.07	6860	07.07	40.82	07.07	10700	07.07	40.27	07.07	2530	07.08	丰水年
1992	36.90	07.21	4020	07.21	36.86	07.21	3970	07.21	37.90	07.21	1540	07.21	平水年
1993	38.53	07.25	5460	07.24	40.12	07.24	8800	07.24	39.39	07.25	1950	09.01	丰水年
1994	34.66	10.14	2610	07.16	34.83	06.07	2280	06.07	35.66	07.16	1060	07.16	枯水年
1995	38.28	07.09	4630	07.09	39.31	07.09	7620	07.09	39.07	07.09	1560	07.09	丰水年
1996	39.72	07.21	5020	07.06	40.03	07.21	7210	07.06	40.18	07.21	1670	07.06	丰水年
1997	37.48	07.21	4210	07.21	37.24	07.21	4120	07.21	38.50	07.21	1820	07.21	丰水年
1998	40.44	07.24	7270	07.24	41.89	07.24	12300	07.24	41.34	07.24	3340	09.09	丰水年
1999	39.16	07.18	5190	06.30	39.96	06.30	7820	06.30	39.84	07.01	1800	07.21	丰水年
2000	36.73	07.05	3970	07.04	36.50	07.05	3390	07.05	37.87	07.05	1710	07.19	平水年
2001	34.78	09.09	2840	09.10	34.72	07.09	1940	06.19	36.13	09.09	1340	09.09	枯水年
2002	38.00	08.24	3690	06.25	37.53	08.22	4590	06.25	38.61	08.22	1610	08.20	丰水年
2003	40.19	07.11	7030	07.11	41.85	07.11	12200	07.10	41.06	07.11	2090	07.10	丰水年
2004	37.03	07.21	4140	09.10	37.24	07.21	4630	07.19	37.83	09.10	1900	09.10	平水年
2005	36.00	08.24	3670	08.24	35.88	08.23	2900	08.23	37.22	09.01	1470	09.01	平水年
2006	34.03	07.12	2560	07.12	34.52	05.13	2050	05.13	35.30	07.11	1050	07.11	枯水年
2007	38.00	07.26	5130	07.26	39.47	07.26	7200	07.26	38.92	07.26	1700	07.26	丰水年
2008	37.06	08.18	4530	08.17	38.41	08.17	6370	08.17	38.14	08.18	1640	08.18	平水年
2009	35.21	08.07	3100	08.07	35.58	06.09	3080	06.09	36.49	08.07	1370	08.07	平水年

安乡1990–2009年水文特征值

表28-4-66(二)　　　　单位:米、秒/立方米

项目 / 年度	张九台站				董家垱站				官垱站		三岔河站		备注
	最高水位	月日	最大流量	月日	最高水位	月日	最大流量	月日	最高水位	月日	最高水位	月日	
1990	37.42	07.02	2220	07.05	37.01	07.05	1990	07.05	36.65	07.05	38.86	07.05	平水年
1991	40.34	07.07	2790	07.06	38.75	07.07	2400	08.15	37.27	07.15	36.79	07.14	丰水年
1992	37.48	07.21	2240	07.21	37.12	07.21	2160	07.20	36.76	07.21	35.40	07.21	丰水年
1993	39.36	07.24	2620	09.01	38.09	09.01	2380	09.01	37.82	09.02	36.45	09.02	丰水年
1994	35.06	07.16	1510	07.15	34.82	07.16	1070	07.15	34.55	07.16	–	–	枯水年
1995	38.99	07.09	2110	07.09	37.77	07.09	1720	07.10	36.97	07.09	36.43	07.09	丰水年
1996	40.05	07.21	2320	07.06	39.70	07.21	2180	07.21	38.41	07.21	38.07	07.21	丰水年
1997	38.06	07.21	2520	07.21	37.73	07.21	2270	07.21	37.16	07.21	35.91	07.21	丰水年
1998	41.38	07.24	2940	08.19	40.18	07.25	2880	07.25	39.67	08.19	38.49	08.19	丰水年
1999	39.73	07.01	2730	07.21	39.44	07.21	2530	07.21	39.60	07.21	38.53	07.21	丰水年
2000	37.39	07.05	2310	07.19	37.19	07.19	2070	07.18	37.22	07.02	–	–	丰水年
2001	35.52	09.09	1590	09.09	35.16	09.09	1250	09.09	35.18	09.09	–	–	枯水年
2002	38.24	08.22	2210	08.21	38.13	08.24	1900	08.20	38.20	08.24	37.63	08.24	丰水年
2003	41.28	07.11	2990	07.10	39.67	07.11	2080	07.13	37.11	07.12	37.52	07.12	丰水年
2004	37.36	07.21	2380	09.10	37.05	09.10	2140	09.10	36.99	09.10	35.91	07.23	平水年
2005	36.73	08.24	2060	09.01	36.33	09.01	1660	08.23	36.12	08.23	–	–	平水年
2006	34.79	07.12	1420	07.11	34.16	07.11	881	07.11	34.09	07.11	–	–	枯水年
2007	38.98	07.26	2460	07.26	37.70	07.27	1950	07.31	37.29	07.31	–	–	丰水年
2008	38.03	08.17	2360	08.17	36.94	08.18	1700	08.18	36.04	08.18	–	–	平水年
2009	36.50	08.07	1840	08.07	35.45	08.07	1340	08.06	35.33	08.07	–	–	平水年

注:官垱站、三岔河站系官垱镇、三岔河镇防汛指挥所自测水位,因未测流量,故无记载。

第五节　水利管理

一　管理机构

2009年,县政府设水利局(1993年前名水利水电局),内设办公室、政工股、计财股、水利管理站、机电排灌站、建设站、水政站、水资源管理站、供水站、防汛物资管理站。5个防洪大圈设置安保、安造、安澧和安昌4个大垸水利管理委员会,均属正科级事业单位,安化垸由安昌大垸水利管理委员会代管。各乡镇设水利管理站(2008年前名水利修防管理委员会),均属全额拨款事业单位。

二　管理单位改制

2008年,县委印发《安乡县水利工程管理单位体制改革实施方案》,成立县水管单位体制改革领导小组,将4个大垸水利管理委员会、8个县直大中型电排站及荆江南堤管理所、董家垱水文站、防汛物资管理站共15个单位纳入“三定两改”体制改革。在“三定”基础上,坚持事业、企业分开、管养分离和公开、公平、公正的原则,因事设岗,科学定岗,竞争上岗,择优聘岗,10月上旬始至12月下旬结束。改革后,各水管单位均定性为纯公益性事业单位,其编制内在职人员(含社会保险费)、内部退养人员、离退休人员和公用经费及工程日常维修养护经费等列入同级财政预算全额拨款。

三　县挖泥船队改制

县挖泥船队1973年8月成立,属县水利局二级机构。2009年8月,针对管理运行机制、亏损、经费等方面的问题和机构面临瘫痪的情况,对其作出注销决定,其人员通过分流、退养和退休等途径安置。

四　依法治水

1988年7月,《中华人民共和国水法》颁布实施。此后,国务院、省人大常委会、省政府相继颁布《河道管理条例》《防汛条例》《取水制许可制度实施办法》等法规。1991年2月,成立县水政水资源管理站(县水利局二级事业机构),组建46人的水行政执法队伍(专职37人、兼职9人)。至1995年,印发宣传资料5万余份,利用广播、电视、幻灯宣传735次,出动宣传车172台次,建固定宣传牌、窗222处,办墙报、板报专栏868个,举办基层水行政执法人员培训班5期、印发培训资料308份、培训学员234人次,查处水事违纪违法案件86起,调解水事纠纷86起。1999年2月,设立县水政监察大队,与水政水资源管理站实行两块牌子、一套人马、合署办公。近10年来,县政府制发《安乡县水利水电工程管理办法(试行)》《安乡县河道管理暂行办法》,进一步规范了堤防管养、洪道治理。专项整治城区违规、违法取用地下水行为,对农村饮用水源地实行责任制保护措施。1998年后,对全县大堤堤身、洪道清障,扫除欧美杨1万余株、芦苇及高杆植被2000余亩、各类作物800亩,拆除各类违章建筑2200平方米,设置河道、大堤、重点保护垱堤划线定界界碑118基、护堤护林公约碑(牌)84块、永久性法治宣传牌162块,植外洲防浪林7554亩、49.37万株、保护堤长108.05公里,植堤内防护林2320亩、6.81万株、保护堤长28.94公里,堤面铺渣260公里,城镇修建固定运输、装卸码头18个。

第二十九章　工　业

1989年前,县内工业只有造纸、化工、纺织、机械制造四大支柱产业,且规模不大,发展缓慢。1989年,四大产业工业总产值(下同)分别为1764万元、1116万元、1041.7万元、995.08万元。1989年后,工业发展速度明显加快,制药、饲料、食品、电子等新型产业发展,原四大产业也有了长足发展。2008年,四大产业工业总产值分别为11560.6万元、30187.8万元、56845.6万元、27850.4万元,分别比1989年增长5.55倍、26.05倍、53.57倍、27倍。

1989年,3456家工业企业中,全民所有制企业22家、集体所有制企业154家、乡办工业112家、村办及个体工业3168家,工业总产值21278万元。2000年,工业企业3017家,其中规模以上工业企业(国有工业企业和年销售收入500万元以上的非国有工业企业)29家、规模以下企业2988家,工业总产值191522万元,比1989年增长8倍,净增产值170244万元。1999年后,省、市对各县(区)的工业经济指标考核,由国营和集体工业为主转向规模以上工业为主。1999年,规模以上工业企业31家,完成工业总产值70533万元,实现销售产值55474万元,体现销售税金457.1万元,应交增值税1757.8万元。至2008年,规模以上工业企业增至61家,比1999年净增30家,完成工业总产值290176万元,实现销售产值283370万元,体现销售税金729.2万元,应交增值税2605.2万元,分别比1999年增长3.12倍、4.11倍、59.5%、48.2%。2008年,规模以上工业总产值比1989年工业总产值增长12.6倍。

2008年,61家规模工业企业中,机械业7家、化工业7家、制药业3家、食品业14家、饲料业7家、造纸业7家、纺织业5家、建材业2家、印刷业3家、其他行业6家,员工5509人,其中中高级人才485人、占总人数的8.8%。其中高级职称4人、中级职称109人,硕士3人、本科121人、大专248人,企业管理岗位113人、专业技术人员345人、技能人才27人。企业的人才优势,为工业经济持续发展奠定了坚实基础。

第一节　经济类型

一　国营工业

1989年,国营工业企业22家,职工4157人,固定资产3469.3万元,工业总产值6045万元。1993年,国营工业企业27家,固定资产6484万元,工业总产值12389万元,固定资产和总产值(下同)分别比1989年增长86.9%、1.05倍。1995年,国营工业企业38家,固定资产10869.8万元,工业总产值28019.9万元,分别比1993年增长67.6%、1.26倍。1996年开始工业企业体制改革,部分国营工业企业或经改制重组为新的股份制公司,或资产拍卖转让后不再从事工业生产。1997年,国营工业企业21家,固定资产9227.7万元,工业总产值25691.6万元,分别比1995年减少15.1%、8.3%。2000年,国营工业企业11家,固定资产7286万元,工业总产值12013万元,分别比1997年减少21%、53.2%。当年保留的国营企业主要有县氮肥厂、棉纺织厂、造纸厂、湘北食品厂、酒厂、印刷厂、罐头食品厂、食品添加剂厂、广安饲料厂、采石场、自来水公司等。

二　集体工业

1989年,集体工业企业154家,固定资产5193.6万元,工业总产值10623万元,税金495.3万元。1995年,集体工业企业138家,固定资产8905.6万元,工业总产值47534.4万元,税金831.7万元,固定资产、总产值、税金(下同)分别比1989年增长71.5%、3.48倍、67.9%。1998年,集体工业企业119家,固定资产11560.2万元,工业总产值54315

万元,税金838.1万元,分别比1995年增长29.8%、14.3%、0.84%。2000年,集体工业企业246家,固定资产11963万元,工业总产值60111万元,税金405万元,分别比1998年增长3.5%、10.7%、-51.7%。

集体工业企业主要分布在乡镇和部门单位。县属集体工业企业14家,主要有湖南工缝机厂、县密封材料厂、棉织厂、橡胶厂、服装一厂、服装二厂、皮鞋厂、皮件厂、木工厂、塑料厂、汽配厂、无线电厂等。这些企业从1996年起破产和改制,均实施"两个置换",除县工缝机厂、密封材料厂改制重组为新的股份公司继续从事工业生产外,其余均进行资产拍卖,关门走人。

三　私营工业

1989年后,县内私营工业发展较快。1991-2000年,私营工业企业由465家增至652家,工业总产值由4191万元增至38017万元、增长8.07倍,税金由34.51万增至220万元、增长5.38倍。2001年后,私营工业逐步向规模化、规范化方向发展,生产经营效益明显提高。2006年,具备一定规模的私营工业企业39家,其中年销售额100万元-200万元的15家,即安猷一、二砖厂、小望角砖厂、安乡预制件厂、董家垱纺织器材厂、焦圻炭棒厂、兴裕油脂加工厂、安凝藠头厂、安丰砖厂、安丰鞭炮厂、大珊饲料厂、天马蚊香厂、三香公司、富田畜业公司、教育印刷厂;年销售额近300万元的9家,即健益乳业饮料厂、顺景毛织厂、九龙泉食品厂、湘北食品饮料厂、陈家嘴砖厂、三岔河鞭炮厂、三岔河立春鞭炮厂、南阳纯净水厂、紫荆花贝壳工艺品厂;年销售额近400万元的4家,即金世纪米业、恒鑫纸品有限公司、安猷粮油加工厂、官垱花炮厂;年销售额近500万元的5家,即金康大米厂、三荣肥业有限公司、麦香缘食品公司、三岔河原生纸品回收加工厂、安吉尔纯净水厂。正在兴建、竣工投产后年销售额在500万元上以的6家,即奇星光电厂、利哥食品公司、益九纺织公司、江南混凝土建材公司、弘升绉纹纸厂、京湘龙安饮品厂。

第二节　工业门类

一　造纸工业

1958年,兴建县内第一家制浆造纸企业——安乡造纸厂。1979年后,安康乡、安裕乡、下渔口镇3家制浆造纸厂相继建成投产,同时还兴建了恒鑫纸业公司、弘升皱纹纸厂、杜家纸厂、原生纸品回收加工厂、得盈纸业公司、万和纸品加工厂、恒安卫生用品公司、穗安纸品公司等纸制品企业。安乡造纸厂作为全县造纸业的龙头企业,1989年产值265.86万元、2000年产值2823万元,同比增长9.6倍;机制纸产量1989年1857.5吨、2000年7490吨,增长3.03倍;税金1989年50.61万元、2000年106万元,增长1.1倍。

2001年后企业改制重组,4家制浆造纸生产企业分别重组为日银、仙桃、众鑫、桂华纸业公司。1989年时,此4家制浆造纸企业设备相对落后,生产规模不大,机制纸年产量5656吨,工业产值1764万元。1993年后,不断进行技术改造和设备更新,造纸生产线增至13条,其中1092mm纸机生产线7条、1575mm纸机生产线4条、1760mm纸机生产线1条、1880mm纸机生产线1条,扩大了生产规模,提高了生产效益,生产能力由1989年1.5万吨提高到2006年8.6万吨。2000年机制纸总产量27160吨,产值10620万元,分别比1989年增长3.8倍、5.02倍;2003年机制纸总产量31148吨,产值14848万元,分别比2000年增长14.7%、39.8%;2006年机制纸总产量52744吨,产值27511.7万元,分别比2003年增长69.3%、85.3%。

2007年3月,根据《湖南省洞庭湖区造纸企业污染整治实施方案》《常德市造纸企业污染整治实施方案》的要求,4家制浆造纸企业和其他纸制品生产企业全部停产。日银、仙桃纸业公司进入污染整治阶段,实施治污工程。众鑫、桂华纸业公司等10家纸制品生产企业转产生产生活用纸、瓦楞纸、包装纸、再生纸等。是年6月,湖南天洁纸业公司收购仙桃纸业公司,全面上马10万吨制浆碱回收治污工程,2008年年底,工程进入设备安装和土建扫尾,待治污达标验收合格后可全面投入生产。

二　化学工业

县内化学工业企业主要有金大地化工公司、神龙化肥公司、下渔口磷肥厂、县橡胶厂、县化工研究所、焦圻飞达橡胶厂、山荷轮胎厂、三荣肥业有限公司、湖南化丰橡胶有限公司、湘北涂料厂、湘北造漆厂等。2008年,化学工业总产值30187.8万元,实现税金3491万元,分别比1989年增长26.1倍、30.1倍。1989年,县内橡胶生产企业生产各种力车胎169万条,实现产值881万元,2008年生产力车胎875.2万条,实现产值8280万元,分别增长4.18倍、8.39倍。

氮肥一直是县内化工行业的主导产品。2002年,县氮肥厂改制重组为金大地化工公司,通过不断的技术改造,2008年合成氨生产能力达到6万吨,为建厂初期的20倍。该公司1989年工业产值500.58万元,2001年工业产值4360.1万元,增长7.7倍;1989年生产碳铵5147吨,2001年20702吨,增长3倍;2008年生产合成氨83650吨,比1989年增长15.3倍。县橡胶厂最初是一个以靴鞋加工为主的企业,1969年转产橡胶制品,主要产品有手推车、三轮车、自行车、摩托车内外胎。1989年生产各种内外胎184万条,总产值1180万元,实现税金107.4万元;1997年,生产各种内外胎137.28万条,总产值2169万元,实现税金120万元,分别比1989年增长－25.4%、83.8%、11.7%。

三　纺织工业

1989年,县内棉纺织企业仅有县棉纺织厂。1996年兴办安都纺织公司,2001年后经招商引资兴办双银纺织公司、益九纺织公司、金成沅纺织公司。1989年生产规模仅有环锭纺2.5万锭、汽流纺1000头、布机300台。2008年生产规模达到环锭纺8万锭、宽幅布机1000台、剑杆织机72台、汽流纺3000头。1989年,县内纺织业产棉纱1591.32吨、坯布454.03万米,实现工业产值1041.7万元;2008年产棉纱12514吨、坯布1006万米,实现工业产值56845.6万元,分别比1989年增长54.5倍、78.3倍、22.1倍。

县棉纺织厂是县内建厂较早、规模较大的国营棉纺织企业。1989年后,该厂几经扩建和设备改造,形成拳头产品,1989年产棉纱1591.32吨、坯布454.03万米,实现工业产值1041.7万元,税金88.31万元;2000年产棉纱702.3吨、坯布558.72万米,实现工业产值7881万元,税金609万元,分别比1989年增长－55.87%、23.06%、5.57倍、4.9倍。

四　机械工业

1989年,县内机械工业企业主要有县机械厂、拖修厂、工缝机厂、汽配厂、五金厂、民治机械厂等。1999年前后,企业或停产(汽配厂、民治机械厂),或撤并(拖修厂),或改制重组(工缝机厂改制重组为凯斯机械公司),或租赁(机械厂被租赁分为车用消声器厂和芳源汽车零部件厂)。主要有工业缝纫机和车用消声器两大支柱产品。由于企业不断扩大再生产,2002年凯斯机械公司的零件部、整机部独立为凯斯零件公司和安凯缝制机械公司。2004年后,经招商引资,人和机械公司、通顺铸造公司两家达到规模的机械工业企业落户县工业园,扩大了机械工业的产能。1989年,县内机械工业总产值1282万元,2008年规模以上机械工业总产值27850.4万元,增长20.7倍。从1993年起,工缝机产品畅销国内,还出口新加坡、日本、土耳其、印度、美国、巴西、墨西哥等国家。

县工缝机厂属县内主要骨干工业企业,1989年生产各类缝纫机23628架,实现工业产值995.08万元,税金39.01万元。改制前的1996年生产各类缝纫机13355架,实现工业产值837.8万元,税金90.67万元,同比分别增长－43.5%、－15.8%、1.33倍。县机械厂是县内最早的国有企业(1958年成立),20世纪80年代,主要生产农机、农具及与其他厂家配套的产品。1992年开发摩托车消声器,并以此作为主导产品,实现了产品结构大调整,扩大了生产规模,工业产值由1989年的170.49万元增至

1995年的1259.5万元,税金由2.91万元增至65.8万元,分别增长6.4倍、21.6倍。

五　食品工业

1989年,县内食品工业企业主要有县罐头食品厂、糕点厂、冰厂、自来水厂、酒厂和城关米厂、茅山米厂、六角尾米厂等。2001年后,惠丰米厂、油脂公司、湖南洞庭牧业有限公司、王饺儿食品有限公司、来得富绿色食品有限公司、湖南糊涂王子酒业有限公司、湘北食品饮料厂、利哥食品有限公司、九龙泉食品厂、湖南鲸港草食猪肉食品有限公司、明尔康饮用水有限公司、鑫莹米业公司、东升米业有限公司、金农食品有限公司等企业相继进入规模工业范畴。主要产品有猪肉、鹅制品、蔬菜水果制品、乳制品、稻米类、酒类及饮用水类等七个系列。1989年,食品工业企业总产值4063万元,2008年达到115221.5万元,同比增长27.4倍。

县罐头食品厂是规模较大的集肉类、鱼类、果类、蔬菜为一体的罐头食品生产企业,有容积800吨的冷库1座,配套完整的生产线,其午餐肉罐头曾获得国家出口商标权。1987年、1988年为企业经营鼎盛时期,1993年,其鱼品车间分离出来,组建为县鱼制品厂(即此后的县湘北食品厂)独立生产经营。1989年生产各类罐头食品3055.91吨,完成产值905.11万元,其中出口90.43吨,实现税金14.88万元。1992年生产各类罐头食品743吨,完成产值470万元,产量、产值同比分别下降75.7%、48.1%。

六　制药工业

1989年前,县内仅有焦圻制药厂。1989年开办安乡制药厂,1992年开办湘鲸制药厂。1999年,引进华安制药有限公司(收购安乡制药厂),2003年,引进津津制药公司(收购焦圻制药厂),经招商引资,2005年,药圣堂(湖南)制药公司、湖南泽安制药公司、湖南华阳制药公司落户县工业园,其中华阳制药系收购津津制药和华安制药后新组建的制药公司。这几家较大规模制药企业的引进,制药业成为县内重要支柱产业之一。1989年制药业产值63万元,2008年12972万元,增长204.9倍。

七　饲料工业

1989年,县内仅有颗粒饲料厂等3家饲料加工企业。1994年后,安宏、安裕、安全、陈家嘴、下渔口等乡镇相继开办饲料加工企业。随着养殖业的发展,1999年后较大规模的广安饲料公司、湘北饲料公司相继投产,荣丰饲料公司、湖南正园饲料公司、常德康达饲料公司、微远饲料公司、常德康盛饲料公司、通程饲料公司、常德润锦饲料公司相继进入规模工业。1989年饲料产量9939吨,产值278万元,2008年饲料产量95834吨,产值73265.3万元,同比分别增长8.6倍、262.5倍。

八　其他工业

(一)建材工业

1989年,县属建材工业企业有县建材厂、预制件厂,18个乡镇大部分办有砖厂或建材厂,主要产品为红砖和水泥预制件。1990年,县建材厂引进新技术、新设备,开发了石棉瓦、水磨石砖、玻纤布、玻璃钢和大理石洁具等新产品。2007年、2008年,县华星预制建材公司、恒通水泥电杆制造公司相继进入规模工业范畴。根据国务院办公厅《关于进一步推行新型墙体材料和推广节能建筑的通知》和《湖南省发展推广应用新型墙体材料管理规定》,2010年前已彻底禁止生产黏土实心砖,全面推广应用新型墙体材料。

(二)印刷工业

县印刷厂是县内较大的印刷企业,也是最早的国营工业企业之一。20世纪90年代,企业的印刷技术由单色印刷提升到彩印,由平印扩展到凹印,主要以生产印刷常德卷烟厂的烟盒为主。2001－2006年,县鲸新包装厂、中意彩印包装公司、教育印刷厂、鑫缘包装印刷公司相继进入规模工业范畴。

(三)电子工业

2006年,深圳奇星电子厂在县内完成设备安装工程,试运行生产,主要产品为发光二极管。2007年10月,香港柏力集团与县政府签订柏力科技园建设合同,在县工业园投资2亿元建造新型电子工业企业,以环保锂离子电池包为核心,生产笔记本电脑电池包、便捷式数码产品电池包、电动车动力电池包及电子配件等。

第三节 工业管理

20世纪90年代后,为加强工业经济的宏观管理,县委、县政府成立县工业领导小组,总揽全县工业经济工作。每年确定县级领导联系的重点企业和负责的重点项目,并纳入年终责任制考评。1999年后,每年下达工业经济发展目标,拟订目标管理考核办法,对全县规模以上工业企业、乡镇及有关部门的工业经济情况全面验收考评。1989年11月,县政府发出《关于集资筹款支援氮肥厂进行技术改造的通知》,为氮肥厂技改项目筹资226万元。1997年,县委办、县政府办发出《关于建立部门支工责任制的通知》,动员各部门从人力、物力和财力上支援工业建设。2000年3月,县工业领导小组发出《2000年县直工业企业经营与工作目标责任制年薪制的通知》,对企业生产经营提出了工效挂钩的具体要求。为加快工业化进程,2002年,县委、县政府相继发出《关于鼓励投资兴办工业企业项目促发展的意见》《关于进一步优化经济发展环境的意见》《关于进一步引进工业项目促进我县工业化进程的意见》《关于印发〈安乡县2002年县级领导联系工业重点项目和重点企业改制责任制〉的通知》,并提出"新区带动发展"战略,在县城区兴建工业园,制订《安乡县工业园优惠政策》。2003－2006年,又相继发出《工业园区封闭管理暂行办法》《关于加强县工业园建设和管理的意见》《关于进一步加快工业园区发展,推进新型工业化的意见》《关于加快工业经济发展的意见》,并提出"一园二区"抓工业的指导思想。系列政策措施的出台,对强化工业经济管理,推动工业经济发展产生了重要作用。

一 内部管理

1990年始推行企业承包责任制,并开展内部审计工作。至1993年,先后开展"质量、品种、效益年"活动、压缩"三项资金"和扭亏增盈工作,提高企业管理水平,协助企业节能增效。收回个人亏欠公款190.69万元,占亏欠总额的73.9%。1994年,安乡列为全省国有预算内企业无亏损县,获省扭亏增盈办通报表彰。1994－1997年,开展现场管理和企业管理工作大检查,要求企业"生产均衡、调度有序,产品质量、控制有力,原辅材料、供应及时,设备完好、运转正常,纪律严明、考核严格,安全生产、操作规范,操作现场、文明整洁"。组织分管设备的厂长对各企业设备交叉检查,杜绝设备管理上计划检修少、抢修多,备品备件计划少、急件调度多,图纸资料少、现场测绘多的"三多三少"现象,各企业内部管理水平明显提高。

二 科技管理

1989年以来,开展"科技兴工""科技兴厂"活动,先后发出《关于做好产品创优争先工作的通知》《关于认真组织全面质量教育统考的通知》和《关于开展向管理要效益的意见》,指导和协助企业应用新技术、新工艺、新设备、新材料,改造现有技术与装备,开发新产品,提高产品质量。1989年,全县下达第一批新产品开发计划,主要有罐头食品厂的午餐肉与猪肉火腿罐头、工缝机厂的GN1－2锁帮机与GN1－2宽刀包缝机、机械厂的ф6mm出口钻、拖修厂的84－5非金属节煤炉、建材厂的玻璃钢浴盆、橡胶厂的彩色自行车外胎、化工厂的发泡七彩火焰蜡烛、酒厂的植酸钙、密封材料厂的柔性石墨盘根与石墨复合材料、塑料厂的无尘复合铅粉。1990年开发新产品12个,其中8个获省、市新产品证书,主要有化研所的植酸钠与补胎液、机械厂的化肥深施器、制鞋厂的双层轻便防滑鞋、密封材料厂的柔性石墨盘根、电器厂的电焊机安全节能开关、电缆厂的聚酯漆包圆铜线、欣兴饲料厂的蜂蜜酒。1992－1993年实施技改项目6个,即印刷厂的四色胶印机、机械厂的摩托车消声器和6105Q车用柴油机配件生产线、橡胶厂的彩色外胎、氮肥厂的两煤改一煤、工缝机厂的竖刀裁断机生产线。1994年，工缝机厂电剪生产线进一步完善并实行电脑管理，KS系列自动磨刀裁剪机填补国内空白，GK10－5B三针绷缝机获国家专利，橡胶厂内胎生产线产能扩大1倍，氮肥厂采用省化肥公司XFⅢ－φ600氨合成塔新技术工艺。另有GM－18K改型皮鞋机、GK45－1中缝双链缝纫机、GK46－1高速双链缝纫机、削皮机、奥地利车用柴油机离合器、飞轮壳、前后排气管、油泵支架、C50摩托车消声器等成为省级产品。1997年，氮肥厂筹资1670万元，更新压缩机、碳化塔、造气炉和铜洗塔，印刷厂与澳门客商合作投资1500万元，引进凹印新设备。

进入21世纪，原有老工业企业改制重组，在“科技兴厂”“创新发展”理念推动下，金大地化工公司、锦豪纺织公司（原县棉纺织厂）、凯斯机械公司发展为县内化工、纺织、机械行业的龙头企业。自2002年改制后，金大地化工公司后几乎每年有1－2个技改项目，产品由2个增至4个，合成氨年生产能力由3万吨扩大到6万吨，电单耗下降12.5%，煤单耗下降21%，“三废”得到治理，其“耘夫乐”牌碳铵获省著名商标和名牌产品。自2005年起，凯斯机械公司每年上缴税金1000余万元，成为县内第一家也是唯一一家税收过千万元的企业，2006年获市十佳科技创新型企业和省高新技术企业。

三　生产管理

重点做好目标任务分解，将工业总产值、销售产值、技改投入、扭亏增盈、新增规模企业等指标落实到各规模以上工业企业；生产调度，每月调度分析各工业企业生产经营状况，帮助企业解决实际问题。同时，不定期地召开厂长（经理）会、效益分析会、统计员会等，敦促目标任务完成；协助产业升级，主要帮助企业技改、增规模、扩产能、上水平，促进各产业不断发展；帮助企业上规模，主要是扶持年销售产值500万元以下的企业，每个企业安排专人联系，了解需求，解决难题，提高办事效率，做到每年有6个以上成长型企业进入规模工业，保障县内工业经济的可持续发展。

工业企业重点技改项目详情见表29－1－67、表29－2－68。

安乡县直属工业企业重点技改项目情况

表29－1－67　单位：万元

序号	项目单位	项目名称	投资额	完成时间（年）	备注
1	棉纺织厂	300台75型布机扩建	600	1986	
2	棉纺织厂	2万纱锭扩建	2230	1987	
3	氮肥厂	合成氨节能改造	214	1987	
4	机械厂	2105柴油机零件生产线	140	1987	
5	工缝机厂	引进皮鞋缝纫机	591	1987	
6	印刷厂	扩彩印生产线	195	1988	已关停
7	电缆厂	全塑电缆生产线	160	1988	已关停
8	罐头食品厂	午餐肉生产线	272	1988	已关停
9	氮肥厂	造气炉、铜洗塔改造	425	1990	
10	橡胶厂	彩色自行车胎扩改	242	1992	已关停
11	造纸厂	1575纸机生产线	290	1992	已关停

续表 29－1－67

12	机械厂	南方125摩托车零件生产线	100	1992	
13	机械厂	6105Q 柴油机配件生产线	200	1993	
14	工缝机厂	引进自动电剪机生产线	220	1994	
15	氮肥厂	更新压缩机、碳化塔等	1670	1997	
16	工缝机厂	设备升级、电脑管理	1055	1996－2000	

安乡县规模工业企业重点技改项目情况

表 29－2－68　　单位:万元

序号	项目单位	项　目　名　称	投资额	完成时间(年)
1	仙桃纸业公司	生产线改造治污	800	2003
2	安都麻纺公司	生产线扩改	1000	2003
3	新阳橡胶公司	生产线技改	500	2003
4	日银纸业公司	生产线扩改	1020	2003
5	凯斯机械公司	零件分厂扩建(二区)	1400	2004
6	凯斯机械公司	新置数控机床	2000	2005
7	金大地化工公司	2.5万吨液氨脱碳	1000	2005
8	锦豪纺织公司	气流纺、细纱机改造	800	2005
9	日银纸业公司	5万吨纸机配套	3500	2005
10	金大地化工公司	5万吨合成氨节能技改	1100	2006
11	锦豪纺织公司	高支纱设备改造	500	2004
12	益九纺织公司	纱锭布机扩改	1500	2006
13	凯斯机械公司	三期扩建	1950	2007
14	通顺铸造公司	生产线扩改	3300	2007
15	金大地化工公司	两煤改一煤	1500	2007
16	康达饲料公司	生产线扩改	1000	2007
17	王饺儿食品公司	生产线扩改	1100	2007
18	荣丰饲料公司	生产线扩改	800	2007
19	天洁纸业公司	9.5万吨制浆与治污	20000	2008
20	湘北饲料公司	生产线改造	1500	2008
21	洞庭牧业公司	5万吨饲料生产线	1000	2008
22	兴源亚麻公司	亚麻、苎麻脱胶废水处理	1185	2008
23	康源药业公司	中药饮片生产线	1200	2009

第四节　工业企业改革

一　推行企业厂长负责制

1985年、1986年，县经委先后在县棉纺织厂、氮肥厂进行企业厂长（经理）负责制试点。1987年，县直工业企业贯彻落实企业厂长（经理）负责制，企业领导体制由党委集体领导和党委领导下的厂长（经理）负责制改变为厂长（经理）负责制，企业厂长（经理）成为企业生产、管理的核心。

二　扩大企业自主权

1986年，根据国务院关于扩大企业自主权的有关规定，企业的人、财、物、产、供、销等14项权力下放给企业，彻底改变了计划经济时期由政府（工业主管部门）掌控企业生产经营及人事等诸权的体制，企业逐渐成为“独立核算、自主经营、照章纳税、自负盈亏”的经济实体。

三　实行厂长经营目标责任制和厂长年薪制

1987年，在扩大企业自主权的基础上，推行厂长（经理）经营目标责任制。政府（工业主管部门）每年对企业下达产值、销售收入、利税等主要经济指标，年底核算结账，利税超额部分留给企业。凡完成责任指标的，对厂长或厂部一班人给予奖励；未完成责任指标的，按规定扣减厂长或厂部一班人工资。是年，县二轻工业系统全面推行厂长（经理）任期目标责任制。2000年，实行县直工业企业经营者工作目标责任制和年薪制，经营者年薪标准分五个档次：销售收入1亿元以上或税费300万元以上年薪6万元、销售收入5000万元至1亿元或税费200万元－300万元年薪5万元、销售收入3000万元－5000万元或税费100万元－200万元年薪4万元、销售收入500万元－3000万元或税费50万元－100万元年薪3万元、销售收入500万元以下或税费50万元以下年薪2万元。

四　推行多种经营形式

（一）租赁制

即把企业租赁给法人或自然人经营，政府只收取租赁费。1987年，县酒厂开全县企业租赁之先河；1997年，湖南车用消声器厂分四块租赁；1998年4月，县棉麻公司租赁县棉纺织厂，更名为安乡金鹏纺织有限公司。

（二）合作经营制

即企业与企业联合经营。1987年，县印刷厂与上海人民印刷厂八厂联营，更名为上海人民印刷八厂安乡分厂；1988年，县罐头食品厂与上海梅林食品厂联营，产品使用梅林厂的商标；1997年，县橡胶厂与上海中南橡胶厂联营。

（三）股份合作制

为股份制的初级形式。1994年，县机械厂进行股份合作制试点；1996年，湖南工缝机厂进行“公司化”改造试点，为此后企业改制重组打下了基础。

五　企业内部分配、劳动用工与人事制度改革

1992年，县经委推行企业内部三项制度改革。一是改革分配制度，取消固定工资制，实行工效挂钩的计件工资与全额浮动工资；二是改革用工制度，实行全员合同制和竞争上岗；三是改革人事制度，择优录用，降低非生产人员比例。企业内部形成了职工能进能出、干部能上能下、收入能高能低的机制，调动了职工的积极性。县机械厂率先出台十项改革措施，即全员劳动合同制、“三合一”结构工资制、厂级领导分线目标责任制、管理人员聘任聘用制、销售人员公开招聘制、销售费用全额包干制、新产品开发招标制、新项目集资分红制、技术攻关悬奖制、超面积住房高房租制。

六　企业破产

根据《中华人民共和国企业破产法(试行)》,对长期停产、亏损严重、资不抵债且无法扭转的国有、集体企业实施破产。由企业召开职工大会或职工代表大会,表决通过企业破产方案,向人民法院提出破产申请;法院受理后,派出破产清算小组,清理企业资产、债权债务;根据企业资产和清偿债务的法定顺序,提出债务清偿方案;召开债权人大会,通过债务清偿方案并实施清偿,宣告企业破产终结。

1996年,县食品添加剂厂、罐头食品厂、酒厂等国有企业与县棉织厂、密封材料厂、皮鞋厂等集体企业先后破产,成为县内第一批破产企业,共甩掉债务包袱8539.7万元。1999年、2000年,县印刷厂、车消厂、造纸厂、棉纺织厂、氮肥厂、精细化工厂、建材厂、湘北食品厂等国有企业与县服装一厂、服装二厂、工业缝纫机厂、木工厂等集体企业先后破产。2000－2004年,县皮件厂、橡胶厂、汽配厂、制鞋厂、塑料厂、五金厂等集体企业先后破产。至此,县属原国有、集体工业企业全部依法破产。

七　企业改革改制重组

1996年,县密封材料厂率先改制,成立安乡力达密封材料有限责任公司,是为全县第一家股份制工业企业。1997年12月,湖南工业缝纫机厂改制为股份制企业,成立湖南安乡工业缝纫机有限公司,公司不设国家股,不吸收法人股,全上岗,股东可优先聘用;2005年12月,在原有限责任公司采用自然人入股方式组建湖南凯斯机械股份有限公司,员工实行合同制,择优上岗。2000年、2001年,县委及县委办、县政府办先后发出《关于加快企业改革和发展的决定》《安乡县国有工商企业改革实施办法》,对国有工商企业在改革改制中实施"两个置换(转换企业国有产权、置换职工身份)"、资产评估、产权界定、债务处置、人员安置、资产经营及变现、企业重组与相关税费优惠办法等作出具体规定,集体工商企业参照《办法》执行。2001年9月,县造纸厂改制重组为安乡县日银纸业公司;2002年7月,县棉纺织厂改制重组为安乡锦豪纺织公司;2002年12月,县氮肥厂改制重组为安乡金大地化工公司;2004年1月,县机械厂改制重组为湖南车用消声器二厂和安乡芳源汽车零部件厂。县酒厂(2000年)、工业供销公司(2003年1月)、棉织厂(2005年12月)、罐头食品厂(2006年1月)、印刷厂(2006年1月)、食品添加剂厂(2006年7月)、服装一厂(2007年6月)、服装二厂(2006年7月)、煤炭公司(2007年12月)、企业物资公司(2007年12月)、乡企供销公司(2007年12月)、乡企建材物资公司(2007年12月)、建材厂(2008年5月)等企业实行资产出让、关门走人。县经委直属19家工业企业有6747人置换身份,其中在职人员5329人、离退休(含"两五"人员)1418人。至2008年,县属原国有、集体工业企业改制工作全部清盘。

县内的企业改革改制重组历时9年,平稳过渡并得到新发展。主要做法:一是企业破产依法进行,为"两个置换"打下了良好基础。二是立足企业原有领导班子或留守班子进行改制,平稳操作。三是通过改制重组实行产权置换,重组后的新企业建立了适应市场经济的机制。四是对改制重组及关门走人的原企业职工实行身份置换,即对职工实行工龄补偿,与原企业解除劳动合同(按本人档案工资基数,每年工龄补偿1.5个月的工资);离退休人员及"两五"人员移交社劳保险,享受应有的离退休待遇;重组后的企业与员工签订新的劳动合同,为员工按时足额缴纳养老保险金,废除终身制。五是解决企业改制中出现的具体问题,因工受伤致残的职工,伤残等级1－4级的享受提前退休待遇,并发给一定额度的补偿金;5－10级的发给相应额度的补偿金;改制前的离退休人员发给一次性医药费3000元;改制时的"两五"人员提前办理退休手续,享受退休待遇;改制结束后,适当安置原企业负责改制的班子成员,关门走人的单位"一把手"提前办理退休手续,科级单位副科级以上班子成员安置在工业企业人才管理中心;对无住房、改制后确有困难的职工,给予搬迁补偿或妥善安置经济适用房(县建材厂有39户职工入住经济适用房);职工入股新的重组公司,入股金额按1：1.8的比例配股。详情见表29－3－69、表29－4－70。

安乡县二轻工业企业改制情况

表 29－3－69　单位:人、万元

企业名称	企业性质	改制完成时　间	在职补偿人　数	离退休（含“两五”人员）	资产处置	备　注
皮鞋厂	集体	1996.06	86	6	60	关门走人
木工厂	集体	2000.04	66	50	206	关门走人
塑料厂	集体	2004.07	61	103	80	关门走人
皮件厂	集体	2004.12	61	53	176	关门走人
橡胶厂	集体	2005.09	125	83	246	关门走人
五金厂	集体	2005.12	47	44	73	关门走人
制鞋厂	集体	2006.12	99	126	195	关门走人
汽配厂	集体	2006.12	36	47	37	关门走人
无线电厂	集体	2007.08	19	16	30	关门走人
二轻供销公司	集体	2007.09	13	16	35.6	关门走人
合　计	－	－	613	544	1138.6	－

安乡县经委直属工业企业改制情况

表 29－4－70　单位:人

企业名称	企业性质	改制完成时　间	在职补偿人　数	离退休（含“两五”人员）	备　注
密封材料厂	集体	1996	45	6	重组力达密封材料公司
工缝机厂	集体	1997.12	344	98	重组湖南凯斯机械公司
造纸厂	国有	2001.09	151	123	重组日银纸业公司
棉纺织厂	国有	2002.07	2589	179	重组锦豪纺织公司
氮肥厂	国有	2002.12	1149	151	重组金大地化工公司
机械厂	国有	2004.01	150	116	重组湖南车消二厂、县芳源汽车零部件厂
罐头食品厂	国有	2006.01	260	198	关门走人
印刷厂	国有	2006.01	170	71	关门走人
添加剂厂	国有	2006.07	44	33	关门走人
建材厂	国有	2008	76	65	关门走人
酒　厂	国有	2000	63	26	关门走人
工业供销公司	国有	2003.01	15	9	关门走人
棉织厂	集体	2005.12	83	101	关门走人
服装一厂	集体	2007.06	29	87	关门走人
服装二厂	集体	2007.06	60	82	关门走人
煤炭公司	国有	2007.12	46	34	关门走人
企业物资公司	国有	2007.12	14	10	关门走人
乡企供销公司	国有	2007.12	24	20	关门走人
乡企建材物资公司	国有	2007.12	17	9	关门走人
合　计	－	－	5329	1418	－

第五节 工业企业及产品选介

一 主要工业企业

(一)金大地化工有限责任公司

2003年由县氮肥厂改制重组的中型民营企业，位于大鲸港镇。县氮肥厂1970年3月建厂，投资240万元，1971年5月投产，当年产碳铵987吨；1974年7－12月进行第一次设备改造，合成氨年生产能力由3000吨扩大到4500吨；1978年投入340万元进行第二次设备改造，增加1套合成氨生产设备，生产能力扩大到8500吨；1988年投入220万元进行第三次设备改造后，合成氨年生产能力扩大到1万吨。重组为金大地公司后，加大技改力度，至2005年合成氨年生产能力扩大到6万吨。

企业占地面积10万平方米，建筑面积3.8万平方米，注册资金4000万元，2008年年底资产总额11829万元。有员工300余人，各类专业技术人员89人，其中中级以上技术职称12人、高级工程师1人。主要生产农用化肥碳酸氢铵和商品液氨、长效颗粒碳铵、二氧化碳，年生产能力合成氨6万吨，产值1.4亿元。其产品“耘夫乐”牌碳酸氢铵先后获省著名商标和省名牌产品，2007年获市十佳企业。

(二)凯斯机械股份有限公司

1997年由湖南工业缝纫机厂改制重组的股份制民营企业，总部(一区)位于深柳镇东门新街，二区、三区位于县工业园(河东片)。

企业总占地面积12万平方米，注册资金4246.8万元，2008年底资产总额12109万元。有员工587人，其中专业技术人员和大专以上学历157人。有高精度数控加工设备650台(套)，实现了机械加工数控化。公司为中国沿海、台湾地区和日本、欧洲的先进企业提供机械精密零部件加工，主导产品工业缝纫机畅销20多个国家和地区。“凯斯”商标获省著名商标，“安凯”牌工业缝纫机获省名牌产品，2006年获市十佳科技创新型企业和省高新技术企业，2008年获全国轻工业企业信息化先进单位。

(三)锦豪纺织有限责任公司

2002年由县棉纺织厂改制重组的中型民营企业，位于深柳镇书院洲社区。

企业占地面积11万平方米，建筑面积4.6万平方米，注册资金3000万元，资产总额10218万元。有员工509人，其中专业技术人员58人。有环锭纺5万锭、汽流纺1200头、75型宽幅布机300台、箭杆织机72台，年产各类棉纱6500吨、坯布650万米、加工棉花3000吨，年产值过2亿元。主要产品销售广东、香港、江苏、浙江等地，其C20^{s}/D纱获省优产品。

(四)湘北饲料有限公司

1998年成立，总部设大鲸港镇。

2007年，在县工业园(河东片)建生产车间，占地面积4.1万平方米，建筑面积3.24万平方米，注册资金400万元，总资产4695万元。有员工284人，其中工程技术与管理人员74人，中、高级职称人员18人。有先进的饲料生产线，年产量达10万吨，年产值1.5亿元。2004年3月，“湘北牌”水产饲料获首届中国湖南畜牧业暨工业博览会金奖，2005年9月获市农业产业化龙头企业。

(五)药圣堂(湖南)制药有限责任公司

2004年4月成立，位于县工业园(河东片)，由全国最大的药品零售企业湖南老百姓医药连锁有限公司投资创办，是集科研、生产、销售为一体的现代化中成药生产企业。

企业占地面积6.67万平方米，建筑面积2万平方米。2008年，注册资金1500万元，资产总额7600万元。有员工285人，其中工程技术人员50人。建有口服液、片剂、颗粒剂、丸剂、胶囊剂和中药饮片6条标准化生产线，具年产中药饮片3000吨、中药提取1200吨、片剂5亿片、胶囊5亿粒、颗粒剂2000万袋、丸剂20亿粒、口服液8000万支的能力，年产值可达5亿元。其保健食品“雪源口服液”具有自主知识产权。

（六）中意彩印包装有限责任公司

2004年成立，位于县工业园（河东片），是以彩色印刷为主，集各种瓦楞箱制造及标签、内盒印刷为一体的民营企业。

企业占地面积19980平方米，建筑面积8500平方米，2008年资产总额1452万元。有员工149人，其中专业技术人员26人。有先进的彩印和包装生产线，年产各种纸板箱2200万平方米，年产值1.2亿元，是湖南瓦楞纸生产、药品包装和出口商品包装定点生产企业。其生产的瓦楞纸箱主要销售周边省、市，并出口国外。

（七）鲸港草食猪食品有限公司

2005年成立，位于大鲸港镇。

企业占地面积6.67万平方米，建筑面积1万平方米，2008年资产总额1265万元，有员工85人。主要产品是草食猪腊肉系列，年产值8000万元。

（八）毅力能源有限公司

位于县工业园（河东片），占地面积59940平方米，建筑面积32320.89平方米，总投资2500万美元，是专业从事二次锂离子电池产品研发、生产和销售于一体的外资独资企业，年产量8000万安时。有员工1300人，其中有资深工程师组成的研发队伍100余人，可为客户提供优质个性化的电源设计方案。

2003年，企业引进中国台湾地区和日本尖端科技，研制出圆柱形、方形、聚合物软包装和高功率等二次锂电池系列产品，具安全性强、容量高、体积小、重量轻和寿命长等优点，通过CE、UL和SGS认证，各项综合性能达到国际水平。其质量管理体系2004年通过ISO 9001 ：2000质量体系认证，其产品可广泛应用于移动电话、笔记本电脑、数码产品、电动工具、电子医疗器械、家用电器、照明灯具和玩具等产品中。

（九）丰康生物科技公司

2008年6月签约进入县工业园（河东片），占地面积8.87万平方米，计划投资1亿元，规划年加工棉籽20万吨，分两期建设，3年内全部建成。

主要采用纳入国家火炬计划、由北京中棉紫光生物科技有限公司开发的脱酚棉籽蛋白生产高新技术专利项目，将棉籽中的有毒成分棉酚提取出来，加工成饲料用棉籽蛋白、精炼棉油、棉籽壳、油脚、棉酚等产品，提高产品附加值。该项目依托县内及周边地区丰富的棉籽资源，2008年7月，第一期年加工10万吨棉籽生产线建设启动，已完成投资6300万元，是长江以南第一条脱酚棉籽蛋白加工生产线。第二期年加工10万吨棉籽生产线建设已启动。该项目建成投产后，可年生产饲料用棉籽蛋白8万吨、精炼棉油3万吨，实现销售收入7亿元、利税6000万元以上，提供就业岗位400余个，对推进全县棉花产业化进程，增加棉农收入，促进县域经济发展具有积极作用。企业计划在2010年与北京中棉紫光公司合作，进一步进行棉籽深度开发与综合利用，建设国内第一条棉酚、棉籽糖生产线，提高产品附加值。

（十）伟厦水泥公司

水泥粉磨站项目2008年5月签约进入县工业园（河东片），占地面积3.67万平方米，计划投资5000万元、年产水泥100万吨。

项目生产工艺是购进水泥熟料，按一定比例加入煤渣、粉煤灰、石膏等进行粉磨，加工成成品水泥。2008年8月项目建设启动。项目投产后，可提供就业岗位200余个，带动交通运输等产业发展，预计县内市场水泥销售价格每吨可降20元左右，年缴纳税收1500万元以上。

（十一）天洁纸业有限公司

是继洞庭湖区造纸产业结构调整后落户县内的大型化学制浆造纸企业，企业占地面积306667平方米，总投资2亿元，年设计化学制浆能力10万吨，相当于造纸企业关停整治前县内4家化学制浆企业产能的总和。

项目符合国家产业政策和国家“十一五”造纸业规划纲要，节能减排特点显著。一是热电治锅炉烟气采用内脱硫和静电除尘器除尘的方法处理，再经过120米高的烟囱排放，炉内脱硫率达80%、电除尘器效率达99%，烟气排放达到《锅炉大气污染物排放标准》；二是建有处理规模为3万吨/天污水处理回收站,采用物理、化学和生物方式处理生产废水,使处理后的生产废水达到造纸工业污染物排放标准;三是建有设计规模为2万吨/天白水回收站,采用过滤法处理造纸白水;四是有效利用工业废渣,年处理利用工业废渣35415吨作为路堤填料、路面基础材料、水泥混凝土掺和料,细灰还可作为水泥的掺和料。2007年11月,项目建设启动,已完成投资1.8亿元,2条1760主机生产线完成安装,配套的漂白、蒸煮、碱回收等生产线安装完毕。项目建成投产后,可消化县内所有芦苇资源,属优势项目之一,年加工芦苇15万吨,实现产值2.5亿元,税收750万元,相当于造纸业整治前县内8家造纸企业税收的总和。

二 主要工业产品

1989年后,随着科技进步,县内工业企业产品质量得到提升、品种更新扩大。

(一)造纸业产品

在原有书写纸、有光纸基础上新增了双胶纸、静电复印纸、涂布白板纸、轻质纸、传真纸。

(二)化工业产品

在原有碳铵、商品液氨基础上新增了三醋酸甘油酯、磷肥、复合肥。在传统的手推车、三轮车、自行车、摩托车内外胎基础上新增了彩色外胎。

(三)纺织业产品

在原有21^S纱和坯布基础上新增了$+10^S$、14^S、16^S、32^S、45^S、60^S、80^S纱、竹节纱等品种。

(四)机械业产品

在传统的三线机和农用机械产品基础上新增了三线、四线、五线包缝机和印染接头机、双链缝纫机、双针绷缝机、电加热钻孔机、自动磨刀电剪刀、裁剪机、皮鞋机、削皮机、内里修边机、细条裁料机、后根压条机、拉帮机及IKL消声器、6105前排、6105后排、6105壳体、6105支架、烟机零部件、罗拉车等。

(五)医药业产品

属新兴产业,主要产品有感安、复方赖氨酸、麦迪霉素片、六合氨基酸、阿胶补血口服液、乳核内消口服液、玉蓉补肾口服液、西汉古酒、乙肝解毒胶囊、藿香正气胶囊、牡蛎碳酸钙颗粒、青霉素、异烟肼、安乃近、病毒灵、甲硝唑、多维葡萄糖、维生素C、维生素B_1、维生素B_2、熊胆排石片、牛黄解毒片、穿心莲片、六味地黄胶囊、二天油、六一散、肾石通冲剂、冰硼散等近百个品种。

(六)建材业产品

在原有几十年不变的红砖和预制件两大类产品上新增了石棉瓦、水磨石地板砖、玻纤布、玻璃钢和大理石洁具等。

此外,县内印刷、制鞋、制衣等企业产品的质量、品种都得到提高和扩大,进一步满足了市场需求。

工业企业主要新产品详情见表29－5－71。

安乡县1990－2008年工业企业主要新产品情况

表29－5－71

序号	产品名称	开发时间(年)	生产企业	备　注
1	化肥深施器	1990	机械厂	
2	双层轻便防滑鞋	1990	制鞋厂	
3	石墨盘根	1990	密封材料厂	
4	植酸钠,补胎液	1990	化工研究所	
5	吸水布	1992	棉纺织厂	

续表 29－5－71

6	印染接头机	1992	工缝机厂	
7	膨胀石墨盘根	1992	密封件厂	
8	摩托车消声器	1992	车用消声器厂	
9	四色胶印机	1992	印刷厂	
10	竖刀裁剪机	1993	工缝机厂	
11	6105Q 车用柴油机机壳	1993	机械厂	
12	彩色外胎	1994	橡胶厂	已停产
13	自动磨刀裁剪机	1994	工缝机厂	
14	绷缝机	1994	工缝机厂	
15	“金芙蓉”香烟条盒	1994	印刷厂	已停产
16	KS 系列自动磨刀裁剪机	1994	工缝机厂	填补国内空白
17	GK10－5B 三针绷缝机	1994	工缝机厂	国家专利
18	GM－18K 改型皮鞋机	1994	工缝机厂	省级产品
19	GK45－1 中缝双链缝纫机	1994	工缝机厂	省级产品
20	GK46－1 高速双链缝纫机	1994	工缝机厂	省级产品
21	削皮机	1994	工缝机厂	省级产品
22	奥地利车用柴油机离合器	1994	机械厂	省级产品
23	奥地利车用柴油机飞轮壳	1994	机械厂	省级产品
24	前后排气管	1994	机械厂	省级产品
25	油泵支架	1994	机械厂	省级产品
26	C50 摩托车消声器	1994	机械厂	省级产品
27	水产饲料	1999	湘北饲料公司	获博览会金奖
28	王饺儿卤腊食品	2000	王饺儿食品公司	获博览会金奖
29	胶印书刊纸	2003	仙桃纸业公司	
30	磷肥	2003	神龙化肥公司	
31	烤鹅、鹅食品	2004	洞庭牧业公司	省名牌产品
32	双胶纸	2004	日银纸业公司	已停产
33	“来得富”榨菜食品	2004	来得富食品公司	省名牌产品
34	复合肥	2005	神龙化肥公司	
35	烟机、医用器械零件	2005	凯斯机械公司	
36	口服液、中药饮片	2005	药圣堂制药公司	
37	瓦楞纸箱	2005	中意彩印包装公司	
38	碳酸氢铵	2006	金大地化工公司	省名牌产品
39	工业缝纫机	2006	安凯缝制机械公司	省名牌产品

续表 29 – 5 – 71

40	C80ˢ 以上高支纱	2006	锦豪纺织公司	
41	草食猪肉食品	2007	鲸港草食猪食品公司	
42	竹节纱	2007	锦豪纺织公司	
43	汽车无极加速器	2008	凯斯机械公司	
44	二氧化碳(食品级)	2008	金大地化工公司	
45	畜禽饲料		正园、荣丰等饲料公司	

第六节　工业园建设

一　管理机构

为推进工业强县,2001 年 7 月,县委、县政府决策,在城关镇南区创办工业新区,成立县工业园协调领导小组,设置县工业园管理办公室。2003 年 1 月,撤销县工业园管理办公室,成立县工业园管理委员会,与县招商局两块牌子、一套人马、合署办公。2004 年 4 月,县工业园管委会与县招商局分设。2005 年 7 月,确定县工业园管委会为正科级事业机构,归口县政府办。

二　园区规划建设

创建之初,工业园区规划一期开发面积 600 亩,二期开发 2800 亩。随着发展的需要,逐步形成"一区两片(河东片、河西片)"发展思路,即县城关镇新开发区(河东片)重点发展机械制造、生物制药、电子等轻污染产业,大鲸港镇老工业区(河西片)并入县工业园区统筹规划发展,重点发展制浆造纸、化工等有一定污染的产业。

2001 年 9 月,县工业园区正式创建并在一环南路开工建设。2002 年 8 月,湖南凯斯机械股份有限公司成为首家入驻园区的企业,征地 20 亩,投资 1700 万元,建设零件生产线和花色工业缝纫机生产线;9 – 11 月,津津制药有限公司、山荷轮胎有限公司、神农化肥公司先后入驻园区。2003 年 4 – 9 月,荣丰饲料公司、华安制药有限公司、中意纸箱包装有限公司、药圣堂(湖南)制药有限公司先后入驻园区。2004 年 2 – 7 月,湖南人和机械有限公司、通顺铸造有限公司先后入驻园区。2005 年 9 月,正园饲料公司、湘北水产饲料有限公司入驻园区。2006 年 5 – 9 月,通程饲料有限公司、常德通元铸造公司、草食猪肉食品有限公司先后入驻园区。2007 年 1 – 11 月,中小企业创业园、恒辉木业公司、天洁纸业公司年产 9.8 万吨制浆造纸项目、凯斯三区扩建项目、康源药业公司、微远饲料有限公司、天资乳业有限公司先后入驻园区;10 月,县政府与香港柏力集团签订协议,由香港柏力集团在园区内建设常德柏力科技园,规划占地 2000 亩,投资总额 30 亿元以上,所有投资在 2016 年年底前完成。2008 年 3 月,常德柏力科技园内第一个项目常德毅力能源开工建设;5 – 11 月,湖南丰康生物科技公司脱酚棉籽蛋白项目、伟厦水泥公司年产 100 万吨水泥粉磨站项目、湖南茂林纸业公司(收购原日银纸业公司)包装纸生产项目先后入驻园区。至 2008 年,园区建设发展迅速,形成了"一区两片"总体框架。园区远景规划面积 22 平方公里,已完成控制性详细规划 5.5 平方公里、建成 3 平方公里。累计投入资金逾亿元,完成了安乡大道南延伸线、车胤路、昌颐路等道路建设及其他基础设施配套。园区内有规模以上企业 31 家,初步形成了机械制造、医药制药、造纸及纸制品、饲料加工、化工等产业雏形。2008 年,园区内规模以上企业完成产值 15.7 亿元,实现增加值 4.1 亿元,上缴税收 2268 万元,占全县工业经济比重的六成。

三　园区优惠政策

为加快园区建设和鼓励企业入园,2001 年 7

月，县政府发出《安乡县工业园区优惠政策》。一是土地费用减免。凡固定资产投资200万元以下的企业（项目），所需生产性用地和生产性辅助用地，土地征用费3.5万元/亩；凡固定资产投资200万元－1000万元的企业（项目）或省级以上认定的高科技项目，县政府以土地租赁形式提供项目用地，项目建成投产后15年内免收土地租赁金，在此期限内投资者若需要以土地出让形式获得土地使用权的，其土地规费按标准减半征收；凡固定资产投资在1000万元以上（含1000万元）的企业（项目），县政府以土地出让形式无偿提供用地；进入园区的企业（项目），土地使用年限为40年；凡无偿获得土地的企业（项目），经营者不得将土地转让、出租、抵押；因企业迁移、解散、撤销或破产等停止使用土地的，县政府收回无偿提供的土地或全部土地收益。二是规费全免。三是设立县工业园企业发展基金。园区内的企业除享受国家规定的税收优惠政策外，投产后3年内企业所缴纳增值税的20%、所得税的100%由县财政作为发展基金返还给企业；用于企业扩大再生产。四是实施税费优惠。五是乡镇招商引资在园区新办企业的，企业产值税收列抵乡镇责任指标。六是设立园区项目引进奖。凡引进县外资金进入园区新办企业（项目）的，建成后，县政府按引进固定资产投资额的1%－2%奖励有功人员。七是鼓励行政事业单位人员创办和领办企业。八是园区企业的有关申报手续由县工业园管理办公室代办。是年9月，县政府办发出《安乡县工业园优惠政策实施细则》。2003年5月，县委办、县政府办发出《安乡县工业园管理暂行办法》，实行手续代理制、收费一票制、检查准入制、纠错告知制。2006年、2008年，县委、县政府先后发出《关于进一步加快工业园区发展，推进新型工业化的意见》《关于加速推进新型工业化的若干意见》，明确和进一步完善了园区发展目标、措施、环境和激励政策，要求按照高投入、高科技、高税收、低污染标准引进项目。对直接入园的项目，原则上其固定资产投资不得低于2000万元、综合税率3%以上；在园区内，凡固定资产投资在2000万元以上的企业，所需生产性用地和生产性辅助用地，土地征用费不超过3.5万元/亩，其超过部分由县财政负担；土地出让年限为40年；对固定资产投资额特别大且对本地经济带动较大的，适用更加优惠的土地政策。

第三十章 乡镇企业

第一节 发展概况

20世纪50年代中期,县内乡镇企业开始起步。经历萌芽(1954－1958年)、整顿停办(1959－1963年)、重新兴起(1964－1978年)、调整巩固(1979－1983年)、快速发展(1984－1989年)、改制转型(1990－2003年)、产业化经营(2004－2009年)七个阶段。90年代初期,随着农村经济体制改革的深入,县内乡镇集体企业采取拍卖、承包经营、转体经营等形式,逐步转型改制为个体民营企业。砖瓦厂、造纸厂、烟花鞭炮厂等一批原经营较好的企业因资源匮乏、环境污染、市场竞争等因素逐渐萎缩、关闭或转体,通过招商、引资、联营等措施,一批集生产、加工、销售一条龙的产业化龙头企业兴起。

2002年,县乡镇企业局撤销,并入县工业发展局,以发展县办工业为主。2006年,恢复县乡镇企业局,以发展乡村龙头企业为重点,推进农业产业化建设。至2009年,发展各类龙头企业453家,其中年产值500万元以上的农产品加工企业32家、1000万以上的22家,省级龙头企业2家、市级龙头企业6家、县级龙头企业14家。农产品加工率37.6%、商品率81.3%。创立的20余个农产品品牌中,获国家有机食品认证1个、国家绿色食品认证2个、省农博会金奖3个、省最畅销产品奖2个、省知名品牌2个。主要经济指标详情见表30－1－72。

安乡县1955年、2000年、2005年乡镇企业主要经济指标

表30－1－72 单位:个、人、万元

项目 / 年度	企业个数	从业人员	总产值	营业收入	增加值	上缴税金	利润
1995	18083	61379	215688	150586	52959	1914	17040
2000	15056	47961	320026	123500	94007	1846	6267
2005	10246	47047	330858	297347	101044	3971	8530

第二节 产业结构

1978年前,县内乡镇企业以种养业为主。尔后,工业、建筑业、交通运输业发展速度加快。1979年,国务院《关于发展社队企业若干问题的规定》下达后,商业、服务业迅速发展。1985年后,工业企业、商业服务业逐步发展成为乡镇企业的主体。

20世纪90年代,农业企业不断进行产业结构调整,各类种养企业大户应运而生,但集体渔场、园林场、芦苇场、蚕桑场等企业则由集体经营逐步转体为个体承包经营。至2008年,乡镇企业各业占乡镇企业总产值的比例农业9.4%、工业45.9%、建筑业2%、交通运输业4.3%、商业服务业38.4%,分别比1989年增长－14.1%、0.5%、－5.2%、－4.1%、22.9%。乡镇企业形成了以工业为主体,商业服务业为支柱的格局。详情见表30－2－73。

一 农业企业

20世纪90年代,各类种养企业大户由常规养殖发展到特种养殖,由单纯养殖发展到种、养、营销联合经营,推进了种养企业生产区域化、特色化建设,

逐步向产业化迈进。

2000年，各类企业大户512个。其中养猪100头以上、养鸡1万羽以上、养牛20头以上、养鸭500羽以上的224个，养鱼50亩以上48个，养珍珠100亩以上60个，其他特种养殖67个，种杨树100亩以上13个，其中2000亩以上3个，年销售额300万元以上营销大户50个。2008年，乡镇农业企业总产值40298万元，占乡镇企业总产值的9.4%。

二　工业企业

安丰油脂化工厂、下渔口麻袋厂、董家垱钢铁厂、安裕造纸厂、安康造纸厂等及乡村砖瓦厂等一批20世纪80年代的主要骨干企业，由于缺乏长期的可行性研究，或盲目发展，或管理不善，或环境污染和土地资源限制等原因，进入90年代后，相继停产、转产或亏损倒闭。通过招商引资，来得富绿色食品有限公司、湖南洞庭牧业有限责任公司、鑫莹米业有限公司、湖南正园饲料有限公司等一批产业化经营模式的龙头企业迅速崛起。

县委、县政府先后出台《关于进一步加快农业产业化建设步伐的意见》《关于大力发展农产品加工业的意见》，对龙头企业从税收、财政、金融等方面予以政策优惠和扶持，加速了龙头企业的发展。乡镇新发展的农产品加工企业，其上缴税金的县财政部分全部返还乡镇；农产品加工企业研发新产品、新技术、新工艺所发生的各项费用，经主管地税机关审核，在缴纳企业所得税前扣除；从事农产品技术转让、开发业务和与之相关的技术咨询、技术服务的加工企业的个人所得收入，经主管地税机关审批，免征营业税；设立"一基金三奖"，即发展农产品加工业专项基金，发展农产品加工业投入奖、创牌奖、龙头奖。2008年，乡镇工业企业总产值197780万元，占乡镇企业总产值的45.9%，占全县工业总产值的42.6%。

三　建筑企业

1989年，乡镇建筑企业20个，从业人员1288人，劳务收入1394万元，乡镇建筑企业收入占乡镇企业总收入的7.2%。

乡镇建筑企业一度受制于建筑行业各种规范限制和技术、资金制约，特别是在经济体制改革中，乡镇建筑工程队陆续转体为民营建筑企业。2008年，乡镇建筑企业总产值8635万元，占乡镇企业总产值的2%。

四　交通运输企业

20世纪70年代前，县内交通运输以水上运输为主。80年代后，乡镇陆路运输发展迅速，形成了水陆互补的运输网络。1989年，乡镇交通运输企业20个，有汽车159辆、拖拉机2538辆、各类船只232艘。

90年代后，乡村道路建设速度加快，乡乡通公路，大部分村级公路已成型，陆路运输迅速发展，成为运输业的主体。由于受长江水系的影响，枯水季节延长，水路运输有所萎缩。2007年，有各种民运汽车2129辆，其中客车1249辆（大型97辆、中型760辆、小型392辆）、货车710辆、专用货车170辆，拖拉机2690辆，摩托车2.1万辆，各类运输船只209艘。2008年，乡镇交通运输企业总产值18403万元，占乡镇企业总产值的4.3%。

五　商业服务业

1989年，乡镇商业服务业23个、328人，商业服务业收入占乡镇企业总收入的15.2%。

20世纪90年代后，农业产业结构进一步调整，大量农村剩余劳动力进入城镇经商务工，乡镇办服务性企业转体为承包经营或买断经营。商业服务业迅速发展，农产品运销、农业生产资料营销、商业贸易、餐饮业、旅游业空前繁荣。2008年，乡镇商业服务业总产值165571万元，占乡镇企业总产值的38.4%。

安乡县1990－2009年部分年度乡镇企业产业结构情况

表30－2－73 单位:万元、%

项目 年度	农业		工业		建筑业		交通运输业		商业服务业	
	产值	比例	产值	比例	产值	比例	产值	比例	产值	比例
1990	6002	23.5	11609	45.4	1851	7.2	2156	8.4	3972	15.5
1995	72027	33.6	85962	39.8	15076	6.9	20272	9.3	22530	10.4
2000	32180	10.1	148631	46.4	17659	5.5	32447	10.2	89109	27.8
2003	33504	12.1	123249	44.7	23268	8.5	24620	8.9	71239	25.8
2009	40289	9.4	197780	45.9	8635	2.0	18403	4.3	165571	38.4

第三节 重点龙头企业选介

一 来得富绿色食品有限公司

该公司2004年成立,是浙江省余姚市康福菜业有限公司在县内投资的独资企业,以榨菜、泡菜深加工为主的现代化食品加工企业,为省市级龙头企业。有员工219人,高级技术人员22人。

企业占地面积6.5万平方米,计划总投资4500万元,拟建26条自动流水生产线,年加工能力8万吨－10万吨、年创产值2亿元、利税4000万元。已投资1600余万元,建厂房8000平方米,有18条自动流水生产线。主要设备有真空包装机12台、切丝机6台、进口打码机2台、环保锅炉1台及巴氏高温杀菌生产线1条,年加工能力4万吨以上、日产成品60吨,日产值25万元、年产值7000万元以上。已启动二期投资,建食品检测室。该公司采取公司＋基地＋农户的运作模式,先后在安全乡及周边乡镇建立8万亩无公害蔬菜基地,带动2万余农户发展以榨菜为主的蔬菜生产。

该公司开发4大品牌、16个品系、200多个品种的“来得富”牌系列绿色食品,通过了ISO 9001：2000质量管理体系认证,取得了绿色食品证书。“来得富”品牌2003年、2004年在沈阳、成都全国糖酒会和广交会上大受欢迎,打入中国台湾、香港地区和日本、韩国及中东地区市场。

二 洞庭牧业有限责任公司

该公司2002年3月落户安乡。至2005年,先后投入近2000万元,初步形成集良种鹅繁育、商品鹅养殖、鹅食品加工和配套饲料生产于一体的产业化格局。有员工180余人,其中硕士、博士、教授等高级技术人员近30人。

该公司洞庭草鹅良种繁育基地,是全国规模最大、水准最高的肉鹅良种繁育中心之一,也是湖南省唯一被认定的国家级种苗繁育中心。有祖代种鹅5000只、父母代种鹅2.5万只,利用智能孵化机规模化生产,每年可提供商品鹅苗120万羽、父母代种鹅2万组。2005年8月,洞庭草鹅良种繁育基地改扩建项目被农业部纳入全国种禽重点发展项目。从2003年6月开始,投资500万元,在大鲸港镇建成全省第一家经国家进出口检疫检验局批准的禽类出口加工厂,年加工草鹅能力200万羽。与省农业大学食品科学研究所合作,研制开发了鹅系列熟食产品,凤鹅、板鹅、香辣鹅、休闲食品畅销国内外市场。并与美国Hitoro公司合作,修建年产5万吨饲料加工厂1座,研制开发和生产“鱼米乡”系列鱼饲料。2004年3月,获省农业产业化龙头企业。是年7月,通过ISO 9001：2000质量管理体系认证和“娥皇”牌洞庭草鹅系列产品有机(产品、基地)认证。

三 富田畜业有限责任公司

该公司位于大鲸港镇农产品加工园区,是集种、养、加为一体的产业化龙头企业，属股份制民营企业。

企业有固定资产1000万元、注册资金600万元、流动资金500万元。有员工30人，其中技术员10人。年加工草食猪5万头、产值3500万元、纯利400万元，产品供不应求。

四　鑫莹米业有限公司

该公司于2002年7月成立，其前身为县粮食局惠丰米厂，位于城关镇香港步行街，占地面积13407.9平方米。2003年8月改制，是集收购、销售、调运、储存、加工于一体的国有控股粮食购销企业，经省粮食厅、农业厅认定为省优质稻米加工龙头企业、省出口大米定点厂家。有员工55人，其中各类专业技术人员16人、中级以上5人。有固定资产3800万元，其中设备投资1260万元，年生产能力4万吨，储藏能力1万吨。2005年，收购、加工、销售产值近7000万元、利润350余万元、上缴税收80余万元。

该公司"以质量求生存，以品牌促发展"，2004年投资856万元，引进英国九万型大米自动色选机、国产先进的大米分级精选机和真空包装机、大米包装自动电脑计量秤，加工设备达到国内先进水平，可日产"鑫莹"牌精优系列大米150吨。2003年获市消费者委员会绿色消费推介产品。

五　正园饲料有限公司

该公司2005年成立，位于大鲸港镇工业区，占地80余亩，总投资2000万元，拥有先进的饲料生产线2条，选用德国水滴式微粉碎机以及西门子数字电控系统，可年产饲料18万吨，有大型冷冻库1座，可冷冻冷藏各类食品3000吨。另有养殖基地水面3000亩，能为新产品研发提供可靠保障。是集水产、水禽饲料生产、食品冷藏、鱼药研发、水产养殖于一体的现代化民营股份制企业。有员工80余人，其中本科以上学历技术人员28人、高级职称5人。

该公司以华南农业大学为依托，聘请该校水产动物管养与饲料学专家、博士生导师温小波教授为常年技术顾问，聘请省水产科学研究所鱼病研究室主任杨向江教授为售后服务部主任，以及时为农户解决养殖难题。

六　裕兴农贸有限责任公司

该公司是以棉花收购、加工为主，兼营种子、农药、肥料贸易的农业产业化龙头企业，资产总额3310万元，占地面积1.65万平方米，总建筑面积6568平方米。有员工138人，其中工程技术人员12人。生产设备有棉花毛刷锯齿轧花机（MYIM90型）、籽棉清理机（6MQ2－5型）、皮棉清理机（MQP92000型）、打包机（MDY－200A型）各1台、毛刷式锯齿剥绒机（6MR－141A型）6台、气流式锯齿剥绒机（MR－141A型）、短绒清理机（MQR－500型）各1台，年加工籽棉1万吨以上。

该公司采取公司＋基地＋农户的产业化运作模式，与全县16个乡、镇的1万余农户签订棉花生产购销合同，从种子、农药、肥料的供应到棉花保底价收购均按照产业化要求规范操作。2005年，产值4311万元、利润320万元、上缴税金40余万元。2006年，通过集资入股、银行贷款筹资，投入资金1650万元，扩建4条生产线。

第三十一章　商业贸易

第一节　经济类型

一　国有商业

1989年,全县有国营商业、外贸、烟草、石油、煤炭、物资、农机、粮食、盐业、药材、木材等11个系统,经营网点265个,从业人员4479人。1993年1月,成立县商业集团公司、供销集团公司、百货总公司、五交化总公司、棉麻总公司(属棉麻公司从供销社分离出来改建)。至2006年,国有商业逐步退出主导地位,仅剩石油、烟草、盐业公司。

二　集体商业

1983年,县供销合作商业再度由全民所有制转为集体所有制。由于政策推动,大量待业青年和社会闲置人员集资兴办商业,乡镇企业所属各类商业得以发展。至1989年,全县有集体商业网点520个,从业人员4540人,商业零售额16499万元,分别占全县商业的10.5%、30.5%、57.8%。1993年起实行体制改革,推行国有私营、公有私营,集体商业逐步解体。至2006年,集体商业企业完全退出市场。

三　个体私营商业

1978年后,进行国营、集体商业体制改革,有计划地发展私营、个体商业,全县经批准的个体经营户207户,尔后逐年增加。个体经济经历了从怀疑政策的执行力到逐步放开手脚的过程。1989年,个体私营商业发展到4189家,从业人员5874人、商品零售总额3552万元,分别占全县商业的84.2%、34.5%。1993年1月,县委、县政府作出《关于大力发展个体私营经济的决定》,个体私营商业发展加快。是年4月,个体工商户发展到6242户,从业人员9366人,分别占全县总户数、总人口的4.4%、1.74%。1989－1992年,个体私营经济上缴税费1511万元,其中1992年450万元,占工商各税的1/3。1999年9月,县内第一家私营大型超市恒生超市开业,开启了个体工商业新的发展之门,个体工商业逐步占据了市场主导地位。2008年,个体工商户6910户,从业人员(经营者)7372人,销售总额8316万元,分别占全县商业的5.3%、30%、29.1%。

四　经济类型的变化

2000年3月,县委作出《关于加强企业改制和发展的决定》,开始商业企业改制,至2006年结束。改革的核心内容是“两个置换”,33家商业企业参加改革,其中包括县商业集团公司所属五交化公司、饮食服务公司、肉食品公司、蔬菜副食品公司和纺织品公司,县供销社所属农资总公司、工业品公司、日杂公司、食杂公司、贸易公司、废旧公司、土产公司和各乡镇供销社,百货总公司、棉麻总公司和外贸公司。11426人参与改革,其中安置离退休人员2372人、在职人员8010人、内退人员1044人。采取出售房地产、设备、库存商品、回收欠款等方式,筹集资金30621.8万元置换职工身份。

第二节　商业经营

2005年,县财贸办公室更名为县商务局,负责金融、税务、工商、烟草等市管单位工作协调及全县内外贸易,经济合作和招商工作,规范市场经济秩序,成品油市场、报废汽车回收拆解市场、烟花爆竹市场、酒类产销及放心食品管理等工作,其职能由单纯的行政管理逐步向管理与服务转变。

一　农业生产资料经营

县内农业生产资料经营一直归口县供销社及所属农业生产资料公司(1993年更名为农业生产资料总公司)。1990－1997年,采取入股集资等措施筹资1000余万元,组织供应尿素116935吨、钾肥30405吨、碳铵464800吨、磷肥283185吨、复合肥1695吨、农药10050吨、农膜901.6吨,销售总额5亿余元。1998－2002年,组织供应化肥20万吨、农药及其他农机具销售额1500余万元。

1998年,国务院出台关于化肥流通体制改革的政策,化肥价格实行国家政策指导价。2002年,供销系统进行改制,县内农资供应呈多家竞争态势,县氮肥厂生产的化肥由农资公司包销的局面亦被打破。至2006年,全面放开化肥价格,县农资总公司和基层供销社亦完成改制,完全退出了农资经营市场。

二　建设物资经营

计划经济时期,建设物资由县物资总公司专营。县物资总公司设金属材料、机电设备、轻化建材、生产服务、金属回收公司和黄山头物资站6个独立核算单位,是集专业性、综合性、服务性于一体,担负全县工农业生产资料供应的县属国有企业。

1978年后,随着改革开放的深入,县内物资经营逐步放开,形成了多渠道竞争局面。1991年后,县物资总公司全面推行财产抵押租赁经营,对稳定大局、遏制亏损,保证国有资产保值增值发挥了作用。2006年,县物资总公司完成改制而退出市场。

三　农副产品经营

1985年,取消粮、棉、油统购、派购,实行合同定购,其他农副产品收购全面放开。1989年,全县农副产品收购总额23633万元。农副产品购销以棉花为主,自1990年起,全县棉花种植面积一直稳定在30万亩以上,是全国优质棉基地之一,年产量3万吨以上,县内收购皮棉2.5万吨左右。棉花实行经营、市场、价格"三不放开",棉麻公司专营,国家计划调拨。1995年新棉上市前一直是紧俏商品,曾实行过棉花销售地方首长负责制。1995年新棉上市后出现"卖棉难",收购价格未变,但仍不能自主销售。

1998年,棉花收购实行国家指导价,放开棉花供应价格,取消棉花合同定购,全面放开棉花收购。县棉纺织厂和外地涌入安乡的客商竞相收购棉花,出现个体"棉花贩子"。2001年,国家放开棉花经营,实行市场准入制度。2006年,国家发改委对棉花收购原则上不再实行资格认定,全面放开棉花收购、加工市场。

2003年,县棉麻总公司和基层供销社在改制中逐步退出棉花购销市场。县棉麻总公司所属6家轧花厂、1家仓库及公司本部大楼亦出售给私人。2003年后,县内轧花厂全部由个体户经营。

四　废旧物资经营

2005年前,县内废旧物资由县供销社所属的废旧公司经营。2005年,经过企业改制完成"两个置换",废旧物资集体经营业务停止,全部转为个体经营。

五　生活物资经营

(一)工业品购销

1983年,工业品计划供应全部取消。1989年,百货商品经营品种9600余个,销售总额582万元;针棉织品经营品种3870余个,其中销售化纤布59.9万米、棉布72万米、呢绒7.43万米、绸缎7.43万米、各种服装17.3万件,销售总额394万元;五金交电、化工经营品种3400个,其中销售元钉135吨、元丝980吨、自行车9821辆、电风扇6004台、电冰箱168台、彩电414台,销售总额1631万元;文化用品经营品种2700余种,社会销售额1821万元。

20世纪90年代后,商品升级换代加快,人民生活水平不断提高,购买力增强,市场商品供应充足。据县统计局对农村人口入户调查测算:2007年农村人口44.6万人,销售服装132万件、鞋类71万双、彩电8920台、影碟机4460台、电风扇8900台、洗衣机

4400台、自行车4400辆、摩托车8900辆、移动电话17840部。

(二)副食品购销

县内副食品购销业务一直由县副食品公司、蔬菜肉食公司主营,改革开放后逐步转为个体经营。

1989年,销售食糖1650吨、卷烟9335箱、酒1911吨、生猪20.2万头、水产品3523吨、家禽13.3万羽、禽蛋1059吨。2007年,生猪出栏38.06万头、家禽出笼762.9万羽,禽蛋产量3.8万吨,水产品产量7.69万吨(其中珍珠249吨),销售食糖436.6吨、卷烟6万箱、酒类700余吨。

六 粮油经营

(一)粮油收购

1985年后,国家取消粮、油统购,实行合同定购,定购以外的粮食可自由上市。粮食流通经营实行双轨制,国营粮食专营部门和其他经营组织并存;国营粮食部门计划内(定购统销)与计划外(议购议销)并存;计划价格与市场价格并存,即计划内经营按计划价格,计划外经营按市场价格。自此,县政府每年下达合同定购任务,各乡镇粮站与农民签订定购合同收购,按"三七"比例计价,即三成按原统购价,七成按超购价。1989年收购粮食137866吨,其中定购62671吨、占收购总量(下同)的45.5%。1992年下半年,开始粮食购销制度改革,实行购销市场化。40年来城镇居民凭票证低价供应制度取消,即取消了统销政策。收购上仍保留定购数量,但放开了收购价格。对粮食生产者实行"三挂钩",即对有定购任务的农民提供定量的平价化肥、平价菜油和预购定金,每交50公斤稻谷奖化肥4公斤、菜油价外加价1.14元,由粮食部门兑现。当年收购稻谷75919吨,其中定购38937吨、占51.3%。

1995年3月,中央、国务院发布省长负责制,要求各省必须承担起粮食自求平衡的责任和任务,稳定粮食播种面积,增加粮食产量,建立地方粮食储备,并建立中央和省级粮食风险基金。县内继续执行计划内定购和议价(市场价)收购。当年收购粮食94703吨,其中定购44074吨、占46.5%,议价收购50629吨、占53.5%。1998年,国务院作出《关于进一步深化粮食流通体制改革的决定》,实行三项政策,加快自身改革,即按保护价敞开收购农民余粮、粮食收储企业实行顺价销售、农业发展银行收购资金封闭运行,加快国有粮食企业改革。政府粮食行政管理职能与粮食企业经营分离、储备和经营分开,国有粮食企业职工开始下岗分流。2002年,国家取消粮食收购定价,国有粮食企业随行就市收购粮食,同时取消了国有粮食企业收储粮食财政补贴,呈多家收购和经营的格局,国有粮食企业收购量减少。是年,国有粮食企业收购粮食46519吨,比上年减少21587吨、减幅31.7%。

(二)粮油销售

1989年,对非农业人口仍全面实行按人按工种定量供应口粮政策,即凭粮证供应粮食的办法。县内使用的有城镇居民、水上人口、集体单位、工商行业粮油供应证和农村定销粮供应证等11种。是年,非农业人口5.85万人,定量供应85.99万公斤/月,人均14.7公斤/月。1990年后,饮食、食品业用粮实行议价供应,农村定销粮、返销粮及各种粮食补助取消。1992年11月,取消城镇居民平价粮油供应。1993年8月,取消"农转非"人口迁移粮食关系时需交250公斤稻谷的规定,同时停止收差价款的方式,开始供应以工代赈粮,粮价购销量持平,差价部分由地方财政补贴。是年,两次供应救灾粮500万公斤,1995年供应50万公斤按平价粮销售,差价由县财政补贴给粮食部门。1994年8月,按上级要求恢复城镇居民平价口粮供应,对非农业人口保价供应大米10公斤/人月,超购部分按市场价格供应。

1996年后,粮食购销逐步走向市场,平议差价和粮证均取消,非农业人口的保价口粮供应亦取消。

粮油购销详情见表31－1－74、表31－2－75、表31－3－76。

(三)国有粮食企业改革

1999年9月,中央作出《关于国有企业改革和发展若干重大问题的决定》,2003年7月开始国有粮食企业改革。按照购销企业职工置换身份、附营企业

“两个置换”到位的目标，县粮食局所属购销公司、经营公司、粮站、粮库、宾馆、米厂、饲料厂等30个企业单位员工一律置换身份，751名离退休人员由社劳保险站发放退休金，医疗保险纳入社会统筹，1192名职工与县粮食局签订解除劳动关系协议书，领取身份置换金。

2004年后，县内国有粮食企业退出经营序列，由38家民营企业参与购销贸易。2004年5月，国务院颁布《关于进一步深化粮食流通体制改革的意见》、《粮食流通管理条例》，粮食行政管理部门职能由管理国有粮食企业转变为管理全社会粮食流通，由管理国有粮食经营活动转变为管理市场主体准入和维护粮食市场秩序，由依靠政策管理转变为依法管理。

安乡县1989－2008年粮食购销情况

表31－1－74　单位：原粮吨

项目／时间	商品粮购进				商品粮销售			
	合计	计划内收购		市场粮	合计	计划内销售		市场粮
		定购	保护价			非农业或纯销售	农业	
1989年4月－次年3月	137866	62671	469	74726	37953	14443	15019	8491
1990年4月－次年3月	206033	61491	546	143996	43498	14664	12464	16370
1991年4月－次年3月	87119	63119	236	23764	65868	22993	22861	20014
1992年4月－次年3月	75919	38937	339	36643	77117	39234	17907	19976
1993年4月－次年3月	93178	24669	－	68509	60436	5786	1290	53360
1994年4月－次年3月	77807	21321	－	56486	46723	6133	500	40090
1995年4月－次年3月	94703	44074	－	50629	65653	10470	12394	42789
1996年4月－次年3月	72684	58140	－	14544	25055	4156	－	20899
1997年4月－次年3月	97443	31619	57724	8100	32127	17266	－	14861
1998年4月－次年3月	41686	20000	12089	9597	33353	16484	－	16869
1999年4月－次年3月	87674	20000	53437	14237	1095	15924	－	15171
2000年4月－次年3月	74889	20000	31146	23743	63094	17064	－	46030
2001年4月－次年3月	68106	20000	41487	6619	36701	5887	－	30814
2002年1－12月	46519	－	－	46519	46016	2367	－	43649
2003年1－12月	33714	－	－	33714	110553	－	－	110553
2004年1－12月	50924	－	－	50924	75174	－	－	75174
2005年1－12月	26300	－	－	26300	58200	29800	－	28400
2006年1－12月	31214	－	－	31214	31953	1390	－	30563
2007年1－12月	54214	－	－	54214	67889	23580	－	44309
2008年1－12月	39811	－	－	39811	41851	2747	－	39104

注：1. 2001年前按粮食年度统计即当年4月1日起至次年3月31日；2. 市场粮包括从企业购进和对企业销售部分。

安乡县1989－2008年油脂购销情况

表31－2－75　　单位:百公斤

项目/时间	食油购进				食油销售			
	合计	平价菜油	市场价		合计	平价		市场价
			菜油	其他油		非农业	农业	
1989年4月－次年3月	8372	4589	3627	156	3447	1677	34	1736
1990年4月－次年3月	18895	7747	11125	23	3611	1983	20	1608
1991年4月－次年3月	10390	6690	3700	–	4667	1945	18	2704
1992年4月－次年3月	15989	4655	11334	–	7961	472	4	7485
1993年4月－次年3月	11353	5536	5536	281	12556	646	–	11910
1994年4月－次年3月	22167	–	22167	–	17736	–	–	17736
1995年4月－次年3月	9644	–	5107	4537	3215	–	–	3215
1996年4月－次年3月	15411	–	15411	–	15776	–	–	15776
1997年4月－次年3月	6412	–	6412	–	9732	–	–	9732
1998年4月－次年3月	5691	–	5691	–	9581	–	–	9581
1999年4月－次年3月	15020	–	15020	–	20149	–	–	20149
2000年4月－次年3月	33084	–	33084	–	34321	–	–	34321
2001年4月－次年3月	2308	–	2308	–	4045	–	–	4045
2002年1－12月	3261	–	3261	–	261	–	–	3261
2003年1－12月	8423	–	8423	–	8423	–	–	8423
2004年1－12月	15075	–	15075	–	15075	–	–	15075
2005年1－12月	48000	–	48000	–	48000	–	–	48000
2006年1－12月	25500	–	25500	–	25500	–	–	25500
2007年1－12月	70000	–	70000	–	70000	–	–	70000
2008年1－12月	48000	–	48000	–	48000	–	–	48000

注:2001年前按粮食年度统计即当年4月1日起至次年3月31日。

安乡县 1990–2009 年稻谷收购价格表

表 31-3-76　　单位：中等稻谷、50 公斤 / 元

项目 年度	早籼稻				中籼稻			晚籼稻			优质稻				备注
	定购价	比例价	保护价	市场价	定购价	保护价	市场价	定购价	保护价	市场价	定购价 早稻	定购价 晚稻	保护价	市场价	
1990	–	22.1	–	–	–	–	–	–	–	–	–	–	–	–	
1991	–	22.1	–	–	–	–	–	23.5	–	–	–	–	–	–	
1992	–	24.5	–	–	–	–	–	27.5	–	–	–	–	–	–	
1993	–	24.5	–	–	–	–	–	27.5	–	–	–	–	–	–	价格放开
1994	–	46	–	–	50	–	–	54	–	–	–	–	–	–	其中：财政补贴 2 元，等级差 1 元
1995	–	46	–	–	54	–	–	54	–	–	–	–	–	–	其中：财政补贴早稻 2 元，中晚稻 8 元
1996	65	–	–	–	68	–	–	72	–	–	75	78	–	–	
1997	65	–	56	–	68	–	–	72	66	–	75	78	–	–	
1998	57	–	50	–	63	–	–	64	58	–	77		70	–	
1999	51	–	51	–	53–55		–	58	58	–	56	69.6	–	–	等级差价执行 5 级，由 1 元提高到 2 元(晚稻系指导价)
2000	县定 35	–	县定 35	–	54	54	–	56	56	–	68.8		68.8	–	等级差 2 元
2001	县定 42	–	县定 42	–	52	52	–	54	54	–	–	–	–	–	中晚稻收购质量执行新国标，整精米不低于 44%
2002	–	–	–	51	–	–	–	–	–	55	–	–	–	60	
2003	–	–	–	55–60	–	–	–	–	–	55–58	–	–	–	65–68	
2004	–	–	70	64–68	–	–	–	–	72	60–68	–	–	–	68–75	保护价：等级差 2 元，粳稻 75 元
2005	–	–	70	68–70	–	72	69–72	–	72	69–72	–	–	–	80–85	保护价：等级差 2 元，粳稻 75 元
2006	–	–	70	72–75	–	72	74–78	–	72	76–78	–	–	–	95–100	
2007	–	–	70	77–79	–	72	78–82	–	72	85–87	–	–	–	98–105	保护价：粳稻 75 元
2008	–	–	77	93–95	–	79	90–93	–	79	94–96	–	–	–	108–110	保护价：粳稻 82 元
2009	–	–	90	93	–	92	93	–	92	95	–	–	–	100–105	保护价：粳稻 95 元

七 外 贸

1977年5月成立县对外经济贸易公司,外贸业务从县供销社分离。1980年12月成立县外贸局,1993年3月更名为县对外经济贸易总公司。至1997年,出口贸易四大类、88个品种,销往40余个国家和地区,培植出口货源3500万元,建立出口商品基地4个,扶持商品出口专厂9家,创外汇3800万美元。

1988年后,国家对外经贸实行"切块承包,放开搞活,自主经营,自负盈亏",实施代理制的重大政策调整,取消对县级外贸出口商品供货补差,县内外贸业务亦由计划经济向市场经济转轨。1993年,人、财、物全部下放到县管,业务逐渐萎缩。2002年始进行体制改革,至2006年完成"两个置换"改制,由县外贸公司主导的外贸业务终结。

第三节 商业管理与服务

一 招商引资

县委、县政府采取多种形式扩大对外交流,制定多项优惠政策吸引客商,加快了县域经济发展。

2001年,县政府引资,由中铁十九局投资兴建4万平方米的安乡大市场。2002年1－6月,引进外资8100万元,居全市前三。是年5月,派出代表团在广州、深圳、上海等地举办各类座谈会6次,正式签订项目合同2个(省、市级签约项目各1个)、签约投资额2.43亿元,签订投资意向3个、投资额3亿元以上。是年10月,安乡一中60周年校庆暨经贸洽谈会上,县委、县政府提出"校庆搭台,经贸唱戏"活动宗旨,邀请来自全国各地的客商170余家、老板280余人,签订投资合同6个、经贸洽谈引资项目和意向书11个、投资总额达3.35亿元,重点推介、发布24个招商项目和项目名录。是年,争取安乡籍人士戴和平捐资100万元,建成集文化、休闲、娱乐为一体的和平路文化休闲街。2003年4－10月,先后三次派出代表团赴西安、厦门、深圳参加全国第四届"西洽会"、第七届中国投资贸易洽谈会、湖南(深圳)投资贸易洽谈会,津津制药GMP异地改造工程、中意彩印包装项目、新安都整体和老百姓大药房药厂建设项目成功签约。是年,引资在洞庭大道中段兴建嘉德商贸城。是年,引进内资2.1亿元、外资770万美元,三资企业完成税利过亿元、出口创汇30万美元。全县共有批准登记的外资企业18户,引进资金3.39亿元、为全年任务的113%,引进外资1113万美元、为全年任务的100.3%,出口创汇50万美元。2005年,引进内资4.75亿元、外资1117.42万美元,分别为市下达任务的105.6%、101.6%,引进项目300余个,其中上千万元项目21个。2006年,引进内资6.57亿元、为市下达任务的101.5%,引进外资1200万美元、为市下达任务的100%。2007年,天洁纸业和香港柏力集团落户县境,实现了县内招商引资工业亿元项目零的突破。共引进项目230余个,引进内资8.37亿元、为市下达任务的111.6%,引进外资1360万美元、为全年任务的104.6%。2008年4－10月,先后四次派出代表团赴武汉、上海、厦门、岳阳参加第三届中国中部(武汉)投资贸易博览会、湖南(上海)投资洽谈活动周、第十二届中国国际投资贸易洽谈会、2008湖南经济合作洽谈会暨第二届湘商大会,分别签约了柏力科技电子、脱酚棉籽蛋白高新技术、5万吨再生纸、总投资1.5亿元的水泥粉磨站等项目。是年,引进内资9.03亿元、占年计划的100.3%,外资1527.25万美元、占年计划的101.8%。2009年,先后派出招商团队赴香港、深圳、上海参加"港洽周"投资洽谈会、"深洽周"招商推介活动、常德(上海)招商推介会,分别签订锂电池电动车、脱酚棉籽蛋白高新技术(二期)、脱水蔬菜加工基地等三个总投资3.3亿元的建设项目和总投资9500万元的生活用纸、总投资9000万元的茂林纸业(二期)再生纸生产项目。是年,引进内资10.27亿元、为年计划的102.7%,外资1706.69万美元、为年计划的100.39%。

二 "万村千乡"市场工程

2005年,商务部启动"万村千乡"市场工程,力争用3年时间在全国培育出25万个农家店,形成以城区店为龙头、乡镇店为骨干、村级店为基础的农村消费经营网络，逐步缩小城乡消费差别。县商务局组织专门力量，克服资金困难，抓农家“示范店”推动全县“万村千乡”市场工程建设。至2008年，新建320个标准“农家店”，兴建了全省一流的“万村千乡”市场工程配送中心，获国家商务部“万村千乡”市场工程先进集体。

三　家电下乡

为应对全球经济危机，扩大内需，2007年起，国家首先在山东、四川、河南省和山东省青岛市进行家电下乡试点。

2008年，财政部、商务部联合下发《关于全面推广家电下乡工作的通知》，12月，县内启动家电下乡工程。下乡产品包括电视机、手机、洗衣机、热水器、电脑、摩托车，国家以直补的方式给予购买者购买商品价格13%的补贴。县商务局、财政局、工商局、税务局、广电局在71家销售网点开展家电下乡宣传，印发宣传资料10余万份，张贴宣传海报1200余份，每个乡镇确定2-4个销售网点，培训销售人员150余人，同时加强产品质量、价格、售后服务及补贴发放的监督管理。至2009年10月，家电下乡销售总额5000万元，其中国家补贴600万元。实现了政府得民心，企业得市场，农民得实惠。

四　市场建设与管理

2003年前，县工商局负责县内市场管理工作。1990-2002年，县政府投资738万元，先后兴建总面积12780平方米的潺陵、农机、县府街、桥东、护城等农贸市场。由县机械厂、西门口居委会投资兴建总面积2200平方米的机械厂、食品厂农贸市场。由中铁十九局投资兴建总面积4万平方米的安乡大市场。

2003年，省人事厅、工商局发出《关于全省工商行政管理体制改革人员上收和分流工作实施意见》，县政府第十七次县长办公会议形成《关于县市场服务中心彻底移交县政府管理有关问题会议纪要》，设置市场服务中心，负责全县商品市场的服务和管理工作，协助市场建设和专业街的接收与管理工作。自此，市场建设力度加大。是年，开发商投资兴建7055平方米的农产品批发市场。2004年、2006年，开发商先后投资在洞庭大道中段、纯银路兴建嘉德商贸城和建材城。各乡镇亦陆续建成小型农贸市场。

五　生猪定点屠宰

生猪购销市场放开，对搞活流通、繁荣市场、方便购买，促进生猪生产产生了重要作用。但由此产生的屠宰失控，病猪肉、注水肉流入市场，危害群众身体健康，并造成税收严重流失。

1995年，县政府制定“定点屠宰、集中检验、统一纳税、分散经营”的办法，实行国有、个体、城市、农村全方位经营，多渠道购销。是年8月，在城关地区推行生猪定点屠宰，1998-2002年，相继在全县18个乡镇实施定点屠宰。与工商、税务、畜牧、公安等部门配合，严格执法，制止和处理私屠滥宰，实行集中检疫，统一税费征缴，定点屠宰工作进一步规范。生猪屠宰实行准入制和集中定点统一宰杀，杜绝了病害猪肉、注水猪肉上市；采取分散经营办法，办齐营业执照、税务登记证和卫生合格证的屠商，都可到定点宰场购肉和上市销售；收购、经营放开，价格随行就市，当价格超过消费者承受力时，政府从物价储备金中拨款补贴，调节市场价格。1996年9月、10月，猪肉价格达16元/公斤，县政府拨款3.8万元补贴给批发商，有效地调节了市场销售价格。集中宰杀生猪改变了个体包税的方式，在定点宰场实行头宰头征，屠宰税增长50%。

第四节　商业企业改革

一　县商业集团公司

1993年3月，县商业局更名为商业集团公司，原所属百货公司、五交化公司划出，分别成立县百货总公司、五交化总公司，全面推行国有私营。1995年

12月，撤销县商业集团公司，成立县商业行业管理办公室，辖纺织品、蔬菜副食品、工业品、饮食服务、肉食公司和商业大厦、食品厂、冷冻食品加工厂等8个单位，有在职人员1732人，其中干部92人、固定工512人、集体工311人、合同工817人，固定资产2425.3万元。

1990－1997年间，开放搞活政策为社会提供机遇的同时，亦对原有商业模式形成了巨大冲击，县内国有商业由兴到衰。1990年6月，经国家技术监督局等单位评审，县糖果糕点厂生产的优质桃酥获全国妇联、商业部、北京市政府等8部委联合举办的“中国妇女儿童用品四十年”博览会铜奖，礼品桃酥被评为省优，火腿月饼被评为全省同行业优质产品。1994年，商业系统职工大量下岗，在岗职工人数骤减，至1997年9月，下岗职工1159名、离退休人员652名人均仅有200元/月左右的生活费。1997年，商业系统累计亏损2711.2万元，负债总额(银行借贷、财政借款、社会集资、单位往来款)4709.9万元，人均负债1.2万元。1999年，县糖酒副食品公司、冷冻食品加工厂因严重亏损，资不抵债而判决破产。至2006年，商业系统改制完成。

二 县供销社

县供销合作社始建于1951年，1959年并入县商业局，称第二商业局，1963年恢复，1969年“文化大革命”时期与县商业局合并称商供站，1980年恢复，1983年12月更名为县供销合作社联合社。辖乡镇供销社和直属公司。至2005年，企业改革“两个置换”完成，乡镇供销社和直属公司的经营执照全部注销，保留县供销社机关编制。

1990－1997年为其鼎盛期，辖18个基层社和8家直属公司，有固定资产净值7676万元，在职人员4711人。8年间，采取集资、入股等办法筹措资金，组织供应尿素、钾肥、碳铵、磷肥、复合肥、农药、农膜等，销售总额50319万元。收购皮棉153533.8吨、黄红麻9564吨、苧麻3736.5吨、蚕茧966.2吨、棉籽234890吨，销售总额195234万元。皮棉收购居全国百强县第23位、全省第3位。1997年，收购新棉2.61万吨，创棉花收购之最，并实现了由皮、籽棉兼收向籽棉收购的转向，全年籽棉收购6.5万吨、占收购总量的95%。完成农业生产资料销售8823万元、比1990年增加3894万元，其中碳铵销售量增加38%。完成商品购进额104258万元、销售额85590万元，上缴税费1654万元。8年共完成各项资金费用支出、上缴税款6591.9万元。按照“稳定一块，放活一块”的方针，调整经营结构，对所属14家商场和工业品批发部推行“五定两奖”责任制，对中小型工业品门店采取租赁经营，销售总额2720.2万元。1993年以来，投资785万元，收购了安福、安生、安造3个乡办轧花厂，投入190万元，办沪安塑料制品厂和回收棉加工厂，8家自办工厂产销两旺。仅1996年就加工籽棉3.5万吨、生产编织袋40万条、回收小花头430吨、加工干茧5.1万吨，实现销售收入2.62亿元，创利润828万元。1996年，供销工业实现利税1559万元，居全国县级供销社工业前19位，其中县棉麻公司轧花厂实现利税1229万元，居全国同行业第17位。1997年，供销工业实现产值2.06亿元、比上年增长38.7%。多次获全县部门工业和财税工作先进单位。建立“支、帮、促”扶贫点和党员干部联系户163户，先后无偿投入资金8.15万元、化肥22吨、农膜1467公斤及优质棉花、水稻种子2.08万公斤。1996年，投入抗灾和扶贫资金25万元、化肥指标50余吨、棉花种子250余公斤、衣物1850件。为县氮肥厂筹措设备更新改造资金130万元，收购销售其产品碳铵41726吨。保证了“安纺”“安都”两家纺织企业用棉，并给予结算优惠。

供销社是农民的合作经济组织，从农业生产和农民生活需要出发，以服务“三农”为目标，至1997年，建成村级服务点148个，其中庄稼医院39个、农副产品收购商店109个，服务人员近3000人。在生产资料供应和农副产品收购旺季，各基层供销社增设临时网点，确保农业生产和农民需要。20世纪90年代，组成100余人的生产培植队伍，协助各乡镇抓好以棉花为主的农作物生产，建立120余个棉花生产基地，每年投放物资、资金30万元以上。

1998－2002年，因国家政策调整及其他因素影响，供销系统经营严重下滑，面临困境。通过联合经营、“四自(自由组合、自筹资金、自主经营、自负盈亏)”经营等模式，组织供应化肥近20万吨、农药及其他小型生产资料销售额1500余万元。1998年,向农民赊销碳铵等农资商品1000余万元。2000年,集资150万元,按40－50元/亩的标准向农户配送优质棉种850公斤、尿素250吨、钾肥300吨、磷肥522吨、碳铵1500吨。由棉麻公司牵头,采取"千人联千户"的方式,与1871个植棉15亩以上大户签订3万亩棉花产销合同,并对"327"标准级皮棉以8.4元/公斤的保底价收购,消除了棉农的后顾之忧。同时,在棉花主产区安全乡潭子头村、安康乡虾叭垴村,与700余户棉农联合创办2个棉花专业社,入社棉地5000余亩。在搞好产前、产中、产后系列化服务的基础上,邀请老年科协的农业专家送科技下乡,进行棉花高产技术培训。为促进产业结构调整,搞活农副产品流通,2000年6月,安昌供销社成立亚麻专业社,投资10万元从黑龙江购进亚麻种,种植2600亩,当年实现产值78万元。2001－2002年,县供销社机关投资2万元参与省道1804线农业结构调整,为城关镇护城村搭建蔬菜大棚30个,社会效益和经济效益显著。

1993年,本着"精简、高效、务实"的原则,县供销系统实现了由行政管理型向经营管理、综合服务型转体。是年,行管人员由600人精简至260人,300余人充实到生产一线。1997年,下岗分流人员近1000人、轮岗1100人次,57个门店、118个柜组实行公有私营,14家大中型商场中的13家销售、利润有所增长。

1998年开始体制机制改革。一是买断柜台,分流增效。是年,以湘陵商场、东方商场和供销大楼为重点,实行工业品买断商品、租赁经营,共出租柜台324个,分流职工1614人,收回租金76万元,消化库存商品340万元,减少经营亏损200万元,减少商品损失处理支出50万元,节省工资及其他固定支出700万元。二是适应国家生产资料供应和棉花购销政策调整,本着"搞活、有效"的原则,在基层社实行"四自"经营,维持了购销业务稳定,保障了农业生产需要。2000年,完成商品购进额19520万元、同比增长20.8%,其中农副产品购进额15076万元、同比增长125.5%,完成商品纯销售25441万元、同比增长11.8%。2001年,基层社有近3000名职工下岗,在职人员通过"四自"经营,收购油菜籽1.4万吨、籽棉4.1万吨,数量和效益较上年均有增长。三是按照"全面部署、分类指导、分步实施、分块完成"的总体方案和"资产决定分配"的基本原则,2000年起实施"两个置换"改革。3月开始"两个置换"改革试点,至2002年,在册人员4902人,其中离退休1085人、在职3817人,在职人员中下岗2879人、下岗率75%。2003年4月,县政府确定县供销社机关在册在编干部工资由县财政兜底发放,同时,棉麻公司从供销系统分离。至2005年,所属26家企业和基层社全部注销工商登记、18家企业破产终结、8家企业关门走人,供销社机关过渡为留守机构,承担原系统人员的稳定及其他工作。所属26家企业净资产3978万元,在完成养老保险费上缴、偿还集资款与剔除改革费用后,4760人身份置换金人均不足5000元,按每年工龄补偿1.5个月标准工资计算,资金缺口2300余万元。补偿1.5个月工资的10家、补偿0.5个月至1.5个月工资的10家、补偿0.5个月以下工资的6家(其中零分配方案2家)。共买断3415人,向社保处移送离退休和"两五"人员1345人,买断人员的身份置换金全部发放到位,离退休人员由社保处发放养老金,"两五"人员办理了提前退休手续。离退休和"两五"人员档案移交社保处管理,所属党组织关系、户口移交社区管理。

改制过程中及改制后,县供销社机关仍坚持以棉花为主体的农副产品和生产资料流通经营。2004年9月,成立集棉花收购、加工、销售于一体的棉花流通协会,吸收会员105人,有恒生棉业和富康、山信、银星轧花厂等10余家骨干企业,总资产6000余万元,协会被省农委授予全省农民合作组织先进单位。至2007年,协会延伸至全县20个乡镇(场),会员发展到132人,带动3万余农户,籽棉收购、加工能力在2500吨以上的锯齿棉轧花厂发展到17家,当年收购籽棉6.5万吨,加工籽棉3.25万吨,销售额3.2亿元。协会定期发布信息,规范市场价格,协调部门关系,配合政府履行市场管理职能。为解决协会会员特别是龙头企业收购旺季资金短缺的困难,协会协调金融部门,每年争取资金投入近亿元,确保了收购、加工正常运转。加强农产品流通的服务职能。2007年10月,组织"来得富"榨菜、"鹅皇牌"烤鹅、"王饺儿"食品等名优品牌参加在长沙举办的国际食品博览会,受到参展企业及社会各界的肯定。2008年,发展购销额20万元以上流通大户950家、100万元以上规模加工企业55家、帮助建立各类农产品流通协会和专业合作组织26个,近4万农户走上致富之路。此间,培育年交易额500万元以上的农产品批发市场9个,年销售农产品10亿元以上。2006年,对各乡镇主要集镇码头调查布点,24家生产用品超市加入供销社"新网工程",从业人员240人,营业面积5400平方米,年销售额4700万元以上。至2008年,加入"新网工程"的企业中,年销售额500万元以上生产资料超市5家、20万元以上生活用品超市16家、专业蔬菜销售市场2个。2005年12月,组建县翔音烟花爆竹经营有限公司,年销售额1500万元以上。

三　县烟草公司

1985年2月,烟草业务从县副食品公司分离,组建县烟草专卖局(公司),属国营商业企业,归口县政府和市烟草专卖局(公司)双重领导。县烟草局(公司)在销售中坚持抓商情信息、争取主动权,优化决策、抓营销对路品种,抓销售网点建设和开拓省外业务。

坚持"农网重实效,城网高标准"建设思想,建立现代化营销网络体系。执行"狠抓基础,稳中求进,限价促销"方针,坚持批发限价,抓有效货源供应,稳妥开展转供边贸向自然边贸过渡。农网坚持"六定制度",做到"两个100%(100%活销、100%送货)"。城网本着"全面访销、全面受控、集中配送、优质服务"的原则,按照"高标准、高科技、现代化、信息化"的要求,采取"一体两翼、专业分工、三线运作、系统集成"的运行模式。1998年,设立卷烟配送中心,改变传统经营模式,将县内原有批发部(站)按区域划分为6个送货车组,加大网络配送力度,安排好城乡卷烟供应。1998－2003年,销售卷烟160582.65箱,销售收入86883万元,完成利润2509.7万元。2004年,按照省局"规范经营、统价销售"的要求,围绕"规范经营、完善网建"两个主题,优化网络配送线路,抓有效货源购进,确保市场供应,全年销售卷烟20149.11箱,销售收入15998.8万元,完成利润1766.5万元。2007年,按照"同心同德谋发展,踏实苦干抓基础,强化管理增效益,奋力拼搏争上游"的工作方针,以网络建设为中心,以"客户准确分类"为网建立足点,加强市场预测和品牌调入,增强市场分析调控能力,加大省外烟培育力度,全年销售卷烟22106.5箱,销售收入22683.2万元,利润4240.2万元。辖区内省外卷烟覆盖率100%,拆零上柜品种接近90%。辖区总量预测、品牌预测准确率分别在97%、98%以上。实行客户分类管理,完善电子结算,电子绑定户由811户增至1124户,电子结算成功率94.8%。

依据《中华人民共和国烟草专卖法》,强化专卖管理。加强宣传教育,提高经营户守法意识。每年组织宣传活动和卷烟经营户学习班,实行烟草经营许可证制度,至2008年,共发放烟草经营许可证2857个。加强队伍建设,提高执法水平,规范市场经营。1990－1997年,查处各类案件670起,没收假冒卷烟1.4万条、处罚没款24万元。1998－2003年,查处案件429起,没收假冒卷烟56873条、处罚没款70.47万元。2004年,进行8次专项行动,查案74起,没收假冒卷烟19098条、烟丝150公斤,罚没收入97.65万元。2006年,成立内部专卖管理监督检查领导小组,完善内部考核机制,狠抓联合打假,清理整顿卷烟市场,坚持"查、堵、控、管"方针,开展5次大型专项行动,查处案件36起,查获非法卷烟6847.2条,罚没收入6700元。2008年,严厉打击制假售假,保护消费者权益和市场稳定,开展为期100天的"利剑行动",查案54起,查处假冒卷烟2043条,处罚没款107101元。1998－2008年,查处涉烟案件587起,案值2846万元,没收假冒卷烟近6万条。

四　县百货总公司

县百货总公司属小型国有商业企业,其前身为新中国建立初期成立的县百货公司。1993年1月,为适应改革形势,扩大经营规模,提高竞争力,成立县百货总公司,辖百货大楼及大小百货、针棉、鞋类、文化用品、家用电器5个批发公司。有行管人员23人、职工446人。总公司占地面积5607平方米、营业面积4828平方米，固定资产1200万元，近万个经营品种及商品批发零售、餐饮、歌舞、桌球、滑冰、儿童游乐等六大经营项目，年营业额逾1600万元。

1994年，以“产权明晰、责任明确、管理科学、利益直接”为出发点，采取多种责任制承包形式，转换经营机制，实行企业内部改革，得到县委、县政府肯定，1995年获省百纺行业先进企业。1996年10月，县委号召在全县经营企业普及推广百货总公司的改革经验，此次改革亦得到省商业部门的关注。1997年，利用闲置场地，改建装修，吸引外来资金合资创办天龙大酒店、桌球城。撤并大小百货、针棉、鞋类、文化用品、家用电器5个批发公司，组建百货批发市场。公司中心百货大楼、零批百货大楼所属柜组及百货批发市场均实行“2521”承包责任制，即定上缴利税、定上岗人员编制，自组资金、自组人员、自主经营、自主分配、自负盈亏，遵守财经纪律及工商法规、遵守商务纪律，服从统一管理。滑冰场、桌球城、儿童游乐城实行租赁承包，即由总公司提供场地及部分服务设施，负责各项管理，收取管理费，经营者出资经营。家用电器批发公司、钟表首饰部实行“六定两联”责任制，即定销售任务、定上缴利税、定毛利率、定费用率、定商品适销率、定资金周转率，工资联利税、资金联其他指标。零批大楼二楼、总公司大院前栋仓库因空旷闲置，对其场地予以出租。

五　县五交化总公司

1993年1月组建县五交化总公司，其前身是县五交化公司，为县属国有商业企业，归口县财办。总公司设政工（人监）、财务、保卫、工会、办公室等管理机构，辖交电、五金、化工、家电4个批发部及交电大楼、群利、建安、新建4个零售部，有干职237人。总公司占地面积4612平方米，固定资产203万元，主要经营五金、交电、化工、家用电器等商品。

1990－1997年，在流通市场疲软，资金紧缺的情况下，以扩大购销，提高效益为中心，深化内部改革，强化内部管理，实行厂商挂钩，确保供应。1990－1995年，开展横向经济联合，与杭州安琪儿自行车厂、安阳三枪自行车厂、长春洗衣机厂、家友收录机厂、南昌齐洛瓦冰箱厂、韶峰电视机厂、株洲电烙铁厂、泰安电熨斗厂、泰兴电炉厂、衡阳灯泡厂、长沙电表厂等40余个厂家建立长期贸易伙伴关系，从厂方直接进货货值5680万元，完成销售额8786万元，实现利税139万元。1990年获市优秀企业，1991年获全省“商业风向标”优质服务竞赛优胜单位，1992年被市工商银行评定为“AA一级优良信用度企业”、获市商业系统先进单位。1996年年初，完善内部责任制，推行国有民营改革。率先对交电大楼和建安、群利商店零售部给牌子、给场地、定人员、定基数、定经营品种、定职工待遇，实行自主经营、自行分配、自负盈亏、包干上交。

总公司所属交电大楼是县内最大的五交化专营企业，占地面积680平方米，设家用电器、交电、五金、化工、小家电、建材、水暖器材、紧固件、炊具、交通器材等11个柜组，经营品种9000余种。1990－1997年，完成销售额4160万元，实现税利95万元，人均年收入4500元。交电大楼定员50人，年税利和各项费用总承包额18.3万元，分解到各柜、组由承包人每半年上交一次。柜台商品一次性买断近70万元，由承包人一次性交清货款。对4个批发部定编40人，给予各承包人5万元的往来账分3年偿还，对现有库存定额后由承包人一次性买断商品20万元，划给往来账，以等额不动产作抵押，税费自理，上交承包费2.4万元。零售、批发部原有职工原则上就地安排，上班人员工资不低于240元，承包人无正当理由不安排职工上班或职工不愿上班并得到双方同意，由承包人发给生活费171元/人月。至2006年，企业改制完成，总公司及所属单位退出市场，原有固定资产出售给个人。

六　县棉麻总公司

县棉麻总公司其前身为新中国建立初期成立的县棉麻公司。1993年1月，县棉麻公司从县供销社分离成立县棉麻总公司，属县内棉花专营企业。辖城关、书院洲、理兴垱、大湖口，虢家洲、中码头等6个轧花厂及下码头棉麻仓库和包装材料厂。

2003年5月开始企业改制，至6月底，1003人完成“两个置换”。经重组，总公司聘任新的总经理和副总经理。由于资金短缺，经营难以为继，至2006

年,总公司机关大楼及所属厂房、仓库陆续出售给私人而退出市场。

七　县石油公司

湖南省石油总公司安乡县公司为国有企业,隶属湖南省石油总公司常德市公司,归口县经委代管。该公司所属油库、加油站、门市部等占地面积34909平方米,建筑面积6100平方米,固定资产230万元。各种销售、储油安全设备设施240余台,各类油品年吞吐量2万吨。2003年,更名为中石化股份有限公司湖南省常德分公司安乡经营部,企业性质不变,经营加油站10个。是年,中石油常德分公司授权一个体在县内经营石油业务,经营加油站5个。

1996年7月,省经贸委批准县石油公司为县内唯一具有成品油一级批发经营资格的企业。1988年起,实行目标管理和经理承包责任制。1993年6月,改职工原等级工资为岗位技能工资,并实行工效挂钩;10月,转换经营机制,撤并内部科室,压缩精简行政人员,充实经营一线。1994年9月,根据国务院批转国家计委、经贸委《关于改革原油、成品油流通体制意见的通知》和省政府《关于改革成品油流通体制有关问题的通知》,开展县内成品油流通市场整顿。1995年10月至1996年年初,实行用工制度改革和推行社会养老保险制度,企业职工一律实行劳动合同制,企业与职工签订不同期限的劳动合同,企业和职工按规定比例缴纳养老保险金。2003年,在企业改革中部分员工自愿买断工龄离岗。

第三十二章 城乡规划与管理

为实现一定时期内城乡经济和社会发展目标，确定城乡的性质、规模和发展方向，合理利用土地，协调城乡布局及各项建设的综合部署和具体安排，开展城乡规划和管理，在城乡建设和发展中具有“龙头”作用。

第一节 管理机构

1978年8月，县政府设立县基本建设局。1982年9月，成立县城镇建设规划领导小组，属政府临时机构，负责协调乡镇与规划行政主管部门的工作。1984年4月，县基本建设局与县环境保护办公室合并组建县城乡建设环境保护局，下设城乡建设管理股主管城乡规划工作。1986年9月，县城乡建设环境保护局撤销，成立县建设委员会，下设城乡建设管理站主管城乡规划工作。1993年，县建设委员会撤销，组建县城建环保国土局，下设城乡规划管理股主管城乡规划工作。1994年10月，县城建环保国土局撤销，成立县建设局，下设城乡建设规划管理站履行城乡规划职能。2007年8月，城乡规划职能从县建设局析出，成立县规划局，下设办公室、建设用地规划管理股、建设工程规划管理股、村镇规划管理股、规划监察大队。

1990年前，县城区私建项目规划审批和管理由城关镇政府负责，县政府规划行政主管部门则负责公建项目的规划审批和管理。1990年12月，《中华人民共和国城市规划法》颁布实施，县城规划区内所有建设项目审批权归口县政府规划行政主管部门，各乡镇规划管理由各乡镇政府负责，开始实行“一书两证”规范管理，结束了规划多头管理的历史。

第二节 县城总体规划编制

一 城关、大鲸港镇总体规划(1982－2000)

1982年9月，根据国务院关于积极发展小城镇的方针，按照省、地区的统一部署，县政府成立城镇建设规划领导小组，组织相关部门和专业人员，编制城关、大鲸港两镇总体规划。经过勘测、调查论证、向省和地区城建规划部门汇报、征求有关专家意见等过程，完成《安乡县城关、大鲸港两镇总体规划(1982－2000)》的编制。1984年1月18日，经县第八届人大常委会第十九次会议审议通过，2月报地行署并作出《关于安乡县城总体规划报告的批复》，5月28日，经省建设厅审批批准实施。

二 县城总体规划(1991－2010)

1990年7月，县政府成立县城总体规划修编办公室，对1984年编制的《安乡县城关、大鲸港两镇总体规划(1982－2000)》进行修编。此次规划修编依照《城市规划法》和省建委《关于补充和调整城市总体规划的意见》进行。其指导思想为：坚持节约使用土地、保护环境和保护地方特色、合理发展生产和方便群众生活的原则，修改不适应发展的内容，补充新的内容，将县城建设成“布局合理、设施配套、文明整洁”的城镇。

规划期限分近期、远期两段。近期5年(1991－1995年)、远期20年(1991－2010年)。规划将县城性质定位为全县政治、经济、文化、科教中心，以发展食品、化工、轻纺工业和贸易为主的水乡城镇。县城总人口12万人－13万人，其中城关镇9万人－9.5万人；非农业人口10.5万人－11.8万人，其中城关镇8万人－8.5万人。用地规模近期人均用地85平方米以内、远期80平方米以内。近期规划建设用地总量6.71平方公里、人均83.8平方米,其中城关镇4.98平方公里、人均80.3平方米;远期规划建设用地总量11.41平方公里、人均87.7平方米,其中城关镇8.27平方公里、人均87平方米。随着县城规划区的扩大,远期增加18平方公里、总面积达到37.29平方公里,其中城关镇增加16平方公里、总面积达到28.66平方公里。用地发展方向城区以向东发展为主,适当向南发展,控制向北发展;大鲸港分工业区、生活居住区两大块向南发展。同时,在总体规划的基础上编制了对外交通运输、工业仓储布局、道路系统、居住区、公共建筑、老城改造、环境保护、园林绿化、基础设施、防洪抗震、供电和供水及近期建设等专项规划。

此次规划修编始于1990年7月,1991年3月完成规划草案并提请县第十一届人大常委会第十一次会议审议,4月报市政府审批,5月24日市建委作出"基本达到了建设部、省建委所颁布的标准和技术要求,原则同意"的批复。

三　县城总体规划(2002－2020)

2000年6月,县政府成立县城总体规划编修领导小组,下设编修办公室,委托省城市规划研究设计院对《安乡县城总体规划(1991－2010)》进行修编。此次规划修编依据《城市规划法》《城市规划编制办法》及《实施细则》、国务院《关于加强城市规划的通知》《湖南省城市规划编制审批办法》等法律、法规进行。其指导思想为:建立持续发展的战略观;推崇人与自然和谐,倡导人类在谋求自我发展的同时,促进生物圈的稳定和繁荣;协调城市建设与环境保护、国土资源的开发利用与保护及基本农田保护之间的矛盾,为城市的长远发展创造良好的条件。

规划期限分近期、中期、远期三段。近期至2005年、中期至2010年、远期至2020年。规划将县城性质定位为全县政治、经济、文化、科教中心,以食品、化工、轻纺、药品生产、机械制造、贸易、对外开放为主的水乡城镇。城镇人口近期由1999年的9.03万人发展到11.5万人左右、中期发展到14万人左右、远期发展到18万人左右、远景发展到25万人－30万人。县城建设用地1999年人均用地96.1平方米,确定2005年、2010年城市规划建设用地控制指标人均100平方米、2020年人均105平方米。县城建设用地总面积由1999年的8.68平方公里,近期发展到11.5平方公里左右、中期发展到14平方公里左右、远期发展到18.9平方公里左右、远景发展到28平方公里左右。县城建设用地采取向东、南发展,其次向西发展。旧城区主要以改造为主,重在内部调整,新区建设借助现有基础设施,向外延伸。规划建设围绕"四团""四园""三带"展开。"四团"为河湖水体与田园风光组团,即子龙庵现代农业观光园、开辟花卉园、无公害农业示范基地、无公害蔬菜示范园组团;沿河风光、四大园区、五个公园(深柳公园、打鼓台文化公园、昌颐公园、张家渡苗木公园、万家洲公园)和农业观光园组团;城关组团是全县政治、经济、文化中心,主要发展商贸、服务、行政、办公、金融、文教、科研、体育、交通、科技、工业等,形成城区最大综合性组团;河西组团——大鲸港是县城主要工业区,主要发展二、三类工业,完善物资装卸码头、对外交通等各项配套服务设施。"四园"为县城中心园、长岭洲工业园、大鲸港工业园、下码头科技园(发展科技含量高、附加值高的新型产业工业园)。"三带"为松滋河风光带、哑河风光带、大鲸港内河风光带。

此次规划修编始于2000年6月,2001年初形成规划草案,4月提请县人大常委会审议,5月报市政府审批,11月18日市建委作出"基本达到了建设部、省建委所颁布的标准和技术要求,原则同意"的批复。

第三节　城区专项规划编制

一　县工业园控制性详细规划

2006年5月由省城市规划研究设计院编制。总规划用地3285亩,其中工业用地1864.5亩、其他用地1420.5亩。

二　县大鲸港工业园区控制性详细规划

2007年3月由省城市规划研究设计院编制。规划用地1872亩，其中工业用地1255.5亩、仓储用地135亩、居住用地90亩、商业用地48亩、行政办公用地18亩、绿化用地211.5亩、市政公用设施用地114亩。

三　环境规划

2007年，编制《安乡县工业园区生态公园规划》和《安乡水乡沿江景观带景观环境设计规划》。

四　供电规划

2009年，有位于安障乡22万伏变电站1座，大鲸港、城关长岭洲11万伏变电站2座。按规划正在新建位于深柳镇子龙庵的11万伏变电站1座，计划2010年投入使用。

五　供水规划

2009年，实际用水量2万吨/天，正在按规划扩建中，扩建后供水能力达到4万吨/天。

六　排水规划

县城建成区以前采用合流自排水系统，老城区与新城区逐步将合流制改造为截流式合流制排水系统。大鲸港中兴路的污水处理厂已投入使用，深柳镇2万吨/天污水处理建设工程已按规划动工兴建，规划用地53.89亩，总投资8721.07万元。设计近期（2010年）处理污水能力2万吨/天、远期（2020年）处理污水能力4万吨/天。

七　交通规划

安乡大道规划建筑红线宽79米，2009年始做前期准备工作。常岳高速下线至子龙庵圆盘全长7.3公里。现代城新建道路1.5公里，与香港步行街相连，总长2.3公里。按规划新建的汽车北站将于2012年投入使用。

八　消防规划

2003年编制《安乡县县城消防规划》。规划明确：加强对城市消防安全布局的监督和管理，涉及城市生产、生活必需品的加油站、液化气站的建设，必须按规划要求经消防机构审查同意，严格依照安全防范措施进行。新建消防指挥中心、消防培训中心和消防物资储备中心；在城关镇和大鲸港镇建设占地4500平方米和3500平方米标准型普通消防站；消防供水以城市自来水为主，并充分利用天然水系，多渠道保障供水；消防用水管道与城市供水管共用一套系统；城市街道消防栓间距应不大于120米；建立完善的社会消防体系，加大消防力度，建立多种形式的消防队伍。

安乡县消防大队位于洞庭大道南段工业园区入口处，规划用地12.6亩，建筑用地4500平方米，总投资517万元。现拥有大功率水罐消防车、指挥救援车、32米云梯消防车共4辆，有破体、排烟、照明、救生、登高等专业救援设备300余套（件），能基本满足全县各类灭火和应急救援工作。

九　燃气规划

2009年5月，由武汉市燃气热力规划设计院编制设计《安乡县城燃气专项规划（2009－2020年）》。规划期静态总投资3202.6万元，其中近、中期投资1217.3万元，远期投资1985.3万元。

十　配套规划

商业网点随着市场经济的发展逐步完善，县政府调整、控制各类市场经营场地。按规划，迁建县中医院综合门诊大楼主体工程已竣工，县人民医院与建成后的县中医院在县城呈南、北分布，布局合理。

十一　其他规划

县城防洪、抗震、电信等专项规划正在按《安乡县城总体规划(2002－2020年)》要求编修。

第四节　乡镇规划编制

为加强乡镇规划建设和土地管理,1985年,根据县政府及其职能部门的要求,各乡镇相继成立规划管理站,制定乡镇、村规划是其首要职责,同时履行乡镇规划建设、土地管理职能,业务上接受县级主管部门指导。自县规划局成立,先后完成108个村庄整治规划编制,全部通过评审验收。

一　黄山头镇规划

1999年7月,成立集镇规划修编办公室,历时3个多月完成规划修编。12月23日报县政府批准实施。

二　三岔河镇规划

2001年9月,责成镇建设管理站对1989年编制的集镇规划进行修编,历时40天,11月底基本完成《三岔河镇集镇规划》修编并经镇第十五届人大主席团审议通过。12月报县政府审查批准实施。

三　焦圻镇规划

1999年10月,完成《焦圻镇集镇规划》修编并经镇人大主席团审议通过。12月报县政府审查批准实施。

四　官垱镇规划

1999年7月,组织有关单位对1989年编制的集镇规划进行修编,10月完成草案,11月,修编的《官垱镇集镇规划》经镇第十一届人大主席团第四次会议审议通过。11月20日报县政府审查批准实施。

五　下渔口镇规划

2000年6月,对原《下渔口镇集镇规划》进行修编,10月完成并经镇第十一届三次人民代表大会审议通过。10月25日报县政府审查批准实施。

六　陈家嘴镇规划

2001年5月,对原《陈家嘴镇集镇规划》进行修编,11月完成并经镇第十二届一次人民代表大会审议通过。11月12日报县政府审查批准实施。

第五节　规划管理

县城总体规划经批准后,由规划行政主管部门及时公布,将规划区的范围、规划总图、分阶段建设规划等内容按法律、法规进行管理。

1993年成立规划监察大队,即开展规划法律、法规的宣传和执法工作。县规划局成立以来,建立健全了法制宣传、依法行政和执法监察等机制。通过宣传车、标语和媒体等多种形式宣传《城乡规划法》、《湖南省实施〈城乡规划法〉办法》(简称“一法一办法”),印发“一法一办法”宣传单、宣传册等资料2万余份,收到了良好的社会效果,为“一法一办法”的有效实施和县内规划管理工作顺利开展发挥了重要作用,规划违规违法案件逐年减少。规划部门按照县委、县政府要求,以提高县城综合竞争力为基本出发点,以国卫保牌提质和创建国家森林县城为目标,达到净、绿、亮、美、畅,不断完善县城功能,改善人居环境,凸显城市特色,提升县城品位,延续水乡文脉,美化县城景观,优化投资环境,美好蓝图日新月异。

第三十三章　城乡建设与管理

20世纪80年代末，全县城镇规划区面积11.99平方公里。90年代后，县内陆续进行国家重点工程建设，促进了城镇建设发展。20年来，围绕“扩容提质、人文宜居、提升品位”建设理念，城镇建设实现了质、量的飞跃。2008年，全县有城镇人口近20万人，城镇化水平达到33%。城镇规划区总面积91.2平方公里、建成区面积22平方公里。人均拥有道路面积15平方米，绿化面积85万平方米、人均占有绿地4.3平方米，居住面积750万平方米、人均居住面积37.5平方米。县城有主次街道82条、总长62公里，硬化路面120万平方米。

第一节　城市建设

一　街道建设

20世纪80年代末，以建设文艺中路为主，城区街道形成了“两横（沿河路、文艺路）、三纵（建设路、潺陵路、下东门街）”布局。1989－2000年，按照城市发展总体规划和县委、县政府提出的“扩容提质，拓宽骨架、配套设施、聚集产业，促进发展”要求，县城区道路建设速度加快。进入21世纪，城镇建设理念转向“以人为本”并朝规模化方向发展，随着招商引资力度加大，县城区道路建设速度进一步加快。

1991年，完成五总新街改造。1992年，投入28.1万元，硬化文艺北路、文艺南路、环保巷路面，总面积8170平方米。1993－1994年，完成南安路一期改造工程；新建、改建菜园巷、政法巷、平安巷等小街小巷10余条。1995－1997年，投入1380余万元，先后完成总长2398米的潺陵东路、大桥中路和一环路建设；围庵二路修建和13条小街小巷建设；天后宫、五总街、下东门新街、内堈堤、文化中路南段、围安一路升级改造。1989－1997年，完成小街小巷改造20余条，城区道路总长达到30.25公里。1998－2000年，投入1770万元，先后完成一环南路、安南路硬化和城南路基铺设；城南路、沿河中路、沿河路与大桥路结合部硬化、子龙路修建与血防北巷、东河街改造及护城圆盘建设；大桥东路、潺陵东路、永乐路建设和五总街路面改造，硬化小街小巷道路850米、面积3650平方米。

2001年，建成县内具有一定规模且集休闲、娱乐、商业为一体的街道，开启了县城区道路建设的新模式。通过招商引资，与香港起凡投资发展有限公司协议，投入5500万元建设香港商业步行街（第一期工程）；投入313万元，修建长450米、宽18米的和平路休闲街，道路硬化面积4500平方米，新建公共绿地6500平方米；相继完成大市场路、复兴路、潺陵东路、天后宫路等路面硬化工程。2002－2005年，投入4182.3万元，先后完成安南路硬化、亮化和绿化改造；总长2773米的安南路出入口改造、总长603米的党校沟和城关、大鲸港社区巷道建设；安南路拓宽扫尾、党校沟改造一期工程、天嘉东路硬化及配套设施建设、围庵路路基工程；县城主排水沟及12条小街小巷建设。此间，香港步行街二期工程投入使用。2006－2008年，投入5006万元，先后完成大鲸港东河街改造、200米长的工业园作唐南路延伸工程和工业园第一期拆迁安置、道路加宽及园区3条主干道开工前的准备工作；和平路东段、工业园昌颐路、安乡大道延伸线和长2800米、宽42米的义阳路修建工程；文艺北路延伸线、和平路东段道路和工业园昌颐路、车胤路、安乡大道延伸线工程及20条小街小巷建设。

至2008年，县城区共有大道3条、路61条（其中大鲸港镇16条）、街18条、巷156条，人行道建成面积75万平方米，永久性或半永久性下水道102条、总长57公里。基本形成了“三纵（一环路、文艺路、沿河路）、五横（大桥路、建设路、潺陵路、下东门街、城南路）”四通八达的城区道路网络。

二 城区改造发展

(一)小区建设

国务院《城市规划条例》规定直辖市、县、镇的城市规划主管部门,应根据批准的总体规划组织编制详细规划并组织实施。县委、县政府坚持“筹资手段多元化,建设主体企业化,政府调控规范化”的原则,制定建设用地行政划拨、减免相关税费、帮助拆迁居民解决实际困难等系列优惠政策,配合旧城改造的小区建设迅速发展。

1990－1998年,为配合旧城改造,城建部门共参与拆迁房屋1180户,鉴定危房134起、面积6372平方米。至2004年,完成部分旧城改造。2006年,完成城关大米厂、添加剂厂等2平方公里的现状测绘,启动老商业区南正佳苑小区开发。2008年,对旧城区内原供销社进行开发,南城茗都小区动工新建。1999年后,随着沿河路硬化贯通,香港步行街、书院洲广场、天后宫和东风市场新建、五总新街改造,为老城区新增商业网点500余个,并具有集休闲、娱乐、居家、商业为一体的街道,推动了旧城改造。至2008年,老城区相继建起了五总新村、五总阳光、香港商业步行街、金安花园、中城豪园、金坪泉、南正佳苑等高标准、高档次花园式住宅小区,总投资约5亿元,总建筑面积60.3万平方米。小区建设改善了人居环境,旧城市容市貌得到改观。

(二)城区开发

1989年,县城规划区面积5平方公里,建成区面积4.6平方公里。1990年7月始对原总体规划修编,修编后的《安乡县城总体规划(1991－2010)》于1991年5月批准实施。

1991年3月,县内最大的综合集贸市场(县农贸市场)动工修建。同时,居民住宅小区建设开始起步。1992年,在县城总体规划实施中加强商业网点建设。1994年3月,对县城总体规划进行调整,延伸一环路并开辟书院洲公园。1995年后,大桥中路、一环中路、潺陵东路、一环南路、围庵路、子龙路等道路建设由县政府常务会议决策,以便拓宽城区骨架,并确定城建工作以改造下水道为重点,新城区基础设施建设以路面硬化为重点。1989－1997年,县城区建设累计投入资金近亿元,县城规划区建成区面积6.8平方公里。1998年,投资1000万元新建地税局综合大楼,带动国土资源局、财政局、劳动局、移动通信公司、汽车北站等10余家单位北迁,带动了新城区的扩建。

进入21世纪,按照南北拓展、东西拓宽的发展思路开发城区。2001年,总投资8600万元的香港步行街动工新建,拆迁投入350万元,拆除建筑19栋、35户、建筑面积5500平方米,安置拆迁户30户,设计占地总面积9.8万平方米,绿地面积3万平方米。工业园规划面积2800亩,一期开发660亩,投入350万元完成开发前期的“三通一平”工作;投入460万元,拉通园区主干道,通过提升城市品位,改善投资环境,吸引了大量企业投资入园。投入1.2亿元建设安乡综合大市场,先后建成嘉德商贸城、建材专业市场、农副产品批发市场及步步高、恒生、广兴超市和福民家电超市等规模专业市场,商业网点2000余个,县城区的零散市场向专业、规模市场转化。2002年,县人民医院住院楼新建、中医院改扩建、疾病控制中心建设,县域医疗环境明显改善。青少年文化活动中心、城关防洪圈等项目建设,城市整体功能不断完善。1998－2002年,城市基础设施建设投入近1.5亿元,新建城区面积4.2平方公里、县城建城区面积达到9.2平方公里,县城总人口达到9.3万人、新增3.6万人。2007年,相继开发紫珑、香格里拉、时代天骄、师苑等花园小区及经济适用房,提升了城市宜居环境。2008年,投入330万元,完成大鲸港西城电排(原大鲸港排污站)土建工程,启动县污水处理厂及污水收集管网筹建等工作,城市功能进一步完善。2003－2008年,城市基础设施建设投入资金1.6亿元,县城规划区建成区面积13.2平方公里。城市功能逐步趋向合理,县城市容市貌大为改观。

第二节 村镇建设

一 城镇规划建设

1991年,对全县乡镇非城市规划区范围内的建设全面实行“一表一证(建房审批表、建设许可证)”管理。“八五”期间,城镇市容市貌管理由城镇化管理向城市化管理发展,成效显著。1998年,城乡一体化工作纳入县政府城镇建设议事日程。1991年、2001年,先后完成《安乡县城总体规划(1991－2010)》《安乡县城总体规划(2002－2020年)》修编,县城规划区面积扩大到91.2平方公里,建成区面积22平方公里,城镇化水平达到47%。1999－2001年,黄山头、三岔河、焦圻、官垱、下渔口、陈家嘴等6个建制镇亦分别完成其集镇规划修编。2003－2009年,先后完成城区市政公用设施各专项规划的编制。

二 小城镇建设

1989年,重点创办黄山头旅游经济开发区、城关工业经济开发区和大鲸港大桥桥头商贸经济开发区。随着《城市规划法》《村庄和集镇规划建设管理条例》颁布实施,全县小城镇建设开始起步并长足发展,基础设施和整体功能完善、服务功能齐全的小城镇逐步形成。

1995年,建镇招商、筑巢引凤成为各乡镇主要党政领导的共识,是小城镇建设发展提速最快、规模最大的一年。陈家嘴、下渔口、官垱、黄山头等建制镇真正建成了区域内政治、经济、文化、信息、服务中心。是年,乡镇基础设施建设投入627.98万元,新建公厕25座、硬化路面1.4万平方米、新铺渣石路面1.6万平方米、增加供水设备18台(件)、增铺供水管网2.2万米、修建下水道2878米、植树造林1198.18万株、新增环卫设施51台(件)、日处理垃圾能力21.31吨;建工业区2.4万平方米、商业区2.7万平方米、住宅区10万平方米。1996年,黄山头、三岔河、下渔口镇和安丰乡出口洲集镇被县委、县政府命名为卫生城镇,各乡镇亦形成了城镇建设镇、村、组齐抓共管的局面。城镇基础设施建设规模进一步扩大,整体功能更趋完善,管理更具规范,各乡镇驻地成为政治、经济、文化、商贸中心。是年,乡镇基础设施建设投入750.14万元,新建水厂2座、修建下水道2500米、新建垃圾围45个、绿化植树3.5万株;投入1265万元,建工业区9650平方米、商业区3850平方米、住宅区3.5万平方米。邮政、电讯、电力、商场等各项服务功能齐全。1997年,乡镇基础设施建设投入664.5万元,修建公厕12座、新建垃圾围70个、修建下水道1.2万米、新修水泥路面7000米、渣石路面3.5万平方米;投入6万元绿化植树;“一书两证”发放123户、“一表一证”发放133户,发证合格率95%以上;对1991年修建的乡镇水厂相继进行扩建和改造,用户普及率达90%。

1999年后,乡镇成立建设管理机构,大鲸港、黄山头等乡镇成立城管大队、环卫所等市容市貌管理机构,“脏、乱、差”现象得到有效遏制,居民生产生活环境质量改善。“九五”期间,加强城镇市政公用设施建设和维护,增强城镇功能,提高城镇品位,硬化、绿化、亮化、净化、美化建设,改变了城镇形象。5年间,城镇基础设施建设投入8376.2万元,其中乡镇基础设施工程建设投入2554.6万元,新增道路25.5公里,其中水泥路16公里、渣石沥青路9.5公里,新建下水道19.5公里,安装路灯55盏,新增绿化面积9120平方米,新建垃圾站34座。结束了“八五”期间乡镇无路灯的历史。2000年,全县有大小集镇20个、中心村63个、县属场(所)8个,其中有城关、大鲸港、下渔口、陈家嘴、三岔河、官垱、黄山头、焦圻等8个建制镇。是年,城镇建设投入3000万元。8个建制镇、12个乡政府所在地集镇规划区总面积66.24平方公里、占全县集雨面积的7%,建成区总面积36.8平方公里、占全县集雨面积的3%;城镇总人口14万人、占全县总人口的25.2%;有自来水厂20个,供水总量6.2万吨/日、用户普及率95%;建成区道路总长120公里、总面积188.53万平方米,下水道总长94公里。2002年,乡镇规划编制工作进一步加强,按照建设边贸型、工贸型、商贸型等特色集镇的要求,完成6个建制镇和三岔河镇新口村、官垱镇五斗窖和紫金渡村、安生乡大杨树村、安宏乡八百弓村、安丰乡珊珀湖等以乡村中心集镇为节点、以交通线路为纽带的城镇发展规划体系,乡镇基础设施条件得到较大改观。是年,建设总投入5500万元,新建道路5条、硬化面积5.1万平方米,安装路灯65盏,新建下水道1.98万米。2003－2005年,乡镇基础设施建设投入1155万元,用于绿化、亮化、下水道、学校、厂房、仓库建设和卫生院改造。

三　移民建镇工程建设

1998年,县境遭受特大洪涝灾害,安造大垸溃决,水毁集镇2个、村庄53个、县直农场1个及县直企业10余个,受灾村(居)民2.9万户、10余万人,水毁房屋1.78万栋。1998－2005年,贯彻执行《湖南省平垸行洪移民建镇工程建设管理暂行办法》,组织平垸行洪、移民建镇。共投入资金2.5亿元,涉及移民建房7097户,其中集中安置5024户、分散安置2073户。完成下渔口镇、官垱镇紫金渡村和全县20个平垸行洪、移民建镇移民新村的规划编制;安装路灯20盏,新建垃圾处理场1座、垃圾中转站2座,新增城镇居民9500人。黄山头镇被确定为市级试点镇,基础设施建设投入300余万元,新建道路2条、下水道2800米,安装路灯20盏,初步形成湘鄂边贸重镇。

四　新农村建设

县内新农村建设始于2004年,以改善村民居住条件、提高村民生活质量为目标。是年,省委、省政府决策,从抓全面小康示范村建设入手,推动全省农村全面小康建设。此后,全县通乡、通村公路硬化工程全面展开。

2006年,对县级示范村庄实施整治建设规划编制,完成安全乡志中、安障乡会子庙、安裕乡安庆、大鲸港镇丰凝港、三岔河镇新口等村53平方公里的现状图测绘及12个县级示范村庄的规划编制。2008年,抓好以省道306线为轴线、以大鲸港为重点镇的乡镇建设,改造大鲸港镇新正街西段、日银路东段工程,扩大新农村住宅宜居示范片建设,启动各建制镇镇村同治,基础建设向周边农村延伸,坚持环境整治与产业发展结合,推动镇村一体化,完善城镇体系。在加快中心城区新一轮扩容提质的基础上,逐步形成以深柳镇为核心,以一批经济强镇为补充的城市经济群。

第三节　建筑行业管理

一　建筑业管理

1990年以来,随着计划经济向市场经济转轨,县内建筑市场管理亦逐步由封闭型向开放型过渡。1993年3月,县建筑工程公司更名为县建筑总公司并升格为正科级单位。1997年7月,省建委批准由国家三级升为二级建筑施工企业。

1996年实行项目经理负责制以来,各施工企业参加省级项目经理培训,103人取得合格证书、合格率100%。1997年,建安企业由23个发展到32个,8年完成总产值5亿元,竣工面积42万平方米,成为支柱产业。1998年《建筑法》颁布,《招标投标法》《建设工程质量管理条例》等法律法规相继出台,规定在国内从事的建筑活动必须领取施工许可证方可开工,并要求从事建筑活动的建筑施工企业、勘察单位、设计单位和工程监理单位及其专业技术人员,在资质等级许可的范围内承揽相应的建筑项目。至2002年,原32家施工企业合并为7家,其中国家二级2家(县建筑总公司、常德市德成建筑工程有限公司)、三级3家(潺陵建筑工程公司、欣厦建筑有限公司、住宅工程公司),从业人员由8500人精简至4000人,同时成立县建筑业协会,5年完成总产值5.69亿元。2004年,经过行业兼并和重组,以德成公司为代表的企业逐步建立现代企业管理制度,至2008年,建筑施工企业发展到13家,其中建筑施工总承包企业7家(一级1家、二级1家、三级3家、市政专业1家、水利专业1家)、建筑劳务分包企业6家。从业人员近万人,其中高级工程师12人、工程师161人、助理工程师321人、注册建造师79人、技术员535人。专业建筑设计院1家,其中工程师11人、注册设计师4人、技术员5人。2003－2008年,完成总产值24亿余元(含境外工程)。

二　招投标管理

20世纪90年代,县城建设提速,建筑企业亦迅速发展。为防止建筑市场不正当竞争，1995 年成立县建筑工程施工招标办公室，按照《湖南省建设工程招标投标管理条例》，负责全县建设工程招投标管理、监督和服务。推行招标承包制，实行招标管理、市场交易和招标代理"三分离"，并强化全程监督，公开招投标率大幅提升，实现了建设工程交易公开、公正、公平。

1995－1997 年，完成招投标项目 38 个，总面积 7.6 万平方米，总造价 6041 万元，其中县人民医院门诊楼、县交通局征稽所综合楼等 7 个项目获评优良工程。1997 年 8 月，县招标办牵头建立县建设工程交易市场。2001 年后，为杜绝建设工程交易"暗箱操作"，成立县建设工程交易中心，组建建设工程招标代理机构，配备微机管理系统，解决了全县建设工程"有市无场"问题，进一步规范和加强了招投标管理和有形市场建设。1998－2002 年，完成招投标项目 79 个、招投标率 100%，其中公开招标项目 21 个、招标率 27%。同时，严把"三关(招投标资格审查关，开标、评标、定标关，承包合同审查关)"，改革招投标运作机制，建立完善招标评委库，评委随机抽取，对招投标项目实行跟踪管理，防止串标、假招投标和违法分包等违法违规行为。1995－2008 年，完成招投标项目 340 个，其中公开招标 98 个、邀请招标 242 个，总面积 58 万平方米，总造价 5 亿余元。

三　质量安全监督与管理

(一)工程质量监督

1985 年，成立县建筑工程质量监督站，全县建设工程质量管理水平稳步提升。1999 年，成立县建设工程监理公司，监理制度迅速普及，施工单位自检、监理单位复检、质检单位监督的三级质量管理体系基本建立，无一例质量事故发生。1989－2008 年，评出优良工程 72 个、优良率 35%，工程受监率 100%，县法院办公楼、劳动局综合培训大楼等 4 个项目获评省、市样板工程。

2001 年，县工业园道路实行招投标，开市政工程招标管理之先河。县监理公司逐步对道路建设实行质量监理，道路建设管理机制进一步完善，步入规范化轨道，为国家节约了资金，保证了工程建设质量。随着建筑业不断发展，房屋结构、建筑材料和建筑施工工艺、技术不断革新。基础处理：20 世纪末至 21 世纪初，建筑物进一步向高层和地下发展，传统的浅基础处理逐步淘汰，各种新的深基础处理方式层出不穷，县内陆续出现长螺旋成孔灌注桩、泥浆护壁成孔灌注桩、高强度砼预应力空心管桩等；为满足汽车停放等日常需求和人防需要，桩筏、箱式等基础形式逐步得到应用。墙体处理：2005 年后，随着国家节能环保、可持续发展战略的实施，墙体处理发生了新的变化，传统的普通实心黏土砖逐步被强制淘汰，由多孔砖、蒸压灰砂砖、粉煤灰小型砌块、加气砼小型砌块及各种轻型墙板、钢丝网架水泥聚苯乙烯夹芯板等环保节能新型材料取代；外墙面装饰也有新变化，由原来的水泥砂浆改为聚苯乙烯颗粒保温砂浆节能系统及多功能彩色涂料或面砖装饰。屋面处理：1989 年以来，屋面处理形式变化较多，由以往单一的刚性防水改为刚柔相结合、单一防水材料与多种防水材料相结合、平屋面与坡屋面相结合、"防、排、截、堵"相结合的方式，并引入聚苯乙烯保温颗粒(板)、珍珠岩粉、种植屋面等节能环保保温隔热新技术。

(二)建筑安全管理

1999 年以来，建立企业安全生产台账，对施工企业安全生产实施全面监控，同时对安全员进行上岗培训，经考试合格发证，持证上岗率达 100%。改进施工工艺方法、更新施工设施设备、增加安全投入、提高安全意识，减少了隐患。

2002 年年底，县人民医院 11 层住院楼动工新建，高层建筑进入县内建筑领域。2005－2008 年，群体项目、高层、深基坑、大跨高支建筑项目不断涌现，为建筑施工安全生产变革提供了机遇，机械化和自动化水平大幅提高。钢架扣件取代了竹木脚手架和木质支撑；加强重大危险源的监管与防控，推行施工安全质量标准化、管理规范化、场地秩序化；强化施工监理单位的安全监管责任，确保无安全事故发生。全县建筑安全管理多次获市建筑安全管理先进单位，2006 年获省级先进单位。

四 建筑设计

1995年,县建筑设计室更名为县规划建筑设计院,属自收自支全民事业单位。1996年5月,省建委核定其国家丙级建筑设计资质。2003年,改制为县众拓建筑规划设计院,市建设局核定其丙级工程勘察和设计资质,属民营科技性企业,主要承接工业与民用建筑设计、城镇小区规划设计、工程地质与岩土等业务,实现了电脑CAD设计出图和办公自动化。有技术人员28人,其中高级职称4人、工程师16人、一级注册结构师1人、二级注册结构师1人、一级注册建筑师1人、二级注册建筑师3人。

1989－1997年,承担建筑设计项目308个,总面积32万平方米,项目总投资1.6亿元,获省、市优秀设计项目7个。至2008年,完成设计项目300余个,主要有县劳动局办公楼、县检察院侦技楼、中城豪园、五总阳光、移动通信指挥大楼、法院办公楼、湘北饲料新厂、凯斯机械厂三区等,其中10个项目分获市建筑设计佳作奖、设计方案三等奖。

第三十四章　市政建设与城市管理

随着县城区规模扩大和常住人口迅速增加，市政建设与城市管理日益强化，市民的生活环境、生活质量得到极大改善和提高，与1989年相比，判若两城。

第一节　市政建设

一　供　电

1964年柘溪水电站电力始输安乡，1965年始入县城，机关单位和部分市民开始用电照明。1980年修建城关开关站，1988年修建城关变电站。1989年，有35千伏安变电站1座，配电变压器2台、总容量3200千伏安，10千伏安出线11路，城镇居民用电入户率100%、年生活用电量586.5万千瓦小时。1995年更换容量为6300千伏安的主变压器1台，城关变电站用量达到9500千伏安。1999年修建110千伏长岭洲变电站，投入运营主变压器容量31500千伏安，2002年完成电网改造正式投入运营。2007年新增110千伏进线长线1条，2008年增加31500千伏安变压器1台。2009年，有变电站1座，总容量63000千伏安，110千伏安进线3路、10千伏安出线13路，城镇居民年生活用电量4257万千瓦时、比1989年增长6.26倍。

二　供　水

1974年县城建自来水厂，日供水量1000立方米，大部分机关单位和少数市民开始饮用自来水。1989年，城区有主干供水管道1.2万米，日供水量1万立方米，为1974年的10倍，但供需矛盾仍十分突出。为此，县政府制订供水工程建设计划，分期扩建自来水厂，新建、改建供水管道。1989－1991年，投入286万元，完成第一期工程，即建设占地面积1.73万平方米的水厂，新建平流式日产2万立方米澄清反应池1座，铺设管径500毫米输水管2500米，改造管径300毫米输水管3000米，同时改造了泵房水泵机组与电器设备。1998－2000年，投入1304万元，完成第二期工程，即完成取水与送水泵站、反应池与叠合池建设。2004－2006年，投入1100余万元，完成第三期工程，即建成装机容量777千瓦的取水泵站，铺设、改造管径100毫米以上供水管4.9万米。2007年，投入150万元，改造自来水水源水管线城区内河水管。2008年，投入43万元，完成深柳大道供水主管网建设。年供水量890万吨，基本达到生产、生活用水供需无虑。

三　供　气

1990年，三峡管道燃气公司和国鸿供气公司等4家罐装液化气企业在县内经营，城区开始供气设施建设。2001－2002年，三峡管道燃气公司投资1150万元，进行管道燃气工程建设，铺设燃气管道5000米。至2008年，城区燃气管道铺设近2万米，其中中压管线4000余米、低压管线1.5万余米，销售压缩天然气80万立方米，备用储气能力达到1万立方米。瓶装燃气年用量达4680吨（含乡镇）。

四　亮　化

1989年，城区街道仅在4公里左右的供电线杆上安装路灯28盏，城区夜晚难见灯光。1990－2009年，投入1600余万元进行亮化工程建设。安装路灯3000余盏，线路总长200余公里，县城建成区实现了亮化，彻底解决了“摸黑路”问题。同时，机关单位庭院亮化建设快速发展，安装各类灯具400余盏（套）。由过去种类单一向种类繁多、错落有致的主体亮化格局转变，有地矿灯、草坪灯、亮杆灯、华灯等40余种,实现了各类灯具与道路、绿化的有机结合,增加了美感。主要街道及沿河风光带,均竖杆装灯,其中7米以上大灯200余盏。南、北圆盘广场各安装22米高杆灯1座,大鲸港大桥三角带安装14米中杆灯1座,一环中路、大桥中路、澧陵路主要街道设置金属护栏4544米、隔离墩3132米,北圆盘广场与大桥三角带设置不锈钢护栏300米。路灯档次和质量大幅度提升,其中250瓦高压钠灯286盏、华灯130盏,造价由1000元/盏以内提高到1万余元/盏。夜幕降临,各式灯具将县城装扮成一座不夜城。每逢节日,各种彩灯形成一街一景,城区尽显现代都市气氛。

五　绿　化

20世纪90年代,县内城市绿化加强。1992年,投入28.1万元铺设高标准人行道板砖2400平方米。1996年,对民主街、文化中路、文化北路进行维护、绿化。1997年,铺设人行道板9500平方米。2000年,新增绿化面积4.15万平方米,有公共绿地1.8万平方米、人均0.22平方米。此间,集休闲、交通、防汛于一体的沿河路建成,县城公共绿地实现了零的突破。新建花坛662个,改良人行道树419株,五总新街、澧陵路等街道移栽了广玉兰、嫁接了法国梧桐,撤除了隔离带。2001年,和平休闲街新建,新增公共绿地面积6500平方米,成为城区休闲娱乐街;围庵路新增绿地面积3500平方米,澧陵东路修建花坛2个、新增绿地面积1657平方米。2002年,完成南安路、工业园道路、书院广场的绿化建设,面积近1万平方米,补栽、改造人行道树1100株。其中书院广场绿地面积2100平方米,是县内第一处集休闲、娱乐、文化于一体的综合性广场。2003年,完成城区主次街道绿化植树、补栽和更换、品种更新2050株,摆设盆花1.3万余盆;完成城南路、党校沟绿化改造。同时,城区67家庭院陆续进行改造,投入500万元,增加绿地7580平方米。2004年,投入49.8万元,完成一环中路及工业园人行道彩板地砖改造5500平方米。2005年,投入44万元,完成大鲸港、鲸裕路150株引道树新植、党校沟2100平方米绿化和作唐南路隔离墩修建。2006年,投入70万元,完成一环路6150平方米人行道彩板地砖铺设,更换边岩1500米。2007年,投入272万元,完成建材城至现代城、安乡大道(现洞庭大道)南圆盘至工业园入口入昌颐路的人行道彩板地砖铺设与工业园绿化土建工程。2008年,投入35万元,完成城区街道和安南路花池修补,修补街道1000米。

20年间,先后完成五总新街、一环路、澧陵路、大桥中路、安南路、工业园大道等20余条街道的绿化升级改造,党校沟和安南路西段的"臭水沟"改造成绿色风光带,新建花坛1000余个。城区街道单一的法国梧桐更换成广玉兰、香樟等20余个树木品种,实现了以乔木为主,灌木、花、草相结合的城市绿化,7米宽以上街道无缺株,共植树近万株,新增城区绿地面积8万余平方米。先后有县委机关、政府机关、建设局、国税局、自来水公司等16个单位获省级园林式单位称号。香格里拉、金安花园、紫珑花园、中城豪园等新建住宅小区实行绿化率达标控制。2009年,城区绿地面积15万平方米,人均1.2平方米。沿河路、和平休闲街、香港步行街及书院广场等一批精品工程与4个圆盘形成了城区"点、线、面"绿化体系的有机结合。基本实现了"城在林中""林在城中"生态县城建设目标。

六　环卫设施

(一)公　厕

1989年,县城区有旧式公厕48座、蹲位1052个。20世纪90年代初,在南圆盘修建第一座绿化式水冲公厕,实行专人保洁管理。尔后,采取财政拨款、个人投资和捐资、单位支助、环卫部门自筹等方式改造旧厕,新建水冲式公厕。

2004年,嘉德公司投资30万元,占地100平方米,在休闲街建高标准园林式水冲公厕1座。至2008年,在澧陵路、复兴路、一环路、民主街、东后街、建设路、上东门、下东门、新堤街、南门口、澧陵社区、深柳社区、五总社区、西门口社区、汽车北站及7处加油站陆续新建水冲式公厕,城区二类公厕达到37座,建筑面积1000余平方米,总蹲位200余个。

(二)果皮箱

20世纪90年代,县城区始设置水泥桶式果皮箱

80 个。进入 21 世纪，主要街道增添不锈钢果皮箱 100 个，2005 年又增添塑钢果皮箱 300 余个。至 2009 年，城区街道共设果皮箱 400 余个。

（三）垃圾桶

20 世纪 90 年代末，县城区仅设置少量垃圾桶。21 世纪初，主要街道添置封闭式垃圾桶 50 个。2008 年添置移动板车 30 张，实行生活垃圾定点倾倒、定时收运。

（四）垃圾中转站

20 世纪 80 年代，县城区垃圾均倾倒在各条街道的垃圾围内，由环卫工人清运。90 年代初，在一环路南圆盘修建第一座垃圾中转站。尔后，通过财政拨款、个人捐资、环卫部门自筹等方式，新建垃圾中转站 23 座。2005 年，在安障乡蔡家溪建园林式垃圾处理场，日处理垃圾 150 余吨。

（五）机动工具

20 世纪 80 年代，县环卫所仅有小型翻斗车、手扶拖拉机 4 辆、洒水车 1 辆。90 年代添置多功能车 3 辆、8 吨洒水车 1 辆。进入 21 世纪，添置多功能车 2 辆、垃圾推土机 1 辆、垃圾压缩车 1 辆、10 吨洒水车 1 辆。

七　下水道建设

县城区的雨水和废水全靠地下水道排泄，20 世纪 90 年代前，每遇大雨，城区街道多被水淹，人无法行走，严重时车也很难通行。90 年代后，县委、县政府加大下水道建设投入。至 2009 年，城区主次下水道四通八达，长岭洲、围庵 2 座电排排污改造升级，县城污水处理厂启动准备及排污管网铺设，排污设施体系基本形成。

1992 年投入 30 万元，修建 37 条、长 1640 米的下水道。1995 年，编制新老城区下水道改造规划和书院洲、船厂的下水道建设规划，全面疏洗新老城区主要下水道，清运淤泥 3000 立方米。1996 年投入 84.4 万元，改造、疏洗城北巷、环保巷、天后宫、围庵、金水桥、工会下水道 1393 米。1997 年，铺设下水道管 1967 米，一环南路两侧直径 1.3 米的主下水道贯通，缓解了新城区渍水问题。1999 年，对城区搭建在下水道上的所有建筑物、构筑物全面扫障，拆迁 73 户，拆迁面积 2065 平方米，特别是拆除了和平巷至朝天口下水道上所有违章建筑物，保障了老城区主下水道“咽喉”畅通。

21 世纪后，排水设施经常堵塞、污水横溢的问题得到有效解决。自“九五”时期以来，下水道改造升级年均投入近 100 万元，城区主下水道总长达到 9.4 万米。先后完成天后宫、五总阳光至工会、金水桥、南小区、南门口等地下水道改造，彻底解决了居民大雨天“坐水牢”的问题。2000 年，投入 280 万元，完成安南路西段党校排水沟建设，铺设涵管 1740 米，改造成绿色风光带，被市民誉为“民心工程”；投入 41 万元，完成五总街、天后宫下水道改造升级。2001 年，完成安南路至长岭洲主排污沟清淤。2002 年，投入 73 万元，疏通下水道 7500 米，更换下水道盖板 305 块。2003 年，投入 75 万元，下水道清淤 1.6 万米，更换盖板 400 块；启动预算投入 300 万元的党校沟建设。2004 年，投入 65 万元，下水道清淤 1 万米，更换盖板 540 块，完成道路维修 980 平方米。2005 年，投入 50 万元，完成城南路下水道、电排清淤及道路修补工程；启动投资 1700 万元的主排水沟建设。2006 年，投入 60 万元，完成 1 万米下水道清淤及幸福巷与深柳社区主沟改造和县三中下水道修建。2007 年，投入 180 万元，完成 1.2 万米下水道清淤与破损盖板更换及文艺南路、观音寺等下水道改造和路面修补；投入 150 万元，完成大鲸港永乐路、城关围庵路西段和砂石市场道路的下水道工程。2008 年，投入 100 万元，完成下水道清淤及改建工程。

第二节　城市管理

1993 年，县政府出台《关于加强城关地区城市管理的若干规定》。1994 年，县城关镇管辖的原县环卫所、市政园林所、城管监察大队划归县建设局。2002 年，成立县城管局，按照“三分建设，七分管理”的原则，强化城市管理，城市面貌焕然一新。

一 环境卫生管理

环境卫生管理的重点是街道清扫保洁与垃圾清运。20世纪80年代,县城区清扫面积20.5万平方米,清扫人员30余人,每日一普扫、两保洁,垃圾日清运量20余吨。1993年,新增街道6条,清扫面积扩大到36.5万平方米,清扫人员增至56人,12个清扫路段每日两普扫、两保洁,垃圾日清运量70余吨。1995年,县环卫所成立市容卫生监察中队,实施《安乡县城市容和环境卫生管理暂行办法》和《安乡县城垃圾管理暂行办法》。1999年,清扫面积扩大到53万平方米,清扫人员增至70余人,18个清扫路段每日两普扫、三保洁、两收运,重点街道和路段实行24小时保洁。

2001年,县城区清扫面积扩大到60万平方米,增加“门前三包”保洁人员10余人,23个清扫路段每日三普扫、三保洁、三收运,均实行24小时保洁。2005－2009年,清扫保洁人员增至86人,“门前三包”保洁人员增至26人,垃圾日清运量150余吨、清运率100%。

二 市容市貌治理

市容市貌以治理“脏、乱、差”为重点。县城管局(城管大队)针对违章行为的流动性、复杂性等特点,变突出整顿为疏堵结合、蹲点与巡查结合。

2001年,进行21次整顿,拆除临街雨阳罩等乱搭乱接120处,整治出点、占道经营177处,取缔流动摊贩62个,取缔城区街道所有电话亭和严重影响交通秩序的复兴路工贸市场,改变了“摊贩满街跑”的状况。此后,每年结合创建国家文明卫生县城,针对市容市貌存在的问题进行专项治理,并常年实行县直各部门、单位分街道、分路段环境卫生包保责任制,签订责任状,定期或不定期轮流值守督导,城区市容市貌大为改观。

三 交通秩序治理

20世纪90年代,为缓解部分进城农民和城区少数无业人员的就业压力,同时为居民出行提供方便,县建设(或城管)部门组织人力三轮车(俗称“慢慢游”)在县城营运,1998年发展到200辆,至2005年发展到800辆,曾在一段时期内极大地缓解了县城交通压力。随着经济社会的发展,汽车普及率迅速提高,“慢慢游”与机动车抢道、堵塞交通,并时常造成交通伤害事故。为保障城区交通秩序,改变“慢慢游”多而乱的局面,县委、县政府决定逐年压缩直至取缔“慢慢游”。由县城管局牵头,县乡联合,从各部门、单位抽调执法人员和机关干部,分路段设岗守卡把关,禁止“慢慢游”营运。至2005年10月31日,县城区“慢慢游”全部取缔。

随着“慢慢游”取缔,县城区相继开通出租车(俗称“的士”)和公交线路车营运。至2009年,县内有两家出租车公司、“的士”151台,公交线路8条、公汽62台,投入载客营运。同时,与交警部门配合整治车辆临街乱停乱靠,划定停车位,设置“的士”、公汽停靠位置示意牌和停靠站台,交通秩序逐渐好转。

第三十五章　房地产经营与管理

第一节　机构与队伍

一　机　构

1990年前,县内房地产事宜一直由建设部门兼管。1990年,在县房地产公司加挂县房地产管理局(简称县房管局)牌子。1993年4月,县房地产公司更名为县房地产总公司,为县政府直属正科级事业单位,属县内行使国家房地产管理法规、法令和政策的职能机构,具有房地产行政管理和行业管理职能。设办公室、财计股、房政股、危房鉴定办公室、拆迁办公室、政工股等6个工作机构,辖房地产经营管理所、房地产交易所、住宅建筑工程公司、房地产综合开发公司、预制件厂、建材供销公司等6个二层独立核算单位。1995年,设大鲸港办事处、乡镇房地产管理所,管理和经营范围扩大。1997年,设房地产稽查中队、物业管理与白蚁防治站。是年,市委编委《关于安乡县房地产总公司加挂房地产管理局牌子的批复》确定县房管局为县政府直属正科级事业单位。随着住房制度改革的深化与房地产业的发展,县政府批准先后成立县房地产评估事务所、县住房资金管理中心、县安居工程开发建设办公室,形成了"房管、房政、资金管理、安居建设"四位一体的房地产管理模式,有力地推动了全县房地产业的健康发展。

2003年12月,县委编委《关于对安乡县房地产管理局所属事业单位机构编制方案的批复》,县房管局设立房地产稽查大队、国有直管公房经营管理所、产权产籍服务中心、白蚁防治所、乡镇房地产管理所等5个二层事业单位。2010年7月,县委《关于印发〈安乡县政府机构改革方案实施意见〉的通知》,县房管局调整为县住房和城乡建设局管理的正科级事业单位。2011年8月,县委编委《关于设立县国有土地上房屋征收与补偿工作办公室的通知》,设立县国有土地上房屋征收与补偿工作办公室(加挂县房屋安全鉴定办公室牌子),为县房管局所属副科级事业单位。同月,根据国务院《关于解决城市低收入家庭住房困难的若干意见》及省有关要求,成立县保障性住房建设指挥部办公室,专门负责全县保障性住房建设日常工作。2012年,县房管局设办公室、财务股、政工股、房政管理法制股、产权产籍审批股、物业管理股、开发房改办、计生办等8个工作机构,辖国有直管公房经营管理所、白蚁防治所、产权产籍服务中心、稽查大队、乡镇房地产管理所、档案馆等6个股级二层单位和国有土地上房屋征收与补偿办公室、住房保障办公室等2个副科级单位。

二　队　伍

县房管局(公司)成立后,随着事业的发展,机构职能不断增强,管理、经营队伍不断扩大,由1993年的174人增至2012年的200人(在编154人)。经常组织干部职工学习房地产工作的有关方针、政策和法律、法规,结合单位实际制定相关制度和规定,人员队伍素质不断提高。

1990年,在开展"五讲四美"活动中,作出《加强作风建设,抵制房产行业不正之风的决定》,对收受"红包"和索要财物者,一经查实,绝不姑息。1995年,随着房地产市场开放和住房制度改革,机构职能增强、人员快速增加。党总支按照"区分轻重缓急,分别处理"的原则进行队伍建设,印发《关于严格工作人员工作纪律、行为规范和奖惩办法的通知》,开展"上班依法行政,下班文明做人"活动。制定四条具体措施,即讲究仪表风度和文明礼貌,严格岗位责任、严肃工作纪律,加强团结协作和整体观念,抓好自身学习和廉政建设。1997年、1999年,先后开展以"增强服务观念、改善服务态度、简化办事程序、提高办事效率"和"接受监督、廉洁自律"为主要内容的职业道德教育,引导工作人员"树立良好行风,塑创美好形象",推行办事公开,贯彻落实县委、县政府《关于加强党风廉政建设的十项规定》。2003年,制定定职责、定岗位、定任务、定报酬的"四定"方案和竞聘选配岗位办法,推行股室负责人竞聘上岗、工作人员双向选择用人机制,打破职务终身制,原155名在编人员通过竞争聘用85人。调整了队伍结构,优化了工作组合,明确了工作任务,严格了工作管理。2006年,以乡镇所为重点,制定《乡镇房地产管理所工作职责及管理制度》,开展文明站所创建活动。2008年,分四期组织中层骨干、职工系统学习《房地产开发经营管理条例》《物权法》《行政处罚法》等法律、法规和业务知识,并建立学习激励机制。一方面鼓励职工自学自考,出台《职工教育培训制度》,对取得大专以上学历者,按比例报销学费、差旅费,对取得中级以上职称者每人奖励2000元。至2012年,通过自学、函授学习取得大专学历12人、本科9人,获高级工程师1人、副研究馆员1人、经济师2人、政工师6人、注册房地产经纪人3人、一级注册建造师1人、注册评估师3人。另一方面倡导以人为本的正面教育,启动机关文化建设。通过"文明单位你我同创,和谐房管大家共享""学习改变观念,观念改变行动,行动改变命运""八荣八耻""低调做人、高调做事"等活动,培养职工优良的品格和行为习惯。2011年,开展"人民满意在房产"活动,全面实行"马上办、限时办、联合办、网上办、公开办"承诺。简化审批程序,下放审批权限,推行"一站式"办证服务、阳光行政和网上审批,为企业、投资者和群众提供了更为快捷的服务平台,机关建设成为民办实事的窗口。

队伍建设不断加强,逐步形成了"依法行政、文明做人,团结和谐、创新争先,爱岗敬业、爱局如家"的"安乡房产人"团队精神。20多年来,多次获全县双文明建设红旗单位和先进单位。

第二节 房地产建设

一 住房制度改革

新中国成立后,全县城镇职工住房由单位统包,住房户向单位缴纳租金。1994年,国务院作出《关于深化城镇住房制度改革的决定》。1995年7月,县政府出台《安乡县城镇住房制度改革实施方案》,确定按分步提高公有住房租金、推行住房公积金制度、出售公有住房三个步骤进行。至2000年,全县城镇住房制度改革基本结束。

县城关、大鲸港镇范围内行政、国有和集体企事业单位中,建公有住房的单位128个、496栋(不含县房地产总公司管理的直管公房)、总面积32.54万平方米。其中集体企业49个、121栋、4.8万平方米。城关范围内有公有住房的单位103个、381栋、23.67万平方米,原值1244万元。其中行政事业单位8.97万平方米、国有企业11.98万平方米、集体企业2.69万平方米。

1993年,县内的公房出售正式启动。县房改领导小组出台《安乡县出售公有住房实施办法》,确定购房条件为:凡家住县城区且具有正式城镇户口的职工,每户可购买现住公有住房一套,但有私房且人均建筑面积在15平方米以上、1994年1月1日以后出售了私房、30岁以下的未婚职工等除外;单位自建或购买的新房、腾空的旧房,实行先售后租,并优先出售给符合购房条件、持"优惠购房证"的无房产、住房困难户。出售价格为:人均年收入高于县人均年收入3倍的家庭购房实行市场价,中低收入家庭购房实行标准价,企事业单位或职工个人有要求的,也可实行成本价。1995年6月30日前,县城区砖混结构新房市场价为520元/平方米、成本价为400元/平方米、标准价为312元/平方米,并均按房屋所处地段、朝向、楼房层次、装饰及设施等因素确定房价调整系数。按成本或标准价购房面积控制标准为:一般职工65平方米、科级干部75平方米、县处级干部85平方米、地厅级干部110平方米,具有人事部门确认的中级以上专业技术职称的知识分子,比照同级行政职务标准执行。凡超过购房面积控制标准人平15平方米以内的部分按成本价全价计价,15平方米以上的部分按市场价全价计价。四种房价折扣办法为:旧房折扣。按标准价出售的、年折扣率1.5%,按成本价出售的、年折扣率2%,使用年限超过30年的,按30年给予成新折扣;现住房折扣。1995年6月30日前,按购房成本价或标准价中的负担价折扣

5%，尔后每年减少1%，至2000年全部取消。工龄折扣为：售房单位根据职工在建立住房公积金制度前夫妻双方的工龄给予工龄折扣，每年工龄折扣的数额随抵交价变化而调整。1995年6月30日前按标准价购房的，每年工龄每平方米折扣额2.43元；按成本价购房的折扣额3.04元。付款折扣为：1995年6月30日前一次性付清房款的，由产权单位给予应付房款20%的折扣；分期付款期限最长不超过10年，首次应付清房款的30%以上，每多付10%，给予2%的折扣。1994年，优惠出售公房185栋、2732套。

1995年9月，县政府再次出台《安乡县深化城镇住房制度改革实施方案》，增强了房改工作的可操作性，其内容与配套措施更为完善。此后，将新老房改政策进行衔接，对1994年优惠出售的2732套公房，均按当年售价重新明确个人拥有的产权比例，开展超面积补款工作，避免了国有资产流失。县房改办组织专门力量，历时1个月，对所有出售公房的单位和购房户摸底核查，有50个单位、543户超标准购房，超面积6036平方米、应补差价款89万元。其中科级干部143户、超面积1460平方米、应补差价款18万元，处级干部19户、超面积104平方米、应补差价款1.7万元。有50个单位、486户补交超面积差价款782789.35元。1996年，全县出售公房145套、9750.34平方米，抵减163万元集资款后，回收售房款48.4万元。同时，按照房改政策，对1994年优惠出售公房以来个人所拥有的产权比例印发了《关于对职工原优惠购房明确产权比例的通知》，明确原职工以标准价购买的公房，只拥有占有权、使用权、有限的收益权和处分权，可以继承，但必须按售房当年标准价占成本价的比重对个人所拥有的产权比例进行明确；凡未按规定办理重新明确产权比例的，视为不完整的产权证，即使5年以后也不得进入市场流通，房管部门也不予办理产权变更手续。县房改办在优惠购房产权证上加盖产权比例印章，落实新老房改政策的衔接。

1998年，全县出售公房135套、11815平方米，抵减集资款后，可收回售房款98万元。是年9月，县政府出台优惠政策，鼓励购房户补交款购买全部产权。至年底，20%的部分产权户按成本价购买全部产权。1999年，继续推进部分产权房向全部产权房过渡。至年底，30%的部分产权户按成本价购买全部产权。至2000年6月，全县存量公房基本售完，公房出售工作结束。

二　房地产开发

县内房地产开发起步较晚。为搞好房地产开发和行业服务，1990年，县房管局成立县住宅建筑工程公司和县房地产综合开发公司，带动了房地产开发市场的发展。

21世纪初，随着县政府招商引资力度加大，结合旧城区改造和新城区开发，一批有实力的企业来县从事房地产开发，建成一批精品楼盘，县内房地产业迅速发展。至2012年，有安乡香港路商业步行街开发有限公司、湖南林城置业有限公司、南县南洲镇城建综合开发公司、常德佳安房地产开发有限公司、常德市佳家置业有限公司、湖北石首市龙腾房地产开发公司、常德创鼎置业有限公司、安乡凯乐置业有限公司、湖南远茗置业有限公司、安乡宏泰房地产开发公司等15家房地产开发企业落户安乡，建成香港步行街、香格里拉、紫珑花园、金安花园、中城豪园、名流天下、南城茗都、江南水乡、汇金国际城等住宅小区。1990－2012年，开发住宅小区22个、商品房6596套、建筑面积92.57万平方米。主要房地产开发企业有：

（一）安乡宏泰房地产开发公司

1993年2月成立，国有企业，注册资金800万元，具有三级房地产开发资质。公司设总经理室、办公室、开发部、营销部、工程部、财务部，有职工11人，其中中级职称6人。2003年2月始，在县内建第一个住宅小区——邮政花园，后相继开发建设五总阳光、南正佳园、时代天骄一期、西苑、晨光、富强乐园、东城明珠住宅小区和德政园综合楼等。至2012年，在县内建住宅楼68栋、总建筑面积235073平方米、提供住宅1876套。

（二）湖南东方嘉华房地产开发公司

2007年5月成立，民营企业，注册资金5000万元，具有三级房地产开发资质。公司设工程、营销、经营等部门,有职工117人,其中高级职称13人、中级职称62人。2008年5月始,在县内建第一个住宅小区——江南水乡。至2012年,在县内建住宅楼26栋、总建筑面积12万平方米、提供住宅915套。2011年5月,省房地产业协会授予其房地产优秀企业。

(三)湖南林城置业有限公司

2005年4月成立,民营企业,注册资金3000万元,具有三级房地产开发资质。公司设办公室、工程部、财务部,有职工32人,其中中级职称10人。2007年3月始,在县内建第一个住宅小区——香格里拉,后相继开发建设现代城、国际花苑小区。至2012年,在县内建住宅楼36栋、总建筑面积21万平方米、提供住宅1200套,建商业楼4栋、总建筑面积4.5万平方米。2012年12月,市住建部门授予其2012年度优秀房地产企业。

(四)湖南远茗置业有限公司

2008年5月成立,民营企业,注册资金1000万元,具有三级房地产开发资质。除主营房地产开发外,还兼营建筑材料等。公司设行政部、开发部、财务部、销售部,有职工22人,其中高级职称1人、中级职称5人。2009年6月始,在县内建第一个住宅小区——南城茗都。至2012年,在县内建住宅楼16栋、总建筑面积7万平方米、提供住宅589套。2012年3月,获县房管局授予的优秀楼盘。

(五)常德市佳家置业有限公司

2007年9月成立,民营企业,注册资金2380万元,具有四级房地产开发资质。公司设总经理室、工程部、财务部、销售部,有职工10人,其中中级职称3人。2012年9月始,在县内建第一个住宅小区——金色家园。2007－2012年,在县内建住宅楼4栋、总建筑面积15325平方米、提供住宅96套,建商业楼4栋、总建筑面积15325平方米。

(六)安乡香港路商业步行街开发有限公司

2002年12月成立,民营企业,注册资金2024万元,具有四级房地产开发资质。除主营房地产开发外,还兼营酒店等。公司设工程部、财务部、总经理办,辖办公室、财务室、总经理室、资料管理室等4个基层单位,有职工16人,其中高级职称1人、中级职称9人。2002年12月,开工建设县城香港路商业步行街。至2012年,在县内建住宅楼33栋、总建筑面积10余万平方米、提供住宅960套,建商业楼1栋、建筑面积13547平方米。2004年6月,市工商局授予其重合同守信用单位。

(七)湖南天洁房地产开发公司

2007年12月成立,民营企业,注册资金1000万元,具有四级房地产开发资质。有职工22人,其中中级职称5人。2010年10月始,在县内建第一个住宅小区——名流天下。2009－2012年,在县内建住宅楼6栋、总建筑面积60440平方米、提供住宅470套,建商业用房面积6286平方米。

(八)石首龙腾房地产开发公司安乡分公司

2005年10月成立,民营企业,注册资金1000万元,具有四级房地产开发资质。公司设工程部、财务部、营销部。2006年3月始,在县内建第一个住宅小区——紫金园,后相继开发建设龙腾丽景小区等。2005－2012年,在县内建住宅楼6栋、总建筑面积21218平方米、提供住宅174套。2012年9月,市建设部门授予其“两化达标”企业。

第三节 住房保障

随着住房制度改革的深化,县政府采取多种措施,制定优惠政策,建立住房公积金、住房货币补贴、安居工程和经济适用房、廉租住房等保障体系。

一 租赁补贴发放

2007年,国务院和省、市政府相继出台措施,将人均住房建筑面积低于8平方米的低收入家庭纳入廉租住房保障范围,实现应保尽保。2008年,县住房保障工作领导小组办公室制定《2008年安乡县城区住房保障租赁补贴工作方案》,确定具有城镇常住户口3年以上(含3年),经民政部门审核确认的低保家庭，家庭人均住房建筑面积10平方米以下，同时具备以上三个条件者纳入廉租住房保障范围，每户每月50元。是年12月，县城区住房保障租赁补贴发放工作启动。至2012年，共确定租赁补贴对象6864户、发放资金799.38万元。其中2007年20户、发放1.2万元，2008年248户、发放14.88万元，2009年1000户、发放103.32万元，2010年1760户、发放215.47万元，2011年1825户、发放223.07万元，2012年2011户、发放241.44万元。

二　保障住房建设

为做好城镇住房保障工作，县政府成立住房保障工作领导小组，由房管、建设、民政、财政、发改、监察、国土、地税等相关部门负责人组成，分管副县长任组长，负责指导、协调全县住房保障工作。下设办公室，具体负责全县住房保障制度的落实。

（一）公共租赁房

县内国有直管公房大多建于20世纪60年代末至70年代初。至80年代末，有国有直管公房近4万平方米，此类房屋大多因年久失修而破败不堪，濒临倒塌。90年代初期，经县政府批准拆除部分危房并进行零星处置，剩下近2万平方米，年收取租金60余万元。

1996年、1997年，县物价局先后上调国有直管住宅租金，调至砖混非成套0.85元/月平方米、砖木非成套0.8元/月平方米、简易结构平房0.59元/月平方米。2001年11月，县国资局授权县房管局对部分公房资产共19217.84平方米继续经营。其中居民住宅17082.33平方米、承租户426户，经营用房2133.51平方米、承租户28户。2002年8月，县政府专题会议决定对商业大厦、潺陵酒家、副食大楼改制处置变现所得一次性划给县房管局50万元，既解决了与县商业改制办的纠纷，又盘活了国有资产。2003年12月，经县国资局批准，县房管局将20处国有直管公房商业门面的房屋所有权和土地使用权公开拍卖，标的460万元。经以上处置，全县尚有国有直管公房1.3万余平方米、承租户390户。至2007年，全县国有直管公房13036平方米，均属20世纪60年代建设的砖木结构平房，且大多由于市政配套设施滞后而破旧不堪，严重影响居住安全。为解决安全隐患和承租户的居住问题，县房管局对国有直管公房情况摸底调查并进行可行性研究后，选择县城区原环卫所（下东门）北侧及老银嘉宾馆（现文艺南路）两侧5栋连片占地2000平方米的国有直管公房拆除重建，建成廉租房86套、4800平方米。

（二）廉租房

2006年8月，建设部发出《关于印发〈城镇廉租住房工作规范化管理实施办法〉的通知》，对廉租住房工作的制度建设、管理服务、实施程序、动态管理等作出具体要求。2007年，省政府办公厅发出《关于加快城镇廉租住房建设的通知》，明确城镇廉租住房建设的基本原则，即统筹规划、分步实施，分级负责、突出重点，坚持标准、控制成本，政府主导、政策扶持，并提出廉租住房的保障方式、资金保障等具体要求。

2008年，县内启动廉租住房建设。申报廉租房中央补助建筑项目2个、总建筑面积7870平方米、住房159套、总投资630万元。其中中央预算投资补助236万元、地方财政配套资金394万元。安廉1号、2号项目共77套、总建筑面积4000平方米，分别于2008年5月、2009年6月竣工并交付使用。2009年，申报廉租房中央补助建筑项目3个、总建筑面积1.28万平方米、住房258套、总投资1025万元。其中中央预算投资补助384万元。和民7号、9号楼与和民6号、10号楼项目分别于2009年8月、9月竣工；惠民楼项目于2009年9月竣工。2010年，省、市下达廉租房建设指标700套，全县实建和民二期6栋（1号、2号、3号、5号、8号楼及护城）、长岭洲、文昌湾项目共724套、总建筑面积35839平方米。

2010年5月，县住房保障工程建设管理体系领导小组办公室按照“坚持政府领导，房管部门牵头，各部门配合，全社会参与”“公开、公正、公平”，合理确定对象、科学划分标准、突出帮扶重点，保障城镇低收入家庭基本住房需要的原则，制定《安乡县县城区廉租房保障工作方案》。确定申报条件：具有深柳镇、大鲸港镇常住户口3年以上（含3年）且在本县工作或居住的家庭，经民政部门审核确定的低保家庭或家庭人均可支配年收入低于5000元的家庭,无房户和住房困难户(家庭人均住房建筑面积15平方米以下),同时具备以上三个条件者。保障范围:凡具有深柳镇、大鲸港镇常住户口且符合廉租住房保障条件的低收入家庭。保障方式:实行租赁补贴为主、实物配租和租金核减为辅,逐步向实物配租过渡。保障标准:即实物配租标准。人均建筑面积15平方米,每户最高配租建筑面积50平方米,实物配租按当年物价部门核定的标准收缴租金。租赁补贴标准:低保住房困难家庭,1人家庭90元/户月、2人家庭110元/户月、3人以上(含3人)家庭130元/户月;低收入住房困难家庭,1人家庭60元/户月、2人家庭80元/户月、3人以上(含3人)家庭100元/户月。租赁补贴标准实行动态管理,适时调整。

(三)经济适用房

为贯彻落实国务院、省政府关于房地产市场发展的精神,建立和完善住房保障体系,满足城镇低收入家庭的住房需求,2006年7月,县住房保障体系建设管理领导小组颁布《关于加强经济适用住房建设销售管理工作的通告》,界定了经济适用房的优惠政策、建设标准、供应对象和销售价格等,确定在县城作唐北路行政划拨38亩土地,建设经济适用房小区(和园小区),拟建经济适用住房14栋、500套、总建筑面积4.5万平方米,5年内建成。是年,县房管局成立经济适用住房建设指挥部,设立办公室、工程部、销售部、财务部等工作机构。通过项目招商、工程招投标和工程项目设计,于8月动工兴建总建筑面积6600平方米、总投资387万元的和园第一期6号、7号楼,分别于2007年4月、6月竣工。2008年,和园第二期10号、11号楼共1.1万平方米竣工验收,并全部销售完毕,实现了零空置率。两期建设共解决180户中低收入家庭住房困难问题。至2012年,和园小区全部建成,共583户、总建筑面积47568平方米。

三　实物配租

根据国务院《关于解决城市低收入家庭住房困难的若干意见》和《湖南省廉租住房保障办法》,2011年,县房管局制定《安乡县廉租住房实物配租方案》,重点保障旧城改造和廉租房建设拆迁户、无房的伤残退伍军人。分配对象是与县拆迁办或相关部门已签订拆迁协议的拆迁户,包含廉租房建设中的原承租对象、安乡大道和安乡体育馆建设中符合住房保障条件的拆迁户、县农业局机关建设中符合住房保障条件的拆迁户、条件特殊的无房伤残退伍军人。2011年,第一批分配和民小区2栋、护城小区1栋廉租房180套,其中按规定重点优先保障的94套,另86套向社会公开实行实物配租分配。

四　棚户区改造

县城棚户区改造包括县城规划区内国有土地上简易结构房屋较多、使用功能不全、房屋建成年限较长、建筑密度较大、基础设施较差、安全隐患突出的居住区域。县政府成立棚户区改造工作领导小组及办公室,指导棚户区改造工作,委托县经济适用房和廉租房建设指挥部负责项目立项、报建、投融资、招商、基础设施建设等工作。

2010年,县城棚户区改造启动,并进行国有直管公房棚户区和零星危旧房改造。2011年,实施县冻肉厂宿舍、字藏湾公房、工缝机厂宿舍、安乡大道等4个改造项目,共拆迁500户、拆迁面积42685平方米,签订安置协议500户,其中实物安置145户、货币安置355户。2012年,实施县棉织厂、农业局、沿河路等3个改造项目,共拆迁500户、拆迁面积34080平方米,签订安置协议500户,其中实物安置213户、货币安置287户。

第四节　房地产管理

一　房屋产权产籍管理

(一)房屋普查

新中国成立后,县内进行过多次房屋普查,但有据可查的仅3次,即1985年全国性房屋产业、产权、产籍普查(简称房屋“三产”普查),1995 年房地产权属普查,2007 年房屋产权产籍普查。

房屋“三产”普查　1985 年进行。此次普查的范围是县城规划区和各乡镇居委会,普查内容包括房屋建筑面积、住宅套数、房屋结构、房屋层数、房屋用途、建成年份、产权性质、居住状况、使用土地面积等。普查数据显示:房屋结构。县城区普查建筑总面积 1256229 平方米,其中钢砼结构 18675 平方米、混合结构 522677 平方米、砖木结构 626220 平方米、其他结构 88657 平方米。房屋层数。平房建筑面积(下同)716915 平方米、二至三层楼房 457103 平方米、四至六层楼房 82211 平方米,县城区未见六层以上建筑。房屋建成年份。1949 年前建成 9248 平方米、20 世纪 50 年代建成 39283 平方米、60 年代建成 127629 平方米、70 年代建成 462298 平方米、80 年代建成 617771 平方米。房屋用途及使用情况。县城区建筑总面积 1256229 平方米中,住宅 643762 平方米(其中集体宿舍 157658 平方米)、成套住宅 490 套 37932 平方米,工业、交通、仓库用房 226051 平方米,商业服务用房 224487 平方米,教育医疗科研用房 68350 平方米,文化体育娱乐用房 19329 平方米,办公用房 60845 平方米,其他用房 13405 平方米。上述房屋中自用 968292 平方米、出租 287937 平方米。居住水平。县城区共有居民 7121 户、28823 人,房屋使用面积 381653 平方米、人均 13.24 平方米,实际住人面积 254294 平方米、人均 8.82 平方米,房屋居住面积 250662 平方米、人均 8.7 平方米,城区居民缺房户 702 户,其中无房户 156 户(婚后无房 80 户、暂住非住宅房 20 户、暂住临时简易房 31 户、暂住亲友房 25 户)、不便户 286 户(父母与 12 周岁以上子女同室 120 户、12 周岁以上兄妹同室 166 户)、拥挤户 260 户(居住 2 平方米以下 3 户、居住 2－4 平方米以内 257 户)。住房设备。普查的 7121 户城区居民中,厨房独用的 5056 户、共用的 152 户,厕所独用的 1378 户、共用的 547 户,有洗澡设施的 96 户,自来水独用的 3378 户、共用的 255 户,用电灯照明的 6776 户。

房地产权属普查　1995 年进行。此次县城规划区内的房地产权属普查,由城建、国土、房地产等相关部门配合进行。普查数据显示:普查的城关、大鲸港 2 镇、22 个村(居)委会、总户数 10202 户,其中公房 351 户、私房 9851 户,普查率达 87%。5389 户未办理房屋所有权证、占总户数(下同)的 56%,2411 户未办理土地使用证、占 25%;1419 户需补办建房证、341 户需补办土地变更手续、244 户需补办房产交易手续。普查中,200 余人次咨询相关政策法规,300 余户主动补办相关手续。普查发现:一是违规、逃避办证。应办而未办建房手续 1419 户、占 14.6%,应办而未办土地使用证 2411 户、占 24.8%,应办而未办产权所有证 5389 户、占 56%。虽有多方面的原因,但主要是法律观念不强,产权意识淡薄,有人甚至认为“土地是我占,房屋是我建,谁也不用管”。二是违法交易。土地擅自转让变卖而不办任何手续 244 起,房屋交易、变卖、转让 243 户,形成了隐形地下交易市场。甚至置政策、法律而不顾,多次擅自买卖转让,为逃避费税,涂改土地使用证、房屋产权证。三是违章建设。有些单位和个人既不办理任何手续,又不按规划要求进行建设,严重破坏了城镇建设规范化、程序化、规划化管理。

房屋产权产籍普查　2007 年进行。此次普查属全县城市房屋权属总登记验证,以解决各部门、企事业单位及个人房屋产权不清、产籍不明的问题,有利于规范房屋交易契税、营业税征管。2007 年 5 月,县房管局、财政局、地税局联合发布《关于在全县范围内开展房屋权属总登记的通告》,要求 1999 年前颁发的房屋所有权证统一换成全国统一的新款房屋所有权证,对房屋名称、状况等发生变更或房屋所有权发生转移的予以重新核准登记办证。县房管局组织 14 名普查人员,6 月中旬,根据社区现状,分成 6 个小组,分别对文昌湾、书院洲、保堤、潺陵、护城、深柳等 6 个社区的房屋逐户普查登记。普查工作共历时 3 年,摸清了城关地区房屋权属状况,处理了房屋产权等历史遗留问题,办理房屋产权证 2180 本。书院洲社区历史遗留问题尤为突出,因遭受 1998 年特大洪灾,该社区的房屋多被冲毁,建房资料遗失。灾后重建建房时县政府承诺统一办证,减少职能部门审批环节,但因诸多原因一直未兑现。县房管局本着尊重历史,尊重事实,特事特办的原则,研究决定形成具体处理办法,有效地解决了问题。

(二)产权管理

1985 年,根据国家建设部统一部署,在县城规划区和乡镇居委会开展的房屋“三产”普查，为审查、确认产权归属，依法保护产权所有者合法权益打下了基础。1989年，县政府发布《关于开展城镇房屋登记发证的布告》，规范了房屋产权登记发证。1995年，县城建、国土、房地产和相关部门配合进行县城规划区内房地产权属普查，初步澄清了底子。1998年7月，县政府根据《城市规划法》《城市房地产管理法》的相关规定出台《关于加强县城规划与房屋定权发证管理工作的意见》，在全县开展房屋所有权换证登记，并进行房屋权属普查验证工作，至2012年，共换发新证2.5万本，依法确认办理房屋所有权登记2.28万宗。

1994－2012年，办理产权登记28247宗、房地产交易7261宗、核发他项权证9812宗、办理房地产抵押登记8935宗。

(三)产籍管理

县内房屋产权产籍管理始于1989年，后逐步向规范化、专业化过渡。1989年，房地产专业档案纳入档案室统一归档。县房产档案馆成立后，产权产籍档案管理步入规范化、专业化轨道，利用率达到70%，其中房地产交易档案利用率达100%。为房地产权属登记、房地产交易、房地产纠纷仲裁、物业管理、房屋拆迁、住房制度改革、城市规划、城市建设提供了重要、真实依据。

2009年，启动专业档案数字化工程。2011年12月始实施产权产籍档案电子扫描工作。共收集整理产籍档案资料4.1万份，其中公产房4500户、私房3.23万户、房改房4200户。整理归档产籍档案3592盒、50792卷。其中乡镇930盒、13010卷，单位房100盒、1420卷，私房830盒、11590卷；城关2662盒、37782卷，房改房350盒、4883卷，单位房230盒、3222卷，私房2082盒、29677卷；危房鉴定3盒、6册、111宗；其他4盒、6册、180宗。

二 房地产物业管理

20世纪末以前，县内无专业的物业管理，物业均由单位自管。随着房地产开发蓬勃兴起，物业管理成为新兴产业并逐渐发展。2001年，东方物业管理有限责任公司成立，后转为具有资质的民营企业——天和物业管理有限责任公司。是年7月，县房管局将机关大院物业管理委托给天和物业公司，县建设银行亦与天和物业公司签订物管委托合同，另有3个新建的住宅小区开始试行物业管理运作。

2003年6月，国务院颁布《物业管理条例》，是为中国第一部物业管理法规。是年8月，县委编委办批准县房管局设立物业管理股，其主要职责是依照有关法律、法规，负责全县物业管理活动的监督、管理。同时，县房管局成立物业管理办公室，履行行政职能，负责规范全县物业管理市场，全县物业管理工作启动。县政府办印发《安乡县物业管理办法》，发布《关于在全县范围内开展物业管理的通告》。《通告》确定：凡新建住宅小区，必须无条件启动物业管理，否则不准开工建设；对在建项目要进行物业管理的前期行政介入；对有独立院落的旧城区住宅小区要逐步规范，尽快启动物业管理；党政机关、企事业单位要积极推选物业管理。此后，县内新建的金安花园住宅小区率先聘请安乡佳安物业服务公司管理小区物业。2007年8月，国务院发布《关于修改〈物业管理条例〉的决定》，物业管理服务进一步完善。2012年4月，县政府根据《市政府工作报告》中提出的“每个县市城区完成2个敞开式小区必要设施配套和规范管理”的要求，在城市建设十年规划中决定“用五年时间投资370万元，改造10个敞开式小区，改造12.15万平方米，最终使1246户居民居住环境得到改善，生活质量得到提升，在五年后过渡到物业的市场化管理。”并确定电力小区、文化花园小区为首批实施敞开式物业管理试点小区。通过建立相应的工作机制、完善制度和基础设施整改，至10月已初步完成2个小区的敞开式物管试点，新的物管模式开始运行。

随着商品住宅小区的不断开发，物业管理服务企业逐渐增多，外地物业管理服务企业亦来县内承揽业务。至2012年，全县有13家物业管理服务企业受聘18个住宅小区的物管工作。物业管理详情见表35－1－77。

安乡县物业公司物业管理情况

表 35－1－77　单位:户

公　司　名　称	成立时间	资质等级	管理小区名称	总户数
常德市龙昌物业服务有限公司	2000.09	3	南城茗都	589
昌祺物业服务有限公司	2003.07	3	香港步行街	756
常德市锦兴物业服务公司	2011.06	3	香格里拉	588
常德天悦物业服务公司	2012.01	3	名流天下	1800
安乡佳宁物业服务公司	2007.04	3	东方名苑	256
安乡天和物业服务公司	2004	3	检苑名居、柳乡尊邸	220
安乡佳安物业服务公司	2010.04	3	金安花园	1008
安乡和园物业服务公司	2007.06	3	和　园	584
常德运通物业服务公司	2010.11	3	江南水乡	1150
常德福吉物业服务公司	2000	2	现代城	810
澧县泳翔物业服务公司	2006	3	中城豪园	238
常德宝利物业服务有限公司	2012	3	汇金国际城	800
浙江华夏物业管理有限公司	2000	1	兰乔圣菲	2000

三　房地产税收

(一)契税征收

1950 年,政务院颁布《契税暂行条例》,对土改后发生的土地房产买卖、典当、赠予、交换、分家析产、继承等契税作出了具体规定。其后经历了多次调整。1997－2004 年,县内的房屋契税由县房管局代征,2005－2010 年由县财政局自征,2011 年后由县地方税务局征收。详情见表 35－2－78。

2008 年 10 月,省委办公厅、省政府办公厅出台《关于促进房地产市场健康稳定发展的若干意见》,市政府制定"契税、耕地占用税征收管理三条惠民措施"。根据省、市有关意见和规定,县内具体执行房产契税征收政策为:2008 年 11 月 1 日以后,首次购买 90 平方米以下普通住房按 1% 计征;首次购买 90－144 平方米之间的住房按 2% 计征;首次购买 144 平方米以上的住房按 4% 计征。

安乡县房产契税征收情况

表 35－2－78　单位:万元

年　度	税　金	年　度	税　金
1997	30	2005	126
1998	30	2006	186
1999	50	2007	256
2000	50	2008	399
2001	60	2009	965

续表 35－2－78

2002	60	2010	1135
2003	80	2011	827
2004	31	2012	1689

(二)房产税征收

新中国建立初期,房产、地产税合一按年计征,税率为1%。1973年工商税制改革,将企业缴纳的房地产税并入工商税,而对不缴纳工商税的个人、私营企业和非企业单位所有的房地产,一律按标准租价的12%征收城市房地产税。1988年9月,国务院发布《房产税暂行条例》,对个人所有非经营用房、宗教寺庙、公园、名胜古迹、自用房屋、人民团体等自用房给予免税照顾。详情见表35－3－79。

安乡县房产税征收情况

表35－3－79　　单位:万元

年　度	税　金	年　度	税　金
1992	67	2003	170
1993	74	2004	230
1994	156	2005	240
1995	120	2006	274
1996	157	2007	340
1997	143	2008	212
1998	144	2009	413
1999	149	2010	701
2000	151	2011	1131
2001	131	2012	1031
2002	130	－	－

四　白蚁危害及防治

(一)白蚁危害

安乡气候湿润,雨量充沛,日照充足,热量丰富,极适应白蚁生存与繁衍,是白蚁危害的高发区。县内的建筑物、园林树木、堤坝、桥梁等均存在不同程度的白蚁危害。

通过对蚁害严重地区白蚁标本采集和鉴定,县城区域内主要有台湾乳白蚁、黑胸散白蚁、黄胸散白蚁、肖若散白蚁、黑翅土白蚁等5种。调查表明:全县农村建筑物蚁害为37.5%左右、深柳镇为29.5%(其中旧城区48.6%左右)。随着人民生活水平提高,房屋买卖、新建、改建、扩建日趋频繁,残留在装饰材料中的白蚁成为潜在隐患。近10年来,蚁害特别严重的地方有深柳镇南门口居委会(内间北堤、内间中堤、内间南堤)、南桥居委会、东后街居委会、大鲸港镇西城居委会、黄山头镇、焦圻镇、官垱镇、安生乡等(其中大鲸港大桥西引桥及桥下住户蚁害面高达83%)。全县每年发生蚁害近3000户、面积达30万平方米,经济损失逾百万元。园林、树木、农作物蚁害面达34%,尤以树木、甘蔗为重,受害严重的比例约为12% -18%。2004年,安生乡有一个村的树木全部受到白蚁严重侵害,造成经济损失8万元。堤坝蚁害也十分严重,黄山头、安丰、安昌、安福等乡镇防洪大堤多处发现蚁穴,汛期常造成管涌、渗水等险情。

(二)白蚁防治

1996年成立县白蚁防治站,时因药物紧缺、设备落后,防治工作基本处于停滞状态。2001年,县城市房屋白蚁防治管理所正式成立,县政府先后发出《关于认真做好城镇房屋白蚁防治管理工作的通知》《关于在县城区开展白蚁危害普查和灭治工作的通知》,全县白蚁防治工作始正常有序开展。

2005年,根据白蚁危害情况普查结果,全县遵循“预防为主,防治结合,综合治理”的方针,对蚁害严重的地域,采取毒杀灭治,预防与灭治共同进行,签订白蚁预防合同,拓展白蚁灭治业务30余个。2009年5月起,白蚁防治全面停用氯丹等药物,减少了药物对环境造成的污染。在房屋建设前做好白蚁防治工作,对新建房屋土地进行喷药处理,形成防蚁屏障,隔绝白蚁通往室内的通道,从源头上控制蚁害。至2012年,实施预防面积169万平方米,签订合同928份,灭治面积140万平方米,最大限度地遏制了蚁害。详情见表35 -4 -80。

安乡县历年白蚁防治情况

表35 -4 -80　　单位:份、平方米

年　度	签订合同	防治面积	防治建筑类型
2001	11	17800	混合、框架
2002	32	65000	混合、框架
2003	70	76420	混合、框架
2004	208	227000	混合、框架
2005	246	135339.02	混合、框架
2006	140	142575.89	混合、框架
2007	70	140238.95	混合、框架
2008	40	9734.72	混合、框架
2009	28	143358.46	混合、框架
2010	41	177938.27	混合、框架
2011	25	231730.32	混合、框架
2012	17	324877.68	混合、框架
合　计	928	1692013.31	-

五　房地产法制管理

进入21世纪后,根据有关法律法规,县政府和县相关职能部门相继发出《关于认真做好城镇房屋白蚁防治管理工作的通知》《关于进一步加强我县房屋租赁管理工作的通知》《关于开展城镇出租房屋清理整顿工作的通告》《关于加强房地产税收管理的通知》《关于在全县范围内开展房屋权属总登记的通知》等规范性文件,组织各类宣传教育活动,对提高全民房政法律意识、房政管理步入法制化轨道产生了积极作用。

1998年来,县房管局自行举办或参加市局组织的房地产法律法规和业务知识培训50余次,每年举

办一次大规模的房地产法律法规宣传月活动，出动宣传车到城区和乡镇码头流动宣传，同步进行电视报道，制作宣传牌400块次，发放宣传资料3万余份，为群众咨询解答房地产交易、评估、颁证、开发、白蚁防治等疑难问题。对新的法律法规，组织工作人员学习和考试，考试成绩记入个人档案，并将此作为年终考评的重要内容。2010年，对涉及房地产管理的法律法规，按业务分类和发布年限整理汇编100余册，发至各股室站所学习。全局15名行政执法人员，均取得省政府颁发的“行政执法证”。在执法过程中，严格按照法定程序，坚持说服教育与行政处罚相结合的原则，做到事实清楚、证据确凿、手续完备、程序合法、处理适当。

2000年1月，彭某、张某夫妇用4800元购买了李某84平方米的拆迁安置台基，李某持有建设工程规划许可证、建设用地批准书、拆迁安置协议书等相关资料。由于彭某在部队服役，台基一直空闲未建房屋。彭某转业后，2010年6月动工修建砖混结构2层3间楼房，建筑面积220.77平方米，于11月竣工。彭某向县房管局申请办证，因出具的相关资料均在李某名下，县产权产籍中心提出异议，并根据相关规定，要求彭某办理转移过户登记。彭某不服，称房屋是自建，不存在房屋交易行为。经房地产稽查大队、开发房改办调查，认定该情况属历史遗留问题，存在房屋台基交易行为，彭某可根据台基过户资料和李某建房资料办理房屋所有权初始登记。2012年，庞某等人在深柳镇文昌湾社区建1栋3层6套的房屋，占地面积158.4平方米，总建筑面积约12415.2平方米，疑有联建开发行为。经房地产稽查大队、开发房改办调查，该房屋系庞某及其亲属合伙建造，每户1套自用，并未对外出售。经研究认定为合伙建房，凭国土、建房手续办理房屋所有权初始登记。

六　房地产信息化建设

随着房地产市场日趋繁荣，房屋产权产籍管理类型越来越多，利用先进的计算机信息化管理技术构建房地产信息管理系统，势在必行。1995年8月，县房地产信息化建设正式启动，先后完成局域网建设和专业数据库建设，并制定机房环境安全管理、计算机及网络设备管理、数据和信息资料安全管理、网络安全管理、计算机操作人员管理等制度，信息化管理日臻完善。

(一)局域网建设

1995年，投入40万元添置相关配套设施，正式启动房地产系统一体化办公程序，建成局域网络，实现了资源共享，形成了“以图管证、以证管房、图文共享”规范化管理。按市房管局“十二五”房地产信息化建设规划编制要求，2011年8月制定《安乡县房地产管理局信息化建设方案》，先后投入120万元实施局域网改造。按照省、市《房地产数据中心建设指南》要求，当年完成局域网系统综合布线工程和房地产政务内、外两套局域网建设，有IBM服务器5台、终端机32台、交换机2台，满足了房地产交易权属登记信息系统运行。

(二)专业数据库建设

2000年、2002年，建设部先后发出《关于简化房地产交易与房屋权属登记程序的指导意见》《关于贯彻〈房地产交易与权属登记规范化管理考核标准〉和〈房地产交易与权属登记规范化管理考核办法〉有关问题的通知》，推行房地产交易与房屋权属登记管理一体化、规范化，采用计算机技术，配备适合现代化管理的硬件和软件系统。

2000年，县房管局培训人员，购置设备，启动房地产交易与房屋权属登记管理自动化系统建设。2001年10月，县房地产交易中心的房地产交易、产权登记、抵押登记、房产测绘等业务进入县政务中心窗口，基本实现了办证、发证、收费、服务“一条龙”。由于未完全实现微机管理，房地产交易与权属登记仍靠人工手写操作，工作效率不高，给管理工作造成了困难。2005年，县房管局决定逐步建立和实现产权交易中心与房产档案馆之间的局域网互联和综合信息服务体系，建立健全房地产专业数据库，全面提升信息化管理水平。2011年，购置和安装《房屋登记信息系统》《商品房网上签约备案系统》《存量房网上签约备案系统》《房屋白蚁防治登记系统》，并对《房屋登记信息系统》进行调整和改造。至2012年6月，完成产权产籍及基础测绘数据库的搭建，完善相关软件安装及终端设备调试，建立了较为完善、高质量的信息库；完成历史档案的扫描、录入、装订、存档和产权产籍信息系统升级。7月，数据库及信息一体化建设完成并通过验收，全系统正式启用运行。房地产专业数据库，为准确地反映房地产产权、产籍分布提供了信息化、数字化平台，有效地提高了房地产管理水平。

房屋产权产籍信息一体化，以“数字房管”为基础和依托，以“以档管证、以房管档、以档建簿、以表管房、以图管表”为目标，按照“一房一卷”“一房一簿”的原则建立房屋档案及登记簿，使用楼盘表来实现对房屋的细粒化管理，同时结合 GIS 地理信息系统和房屋分层分户平面图完善楼盘表管理。实现房屋产权登记、转移、他项权证等业务全过程计算机管理，有效地提高工作效率，缩短办证时间，节约管理成本。按照房地产交易与权属登记要求，各种业务使用受理—初审—复审—终审—收费—归档—缮证—校对—发证的基本工作流程模式，采取逐级向前推进方式，实现逐级审核，一步到位，达到房地产交易与权属登记业务办理公正、公开、合理。

第三十六章　环境保护

县内的环境保护工作始于20世纪70年代末，其工作机构经历多次变化。1979年5月设置县环境保护办公室，1983年12月与县基本建设局合并组建县城乡建设环境保护局，1986年9月析出，设县环境保护局。1993年3月机构改革中撤销，与同时撤销的县建设局、国土局组建县城建环保国土局，1994年10月析出。2002年机构改革中再次与县建设局合并组建县建设和环境保护局，2005年再度析出。1989年以来，贯彻执行国家环保法律法规和政策，坚持经济发展、城乡建设、环境建设同步规划、同步实施、同步发展的方针，环境保护工作不断创新发展，成为全市环保系统先进单位。

第一节　环境污染状况

20世纪90年代以来，县内工业企业迅速发展，工业废水、废气、废渣成为城区主要污染源，大气污染、水体污染、噪声污染不断加剧。2000年后，城市改造、房地产开发、酒楼、宾馆、歌舞厅、娱乐场所及其他商业开发又给城市带来新的污染。

一　大气污染

县城区大气环境污染主要来源于生产锅炉、生活锅炉、小型炉灶燃烧过程中向大气排放的二氧化硫(SO_2)、氮氧化物、烟尘、总悬浮微粒(TSP)，机动车船运行中排放的尾气及化工、农药等生产过程中排放的有害气体。

1989年，耗煤总量3.7万吨，其中工业占80%，年排放废气2100万标立方米。次年，耗煤量增至4.12万吨，工业占85.6%。生产、生活锅炉15台，工业窑炉6座。烟囱多无消烟除尘设备，燃煤烟尘林格曼黑度超过国家规定标准。据采样分析，TSP超过大气环境质量二级的1.4倍，其中，县造纸厂、氮肥厂年排废气2.2亿标立方米，SO_2、一氧化碳(CO)、氮氧化物、煤粉尘等含量每立方米2.45毫克，超过国家允许排放浓度的245倍。各种机动车辆和机动船只行驶过程中散发出的有害气体，城市居民生活炉灶排放的废气，均对城区造成较大的大气污染。农村机耕道和公路干线两侧，常被有毒气体和粉尘覆盖，造成农作物减产。城关、大鲸港镇港口，起运货物车辆多，大气污染更甚。据取样分析，CO、氮氧化物、氮氢化物等微粒每立方米含量0.5658毫克，超过大气环境质量二级标准。

1994年，开始大气环境监测，城区按照《环境监测技术规范》布点3个，县自来水厂点为工业区测点，县百货公司点为混合区测点，县环保局点为清洁区测点。主要监测项目为空气中TSP、SO_2。1995年，县环保局执法管理股和环境监测站联合对县城6.627平方公里(为总面积的98.9%)的烟尘控制区进行为期半个月的整改和监测，通过采用除烟尘和燃烧型煤的方法，有效控制17台各类锅炉、4台窑炉、24个大灶的烟尘排放浓度，林格曼黑度均在一级以下，达到达标排放要求。城区SO_2、TSP监测数据360个，比1994年明显好转。详情见表36－1－81、表36－2－82。

安乡县城区 1994 年、1995 年 TSP 日均浓度值比较

表 36－1－81　　单位:毫克/立方米

项目/年度	监测点	最小值	百分位数							最大值	算术		几何	
			5	10	25	50	75	90	95		均值	标准差	均值	标准差
1994	自来水	0.480	0.480	0.482	0.485	0.490	0.496	0.496	0.518	0.520	0.439	0.010	0.400	0.012
	百　货	0.260	0.260	0.262	0.276	0.473	0.486	0.574	0.590	0.590	0.453	0.011	0.410	0.014
	环　保	0.240	0.240	0.241	0.252	0.512	0.540	0.628	0.674	0.720	0.557	0.014	0.518	0.015
1995	自来水	0.146	0.146	0.148	0.150	0.150	0.152	0.160	0.162	0.168	0.154	0.009	0.147	0.010
	百　货	0.130	0.132	0.135	0.135	0.137	0.145	0.150	0.160	0.165	0.145	0.006	0.140	0.008
	环　保	0.122	0.128	0.130	0.131	0.134	0.135	0.138	0.140	0.140	0.137	0.006	0.132	0.008

安乡县城区 1994 年、1995 年 SO_2 日均浓度值比较

表 36－2－82　　单位:毫克/立方米

项目/年度	监测点	最小值	百分位数							最大值	算术		几何	
			5	10	25	50	75	90	95		均值	标准差	均值	标准差
1994	自来水	0.018	0.018	0.018	0.019	0.020	0.020	0.026	0.028	0.030	0.022	0.006	0.021	0.008
	百　货	0.017	0.017	0.017	0.018	0.020	0.021	0.026	0.028	0.031	0.023	0.007	0.021	0.009
	环　保	0.014	0.014	0.014	0.016	0.018	0.020	0.024	0.028	0.030	0.020	0.006	0.019	0.007
1995	自来水	0.016	0.016	0.016	0.017	0.017	0.018	0.020	0.022	0.020	0.018	0.004	0.017	0.006
	百　货	0.017	0.017	0.017	0.017	0.017	0.017	0.020	0.022	0.022	0.019	0.005	0.018	0.006
	环　保	0.014	0.014	0.014	0.014	0.015	0.016	0.017	0.018	0.018	0.016	0.004	0.015	0.005

1997 年,全县 872 家工业企业废气排放总量 9.99 亿标立方米,工业废气中污染物排放量 $SO_2$3019 吨、烟尘 5289.99 吨、氟化物 75.56 吨、粉尘 3422.3 吨。污染源主要来自造纸业,年排放总量 2.35 亿标立方米,其次是氮肥厂,年排放总量 8000 万标立方米,排放废气达标率均为零。是年,县城区烟控区内有燃烧装置 48 台,其中锅炉 34 台、窑炉 4 台、大灶 1 台,4－5 月全面进行复查,34 台锅炉消烟除尘治理率达到 80%,窑炉及大灶亦采用燃烧型煤的方法,有效地控制了大气污染,烟尘排放浓度在 150－300 毫克/立方米(mg/L)之间,林格曼黑度大部分在二级以内。

2000 年,县城区烟控区扩大到 8.68 平方公里,其中城关镇烟控区 7.68 平方公里,大鲸港镇烟控区 1 平方公里。烟控区内有锅炉 37 台、窑炉 3 台、大灶 17 台、营业灶 1862 个,年耗煤总量 22278 吨,有各种烟囱 34 个,其中高度 20 米以下的 13 个,多为低空排放,污染严重。2005 年,废气排放总量达 6.05 亿标立方米。工业废气中污染物排放量 $SO_2$1568.02 吨、烟尘 610.58 吨、工业粉尘 301.24 吨。生活废气中 SO_2 排放量 1295 吨、烟尘 1480 吨。监测结果表明:县城区 SO_2、TSP 年日平均分别为 0.019 毫克/标立方米(mg/Nm^3)、0.184mg/Nm^3。2008 年,全县废气 SO_2 排放总量 2629 吨,比 2005 年削减 234 吨、削减率 8.17%;化学耗氧量(COD)排放总量 11082 吨,比 2005 年削减 4750 吨、削减率 30%。

二　水体污染

县境有 8 条过境河流和 140 个(条)垸内湖泊、哑河,随着工业、农业污染源的形成与扩大,水环境 8 污染范围扩大,污染程度加重。据 20 世纪末的监测,虎渡河、藕池河及澧水沿岸无废水排放企业,水质较好;松滋河受工业企业废水和生活废水排放的影响,水体污染严重。县城水体水质变劣,农村水体出现明显的农药味和臭味。2000年后,农村沟、渠、塘、哑河、湖泊受到珍珠大面积养殖投肥和农业生产施用农药、化肥的影响,水体污染日渐加重。城镇米厂、酒厂、棉纺织厂、棉织厂、工缝机厂、羽绒厂、造纸厂、氮肥厂、亚麻厂、化工厂和制药厂的废水排放,水体污染也相当严重。2006年后,严禁珍珠养殖投肥,农业废水排放量逐年减少,农村水体水质开始好转。部分工业污染源也得到治理,造纸企业关停,城镇水体基本停止了继续恶化。详情见表36－3－83。

安乡县1990－2008年部分年度废水排放处理综合利用情况

表36－3－83

项目／年度	废水排放总量(万吨)	工业废水(万吨)	经处理后达标废水排放量(万吨)	工业废水中(吨)	
				挥发性酚	化学需氧量
1990	1221.69	1200.11	265.64	3.685	3291
1997	2039.71	1863.65	1204.93	10.02	36378.15
2005	2345.7	1038.47	876.72	10.59	9839.96
2008	2664.71	1694.76	1434.76	－	21265.8

三 噪声污染

县城区环境噪声污染主要来源是工业生产、建筑施工、交通运输及社会生活中产生的干扰人们正常生活环境的声音。监测结果表明:县城中心商业区噪声污染较为严重,嘈杂始终,离散度高,其等效声级平均值52分贝。

1995年,县城区按照300×300(米)网格布点监测,其结果表明:城区环境噪声等效声级范围为43.50－61.47分贝,平均值为49.86分贝。交通噪声监测路段3条、监测点6个、路段7300米,加权平均值67.95分贝。手扶拖拉机流量占车流量总数60%以上,简易柴油车和手扶拖拉机运行噪声80分贝以上,对环境的污染极为严重。

1997年7－11月,县环境监测站对12家单位夜间与昼间噪声进行重点监测,其结果表明:排污单位厂界噪声超标比较严重,边界总长度8530米,超标总长度昼间770米、夜间1050米,昼、夜间超标率分别为9.03%、12.31%。噪声污染程度夜间高于昼间,昼间超标一般在0－3分贝之间、夜间超标一般在6分贝以上,尤以轧花业环境噪声污染严重。详情见表36－4－84、表36－5－85。

安乡县1997年昼间噪声污染状况

表36－4－84　　单位:个、米

行业	单位数	边界总长度	边界超标		超过0至3分贝长度	超过0至6分贝长度	超过6分贝长度
			长度	%			
纺织	1	1500	90	6	40	50	0
食品加工	1	450	35	7.78	22	13	0
印刷	1	400	50	12.50	20	30	0
皮革	1	300	40	13.33	10	10	20
橡胶	2	1760	170	9.66	110	60	0
轧花	6	4120	385	9.34	50	225	120
合计	12	8530	770	9.03	252	388	140

安乡县1997年夜间噪声污染状况

表36－5－85　　单位:个、米

行　业	单位数	边　界 总长度	边界超标		超过0至3 分贝长度	超过0至6 分贝长度	超过6分贝 长　　度
			长度	%			
纺　织	1	1500	140	9.33	30	50	60
食品加工	1	450	55	12.22	10	15	30
印　刷	1	400	70	17.50	10	30	30
皮　革	1	300	70	23.33	20	25	25
橡　胶	2	1760	230	13.07	30	60	140
轧　花	6	4120	485	11.77	55	80	350
合　计	12	8530	1050	12.31	155	260	605

2000年,继续进行噪声控制区监测,其结果表明:中西部老城区环境噪声平均值(下同),昼间51分贝、夜间46分贝,东部区域昼间46.8分贝、夜间40.5分贝,书院洲工业区昼间55.8分贝、夜间45.7分贝,东部城区昼间46.8分贝、夜间45.7分贝,长岭洲工业区昼间55.8分贝、夜间45.7分贝,围城路两侧区加权平均值昼间66.4分贝、夜间54.3分贝。县城交通噪声昼间等效声级平均值(下同)66.4分贝、夜间54.3分贝。2005年,县城区环境噪声等效声级53分贝、交通干线59.9分贝。2008年,县城区环境噪声49.5分贝、交通干线61分贝。

第二节　环境监测

一　大气监测

县城区大气监测始于1989年,共设9个雨点,监测项目为酸雨,其中县环保局院内设逢雨必测3个点。全年监测两次发现酸雨。1994年,正式开始大气环境监测,城区设自来水公司、百货公司、环保局3个监测点,监测项目为SO_2、TSP。是年,大气中SO_2一次监测值为180个、超标率为0,最大值日均值0.03mg/L,低于标准日均值0.15mg/L;TSP监测数据180个、超标82个、超标率22.8%,最大值日均值0.78mg/L,超过标准日均值0.3mg/L的1.6倍。1999年,大气环境监测采集降水雨样59个,PH值范围5.92－6.39,平均值6.19,酸雨率为0。自来水公司和环保局2个点,全年监测SO_2、TSP四次、采样120个,年日平均值分别为0.018和0.149mg/Nm^3,均低于国家标准。

2001,根据《环境监测技术规范》要求,实行优化有效布点原则,设自来水公司楼顶和环保局楼顶2个监测点,全年监测12次,每月连续监测5天,每天采样10小时以上,SO_2年日均值为0.018mg/Nm^3、TSP年日均值为0.15mg/Nm^3,均达到空气环境质量GB3095－96二级标准。2004年,调整县城区大气监测点,在环境监测站、自来水公司(新建)监测点设自动采样亭2个。2006年,城区降尘监测12次、采样12个,年平均值为7.798吨/平方公里月。2008年,对大气SO_2、氮氧化物和TSP进行120次采样监测,获监测数据720个,其年日平均浓度分别为0.05、0.029和0.212mg/Nm^3,均达国家空气质量二级标准。详情见表36－6－86。

安乡县1995－2008年部分年度大气监测情况

表36－6－86　　单位:毫克/标立方米

年度＼项目	二氧化硫	总悬浮微粒	氮氧化物
1995	0.018	0.147	－
1998	0.017	0.15	－
2000	0.018	0.15	－
2003	0.023	0.157	－
2005	0.019	0.184	－
2006	0.018	0.192	0.016
2008	0.05	0.212	0.029

二　水质监测

县境过境河流中,虎渡河、藕池河及澧水沿岸无废水排放企业,松虎洪道段废水排放企业较多,水体污染严重。县环境监测站1991年确定县自来水厂取水点、石油库码头2个监测断面,每个断面设左、中、右3个采样点,在平水期、洪水期、丰水期、枯水期分别对酸碱度(PH值)、悬浮物、总硬度、高锰酸盐指数、非离子氨、硝酸盐氮挥发酚、氧化物、砷、导电率等项目监测一次。1996年新增大鲸港湿地系统、松虎洪道(武圣宫)、虎渡河(陆家渡)、藕池河(丁家渡)、松滋河(仙桃嘴)断面,对铬、铜、铅、汞等14个项目进行监测。7个断面所获448个数据表明:一季度高锰酸钾指数超标率38%,二季度悬浮物按150mg/L的标准评价,超标率40%,其余项目按地面水环境质量标准中二级标准评价,全部达国家标准。

1999年3月,县环境监测站对珊珀湖水产养殖总场湖水监测,其结果表明:大水面湖水PH值为7.3、高锰酸盐指数3.86mg/L、凯氏氮0.274mg/L、氰、酚、六价铬等未检出,水环境质量符合国家地面水环境质量准二级(GB3838－93)标准,满足渔业用水要求。2000年,根据《常德市卫生县城环境保护考核实施细则》,对废水按GB8979－1996标准监测PH值、硫酸盐、非离子氨、石油类、化学需氧量,对渔业用水监测PH值、溶解氧、非离子氨、石油类、生化需氧量。对金鹏纺织有限公司、穗安纸品有限公司废水排放监测,共排放工业废水182万吨,达标排放160万吨、达标率87.9%。详情见表36－7－87。

金鹏、穗安公司2000年工业废水监测结果

表36－7－87　　单位:毫克/立方米

单位＼项目	酸碱度	化学耗氧量	县浮物	挥发酚	硫化物	氰化物	监测日期
金鹏公司	7.51	137	48.7	0.001	0.1	－	07.13
	7.52	119	51.20	0.001	0.09	－	11.15
穗安公司	7.81	1608	200.1	0.001	－	0.002	07.30
	7.84	1586	211.7	0.001	－	0.002	11.16

2005年,对县城自来水厂取水码头水源水温、PH值、硫酸盐、氯化物、硝酸盐氮、亚硝酸盐氮、总磷、高锰酸盐指数、溶解氧、生化需氧量、氟化物、挥发酚、石油类、粪大肠菌群、氨氮、总汞、总氰、硫化物

每月监测，溶解性铁、总锰、总铜、总锌、非离子氨、凯氏氮、阴离子表面活性剂、化学需氧量、硒、总砷、总镉、铬、总铅、硫化物1月和7月各监测一次。共获464个有效数据，监测指标均达到GB3838－2002《地表水环境质量标准》Ⅱ类标准。2006年，对县城自来水厂取水点和石油库码头两个断面采样监测6次，采样36个、监测数据180个，水质达标率100%。2008年，采集降水雨样52个，分析降水量、PH值获监测数据104个，PH值范围5.79－6.35，平均值6.14，其中酸雨样本0个。对大鲸港、青龙窖、马坡湖、安生垸内地表水4个监测断面采样分析，大鲸港断面执行《地表水环境质量标准》GB3838－2002Ⅱ类水质标准，青龙窖、马坡湖、安生断面执行Ⅲ类水质标准，PH值、水温、溶解氧、石油类、高锰酸盐指数、总磷、砷、挥发酚、氨氮、化学需氧量等12个项目均达到规定标准。详情见表36－8－88。

安乡县1990－2008年部分年度自来水厂取水码头断面水质监测结果

表36－8－88　　单位：毫克/立方米

项目 年度	酸碱度	悬浮物	氨　氮	总硬度	高锰酸盐
1990	7.48	146	0.1	5.8	3.9
1995	7.67	96.9	0.0027	7.27	3.45
1999	7.74	28.2	0.002	6.73	2.62
2005	7.86	–	0.135	6.93	2.17
2007	7.45	–	0.168	7.56	1.7
2008	7.46	–	0.165	7.51	1.8

为加强县城饮用水源保护，1992年，县政府制定《安乡县松滋、虎渡、藕池水域功能区划》《安乡县饮用水源保护区污染防治管理办法》。划定自来水取水泵站上游1000米、下游500米禁止停船，禁止建设与取水设施无关的建筑和污染企业，严禁堆存垃圾。1996年，投入200万元，搬迁影响县城取水环境的尖垸排污电排。1999年后，投入100万元，搬迁影响县城饮用水源环境的拾比佰公司修船厂和2个砂砾码头，设立饮用水源保护浮标及标志牌。2001年，投入150万元，对取水点附近护坡、砌挡土墙。2005年，投入1400万元，搬迁县城自来水取水泵站。县城饮用水源保护区环境较好，饮用水源25项指标中可监测的18项均符合国家二级标准。

三　噪声监测

县城区环境噪声监测始于1994年，采用400×400(米)网格布点27个，网格覆盖人口5万人。监测结果显示：区域环境噪声均值50.1分贝，低于一类混合分区的昼间标准(55分贝)4.9分贝，高于55分贝标准的面积1.63平方公里，占总监测面积的24.2%，覆盖人口1.2万人。道路交通噪声监测始于1993年，城区交通干线噪声路长加权均值69.5分贝，低于国家标准(70分贝)0.5分贝。

1999年，县城区采用500×500(米)网格布点25个，交通噪声路长5900米，设10个监测点，均全年监测1次。2000年，县城7.68平方公里的建成区采用200×200(米)网格布点192个，剔除无效点84个，实设有效监测点108个，其中Ⅰ类区测点73个、Ⅱ类区测点25个、Ⅲ类区测点2个、Ⅳ类区测点8个。围城路两侧按交通干线噪声监测法布点8个。2005年，在县城交通干线一环中路、大桥中路、围庵二路和黄安路噪声监测布点，路段总长4200米，设8个测点，交通噪声昼间等效声级均值(下同)67.6分贝、夜间52.2分贝。2008年，对108个城区环境噪声监测网格、10个交通监测点位、8个固定噪声源、2个建筑施工点位昼夜进行环境噪声监测，监测数据显示：城区环境噪声昼间54.8分贝、合格率97.2%，夜间44.3分贝、合格率95.5%，交通环境噪声昼间加权平均值(下同)67.8分贝、合格率83.3%，夜间54.5分贝、合格率83.3%。

第三节 污染治理

一 工业污染防治

县内工业污染防治始于20世纪80年代,按照防、治并举的方针,加强环境保护的监督与管理,对新建、扩建、改建工程,严格实行定址和环保设施设计、施工、竣工验收“三同时”把关监督。对城区中心“三废”污染危害较大、治理难度大的项目,采取“关、停、并、转、迁”的办法调整。至1995年,县印刷厂、罐头食品厂、添加剂厂、化工厂等先后关停。

1995年,县政府下达第一批环境保护限期治理项目4个,投资112万元。实施大鲸港污水处理、县纸厂白水回收、第二化工厂造漆废气治理、安丰油脂厂粉尘治理,同时,县属医院废水、二轻企业电镀废水等全面治理和氮肥厂造气废水闭路循环、县城烟控区各锅炉采用麻石水膜除尘、施风除尘、湿式除尘器、“三气”回收均全面展开。1996年,县第十二届人大五次会议审议通过全县“九五”计划环保目标:加强对化工、造纸行业环境污染的控制和治理,综合整治城镇工业、生活废水和固体污染物,完善配套大鲸港污染治理工程,加强县城关污水污物综合处理和排污工程建设及绿化建设,农村主要保护植被,引导乡镇工业把发展与污染治理紧密结合起来。至1999年,县政府先后制订并实施《安乡县造纸行业污染控制规划》《安乡县医疗垃圾管理办法》,取得明显效果。

2000年,县城工业固体废物产生总量2303吨,其中锅炉渣2205吨、窑炉渣63吨,全部综合利用,年制砖用量690.9吨、铺路用量1612.1吨。县城区6家规模医院年产生医疗垃圾16.21吨,全部集中在县人民医院焚烧处理。2004－2005年,制订并实施《安乡县环境功能区划》,关停群众反映强烈的肝素纳厂、嘉旺灯饰厂、广安米粉厂、广安饲料加工厂、湘北造漆厂、藕煤加工厂、穗安纸业,搬迁污染严重的易得利橡胶厂并配套污染治理设施。2005年,投入170万元,在安障乡蔡家溪建设县城生活垃圾无害化卫生填埋场,并对医疗垃圾采取集中焚烧处理。按照省政府开展环洞庭湖地区造纸企业污染整治工作部署,桂华、众鑫纸业公司于2006年12月31日停止生产,日银、仙桃、恒鑫纸业公司于2007年3月31日停产整治。5家企业停产后,每年减少排放工业废水635.25万吨、工业废气2.23亿立方米,减少工业固体废物9800吨,工业企业COD排放量大幅度削减,水体环境质量好转,松滋河水体水质全部恢复到Ⅲ类水质标准。2008年,完成COD减排项目4个、SO_2减排项目2个。万和纸品、恒鑫、众鑫、弘升纸业等4个废纸造纸企业的污水治理工程,削减COD排放总量916吨。金大地公司的技改工程、城关砖厂关闭,削减SO_2排放总量753吨。

二 废气治理

县城烟控区建设始于20世纪80年代末。1988年,对五总以北、围城公路以内0.37平方公里烟控区超标的生活锅炉改造更新。至1995年,县城区17家单位有各类锅炉17台、窑炉4台、煤大灶24个,通过采取消烟除尘和燃烧型煤的方法,有效控制了烟尘排放浓度,林格曼黑度全部在一级以下,SO_2、TSP基本达到国家排放标准。是年,烟控区扩大到6.627平方公里。1999年4月,按照县政府《关于加强锅炉、窑炉环境管理的规定》,治理排放不达标锅炉。深柳宾馆、蓝天宾馆、易得利橡胶厂先后完成锅炉治理,安乡宾馆淘汰污染严重锅炉改用电热锅炉,烟控区内锅炉30台、窑炉3台、土灶1个,全部达标合格。2001年,投入60余万元完成21台锅炉烟尘治理。8.68平方公里烟控区内有锅炉37台、窑炉3台、大灶17个,烟尘排放浓度均在250mg/Nm^3以内,锅炉烟气林格曼黑度在一级以内,窑炉烟气林格曼黑度在二级以内。2005年,投入102万元完成15台锅炉烟气治理,淘汰福利米粉厂污染严重的老式锅炉。城区内大灶推广使用型煤、管道燃气等清洁能源,环境质量指标大气TSP、SO_2年日均值分别为0.157、0.021mg/Nm^3,较“九五”期间明显降低。2007年,金大地公司投入1300万元,完成“两煤(燃料煤和原料煤)改一煤(原料煤)”技改项目,淘汰10吨燃煤锅炉，年减少烟煤使用量1.2万吨，年减少温室气体排放量7万吨二氧化碳当量、减少SO_2排放量200吨。

1992年，县环保局、物价局、公安局联合制定《关于开展机动车排气污染监督管理的办法》，开始机动车排气污染监督管理。至年底，全县在用汽车核发、换发“湖南省机动车排污检查证”，安装PCV阀环保节油净化器。2000年，添置汽车尾气自动监测仪，监测汽车尾气排放。

三　废水治理

1989年，废水治理逐步纵深发展，3套废水处理装置年处理达标能力6400吨。大鲸港镇投入57万元，完成年设计能力800万吨的污水综合处理工程。1995年，对4家老污染源企业专项限期整治，县氮肥厂造气废水闭路循环设施正常运行，县造纸厂废浆二级滤网回收工程、化工二厂造漆废水治理、橡胶厂排污沟改造完工，工业废水处理率达67.9%，年排放达标废水1797万吨。是年7月，县政府在召开的关于配套完善大鲸港污水综合处理工程会议上决定：在垸外利用大鲸港外洲松虎洪道形成的“天然边槽”，建设长4000米、宽200米的污水“湿地”处理系统。开挖排污口及填土1.8万立方米，在垸内修建长10米的渡槽1个，修建长10米、口径0.5米的余水管1个，修建1200米暗渠1条，新建沉淀池3300平方米。工程总投入120万元，1998年竣工。大鲸港工业污水经“湿地”处理，污染总负荷得到削减，起到了保护环境饮用水源的作用，为大鲸港地区工业发展，集中治理污水提供了条件。

2000年，27家排污重点监管企业中，县造纸厂属省重点监管，安康纸厂、穗安纸品公司、县氮肥厂属市重点监管。县委、县政府成立达标工作领导小组，投入资金逾百万元，以集中制浆、用助剂代替硫化碱、改蒸球朝天排汽为朝浆池排汽等措施，减轻恶臭气体对环境的污染，并配套和完善大鲸港污水“湿地”处理系统和安康纸厂氧化池工程，处理污水和调节污水排放，减轻废水对松滋河的污染。同时，组织有关人员前往衡阳西渡造纸厂、湖南大学中德环境技术合作中心、株洲大辰环保公司、福建世纪环保公司、山东东营纸厂考察污水治理方案。年排量75730吨的医疗废水，均经含菌废水处理池处理后排放。2005年3月，市政府下达《2005年常德市创建国家环境保护模范城市任务交办书》，要求县内的日银、仙桃、众鑫3家纸业公司废水治理必须达标，关闭制浆工程，完成废水在线监测和排污口规范化整治。县政府责成县环保局挂牌督办。仙桃纸业公司停产20天，投入百余万元治理污水。众鑫纸业公司停产60天，配套完善污水处理设施。是年，县内造纸企业投入1400万元用于污水治理，其中日银、仙桃纸业各500万元，众鑫、桂华纸业各200万元。此4家造纸企业还确定了“集中制浆，分散造纸”方案。2008年，金大地公司投入1000万元实施“两水（造气废水、冷却水）闭路循环”项目，减少生产废水排放。根据《常德市苎麻水泥行业污染整治工作实施方案》，县政府责令县内两家苎麻企业停产整改，同时投入738万元实施兴源亚麻有限公司污水处理工程，采用“物化+生化”污水处理设施，确保治理合格。

第四节　环保宣传和执法

一　环保宣传

1989－2008年，围绕“六五”世界环境日、环保世纪行、创建国家卫生城市等主题，利用澧陵大道举办“环境宣传一条街”活动，组织环境现场咨询20余场，书写悬挂环保宣传横幅标语600余条，展出各种宣传画、广告画、墙报、宣传牌200余块，印发环境宣传资料3000余份，组织环保知识抢答赛1次、宣传环境电视讲话12次，举办千人环保签名活动2次、“环保杯”篮球赛5场。与新闻媒体合作，围绕污染控制、生态环境建设，组织集中新闻采访、联合拍摄播放环境短片，还针对饮用水源保护区、工业企业水污染防治、医疗废物焚烧、废水污染防治及排污费征收制度改革，举办“今日视点”“环境质量大家谈”“农业与环保”“蛙蛇的悲鸣”“改水改厕，净化居住环境”“县城呼唤绿色”“土地开发与环境保护”等电视节目，宣传环保法规、政策和知识。

为加强和改善生态环境及自然保护工作，进行农业生态试点建设。先后在安丰乡巴巴湖渔场创办猪—沼—肥—鱼—果生态模式、在安德乡民阜村创办稻—猪—鱼—果生态模式示范片。按照1年试点、3年推广、5年见成效的步骤,推进农村“生态农业园”建设。至2008年,全县有生态渔业养殖户数百户,户均年增纯收入近万元。

二　环保执法

按照《环境保护法》《水污染防治法》《行政处罚法》《排污费征收使用管理条例》等法律法规,先后对境内35家重点企业排污现状清理登记,建档管理。对城区餐饮业、宾馆、建设行业等实施排污、噪声申报。每年“两考(高考、中考)”期间,环保“110”昼夜值班巡逻,保证参考学生避免噪声干扰。依法定期检查沿河水上餐饮,对有污染的予以关停。

1989年,安康纸厂污水溢入农田沟渠,对2000余户村民生产和生活用水造成危害,一村民鱼塘死鱼的纠纷;黄山头米厂因粉灰事因与周围群众的纠纷;县自来水公司排放液氯,造成97人不同程度中毒事故。县环保局与司法部门及时介入并进行处理。1992年,位于大鲸港镇中心的县第二化工厂因废气处理不当,影响周围居民健康,群众将此情况反映到湖南日报社。县环保局监测检查后,拟定该厂3年内全部搬迁。1994年,县南安精麻厂职工在卸运液氯罐时,由于安全防护设施不完善,缓冲罐内残余液氯泄漏2小时,致周边居民及在场职工31人不同程度中毒。县环保局责令其立即安装防泄阀等污染防护设施,并处罚款5000元。1996年,县橡胶厂2台蒸汽锅炉年耗煤量2300吨,林格曼黑度为四级,其生产性粉尘为间断性无组织排放。根据国家有关污染物排放标准及超标排污费征收标准,责令其限期进行锅炉整改,并征收超标排污费6.76万元。1999年,穗安纸品公司未经环保审批,擅自实施稻草制浆,增大污染负荷,违反有关环保法律法规。被责令停止稻草制浆,并处罚款5万元。

2001年,南县武圣宫镇德丰村56户村民联名向安乡县人民法院起诉县内的日银纸业有限公司、安康造纸有限公司、众鑫造纸厂和天龙公司,要求立即停止污染侵害并赔偿经济损失。经两次调解,2002年8月,诉讼双方达成调解协议,赔偿额度在7万元以内。县政府对此4家企业下达环境达标整改令。2003年4月,县政府对日银、安康纸业公司实行停产治理。是年,县环保部门查实,众鑫造纸厂自建成后,一直未建废水处理设施,且污染物排放超过国家规定标准。依法责令其停止生产,并处罚款5万元。2005年4月,县环保局陪同省环保监察总队和市环保局检查众鑫、桂华纸业公司排污限期治理完成情况,发现众鑫纸业污染治理设施未启动,排污口直接向松滋河排放黑液,桂华纸业擅自恢复制浆工段。依法责令众鑫纸业立即停止生产并处罚款5万元,桂华纸业立即关停。2007年,按照创建国家卫生县城烟控区考核标准,对深柳宾馆、洞庭牧业、荣丰饲料厂、县三中等单位下达锅炉限期整治通知。2009年,湖南天洁纸业有限公司产生的固废物白泥未按环评要求处置,依据《固体废物污染环境防治法》相关规定,责令限期整改并处罚款2万元。

第三十七章　交　通

安乡为水陆联运之域。20 世纪 90 年代后，为加速工业化和社会主义新农村建设，制定并实施《安乡县三十年公路网络规划》，公路交通事业迅猛发展，蛛网式公路网络基本成型。至 2009 年，已建过境省道 2 条、60 公里，县道 5 条、167 公里，乡道 43 条、369 公里，通村公路 180 条、598 公里，总长 1188 公里（只含有行政编码的公路，下同）。各类货运车辆 2295 辆，年货运量 105 万吨、货物周转量 8103 万吨公里；营运客车 309 辆、6182 座，班线 82 条，年客运量 570.5 万人次、旅客周转量 47559.5 万人公里。水路运输依然可观，有 500 - 1300 载货吨级船舶 32 艘、7300 载货吨，年货运量 103 万吨、货物周转量 28081 万吨公里；营运客船 10 艘、490 座，航线 10 条，年客运量 18.1 万人次、旅客周转量 376.3 万人公里。

第一节　交通网络

县内交通网络由水路、陆路交通构成。1989 - 2009 年，水路交通发展受客观因素制约，相对迟缓，依然为"传统强势变弱势"的格局。陆路交通则实现了跨越式发展，由弱势变为强势，域内乡乡村村通公路，汽车可以开到家门口；域外进出四通八达，春夏秋冬畅通无阻。"安乡是个好地方，就是交通不便"之言，已在公路交通的兴盛中黯然消失。

一　水　路

（一）航　道

安乡原为长江"四口（1959 年调弦口堵塞）"泄洪与澧水流入洞庭湖的必经之路，素有"洪水走廊"之称，水路交通方便曾是域内一大特色。"堵支并流"后，仍有航道 7 条，20 世纪 80 年代末，河流总长度 290 公里，通航里程 272 公里。随着洪水期河沙沉积量增加，河床逐年抬高，航道相应萎缩，加上气候变化和三峡大坝修建后，长江"三口"泄洪量减少，7 条航道总长度减至 202 公里，其中季节性航道 143 公里，常年性航道仅 59 公里，水路交通的强势地位逐年弱化。

石龟山至罗家湾　该航道属澧水水系，为津市至长沙常年性航道的一段，俗称澧水尾闾航道，全长 41 公里。与 1989 年比（下同），通航船舶由 150 - 400 载货吨级降至 150 - 300 载货吨级。设有一等航标。

汇口至张九台　该航道属松滋河与澧水洪道的贯通河流，俗称五里河航道，全长 4 公里。为 5 - 10 月间通航的季节性航道，能通航 20 - 80 载货吨级船舶。

余家岗至小望角　该航道属松滋河系，亦称松滋河中支航道，全长 46 公里。为 5 - 10 月间通航的季节性航道，通航船舶由 200 载货吨级降至 20 - 60 载货吨级。

余家岗至罗家湾　该航道是北通松滋口、南通洞庭湖的主航道，全长 87 公里，分为两段。上段余家岗至县城属松滋河系，亦称松滋河东支航道，长 50 公里，为 5 - 10 月间季节性航道，设有三等航标，丰水季节可通航 300 载货吨级船舶，低水期能通航 10 载货吨级船舶。下段县城至罗家湾属松滋河与虎渡河水系，亦称松虎航道，长 37 公里，为常年性航道，设有一等航标，丰水季节通航船舶由 1000 载货吨级降至 150 - 300 载货吨级。2007 年，县城至茅草街航道经过疏浚，可常年通航 1000 载货吨级船舶，该航道恢复生机，为县域水路运输复兴创造了条件。

黄山头至小河口　该航道属虎渡河系，全长 41 公里。为 5 - 10 月间通航的季节性航道，丰水季节能通航 200 载货吨级船舶，低水期以大杨树为界，上段能通航 10 载货吨级船舶，下段能通航 20 载货吨级船舶。

彭丘岭至八百弓　该航道属藕池河系，为藕池河西支航道的一段,亦称藕池河西支航道,全长43公里。为5－10月间通航的季节性航道,通航船舶由100载货吨级降至50载货吨级。通航期可北通藕池,南通茅草街,但淤塞日渐严重,断流期增长,呈消亡之势。

新口至陈家渡 该航道属藕池河系,为藕池河中支的一段,亦称藕池河中支航道,俗称栗林河航道,全长10公里。为6－10月间通航的季节性航道,丰水季节通航船舶由100载货吨级降至50载货吨级。通航期可北通藕池,南通茅草街,现基本失去通航能力。

(二)港　口

港口是运输船舶的靠泊点,运输物资的中转站,其数量与规模随水路运输量的变化而变化。2009年,全县有港口码头22个、停靠泊位44个、靠泊能力5900载货吨。其中城区港口码头10个(含大鲸港镇)、泊位22个、靠泊能力2300载货吨;虎山、大湖口、夹夹、张九台、黄山头、大杨树、虢家洲、六角尾、芦林铺、沙河口等10个港区各有码头1个和泊位2个,靠泊能力均为300载货吨;董家垱、陆家渡港区各有码头和泊位1个,靠泊能力均为300载货吨。

(三)乡镇渡口

县域内由于河网密布,民间渡口众多。随着公路运输的发展和跨河大桥的修建,渡口网点逐减。2009年,全县乡镇有渡口180处,其中季节性渡口66处、常年性渡口114处,仍居全市高位。

二　陆　路

(一)公　路

公路为县境陆路交通的主体。1993年,按照省、市交通主管部门统一部署,开始制订安乡县1991－2020年公路交通网络规划。1995年后,大规模地进行省、县、乡三级公路的修建与改建,2005年,制订农村公路建设规划,全面开展通村公路建设,公路条数增加,里程延长,等级提高,蛛网式交通网络快速形成。2009年,全县有公路1188公里。其中省道2条、60公里,县道5条、167公里,乡道43条、369公里,通村公路180条、598公里。有二级公路3条、107公里,三级公路3条、129公里,四级公路46条、369公里,分别占公路总长的9%、11%、31%;水泥砼路面公路803公里,占公路总长的67.6%。

(二)公路桥梁

县域以堤垸型地貌为特征,垸与垸之间河流间隔,园田化建设后,垸内沟渠纵横,修路必修桥。随着公路的延伸,桥梁建设随之大兴。至2009年,已建公路桥梁42座,其中跨河桥梁6座、跨沟渠桥梁36座,省道桥梁11座、县道桥梁15座、乡村道桥梁16座,特大型桥梁2座、大型桥梁4座、中型桥梁17座、小型桥梁19座。基本结束了"走遍天下路,难过安乡渡"的历史。

(三)汽车渡口

1994－2009年,县域内大鲸港大桥、石龟山大桥、大湖口大桥、夹夹大桥相继建成通车,原汽车渡口撤除。全县尚存沙河口1个市级渡口,芦林铺、官垱、大杨树、马坡湖、张九台5个县级渡口。大杨树大桥正在修建中,其渡口亦即将撤除。

第二节　交通建设

一　公路建设

县域公路建设按照网络规划,以省道为主轴、县道为骨架的"三纵两横"脉络进行,总长212公里。"三纵"为军红线、理七线、荆八线,总长152公里;"两横"为省道306线、省道302线,总长60公里。与此相配套,新建、改建乡道、村道与主干道相衔接,形成四通八达的公路交通网。

(一)省道修建与改建

大石公路修建 该路为省道306线(时称湘北干线)安乡段中连接大鲸港大桥与石龟山大桥的路段,长14.7公里。原省道1804线因沙河口汽车渡口低水位季节经常断渡，为保证进出县境公路畅通，设计改道由保河堤、石龟山进入县境，县境至常德的距离由原82公里缩短为76公里，同时又贯通了澧县和津市。该路是在特殊情况下采取特殊举措修建的。其特殊情况是：大鲸港大桥工程建设1991年1月开工，按规划1994年竣工，而湘北干线则规划1996年开始修建，在大鲸港大桥通车到湘北干线贯通之前的几年时间内，进出县境的车辆仍靠沙河口汽车渡口，极为不便。县委、县政府、大鲸港大桥接线工程指挥部形成“主动出击，及早动手，修建大石路，促建石龟山桥，沟通湘北线，造福安乡人民”的共识和“承担修路工程，完成路基修筑”的决心，并向省交通主管部门报告。1991年9月，省公路局大力支持，并负责土地征用、房屋拆迁、桥涵建设与护坡工程等费用补偿，工程正式启动并完成定线测绘工作，11月25日路基修筑全线动工。其特殊措施是：举全力“五同步、克四难”。该路穿越大鲸港镇、安丰乡、安裕乡和大鲸港渔场，全长14.7公里，按平丘二级公路工程标准设计，荷载汽—20挂100，工程量和施工难度大。指挥部采取“同步设计、同步拆迁补偿、同步进行乡镇修路领导机构组建与劳力配合、同步宣传、同步做好施工准备”措施，一是克服补偿拆迁量大之难。该路段占地577亩，拆迁住户154户、拆除房屋建筑面积17517平方米，从动手拆迁到农历新年只有两个多月，新建房屋数量大、时间紧。按规定须补偿拆迁户134.5万元，但经费没有到位，拆迁补偿无法同步。乡镇选派干部实行“拆迁承包到位”“宣传解释到位”“补偿承诺到位”责任制，按时完成了拆迁与新建工作。二是克服土源缺乏之难。该路段经过大鲸港渔场、安丰珊珀湖渔场、岩刬口渔场及珊珀湖湖区，穿湖、穿池长度3公里，进土量大，但附近无土可取，施工单位采取歇人不歇车，通宵达旦用机械进土的方法，未因土源缺乏影响工程进度。三是克服塌方严重之难。该路路面高程34米，高出地面3米左右，穿湖、穿池路段填土高程最高处达6.7米，1230米淤泥深的路段塌方十分严重，实施“塌了就填，再塌再填”，直至路面高程达到设计标准。据统计，塌方9.57万立方米，为设计土方总量的17.6%。四是克服防护任务大之难。全线护坡面积2.34万平方米，挡土墙292米、用石584立方米，浆砌片石护坡域420平方米、用石210立方米。采取专业队伍和群众参与相结合的方式，保证了施工时间和质量。1992年10月路基修筑完成，1993年3月路基成型，1994年完成砂石路面。1995年改为柏油路面，拓宽至13.2米。全线有弯道10处、最小曲线250米，桥涵89道、总长275米，桥4座，总投工125万个，动用土石方134.74万立方米。总投资1904万元，其中省交通厅补助769万元，自筹1135万元。该路的修建，促进了湘北干线公路提前建设，受到市委、市政府和省交通主管部门肯定与赞扬。

省道306线安乡段改建　该路由原省道1804线经省统一编号为省道306线，由南县南安桥入境，经城关洞庭大道过大鲸港大桥，于石龟山出境，全长30.05公里，分东、中、西三段。东段三岔河至安猷乡下码头，长12公里，1978年12月建成通车，1990年改建为7米宽柏油路面。2001年3－12月对该段进行等级改建，规范路基，硬化边坡边沟，形成路基宽11米、路面宽9米的水泥砼路面，投资1200万元。中段下码头至大鲸港，长5.58公里，其中所经过的洞庭大道1995年按城市规划扩建为面宽42米大道。西段即大石公路，1999年2月至2000年2月将该段改建为水泥砼路面，投资1750万元。该线改建工程全部完成后，省道S306线安乡段路基宽11－12米、路面宽7－9米，荷载汽—20挂100，达到国家平丘二级公路标准。

省道302线安乡段改建　该路东起官垱镇紫金渡，西经夹夹大桥出境进入澧县，全长28.79公里，是经县境穿越湘鄂两省的运输大动脉。该路在东段（紫金渡至安生乡大杨树，长11公里，1985年1月按平丘四级公路标准修建）、中段（安全乡红卫闸至黄山头镇理兴垱，长5公里，原黄安公路）、西段（理兴垱至夹夹，长12.79公里，乡际砂石路面）基础上，于2008年8月开工改建，历时两年半，新修水泥砼路面20.04公里，利用原水泥砼路面8.75公里，国家投资9800万元。全段路基宽10米、路面宽8.5米，荷载汽—20挂100，按国家平丘二级公路标准设计改建。为克服平原路基疲软，提高路面荷载能力，大部分路段采用抬高路基，两侧修建高1米左右钢筋砼挡土墙。

（二）县道修建与改建

荆八线修建与改建　该路为县道025线，北起荆江南堤,经安生、安昌、安宏3乡,止安宏乡于八百弓,全长44.26公里,属平丘四级公路。1997年始,分段进行水泥砼路面改建,1998年洪水时全线抢通。其中荆江南堤至安猷乡陆家渡段,长28.26公里,采用国家三级公路标准建设,路基宽8.5米,路面宽6米。该段的荆江南堤至三仙嘴段,长20.86公里,通过公路建设资金和省市投资,1999 - 2001年改建为水泥砼路面;安昌乡三仙嘴至陆家渡段,长7.4公里,通过公路建设资金和安昌乡政府出资改建为水泥砼路面。陆家渡至安宏乡太平段,长10.8公里,2005年由省、市投资改建为路基宽6米、路面宽5米的水泥砼路面;太平至八百弓段,长5.2公里,2008年通过公路建设资金改建为路基宽7 - 9米、路面宽5米的水泥砼路面。全线总投资约3500万元,其中省、市投资2800万元。

军红线修建与改建 该线是县道027线,起于汉寿县军山铺(县境内起于陈家嘴镇沙河口),止于安全乡红卫闸,境内全长46.78公里。全线分沙河口至大鲸港(简称鲸沙线)、大鲸港至红卫闸两段。沙河口至大鲸港段,长22公里,属原常安线安乡段,1969年7月通车,按国家平丘四级公路标准设计,是县境第一条公路。1976年6月由省公路局接管后统一编号为省道1804线,1984年该段按国家平丘二级公路标准改建,1987年完成柏油路面铺设。由于该段客货车流量大,导致路面破损严重,2008年10月开工改建,历时3个月,建成路基宽8米、路面宽6米的水泥砼路面,总投资1280万元,其中省投资700万元、县自筹580万元。大鲸港至红卫闸段,长24.78公里,原属安黄(山)线一段,是县境通往湖北的主动脉,1973年7月建成通车,为路基宽8米、路面宽5米的砂石路面。时由县城书院洲西线始发,后因城关砖厂和县棉纺织厂原因改走书院洲东线,1996年后改走洞庭大道,1991 - 1992年全段铺设柏油路面,同时在安全乡董家垱改道环外线。2000年起,投资617万元,分段重铺柏油路面8公里、改建水泥砼路面5公里。2009年投资1300万元,改建水泥砼路面19.15公里,沙河口至红卫闸全线改建为水泥砼路面,基本达到国家平丘二级公路标准。1998年省道306线通车,该线改为县道。

理七线修建与改建 该线是县道026线,北起理兴垱,经黄山头、马坡湖、焦圻、四叉沟、张九台、出口洲,南止于安裕乡七家桥与鲸沙公路相接,全长60.3公里,在原县、乡道基础上全部改建为水泥砼路面。其中理兴垱至黄山头段,长7.71公里,2010年投资592万元改建;黄山头至马坡湖段,长7.6公里,2004年投资380万元改建;马坡湖至焦圻段,长3.51公里,2006年投资190万元改建;焦圻至四叉沟段,长10.2公里,2007年投资470万元改建;夹夹至安凝乡张九台段,长8公里,2007年投资400万元改建;张九台至安丰乡出口洲段,长10公里,2004年投资443万元改建;出口洲至安裕乡政府段,长3.5公里,2004年投资180万元改建;安裕乡政府至七家桥段,长6.9公里,2005年投资330万元改建。至此,全线按国家平丘三级公路标准改建完成。

沙安线修建与改建 该线是县道040线,起于沙河口,止于安德乡芦林铺,全长14.92公里。其中沙河口至陈家嘴段,长7公里,2005年重铺柏油路面;陈家嘴至芦林铺段,长7.92公里,2004年改建为水泥砼路面。至此,全线按国家平丘三级公路标准修建、改建完成。

(三)乡道修建与改建

乡镇公路建设是在原简易公路的基础上,以拓宽路基、硬化路面、提高公路等级为目标,分别以各乡镇为主改建。20世纪60年代,在县政府以水路运输为主导,陆路交通为补充的指导思想下,各垸在公社、大队之间开始修建农村大道,以方便拖拉机、板车运送农副产品和生产资料。1968年后,随常安公路通车,各公社在农田基本建设规划的基础上通过民工建勤、民办公助等方式,在乡域之间开始大规模地修建乡镇简易公路,一般为泥结或碎卵石路面。2005年,县委、县政府执行国家有关政策,作出"全面新建、改造,提高通村公路等级"的决定,成立通村公路建设领导小组,制定建设规划,全面启动农村乡镇通村公路建设。至2009年,修建、改建乡镇简易公路43条,总长369.3公里。其中国家平丘四级公路14条、103.2公里,分别占总条数和总长度(下同)的32.6%、28%;水泥砼路面公路29条、266.1公里,分别占67.4%、72%。详情见表37 - 1 - 89。

安乡县各乡镇公路修建、改建情况

表 37-1-89 单位:公里

路线代码		路线名称	路段起止名称		路段起止桩号		里程	技术等级	路面类型
路线编号	行政区划代码		起点	止点	起点	止点			
乡道	-	-	-	-	-	-	369.3	-	-
Y082	430721	同沙线	同兴	沙堤	0	5.452	5.452	四级	水泥砼
Y083	430721	董一线	董家垱	一农场	0	8.608	8.608	等外	水泥砼
Y084	430721	蹇桃线	蹇家渡	桃花岭	0	12.92	12.92	等外	水泥砼
Y085	430721	下同线	下渔口	同兴	0	8.981	8.981	四级	水泥砼
Y086	430721	张焦线	张家拐	焦圻	0	4.317	4.317	等外	泥结(级配)碎、砾石
Y087	430721	六沙线	六角尾	沙河口	0	12.53	12.53	等外	水泥砼
Y088	430721	虢陈线	虢家洲	陈家嘴	0	12.2	12.2	等外	泥结(级配)碎、砾石
Y089	430721	大羌线	大湾	羌口	0	10.39	10.39	等外	水泥砼
Y090	430721	北安线	北河口	安民	0	16.7	16.7	等外	水泥砼
Y091	430721	偏西线	偏湖洲	西南洲	0	6.16	6.16	四级	水泥砼
Y092	430721	复张线	复兴	张九台	0	5.576	5.576	等外	水泥砼
Y093	430721	五三线	五斗窖	三岔河	0	22.39	22.39	四级	水泥砼
Y094	430721	大渡线	大鲸港	渡口	0	1.326	1.326	等外	泥结(级配)碎、砾石
Y487	430721	青新线	青龙窖	新码头	0	5.465	5.465	四级	水泥砼
Y488	430721	黄四线	黄田湖渔场	四岔桥	0	4.004	4.004	等外	泥结(级配)碎、砾石
Y489	430721	潭中线	潭子口	中岭	0	4.713	4.713	等外	水泥砼
Y490	430721	子新线	子龙庵堋堤	新开口	0	8.986	8.986	等外	泥结(级配)碎、砾石
Y491	430721	子新线	子龙庵	新开口村部	0	9.405	9.405	等外	泥结(级配)碎、砾石
Y493	430721	新新线	新剅七组	新剅九组	0	5.101	5.101	四级	水泥砼
Y494	430721	望张线	望槐	张九台	0	5.827	5.827	等外	水泥砼
Y495	430721	北泥线	北河口	泥剅口	0	6.758	6.758	等外	普通土
Y496	430721	三合线	三多	合家垸	0	5.367	5.367	等外	泥结(级配)碎、砾石
Y497	430721	槐一线	槐西	一分局	0	8.456	8.456	等外	水泥砼
Y498	430721	大新线	大鲸港	新河口堋堤	0	10.73	10.73	等外	水泥砼
Y499	430721	鄢新线	鄢家湖	新河口电排	0	10.13	10.13	等外	水泥砼
Y500	430721	中舞线	中码头	舞阳	0	8.494	8.494	等外	泥结(级配)碎、砾石
Y501	430721	九黄线	九姓垸	黄山岗	0	13.82	13.82	等外	水泥砼
Y502	430721	至新线	志中	新茶窖	0	5.085	5.085	四级	水泥砼

续表37－1－89

Y503	430721	枞宏线	枞　杨	宏　湖	0	8.169	8.169	四级	水泥砼
Y504	430721	河马线	河　坝	马坡渡口	0	8.489	8.489	等外	泥结(级配)碎、砾石
Y505	430721	长木线	长　福	木剅大堤	0	5.532	5.532	等外	泥结(级配)碎、砾石
Y506	430721	南心线	南　堤	心　福	0	6.294	6.294	等外	泥结(级配)碎、砾石
Y507	430721	丁黄线	丁　堤	黄土堤	0	5.856	5.856	四级	水泥砼
Y508	430721	出大线	出口洲	大石线	0	21.93	21.93	等外	水泥砼
Y509	430721	响安线	响水窖	安官渡	0	5.373	5.373	四级	泥结(级配)碎、砾石
Y510	430721	陈西线	陈家嘴	西巴垸	0	10.76	10.76	等外	泥结(级配)碎、砾石
Y511	430721	沈陈线	沈家沟	陈家嘴	0	7.22	7.22	等外	水泥砼
Y512	430721	田陈线	田家沟	陈家嘴	0	7.007	7.007	等外	水泥砼
Y513	430721	和联线	和　兴	联　合	0	12.19	12.19	等外	水泥砼
Y514	430721	虢国线	虢家洲	国　兴	0	5.28	5.28	四级	水泥砼
Y515	430721	六下线	六角尾	下渔口	0	8.68	8.68	四级	水泥砼
Y516	430721	北三线	北　堤	三　合	0	5.701	5.701	四级	水泥砼
Y517	430721	焦张线	焦圻镇	张家拐	0	5.5	5.5	四级	水泥砼

(四)通村公路建设

1989年前,全县8镇、13乡、263个行政村,只有102个村通公路,通车里程125.6公里,一般为泥石路面,仅有少量碎石路面,且大多未全线贯通,农村居民出行难的问题仍未从根本上解决。2005年起,县委、县政府同步实施乡道改建和通村公路建设,建设资金通过国家补助、县财政补贴、乡村自筹等方式解决。至2008年,投入13358.26万元,修建通村水泥砼路面公路180条、627.03公里与乡镇公路连接,形成省、县、乡、村四级公路网络,基本满足了生产、生活交通需要。详情见表37－2－90。

安乡县各乡镇通村公路建设情况

表37－2－90　　单位:条、公里、万元

乡　镇	公路长度		投资额	乡　镇	公路长度		投资额
	条数	里程			条数	里程	
深柳镇	11	37.1	926.22	安宏乡	8	24.8	533.45
大鲸港镇	6	13.3	297.77	安生乡	8	21.9	459.82
黄山头镇	10	38.3	741.83	安全乡	13	50.86	1049.88
三岔河镇	9	34.95	863.91	安福乡	10	32.6	639.05
下渔口镇	14	60.4	1283.33	安凝乡	9	39.11	811.83
焦圻镇	6	33.4	724.86	安丰乡	16	61.53	1278.07
官垱镇	10	28.8	689.2	安裕乡	11	43.5	857.73
陈家嘴镇	10	29.6	613.15	安康乡	7	19.3	434.36
安障乡	10	19.65	403.89	安德乡	3	9.1	180.16
安昌乡	9	29	569.75	合　计	180	627.03	13358.26

注:其中无行政编码的公路29.03公里。

二　公路桥梁建设

1989年,县境有公路桥梁21座,其中跨河桥梁仅2座,人们不乏“难过安乡渡”感叹。1990－2009年,投资3亿余元,修建、改建桥梁21座,其中修建跨河特大桥2座、跨河大桥2座、中小型桥梁15座,改建跨河大桥2座。

(一)大鲸港大桥修建

该桥是省道306线横跨松滋河东支航道的桥梁,东连安乡县城,西接大鲸港镇,全长993.37米。其中主桥16孔(8孔30米与8孔50米的孔径),长640.68米,属连续桥梁。引桥22孔(孔径16米),长352.69米,系16米长空心板桥。桥宽16米,其中两侧人行道各宽1.5米,设计荷载汽—20挂100,人群荷载3.5KN/m^2(千牛顿/平方米)。三级通航标准,地震烈度7级设防,设计洪水频率1%(百年一遇,下同)。

该桥总造价5506万元,其中主、引桥4580.18万元,两岸连接工程925.82万元。省交通厅投资4406万元、省计委投资400万元、省水利厅投资200万元、市政府投资200万元、县自筹300余万元。其中县自筹部分干部捐助112.69万元、农民捐助175.59万元、个体工商户捐助2.29万元、外地安乡籍人士捐助13.48万元。为此,县政府在大桥旁修建纪念塔。

该桥1987年5月动议修建,1990年7月正式立项,由省交通规划勘察设计院勘察设计,市政府承建,省公路桥梁建设总公司二公司负责施工。1991年1月引桥基础试钻,4月主、引桥面全面开工。1991年4月至1993年9月完成引桥墩基础和上、下部构造,1991年8月至1993年1月完成主桥墩基础和下部构造,1993年1月始预制箱梁,6月始悬拼连续梁,1994年5月全部合拢,9月完成上、下部构造和桥面工程并试通车,12月交付使用,从动议到竣工历时7年多。

县政府组建大桥接线工程指挥部,负责该桥两岸接线工程。接线工程主要包括:大桥东西引道长325米、宽16米(车行道宽13米、人行道宽2×1.5米),水泥路面安装板式栏杆、灯柱;接线公路长1752米、宽12－24米,桥西引道与接线公路连接广场,面积5965平方米,全部水泥砼路面;修中桥一座长40.54米、宽12米;管涵四道长63米、盖板涵三道长57米、石拱涵一道长42米、下水管道长1404米;河岸护坡2000平方米;降低桥下街道路面一处长140米;修建东岸引道两侧6－8米宽水泥砼环形车道一条,并与外河码头相连。接线工程用工16.07万个、主要机械台班214个,挖填路基土石方8.5万立方米、浆砌挡土墙1.35万立方米、浇注水泥砼7448立方米,耗用钢材78.2吨、木材333立方米。

(二)石龟山特大桥修建

该桥是省道306线横跨澧水尾闾的桥梁,西连津市保河堤,东接安乡,是县境第一条县际特大桥梁,全长1572米、宽10米、61孔。主桥采用单箱单室预应力砼连续梁结构,引桥为现浇钢筋砼空心板简支梁结构,设计荷载汽—20挂100,三级通航标准,地震烈度7级设防,设计洪水频率1%。

该桥由省交通厅投资7000万元修建,由省交通规划勘察设计院勘察设计,市政府承建,省公路桥梁总公司和省环达桥梁公司施工。1994年11月开工,1998年8月竣工,历时3年多。该桥是全国第一座空心管桩实验桥,1998年7月县域防洪抢险临时紧急通车,后因第35号桩出现沉降,致该桥一直没有验收。2000年,省交通厅组织专家勘察鉴定,初步认定为四类危桥。

该桥安乡岸桥头接线工程由原大鲸港大桥接线工程指挥部负责,接线工程主要包括:修建375.29米接线公路,路面宽12米,纵坡3%,挖填路基土方3146立方米;引桥征地5亩,拆迁房屋建筑面积1345平方米,转移电线杆及土地青苗补偿,直接费用153.5万元。

(三)大湖口大桥修建

该桥是省道302线横跨松滋河东支航道的桥梁,是连接安澧大垸和安造大垸的重要交通枢纽,同时对县境及整个洞庭湖区和荆江地区的防洪保安发挥着重要作用。20世纪80年代,县委、县政府就提出修建大湖口大桥的要求,并为之四处奔走。1998年4月、1999年1月,先后完成大桥工程可行性报告和补充报告，经省国际工程咨询公司评估通过。1999年6月，省计委批准建设，省交通规划勘察设计院承担大桥及接线工程的勘测设计。

该桥总投资3914万元，其中省交通厅投资1700万元、省水利水电厅投资1000万元、省发改委投资500万、县自筹700万元。该桥全长650.72米，由9×20米(后张法预应力砼简支空心板)＋(52＋80＋52)米(悬浇预应力砼变截面连续梁)＋14×20米(后张法预应力砼简支空心板)组成。采用肋板式桥台，桥梁基础为钻孔灌注桩。桥面宽10米(其中2×0.5米为防撞栏杆)，设计荷载汽—20挂100，人群荷载3.5KN/m^2，三级通航标准，地震烈度7级设防，设计洪水频率1%。

县政府成立大湖口大桥工程建设指挥部，直接领导大桥承建工作。由县大湖口大桥建设开发公司承建，是国家颁布《招标投标法》后省内第一个向全国公开招标的大型工程。于2000年4月开工，2003年12月竣工。其中2000年4月至2001年4月，中国航空港建设第十工程总队完成桩基础工程，2001年6月至2003年12月，省路桥建设总公司完成引桥系梁及全板下部构造、上部构造及附属工程。省交通金衢公司担任工程监理。

(四)夹夹特大桥修建

该桥是省道302线横跨松滋中支航道的桥梁，西连澧县、津市，东接安乡，为境内第二座县际特大桥。大桥全长1704米、宽10米、净宽9米。其中主桥长921.5米，为19×48.5米钢筋砼T型桥梁结构。安乡岸架空引桥长382.4米、澧县岸400米。接线工程全长1839.8米，其中安乡岸1078.5米、澧县岸761.3米。设计荷载汽—20挂100，三级通航标准，地震烈度7级设防，洪水设计频率1%。

该桥总投资12142万元，其中省交通重点建设资金2550万元、省公路局申请贷款7800万元、县市自筹1792万元。由省交通规划勘察设计院勘察设计，市政府承建，主桥由省公路桥梁集团公司施工，两端引桥由云南路桥公司和娄底市路桥公司施工。大桥于2005年9月12日奠基开工，2007年12月竣工通车。

县政府成立夹夹大桥建设协调指挥部，设征地拆迁组、工程管理组、安全保卫组、环境优化组及办公室。夹夹大桥建设，县内自筹953万元，负责境内(大桥东线)接线征地、拆迁、扫障及接线路基工程。如期完成大桥征地50.3亩，拆迁住户6户及树木补偿与取土场地补偿任务。境内接线工程按平丘二级公路标准设计，共需土方4.8万立方米、建涵洞9处，按原设计方案需从黄山头调运黄土填筑，考虑运距远、开支大，指挥部与设计、施工单位协商，将原方案修改为就地取土加石灰填筑，在筑土超过3.5米高程地段采用“石灰稳定土基层”，其余地段适当添加石灰及每填筑0.5米黏土再铺垫0.2米道渣和石灰的办法，保证了工程质量，节约了资金。

(五)陆家渡大桥改建

该桥是省道306线横跨虎渡河的桥梁，西接安猷乡，东连安宏乡。1978年12月建成通车，3孔、孔径50米，总长189米，梁高程43.45米，除特大洪水外，一般不阻碍通航。

为拓宽泄洪道，1982年在河道左岸扩建1孔、净跨50米。次年，主拱圈上的38孔腹拱开始裂缝，遂采取措施维护保养。1995年3月，经省交通厅、省公路局领导和部分专家现场勘察鉴定，决定拆除腹拱柱上的砼和浆砌石，加高加宽盖梁，加宽桥面行车道。11月，改建工程启动，由市公路局设计监理，县政府改建，县交通局组织施工，总投资229万元，次年9月竣工。此次改建，腹拱凿除，以上部分改梁板结构，孔数及跨径为四跨结构形式双曲拱，上部构造为拱上梁板，桥面净宽9米，荷载汽—20挂100，改建后桥长248米。

(六)丁家渡大桥改建

该桥是省道306线横跨藕池河西支航道的桥梁，西接安宏乡，东连三岔河镇。1978年12月建成通车，3孔、孔径40米，总长156米，梁高程39.32米，洪水达到37米左右时，船舶通航受到限制。

1985年，拱上建筑腹拱出现裂缝，遂采取措施维护。1997年9月，由市公路局设计监理，县政府改建，县交通局组织施工，总投资145.6万元。此次改建，拱上建筑除保留主柱和盖梁外，其余全部拆除，改为连续钢筋砼梁板结构，桥面由7米拓宽至9米。

三　汽车渡口建设

随着境内公路建设的发展，在主干线经过河道之处，汽车渡口应运而生。1969 年，县内始建公路汽车渡口，至 2009 年共建 9 处。公路跨河大桥的不断建设，汽车渡口陆续取消，至 2009 年，尚有沙河口、大杨树、马坡湖、官垱、张九台、芦林铺 6 处，其中隶属市公路局 1 处、县交通局 5 处。

（一）城关渡口

该渡口位于原省道 1804 线 125 – 126 中心桩号之间，横渡松滋河东支航道，西岸接大鲸港镇，东岸分枯水期与丰水期分别设南、北码头，南码头接县城西门口，北码头接书院洲，隶属市公路局。书院洲码头 1973 年 1 月动工修建，7 月竣工通渡，最宽水面 500 米；西门口码头 1976 年 2 月动工修建，4 月竣工，5 月正式通渡，按最低枯水位 28.4 米设计修建，最宽水面 1650 米。1978 年虎渡河东支堵口，县城与书院洲铺设临时公路，1979 年西门口码头废弃。1994 年 9 月，大鲸港大桥建成后书院洲码头亦废弃，该渡口随即取消。

（二）沙河口渡口

该渡口位于原省道 1804 线 148 – 151 桩号之间，横渡澧水航道，西岸接鼎城区蒿子港镇，东岸接陈家嘴镇沙河口村，最宽水面 2700 米，是省内仅次于岳阳北门渡口的第二大渡口。1967 年动工修建，1969 年竣工通渡，隶属市公路局。后因河床淤积严重，枯水期汽渡运行和靠泊十分困难，甚至停渡，1984 年后需年年疏浚。1998 年 7 月石龟山大桥建成通车，原省道 1804 线改道保河堤、石龟山走省道 306 线，汽渡车辆大量减少，现一般只有进出县境行驶安沙线和鲸沙线的机动车使用该渡。

（三）大湖口渡口

该渡口位于省道 302 线中段（时为安乡至津市公路），横渡松滋河东支航道，西岸接安福乡大湖口，东岸接黄山头镇（原安造乡）军万嘴，最宽水面 280 米。1977 年动工修建，次年 7 月竣工通渡，隶属市公路局。2004 年 1 月大湖口大桥建成通车，该渡随即取消。

（四）夹夹渡口

该渡口位于省道 306 线中段（时为安乡至津市公路），横渡松滋河中支航道，西岸接澧县官垸乡，东岸接安福乡夹夹村，最宽水面 360 米。1982 年 12 月动工修建，次年 10 月竣工，因官垸公路接线不配套，延至 1984 年 7 月通渡，隶属县交通局。2008 年夹夹特大桥建成通车，该渡随即取消。

（五）大杨树渡口

该渡口位于省道 302 线中段（时称大紫线），横渡虎渡河航道，西岸接安全乡红卫闸，东岸接安生乡大杨树，最宽水面 500 米。1984 年 9 月动工修建，次年 12 月竣工通渡，隶属县交通局。每年 11 月至次年 5 月，因水浅而不能渡运，过渡机动车从另设的半固定板船通行。大杨树大桥建成通车后，该渡将取消。

（六）马坡湖渡口

该渡口位于县道理七线中段，横渡松滋河东支航道，西岸接焦圻镇，东岸接黄山头镇（原安造乡）马坡湖村，最宽水面 450 米。1977 年动工修建，次年竣工通渡，隶属县交通局。2001 年后，高水位时西岸汽车渡船不能靠泊而南移 200 米。

（七）官垱渡口

该渡口位于省道 302 线末段（时称大官线），横渡藕池河西支航道，西岸接安生乡，东岸接官垱镇，最宽水面 150 米。1990 年 4 月动工修建，次年 7 月竣工通渡，隶属县交通局。每年 11 月至次年 5 月，因水浅而不能渡运，过渡机动车从另设的半固定板船通行。

（八）张九台渡口

该渡口位于县道理七线中段，横渡松滋河中支航道，西岸接安丰乡铁路湾村，东岸接安凝乡张九台，最宽水面 700 米。1992 年 7 月动工修建，次年 11 月竣工通渡，隶属县交通局。枯水季节因水浅而不能渡运，过渡机动车从另设的半固定板船通行。

(九)芦林铺渡口

该渡口位于县道沙安线末段,横渡松滋河航道,西岸接安德乡芦林铺,东岸接南县厂窖肖家湾,最宽水面800米。2006年设立,隶属县交通局。

四　客运汽车站建设

为抓好客运市场管理,保障运输安全,1992年后,在城区修建公用汽车站、汽车北站。2005年,为加快农村客运汽车站建设,推进“公路一体化”,按照“先重点乡镇,后其他乡镇,先始发站、终点站,后其他站”的原则,先后修建农村客运汽车站6个,以县客运汽车站为中心,乡镇客运汽车站为基础的客运网络形成。

(一)县公用汽车站建设

该站位于城关洞庭大道中段,1991年9月动工修建,1993年12月竣工投入使用,总投资260万元,占地面积6000平方米,房屋3幢,建筑面积2000平方米。其中主楼五层,建筑面积1530平方米,辅助设施建筑面积170平方米。设候车大厅、售票厅、执勤室、营业间,配套汽车维修、餐饮、洗车等服务设施。水泥砼地面停车场4000平方米,进站客车146辆、2340座,经营19条长、短途客运线路。日发车314班次,日均客运量5000人次。该站地处城区中心,为保障交通畅通和运输安全,根据县城市建设总体规划,于2006年整体拆迁,新建汽车北站。

(二)县汽车北站建设

该站位于洞庭大道北端,按国家二级客运站标准建设,由县交通局投入1100万元修建,占地面积2.33万平方米,主楼五层,建筑面积3650平方米,2006年1月竣工运营。设候车大厅、售票厅、营业厅、运政大厅及安检等配套服务设施。欣运安乡公司(原湘运)客车和社会客车均进该站,进站客车280辆、5800座,经营75条长、短途客运线路。日发车444班次,日均客运量8000人次。

(三)农村客运汽车站建设

2000年,根据县道路客运站、场规划,开始农村客运汽车站建设,按国家五级客运汽车站标准设计建设,站均占地2000平方米,主站房建筑面积200平方米,停车场地1000平方米。每站由国家、县政府和建站乡镇共同投资50万元,县交通局委托乡镇日常管理。至2009年,竣工验收合格芦林铺、唐家铺、官垱、黄市嘴、新口、焦圻6个农村客运汽车站。

五　港口码头建设

县内港口码头建设相对迟缓,至2009年划定港口13个,停靠泊位44个。城关港区只有驿门口、青龙宫两个装卸作业码头,其他多为简易斜坡、规模小、设备陈旧、装卸工艺落后的码头。2001年6月,县政府动议修建长岭洲港口码头,并向上级业务主管部门报告。2006年,省交通厅规划办委托省港务勘察设计研究院来县进行建设工程可行性研究,同年9月出具可行性研究报告,其主体建设资金已纳入国家计划,总投资约5000万元,拟建两个500吨级杂货泊位码头。详情见表37－3－91。

安乡县1989－2009年港区码头分布情况

表37－3－91　单位:个、吨

所属港区	码头名称	泊位数	靠泊能力	结构形式
城关 大鲸港	青龙宫码头	2	300	斜坡、吊车
	驿淼(驿门口)吊车码头	3	300	吊车
	湘航码头	1	300	斜坡
	拾比佰码头	1	100	浮码头
	客运中心码头	2	300	浮码头
	书院洲棉纺码头	2	300	斜坡
	政鑫(鹏程水陆联运公司)码头	4	300	斜坡、吊车
	星港码头	1	100	斜坡
	宏达船舶修造厂	2	100	斜坡
	银发船舶修造厂	2	100	斜坡
		2	100	斜坡
虎山	虎山码头	2	300	斜坡
虢家洲	虢家洲码头	2	300	斜坡
芦林铺	芦林铺码头	2	300	斜坡
六角尾	六角尾码头	2	300	斜坡
沙河口	沙河口码头	2	300	斜坡
陆家渡	陆家渡码头	1	300	斜坡
董家垱	董家垱码头	1	300	斜坡
大杨树	大杨树码头	2	300	斜坡
黄山头	黄山头码头	2	300	斜坡
大湖口	大湖口码头	2	300	斜坡
张九台	张九台码头	2	300	斜坡
夹夹	夹夹码头	2	300	斜坡

第三节　交通运输

县内交通运输主要由水路运输和公路运输两部分组成。水路运输历史悠久,明代县城就“客舟鳞集”。新中国建立后,水运事业快速发展。自20世纪末始,因内河通航里程减少、水运工具严重落后、企业缺乏竞争机制而逐渐萎缩,逐渐转由以公路运输为主。

一　水路运输

(一)水路货运

20世纪80年代,县内水运业市场为多层次、多渠道、多经济成分格局。1989年,登记注册营运的水运企业、单位、个体联户共147家,营运船舶10787载货吨,年货运量58万吨,占全县运输总量的48.3%,长途90%以上靠水路运输。其中国有企业1个(湘航),集体水运企业1个(县航运公司)、货运船舶124艘、4324载货吨,个体联户144户、船舶149艘、5845载货吨,非交通部门船队1个(县粮运队)、船舶6艘、580载货吨。至1999年,由于农村实行承包责任制,县内农副产品由大宗转为多批少量以公路运输为主。而大宗生产资料、日常用品、建设物资的购进,也因季节性航道的限制,开始改由汽车运输。木质船和小吨位船舶自行淘汰,县内水运企业陷入困境相继破产,一批具备经济实力的经营者弃小船购机械化程度较高的大船,以单一进港砂砾运输为主或进入长江中下游各大中港口寻找货运业务。

21世纪初,境内航道状况有所改善。安乡至南县茅草街三级航道建设工程竣工,可常年通航1000载货吨级船舶。丰水季节,松澧东支航道可通航500载货吨级船舶上行至余家岗,经太平口入长江中上游,虎渡河可通航500载货吨级自卸驳至大杨树。随着三峡后续工程的完善,境内水运通航里程将陆续增加。同时,水运船舶在结构上也发生了根本变化,最大自卸驳每艘达2000载货吨,平板驳每艘达1200载货吨,机械化程度高,航行速度快,安全系数好,适应大宗物资和集装箱运输,为将来农业集约性经营大宗农副产品的出口和长途运输创造了条件。此外,相对公路运输,水运成本价格低、能耗低、维护费低、运量大等特点,易被经营者和客户接受,水运事业陆续恢复。至2009年,在安乡港注册登记船舶32艘、7305载货吨。详情见表37-4-92。

安乡县1990-2009年水路货运情况

表37-4-92　　单位:万吨、万吨公里

项目 年度	货运量	货物周转量	项目 年度	货运量	货物周转量
1990	49.32	11155	2001	92.8	25907.63
1991	48.7	10353	2002	96.72	26423.69
1992	47.5	10104	2003	98.53	27087.31
1993	53.2	13826	2004	101.96	27695.49
1994	67.8	19200	2005	103.62	28108.24
1995	72.4	20700	2006	99.53	27072.16
1996	78.5	21956	2007	105.55	28709.6
1997	81.9	22418	2008	101.76	27678.72
1998	91.3	25284	2009	103.1	28081.13
1999	88.7	24232	-	-	-
2000	90.1	25121	合计	1672.99	451112.97

(二)水路客运

1989年,县境水路客运航线12条。其中长途2条,船舶22艘、1431客位,年客运量63.89万人次、旅客周转量2937.51万人公里。20世纪90年代中后期,县内水路客运业务发展较好,以1993年由县航运公司与香港拾比佰集团合资组建的湖南拾比佰航运有限公司为主。1994年,拾比佰公司客运量54.82万人次、旅客周转量5888.88万人公里,其良好的设施与优质服务获得较好的经济效益和社会效益,成为全省优秀三资企业,获交通部和省交通厅文明服务窗口示范单位。

随着长常高速公路、长常铁路开通,省道S306线提级和县内公路网络普及,公路客运市场渐占优势,水路客运逐渐萎缩,1999年始,客运量、旅客周转量大幅下降。2005年春运后,拾比佰公司亦停止营运。县内短途水路客运减至10条航线、16个班次,且均由个体经营,日均客运量约400人次。2009年,

客运量仅18.1万人次，旅客周转量仅376.3万人公里。详情见表37－5－93。

安乡县1990－2009年水路客运情况

表37－5－93　单位：万人、万人公里

年度＼项目	客运量	旅客周转量	年度＼项目	客运量	旅客周转量
1990	52	4419	2001	37.73	2617.17
1991	49	4494	2002	35.52	2408.68
1992	51	4926	2003	31.33	2098
1993	49.06	5155.72	2004	26.85	1873.41
1994	54.82	5888.88	2005	21.86	489.01
1995	53.95	6056.72	2006	20.03	481.54
1996	54.29	5617.8	2007	21.53	465.25
1997	51.3	5204.14	2008	20.80	425.03
1998	51.64	4162.41	2009	18.1	376.3
1999	38.69	3072.53	－	－	－
2000	37.69	3074.14	合计	777.19	63305.73

二　公路运输

（一）公路货运

1989年，县内有货运汽车357辆、1249.55载货吨，大拖180辆、450载货吨，手拖及其他机动车2420辆、1210载货吨，年货运量67.2万吨、货物周转量2333.35万吨公里。随着县内经济发展与公路畅通，车辆技术状况改善，长途运输量逐渐增加，公路货运事业快速发展。2009年，有各类营运车辆2300余辆。其中载货汽车568辆、1841载货吨，其他机动车80辆、196载货吨，农用拖拉机1647辆、1718载货吨，三轮厢式营运摩托车300余辆，两轮营运摩托车1100余辆，年货运量107万吨、货物周转量8100万吨公里。详情见表37－6－94。

（二）公路客运

班线运输　1989年，县内有汽车客运站3个，营运客车80辆、2557座，经营客运线路30条。其中跨省线路2条、省际班线1条、市际班线11条、县内班线16条，年客运量341.7万人次、旅客周转量17698.3万人公里。后由于激烈的客运市场竞争，班线客运改湘运独家经营为集体、个体多家经营，先后有城关（现深柳）、黄山头、大鲸港镇和安宏乡等创办客运汽车队或公司，从事县内市内公路客运。一些龙头企业凭借经济实力和先进的运输工具及配套服务设施，形成了以国控企业为主导，其他股份公司为骨干，个体为补充的市场格局。2009年，有县、乡客运站7个，经营客运线路82条，营运客车309辆、6182座。其中省际班线13条、营运客车30辆、1140座，分别占线路、车辆和座位总数（下同）的16%、9.8%、18.4%；市际班线13条、营运客车36辆、790座，分别占16%、11.8%、12.8%；县际班线23条、营运客车70辆、1411座，分别占28%、22.7%、22.8%；县内班线33条、营运客车172辆、2841座，分别占40%、55.7%、46%。其中大型中级以上客车25辆、1044座，分别占车辆和座位总数（下同）的8.1%、16.9%；中型中级以上客车35辆、789座，分别占11.3%、12.8%。客运汽车从以前简单的硬座车发展到软座、空调、电视和豪华卧铺车，安全舒适、清洁环保。

公交车运输　1992年9月，县航运公司制订《开发城关公共汽车运输技术改造方案》呈报县经委，县经委转报市经委批准立项。1995年1月,县航运公司引进外资,与台商郑九雄合资经营城市公交车运输,首开3条线路、营运车10辆、250座。尔后,线路与车辆逐年增加,高峰期有6条线路、营运车近50辆。公交车的开通,改善了城区交通状况,促进了城乡经济繁荣。2005年,县政府统一规划,公交车纳入城管部门管理。

出租车运输 1993年,县城区出现"慢慢游",且发展较快,高峰时达2000余辆。过多的"慢慢游"造成街道拥挤堵塞,影响交通和城市形象。1995年,出租车开始营运,始通过对外招标引进台商郑九雄的"三和""德安"出租汽车公司。第一批60辆投入市场,由交警统一上牌,划定临时停靠点;技术监督局安装计程器,打表收费;交通局对驾驶员进行资质审验,为两家公司核发经营许可证,为所有出租车核发道路运输证并在车顶悬挂统一标志。出租车进入客运市场后,在县政府统一规划下,"慢慢游"逐年削减,至2005年彻底退出市场。是年,出租车纳入城管部门管理。

公路客运详情见表37－7－95。

安乡县1990－2009年公路货运情况

表37－6－94 单位:万吨、万吨公里、%

项目/年度	货运量		货物周转量		项目/年度	货运量		货物周转量	
	运量	比重	周转量	比重		运量	比重	周转量	比重
1990	60.59	55.1	2722	19.6	2001	96.1	50.8	6465.33	20
1991	70.8	59.2	3635	26	2002	98.83	50.5	6613.05	20
1992	75.9	61.5	4017	28.4	2003	101.62	50.8	6736.86	19.9
1993	76.2	28.9	4285	23.7	2004	104.36	50.6	6803.92	19.7
1994	84.3	55.4	5128	21.1	2005	106.28	50.6	6893.07	19.7
1995	86.5	54.4	5273	20.2	2006	106.16	50.5	6907.01	20.3
1996	87.1	52.6	5483	20	2007	107.18	50.8	8178.4	22.1
1997	88.9	52	5697	20.30	2008	106.85	52.4	8733	23.4
1998	90.2	49.7	5972	19.1	2009	107.05	50.5	8103	22.4
1999	91.1	50.7	6107	21	–	–	–	–	–
2000	92.2	50.6	6200	19.8	合计	1838.22	–	119952.64	–

安乡县1990－2009年公路客运情况

表37－7－95 单位:万人、万人公里

项目/年度	客运量	旅客周转量	项目/年度	客运量	旅客周转量
1990	356.7	18978.7	2001	487.4	31086.4
1991	386.9	19004.9	2002	499.91	36787.5
1992	398.8	19991.2	2003	501.89	39897.4
1993	409.9	20180.4	2004	502.7	40091.3
1994	417.2	21961.3	2005	547.8	44887.1
1995	428.4	22789.1	2006	565.3	46918.4

续表 37－7－95

1996	439.5	24998.6	2007	572.1	48101.5
1997	447.8	26881.4	2008	571.3	47833.1
1998	401.4	20449.3	2009	570.5	47559.5
1999	455.6	29881.4	－	－	－
2000	477.8	30090.1	合计	9438.9	638418.6

三　搬运装卸

1989 年，县内有县运输公司、大鲸港运输公司和六角尾、虢家洲、虎山等专业搬运装卸队伍，全县港口吞吐量 80 万吨，其中县城中心港区 60 万吨、其他各港区 20 万吨。随着水路运输的逐年萎缩，搬运装卸中转环节业务随之减少。2009 年，县内港口已无搬运装卸专业队伍，港口搬运装卸以黄砂砾石为主，由零散个体经营者承担。

四　交通企业

（一）县航运公司

1956 年 4 月成立政企合一的县木帆船运输合作社，入社船舶 529 艘、3731 吨，分别为全县总数的 75.8%、82.9%，入社船民 1166 人。1972 年 12 月更名为县航运公司，属县内大型水运企业。主要从事客货运输，并经营大鲸港、中码头、下码头至城关横渡客运业务。所属船厂可自主建造、维修 60 载货吨级货运船舶；砂石站负责到港船舶黄砂砾石装卸、储存和经营；职工医院保证职工一般疾病的治疗；子弟学校设小一至初三 9 个班级，教职员工 35 人，单位职工家庭为主就读学生 500 余人；民建厂安排职工子女就业达 100 余人。

1980 年后，为适应水上大宗货物运输需要，运力大规模更新，60 吨级机动钢质甲驳逐步取代落后的木质、水泥船，运力结构亦发生质的变化。1986 年，有各类机动船和非机动船 138 艘、3895 吨，年货运量 43 万吨、货物周转量 6730 万吨公里，机动客船 12 艘、1170 座，年客运量 25 万人次、旅客周转量 2481 万人公里。固定资产 600 万元，年收入 550 万元。货运至长江中下游及至京杭大运河，客运除县内短途外还可北至津市、南入洞庭直至长沙。1993 年，与香港拾比佰集团各出资 118 万元，组建湖南拾比佰航运有限公司，在县内率先开辟豪华客轮运输业务，有 5 艘大型豪华客轮和 3 艘俄罗斯飞艇，经营长安（安乡至长沙往返）客运航线。1994 年，客运量 54.82 万人次、旅客周转量 5888.88 万人公里，其良好的设施与优质服务获得较好的经济效益和社会效益，成为全省优秀“三资”企业，获交通部和省交通厅文明服务窗口示范单位。1996 年，年客运量 47.5 万人次，收入 2038 万元，固定资产由 236 万元增至 1050 万元。1998 年 8 月，长江流域发生特大洪涝灾害，时任中共中央总书记江泽民、国务院副总理温家宝等领导曾乘坐该公司客轮在县境考察险情。

后随着水路客运航线萎缩，2004 年企业破产，其各项业务全面退出市场，其职工按企业改制政策安置。2005 年春运后，长安客运航线亦停止营运。

（二）县运输公司

1955 年，成立县运输搬运大队，1962 年更名为县搬运服务社。1976 年更名为县搬运公司，形成初具规模的专业搬运装卸队伍，自制吊车 2 台，自制与码头配套运输车 3 台，购置手拖 8 台，机械化程度和搬运装卸能力相应提高。1980 年购买东风牌汽车 8 辆、72 载货吨，开辟汽车货运业务。1981 年更名为县运输公司。至 1990 年，有固定资产 210 万元，自建自营码头 3 座、代营码头 4 座，港口吊车 5 台、起重量 84 吨。驿门口码头技术改造工程竣工，由原斜坡式改造为立式坪台码头，年运输量 12 万吨、运输周转量 150 万吨公里、装卸量 26 万吨，年产值 230 万元。

1995 年后，大批进出港货物改由公路运输为主，加之 1998 年后县城防洪大堤修建，搬运装卸码头减少，业务全面萎缩，经济效益跌入低谷。2004 年企业破产,其各项业务全面退出市场,其职工按企业改制政策安置。

第四节 交通管理

县交通局是全县交通行政管理机关,内设6个工作机构,辖县公路管理处、运输管理处、港航管理处3个副科级事业单位及1个公路客运企业。

一 公路管理

县公路管理处负责公路养护和路政管理,其主要职责是建设、养护辖区内公路,维护路产路权,查处通行违章,保障车辆安全运行和公路畅通有序。

(一)公路养护

1989年,境内乡镇养路工班13个、150人,养护县、乡级公路190公里。1997－2008年,养路工班20个、270人,养护县、乡级公路350公里,好路率由1989年的69%提升至76%。

公路养护按照县道县管、乡道乡管、村道村管的责任主体,贯彻"全面养护,积极改善,防治结合,预防为主,强化管理,用好资金,依法治理,保证畅通"的养路方针,建养并举,着重于养。辖区内各乡镇养路工班安排专人养护县、乡级公路,其资金来源除县交通局在养护材料和工人生活费上给予一定补助外,大部分由乡镇自行解决,同时通过"民工建勤""民办公助""车辆建勤""交通建设资金"多种形式筹措,公路处于良好运行状态。2009年农村税费体制改革后,乡镇公路养护无资金来源,乡镇养路工班基本解散,农村公路养护处于停滞状态。县公路管理处仅负责县级112.46公里公路的养护,县公路局养护105.47公里公路。

(二)路政管理

县内路政管理始于1969年常安公路通车之时,由县交通局所属公路养护段负责。1976年体制改革,县公路养护段隶属常德地区公路总段,其职能由地方转移到对口的专业管理部门。1983年,省交通厅规定,以安乡公路养护段(现公路局)为主实施县域内县级以上公路路政管理。

2006年,县公路管理处设立路政大队,负责县、乡公路路政管理。是年,县交通局牵头,组织公路局、乡镇国土站、城建办等单位进行域内公路沿线集中扫障行动。拆除公路两侧违章建筑10余处、清除路障40余处。当年上路巡查500人次,清除路障30余处、纠正各类路政违章350件,立案查处13件、结案13件,处理公路两侧红线违章12件,处理路产损失赔偿280件,治理超载运输车辆300余台次、卸载货物100余吨。2007年,在石龟山设立由县公路管理处、公路局、公安局共同组成的治理超限超载检查站,当年查处超限超载运输车辆715台次、强行卸载货物400余吨,路政执法清除路障27处,纠正各类路政违章138件,立案查处11件、结案11件。2008年、2009年,上路巡查250余次,行程2万余公里,清除路障20余处,同时以治理黄安公路超限超载运输车辆为重点,设点布控,辖区内超限超载运输车辆由原35%以上降至6%以下,恶性超载运输得到有效控制,多次获省、市主管部门表彰。

二 运输行业管理

1986年,设国家、省、市、县、乡五级交通运输管理网络。境内道路运输行业管理归口运输管理处,内河航运管理归口港航管理处。主要负责境内水陆客货运输、汽车维修、汽车驾校、搬运装卸、规费征收等市场管理。

(一)水陆客货运输管理

20世纪80年代末以后,境内水陆客货运输市场管理大致经历了综合管理时期(1989－2000年)、规范管理时期(2001－2009年)两个阶段。

综合管理时期 1989年,在"有路大家跑车,有水大家行船,放开手脚搞运输,三家一齐上"的思想指导下,县内水运船舶达到10752载重吨,公路运输又相继成立了一些公司、车队,水陆运力发展过快,运力远大于运量而严重失衡,交通运输市场秩序十分混乱。县交通局在公安、交警、港监、税务、工商、物价等部门配合下,全面治理交通运输秩序。一是通过经营思想教育、学习相关法律法规,增强经营者守法意识。二是实行额度管理,严把审验关,清理经营主体、审查经营资格。对水陆客货经营户的证照、线路牌逐一清理,淘汰技术性能不合格及使用年限7年以上的营运客车,清退稳定性不合格和安全设备不齐的运输船舶;组建个体运输业协会,集中分散营运的船舶,形成在港航部门指导下由协会自我管理、自我教育、自我服务模式。同时实行车船抵押金制度,制约经营者不按程序审批的车船异动和变卖行为;实施客运线路经营权期限制度,省际5年、省内3年,期满后按市场需求重新核定。经营期限已满2年的经营户,一律不办理易主和客运线路、车辆变更手续;规范先批后购,经营户购置新车船须经运管、港航部门同意方可办证照。三是抓源头管理,陆上建公用车站,水上建客运中心。实行统一进站、统一排班、统一售票、统一结算管理模式。整顿后,个体运输船舶由6281载货吨降至5450载货吨,个体客运车辆由286辆减至241辆,交通运输秩序明显好转。1990年9月,交通部向全国水上运输行业推广安乡治理整顿交通运输市场经验,1991年9月,省航运管理局在安乡召开全省水运市场治理整顿现场会。1997年,为加强全县货车货物流量流向的掌控,适应货物运输行业管理需要,从10月1日起,建立并启用新的运单管理制度,与全国道路货物运输制度接轨。

规范管理时期　此间头两年,为充分发挥公路客运的整体资源优势,便于统一管理,确保运输安全,根据客线分类、分线经营的要求,整合县内客车运输,改分散经营为集约性经营。将省际、市际中、长途客运线路调整为国有企业和大型企业经营,用豪华高档客车、卧铺车等安全性能好的客车从事长途客运,由小型联合体或个体普通客车经营县内短途客运。2003－2004年,行业管理不断深化,将客货运输、汽车维修、驾校管理等办事程序予以公示;对违章司机进行正面教育的同时,统一处罚标准,量化职责目标,完善处罚文书;重点整治无证经营、乱班乱线和在城区乱停乱靠行为。2004年,查处违章车辆817台次,立案637起、结案589起。2005年2月,按照县委、县政府创建文明卫生城市的整体部署,对入境客车实行分向、分线进站管理。西、北方向进入县城的41条线路、285辆客车统一进汽车北站;从东方向进入县城的16条线路、114辆客车统一进欣运公司安乡站(湘运车站,下同)。2006年,重点加强市场准入管理,打击无牌无证经营黑车和欺行霸市等扰乱市场行为,全力保障鲜活农产品和粮油等重要物资运输。2007年6月1日,将湘运车站和汽车北站合并,进入县城的61条线路、366辆客车统一进汽车北站,实行统一排班发车、严管进入县城路段,彻底解决了原两站车辆同线经营、同时发班、争抢客源、乱停乱靠、乱班乱线的混乱现象,保证了旅客安全,净化了客运市场。2008年,对全县危货运输车辆安装GBS系统,并对552辆客货车实施年度审验。在站场经营监管中,严格实施运管驻站管理和流动稽查,有效杜绝了客车途中超载。

(二)汽车维修管理

1986年12月,汽车维修纳入交通行业统一管理,经营性汽车大修、总成大修、汽车各级维护保养、汽车小修或专项修理业务的国营、集体企业与个体户,由交通行业管理部门进行技术审查,核发技术合格证书。1989年,全县有汽车维修厂10家,其中一类1家、二类4家、三类5家。

2009年,有汽车维修厂10家,其中一类1家、二类7家、三类2家。20年间,采取相应措施加强汽车维修业管理。规范各类汽车维修厂家车辆维修范围,核定修车等级,杜绝越级修车;实行维修技工技术培训,经市统一考试,有汽车维修助理工程师6人、技工43人,其中高级7人、中级13人、初级23人;抓维修质量,减少返修率,车辆返修率由1989年的9%降至3%;统一各种维修单证,规范维修车辆进(出)厂手续、维修程序、维修合同,维护车主、厂家双方合法权益;实施维修质量信誉考核,促进维修企业上等级,依法取缔无证维修摊点15个。

(三)汽车驾校管理

1996年12月,机动车驾驶员培训、教练场经营户及参加培训人员纳入交通行业部门统一管理,县内相关具体事宜由运输管理处负责。2005年4月,县内首所驾校成立。至2009年,有驾校2所,其中二类、三类各1所,有近3000名学员通过驾校学习统一考试取得B1以下汽车驾驶证。

(四)规费征收管理

自1986年起,县内营运汽车的客运、货运和车辆购置附加费由运管所稽征股征收,大小拖拉机、小四轮养路费及所有营运车辆的交通运输管理费由乡镇交管站征收。1993年11月,稽征股和县养路段征收站合并,成立县交通规费稽征所,隶属市稽征处,客运、货运和车辆购置附加费征管移交稽征所。2001年,县运管所设立拖摩办,负责乡镇交管站对大小拖拉机、摩托车养路费和运管费征收的管理。2004年,拖摩办与运管所分设,隶属县交通局,2006年更名为县交通运输管理二所,职责未变。2009年,国家税费体制改革,养路费和运管费一同并入燃油费中。

水路交通规费即船舶停泊费、岸线水域滩地使用费、货物港务费、水运管理费,由县港航处征管。2009年,取消水运管理费,其他3项规费仍由县港航处征管。

三 交通安全管理

交通安全以乡镇船舶渡口、水陆运输、交通设施和直属单位的安全管理为主,由县交通局安全科技股履行职能。遵循"以人为本,预防为主,安全第一"的指导思想和"政府统一领导,部门依法管理,企业全面负责,群众参与监督,社会广泛支持"的工作方针,建立健全各项规章制度,形成了"一把手亲自抓,分管负责人具体抓,其他负责人协助抓"的工作机制。1989－2009年,境内未发生重大交通安全事故,死亡率为零。1995年10月,交通部召开全国水上安全经验交流会,县交通局为全国唯一的县级代表在会上作典型发言。

(一)乡镇船舶渡口安全管理

1985年始,根据国家内河管理条例,县政府每年与各乡镇政府签订渡口船舶安全管理责任状,明确相关责任。凡发生水上交通责任事故和重大事故均按"三不放过"原则追究乡镇领导和相关责任人的行政责任或法律责任。各乡镇分管安全负责人与管辖范围内运输船舶、渡工签订包括合法经营、取缔私设渡口、安全操作、严禁超员超载冒险航行、洪水期间船舶渡口现场安全监督等内容的安全责任状。同时,以奖代投鼓励乡镇渡口船舶更新改造,从根本上提高其安全性。至2009年,全县乡镇渡口50%的船舶更新,常年性渡口船舶已基本达到钢质船体和机动化要求。

(二)水陆运输安全管理

水陆运输安全是交通安全管理的重点。1989－2009年,以水上旅客运输、危险品货物运输为重点区域重点跟踪,危货运输实行运管、港航双重安全管理和监督,对经营资质一年一审和不定期检查,发现安全隐患立即责令整改,直至退出运输市场;以危货运输车船、乡镇渡口船舶、短途客运船舶为重点监督部位,以资质合格、证件齐全有效为监管标准一抓到底;以春运、黄金周、重大节假日、恶劣天气、夜间操作等为重点监管时段,签订短时、临时安全责任状;以客车、危货运输驾驶员、乡镇渡口船舶和短途客船船员为重点监管人员,进行安全驾驶教育。2006年10月,全县约500名车、船驾驶员参加"出行万里,安全第一"安全教育活动;以"三品"进站、上车、上船,车船带病运行,超载、超员等为日常工作重点常抓不懈。

(三)交通设施安全管理

对境内汽车渡口、公路、桥梁、涵洞检查制度化,通过现场勘查、专家鉴定,将每处交通基础设施安全状况登记造册,建档备查。在施工现场,以安全设施和按规定流程施工作为监管标准,树立"安全第一"意识。

(四)直属单位安全管理

对所属公路管理处、运输管理处、港航管理处,按其责任范围下达安全目标管理责任状,实行安全工作"一票否决"和保证金制度。同时,加强干职法制、职业道德教育,树立其勇于吃苦、乐于奉献、爱岗敬业、遵纪守法意识,营造和谐工作环境,创造优良工作业绩。

第三十八章　邮政　通信

第一节　邮　政

1978年,县邮电局设立邮政组,由邮政业务员和邮政检查员负责管理全县邮政工作。1989年至1998年9月,设6个农村支局、14个邮电所。1998年9月,邮政、电信分营,成立安乡邮政局,实行独立运营,公司化运作。有固定资产2210万元,负债552万元。有正式职工137人、临时工75人。设2个管理股室和16个生产职能股室,辖1个城关邮政分局、9个农村邮政支局、8个邮政所、11个电子化邮储网点。城区启动物流配送服务,建10个社区服务站。全县邮路16条、281公里,农村邮路286公里。2000年,邮政大楼建成投入使用,各农村邮政网点相继完成达标改造。2001年,在全市邮政经营综合排名列第三。2002年实现扭亏为盈,步入良性发展轨道。2008年4月,邮政储蓄银行安乡支行成立,同年成立速递公司,逐步建立起适应市场经济的现代企业经营管理制度,邮政独家经营格局被完全打破。

一　邮政网络

20世纪末,全县有自办邮政服务网点20处,覆盖县内各乡镇。2000年,邮政服务网点调整、改革,以扩大服务网点、提高服务水平为目标,设邮政缴费一站通60个,通过代收电费、电话费、代发工资和涉农补贴,服务"三农"和中小企业。2006年始,投递邮件全部实现摩托车邮路,投递邮路22条、总里程1271公里。邮政运输汽车2辆,自办邮路2条、邮运总里程154公里。

二　邮政业务

1978年,出口函件146万件,此后通信业务快速发展,手机和计算机、电脑网络普及,居民个人通信量锐减,2011年减至20万件。1978年,出口包件6.16万余件,由于个体速递业务快速发展,市场竞争加剧,2011年减至2万件。报刊发行主渠道地位巩固,1990年,报刊发行2.43万份,流转额99万元;1997年,期刊发行5.3万份,报刊2000余种(党报党刊为主);2011年,报刊流转额450万元,其中教育期刊150万元、报刊零售逾百万元。1988年,集邮爱好者300人,随后一段时期,集邮业务高速发展,2000年集邮收入逾百万元。2002年,上级邮政管理部门对集邮邮票销售实行限量预订,业务量逐减,2011年集邮收入不足50万元。

1978年,邮政业务收入仅20万元。1998年460万元,2002年1220万元,年均增幅41.3%。2002年,收支差额158万元,年均减亏增赢120万元,2011年达到1950万元。

三　邮政储蓄

1986年8月,根据国务院和国家邮电部指示,县邮电局恢复邮政储蓄业务。初期只办理本地活期、整存整取、零存整取业务。1998年邮政、电信分营时存款余额为7492万元,2000年突破亿元大关,2002年达到2亿元,5年平均增幅46.4%,为分营前12年存款余额的总和,职工年均收入增加2000元。此后,每年净增存款余额5000万元。2012年,年末存款余额10亿元(含邮政银行),储蓄业务收入1400余万元。

第二节　电　信

1998年9月,邮政、电信分营,县电信局设6个农村支局、13个所。2005年,设19个农村支局、25个电信业务代办点。

1989－1998年,县内电信业务包括公众电报、长途电话、市内电话、农村电话、无线寻呼、移动电话、数据通信、智能业务。1994年11月,市内电话和农村电话进入全市本地电话网,统称为“本地网电话”,不再加区号。但“市内电话”和“农村电话”概念,以区分县域电话业务和县城以外电话业务,至2002年仍继续使用。1999年7月,移动剥离经营“中国电信”业务,即公众电报、长途电话、本地电话、数据通信、智能业务、寻呼业务。2008年10月,接受国家工业和信息化部对中国电信、中国移动、中国联通经营范围的确认重组,重新开始电信全业务的经营。1993年,完成近10万门容量的交换机建设。1999－2000年,在省电信总公司部署的全省“百万电话大行动”中,县内实施“三万电话大工程”,电话用户突破8万户。1999年,获省经贸委和省邮电管理局授予“电话县”。2004年,农村电话用户逾6万户。2008年,住宅电话由1989年的3户发展到68483户。

一 电信业务

(一)电 报

1989年,全县电报去报业务52350份。随着商品经济的迅速发展,电报业务逐年增多,1994年达到8.9万份。此后,由于程控电话和移动通信等高科技手段广泛应用,电报业务逐年减少,1996年减至2万余份,至2002年仅有425份。1993年4月,始办电报传真业务,当年32份,1999年增至4200份。尔后,随着数据通信的发展,电报传真业务萎缩,2001－2003年只有数百份。

(二)电 话

长途电话 1989年,县邮电局长途电话(简称长话)业务量96350份,随着改革开放的不断深入,社会信息流通量越来越大,1991年长话业务量突破10万份。为适应社会需求,1987年4月,县邮电局开通国内长话“173”立接业务(限3分钟内接通,超过10分钟的不按长话计费)。1988年,国际公众电话全部开通。尔后,长话业务量成倍增长。1992年2月正式启用“0736”区号后,当年业务量增至23万份。1993－1994年,县内城乡相继开通数字程控电话,长话即拨即通,国际公众电话通达全球各国城区。1995年,长话业务量由1993年的62.9万份增至183.6万份。1996年后,微波和光纤数字电话开通,长话业务量持续增长,1997年359.7万份、2002年588万份,分别为1989年的37.3倍、61倍,为1995年的1.96倍、3.2倍。

市内电话 1989年,县邮电局安装有磁石式人工电话交换机1200门,市内电话(简称市话)用户1053户、通话50万次。20世纪90年代,市话业务随着商品经济的发展和电话交换设备的更新换代不断增长。1992年9月,县内市话程控电话开通,1995年后,市话用户(住宅电话为主)飞速发展,通话量猛增。1994年11月,县内市话进入全市本地电话网,县邮电局采取多项优惠措施,鼓励居民安装住宅电话。1995年,市话用户达到89033户,其中住宅电话用户5325户。此后,由于移动通信的推广普及,市话用户总体下降趋势明显。1999年,在全省“百万电话大行动”中,县内住宅电话用户再次大幅增长。2001年7月始,县内取消电话初装费,更多居民家庭用上电话,市话用户达到29642户,其中住宅电话19632户,每1.52户、4人拥有1部住宅电话。市话用户总数比1993年(下同)增长6.5倍,其中住宅电话用户数增长9.55倍,市话通话505633万次、增长7.77倍。

农村电话 1989年,全县农村电话(简称农话)用户512户,均为各乡镇或其地域的党政企事业单位和村委会等公费电话用户,通话66.2万次。20世纪90年代,随着农村经济的快速发展,1992年增至644户。尔后,县内农话陆续改制为程控电话,1993年增至1140户,其中住宅电话230户。1994年11月,全县农话进入全市本地电话网,话费标准降低,与市话“同网同价”。20世纪90年代末至21世纪初,县内“三万电话大行动”实施和住宅电话初装费取消,农话业务再现发展高峰,至2002年达到42650户,农村住宅电话占全县电话总数的69%,每5户、12人拥有1部住宅电话。

(三)数据通信

DDN数字数据 1996年10月,县城开通数字数据节点机20个端口,向用户提供不同速率的非话通信,是年发展用户12户。1997年起免收初装费,至2002年发展用户23户。

分组交换 1995年5月,县城开通分组交换节点机18个端口,向用户提供不同速率的非话通信,至1996年发展用户3户。

电话拨号上网 1998年5月,采用电话拨号接入方式,开通计算机互联网业务,是年上网用户8户。1999年5月,调低一次性开户费标准,上网用户增至51户。其后至2001年,多次调低上网资费。至2002年,上网用户增至2800余户。

宽带上网 2000年12月,在原有电话拨号上网业务基础上,开通计算机互联网LAN宽带接入业务。至2001年,用户发展到1800余户。是年8月,开通计算机互联网ADSL接入业务,当年发展用户45户。至2002年,上网用户发展到2800余户。

(四)智能业务

160、168语音信息 1994年3月,开通"168"语音信息服务。1995年2月,语音信息服务台分为"160"人工台和"168"自动声讯台,服务项目分公益、普通、经济信息和特殊服务四类,按不同类别标准收取服务费。

121气象信息 1997年5月,开通"121"气象信息业务,用户可自动查拨由市气象部门发布的天气预报。

300电话卡 1997年7月,开通"300"电话卡业务。持"300"电话卡用户可拨打本地网和国内、国际长途电话网。用户分A、B、C、D类,A、B类用户无承付托收及预付电话费的,需一次性交付20元开户费,C、D类用户免收开户费。

200电话卡 1998年5月,开通"200"电话卡业务。持"200"电话卡用户可拨打国内、国际长途电话网。2001年8月,开通"200"电话卡充值业务,在原有业务功能的基础上,有拨打本地电话、IP电话、163/169上网等业务功能。

800被叫付费 1998年10月,开通"800"国内、国际电话被叫付费业务。2002年7月,开通本地电话网被叫付费业务。

201电话卡 1998年12月,开通"201"电话卡业务。持"201"电话卡用户可拨打本地网和国内、国际长途电话。

IP电话 2000年4月,开通"IP"电话业务,主要利用因特网通过网管和其他支持系统进行传递等基本业务。

二 电信设施设备

(一)建筑设施

1989-1992年,县邮电局仍沿用解放初期修建的电信生产楼,建筑面积300余平方米。1990年初筹资1100万元,于1991年动工修建两栋各六层的县邮电局综合大楼,1993年竣工。

(二)通信设备

有电报设备、电话交换设备、电话电路设备、用户杆线设备和数据通信设备五大类。

电报设备 分有线电报与无线电报设备。1990年前,县内无线收发报设备仅有XD-6型15瓦短波收发信机2台。1991年3月,新置XDD-4型单边15瓦短波收发报机1台,原有收发信机拆除。1989-1990年,先后安装BD55电传打字机、上海BDC02全电子电传自动打字机。1991年4月新置电子电传翰林(汉字)打字机2台,结束人工译报历史。1993年3月,开通真迹传真业务。1996年,安乡至常德的省内二级线建成投产,县内发报采用光纤数字电路传递。1997-2002年,先后安装江苏南京BZP01第4路插报机、日本兴安PEFQX-18ABCD图文传真机等设备。

电话交换设备 分长途电话和县内电话交换机。1989年至1992年8月,县内电话交换设备主要为磁石式人工电话交换机。1982年,安装ZT270型磁石人工电话交换机2台、80门。1991年扩容,新增2台、80门,总容量4台、160门。1990年,官垱、董家垱交换点改制,安装HJ978机电式纵横制自动电话交换机计300门,开通自动电话,是省内第二个开通农村自动电话的支局。1992年11月,各乡镇建交换点3-4处。1993年11月,开通SI240型数字程控自动电话交换机600路端。1994年4月,新增SI240型数字程控自动电话交换机1台,计900路端,全县自动电话交换机总容量达到1200路端。1996年,县城市话与常德市话合并,县内拨113、115、116、118、173等电话由市邮电局长途台直接受理,设备由市局组网调用。至2002年,共建交换点88处,交换设备容量9861万线,实占9232万线。电话交换机设备主要有JK－1数字程控交换机和WSDN数字程控交换机。

电话电路设备 分长途电话与县内电话电路设备。1989年,县内长话进入全国自动网,可直接拨打国内、国际长途电话。1995年6月25日零时起,县内电话由6位升至7位。1996年7月,常德至安乡光缆建设工程竣工,县邮电局启用数字终端复用设备。2002年底,开放本地电话网市县光纤电路1800路,原建数字微波电路留作备用。1989－1998年,县内相继新建农村电话光缆设施,安装载波数字程控自动交换机,在县城周边和行政村增建72个交换点。1994－2002年,在全县国营电话网共设立114个交换点,杆线总长986.2公里,架设光缆985.26皮长公里,架设480路数字微波收发信机2端、120路数字微波收发信机2端、光端机9端、光中继机1端、同步数字复用系统121个。开放微波数字电路600路、光纤电路2M端口843个,使用中继传输电路9869路。

用户杆线设备 1989－1993年,经多次改建、扩建,用户杆线逐步延伸。1993－2000年,共建成146个电话交换点,电话用户使用杆线4325.9公里,敷设下通信管道6.8公里,架设塑包铜线电缆8896.4皮长公里。

数据通信设备 分公众交换设备、DDN数字数据设备和互联网宽带接入设备。公众交换设备。1995年5月,安装美国摩托罗拉6500分组交换节点机1台,开放18个端口,2002年末实占4个端口。DDN数字数据设备。1996年10月,安装加拿大产新桥3600DDN数字数据节点机1台,开放20个端口,1998年9月扩容至63个端口,2002年末,数字数据节点机开放111个端口,实占37个端口。互联网宽带接入设备。2000年末开始引进互联网LAN宽带接入设备,至2002年,县城区单位安装此设备152台,开放中继和用户端口3916个。2000年,安装美国产3COM3300型以太节点机1套,开放24个端口。此后,县城区单位、学校、工商企业纷纷安装此设备。至2001年,又引进ADSL接入设备,8月,安装深圳产华为MA5100型多种业务宽带接入系统1个,开放128个端口。2002年9月,开放端口增至544个。2003年6月,黄山头、董家垱、三岔河等支局先后购置多种业务宽带接入系统各1套,开放256个端口。2003年,全县互联网宽带ADSL接入设备有华为MA5100型接入系统4套、中光SL8210型综合接入系统1套,共开放800个端口。

第三节 移动通信

1999年7月,相关业务从电信分离,成立湖南移动通信有限责任公司常德分公司安乡营业部。2008年9月,更名为中国移动通信集团湖南有限公司常德市安乡县分公司。主要经营移动通信业务(包括语音、数据、多媒体等)、IP电话业务、计算机信息网络国际联网及基于移动通信业务的各类增值业务、与移动通信业务相关的系统集成、漫游结算清算、技术开发、技术服务、移动通信设备的维修、安装、工程施工等。设综合部、建设维护部、市场部和拓展中心、营销中心、数据中心、大客户中心及车队。

1999年,有员工32人,基站8个,期末通话用户7631户。尔后,加大资本投入,全面拓宽移动通信市场。2000年,新增基站12个,当年净增用户7000户,业务收入2000万元;2000－2006年,新增基站39个,期末通话用户7.8万户,创收6000万元;2007－2008年,新增基站36个,自建传输光缆600公里,客户规模12万户,创收8000万元。村组覆盖率达100%,做到了网络覆盖无缝隙。至2009年,员工发展到112人,建自办营业厅2个、手机大卖场1个,移动通信基站93个,传输光缆640余公里,服务网点430家,网上通话用户14万余户,当年净增2万户,创收9000万元。

第三十九章　电　力

1964年,柘溪水电站始对县境供电,结束了境内城镇乡村无电的历史。1965年4月,成立安乡供电站,归口县水利水电局。全县仅有3座35千伏微型变电站,除县城和农村少数地区外,绝大部分境地仍然无电。1978年11月,安乡供电站更名为安乡供电所,隶属县水电局和常德供电公司。1965－1978年,是安乡电力第一次大发展时期,35千伏变电站升压为110千伏,新建了35千伏六角尾变电站,农村配电网基本形成。1983年11月,成立安乡电力局,隶属县政府和常德电业局双重管理。自此,安乡电力进入快速发展时期,先后完成"村村通电"、"节能改造"和农电"三为"达标等电力发展工程。1999年始,启动农电"两改一同价"工程,电网建设进一步加快。至2009年,投入近3亿元,建成220千伏、110千伏变电站各1座,200余个行政村(居委会)及12万余户城乡居民的供电设施得到改造,初步形成以220千伏蔡家溪变电站为中心,3座110千伏变电站、5条110千伏线路为环网的主电网,配电网络为全省100%到户改造县之一。全县社会年用电量近3亿千瓦时,为改革开放前的3倍,年均用电量增长幅度10%左右。城区、农村用电可靠率分别达到99.96%、99.88%。

第一节　电网建设

一　输电线路建设

(一)110千伏输电线路

1964年3月建成35千伏武安线,1974年升压为110千伏,1984年更名为武安Ⅰ回,1999年11月更名为武长线,线路全长26.34公里,预应力电杆95基、铁塔25基;1965年建成35千伏安大线,1984年8月升压为110千伏,2005年6月拆除;1984年7月建成武安Ⅱ回,1999年更名为武安线,线路全长26.23公里,预应力电杆127基、铁塔6基;1999年11月建成长安线,线路全长5.93公里,预应力电杆11基、铁塔6基;2000年8月建成窑大线,线路全长25.36公里,预应力电杆72基、铁塔22基;2005年12月建成蔡大线,线路全长15.79公里,预应力电杆46基、铁塔11基;2006年1月建成蔡安线,线路全长8.54公里,预应力电杆26基、铁塔9基;2007年8月建成蔡长线,预应力电杆31基、铁塔23基。

(二)35千伏输电线路

1966年8月建成武丁线,线路全长23.74公里;1976年7月建成安仙线,线路全长8.45公里,1993年8月在安仙线的基础上延伸9.82公里,改建为安下线,线路全长18.27公里;1978年5月建成武六线,线路全长3.46公里;1979年11月建成安董线,线路全长17.06公里;1987年11月建成安城线,董家垱变电站改由城董线供电,2004年10月,35千伏城关变电站拆除后重新恢复安董线;2000年12月建成丁董线,线路全长9.85公里;2001年12月建成大焦线,线路全长9.06公里;2008年5月建成安六线,线路全长22.7公里。

二　变电站建设

县内变电站建设始于1964年,至2009年,建220千伏变电站1座、110千伏变电站3座、35千伏变电站6座。

(一)220千伏变电站

220千伏蔡家溪变电站为户外式常规变电站,位于安障乡黄山岗村十二组,占地面积27805平方米,建筑面积1135平方米,其中主控楼面积758平方米。建设单位为湖南电力建设开发总公司,主体工程1.38亿元、接线工程3000万元,共投资1.68亿元。

2004年12月18日奠基,2005年11月24日竣工验收,12月26日正式运行,运行单位为常德电业局。建成主变压器1台/120兆伏安、220千伏线路两回、110千伏线路4回、10千伏线路3回。

(二)110千伏变电站

三座110千伏变电站,每站均具备双电源供电,两台主变压器能并列运行,达到国家电网公司关于打造"坚强电网"中"变电站遵循双主变、双电源供电"要求。

安乡变电站 该站是境内最早的110千伏变电站,1964年建成投运,占地面积9414.9平方米,由南县武圣宫变电站供电。初建时为35千伏变电站,1974年升压改造为110千伏,主变压器2台,分别为1万千伏安、2万千伏安,仅1条110千伏进线武安Ⅰ回,1条35千伏安大线。1984年增容,1万千伏安主变压器更换为31500千伏安,总容量51500千伏安。有110千伏进线2条、出线2条,35千伏出线3条,10千伏出线9条。现该站已择址重建,2台31500千伏安新型节能有载调压变压器即将投运。有110千伏进线1条、出线3条,35千伏出线4条,10千伏出线9条。

长岭洲变电站 该站建于1999年12月,位于城关镇长岭洲居委会,占地面积2400平方米。初建时投运主变压器1台31500千伏安,110千伏线路进线武长线、出线长安线,10千伏出线4条。2002年6月,城关所有网改完成后,所有出线转至该站,35千伏城关变电站退运。2007年6月,新增110千伏进线蔡长线,2008年6月增容1台31500千伏安变压器,总容量增至63000千伏安。有110千伏线路3条,10千伏出线13条,其中有306长猷线、308长杨线、312长郊线、314长障线、318长纸线、322长西线、324长北线、326长南线。

大湖口变电站 该站1965年始建时为35千伏变电站,位于安福乡大湖口码头,占地面积667平方米,由安乡变电站供电。1984年升压为110千伏,占地面积7106平方米,主变压器2台,分别为1万千伏安、8000千伏安,110千伏进、出线各1条,10千伏出线7条。2000年12月新增1个35千伏的间隔,送35千伏焦圻变电站。2002年,将8000千伏安变压器更换为1万千伏安。现2台主变压器分别为1万千伏安三线圈变压器、1万千伏安两线圈变压器。110千伏进、出线六氟化硫开关2台。502与安乡变电站514开关相连,506与津市窑坡变电站518开关相连。110千伏SW7－110型主变压器开关2台。35千伏出线由402供焦圻变电站。10千伏出线6条,为安福、安凝乡和黄山头镇南部供电。

(三)35千伏变电站

城关变电站 该站由安乡变电站供电,初建时投运2台变压器,均为3200千伏安。1995年9月,更换1台6300千伏安的主变压器,容量达到9500千伏安。2002年6月,长岭洲变电站正式投运后,该站退运。

丁家渡变电站 该站始建于1966年,位于安昌乡丁家渡村,占地面积1300平方米。投运主变压器2台,分别为5600千伏安、3200千伏安,由南县武圣宫变电站供电。2003年1月在原址更新改造,将5600千伏安变压器更换为6300千伏安,容量达到9500千伏安。有10千伏出线3条,即304丁宏线、306丁昌线、308丁化线。

六角尾变电站 该站始建于1977年4月,1978年6月投运,位于下渔口镇康乐村。1965年前,由南县武圣宫变电站10千伏供安德芦林铺电排、陈家嘴沈家沟电排、下渔口六角尾电排及六角尾米厂。因六角尾大电排4×800千瓦同步电机电压为6.3千伏,将原10千伏线路升压为35千伏且新建1座35千伏变电站。投运变压器2台,1台4000千伏安6.3千伏出线专供六角尾大电排,1台6300千伏安10千伏出线主供当时的六角尾大米厂、安德、安成、安武六角尾小电排。1995年进行改造,增加1个主变间隔,投运1台4000千伏安变压器,将6300千伏安变压器调整为3200千伏安,有主变压器3台,分别为3200千伏安2台、4000千伏安1台,10千伏出线6条,即302六德线、304六成线、306六嘴线、308六武线、312六米线、314六纸线,6千伏出线1条210六电线。2008年,该站旧址重建,投运3台变压器,由安乡变电站供电,分别将2台3200千伏安变压器更换为5000千伏安,保留4000千伏安变压器,总容量14000千伏安。

董家垱变电站　该站始建于1979年，位于安全乡志中村，占地面积4000平方米。投运主变压器2台，分别为3200千伏安、7500千伏安，由安乡变电站供电。2002年改造，7500千伏安主变压器更换为6300千伏安，10千伏出线5条，即302董镇线、306董生线、308董文线、312董全线、314董五线。

下渔口变电站　该站始建于1993年5月，位于下渔口镇码头，占地面积2000平方米。投运主变压器1台4000千伏安，由安乡变电站供电。1997年，新增1台3150千伏安主变压器，10千伏出线4条，即302下镇线、304下虢线、306下同线、308下虾线。

焦圻变电站　该站始建于2000年12月，位于焦圻镇码头，占地面积3300平方米。投运主变压器1台4000千伏安，由大湖口变电站供电。10千伏出线3条，即304焦镇线、306焦黄线、312焦金线。

三　农村配电网建设

县内农村配电网建设分为配电网雏形形成(1964－1979年)、配电网快速发展(1980－1990年)、配电网节能改造完善(1991－1997年)和“两网”改造提高(1999－2008年)四个阶段进行。

(一)配电网形成

安乡是农业县，为提高抗水、旱灾害能力，保障农业生产丰收，1964年始，全县开展为期3年的农田电力排灌建设“歼灭战”。先后修建大力剅、沈家沟、虾叭垴、大鲸港、六角尾、虢家洲、屡丰、小望角、潭子口、马坡湖、黄土堤、董家垱、岩剅口、安官渡、三仙嘴、三岔河、唐家铺等电力排灌站，建成连接各排灌机埠的10千伏线路，在靠近机埠、有条件的生产大队安装配电变压器(简称配变)，解决农村生活照明和小型抗旱排渍机埠及小型粮食加工用电。此后，农村配变和低压电网快速建立，初步形成以变电站为中心，以排灌机埠为纽带，逐步向四周辐射的农村配电网络。但全县仍有近20%的村组没有配电网，无生产、生活用电。

(二)配电网发展

此间，国家出台集资办电的改革政策，即国家投入、自筹、电价适当加价等措施发展农村配电网。10年间，县内筹集资金340万元，先后建起辐射各乡镇的21条10千伏配电线路，总长273公里，各村亦多方筹资，购置变压器，架设低压线路，全县95%的村、组结束无生产、生活用电历史。

(三)配电网节能改造

1990年前，虽初步形成低压配电网，但布局不合理、结构不完善、机制不统一，农村用电依旧困难。其中35千伏线路56.24公里，其中截面过小24.22公里，占43%；35千伏变电站布点少，曲线供电半径超过15公里的占30%；10千伏线路923公里，其中截面过小121.33公里，占13%；低压线路980.8公里，其中截面过小、供电半径过大589.5公里，占60.1%。全县905台配变，其中64系列509台、73系列268台，占85.86%；电动机4398台，其中老式高能耗4012台，占91.22%；无功补偿容量不足，主变压器需补偿容量1.02万千伏安，只补偿1080千伏安，占10.59%；用户设备需补偿11828千伏安，只补偿6971千伏安，占58.9%；设备负荷率低，农村电机负载率仅21%，变压器日平均负荷率仅16.95%，负荷监控手段原始落后。

1990年年底，安乡获准建设全国节能示范县。借此契机，利用3年时间，新建下渔口35千伏变电站，改善了南部6个乡镇电网布局，改造10千伏线路11条共194.44公里，新装电容器9324千伏安；改造低压线路483.5公里，改造高能耗电动机1898台、43120千瓦，改造电能计量装置917台，添置调度自动化控置系统。节能改造工程，3年共投入1701.18万元，其中国家贷款530万元、地方集资687.88万元、用户自筹483.3万元，全县电网结构基本合理，电压质量逐步提高，年节约电能1721.78万千瓦时、创经济效益413.23万元，节约的总电量可创社会产值9435.35万元。1994年4月通过省、市验收，6月，获电力部节能示范县。

(四)“两网”改造

1998年，县境遭受特大洪涝灾害，安造大垸溃决，3个乡镇农村配电网(简称农网)被毁，而农村用电量猛增，电网建设压力加大。1999年始，根据国家安排,先后进行一、二期县城区配电网(简称城网)、农网改造,全县乡村电网改造达100%,新增变压器368台、41190千伏安,改造2265台、27610千伏安,新建10千伏线路250.58公里,改造10千伏线路147.28公里,新建、改造220伏和400伏低压配电线路3399.38公里。全县8座变电站有7座实现无人值班远动控制,电力调度、通信系统全面升级。主网基本形成以220千伏蔡家溪变电站为中心的环网结构,城区10千伏配电网基本实现"手拉手"供电;供电可靠性由97%提高到99.98%、电压合格率由96%提高到99%,高温高负荷季节城镇居民用电"卡脖子"状况得到进一步改善。电网固定资产由4000万元增至1.09亿元,其中县城网建设投入1505万元、中西部电网完善工程投入619万元、农网完善工程投入2280万元。按照电网公司"户户通电"的要求,将此作为新农村建设的重点,2006年7月启动,9月30日实现"户户通电"目标,76户"五保户"、特困户亦结束无生活用电历史。

2008年,在安丰乡五合剅、黄家台、下渔口镇国兴、安康乡仙桃、官垱镇兴隆等5个村进行农村电气化建设试点,新建10千伏线路1.27公里,改造变压器1台、新增3台240千伏安,改造低压线路11.93公里、新增9.3公里。

第二节 供电生产

一 生产管理

生产管理职责由生产技术部履行。辖110千伏线路7条、121.87公里,35千伏线路6条、81.44公里;110千伏变电站3座、35千伏变电站5座,主变压器16台、175050千伏安。运用中高压110千伏油开关6台、FS6开关9台,35千伏油开关8台、FS6开关5台,10千伏油开关26台、真空开关55台;110千伏刀闸37组、35千伏52组、10千伏219组,电压互感器110千伏20台;无功补偿设备总容量20100千伏安、11组、47个,站用变压器35千伏6台、300千伏安,10千伏6台、280千伏安,开关柜89块,电力电缆16条、1621米。3座110千伏变电站均具备双电源,主设备完好率100%,一类率98%。

(一)电网调度与通信

1980年12月,安乡供电所设立调度室,有调度员5人、远动1人、通讯1人,负责全县5座35千伏变电站、3座110千伏变电站设备监控、调度指挥和远动、通信设备的运行维护及检修。

(二)变电站运行与检修

1982年成立检修班,4名检修人员负责全县5座35千伏及以下变电站设备的检修预试和缺陷处理。1999年12月,成立维修操作队。18名维修操作、运行人员中,变电站留守人员7人,负责焦圻、大湖口、董家垱、六角尾、下渔口、丁家渡变电站的日常维护及单一操作;5名维修操作人员负责长岭洲变电站的日常维护及大型检修操作;6名运行人员负责110千伏安乡变电站的值班运行维护。

(三)输电线路与配电网运行维护

2009年,5名线配班人员负责7条110千伏线路、121.867公里及6条35千伏线路、81.44公里的日常维护及缺陷处理;6名配电网班人员负责城区34.56公里10千伏线路、218台配变57890千伏安、56.46公里低压主干线、接户线等的运行、维护及故障处理。

二 安全管理

坚持"安全第一,预防为主,综合治理"方针,把确保电网安全放在首位,坚持"可控、能控、在控"思想和"三个百分之百(人员、时间、精力百分之百)"要求,明确从基层、基础、基本功抓起,全方位强化安全管理。

1988－1991年,进行"四项要求"达标。按照国家能源部"三不放过"原则,每年制定安全生产目标,确保安全生产;1991－1994年,反违章违纪,加强督查,落实处罚制度;1995－1999年,加强施工现场监督,强化领导下现场、蹲点班组保安全,安全指标分解到人,层层签订责任状,形成安全生产纵横网络;

1999年后，修订、健全安全生产各环节规章制度，加强安全生产现场督导和检查，加大奖惩力度。1991年、1994年、1997年，连续实现3个安全生产1000天。1990－1996年，连续获全市电力系统安全生产先进单位。

1998年洪涝灾害后，加强设备维护，保证电网安全运行，获全省安全先进单位。1999年全面开展“两网”改造，强化网改、检修、倒闸操作和施工作业现场安全监察，确保了人员和设备安全。修订、完善安全生产规章制度，形成安全生产长效机制。开展春季防雷、夏季防汛迎峰、秋季安全大检查、冬季防冻融冰等季节性安全生产检查及季度安全生产考核检查，定期排查和整治电网安全隐患。建立风险管理、应急管理、事故管理和标准化作业等重要安全生产体系。2005－2007年，连续获安全生产先进单位。2008年，在县境遭遇特大冰灾时，全力以赴保证了电网稳定安全运行，获全市抗冰救灾先进集体。

三　电力设施保护

依据《电力设施保护条例》，1987年，成立电力设施保护领导小组，公安、法院、电力等部门为成员单位，召开电力设施保护大会，发动群众义务护站护线，聘请义务护线员108名。1988年9月，设立电力公安执勤室，预防、打击破坏电力设施的犯罪行为，维护安全生产。1998年，乡镇派出所设警电办公室8个。2005年，县公安部门设置专门办公室打击涉电犯罪。2008年1月，县电力局成立安保办履行电力安全监察、安全保卫职责。1989－2008年，查处各类破坏电力设施案件103起，抓获犯罪嫌疑人108人。

四　调度通信建设

1993年前，县电网电力调度由调度员通过系统内部载波电话或邮电局电话，向各变电站调度员下达操作命令及收取供电和设备运行数据。

1993年，率先在全市安装县级调度远动设施，6个变电站均实行遥测、遥信，在丁家渡变电站试验性地安装几路遥控，有效提高调度自动化程度。1996年，投入160万元修建调度监控中心、远动机房和通讯机房，后投资370余万元进行调度通信自动化改造，远动系统更换为先进的DF－2000型，配备UPS电源。自此，电网安全运行实时监控防误操作，调度命令正确执行；强化事故预防，加速事故处理；计划利用手段更为科学，电网负荷率有效提高；电压合格率提高、线损降低。1997年，开通35千伏丁家渡、六角尾变电站扩频，董家垱变电站DZDD－5A型载波，城关变电站采用通道电缆，开通至110千伏安乡变电站光纤通信。同时，新增256门调度程控交换机1台，调度自动化系统开始封闭运行，成为全市第一个调度自动化达标的县局。

第三节　用电管理

一　用电构成

全县用电客户13万户，其中立表户2.7万户、农村农户表10.3万户。

（一）工业用电

工业用电以肥料生产（氮肥）、造纸及纸制品、纺织业为主，次为橡胶及塑料制品业和通用及专用设备制造业。1989年装见容量28485千伏安、年用电量4144万千瓦时；2008年装见容量59779千伏安、年用电量10843万千瓦时。1989年轻工业年用电量2021.15万千瓦时、重工业年用电量2122.83万千瓦时；2008年轻工业年用电量3703.28万千瓦时、重工业年用电量7139.77万千瓦时。

（二）农业用电

农业用电以农业抗旱、排渍（统称农排）为主，次为农副产品加工（油脂）与水产养殖。1989年，农、林、牧、渔、水利业装见容量105660千伏安，其中农排50420千伏安，年用电量2454.83万千瓦时，其中农排2139.2万千瓦时；2008年装见容量112180千伏安，其中农排50050千伏安，年用电量7122.7万千瓦时，其中农排6595.9万千瓦时。

(三)市政与生活用电

1989年,市政、居民装见容量5040千瓦、3860户;2008年32030千瓦、30764户。城镇居民生活年用电量,1989年586.5万千瓦时、2008年4257万千瓦时,年均增长36.3%。农村居民生活年用电量,1989年294万千瓦时、2008年1963万千瓦时,年均增长33.4%。商业、住宿及餐饮业装见容量2987千瓦、776户,1989年用电量54550千瓦时、2008年1057万千瓦时,年均增长8.7倍。金融、房产、商务业装见容量1836千瓦、72户,1989年用电量16980千瓦时、2008年470.4万千瓦时,年均增长11倍。公共事务及管理组织装见容量6194千瓦、80户,1989年用电量1.48万千瓦时、2008年729.93万千瓦时,年均增长23.7倍。自来水生产用电量1989年683450千瓦时、2008年286万千瓦时(已纳入工业统计),年均增长20.9%。建筑业装见容量800千瓦、18户,1989年用电量10.5万千瓦时、2008年39万千瓦时,年均增长18.6%。交通运输、仓储、邮政业装见容量5012千瓦、1170户,1989年用电量83.7万千瓦时、2008年725万千瓦时,年均增长43.3%。信息传输、计算机业装见容量589千瓦、14户,1989年用电量4000千瓦时、2008年104.2万千瓦时,年均增长12倍。

电力销售分类详情见表39－1－96。

二 用电负荷

(一)电量负荷

1990年,最高负荷4.34万千瓦、平均负荷3.78万千瓦,年供电小时2938小时,年供电量11134万千瓦时。最高负荷出现在7月排渍用电。1995年,最高负荷6.25万千瓦、平均负荷5.76万千瓦,年供电小时3061小时,年供电量17655万千瓦时。2008年,最高负荷8.43万千瓦、平均负荷3.98万千瓦,年供电小时7592小时、年供电量30217万千瓦时。

(二)用电水平

1990年,全县总人口548438人,人均用电量180千瓦时,其中农业人口人均用电量(包括乡镇工业,下同)85.7千瓦时。1995年总人口566296人,人均用电量284.34千瓦时,其中农业人口125.77千瓦时。2000年总人口577437人,人均用电量296.6千瓦时,其中农业人口130.1千瓦时。2005年总人口582283人,人均用电量405.6千瓦时,其中农业人口165千瓦时。2008年总人口587378人,人均用电量465千瓦时,其中农业人口195千瓦时。每度电创产值1990年10.42元、1995年10.84元、2000年14.04元、2005年20.16元、2008年25.62元。

安乡县1989－2008年部分年度电力销售分类情况

表39－1－96 单位:万千瓦时

行业分类 \ 年度	1989	1990	1995	2001	2005	2008
一、农林牧渔水利业	2454.8274	3158.684	3540.78	3660.8166	4717.7587	7122.7078
其中:农排	2139.1857	2843.156	3014.856	2466.9072	3661.811	6595.9143
二、工　业	4143.9829	4648.51	8294.36	8599.6738	11161.2213	10843.045
其中:轻工业用电	2021.149	2146.685	3798.854	4368.9775	5172.0745	3703.2764
重工业用电	2122.8339	2505.825	4495.506	4230.6963	5989.1468	7139.7686
(一)制造业	4075.6319	4578.015	8185.974	8267.6463	11020.1033	10556.9939
1. 纺织业	918.785	1073.238	1932.485	1959.9982	2041.0621	2310.5875
2. 造纸及纸制品业	1037.458	1008.59	1586.334	2187.7176	2984.253	640.945

续表 39－1－96

3. 肥料制造业	1611.0349	2041.083	3864.85	3654.3709	5564.1257	5365.1897
4. 医药制造业	3.45	3.89	10.687	13.0953	67.7464	93.7943
5. 橡胶和塑料制品业	61.456	60.857	269.348	221.2617	20.7523	42.6223
6. 非金属矿物制品业	123.895	130.763	156.825	69.5478	10.7278	1.8538
7. 金属制品业	40.89	49.785	87.631	11.9845	8.897	15.2007
8. 通用及专用设备制造业	137.273	120.857	184.244	354.384	202.722	268.1572
9. 其他制造业	141.396	88.952	93.57	127.3138	119.817	1532.5923
(二)电力燃气水生产供应	68.345	70.495	108.386	332.0275	141.118	286.0511
三、建筑业	10.498	11.567	71.81	33.816	44.9144	39.1370
四、交通运输、仓储、邮政业	83.695	89.734	134.33	77.0857	65.0676	725.1156
五、信息传输、计算机业	0.437	0.675	10.495	24.8595	39.4403	104.2429
六、商业、住宿及餐饮业	5.455	6.843	97.6	1018.4046	2793.8805	1057.0336
七、金融、房产、商务业	1.698	2.536	103.488	326.5715	154.448	470.3978
八、公共事业及管理组织	1.4847	1.4268	264.2445	244.2541	307.4906	729.9269
九、城镇居民生活	586.536	693.721	1185.7844	1949.901	2973.2273	4257.0332
十、乡村居民生活	294.32	454.027	1635.3281	1190.4967	1359.525	1963.1218
合　　计	8510.714	9948.4638	16102.15	17125.8795	23616.9716	27311.7616

三　营销管理

1965 年，县境输入大电网电源，仅有 5 处电排机埠，安乡供电站只有 1 人从事营销管理。随着电排机埠增加和市政、工业、商业、邮电、机关用电和城乡居民生活用电及农副产品加工用电增长，1978 年 11 月，成立安乡供电所，设用电管理股，有业务、监察、装表接电、抄表、电费回收、电能计量装置检定等职能。1989 年改称用电办，为供电企业对外营销的窗口，负责对外业务扩充、电价管理、电量电费的抄核收及线损管理、电能计量管理，用电检查、市场发展和客户技术咨询，制定对外业务办理程序，拟定业务、抄收、复核人员职责、划分业务审批权限，与大宗用户签订供电协议。1999 年，依据《电力供应与使用条例》，与全县供电营业区域内用电客户签订供电合同。

（一）业务扩充

1989 年以来，实行营配合一，配备配电专责人，即查勘定位、验收、送电为一体，并制定申请、查勘、定位、报装、验收、送电、审批权限、申请到装表接电时限等制度，予以公示。1999 年进入计算机管理，营业报装实行“一门对外”，杜绝了相互推诿、扯皮。

（二）电价电费管理

按照国家物价部门制定的目录进行电价分类、分压、按时定位到户。

改革开放前，电价类别为工业、农业生产、照明、优待用电价等。改革开放后，电价类别增多，执行的电度电价有居民生活照明、非居民非营业照明、营业照明、非工业与普通工业、农业生产、农用碳铵、农村排渍、农村居民照明、大宗工业等九大类电价。同时，对专用变压器用电客户按容量分为 0.8、0.85、0.9 功率因素不同标准实行功率调整电费，对大宗工业用户执行按容量或最大需量计收基本电费及分时峰谷电价。

1989 年以来，目录电价（基本电费、分时峰谷）多次调整，仅照明电价就分为城乡居民生活照明、非居民非营业照明、营业性照明，电力营销操作难度加大。两次物价大检查表明,电价执行情况良好,但执行时间上有一些差错。在计划经济向市场经济转型期,农村经济实力不强,部分企业、工厂生产不景气甚至濒临倒闭,经济一度疲软,给电费回收带来了一定难度。1989 年以来,每年收缴 7000 余万元至亿元以上电费,任务十分艰巨。采取的措施是:加强用电客户权利和义务的宣传,在县电视台播放并印发宣传单;层层签订电费回收责任状,分工负责,制订奖罚办法,进行月考核,与绩效工资挂钩,年终兑现;争取地方各级政府支持;与工商银行联合开办电费牡丹卡、网上缴纳电费业务,为用户提供方便;依靠法律手段和相关措施改变电费回收环境差的局面;推行购电制,健全市场超前分析制度和欠费客户预警机制,从源头上防止用户恶意欠费逃费。

2006 年,县电力局成立电费管理站,进行电费收费方式改革,推行电费社会化模式,农村改走收为坐收,设 24 个收费点,每月坐收接待用户 7000 余户,扭转了农村电费回收的被动局面。对大宗用户安装预付费屏 9 块,签订三期划拨协议 3 家,预交电费 6 家,预付电费达 65%。电费管理进一步规范,1989 年以来(1998－2000 年受安造大垸溃决影响除外),年年上解电费结零。1996 年,县电力局抄收班获省电力系统电费结零先进班组。

(三)线损管理

1987 年前,因线路供电半径过大、导线截面小、树障漏电、用电设备功率因素低、电能计量装置精度不高特别是电流互感器质量低劣、窃电严重、线损率居高不下等主要原因,10 千伏配电线路线损率高达 30% 左右。遂采取措施加强线损管理,设线损专责人 1 人,负责全局的网损、变损、配损,按月、季、年度统计分析上报,为经营活动提供有效依据。

1992 年,对辖区各条 10 千伏配电线路,依据线路长度、导线截面大小进行理论计算,1994 年编制 110 千伏、35 千伏、10(6)千伏关口表和分压、分变电站、分线路统计网损、变损、配损网络图表。1987 年始,对农村 315 千伏安以下的配变低压侧安装挂包式封闭型计量箱 400 余台,对乡镇 315 千伏安及以上(局属产权)的电排机埠、低供低量的配变改高供高量 15 处。历时 3 年,基本完成了包括城镇专用配变低压侧封闭型计量箱的改装任务,为分线、分乡镇线损指标考核奠定了基础;对用电客户电能计量装置升级和改造,淘汰不合格计量装置,电能表先后由 3.0 级升为 2.0 级、2.0 级升为 1.0 级,电流互感器为 0.5 级,月用电量 100 万千瓦时的大客户电能表升级为 0.5 级、电流互感器为 0.2 级。1992 年,与各乡镇电管站站长签订线损指标考核责任状及奖罚标准,1994 年对城区分线、分压、分台区、分组实行线损指标考核。经规范和完善,线损率农村配电线路稳定在 7% 左右、低压台区稳定在 20% 以下,城区 10 千伏配电线路稳定在 5% 以下、低压台区稳定在 17% 以下。

(四)计量管理

1988 年,县电力局成立计量领导小组,配电能计量、指示仪表专责人(生产办)各 1 人,计量人员持证上岗。新建校表室,添置、改造升级相关设备。建立计量管理制度,健全计量资料台账,编制计量网络图。1996 年,耗资 40 余万元对计量检测设备和核定环境升级、改造,环境温度和湿度均达标,经省公司验收复查,获计量达标单位。1999 年成立计量站,2006 年撤销,校表检测收归市局计量中心,仅留计量专责人 1 人负责日常计量管理。

(五)用电检查

用电检查是对用电客户的用电安全(包括设备、人身安全)、违章用电、窃电等行为实施监察。每年 5 月,用电办组织全县用电安全大检查,同时配合公安、消防等部门对县属工业企业、乡镇企业和易燃、易爆单位进行用电消防检查。每年用电高峰期,由用电办牵头,局长带队、局属各部门配合进行两次以查窃电、私拉乱接、抄表等为主的大型营业普查。日常管理上,对月用电量波动较大的用电户进行突击检查,为国家、企业挽回了损失。仅 1994 年,追补电量近百万千瓦时。

(六)优质服务

以“服务党和国家工作大局、服务电力客户、服务发展企业、服务社会发展”为宗旨,以“优质、方便、规范、真诚”为服务方针,建立用户监督网络,营业报装实行“一口对外”，制度化、程序化、规范化、公开化管理贯穿营销全过程，为用电客户提供方便和优质服务。2000年始，营销系统自动化全面运行并逐步升级，先后与工商银行、建设银行、农业银行、邮政储蓄缴费系统联网。建电力“110”抢修班、“95598”客户服务班为客户排忧解难。

四　用电稽查

1989年前未实施稽查工作，尔后在用电办设专职稽查1人，大宗用户重点稽核，一般用户仅进行抽查。

1996年前，依据《全国供电营业规则》行使用电监察处罚权。1996年成立稽查办，分对内、对外稽查，并成立反窃电大队。《电力法》颁布后，依据国务院《电力供应与使用条例》，用电监察改称用电检查，无执法和行政处罚权，在违章用电处罚、窃电行为查处、实施停电甚至连正常补收电量电费也一度受到阻挠。2001年，与县公安局配合成立电力经警队，各供电所与乡镇派出所联署查处用电违法案件。2007年，公安局、工业局、电力局联合成立电力稽查大队，2008年改称电力执法大队，解决了窃电、违章用电等难点问题，进一步规范了用电秩序。

第四节　电力营销

1965年大电网输入县境，售电量不足百万千瓦时，纯属电排电量。1978年前，年售电量在3000万千瓦时左右。改革开放后，经济社会建设迅速发展，电网规模不断扩大，用电户快速增加，电力营销业务随之扩大。

1989年用电客户4677户、总装见容量139182千伏安。其中大工业用户6户、10005千伏安，非普工业用户126户、18477千伏安(其中乡镇企业6200千伏安)，农村用户685户、105660千伏安(其中农排50420千伏安)，市政、生活用户3860户、5040千瓦。2008年发展到32273户、235408千伏安。其中大宗工业用户45户、40800千伏安，非普工业用户810户、18979千伏安，农业用户884户、112180千伏安(其中农排50050千伏安)，城乡居民生活照明用户29923户、102550千瓦，商业用户1115户、7451千瓦，其他用户1111户、5899千瓦。

1989年用电量8510.71万千瓦时，电量电价电费692.14万元、代收各种附加293.35万元，共985.49万元。1990年9948万千瓦时；1991年11067.7万千瓦时；1995年16100万千瓦时，电量电价电费4276.25万元，代收各种附加771.33万元，共5047.5833万元；2000年16950万千瓦时，电量电价电费6480万元、代收农网建设还贷及各种附加523.65万元，共7003.65万元；2002年20434万千瓦时；2005年23616.97万千瓦时，电量电价电费9701.1万元、代收农网建设还贷及市政附加394.37万元，共10095.47万元；2008年27311.76万千瓦时，电量电价电费13391.88万元、代收农网建设还贷及市政附加454.76万元，共13846.64万元。

电力营销详情见表39－2－97。

安乡县1989－2008年部分年度电力营销情况

表39－2－97

项目＼年度	1989	1990	1995	2000	2005	2008
供电量(万千瓦时)	9479.52	11134.26	17651.57	18362.04	27340.77	30217.11
售电量(万千瓦时)	8510.71	9948.46	16102.15	16950	23616.97	27311.76
线损电量(万千瓦时)	969.38	1185.8	1551.57	1412.04	3723.82	2905.35
线损率(%)	10.22	10.65	8.79	7.69	13.62	9.61
均价(千千瓦时)	81.33	82.32	265.57	380	401.77	490.33

续表 39－2－97

电费回收(万元)	966	1306	4986	6125.5	9986.3	13598.6
回收率(%)	98.03	95.6	98.78	87.46	98.89	98.21
营业外收入(万元)	6.89	3.88	17.58	28.32	66.83	18.59

第五节 农村电力

一 农电队伍建设

1975年有农村电力管理员(简称农电员)18人,1984年增至80人以上。1988年,改农电员固定用工制为聘任合同制;进行工资定级套级,按当时工资标准,补助略高于电排职工工资标准,并参照企事业单位职工工资标准进行了调整。1990年始,对年龄50岁以上的农电员投保(后补投保按60%);1992年始,给予村电工120元/人月的工资补贴。2000年后农电体制改革,原19个电管站陆续撤并为6个供电所,清退原电管站编外人员,原400余人(包括村电工)裁减至303人。农电员均签订劳动合同,实行绩效工资挂钩,人均年薪2万元以上,并为其投保以养老、医疗等为主的5种保险。

各供电所成立党支部,属所在地乡镇党委领导,每年发展新党员1－2名,农电队伍有在职党员123人。省农电总站陆续举办业务培训班,全县农电员、村电工经考试合格均取得"进网作业证"、"电工证"持证上岗。农村电力(简称农电)管理队伍建设逐步完善和规范,农电管理人员思想素质和业务技能、服务质量提高。

二 农电管理

1983年,县境90%的村通电,部分村还增加了数量不等的配电台区。因村组电力建设大多因陋就简,加之用电常识普及不够,每年发生触电死亡事故在两位数以上,原有农电管理队伍已不能满足需要。1984年,县政府批准成立各乡镇电力管理站,依据国务院、国家水电部《人民公社农村电力管理站管理办法》,县政府制发《安乡县乡镇电力管理办法》,明确乡镇电管站为乡镇政府的管理机构,业务管理接受安乡供电所指导。1990年,县政府批准成立县农电管理总站,对乡镇电管站的人、财、物实行统一管理。各乡镇电管站定编5－7人,实行合同制,每个村配1名电工;乡镇政府和电力局共同筹资,逐步修建电管站站房;农电管理费(人员工资和办公、设备维修费用等)从农村用电户电费中按比例收取,由农电总站集中管理,电管站实行报账制。1989年后,有乡镇电管站20个、农电员126人(市局农电局核编102人)、村电工276人。各电管站站房及附属房屋等占地面积均在2500平方米以上。1996年,新建下渔口电管站,是为全省唯一管供合一电管站,2000年后成为国家电网、省公司的"亮点"农电所。1999年,在黄山头镇进行撤站并所试点,建县内第一个农村供电所。2001年,全县19个乡镇电管站撤并为8个供电所,后陆续缩减至6个。2006年12月,成立县三新农电服务有限责任公司,员工312人,用电客户127350户。其中农电员303人,担负全县8镇、11乡、256村的供用电管理。三新公司管理维护10千伏公用配变907台、75150千伏安,专用配变335台、69440千伏安,10千伏线路36条、1169.35公里,低压线路(380/220伏)1146.34/3217.5公里。

1992年以来,县电力局每年与各乡镇电管站站长、供电所所长签订线损指标考核、电费回收、农村用电安全考核责任状,农村10千伏线路(条)线损率由15%－30%逐年降至10%以下,各乡镇码头公用变压器低压线损率由30%以上降至15%－20%;电费回收月清月结,电排机埠电费年终结零;年农村触电死亡人数控制在3人以下,大多数乡镇连续多年为零死亡。

三 电力"三为"服务

1980－1989年,农村用电出现乱涨价、乱收费、乱停电的“三乱”和人情电、关系电等现象。县农电总站开展电力为农业、为农民、为农村经济服务的“三为”服务，农村用电秩序逐步好转。为减轻农民负担，降低农村电价，对农村用电实行限价，杜绝无表用电，淘汰一批低劣老式电能表、电管单相校表台，对农户分表进行周校、村电工对每配变台区所属农户用电量逐月张榜公示。农户用电均价由1元/千瓦时以上逐步降至0.8元/千瓦时以下，按户月均用电量10千瓦时计算，户均年减负20元以上。

1990年，安乡被列为全国十个节电示范县之一。县农电总站组织乡镇电管站对农村电网存在的问题摸底，拟出农村电网改造方案，采取国家贷款、地方集资、用户自筹的方法筹集资金，三年内完成农村节电改造。至1993年，筹集资金974.01万元，其中国家贷款530万元、地方集资250.13万元、用户自筹133.88万元。新建下渔口35千伏变电站1座，改造10千伏线路11条、194.44公里；安装补偿电容器9324千伏安，全县平均功率因素由0.64提高到0.91；更新改造配变533台、68055千伏安；更新改造高耗能电动机1898台、43120千瓦；改造低压线路483.5公里；改造高低压计量装置917台。电网损耗降低，效率提高，年挽回损失400余万元，节约的电量可创造社会产值9000余万元。1994年，经电力工业部农电司、省电力工业局验收，获全国节电示范县。1996年，县内最后一个无电村——安德乡麻田村用上了电。1998年，县境所有农户用上了电，并实现达标。

1988－1996年，县境农村每月连续供电时间不足半个月。为解决农村吃饭、照明等问题，采取压工业负荷、对农村配电线路轮换供电等办法。抗灾抢险期间，千方百计保证抗灾抢险用电。1998年汛期，安造大垸溃决，电力工程队长徐金彪冒着生命危险，在激流中乘冲锋舟剪断董家垱变电站35千伏线路，确保了城关变电站正常供电；黄山头镇、安全乡、安障乡农电员下到各村，将配变抬高，配电屏等电器设备转移到高处，减少了配电设备损失；董家垱变电站停电后，安生乡、官垱镇随之停电，在35千伏丁团线安生乡中心村建起1座简易35千伏变电站，保证了灾区用电需求；在安猷北堁堤加固期间，组织人员连续作战30余天，安装1台10/0.4千伏－50千伏安配变，架设380/220伏临时低压线路10余公里，安装近千只探照灯和白炽灯。全县用于抢险照明电量近50万千瓦时。

1987年始，县电力局连续14年为农村扶贫组长单位，县委、县政府每年为其安排1－2个村的扶贫任务。先后在安造乡东湖、黄湖、黄山头镇界沟、官垱镇新建、安猷乡南刭口、大鲸港镇偏湖洲、陈家嘴镇门板、安昌乡六合、喻家渡等20个村开展扶贫工作，共筹集资金130余万元，帮助扶贫村安装配变、修建排灌机埠、完善低压供电网、购置用电设备。

四　农村用电安全

1984年，各乡镇电管站配农电安全员1人，县电力局用电股配农电监察员2－3人。县农电总站成立后，农村用电安全管理逐年加强。

加强岗位、职责、绩效、奖惩管理，定责到人，定事到岗，严厉追责，提高执行力。1989－2000年，县电力局每年与电管站站长、农电安全第一责任人签订农电触电死亡事故安全责任状执行奖罚，并在评先、评优中实行“一票否决”；对农电员、村电工进行触电急救及设备安装标准等知识培训，经考试合格颁发“进网作业证”或“电工证”；每年6－8月开展农电百日无触电死亡事故竞赛活动。提高设备健康水平。改造低压线路483.5公里，对设施和对地距离进行清理；每年对农村配变避雷器进行入冬校验和更换，对变压器台架接地网测试整治和农村高、低压配电线路扫障等。加强宣传教育。每年投入资金3000－5000元以上，利用电视、广播进行安全用电知识讲座，张贴安全用电知识图片等。建立健全安全网络。农电改制后，多次调整安全人员，定岗、责任到人，逐年完成10千伏线路杆号牌和安全警示标志的编挂；采取技术防控手段，不断对漏电保护器更新换代，并分级保护到农户。共有JMJ－100/250鉴相漏电型总保护463台、投运率98.6%、正确动作率99.8%，JA电流动作型总保护673台、投运率98.4%、正确动作率99.82%，JBS电流动作型总保护943台、投运率98.5%、正确动作率99.85%，LJM电流动作型总保护356台、投运率98.3%、正确动作率99.87%，DML－20安单相脉冲型农户保护893台、投运率89.3%、正确动作率99.5%,DZ47LE漏电开关入户保护102432台、投运率99.98%、正确动作率99.99%,台区剩余电流动作保护器73台、投运率100%、正确动作率99.98%。1989－2008年,农村触电死亡仅6人。

五　农电"两改一同价"

为提升供电能力和供用电的可靠性、安全性、电压质量,降低损耗,缩小城乡差别,实施农电管理体制改革、农网改造,达到城市、农村同网同价。

(一)农电管理体制改革

1999年始进行农电管理体制改革,先后撤并19个电管站,至2009年有6个农村供电所。1999年成立黄山头供电所(由黄山头镇、安全乡电管站合并),2000年后相继成立8个供电所,即大湖口(由焦圻镇、安福乡、安凝乡电管站合并)、出口洲(由安丰乡、安裕乡电管站合并)、下渔口(由下渔口镇、安康乡电管站合并)、陈家嘴(由陈家嘴镇、安德乡电管站合并,后更名为六角尾供电所)、官垱(由官垱镇、安生乡电管站合并)、三岔河(由三岔河镇、安昌乡、安宏乡电管站合并)、长岭(由安障乡、安猷乡电管站及城关郊区合并)、大鲸港,全县共9个农村供电所。2003年撤销大鲸港供电所并入出口洲供电所;2005年撤销官垱供电所,官垱镇供电划归三岔河供电所,安生乡供电划归黄山头供电所(更名为董家垱供电所);2008年撤销长岭供电所,安障乡供电划归董家垱供电所,安猷乡及城关郊区供电划归三岔河供电所。乡镇原农电员改聘用制为农电员工,招聘200余名村电工为用电员工(原称管户电工),其工资待遇、劳保福利等纳入农电企业电力营销成本。

(二)供电网络改造

1999年始,先后进行一、二期县城网和农网改造。一、二期农网改造工程投资5371万元,新增农村10千伏配电线路189.94公里、改造127.59公里,新增10/0.4千伏配变237台26255千伏安、改造165台14510千伏安,改造线路真空开关4台,台区改造220处,新增0.4千伏低压线路1142.68公里、改造218.95公里,新增0.22千伏线路757.99公里、改造252.24公里。城网改造工程投资1497万元,新增10千伏配电线路14.28公里,新增10/0.4千伏配变38台9355千伏安、改造23台14284千伏安,改造线路真空开关21台,台区改造78处,新增0.4千伏低压线路184.43公里、改造2.84公里,新增0.22千伏线路225.04公里。中西部完善工程投资616万元,新增10千伏配电线路7.83公里、改造14.41公里,新增10/0.4千伏配变7台530千伏安、改造17台1420千伏安,改造线路真空开关2台,台区改造52处,新增0.4千伏低压线路53.11公里、0.22千伏线路39.08公里。2007－2008年,续改工程投资3275万元,新增10千伏配电线路66.11公里、改造57.77公里,新增10/0.4千伏配变73台7840千伏安、改造79台7440千伏安,改造线路真空开关46台,台区改造463处,新增0.4千伏低压线路283.52公里、改造25.32公里,新增0.22千伏线路229.37公里、改造63.19公里。2000－2006年间,农户每户自筹200元用于购置计量表,2007年取消。

(三)同网同价

经农网改造,农户用电入户同网同价2000年967户、2005年70877户、2008年112362户,分别占同期农户总数的11.67%、62.85%、99.98%。城市居民生活用电价2000年0.528元/千瓦时、2006年0.5832元/千瓦时、2008年0.568元/千瓦时。全县农网建设还贷除农村排渍用电、贫困县防汛及排渍用电外,各行业(包括农村非普工业)、城乡居民用电均按电量加收0.02元/千瓦时,收缴农网建设还贷资金2000年218.71万元、2005年263.58万元、2008年294.4万元。

(四)电气化县建设

1989年,农村10千伏配电线路27条、923公里,0.4/0.22千伏低压线路980.8公里,10千伏公用配变64台24190千伏安,专用配变841台85666千伏安。仙桃大电排35千伏线路8.45公里,配变2台,35/6千伏5600千伏安、35/0.4千伏400千伏安各1台。六角尾大电排6千伏线路0.23公里,装机4台、同步电机容量3200千瓦。1995年,农村10千伏配电线路 30 条、942.46 公里,0.4/0.22 千伏低压线路 1025.78 公里,10 千伏公用配变 82 台 28615 千伏安,专用配变 854 台 87616 千伏安。仙桃大电排 35/6 千伏配变 1 台 4000 千伏安,35/0.4 千伏配变 1 台 400 千伏安。六角尾大电排配置未变。2005 年,农村 10 千伏配电线路 36 条、1103.24 公里,0.4 千伏低压线路 3329.06 公里,0.22 千伏低压线路 1416.05 公里,10 千伏公用配变 910 台 105443 千伏安,专用配变 335 台 54160 千伏安。仙桃、六角尾大电排配置未变。2008 年,农村 10 千伏配电线路 36 条、1169.35 公里,0.4 千伏低压线路 3612.58 公里,0.22 千伏低压线路 1645.42 公里,10 千伏公用配变 1062 台 120723 千伏安,专用配变及仙桃、六角尾大电排配置未变。

第四十章 财 政

安乡地处洞庭湖畔，以农业为本，人口众多，财源贫乏，水利建设投资巨大，社会事业开支繁重。1989－1993年，财政滚存赤字1120万元。在实施分税制财政管理体制改革和农村税费改革后，大力发展财源建设，县域经济快速发展，财政收入迅速增长，渐趋殷实。1989－2009年，财政一般预算收入总计179615万元。2010年财政一般预算收入比1989年增加13559.4万元，增长6.2倍。

第一节 财政体制

财政体制为划分中央和地方政府之间、地方各级政府之间的收支范围及财政资金分配权与财政管理权的体现，随着社会体制的不断改革和完善，国家财政方针随政策的变化而变化。1989－2010年，县内财政体制历经了多次改革。

一 县级财政体制

县级财政管理体制大致经历了两个阶段。

第一阶段(1989－1993年)实行"划分收支、分灶吃饭、定额上交、递增包干、超收全留、短收不补"。此种体制存有许多弊端，财政收不敷出，此间，财政累计赤字1120万元。

第二阶段(1994－2010年)实行分税制。此种公共财政管理体制，最大限度地调动了县级财政理财积极性。1994年，在分税制基础上，上级核定县税收返还基数为1097万元，原体制递增包干继续递增上缴。至2010年，上级对县财政管理体制无大的变动，为完善分税制，只对增值税、所得税等税种的上划和返还比例作了小调整。为完善农村税费改革，2002年取消屠宰税，2004年取消农业特产税，农业税按税率下调4个百分点征收，2005年全面取消农业税，农业税收取消部分全额由上级实行转移支付补助。2010年3月，实行"省直管县"财政体制改革。

二 乡镇财政体制

依据国家和上级政府财政管理体制，结合县内实际，制定适合乡镇的财政管理体制。

1998－1991年，实行"包死收支基数、收入上缴、支出下拨、超收分成、短收自负、一定两年"管理体制，规定各乡镇超收分成比例：城关、大鲸港镇30%，黄山头镇80%，安猷、安障、安昌、安宏、安全、安造、安福、安凝、安丰、安裕、安德等13个乡及三岔河、官垱、焦圻、下渔口、陈家嘴等5个镇10%。1992年，实行"定收定支、递增包干(定额包干)、收入上解、支出下拨、一定三年"财政包干管理体制，"四大资金"统一管理。1993年，县政府决定，乡镇实行"定收定支、收入上解、比例递增、短收全赔、超收全奖"财政包干管理体制。在核定的收支范围内超收或者短收概不增加或减少上解上级财政的定额上解数和递增包干上解数，其支出由乡镇财政在符合财政法规的前提下自行解决。

1994年，实行分税制财政管理体制，原体制递增包干一定三年继续执行。乡镇财政、地税合署办公，成立乡镇财税所，强化地方税收征管。1995年，实行"分散决策、分级负责、分灶吃饭、自求平衡"管理体制。1996－1999年，实行"划分收支范围、核定收支基数、定额上解或定额补贴，超收分成按税种、短收自负扣补贴、分灶吃饭"管理体制。乡镇预算收支基数以1996年县财政预算安排依据核定，根据核定基数，收大于支的乡镇按收支顺差定额上解，收小于支的乡镇按收支逆差定额补助。2000－2003年，为调动乡镇生财、聚财、理财积极性，建立一级政府、一级财政管理体制，以达到稳固县级财政，壮大乡镇财政的目的。根据《预算法》和省、市有关规定，县委、县政府制发《关于乡镇财政体制改革的意见》，从2000年1月1日起全面实施乡镇财政体制改革。改革后，实行“划分收支范围、核定收支基数、定额上解或补贴、上解比例递增、自求收支平衡、一定三年不变（在国家没有实行费改税等重大政策调整的前提下）”管理体制。具体办法是：以2000年收支为基数，收大于支定额上解，收小于支定额补贴；收入基数剔除农业税后（农村教育附加单列，不进入收入基数），2001年始按8%递增上解；超过收入基数和比例递增上解部分，全部返还乡镇；短收等额全赔，增支自行负责。

乡镇财政管理体制改革，因农村税费改革后发生重大变化。2004－2005年间，农业税收相继取消，乡镇财政基本没有了本级税收收入。2006－2010年，各种费全部停摊，乡镇财政仅有少量本级收入，乡镇政府基本形成了县级财政的一个基本预算单位，其财政管理体制由“定收定支、自求平衡”转变为“核定支出、定额补贴”。

第二节　财源建设

为适应市场经济发展，及时调整和理顺财源建设工作思路，以壮大地方经济实力、促进地方财政收入持续稳定增长为目标，坚持“统一规划、分级实施、因地制宜、分类指导、效益优先、择优扶持”原则，发挥财政政策和财政资金的导向作用，采取贴息、垫息、借款、社会中介机构担保、以奖代补、税收返还等方式，建立集中使用、滚动发展的财源建设机制。

1993年，开展“3581”财源建设工程，大力发展县乡企业，重点解决企业流动资金和技术改造资金缺口，给企业“输血供氧”，少数“断奶”企业恢复生产，大部分企业增税增利。1994年，安乡列入省财源建设试点县之一。以壮大地方财政实力为目标，以寻求新的财源增长点为突破口，因地制宜制定财源建设规划和年度实施方案。重点扶持安猷乡米厂、安全乡纺器厂、安宏乡竹席加工厂、陈家嘴镇园艺场、县农机公司气门嘴厂等14家企业，筹资456万元，有效地解决了40家企业更新改造和流动资金不足的困难，其当年财税收入上缴比上年（下同）增长35%。1995年，投入财源建设资金5818万元，增长33%，其中省、市、县财政部门投放800万元、银行贷款2000万元、企业自筹3018万元，为财源建设增添了活力。1996年，规集资金集中使用，以粮棉生产、水产养殖立体开发、个体私营经济发展、乡镇企业为重点，稳定农业基础财源、增加农业特产税源、拓宽补充财源、壮大主体财源。投入财源建设资金6118万元，其中财政投入500万元、财源建设基金212.4万元、银行贴息贷款610万元、企业和项目单位自筹3548万元。1997年，为增强财政增收后续能力，实现稳定、发展、壮大、拓宽财源建设总目标，培植财源立足“两定（定项目单位、定经济指标）”、“三投入（项目及时投入、专项资金足额投入、领导力量到位投入）”、“四机制（领导责任机制、资金保障机制、合同约束机制、奖罚激励机制）”。重点扶持县氮肥厂、安康纸厂、飞达橡胶厂、黄田湖渔场、珊珀湖渔场等财源骨干企业，其产值、销售收入、利税、财政收入入库分别增长25%、21%、15%、31.6%。1998年，开展财源建设“三个一”工程活动，即以个体工商税为“一个新的切入点”，完成个体工商税865万元，增长32.2%；以棉麻产、销、加工为“一个新的突破口”，农业产业化税费入库完成320万元，增长34.5%；以龙头企业为“一个新的增长点”，税费入库212万元，增长32.5%。全年税费入库增长31.7%，投入财源建设资金8650余万元，其中财政投入705万元、银行贷款近4000万元、乡级自筹3850万元。23个项目单位实现产值34850万元、利润3035万元、入库税费2097万元。

2000年，采取财源建设贷款贴息、以奖代补等方式，吸收社会资金发展农村经济，农业税收增长。农业结构调整，财政投入600万元；招商引资，建立工业园区，前期工程财政投入近500万元。2003年，投入财源建设资金1000万元。为农业全面实施“3211”工程（建设30万亩高效养殖水面、20万亩杨树生产基地、10万亩人工牧草和饲料粮、10万亩优质水果和蔬菜）提供财政支持；加大工业园区建设力度，提高工业企业税收在财政收入中的比重，完善工业园区基础设施配套，扶持入园企业凯斯公司、津津药业发展，为新入园投资商投入启动资金；选择有发展前景的民营企业予以适当资金支持，提供优质服务，营造良好的创业环境。2001－2010年，共投放财源建设资金1.1亿余元，为县内工农业等基础产业和第三产业发展增添了动力。

第三节 财政收入

一 一般预算收入

1989年,完成经常性收入1491万元,收入增长速度落后于政策性增支增长速度,赤字140万元。1993年,开展“3581”财源建设工程,培植和开辟财源,增加收入渠道,完成一般预算收入3430万元、增收(增减数及增减比例均与上年比较,下同)827万元、增长31.8%。1994年,在财政税收体制改革中强化财政收入征管,坚持“超收、节支、控赤”原则,完成一般预算收入3623万元、增收193万元、增长5.63%;完成中央税收1540万元、地方税收1334万元、农业税1389万元、农业特产税268万元、耕地占用契税23万元。1996年,按照《湖南省预算外资金管理条例》,强化预算外资金管理,对全县行政事业单位收费实行监督、控制和管理,实现了“四增”、“三保”,财政状况改善。预算外资金专户储存率达88%,储存累计金额2979万元、增长29.3%;完成一般预算收入6578万元、增收1751万元、增长36.27%。1997年,在市场经济疲软、企业经济滑坡状况下,为推进财政两项改革,组织财政收入,控制财政支出,在保工资发放、保农业、科技、教育、政法、救灾等重点支出前提下,完成一般预算收入6887万元、增收448万元、增长6.96%,甩掉了多年来财政赤字的包袱。1998年,县境遭遇历史罕见洪涝灾害,渍灾损失2.5亿元,抗洪消耗7000万元;安造大垸溃决,直接经济损失16亿元,财税收入短收1500万元,其中短收增值税744万元、地方工商各税206万元、农业税收550万元;继续推行财政两项改革,实行适度从紧的财政政策,积极组织财政收入,完成一般预算收入6852万元。2000年,实行农民减负、教育收费、解困资金等专项治理,财政加大减收增支压力1400余万元。为实现“保收入增长、保工资发放、保大局稳定,保收支平衡”财政工作目标,强化财税收入征管,完成一般预算收入8056万元,其中工商税收2808万元、农业税收2393万元。2002年,全面实施农村税费改革,农村负担总额减少3075.8万元、减幅28.9%。加强预算外资金管理,严格“收支两条线”,推行和完善收费、基金、罚没等收入“单位开票、银行代收、财政统管”征管制度,预算外资金专户储存额2872万元、增加180万元;完成一般预算收入10279万元、增收1417万元、增长16%。2003年,推行财政国库集中收付改革,建立国库单一账户体系,完成一般预算收入11659万元、增收1380万元、增长13.4%,其中工商税收2948万元、农业税收4618万元。2004年,在全面取消农业特产税,农业税按农业税税率免征四个百分点的条件下,完成一般预算收入10435万元,其中工商税收3772万元、收费收入4450万元、农业税收2213万元。

1989－2008年,共组织一般预算收入149548.4万元,年均7477.42万元。2008年较1989年增长5.2倍、年均递增26%,其中工商税收增长3.1倍、年均递增15.5%,非税收入增长50倍、年均递增2.5倍。详情见表40－1－98、表40－2－99。

安乡县1989－1999年一般预算收入情况

表40－1－98　　单位:万元

项目＼年度	1989	1990	1991	1992	1993	1994	1995	1996	1997	1998	1999
一般预算收入合计	2174.6	2156	2558.8	2603	3430	3623	4827	6578	6887	6852	7601
一、工商税收	1333.2	1126.5	1296.3	1419	2232	1334	2021	2491	2764	2725	2733
1. 增值税25%	311.6	182.5	264.5	286	555	482	578	618	501	501	433
2. 个人所得税28%	–	–	–	–	–	54	112	167	282	268	306
3. 企业所得税28%	79.3	6	13.1	50	50	150	328	582	727	407	370
4. 营业税	640.1	621.5	590.5	588	744	200	550	567	632	933	906
5. 房产税	36	40.8	47.9	67	74	156	120	157	143	144	149
6. 城市维护建设税	45.5	41.3	49.8	52	71	72	66	100	118	135	140
7. 城镇土地使用税	7.6	9.1	12.7	16	11	40	60	49	53	56	25
8. 车船使用和牌照税	5.2	5.8	6.6	6	10	22	40	57	50	50	35
9. 印花税	7.2	7.9	8.6	8	9	32	36	41	50	53	56
10. 土地增值税	–	–	–	–	–	–	–	–	5	3	2
11. 资源税	–	–	–	–	–	–	9	15	15	15	8
12. 屠宰税	4.5	15.3	20.5	23	20	50	62	81	128	100	230
13. 其他税	193.1	196.3	282.1	323	688	76	60	57	60	60	73
二、农业税收	699.2	753.6	710.7	900	764	1698	2030	2851	2327	2031	2091
14. 农业特产税	35	67	67	100	55	286	500	700	306	350	350
15. 农业税	657.1	675.6	630.6	786	690	1389	1500	2106	1977	1621	1661
16. 耕地占用税	6	9.3	11.4	11	14	16	20	30	14	30	30
17. 契税	1.1	1.7	1.7	3	5	7	10	15	30	30	50
三、非税收入	142.2	275.9	551.8	284	434	591	776	1236	1796	2096	2777
18. 国有资产收益	44.4	98.8	93.1	45	24	86	100	118	122	106	105
19. 行政性收费	–	–	–	–	–	–	–	–	–	–	–
20. 罚没收入	62.7	125.7	16.3	161	295	392	324	478	400	422	580
21. 专项收入	18	32	59.9	74	101	103	117	139	–	160	168
22. 其他非税收入	17.1	19.4	382.5	4	14	10	235	501	1274	1408	1924

安乡县2000－2008年一般预算收入情况

表40－2－99 单位:万元

项目 \ 年度	2000	2001	2002	2003	2004	2005	2006	2007	2008	总计
一般预算收入合计	8056	8862	10279	11659	10435	10538	12119	14788	13522	149548.4
一、工商税收	2808	2793	2518	2948	3772	4026	4299	4906	5460	53781.3
1. 增值税25%	488	502	512	534	741	703	795	917	869	10773.6
2. 个人所得税28%	303	485	333	278	277	290	289	328	272	4044
3. 企业所得税28%	200	356	89	69	103	107	110	111	158	4065.4
4. 营业税	1006	665	1108	1530	1820	2068	2230	2502	3472	23373.1
5. 房产税	151	131	130	170	230	240	274	340	212	3012.7
6. 城市维护建设税	128	107	143	159	321	328	309	347	175	2907.6
7. 城镇土地使用税	30	28	29	30	30	30	31	60	60	667.4
8. 车船使用和牌照税	35	31	65	85	90	95	96	125	95	1004.6
9. 印花税	85	81	70	77	145	150	150	151	92	1309.7
10. 土地增值税	1	1	2	6	5	5	10	15	45	100
11. 资源税	6	6	7	10	10	10	5	10	10	136
12. 屠宰税	375	400	30	–	–	–	–	–	–	1539.3
13. 其他税	–	–	–	–	–	–	–	–	–	2387.2
二、农业税收	2393	2565	4261	4618	2213	369	368	554	819	36554.8
14. 农业特产税	350	600	763	1100	–	–	–	–	–	5629
15. 农业税	1963	1875	3408	3408	2073	–	–	–	–	26420.3
16. 耕地占用税	30	30	30	30	109	243	182	298	420	1563.7
17. 契税	50	60	60	80	31	126	186	256	399	1402.5
三、非税收入	2855	3504	3500	4093	4450	6143	7452	9328	7243	59212.3
18. 国有资产收益	105	105	105	63	1062	965	1744	2299	1219	8642.3
19. 行政性收费	–	423	1960	2432	2049	3238	2475	2644	1597	16818
20. 罚没收入	509	583	650	800	839	1077	1044	873	1582	11213.7
21. 专项收入	170	190	195	195	110	133	162	140	225	2491.9
22. 其他非税收入	2071	2203	590	603	390	730	2027	3372	2620	20046.4

注:1. 此表数据来源于各年度决算报表;2. 非税收入项目又名预算外资金(1989－1995年)、收费收入(1996－2003年)。

二　上级补助收入

1989－1993 年，上级补助收入共 6307.2 万元。1994 年，实行分税制财政体制后，上级补助收入不断增大，增加了税收返还性收入，至 2000 年，上级补助收入共 32286 万元。2001 年，上级对中小学教师工资实行转移支付补助，农业税费改革后取消的农业税部分全额由上级实行转移支付补助，财力性转移支付补助进一步增大，至 2008 年，上级补助收入共 277789.2 万元。一般预算收入与上级补助收入比较见图 40－1－7，上级补助收入详情见表 40－3－100。

图 40－1－7

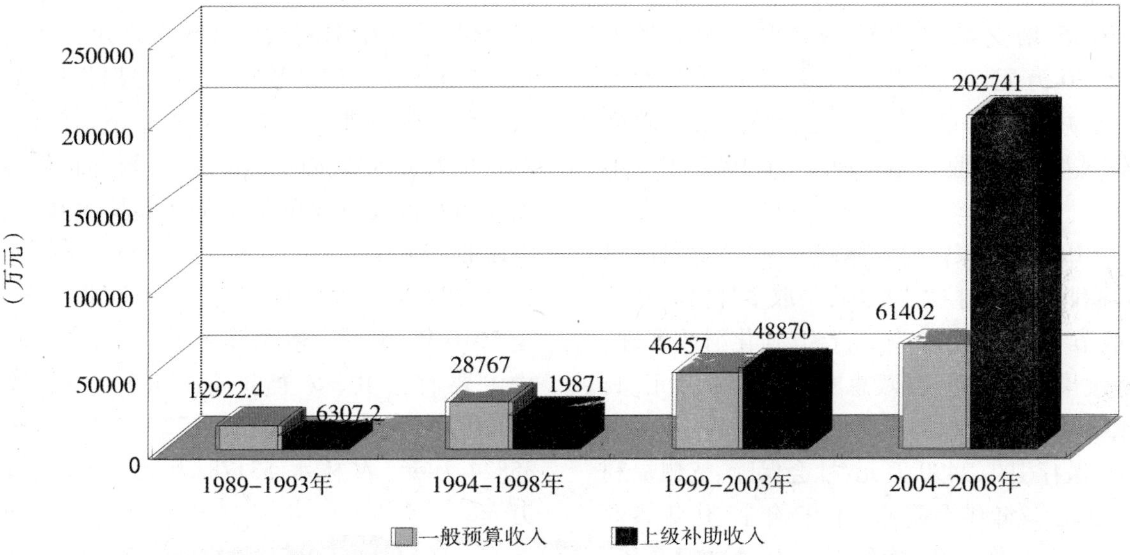

安乡县 1989－2008 年一般预算收入与上级补助收入比较图

安乡县 1989－2008 年上级补助收入情况

表 40－3－100　　单位：万元

项目 / 年度	总　额	税收性返还收入	财力性转移支付收入	专项转移支付收入	项目 / 年度	总　额	税收性返还收入	财力性转移支付收入	专项转移支付收入
1989	1048.5	–	303.6	744.9	1999	6698	922	1902	3874
1990	888.3	–	261.9	626.4	2000	5719	1044	2329	2346
1991	1249.4	–	281.5	967.9	2001	8953	1153	4886	2914
1992	1545	–	507	1038	2002	12874	1510	7867	3497
1993	1576	–	521	1055	2003	14626	1596	8853	4177
1994	2650	1132	588	930	2004	20843	1665	14288	4890
1995	2859	1164	568	1127	2005	27755	1671	20351	5733
1996	3562	1176	1120	1266	2006	35311	1660	25708	7943
1997	3677	1127	1113	1437	2007	52118	1752	35925	14441
1998	7123	1127	1438	4558	2008	66714	1742	42632	22340
总额合计	277789.2								

第四节 财政支出

一 一般预算支出

1989年,全县财政支出2946.7万元,其中农林水397.7万元、增支42.7万元,文教科卫类1320.3万元、增支80万元、增幅6%,行政、公检法两大类490.1万元、减支64.9万元。由于经济基础差,政策性增支增长速度高于收入增长速度,至1993年连年赤字。

1994－1997年,深化财政体制改革,注重财源建设,遵循"超收、节支、控赤"原则,采取多种措施开源节流、增收节支,规范财务收支行为,强化财政管理,收到良好效果。4年间,财政总支出30344万元,其中农林水3532万元、教育9180万元、行政、公检法7597万元、医疗卫生2490万元、社会保障、抚恤福利救济872万元,连年结余降赤。1997年底,历年累计赤字1120万元全部消化,净结余8万元。1998年,财政工作经受了前所未有的洪涝灾害和客观经济低位运行的严峻考验,坚持开源节流,着力把住"三个口子(预算支出、基本建设、社控)",全年财政支出12632万元、增加3262万元,其中农林水2925万元、救灾2582万元,仍确保了财政收支平衡。

1999－2006年,财政总支出192640万元,年均24080万元,其中农林水18707万元、教育50712万元、行政、公检法35901万元、医疗卫生10760万元、社会保障、抚恤福利救济23533万元。特别是1999年,县财政在经济环境偏紧,灾害损失惨重,政策性减收增支压力进一步加大的困难下,基本保证了财政负担人员工资按时发放、农科教和抗洪救灾等重点支出及行政事业单位正常运转资金拨付,确保了财政收支平衡。

2007年1月1日始,执行政府收支分类科目。至2010年,财政一般预算支出合计352756万元,其中主要有公共、安全事务19386万元、教育科技86120万元、社会保障就业72764万元、医疗卫生35824万元、农林水53178万元、交通运输10656万元。

一般预算支出比重见图40－2－8。

图40－2－8

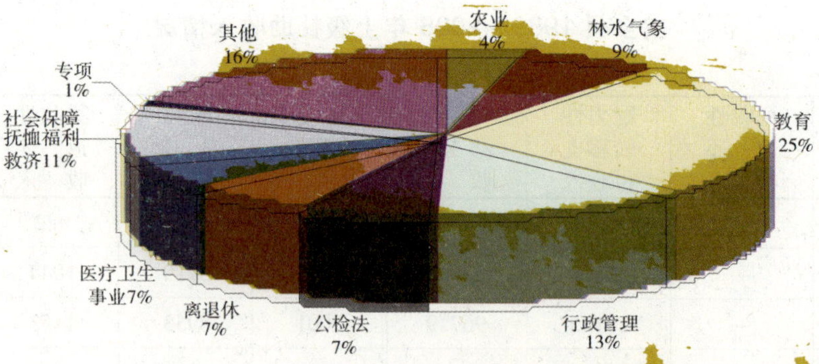

安乡县1989－2006年一般预算支出比重图

二 上解、上划税支出

1989－2008年,上解、上划税支出合计55338.9万元。其中,1989－2008年上解支出26304.9万元,1994－2008年上划税支出29034万元。

详情见表40－4－101。

安乡县1989－2008年上解、上划税支出情况

表40－4－101 单位:万元

年 度	1989	1990	1991	1992	1993	1994	1995	1996	1997	1998	1999
上解数	460.2	342.5	398.2	402	288	425	576	928	1054	1000	1407
上划数	–	–	–	–	–	1407	1749	1856	1506	1508	1304
合 计	460.2	342.5	398.2	402	288	1832	2325	2784	2560	2508	2711
年 度	2000	2001	2002	2003	2004	2005	2006	2007	2008	总 计	
上解数	1636	1622	2185	2037	2023	2533	2228	2195	2565	26304.9	
上划数	1470	1510	1536	2495	2223	2366	2729	1646	3729	29034	
合 计	3106	3132	3721	4532	4246	4899	4957	3841	6294	55338.9	

第五节 财政管理

根据国家财政政策、法律、法规,不断完善县级财政管理职能,对预算、非税收入、行政事业财务、农业财务、社会保障财务、经济建设财务、政府采购等实行全方位管理。

一 预算管理

1989年始,执行国家《预算管理条例》和省财政厅《关于加强预算管理工作的几项规定》,按照量入为出、收支平衡原则编制预算。因经济基础差,工商税收增幅小,政策性增支大,至1992年,县财政基本为赤字预算,滚存赤字1100余万元。1993年,根据县财政实际编制预算,增收节支,最大限度节减财政赤字,预算县级收入增长10.2%,支出按照复式预算要求,在保教育支出比例增长、保行政事业单位政策性支出增长、保支农支出的前提下,安排一定的建设性开支,其他各项支出节减10%,计划当年预算赤字298.15万元。实际财政收入3430万元、为预算的125.96%,支出4542万元、为预算的119.75%,上级补助收入1576万元,县财政首次实现当年平衡。

1994－1996年,在分税制改革的基础上,制定《安乡县预算外资金管理实施办法》,实行预算内、预算外综合预算编制管理,执行《预算法》。1994年,预算外资金专户储存1704万元、增加1154万元。3年间,财政预算收入15028万元、上级补助收入6664万元,支出20964万元,结余728万元,冲减了历年赤字。

1997年始,县财政预算收入按照增长幅度与国内生产总值增长相适应原则编制,预算支出继续实行"开源节流、注重效益、适度从紧、有保有压"的方针,实行"收支两条线",将养路费等13项基金纳入财政预算管理,按国家规定收取的各项税费附加统一纳入地方财政综合预算。财政预算收入6887万元、占预算调整数的100%,支出9370万元、占预算数的90.79%,结余8万元,甩掉了财政赤字包袱。

1998年,县境遭遇特大洪涝灾害,安造大垸溃决。根据灾后实际情况部分调整预算方案。调整后的财政收入减少502万元,其中工商各税2915万元调整为2865万元、减幅1.7%,农业税2192万元调整为1912万元、减幅12.77%,农业特产税708万元调整为558万元、减幅21.18%,其他收入调减22万元,其余项目未作调整。县十三届人大第七次会议通过《预算监督管理暂行办法》,加强了地方国家权力机关对财政工作监督。1999－2005年,财政预算收入67430万元、上级补助收入81772万元,支出148788万元,净结余414万元。

2006年是实施"十一五"计划的开局之年,县政府办印发《关于2006年县本级部门预算管理编制有关事宜的通知》,完善部门预算改革,全县65个行政事业单位编制了完整的部门预算。财政预算收入

12119万元、上级补助收入30917万元,支出42858万元,净结余178万元。2007－2008年,完成一般预算收入28310万元、上级补助收入118832万元、结转收入9300万元,一般预算支出140986万元、上解支出4760万元、结转下年支出7130万元,净结余561万元。2009年,一般预算、上级补助和上年结转等收入106736万元,减去上解支出2192万元和调出资金10万元后,支出95235万元,年终滚存结余9299万元(其中结转下年支出8845万元,净结余454万元)。

二　非税收入管理

县内非税收入征收管理经历了预算外资金管理(1989－1995年)、收费收入管理(1996－2003年)和非税收入征收管理(2004－2009年)阶段。

(一)预算外资金管理

1989年,预算外资金管理县财政专户归集收入296.7万元。1990年后,预算外资金增长快、规模大,逐渐占到地方财政收入的一半,行政性收费和预算外资金管理成为财政管理和社会生活中的热点和焦点。基于预算外资金的重要性和特殊性,对相关管理的督促、指导、检查经常化,至1994年,预算外资金管理总额达到3125万元。1995年,相继制定《安乡县预算外资金管理办法》《票据管理办法》,成立县行政事业性收费收入管理站,专司预算外资金管理。

(二)收费收入管理

1996年7月,国务院《关于加强预算外资金管理的决定》,明确预算外资金管理范畴,其资金所有权属国家,资金调度权属各级人民政府,资金管理权属财政部门。5月,县收费收入管理站更名为县收费管理局,依照《湖南省预算外资金管理条例》对行政事业单位收费实行监督、控制和管理。1997年,制定财政综合预算计划,确定预算收入基数,以1996年单位预算外资金收支决算数为依据,同时参考1997年单位预算外收入计划和收入项目的增减变化。一是行政事业单位人员以县委编委办提供的编制人数为依据,未经编委审核认定的超编人员不得进入综合预算支出基数;二是工资总额以县人事劳动部门提供的情况为依据,凡未经人事劳动部门审核的工资不得进入综合预算人员工资支出基数。为规范和加强专户储存、专项票据管理,制定领用、缴销制度,统一使用省财政厅和市财政局印制的《湖南省收费(基金)罚款缴款凭证》《常德市收费(基金)罚款缴款书》。1998年,在行政事业单位预算外资金财政专户储存基础上,重点搞好“两项制度改革”,进一步实施预算内外综合平衡,通过“委托银行代收”和强化预算约束,逐步实现预算外资金预算化管理,遏制了“三乱”现象。1999年1月,设立12个委托代收点(其中工商银行2个、建设银行4个、农业银行5个、中国银行1个),86家行政事业单位、315个收费项目全面推行银行代收代缴制度,全年完成预算外总收入8638万元。

2000年,继续严格“收支两条线”管理,推进代收代缴制度,加强票据和财政综合预算管理,全年完成预算外总收入9372万元。其中行政事业性收费收入3852万元、占预算外总收入(下同)的41%,增加842万元、增长27%,政府性基金收入1922万元、占20%,增加361万元、增长23%,乡镇自筹统筹收入3598万元、减少469万元、下降11%。检查30家行政事业单位的预算外资金管理,查出问题单位11家,违纪金额143万元全额收缴财政专户,并处罚责任单位。2001年,纳入财政综合预算管理的行政事业单位59个,占行政事业单位总数的83%,列入财政综合预算支出编制人数8606人、离退休1948人,占财政供养人数的94%,财政综合预算收入11783万元,利用预算外资金弥补财政预算内支出不足1208万元。为加强预算外资金支出计划管理,确保财政综合预算执行,制定《安乡县预算外资金支出计划管理暂行办法》,实行单位用款月计划管理。2002年,进一步严格“收支两条线”管理,继续推行和完善收费、基金、罚没收入“单位开票、银行代收、财政统管”征管制度,加强票据管理和预算外资金管理稽查,预算外资金专户储存额达2872万元,增加180万元。

(三)非税收入征收管理

依据《湖南省非税收入管理条例》进行非税收入

征收管理,主要从事征收、资金、票据管理和监督检查。县内非税收入征收项目为行政性收费、事业性收费、政府性基金、罚没收入、国有资产资源收益、其他非税收入六大类。每年清理执收执罚部门收费项目,取缔不符合规定收费项目。

2005年,投入120余万元建立非税收入征管信息网络,对城区执收执罚单位全面实行电子信息化控管。至2008年,网络连通非税单位166个,其中一级拨款单位58个、二层单位108个,并与县农村信用联社、省、市非税网络连通。非税收入资金管理,取消了相关单位的收入过渡账户。2005年,与相关银行和县监察局全面清理县直单位银行账户,取消变相收入过渡户,单位原则上只保留一个支出账户,所有收入直接缴入县财政专户,印发《关于要求代理银行协同取消县直单位非税收入过渡户的通知》。制定《安乡县非税收入资金拨付程序及账务处理办法》,将非税收入汇缴结算户内的资金按级次和类别定期划解国库或财政专户,行政性收费、罚没收入、国有资产收益、国有资源收益纳入一般预算管理,政府性基金(附加)纳入基金预算管理,事业性收费、其他非税收入纳入一般预算管理或财政专户管理,本级财政收入纳入财政统筹安排,调剂使用或专款专用。2006年2月,印发《关于贯彻落实〈湖南省非税收入收缴管理暂行办法〉的通知》,从3月1日起,非税收入收缴正式启用《湖南省非税收入一般缴款书》和安乡县非税收入汇缴结算户(设县农村信用联社),非税收入汇缴结算户退付非税收入时,使用《湖南省非税收入退付书》,代理银行凭此办理退付结算时一般采取转账支付,原以现金方式缴款的经批转可退付现金。县内非税收入资金管理更加规范。为加强源头控收,非税票据管理始终坚持"缴旧领新、限量供应、日清月结、以票管收、票款同步"原则,建立票款同步台账,实行非税收入票据领购、使用、保管、核销规范化管理,制定票据管理和年检制度。是年,票据管理手工台账改为电脑系统台账。是年6月,为加强非税收入票据的购领、保管、发放、使用、核销及监督管理,规范执收执罚单位行为,达到以票管费、票款同步的目的,根据《湖南省非税收入票据管理办法》,制定《安乡县非税收入票据管理制度》、票据管理年检制度,每年对领用票单位票据年检,共检手工票据20547本、电脑票据145540份。其中手工一般缴款书1292本、电脑一般缴款书20540份、定额专用票据2476本、手工非定额专用票据16125本、电脑非定额专用票据12.5万份、其他财政票据654本。县直99家票据购领单位使用财政票据征收非税收入资金22096万元,增长4557万元、增长率25%。当年应缴非税收入结算专户10116万元(社会保障基金和医疗收入除外),实际缴存9560万元、缴存率94.5%。

2004年8月,组织为期一个月的专项检查,查出应缴未缴财政专户资金348万余元,使用违规票据收费75万元,对18个单位发出处罚告知书、决定书,罚款4万余元。2005年7月,对11个单位上半年非税收入稽查,查出应缴未缴财政专户收入234万元,对6个单位发出整改通知书,并全部整改到位。2006－2010年,对县直执收执罚单位非税收入不定期检查,查出应缴未缴非税收入150余万元。对城区7家医院使用白纸条收取门诊挂号费的问题发出整改通知书,对逾期未改正的发出处罚决定书并实施处罚。

三 行政事业财务管理

20世纪90年代,县内行政事业财务管理包括各级行政事业部门及其所属单位的管理费,分别实行全额、差额预算管理。1994年始,对部门实行预算内、预算外综合预算。1996年,民政、卫生、社会保障事业费及专项资金划归社会保障财务管理。

2003年,制定《安乡县委接待处接待工作管理办法》《安乡县转移支付计生经费管理办法》。7月,调查摸底行政事业单位2000－2003年收支情况,为实施国库集中支付改革提供了重要数据。9月,根据全县清理"小金库"工作总体部署,检查30个行政事业单位财务,查出各类违规管理金额800余万元。2004年5月,清理整顿统一着装,符合规定着装单位11个、781人,违规着装单位16个、280人,收缴标志物及大盖帽928件,违规着装得到遏制。10月,清理全县123个行政事业单位、8910名工资持卡人员,清出不在岗人员179人,其中"吃空饷"44人并全部停卡,减少支出50余万元。2005年,印发《安乡县乡镇机关公务消费财务管理细则》,全县乡镇推行公务消费改革,20个乡镇从4月1日起执行新的公务消费管理标准。改革后,乡镇机关年公务消费总额控制在750万元内,减少300万元、下降25%,公务消费货币化补贴250万元,行政成本明显降低。2006年,印发《关于2006年县本级部门预算编制有关事宜的通知》,行政事业单位实行部门预算改革,严格审核单位人员编制及财政供养对象,清理“吃空饷”人员,建立部门预算数据库,各相关预算单位在4月15日前完成预算编制、数据软盘录入和报表。是年,专项资金管理实行“总体预算、单位申报、财政审核、常务副县长审批、政府采购”办法。相继落实省《关于农村义务教育阶段学生免收学杂费实施细则(试行)的通知》《关于确保农村义务教育经费投入、加强财政预算管理的通知》《关于农村中小学校舍维修改建专项资金管理实施细则(试行)的通知》和市《计划生育专项资金管理办法》,减免14954名中小学生学杂费、课本费241万元,补助4000余名困难学生寄宿费及生活费补贴78万元,对12处农村中小学危房改建和寄宿制学校建设投入资金435万元,新建和维修校舍1.25万平方米;调整核实农村计划生育奖励扶助对象1022人,发放奖励扶助金94.3万元。2007年,进一步强化预算约束,加强财务监管,压减支出,确保重点支出落实。落实财政供养人员新增工资打卡发放,保证教育新机制改革县级配套资金254万元到位,落实公、检、法人员人均公用经费2.5万元,保障计划生育经费按总人口每人增长1.39元,落实财政供养人员养老、医疗保障和住房公积金补贴。是年,落实《常德市深化农村义务教育经费保障机制改革实施方案》和省人口计生委、省财政厅《关于落实“十一五”期间人口和计划生育事业费投入的通知》,发放38686名中小学生课本费、学杂费补贴资金271万元,投入资金460万元,完成农村中小学改建15处,新建、维修校舍1.47万平方米;发放农村1191名计划生育对象奖励扶助金71.46万元,发放324个独生子女伤、残、死亡家庭扶助金30.84万元。2008年,完善部门预算编制,确保重点支出,保证了财政供养人员津贴按年人均4800元(离退休6000元/年)打卡发放。是年,按照市政府办《关于加强乡镇机关建设的通知》,进行乡镇机关建设改造,县、乡投入220万元。至2009年,乡镇机关改造全部完成,同时提高了村级低限运转经费标准,实行村干部工资打卡发放。

四　农业财务管理

农业财务统一管理农村生产类支出、农林水利气象等部门事业费类支出。至2009年,管理农口预算单位17个、编制1579人,其中行政编153人、事业编1426人,全额拨款777人、差额拨款649人。

1989－1995年,执行《湖南省农业事业单位预算和财务管理若干规定》,对全县农林水利气象事业单位及农垦单位,分别实行全额预算管理单位“支出包干、超支不补、结余留用、一定一年”管理办法、差额预算管理单位“定收定支、定补助、增收节支留用、减收超支不补、一定三年”管理办法、自收自支经费自给单位财政不再拨给经费。1996年,按照《常德市农业综合开发资金暂行管理办法》,印发《安乡县农业综合开发资金管理和会计核算实施细则》,规范管理农业综合开发资金。7月,检查农口局级行政事业单位和农场财务,整顿检查发现的问题。1998年,执行市财政局《关于进一步清理整顿财政周转金的通知》,贯彻“控制规模、限定投向、健全制度、加强监督”方针,清理整顿1984－1997年财政支农周转金,核对80家周转金往来单位、1247.3万元周转金账目,基本澄清了周转金投放底子。1999年,制定《安乡县农口企事业单位财务会计基础工作考核办法》和《安乡县农业发展基金管理办法》,实行项目资金跟踪问效制,对大宗专项资金、中央特大防汛经费、省市追加的各项经费进行项目跟踪调查。2000年,建立健全《农口企事业单位财务管理办法》和《农业财务工作目标管理考核评比办法》,加强专项资金财务监督检查、事业费财务监督检查、农口单位会计人员业务培训,坚持会计人员持证上岗。2001年,执行财政部《财政农业专项资金管理规则》和省财政厅《财政农业专项资金调整和改革方案》,农业专项资金申报种类规范为农业产业化发展资金、农业科技推广示范基地建设资金、农业社会化服务体系建设资金、品种改良资金、农村小型公益设施建设资金(含人畜饮水、薪炭林、农村沼气等),向上申报项目,形成农业专项资金管理项目文本并建好项目管理库。是年申报项目5个,上级3个,其中鲁梅克斯草引种项目30万元。2002年,按照《湖南省森林生态效益补助资金管理办法实施细则(试行)》,将市财政下拨的65万元森林补助资金,增列"林业事业费"预算科目,同时清查2000－2002年农业综合开发资金。2003年,农口系统专项资金自清自查。当年中央、省、市安排各类专项资金1291.83万元,其中林业82.83万元、水利537.5万元、农业146万元、扶贫97万元,全部足额及时拨付到位。特大防汛资金到位后,解决了100余处垮堤滑坡、5处电排除险、3处水毁设施修复,清除了安全隐患。是年,以工代赈资金机埠改造、电排更新26处,改造、更新电机11台、水泵24台、变压器2台、节能装置1台,整修涵管80米、拦污栅20块,检修闸1座,改造机房50平方米,受益面积11.5万亩;扶贫资金扶持龙头企业洞庭水殖、洞庭牧业贴息各15万元,67万元用于老城区道路及水利设施等建设改造。2004年,分别制定水利、农业综合开发和扶贫专项资金管理办法。建立水利专项资金报账制度,人民银行开设水利资金专户,财政局开设报账专户,专人专账统一管理;农业综合开发专项资金管理,明确3家会计主管机构,设立3套会计核算账务,形成完整的核算体系,农开办设统计台账,全面、真实地反映农业综合开发资金计划、来源、运用情况。2007年,按照《关于建立财政支农资金项目管理库的通知》,对农业产业化、农业科技推广、农村小型公益设施建设和农村社会化服务体系项目等支农资金建立项目库管理。当年申报安康乡南北低水渠建设、安民垸农场机埠机电设备维修、安昌乡梅家洲村道路建设等项目。10月,执行《湖南省能繁母猪补贴资金管理实施细则》,全县1.41万头能繁母猪按50元/头标准补贴到位并进行公示,建立补贴资金专账。2008－2010年,加强惠农资金管理。抽调200名干部检查验收惠农政策落实情况,进行土地面积实测实算,油菜、棉花和粮食良种补贴5146.2万元全部发放到位,其中油菜1448.3万元、棉花858万元、粮食2839.9万元。

五　经济建设财务管理

经济建设财务管理的主要内容是经济建设方面的各类专项资金。

(一)平垸行洪、移民建镇资金管理

1998－2000年,按照国家计委、财政部、国土资源部、建设部、水利部、农业部《关于进一步做好湖北、湖南、江西、安徽四省平垸行洪、退耕还湖、移民建镇工作的通知》,对全县8条河流的湖、滩、民垸和巴垸所居住的农户摸底登记。2001－2005年,县内第三、四期移民建镇完成。一至四期移民建镇历时8年,投入移民建房资金10645.5万元、户均1.5万元,投入基础建设配套资金1411.6万元,7097户农户摆脱了水患困扰。

按照《湖南省平垸行洪、移民建镇工程建设管理暂行办法》规定,印发《安乡县关于加强平垸行洪、移民建镇资金管理的通知》,资金管理坚持按计划、按进度拨付资金,移民资金实行财政专账、银行专户、管理专人;资金发放实行程序公开、结算公开、结算到户,县里不留、乡镇不扣、部门不收、村里不用、农户不调;跟踪检查坚持日常监管,跟踪问效,不准村代领、不准抵扣债务、不准违规发放、不准截留挪用、不准提取费用,实行平建办主管、财政直管、乡镇协管、审计监管。有效地保障了移民建镇资金安全运行和顺利发放,保证了平垸行洪、移民建镇工程任务的完成时间和质量。

(二)粮食直补资金管理

县内自2004年始对种粮农户实行粮食直接补贴,当年补贴654514亩、亩均11元,发放补贴资金7199650元。按照市财政局《关于加快清算兑付粮食直补资金的通知》,为确保资金发放到位,由乡镇财政所统一调查摸底、填表造册、张榜公布、审核到户,资金直接发放到农户手中。2005年,对20个乡镇、农场的110430个农户,其计税面积中种粮面积按亩均13元的标准补贴68.9万亩,通过乡镇财税管理网络发放补贴资金895.7万元。2007年始,亩均补贴标准增至13.5元。至2010年,共发放粮食直补资金6232万元。

(三)农资综合补贴资金管理

农资综合补贴是国家为确保石油价格改革顺利

实施,保持社会稳定的决策。2006年,根据市财政局《关于认真做好财政补贴落实工作,确保石油价格改革顺利实施的通知》和《关于做好石油调价财政补贴工作的通知》,补贴资金发放和管理及时足额到位,防止截留挪用;向种粮农户发放补贴通知单,明确新增补贴资金数量和标准并张榜公布,在农业发展银行开设"成品油改革补贴资金专户",通过乡镇财税管理网络,以银行"一卡通"发放到户。是年,农资综合补贴标准亩均14.1元、补贴面积68.9万亩、补贴金额971.49万元。2007年,补贴标准提高到亩均31.8元、补贴资金2191万元。2008年,补贴标准提高到亩均80.6元、补贴资金5553.34万元。2009年,除对农民实行综合补贴外,对从事捕捞及养殖并使用机动渔船的渔民和渔业企业、国有林业企业和林场苗圃、城市公交企业、农村道路客运营运者、城市出租车,按提价幅度核定分行业补贴比例及补贴标准。至2010年,发放行业燃油补贴资金1978.3万元,受益车辆1267台(辆)、渔业捕捞船只300余艘、林业机动机械60余台、林场苗圃面积1800亩、1.96万余人。

(四)其他专项资金管理

1998－2009年,其他专项资金总投入26462.03万元,其中农村安全饮水及城镇水厂改造资金1688.82万元、卫生医疗体系建设2408万元、退耕还林及长江防护林900万元、农村道路建设4455.65万元、农村能源建设554.41万元、土地开发整理及耕地开垦等16455.15万元。其资金实行专户储存、专账管理、政府采购、专款专用。

六 社会保障财务管理

全县社会保障财务管理预算单位37个,其中全额拨款单位15个、差额拨款单位22个。

1998年,全面清理检查县劳动局、人事局、民政局、卫生局等单位专项资金,社会保障资金纳入财政专户储存,实行"收支两条线"管理。2001年,出台《安乡县城镇职工基本医疗保险办法(试行)》,确定5家医疗单位、15家专售药店实行定点医疗、定点购药公费医疗管理。2002年,落实《湖南省机关事业单位养老保险制度改革办法(试行)》,印发《关于在机关事业单位全面推行工作人员社会养老制度的通知》,全县机关事业单位全面启动社会养老保险,单位征缴标准为在职工作人员上年度月平均工资总额的23%,个人缴纳标准为本人上年度月平均工资总额的5%,基本养老保险金实行"全额上缴,全额拨付,不缴纳不拨付"。2005年,根据省财政厅《关于规范社会保障资金专户管理的通知》,县内各种社会保障资金分别开设财政专户,进一步规范"收支两条线"管理,建立财政社保信息应用管理系统,确立会计科目,与上级联网运行,提升管理水平。2007年,根据省政府《关于加强农村卫生工作的决定》,印发《安乡县新型农村合作医疗实施办法(试行)》,县内启动新型农村合作医疗。按照"政府负责、农民参与、县办县管"的方针,坚持"自愿参与、多方筹资、以收定支、保障适度、科学管理、民主监督"的原则,375389人参加农村合作医疗,收缴资金750.8万元。是年,实行优抚低保资金社会化发放,以"民政核算、财政核资、银行打卡"管理方式取代"以拨代管"传统发放模式,对8252户城镇低保家庭、13082人发放资金579万元,对"五保户"、优抚对象全部实行打卡发放,杜绝了虚报冒领。

2007－2010年,社会保障资金管理更加规范,社会养老保险继续扩面。至2010年,全县企事业职工基本养老保险参保32583人,收缴基金25963万元、财政补贴14527万元,支出34649.5万元,其中基本养老基金支出34303.7万元、丧葬抚恤支出270.2万元、转移支出75.6万元;机关及事业单位养老保险参保12401人,收缴基金12348.4万元、支出13931万元,领取人数8854人。城镇职工基本医疗保险参保41325人,收缴基金7211万元、支出5847.6万元;城镇居民基本医疗保险参保74805人,收缴基金2646.7万元、支出2248万元;新型农村合作医疗参保456680人,收缴基金13976万元、支出13415.7万元。失业保险参保1.6万人,收缴基金403万元、支出284万元。工伤保险参保20401人,收缴基金497.5万元、支出370.5万元。生育保险参保29140人,收缴基金409.3万元、支出166万元。优抚对象医疗救助收入300万元、支出300万元,11121人受助。收缴其他社会保障资金14334.4万元、支出

14122.6万元。城镇居民最低生活保障参保12431人,收缴资金6793.3元;农村居民最低生活保障参保19723人,收缴资金2368.5万元。

七　国库集中支付管理

2003年,根据《湖南省国库集中支付核算改革试点方案》,县财政国库集中支付局(简称县支付局)开始推行财政国库集中支付,履行办理财政直接支付零余额账户和授权支付零余额账户业务;根据财政局批复的分月用款计划,办理财政直接支付的审核拨付;负责登录和核算预算单位财政性资金支出明细账;汇总并向财政部门提供财政资金支付和清算日、旬、月报信息等职责。

2006年11月,制定《安乡县财政国库集中支付改革试点方案》,与工商银行签订零余额账户代理协议,初步建立起财政国库单一账户体系。2007年1月,印发《安乡县财政国库集中支付制度改革会计核算暂行办法》《安乡县财政国库集中支付制度改革财政直接支付与财政授权支付范围划分细则》《安乡县国库集中支付管理内部操作规程》《安乡县财政国库集中支付制度改革资金支付管理办法》,县支付局光纤接入,建设虚拟局域网,为指定的代理银行(人民银行安乡支行、工商银行安乡县支行)提供2M电路接入及各使用单位ADSL接入组网。4－11月,在县直18个一级预算单位实施国库集中支付改革试点,正式联网运行,完成直接支付11532万元、授权支付3457万元。2008年,执行财政部《关于化解农村义务教育"普九"债务资金国库集中支付管理暂行办法》《关于新型农村合作医疗补助资金国库集中支付管理暂行办法》,"普九"债务资金和新型农村合作医疗补助资金实行国库集中支付管理。11月,国库集中支付改革扩面,与建设银行安乡县支行签订零余额账户代理协议,取消39个预算单位不符合规定的银行账户,新扩面的38个单位正式上线运行。其内容涵盖预算内、预算外、往来结算和专项资金。是年,完成直接支付22900万元、授权支付7162万元。2009年,56个县直预算单位国库集中支付改革,完成直接支付39701万元、授权支付11054万元。

八　工资统一发放管理

1999年11月,成立工资发放中心,负责县财政拨款人员的工资发放核算、统计、决算、监督、检查等,实行财政纵向管理。依据国家相关政策规定和《安乡县财政负担人员工资发放管理暂行办法》,制定《财政负担人员工资发放实施细则》,确定工资统一发放到人的管理模式,但预算管理仍执行原运行管理体制,人员工资列入单位年初预算。其发放项目确定为:行政单位包括基础、职务、级别、工龄工资和未纳入津贴及政法干警警衔工资;事业单位包括职务工资、活工资、未纳入津补贴、教龄工资、提高部分;行政事业单位离退休人员离退休金。工资发放中心配合银行核定统发人员,编制个人"工资储蓄"账号,输入电脑,分批统发到位。1999年11月始在党、政、群、公、检、法、司等行政机关实施;2000年1月在教育系统实施;2000年5月在乡镇机关实施。全县工资统发全部到位,统发单位102个,月统发工资额490万元。其中县本级82个、乡镇20个;统发人数8675人,其中教育系统6200人、乡镇702人。至2004年,全县有统发人员8910人,其中在职6835人、离退休2075人。在职人员中,教育系统22个单位发集体卡3671人、个人卡1138人,乡级政府439人、政法系统551人、其他县直单位1036人。离退休人员中,教育系统1331人、乡级政府157人。2004年12月,清理全县行政事业单位统发情况,共检查123个单位(56个县直单位、28个教育单位、20个乡镇机关、19个乡镇事业单位),清理出179人,其中县直单位24人、乡镇机关16人、教育系统121人、乡镇事业养老保险18人;在职脱产学习51人、下海经商14人、办企业1人、已正式办理外地调动手续44人、无请假手续未上班40人、已死亡未上报29人。取消统发85人。

2006年7月,机关事业单位工资收入分配制度改革,归并津贴、补贴项目。津贴、补贴规范为工作性津贴和生活性补贴,工资发放项目因此调整。公务员包括职务、级别工资和工作津贴、生活补贴等;事业人员包括岗位、薪级工资和工作津贴、生活补贴等。至2010年,工资统发在岗人员7661人、离退休人员2875人。

九 社会集团购买力管理

1989年,根据国务院《关于从严控制社会集团购买力的决定》和省政府《关于从严控制社会体团购买力的几项具体规定》,从紧从严管理专控商品。规定非特殊情况不得购买专控商品,特别是小轿车等高档消费品;严禁购买国家规定的彩色电视机、国产13种名牌卷烟和进口卷烟、国产13种名牌酒和进口酒;严防借生产之名购买非生产用商品。在原29种专控商品的基础上,增加微机、名牌自行车、100元以上的电子计算器、50元以上的旅行箱(袋)、电子打火灶、电饭煲(电炒锅)等6种专控商品。是年1月1日起,对社会集团购买专控商品征收附加费,小汽车价格在10万元以上的征价款的30%、10万元以下的征20%。

1991年,根据财政部、国家税务总局文件,加强小汽车控购管理,规定行政单位包括有行政职能的事业单位不得购置进口车、走私车。1992年,开征专控商品调节基金,购买社控商品征收调节基金,控制社会集团高消费。1993－1996年,国家调减29种专控商品品目,只将其中高档耐用的8种列入专控品目。为严格控制财政支出,对亏损行政事业单位和拖欠税利企业购买小汽车、空调等作出规定,即对亏损、拖欠税收的单位、企业停止审批,行政单位购买其他6种专控商品原则上停止。1997年,县内社会集团专控商品为小汽车、大轿车、摩托车、空调、录像设备、各种音响设备、照相机(单价500以上)、无线寻呼机、天线机动电话与对讲机。审批权限调整为进口小汽车、国产奥迪车由省社控办审批,国产小汽车由市社控购办审批,其余7种专控商品由县社控购办审批。至2001年,社会集团控购商品范围缩小到小汽车、大轿车、摩托车。2004年8月,根据省、市要求,取消企业购买小汽车控购审批,除具有行政管理职能或事业单位性质的国有企业以及具有管理职能的国有控股企业仍继续实行控购审批外,其他企业购买小汽车可直接到车管部门办理上牌手续。

2002年,行政事业单位的小汽车实行定编管理,严格控制非生产性用车。遵循“严格审批管理,审批不越权,超标不审批”的原则,全县审批各类车辆198辆。2003年,按照省财政厅《关于进一步加强党政机关小汽车配备和使用管理的通知》和市政府《关于核实机关小汽车编制的通知》,对行政事业单位的小汽车清理定编。全县130多个行政事业单位有小汽车232辆,超编34辆,清理后重新定编210辆,审批12辆。2005－2007年,按照省、市领导干部廉洁自律工作领导小组和市汽车定编领导小组有关文件精神,进一步规范和加强全县行政事业单位公务用车的定编、定标管理,对其车辆及定编情况摸底调查,制定《安乡县机关事业单位小汽车编制管理暂行规定》。对县委、人大、政府、政协、纪委按有关规定在保证公务用车需要前提下,由县公务用车审批领导小组核定小汽车编制。县直各办、局(含乡镇政府)配备小汽车规范为机关公务员编制在25人以下的部门或单位按1辆定编,编制在25－50人的部门或单位按2辆定编,如工作需要确需增加由单位申报,县公务用车审批领导小组审批核定。公务用车的处理,如无财政部门批文,交警部门不得办理过户手续。至2009年,全县行政事业单位小汽车定编346辆,在2003年基础上新增136辆,其中2006年新增78辆(含工具车37辆)、2007年新增37辆、2008年新增9辆、2009年新增12辆。对小汽车实行定编管理的同时,确定行政事业单位小汽车的处置原则、范围和程序。编制内的车辆,在正常使用期限内原则上不得更换,确需更换的,财政拨款的多台公车单位编制内的公车必须使用10年或行驶里程超过30万公里以上,单台公车单位编制内的公车必须使用8年或行驶里程超过25万公里以上,不占编制的专车必须使用6年或行驶里程超过20万公里以上,资金自筹单位的公车同等条件下可优先更换。2005－2009年,处置26辆,其中2005年3辆、2006年6辆、2007年3辆、2008年10辆、2009年4辆。

十 政府采购管理

根据《政府采购法》和省政府办公厅《关于进一步规范管理政府采购工作的通知》,2003年3月,成立县政府采购领导小组,在县财政局设政府采购监督管理办公室,开展政府采购工作。8月,县政府印发《关于推行政府采购制度的通知》《安乡县政府采购工作实施草案》《安乡县政府采购目录》《安乡县政府采购招标投标管理办法》《安乡县政府采购账务处理规定》，根据"稳定发展、逐步规范、突出重点、全面推进、先易后难"原则，先在县"四大家"和政法系统、水利、农业综合开发、卫生血防、城建环保等单位展开，其品目为行政、事业单位的住房基建、改造维修、办公设备及办公用品、通信器材、交通工具、小车定点加油与定点维修、保险、医疗器械、教学用仪器设备、水利设施、城建环保绿化亮化改造工程，先后对县保密局在线UPS、县委、县政府、人大的小车配置、财政局国库信息系统、收费局网络系统、人民医院住院大楼设备进行政府采购，采购金额510万元，节约资金60万元、节约率10.7%。2004年，县委、县政府印发《关于加强全县行政事业单位财务管理的意见》《安乡县行政事业单位机动车辆统一保险运作办法》，全面推行政府采购制度。对全县行政事业单位63台机动车辆统一保险，保险金额39万元，采购金额2489万元。

2005年，按照"依法监督、稳步推行、和谐发展"的要求，着重"扩规模、建机制、抓规范"，完善《安乡县政府采购实施办法》。政府采购目录涉及货物、工程、服务三大类数十种商品的上百个品种，其采购限额标准为：单项金额或批量金额在3000元以上的货物；5万元以上的工程项目；单项金额或批量金额在3000元以上的服务项目；机动车辆、办公用品、专用设备、会议置品等大宗货物公开招标；定点办会、定点投保、定点印制、定点维修等经常性服务项目招标定点。采购资金实行"封闭直达"，当年采购规模4789万元，节约资金400余万元。2006年，开展政府采购领域商业贿赂专项整治，净化采购市场，规范采购行为，理顺了政府采购管理体制（即形成政府采购领导机构、监管机构、执行机构三个层次的管理体制），建立监管职能和执行职能分离、相互制约的运行机制，加强对政府采购委托代理机构管理，对招标程序、操作过程直接或间接性管理。根据社会经济状况和财力状况，制定政府集中采购目录和限额标准，进一步扩大政府采购范围和规模，当年完成政府集中采购125次，采购金额5500万元，节约资金828.25万元。2007年，加强政府采购信息系统建设，注重重点工程采购和农村人畜安全饮水工程建设、新农村示范片建设等涉及民生的一系列工程采购，当年完成政府采购5853.85万元，节约资金449.25万元。2008年，根据县委、县政府《关于加强政府采购政府审核及投资项目资金直接支付工作的暂行规定》，拓宽政府采购领域，将卫生、教育、水利、交通等涉财资金较大的部门纳入政府采购管理重点，逐步完善从采购项目申请到采购资金结算支付等操作规范，建立以财政部门为主，纪检监察、审计等部门共同配合的有效监督机制。当年政府采购规模7955.03万元，节约资金1275.89万元、节约率16.5%。2009年，落实《政府采购法》，进一步扩大政府采购范围，规范政府采购行为，推行信息公开，加强政府采购监督管理。当年政府采购额8990万元，节约资金1240万元、节约率12%。

十一　国有资产管理

1991年4月，设立县国有资产管理办公室（后更名为县国有资产管理局，简称县国资局）。1995年，根据《行政事业单位国有资产处置管理实施办法》，行政事业单位国有资产处置实施申报与批复，实行报告审批、评估作价、公开变卖、收入上交、专户储存、预算拨还管理办法。1997年，出台《安乡县国有资产管理规定》。1999年，为不断完善国有资本金监管，强化企业激励约束机制，科学地评价企业经济效益和经营者业绩，制定《安乡县国有企业绩效评价工作方案》。2000年6月，制定《安乡县国有资产产权界定和产权纠纷处理办法》，授权县国资局管理。10月，制定《在机构改革中加强行政事业单位国有资产管理的实施办法》。至2001年，登记占有、使用国有资产183户，其中行政事业单位154户、国有企业29户，资产总额101421万元。通过公开拍卖、拍租、招商引资开发等形式，处置国有资产35处、评估底价1976万元，实现总价值2213万元、升值12%。

1992年4－6月，完成县内国有资产产权登记，81个企事业单位取得合法经营权。其中经委系统15个、农委系统21个、党政群系统9个、财委系统18个、外经委系统4个、计委系统5个、建委系统4个、乡经委系统3个、科委系统2个。1996年1月，执行

《企业国有资产产权登记管理办法》,对湘北罐头食品厂等7家企业进行整体资产登记评估。6月,开展事业单位非经营性资产转经营性资产评估、验资,科级行政事业单位产权登记85户、登记率100%,二层独立核算单位95户、登记率85%,总资产13062万元,资产负债658万元,国有资产11404万元,其中固定资产7433万元。国有企业年检105户、年检率100%,总资产92802万元,资产负债85888万元,国有资产6914万元。1997年5月,在9家集体企业进行清产核资试点。6月,对城镇集体企业清产核资。是年,对13家国有企业进行国有资产保值增值考核。2004年5月,对43个县直行政事业单位资产清查,资产总额35239万元,其中固定资产28665万元,负债总额8685万元。同时,对39个县直行政事业单位房屋门面出租、租赁及国有房产、土地转让情况清查,房屋门面出租面积4075平方米、年租金52.4万元,房屋门面租赁面积5469平方米、年租金59万元,转让房屋建筑物面积3150平方米、转让金额303万元,转让国有土地面积8590平方米、转让金额1024万元。处置3家改制国有企业的国有资产,其中处置印刷厂土地、房屋建筑物143万元,罐头食品厂土地、房屋建筑物215万元、设备100万元,机械厂土地、房屋建筑物100万元、设备100万元。是年底,全县列入部门决算报表133户,其中党政机关22户、事业单位111户,列入国有企业决算报表8户,其中国有独资企业5户、国有控股企业3户。部门资产总额73829万元,其中固定资产37739万元,负债总额39621万元,净资产34208万元,国有企业资产总额40991万元,其中固定资产净值7391万元,负债总额58619万元,净资产－17628万元。全年查处不按程序处置国有资产案3宗,实现国有资产收益1062万元。2006年,对2003年2家改制企业的国有资产(土地)评估和处置,评估土地价值252万元、实现公开拍卖价值505万元,比评估值增加253万元、增长1倍。2007年,根据省财政厅《关于组织开展全省行政事业单位资产清查工作的通知》,对全县70个县直行政事业单位、20个乡镇政府、22个卫生院和卫生系统二层单位、53个教育系统二层单位资产清查。资产总额131218万元,其中固定资产56812万元。负债总额94769万元,其中欠干部职工工资286万元、银行贷款1198万元,资产负债率72.63%,净资产36447万元。对7宗国有资产(含国有土地)公开处置,实现公开拍卖价值1923万元,比评估值增加1112.31万元、增长1.37倍。

十二　会计工作管理

1989年,全县企事业单位有财会系列专技职称人员708人,其中会计师66人、初级职称642人,有会计单位402家,应达标、升级的242家。1990年,会计工作达标、升级全面展开,至1991年5月,达标25家、升级1家。1992年2月,成立县财会系列职称改革领导小组,负责全县会计职称改革和专技职称评审,审定40名会计机构负责人和主管会计。是年,742名财会人员参加全国首次会计系列资格考试。1996年,全县行政、企事业单位始实行财务会计电算化,财务人员持“双证(会计证、电算会计资格证)”上岗。411个行政、企事业单位、社会团体开展整顿会计工作秩序,促进会计基础工作规范化活动。2000年6月,印发《安乡县行政事业单位和国有企业会计人员任命管理暂行办法》,经单位推荐,财政、人事部门考察,任命120名具有会计从业资格者担任58个单位的会计工作。2006年,检查会计人员从业资格,检查74个行政、事业、企业单位,会计人员217人,持证207人,会计机构负责人不符合任职条件3人,从业资格证已办理注册登记175人、已办调转登记18人,建议调离岗位2人。至2010年,具有“会计资格证”人员1302人,其中中级69人、初级135人。

1991年5月,县财政会计审计学会第三届代表大会换届选举,修改通过《安乡县财政会计审计学会章程》。10月,县财政会计审计学会、珠算协会第三届理事会选举产生新的理事会。1994年,县财政会计审计学会第四届常务理事会选举后,注重会计人员专业培训和知识更新,进行新旧会计制度、会计模式的交替与转换,举办预算会计培训班,实施《代理记账管理暂行办法》,确认从事代理记账业务机构。1995年,县财政局、财会学会采取以行业分会集中培训的方式学习财会法规、税收知识、银行结算、财会电算化等专业知识与技术。10月,以纪念《会计法》颁布实施十周年为主题,在全县开展财会知识竞赛。

2007 年 8 – 9 月，组织全县会计从业人员参加第三届全国会计知识大赛网上答题，参赛率 85%。2008 年，为提高农村劳动力就业技能，以财会业务知识为内容，开展农村劳动力预备制和劳务输出培训 64 人。2009 年，举办会计人员继续教育培训班 6 期、培训 700 人。组织 184 名村会计到市财校培训学习，合格率 100%。

1993 年，先后制发《安乡县会计基础工作规范实施细则》《执行新的企业财务制度有关政策衔接的问题》《关于建立健全行政事业单位财产管理规章制度、账卡的通知》，开始实施企业财务会计制度改革。1997 年，按照《湖南省会计基础工作规范化考核确认试行办法》，组建县会计基础工作规范化考核验收小组，对各申报单位的会计机构、人员和会计凭证、账簿、报表、档案及内部财务管理情况验收。1998 年，实施行政事业单位财务会计制度改革，至次年 5 月，完成会计委派制和确认制改革，建立县会计人才电脑档案库。2001 年，进行县直行政事业单位、社会团体、乡镇机关、乡镇财政所、公司、企业和其他组织执行《会计法》情况全面检查。2004 年，重点检查 11 个行政、事业、企业单位《会计法》执行情况。2005 年，推进乡镇财税管理信息化建设，“乡财县管乡用”正式启动，县、乡会计电算化全面推行。

十三　财政监督

1993 年始，财政监督管理逐步规范并形成日常检查制度。1993 年 10 – 12 月，根据省政府《关于开展 1993 年税收财务物价大检查的通知》，成立县财政监督领导小组，抽调财政、税务、工商、物价、审计等部门 115 名专业人员组成 28 个检查组，以查处各种违反财经法纪问题为主，对 1707 个国有、集体企业、行政事业单位及社会团体、私营企业与个体工商户进行税收、财务、物价大检查。此次“三大查”实现了检查、处理、调帐、入库和建制。1995 年，对 1931 个单位（含个体工商户）进行“三大查”，查出违纪资金 609.5 万元，上缴财政 388.5 万元。1996 年 6 – 9 月，进行预算外资金清理情况全面检查，在单位自查自纠基础上，组织财政、物价、审计、银行、监察等单位业务骨干 22 人、分 6 个小组，重点抽查 39 个行政、事业单位，查出违法、违纪资金 859.8 万元，占预算外资金总额的 33.5%（按 9 月份预算外资金计算），其中未按规定专户储存 474.6 万元，超项目、超标准和自制票据收费 193.1 万元，乱支乱用 17.9 万元，其他 174.2 万元。1997 年 5 月，抽调 8 人组成 2 个检查组，检查 1994 – 1996 年农业税收政策执行情况。此 3 年，20 个乡镇共征收农业税 6683 万元（含附加税）、特产税 1995 万元、耕地占用税 99 万元、契税 32 万元。从特产税和耕地占用税提取税源发展基金和征收经费 603 万元，其中上缴省、市 180 万元、县存 423 万元；8 月，为确保财税收入完成和各项支出合理使用，维护财经纪律，采取单位自查自纠和组织集中检查的方式开展财经秩序整顿，并检查重点单位，查出违法、违纪资金 780 万元，收缴财政 126 万元；9 月，全面检查乡镇财政所的财务收支和会计基础工作。1998 年 10 月，县农委、财政局组成检查组，重点抽查乡镇和县直有关农场（站）财源建设情况。全年用于财源建设资金 8555 余万元，其中财政投入 705 万元、银行贷款近 4000 万元、乡级自筹 3850 万元。1999 年 12 月，按市移民办《关于下达水库移民用粮补贴款计划的通知》，专项检查水淹区移民用粮财政补贴款的拨付资金，全县补贴计划 84.04 万元。

2001 年，县财政局、监察局组成联合检查组，专项检查 30 个行政执法单位 1998 – 2001 年执法行为和“收支两条线”执行情况，查出违规资金 825 万余元，对其中 24 个单位作出相应行政处罚，处罚金 83.83 万元，收缴漏缴税款 71 万元。2003 年 8 – 9 月，开展清理整顿“小金库”专项督查，清理检查 238 个行政事业单位（含二层单位）2002 年以来财务收支情况，查出 64 个单位各类违纪、违规资金 1786.78 万元，对其中 51 个单位进行处罚，处罚金 159.79 万元，收缴资金 4.54 万元。2005 年，县委、县政府抽调 42 人组成 14 个检查组，全面检查 141 个行政、事业单位 2003 年、2004 年度财务情况，查出各类违纪资金 3761.8 万元，其中违规票据收费 360.8 万元、未缴专户 3401 万元，查出“小金库”137 万元、违规列支 544.6 万元、未按程序处置国有资产账面反映 124.5 万元、挤占挪用专项资金 167.6 万元、招待费超标 603.9 万元、自立项目和超标收费 13 万元。是年，进行非税收入征管专项检查，查出违纪资金 1545 万元,其中违反专户存储资金939万元、其他违纪资金606万元。对其中2个单位的责任人分别给予党纪、政纪处分。2006年,检查县人事、林业、环保、安监、城管等单位及所属机构,查出违纪资金280.83万元;3月,由县政府办牵头,审计、纪检、财政监察、农税等单位组成联合检查组,对房地产交易中心2005年以来私房交易、商品房购买、集资联建进行全面清理抽查。2005年来颁证的2030户中,规避契税现象严重,可实现而未实现的税收714.98万元,应入库而未入库的税金65万元。2007年,摸底核实14所中学的债权、债务情况及闲置小学资金;9月,检查县屠宰办、食品安全办、畜水局、人口和计划生育局等单位2006年的财务收支情况,查出其中3个单位违纪资金403.66万元。2008年,根据国家财政部《关于开展彩票发行销售和财务管理情况专项检查的通知》,专项检查县募捐办和体育彩票销售办2005－2007年彩票发行销售与财务管理情况,处理体育彩票销售办用公益金归还建设款4.71万元、支付招待费3.52万元的问题。是年,根据市财政局《关于开展财政专项资金绩效监督检查的通知》,对2007年的农村改水项目、农业产业化、科技三项费用、农村合作医疗补助经费、财源建设发展基金、计生专项、农村义务教育免学杂费等八项资金的拨付情况、项目实施、项目资金使用、工程预决算、项目完工和工程质量情况专项监察;对县法院、交警大队、交通局、公安局、党校、司法局、工业园、物价局、国土局及所属机构常规性财务收支检查,查出违纪、违规资金842.21万元,对其中7个单位作出处理,收缴财政20万元,处罚款2.8万元。2009年,对党政机关和事业单位“小金库”专项治理,检查27个单位,查出违纪、违规资金2878万元。

第四十一章　税　务

第一节　机构与队伍

一　机　构

1978年设县财税局,1984年财、税分家,设置县税务局,其人事、经费由省税务局垂直管理。县税务局设办公室、人事教育股、税政股、计会股、征管股等5个工作机构,另设税务检察室。有城关、城郊、大湖口、官垱、大鲸港、三岔河、陈家嘴、黄山头税务所等8个派出机构。

1994年,国家实施税制改革,按照统一领导、分级管理原则和分权、分税、分设机构的要求,相继设置县地方税务局(简称县地税局)、县国家税务局(简称县国税局)。1994年9月,县地税局成立,设6个工作机构。有陈家嘴、大鲸港、三岔河、城关、董家垱、黄山头、大湖口税务所等7个派出机构。10月,县地税局稽查局成立。1998年1月,撤销7个税务所,成立5个征收分局。2004年6月,撤并1个征收分局(第五征收分局)。2005年1月,征收分局改税务分局。2009年,设办公室、税政法规科、征管和科技发展科(发票管理科)、收入规划核算科、财务管理科、人事教育科、监察审计室等7个工作机构。有直属行政机构办税服务中心、稽查局和直属事业机构信息中心及第一、二、三、四税务分局等4个派出机构。1994年10月,县国税局成立,设办公室、人教股、监察室、税政科、征管股、财会股、稽查局等7个工作机构。有城关、城郊、大湖口、董家垱、大鲸港、三岔河、陈家嘴、黄山头税务所等8个派出机构。1998年,撤销8个税务所,分设城关、大鲸港、董家垱、黄山头、官陵湖等5个征收分局。2005年,所有派出机构撤销,设办公室、人事科、监察室、计统科、办税服务厅、综合业务科、税源管理一科、税源管理二科等8个工作机构。直属机构有稽查局、信息中心(事业机构)。

二　队　伍

县地税局按照立足本职、服务地方的指导思想,围绕组织收入服务地方发展大局,履行征管职责,强化服务职能。至2009年,获省、市级荣誉55项,其中省级以上32项,4个分局进入省级“青年文明号”行列,获省级依法办事示范窗口、全省十佳杰出“青年文明号”。一批干部先后获全省杰出青年卫士、青年岗位能手、省、市优秀税务工作者、感动地税十佳人物等荣誉。

县国税局注重队伍建设,提高服务质量,多次获上级表彰。1996年12月,获全市文明单位。2000年12月,获全省文明单位。2002年,获省级“园林单位”。2003年,档案管理获省“特级档案室”。

第二节　国税征收

一　税制改革

20世纪80年代初,依照《中华人民共和国税收征收管理法》(简称《税收征管法》)统一制定的税种、税目、税率,实行高度集中统一,垂直管理,由县税务局和县财政局负责征收管理,按税属、权属比例,实施中央、省、县三级解缴分成。1984年,县内财、税机构分设,税务实行地方政府和上级税务机关双重领导体制。按照国民经济“调整、改革、整顿、提高”的方针,从适应多种经济结构、多种经营方式、多条流通渠道的新形势出发,相应采取一系列调整改革措施。为支持乡镇企业发展,区别不同情况,实行低税和减免税政策;为鼓励发展集体、个体经济,实行减轻合作企业和个体工商业户所得税负担;对知识青年新办集体企业,采取定期减免税照顾;对城镇集体企业实行增长利润、定期减半征收所得税;配合产业产品结构调整、改善生产经营设施,对国营和集体企业的改造、扩建拨款改贷款和技改性专项借款,经批准,可用借款项目投产后的新利润归还,对有盈利的国营企业实行利改税,逐步将税利并存过渡到以税代利,把国家和企业的分配关系用税收法律固定下来,为改变企业吃国家"大锅饭"、职工吃企业"大锅饭"局面创造良好条件;进一步完善流转税制,将原工商税按性质和纳税对象划分为产品税、增值税和营业税;将所得税按经济性质分别征收国营、集体、私营企业和城乡个体工商业户所得税、国营企业调节税;开征和恢复建筑税、奖金税、城镇土地使用税和房产税、车船使用税、印花税、牲畜交易税等。促进了经济发展,保证了国家财政收入稳步增长。

1994年,国家实施税制改革,全部税种调整归并为17种,分中央税、地方税、中央与地方共享税和农业四税(农业税、农业特产税、耕地占用税、契税),收入仍由县财政局直接征管。为适应市场经济发展,根据国家税制改革要求,建立以分权、分税、分机构为核心的新税制,分设国、地税管理机构。国税负责征收增值税、消费税、资源税、房产税、屠宰税、印花税、城市维护建设税、城镇土地使用税、车船使用税、企业所得税、土地增值税、固定资产投资方向调节税、教育费附加、文化事业建设费等14种税费。国税和地税征收的相同税种按主征、附征不同税率分别征收。农业四税征收归口县财政。增值、消费税属国家税收,上划中央75%、返还地方25%。中央和地方共享的税种为增值税、国有企业所得税,按中央、省、县共享比例分成。

二 税收征管

20世纪80年代,县税务部门实行税务登记、纳税鉴定、纳税申报、税款征收等八项税收征管程序。

1989－1993年,按管理监控系列设置,县级实行代收代缴和征收、管理、检查三分离,乡镇实行征管、检查两分离,全县税收统一征收入库,按税收归属及规定比例上划解缴。1994年税制改革后,国、地税实行统一领导,分级管理,对国有、集体企业实行自核、自缴申报纳税制度,个体工商户由本人申报经税务部门审定限期缴纳。新税制与原征管手段之间的矛盾日渐突出,1995年始,探索税收征管改革。1997年,设立国税办税服务厅,实行申报、代理、稽查三位一体,集中征收,重点稽查。同时开设税款预储账户,推行双向委托、银行划缴的银税一体化管理,实施"一票否决"制和片管理员制。分组建档,统一登记,不定期检查,对漏征漏管户进行责任追究。逐步建立"以纳税申报和优质服务为基础,以计算机网络为依托,集中征收,重点稽查"征管模式。建办税服务厅1个、办税服务室7个,纳税人办理税务登记、纳税申报、税款缴纳、发票审批发售、政策咨询、票证开具、资料存储等事宜在一处办毕。配置微机11台,培训操作能手22名,用微机收税和整理资料数据。1998年,加强税收征管信息化建设,征管软件从HNZG4.10逐步升级至2002年的HNZG4.40。至2002年,国、地税逐步建立起征管合一、控大抓小、稽查分离和征管、稽查相互促进、相互制约的机制。2001年,计算机联网进入全国金税工程局域网,实现信息资源共享,应用防伪税控系统,完成由联消专管员管户制到推广信息化为特征的税收征管专业化改革,基本形成"机器管人、制度管人"征管格局。是年,为降低征税成本,撤销所有分局,税款由县局集中征收。至2008年,管辖纳税人1639户、企业182户、个体户1457户、按一般纳税人征税的87户。1994年,县国税局征收税款1950万元,2008年增至4614万元,年均增长9.1%。详情见表41－1－102。

三 税收减免

1989年,县税务局成立税收减免领导小组,严格审批程序,经集体审批报上级批准后方可减免税收。同时,按国务院文件要求,停止对"30种产品""五小企业""三类公司"的税收减免。农业税主要是灾情减免和社会减免,坚持"轻灾少减、重灾多减、特灾全免"的原则逐级申报审批。1994年起,实行增值税先征后退,列入免征增值税的有政策性批发销售粮油的国有粮食企业,批发零售种子、种苗、化肥、农药、农机等商业企业及从事加工、修理业的残疾人。2008年,对6户农产品初加工企业和农村信用社减免企业所得税、对5户废旧物资经营企业免征增值税。

四 票据管理

发票是经济活动收入、付款最具法律效力的特殊凭证,历来由税务部门发票管理所(站)统一管理,从印制监督、保管领发到填写使用、盘存缴销均有严格的管理制度,采取"四专〔专门机构、专业人员、专库〈柜〉保存、专账记载〕""四统一(式样、印制、销售、管理统一)""六防(防盗、防火、防鼠、防蛀、防霉、防丢失)"管理措施。

全面实行发票领、用、存、结报表制度和发票存根保管缴销制度,同时制定发票违章处罚规定,发现问题,严厉打击。1996年,增值税专用发票纳入全国防伪税控系统,发行"金税卡"、授权"税控IC卡",由国家税务局统一管理。县棉麻总公司是县内首家进入防伪税控系统的企业,2001年在所有一般纳税人中推行,至2008年,有防伪税控企业72户。2007年,为加强个体工商户发票管理,率先在全市推行税控收款机,以票管税,至2008年,有412台税控收款机进入系统。此外,制定《小规模纳税人申请代开增值税专用发票暂行规定》,经申请审核批准后,发给"代开增值税专用发票许可证"。

安乡县国税局1995－2008年各税种入库情况

表41－1－102 单位:万元

项目 / 年度	增值税	营业税	消费税	企业所得税	外商投资企业所得税	个人所得税	车购税	城市维护建设税	税款滞纳金罚没收入	合计
1995	2471	14.7	1	－	20.3	41.1	－	7.2	－	2555.3
1996	2735.2	1.8	2	－	－	45.1	－	7.1	－	2791.2
1997	2210.4	30.3	2	21	－	58.7	－	2	－	2324.4
1998	2315	80.1	5	5.8	－	98.5	－	15.7	－	2520.1
1999	1940.01	70	5	5	－	0.66	－	－	－	2020.67
2000	2323.7	70.46	5	－	－	133.62	－	－	－	2532.78
2001	2378.12	55.05	5	－	51	366.05	－	－	－	2855.22
2002	2367.69	57.37	0.85	160.32	70.47	389.24	－	－	－	3045.94
2003	2539.43	12.47	1.43	164.41	50.15	373.2	－	－	－	3141.09
2004	3310.81	－	2.53	230.96	31.63	411.69	－	－	－	3987.62
2005	3262.89	－	5.9	662.81	34.71	457.37	56.87	－	－	4480.55
2006	3715.5	－	13.58	64.40	41.91	556.83	79.2	－	－	4471.42
2007	4218.73	－	17.07	92.37	89.86	609.04	72.76	－	－	5099.83
2008	3969.56	－	16.76	186.67	40.39	372.28	28.58	－	－	4614.24

第三节 地税征收

一 税收征管

1994年,全面开展地税征管制度改革。针对工作基础薄弱、征管户数不清、税源不明、征纳关系不顺等问题,1995年以"摸清家底"为核心开展大检查,1996年对所有缴纳地方税的纳税户进行"地毯式"清理调查,基本摸清了地方税源底数与状况。1998年,为实现税收重心向征管和基层转移,提高征管质量和效率,建立纳税人自行申报纳税制度,实行集中征收的征管模式。1999－2004年,以组织收入为中心,深化征管改革,加强和规范"九税一费"管理,为地方经济持续发展打下了基础。2005－2008年,确立"以申报纳税和优质服务为基础,以计算机网络为依托,集中征收,重点稽查"的征管改革模式,推行征管责任承诺制,定期开展征管质量考核评比,加强税务登记、纳税申报、税款征缴、税源巡查等基础工作,提高精细征管水平,对保证全县财政收入,加强宏观调控,促进县域经济社会发展起到了重要作用。详情见表41－2－103。

安乡县地税局1994－2008年税收入库情况

表41－2－103　　单位:万元、%

年度	年度计划	实际入库	完成比例	年度	年度计划	实际入库	完成比例
1994	1138	1188	104.4	2002	2621	2622	100
1995	1425	1659	116.4	2003	2747	3182	115.8
1996	1695	1990	117.4	2004	3224	3459	107.3
1997	2062	2441	118.4	2005	4100	4185	102.1
1998	2643	2357	89.2	2006	4406	4302	97.6
1999	2600	2534	97.5	2007	4737	4992	105.4
2000	2795	2590	92.7	2008	6002	6265	104.3
2001	2527	2527	100	合计	44722	46293	103.5

二　税务登记

1995年2月,国家颁布新的《税收征管法》,规定从事生产经营的纳税人,自领取营业执照之日起30日内,持有关证件向税务机关申请办理税务登记,税务机关审核后发给税务登记证。1995年,登记在册纳税户975户,至2008年,登记在册纳税户4756户。

三　纳税申报

1994年,新税制施行,实行纳税人上门申报纳税。1995年,开展自行申报纳税专题宣传活动,1997年设立地税办税服务厅,为纳税人自行申报纳税提供方便。2000年,全面推行"以优质服务为基础,以计算机网络为依托"的征管模式,上门纳税申报率稳步上升,至2008年,个体工商户自行纳税申报率达到100%。

四　票据管理

1994年,建立发票领、销、存和双对号制度,按月将存根装订成册,以旧换新。对外加强发票的保管、使用管理,对定额有奖发票实行以旧换新。2003年,将发票出售和开具权限、范围、程序纳入计算机管理,严格填开、领用发票审批制度。2005年以来,每年定期开展发票专项检查,加大涉税违法打击力度,进一步规范了征管秩序。

五　信息管税

2008年,完成地税数据大集中系统上线运行,全面推广应用财税库银横向联网、网上报税、刷卡缴税等电子办税系统。是年,财务健全企业网上纳税申报率达到46.3%,个体户刷卡缴税率达到27.6%,有43家企业开通网上财务报表报送系统。

第四节　税务稽查

1994年10月,县国税局稽查局成立,在征收征管中,坚持依法治税,加强内外监控,打击偷税漏税行为,按照"自查从宽、被查从严、实事求是、宽严适度"原则稽查征收。2008年,对通顺铸造有限责任公司税务稽查。该公司隐瞒产品销售收入61.29万元、偷逃增值税8.9万元,追缴偷逃税款8.9万元、罚款8.9万元、滞纳金2.5万元;该公司在废旧物资收购业务中,大量存在发票违规行为,责令其向税源管理部门自查补缴增值税22万元。是年,对金大地化工有限责任公司税务稽查,该公司少计销售收入和多抵扣税额偷税,追缴偷逃税款8.13万元、罚款4.1万元。1994－2008年,查办案件2441件,查补偷漏税款2161万元。详情见表41－3－104。

安乡县国税局1994－2008年税务稽查情况

表41－3－104

单位:件、万元

年度＼项目	查办案件	查补税款	年度＼项目	查办案件	查补税款
1994	36	74	2002	63	91
1995	27	67	2003	62	49
1996	240	159	2004	86	67
1997	1693	186	2005	11	19
1998	14	87	2006	51	487
1999	37	300	2007	38	215
2000	10	130	2008	56	180
2001	17	50	合计	2441	2161

1994年10月,县地税局稽查局成立,实行集中稽查与各征收单位联片联网稽查管理模式。2005年,推行"一级稽查"模式,稽查执法统一检查计划、统一政策依据、统一执法程序、统一稽查文书、统一工作标准。2007年,为进一步规范稽查选案工作内容和程序,推行稽查"开门选案"办法,制发涵盖九大行业的稽查选案征求意见表,走访县内主要职能部门调查研究,挖掘案源线索,提高稽查工作针对性。2008年,推行稽查陪审活动,选取重大或典型稽查案件,邀请纳税人代表与税务干部共同审案。1994－2008年,查办案件402件,查补偷漏税款3052万元。详情见表41－4－105。

安乡县地税局1994－2008年税务稽查情况

表41－4－105

单位:件、万元

年度＼项目	查办案件	查补税款	年度＼项目	查办案件	查补税款
1994	9	76	2002	19	132
1995	12	84	2003	24	205
1996	17	112	2004	27	256
1997	19	142	2005	26	278
1998	26	124	2006	43	358
1999	35	145	2007	34	374
2000	39	162	2008	30	415
2001	42	189	合计	402	3052

第五节 税源培植

开展“为纳税人服务,让纳税人满意”活动,在纳税服务直通车、政策通报会等服务措施基础上,公开办税流程,提供“一站式”服务,丰富服务载体,优化服务模式,建立标准化纳税服务体系,为企业发展提供优良的税收软环境。

县国税局落实国家各项税收优惠政策,减免税审批严格按法定权限和程序。2006－2008年,减免税收近千万元,支持企业和地方经济发展,涵养税源,积蓄后劲。强化部门协作,拓宽企业信息获取渠道,最大限度地获取真实、完整的税源信息,结合国家产业政策、税收政策,对纳税人生产经营、财务、销售状况等深入分析,及时向企业反馈,协助其解决生产经营中遇到的困难和问题,提高市场竞争能力。

县地税局发挥职能作用,宣传和落实国家各项结构性减税政策,及时为纳税人办理各类税收减免。1994－2008年,减免各类税收2700余万元。2005年,开展“万名税干进企业,服务经济促发展”活动,深入企业调查研究,为企业发展提“金点子”、“金对策”,受到企业好评。2006年,面向重点税源企业,建立税源联动管理分析例会制度,通过每月税源形势分析,掌握企业经营情况,帮助企业解决困难和问题,落实各项税收政策。同时,对重点税源企业实行检查准入制,控制检查次数,实行查前辅导、约谈,避免企业因不熟悉税收政策遭受处罚,营造了良好的税收环境,保持了税收持续稳定增长。

第六节 税法宣传

1992年始,每年4月定为全国税收宣传月。县内围绕税收宣传月主题活动,日常宣传采取群众喜闻乐见的形式,运用电视、广播、办税服务厅、互联网等媒(载)体和宣传阵地,普及税收知识。

2007年,县国税局建立税收宣传教育基地,开展税收宣传进中小学活动。组织中小学生开展“国税一日行”体验活动,让中小学生亲身体验办税全过程,培养税收意识。2008年,建立纳税人学校,负责对纳税人专门培训和辅导。加强对税收政策法规、新《企业所得税法》及《实施细则》、涉农税收优惠政策等宣传和辅导,让纳税人及时掌握税收政策。同时,加大日常宣传力度,建立税收宣传长效机制,税收宣传从重形式向重内容转变。

县地税局组建后,在每年的税收宣传月活动中,针对不同主题,宣传《税收征管法》及新税种。2007年,组织开展“集卡学税法”特色宣传活动,纳税人在超市购物时可获赠《税收征管法》知识小卡片。当年发放税收知识宣传卡片1.2万张、宣传购物袋2.5万余个,赢得纳税人好评,获评市局年度最优税宣项目。2008年,开展“税收为我挡风雨,我为税收架彩虹”活动,并聘请下岗再就业纳税人担任税收宣传员,现身说法宣传税收法规。

第四十二章　金　融

第一节　金融机构

1989年,县内有中国人民银行安乡支行(简称县人民银行)、中国工商银行安乡县支行(简称县工商银行)、中国农业银行安乡县支行(简称县农业银行)、中国建设银行安乡县支行(简称县建设银行)、中国银行安乡县支行(简称县中国银行)、县农村信用合作联社(简称县信用联社)6家县级金融机构,基层营业网点146个。2009年,有县人民银行、银行业监督管理局、农业发展银行、工商银行、农业银行、建设银行、信用联社、邮政储蓄8家县级金融机构,基层营业网点706个,其中营业部6个、分理处7个、储蓄所10个、信用分社20个、信用站234个。正式员工552人、代办员234人。

一　中国人民银行安乡支行

1985年1月,县人民银行与县工商银行分设,原县人民银行办理的存款、工商信贷、结算业务划归县工商银行。县人民银行行使专门管理职能,根据中央银行的货币政策目标和国务院的货币信贷计划,指导辖区内信贷资金的调节、融通;负责辖区内货币的流通、协调、指导、监督、检查;管理各商业银行和其他金融机构的业务活动;代理国家财政金库;负责金融机构的设立、撤并、迁址审批。1997年、1998年,证券、保险业务的监管先后划归中国证监委、中国保监委,县人民银行亦不再行使对证券、保险业的监管职能。1989年,有内设机构3个。2009年,有内设机构8个,正式员工35人。

二　中国农业发展银行安乡县支行

1994年6月,中国农业发展银行安乡县支行(简称县农发行)成立,1997年1月正式挂牌,有内设机构3个,员工25人。其业务与县农业银行完全分开,主要职能是筹集农业政策性贷款资金,承担国家规定的农业政策性金融业务,代理财政性支农资金的拨付,为农业和农村经济政策服务。

三　商业银行

(一)中国工商银行安乡县支行

1985年1月,县工商银行成立。1995年,向商业银行转轨并行使商业银行职能。其主要职能是负责筹集社会资金,组织存款,办理城镇储蓄;统一管理国营工商企业流动资金,办理国营工商企业、城镇集体企业和个体商业的流动资金贷款;管理工商企业和有关企业主管部门技术改造的各种资金,办理一般技术改造贷款;开展委托代理、租赁、咨询等信托业务;开展经济调查与经济信息工作;按照国家规定对开户单位实行现金管理和工资基金监督。1989年,有内设机构10个,辖3个分理处、2个储蓄所。2009年,有内设机构3个,辖2个分理处、2个储蓄所,正式员工48人。

(二)中国农业银行安乡县支行

县农业银行负责统一管理支农资金,集中办理农村信贷,授权管理县信用联社,发展农村金融事业。1995年,由专业银行转轨为商业银行并行使商业银行职能。1993年3月,与县信用联社合署办公。翌年3月,县信用联社析出,为隶属县农业银行的独立金融机构。1994年6月,县农发行成立,粮棉油收购资金供应与管理等政策性业务与县农业银行分离,但其业务仍由县农业银行代理,至1997年1月完全脱钩。1996年12月,县信用联社与县农业银行脱离行政隶属关系。1989年,有内设机构11个,辖18个营业所、9个储蓄所。2009年,有内设机构8个,辖5个营业所、1个营业部、2个储蓄所，员工235人。

(三)中国银行安乡县支行

县中国银行是办理外汇外贸业务的专业银行，其主要职能是负责办理人民币和外汇存款、贷款、外汇兑换；国内国际结算、信用卡、票据贴现；代理发行、销售、兑付金融债券、政府债券及其他代办业务。1988年，有内设机构6个，辖5个储蓄所、1个营业部，正式员工44人。至1997年，人民币存款净增4974万元，余额5437万元，各项外币存款净增23万美元。重点支持了县内外贸、通信、工商、轻工、电子等骨干行业发展和出口创汇。1998年，在全市金融机构改革中撤转。

(四)中国建设银行安乡县支行

县建设银行是以管理国家固定资产为主的综合性专业银行，其主要职能是办理基本建设包括更新改造项目的拨款、贷款、存款结算业务，吸收基本建设单位的临时性存款；开展投资信息调查，对基本建设单位实施财政和银行监督。1989年，有内设机构9个，辖7个储蓄专柜。1995年5月更为现名并行使商业银行职能。2009年，有内设机构5个，辖3个储蓄专柜、1个中心分理处，员工58人。

四　其他金融机构

(一)县农村信用合作联社

1985年12月，县信用联社成立，隶属县农业银行。县信用联社是各基层信用社的联合组织，以服务农民、农业、农村为宗旨，开展储蓄存款和信贷业务，支持农业经济发展。其主要职责是对基层社进行管理、指导、协调、监督和服务。1989年，辖19个信用分社、1个营业部、20个储蓄所、197个信用站，正式员工241人、非脱产人员204人。1993年3月，与县农业银行合署办公。翌年3月从县农业银行析出，为隶属县农业银行的独立金融机构。1996年12月，与县农业银行脱离行政隶属关系，隶属县人民银行。1999年3月，县城市信用社归口县信用联社。是年9月，全县有15个农村合作基金会的存贷款业务并入县信用联社。2009年，有内设机构7个，辖1个营业部、1个分社、20个基层社、5个储蓄所、234个代办站，正式员工262人、非脱产业务代办员234人。

(二)县城市信用社

1992年3月，县城市信用社成立，属专为“两小(个体、私营)”经济服务的金融机构，隶属县人民银行。1994年3月，与县人民银行脱离行政隶属关系。1999年3月，归口县信用联社。

(三)邮政储蓄

1986年9月，县邮电局在城关镇上东门街邮政营业厅开办邮政储蓄业务。邮政机构办理储蓄的基本任务是利用邮局点多、面广的特点，为广大人民群众提供储蓄方便，以达到积聚闲散资金，为国民经济发展服务的目的，其储蓄存款缴存县人民银行。1989－2009年，先后在黄山头、焦圻、大湖口、三岔河、官垱、下渔口、大鲸港、董家垱、三仙嘴、陈家嘴、出口洲等地设立邮政储蓄所，开办储蓄业务。1990年设储汇股。1991年8月，按人民银行规定将“所”改称“点(柜)”。1998年，撤储汇股设储汇公司，1999年更名为储汇部，实施经营业务部、储汇部和储蓄网点三级管理。2009年，有储蓄网点12个，从业人员42人。

第二节　金融业务

一　存　款

(一)存款种类

县工商银行、农业银行、建设银行、农业发展银行、信用联社及邮政储蓄6家金融机构开办了企业存款、机关团体存款、储蓄存款、农业存款、财政存款、外币存款、其他存款等；其中储蓄存款分定期、活期、零存整取、定活两便、金融债券、特种、建房、教育、通知储蓄等；外币存款分企业存款和储蓄存款两种,储蓄分活期、定期,币种有英镑、美元、日元、加拿大元、欧元。1988－1994年,各金融机构先后开办各种有奖储蓄,如实物(彩电、冰箱、金首饰、尿素)配售储蓄、摸奖储蓄、“月月连环发”有奖定期储蓄等。1995年,各种有奖储蓄全部停止。

(二)存款服务

1989－2009年,各商业银行或金融机构执行存款利率政策,对公存款坚持“谁的钱进谁的账、归谁使用”原则,个人储蓄坚持“存款自愿、取款自由、存款有息、为储户保密”政策。对单位存款和个人储蓄查询、冻结,均严格按国家有关规定执行。

1993年始,各商业银行先后实行全额资产负债比例管理,资金自求平衡、指标监控考核、存贷比例挂钩的办法,即多存多贷、少存少贷。

1991年11月,县工商银行中心、潺陵2个储蓄所使用电脑办理储蓄业务,在县内率先实现电脑营业。1993年,县农业银行城区4个储蓄所实现电脑营业,邮政储蓄亦开办电脑储蓄。1994年,县中国银行储蓄全面电脑化,在常德地区实现通存通兑。l995年,县农业银行城区储蓄网点全部使用微机处理业务,并实现通存通兑。1998年,县内所有储蓄网点使用电脑储蓄,实现县内互联网和省内通存通兑。1999年4月,县内第一台自动取款机投入使用,保证了储户24小时取款。2000年1月,全省范围实现通存通兑。2001年4月,县工商银行电子汇兑系统适时划汇,2小时内到账。2009年,全县金融机构储蓄网点均使用微机办理业务并实现全市范围内通存通兑。县工商银行、农业银行、建设银行、邮政储蓄共使用15台自动取款机对外营业。同时,各商业银行会计结算全部使用微机,与全省、全国各大城市联网,资金划汇24小时内到账。

1998年,实现代理业务。县工商银行、建设银行、农业银行、信用联社与县国税局、地税局、中小学校、移动公司、电力局、保险公司、社会养老保险站、自来水公司等单位协商代收代付各种款项,并为县直150余个单位代发工资,开办住房公积金业务。

各金融机构按照上级要求,统一储蓄网点装修格局和招牌,员工统一着装、统一挂牌上岗、统一礼貌用语。1993年来,各商业银行招聘12名年轻、文化高、素质好的人员充实储蓄岗位。同时,开展创建“青年文明号”“优质服务示范岗”等活动,树窗口形象,成效显著。县邮政局开展“树邮政新风、创优质服务”活动,评选星级储蓄员24人次。县农业银行、工商银行设立“十佳示范窗口”,聘请社会监督员7人,促进了服务质量提高。

各项存款详情见表42－1－106。

安乡县2009年与1989年各项存款余额对比

表42－1－106　　单位:万元

类别＼单位		工商银行	农业银行	建设银行	农发银行	信用联社	邮政银行	总计
2009年度各项存款余额	企业存款	1636	9542	10454	2277	330	2785	27024
	机关团体存款	5934	13152	4364	–	419	–	23869
	储蓄存款	37286	74300	45953	–	99254	66912	323705
	农业存款	–	–	–	911	79443	–	80354
	其他存款	449	16	406	1093	174	–	2138
	合计	45305	97010	61177	4281	179620	69697	457090
1989年度各项存款余额	企业存款	1032	796	130	–	–	–	1958
	机关团体存款	168	62	–	–	–	–	230
	储蓄存款	3937	3786	–	–	1504	32	9259
	合计	5137	4644	130	–	1504	32	11447
2009年较1989年增长倍数		8.8	20.8	470.5	–	119.4	2178	39.9

二 贷 款

1989－2009年,全县各金融机构开办有粮油收购、建仓、流动资金、技术改造、个人消费、农户小额信用、助学、救灾、扶贫、农业综合开发、乡镇企业、建房、城市基本建设、抵押、打包、出口退税账户托管和特种贷款等。2009年,贷款种类按统计报表归属,分短期、中期流动资金、中长期、委托贷款和票据贴现。贷款库贷挂钩率、销售货款回笼率、销售货款归行率、销售货款收贷、收息率均达百分之百。1997－2008年,共投放资金156157万元支持粮食、棉花、油料收购。

各项贷款详情见表42－2－107。

安乡县2009年与1989年各项贷款余额对比

表42－2－107 单位:万元

类别 \ 单位		工商银行	农业银行	建设银行	农发银行	信用联社	邮政银行	总计
2009年度各项贷款余额	短期贷款	480	6627	76	82062	89114	887	179246
	中长期贷款	7164	1120	7443	1600	4079	164	21570
	合计	7644	7747	7519	83662	93193	1051	200816
1989年度各项贷款余额	短期贷款	2125	6875	841	－	3149	－	12990
	中长期贷款	1024	419	32	－	－	－	1475
	合计	3149	7294	873	－	3149	－	14465
2009年较1989年增长倍数		2.4	1.06	8.6	－	29.5	－	13.8

三 结 算

(一)结算种类和方式

结算种类 至2009年,县内各金融机构的结算分同城结算和异地结算两大类。同城结算有现金支票、转账支票、委托收款等,异地结算有委托收款、汇兑、银行承兑汇票、商业承兑汇票、电汇、信汇、托收承付等。

结算方式 坚持"钱货两清,谁的钱进谁的账,归谁使用,不垫付、不代扣款项"结算原则,严格现金、结算管理,加强结算纪律和结算监督,达到方便、快捷、适用目的。1993年7月,"收付记账法"改为"借贷记账法",付款委托书改为转账支票,取消托收承付。1995年,清理企业三角债时恢复托收承付,起点由30元提高到1000元,同城托收无承付改为特定委托收款(水费、电费、电话费、排污费、养老金、社会统筹等),同城结算使用支票和转账支票。

(二)计算机运用及汇兑

1995年,县农业银行城区营业机构会计结算和账务处理实现电脑化。2000年4月,市辖电子联行开通,全部金融营业机构会计结算和账务处理实现电脑化。

1995年,人民币全国电子联行汇兑系统试运行,次年1月正式开通。1998年10月,汇兑结算的资金汇划方式实现全国范围内适时汇兑。1996年1月,国家颁布《票据法》,县建设银行结算方式有汇兑(信汇、电汇)、托收承付,1997年推出"龙卡"信用卡和"龙卡"储蓄卡,实现全省建行系统"一卡通",1998年11月,开通与全国各大中城市间的个人汇款、票汇、电汇、信汇电子汇兑业务,24小时内到账,实现全国"一卡通"。1999年7月,县内开通全国电子汇兑系统,票汇、电汇、信汇由电子汇兑系统办理,资金24小时内到账。1999年9月,县信用联社加入全国银行间拆借中心。2000年,全县20家农村信用基层社先后开通全省农村信用社省辖电子汇兑。是年,全面开通县辖电子汇兑。2002年，县信用联社所有网点实现全市通存通兑，电脑处理储蓄业务。2001年4月，电子汇兑系统改为资金划汇系统称“即时通”，适时划汇2小时内到账，批量划汇24小时内到账。是年，推出个人电子2小时到账“速汇通”和股民网上交易结算系统“银证通”业务。2002年6月，推出支行营业部综合柜员制，办理各项结算业务，实行一柜清算服务。是年底，开通全国对公业务通存通兑，转账支票、现金支票等会计业务可在异地办理。

四　信贷资产风险管理

1990年以来，县内部分国营、集体工商企业经营亏损严重，或改制、或破产，银行不良贷款剧增。1998年年末，县内各商业银行和信用联社不良贷款余额达68037万元，占贷款总额的52.1%。各商业银行、信用联社为防范和化解风险，采取严格抵押担保、加强贷款审查、增强信贷人员责任、加大力度清收盘活、利用政策剥离核销等措施。县信用联社相继制定《信贷资金管理办法》《信贷操作规程》，采取内部联责和依法收贷等措施清收。至2009年，各商业银行、信用联社收回呆滞贷款23425万元，剥离不良资产，核销呆账，信贷资产质量提高。

第三节　金融监管

一　金融机构监管

县人民银行管理、审批辖区内金融机构的设立、撤并、迁址、业务范围和更换法人代表，颁发金融业务经营许可证。

1988年始，县人民银行对县内各专业（商业）银行（社）高级管理人员实施管理。各银行正、副行长的任免，由县人民银行进行任职资格考核审查，签具意见后由其上级主管行批准。1996年3月始，县信用联社及其基层社正、副主任的任免，由县人民银行进行任职资格考核审查，签具意见后按程序任免。1989年，对金融机构设置手续是否完整，有无乱设金融机构、随意变更营业场地和机构名称及擅自扩大营业范围等清理整顿。对擅自开业经营的5个机构给予经济处罚，撤销储蓄代办站6个，对牌子、章子、金融业务经营许可证、营业执照名称“四不相符”的4个机构，予以限期改正。1994年12月，按照农村金融机构“健全服务功能，合理调整布局”，城市金融机构“控制总量，调整布局”的要求，合理规范了金融机构布局。1995年，先后10次检查15家金融机构，纠正擅自设立典当行的行为。1999－2000年，先后进行金融机构设立审批办法和金融机构管理体制改革。采取“金融监管属地、审批权限分级、一个窗口对外”和“加强监管、注重内控、行业自律、社会监督、突出重点、标本兼治、防范结合”管理办法，先后整顿农村合作基金会、互助储金会和供销社扩股增资服务部并限期停办。

二　金融业务管理

（一）货币管理

现金管理　县人民银行对县内企事业单位、国家机关、团体、学校的现金管理，规定现金使用范围和结算起点，超过结算起点的现金使用，通过银行转账结算；规定单位保留现金的库存限额，超过库存限额的现金及时送存银行；有计划地调节货币流通，组织货币回笼。1989年4月始，头寸押运实行“五有”，即有严密组织、有护卫车、有上级行要求的各种有效证件、有处于良好技术状态的通信联络工具、有处理突发事件的思想物质准备。是年10月、12月，先后开展现金管理大检查，重新核定各专业银行最高库存限额，并督促其检查和核定所属开户单位的现金最高库存限额。1993年，规范开户单位和个人在经济活动中转账结算，减少现金使用，开户单位之间的经济往来，除规定范围可使用现金外，其他则通过开户银行转账结算；开户银行负责现金管理具体实施，县人民银行监督开户银行现金使用管理。1997年5月始，规定除储蓄、工资、农副产品收购可使用现金支付外，企事业单位大额现金支付实行审批、报告制度，一次支取现金10万元以上由县人民银行审批，支取5万元－10万元由开户银行主管部门审批。2000年后，各商业银行大额现金收付需提前申报出入库计划,开户银行对开户单位支付10万元以上大额现金时,由县人民银行发行股审批,现金管理不断加强。由于经济发展,社会主义市场经济逐步形成,现金支付范围扩大,金融机构现金收付量大幅增加。1989年现金收入、付出分别为33448万元、36966万元,2009年分别为407060万元、200815万元,分别增长11.2倍、4.4倍。

金库管理 1989－2009年,金库库房管理做到账账、账表、账实相符,无火灾、潮湿、霉烂、虫蛀、鼠咬、盗窃,库容整齐,库款摆放规范。库款入库做到"五好钱捆(点准、挑净、墩齐、捆紧、章戳齐全)",坚持"查库、对库、复查、抽查"四相交接。货币投放适度,结构合理。1995年,达到工作制度化、操作规范化、账务处理电脑化要求。

金银管理 县人民银行是县内金银管理机关,负责金银收购、配售及市场管理。1992年5月,县内第一家黄金首饰店安乡金店开业。1993年9月1起,黄金、白银购进和卖出由国家统一固定价改为浮动价。2001年11月始,国家实施黄金管理体制改革,取消黄金制品零售业务许可证,允许个体工商户办理代售、维修、以旧换新业务和单位开办"三废"回收业务。2002年,黄金市场进一步改革,从事金银首饰零售业由审批制改为核准制。至2009年,全县有黄金首饰经营户26家。

打击制(贩)假币 1986年始,县内市场发现假人民币,以胶印版50元券、100元券居多。县人民银行与公安部门配合,打击制造(贩买贩卖)假币。1996年6月,组织各银行(社)出纳员开展"五好钱捆、兑换损伤券、反假人民币"为主要内容的竞赛。1999年,反假币工作进一步加强。8月18日,县委、县政府召开反假人民币专题会议,部署'99反假宣传月活动,制订反假人民币奖励办法。活动中,设宣传网点21个,接受咨询3102人次,兑换损伤人民币33167元、收缴假人民币1010元。此后,每年开展反假人民币宣传周或爱护人民币宣传周活动,市场上流通的人民币基本达到"七成新"要求。2009年,全县收缴假人民币2.1万元。

(二)结算管理

根据中国人民银行制定的《支付结算办法》,县人民银行加强结算检查监督,纠正少数金融机构结算中的压票行为。规范会计工作"三铁(铁账、铁款、铁算盘)""四无(无事故、无违纪行为、无资金损失、无悬账)"。1992年4月始,县信用联社和各商业银行结算资金,实行专业银行省辖跨系统资金及系统开发项目编程,在全省人民银行系统县级支行中率先实现会计、国库业务处理电算化。1998年,县人民银行电子联行系统开通。

(三)信贷管理

1987年,中国人民银行提出"紧中有活"的货币信贷政策,全县金融机构严格控制信贷总量的前提下,实行保重点压一般。流动资金贷款,多存可以多贷;固定资产贷款,保计划内压计划外,保生产压非生产,保重点压一般。1993年10月始,金融机构对贷款企业实行贷款证管理制度,企业和个体工商户凭贷款证在辖区内金融机构贷款、还贷。根据1995年7月中国人民银行发布的《贷款通则》,对商业银行和农村信用社的再贷款按"限额管理、按季监督、按月考核、指标控制、重点保证、到期回收、先还后贷"原则管理。

(四)金融安全区创建

2002年,县人民银行以维护金融债权安全为重点,全面启动金融安全区创建工作。调查摸底,确认逃废银行债务企业474家、逃废银行本息40297万元。调整县金融债权管理机构,加强组织领导和管理。召开金融债权管理行长联合会议,形成统一意见,达成共识,在地方政府的大力配合下开展贷款清偿工作,效果明显。

(五)经理国库

县人民银行经理国库的主要职责是监督税款缴纳、入库,准备分成报解,严格监督拨款退库。1994年10月,财政分成体系改革。1995年11月,在使用电脑会计记账的基础上,开通国库资金通信联网报解。

(六)利率政策管理

1988－1992年,全县金融机构执行中国人民银行统一制定的存贷款利率,利率市场统一稳定。1993年始,一度出现开发热、集资热,大量现金分流,特别是部分企业高利率筹资，造成利率市场混乱，一些金融机构为争夺储源，亦发生擅自或变相提高存贷款利率的行为。1993 年 4 月，县人民银行采取措施加强利率管理，虽经多次整顿仍未彻底解决。1998 年 4 月，中国人民银行发出《关于坚决制止和严肃查处高息揽储的通知》，全面开展利率检查，处理高息揽储有关责任人，并推行金融机构内控、行业自律、人民银行监管、社会监督“四位一体”监管方式。2000 年 9 月，县人民银行发出通知，制止用不正当手段竞争存款行为，禁止擅自或变相提高存款利率，取消手续费、协储费、吸储奖、有奖储蓄、介绍费、赠送物品等存款奖励办法，组织签订同业公约，金融机构存贷款利率管理渐趋规范。

（七）存款准备金管理

中国人民银行根据不同时期的存款结构和货币政策需要，确定存款准备金缴存比例。1987 年 11 月，各专业银行和其他金融机构缴存一般性存款准备金比例由原 10% 上调至 12%，1997 年 10 月下调至 6%。1998 年 3 月，各金融机构的法定存款准备金按法人统一考核，除农村信用社外，各商业银行不再向县人民银行缴存，而由其总行统一缴存。2009 年，各农村信用社共缴存准备金存款余额 11413 万元，商业银行备付金存款余额 1213 万元。

第四节　信贷管理改革

1989－1993 年，县内各金融机构执行国家“控制总量，调整结构”的信贷方针，控制信贷规模和贷款限额。各专业银行积极向上级主管行争取贷款规模，支持企业发展。1994 年始，各商业银行的资金使用逐步实行资产负债比例管理，对国有商业银行以法人为单位按增量考核。1998 年起，对商业银行贷款增加量的管理取消指令性计划，改为指导性计划。商业银行以法人为单位对资金来源与资金运用实行自求平衡，按资产负债比例管理考核，各国有商业银行属基层行，是非法人单位，贷款发放接受其上级行指标控制。同时，为加强银行信贷风险控制，各商业银行上级行开始上收信贷审批权。1996 年起，县工商银行推行集约化经营管理，信贷权收归常德市分行。信贷增量注重产品有市场、经营有效益、还本付息有能力的国有大中型企业、存款大户、国家基础产业和有存款潜力的经济增长点。1989－2009 年，县内信贷资金主要服务五大领域。

一　支持基础设施建设

1997－2001 年，县工商银行为大石公路、县城防洪圈、安乡一中创建“省重点中学”、人民医院住院大楼、省道 1804 线等工程建设发放贷款 6150 万元；县农发行为棉花初加工、农业综合开发等项目发放贷款 8610 万元；县建设银行为石龟山大桥、县乡公路建设和城建投资公司等发放贷款 1.63 亿元。

二　扶持非公有制经济发展

1989－1998 年，县中国银行重点支持砖瓦生产，为 15 家砖瓦企业发放贷款 1.8 亿元。2001 年，县工商银行为金鹏股份有限公司办理最高综合授信 2000 万元。2005 年，县建设银行为药圣堂制药企业发放贷款 1000 万元。2006 年，县信用联社为 43 家乡镇企业发放贷款 3320 万元，为 6400 户个体经营户和民营企业发放贷款 6700 万元。

三　促进农业产业结构调整

县信用联社为三岔河镇罗洲村、安康乡北河口村、安丰乡出口洲村“菜篮子”工程、4 所中学翻修工程、新农村甲鱼生产和无公害蔬菜基地等发放贷款 3.2 亿元。1998 年，县境遭受特大洪涝灾害，为 2.34 万户灾民发放救灾扶贫贷款 1100 万元，帮助重建家园。2002 年，在 40671 个农户进行农户小额信用贷款试点，发放农户贷款 9800 万元。至 2009 年，全县 25.6 万户农户评定信用等级，发放贷款证 23.8 万本，授信金额 6.3 亿元。

四　发放个人消费信贷

2000－2009 年，县工商银行发放个人住房贷款 6340 万元、政策性住房贷款 1600 万元；县建设银行发放个人汽车消费贷款 42 笔、605 万元；县农业银行个人贷款余额1040万元、个人住房按揭贷款余额2084万元、政策性住房贷款余额2200万元。

五 保障粮油收购

1998年6月始,县农发行执行国务院《粮食收购条例》,落实"敞开收购、顺价销售、封闭运行"政策,依据"收一斤粮,给一斤粮的贷款"原则,确保收购资金足额到位,不打"白条"。2004－2009年,连续6年实现新增粮食收购贷款库贷挂钩率、销售货款回笼率、销售货款归行率、销售货款收贷率和收息率五个百分之百。

第四十三章 保 险

第一节 保险机构

1989年,县内仅有中国人民保险公司安乡县支公司(简称县人保公司),设经理室、办公室、企业财产股、人身保险股、计财股,辖14个代办点,员工28人。1996年7月,县人保公司财险、寿险分离,分设中保人寿保险有限公司安乡县支公司(简称县寿险公司)、中保财产保险有限公司安乡县支公司(简称县财险公司)。县寿险公司设经理室、综合科、计财科、业务科、中心管理站、营销部,员工9人。1997年,辖22个代办处,从业人员80人。2003年6月,更名为中国人寿保险股份有限公司安乡支公司,寿险代理人300余人。县财险公司设经理室、综合科、计财科、代理人管理科、财产保险科、运输工具科、货物运输科、营业部,员工16人。1997年9月,设保险代办站5个,聘用专兼职人员50余人。2003年7月,更名为中国人民财产保险股份有限公司安乡支公司,设综合科、理赔科、展业一科、展业二科、代理人管理科,在编员工12人。

1995年后,保险业务逐步放开,财险、寿险业务出现交叉。1997年,平安保险公司进入县内发展业务。1998年,国家保监会成立,保险行业脱离人民银行监管,实行垂直管理。2006年,中华联合财产保险公司安乡县公司成立。随后,太平洋保险公司、新华人寿保险公司、安邦保险公司相继在县内开展业务,全县聘用保险业务人员逾500人。

第二节 险种与保费

一 财险险种与保费

1989年,县人保公司有企业财产、家庭财产、机动车辆、货运、养殖保险等险种,后逐年细化。1991年新增住房贷款保证保险,1995年新增建筑保险。1997年,县财险公司承办40余个险种,承担风险责任14.8亿元,保险业务收入1400万元。2009年,有企业财产、家庭财产、机动车辆、责任、货运、种植保险等六大类险种,保费收入910万元。

二 寿险险种与保费

1989年,县人保公司寿险包括养老、团体意外及简易人身保险等险种。1992年后,开办人身意外伤害、养老年金、计划生育养老、独生子女、学生平安、少儿幸福、母婴平安、厂长(经理)平安、长寿分红年金保险等险种。1997年,县寿险公司引进寿险营销机制,仅城区营销部就有业务人员100余人。开办"66鸿运""99鸿福终身"、鸿寿养老和大疾病终身保险等险种,实行个人经济利益与保费收入、工作业绩挂钩的分配制度改革,实现由部门意识向公司意识和发展团体业务、代办员推销相结合的转变。是年,办理各种人身保险22万余人。

1999年,围绕创建内含价值高、核心竞争力强、发展后劲足的现代化寿险企业总体目标,与银行、邮政、信用社等行业及工会、教育、计生、建设等单位建立广泛的业务合作关系,开办面向社会团体和个人的投资分红、养老、健康医疗、意外伤害、子女教育等五大类商品系列150余个险种。2009年,保费收入由1996年财险、寿险分设时的612万元增至8121万元,增长12.3倍、年均增长95%。

商业保险费收入详情见表43－1－108。

安乡县1990－2009年商业保险保费收入情况

表43－1－108　　单位:万元

年度＼项目	财产保险	人寿保险	平安保险	年度＼项目	财产保险	人寿保险	平安保险
1990	156	26	－	2000	615	1429	530
1991	209	41	－	2001	630	1501	2859
1992	296	58	－	2002	770	2700	375
1993	489	70	－	2003	741	3986	551
1994	541	383	－	2004	698	4150	694
1995	439	313	－	2005	920	4200	750
1996	562	612	－	2006	1181	3985	－
1997	569	948	183	2007	561	4096	－
1998	703	952	－	2008	1750	4224	－
1999	600	1168	427	2009	901	8121	－

第三节　理　赔

一　财险理赔

县人保(财险)公司遵循“快速、正确、及时、合理”理赔原则,强化限时赔付,相继推出现场决赔、预付赔款等服务。1990－2009年,支付理赔款15589.1万元。

1993－2000年,县境自然灾害频繁,保险赔付为安定民心、稳定社会大局发挥了积极作用。1998年7月,县境遭受特大洪涝灾害,安造大垸溃决,黄山头镇、安全乡、安障乡、安民垸农场及城关镇书院洲10.76万人被洪水围困,被淹面积23.98万亩,其中耕地11.13万亩,早稻损失17064吨、中稻绝收5498亩、棉花绝收39384亩,倒塌房屋1.42万栋、损坏房屋5.24万间。灾后,投保的100余家受灾企业和乡镇受灾农户获理赔款4360万元。

二　寿险理赔

1990－2009年,县人保(寿险)公司支付理赔款14132.6万元。学生平安保险是影响面最大的险种,由于学生安全防范能力较差,此险种得到社会和学生家长充分肯定,减轻了出险后家长的经济负担。1992年后,承保面逐步扩大,至2009年达到98%,赔付率随之下降。1998年7月,县境遭受特大洪涝灾害,公司及时上报灾情,争取救灾助学资金65万元。1999年,下渔口中学发生100余名学生集体中毒事件,本着特事特办的原则,公司支付理赔款20万元。1990年7月26日,湘运安乡公司一客车在长常公路汉寿牛路滩地段发生32人死亡、21人受伤的重大交通事故,理赔人员及时赶到现场勘查并预付理赔款安抚民心。

商业保险理赔详情见表43－2－109。

安乡县1990－2009年商业保险理赔情况

表43－2－109　　单位:万元

年度 \ 项目	财产保险	人寿保险	平安保险	年度 \ 项目	财产保险	人寿保险	平安保险
1990	113	12.4	–	2000	288	121	45
1991	193	12.5	–	2001	315	1215	283
1992	187.7	18.7	–	2002	391	838	107
1993	468	35	–	2003	438	423	138
1994	243	36	–	2004	504	1056	167
1995	391	38	–	2005	625	172	49
1996	367.4	59	–	2006	933	1594	–
1997	463	61	108	2007	829	1239	–
1998	6957	271	–	2008	508	2152	–
1999	347	603	27	2009	1028	4176	–

第四十四章 计 划

1989－2000年,县内实行指令性、指导性计划和市场调节相结合管理体制。2001年始,实行指导性计划和市场调节相结合管理体制。在此过程中,原县国民经济和社会发展五年计划改为国民经济和社会发展五年规划,管理机构也经历了多次改革。

1993年3月前为县计划委员会。1993年3月,县统计局并入,组建县计划统计局。1994年,县统计局析出,县物价局并入,组建县计划物价局。1995年10月,县物价局析出,置县计划局。2002年,县物价局并入,组建县发展计划物价局,2004年更名为县发展改革物价局。2009年,设社会发展股、投资股、基本建设股、公交股、经济信息中心、农村产业指导中心、招投标办、重点办等工作机构。

第一节 社会发展计划

1989－1992年,计划工作继续执行"以计划经济为主,市场调节为辅"方针,但国家计划物资进一步放开,生产流通方面指令性计划范围进一步缩小,指导性计划和市场调节范围进一步扩大。计划管理形式有指令性计划、指导性计划和市场调节,即关系国民经济和社会发展全局的任务,实行指令性计划管理;经济社会发展中较重要的部分,实行指导性计划管理;未下达计划的部分,由各基层单位自行安排,实行市场调节。县计委主要管理市计委安排的部分工业品生产、固定资产投资规模、主要物资分配、新增全民劳动力指标和大、中专毕业生分配、技工学校和中小学校招生、少部分工业品和农副产品收购及调拨、国家安排的出口任务和主要进出口商品等指令性计划指标。

1993年,按照建立社会主义市场经济体制的目标,计划工作突出宏观性、战略性和政策性,计划管理体制由计划经济向市场经济转轨,计划工作的重点从下指标、批项目、分物资、安排学生等直接的微观管理,转到编制年度计划和长期计划、搞好生产指导、当好政府参谋、促进国民经济和社会事业协调发展等间接的宏观管理。对大宗农副产品的生产实行指导性管理,对主导产业产品布局实行严格控制、正确引导,突出抓农业产业化和农业基础设施建设。

1994年始,第三产业增加值列入县委、县政府"双文明"建设目标管理责任指标;商品流通年度计划只管理粮棉挂钩肥、重要商品(粮食、棉花、油料)储备和企业债券发行;农副产品收购计划管理,除粮食、棉花、油料等关系国计民生的7个品种外,其余均放开;外贸出口供货实行指导性计划;外资企业、科技计划管理,根据国家产业政策发布建设项目并审批外资项目,组织编制科技中、前期规划与年度计划并督促检查实施;负责乡镇、农林场、县直科局项目申报立项、奖金投入与收回;社会事业计划管理主要负责组织编制和下达文、教、卫事业中长期规划与年度计划并督促检查实施,主要包括人口、教育、卫生、"农转非"、大中专毕业生分配与中小学招生、文化、体育、广播、电视、城镇建设、环境保护等行业和部门计划。

第二节 计划编制

一 中长期计划与规划编制

1991－2001年,先后编制《安乡县国民经济和社会发展十年规划和第八个五年计划》《安乡县国民经济和社会发展"九五"计划和2010年规划的思路》《安乡县国民经济和社会发展"十五"计划及至2010年远景目标纲要》,经县人大常委会审议批准执行。计划、规划内容侧重于总体目标、优化产业结构、生产力布局、集中财力物力进行重点建设,达到经济总供给与总需求基本平衡。

在编制中长期计划的同时，还编制和组织实施两年滚动计划及年度计划。按照市场经济体制要求，简化指标体系，围绕年度计划目标侧重经济结构、投资额、能源、物资供给等方面情况分析和综合平衡，为政府制定政策提出措施和建议，加强与金融、财政、税务、物价等部门的联系和配合，以保证计划顺利实施和预定目标任务完成。

二 招商引资计划编制

2005年，编制《千年水韵·洞庭安乡》，全面介绍县境历史地理、风土人情、物资资源、经济概况、社会事业，还特别编制了招商引资工农业项目11个、城市建设项目12个。此后，分别编制扩建年产3万吨专用肥生产线、无公害蔬菜种植加工基地、万亩冬瓜种植基地及加工、南瓜种植与深加工、5000亩芹菜基地建设及深加工、洞庭草鹅系列产品深加工、无公害蔬菜及水果保鲜仓储库、高效农业生态园区、专业粮食与油料物流中心、400公里大堤牛羊养殖、无公害水产品健康养殖基地、二环路、深柳公园、西门口商业区旧城改造、安乡港长岭洲500吨级码头、客货运输站、老年公寓、体育馆、联办高等职业专科学校、影视文化中心、安乡大剧院改建、工业品综合批发市场、水产品交易市场等建设和工程项目。

第三节 计划实施与管理

1989年，工业生产计划管理开始根本性改革，工业生产除省、地规定的指令性计划外，全部实行指导性计划和市场调节，统购包销改为计划收购、协商定购、自由选购。企业按国家政策，结合自身材料、能源、技术、设备情况和市场需要自行安排生产，销售价格可上下浮动，不属计划分配的产品，可自行参与市场调节。至1994年，由计委管理的指令性计划商品只占工业总产值的4%，由计委负责平衡分配的物资只剩11种，1995年后全部放开。

1990年后，农业生产计划进行宏观调控，调控指标为农业总产值、农业增加值、主要产品产量和播种面积，1995年后全部放开。至1994年，计划收购和调拨商品品种由1979年的65种减至10种，1995年后全部放开。

1989年后，为压缩基建投资，控制基建规模，自筹资金项目除能源、交通、学校、医院和环保外，一律征收建筑税。超过规定的自筹资金及计划外项目，用经济手段控制。1999年，为防止盲目重复建设，保证工程质量和提高投资效益，国家推进投资决策体制改革，加强建设项目审批管理，由计划部门审批建设工程项目建议书、可行性研究报告、年度投资计划，项目资本金管理由统一缴存、专户管理改为项目单位自主缴存、专款专用。

1992年，中央、国务院作出《关于加快发展第三产业的决定》，党的十五大倡导“鼓励和引导第三产业加快发展”，县委、县政府把加快发展第三产业、调整优化其内部结构作为全县国民经济整体结构调整优化的重要内容，成立第三产业发展领导小组，制定《安乡县1992－2000年第三产业发展规划纲要》。《纲要》确定：至2000年，第三产业增加值年均递增15%左右，达到3亿元，占全县国民生产总值的30%以上。“八五”期间，第三产业增加值由1991年的0.9亿元增至1995年的1.66亿元、增长80.43%、年均递增16%，在国民生产总值中的比重由25.21%上升至27.9%。“九五”期间，第三产业增加值由1996年的1.87亿元增至2000年的3.05亿元、增长63.1%、年均递增15%，在国民生产总值中的比重由28.4%上升至32.28%，达到了《纲要》目标。《纲要》的实施，保证了全县第三产业健康有序发展。

第四节 投资管理

一 以工代赈

安乡为典型的湖区冲积型平原县，特殊的地理环境决定了机电排灌工程在生产中的重要作用。1993年始，县内机电排灌工程建设实行以工代赈，至2008年，国家共投入以工代赈资金5096.72万元（其中政府采购设备208.23万元），对全县电力排灌机埠进行大规模更新改造，共完成以工代赈工程项目

420个,其中更新改造电机164台30095千瓦、水泵188台、电力变压器11台5800千伏安,更新配电屏99块、电缆3.72万米、拦污栅420块2800平方米,完成各类排灌设施改造131处。2006年,以工代赈工程转向垸内渠系及设施改造,部分渠系水利用条件大改善。两年完成渠道整险35处、沟渠清淤疏浚57条12.46公里、沟渠护砌硬化5900米、沟渠设施整修129处,原有老机电设备改造更新,排涝工程完好率明显上升,农业生产条件得到极大改善,缓解了落后的生产条件与经济发展不相适应的矛盾。

二　重点项目建设

1992年,县计委设立重点项目建设办公室,夯实农业产业化建设与农田水利基本建设基础。发展以粮、棉、油为中心的农业生产,成为全省27个商品粮基地县之一,优质杂交棉基地、油料基地建设也进入省计划盘子。落实洞庭湖二期治理项目,以平垸行洪、移民建镇为主,争取投资2.5亿元。1999－2005年,全县移民建房4486栋、总建筑面积50.3万平方米,建成安置小区57个并完成配套设施建设,完成7097户移民搬迁工作、移民17627人。与此同时,配套完善农业生产设施,所涉乡镇农业生产条件大为改善。完善城市基础设施,改善投资环境,农村电网改造项目列入全省试点县。20世纪90年代以来,先后完成大鲸港大桥、大湖口大桥、石龟山大桥、洞庭大道、220千伏变电站工程、天洁纸业9.8万吨生产线等基础设施和重点项目工程建设。

第四十五章　物　价

第一节　物价管理体制改革

改革开放前,因长期坚持"计划第一,价格第二"的传统思想,价格形成缺乏市场导向,价格与市场及价格内部矛盾日益突出。为发挥价格杠杆对经济发展的促进作用,1978年始进行价格改革。

改革起始阶段,依据"计划经济为主,市场经济为辅"原则,以调放结合、以调为主的方式改革,在调整大批商品价格的同时进行价格管理体制改革。1985年,调放结合、以放为主。以转换价格形成机制为重点,放开大部分农产品和工业消费品价格,工业生产资料价格则实行"双轨制(计划内的实行国家定价,计划外的实行市场调节价)"。由于放开品种多,管理工作滞后,市场物价一度大幅上涨。

1989－1996年,治理经济环境,整顿经济秩序。此阶段以加强管理、控中有改、择机调放的方式改革。经过整治,市场物价稳中有降。1997年,根据建立社会主义市场经济体制的要求,深化价格改革,运用价格杠杆扩大内需,促进产业结构调整,建立和完善以市场形成价格为主的机制。通过价格调整和放开,成品油、钢材等生产资料价格与国际市场价格逐步接轨,消费品价格亦随市场供求变化而自由涨落。至2002年,以政府定价为主的价格形成机制向以市场形成价格为主的机制转换基本完成。一是调整不合理价格。1979－2002年,先后大幅度提高农产品收购价格和副食品销售价格,有升有降地调整轻纺工业品价格,调整并放开部分能源和原材料价格,调整交通、邮电价格和资费标准。二是逐步放开商品价格。1984年,除16种商品价格外,其余全部放开。1986年5月,随着农产品购销体制改革,除合同定购的粮食、食用植物油、棉花、烟草、边销茶仍实行国家定价,甘蔗、蚕茧实行国家指导价外,其他产品价格全部放开。工业消费品除食盐、棉纱等少数商品外,其他商品价格均由市场调节。2002年,根据《湖南省定价目录》,除重要的储备物质(中央储备的粮、棉、石油等),国家专营商品(烟叶、蚕茧、糖料),军品、重要能源产品(天然气、电、成品油)、水价、部分药品及医疗服务价格、工程建筑设备价格及设计费用、物业管理收费、教育(教材、教育收费)、重要交通运输价格、邮政电信资费、重要专业服务(电视、气象、环保等)、中介服务收费、行政事业性收费外,其他商品价格全部放开。三是为有利生产和流通,价格主管部门适时下放和调整定价权。按照《湖南省行政事业性收费管理条例》《湖南省服务价格管理条例》《湖南省市场调节价格管理办法》,改变"一锤定音"的做法,建立制定价格行为规则和价格决策听证、成本监审、价费公示制度。社会消费品零售总额中,市场调节价比重占96%,农产品收购总额中,市场调节价比重占93.9%,生产资料销售总额中,市场调节价比重占87.6%。价格管理机制中,政府定价占3%、政府指导价占1.4%、市场调节价占95.6%。

按照"放开市场,放开价格"的改革思路,调整工作模式和工作方法,由以定调价为主转为服务、监管和"定规则、当裁判、搞服务"为主。其职能是贯彻执行国家、省价格方针、政策和法律、法规,研究提出本地价格总水平的调控预期目标和价格调控措施,并组织实施和综合平衡;负责价格调节基金征收、管理、使用;对运用价格和收费手段筹集的专项资金使用、管理情况进行监督,确保专款专用;运用价格杠杆促进县域经济发展,授权管理部分农电、农资和自来水、公共汽车客票等价格和收费,对省、市管理的价格和收费标准及管理办法、作价办法提出意见和建议,依法对本地的商品和服务价格、行政事业性收费进行监督检查,授权检查当地范围内非本地管辖的企事业单位价格和收费行为;对行政事业性收费许可证和服务价格登记证年度检审;对各类价格和收费违法违规行为实施行政处罚和行政强制措施;推行明码标价制度,指导价格行为自律;健全价格和收费行为举报制度,指导价格、收费社会监督;组织开展价格服务和价费公示,组织本地工农业产品、房产、公用事业、公益性服务、中介服务及部分行政管理成本费用调查分析,分析、预测、监控市场行情和价格、收费动态,向上级价格主管部门和本地有关方面提供调查、分析资料,提出相应对策和建议,负责本县与毗邻县之间、部门间、行业间价格协调衔接,指导中介机构的价格鉴证、价格评估,受理本地的价格认证,指导乡镇、社区价格管理站物价工作;负责本地物价干部的业务培训,研究运用价格杠杆促进当地经济社会发展的政策措施,并向当地党委、政府提出建议,开展价格信息服务等。

居民消费价格指数详情见表45－1－110。

安乡县1990－2009年居民消费价格指数

表45－1－110

年度	消费价格指数(以上年为100)	年度	消费价格指数(以上年为100)
1990	104.7	2000	98.1
1991	103.8	2001	98.5
1992	104.9	2002	100.3
1993	115.7	2003	102.4
1994	128.9	2004	105.1
1995	116.6	2005	102.9
1996	106.3	2006	101.3
1997	98.16	2007	104.9
1998	97.7	2008	106.3
1999	96	2009	99.3

第二节 价格管理

20世纪90年代后,县内价格管理体系不断改革,完善价格形成机制,改进价格监管办法,调整和优化价格结构,为保持价格总水平基本稳定,利用价格杠杆促进经济发展,成效显著。

1990－1997年是全国价格改革深化阶段。此间,县物价局依据国家价格政策,以建立和完善价格间接调控系统为改革重点,对价格结构进行重大调整,用新的管理方式,增强价格的宏观调节和综合管理,采取五项措施调控价格。

下放企业定价权,全面推行"流通领域价格放活"办法,逐步建立和完善市场经济价格形成机制。1991年,按照搞活企业特别是国营大中型企业的十项价格措施和改进部分工业消费品流通领域的价格管理办法,84种(类)生产资料定价权下放给生产企业,放开32种工业消费品价格实行市场调节,取消原治理整顿期间17种(类)商品的提价或差率控制申报制度,对统配水泥、镀锡薄板、冷轧硅钢片、部分化工产品等生产资料实行计内、计外价格并轨。先后制发工业生产资料、煤炭、农机产品、汽车配件等价格管理办法,对计内物资实行综合平均作价,对部分工业消费品改一种商品一种差率计价原则为一类商品综合差率作价原则。1992年,在放开食糖、卷烟零售价格及搪瓷面盆和口杯等厂销价格基础上,借鉴重庆"经营、用工、分配、价格"四放开经验,除中央和省管价品种外,其余由企业自行制定和调整。

适时调整价格结构,完善价格改革措施。1993年,国家调整改革石油成品油、电力、盐、公路客运等商品价格和服务性收费,放开计划内煤炭、水泥、钢材价格,实行计划外工业生产资料销售利润控制,取消计划钢材、部分化工商品价格和最高限价。1994

年1月，全县电力价格平均提高0.065元/千瓦时，提价幅度30%；6月，粮食购销价格改革，提高粮食收购价格，早籼稻每50公斤（下同）44元、晚籼稻52元，价外补贴2元，较原定购价23.55元提高1倍；粮食销售价格恢复执行国家定价，标一早、中、晚籼米分别为87元、91元、97元，面粉、面条价格实行差率控制；棉花收购价由1993年330元调为544元；油菜籽收购实行国家指导价，为110元，上下浮动10%，比1993年提高70%；石油成品油价格一律实行国家定价，由国家和省两级管理，县内70#柴油、70#汽油零售价每吨分别为2550元、3000元；化肥销售价格实行省、县两级综合作价，县农资公司批零结合，基层供销社代销，省、县两级综合差率为10%，其中县级为7.5%，1996年底为8.5%。1995年，提高粮、棉、油等农产品收购价，棉花、早籼稻、晚籼稻、油菜籽分别提高至700元、50元、60元、120元。1996年，早籼稻、晚籼稻收购价分别调至65元、72元。是年7月，调整定购粮食销售价格，标一早籼米、晚籼米分别为122元、132元，食盐零售价格取消食盐价区改为按城市和农村市场分别定价，加碘防伪新包装每袋（500克）零售价城关0.6元、农村0.62元。是年1月，整顿公路汽车运价，改变公路客运管价形式，简化运价计算方法，提高运价水平。除旅客包车运输价格实行市场调节由双方协商议定外，其他各类旅客客运价格实行省、市两级指导价。省会至地、州、市所在地线路客运价格每人公里中准价0.07元，上下浮动20%；货运价格除军运、抢险救灾、化肥、煤炭、磷矿石、食盐、粮食等重要物资普通整车运价由省管外，其他货运全部由托运双方议定，运输中准价每吨公里调整为0.05元，浮动幅度最高不超过50%。是年12月，在不提高邮电价格总水平基础上，调整邮电价格。邮政平信每封提高到0.5元，市内电话通话费调整为每次0.15元，国际长途通话费降低30%，国内长途电话由原定按距离分为12个等级改为省内本地网之间每分钟0.6元，省外800公里以内每分钟0.8元、800公里以外每分钟1元；取消农话过线费，城乡统一收费标准，完善本地网通话体系，县与乡、乡与乡、市与县之间通话费标准每分钟均为0.5元。1997年3月，改革医疗服务收费及药品价格管理。增设诊疗费，提高住院费、护理费及手术费，降低大型医用设备检查治疗收费标准，统一门诊挂号费、一律按每人次0.5元，取消分级门诊挂号费和专家门诊挂号费；对医疗机构药费实行“总量控制、结构调整”，普遍降低药品销售价格，建立药品价格公布制度。

加强放开商品价格管理，做到管而有度，活而有序。对粮、油、肉、菜等居民生活必需品价格管理，及时调整粮油购销价格并跟踪检查，保障现有蔬菜基地并实施扶持发展策略，从价格调节基金中解决蔬菜发展资金2.5万元；定点监控生猪屠宰、销售，适时发布控价公告。

农资、农村电价实行全县一价。1995年，全市在县内试点推广一价制，至1997年，一价面达80%，扭转了农村电价高而乱的局面。监控主要商品价格。1994年，对53种重要商品价格及收费监审，对其中25种商品和收费实行差率控制，对极少数商品限价管理；1995年，对98种商品和收费采价登记，逐月逐项监控，控幅目标分解到有关部门和单位，作为主要责任人岗位责任制考核项目。

整顿收费秩序，规范收费行为。每年，对138个行政事业性收费单位、600余个收费项目年检年审，严格审定、控制新的收费项目，及时查处乱收费行为。

1991－1996年间，根据国家统一部署，加快价格结构调整步伐。由于放开品种多，消费需求扩大，商品供不应求，多种涨价因素汇聚引发新一轮价格上涨。1993年涨幅为15.7%、1994年为28.9%、1995年为16.6%，采取四项措施控制物价。一是继续实行物价总水平控制目标责任制。二是对大米、食用油、猪肉、鸡蛋、白糖、酱油、牛奶、肥皂、洗衣粉、蔬菜、学生作业本、民用煤、液化气、公用住宅租金、自来水、学杂费、医疗费等特类商品和服务价格实行提价申报制度，并规定最高限价。三是建立重要商品储备价格调节基金制度，增强调控市场物价的经济能力。四是建立市场价格监管、监测制度，打击暴利、欺诈和哄抬价格行为。1996年物价涨幅为6.3%，比上年回落10.3%，市场物价得到控制。

1998－2002年，经过对前几年通货膨胀的治理，物价逐渐回落。

1997－2001年，物价为负增长，价格水平平均下降2.3%,其中1999年下降4%。1998年5月,《价格法》颁布实施,至2002年,全县社会消费品零售总额中市场调节价比重达到97%,市场配置资源的基础性作用得以充分发挥,价格结构调整取得重大进展。有计划、有步骤地调整农产品、电力、医药、成品油、自来水、电信等基础产品和公用事业价格,取消通货膨胀时期的价格干预措施,实施一系列鼓励消费的价格政策。取消电力各种基金、加价和补贴,农村实施农网改造工程,整顿规范农村电价,农村电价降低0.15元/千瓦时,农民年均减轻电费负担100万元。取消近60项、降标40项涉及住房的建设收费,住房建设收费占工程造价的比重由40%降至25%以内。取消9项、降低3项汽车及驾驶员的收费,每辆汽车负担下降20%左右。两次大幅度降低电信资费标准,取消电话初装费和移动电话入网费,每年减轻社会负担50万元,促进了城乡电信消费规模发展。电信资费结构性调整,国内长途电话由每分钟0.6元、0.8元和1元三级计费统一调整为一级计费,计费单元由1分钟调为6秒,每6秒钟0.07元;固定本地电话基本月租费,住宅电话县城18元、农村15元,办公电话30元;降低农村用户通话费用,县内实行城乡通话费同价,营业区内通话费首次3分钟0.22元,以后每分钟0.11元;区间通话费仍按每分钟0.5元计费,取消所有电信业务基本资费附加。有线电视收视维护费标准从11元/户月提高到16.5元/户月,上调幅度50%,"五保户"和低保户仍按11元/户月收取。省先后6次调低80余个品种规格政府管价药品价格,平均降幅18.4%,规定集中招标采购药品价格必须将供货回扣的55%以上让利于患者,让利药品1131个品种规格,全县年均减轻患者负担30万元;省物价局调整、规范医疗服务价格,共有医疗服务项目3699项,县物价局按照"总量控制,结构调整"原则,提高技术劳务服务价格,降低药品和大型设备检查价格,拉开服务档次,调整后,总体费用水平比医院实际收费水平降低20%。复合膜包装食盐,每500克销售价统一为1元。1998年,早籼稻、中籼稻、晚籼稻收购价分别为57元、63元、64元;1999年,早籼稻、晚籼稻收购价分别降至51元、58元;2002年,粮价在低位徘徊,晚籼稻收购价为43－44元。1998年,棉花收购价由700元调为650元,由于连续几年棉花供大于求,加之国内棉价大幅度高于国际棉价,从1999年9月新棉上市起,放开棉花价格,实际收购价为400元;2001年升至477元,2002年降为472.8元。1996年始,国家放开油菜籽收购价,是年收购价115元,其后几年市场价格基本稳定;2000年购销价格回落,收购价85元,2002年继续回落至80元。

清费治乱减负,在下渔口镇进行涉农收费公示试点,全县20个乡镇均设立公示牌,公示率100%,被称为"民心工程""阳光工程"。审查收费单位180余个、收费项目480余个、收费金额800余万元,取消收费项目200余个、降低收费标准100余个,减轻企业和群众负担500余万元。强化价格调节基金征收,5年共征收100万元,先后为安猷、安裕、安障等乡投入50万元扶持发展县蔬菜生产基地,投入5.6万元扩建县生猪屠宰场,投入3万元发展大棚蔬菜生产,投入3万元平抑市场肉价。

2003－2008年,全县价格水平经历了从低到高的过程。

2003年4－5月,纪念《价格法》颁布实施5周年,县内开展为期一个月的宣传活动。2004年4月,运用价格杠杆促进农民增收,落实粮食补贴和价格政策。尿素、钾肥最高零售价每吨1700元;取消植物检疫证书费,免收农民水土流失防治费、堤垸保护费、建设用地批准书工本费、农村义务教育借读费,降低畜禽及其产品检疫费;农民建房代办报批报建服务收费从150元降为80元;农民进城就业,除收取5元的"暂住证"和"流动人口婚育证明"工本费外,其他收费全部取消。是年2月,由于"非典"影响,导致板蓝根冲剂、抗病毒口服液、食用盐、消毒液等相关商品抢购和涨价,县物价局采取紧急价格干预措施,对消毒液、疫苗、口罩、部分中医药材制定最高限价和进销差率,审批相关价格13批次,核定42个品种的药品和用药零售限价。调整县城区自来水价格,居民生活用水1.57元/吨,上调幅度16%。农村居民生活用电实行同网同价0.548元/千瓦时、少支出0.242元/千瓦时、年均减轻农民用电负担241.2万元。制定管道燃气初装费标准和燃气价格,初装费2300元/户、燃气价格3.5元/立方米。落实下岗失业人员和低保户价费减免优惠政策,享受优惠低保户3700余户，让利金额电力部门年均25万元、自来水公司28万元。取消12个收费项目、降低4个项目收费标准。是年秋，农村义务教育阶段实行杂费、课本费、作业本费和其他共四项组成的“一费制”，不再收取任何费用。12月，省物价局、交通厅制发《湖南省汽车旅客运价实施细则》，基本运价定为普通客车0.084元/人公里、中型客车0.18元/人公里、车辆过渡（桥）通行费0.6元/人次。

2005年春耕季节，农资价格暴涨，县物价局及时干预，将县产碳铵由市场价改为政府指导价，根据成本制定出厂价和最高零售价。确定县殡葬服务收费项目和标准，制定、调整县汽车站客运车辆收费、民办学校收费标准、学生课堂作业本、医院自制药剂等价格。7月，改革药品价格管理办法。一是制定管价目录，属政府定价药品共2422种（类），其中化学药品和生物药品1364种、中成药964种、民族药品47种、其他47种（类），余为市场调节价。政府定价种类占全部药品的20%左右，销售额占全部药品销售总额60%左右。二是明确管价权限，实行国家和省两级管理，省以下无定调价权。三是改革管价方式，规定最高零售价，控制差率。四是推行药品集中招标采购，差别加价率限制在15%以内。五是对市场调节价药品和医疗器械产品实行价格监管，按实际进价顺加加价率作价，加价率批发企业不超过8%、零售环节不超过15%，采购价高于500元的最高加价额批发企业不得超过40元、零售企业不得超过75元。

2006年，围绕新农村建设，加强农资价格管理，降低化肥流通差率，进销差率批发环节由2%调为1.5%、零售环节由5.5%调整为4.5%。尿素最高限价不超过1950元/吨，碳铵、磷肥最高价分别为520元/吨、450元/吨。农村无线数字电视费在县城基础上降低10元。农机有偿服务、农村经济有偿服务收费下调20%。乡镇卫生院医疗服务价格控制在三类价格标准的80%以内。农村各类用电同价取消60个收费项目、注销4个收费项目许可、减轻企业和农民负担60万元。取消农民建房、务工就业的各种收费。按照省局调整的工业用盐价格，小工业用盐中准价700元/吨、食品加工用盐中准价900元/吨，上下浮动10%。是年，国家调整邮政基本资费，11月15日起，信函资费首重100克，每增重20克本埠由0.6元调整为0.8元、外埠由0.8元调整为1.2元，100克以上的首重资费维持每增重100克本埠1.2元、外埠2元不变，明信片资费由每件0.6元调整为0.8元。是年，执行省局调整的电力价格，居民生活用电调为0.588元/千瓦时，上调幅度7.3%。按照省局建立公路客运价格与成品油价格联动机制的要求，以0#柴油价格为基础分段联动，即以长沙市场0#柴油零售准价（4360元/吨）为基础，每上涨500元向旅客收取燃油附加费0.005元/人公里，4860－5359元/吨时，燃油附加费100公里以内（含100公里）0.5元/人票，101－200公里1元/人票，其余区段类推，农村客运燃油附加费减半收取，出租车向乘客收燃油附加费0.5元/车次。是年底，县城猪肉价格一路走高，从15元/公斤涨至16元、17元，涨幅13.3%，生猪收购价涨至每50公斤480－500元，较10月410元上涨19.5%，较上年同期380元上涨26.3%。

2007－2008年，受国际、国内经济影响，消费价格持续走高。2007年1月，取消农村电网改造中向农民收取的“户表费（每户200元）”，大幅降低CT、磁共振、X线等大型医疗检查价格，降幅30%，降低143个医疗服务项目价格，在县人民医院实行医药费用监测公告制度。加强幼儿园收费监管，明确界定幼教保育成本构成，发布全省（市）统一指导性收费标准，义务教育阶段减免杂费。上半年，居民消费价格指数上涨7.3%。农资价格上涨幅度大，尿素、碳铵、磷肥价格分别上涨28.9%、40.4%、71.7%，进口复合肥、钾肥价格上涨近1倍。是年11月，汽、柴油价格调高500元/吨，次年6月又调高100元/吨。2008年7月，电价平均提高0.025元/千瓦时（居民生活、农业和中小型化肥生产用电价格不作调整），农村非、普工业用电（含农副产品加工用电）价格由0.8元/千瓦时调整为0.86元/千瓦时，非居民生活用电（含农村经营性用电）价格由0.95元/千瓦时调整为1元/千瓦时。是年，早稻开秤后价格一路上扬，7月中旬为86元，7月底为95－96元、个别达到100元左右。面对严峻物价形势，县政府建立价格监管联席会议制度，确保市场监管力量集中、调度及时、监管到位。对步步高、恒生、广兴超市、大丰翔商场等6家经营的粮、油、肉、奶、蛋共200余种商品,启动价格临时干预措施并加强农资监管,严审企业成本,合理制定碳铵价格,办好“价格十件实事”。是年,针对冰灾受损,运输受阻等情况,启动价调基金补贴“菜篮子”价格,帮助恢复生产,增加供应。通过一系列措施,确保了市场价格稳定,全年价格涨幅为6.5%。在全省经验交流会上,安乡作《价格管理为新农村建设服务》典型发言并在全省推广。是年春季始,对义务教育阶段学生免费提供教科书,除按规定收取作业本费、寄宿生住宿费和自愿在校就餐伙食费外,无其他服务性收费和代收费。9月,取消个体工商户和集贸市场管理费。10月,取消6项行政事业性收费。

第三节　物价监督检查

1984年成立县物价检查所,2008年更名为县物价监督检查局,升格为副科级行政机构。历年来,物价监督检查以行业检查、一般性市场检查和重点价格举报督查为重点,保护消费者和经营者权益,为县域经济发展保驾护航。

重点监督检查群众基本生活必需品价格。为稳定“米袋子”“菜篮子”价格,每逢元旦、春节、国庆、中秋等节假日和市场物价波动较大时进入市场检查。1996年中秋节期间,城区肉价从13元/公斤涨至15－16元/公斤;2007年下半年至2008年5月,肉价也是一路高涨,从16元/公斤涨至20元/公斤,最高达30元/公斤。此间,发布限价规定,实行全天候市场巡回检查,查处“肉霸”“菜霸”,稳定了市场肉价。1998年,县境遭遇洪灾,国家投入平抑粮和救灾粮,监督检查人员抓赈灾粮价格检查,检查县粮食局及所属30余个粮店和个体粮店,处理收缴违价金额2.5万元。2003年“非典”期间,开展“非典”药品价格专项检查,对3家药店牟取暴利、不执行政府指导价的行为公开曝光并从重处理,确保了“非典”药品价格稳定。2008年冰灾期间,检查客运票价和粮、油、面、奶等基本生活品价格。查证违价行为80余起、收缴违价金额10.5万元。及时查处蜂窝煤经营者串通涨价行为,公布蜂窝煤成本、市场平均价,提醒告诫经营者遵守价格政策,蜂窝煤价格恢复正常。历年来,出动825人次检查市场,打击短斤少两、哄抬价格等行为,立案650起、处罚(没)款68万元,清退给消费者35.8万元,有效规范了市场价格。

开展专项检查,打击违价行为。历年来,专项检查电力、石油、交通、农资、粮食、棉花等垄断和重点行业的价格和收费,省、市行业检查和交叉检查相结合,立案查处价格违法案件73起、违价金额367.5万元,清退28.3万元、收缴财政253.2万元,罚款5.4万元;专项检查教育收费和医疗服务、药品价格,查出教育乱收费金额2510万元,清退给学生486万元、收缴232万元,查出医疗服务和药品违价金额2315万元、收缴365万元。

推行明码标价。按照国家计委《关于商品和服务实行明码标价的规定》及《实施细则》,采取上门宣传督导,包干指导等形式,推行明码标价。每年出动宣传车10余台次,喷印交通运输客车票价200余车次,制作和悬挂行政事业性收费公示牌80余块,每个乡镇制作一块永久性涉农价费公示牌,城镇商场、个体经营户明码标价率达90%以上。

构建价格监督网络,推行价费服务。20世纪90年代,先后成立交通、药品、邮电等行业价格监督检查站,配备兼职物价检查员10余人,开展价格内部监督,稳定市场物价。1987年,在官垱、大鲸港、陈家嘴、焦圻、黄山头等5个集镇试点,挂牌成立乡镇物价检查站,后因各种原因于1992年停止工作。2001年,县物价检查所开通信息化投诉举报通道(全国统一价格举报电话“12358”),获国家计委规范化检查所。2006年,在全市价格工作会议上作《安乡“12358”,一个正在唱响的品牌》典型发言。2007年,在企事业单位中开展“提倡价格诚信,反对价格欺诈,建设诚信安乡”为主题的首届“价格诚信单位”评选活动,评选出县邮政局、电力局、移动公司、人民医院、中医院、康源大药房、静远手机店、恒生超市、新视野家电、新世纪电脑等10家价格诚信单位。

规范办案程序,严格依法办案。历年来,查处各类违价案件2156件、查出违价金额6545万元,清退给用户和消费者764.3万元、上缴财政1056万元。无一例错案、行政复议案件和败诉案件。

第四节　价格服务与成本调查监审

1992年3月成立县价格事务所,2000年更名为县价格认证中心,有国家注册价格鉴证师2人。价格事务所成立以来,遵循客观、公正、科学、效率原则,依照国家法律、法规和政策,在开展价格咨询、信息服务的同时,重点抓涉案物品价格鉴定。

历年来,为企业提供价格信息咨询服务800余次,涉案物品价格鉴证1000余件、鉴定金额6500余万元,标的涉及房地产、机动车辆、机电设备、家用电器、家具用品等领域。1997年7月,成立常德市金翼拍卖有限公司安乡分公司。1998－2002年,在企业改制中,先后公开拍卖商业、粮食、供销等改制和破产企业国有资产,举办拍卖会近50场,拍卖成交额1.5亿元,拍卖增值收入2000余万元;1999－2004年,每年有偿拍卖县城区"慢慢游"经营权,为政府筹措城建资金2400余万元;2006年,公开拍卖150台出租车经营权。增加了财政收入,防止了国有资产流失和变相贱卖,保障了企业改制顺利进行。

成本是国家制定经济政策的重要依据,也是制定、调整价格和收费标准的基础。20世纪70年代始,县内每年进行一次性的粮食、棉花、油料、牲猪、黄红麻、苎麻、湘莲、黄花菜、鲜鱼等农产品成本座谈调查。1984年始,按省、市统一要求,改一次性调查为常规性调查、座谈调查为聘请常年性农户登记调查,步入规范化、制度化轨道。在6个乡镇、12个村选择16个常规性调查户,以早稻、晚稻、棉花、苎麻、黄红麻、生猪、鲜鱼、油菜等为调查品种。为确保调查质量,提高农调户积极性,每年召开一次农调户座谈会,总结经验,表彰先进。2002年,成立县价格成本调查队,列入国家、省重点调查县,承担国家、省下达的主要农产品早籼稻、晚籼稻、中籼稻、棉花、油菜籽、鲜鱼等6个品种调查,早籼稻、晚籼稻、棉花、油菜籽实行全省直报。同时,每年定期开展农户存粮、农资购买、农作物种植意向等专项调查。1998－2007年调查表明,主要农产品生产成本、收益情况特点:一是成本呈上升趋势,特别是2004年以来,由于农资价格大幅上涨带动总成本上涨。二是粮食、油料类作物价格在跳出前几年持续低迷的状态后,自2004年起出现恢复性上升,种植收益相应呈增长态势。三是经济作物和生猪价格受市场供需变化和自然灾害影响,呈周期性波动,从而导致收益上的波动。

为提高政府定价的科学性,根据对重要商品和服务价格在定、调价前进行成本监审的规定,先后审核自来水、教育、有线电视、管道燃气、垃圾处理费等项目成本,审核额1028万元,审减成本320万元。抵制调价单位乱列成本,虚高成本的现象,为科学制定价格提供了客观、真实依据。2002－2008年,分获国家、省先进调查单位。

第四十六章 统 计

1990－2009年,全县统计工作以服务县域经济中心,从改革统计方法入手,以增加统计信息量和准确度为重点,强化统计服务经济、服务社会、服务大众意识,发挥统计信息、咨询、监督整体功能,社会效益和经济效益显著。2000－2007年,县统计局获全县"双文明"建设目标管理红旗单位、先进单位;2001－2007年,获全市统计工作综合先进单位。

第一节 统计与调查

1989年,县统计局按工业、农业、商业、基建、物资、劳动工资、综合和办公室8项专业进行统计,报表种类相对较简单,主要采取全面统计的方法,即由乡镇、县直主管部门汇总后报县统计局,再由县统计局汇总报省、市统计部门。20年来,国民经济行业分类越来越细,单纯的全面统计已不能获取准确的社会经济发展信息,资料搜集开始采用全面统计、抽样调查、重点调查并重的方法。专业设置由8项增至23项,即综合、核算、农业、农村住户抽样调查、工业和新型工业化考核、规模以下工业抽样调查、能源及节能降耗考核、固定资产投资、建筑业、房地产业、贸易、服务业、城镇住户抽样调查、劳动工资、科技社会、统计教育、统计法制、办公室及财务、信息化及网站建设、为民办实事数据评估认定、领导干部绩效考核、物价、企业景气调查等,统计制度亦不断完善。

一 专业统计

(一)综合核算统计

1989－2009年,县统计局根据国家统计制度改革统计调查方法,逐步建立、完善综合核算统计指标体系,加强农业、工业和第三产业统计价值指标、效益指标计算,实施国民经济新的核算体系,建立县级地区生产总值核算制度。GDP核算年报,采取生产法和收入法同步进行;综合报表有《国内生产总值核算中的相关指标》《年度国内生产总值》等。

(二)农业统计

农业统计一直采用全面调查的方法,即根据国家统计报表制度,由县统计局—乡镇场—村(居委会)—组自上而下布置报表任务,再由组—村(居委会)—乡镇场—县统计局自下而上汇总上报。1990年始,农业统计向数据处理自动化迈进,统计报表用SARP软件包处理。2009年,各乡镇配专用计算机1台,乡镇级报表采用计算机处理,县乡统计报表计算机处理网络基本建立。农业基层年报表有《农业生产条件》《主要农产品生产情况》《茶叶、水果生产情况》《林业生产情况》《畜牧业生产情况》《渔业生产情况》《乡镇基本情况》和《村基本情况》等10种;农业综合年报表,除根据上述基层报表汇总而得到综合表外,还有《农业总产值》(现行价和可比价两种)和《农业增加值》;农业定期统计报表有《农作物播种面积及产量统计》《养殖业生产情况统计》等,《农作物播种面积及产量统计》根据各种农作物播种和收获时间确定上报时间,分预计上报和定案上报,《养殖业生产情况统计》为季报表。

(三)工业统计

1991年,根据国家修订的工业经济效益评价考核指标体系,计算全县及乡镇以上独立核算工业企业经济效益综合指数,具体指标有产品销售率、资金利用率、成本费用利润率、全员劳动生产率、净产值率(1993年后改为增加值率)。1993年,为配合新国民经济核算体系实施,新增"工业中间投入"指标、"工业增加值"派生指标,取代"净产值"。1994年,新增《工业企业经济效益指标月报》,统计范围为乡及乡以上独立核算工业企业。1995年,为了与财务核算协调一致,相应修订"工业总产值""工业增加值”等指标计算方法。1996年，工业统计调整为“规模口径”，即县域所有国有企业及年销售收入500万元以上的其他所有制企业统称为“规模以上工业企业”，实行全面统计，统计报表有《工业企业产销总值及主要产品产量》《工业企业主要经济指标月报》《工业企业产品销售量与库存量季报》等；其他工业企业和个体工业户为规模以下工业，主要采取抽样调查推算全县总量及增长速度，每次经济普查后，均以普查结果作为规模以下工业抽样调查总体；工业总产值由规模以上工业、规模以下工业总产值组成。2007年，增加“推进新型工业化进程”“企业景气调查”统计内容。

（四）固定资产投资统计

固定资产投资统计包括固定资产投资、房地产、建筑业等，分城镇以上和农村投资两大类。城镇以上投资以城镇为统计范围，统计对象为50万元以上项目，包括城镇固定资产投资、更新改造投资和房地产开发投资；农村投资包括农村集体和农村住户固定资产投资，农村集体投资实行全面统计，由乡镇上报县统计局，农村住户固定资产投资以农村住户抽样调查资料推算，主要由国家统计局安乡调查队完成。报表有《固定资产投资综合》《农村住户固定资产综合》等。有资质等级以上建筑业企业实行全面统计，调查建筑企业生产经营情况，推算建筑业增加值，主要报表有《建筑业企业生产情况》《建筑业企业财务状况》《建筑业企业房屋建筑完成情况》等。房地产开发企业报表有《房地产开发项目投资、销售及空置情况》《房地产开发企业资金情况》《房地产开发企业财务状况》等。

（五）社会消费品零售额统计

1993年，《商品零售贸易统计》改为《社会消费品零售额统计》，取消《社会消费品分类零售额和零售量》等统计报表。1994年，定期报表将统计单位分为大、中型和小型两部分统计。1996年，实施“三资”企业统计报表制度。1997年，增加大、中、小型企业主要经济指标月报。至2009年，社会消费品零售额统计包括批发业、零售业、住宿业和餐饮业四类，按企业规模分限额以上和限额以下两类。限额以上为批发业年主营业务收入2000万元及以上、零售业年主营业务收入500万元及以上、住宿业和餐饮业年主营业务收入200万元及以上的企业，实行全面统计；限额以下分限额以下企业和个体商业户，采用模拟工业调查方法按企业和个体户分类调查。统计报表有《限额以上餐饮业、限额以下贸易业商品销售情况》《社会消费品零售总额》《限额以上批发零售贸易业商品销售》等。

（六）劳动工资统计

1988年，劳动工资统计实行计算机处理。1990年，开始执行国家统计局发布的《关于工资总额组成的规定》。1993年，推行“一套表”，由劳动统计专业统一布置改为各专业布置，用计算机跨专业对全部劳动工资报表汇总处理。1994年，增加“从业人员统计”指标。1997年，《职工人数报表》增设“下岗职工”指标、《在职职工工资总额报表》增设“下岗职工”及“下岗职工生活费”两项指标。1998年，对省上报实行季报和半年报，年报保持不变；对基层单位实行月报，并建立劳动工资台账。主要统计报表有《劳动情况月报》《劳动情况年报》等。

（七）能源统计

1991年，新增《全民和集体所有制独立核算工业企业产品销售与库存总值》及《原材料燃料消费与库存总值》，统计范围为县（区）属工业、建筑、交通、运输、邮电企业。1993年，建立《重点企业单位产品综合能耗》报表。1998年，有重点耗能工业能源购进、消费与库存、重点企业单位产品综合能耗报表等。能源统计涵盖了国民经济各行业及城乡居民，其中涉及工业、批发零售食宿餐饮业、建筑企业能源统计部分与《企业基层统计一套表报表制度》合并执行。主要统计报表有《分行业能源消费量》《各专业主要能源消费情况》《全社会用电量情况》《地区能源消费与单位GDP能耗》等。

二　专项调查

（一）城乡居民收支调查

调查目的是搜集城乡居民收入来源、结构及增长速度和居民生活支出方向、比例等指标,以掌握本地区居民生活状况,分城镇和农村进行。农村住户抽样调查由国家统计局安乡调查队组织,以农村居民为调查总体,对全县村委会以收入由低到高排序,用等距抽样法抽取10个村,将10个村的所有家庭户以村为单位按收入由低到高排序,每个村中等距抽取10个户,共100户为抽样调查总体;抽样调查户每天对家庭成员收入、支出分门别类记账,计算出全年(季、月)总收入、总支出。总收入由工资性收入、经营性收入、财产性收入、转移性收入四部分组成;总支出由经营费用支出、购置生产性固定资产支出、税费支出、生活消费支出、财产性支出、转移性支出等七部分组成;人均生活消费支出包括食品、衣着、居住、交通通信消费和家庭设备用品、医疗保健、文教娱乐及用品、其他商品及服务支出等八部分。通过家庭收入、支出指标计算农民人均纯收入和人均可支配收入。城镇居民抽样调查从2005年开始,由县统计局独立完成,调查对象为城镇居民。具体在城关(深柳)镇随机抽选50个户作为调查总体,抽样方法及调查户的确立与农村住户调查相同,城镇居民家庭总收入、总支出及生活消费支出的组成亦与农村住户调查大体一致。由此测算出城镇居民可支配收入和主要生活消费,反映城镇居民收入、消费水平。

(二)物价调查

县级物价调查主要是定点、定时监测涉及人民生产生活的商品和服务价格变化情况,以计算商品零售价格指数和居民消费价格指数,反映社会商品价格和人民生活消费价格的涨跌情况。分食品、饮料烟酒、服装鞋帽、中西药品、化妆品、文体用品、日用品、家用电器、燃料、建材、农业生产资料和服务项目收费等十二大类。

(三)为民办实事数据评估认定

2005年,省政府承诺全年为人民群众办10件涉及民生的实事,统计部门负责进度监测、调度和数据评估认定。其工作程序:一是任务分解落实。年初将省、市、县政府为民办实事工作任务分解到具体承办责任单位。二是建立统计网络。建立为民办实事统计监测网络,实行月报制度,即督促责任单位建立为民办实事领导机构和办事机构,安排专门统计人员,每月向统计部门报送《为民办实事工作完成进度》《为民办实事经费支出情况》报表,动态反映责任单位实事完成情况。三是实行统计监测。统计部门根据责任单位上报的实事完成情况分析监测其工作进度,实行月调度、季督查。四是开展实事完成情况评估认定。责任单位在完成年度实事任务后,向统计部门书面申请数据评估认定,统计部门进行核查、评估、认定,通过现场勘验、资料查阅、数据计算确认其实事完成情况,并出具验收报告。五是上报申请验收。在全面验收完成省、市布置的为民办实事工作任务后,县统计局汇总《为民办实事工作完成进度》《为民办实事经费支出情况》报表,报省、市统计局申请评估验收,至省、市统计局完成对办实事项目验收、认定。至2009年,省、市、县在县内完成为民办实事有通乡、通村公路、乡镇卫生院、敬老院、合格学校、廉租房、经济适用房建设和城乡居民医保、低保、就业援助等主要涉及改善民生项目。

第二节 普 查

1994年,国家确立周期性普查制度,包括人口、农业、工业、第三产业和基本单位普查等5个项目。2003年,国家调整普查项目和周期,有经济、农业和人口普查。经济普查每10年2次,分别在逢3、8的年份进行;农业普查每10年1次,在逢6的年份进行;人口普查每10年1次,在逢0的年份进行。至2009年,全县先后进行了10次大型普查,其中人口普查2次、经济普查2次、工业普查1次、第三产业普查1次、基本单位普查2次、农业普查2次。

一 人口普查

第四次全国人口普查登记时间为1990年7月1日零时。县内1989年10月始准备,1991年10月结束,相继完成普查登记、复查核实和手工汇总工作。普查结果:1990年7月1日零时,全县总户数137460户、总人口541840人,其中男性278258人、女性

263582人。普查登记质量经乡(镇)、县、市、省四级普查办检查验收,达国家标准。

第五次全国人口普查登记时间为2000年11月1日零时。县内1999年始准备,2002年结束,普查项目由“四普”的21个增至70余个,入户登记资料采用光电录入、计算机汇总。普查结果:2000年11月1日零时,全县总户数155585户、总人口(常住人口)543078人,其中男性279468人、女性263610人。

二　经济普查

2004年,县内首次开展经济普查,普查时点为2004年12月31日,时期资料为2004年度。普查对象为境内从事第二、三产业的全部法人单位、产业活动单位和个体经营户。普查主要内容为单位基本属性、就业人员、生产经营、生产能力、财务状况、原材料和能源消耗、科技活动情况等。普查结果:第二、三产业法人单位1343个、产业活动单位2014个、个体经营户17727户。

2008年,县内开展第二次经济普查,普查时点为2008年12月31日,时期资料为2008年度。

三　工业普查

1995年,县内开展第三次全国工业普查,普查时点为1995年12月31日,普查年限为1995年度。按“三要”的普查原则,即国有企业要查细、“三资”企业要查全、乡镇企业要查准,以反映工业经济全貌的产、供、销、人、财、物等基本情况为普查内容。普查结果:1995年,全县有工业企业和生产单位2740个,其中国有工业38个、集体工业138个、其他工业1个、村办工业357个、个体工业2206个,实现工业总产值109032万元(现行价)。

四　第三产业普查

1993年,县内开展第三产业普查,普查对象为从事第三产业的企业、事业和行政单位及个体户,普查年度为1991年、1992年和1993年上半年,1993年10月开始调查登记,1994年底结束。共填报160余种报表,获50万个统计数据,为制订全县第三产业发展规划提供了可靠依据。

五　基本单位普查

1996年,县内开展首次基本单位普查,普查年度为1996年,普查时点为1996年12月31日,普查对象为域内除农户和个体经济以外所有法人单位和产业活动单位。

2001年,县内开展第二次基本单位普查,普查年度为2001年,普查时点为2001年12月31日,普查对象为域内法人单位及其所属产业活动单位和个体经营户。

六　农业普查

1996年,县内开展首次全国农业普查,普查年度为1996年,普查对象为农业生产经营单位,普查内容为单位数量、规模和结构、农村劳动力数量、素质、从业和流动情况等。普查结果:全县耕地68.19万亩、农户110586户、农业人口407696人。

2006年,县内开展第二次全国农业普查。

第三节　统计服务与监督

一　统计产品开发利用

服务经济、服务社会、服务大众是统计工作的重要职能。随着统计改革的深入,服务领域不断拓展,服务产品不断增多。

每年编印《安乡统计年鉴》,汇编全县经济、社会、文化、科技等领域全部统计数据。20世纪90年代初,创办机关内部刊物《统计资料》,编发调研与统计分析资料,2000年更名为《统计与决策》,历年来编发635期,部分调研报告和分析资料被上级采用,其中国家级采用5篇、省级采用20篇。每年年初向全县发表《安乡县国民经济和社会发展情况统计公报》,公报内容包括综合、农业、工业和建筑业、固定资产投资、国内贸易和市场物价、交通和邮电业、招商引资、财政和金融与保险、教育和科学技术、文化和卫生与体育、人口和人民生活与社会保障、环境保护与城镇建设等十二个部分。定期公布统计数据和经济运行主要指标完成情况。1996年始，每月编印《安乡主要经济指标》卡片，2004年改为《安乡统计月报》；2001年始，每年通报全县经济运行情况，总结成绩、查找问题、提出决策咨询建议。

二　统计信息化建设

根据统计工作现代化管理的需要，统计信息化建设加速发展。1989年，全县有农业、工业、固定资产投资、劳动工资等专业年报或月报使用计算机处理；2000年，连接因特网，所有统计报表与上级统计部门实行网络传输。

1996年首次全国农业普查、2000年第五次全国人口普查及2006年第二次全国农业普查，县内所有普查表使用计算机光电录入，录入速度大幅度提高。2004年5月，工作人员均配备电脑，并建立局域网，实现了内部信息资源共享和无纸化办公。2005年10月，安乡统计信息网开通，实现县域经济形势和社会发展情况网上发布。

三　统计执法

1993年，县统计局成立法规监察股，负责全县统计执法和统计违法案件查处。此后，与县监察局、法制办、司法局等单位多次开展统计联合执法大检查，查处统计弄虚作假违法行为。至2009年，培训统计人员近千人，执法检查380个单位、立案150件，均依法处理。

20世纪90年代末开展统计监审工作。2000年后，实行统计巡查制度，按照统计监审和巡查要求，对全县乡镇100余个行政村实施检查监督，规范了基层统计工作。

第四十七章　工商行政管理

第一节　管理体制改革

工商行政管理是政府经济管理体系的重要组成部分，随着社会主义市场经济发展和政府职能转变，其管理体制经历过三次变革。

1992年，党的十大确立社会主义市场经济体制改革目标，工商行政管理部门职能从管理集贸市场向监管社会主义大市场转变。1993年始，县工商行政管理局（简称县工商局）职能转变，至2001年，从主要管理集贸、农贸市场，向监管生活、生产资料和生产要素市场转变，从主要管理公有制经济单一主体，向监管以公有制、多种所有制经济共同发展的多元化市场为主体转变，从主要管理有形市场，向监管有形、无形市场转变，从既监管市场又办市场，向“管办脱钩”转变，履行个体经济、集贸市场、企业登记、商标、广告和合同管理、打击投机倒把“六管一打”职能，建立以维护市场秩序、配置市场资源为主的“市场准入、市场监管、消保维权、执法办案”职能体系。由市场式监管转变为巡场式监管，并实现网络化市场监管方式，形成以规范化服务为导向的权威、独立、公平的工作模式。

1999年，工商行政管理部门完成机构管理体制改革，实行垂直管理。之后，通过注册登记窗口进入县政务服务中心，实行行政许可与行政审批“双集中”，进行基层机构达标建设，建立“办事高效、运转协调、执法统一”管理体制。

2001年始，进行巡查制、一审以核制、市场监管网络化责任制、企业信用等级制和行政执法“四分离（立案、调查、审核、执行）”管理体制改革。主客体监管改革，即市场主体监管“后延”；以市工商企业信息系统建设为重点，进行企业信用分类监管，市场客体监管“前移”；以流通领域商品质量监管与监测为重点，强化商品市场准入监管，建立“12315”消费者申诉举报网络和个体工商户分层、分类电子信息监管体系。

三次重大变革，建立健全了与社会主义市场经济发展相适应的工商行政管理体系。历年来，县工商局坚持依法行政和实施“大服务、大监管、大维权、大发展”工作目标，健全市场经济体系，维护公平竞争，稳定市场秩序，保护消费者合法权益，维护城乡一统化，推动县域经济发展，进入全市先进行业，多次获全县目标管理红旗单位。

第二节　市场建设与监管

一　市场建设

按照城乡一统、以县城区为中心的方针和“谁投资谁受益”的原则进行市场建设。

1991－1993年，拆迁城关中心农贸市场（原县人民大会堂），建潺陵工农贸市场，占地面积2160平方米、商铺38间、摊位208个，是县城区第一个规模型工农贸市场。改造城关复兴路工贸市场，新建城关桥东、县府街、天后宫、人大农贸市场和大鲸港、下渔口、黄山头农贸市场，黄山头农贸市场是为县内最大的乡镇农贸市场。1997－2000年，兴建安乡大市场，占地面积18998平方米、建筑面积2.8万平方米、商业门面647套、商业住宅20套、组合单元3套、营业大厅2个和休闲写字楼1700平方米，是为县内规模最大的商贸市场。2001－2006年，新建蔬菜水果和建材批发市场，均为县内同行业最大的批发市场。至2009年，全县基本形成多种经济成分、多种流通渠道、多种经营方式、多种经营格局的市场体系。

二　市场监管

1990年,按照中央提出的“稳定压倒一切”方针,以“治理经济环境,整顿经济秩序”为重点,全面整顿全县市场秩序。1991－1996年,以“拓宽监管尺度,增加监管深度,强化监管力度”为工作重心,遵循“放而有度,活而有序,管而有法”原则,在培育和完善市场体系的同时,加大执法力度,市场监管逐年强化。

1997－2000年,以“公平交易执法年”和“工商形象建设年”为主题加强市场监管,交易秩序进一步规范。2001－2005年,全面落实执法责任制和市场巡查制,以农资、消费品、文化、运输、医药市场为重点,开展“打假保节日”“打假保春耕”“打假保权益”“打假保名优”等专项行动,查获假冒伪劣商品738件(种)、查处违法案件93起、罚没入库金额300余万元,取缔歌舞娱乐场所及网吧和广播电视器材经营场所13家、限制营业及整改42家,查获非法出版书刊、光盘20万册(张),查处药品侵权和药品虚假广告案件14起、罚没入库金额10余万元。

2006－2007年,围绕“依法行政年”、“加强基层建设,构造和谐工商年”和“农副食品市场整顿年”三大主题,按照“监管与发展、服务、维权、执法”四统一要求,开展食品安全专项整治,县城区食品中违规添加“吊白块”、二氧化硫等问题基本解决,“食品安全工程”得以实施;开展“红盾护农”行动,进行农资市场巡查。2008年,围绕“安全生产年”,以查处无照经营为主,专项整治成品油和液化石油气市场,整顿无证无照经营加油站19家、液化气配送网点20家,立案查处无证无照非法经营案件36件;联合公安、广播电视部门,3次清理整顿卫星地面接收设施市场,立案查处非法经营案件3件、收缴非法经营设施150套(件)、罚没入库金额1.2万元。

第三节　企业登记管理

随着改革开放深化,市场经济快速发展。20世纪90年代后,各类企业大量涌现,县工商局依照《个人独资企业法》和《企业暂行条例》等法律法规进行企业登记管理。

1990－2000年,治理党政机关所办企业11家(名存实亡1家),完善变更登记手续3家、注销7家。2001－2005年,专项整治“三无”企业和无照经营商家110家,变更登记32家、注销8家、吊销8家;清理无前置审批手续或手续已过时效的企业120家并补办相关手续。2006年后,进一步明确监管与服务的关系,变被动为主动、变浅层次为深层次、变滞后为超前服务,简化办事程序,注册、登记实行“一站式审批”“一站式办理”“一条龙服务”。县政府重点联系的26家企业,在一个工作日内完成书面材料审查并一次性通过年检。至2008年,有各类企业591家,其中法人企业66家、分支机构187家,国有法人企业14家、分支机构56家,特种法人企业21家、分支机构18家,私营企业151家(含独资、合伙企业),股份公司64家,有限责任公司14家。

第四节　个体私营经济登记管理

一　个体私营经济登记

20世纪90年代后,县内个体私营经济快速发展,市场经济日益活跃,登记工作难度加大,按照《城乡个体工商户管理暂行条例》《私营企业暂行条例》《独资企业法》《合伙企业法》等法律法规,进行个体私营经济设立、注册和变更登记、注销。

1995年,登记个体工商户12821户、注册资金4860万元、从业人员3.2万余人,私营企业120户、注册资金2869万元、从业人员1419人,总产值和营销总金额1.63亿元,缴纳税费400余万元。2001年,个体私营经济总产值(营业总收入)10.2亿元,实现税收2200万元。2008年,个体从业人员7972人,独资企业144家、从业人员1306人,合伙企业7家、从业人员78人,农民专业合作社7家。

二　个体私营经济管理

个体、私营等非公有制经济是社会主义市场经济的重要组成部分，本着“积极引导，鼓励发展，加强管理，兴利抑弊，促进健康发展”的原则，落实个体私营经济发展的改革方针，加强管理。

1990年，对全县个体工商户进行形势、法制、职业道德教育和检查、清理、整顿，引导其在政策允许的范围内发展。1992－1995年，落实县委、县政府“发展个体私营经济要有更高的认证，更大的魄力，更宽的政策，更快的速度”决策，县、乡成立个体私营经济发展领导小组，形成城乡一统化，齐抓共管的格局。县工商局制定“三加强”措施，促进个体私营经济发展。加强宣传，采取会议、媒体、上街上户、城乡流动宣传等形式，对个体私营经济发展的决策、规定和实施细则宣传到位；加强服务，简化登记手续，采取送登记表上门，发营业执照到户等措施为个体私营业主搞好服务；加强管理，实行局长牵头、所长负责、管乡干部包干、个私专干配合责任制。1995年年初，组成34个检查组，对丢失、转让、过期营业执照的205户按规定进行处理；对400余件假冒伪劣商品和2个制假窝点依法处理；查处无照经营户370户，其中取缔25户、补办手续345户。

1996－2000年，按照“一切符合三个有利于的所有制形式可以而且应该来为社会主义服务，一切反映社会化生产规律的经营方式和组织形式都可以大胆利用”的方针，进行“三个转向”，即服务、项目建设和投资安排主体转向个体私营经济，采取“先上车、后买票，先试业、后办照，先服务、后管理，先发展、后收费”措施，扶植从事个体经营的下岗再就业人员，优惠办证手续。为个体私营业主提供经济信息410余条、解决各种困难965件次、帮助落实生产经营资金386万元、解决生产原材料资金460万元、销售产品价值890万元，引进人才21人、引进新项目191个，兴建工农贸市场10个，为38家生产加工大户优惠解决经营场地2100余平方米，推动了个体私营经济持续、快速、健康发展。

2002－2008年，落实省委、省政府加快民营经济发展的意见，降低注册登记门槛，放宽投资人资格，简化登记前置审批手续，缩短办证时间，推进民营企业诚信建设，严格依法行政，按照《个体工商户分层分类登记管理办法》，将全县个体工商户和私营企业信用状况按A、B、C、D四个类别分层管理，其档案数据录入实行网上监督管理，个体私营经济管理进一步规范。

第五节　经济合同监管

县工商局依据《合同法》《经济合同仲裁条例》《合同争议行政调解办法》《合同签证办法》等法律法规，开展经济合同的签证、调解、仲裁、检查、监督和查处违法合同，组织开展“重合同、守信用”企业评选，建立企业诚信制度。

1990－1995年，从抓基础入手，帮助企业建立经济合同管理组织，推行企业合同管理规范化、制度化。经济合同签证严格把关，签证315份，先后6次检查362家企业的经济合同，调解、仲裁经济合同纠纷86起，争议金额1036万元，为38家企业追回欠款400余万元。1995年9月，《仲裁法》颁布实施后，工商行政管理部门不再承担合同仲裁工作。1996－2000年，贯彻实施新《合同法》，县工商局举办企业厂长、经理及合同管理人员培训班20余场（次），培训逾千人，企业法人代表基本掌握了与企业生产经营活动密切相关的法律条款；促进企业合同自律，减少合同纠纷，提高经济效益，每年评选省、市、县级“重合同、守信用”企业40余家，在省、市报刊上公告，提高企业知名度和信誉度；广泛听取企业法人代表意见和建议，推行《经济合同示范文本管理办法》，各企业统一使用国家工商总局制定的合同示范文本。

2001－2009年，在企业开展“讲诚信、反欺诈”“重合同、守信用”活动，树立“诚信安乡”形象。每年评选“重合同、守信用”企业约40家，2008年，湖南德成建筑工程有限公司获评国家级“重合同、守信用”单位，县人民医院、常德康达饲料有限公司、湖南凯乐建筑工程有限公司、湖南德成建筑工程有限公司获评省级“重合同、守信用”单位，评出市、县级“重合同、守信用”企业37家；办理动产抵押登记，仅2001年就受理7起，抵押物价值511万元、抵押债权400余万元；调解合同纠纷20余起，为企业挽回经济损失逾千万元；建筑合同签证，仅2001年就签证5个，合同金额700余万元；合同监督管理，每年对全县的重点工程和重点单位的合同进行一次检查，重点查处了县自来水公司利用格式合同滥收费、县棉麻公司擅自印制合同文本和县市政工程公司违法合同案件，规范了企业法人的经营行为，减少、化解了合同纠纷，为企业、当事人避免或挽回经济损失近千万元。2002 年 11 月，国家取消《合同签证办法》，工商行政管理机关合同签证职能终结。

第六节　商标管理

培育全社会的商标意识，实施“名牌兴县”战略，引导、帮助企业申请注册商标，争创驰名商标、著名商标，开展以保护驰名商标、著名商标为重点的专项整治，协助企业完善防范措施，打击商标侵权，全县商标管理逐渐强化与规范。

1994 年，验证、检查 8 个商标印制定点单位和 1 个香烟商标印制企业，查处商标案件 92 起、处罚金 1.2 万元；维护企业的商标专用权，县穗安纸品有限公司的“天一”牌商标被他人侵权使用，查获伪造该商标窝点，没收制假工具和商标标示，并处罚金 1 万元。2000 年，加强《商标法》宣传，查处违法案件，对县三安卫生用品厂违法使用注册商标行为处罚款 2000 元，并销毁违法商标标示 2 万余份。2001 年，按照《商标法》及其《实施细则》，强化商标使用和印制单位监督，查办违法案件 348 起，其中商标侵权案件 216 起，收缴各类侵权商标标示 4560 套，处罚金 158 万元。2006－2009 年，查处违法案件 485 起，处罚金 358 万元；协助公安机关查处商标侵权违法案件 6 起。2008 年，为增强企业自我保护意识，维护其合法权益，向 58 家企业免费提供咨询服务，完善“打假扶优”互动机制，开展知识产权保护，查处商标侵权行为。办结商标侵权案件 15 起，处罚告知金额 62 万元。1996 年，国家工商局修改《商标印制管理办法》，商标指定印制单位更名为商标印刷单位。至 2009 年，全县有商标印刷单位 12 家，印刷业务拓展到胶印、丝网印刷、印染、制版、印铁、不干胶、烫印等。

2005 年，确定信誉高、产品质量好、发展潜力大的企业 10 家，作为注册商标和创名牌的重点联系企业，鼓励支持其争创省级著名商标和国家级驰名商标，县金大地化工有限责任公司的“金大地”注册商标实现“零”的突破，获评省著名商标；根据省工商局《关于开展保护知名商标专用权集中行动的通知》，成立县保护知名商标专用权集中行动专项整治小组，对服装、皮具、鞋业、摩托车、化肥、种子专卖店、超市进行为期一个月的重点检查，收缴假冒名牌产品 128 件(只)、案值 3 万余元。2006 年始，开展创名牌活动，来得富食品有限公司的“来得富”牌和凯斯机械有限公司的“凯斯”牌等商标获省著名商标。至 2009 年，全县有注册商标 58 个，其中省级著名商标 3 个。

第七节　广告管理

20 世纪 90 年代后，县内广告业发展迅速。至 2009 年，城乡共设墙壁广告 8500 幅、路牌广告 9560 块、灯箱广告 4120 个、霓虹灯广告 1601 块、电视广告 23040 条(次)。县工商局执行《广告法》和省、市相关法规，严格广告宣传和广告品印制管理，至 2009 年，共查处各类违法案件 890 余起，没收各类违法违规印刷品广告 24850 份、拆除户外广告 370 块(条)、取缔店堂广告 367 块，处罚金 298 万元。

1994 年，省政府《户外广告管理办法》和县委、县政府《关于宣传标语和户外广告管理办法》相继出台，县工商局与城管部门协作，拟制县城区广告设置规划，整顿广告市场。设户外广告墙 10 块、制作交通车身广告 800 余条、审批户外广告 92 起；整顿医疗药品与医疗器械广告，收缴非法印刷品广告 9000 余份、布幅 40 条、纠正违规电视广告 12 起、查处金融单位违规户外广告 4 起，处罚金 1.4 万元。2001 年，年检广告经营单位 3 家，排查定点广告印刷单位 5 家、取缔 1 家，审批户外广告 135 起，收缴非法印刷品广告 2113 份、布幅 30 条，处罚金 5.5 万元。2002 年，开展“反误导、打虚假”广告专项整治，查处违法案件 105 件，处罚金 150 万元。此后，广告监督管理制度化，与群众利益密切相关的食品、化妆品、房地产、药品、医疗器械、保健品、农药、化肥、兽药、药草、酒类、招生、致富信息等行业商品广告为重点监管对象。

第八节　消费者权益保护

1987年，县消费者协会成立，消费者权益保护工作正式启动。1998年，设立"12315"消费者举报站。2001年，设消费者权益保护股，实行专门机构、专职专责工作机制。2008年，建立消费者举报网络，设指挥中心、社区举报站、大中型商业企业举报联络点，组建乡镇消费者维权机构20个、社区消费者维权站点31个、村消费者维权站点208个，形成覆盖城乡的"12315"消费者申诉、举报、维权网络体系，24小时接受消费者投诉。至2009年，共受理消费者投诉686起、调解671起、调解率97.8%，挽回消费者经济损失539万元。

1994年，受理消费者投诉56起、投诉金额16.8万元，办理52起、办理率93%，为消费者挽回经济损失2万余元。1997年，下渔口镇永兴村3个农户购买21公斤伪劣水稻种子，造成严重减产，该镇工商所和消协分会调处，为农户挽回经济损失0.1万元。2000年，受理消费者投诉286起、处理280起、处理率98%，为消费者挽回经济损失100万元，仅电力部门就退回没收用电户的用电费保证金26万元。2001年，安宏乡同春村一陆姓农户投诉，新购的收割机质量差，要求厂家更换，工商行政管理部门与生产厂家联系，与厂方人员一道3次到户调解，免费更换了价值6000余元的主要部件并延长保修期。2003年春节，以"营造放心的消费环境"为主题，开展烟、酒、食品、饮料、熏制品、干货产品大检查，共检查个私企业420户，收缴价值3万余元的各类假冒伪劣食品、病禽、注水牛肉和过期食品，查处案值1.3万元的假冒"金种子"酒143件。2005年，以"健康、维权"为主题，在12家重点农资经营户签订"农资先行赔付办法协议书"，推行先行赔付工作，即经营农资户每户先缴保证金2000元，农户受到假冒伪劣商品损害后，先由县工商局从保证金中支付赔付额，再由生产厂家和商家赔偿，从根本上维护了农村消费者的合法权益。是年，受理消费者投诉86起、调解83起、调解率96.5%，为消费者挽回经济损失14万元。2007年，受理消费者投诉101起、调解72起、调解率71.3%，为消费者挽回经济损失80余万元。

2006－2009年，加大食品质量安全监测和食品安全专项整治力度，添置价值20余万元的食品安全监测车，常年开展食品安全监测。共监测各类食品583批次，发现问题食品180件，立案29起，处罚金60余万元。县城区食品中违规添加"吊白块"、二氧化硫等问题基本得到解决，食品安全得到保障。2007年10月，按照全市食品安全专项整治要求，围绕"三个100%（卫生许可证、营业执照、食品进货与销售台账）"和"一个彻底解决（无照经营食品问题）"开展整治，历时10天，成效显著，在全市产品质量和食品安全专项整治检查考核中名列第三。2008年，按照"统一、分类管理，重心下移，层层负责"的食品监管要求，严格市场准入，完善食品卫生长效监管机制，与卫生、质监部门配合，实施"食品放心工程"。是年9月，轰动全国的"三鹿问题奶粉事件"曝光后，县工商局出动执法人员488人次、车辆70台次，发出"问题奶粉"清理通知2800份，对全县767户奶制品经营户进行5次地毯式清查，同时清查所有经营奶粉的超市、商场、市场、食杂店等，下架不合格奶粉521公斤，下柜非国家公布袋装奶制品5884袋、听装奶制品1445听，未出现"问题奶粉"群体消费纠纷。

第九节　公平交易执法

1997年前，县工商局经济检查大队履行公平交易执法职责。1997年5月，经济检查大队更名为公平交易执法大队。此后，日常管理与专项治理结合，对重点部位、重点商品、重点市场专项治理85次，出动宣传、执法车辆421台次，抽调人员1810人次，有效地维护了市场经济秩序。2006年、2008年，在全市公平交易执法目标考核中名列第三。

一　打击传销

执行国务院《关于禁止传销活动的通知》，坚持"露头就打，打防结合"的方针，会同公安机关加大打击非法传销的力度。1998年以来，组织实施专项行动20次，传销活动得到极大的遏制，维护了市场经济秩序和社会稳定。

2004年，开展"打击传销进学校、进企业"宣传，印发宣传单、海报1万余份。2005年11月,成立县禁止传销工作领导小组,确定成员单位19个,形成打击传销政府牵头、部门齐抓共管格局。2008年6月,县政府召开全县打击传销工作联系会议,把打击传销与维护社会稳定和和平安定结合起来,对重点单位和地区摸底排查;9－10月,结合全省防范和打击传销宣传月活动,组织开展《禁止传销条例》《直销管理条例》专题宣传,印发宣传资料2000份,出动执法人员40人次,在县城区悬挂标语横幅,在集镇码头张贴《关于严厉打击传销规范直销行为的公告》。

二 打击假冒伪劣商品

1989年,国务院《关于严厉打击在商品中掺杂使假的通知》确定,坚决制止,严厉打击掺杂使假的投机倒把行为,情节严重的吊销其营业执照;掺杂使假商品已销出的,没收全部销货款,并从重处以罚款,销售款已挪作他用的,没收其财产抵缴罚没款,未销出的掺杂使假商品予以没收,并从重处以罚款;掺杂使假单位和个人在银行的存款,工商行政管理机关按照规定程序查询、冻结,对拒绝缴纳罚没款的可强行划拨。自此,县工商局打击假冒伪劣商品力度加大。

1991年7－9月,与县个体劳动者协会(简称县个协)共83人组成23个检查组,重点检查、抽查产品60340件,查处假冒伪劣商品924件,其中冒牌商品302件、伪劣商品217件、过期变质商品368件、违禁品37件,全部收缴并当众销毁。1994年,出动执法人员600人次、车辆56台次,对消费市场大规模、大范围整顿4次,检查各类企业4400家次(含分支机构)、个体工商户1.4万户,捣毁制假窝点1处,查获假冒烟酒、劣质电器、皮鞋等128个品种,价值15万元。1995年,破获以周某为首制造假"国公""洋河""双沟"等名酒的15人团伙,移送公安机关处理5人,处罚金3万元。2000年,专项整治重点市场、重点商品,没收假烟20件、假酒105瓶、假饮料200件、假洗衣粉50件、劣质鞭炮50吨,价值60万元。

2001年,执行国务院《关于开展严厉打击制售假冒伪劣商品违法犯罪活动联合行动的通知》,成立县打击生产销售假冒伪劣商品工作领导小组,20个成员单位组成县打假办,重点查处假冒伪劣化肥、种子、农药、农机配件、建材、电线电缆、插头插座、药品、医疗器械、食品、饮料、烟酒、化妆品、燃气具等,没收销毁各类假冒伪劣商品352件(个)。2002年3月,出动执法人员415人次、宣传车31台次大规模打假,检查经营户1341户,没收假农药18件、过期农药837件、各类假酒128瓶、过期药酒130件、各类饮料、酱油、副食品、化妆品158件、伪劣电话线60卷,总价值约48万元。是年12月,在城关菜牛定点屠宰场查获注水水牛5头,收缴注水工具1套,对5名当事人各处罚金1400元并在县电视台曝光。是年,开展"打假保节日""打假保春耕""打假保权益""打假保名优"专项整治,查获假冒伪劣商品600余种、价值10万元,办案30起,取缔无照经营户41户。2003年,开展专项打假4次,以城镇超市、批发部为重点,整治烟、酒、食品、饮料、粮油、肉类商品,收缴过期食品120公斤、饮料330瓶、假冒"青岛"啤酒400件、假冒"种子酒"560件。在"3·15"打假中,出动执法人员100人次、宣传车50台次,检查经营户860户,收缴过期化妆品3件、假种子230包、伪劣保健食品和饮料各30件,价值10万元。2005年,办结一般性行政处罚案件497件、罚没入库金额260万元。

三 其他领域监管

1990年,查处棉花案件33起、处罚金29万元,粮食案件13起、处罚金7万元,查获假冒伪劣和非法出版书刊2050册。1991年,县政府抽调22人组成棉花检查大队,路查与查窝点相结合,查处倒卖棉花案件113起、棉花101.83吨,处罚金41万元。2003年5月,配合"非典"防治,出动执法人员150人次、宣传车20台次,拆除野生动物经营餐饮招牌20块,没收并放生青蛙100公斤、蛇20公斤。是年,出动执法人员70人次、车辆18台,没收"毒鼠强"1500包;查处安裕赵家湖粮库200吨陈化粮销售案件,处罚金5万元。2008年,查处各种侵犯奥林匹克标志专有权违法违规案件13起,处罚金6万元。

第四十八章　审　计

第一节　国家审计

一　财政金融审计

财政金融审计为审计部门重点审计内容之一。

1989－1995年,全县乡镇财政决算审计项目35个,审计总金额62732.5万元,违规金额239.1万元,收缴县财政30.2万元。1989年,查处陈家嘴镇政府截留罚没收入和代征税金1.6万元、自立项目乱补滥发12.05万元、截留农业税减免款1.2万元、逾期未收回专用基金22.7万元、预算内资金转预算外0.95万元。1993年,审计出下渔口等4个乡镇各种收费和摊派摊提项目32个,农民年人均负担203.3元,下渔口镇高达263.63元。1996－2002年,乡镇财政财务收支审计项目52个,违规金额3224.76万元,上缴财政97.6万元,收缴漏交的财政决算资金94.01万元。2003－2007年,乡镇财政决算审计与乡镇领导经济责任审计合并进行。5年间,单独决算审计项目6个,查出问题资金10150万元,收缴县财政3.2万元。至1999年,有6个乡镇本级累计负债5911万元。

1989－1995年,金融保险审计项目22个,违纪违规金额478.2万元,处理处罚29.8万元。1993年,全面审计4家银行信贷资金,信贷资金超规模1666万元、超规模发放贷款4075万元、挪用信贷资金2100万元、违章拆借资金7266万元、超收高额利息16.99万元、滥发干部职工红利15.48万元。1996－2002年,金融保险授权审计项目4个,发现2002年7月前,国家公职人员438人次向农村信用社贷款725万元,已形成呆滞贷款额682万元。2006年,金融授权审计项目1个,违规资金533万元,收缴县财政34.8万元。

1997年始进行县财政预算执行审计,至2002年,共查处违规资金3091.91万元,收缴县财政53万元。1997年,县财政预算总收入10564万元,总支出10424万元,当年预算执行结余140万元,滚存净结余8万元,彻底甩掉了赤字包袱。2003－2007年,查处违规资金4986万元,收缴财政125万元。2007年,县财政预算总收入72927万元,总支出63353万元,当年预算执行结余9574万元,减结转下年支出9300万元,净结余274万元。

2003年始实行“大综合财政审计”,逐年扩大预算执行审计覆盖面,每年审计10余个部门(单位)。2006年,全面审计13个部门(单位)2005年度预算执行等情况,部分单位97.97万元非税收入未缴存财政专户、超标准收费84.71万元、出借银行账户25万元、挤占挪用标的款89.79万元、擅自处理小汽车9.2万元、超标准列支招待费208.57万元。2008年,“同级审计”查出本级预算执行违规资金3112.31万元,对预算单位违规资金和专项资金管理不规范等问题予以披露。

二　企业财务审计

1989－1995年,工业、商业、粮食、供销、交通、二轻等企业审计项目109个,以承包经营审计为重点。审计总金额11.07亿元,违规资金1012万元,收缴县财政125.5万元。1990年,对县罐头食品厂1987年3月至1990年3月期间资产核实审计中,查出经营性亏损141.05万元、待处理损失30.9万元、经营中潜伏亏损264.8万元、漏缴税费17.59万元。1991年,对县纺织品公司承包经营终结审计中发现:商品进货管理失控,1990年库存633.87万元商品中,有问题的商品562万元;财务管理失控,无进货发票入账208.7万元,实际亏损比账面大116.03万元,3年亏损410万元;资金管理失控,高利息贷款100万元、收受回扣1.1万元不入账、集体私分0.56万元;涂改进货发票使企业损失4.2万元。对上述问题分别严肃处理并通报全县,追究了相关责任人的法律责任。1992年,对县印刷厂1991年承包经营情况审计,工业总产值872.4万元、超合同指标16.32%,实现销售收入702.25万元、超合同指标30.05%,年终决算报表反映利润21.1万元,审计查证利润38.85万元、超合同指标1.35倍。

1996－2002年,工业、交通、商业、粮食、贸易企业审计项目53个,以损益的真实性、破产清算和保证国有资产不流失为审计重点。审计总金额9.09亿元,违规资金1288万元,收缴县财政72.8万元,挽回经济损失8.65万元。1996年,对11家重点工商企业的资产负债损益审计,查出违规资金194万元。县氮肥厂1995年实际亏损144.2万元,虚报盈利62万元;县农资公司1995年新增亏损79.69万元,虚报盈利5.13万元;县罐头食品厂截至1996年7月资产总额653.26万元,负债总额4823.33万元,所有者权益－4170.07万元,是年该厂进入破产程序。县氮肥厂截至2000年4月资产总额6026.69万元,负债总额8848.55万元,所有者权益－2821.86万元,资产负债率146.83%;县造纸厂截至2000年4月资产总额2539.82万元,负债总额3779.39万元,所有者权益－1239.57万元,资产负债率148.81%。2001年,对县棉麻总公司2000年度资产负债损益审计,查实实际亏损4439.35万元,违规违纪资金6119.25万元,其中经营、管理费用超支挂待摊费用1577.95万元、体现亏损2406.39万元、销售收入未及时入账1104.9万元、应提未提固定资产折旧505.21万元。

2003－2008年,县属国有企业基本转体。2004年、2005年,对3家未改制企业审计,查出违规资金679万元,挽回和避免经济损失606万元,收缴县财政16万元,补缴税款10万元。

三 行政事业单位财务审计

1989－1993年,行政事业单位实行定期报送审计,审计89家,查出违规资金51.46万元,收缴县财政3.87万元。1990年,县水电物资站发放血防补助费1152元、超发自行车修理费144元、超发高温补助费148元、请客送礼开支1604元的问题被查处。1991年,审计县乡经委报送的会计资料,查处发给各乡镇长责任制兑现奖3920元,给予20%即784元罚款,收缴县财政。1993年,审计农业资金的投入管理,发现投入不能及时到位247万元、支农周转金沉淀221万元、长期挪用农业资金经商办实体34.5万元,均及时予以纠正。

1994年后,行政事业单位实行就地审计。1994年、1995年,审计项目37个,审计总金额14889.42万元,违规资金208.4万元,归还原资金渠道22.5万元。县乡镇企业局使用不合法收据收取管理费、承包费5.43万元、违控购买小汽车15.5万元,县公安局使用不符合规定的收据收取管理费11.17万元,县检察院坐支追缴的赃款31.17万元,县林业局违规转让收据收费8.54万元,县农机监理站年检收入不入账4.41万元,县交通局漏缴税金0.85万元,县民政局购买小汽车10.85万元发票不合法、挪用支援灾区募捐款0.62万元、发行社会福利有奖募捐收入支出不入账21.16万元等问题,分别予以处理、处罚。对14家行政、司法机关和事业部门(单位)预算外资金审计中发现:自立项目收费11万元、扩大征收范围收费0.92万元、使用不符合规定的收据收费150.55万元、侵占保证金8.78万元、截留应上交的财政资金28.2万元、漏缴税金45.15万元、未缴财政专户储存资金444.73万元、公款私存资金1.82万元、隐瞒转移收入私设“小金库”资金70.75万元、乱补滥发和请客送礼资金63.58万元。

1996－2002年,审计项目82个,审计总金额42837.62万元,违规资金2837.3万元,收缴县财政309.8万元,归还原资金渠道28.5万元,挽回经济损失254万元。1996年,对县农机化局财务收支审计发现,收取门面租金收入漏缴税费8480元、用普通二联单收取下属单位上交款和承包款6.54万元未纳入单位账内统一核算。1997年,对4个乡镇教育办及部分学校财务收支审计中,查出截留教育补助费25.71万元、超标准超范围收取学杂费155.5万元、使用不合法票据收取学杂费310.5万元、造册收取学杂费310.56万元、隐瞒转移预算外收入设“小金库”52.8万元、使用不符合规定发票列支33.89万元、开具假发票套取现金用于送情送礼和招待8.97万元、克扣学生伙食费8.14万元。审计出县交警大队1998年、1999年违纪违规资金近200万元,其中截留罚没收入45.96万元、转移隐瞒挪用防洪保安资金和解困资金34.3万元、漏缴税费5.88万元、假发票列支16.95万元、虚列支出4万余元、超标准发放奖金补贴21.28万元、招待费超限额7.13万元、预算外资金未储存财政专户64.26万元。2002年,对县房管局财务收支审计中,查出招待费超标准14.6万元、使用不符合规定的票据报销费用11.68万元、住宅租金收入欠缴税费6.15万元、借出公款长期未结账56.04万元、管理费收入长期挂往来16万元、代征两税账面滞留76.88万元。

2003－2008年,审计项目69个,审计总金额43246.89万元,违规资金2798万元,收缴县财政437.1万元,挽回经济损失1275万元,向社会公布审计结果6次,向司法机关、纪检监察部门移送案件线索12件,6人受到纪律处分。2004年,审计出县公安局挪用国债专项资金50万元,除追回专项资金外并处罚款8万元上缴县财政。2006年,对县安监局财务收支审计结果公告,主要为会计基础工作薄弱,会计科目设置不全,挪用风险抵押金21.18万元、专项指标7.7万元未列入专项支出、坐支税收9.73万元、超标准发放补贴1.69万元、超标准列支招待费3.02万元、超标准列支小汽车费用0.86万元。2008年,审计县交通局2007年度财务收支,对挪用专项资金461.29万元、超标准列支招待费85.75万元等问题予以披露。

四　专项资金审计

1989－1995年,专项审计和审计调查项目19个,查出违规资金695.42万元,收缴县财政12.8万元。1993年,县农机化局20吨平转议农用柴油指标,获取差价款2.4万元,县挖泥船队240吨平转议柴油指标,获取差价款21.83万元,县乡镇企业局80吨农用柴油指标交县石油公司收购,获平转议差价款9.8万元等问题得到处理,收缴县财政4.5万元。

1996－2002年,专项审计和审计调查项目35个,查出违规资金1336万元,管理不规范资金269万元,挽回经济损失69万元,收缴县财政23万元。2000年,对县农村社会养老保险基金专项审计发现,1992－1997年年均征收保费133.69万元,而1998－1999年仅收7.09万元,年均下降97%,保费征缴进入低谷;1995－1997年年均退保9.31万元,而1998－1999年退保达38.48万元,提前退保逐年增多;1999年农保基金账面累计应收借款183.49万元,基金挪用十分普遍;1992－1997年农保办管理费超额使用97.63万元,管理费用比例偏高;存入银行的农保基金年利率下降,由1995年、1996年的12%降至1999年的2.5%,基金减值每况愈下。对1998年1月至2000年7月县防洪保安资金专项审计,发现防洪保安资金的四大问题:征收不齐,1998－2000年应征集215.5万元,实际到位141.22万元;管理不严,专款专用仅占支出总额的64.77%;隐瞒不报,少数代征单位少交多留,弥补自身费用不足36.82万元;截留不缴,代征单位不足额上缴;截留侵占26.66万元。2002年,对平垸行洪、移民建镇专项资金审计,发现县航运公司虚报移民户29户,冒领移民建房专项资金39.15万元,冒领资金用于单位发工资、还借款等支出,公司经理被“双规”,专款被追缴。

2003－2008年,专项审计和审计调查项目32个,查出违规资金1531万元,管理不规范资金1263万元,挽回经济损失1016万元,收缴县财政40万元。2003年初,对5个部门(单位)管理的养老、失业、最低生活保障资金审计和调查,查出挪用资金746万元、挤占资金14.48万元、滞留资金57.48万元、未及时缴入财政专户109.38万元。2007年,对工业发展等10个政府性基金审计和调查,查出全部纳入预算管理的基金110.67万元、被挤占挪用的专项资金85.64万元。2008年6月,对农村改厕专项资金审计,查出3个乡的3个村虚报200户,套取专项资金7万元,部分项目村向改厕户每户收取50－100元不等的费用。

1992年始启动外债资金项目审计,2007年基本结束。分别是血吸虫病控制、结核病控制、农村供水与环境卫生、长江洪灾紧急恢复、城市防洪工程、第四个贫困地区基础教育、林业持续发展等项目。1992－1995年,外债资金年度审计项目17个,审计资金总额13666.89万元。1996－2002年,外债资金年度审计项目19个,审计资金总额16471.71万元,问题资金2422万元。2003－2007年,外债资金年度审计项目15个,审计资金总额45918.24万元,问题资金6523万元。审计发现:项目资金挪用较严重,2003－2005年,挪用项目资金102万美元;项目资金管理不规范,各项目单位均未建立贷款准备金;项目单位效益低下,偿还能力差,且大部分属社会公益项目,实际上成为县财政债务。

五 领导干部经济责任审计

1989年,县内始进行领导干部经济责任审计,至1997年,仅对3家县属国有企业厂长进行离任审计。

1997年4月,县委组织部、县审计局联合发出《关于对乡局级干部离任进行经济责任审计的实施办法》,至2002年,经济责任审计项目101个,审计总金额22.76亿元,违规资金4466.47万元。主要是漏缴税金270.13万元、挪用专项资金(基金)524.3万元、截留应缴财政收入687.99万元、超标准发放津补贴840.3万元、招待费超标准604.2万元、使用不符合规定的票据支出899.4万元,以上问题均得到处理,收缴县财政93.28万元。1999年,对19名乡镇、科局、企业"一把手"离任审计,查出违规资金783.3万元。在对1名镇党委书记离任审计时还延伸审计镇属七站八所、村办企业和村级财务。该镇政府机关当年赤字137万元,累计赤字222万元,违规资金135.4万元,镇办企业年内负债598万元,村级累计负债1264万元。2000年,对1家行政机关领导干部任期经济责任审计中,查出截留应缴的预算收入66.76万元、转移其他应交款182.79万元、漏缴解困资金3.66万元。2002年,审计1家县属建筑企业法人代表履行经济责任时,发现该企业虚列支出、转移收入42.6万元、使用不合法票据列支成本费用71.9万元、未代扣代缴个人所得税3.59万元、业务招待费超限额86.24万元。

2003年6月,县委组织部牵头,组成审计等部门参加的领导干部经济责任审计联系会议,统一领导、协调经济责任审计工作。至2008年,经济责任审计项目137个,审计总金额20.74亿元,查出违规资金4226.38万元。主要是漏缴税费、公款私存、违规收费、挪用专项资金、坐支非税收入、报销不合法凭证、超标准列支招待费、使用不合法票据收费等问题,收缴县财政218.07万元。2003年始实行"三年轮审,离任必审",大幅度提高任中审计比重,扩大经济责任审计监督面。2005年,审计22名领导干部经济责任履行情况,查证违规资金1645.14万元,收缴县财政24093元。审计情况表明:部分单位亏损较大,负债严重,22名责任人任期内亏损2801万元,增加负债3125万元;挤占挪用专项资金额度大,有2个单位负责人任期内挤占挪用国家专项资金533.15万元;乱收费现象屡禁不止,乱收费15.15万元弥补单位经费不足;招待费超标准列支80.94万元,其中2个单位责任人任期内有2年招待费开支都在30万元以上。22名被审计对象,由领导干部经济责任审计联系会议综合评价,"好""较好""一般""较差"等次分别为3人、7人、9人、3人。

实行领导干部经济责任审计以来,依据审计结果,先后提拔重用17人、调离转任52人、免职撤职16人,其中县纪委查处3人、司法机关处理1人。

六 固定资产投资审计

1990年始实施固定资产投资审计,至1995年,固定资产投资决算审计项目84个,审计总金额14985.7万元,问题资金436.2万元,收缴县财政11.1万元。1990年,县人保公司新建办公楼和宿舍,国家下达计划投资38.8万元、建设规模2811.8平方米,超计划投资56.06万元、超建设规模611.8平方米,查出保费投入基建43.36万元、欠缴建筑税5.9万元、挪用简易人身保险费购重点建设债券1.4万元、违规贷款修宿舍28万元、基建挤成本7.27万元。1991年、1992年,决算审计项目70个,投资总额3967万元,违规资金372.4万元。1992年,审计县粮食系统7个基建项目单位,建设项目20个,建设仓容3573万公斤、投资573.99万元,建设办公楼、宿舍和营业网点项目5个、5518.1平方米、投资171.51万元。查出违规资金165.85万元。1992－1994年,县棉麻公司投资1213.2万元,在成本费用中列支39.68万元,未办开工前审计手续的投资415.94万元。1993年11月,调查15个建设单位,问题资金148.78万元,其中超预算投资284.61万元、违反基建程序291万元、偷漏欠缴投资方向调节税23.27万元、资金不落实117.41万元、挪用专项资金69.1万元、用贷款作自筹252万元、挤占成本费用107万元、冲减实收资本50.05万元。

1996－2002年,固定资产投资预算执行和决算审计项目88个。1996年、1997年,决算审计项目16个,审计总金额5630.65万元、建筑面积14.07万平方米,违规资金662.99万元、超计划面积1779.9平方米、超投资685.23万元、计划外基建4472.25平方米、计划外基建投资815.55万元、高估冒算工程价款82万元、漏缴建筑业营业税15.57万元、擅自动用预算外资金投入基建31.84万元、未办开工前审计手续项目6个投资额1133.64万元。1996年,县粮油储运公司改建蓝天宾馆工程,总投资221.05万元,属计划外投资,相关部门对其进行了严肃处理。1997年,审计前年度部分重点水利建设项目,国家投资5455.26万元、自筹5583.9万元,工期跨度27个月,违规资金769.13万元,其中虚列工程支出486万元、挪用专项资金177.43万元、截留专项资金弥补事业经费20.9万元、虚报工程量套取现金34.2万元、工程结余款不入账用于修建职工集资宿舍50.6万元,全部追回归还原资金渠道。1998－2000年,基本建设投资审计项目48个,审计总金额23178万元,违规资金834.1万元,收缴县财政58.9万元,归还原资金渠道170.3万元,核减工程造价93.9万元,当期收缴县财政32.2万元。1998年,开工前审计项目16个,总投资1097万元,不同意开工审计项目1个,预算投资457万元。2001年、2002年,投资审计项目9个,查出违规资金520万元,收缴县财政11万元。县民政局新建社区服务大楼,计划建筑面积4910平方米、实际完成1737平方米、比计划少3173平方米,计划投资423万元、实际投资409.13万元,造价高达2355元/平方米。

2003年、2004年,投资审计项目11个,查出违规资金2241万元,收缴县财政38万元,收缴漏缴税费42万元。2005－2008年,参与县财政对工程预、决算监督,完成预、决算审计项目75个,审计总金额9180.36万元、审定金额7130.07万元,审减金额2050.29万元、平均审减率22.33%。

第二节　内部审计

1989年12月,国家审计署发布《关于内部审计工作的规定》,1990年始,县内组建内部审计(简称内审)机构并逐步形成网络。1992年,县粮食局等27个部门(单位)设立内审机构,全县配专、兼职内审人员118名。县粮食局审计股配专职审计人员4名,所属32个站、库、公司配内审人员40名,其中专职11名。1995－2002年间,内审机构专改并、内审人员专改兼。2003年,国家审计署修订《关于内部审计工作的规定》,并由中国内审协会制定《内部审计基本准则》,同时出台内审作业准则,内审步入制度化、规范化和职业化轨道。此后,县内原撤、并、兼的内审机构恢复,人员趋于稳定。至2008年,有专、兼职内审机构54个,配专、兼职人员143名,其中获内审上岗资格证49人、获国际注册内审师资格1人。

1990－1994年,内审机构审计单位和项目1435个,其中定期报送审计141个、承包或离任审计975个、效益审计195个、财务收支和法纪审计124个,查证和纠正违规资金1790万元,增加利润减亏625万元,促进增收节支849万元,挽回损失浪费912万元。1990年,县粮食局内审项目21个,查出违规资金51.8万元,开全县内审先河。1991年,县供销社进行经济效益审计,查出违规资金38.2万元,清出各种应收款1036.33万元,其中单位欠款952.9万元、个人欠款83.43万元,查证资金包袱840.2万元。查处安全乡供销社隐瞒收入、私设小金库7.82万元、33.36吨平转议尿素非法牟利1.83万元不入账等问题。1995－2002年,完成内审项目1267个,其中定期报送审计118个、承包或离任审计614个、效益审计164个、财务收支审计352个、基建工程审计19个,查出违规资金2196万元,调账增收988..76万元。2003－2008年,内审总金额36.24亿元,审计项目(单位)2415个,其中财务收支审计1251个、经济责任审计375个、专项资金审计295个、基本建设审计99个、经济效益审计31个、其他审计364个。查出违纪资金1271.8万元、管理不规范资金2758.85万元、损失浪费资金195万元,采纳审计建议576条,促进增收节支1248.78万元,行政处分5人。2004年始,县卫生局内审机构每年对所属27家独立核算单位进行一次财务收支或经济责任审计。审计总金额25227.68万元,违规资金315.64万元、损失浪费资金89.65万元,采纳审计建议251条,促进增收节支486.8万元,受到免职处理2人。2003－2005年,县教育局对县直中学和乡镇中心学校财务收支、经济责任和专项资金内审项目54个、基本建设工程内审项目187个,其中2005年基本建设决算审计12个,送审决算值396.02万元、审定值315.7万元,审减89.65万元、平均审减率22.6%。2008年,县人民医院对收入与支出、货币资金、不动产新建与维修、医疗设备器械采购、药品采购、后勤物资采购和会计电算化控制等七大内控系统和131个内控点全面内审,肯定了内控有效面,揭示了薄弱控制点,为加强管理,提高效益起到了积极作用。

第三节 社会审计

1989年9月,县审计事务所成立,1993年7月更名为县审计师事务所,为专事审计查证、审计会计咨询和建设工程预决算编制、造价审核的社会审计组织,属自收自支事业单位,由注册审计师、会计师、造价工程师等专技人员组成,归口县审计局。1999年12月,根据国务院和国家审计署的规定,县审计师事务所与县审计局全面脱钩,改为自主经营、自担风险、自我约束、自我发展的社会中介机构。2000年1月,进行终结清算,用剩余财产一次性买断从业人员工龄,实行安置补偿。脱钩改制后,更名为安乡伟业联合会计师事务所。1992－1999年,举办全县各部门单位内审人员业务培训3期、培训96人次。

1990－1994年,审计查证项目13个,审计总金额1754万元,违纪违规资金58.7万元,收取服务费32.57万元。1995年、1996年,审计查证、审计会计咨询、建设工程造价审核服务项目38个,审计查证总金额2085万元,违纪违规资金51.6万元;工程造价审核总金额2495万元,审减336.8万元、审减率13.5%,收取服务费46.04万元。1997－1999年,审计查证项目78个,审计总金额5963万元,违纪违规资金89.9万元;常年审计会计咨询项目138个,收取服务费23.18万元;建设工程预决算编制和工程造价审核项目27个,审核总金额3548万元,审减467.8万元、审减率13.19%,收取服务费121.45万元。1999年3月,县审计局委托其审计县文化局新建文物综合楼基本建设投资项目,该项目从申报到竣工长达4年之久,省、市主管部门及县财政分4年拨款55万元,项目动工前期费用就已耗33万余元,所拨资金无法及时到位,至开工时无法支付材料及工程预付款,只得由施工方垫资,以高息按月复计。该工程竣工决算投资179.33万元,局筹措100余万元,无力全部偿还工程欠款和利息款,将新建文物综合楼抵债,抵债后仍欠施工方7万余元。审计结果引发单位内部、社会各界强烈反响,单位主要责任人受到相应党纪、政纪处分。

第四十九章　质量技术监督

1989年1月，县标准计量管理所升格为县标准计量管理局(副科级)，隶属县经委。1993年3月，与县科委合并组建县科学技术监督局，原县标准计量管理局撤销，改为县标准计量所(股级)。1994年10月析出，置县技术监督局(副科级，简称县技监局)，并增加质量管理职能(由县经委划入)，12月升格为正科级政府工作局。1999年11月，更名为县质量技术监督局(简称县质监局)，增加锅炉、压力容器、特种设备等安全监察管理和检测职能(由县劳动局划入)，人、财、物整体移交上划，隶属市质监局。2009年，设办公室、标准质量股、计量股、特种设备安全监察股、稽查大队、食品质量安全股、法规监督股和省纤维检验局安乡工作站、产品质量监督检验及计量检定所，有工作人员70人。负责全县标准、计量、质量、食品、锅炉、压力容器、特种设备安全、纤维和纤维制品的监督管理和打假执法工作。

第一节　标准化管理

1978年7月，国家颁布《标准化管理条例》，县计量所明确专人负责标准化工作，协助境内企业对罐头食品、白酒、书写纸、氮肥等60个产品制定产品标准，占全县工业产品种类的20%以上，且有县罐头食品厂的"午餐肉罐头"、县机械厂的汽车零部件产品采用国际先进标准。

20世纪90年代初，企业标准化考核定级中，有省级考核发证的二级标准化企业4家、地区级考核发证的三级标准化企业40家。1999年，被列为省消灭无标生产考核验收试点县，查清了所有工业企业执行产品标准情况，考核颁发产品标准实施证书120个，撤销无标生产企业12家、18个无执行标准的产品停产，同时废止已淘汰的企业标准36个，执行标准覆盖率达到98%。2001年，获省消灭无标生产县。至2009年，共帮助企业标准备案总数150个，其中2009年审查标准13个、备案15个、修订4个，发放标准实施证书8个，审查产品标识标签13个。

第二节　质量管理

1993年，国家颁布实施《产品质量法》，县技监局先后出动宣传车8台次、张贴标语100张、印发宣传资料300册，组织普法宣传"一条街"活动。举办质量法律法规培训2次、食品标签宣传培训1次，300人参训。

2000年，会同县工业局引导企业开展质量降损增效活动，帮助企业找准主攻方向，制定合理的工作目标，统一质量标准，建立以厂长(经理)为主的质量责任制度。县金大地公司、密封材料厂、凯斯公司、五金零件厂、气门嘴厂开展的降损工作，通过了省级考核验收。2003年，全面普查年产值过百万的企业质量状况，完成31家企业的普查登记(5家正在改制中未予登记)。为提高产品质量和管理水平，以优质服务和优质产品取信于用户，进一步扩大市场，部分企业聘请国内专家来厂指导和培训，编制质量手册及相关程序文件和管理文件，先后有县金大地公司、来得富绿色食品有限公司、凯斯机械零件有限公司、润锦饲料有限公司、湘北水产饲料有限公司等企业通过ISO 9000质量体系认证；先后有洞庭牧业有限责任公司、来得富绿色食品有限公司、金大地公司、润锦饲料有限公司、凯斯机械零件有限公司等企业的产品获省名牌产品，王饺儿食品工业有限公司、湘北水产饲料有限公司、荣丰饲料有限责任公司等企业的产品获市名牌产品。

采取五项措施强化食品质量安全监管，净化了市场，确保了食品生产质量。一是加强监管力度，对全县147家食品生产企业和小作坊巡查回访，定期检验。二是加强市场准入管理，2009年指导9家食品生产企业申报食品生产许可证，11个产品获食品质量安全生产许可证,17家食品生产许可证到期应更换新证的食品生产企业,除1家已停产、1家不符合换证要求已上报吊销外,其余15家均通过审查验收换证,换证率100%、年度审查率100%。三是加强食品生产加工企业使用食品添加剂情况备案登记,备案率100%。四是加强培训,组织食品监督员、协管员、企业质量负责人和企业检验员85人次参加省、市各种培训,提高食品质量安全管理水平。五是开展专项整治,强化桶装饮用水、湿米粉生产企业和家庭式小作坊专项整治,关闭无证桶装饮用水生产企业7家、无证湿米粉生产企业2家,停业整顿达不到基本生产要求的家庭式小作坊7家。

第三节 计量管理

1989年9月,成立县法定计量单位推行领导小组,检查验收全县法定计量单位,对60家单位发放合格证书,其中县直企业8家、二轻企业6家、县、乡镇医院(卫生院)26家、乡镇企业10家、私营企业10家。

1990年10月,协助省质监局对县防疫站、药检所、建材质检站、粮油质检站等4个单位进行计量认证。1991年,开展工商企业计量定级、升级工作,定、升级12家,定级企业达到65家。同时强化计量执法监督,对生产企业的定量包装、计量容器包装、计量器具执法检查,检查计量器具1200台件、各种定量包装商品220种,立案查处违法案件6件。1996年9月,实行计量器具强制检定和计量器具制造年审制度,首次确认计量合格单位16家。1998年,进行在用计量器具普查登记,将尺、量具、秤、天平、砝码、压力表、加油机、出租车计价器等8种计量器具纳入强制检定范围,同时制定天平检定标准。2000年,依法整顿20家加油站的计量行为,规范了成品油市场。2004年,检定县金大地公司包装车间的台秤,发现该类型台秤已不适合企业发展要求,建议企业改换电子自动包装秤被采纳,不仅减轻了劳动强度,为企业创造了经济效益,还减少了消费者投诉,提升了企业诚信度。

第四节 技术检测与代码标识管理

一 技术检测

1986年,成立县计量测试所,强制检定天平、压力表、血压计、加油机等计量器具。1990年,建立综合化验室、物检室,成立县商品质量监督检验所,配备检定设备和专技人员,监督和检验食品、肥料、饲料、红砖、预制件等十大类产品商品质量。1997年4月,设衡器检定测试项目,强制检定用于贸易结算的衡器。2002年,省质监局技术机构改革,县内技术机构合并为产品质量监督检验及计量检定所。2005年、2008年,省局、县局先后投入资金50万元,添置检测设备和仪器,检验检测条件改善,产品质量检验、计量器具检验检测能力和水平大幅提升。至2009年,具备检验检测食品、饲料、建材、煤及其制品、肥料、轻工(烟花、鞭炮)等六大类产品、146个项目的条件和能力。

二 代码标识管理

1993年,县政府成立推行组织机构代码标识制度领导小组,开始全面推行组织机构代码标识制度。即为县直机关、企事业单位和社会团体办理、颁发“中华人民共和国组织机构代码证书”,其具体工作由县技监局负责组织、协调和管理。

至2009年,共办理代码证书933个,其中企业法人267个、企业非法人128个、事业法人180个、机关法人38个、机关非法人60个、社团法人126个、社团非法人58个、其他机构36个、个体40个。同时,清理原有废置库,共清理废置库代码2200个。

第五节　特种设备安全监察与纤维监督管理

一　特种设备安全监察

2000年,锅炉、压力容器、特种设备安全监察职能移交县质监局。翌年,调查摸底全县在用锅炉、压力容器、特种设备并建立台账,重点监察县内中、小学校在用小型和常压热水锅炉,共检查26台,对符合使用规定的24台发放使用证,对不符合规定的强制报废停用。2001年8月至2002年3月,按照国家质监总局部署,再次普查登记锅炉、压力容器、特种设备,共普查登记符合安全使用规定的锅炉65台、小型常压热水锅炉30台、压力容器210台,普查登记后建立锅容管特技术资料电脑信息数据库,整改事故隐患,强制报废锅炉20台、压力容器30台。2008年,检查特种设备使用单位78家,发现安全隐患45起,及时下达安全监察指令,隐患限期整改全部到位;配合市特检所检验县内在用锅炉、压力容器、电梯、叉车等设备,定检率达到96%;强化企业特种设备作业人员培训和持证上岗,组织人员参加市局培训学习,40人取得锅炉、电梯操作维修和气瓶安装、安全管理等专业资格证;配合市局对县内3家液化气充装站进行资格审查和超期钢瓶送检。历年来,特种设备运行良好,无重大安全事故发生。

二　纤维监督管理

县内盛产棉花,有专业从事棉花收购、加工的企业近20家,却无专业管理和检验机构。棉花交易中压级压价情况时有发生,损害了棉农利益,个别棉花加工企业掺杂使假,严重影响棉花市场秩序。

2003年6月,报省质监局批准,成立省纤维检验局安乡工作站(简称县纤检站)。县纤检站成立后,加强县内棉花市场和纤维制品监管,开展棉花收购、加工执法检查,有效地遏制了压级压价、掺杂使假行为,棉花收购秩序明显好转,加工质量明显提升。

第六节　行政执法

县质监局依照《计量法》《标准化法》《产品质量法》等法律法规和部门规章,开展质量技术监督行政执法。

加强内部管理,明确责任,提高依法行政能力。加强业务培训和法制宣传教育,确保执法人员熟练掌握相关法律法规,在实际工作中掌握辨别商品真伪的方法和鉴定能力。仅2008年,就出动执法人员800余人次、执法车辆180台次,相继开展农资、食品、建材、强制性认证产品及部分重点产品专项整治与打假行动,立案查处违法案件99起、现场处罚8起,涉案金额100余万元。其中农资打假护农出动执法人员211人次、执法车辆40余台次,监督检查各类农资产品,抽检样品73个,立案查处违法案件23起、处罚金12万余元。

第五十章　国土资源管理

1987年1月，《中华人民共和国土地管理法》（简称《土地管理法》）实施。4月，设置县国土管理局，履行土地、矿产与测绘管理和地质灾害防治等职责。此后，管理机制逐步健全，管理工作逐步规范，国土资源事业逐步发展壮大，地区特色逐步突出昭显。耕地保护与土地开发整理居全省之先，县政府与国土资源部门多次获全国和省、市先进单位，国土资源部及耕地保护司领导多次到县考察，对县内国土资源管理工作给予高度评价，称其基本农田保护示范区建设为"安乡模式"予以推广。

第一节　机构与队伍

一　机　构

1949年8月县人民政府成立至1987年4月，亦未设置土地管理机构，其地政地籍由民政部门管理，农耕田土开发利用与保护主要由水利、农业及农业区划部门管理，税赋田土管理财税部门参与；建设用地1950－1978年以计划部门为主管理，1979－1986年以建设部门为主管理。1987年4月，设置县国土管理局，1993年县级机构改革中撤销，与同时撤销的城建、环保部门组建城建环保国土局，1994年10月机构调整中恢复县国土管理局。2002年更名为县国土资源局，其管理职能扩大。2008年，内设9个工作机构，辖7个二层机构和19个派出机构。

二　队　伍

随着管理职能扩大和事业发展，管理队伍快速发展。1987年仅有工作人员8人，后逐年增加，1992年25人、1995年35人、2002年203人。2008年254人，其中在职233人、退休21人。在职人员中国家干部75人（公务员57人）、职工158人，党员137人、团员11人，本科42人、大专102人、中专和高中79人、初中10人。此间，有34人入党、70人取得大专文凭、37人取得本科文凭、23人获初、中级技术职称、1人提拔为副处级干部、5人提拔为副科级干部、13人提拔为副主任科员或主任科员、158人次获县级以上先进个人或立功受奖（省、部级43人次）。

第二节　资源总量

一　土地资源总量

安乡建县，从名"安乡"算起已1448年，从母体县"作唐"算起已1969年。在漫长的历史过程中，每个历史时期的行政区域有多大，土地资源有多少，民国三十年（1941年）前，均不见数字记载。安乡县界，据明《隆庆岳州府志》载：东至华容界三十里，西至澧州界四十五里，南至武陵界九十里，北至公安界六十里。清乾隆十三年（1748年）县志载：东至华容县牛桥铺渡界四十五里，西至澧州石龟铺界四十五里，南至武陵县杨城村界九十里，北至湖北公安县牛峰塔界六十里，抵沅江界的大通湖为邑内第一大湖。民国县志载：东至三岔河市后河与南县界三十里，西至石龟山与澧县界四十五里，南至维新塘垸河与常德县界三十五里，北至黄山中峰塔与湖北公安县界六十里，东南至幺河口与南县界二十五里，西南至富安垸北浃与常德县界三十六里，东北至响水窖又至莫家湖与湖北石首县界五十里，西北至夹洲市外河官沟与澧县界三十里。土地面积：民国三十年（1941年）省直属测丈大队勘测为730.16平方公里、折合1095240亩；1949年766.696平方公里、折合1150044亩，其中耕地面积703796亩、占总面积的（下同）61.19%；1965年863.407平方公里、折合

1295110 亩；1981 年 1086.055 平方公里、折合 1629083 亩，其中垸内面积 1415684 亩、垸外面积 213399 亩，分别占 86.9%、13.1%，耕地 716921 亩、占 44%。

县国土管理部门建立后，即进行全国性的土地利用现状调查，其调查结果：1987 年，全县土地总面积 1087.032 平方公里、折合 1630548 亩，其中垸内面积 1431297 亩、垸外面积 199251 亩，分别占 87.78%、12.22%，耕地 752520 亩、占 46.15%。此后，县行政区域未发生变化，土地资源总量亦无变化。

二　矿产资源总量

安乡为贫矿县。20 世纪 80 年代初地质勘探资料表明："安乡凹陷"地层除蕴藏有水气矿产类的地下资源外，未发现能源类、金属类、非金属类矿产；地面除黏土外，也仅有数量不多的河沙与数量极少的石英砂岩；地下水藏量极为丰富，统计层中的总储量约 1.8 亿立方米，均为中性重碳酸钙镁型淡水。

第三节　土地使用制度

一　农村土地使用制度

农村土地的使用，经历了使用权与所有权合一分一合一分的变革。农民土地制度实行期间，使用权与所有权均属农民。初级农业社期间，使用权与所有权分离，使用权从入社农户分离归合作社所有，农户只享有所有权。高级农业社期间，所有权亦从入社农户分离归合作社所有，使用权与所有权均属合作社。人民公社期间，所有权与使用权 1962 年定为公社、大队、生产队"三级所有"，以生产队为基本核算单位，由生产队统一经营至 1978 年；1979 - 1982 年，农村经济体制改革中实行家庭联产承包，使用权与所有权再次分离，使用权到承包农户，集体所有制未变。1995 年始进行第二轮承包，2004 年《中华人民共和国农村土地承包经营权证管理办法》施行，2008 年，县内完成以核发、补发、换发农村土地承包经营权证为主体内容的农村土地二轮延包后续完善工作，重新签订土地承包合同 10.16 万份，颁发"农村土地承包经营权证"9.99 万本，全县农村土地使用承包经营制度得到法律保障。

农村土地的使用，还经历了由有偿使用到无偿使用的变革。2004 年前（含 2004 年），对土地承包经营者，国家征收农业税、农业特产税。自 2005 年起，对土地承包经营者，国家免征农业税、农业特产税，并为承包经营者发放兴农补贴。

二　城镇国有土地使用制度

城镇国有土地的使用，经历了由无偿使用到有偿使用的变革。1990 年前，县内各类建设用地均采用划拨方式供给，用地单位对划拨土地无偿使用、无限期使用。1990 年始，县内依据《土地管理法》国有土地有偿使用的规定、《宪法》（修正案）关于土地使用权可以依照法律规定转让的规定和《城市房地产管理法》《城镇国有土地使用权转让暂行条例》，在全省率先实行城镇居民宅基地有偿使用。1991 年，县政府出台《安乡县城镇国有土地有偿使用暂行办法》和《暂行标准》，在全省农村县率先开展土地出让业务。1993 年，成立县地价评估委员会，设置办公室，全权负责城镇国有土地地价标立、更新、调整和评估工作。1995 年，县政府发出《关于深化土地使用制度改革的通告》，城镇国有土地使用制度改革全面推行。2000 年，成立县地产交易中心，全权负责土地使用权的招标、挂牌与拍卖。2002 年，成立县土地储备中心，施行土地储备工作，逐步建立起"统一规划、统一征用、统一开发、统一出让、统一管理"和"公开、公正、公平、合理交易"的土地市场，城镇国有土地完全实行有偿使用、有限期使用和流转使用。

1996 年，县内始进行国有土地使用权拍卖，至 2008 年，以挂牌为主、拍卖和招标为辅的方式出让国有土地 81 宗、1123.2 亩，获土地出让金 12592 万元。

第四节 土地调查

一 税赋田土清查

税赋田土清查,见于记载的仅有四次。

明万历十年(1582年),清查公赋田301561亩、公赋地31180亩,共332741亩,均分等定级。

清乾隆十三年(1748年),清查公赋田301572亩、公赋地10694亩,共312266亩,均分等定级。

民国三十年(1941年)和民国三十六年(1947),清查、复查承赋田地分别为682709亩、696831亩。

1952年,查田定产查实水田633984亩、旱地106852亩,共740836亩,均分等定级。

二 土地资源调查

土地资源调查由县农业区划办为主组织进行,1981年8月始至次年8月结束。

查明全县土地总面积1629083亩,其中耕地面积716921亩、田塍56926亩、地埂25262亩、园地8898亩、林地12066亩、居民用地163381亩、工矿用地1430亩、交通用地34368亩、水域596259亩、特殊用地3690亩、难用地9882亩。土地总面积中,垸内面积1415684亩、垸外面积213399亩,分别占86.9%、13.1%;耕地面积716921亩、占44%,其中一等地351955亩、占耕地总面积的(下同)49.1%,二等地183784亩、占25.6%,三等地181182亩、占25.3%;109348亩可利用水面中,湖泊水面49处、48401亩、占可利用水面总面积的(下同)44.3%,哑河45条、14358亩、占13.1%,池塘12588口、46589亩、占42.6%。

三 土地利用现状调查

1987年5月,安乡被列为全省第一批土地利用现状调查单位,县成立专门领导机构,组织专门调查班子,按全面准备、培训与试点、外业调绘、业内整理、成果汇总、审查验收六个阶段进行,至1991年12月结束。

查实全县土地总面积1630548亩,其中垸内1431293亩、垸外199255万亩,分别占土地总面积的(下同)87.78%、12.22%;耕地752620亩、占46.16%,园地55947亩、占3.43%,林地5278亩、占0.32%,城镇村及工矿用地118840亩、占7.3%,交通用地49465亩、占3.03%,水域607748亩、占37.27%,未利用地40650亩、占2.49%。此次调查,也查清了农、林、牧、渔场国有土地的利用现状。全县有此类土地128385亩,其中耕地6089亩、园地1599亩、林地2059亩、城镇村及工矿用地1752亩、交通用地586亩、水域114337亩、未利用地1963亩。调查成果获国家土地管理局应用科学技术成果三等奖和省国土管理局技术应用二等奖。

此次调查为全国性的统一调查,为与全国调查同步结束,1994年冬至次年春,组织专门班子进行土地利用现状调查后续工作,其结果表明:土地总面积未变,30个二级地类中有20个地类增加、7个地类减少、3个地类未发生变化;7个一级地类中,耕地减少63853亩、园地增加7202亩、林地增加524亩、城镇村及工矿用地增加10859亩、交通用地增加2869亩、水域增加41647亩、未利用地减少752亩。

四 专项土地资源调查

县内进行过三次专项土地资源调查。

(一)大中型湖泊哑河资源调查

此项调查在市农业区划委员会、农业局、水利局、国土管理局联合部署下进行,1991年4月始至6月底结束。

调查涉及县内的12个乡镇和国营渔场,调查面积4.86万亩,其中湖泊10个、水面4.31万亩,哑河3条、水面5500亩。《安乡县大中型湖泊、哑河调查及综合开发研究报告》等调查成果获评市农业区划委员会科研成果二等奖。

(二)湿地资源调查

此项调查按市国土管理局《关于开展湿地资源

调查和研究工作的通知》要求,1992 年 9 月始至 10 月结束。

查明域内湿地资源总面积 589672 亩、占土地总面积的 36.1%。湿地资源中,水面湿地 369472 亩,其中内湖湿地 143084 亩、水塘湿地 68347 亩、沟渠湿地 101995 亩、鱼池湿地 56046 亩;洲滩湿地 110102 亩,其中芦苇湿地 80142 亩、林地湿地 6312 亩、其他湿地 23648 亩;低湖田湿地 110098 亩。

(三)耕地后备资源和坡耕地调查

此项调查按照省国土资源厅统一部署进行,2000 年 7 月始至 10 月结束,形成《安乡县耕地后备资源和坡耕地调查报告》。

查明域内耕地后备资源 66583 亩、占土地总面积的 4.1%。其中未利用地 55903 亩、占 84%,废弃地 8621.8 亩、占 12.9%,灾毁地 2058.5 亩、占 3.1%;未利用地中,荒地 912.9 亩、苇地 14576 亩、滩涂地 5378 亩、其他 35036 亩,可开发利用的仅 35949 亩。同时查实黄山头林场和黄山头镇 3 个行政村内属退耕还林的坡耕地 1190 亩。

五 第二次土地调查

此次土地调查为全国性调查。2006 年 12 月,国务院发出《关于开展第二次全国土地调查的通知》,2007 年 4 月,省政府发出《关于做好第二次土地调查工作的通知》,10 月,县成立领导机构,组织工作班子开始调查工作。

调查的全部内、外业技术业务由湖南地图出版社、湖南省经济地理研究所承包,2008 年正式开始调查,尚在进行之中。

第五节 耕地保护

安乡是全国商品粮、商品棉、商品油生产基地县,保护耕地就是保护安乡的生命线。20 世纪 90 年代初开始,在农田保护区创建、基本农田保护区和基本农田保护示范区建设中,建立健全耕地保护责任体系和监督管理机制,采取一系列工程措施进行土地开发整理、复垦,确保了耕地占补平衡,多次获省、市政府和上级国土资源主管部门表彰、嘉奖。

一 农田保护区创建

土地利用现状调查结果表明:全县耕地面积 894556 亩,调整后上报县政府土地详查领导小组确定为 752620 亩,人均 1.43 亩,低于全国人均耕地占有量。

土地利用现状调查后,县委、县政府采纳国土部门创建农田保护区,千方百计保护耕地的长远设想与近期方案,召开乡镇和县直单位主要负责人会议和县委常委会议、县长办公会议,研讨耕地保护工作,作出珍惜土地,切实保护农田的决议和国土管理部门牵头开展农田保护区创建的工作方针。1990 年 5 月,县政府发出《关于建立农田保护区的通知》,明确规定:耕地保护实行目标责任制管理,从 1990 年起,将保护农田、稳定耕地的任务列入乡、镇、村主要负责人任期目标,纳入“双文明”建设责任制。凡当年耕地总量减少,人均耕地下降幅度大,违法现象比较严重,主要基础工作又不落实的乡镇、场,经县农委、国土管理局核实后,否决其年终评先资格。全县农田保护区创建工作正式启动,至 1991 年年底,划定农田保护区 4233 块,确定保护面积 656783 亩。其中特级保护区 311 块、36671 亩,属保障和提供农产品需求的一类保护区 3321 块、565520 亩,属建设用地过渡区的二类保护区 601 块、54592 亩。规划 2000 年保护目标 614189 亩、保护率 93.5%,2020 年保护目标 582191 亩、保护率 94.8%。保护区以乡镇政府与村委会签订农田保护责任状,村委会与土地承包农户签订农田保护责任卡。印制《耕地保护责任通知书》45.7 万份,发到乡镇、村和农户,形成县、乡镇、村、户农田保护责任体系。

农田保护区的创建,开全省之先河,受到省、市政府表彰,《安乡县农田保护区规划研究》先后获国家土地管理局土地利用优秀成果三等奖和省国土管理局国土管理优秀成果一等奖。1992 年 5 月,全省基本农田保护工作会议在县内召开,农田保护区建设经验在全省推广。

二 基本农田保护区建设

1993年,为从根本上解决乱占耕地和耕地面积锐减问题,在全县土地利用总体规划编制中,同步进行农田保护区规划编制工作。1994年,国务院发布《基本农田保护条例》,按照《条例》要求拟制全县1991－2000年基本农田保护规划,按三个级别划区定界,确定基本农田保护指标,规划2000年保护目标705976亩、保护率96.6%。保护区划定后,县长与乡镇长签订各乡镇《1991－2000年基本农田保护责任状》、乡镇长与村委主任签订各村《1991－2000年基本农田保护责任状》、104840名耕地承包户主与村委会签订"基本农田保护责任卡"。县、乡镇、村进一步健全责任考核机制,实行基本农田保护工作"一票否决制"。

1997年,在土地利用总体规划修编中,同步进行基本农田保护区规划修编。是年,中央、国务院发出《关于进一步加强土地管理,切实保护耕地的通知》,要求各级人民政府和国土管理部门认真贯彻十分珍惜和合理利用每寸土地,切实保护耕地的基本国策,采取治本之策,扭转在人口继续增加情况下耕地大量减少的失衡趋势。修编后的1997－2010年全县基本农田保护规划明确,县政府批准确定的粮、棉、油生产基地内的耕地、有良好的水利和土地条件的耕地、正在实施改造计划中的中、低产田、蔬菜生产基地、农业科研和教学实验田、根据土地利用总体规划确定的公路交通沿线和城镇与村庄建设用地周边的耕地,优先划入基本农田保护区,需要退耕还林、还牧、还湖的耕地,不再划入基本农田保护区。划入保护区的基本农田不分级别,全部实行特殊保护。规划期内,基本农田保护面积703010亩,2010年保护目标604589亩、保护率86%,高出《基本农田保护条例》所规定的保护率6个百分点。县内基本农田保护区建设按照新标准、新要求,形成新区域、新规模,居省、市之首。

三 基本农田保护示范区建设

基本农田保护示范区建设,是全国统一进行的为确保耕地"红线"不被突破的重大工程。2005年9月,国家国土资源部发出《关于开展设立基本农田保护示范区工作的通知》,次年3月又发出《关于编制基本农田保护示范区建设方案的通知》,2005年11月,省国土资源厅发出《关于设立基本农田保护示范区工作的通知》,次年4月又发出《关于抓紧组织编制基本农田保护示范区建设方案的通知》。2005年10月,县政府召开县长办公会议,拟制上报《关于申报国家基本农田保护示范区的请示》,次年5月,县成立国家基本农田保护示范区建设领导小组,发出《关于基本农田保护示范区建设工作的通知》,要求全县做到"五个强化",即强化耕地保护国策意识、基本农田保护意识、示范区项目建设协作意识、耕地管理意识、耕地保护责任意识,做好国家级基本农田保护示范区建设工作。

2006年11月,国土资源部发出《关于正式确定国家基本农田示范区的通知》,确定安乡为示范区建设单位,建设项目15个、建设总规模198348亩,其中国家级项目5个、建设规模99807亩,省级项目6个、建设规模59586亩,市级项目4个、建设规模38955亩;建设总投资38181.98万元,其中国家、省、市投资分别为19212.8万元、13391.43万元、5577.75万元。县政府印发《安乡县基本农田保护示范区建设实施方案》和《建设标准》,确定基本农田保护示范区建设的指导思想、基本原则、目标任务和建设要求及保障措施。目标任务与建设要求:五年内完成国家级基本农田保护示范区建设任务,做到"四化",即基本农田标准化、基础工作规范化、保护责任社会化、监督管理信息化。保障措施:加强组织领导,实现部门联动;落实建设资金,保障资金投入;加强标准研究,规范示范区建设;加强检查督导,确保工作落实。全县基本农田保护示范区建设在4镇、7乡的15个片点相继展开,至2009年,完成建设项目11个、建设总规模164821亩、总投资31728万元。完成项目经上级国土资源主管部门检查验收,全部达到"四化"要求。

县内基本农田保护示范区建设起步早、标准高、示范性强,2007年12月,全省基本农田保护示范区建设会议在县召开。与会人员参观了安德、安全乡基本农田保护示范区土地整理项目现场,听取了安乡《稳固基础、创新思路、全力推进基本农田保护示范区建设》的经验介绍，省国土资源厅将《安乡县基本农田保护示范区建设方案》作为湖南省的范本上报，被国土资源部认定为“安乡模式”予以推广。

四　基本农田保护机制建设

《土地管理法》规定国家实行基本农田保护制度，《基本农田保护条例》明确基本农田保护实行全面规划、合理利用、用养结合、严格保护的方针。县委、县政府为确保耕地“红线”不被突破，自农田保护区创建始，即把基本农田保护纳入国民经济和社会发展计划，作为政府领导的任期责任目标，组建专门机构，建立健全基本农田的目标管理、公示、保护标志牌管护、变更与补划、统计核查与定期报告、地方建设与监测、动态巡查、信访举报、信息化建设与管理、保护奖励等机制，在上级政府、国土资源和农业行政主管部门的领导与指导下，对基本农田实行特殊保护，取得持续稳定、耕地总量动态平衡、耕地“红线”未突破、质量提升的成效，得到上级国土资源部门充分肯定。

2001年，县政府获全市耕地保护目标管理红旗单位，2006年获全市土地管理先进单位。1990－1992年，县国土管理局连续获全市土地管理先进单位，1999－2000年，连续获全市基本农田保护先进单位，2001－2008年，县国土管理（资源）局连续获全市耕地保护责任目标管理先进单位。

五　耕地总量动态平衡

1996年6月，全国土地管理厅、局长会议提出“实现耕地总量动态平衡”的土地管理战略目标。1997年，中央、国务院发出《关于进一步加强土地管理，切实保护耕地的通知》，要求各地严格按照耕地总量动态平衡的要求，做到耕地总量只能增加，不能减少，自通知下发之日起，非农业建设项目占用耕地冻结一年。1998年，修订的《土地管理法》确定“十分珍惜，合理利用土地和切实保护耕地是我国的基本国策”，实行土地用途管制、占用耕地补偿和农用地转用制度，鼓励采取土地整理等措施，确保“耕地总量动态平衡”目标。1999年始，县内采取强化管理与积极开源两大措施，实现了耕地总量动态平衡。

1999年3月，县政府发出《关于贯彻新〈土地管理法〉，切实加强土地管理的通知》，要求切实搞好耕地保护，稳定现有耕地总量。次年3月又发出《关于认真贯彻〈土地管理法〉，切实加强土地管理的通知》，要求严格依法行政，加大土地监察执法力度，切实抓好耕地保护，稳定现有耕地总量。2001年，开展全县耕地后备资源调查。2005年10月，县政府发出《关于禁止占用耕地和基本农田打挖鱼塘的紧急通知》，要求切实制止占用耕地和基本农田打挖鱼塘的不法行为，对打挖鱼塘数量较大，造成耕地严重毁坏的，要依法追究刑事责任。2006年9月，成立县耕地保护工作领导小组，各乡镇也随之成立相应机构，耕地总量动态平衡保护工作扎实开展。1987－1998年，实行非农业建设用地指标控制。1999－2008年，实行土地用途管制，市下达县内非农业建设用地指标和非农业建设农用地转用指标16013亩，其中占用耕地指标8372亩，实际用地12364亩，其中占用耕地4799亩，节约建设用地指标3649亩，其中节约耕地指标3573亩。

1999－2008年，采取土地开发、整理、复垦工程措施，增加耕地20230亩。10年间，除去非农业建设占用的耕地外，新增耕地16433亩，确保了县内耕地占补平衡，向省内易地输出耕地指标9407亩，为实现区域耕地总量动态平衡做出了贡献。

第六节　土地开发利用

自明万历年以来，县内进行过围垸垦殖、堵支并流、合垸固防、农田基本建设和土地开发整理复垦四大项目工程建设，前三项已在首部新编《安乡县志》“经济建设”部类记载，本节仅记土地的开发、整理、复垦项目工程建设。

土地开发、整理、复垦始于县国土管理局成立之初，但成为规划性的工程建设在1999年后。1999年10月，县政府常务会议决定设置土地开发整理中心。2006年3月，成立县土地开发领导小组及其工作机构，先后制定《土地开发整理项目管理办法》《土地开发整理项目施工管理办法》《土地开发整理项目招投标管理暂行办法》《土地开发整理项目土地权属调整管理办法》,进行土地开发整理工作。至2008年,完成84个土地开发整理复垦工程的申报立项与规划设计、建设总规划91393亩,已完成项目68个、在建项目16个。已完成项目总投资8929.09万元、建设总规模71278亩、增加耕地20231亩。按项目级别分:国家级项目4个、总投资4440.59万元、建设总规模44031亩、增加耕地5697亩,省级项目22个、总投资2134.11万元、建设总规模14953亩、增加耕地8096亩,市级项目25个、总投资1602.19万元、建设总规模7715亩、增加耕地2712亩,县级项目17个、总投资752.2万元、建设总规模4579亩、增加耕地3726亩。按项目类别分:开发项目37个、总投资2249.66万元、建设总规模13449亩、增加耕地10835亩,整理项目26个、总投资6524.36万元、建设总规模56745亩、增加耕地8578亩,复垦项目5个、总投资155.07万元、建设总规模1084亩、增加耕地809亩。在建16个项目、建设总规划20115亩、已投资1004.52万元。按项目级别分:省级项目2个、建设规划15679亩、已投资720.58万元,市级项目12个、建设规划4100亩、已投资257.09万元,县级项目2个、建设规划336亩、已投资26.85万元。按项目类别分:开发项目5个、建设规划5980亩、已投资89.32万元,整理项目11个、建设规划18517亩、已投资915.2万元。

县内土地开发整理规划性强、工程建设标准高、质量好,居省、市之先,受到国家国土资源部肯定。2008年,县土地开发整理中心获全国优秀基层土地整理单位,《中国土地整理十年成就回眸》大型画册推介了安乡土地开发整理业绩与经验。

第七节　土地利用规划编制与建设用地管理

一　土地利用规划编制

《土地管理法》颁布实施前,县内土地利用规划由计划部门编制,之后由国土资源部门编制。

1993年4月至次年7月,按照国家土地管理局《关于抓紧编制土地利用总体规划的通知》和省国土管理局编印的《湖南省县乡土地利用总体规划技术方法与实践》要求,成立县土地利用规划编制领导机构,组织专门班子,以"规划期内的土地利用以保护耕地为重点,宜农地优先供给农业。在此基础上统筹兼顾,保证国家重点建设用地,合理安排其他各业用地,从整体上优化土地利用的空间布局,提高土地利用的综合效益,以达到控制用地、合理用地,切实保护耕地的目的,最大限度地缓解人地矛盾,实现土地资源总供给量与总需求的基本平衡"为指导思想,以"统筹兼顾,全面安排,保证重点用地;因地制宜,合理布局,注重土地利用效益;节约用地,合理用地,切实保护耕地;公众参与,注重规划的科学性和实用性"为基本原则,完成《安乡县1991－2000年土地利用总体规划》编制。确定全县土地利用控制目标:基本农田保护面积705976亩、保护率96.6%,非农业建设用地总量11469亩、占用耕地6743亩,专业林地6953亩、森林覆盖率13.5%,水域622558亩、水陆比1∶1.62。1997年7月至1999年8月,按照中央、国务院《关于进一步加强土地管理,切实保护耕地的通知》和省政府《关于认真做好土地利用总体规划修编工作的通知》,在《安乡县1991－2000年土地利用总体规划》基础上,完成《安乡县1997－2010年土地利用总体规划》修编。确定规划期末年土地利用结构:耕地703310亩,其中基本农田保护面积604589亩、保护率86%,园地63168亩、林地7835亩、城镇村及工矿用地138521亩、交通用地54535亩、水域656537亩、未利用地6641亩。土地利用总体规划的修编,为实现"守住底线,统筹城乡,优化结构,节约集约"用地总目标,提高土地利用效率,确保耕地总量动态平衡,起到了宏观调控作用。

1990－2002年间,先后编制农田保护区、基本农田保护区、土地开发整理等专项土地规划。《安乡县1991－2000年农田保护区规划》,农田保护区面积656783亩,期末年614189亩、保护率93.5%;《安乡县1991－2000年基本农田保护区规划》,基期年基本农田保护区面积730814亩,期末年705976亩、保护率96.6%;《安乡县1997－2010年基本农田保护区规划》,基期年基本农田保护区面积703010亩,期末年604589亩、保护率86%;《安乡县2000－2010

年土地开发整理规划》,基期年耕地面积687334亩,规划期内通过开发、整理、复垦,增加耕地19989亩。专项土地规划的编制,为其专项工作开展,确保耕地总量动态平衡起到了重要作用。

二 建设用地管理

(一)计划管理与用途管制

土地是国家、集体和个人住宅建设(通称三项建设)用地的基础,随着经济社会的不断发展,建设用地量日渐增加,必然占用部分耕地,影响耕地总量平衡。《土地管理法》实施后,县政府先后制发《关于加强城关镇规划区建设管理的若干办法》《关于对国家、集体建设用地加强审批管理的几项规定》《关于加强农村村民住宅用地管理的规定》等,由县国土部门统一、依法管理全县三项建设用地,并逐渐制度化、规范化。

1987－2008年,市国土资源行政主管部门下达县内建设用地指标16013亩,其中占用耕地指标8372亩,实际用地12364亩、节约用地计划指标3649亩、节约率22.8%,其中占用耕地4799亩、节约耕地计划指标3573亩、节约率42.7%。批准的建设用地中,国家建设用地8911亩,其中占用耕地4130亩,集体建设用地1367亩,其中占用耕地317亩,农村村民建房用地2086亩,其中占用耕地352亩。

(二)征地拆迁

1987－2008年,县内国家、集体建设征用土地10278.5亩,其中农用地8535.74亩(含耕地4446.72亩)、建设用地963.23亩、未利用地779.53亩。拆迁构筑物593栋,房屋建筑面积81110平方米、其他构筑物面积6484平方米,拆迁安置593户、3211人,征地补偿费12308万元、拆迁补偿费5275.46万元。均依法拆迁并安置、补偿到位,未发生负面影响。

第八节 地政地籍管理

一 土地权属调查与争议调处

(一)土地权属调查

土地权属调查有两种方式,即规模性调查和日常性调查。

规模性调查 1987－1991年完成的全县土地利用现状调查,同步进行土地权属调查,查清了土地权属性质与分类情况。371个基本调绘单位,国有权属单位17个、土地面积282963亩,集体权属单位354个、土地面积1347585亩,367个单位确权、占98.9%。耕地752620亩,国有7171亩、集体745449亩;园地55947亩,国有1740亩、集体54207亩;林地5278亩,国有2292亩、集体2986亩;城镇村及工矿用地118840亩,国有12892亩、集体105948亩;交通用地49465亩,国有2546亩、集体46919亩;水域607748亩,国有253990亩、集体353758亩;未利用地40650亩,国有2332亩、集体38318亩。

日常性调查 1987－2008年,完成土地使用权总登记权属调查131039宗、集体土地所有权总登记权属调查308宗、土地使用权初始登记权属调查36274宗。全县土地权属初始调查与变更调查数据和实际相符。1999－2008年,完成征收土地权属调查908宗、总面积4062.1亩。

(二)土地权属争议调处

新中国成立后,县内进行过多次土地权属争议调处,均取得成功。

1950年8月,分别与湖北省石首、公安县签订《湘鄂安、石划界的决定》和《湘鄂安、公划界的决定》。

1957年12月,与常德、汉寿县签订西江(澧水)尾闾废垸茅山协议。

1962年10月,与常德县蒿子港公社签订澧水外洲(铁板洲)分管协议。

在规模性土地权属调查中,共调处4起乡镇界、12起集体土地间和5起国有土地间的争议。1987－2008年,共调处12起单位间、1起个人与单位间和11起个人间的土地使用权争议。

二　土地登记

1989年10月至1991年底,完成全县国有、集体土地使用权总登记,申请登记土地131039宗、颁发土地使用权证105756本、占申请登记总数的80.71%。其中国有土地27546宗、发证23439本,集体土地103493宗、发证82317本。

1995年3－9月,完成264个行政村集体土地所有权总登记,居全省之首。注册登记土地1023450亩、登记发证259本。

2004年3－12月,按照国家国土资源部和省政府关于依法加快集体土地所有权登记发证工作的要求,在1995年登记发证的基础上重新调查、核实,补发、换发集体土地所有权证308本,其中补发49本、换发259本。

1994－2008年,进行土地初始登记36274宗,其中国有3950宗、集体32324宗,使用权登记36003宗、他项权利登记271宗。同期进行土地变更登记7819宗,其中国有土地使用权变更登记894宗、集体土地使用权和所有权变更登记分别为6918宗、7宗。

第九节　土地法制建设

县内土地法制建设始于《土地管理法》颁布施行之初,1990年后逐步强化。至2008年,已建立健全法制宣传、依法行政、执法监察机制。

法制宣传采取“土地日”宣传与日常法律法规宣传相结合。“土地日”宣传实行城乡联动,新闻媒体、各种会议、短信互动、标语标牌、乡村流动和定点宣传结合,紧扣主题,播放《生命的家园》《保护耕地,为了美好的家园》《前进中的安乡国土事业》《腾飞中的安乡国土》等40余部宣传片;1987年,《土地管理法》颁布实施,当年印发法律法规文件1.05万册,《〈土地管理法〉学习资料》1.2万册,分期举办县直单位和乡镇领导干部、村支部书记学习班,组织人员到乡镇、村、组宣讲;日常宣传编印、购买宣传资料4.5万份,编印国土资源管理文件选编、法律法规汇编、乡村干部国土资源读本和业务手册2250册,举办普法培训班35期、广播电视法律讲座199期、召开各种会议97场次、面对面上户宣讲5万余户次。

依法行政采取“两化”并进。即依法行政制度化,建立健全集体会审、公开承诺、执法监察、责任追究等制度;领导带头规范化,2000－2008年间,18名局领导班子成员无违法行为和因执法不力而产生负面影响,13人、47次获省(部)、市、县先进个人或立功受奖。

执法监察建立健全了县、乡镇、村、组土地执法监察体系和土地执法监察目标责任、考核、监督与违法案件联动查处等机制,执法监察水平提高,土地违法案件大幅度减少,行政复议与行政裁决成功率、立案查处率均达100%。2008年,发生土地违法案件14起,为1988年的4.24%。

第十节　矿产　地灾　测绘

一　矿　产

安乡为贫矿县,矿产企业仅有砖瓦厂和为数极少的采石场。2005年,编制实施《安乡县矿产资源保护与开发利用规划》,县内6家采石场全部关闭。至2008年,仅有砖瓦厂12家。

二　地质灾害

县域有3种地质灾害,即地震、河湖冲击物淤积和防洪大堤因管涌而坍塌溃决。

据史籍记载:明嘉靖三十四年(1555年)至新中国建立前,发生地震12次;新中国建立后发生0.8－3.5级地震6次。县境处于“洪水走廊”地理位置,过境洪水含沙量、泥沙淤积量大。澧水洪道石龟山段河床最低高程1968年22.34米、1978年25.9米,10年间淤高3.56米;洪道中七里湖最低高程1952年

27.7米、1978年35米，26年间淤高7.3米形成“地上河”。冲击物淤积导致洪灾加剧，新中国成立后，有6年发生过堤垸溃决。

2002年，县政府按照《湖南省地质灾害防治管理办法》规定，成立地质灾害防治工作领导小组，2005年制定《安乡县突发性地质灾害应急预案》，成立突发性地质灾害应急指挥部。2008年，委托省地质环境监测总站全面调查域内地质环境与现状，并制定《安乡县2008－2010年地质灾害应急预案》，地质灾害防治工作逐步强化。

三　测　绘

县内仅有国土测绘队（丙级）、建设局测绘队（丁级）和房产测量事务所（丁级）3个测绘机构。《测绘法》颁布实施后，1998年成立县测绘管理办公室，按照《湖南省测绘管理条例》，进行测绘行业、测绘市场管理。

县国土测绘队成立后，即从事平面控制网、高程控制网、地质、地形等测绘工作。2005年，完成湖南省大地水准水面精化工程安乡域内C级GPS点4个；2004－2005年，完成湖南省大地水准水面精化工程安乡域内三等水准点9个；2000－2008年，完成903宗地的地质测绘、865宗地的工程测绘。

第五十一章　农村经营管理

2002年3月,县农村合作经济管理局更名为县农村经营管理局(简称县农经局),履行农民负担和惠农补贴资金发放监督管理、农村土地承包合同管理、农村土地承包纠纷调解与仲裁、农村集体资产管理、农村审计和农民专业合作社建设指导等职责。

第一节　农民负担管理

20世纪90年代后,县内农民负担逐年加重,2005年列为全省农民负担重点监控县。其原因有三:沉重的治水负担是农民负担一直偏重的主要原因。一是堤防维护费和防汛负担重。8条河流将县境分割为5个堤垸,一线防洪大堤400余公里,占全省的1/8、全市的2/5。二是排渍和灌溉费用高。正常年景下,县、乡、村三级承担的排渍和灌溉费用高达3000余万元,县财政实力弱,无力承担,各乡镇只得向农民收取共同生产费。三是水管系统人员工资主要靠农民上交堤垸保护费、排渍费和"两工"以资代劳解决。"零负担"政策实施前,各乡镇每年均要上缴上百万的资金,乡村干部2/3以上的时间和精力用于税费征收。农民意见大,干部压力大,农村经济发展与和谐社会建设大受影响,几次重大涉负事件发生后成为全省农民负担重点监控县,实行挂牌整治。

2008年,县委、县政府按照"对农民负担进行大整治、大规范"的要求,提出农民"零负担"目标,进行农民负担整治。其主要措施:一是统一思想认识。每年召开常委会议,专题研究农民负担工作,县政府每年出台《农民负担监督管理工作的意见》,强化各级、各部门责任与工作纪律。二是明确工作目标。实行"零负担"的"七个禁止",即禁止村民"一事一议"筹资筹劳;禁止收取共同生产费;禁止村组抗旱费向未受益农户按面积平摊;禁止通村公路建设按亩平或人平向农民集资;禁止涉农收费部门乱收费、乱罚款、乱摊派;禁止截留、抵扣、挪用、代领各项惠农补贴资金;禁止向村级组织乱收费、乱摊派。三是落实减负政策和措施。县级领导逢会必讲"七个禁止";每年3月开展"农民负担宣传月"活动,利用电视、广播、村务公开栏等多种形式宣传减负惠农政策;强化督促检查,主要县级领导每年明察暗访"零负担"执行情况,县减负办、纠风办对减负惠农工作季度督查,每年抽调上百名干部进行一次地毯式检查,不留死角;完善农民负担专项审计、涉农收费文件会签、村级报刊限额、惠农补贴和涉农收费公示等制度。

农民负担整治成效显著。增加了群众收入。2008年以来,每年减负3408万元,5年共减负17040万元,相当于农户每年亩均增收56元、人均增收87元。惠农政策全部落实到位,群众满意。改善了干群关系。实行"零负担"后,乡村干部主要精力由"收款收物"转向为农民服务,化解了干群矛盾,改善了干群关系,为农村经济发提供了稳定的社会环境,同时解决了农村土地抛荒问题。理顺了机制。实施"零负担"后,县财政加大村级低限运转保障力度,村干部工资报酬和各项社会保险、村级正常运转得到保障;水管体制、"合村并组,减员增收"等配套改革顺利实施,增强了干部积极性,提高了工作效率。拓宽了发展道路,增强了农民发展农业的信心和创业积极性,促进了农业长远发展。2008年以来,相继组建湘北蔬菜、湘北水产、金凤禽业、紫晶葡萄、珊湖甲鱼等75个农民专业合作社,有效地推动了农业产业化发展。

第二节　农村财务管理

20世纪90年代,针对村级财务管理中存在的问题与村级负债居高不下的现状,农村经营管理和财政部门强化村级财务管理。一是整章建制。根据农业部、财政部《村合作经济组织财务制度》和《农村集体经济组织会计制度》，县农经局印发并实施《安乡县村合作经济组织财务会计制度》，村合作经济组织财务进一步规范。二是账前审计与常年审计村级财务。每年1月、4月、7月、10月上旬，村助理会计（兼出纳）集中到乡镇经管站统一结账，村级账目经乡镇经管站审计后由专业会计统一入账。10余年来，县、乡审计站共审计村级和乡直单位1200余个（次），查出违法违纪金额500余万元，有效地维护了集体经济组织利益。三是全面实行"村账乡代理"，即在村集体资产所有权和使用权不变的前提下，由乡镇专业会计代村记账核算。县财政局、农经局联合下发《关于切实加强和规范"村账乡代理"工作的意见》，进一步规范了"村账乡代理"制度。至2006年，20个乡镇均实行"村账乡代理"。四是完善财务公开和民主管理制度。各村选举成立3－5人的民主理财小组，各项收支由民主理财小组审核后入账，每季度向群众公布。五是逐步推行村级财务信息化管理，村级财务管理进一步公开透明。

第三节　农村土地承包管理

1993年，中央、国务院发出《关于当前农业和农村经济发展的若干政策措施》，确定在原定的耕地承包期到期之后再延长30年不变。

1994年，县内在安猷乡孟家洲村试点，1995年，全县开展农村土地二轮延包，承包期延长30年（1995年1月1日至2024年12月31日），签订承包合同10.16万份，落实承包面积64.5万亩，发放承包经营权证7.8万个。由于宣传不够，不少基层干部和农民认为，土地承包期延长30年不变不切合农村实际并持怀疑态度，部分乡、村土地延包走过场，程序不规范、手续不完善。其具体表现为：合同签订手续不完备，部分农户未在承包合同书上签字，有的由村、组干部代签；面积不落实，部分农户合同上只填了承包面积数，具体丘块无明细；发证率不高，10.3万个农户，发放承包经营权证7.8万个，发证率仅77%；资料不齐，部分乡、村由于重视不够，加之人员异动，承包资料丢失严重，特别是1998年汛期安造大垸溃决，安障、安全、黄山头3个乡镇的土地承包资料基本丢失；土地承包关系不稳定，土地承包纠纷多。1998－2001年，由于连年自然灾害，农民负担沉重，农业经济效益低，不少农户一年劳作不但无收益，还亏欠承包款，无奈之下外出务工，或将承包土地交给集体、或交给亲友耕种、或弃田抛荒，抛荒面积最多时达12万亩、占总面积的20%。无奈之下，乡、村动员村组干部捡种抛荒面积，以开挖鱼池、植树造林、消赤减债等办法解决，但仍有少量抛荒面积无法落实。

2002年，国家全面推行农村税费改革，惠农补贴逐年增多，农民负担逐年减轻，农民种田的积极性逐步提高，出现争田要地现象，土地承包纠纷增多。为此，中央、省、市先后出台系列法律、法规和政策，加强农村土地承包管理，建立权属明晰、管理科学、职责明确、体系健全的农村土地承包管理新机制。2001年，中央发出《关于做好农户承包地使用权流转工作的通知》；2002年，颁布《农村土地承包法》；2004年，国务院办公厅发出《关于尽快恢复撂荒耕地生产的紧急通知》和《关于妥善解决当前农村土地承包纠纷的紧急通知》；2006年，省委办公厅、省政府办公厅发出《关于进一步稳定和完善农村土地承包经营制度的意见》；2007年，市委办、市政府办发出《关于认真做好农村土地二轮延包后续完善工作的通知》。

2008年，县内在下渔口镇成功村进行农村土地二轮延包后续完善工作试点；2009年春，全面开展以土地确权登记颁证为主要内容的农村土地二轮延包后续完善工作。全县19个乡镇落实承包面积68.27万亩，重新签订土地承包合同9.89万份、发放土地承包经营权证9.89万本、占应签户数和面积的98%，"五到户（承包面积、承包地位置、承包合同、承包经营权证、基本农田标注）""四相符（承包面积、承包合同、承包经营权证、承包经营权证登记簿）"得到落实，基本达到农村土地承包管理规范化、制度化、法制化要求。

第四节　农民专业合作社

农民专业合作社是引领农民参加国际、国内市场竞争的现代农业经济组织，是农村家庭承包经营基础上同类农产品生产经营者或同类农业经营服务提供者、利用者自愿联合，民主管理的互助性经济组织。创办农民专业合作社，对普及推广先进生产技术，提高农民组织化程度和生产技术水平，增加农民收入发挥了重要作用。

县内农民专业合作社最早出现在20世纪90年代，最初是专业协会形式。2002年前为自由发展时期，以提供生产技术服务和产品销售信息为主。2003年后，各级政府开始重视并鼓励、扶持农民专业合作社发展。2006年10月，国家颁布实施《农民专业合作社法》；2009年，省政府颁布实施《〈农民专业合作社法〉实施办法》，将农民专业合作社省级示范社建设纳入为民办实事考核内容，市委、市政府出台《关于加快农民专业合作社发展的意见》。县委、县政府自2010年起实施农民专业合作社建设年，全县农民专业合作社进入规范快速发展时期。2007年，全县首个农民专业合作社盛唐蜜蜂养殖专业合作社注册登记成立，至2011年，有各类农民专业合作社75个、成员4445人，辐射带动25486户。其中粮食生产4个、成员260人、种植面积1300亩，蔬菜生产13个、成员1100人、种植面积1.8万亩，水果生产6个、成员129人、种植面积2000亩，油料作物生产2个、成员148人、种植面积1100亩，棉花生产17个、成员980户、种植面积1.5万亩，生猪养殖6个、成员52人，家禽养殖5个、成员402人、家禽存栏28万羽，淡水养殖18个、成员920户、养殖水面3.5万亩，蜜蜂养殖2个、成员358人，药材生产1个、成员63人。湘北蔬菜、守安鸭业、裕华水产、德金农产品、金凤禽业、金生家禽、盛唐蜜蜂、为民蔬菜、东陵棉业先后获农民专业合作社省级示范社。

第五节 农村合作基金会

农村合作基金会是乡村集体经济组织和农户按自愿互利、有偿使用原则建立的社区性资金互助合作组织。

1990年，中央提出“要办好不以盈利为目的的合作基金会，管好用活集体资金”。1991年，中央十三届八中全会《决定》要求各地继续办好农村合作基金会。是年，财政部、农业部对农村合作基金会给予充分肯定并鼓励进一步发展。1992年，国务院提出继续发展农村合作基金会，满足高产、优质、高效农业发展需要。1993年，安福乡自主创办县内首个农村合作基金会。此后，安生、官垱、黄山头、安宏、下渔口、安康、安丰、安裕等乡镇农村合作基金会相继成立。1995年3月，县经管局牵头成立县农村合作基金会联合会，加强乡镇农村合作基金会管理和业务指导。至1997年，全县农村合作基金会共吸收股金6800万元，发放小额贷款6300万元。农村合作基金会对增加农业生产投入，缓解农民生产、生活资金短缺，促进农村经济发展，起到了积极作用。但发展过程中逐渐偏离办会宗旨，实事上绝大多数成了金融机构。同时，行政干预过多，金融监管不力，出现了较大金融风险。特别是1998年大水灾后，农村合作基金会支付出现困难，先后停止运行。

1999年1月，国务院宣布取缔农村合作基金会。是年3月，县人民银行、信用联社、经管局组成专门班子，对全县农村合作基金会清产核资和清理整顿。8个农村合作基金会（安裕乡农村合作基金会1996年并入县联会）实有股金4780万元，各类放款4800万元。通过清理整顿，安康、安生乡和下渔口镇农村合作基金会、县联会（以安猷乡农村合作基金会名义）通过货币资金注入和等额剥离后，并入当地农村信用社。为解决农村合作基金会的股金兑付和并入信用社农村合作基金会的货币资金注入，国家先后再贷款2000万元、小额农户贷款75万元。2000－2004年，各乡镇采取清收放款等办法逐年偿还了部分农村合作基金会债务。至2004年，全县农村合作基金会遗留存款余额1184万元。2005年，省委、省政府决定农村合作基金会遗留存款由省、市、县三级财政按各负责1/3的比例，从2004年起按每年11%分年兑付给股民。兑付工作于2012年全部结束，农村合作基金会工作人员由所在地政府妥善安置。

第五十二章 人民生活

随着县域经济快速发展和以民为本惠民政策落实，人民的经济收入和生活水平相应提高。2009年，农民年人均纯收入增长(与1989年比，下同)7.03倍，职工年人均报酬增长13.87倍，城乡居民储蓄年末余额增长40.15倍，真可谓"今非昔比"。但生活相对困难者依然存在。据2011年调查:城镇居民中最低生活保障户7873户、12430人，生活保障费184元/人月，最低的117元/人月，最高的也只有280元/人月;农村居民中最低生活保障户7165户、20166人，生活保障费最低的78元/人月，最高的也只有113元/人月。正如俗话所说"拄着棍子过日子"。

第一节 农村居民生活

安乡是农业县，农民是安乡民众的主体，县委、县政府把发展新型农业，建设社会主义新农村，增加农民经济收入，提高农民生活水平放在首位。20世纪90年代中期，完成农村土地二轮延包，并逐步完善承包经营制。进入21世纪后，适时进行农业结构调整，大力进行农业综合开发，强化农业产业化建设和农民专业合作社发展，进行新农村建设，推进农村税费改革，整治、规范农民负担，减负惠农，农民的经济收入水平和生活消费水平大幅度提高，年人均纯收入由571元增至4586元、年均递增11%，居全省农业县的前20位;年人均生活消费支出由475.97元提高到4483.68元、增长8.42倍、年均递增11.9%，其中食品消费增长6.48倍、衣着消费增长5.63倍、居住消费增长28.27倍、交通通讯消费增长88.61倍。"票子越来越多，日子越过越好"已成为农村居民的主题话语。

农村居民经济收入、人均生活消费、耐用消费品拥有量详情分别见表52-1-111、表52-2-112、表52-3-113。

安乡县1990-2009年部分年度农村居民经济收入情况

表52-1-111　　单位:元

年度	人均总收入	人均纯收入	年度	人均总收入	人均纯收入
1990	1169.25	623	2001	3238.37	2126
1995	2802.5	1575	2005	5105.58	3150
1998	2277.68	1362	2009	7110.8	4586

注:1998年因安造大垸溃决的影响，人均纯收入略有递减。

安乡县1990-2009年部分年度农村居民人均生活消费抽样调查情况

表52-2-112　　单位:元

年度	生活消费总支出	其中				年度	生活消费总支出	其中			
		食品	衣着	居住	交通通信			食品	衣着	居住	交通通信
1990	555.64	291.5	40.66	73.2	4.66	2001	1185.3	556.8	70.86	141.04	108.02
1995	1503.6	912.5	81.1	219.5	17.8	2005	2340.59	1039.69	125.16	321.77	223.71
1998	1681	1124.8	81	85	29	2009	4483.68	2161.49	206.72	924.31	375.46

安乡县2006－2009年农村居民耐用消费品拥有量抽样调查情况

表52－3－113

用品名称	单位	年度			
		2006	2007	2008	2009
洗衣机	台/百户	31	29	32	37
电冰箱	台/百户	2	2	11	24
空调器	台/百户	－	－	1	4
热水器	台/百户	2	2	3	7
自行车	辆/百户	101	102	115	118
其中电动自行车	辆/百户	－	－	7	11
摩托车	辆/百户	17	18	25.5	26.7
固定电话	台/百户	58	55	62	63
移动电话	台/百户	43	48	20	25
彩色电视机	台/百户	78	86	95	97
影碟机	台/百户	29	34	38	41

第二节 城镇居民生活

随着城镇化建设和经济建设加速,城镇居民和从业人员相应增加,经济收入和生活水平亦相应提高。从业人员人均报酬由1407元增至20921元、增长13.87倍、年均递增14.5%;城镇居民年均生活消费支出由4569元(2000年)提高到9728元、增长1.13倍、年均递增9.9%。

城镇从业人员人均报酬、居民生活消费、耐用消费品拥有量详情分别见表52－4－114、表52－5－115、表52－6－116。

安乡县1989－2009年城镇从业人员人均报酬情况

表52－4－114　　单位:元

年度	人均收入	年度	人均收入	年度	人均收入
1989	1047	1996	3960	2003	9552
1990	1539	1997	4607	2004	11196
1991	1588	1998	4390	2005	12699
1992	1855	1999	4562	2006	13926
1993	2378	2000	6648	2007	16876
1994	3365	2001	7764	2008	18954
1995	3648	2002	8888	2009	20921

安乡县2000－2009年部分年度城镇居民人均生活消费抽样调查情况

表52－5－115　单位:元

年度＼项目	生活消费总支出	其中			
		食品	衣着	居住	交通通信
2000	4569	2068	455	405	463
2002	5405	2259	532	583	431
2006	6392.9	2176.95	664.6	326.77	1141.22
2008	8701.7	3165.99	720.72	695.66	698.61
2009	9278.04	3366.93	715.26	1110.19	640.96

安乡县2006－2009年城镇居民耐用消费品拥有量抽样调查情况

表52－6－116

用品名称	单位	年度			
		2006	2007	2008	2009
摩托车	辆/百户	13	13	26	30
助力车	辆/百户	-	-	8	14
洗衣机	台/百户	42	42	81	88
电冰箱	台/百户	33	33	74	84
彩色电视机	台/百户	59	59	114	116
家用电脑	台/百户	8	8	28	24
组合音响	套/百户	6	6	17	24
微波炉	台/百户	6	6	14	12
空调器	台/百户	20	40	55	54
淋浴热水器	台/百户	25	25	76	66
固定电话	台/百户	32	32	66	40
移动电话	台/百户	94	94	131	146

文化社会

Wenhuashehui

第五十三章　教　育

1990－2009年，县内教育事业经历了相对滞后到稳步发展过程。县委、县政府落实教育优先发展战略，加大教育改革力度和教育投入，推进素质教育，提高教育教学质量，形成学前教育、基础教育、中等职业教育和成人教育协调发展，公办和民办教育共同促进的格局。2009年，全县有中小学校、幼儿园180所，其中普通高中5所、初级中学21所、小学75所、中等职业学校3所（民办1所）、幼儿园75所（公办7所）、特殊学校1所。其中国家级重点职业中专1所、省级示范性普通高中1所、省级绿色学校1所、市级“明星学校”1所、市级名优学校4所、市级示范性学校31所、市级特色教育学校3所、市级示范性幼儿园2所、市级绿色学校13所，另有教师进修学校1所。在校学生51918人，其中幼儿园7482人、小学20562人、初中13692人、普高8104人、职业学校2078人。在职教职工6209人，其中中小学专任教师4186人。学校校园面积178.94万平方米、校舍建筑面积45.81万平方米。基本普及九年义务教育（简称“普九”）、基本扫除青壮年文盲“两基”达标。1997年9月，省政府“两基”评估团抽样核实认定：全县适龄儿童入学率100%、小学生辍学率0.006%、初中生辍学率1.53%、残疾儿童入学率91.17%、15周岁人口完成初等教育率99.25%，实现了“两基”目标。

1990－2009年，先后获省灾后学校恢复重建、中小学布局调整工作先进县、教育统计、职业教育、学校及周边综合治理、现代教育技术工作先进单位，市教育先进县、中小学危房改造、高考、内审、毕业生就业、勤工俭学管理、实事工作先进单位、平安单位及省、市“两项制度”评估“双优”。2006年以来，连续3年获评省教育厅装备工作先进单位。

第一节　教育体系

一　学前教育

县内学前教育发展经历了由零星分散型到集中规模型、福利托管型到教育规范型、体制单一型到多元竞争型的过程。1949年前，学前教育基本空白。新中国成立后，学前教育亦滞后于其他各类教育。20世纪80年代始，特别是2000年以来，贯彻落实《幼儿园工作规程》《幼儿园管理条例》《幼儿园教育纲要》，加大经费投入和规范管理，幼儿教育快速发展并逐步规范，初步形成以公办为示范、民办为主体的幼教发展格局。

1990年，全县有独立幼儿园8所，其中公办2所、民办6所，289个班级、在园幼儿7139人，教职工312人，其中公办教师33人。幼师中中师、高中及以上学历174人、接受过学前教育专业训练46人。1992年，县教育局制定《安乡县幼儿教育事业发展规划》《安乡县幼儿园登记注册管理办法》，1993年，重点进行示范幼儿园建设。1994年，县中心幼儿园通过评估，获市级示范幼儿园。1997年后，各乡镇均办一所中心幼儿园。民办幼儿园经历恢复调整期（1978－1992年）和稳步提高期（1992－1997年）后，个人、企业开办的幼儿园不断涌现。1997年，有幼儿园152所、在园幼儿8053人、入园率达到90%。2003年9月《民办教育促进法》实施后，民办幼儿园迅速发展。2008年，幼儿学前一年教育率达到100%、学前三年教育率达到66.7%、三类残疾少儿入学率达到92.5%。2009年，幼儿教育逐步走向市场，规模不断扩大。有幼儿园75所，其中公办7所、民办68所,市级示范幼儿园2所(中心、城北幼儿园),幼儿班、学前班266个,在园幼儿7482人,幼儿学前一年入园率100%、学前三年入园率75%,园长和专任教师404人、保健员60人,其中女性教职工417人,幼教专业毕业228人,研究生2人、本科25人、专科195人,中学高级1人、小学高级38人、小学一级27人、小学二级11人。

幼儿教育实行三年制,分小、中、大班。幼儿满3岁入园,至大班或学前班学习结束后升入小学。教育课程按照教育部颁发的《幼儿园教育纲要》拟定实施。幼儿园设体育、语言、认识环境、图画、手工、音乐、计算课,一般使用省编三年制幼儿园教材。小班每节课10－15分钟、每周6－8节;中班每节课20－25分钟、每周10－11节;大班每节课25－30分钟、每周12节。学前班学制1－2年,5－6岁幼儿进班,设语言、故事、计算、常识、唱歌、体育、游戏、舞蹈、图画、手工课,亦有设思想品德、科学常识、算术课,一般使用省编一年制学前班试用教材,每节课30分钟,一般每周12－16节,亦有每周20－25节的。

根据《幼儿园教育纲要》要求,对幼儿进行体、智、德、美、劳等全面教育,促进其身心健康,快乐活泼地成长,并为进入小学打好基础。教学以游戏为主要形式,包括创造性游戏、体育游戏、音乐和娱乐游戏,无考试和家庭作业。学前班大都注重识字、算数,不太注重幼儿身心发展的规律和特点,小学化倾向较重。2002年7月,省教育厅印发《湖南省幼儿园教育指导纲要(试行)实施意见》,转变幼教观念,改变幼儿教育小学化倾向,建立关注幼儿,注重幼儿发展的新型教育模式。要求幼儿教育注重教育内容的全面性和启蒙性,教育内容可划分为健康、语言、社会、科学、艺术等五个领域,通过充分挖掘和利用各领域内部及各领域之间的联系,对教育内容合理有效整合,并渗透到多种活动和一日生活的各个环节中,从不同角度促进幼儿情感、态度、能力、知识、技能等方面的发展。2003年秋,县城幼儿园实施《纲要》。1994－2005年,县中心幼儿园创新改革,完成"三岁儿童辨色能力""幼儿在创造性游戏中心理发展的特点""lea学前项目"等科研调查项目,获中央教科所颁发的合格证书。

二　小学教育

1989年,县人大常委会通过《安乡县九年义务教育实施规划》决议,完善县、乡、村三级双向控流保学责任制,开展"阳光助学"活动。1990年8月7－8日,全县教育工作会议上确定实施小学四、六分段(即初小村办、完小乡镇办)管理体制。至此,全县有小学273所、1626个班级,当年招生7226人、毕业9659人、在校学生51802人,教职工2733人,其中专任教师2464人。随着适龄学童不断减少,2003年始,逐步撤并生源少、办学条件差、布点不合理的农村小学及教学点,小学布局逐步优化。2005年,推进学校布局调整,筹建九年一贯制学校,撤并农村小学10所,农村小学六年级集中到乡镇中学或中心小学,开设班级60个、学生3000人。2006年,按照"十一五"农村小学布局调整规划,撤并农村小学20所,部分乡镇将小学五年级集中到乡镇中学。2007年,制定《安乡县2008－2012年学校发展规划》,撤并农村小学及教学点18所,并利用原安乡三中校舍办寄宿制完全小学1所,名黄山头理兴垱学校,跨乡镇招生600余人,为县内规模最大的寄宿制完全小学。至2009年,有小学75所、在校学生20562人,小学适龄儿童入学率和年巩固率均达到100%,12所小学获省、市级示范性学校。小学布局调整和大班额学生分流,有效地整合利用现代教育资源,大班额现象缓解。2000年,开设小学班1330个,其中30人及以下班级537个(10人以下班级51个)、51人及以上班级216个。2009年,开设小学班590个,其中35人及以下班级305个、46人及以上班级176个。

1990－1993年,小学生在校学习时间每周6天,1994年改为5天半,1995年改为5天,星期六、星期日为双休日。

1990年以来,一直沿用教育部1984年颁发的《全日制八年制小学教学计划草案》中的农村小学教学计划。1997年始,根据国家教委"关于九年义务教育阶段在科技文体活动类课中每周安排0.5节健康教育课”的规定,县内各小学每逢双周在活动类课中安排1节健康教育课,使用省编《中小学卫生保障工作实用手册》《体育与卫生》等教材。2001年9月,按照省教育厅、市教育局关于小学英语课、小学初中信息技术课开设方案,在县城小学三至六年级试开每周3课时的英语课,在乡镇中心小学五至六年级开设每周1课时的信息技术课。2002年秋,英语课确定为小学五至六年级的必开课、城镇小学三至四年级的可开课,每周3课时,完全小学五至六年级开设信息技术课,每周1课时。2002年3-4月,教育部颁发《义务教育课程设置实验方案》、省教育厅制订《湖南省基础教育新课程实验推广实施方案》和《湖南省义务教育课程(实验)计划》。2003年始,全县小学一年级按规划、比例陆续实施。2002年下学期始,根据教育部颁发的《义务教育小学品德与生活、品德与社会课程标准(实验稿)》组织实验工作。

小学教育详情见表53-1-117。

安乡县1999-2009年小学教育(含民办)情况

表53-1-117　　单位:所、人

项目 年度	学校数	在校学生数	招生人数	毕业人数
1999	212	52855	4810	10282
2000	185	47255	4648	11382
2001	173	40515	4740	11888
2002	151	34437	4575	10835
2003	137	30381	3938	7788
2004	129	28059	3620	5574
2005	122	25448	3137	4946
2006	105	23975	3168	5076
2007	86	23105	3521	4992
2008	80	21493	3203	4758
2009	75	20562	3113	4017

三　初中教育

1990年,全县有初级中学25所,专任教师1325人,397个教学班、在校学生21850人,当年毕业4640人、招生6977人。其中民办1所,2个年级、2个班级,招生19人、在校学生60人。1999年以来,有16所初级中学获市级示范性学校。2003年以来,《安乡县基础教育课程改革实验推广实施方案》施行,乡镇教育办撤并,中小学布局调整,推进城区大班额学生分流,特别是初级中学合格学校创建,初中教育长足发展。2000年,初级中学21所、教学班483个,其中35人及以下班级1个、56人及以上班级287个。2009年,初级中学21所、教学班393个,其中35人及以下班级4个、56人及以上班级200个,在校学生13692人,当年毕业4974人、招生4014人,1383名专任教师中,本科638人,高级职称68人。

初中教育详情见表53-2-118。

安乡县1999－2009年初中教育(含民办)情况

表53－2－118 单位:所、人

项目 年度	学校数	在校学生数	招生人数	毕业人数
1999	21	23621	10007	5996
2000	21	27312	11104	5856
2001	21	31444	11582	6885
2002	21	32763	10984	8746
2003	21	28820	7609	10008
2004	21	22904	5735	10487
2005	21	18015	5449	10118
2006	21	15951	5151	6883
2007	22	15563	5136	5455
2008	21	14833	4787	5219
2009	21	13692	4014	4974

四 普通高中教育

1990年,全县有高级中学5所(完全中学1所),专任教师251人,62个班级、在校学生3163人,当年招生1274人、毕业909人。1999年,实行高中教育第一次资源整合,安乡三中(原校址理兴垱)并入安乡五中。2001年,在县城东郊原安乡成人中专校内新办安乡三中,两块牌子、一套人马,当年招收6个班级、300余人。2009年,实行高中教育第二次资源整合,安乡四中(原校址三岔河)并入安乡三中。2009年,普通高级中学4所,专任教师638人,138个班级、在校学生8104人,当年毕业3178人、招生2600人。

普通高中学制三年。1990年,按国家教育部颁发的教学计划开课,设语文、数学、英语、物理、化学、生物、政治、历史、地理、体育。2002年,开设研究性学习课和信息技术课。1990年,高考科目分文科(含英语专业)、理科(含体育专业)、艺术。1991年,高考分4个科目组,第一科目组包括文史哲法、英语、音乐、美术,第二科目组理工,第三科目组包括农医林生化、体育,第四科目组地矿。1993年,职业中学(一职中、二职中)开始对口招生,高考分文科、理科、其他专业(外语、体育、音乐、美术)。1994年,高考科目分文科(含英语、音乐、美术专业)、理科(含体育专业)、对口专业。1995年后,高考科目分文科、理科。

1990－2009年,县内为高等院校输送人才24705名,高考录取率由17.23%上升至73.83%。详情见表53－3－119。

安乡县1990－2009年高考、自考情况

表53－3－119 单位:人

项目 年度	报考	上线	统考录取				定向	电大	对口	委培	自学考试	
			合计	重本	本科	专科					报考	毕业
1990	1584	288	273	54	66	153	－	－	－	－	2167	24
1991	1604	303	297	49	75	173	－	－	－	－	1371	21

续表 53－3－119

1992	1572	311	303	48	70	185	–	–	–	–	1290	16
1993	1513	214	211	27	50	134	–	–	–	–	540	9
1994	1528	310	275	66	87	122	51	36	13	3	1264	18
1995	1638	405	376	251		125	4	11	31	11	1236	23
1996	1641	463	432	268		164	5	9	45	10	880	33
1997	1722	628	555	280		275	45	–	44	41	1561	46
1998	1994	669	626	324		302	49	–	42	42	1908	60
1999	1894	1022	1015	557		458	130	–	47	102	2170	74
2000	1965	1070	1036	169	326	541	70	11	152	–	2289	96
2001	1906	1492	1004	178	439	387	92	44	–	–	2097	175
2002	2255	2136	1430	199	420	811	91	–	169	–	1013	137
2003	2505	2391	1626	197	390	1039	–	41	143	–	804	23
2004	3234	2991	2370	221	537	1612	170	–	245	–	1108	47
2005	4049	1666	2725	881		1844	278	–	–	277	752	36
2006	4433	1672	2450	998		1452	254	–	–	230	142	33
2007	4868	1711	2415	912		1503	–	–	–	369	158	27
2008	4802	1821	2904	1020		1884	–	–	–	379	93	9
2009	3818	3142	2819	1053		1766	–	–	–	236	239	3

五　职业、成人教育

1990 年，全县有公办职业中学 2 所（县一、二职中）、在校学生 1350 人，占初中毕业生分流比例的 29%。开设专业有养殖、服装、家电、财会、文秘、幼师、美术等，其中县第一职业中学位居全省 10 所示范农村职业中学首位。1999 年，调整学校布局，2 所职业中学合并，名县第二职业中学，时有在校学生 1025 人。2000 年更名为县职业中专，经省教育厅验收，获国家级合格职业中学。2005 年，经市教育局审批，注册成立私立职业中学安乡创维电脑职业技术学校，主要面向初中毕业生进行中等职业技术教育，开设计算机及应用、移动通信技术、电子技术应用、现代物流管理技术、模具设计等 5 个专业类群、10 个专业，2008 年被定为县下岗农民工再就业培训基地，是年，以县职业中专为基地成立县职教中心。2009 年，有县职业中专学校、创维电脑职业技术学校、潺陵艺术学校（民办）3 所职业类学校。县内职业教育为社会输送各类专业技术人才 10 余万人，服务“三农”和农业产业结构调整成效显著。

20 世纪 90 年代，成人教育采取多形式、多层次、多规格的办法开展文化、技术教育，主要是农民文化技术教育、自考、函授及各种培训。1990 年，全县公办中等专业学校有县卫生职工中专（1996 年 8 月停办，1998 年 12 月正式撤销）、教师进修学校、农民中等专业学校 3 所。

1990 年以来，县教师进修学校一直担负全县中小学及幼儿师资培训，其项目有小学教师中师学历培训、中小学教师继续教育培训、小学教师小学教育专业大专学历培训、新上岗教师培训、小学校长及教育干部职务岗位培训、小学校长提高培训、幼儿园教师幼师学历培训、中小学教师专升本培训（湖南师大）、奥鹏远程教育等，培训中小学教师、幼师 1.5 万余人次。2009 年，有教职员工 32 人，其中高级教师 12 人、中级教师 17 人，研究生 2 人、本科 27 人，在校

(函授)学生531人。

1992年,县农民中等专业学校更名为县成人中等专业学校,开设农作、植保、畜医、果林、养殖、财会等专业。1992年后,调整专业,开设农学专业短训班、幼师、财会、机电、汽车修理、文秘、国防预备役等专业,每年招收新生300人左右。1999年,获省级示范成人中专。2001年,校内新办安乡三中,两块牌子、一套人马,学校逐渐转型,开设全日制普通高中班,原开设专业逐渐淡出。

湖南广播电视大学安乡分站(简称安乡电大)1982年建站,1994年前开设财会、中文、英语等专业(函授),在籍学生不足百人。1994年,县教育局指派县二职中托管安乡电大,充分利用二职中的师资与教学资源,逐渐发展,开设电算会计、计算机应用、中文、英语、文秘、法律、小教等专业。有专职管理人员6人、专职教师8人、外聘教师12人。1995年下半年始,与长沙工程兵学院、湖南工程职大、湖南石化大学、荆州师院、武陵高专、湘西民族教育学院、津市电大等高等院校联合办学,有教学班14个,开设专业8个,其中专升本专业4个,在籍学员最多时达600余人。2007年,转由县教师进修学校管理,教学、办公条件和师资力量进一步提高,建成远程、多媒体教学室和语音实验室,先后与湖南师大、湖南文理学院、福建师大、东北师大、中南大学等高等院校联合办学。2009年,开设本、专科30个专业,在籍学员90人。安乡电大自建站以来,培养专科人才近3000人、本科人才300余人。在历年教学评估中,多次获合格单位。

六　特殊教育

县特殊教育学校创办于1996年,校址位于县深柳镇书院洲社区,是集学前康复、文化教育、职业培训为一体的综合性学校。1998年,校舍被洪水冲毁,1999年在原址重建,占地3500平方米、建筑面积2100平方米,有电脑室、语训室、多媒体教室等。2009年,有教职工11人,其中专科学历以上专任教师9人,中级职称3人,设5个教学班,其中聋哑复式班2个、培智班2个、语训班1个,在校学生63人。

坚持"为残疾孩子的生存发展奠基"的办学思想,以"补偿缺陷、掌握技能、学会生活、适应社会"为办学目标,通过文化学习和职业技能训练,使残疾学生掌握生存本领,自尊、自信、自强、自立,融入社会。深化康复、教育为一体的教育改革,开设思想品德、语文、数学、常识、律动、美术、计算机等课程,探索、创新课改和教学,成效显著。有5名聋儿通过语训回到普通学校学习、15人次获全国书画、手工作品竞赛奖、1人获市"自强不息"好少年、1人获市"十佳少先队员"、排练的节目6次在省、市参演并获奖,教师中有10人次获国家级教研论文奖、40余人次获省市级奖、4名教师上省级示范课。该校先后获县扶残助残工作先进单位、县、市级"巾帼文明岗"、市模范残疾人之家、省"五好关协"。2009年,市残疾人工作委员会确定该校为市第三聋儿语训部、市智力残疾儿童抢救性康复培训部。

第二节　教师队伍

一　教师数量

1989年,全县有教职工4872人,其中民办教师1745人。2009年,教职工增至6209人(含专任教师4186人),其中小学专任教师学历合格率100%、大专学历占60%,初中教师学历合格率96%、本科学历占34%,普高、职高教师学历合格率分别为86%、66%。教师资格证、普通话等级证、信息技术等级证、继续教育证书等,成为教师上岗必备"硬件"。1990－2009年,副高级职称288人、特级教师3人,国家、省级劳模6人,先后有84人任省、市、县人大代表、60人任县政协委员。

20世纪80年代后,采取招聘引进、培养培训、考试考核、调整结构等措施,全方位提高教师队伍数量和素质。每年按教师自然减员数(死亡、退休、调出等)的80%补编,自主择优录用具有教师资格的优秀大学毕业生。2007年以来,招聘、引进教师180人,全部充实到了农村中、小学校和高中学校教学一线。2005年始,组织实施三年一轮的中、小学教师专业知识统一考试,成绩记入其业务档案,与评优评先、职称晋级挂钩。

专任教师详情见表53－4－120。

安乡县2009年专任教师情况

表53－4－120　单位:人

职　称	合计	25岁以下	26至30岁	31至35岁	36至40岁	41至45岁	46至50岁	51至55岁	56至60岁	61岁以上
小学合计	1628	42	128	151	189	286	407	359	66	－
中学高级	1	－	－	－	－	1	－	－	－	－
小学高级	1069	－	6	37	88	208	346	333	51	－
小学一级	489	10	101	104	98	73	59	26	14	－
小学二级	44	14	14	9	1	4	1	－	1	－
小学三级	3	－	2	1	－	－	－	－	－	－
未评职称	26	18	18	5	－	2	－	1	－	－
初高中合计	2021	130	326	390	406	355	233	129	52	－
中学高级	149	－	－	3	23	55	41	17	10	－
中学一级	946	－	15	150	242	231	167	102	39	－
中学二级	806	49	276	236	140	69	23	10	3	－
中学三级	55	28	26	1	－	－	－	－	－	－
未评职称	65	53	9	－	1	－	2	－	－	－

二　教师待遇

1993年,机关、事业单位工资制度改革,教师实行职级工资制。通过套改,全县教职工月人均工资294.6元、各种津补贴53.8元。1997年7月,经职务工资调标、晋档,教职工月人均工资增至335.8元,同年5月起,教职工月人均增加生活补贴210元,各种津补贴月人均达到263.8元。1999年7月,经职务工资调标、晋档,教职工月人均工资495.1元。2001年1月、10月,经职务工资两次调标、晋档,教职工月人均工资分别达到603.7元、714.1元。2006年6月,经职务工资晋档,教职工月人均工资795.7元、各种津补贴263.8元。2006年7月,机关、事业单位工资收入分配制度改革,教职工工资由原职级工资制改为岗位绩效工资制,基本工资由岗位工资和薪级工资组成,基本工资大幅度提高。至2009年,教职工月人均工资达到1300元。

第三节　教研教改

1990－2009年,县教研室组织县级课堂教学竞赛(比武)活动14次,先后有2506人获奖;参加省、市相关教学竞赛,有400人次获奖;有238项课题获国家、省、市、县级奖励,其中国家级6项、省级16项、市级46项、县级170项。

一　教研网络

县教研室承担基础教育教学研究和教学业务管理,以服务、指导教学,推动基础教育事业发展为宗旨,对基层学校实施教学质量检查、评估、指导。先后建立中学政治、语文、英语、数学、化学、生物、历史、地理、物理和小学语文、数学等11个学科中心联组。中小学美术、音乐和信息技术学科均配教研员。

2006年4月,县教育学会成立,挂靠县教研室,下设13个分会,有会员800余人。学会成立后,多层次、多方位开展学术研讨,推进基础教育课程改革,引导教师开展校本教研,加强教育教学研究。各高级中学、职业中学建立年级教研组、学科教研组,各乡镇建立初中与小学教研联组,各校建立学科教研组,分管教务校长或教导主任兼任校级教研员。

二 教学研究

1991年,对全县中、小学教学常规全面调查研究,确定“三个转变”指导思想,即抓毕业班为重点向各年级转变,抓教学结果评价为重点向教学过程评价转变,抓“主课”教学为重点向全面发展转变。1992年,提出教育教学坚持以教学常规管理和科研为基础,以课题研究和教改实验为龙头,以教改成果和经验推广为重点,以教育教学质量评估为杠杆,以大面积、大幅度提高教育质量为目标,分层次、分阶段逐步推进教改方针,发挥乡镇教研网络和各校教务处、教研组的主观能动性,调动广大师生的教改积极性。1994年5月,全县教改实验工作会议促进了小学教学工作平衡发展。1996年,推广汨罗县素质教育经验,根据实施素质教育的需要,始实行每月一次教育教学抽查制度。县教研室先后下发《安乡县教育教学研究实验课题系列及课题管理办法》《安乡县教育科学研究课题管理暂行办法》,课题申报、审批立项、日常管理、评估验收、奖励及推广形成制度。1980年始,县教研室创办《安乡教研》刊物,在全县教育系统内部发行。至2009年,发行101期。

1997年1月,全县评选出周旭莲、颜晓清、刘平、曾元玲、秀安丽、陈玉珍、曾竞贤、肖桃秀等8名小学自然、思想品德、语文、数学学科带头人。1998年3月,评选出龚德国、李辉铭、马永华、车才茂、罗承芝、肖昌富、肖霞等7名初中语文、数学、物理、政治、英语学科带头人。1990－2009年,有238项课题获国家、省、市、县级奖励。县城北中学肖春桃主持的国家级课题《初中生上网心理的分析与教育对策》获中国教育学会 等奖,雷立鼎的《农村小学活动课评价研究》和王德斌的《优化初中思想政治课教学的研究》、杨仁发的《小学数学“导说启思”课堂教学研究》分获省级三等奖和二等奖;黄山头中心小学刘必林的《新课程背景下学习型组织的构建与研究》、官垱中学魏兴隆的《初中语文教学中构建和谐课堂的研究与实践》、安丰乡中心小学胡凯的《新课堂小组合作学习策略研究》获省教育学会“十一五”教育科研课题优秀成果奖;易广庆的《构建中学化学“实验—导学”教学模式》、黄广平的《构建德育体系,提高学生素质》、龚德国的《高中语文“讨论式”教学研究》、唐云飞的《城镇小学生家庭教育指导模式研究》获市级二等奖。

三 课堂教改

2000年,以减轻全县中、小学学生课业负担为突破口。5月,县第一届小学语文课堂教学新模式(读、思、讲、练)研讨会在黄山头中学举行。2003年秋季始,进行课程改革,分两个阶段进行。第一阶段为义务教育阶段,2003年9月至2006年9月;第二阶段为普通高中阶段,2006年9月至2009年。成立课改领导小组和办公室及初中、高中课改专家指导组,组织教育行政主管部门、各初、高中学校教育行管人员、教研员、校长和教师学习新课程理论,组织教育行管人员、所有进入新课程的教师、学校管理人员、教研员培训1万余人次。同时,县教育局和各初、高中学校调整教育事业支出结构,安排专项经费保障课改。课程改革的最大特点是课程结构的重大变化,课程模块作为课程结构的基本形式,建立选课制度和学分管理制度。教学管理制度的改革和重建,成为学校管理制度的核心。评价和考试制度改革,学校根据目标多元、方式多样、注重过程和个体差异的评价原则,增加反映学生在校期间参加研究性学习、社会公益活动及日常表现等评价内容,综合运用实践操作、作品展示、自评互评等多种形式,建立学生综合、动态成长记录手册,全面反映学生的成长历程。

1990－2009年,县教研室组织中、小学教师开展“创最佳改革课”“达标课”“创优质课”“新课程课堂教学竞赛”等系列活动,同时积极组织和参与省、市相关教学竞赛和教学比武活动。20年间,组织县级课堂教学竞赛(比武)14次、4000余人次参加、2506

人获奖；参加省、市相关教学竞赛，400 人次获奖。县一中廖华执教的高中数学《正态分布》以省赛第一名的成绩代表湖南省参加全国第五届“卡西欧”杯青年数学教师比武，获一等奖。县一中物理教师万丽、数学教师张丽、五中物理教师杨海、职业中专数学教师周萍、政治教师王春兰、城北中学物理教师邹艳群获省青年教师新课程课堂教学大赛一等奖；县一中地理教师蒋月华、职业中专英语教师许扬、五中地理教师何蓉、城东小学综合实践教师姜正喜获省二等奖。县五中历史教师刘峰、城北中学英语教师张丽平、出口洲中学语文教师胡琴、城北小学曾文秀、郭菊连等青年教师获市一等奖。1999 年 2－6 月，一种适应素质教育要求的新型课堂教学模式“说—授—评”在全县农村中、小学普遍推广，受到欢迎。4 月，县教研室在城北小学举行“安乡县小学思想品德课观摩活动”，始在全县推行“四段六环式”课堂教学法。11－12 月，“一带十、十带百、百带千”系列教学活动在全县全面推行。

第四节　教育管理

1990 年，县教委设办公室、人事组、纪检组、普教组、招生办、成教组、职教组、计财组、勤管站、工会、老干办等 11 个工作机构。1992 年，增设督导室、审计组。1993 年 3 月，县级机构改革中县体委并入，成立县教育体育局，设办公室、政工股、教育股、体育股、考试中心、招生办、计财股、勤管站、工会、督导室等 10 个工作机构。1994 年 10 月，县级机构改革调整中，县体委析出，成立县教育局，考试中心更名为成教办。1996 年，成教办、体育股并入教育股，自考办和招生办合并，两块牌子、一套人马，增设纪检监察审计室。2000 年，纪检监察审计室分为纪检组、审计室。2009 年，设办公室、政工股、工会、计财股、勤管站、教育股、纪检组、审计室、督导室、招生办等 10 个工作机构。

一　教育体制改革

1979 年始，县内调整办学体制、学校布局和学校规模，实行县办高中、乡镇办初中。2000 年 8 月，县教育系统人事制度改革，凡年满 53 岁的教育办主任、50 岁的专干一律卸职，有 3 名主任、20 名专干充实到教学一线。2003 年，撤并农村小学及教学点 15 所，8 月底，20 个乡镇教育办撤并完成，原乡镇教育办并入乡镇中学，设校长、常务副校长各 1 名。2004 年，撤并农村小学及教学点 6 所。2005 年，撤并农村小学 10 所，小学六年级集中到乡镇中学或中心小学。2006 年，撤并乡镇中心学校 19 所、农村小学 20 所，小学五、六年级集中到乡镇中学或中心小学，乡镇中心学校（教育办）校长（教育办主任）、助理（专干）岗位全部撤除，分流安置中学校级领导管理干部 52 名，乡镇中心学校与中学合并实行“五个一（一套班子、一个院子、一套账簿、一个食堂、一枚印章）”改革。改革后，乡镇中学负责域内义务教育和学前教育阶段的教育教学管理。通过结构、布局调整，教育管理体制优化，以“三制（校长负责制、教师聘任制、绩酬挂钩制）”和“资格准入、竞争上岗、全员聘任、合同管理”为主要内容的教育人事制度改革全面推行，人才选拔、分配等激励机制更趋科学合理。

随着教育体制改革与结构、布局的不断调整，民办教育不断发展。长风实验学校、澧陵艺术学校、创维电脑职业技术学校先后成立，以政府为主的多元教育投入机制形成。

二　教育督导

1992 年，县教育局始设督导室，其职责是监督、检查、评估、指导学校工作，保证国家有关教育方针、政策、法规贯彻执行和教育目标实现。督导范围主要是中小学和幼儿教育及其有关工作。

1993 年，安乡始创建“两基”合格县。1997 年，顺利通过“两基”验收，成为全省第一批“两基”先进县。1999 年始实行“普九”年检制度，每年都高标准通过省、市评估验收。2002 年始建设“示范性高中”。2005 年，经省、市评估验收，县一中获“湖南省示范性高中”，县二中、五中获“常德市示范性高中”。2008 年，教育工作接受省委、省政府“两项督导”评估验收获“双优”，县委书记张开松、县长王先蒙获全省教育工作先进个人。2008 年，全省义务教育阶段学校开始创建合格学校,是年,县内申报的6所学校经省、市评估验收,达到义务教育合格学校标准。至2009年,建设合格学校13所。

第五节 校舍建设与教学设备

一 校舍建设

1990年,全县有学校315所、占地面积4032亩、校舍建筑面积40.18万平方米,其中教学用房22.86万平方米、生活用房12.75万平方米。随着教育事业的发展,投入不断加大,中、小学办学条件改善。1998年,安造大垸溃决后,筹资1600余万元、投工5.2万个,恢复重建灾区学校。新建学校8所、建筑面积1.26万平方米,维修校舍19所、面积3.23万平方米。1999年12月,省灾后重建"百校工程"现场总结表彰会在县内召开。

2003年以来,先后实施中小学布局调整、危房改造和寄宿制学校建设,撤并生源少、办学条件差、布点不合理的农村小学及教学点69所,学校布局不断优化。投入1820万元,完成中小学危房改造项目78个、总面积5.18万平方米,中小学D级危房全部消除;投入1590万元,完成寄宿制学校建设5.53万平方米,基本建成4所九年一贯制寄宿学校和15所农村寄宿制初级中学。2007年以来,启动以"六改六配套(改危、改水、改厕、改食堂、改宿舍、改通校道路和配套图书、实验仪器、课桌椅、信息技术装备、体卫艺设施、校园文化设施)"为重点内容的合格学校建设工程。至2009年,投入1080万元,完成13所合格学校28个建设项目,维修、改造、新建校舍2.32万平方米,添置教学仪器、器材等设备6850件、课桌椅8400套,义务教育阶段起始年级与省、市级合格学校学生课桌椅更新配套工程全面完成。是年,成立县中小学校舍安全工程领导小组,制订《安乡县中小学校舍安全工程实施方案》,争取国家投资1700万元,启动校舍安全工程建设项目。8月,完成校舍排查及鉴定,确定首批校安工程大杨树、焦圻镇、大湖口、五一、张九台、董家垱、三仙嘴、下渔口镇、大鲸港镇、城南、城北中学和城北小学等12所学校拆除重建或改造加固。至年底,完成工程总量的30%。

2009年学校用房详情见表53－5－121。

安乡县2009年中小学、职业中学用房情况

表53－5－121　　单位:平方米

项目 单位类别	占地面积	建筑面积	教学及辅助用房						行政办公用房		生活用房	其他用房	校舍危房面积
			合计	其中:普通教室	实验室	图书室	微机房	语音室	合计	教师办公室			
幼儿园	3400	2349	1660	1600	－	60	－	－	180	120	210	299	－
小学	761909	141739	82543	73960	2572	2427	1662	325	13809	11877	34549	11838	3012
初级中学	684348	188308	72801	50713	9989	3221	2277	1766	17091	11375	85620	12796	4462
普通高中	302426	111146	47908	33270	8339	3681	838	490	4722	2374	54200	4316	4833
二职中	37319	14576	7060	6100	720	240	－	－	997	－	6519	－	－
合计	1789402	458118	211972	165643	21620	9629	4777	2581	36799	25746	181098	29249	12307

二 教学设备

1979年,县电教仪器站成立,主要负责全县实验教学、电化教学设施设备配备管理、辅导和督促使用。1992年,成为全省首批18个实验教学普及县之一。

2004年以来,投入资金642.8万元,建成160个现代远程教育教学站点，其中计算机教室21个、卫星教学收视点135个、光盘教学播放点4个。122所公办中小学校全部建成“校校通”工程，10所远教站点学校获市农村中小学远教示范学校，县一中、五中等学校建成高标准校园网，分别实现与长沙市一中、长郡中学远程学校网络资源共享。2006－2009年，投入3750万元用于升级改造，实验室升级改造率100%，电脑室、多媒体教室升级改造率60%以上。至2009年，中小学实验室全部配备到位，仪器设备到位率90%以上，电脑室、多媒体教室设备均按部颁要求配备到位。2006年以来，连续获省教育系统装备工作先进单位。

第六节　教育经费

县内教育经费主要由财政拨款（含国家拨款和地方投入）、学杂费和勤工俭学收入、个人捐赠、企事业单位赞助（或捐赠）等部分组成。县委、县政府将“科教兴县”作为县域经济社会发展的基本战略之一，制定、落实书记、县长牵头，县四大家主要负责人定期集中议教制度，教育规划优先决策、教育议题优先研究、教育问题优先解决，按照财政预算优先满足教育、资金调度优先安排教育、经费追加优先倾斜教育的原则保障教育投入。

公办中小学所需经费及民办学校补助费，概由财政拨款，纳入财政预算，是为教育经费的主要来源。2009年，财政预算内拨款23519万元，分别比2001年、1990年增加17084万元、22467万元。按照国务院《关于筹措农村学校办学经费的通知》《征收教育费附加的暂行规定》和省政府《农村征收教育事业费附加的实施办法》，县财政加大教育投入，2009年投入300万元，分别比2001年、1990年增加195万元、269万元。1990－2009年，县财政下拨义务教育阶段公用经费大幅度提高。1990年，小学生人均122元/年、初中生人均162元/年；2007年，小学生人均269元/年（县城学生人均307元/年）、初中生人均499元/年（县城学生人均457元/年），分别比1990年增长1.2倍和2.08倍；2009年，小学生人均413元/年、初中生人均837元/年，分别比2007年增长53.5%和67.7%，比1990年增长2.38倍和4.16倍。

学杂费收入是学校办公经费的补充。1990年，全县收缴学杂费519万元，2004年1849万元。2005年后，义务教育经费保障机制改革逐步推进，实现义务教育阶段学生免费入学，无论城镇乡村、公办、民办学校学生，一律免交学杂费、课本费和寄宿费，新生用上了新的免费课桌椅，特困寄宿生还享有生活补助费。2005年免教材费21787人次、免杂费3986人次，计199.4万元。2006年免教材费21936人次、杂费7972人次，计250万元。2007年，义务教育阶段杂费全部免除共86926人次、免教材费21936人次、补助贫困寄宿生生活费7972人次，计1275.3万元。2008年，免除义务教育阶段学杂费、课本费38668人次，计800余万元，为4228名特困寄宿生发放生活补助费183万元，高中阶段为1888名中职学生发放生活补助费（不属“两免一补”范围）107万元。2009年春季新学期始，义务教育阶段寄宿生全部免交寄宿费，职业中学和普通高中学校贫困生亦享受财政助学资金补贴，高中阶段学生全部免交信息技术教育费。2009学年度为71680人次免除课本费466.68万元，下学期为34315人次免除课本费232.89万元、为3725人次贫困寄宿生补助生活费251万元。

学校勤工俭学收入归学校所有，主要用于扩大再生产、改善办学条件、解决教师福利和学生特殊困难等。2009年，全县勤工俭学收入506万元。同时，县委、县政府大力倡导和组织捐资助学，多渠道筹集帮困助学资金。2004－2006年，资助学生12761人次，总支出357.45万元；2007－2009年，总支出1366.07万元，其中资助大中小学贫困生2972人次、181.03万元，资助职业中学学生4552人次、341.42万元，扶持薄弱学校建设336.3万元，湖南楚天房地产捐赠陈家嘴中学固定资产507.32万元。

建立健全教育工作目标责任制、领导责任制和责任追究制度。各乡镇党委、政府和县直各部门单位履行教育工作职责情况纳入全县“双文明”责任制考核。县委、县政府印发《关于进一步优化教育发展环境的若干意见》，确定检查准入、零收费、首查不罚、罚款集中收缴财政和通报曝光“五项制度”。

2007年，全面启动教育强县建设，县委、县政府出台《关于建设教育强县的决定》，明确乡镇与部门单位工作职责，在全市率先制定县级领导定点联系学校与部门单位对口援建学校制度，确定每年8月为全县“助教月”，44名县级领导、70个后盾单位对35所中小学校实行援建帮扶。2008年，单位援建资金近150万元，引进知名企业、社会名流办学资金1000余万元，建成陈家嘴镇寄宿制学校、华强希望小学、兴保希望小学等；2009年，单位援建资金190余万元。领导以重教为先、政府以兴教为责、社会以支教为荣的氛围形成。

教育经费支出项目有教职工工资、补助、福利、奖金、离退休人员费用和助学金、公务、设备购置、师资培训、修缮费等。自1988年以来，经多次工资改革和工资调整，教职工（含离退休）工资（含补贴）大幅度增长，工资经费支出不断增加。经费使用坚持“两保一支持”原则，即保在职人员基本工资、保离退休人员经费，支持社会办学、改善办学条件。

第七节　重点园校简介

一　县职业中专学校

该校创办于1985年，位于深柳镇澧陵社区，是由县政府主办，县教育局主管的中等职业学校。1999年与县第一职业中学合并，同年定为省级重点职业高中，2004年升为国家级重点中等职业学校，更名为县职业中专学校。学校占地面积123亩，教学班29个、在校学生2093人、教职工191人。主要开设工艺美术、音乐、机电设备维修、服装工艺与设计、财会、商务英语、计算机应用、工业与民用建筑、物业管理、幼师等10个专业。以工艺美术为龙头专业，以机电设备维修、服装工艺与设计为重点建设专业，打造湘西北职业教育品牌。

2005年后，县政府投入资金近800万元，为该校建计算机房、服装裁剪室、钳工室等并配置相关设施和设备。

二　县第一中学

该校创办于1942年，位于深柳镇深柳社区，1958年发展为完全中学，2002年成为省重点中学，现为省示范性普通高级中学、省现代教育技术实验学校。学校占地面积近70亩、建筑面积2.7万余平方米，教学班51个、在校学生3051人、教职工276人，其中特级教师2人、高级教师72人、中级教师102人，硕士研究生1人、在读研究生7人，省、市、县骨干教师64人。学校德育管理成效卓著，教学质量稳步提升，教学科研是为亮点，排球项目突显特色。

该校先后获省级文明学校、文明卫生单位、德育工作先进单位、贯彻实施《体育工作条例》优秀学校、传统项目学校、体育工作先进单位和园林式单位。《人民教育》《湖南日报》、湖南电视台等多家媒体曾先后报道该校的办学成果。

三　县第五中学

该校创办于1979年，位于安全乡董家垱社区，2000年评为市示范性高中。教学班42个、学生2800余人、教师182人，其中高级职称29人、中级职称72人，省级优秀教师7人，省、市骨干教师13人。

该校先后获省级卫生先进单位、优秀法人先进单位、勤工俭学先进单位和园林式单位、市级双文明建设标兵单位、社会治安综合治理先进单位、普通高中办学水平综合评估优秀单位。

四　县深柳中学城北分校

该校创办于1987年，位于深柳镇深柳社区。学校占地面积48.8亩、建筑面积1.3万平方米，教职工204人，166名专任教师中，本科学历占80%以上、获得信息技术高级证书的占88%、普通话合格率达90%，其中中学高级职称17人、中级职称108人，全国模范教师1人，省、市级骨干教师10余人。学校有电脑房、多媒体室、理化生实验室、科技制作室、音乐美术室、乒乓球活动室、图书阅览室等，藏书近3万册。2009年下学期，县青少年活动中心产权移交该校，学校规模进一步扩大，是省内唯一的基础教育研究实验学校。在教学比武中，该校获市级一、二等奖18人次、县级一等奖45人次。获省部级奖励或在省级以上刊物发表论文近100篇，市、县级奖励400多篇。学校承担的科研课题《城镇初中的弱势群体子女心理特点与辅导》获中央教科所课题研究优秀成果一等奖。在县中学生田运会、排运会、乒运会、科技创新大赛、文艺会演中，学校代表队多次折桂，初中素质教育评估总评多次居全县第一，音体美特长生人数、数理化生奥赛获奖人数、公费升重点中学人数在全县遥遥领先。

该校坚持“育人是根本、校风是灵魂、教师是关键、教学为中心、科研为先导、质量为生命”办学理念，推行素质教育，提升办学品位和办学效益，实现了跨越发展。先后获省级心理健康教育先进单位、市级绿色学校、名优学校、示范家长学校和县级共青团工作先进单位、德育工作先进单位、素质教育评估先进单位。

五　县深柳中心校城北小学

该校创办于1950年，位于深柳镇五总社区，1999年评为市级示范性学校。学校占地面积21亩，教学班35个、学生1800余人、教职工98人，是县内规模最大的小学。

该校坚持“成就每一个孩子，满意每一名家长，发展每一位教师，提高生命质量”的办学思想，实施情景教育、劳动教育、创造教育，不断创新德育办学特色，坚持文化育人，开展乒乓球特色活动，为学生搭建展现才华的舞台。先后获全国小学语文注题实验先进单位、省级红领巾示范学校、家庭教育先进单位、文明卫生单位、市级德育特色学校、名优学校和园林式学校。

六　县深柳中心校城东小学

该校创办于1940年，位于深柳镇上东门社区，1999年评为市级示范性学校。学校占地面积19.17亩，教学班34个、学生1760人、教职工96人。

该校秉承“为学生终身幸福和持续发展奠基”的办学理念，遵循“德育为首、教学为主、育人为本”的办学思想，坚持走内涵式、可持续发展道路，突出“礼仪”办学特色，培养和促进学生良好行为习惯。先后获省级小学语文研究会员学校、市级名优学校、德育课程先进单位。

第五十四章 科学技术

以国家科教兴国战略实施科教兴县,优化、整合县内科技资源,发挥支撑发展、引领未来作用,科技经济一体化进程加快,科技事业发展,科技整体实力大幅提升。

第一节 机构与队伍

一 科技管理机构

1993年3月,县级机构改革中县标准计量局并入县科委,成立县科学技术监督局(县科协挂靠),1994年10月,标准计量、技术监督工作析出,成立县科学技术局(县科协挂靠),属政府组阁局,统一管理全县科学技术工作。

20世纪50年代,县直有关单位亦设有科技管理机构,"文化大革命"中解体。80年代后,工业、农业等12个部门相继恢复或建立科技管理机构,21个乡镇也先后成立科技领导小组,配备科技副乡镇长和专职科技助理。1989年,有科技管理机构34个,管理人员105人,科技管理体系基本形成。1992年2月,县委、县政府出台《关于科技兴县的决定》,科技兴县理念逐渐在全社会形成。1996年始,县政府明确专职副县长分管科技工作,先后选配3任科技副县长。2009年,有科技管理机构8个,管理人员200人,科技服务体系日趋完善,科技工作手段及服务功能加强。

二 科技推广机构

县内的科技服务以农业种、养业为主要对象,科技推广机构以农业科技推广服务机构为主体。1959年,始在安丰、安福等6个公社设农业科技推广站。20世纪70年代,县、社普建农科站,大队普建农科队,生产队普建种子良繁队,形成四级农科网。80年代,县建农业技术推广服务中心、畜禽技术推广服务中心和水产技术推广服务站,乡镇普设科技中心,统筹农技站、农机站、电管站、畜牧畜医站、水产养殖站、林业站、农村经济管理站、乡办农技校的科技推广工作,形成县、乡镇科技推广服务网络。

三 科研开发机构

2009年,县内有科研开发机构8个,其中公办1个、民办7个。详情见表54－1－122。

安乡县2009年科研开发机构情况

表54－1－122 单位:人、万元

项目 单位	企业注册	法人代表	地址	职工总数	资产总额	年总收入	年总支出	年净利润
湖南凯斯机械股份有限公司	股份公司	申建春	深柳镇	870	10959.1	8444.3	6236.7	1537.5
湖南洞庭牧业有限公司	合资企业	曾凡军	大鲸港镇	186	4257	3458.6	5272.4	235.2
安乡来得富绿色食品有限公司	有限公司	劳建芳	安全乡	258	6345.9	8572.1	5729.2	892.8
湖南正园饲料有限公司	私营企业	肖樊	大鲸港镇	88	1342.5	589	232.5	95

续表 54－1－122

安乡县中西医结合疑难杂症研究所	私营企业	彭晋伟	深 柳 镇	5	39	10	5	7
安乡县新品杨树推广研究所	私营企业	陈德芬	深 柳 镇	5	60	20	10	10
安乡县民富特种动物繁养场	私营企业	潘明瑛	安 障 乡	8	70	30	11	15
常德市国泰筋骨病研究所	国有企业	贾谷良	大鲸港镇	12	76	66	65	1

四　科技队伍

1978 年后，县内科技队伍迅速发展，门类比较齐全，结构基本合理的科技队伍逐渐形成。1989 年，有科技人员 2547 人，比 1949 年增加 133 倍，平均每万人口占 48 人。其中农业 649 人、工程技术 403 人、医药卫生 483 人、其他 1012 人，初级专业技术职务 970 人、中级 286 人、高级 27 人，共 1283 人，占总数的 50.4%。

2009 年，有专业技术人员 9430 人，比 1989 年增加 2.7 倍。其中工业 1264 人、约占职工总数的 10%，农业 1128 人、平均每万亩耕地近 10 人，中级专业技术职务 2959 人、高级 212 人，学术和技术带头人 13 人、享受政府特殊津贴专家 3 人。有民营科技企业 16 家，技术贸易机构 39 家。

2001 年、2003 年、2005 年、2008 年，县内先后四次分别公开选拔学术和技术带头人 11 人、18 人、13 人、13 人。

第二节　科技成果及推广

1978 年，县内恢复科技成果管理工作。1980 年后，全面开展科技成果鉴别、登记、评审和奖励工作。1980－1989 年，有 187 项科技成果获奖。其中农业 92 项、工业 41 项、其他 54 项，省级 9 项、市级 32 项、县级 146 项。1990－1997 年，获科技进步奖 124 项，其中国家级 2 项（星火奖 1 项）、省级 17 项、市级 35 项、县级 70 项。1998 －2002 年，获国家发明奖 10 项、省科技进步奖 6 项、市科技进步奖 18 项。2003－2008 年，获省、市科技进步奖 11 项、县科技进步奖 44 项。2006 年，凯斯机械股份有限公司获市十佳科技创新型企业。

历年来，县内科技推广成果显著，推广项目屡获殊荣。主要有：湘杂棉 1 号推广获省科技进步二等奖；抗虫棉新品种南农 98—4 选育与推广、阿力佳驱虫技术推广、政务服务中心收费管理系统、粮棉油配方肥研制与推广、榨菜新品种浙丰 3 号引进推广与巴氏高温杀菌加工新工艺应用、湘丰棉 1 号选育等 9 个项目获市科技进步奖；8700 电脑直驱工业平缝机壳体加工等 35 个项目获县科技进步奖；2003 年，全省新技术新产品展览会上，南农 98—4、王饺儿卤腊食品获省科技创新金奖；2006 年，省第二届科技博览会上，湘丰棉 1 号棉花新品种、王饺儿卤腊食品、正园牌饲料获省科技创新金奖；2007 年，凯斯机械股份有限公司研制生产的 AK82800—FD 中厚料复合送料自动剪线曲折缝纫机通过省、市科技成果鉴定并申报市科技进步奖；2008 年，湖南湘丰种业公司的高产、优质、抗虫杂交棉新品种湘丰棉 3 号选育与推广通过省、市科技成果鉴定，获市科技进步奖。

第三节　科技管理

1978－1989 年，完成国家、省、市科技计划项目 38 项，其中国家级 10 项、省级 25 项、市级 3 项，开发新产品 30 个，新增产值 4000 余万元。创优质产品 16 个，其中国家银质奖 1 个、部优奖 2 个、省优奖 13 个。1981 年始，实施科技成果推广计划，至 1989 年，实施省级计划 6 项、市级 9 项、县级 66 项。1984 年始，实施“星火计划”，至 1989 年，淡水鱼系列产品开发、低次鱼系列产品开发列入国家“星火计划”，食用菌开发、珍珠养殖、白鱼 DHA 提取、城市有机垃圾消化和利用处理、蛋白饲料资源开发列入省“星火计划”,彩色艺术照明蜡制品列入市“星火计划”,6年总投资497万元。

1990－1997年,实施市以上科技计划项目87项,其中国家级4项、省级51项、市级32项,科技攻关29项、“星火计划”7项、科技成果推广29项、其他22项,落实科技贷款规模1690万元(到位340万元),争取科技周转金107万元。项目实施后,新增产值23939万元,新增收入12496万元。

1998－2002年,实施市以上科技计划项目45项,其中国家级2项、省级31项、市级12项,投入项目资金2310万元,其中单位自筹1550万元、银行贷款500万元,落实科技引导资金260万元。新增产值11550万元、新增利税3310万元,产出比1∶5。实施县级科技计划项目66项,推广农业科技新成果50项、推广应用面积420万亩次、新增收入2.8亿元。农业经济增长中科技进步贡献率达到45%、动植物优良品种覆盖率达到90%以上;工业依靠科技进步,造纸、机械、制药等重点工业发展速度加快,高新技术产品开发起步,工业经济增长中科技进步贡献率达到20%、新产品产值率达到15%。

2003－2008年,实施市以上科技计划项目53项,其中国家级8项、省级21项,投入项目资金3198万元,安排科技经费165万元,增收节支1.68亿元。农、牧、渔业良种覆盖率达到90%以上、农业新技术入户率达到95%、科技进步在农村经济增长中的贡献率达到55%。湘丰棉1号棉花新品种选育通过省农作物品种审定委员会审定,是县内首个具有自主知识产权的棉花新品种。工业依靠科技创新迅速发展,机械制造、生物制药、农产品加工等重点企业发展速度加快,高新技术产品开发起步,工业经济增长中科技进步贡献率达到28%、新产品产值率达到30%。凯斯机械股份有限公司、洞庭牧业有限公司获省高新技术企业。2008年,实施市以上科技计划项目13项,其中国家级4项、省级3项、市级6项,争取科技扶助资金100余万元。是年,技术贸易机构发展到39家,年技术贸易总额2000万元。高新技术企业总产值4.6亿元,其中省、市认定1.68亿元,比2007年(下同)增长68%,科技进步对经济增长的贡献率提高1.1%。科技计划项目实施,促进了县内科技创新与经济发展。

1985年,县内实施《专利法》,开展专利申请工作。2004年,成立县知识产权管理办公室。2006年,安乡列入省知识产权保护试点县。

至1989年,申请专利35项、获准20项、实施专利项目9项。1990－1997年,申请专利54项、授权35项,涉及发明、实用、外观设计专利和职务发明、非职务发明各个领域,实施专利项目28项、新增产值3238.6万元、新增利税450.4万元。1995年10月,县工业缝纫机厂简易双针绷缝机获“十佳”专利项目。是年,县星火技术研究所周霞林、水文站张斌获市科委、市专利局授予优秀发明家。1998－2002年,申请专利40项、开发专利产品10个。县水产养殖总场的稀土育珠新成果获国家发明三等奖。2002年1月,县农业局经作站选育的抗虫棉新品种安杂K7(南农98—4)通过省品种审定委员会审定,填补了县内作物育种空白。2003－2008年,申请专利121项、开发专利产品35个。2007年,按照省专利工作试点县的工作要求,从组织领导、工作责任、工作措施、宣传培训和服务上,加强技术创新、知识产权保护工作,制定实施《安乡县专利申请资助管理办法》,在全县知识产权与新型工业化专题报告会上,首批发放专利资助资金9000元。2008年,申请专利47项、比2007年增加20项,授权19项,推广实施电气火灾防护器、气压液动槽式节水冲厕设备、缝纫机体防护罩、治疗筋骨痛药物、停电保护器等5项专利,新增产值2750万元。

第五十五章　文　化

1983年11月，县文化局与县体委合并，名县文化体育局。1984年10月，文化、体育职能分置，复置县文化局。1993年3月，与县广播电视局合并名县文化广播局，1994年10月撤销，复置县文化局，隶属县政府，归口县委宣传部。

第一节　群众文化

1949年8月，县人民政府接管县民众教育馆。1950年成立县文化馆。1968年更名为县毛泽东思想宣传站，1969年更名为县工农兵文化馆，1977年复为县文化馆。1990年、1991年、1993年，县文化馆先后3次获全省群众文化艺术工作先进单位。1993年，获省一级文化馆，同年9月，获文化部授予的标准文化馆。

一　群众文化活动

1994年，县京剧协会获省第二届京剧票友节大赛优胜奖。1996年，参加全国京剧票友大赛，获第二届京剧票友节铜奖，并评为全国50个京剧优秀票友之一。2005年5月，被市京剧协会吸收为团体会员。

2000年始，县内各类民间文艺团体活跃。其中2000年成立的县城区"夕阳红"老年艺术团颇具影响。此后，从"夕阳红"析出"喜洋洋"老年艺术团。至2009年，均发展到120余人的规模，在民间进行歌舞、腰鼓、耍狮、舞龙、花轿迎亲等艺术表演。乡镇民间文艺团体亦有陈家嘴镇的霞光文工团颇具影响。此外，群众自发性的文娱活动较为普遍，县城香港步行街广场、和平休闲街、大鲸港大桥东侧沿河堤面南端、体育场成为县城区群众文化活动的主要场所。

2005年10月，县文化馆李亮参加演唱的常德丝弦《中秋之夜》、肖俊魁参加的男声小合唱《春暖桃花源》分获省群艺馆、文化馆业务人员技能竞赛金奖和银奖。是年，举办"农行杯"元旦文艺会演，全县乡镇、县直单位组成30个代表队参加演出并通过电视直播，备受好评。2006年，县广播电视局举办"香港步行街杯"电视歌手大奖赛，16－60岁年龄共900人报名参赛，总决赛进行电视直播，备受关注。2007年，县委宣传部举办"恒生之夜"爱心助学文艺晚会，募集捐款95万元，资助贫困学生1061人。2009年，县电视台主办"才艺我最牛"大型才艺比赛，内容包括音乐、舞蹈、美术、书法、器乐、武术、诗朗诵、双簧等12项，800余人报名参赛。经海选、初选、复赛、半决赛、总决赛五个赛程，历时近5个月，创县内群众文化活动史上的奇迹。

二　群众文化辅导培训

1990－2009年，县文化馆举办各类群众文化辅导班120期、学员5000人次，组织参加市以上群众文化培训辅导班30次、学员200人次。

随着经济的发展，群众对文化生活的需求越来越迫切，县内民间文化培训市场应运而生。仅深柳镇较具影响的就有琴韵艺术学校、舞＋舞艺术学校、艺星拉丁舞培训学校、大雅艺术学校、雅风斋、波斯画室等近20家培训机构，举办培训班300余期、培训学员1万余人。2003年，付乐获省"湘筝杯"古筝大赛一等奖，2004年获全国"未来之星"青少年器乐电视大赛金奖、"三独"比赛一等奖。2004年，徐克纯、李克华的古筝演奏获省"敦煌杯"民乐大赛三等奖；赵亚星的二胡演奏获全国"未来之星"青少年器乐电视大赛铜奖；谭海、徐仕杰、周小龙的二胡独奏《三门峡畅想曲》《喜唱丰收》《赛马》和曾想想、王樱、杨静的三人舞《草原》在省文化厅主办的第二届"三湘蒲公英器乐大赛"中获铜奖，江慧的独舞《父老乡亲》、刘燃的独唱《海娃的歌》获优秀奖。

三 群众文化理论研究

1990-2009年,县文化馆干部在报刊上发表群众文化理论研究文章20余篇。1997年,程政财的《对乡镇文化站现状的调查与思考》在《中国文化报》上发表;2005年,卞湘辉的《思想政治工作要讲究美学艺术》论文在《支部生活》(上海)上发表,胡炳玉的《乡镇文化干部管理刍议》论文获省第七届群众文化理论征文三等奖;2009年,全峻的《新农村文化建设的困境与对策》、丁世喜的《加强乡镇文化站建设的几点思考》论文分获省第九届群众文化理论征文二等奖,并获中国群众文化协会、中国新农村促进会主办的"和谐社区与新农村建设"征文一等奖。

第二节 文艺创作

一 县文联

1959年1月,县文学艺术界联合会(简称县文联)成立,属群团组织,3月召开成立大会,9月停止活动。1984年1月恢复,5月召开代表大会。1993年3月机构改革中,县文化局、广播电视局合并组建县文化广播局,文联活动基本停止。1994年10月,文化工作职能析出,复置县文化局,县文联并入县文化局,对外保留县文联牌子,由1名副局长兼管。1995年10月,明确1名县文联专职副主席,文联活动正常开展。此后,县文联坚持"二为(为基层服务、为群众服务)"文艺方向和"双百(百花齐放、百家争鸣)"文艺方针,与各文学艺术协会一道,以弘扬主旋律,提倡多样化为中心,开展文学艺术创作,促进了全县文学艺术多元化发展。

二 文艺刊物

1992年,县文联机关刊物《书院洲》因故停刊,1996年复刊并更名《安乡文艺》,此间出刊2期。1997年下半年再次停刊,1999年再次复刊,至2001年共出刊4期。2002年,此刊被《潺陵文苑》小报取代,当年编辑出版3期。2007年,恢复《书院洲》刊名。《书院洲》停刊期间,县文联牵头先后创办《湘北诗丛》《湘北文艺》《潺陵文苑》《安乡书画报》。同时,县作家协会(简称县作协)指导县、乡办中学文学社创办校刊,县一中的《芳草地》、职业中专的《青苹果》、三中的《聚萤》、四中的《拓荒者》、五中的《清风艺苑》等校刊均颇著影响。

三 文艺作品

1990-1999年,公开出版县内个人文艺作品专著6部、省级以上报纸发表文艺作品14篇,分别占1990-2009年文艺作品出版、发表总数的8.4%、15.9%。2000-2009年,县内文艺创作呈加速发展趋势,仅2009年就出版文学作品8部、市级以上报刊发表文学作品173篇。20年间,公开出版文艺书籍58部,其中个人文艺作品专著45部、其他文艺书籍13部。个人文艺作品专著中,诗词17部、散文12部、小说9部(长篇6部、中篇1部、短篇2部)、纪实文学2部、文学评论1部、戏曲1部、综合集3部。个人作品专著中有12部获丁玲文学奖,形成安乡文化丛书系列。在省级以上报纸杂志发表文学作品90篇,其中小说、故事11篇、文学评论1篇、戏曲6篇、民间文学1篇、话剧小品1篇、报告文学7篇、诗词19篇、散文44篇,有15篇作品获省级以上奖项。参加省级以上单位组织展出、入编、竞赛书画作品28件,其中获奖作品8件。创作音乐舞蹈作品18件,其中3件在省级以上报刊发表、2件在中央电视台"地方台30分"转播、13件在省级以上大赛中获奖。

李世俊20年间著书10余部并有大量作品见诸报端。1992年,其散文集《江南随笔》获第三届丁玲文学奖三等奖;1996年,其散文《岳阳楼上的思绪》在《人民日报》(海外版)上刊登;1998年,其长篇小说《苏东坡传奇》获第四届丁玲文学奖优秀长篇小说奖;2003年,其散文《名作家的第一本书》在《北京晚报》(副刊)上发表,同年被《中国剪报》转载。谌天喜的戏曲集《二小集》获第六届丁玲文学奖二等奖,其方言小品《老表退亲》获曹禺戏剧文学奖三等奖。2005年始,吴健安每年都有1篇以上报告文学作品见诸国家级报刊。2007 年,其作品《穿越时空的突围》获《报告文学》杂志社“华西杯”建设社会主义新农村报告文学三等奖。刘志文先后发表中篇小说作品《散落的珍珠》《神龙飞腾》、长篇小说《云梦》、文学作品综合集《无边的思绪》。1994 年,彭金安的作品《放心吧,二哥》在《羊城晚报》上发表,并获《羊城晚报》征文三等奖。2007 年,丁安辉的长篇特写作品《关键时刻》获第七届丁玲文学奖。2008 年,何俊的作品《燃烧的汶川》获中国散文学会主办的“华夏情”全国征文一等奖;2009 年,其作品《洞庭峭壁》获中国散文学会主办的全国散文作家论坛征文大赛二等奖。2009 年,万晓红的作品《凤凰印象》在《诗刊》第三期上发表。

四 文艺创作队伍

随着文艺事业快速发展,县内文艺创作队伍不断壮大。至 2009 年,有县作协会员 356 人(含团体会员 300 人)、深柳诗社会员 103 人、音乐家协会会员 88 人、书法协会会员 83 人,另有县作协指导下的县、乡办中学文艺创作队伍。

县级文艺协会会员队伍中,有中国散文学会会员 4 人,中国戏剧文学学会会员 1 人、中华诗词学会会员 21 人、省作协会员 12 人、省书法协会会员 7 人、省音乐家协会会员 6 人、省诗词学会会员 27 人。

五 文艺协会

(一)县作家协会

2003 年 6 月,县内的省作协会员李寿兆、韩霆、李世俊等牵头成立县作协。选举理事 18 名,主席李寿兆(法定代表人),副主席何俊、张健、王锐。此后,先后增选韩霆、李学文、周德春、胡国才、杨敏为副主席。

县作协坚持与企业“联姻”,文学为企业服务,企业资助文学事业发展,形成了良性互动,组织会员开展文学创作,逐渐形成了庞大的创作群体。县作协每年推荐部分会员参加省、市笔会,推介部分成效显著的会员加入省、市作协。至 2009 年,有省作协会员 12 人、市作协会员 23 人。此外,协会大部分会员以个人名义加入县诗词学会,积极参与各项活动,为安乡创建“中华诗词之乡”做出了贡献。协会还经常组织会员采风,到县内考古重大发现地汤家岗、度家岗、刘弘墓等地参观,到安全、安裕乡等新农村建设试点区采访,到凯斯机械股份有限公司、锦豪棉业公司和土生源农庄等企业考察,丰富创作素材。

县作协成立后,会员公开出版散文、诗歌、小说、随笔、传记、戏曲等文学作品集 43 部,超出前数十年作品的总和,会员每年在全国地市级以上报刊发表作品 300 件以上,许多会员在全国性文学作品大赛中屡屡获奖。协会组织编辑出版的《安乡千年诗歌选》《安乡百年散文选》《安乡优秀小说选》《安乡精美游记选》《安乡文化丛书》《安乡这片厚土》《天南地北安乡人》等系列地方文学书籍,深受广大读者喜爱,颇具影响力。这些出版物,每年由县委、县政府作为精神文化礼品赠送给来县投资的客商和安乡籍在外地工作的各界人士。大型纪念图志《魅力常德》的文学创作部分,显要展示了《安乡文化丛书》。中国散文学会副会长、著名作家王宗仁评价:一个县能出这样厚重的文学类套书,在全国都是罕见的。《常德晚报》特约评论员盛赞:繁荣的安乡文学现象,安乡县作家协会正是安乡繁荣文学现象的推波助澜者。《新月派诗人刘梦苇诞辰 100 周年纪念集》《安乡之恋》《安乡的街》《安乡这个老地方》等作品的出版,是实施群众性文化建设工程的结果,群众性创作活动有了持续动力。定期出版的《潺陵文苑》《书院洲》《深柳诗词》等期刊,为文学作品提供了展示平台。刘菁波创办的《洞庭湖畔》文学网站,吸引了全国乃至全世界文学爱好者的眼球,成为观赏安乡文坛活动的平台。协会在黄山头电视台开辟“潺陵文苑”专题节目,每年播报会员稿件 100 篇以上。

注重校园文学创作指导,引导校园文学社创办校刊。由学生自主创办的校刊,内容新颖,活泼而有生气。县职业中专的《青苹果》文学社多次获省作协和省教科院授予“优秀文学社团”,县三中的校刊《聚萤》获首届全国中小学最佳社刊一等奖,县五中的校刊《清风艺苑》列入中国校园文学社团期刊方阵。县作协李寿兆、李世俊、李章甫、隆中等人深入各县办中学举办文学创作讲座,赠送相关图书,帮助有志于文学创作的青年学生;李世俊选编的《散文精品走廊》《美文选读》《美文导读》等作文辅导系列图书深受中学生欢迎。此举,在校园形成了良好的创作氛围,激发了中学生的创作兴趣,许多文学爱好者迅速成长进步。县职业中专学生易维的散文作品《想家》以原创作品在《散文选刊》上刊登。

(二)深柳诗社

2003年,深柳诗社成立。诗社以老年大学为平台,每年开办诗词讲座6－8期。授课者既有外地诗词界名人,亦有县诗词学会会员,李承武、尹绍安,刘松藩、吴思维、熊兴炎、王镇藩等诗社负责人和会员经常授课,传授、传递诗词创作知识和新信息。同时,诗社共定期出版《深柳诗词》6期,为县内诗歌艺术的普及,提高诗词创作水平起到了重要作用。

诗社经常组织会员外出采风,与外地诗社交流经验,扩大视野。2006年,在创建"中华诗词之乡"活动中,诗社骨干到学校、社区、机关单位,搭"歌台"、传"诗教",普及诗词创作知识,掀起了群众性创作热潮,为安乡争得了"中华诗词之乡"荣誉。诗社成员罗贻森等人组建黄山诗社,编印的《黄山樵唱》《虎渡放歌》等诗集在湘鄂边界广为流传。

(三)县书法协会

县书法协会凭借《安乡书画报》平台,经常开展各种学习、交流活动,并配合重大节日组织书画大赛、展览,从中发现、培养书画新秀。

县内的书法、美术作品创作成就显著。有28件书画作品在省级以上大赛中入选或获奖,其中曾广寿的3件作品在全国大赛中分获金奖、二等奖、优秀奖。1990年,章绍君的漫画作品《检查流水线》在《经济日报》发表并被《新华文摘》转载。熊长青的美术作品《战洪图》镌刻在常德诗墙上,其国画《总设计师》参加2001年7月全省建党80周年美术书法展获优秀奖。2005年,王子恕的书法作品获省老年书法大赛金奖。

(四)县音乐舞蹈家协会

县音乐舞蹈家协会坚持送文艺下乡,经常组织开展各种文艺活动和文艺大赛,发现并培养文艺新秀,推动了县内文艺普及和文艺事业的持续发展。

协会会员有18件音乐、舞蹈作品在省级以上刊物发表或在省级以上大赛中获奖。其中付乐的古筝、赵亚星的二胡演奏分获2004年8月全国"未来之星"少儿艺术声乐、器乐、舞蹈电视大赛金奖和铜奖;熊雅雯、胡曦雨和徐克纯、李克华的古筝演奏分获2009年省"敦煌杯"二等奖、三等奖;彭需梅编舞的舞蹈作品《放鸬鹚》《劈湘莲》分别于1995年2月和1996年10月在中央电视台"地方台30分"转播;谭海、李文豪的二胡演奏获省文化厅举办的"三湘蒲公英器乐大赛"铜奖;夏安邦创作的歌曲《好日子不是梦》《安乡硪歌》分获2006年省优秀创作歌曲金奖、2008年省文化厅优秀创作奖。

国家级报刊发表及大赛获奖文艺作品详情见表55－1－123、表55－2－124。

表 55-1-123

安乡县1990-2009年在国家级报刊发表文艺作品及国家级大赛获奖情况

作品名称	类别	作者	出版(报刊)、演出、组赛单位	时间	奖项	备注
岳阳楼上的思绪	散文	李世俊	《人民日报》(海外版)	1996.04.09	-	
范仲淹的廉	散文	李世俊	《中国政协》第6期	2008	-	
珊珀湖	散文	李世俊	《中国教育报》“家乡美”征文	1994.07.23	-	
茶韵	散文	李寿兆	《中国政协》第6期	2003.11	-	
无影灯下思寄归	散文	李寿兆	-	-	“罗庄杯”全国散文大赛三等奖	
生活中的哲学	散文	李世俊	《工人日报》(副刊)	2009.05.24	-	
洞庭峭壁	散文	何俊	《中国纪检监察报》	2008.04.09	-	
江总书记走进“帐篷派出所”	散文	彭金安	《人民公安报》	1998.09.04	金盾文学特别奖	
永不褪色的雕像	散文	彭金安	《中国教育报》	1991.11.26	-	
捧读长安	散文	李寿兆	全国散文作家征文大赛	2009.01	二等奖	中国散文学会
最后的一课	散文	何俊	《中国少年报》	1998.11.11	-	
夫妻岩情话	散文	李世俊	中国文联	2003	二等奖	入选《中华散文百年精华》
照亮我人生的灯	散文	何俊	中国文联	2009	-	
又见母亲	散文诗	刘春晖	《农民日报》	1994.06.05	-	
血色汶川	散文诗	何俊	《中国劳动保障报》	2008	“虎飒杯”全国大赛三等奖	
出海	散文诗	刘春晖	《青年文摘》	1995.06	-	
鼓浪屿	诗	李万军	《解放军报》	2007	-	
浪淘沙·夕照	词	李承武	《中华诗词》第2期	2006	-	
揭开农行行长失踪之谜	纪实文学	彭金安	《人民公安报》	2001.05.19	-	
大写的公仆	报告文学	何俊	-	1995.07	-	中央政法委主办
情系田野	报告文学	何俊	《人民文学》杂志社	-	优秀奖	
河滩边	小说	何俊	《中国社会报》	2008.03.15	-	
认错	小说	何俊	《中国少年报》	1993.01.13	-	

续表55－1－123

一串金项链	故事	彭金安	《反贪导报》	2002.02.11	–	文化部艺术局、中国书法家协会
书法作品	书法	李大浦	参展、入编《世界华人书画作品精选》	1998.04.14、1999.12	–	镌刻
战洪图	国画	熊长青	常德诗墙	2000.12	–	
检查流水线	漫画	章绍君	《经济日报》、《新华文摘》	1991	–	
老表退亲	方言小品	谌天喜	《小戏小品园地》18期	1998.07	曹禺戏剧文学三等奖	
四老观新村	表演唱	谌天喜	共和国五十周年涉稳作品研讨会	1999	二等奖	中国文联
胡知县“选贤”	民间文学	吴健安	《民间文学》第8期	2006	–	
从此不当小皇帝	曲艺	谌天喜	文化部曲艺作品征文赛	2009	二等奖	
古筝	器乐	付乐	全国“未来之星”少儿艺术声乐、器乐、舞蹈电视大赛	2004.08	金奖	
二胡	器乐	赵亚星	全国“未来之星”少儿艺术声乐、器乐、舞蹈电视大赛		铜奖	中央电视台“地方台30分”转播
放鸬鹚	群舞	彭需梅	市电视台春节晚会	1995	–	
小池	丝弦乐	夏安邦	中国戏剧出版社	1999.01	–	2001年收入湖南中学生音乐乡土教材初中第三册
樊湘莲	舞蹈	彭需梅	市电视台“十月颂歌”晚会	1996	–	中央电视台“地方台30分”转播

安乡县作家协会会员2003-2009年获奖作品情况

表 55-2-124

作品名称	类别	作者	出版(报刊)、演出、组赛单位	时间	奖项	备注
洞庭苇	散文	李寿兆	河南省文联	2003	“中原杯”全国大赛三等奖	
无影灯下思寄归	散文	李寿兆	中国散文学会	2004	“罗庄杯”全国征文大赛三等奖	入选《中华散文百年精华》
夫妻岩情话	散文	李世俊	中国文联	2003	二等奖	
散文世界的三驾马车	散文	李世俊	北京写作学会等	2009	全国散文作家论坛三等奖	
照亮我人生的灯	散文	何俊	中国文联	2009	“美好回忆，盛世华章，我与文联征文”等级奖	
洞庭峭壁	散文	何俊	中国散文学会	2009	新中国成立60周年征文二等奖	
人生絮语	散文	余斌	丁玲文学促进会	2007	第七届丁玲文学优秀奖	
关键时刻	长篇特写	丁安辉	丁玲文学促进会	2007	第七届丁玲文学奖	
秋望	诗歌	韩霆	丁玲文学促进会	2003	第六届丁玲文学三等奖	
月出窗	诗歌集	吴思维	丁玲文学促进会	2007	第七届丁玲文学二等奖	
三小集	戏曲	谌天喜	丁玲文学促进会	2003	第六届丁玲文学三等奖	
从此不当小皇帝	独角戏	谌天喜	文化部艺术中心	2009.12	中华颂全国小戏小品曲艺大赛	文化艺术出版社出版
思想与成功，意志与奋斗，生活与命运	格言	谌天喜	中国大众文学社《纪念改革开放三十周年》有奖征文	2008.12	大众文学百花奖、格言作品优秀奖、金牌	入编《中华名人格言》、《全国优秀格言集》

第三节 戏剧 电影

一 戏剧表演

流行于县内的戏剧历来以湖南花鼓戏为主，还有汉戏、荆河戏、皮影戏等。1958年，县花鼓戏剧团(由1956年来县演出的长沙市艺联楚剧团改编)成立，曾红极一时。后由于录像、电影、电视等新兴艺术市场冲击，戏剧逐渐淡出县内市场。1987年10月，县花鼓戏剧团在窘境中解散。

经济发展带来了文艺复兴。1989年，县政府投入180万元建成安乡大剧院。1990－2009年，大剧院接待文艺演出、服务会议1886场次，每年的春节联欢晚会、节日庆典、专场演出、群众性歌咏会、各类文艺大赛都在此举行。刘晓庆、蒋大为、关牧村、余淑珍、陈汝佳、成方圆、费翔、高胜美、万梓良、温碧霞、安又琪等知名艺术家、歌唱家、歌星先后受邀在此演出。1992年始，先后6次投入144万元，对大剧院进行翻修、改造、更新、扩容。至2009年，大剧院拥有观众席1200个，利用率达到90%以上，其规模、设施等在全市县级剧院中位居前列。

1998年9月，挂牌成立县青年艺术团，面向社会招募有艺术专长的青年，为松散性管理、带实验性质的专业文艺演出团体，隶属县文化局。2004年11月，县青年艺术团正式成立，为专业文艺演出团体，属差额拨款事业单位。2007年，获省文化厅赠送流动舞台车1台。至2009年，有国家三级演员2人、集编导、谱曲、电脑制作、担当主角于一身的多面手4人、地方走红明星5人。1998－2009年，共演出821场、观众逾60万人次，参加省、市会演、调演、比赛18次，获奖16次。2009年，其歌伴舞作品《安乡硪歌》获省水利厅组织的文艺演出大赛二等奖。

二 电影发行放映

县电影发行放映公司辖安乡电影院(2003年停业出租)、潺陵电影院，另有多个农村电影放映队。1990－2009年，县内电影事业发展历经波折。

1990－1993年，是县内电影事业发展的鼎盛期。仅1990年、1991年，放映17365场次、观众595.66万人次，人均观看电影11.3场次。1994年，受歌舞厅、电视、录像、有线电视等多元文化市场冲击，城乡电影市场跌入低谷。为适应市场变化，县电影公司实行内部优化组合、竞争上岗、鼓励停薪留职、自谋职业等一系列改革。电影院由单一的电影放映向电影放映、录像出租、承接会务和经营性演出等多种经营方式发展。1998年，县内启动国家跨世纪农村电影放映“2131(即一村一月一场电影)”工程。2007年，县电影公司加入市农村数字电影院线有限公司，农村公益电影“2131”工程全面启动，实现了由胶片设备放映向全高清数字设备放映的过渡。至2009年，有县级电影院1座、农村电影放映队12个、电影公司直属队1个、数字电影设备10套，放映农村公益电影11043场次、“广场、社区”电影579场次、观众达300万人次。

2006年，县电影公司获市文化工作先进单位、爱国主义教育影片放映先进单位。2007年，获省文化厅湖南省农村数字电影工作先进单位、市文化局电影发行放映目标管理先进单位。2009年，获市农村电影宣传工作先进集体、农村公益电影组织工作先进单位。

第四节 图 书

一 图书发行

20世纪90年代，随着市场经济的不断发展，个体书店应运而生，给县新化书店一般图书销售带来巨大冲击，销售额下滑，原有批发业务亦随之撤销，几乎全靠销售学生课本和教辅用书支撑。1990－1995年，年均销售额约260万元，其中学生课本和教辅用书占80%以上。90年代中期，乡镇供销合作社体制改革，县新华书店与各乡镇供销合作社联合设立的图书发行专柜取消。1992年，县新华书店改为“开架售书”，并坚持购销环节杜绝个体书商贩及非正式出版物，净化了图书市场。1996－2000年，年均销售额约500万元，其中学生课本和教辅用书占70%以上。至21世纪初，个体书店遍及县城区和农村集镇。2007年后，九年义务教育期间学生教材全部免费。至2009年，县新华书店销售图书增加到8000多种，当年销售图书11万册，销售额100万元。

二　图书馆藏与借阅

县图书馆始建于1978年7月，属全额拨款事业单位，隶属县文化局。1991年1月，占地6.8亩、建筑面积1770平方米的新馆大楼落成向社会开放。馆内设采编室、图书外借室、报刊阅览室、少儿阅览室、参考咨询室、辅导部、办公室。担负全县图书情报与文献资料收集、整理、开放、流通、服务和对基层图书馆(室)业务辅导职责，是重要的知识信息枢纽和精神文明建设基地。2009年年末，该馆拆除，县政府投资600万元在原址兴建。

1990年，馆藏图书不足4万册。经历年耗损、清点剔除，加之经费紧张，添置甚少，2004年，虽接收了县新华书店捐赠的7000余册图书，至2009年，馆藏图书仍只有4万余册，其中古旧线装书5440册。珍藏有明版善本《扶轮集》、清初朱印本《玲珑帘词》《潘子全集》和《古今图书集成》等，重点收藏有《安乡县志》《安乡统计年鉴》《安乡文化丛书》《安乡农业科技报》《书院洲》等地方史志、地名录、地方出版物。初步形成了以农副业、淡水珍珠养殖、本地作者作品、地方文献资料、各种工具书为重点的藏书体系。馆藏图书、文献资料按《中国图书馆图书分类法》标引，采用《中华人民共和国国家标准·文献著录总则》著录，设置公务和读者两大类卡片式目录，其下置分类目录和题名目录。为方便读者，除每周一休息外，其余时间开放供读者借阅。2001年后取消休息日，全天候开放供读者借阅。每年为读者办理借阅证100余个，日均接待读者借阅20余人次。

县内农村图书馆(室)曾兴盛一时，几经起落。20世纪80年代，大多数乡镇建立图书馆(室)，黄山头、官垱镇先后建起万册图书馆。至90年代中期，因乡镇财政困难，图书馆(室)大多名存实亡。21世纪后，为服务社会主义新农村建设，改变农民群众“买书难，看书难”现状，国家实施“农家书屋”工程。县图书馆配送5000册图书和一批书柜、桌椅，帮助各乡镇建立“农家书屋”37个、全国文化信息资源共享工程挂牌基层网点230个。

至2009年，县内有学校图书馆(室)108个、总藏书量834868册。县一中图书馆藏书6万余册、报刊200余种，为全县之最；次为县五中图书室，藏书4万余册、报刊100余种。此外，民间个人藏书渐成气候。2001年，评出李承武、丁安辉、毛康模、韩霆、徐瑾、孙高、李世俊、彭建辉等县内八大藏书家，李世俊、徐瑾入选市十大藏书家。

1987年，县图书馆获省少儿图书工作先进单位；1991年被省文化厅评定为省三级图书馆；1994年、1998年获国家文化部授予国家三级图书馆。2007年，聂安红的《浅谈城乡图书馆的发展及信息服务》论文获湖南省洞庭湖区图书工作协作委员会第七届年会三等奖。

第五节　文物　收藏

一　文物保护与管理

1990年，县文物管理所(简称县文管所)成立，为二级事业单位，隶属县文化局，负责全县文物保护与管理。2001－2009年，先后获全市年度目标管理先进单位。

历次文物普查表明，县域共发现古文化遗址44处、古墓群64处。已开始的第三次全国文物普查中，县域又有一批重要古遗址和古墓群被发现。共出土、征集馆藏文物1800余件，其中分别有国家一、二、三级文物17件、21件、63件。古文化遗址涉及年代跨度大，有旧石器、新石器时代和商、周、春秋、战国、汉、晋、南北朝、唐、宋、元、明、清、民国时期等。类型丰富，有部落遗址、城址、窑址、建筑遗址、古墓群、近现代重要革命遗迹等，其中汤家岗、划城岗遗址和南禅湾晋墓群已列为省级文物保护单位，胡衿城、庹家岗遗址和余家屋场墓群已列为市级文物保护单位，还有35处县级文物保护单位，67处一般文物保护点。汤家岗、划城岗遗址和南禅湾晋墓群已申报第七批全国重点文物保护单位,庹家岗、胡衿城遗址和余家屋场、峰堆、七星堆墓群已申报省级文物保护单位。详情见表55－3－125。

县内馆藏文物品类齐全,精品众多。1993年,在上海举办的中国文物精华展中,湖南省参展的8件文物中有5件为县境刘弘墓出土文物,即宣成公金印、镇南将军金印、龙纹金带扣、神兽纹玉樽、龙凤纹玉佩。时任国家文物局局长张德勤在《中国文物精华·图录》前言中赞誉其"传世稀少""未见""代表当时最高工艺水平"。汤家岗遗址发掘成果,被中外报纸、杂志多次报道,并入编大专院校考古专业教材,《湖南省文物志》中亦有明确记载。县境出土的夔龙纹白陶盘、曲折纹彩陶盘、宣成公金印、镇南将军金印、龙纹金带扣、神兽纹玉樽、龙凤纹玉佩、金龙带卡牌等珍品文物多次在国内外展出,现陈列于省博物馆供游人常年观赏。中日合编的《中国博物馆·湖南省博物馆》大型图录其原始社会部分的图片中,部分即为汤家岗出土的文物珍品。2001年,《中国文物报》发表了著名考古学家郭伟民《洞庭湖区汤家岗文化与大溪文化特征的新认识》学术论文,对"汤家岗文化"独立命名,肯定了"汤家岗文化"作为一种典型的考古文化类型的独特地位。

安乡县2009年县级以上文物保护单位

表55－3－125

保护单位名称	地　点	时　代	备　注
狗家堆墓群	黄山林场狗家堆	春秋、战国	县　级
谢公墓及庙址	黄山主峰	南朝	县　级
冲凤峪化石点	黄山林场冲凤峪口	旧石器时代	县　级
郭许家嘴墓群	安障乡沙湖口村	汉、唐、清	县　级
白湖岗墓群	焦圻镇安金村	东汉、宋	县　级
大鲸港墓群	大鲸港、朱家洲间河床	东汉、唐、宋、清	县　级
大鲸港遗址	大鲸港、朱家洲间河床	春秋、东汉、唐、宋	县　级
朱家洲遗址	大鲸港镇朱家洲以北河滩	春秋、东汉、唐、宋	县　级
书院洲墓群	大鲸港大桥附近建材厂西边河滩	东汉、晋至宋	县　级
书院洲遗址	深柳镇原砖厂河滩	战国、东汉	县　级
打鼓台遗址	深柳镇子龙庵村	新石器时代	县　级
蔡家溪墓群	安障乡渔场蔡家溪湖滩	汉至清	县　级
蔡家溪窑址	安障乡渔场蔡家溪西岸	商、东汉	县　级
窑眼头墓群	安障乡王家湾村	汉、唐、宋	县　级
石柱岗墓群	安障乡新剅口村	汉、晋、唐	县　级
瓦碴岗墓群	安障乡车家铺村	汉、晋、唐	县　级
龚家大屋场遗址	安障乡沙湖口村	新石器时代	县　级
白家岗遗址	黄山头镇白家岗村	新石器时代	县　级
白家岗墓群	黄山头镇白家岗村	汉、唐、宋	县　级
栗树岗遗址	黄山头镇长山村	新石器时代	县　级
曾家山墓群	安全乡汤家岗村	晋、南北朝	县　级

续表 55－3－125

邹家场墓群	安全乡汤家岗村	东汉、晋	县 级
一分嘴遗址	黄山头镇明塘湖渔场	商、周	县 级
来龙山墓群	黄山头镇虎山村	战国	县 级
段家屋场墓群	黄山头镇丁堤村	东汉、唐	县 级
黄山头遗址	黄山头镇南禅湾东段	春秋、战国	县 级
学士山墓群	安全乡汤家岗村	晋、元	县 级
潘湘族墓群	安全乡汤家岗村	清	县 级
塔坪堰墓群	安障乡遵保村	宋	县 级
梅儿岗墓群	安障乡遵保村	战国	县 级
黄山岗遗址	安障乡黄山岗村	新石器时代	县 级
下周家屋场墓群	安障乡黄山岗村	战国、汉、晋、唐、宋	县 级
肖家山墓群	安全乡汤家岗村	东汉、唐、宋、清	县 级
峰堆墓群	黄山头镇长峰村	战国、唐	县级、已报省级
七星堆墓群	黄山头镇长峰村	春秋、战国	县级、已报省级
胡衿城遗址	安猷乡子龙庵村	宋	市 级
余家屋场墓群	安障乡沙湖口村	东汉、唐	市级、已报省级
庹家岗遗址	安障乡遵保村	新石器时代	市级、已报省级
汤家岗遗址	安全乡汤家岗村	新石器时代	省级、已报国家级
划城岗遗址	安障乡沙湖口村	新石器时代	省级、已报国家级
南禅湾晋墓群	黄山林场南禅湾	战国、晋、唐	省级、已报国家级

二 文物发掘

2007年10－12月，省考古研究所对县境汤家岗遗址进行第三次发掘，出土了石凿、鹿角、动物残骸、碳化稻谷、彩绘白陶片、瓮装整体婴儿、人头盖骨等大量器物和人类祭祀坑遗址，并发现了制作白陶的白膏泥层，此为全面认识“汤家岗文化”奠定了坚实的实物基础。白膏泥层的发现，进一步佐证了汤家岗作为白陶制作和传播核心区域的重要地位。出土的人头盖骨，是一块6000年前较为完整、独立的人头盖骨，推测是当时被族人杀死用作祭祀。2007年11月30日，《常德日报》《常德晚报》头版头条刊发《6000年前人头盖骨惊现安乡》，报道了汤家岗人头盖骨出土的新闻，震撼全国。环壕土围的发现，填补了国内考古发现从环壕向城壕过渡的空白。

为保护汤家岗古文化遗址第三次发掘现场，2008年始，历时两年建成3座有规模的古文化遗址保护设施。

三 文物研究

丰富的古文化资源，激发了文物工作者的激情。1990－2009年，县内文物工作者在考古专业报刊、杂志上发表专业论文20篇，其中省级4篇、国家级3篇，在《人民日报》及其海外版、《光明日报》及其海外版、《文汇报》和中央人民广播电台等媒体上发表考古通讯文章8篇。详情见表55－4－126。

在第三次全国文物普查中，县文管所在县境已普查130处，新发现古文化遗址、古墓群、近现代重要遗迹和设施22处，整理普查资料30余万字、制作普查单位地形与示意图近300张、拍摄各类照片400

余张、GPS定位仪测点600余处。已普查文物建立了文物调查与数据库管理系统,完成了珍贵文物信息的采集与录入、一般文物与标本的文本采集与录入。

安乡县1990－2009年省级以上报刊文物、考古论文发表情况

表55－4－126

作品名称	作者	发表报刊	时间或刊号	备注
安乡清理西晋刘弘墓	雷明	《中国文物报》	1991年8月	国家文物局
1991年十大考古发现之一——湖南安乡西晋刘弘墓	雷明	《文物》	1993年第12期	国家文物局
中国文物精华(中国文物精华展·安乡部分)	县文管所	《大型国录》	1993年	国家文物局
安乡县余家台汉墓	雷明	《湖南考古辑刊》	第2辑	省考古研究所
安乡县罗祷斋诗墓志	雷明	《湖南考古辑刊》	第4辑	省考古研究所
洞庭湖区古文明的摇篮——汤家岗遗址	程政财 李世俊	《湖南文化遗产》	2008年第6期	省文物局
汤家岗白陶	程政财 李章甫	《湖南文化遗产》	2009年第4期	省文物局

四 民间收藏

新中国成立前,县境水灾频发,县民鲜有收藏。新中国成立后,随着人民生活水平的提高,居所稳定,民间收藏渐趋活跃。2005年1月,由县内收藏爱好者罗成武、安彦、莫春生、齐森、杨利安、江来勇、蹇斯发等自发成立安乡县收藏沙龙。2008年6月,经县文化局、民政局批准成立县收藏协会,有会员58人,涉及瓷器、玉器、钱币、票证、字画、徽章、烟标、邮票、酒器、"文化大革命"物品、铜器、书报等数十个收藏门类,尤以粮票、邮票收藏最具影响。2009年10月,为庆祝国庆60周年,县收藏协会在县城主办为期3天的湘鄂边第八届民间收藏文化展示交流会暨安乡县首届收藏品交流会。湘、鄂两省和甘肃、山西、河南、江西、四川、福建、广东等13省、市收藏爱好者近千人参加。展品丰富,活动影响较大。

县内收藏爱好者除积极参与收藏活动外,还进行收藏理论探讨与研究。1993年,刘广毅的《论邮票的审美特征》获全省优秀论文奖;2000年,其论文《"入世"与集邮》在第七届湘鄂边集邮联谊活动中获集邮论文一等奖。罗成武以邮票、票证收藏见长,是县内收藏名家。2002年,其参展作品在国家粮食局、粮食行业协会组编的《食天留彩》中获一等奖;2003年5月,获全省集邮先进个人;2003年9月,中国收藏家协会主办、市政府承办中国第十二届票证文化展示交流会,其组编的《精美珍奇的湖南粮票》参展并获一等奖;2004年10月,湘鄂边第十届集邮联谊活动中,其组编的《畅游华夏世界遗产》集邮专集参展并获一等奖,同年12月,获省收藏协会授予湖南省收藏家;2005年10月26日,其文章《常德使用最晚的新世纪粮票》在《大众收藏报》上发表,同年12月7日,其散文《太原巧遇〈滨湖日报〉》在《大众收藏报》上发表;2008年,其文章《湖南"三线铁路建设"粮票》在《中国收藏》第10期上发表。

第六节 文化市场管理

一 管理机构

1989年,县文化市场管理委员会(简称县文管委)成立,下设办公室、文化市场管理站、文化市场稽查队。1990年3月,县文化局内设文化市场管理站(简称县文管站)。1993年2月,县文化市场稽查中队成立,挂靠县文管站,两块牌子、一套人马。2003年,县文管站加挂县文化市场稽查队牌子。

二　文化市场清理整顿

20世纪90年代初，桌球、书刊、音像等文化市场逐渐向舞厅、电子游戏、卡拉OK、网吧等新型文化产业转向。1989年，县艺术中心开办县内第一家歌舞厅金曲廊歌舞厅，至2002年发展到8家；电子游戏室由1990年的2家发展到2000年的45家；卡拉OK厅由1990年的2家发展到2003年的38家；网吧由1989年的3家发展到2009年的58家。

自县文管委成立，即开始清理整顿县内文化市场。1990年，收缴黄色小报161份、非法书刊192册。1995年3月至6月中旬，全县开展"扫黄、打非"行动，收缴各类非法书刊60种、3641册、录像带30盒。1990－1999年，开展大规模文化市场清理整顿行动100余次，出动车辆80台次、检查人员683人次，查处电子游戏违规经营活动41起，检查音像制品经营单位400余次、查处违规单位81家，检查书刊经营户403家、查处违规经营户73家、取缔非法经营户57家，收缴录像带2312盒、书刊4364册、非法出版物3482册、处罚30人次。

2000年，取消文化市场管理费收缴，文化市场管理重点是清理整顿文化市场，以稽查为主。2000－2009年，文化市场管理按照"压缩总量、调整结构、规范发展"的原则开展专项整治，清理整顿娱乐、音像、书刊、印刷和网吧市场。2000年，县文管站联合公安、工商等部门全面检查城区娱乐场所，责令20家电子游戏室、2家歌舞厅停业整改，收缴非法教辅读物、教材5000余册、非法光盘、录像带800余张(盒)、违禁电子游戏板20块、大型赌博机2台，查处各类案件8起、行政处罚8人。2004年，开展为期3个月的网吧专项整治行动，查处接纳未成年人及超时经营等违规网吧20家，其中停业整改8家。2004－2009年，开展网吧专项整治行动130次，查处接纳未成年人违规网吧240家(次)，停业整改86家(次)，联合公安、工商等部门取缔"黑网吧"40家，收缴非法图书2000余册，查获非法音像制品、电子出版物1326张(盒)，取缔非法书报摊16个。

第七节　非物质文化遗产保护

2006年，县非物质文化遗产(简称"非遗")保护中心成立，由县文化馆履行职责。2009年，对全县"非遗"全面普查，搜集、整理并出版《安乡县非物质文化遗产资料汇编》，全书约25万字、图片200余幅，建立"非遗"电子资料库和实物展厅。其中《安乡硪歌》已列入第一批省级"非遗"保护项目，确定夏安邦、喻宽美为其传承人；《安乡蚌舞》《安乡跳三鼓》已列入第一、二批市级"非遗"保护项目，确定刘九莲、刘晓芳为《安乡蚌舞》传承人；《虾灯舞》《麒麟舞》《车水歌》《竹马》《采莲船》《花鼓戏》《渔鼓》《赞土地》《鸟形字》《刻铜》《风筝扎制》《焦圻膏药》《鬼节河灯》《丧葬道场》已列入县级"非遗"保护项目。

第五十六章 广播 电视

1974年10月,县革委广播事业管理局成立,1980年7月,更名为县广播事业管理局,1983年12月,更名为县广播电视局(简称县广电局)。1993年3月,与县文化局合并,组建县文化广播局。1994年10月,县文化局析出,复名县广电局,为具有行政管理职能的政府直属事业单位,实行局台(县广播电视台)合一管理体制。2009年,设办公室、计财股、社会事业股、技术装备股、安全保卫股、总编室等工作机构,辖新闻中心、广告公司、播出部、黄山头电视转播台、新广农村数字电视开发有限公司等业务机构,安乡电广宽带信息网络有限公司为与省电广传媒合股经营的股份制单位。

第一节 广播网络建设

一 广播站(室)台

1989年2月,经省广播电视厅批准,成立县人民广播电台(简称县广播电台,其前身为1956年8月建立的县广播站),3月29日正式开播,呼号为安乡县人民广播电台,发射功率50瓦。1995年停播,1999年恢复。后再度停播,2006年恢复。1989年,全县有乡镇广播站21个、村广播室258个,建站率98%,组成了多层次、多渠道、多功能的农村广播网。2009年,全县19个乡镇及所辖村(居)委会均建有广播站(室),建站率100%,覆盖人口58.7万人,综合覆盖率100%,实现了中央、省、市台第一套节目和县级台节目覆盖率四个100%。

二 广播传输及设备

(一)广播传输

1989年始,全县农村广播专线全部采用水泥杆,架设3870公里,其中达到部颁入级专线432公里,安装喇叭1.93万只,其中高音喇叭(含联户喇叭)2700只,低音入户喇叭1.58万只、入户率14.2%。因年久失修,低音喇叭音响率仅10%左右。

1990－1997年,全县20个乡镇建广播电视站,263个村建广播电视放大站,村级广播专杆专线4380公里,高音喇叭2800只、中音联户喇叭1400只,扩大机361台、总功率115千瓦。1991年,安全、安丰、安宏乡和官垱镇共投入40万元,率先实现调频广播发射,解决了乡至村专杆专线维护难度大的困扰。1992－1995年,除城关、大鲸港镇外另14个乡镇投入170万元,实现了调频广播发射。1996年,整顿广播杆线230公里,广播通村率达100%、音响覆盖率达95%。2009年,全县广播专线杆路1339杆公里,喇叭4300只。

(二)广播设备

1987年,县广播站有全套自动化控制设备,其中调频接收机播控桌2台、录音机1台、550瓦扩音机1台、自动化控制桌1台、50瓦调频发射机2台。1990年,县广播电台有调频发射机2台、总功率100瓦。1994年,投入40万元改造调频发射开播系统,新增100瓦调频发射机1台,全县广播收听率由1990年的75%增至96%、广播通村率达到100%。1999年,投入10万元,购置300瓦调频广播发射机和广播电台采、编、播设备,恢复了停播4年的县广播电台,实现了村村通广播。2006年,投入30余万元,再度恢复了停播数年的县广播电台。

1989年,全县乡镇广播站(室)有扩音机340台、总功率110千瓦,调频接收机21台、多功能广播控制台5台、10瓦调频发射机1台。

1991年,全县组织农村广播网建设资金近40万元，新建乡技术用房2个、村技术用房4个，更新设备30台件，新建小调频站2座、标准乡级站房1个，新建、改造标准级站房13个。1993年，新建乡镇调频台4个，总数达到12个，占乡镇总数的63%，农村无线广播呈现良好发展势头。1996年，新增村级广播控制台30台，改造扩音机15台。2009年，建有微波站1座、微波长度35公里，电缆长度697公里，光缆长度96公里，调频发射台和转播台3座、调频发射功率2千瓦。

第二节　电视网络建设

一　电视台

1989年3月，建县电视差转台，发射功率50瓦，六频道发射，覆盖半径12公里，日转播1次，播时4小时，转播中央电视台第二套节目。1990年12月，筹建县有线电视台，次年4月试播，12月经省广播电视厅批准建立，1992年1月正式开播，呼号为湖南有线电视台安乡县分台，开设10个频道，转播9套电视节目，自办1套节目，全天播出10小时。

二　电视传输及设备

1985年，投资38万元，建成县广播电视大楼，建筑面积1380平方米。9月，10瓦彩色电视发射机安装试播，转播湖北省石首电视台第八频道节目，用一频道发射，覆盖半径2公里。

1990年，县电视差转台有彩色电视发射机1台（CDC－Ⅱ50型），47.5米高电视铁塔1座。1991年，投入30万元，建起全省第一个县级有线电视台，当年架设有线电视主干线10公里，有线电视入户3000户，至1997年，有线电视用户达到1.1万户。1993年，投入30万元，建成电视差转台广播电视发射塔与微波工程，塔高85米，9月28日试播，发射覆盖半径70公里。是年，安全乡投入8万元，率先建起有线电视站，当年发展用户126户。1994－1997年，焦圻、下渔口、官垱、三岔河、陈家嘴、黄山头、大鲸港镇和安福、安丰、安康、安生、安宏乡共投入130万元，先后建起有线电视站，发展用户2683户；安德、安裕乡和官垱、黄山头镇建电视差转站。全县农村从单一的有线广播网络逐渐发展为广播电视相结合的多功能网络。1995年，县电视差转台投入70万元，购置500MHz邻频传输有线电视前端设备，配置有线电视用户电脑管理和电脑计费系统，添置100瓦、1000瓦广播电视发射机各1台及广播电视摄、录、编和电视演播厅设备，编辑制作系统日趋完备。1996年10月1日，安生乡有线电视正式开通运行，11月18日，三岔河镇新口村有线电视正式开通。是年，乡镇有线电视新架设主干线18公里，新增有线电视用户1200户，广播电视综合覆盖率达88.8%。1997年，SLTV多路微波工程列入全县“两个文明”建设重点工程，11月，微波发射信号和广播电视网络联网试点成功，通过调幅分米波多路微波发射方式，联网覆盖全县20个乡镇、57万人口，发射频带为600MHz发射，属国内首创。1998年，投入130余万元，建成建筑面积1200平方米的黄山头电广大厦，是为集广播、电视、邮电、通讯发射和娱乐休闲及防汛抗灾、森林防火指挥系统于一体的多功能综合大厦。1999年，先后投入80万元，新架设光缆干线4公里、支十线10公里，对有线电视用户分配网络升级改造，城区有线电视信号传输质量提高，建成有线电视可寻址收费系统，解决了收视费回收难的问题。

2001年，投入46.5万元，更新改造43个村级广播电视网；县广电局出资679.83万元，与省电广传媒股份有限公司合资，组建安乡广达宽带网络股份有限公司，次年4月易名为安乡电广宽带信息网络股份有限公司，其间发展有线电视用户1500余户。2002年，投入330万元，对城区有线电视网络全面升级改造，按照宽带、高速、智能化、数字化的要求，将原有300MB网改造为750MB网，完成前端机房、光缆干线网升级和用户分配网改造，传送节目35套，城区有线电视用户达到1.3万户，有线电视信号传输质量明显提高，同时全面完成了市、县联网工程；修复中断多年的MMDS多路微波系统，开通中四、中五、中六、中八、湖南都市、湖南娱乐6个频道，帮助黄山头、芦林铺乡镇码头有线电视网点安装、调试微波接收设备，解决了多年来县有线电视台节目不能传入乡镇码头有线电视网的问题,并通过黄山头、芦林铺电视转播台、差转台,县有线电视台自办节目有效覆盖全县,广播电视综合覆盖率达到95%;启动农村有线电视“户户通”工程,2004年投入12万元,建成安丰乡有线电视小片网,拉开了有线电视农网开发序幕。2007年,成立县新广农村数字电视开发有限公司。2008年,县城区数字电视整体平移工程完成,有线数字电视网络用户达2.3万余户,农村无线数字电视用户达7000余户,逐步迈入广播电视数字化时代。2009年,完成省下达的83个自然村、2324户、8134人的广播电视“村村通”工程建设。

第三节　广播电视宣传

县广播电台除转播中央、省、市三级广播电台节目外,自办有《新闻早班车》《农村百事通》《体育在线》《信息八爪鱼》《音乐对对碰》《缘分天空》《致富经》等节目。

1990年,县广播电台除完整收转中央台、省台《新闻联播》节目外,自办一套《全县广播站联播节目》和《农业科技》《安乡简讯》《为听众服务》《一周要闻》等栏目,全年组稿3800余篇、播出3400余篇,每天播出2次、每次5 - 10分钟,收听率达80%。1995年,《全县广播站联播节目》更名为《安乡新闻》,设置《农业与科技》《今日澧陵》《城镇建设》《澧陵风采》等专题栏目,自办节目大都采用主持人直播形式。1990 - 1997年,组稿和上送稿件每年递增10%,1997年组稿6200余篇,上送省、市台稿件160篇,其中24篇获市级奖励。1998年,省、市台上稿60篇。2000年,编辑制作的广播专题《庭审开到村里去》、广播文艺《四老观新村》分获市广播电视好新闻二等奖。2002年,在省台上稿40篇、市台上稿246篇、

县电视台辖安乡新闻综合、安乡影视、安乡黄山头、安乡娱乐、安乡文艺等5个频道,在传统栏目《今日视点》《农村天地》基础上,相继推出《卫生与健康》《生育与生活》《政法天地》等有影响的专栏节目,尤以《农村天地》节目,突出本土特色,社会反响良好。全县广播电视覆盖率达到100%。

1991年,试办安乡电视新闻节目,新闻宣传实行“双轨制”,电视新闻节目覆盖城区及周边乡镇。1994年,在全市率先实行局台合一,新闻宣传统一归口管理,推出《安乡新闻》主体栏目和《今日澧陵》《农业科技》等10余个专题,全年组稿5100余篇、播出4800余篇,每天播出3次、每次10 - 15分钟。1996年,开办有《为了国徽尊严》《先锋颂》《辉煌八五》《迎港归》《讲文明、树新风、迎十五大》《今日澧陵》《澧陵风采》《农业科技》等专题节目,全年组稿6000余篇、播出5400余篇,省台采用20余篇、市台采用150余篇,获市级以上奖励30余篇。1997年,全年组稿和省、市台上稿分别比1996年增长8%、8.5%。1998年,组稿9000余篇、播出7840篇。编发抗洪救灾电视新闻1400余篇,编制'98抗洪纪实专题片7部,为中央、省、市台提供图像资料600余分钟,通过微波传送,为各地记者外传新闻资料6000余分钟,传送稿件786篇,省、市台上稿196篇。2001年,电视专题《农村天地》分获省、市广播电视好新闻三等奖、一等奖。2002年,在中央台上稿3篇、省台上稿46篇、市台上稿209篇,实现央视上稿零的突破。

1997年4月,县广播电视台广告文艺部策划,举办“迎香港回归”电视歌手大赛。5月,县委宣传部成立组委会,设后勤、摄像制作、评审组。活动于4月24日开始,受到社会各界高度关注和广泛参与,至5月15日,225人报名参赛,其中有工人、农民、教师、学生、武警战士、干部等社会各界人士。经历初赛、复赛、决赛三个阶段,盛况空前,将全县爱国主义教育活动推向高潮,社会反响良好,受到县委、县政府高度称赞。5月10 - 20日初赛,117名歌手进入复赛;5月20日至6月5日,复赛实况在广播电视节目黄金时间播出,观众评议投票20名歌手进入决赛;6月19日,决赛实况在广播电视节目黄金时间播出,由县公证处公证,虢小平,樊友志、庄金蓉,杨梅、宁慧、黄建平分获一、二、三等奖。

第五十七章　档案　史志

第一节　档　案

1993年3月,县级机构改革中县档案局、县档案馆与县委党史办、县地方志办合并,称县档案馆,为正科级事业机构。1994年10月,党史、地方志工作职能析出,复置县档案局,与县档案馆实行两块牌子、一套人马、合署办公,隶属县委、县政府,归口县委办。2009年,确定为具有行政职能的县委正科级直属事业机构,归口县委办,设办公室、法制业务股、信息管理股等3个工作机构。

一　档案馆藏

2009年,县档案馆存放176个全宗(即立档单位)的85701卷(册)各类档案,其中新中国成立前档案6945卷(明清以前档案6卷、革命历史档案6卷、民国档案6933卷)、新中国成立后档案78756卷,排架长度1285米。保存图书资料等22008册。馆藏总量107709卷(册)。

二　档案馆建设

(一)馆库建设

县档案馆新馆始建于1986年,建筑面积1320平方米,其中馆库面积875平方米。2000－2003年,县财政投入35万元对县档案馆维修改造,并添置相关保管保护设施设备,改造后的档案馆基本符合国家档案管理的要求,但容量狭小的问题未根本解决。

2005年,县人大常委会听取县档案局关于《档案法》贯彻实施专题情况报告并进行审议,当年敦促县财政投入70万元,为县档案馆6个库房添置499立方米的密集架,从根本上解决了县档案馆库容量狭小的问题,档案保管保护条件进一步改善。

(二)功能建设

馆库资源　县直机关和乡镇档案接收及改制企业档案寄存。至2009年,全县机关档案室2000年以前的档案全部接收完毕,大部分乡镇2005年以前的档案移交进馆,共接收文书档案8211卷,改制企业文书、会计档案寄存17125卷。县“三讲办”“先教办”“平建办”“非典指挥部”等重大活动档案全部接收进馆,并征集1998年抗洪抢险珍贵照片86张、“四大家”领导的档案资料76件。收集整理音像、印章档案,共整理照片10册、磁盘、光碟29件、印章756枚。2006年来,抢救整理民国档案654卷。

档案信息和档案信息化　收集、整理了2001年以来的归档电子目录。为适应国家信息化建设和档案事业发展的需要,2003年9月,在国际互联网上建立安乡县档案局(馆)网站,域内档案信息进入国际互联网,并建成局域网,实现了档案信息资源共享。2009年,县档案馆数字化建设工程正式启动,拟定3年内初步建成数字化档案馆。

爱国主义教育基地　2003年10月,在县档案馆建立县级爱国主义教育基地,设立“先辈热血沃澧陵,后人矢志兴安乡”主题教育展室,充分发挥档案信息资源优势,开展爱国主义宣传和教育,“基地”已成为档案部门向全社会主动服务的窗口。

现行文件服务和档案寄存中心　2005年7月,县委、县政府授权县档案局提供现行文件服务,建立现行文件服务中心。县档案馆对全县行政管理单位(或上级机关)制定的未达到进馆期限的具有法律法规性、政策性、关注民生民权的文件接收进馆,向社会提供利用。至2009年,有70个职能部门和单位向现行文件服务中心送交不涉及国家机密、能向社会开放提供利用的文件1305件,为利用者提供了方便。在接收保管现行国有档案的同时,发挥综合档案馆功能,建立档案寄存中心,接受国家机关、企事业单位、社会组织和个人委托,代为保管档案、资料、实物,积极有效地为全社会提供档案管理服务。至2009年,寄存家谱、族谱28卷、书籍249本、照片12张、实物15件等私人档案,寄存28个改制企业档案17125卷(件)。

三　档案行政执法

1987年9月,《中华人民共和国档案法》颁布实施,按照《档案法》和《湖南省档案管理条例》(简称"一法一条例")之规定,县档案局贯彻执行"一法一条例",全县档案事业管理逐步走上法制化轨道。

(一)法规体系

2004年,根据"一法一条例",县委、县政府发出《关于进一步加强新时期档案工作的意见》。2005年10月,档案事业发展纳入全县国民经济和社会发展规划纲要,从根本上解决了全县档案事业发展过程中存在的突出问题,为依法行政和加强档案资源建设、改善档案保管保护条件、落实档案工作人员待遇提供了保障。建立档案行政执法责任制,制定《安乡县档案行政执法制度》《安乡县档案局行政执法责任制实施方案》,按照国家档案局的规定,规范档案行政执法程序和法律文书,推行档案行政执法人员持证上岗、执法资格年检年审、机关档案室档案登记制度。

(二)执法网络

全县各单位成立档案工作领导小组,单位负责人分管、办公室主任主管、档案工作人员具体管的档案管理体制形成。1994年,县档案局、档案馆局馆合一,档案行政管理和执法主体地位强化。至2009年,形成1名执法监督检查员、5名执法员和33名执法联络员的档案行政执法网络。

(三)规范化建设

《湖南省档案工作规范化标准》颁布后,全县档案工作由目标管理向规范化管理发展。2009年,有省特级档案室4个、省一级档案室22个。档案管理措施和手段加强,现代化管理初具规模,有密集架的档案室24个、温湿度自动控制的档案室4个、电子管理的档案室5个。

(四)法制宣传

自《档案法》颁布实施以来,组织了全县《档案法》知识竞赛、"十佳档案员"评选、开办宣传橱窗、发表电视讲话等系列宣传活动,并将《档案法》纳入全县"四五普法"学习内容。

(五)查办违法案件

2000年后,全县档案管理实行年检年审制度。每年的档案工作年检年审,对县直单位、乡镇进行档案行政执法检查,立案查处严重违反《档案法》的行为。共下发整改通知书41份、提出整改意见71条,查处违法案件2件,移交县纪委处理1件,处分副科级以上干部2人,其中行政记过1人、党内警告1人,责令赔偿经济损失5人,赔偿金额5000元。

四　档案整理

档案整理的原则是遵循文件的形成规律,保持文件之间的有机联系,区分不同价值,便于保管和利用。按载体分纸质档案、声像档案、电子公文档案、实物档案等。

(一)纸质档案整理

文书档案　1989－2009年,文书档案的整理方法经历了两次改革。1987－2000年,采用"四分四注意(分年度,注意文件内容针对的时间;分级别,注意本级和上下级、同级文件之间的密切联系;分问题,注意处理好不宜按问题组卷的文件材料;分保管价值,注意立足本机关和维护问题的完整性)"和"六个特征(问题、作者、时间、文件名称、地区、通讯者特征)"方法组卷,档案保管期限为永久、长期、短期。第一次改革(2001－2006年)。2000年国务院先后发布实施的《国家行政机关公文处理办法》《归档文件整理规则》《CAD电子文件光盘存储、归档与档案管理要求》,都是现代机关文件管理和"文档一体化"管理标准的组成内容。根据《归档文件整理规则》,从2001年1月1日起,立档单位对归档文件以"件"

为单位整理，根据年度、保管期限装盒，取消“卷”级整理，“卷”不再作为文书档案的保管和统计单位。归档文件采用“保管期限—年度”分类方法，不再采用文号、级别等其他分类方法，档案保管期限为永久、长期、短期。第二次改革（2007 年始）。2006 年 9 月，国家档案局第八号令《机关文件材料归档范围和文书档案保管期限规定》，对文件材料归档与不归档范围作出明确规定，档案保管期限调整为永久、定期（10 年、30 年）。整理程序为分类—排列—编号—装订（以件为单位）—编目—装盒。

会计档案 1999 年 1 月，财政部、国家档案局修订《会计档案管理办法》，会计档案包括会计凭证、会计账簿、财务报告、其他等四类，对其保管期限作出了相应规定，废止了 1984 年 6 月发布的《会计档案管理办法》。

专业档案 遵循档案整理原则，具体整理原则和方法根据国家档案局与各行业共同制定或各行业自行制定标准进行。

（二）声像档案整理

声像档案是以感光材料、磁性材料等特殊载体构成，具有形象直观性、内容广泛性、记录功能特殊性和客观真实性等特点，须以文字说明作补充。

照片档案 照片文件的底片、照片分开存放。底片的整理方法：鉴定其保管期限（永久、长期、短期）—密级—编号—目录编制。照片的整理方法：分类—排列—编号—入册—单张照片说明的填写—照片说明的位置—组合照片说明的填写—照片卷册的排列—照片文件目录编制。

录音、录像档案 整理方法：分类—编号—文字说明—目录编制。

声像档案的保管与保护 温湿度要求：温度 15℃－25℃、相对湿度 45%－60%；防光、防尘、防磁；定期复制、转绕。

（三）电子公文档案整理

电子公文档案的整理是指按照一定的原则和方法，将收集积累的电子公文分门别类清理，为归档做好准备。其内容包括：对电子公文分类、排序和组合（盘）；建立数据库。电子公文形成单位，须将具有永久和长期保存价值的电子公文制成纸质公文与原电子公文的存储载体一同归档，并进行科学系统地编目，使两者建立互联。

（四）实物档案整理

立档单位在其职能活动中直接形成、获得接受、赠送或者汇集的以实物为载体的具有长远保存利用价值的实物均应归档。其收集范围：立档单位获得的具有保存价值的各种证书、奖状、锦旗、奖杯、奖章、匾额等；立档单位举办或承办重大活动形成的具有保存价值的凭证性实物，如活动标志、证件、证书、组织机构印章等；立档单位已停止使用的印信（旧印章、印模、徽标等）；其他具有重要保存价值的实物。归档实物以件为单位（一般每件实物为一件）进行鉴定—分类—排列—编号—著录—上架。归档实物的保管期限一般划为永久，其他无永久保存价值的实物由立档单位造册保管若干年后自行处理。

五 档案利用

（一）档案的开放鉴定

根据《档案法》《〈档案法〉实施办法》《湖南省档案管理条例》规定，经鉴定，馆藏档案一般自形成之日起满 30 年向社会开放，涉及国际、外交、公安、国家安全等国家重大利益的档案，自形成之日起满 50 年向社会开放。至 2009 年，县档案馆共向社会开放 89 个全宗的档案 17554 卷，其中新中国成立前 6 个全宗、6933 卷，新中国成立后 83 个全宗、10621 卷。

（二）服务现实

关注民生、维护社会稳定、构建和谐安乡，是县委、县政府的工作重点。在服务现实中，档案的作用不可替代。县档案馆提供各类档案及现行文件，为下乡知青参保、更换身份证证明身份、纠正企业待退休人员年龄误差、农牧职工参保证实身份、编史修志及日常工作查考等提供了合法有效依据。1989－2008 年，接待利用者 8356 人次，提供利用档案 33950 卷（册）。详情见表 57－1－127。

安乡县档案馆1989-2008年档案利用情况

表57-1-127 单位:人次、卷(册)

年度＼项目	利用人数	提供档案数	年度＼项目	利用人数	提供档案数
1989	1108	7926	1999	115	479
1990	1810	4647	2000	129	446
1991	665	2958	2001	138	601
1992	544	625	2002	172	863
1993	68	277	2003	253	974
1994	152	428	2004	205	979
1995	279	747	2005	191	776
1996	384	1953	2006	492	1444
1997	363	2045	2007	674	2179
1998	119	753	2008	495	2850

六　档案编研

1989-1995年间,编辑内部期刊《安乡档案》;1991年,编写《安乡县档案馆介绍》,约0.4万字;1994年,编纂出版《安乡县名人录》,28万字;1995年,编纂出版《今古安乡》,17万字;1996年,编写《安乡县档案馆指南》,10万字;1997年,编纂出版《安乡荣誉册》,4.8万字。其编纂出版的资料,充分发挥了档案载体信息功能,为服务社会、服务现实和工作查考发挥了重要作用。

第二节　党史　方志

1981年7月,设立中共安乡县委党史资料征集办公室(简称县委党史办),隶属县委,归口县委办,负责县域中共地方史资料征集、整理、研究、利用工作。1986年4月,组建安乡县志编纂委员会办公室,7月29日正式成立,隶属县政府,负责社会主义时期《安乡县志》的编修。1993年3月,党史、地方志工作职能并入县档案馆,1994年10月,党史、地方志工作职能从县档案馆析出,复置县委党史办,与县地方志编纂委员会办公室(2002年易名为县人民政府地方志办公室,简称县地方志办)两块牌子、一套人马、合署办公,对外称县委党史办。2001年、2008年,获全市党史工作先进单位;1996年、2002年,获全省党史宣传工作先进单位。

一　党史资料征编

党史工作以史料征集为基础,以服务现实、服务工作为目的,发挥其“存史、资政、育人”功能,对全社会进行爱国主义和革命传统教育。

1990-2009年间,县委党史办利用新民主主义革命和社会主义建设时期党史资料(含党史人物)征集成果,系统整理党史资料560余万字、图片、照片1200余张。为中央党史研究室组织编写《人民英雄大典》提供陶季玉、刘国富、颜昌颐、邱育之、周小康、刘子刚、赵开强、李建国等人物传记资料;为省委党史研究室编辑《湖南改革开放二十年》《二十世纪湖南人物》《情满三湘》《闪光的足迹》《三湘之最》和市委党史办征编《常德市大事记》《辉煌岁月》《我看这三十年》《常德五十年回顾》《往事如歌》等书籍组稿,撰稿10余万字;先后出版发行《安乡县名人录》《中共安乡县党史大事记》《中国共产党安乡县组织史资料》《春秋见证》,共210万字、6.2万册。1990年始,着手收录、征集党和国家领导人江泽民、温家宝、李瑞环、朱镕基、邹家华、田纪云、廖汉生、陈慕华、王光英、钱正英、华国锋等到县考察的相关资料;

向省、市党史部门撰写上报县内农田水利基本建设、"文化大革命"、工业发展、农业产业化发展等近2万字的专题资料。2005年，根据省、市党史部门要求，制订《安乡县党史工作"十一五"规划》，其主要任务是编纂出版《中国共产党安乡历史》系列书籍。2006年6月，《中国共产党安乡历史（1921－1949）》第一卷出版发行。同时收集了30余万字的专题资料和回忆录，着手《中国共产党安乡历史（1949－1978）》第二卷的编纂工作（已于2011年6月出版发行）。

历年来，县委党史办工作人员到县直单位、乡镇及县委党校、中小学校为党员干部、建党对象、青少年宣讲地方党史和普及党史知识80余场次，听众3.5万人；举办党史展览、墙报和广播、电视讲座30余次；为落实和处理中共地下党员恢复党籍、追认烈士、抚恤等历史遗留问题，提供30余万字的相关资料，有32人落实了政策；开展申报革命老区县工作，调查并提供充分的证据，1990年6月，省民政厅确认安乡为革命老区县。

二　方志年鉴编修

（一）方志编修

1986年，启动首部新编《安乡县志》编纂工作，历时8年，至1994年完成出版发行，经历了四个阶段。

初稿编写阶段（1990年）。通过资料收集、整理、编纂，形成130万字的初稿；初稿修改阶段（1991年）。通过对初稿的自审、修改，形成100万字的修改稿；总纂、评审阶段（1992年）。5月，完成75万字的送审稿；6月中旬，召开志稿评议会评审，省、市方志委领导、县历届党政领导和省、市、县（区）修志专家138人参加评审，对《安乡县志》稿给予了充分肯定，并提出许多参考意见。1993年3月，县级机构改革中地方志工作职能并入县档案馆，此项工作曾中断；修订、出版阶段（1994年）。5月，编纂工作恢复；7月，完成定稿。经省、市方志委终审，10月，由新华出版社出版发行。

《安乡县志》采用章节体，在编纂过程中，其篇目经历过三次大调整。初为大篇结构，设地理、经济、政治、文化、乡土民情、人物6个部类、41章；1990年改为中篇结构，设地理、政治、经济建设、概貌、农业、水利、农机、工业、交通、邮电、商业、财政·金融、文化、人口、乡土民情、人物16个部类、71章；1992年改为"形似大篇，实为小篇"结构，设地理环境、政治军事、经济建设、文化社会、古今人物5个部类、60章，统辖所记大事，以一事一章为原则，顺次排列，统一标码，前冠《概述》《大事记》，后置《附录》，共107万字。新华出版社称：该书内容充实，繁简适度，文笔简练，对历史的看法比较客观，有的篇章（如风土民情）可读性较强。1995年，《安乡县志》参加湖南省第三届地方志优秀成果评比获一等奖。

2008年4月，根据国务院《地方志工作条例》和国务院办公厅《关于进一步加强地方志编纂工作的通知》、省委、省政府办公厅《关于续修省、市、县三级志书的通知》，县政府启动《安乡县志（1989－2009）》续修工作，上限从上部志书下限始，下限至2009年。在编修过程中，吸收和利用首届修志成果，集思广益，博采众长。其篇目设区域概况、政治·军事、经济、文化·社会、乡镇简况、人物6个部类、64章，前冠《概述》《大事记》，后置《附录》，约120万字，该志稿正在编纂之中。

2004－2005年，对清乾隆十三年纂修、光绪六年补刻本的《安乡县志》，完成《清乾隆安乡县志校注》，全书53万字，2005年10月出版发行。此外，历年来指导县直相关部门、单位编纂出版部门志20余部。

（二）年鉴编修

《安乡年鉴》的编纂，由县委领导、县政府主持、县地方志办承办，是一部知识、信息密集并具综合性、实用性、权威性的大型工具书，按"一届政府一鉴"的原则编纂。1998年、2003年，分别召开《安乡年鉴（1990－1997）》和《安乡年鉴（1998－2002）》编纂工作动员大会，启动《安乡年鉴》编纂工作。《安乡年鉴（1990－1997）》采用条目式结构，设特载、专文、大事记、综述、政治、法制、军事、经济管理、财政·税务、金融·保险、工业、农·林·水、交通·邮电、城市建设·环境保护、商业·内外贸、乡镇企业、科学技术、教育、文化·新闻·卫生·体育、乡镇、人物、文件选辑、企业事业单位选介、统计资料24个部类、

121个分目、700余个条目,全书88万字、彩色插页28个、照片300幅,1998年6月印刷出版。《安乡年鉴(1998－2002)》亦采用条目式结构,设特载、专文、大事记、综述、政党、人大、政府、政协、群众团体、法制、军事、经济管理、农业、工业、民营经济、城市建设·环保、交通·邮电、贸易、财政·税务、金融·保险、科学技术、教育、文化·新闻·卫生·体育、乡镇、人物、文件选辑、统计资料27个部类,全书80万字、彩色插页28个、照片280幅,2003年6月印刷出版。

三　其他著述

1998年,县境遭遇特大洪涝灾害,为全面展现全县人民抗洪救灾的宏伟业绩,县委党史办编纂出版《安乡保卫战》。该书由序言、综述、特载、专文、大事记、新闻报道、抗洪总结、英雄事迹、经验教训、雨情·水情·险情等10部分组成,记载了广大干部群众、人民解放军指战员、武警官兵、政法干警奋战80多个日日夜夜,为保卫安乡、保卫湖南北大门展开的一系列抗洪救灾重大战役。全书搜集、整理、撰写文稿250余篇、66万字、图片157幅。1999年6月,由湖南人民出版社出版发行,并获市“五个一工程”二等奖。

第五十八章　体　育

1993年3月，县体育运动委员会（简称县体委）与县教委合计，组建县教育体育局。1994年10月，县体委析出。2002年4月，县体委更名为县体育局，属县政府直属事业机构。设办公室、产业股、法规股、政工股和青少年业余体校。1997－2002年，有400米标准田径场、足球场、篮球场、排球场、室内田径训练房、露天游泳池、门球场等设施，体育活动场地50亩。至2008年，全县有标准体育场1座、760平方米羽毛球馆1座、游泳馆1座、排球场108个、篮球场106个、250米环形田径场29个、门球场3个、健身房3个、2000平方米钓鱼池1个。此后，县政府投入3000万元，在县一中校园内新建1座建筑面积7000余平方米，能承办国家级大型赛事的综合性体育馆。县政府加大体育事业投入，开展创建"乒乓球之乡"活动，群众体育、学校体育、特色体育与竞技体育协调发展，体育事业、体育产业发展迅速。

第一节　群众体育

县内群众体育运动历史悠久，涉及范围广，参与人数众多，形式丰富，排球、篮球、羽毛球、门球、舞狮、舞龙、太极拳、广场舞、腰鼓等体育活动人口达30%以上。1990－1997年，以工会组织和协会组织为骨干，群众体育广泛开展，建立了待业体协、厂矿基层体协、老年体协、农民体协和重点项目体协等8个协会。相继举办安乡县武术交流大会、'96安乡县邮电职工篮球赛、'96安乡官垱镇农民运动会、'97迎港归天龙杯乒乓球大赛、'97老年人综合性运动会，并组建老年人门球队、乒乓球队，职工围棋队、桥牌队、排球队，农民自行车队，民间武术队，参加省、市级比赛获金牌2枚、银牌5枚、铜牌7枚。2007年始，以创建"乒乓球之乡"为重点，带动群众性体育活动开展，举办各类全民健身活动84次，100余支队伍、5万余人次参加。其中篮球赛4次、太极拳赛3次、门球赛7次、群众性大型健身活动展演3次、长跑赛3次、羽毛球赛3次、钓鱼赛10次、象棋赛4次。安全乡和下渔口、焦圻、官垱镇等乡镇每年开展农民运动赛事。步行街、体育场、和平休闲街、信用社、城关防洪大堤和天海、嘉德、铁人健身俱乐部等处成为群众自觉开展健身活动的场所。

为贯彻落实《全民健身条例》，1997年始，全县乡镇和大部分县直单位、学校、工厂、企业、社区成立全民健身工作领导小组。至2009年，群众体育指导队伍不断壮大，太极拳、舞龙、舞狮、拔河比赛等传统项目和健美操、广场舞等新兴体育健身活动正逐渐走进机关、学校、工厂、企业、社区。全县共举办官垱农民运动会五届，象棋、围棋大奖赛、老年人门球赛、乒乓球赛、职工篮球赛、排球赛及各类群众性体育活动100余次，参加全国、省、市各项群众体育竞赛40余次，常年坚持体育锻炼的人数占全县总人口数的20%，通过全县国民体质抽查测试，总体水平较前五年提高，特别是老年人体质明显增强。新成立和巩固各种体育协会11个，其中县老年体协成立26年来，多次获省、市老年体育工作先进集体并在省、市级各类赛事中获奖。官垱、下渔口镇和安康、安福乡先后获全国、全省体育先进乡镇。县房管局、工商局、人民医院等单位获全市群众体育先进单位。安乡多次获全省全民健身先进单位，2009年，获全国群众体育工作先进单位。

第二节　学校体育

学校体育工作重点是贯彻和实施《学校体育工作条例》《国家体育锻炼标准》，全面提高学生身体素质，掌握体育基本技能与基本技术。

1990－1997年，全县达到中小学合格标准55480人，向上输送体育后备人才38人，其中省体操二队3人、省体校4人、体育高校24人。达国家运动员等级标准220人,其中健将级1人、一级4人、二级28人、三级187人。常年坚持“两课、两操、两活动”,每年举办小学生田径运动会和中小学生排球运动会。通过体育教师培训、体育教学比武等,提高了体育课及业余训练质量。2008年,具有国家级裁判员资格1人、国家一级裁判员资格10人、国家二级裁判员资格58人。中小学校均建乒乓球室和篮球、排球、田径场,组建男、女排球队和田径队,大部分学校招录乒乓球教练员,基本做到学生人手一拍,每天坚持乒乓球业余训练。农村学生体育达标合格率88%,城区学生体育达标合格率90%以上。

第三节 特色体育

2007年2月,县委经济工作会议提出创建“乒乓球之乡”,成立创建工作领导小组。2008年,组建县乒乓球协会,出台《安乡县创建“乒乓球之乡”实施方案》及《实施细则》和《考评细则》等系列文件,对全县乡镇、县直单位、民营企业、中小学校及街道社区明确“五个一”工作要求,即成立一个协会、制订一个规划、开辟一个场地、配备一名骨干、组建一支队伍。是年,成功创建市级“乒乓球之乡”。

至2009年,全县乡镇及80%的县直单位建乒乓球室,成立乒乓球协会102个,各单位组建以“一把手”为队长的乒乓球队186支,获省级以上金牌4枚、银牌3枚、市级奖牌7枚,向省级以上专业队输送队员4名。乒乓球活动场地由此前的不足100个发展到400余个,球台不足200张(台)发展到1000余张(台)。两年间,组织举办和承办乒乓球赛事47次、成功承办了2008年市第二届乒乓球赛。在城北小学组建县青少年乒乓球后备人才训练基地,组队参加乒协杯、市五运会青少年乒乓球赛和全省青少年儿童乒乓球赛。先后举办乒乓球辅导员培训班8期,受训骨干500余人次,其中达到三级乒乓球社会体育指导员235人。县财政将创建“乒乓球之乡”经费单列,共投入62万元并引进资金80余万元开展创建工作。县委、县政府聘请乒乓球教练员10名,并解决了其中4人的事业编制。

第四节 业余训练

业余训练按照省体育局提出的“大力改革高级、重点提高中级、巩固完善初级”的训练方针和“调整结构、突出重点、培养精品、形成优势”的训练思路,坚持走“体教结合”的发展道路,形成了县内特色体育项目。乒乓球、田径、排球、摔跤、柔道、武术项目在省、市均取得了较好成绩,处于优势地位。

业余体校实行“两集中一分散(集中生活、集中训练、分散学习)”管理模式。1990年以来,县青少年业余体校培养了一批优秀体育人才,参加市级以上大赛60余次,获国际级比赛奖牌2枚、国家级比赛金牌2枚、省级比赛金牌41枚,打破市级以上纪录41项;为国家培养和输送了一批优秀体育人才,向国家体育运动队输送专业体育人才128名,向省以上体工队输送了谢聪凡、涂明(乒乓球),谭志丹、袁红、邹鹰、张言(柔道),宋章蓉(皮划艇),毕刚(摔跤),张洋、刘洋(武术)等30余名优秀运动员,向市体校输送运动员100余名,在全国、省、市竞技体育比赛中获金牌139枚、银牌51枚、铜牌58枚。

第五节 体育竞赛

1989－2009年,县内组队参加市级以上各类体育竞赛获多项殊荣。

河北永年国际太极拳锦标赛第二名(1999年);河南焦作国际太极拳锦标赛一等奖(2000年)。

全国青少年田径分组赛奖牌18枚(1989年);全国“庐山杯”门球邀请赛第三名(1999年);中国常德首届龙舟赛三等奖、全国“庐山杯”老年门球赛第一名、全国南北狮王争霸赛第四名(2000年)。

省七运会金牌11枚(1990年);省八运会奖牌4枚(1996年);省、市青少年田径运动会奖牌9枚(1997年);省首届大众体育运动会舞狮比赛第二名(1998年),省第二届农民运动会舞狮比赛第一名、省第三届青少年运动会柔道比赛第一名、省桥牌比赛第三名(1999年);省健身球比赛二等奖(2000

年)；湘鄂边老年人门球赛第三名(2001 年)；省九运会金牌 1 枚、银牌 6 枚、铜牌 4 枚(2002 年)；“柳叶湖”杯湖南泛洞庭湖龙舟争霸赛优胜奖(2006 年)；省第八届少儿国际标准舞蹈大赛金牌 6 枚(2007 年)。

市首届运动会奖牌 39 枚(1989 年)；市老年人门球赛第三名(1995 年)；市老年门球锦标赛金牌 1 枚(1997 年)；市老年人乒乓球比赛团体第三名、市首届职工男子篮球赛组织奖、市老年象棋比赛团体第六名、市老年人钓鱼比赛个人第一名、团体第二名(1998 年)；市老年人门球比赛第三名、市农民趣味体育选拨赛金牌 2 枚(1999 年)；市老年象棋比赛第一名(2000 年)；市老年人门球赛第一名、市农村老年人门球赛第四名、市三运会团体总分第五名(2001 年)；市老年人门球赛第一名(2002 年)；市四运会体育道德风尚奖、金牌 23.2 枚、市第四届农村老年人门球赛第一名(2005 年)；市青少年田径赛金牌 12 枚、银牌 5 枚、铜牌 3 枚(2007 年)；市青少年田径赛金牌 7 枚、银牌 3 枚、铜牌 4 枚(2008 年)；市五运会金牌 21.8 枚(2009 年)。

获省级体育竞赛金牌详情见表 58－1－128。

安乡县 2003－2009 年省级体育竞赛金牌榜

表 58－1－128

姓　名	性别	运　动　会　名　称	组别	参　赛　项　目
刘青青	女	2005 年省青少年射击比赛	乙	气步枪 40 发(393 环)
刘青青	女	2005 年省青少年射击比赛	乙	气步枪 40 发团体
刘青青	女	2006 年省十运会	乙	运动步枪卧射团体
刘青青	女	2006 年省十运会	乙	运动步枪 3×20 团体
刘青青	女	2007 年省青少年射击比赛	甲	运动步枪 3×20 团体
刘青青	女	2007 年省青少年射击比赛	甲	气步枪 40 发团体
周　彬	女	2005 年省青少年射击比赛	乙	气手枪 40 发团体
毛　勇	男	2007 年省青少年射击比赛	甲	标准手枪速射(284 环)
毛　勇	男	2008 年省青少年射击比赛	甲	标准手枪速射(279 环)
王　佳	男	2003 年省青少年射击比赛	甲	自选手枪 30 发
唐　童	女	2008 年省青少年乒乓球赛		女子单打
县一中		2006 年省青少年排球比赛		女子排球
谢聪凡	男	2009 年全国“新星杯”青少年乒乓球挑战赛	丙	男子单打第五名

第六节　体育产业

20 世纪 90 年代末始，县内体育产业投入加大，培育体育市场，初步形成有利于体育事业快速发展的市场环境。

1999 年 4 月，县内首次发行即开型中国体育彩票；2001 年 8 月，县体育馆游泳馆竣工开业，同年 12 月，电脑体育彩票在县内正式发行；2002 年 5 月，足球彩票在县内上市，同年 9 月，电脑体育彩票升级，增加两种玩法；2009 年，县内电脑体育彩票销售总额突破 400 万元。

第五十九章　卫　生

1990－2009年间,安乡卫生事业曾一度经历短暂徘徊。20世纪90年代末,按照国家调整后的卫生工作政策,把握各级政府对卫生事业投入逐步增加的形势,调整和改革卫生工作,以农村卫生工作为重点,推行新型农村合作医疗(简称新农合),再度成为全省农村卫生工作先进县。

第一节　机构与队伍

一　机　构

县内医疗卫生机构变化经历了三个时期。20世纪80年代末至90年代初为不稳定期,90年代中期为调整期,21世纪后为稳定发展期。

20世纪80年代末,县卫生职工中专生源逐渐减少,1996年8月停办,1998年12月正式撤销,以原附属医院为基础组建县第二人民医院。2001年,该院在大鲸港大桥西桥头建设1400平方米的门诊楼。2004年,有在职人员64人,其中高级职称1人、中级职称18人、初级职称38人。2008年,在职人员减至24人,其中中级职称7人、初级职称14人。80年代末至90年代初,离院个体行医医务人员增多,部分乡镇卫生院技术力量减少,业务下滑甚至难以为继,但因人、财、物由县卫生局管理,未出现乡镇卫生院解体、私人承包或租赁情况。1998年12月,按照省政府决定,全县乡镇卫生院转体为国有事业单位后,加强卫生院技术力量特别是领导班子调整,调整中心卫生院格局,投入迅速增加,卫生院始走出困境。1999年,投入增至324.29万元(1998年73.67万元),2001－2004年年均维持在170万元－180万元。2005年起,国家、地方财政投入大幅度增加,2008年达到500余万元。2007年,始实施新农合,乡镇卫生院业务量大增,离院医务人员纷纷归队。原安全、陈家嘴中心卫生院调整为官垱、下渔口并新增焦圻中心卫生院,中心卫生院分布为焦圻(县境西北)、官垱(县境东北)、安丰(县境西)、三岔河(县境东)、下渔口(县境南)。2002年5月,县卫生局批准县潺陵医院(城关镇卫生院)加挂县第二人民医院牌子。

2008年,有县人民医院、中医院、第二人民医院、疾控中心、卫生监督所、妇幼保健院、农村合作医疗办、农村改水办等8个县医疗卫生单位;有县潺陵医院和焦圻、官垱、安丰、三岔河、下渔口中心卫生院及黄山头镇、安全乡、安生乡、安昌乡、安障乡、安福乡、安凝乡、大鲸港镇、安裕乡、安猷乡、安康乡、安宏乡、陈家嘴镇、安德乡卫生院等20个乡镇医疗机构。

2006年,县卫生局制发《安乡县村卫生室管理办法》,始对村卫生室进行规范化管理,创建合格村卫生室。2006－2008年,培训乡村医生、村妇幼专干821人次。2008年,对20个乡镇的第一批48个村卫生室按以奖代投方式新建、改造,进一步规范内部设置,提高“三室(诊断室、观察室、治疗室)”分设合格率,256个村卫生室有225个“三室”分设合格、合格率88%,下渔口、安丰、官垱、安猷、三岔河等乡镇的村卫生室全部达到基本标准。

二　队　伍

1989年,全县有卫生工作人员1746人,其中卫生系统1359人、乡村医生222人、个体行医115人、其他50人。2000年,有卫生技术人员1286人,平均每千人口2.23人,低于同期全国平均水平(3.63人),其中高级18人、中级236人、初级997人。2004年,卫生系统实行全员聘用制,部分卫生技术人员或办个体诊所或改行,总量减少。2005年11月,在编卫生技术人员1146人,其中高级25人、中级261人、初级860人,有研究生1人、本科135人、大专303人、中专732人。此后,录用大中专毕业生和聘用人员,卫生技术人员总数增加。2008 年,在编卫生技术人员 1471 人,平均每千人口 2.46 人,其中高级 39 人(正高 1 人)、中级 292 人、初级 876 人,有本科 154 人、大专 344 人、中专及高中 997 人。另有 256 个村卫生室乡村医生 288 人。与 2000 年比较,平均每千人口卫生技术人员数略有增加;技术人员结构有所改善,但高级技术人员仍然较少,特别是乡镇卫生院以初级卫生技术人员为主;大专以上学历人员增加,但乡镇卫生院具有本科、专科学历卫生技术人员比例太小。详情见表 59-1-129。

安乡县 2008 年卫生技术人员情况

表 59-1-129

单位:人

项目/单位	职工人数		学历				技术职称				离退休人员
	合计	卫生技术人员	本科	大专	中专	高中初中	正高	副高	中级	初级	
卫生局机关	24	14	13	9	2	–	–	–	13	4	21
新农合管理办	10	4	3	6	–	1	–	–	3	3	–
红十字会	1	1	–	–	1	–	–	–	1	–	–
改水办	4	–	–	2	–	2	–	–	–	–	2
疾控中心	53	40	4	15	25	9	–	2	14	28	23
卫生监督所	44	29	9	23	9	3	–	–	13	21	–
妇幼保健院	56	47	1	20	28	7	–	3	12	30	7
人民医院	377	308	75	102	137	63	1	29	122	181	135
中医院	156	130	22	39	44	25	–	4	30	88	93
二人民医院	24	19	1	7	11	5	–	–	7	11	20
血防办	105	68	4	24	60	17	–	–	16	52	31
四人民医院	79	59	2	18	45	14	–	–	18	41	43
乡镇卫生院	588	464	20	79	365	124	–	–	43	417	367
合计	1521	1183	154	344	727	270	1	38	292	876	742

第二节 卫生体制改革

一 管理体制改革

1986 年 4 月,省委、省政府发布《关于改革和加强农村卫生工作的决定》,将乡镇卫生院人、财、物"三权"下放给乡镇政府管理。县卫生局在县、乡医疗卫生单位逐步推行院(所、站、校)长负责制,各单位工作决策权、经济管理权、人事调度权逐步下放,由单位领导班子集体决策,重大事项报告县卫生局批准。同时保留了职工人事档案管理权,对卫生院进人的监督权,避免了"三权"完全下放后人事档案遗失、非专业人员充斥卫生院、农村卫生工作难调度的局面,保持了农村卫生网络的基本完整,亦为 20 世纪 90 年代乡镇卫生院管理体制的调整准备了条件。虽乡镇卫生院人事权未完全下放,但仍有部分村干部进入卫生院领导班子或任主要职务,给此后的人事管理留下了后遗症。随后,县卫生局机关始实行岗位责任制,卫生工作逐步量化为各类考核指标,实行平时考核与年终考评,从各单位卫生事业费中提取考核基金,奖励全年考评前三名的单位。

20 世纪 90 年代初,省委、省政府相继发布《关于进一步改革和加强农村卫生工作的决定》《关于改革和加强卫生、血防工作的决定》和《湖南省农村实现“2000年人人享有卫生保健”实施规划》,县委、县政府作出《关于加强和改革我县农村卫生工作的决定》,明确乡镇卫生院实行县乡共管、以县为主的管理体制,逐步扭转农村卫生工作管理的被动局面。县卫生系统特设院(所、站、校)长基金,奖励年终考评前三名的单位。2005年后,考核基金增至5000元,年终考核95分以上为红旗单位,90分以上为先进单位,其“一把手”均推荐县政府记三等功。此举推动了单位内部管理改革,各单位逐步将各项工作分解量化到科室,逐月、逐季考评,根据考评结果决定科室奖金甚至部分工资的发放,调动了职工积极性,促进了业务发展。但部分单位和人员片面追求经济收益,忽视群众利益,大处方、大检查、收受回扣和红包等风气滋生蔓延,产生了不良影响。县卫生局结合医保、农合结算,采取限定人均住院、门诊费用和单病种收费限额等措施,有效地遏制了不良风气。2006年,在全市医药费用大检查中,县人民医院门诊人次均费用97.25元、住院床日平均费用247.14元,县中医院门诊人次均费用89.45元、住院床日平均费用119.18元,均居全市低位。2007年1－11月,县级医院出院病人次均住院费2129元,比市考核指标低471元;乡镇卫生院病人次均住院费947元,比市考核指标低147元。县人民医院、中医院住院床日均费用均居全市同级医院最低位。历经20多年的改革实践,目标管理责任制渗透到卫生管理工作的各个层面。1998年,乡镇卫生院转体为国有事业单位,院长任命权收归县卫生局。2002年,中央、国务院作出《关于进一步加强农村卫生工作的决定》后,乡镇卫生院的人、财、物全部划归县卫生局管理,党组织关系按属地管理原则由乡镇党委管理,为卫生院人事制度改革创造了条件。

二 人事制度改革

(一)单位负责人选任

20世纪80年代中期,在部分乡镇卫生院办民主选举院长试点,一般由县卫生局与乡镇党委商定候选人,交职工民主选举后由卫生局或乡镇党委任命。

1988年,在县人民医院进行院长竞聘试点,由县委组织部、卫生局、医院干职代表组成评委会,按程序对4名竞聘人,李志侠成为全县卫生系统第一位招聘院长,其副职由院长选聘后报县委组织部批准。1998年3月,县中医院职工自发要求民主选举院长,经海选产生的院长因单位工作难度大,于当年8月卸任。2001年底,该院院长由县委调任。2002年初,全县事业单位人事制度改革,县中医院为试点单位之一,民主选举出正、副院长。新班子上任后,改革内部管理机制和分配制度,引进人才和资金,改变服务模式,改善就医环境,实行人员竞聘上岗、优化组合,该院逐步走出困境。该院院长任先奇获全省优秀院长,其事迹在《常德日报》《常德晚报》《湖南日报》上报道。

1993年,安丰卫生院借鉴企业兼并经验,领办安凝卫生院得到县卫生局支持。安丰卫生院院长兼任安凝卫生院院长,全权管理安凝卫生院,安丰卫生院抽调技术骨干、调剂医疗设备和资金,充实安凝卫生院主要科室、改善医疗条件并加强管理,安凝卫生院亦逐步走出困境。2007年8月,县卫生局动员下渔口卫生院领办安宏卫生院,并签订为期三年的领办责任书,仅一年多时间,安宏卫生院走出困境。1995年后,部分乡镇卫生院医疗水平、服务条件不能满足发展需要,业务萎缩,人心不稳,院长或卸任或辞职。县卫生局先后在陈家嘴、下渔口、官垱、安康、安全、安宏、安生、安凝等卫生院采用等额、差额或海选选举院长,此后,陈家嘴、下渔口、官垱等卫生院改变了局面,院长连任。2006年,下渔口卫生院院长温元军获全省优秀卫生院院长,当选县人大代表,被省卫生厅推荐参加第十六届全国优秀乡镇卫生院院长培训班。同年8月,其事迹《为农民健康筑起“防火墙”》在《人民代表报》报道。该院被列为国家初级卫生保健委员会、扶贫工程委员会的农村社区医疗试点单位。

20世纪90年代末至21世纪初,县卫生局选调部分中心卫生院业务能力较强的副院长、科主任充实其他卫生院院长岗位,并将安丰、下渔口、官垱中心卫生院定为卫生院长培训基地。先后有安丰中心卫生院骨干调任安凝、黄山头、安全卫生院院长,焦圻中心卫生院骨干调任安福卫生院院长,三岔河中心卫生院骨干调任安昌卫生院院长，这部分选调的骨干带活了所在的卫生院。2007年4月，县卫生局出台《安乡县乡（镇）卫生院长选拔、任用与管理暂行办法》，规范了卫生院长选拔、管理制度。县直卫生单位正副职的选任，多数经民主推荐，组织考察后任命。副科级以上单位由县委任命，其他单位由县卫生局任命，内部科室负责人由单位领导班子研究决定。

（二）内部人事制度改革

职工聘用制　实行院长负责制后，部分乡镇卫生院院长直接聘用职工，多有落聘职工不满而告状的情况发生。随着《劳动法》颁布实施，职工聘用逐渐规范。相应采取竞聘上岗、优化组合等方式改革用工制度。2001年，县中医院按"三定"方案，选举科室负责人，由科室、职工间进行优化组合，双向选择，竞聘上岗。全院121名在职职工，16人落聘、10人转岗，精简了行政科室人员，人才配置、结构趋于合理和优化。2004年11月，除县第二人民医院外，全县27个医疗卫生单位聘用职工1249人（其中专业技术人员1162人）、待聘13人、停薪留职73人、辞退14人、自动离职6人。至2008年，全县卫生系统职工1521人，聘用1471人、未聘用36人、余作内部退休处理。

职工公开招聘制　1998年始停止招工和系统内干职子女就业安置后，新进人员均公开招聘选用，系统内干职子女就业一律参加用人单位的统一考试考核，在同等条件下优先录用。2007年11月，县卫生局制订《关于加强人事管理工作的暂行规定》，确定医疗卫生单位实行全员聘用制，明确职工聘用的原则和条件，对签订、解除或终止劳动合同、编制、人员管理、人才引进和培训等作出了具体规定。

专业技术职务聘任制　获得专业技术职务任职资格的人员，须由单位聘任才能享受相应的技术职务工资。1994年，县中医院对4名只具有中专学历的资深主治医师高聘为副主任医师。2001年，该院进一步推行低职高聘、高职低聘。此后，其他县直医院仿效。在执行过程中，低职高聘只选择业务能力强、基本无争议的骨干，高职低聘较少。

三　分配制度改革

20世纪80年代后期，始进行乡镇卫生院劳动分配制度改革，依据科室经济收入，以工资部分浮动或全浮动方式为主，亦有科室承包的方式。

80年代后期，县直医院始摸索分配制度改革。1988－1993年，县人民医院实行以经济任务与成本核算为主体的分配模式，实行基本工资（档案工资）＋奖金。奖金按科室业务收入减去成本后按比例提取，行管、后勤人员按全院人平数计发，但奖金封顶，分配差距不大。

90年代，根据相关规定禁止医技科室承包，规范医疗卫生单位分配制度，并纳入全年工作目标管理考核内容。其分配形式一是全浮动分配制。工资全部按经济效益核算，或医生按比例分配、医技科室按盈利提成，或收支平衡、盈利分配，职工工资档差在2－7倍之间。二是部分浮动分配制。将档案工资和政策性补贴之和分为固定、浮动部分，浮动部分占50%－70%，职工工资档差在3.5－11.5倍之间。焦圻卫生院实行50%档案工资＋效益工资，即浮动50%。下渔口卫生院实行级别工资＋20%基本工资（护士加护龄补贴）＋70%效益工资。三是固定工资加奖金。1994－1998年，改为任务、目标、质量管理模式，实行基本工资－133元＋效益工资分配方式，即基本工资浮动133元，效益工资按任务、目标、质量完成情况计算，较好地调动了职工积极性。1999年后进一步完善方案，基本工资浮动提高到380元，效益工资中再提出150元，共530元，到年终按医德医风、安全医疗、岗位责任制和"四满意"综合考评后计发，充分调动了职工积极性。

1993年始，县中医院实行浮动工资制，档案工资浮动30%，固定部分按出勤计发，浮动部分根据任务完成、质量考评、医德医风考评结合科室经济收益核算计发。2001年始，改为考勤工资＋套改工资＋业绩工资＋奖金分配方式。业绩工资按个人业绩减去成本后结合质量考核结果计发，奖金[（业绩工资－已发套改工资）×60%]上不封顶，下不保底，半年兑现一次。2004年，该院职工工资档差最高为6.5倍。此后，废除固定工资制，建立任务质量考核细则，周考核、月汇总，在科室经济核算基础上按任务质量考核结果计发工资和奖金,当年职工工资档差最高为10倍。县防疫站、妇幼保健院皆实行档案工资＋奖金分配方式。1998年前,县防疫站实行平均发放奖金,此后将业务收入分解到科室,超额部分用于奖励,职工奖金档差最高为3.5倍。县妇幼保健院分基本奖金全员平均发放,任务奖金按任务轻重、完成量的大小、技术职称高低与作用发挥及协作、考勤等情况计发,特殊贡献奖由院委会研究决定奖励有重大贡献者。2004年,职工年平均工资1.6万元,档差最高为2.4倍。

四　新型农村合作医疗

1989年、1990年,县卫生局先后对兴办农村合作医疗进行了两次调查。调查表明:农村贫困户约70%是因病致贫,兴办合作医疗受到74%的乡、村干部和农民赞同。1992年3月,县政府作出《关于在全县农村兴办合作医疗保健制度的决定》,提出用3年时间基本普及合作医疗。陈家嘴镇率先试点,随后各乡镇也纷纷试点,但仅有安德、安宏、安昌乡和黄山头、下渔口镇办起了保障水平不高的合作医疗,且因农民积极性不高,基金收缴困难而陆续停办。2003年1月,国务院办公厅转发国家卫生部等部门关于建立新型农村合作医疗制度的意见,新农合在全国部分省市开始试点,凡参合的农民,享受国家和地方政府补贴。

为制定合理的新农合管理制度,2006年下半年,县卫生局组织50余人分组到安全、官垱、下渔口3个乡镇和3个县直医疗单位,调查9个村、27个组、810个农户、2984人和950人次的门诊、1588人的住院费用,测算后起草新农合实施方案。参合农民住院费用起付线和补助比例,分就医医院等级确定:定点乡镇卫生院起付线(下同)100元、补助比例(下同)55%,定点县级一级医院200元、45%,定点县级二级医院300元、45%,定点市级医院800元、30%,定点省级医院1000元、30%,到外地县级以上医院住院治疗费用起付线与县内定点医院一致,补助比例同比下浮5%,非定点医院下浮10%。11月,县委、县政府作出《关于建立新型农村合作医疗制度的决定》,按照"政府牵头、部门负责、自愿参与、多方筹资、县办县管、保障适度"的原则,由政府组织、引导、支持,个人、集体和政府多方筹资,建立以大病统筹为主、设立家庭门诊账户、适当兼顾特殊病种门诊补助的农民医疗互助共济制度,要求各乡镇以户为单位自愿参合的农民达到农业总人口的90%以上。中央财政通过专项转移支付资助参合农民20元/人年,省、市、县财政按6∶2∶2的比例资助20元/人年,个人缴费10元/人年。

此间,县委、县政府召开全县新农合动员大会,新农合工作纳入乡镇年度目标管理考核重要内容,安排奖励基金27万元,对参合率达到80%以上的乡镇予以奖励。从县直单位抽调39名骨干,派驻乡镇指导宣传发动工作,印制《安乡县新型农村合作医疗宣传手册》13万余份发放到农户,县电视台、广播电台进行滚动宣传。乡镇召开乡、村、组负责人动员大会、广播会,组织宣讲团,使政策家喻户晓、人人皆知。县委办、县政府办印发《安乡县新型农村合作医疗实施办法(试行)》,成立县新农合管理委员会、监督委员会和乡镇新农合管理领导小组。农民以户为单位参加新农合,中央和地方财政按缴费人数确定资助额度并划入县新农合基金专用账户。农民应缴纳的个人基金由乡镇政府纳入财政统筹,村委会按农业人口数以户为单位统一收取,在每年11月底前一次性转入县新农合基金专用账户;农村"五保户"、特困户参加新农合应缴纳的个人基金由县民政局负责。是年,37.3万人参合、参合率85.17%。2007年,参合农民住院和门诊补助87710人次、占参合人数的23.37%,补助金额1558万元、资金使用率83%,其中住院补助1385万元、占住院统筹基金的93%,参合农民人均住院医药费用1828.7元、人均补助668元、平均补助36.53%,县级医院住院人次占37.9%、乡镇卫生院住院人次占55.65%。2008年,参合率提高到96.44%,居全省前列,筹资标准提高到80元/人年,其中中央财政补贴40元、省财政补贴18元、市、县财政各补贴6元、农民自付10元。是年,住院和门诊补助121726人次、占参合人数的28.57%,补助金额2665.67万元、占基金总额的80.68%,其中住院补助2167.13万元、占住院统筹基金的87.94%、人均补助880元、平均补助率44.37%、比上年提高7.84%。2009年,443757人参合、参合率99%，个人缴纳基金887万元。

为管好用好新农合基金，县卫生局成立新农合管理办公室，制订《安乡县新型农村合作医疗实施办法（实施细则）》及《定点医疗机构管理暂行办法》，实行定点医疗机构“五查五核实（查证件，核实住院病人身份；查病历，核实用药是否与病情相符；查医嘱，核实药品品种、价格、数量；查输液卡，核实病人输液是否真实；查费用清单，核实各项收费是否符合标准）”、基金使用情况三级公示制、举报制、保证金制和三级考核制。

重点加强定点医院管理。设定定点医疗机构次均住院费用上限，一般乡镇卫生院750元、中心卫生院1000元、县直一级医院1500元、县中医院1800元、县人民医院2300元，超过部分医院自负；实行部分单病种手术治疗最高费用限额和部分单病种定额补助，超过定额部分予以扣款；实行专家评议制，从各医疗单位选聘副主任医师以上医务人员，组成新农合医疗评议专家库，每季末召开专家评议会，对大额医疗费用及单病种超标的病例评议，违规行为通报全县，违规费用全部核减；严把自费比例关，住院自费金额占住院总费用比例一级医院不得超过5%、二级医院不得超过15%；严把药品费用比例关，一级医院药品总费用不得超过住院总费用的60%、二级医院不得超过48%；严把特检、特治阳性率关，CT、彩超等大型检查阳性率要求在70%以上。凡超出规定部分的费用在保证金中扣除。2009年1－5月，县内一级医院次均住院费用921元，96.56%属可报销范围，实际补助率61.58%，二级医院次均住院费用2305元，93.19%属可报销范围，实际补助率53.93%。

随着新农合制度的全面推行和医疗费用的有效控制，基层医疗单位的医疗服务利用率明显提高，94%的参合患者选择在县内定点医院就诊，基本实现了小病不出乡、大病不出县的目标。2007年9月，全省新农合医疗研讨会在县内召开，安乡作经验介绍。2008年3月，在全省卫生工作会议上，县卫生局作《搭建工作平台，规范运行管理，促进新农合制度又好又快发展》典型发言。县内新农合情况多次在《常德日报》《湖南日报》上报道。

第三节　爱国卫生运动

20世纪90年代初始，县委、县政府把开展爱国卫生运动作为提升城市品位，改善居民生活环境和生活质量的主要措施，具体工作内容不断创新。

一　文明卫生创建

1990年，县城关镇建立“一日一小扫，周末一大扫，一月一评比”卫生制度。成立市容市貌整顿领导小组，抽调干部57名，进行四次市容市貌专项整治，拆除有碍市容市貌建筑物478处；组织五次卫生清扫活动，清理卫生死角88处、清除垃圾1100余吨、疏通下水道3200米，维修公厕23座、新建公厕1座、整修垃圾围25个。1991－1993年，农村爱卫工作以“改水改厕”“门前三包”“爱国卫生月”活动为重点，开展季节性活动。清理下水道4400米、新修下水道900米、清理卫生死角50处、清除积存垃圾2600吨。1994－2000年，全面开展文明卫生县城创建工作。县委、县政府先后制发《安乡县爱国卫生管理办法》《安乡县县城市容市貌和环境卫生管理暂行办法》《安乡县县城区交通秩序管理办法》《关于在城区禁止燃放、销售烟花鞭炮的通知》，爱卫工作纳入全县“双文明”建设考核目标，创建项目分解到县建设局、卫生局、环保局等17个单位并签订责任状。1996年始，每年开展文明卫生机关、学校、医疗卫生单位、街道、社区、车站码头、文化娱乐场所、工厂、商场、宾馆旅社餐馆十个系列的评选，评出的“十佳”和“十差”单位在电视台公布，“十佳”单位予以表彰奖励，“十差”单位限期整改并给予经济处罚，各单位考评结果纳入年度“双文明”建设考核指标。1999年始，由5名县级领导分片负责指导社区工作，抽调40余名干部，协助和督查社区“门前三包”、卫生、绿化美化、除“四害”、健康教育等工作，实行“一月一评比，一季一结账，年终奖惩兑现”责任制。1994年、1995年，县内爱卫工作在全市考核中分别排名第四、第二，1996年、1997年、1999年、2000年均排名第一（1998年因溃垸未考核）。2001年，县政府向省爱委会申报省级卫生县城,2002年2月28日获准通过。2002－2004年,爱卫工作以巩固省级卫生县城为主线,完善卫生管理长效机制,每5－8个单位聘请一名“门前三包”员,对责任区24小时保洁,城区环境卫生状况明显改观。2004年始,连续五年年均投入近50万元,完成和平路休闲街、澧陵东路、深柳大道、城南路等10条街道的绿化或绿化升级改造,修建书院广场,新建花坛1000余个,新植广玉兰、樟树等2000余株,新增绿地3万余平方米。

2005年,县委、县政府作出《关于创建国家卫生县城的决定》并制定《安乡县创建国家卫生县城工作实施方案》,按照“政府组织、分级负责、部门协调、全民参与、科学治理、社会监督”的工作方针,成立创建国家卫生县城工作总指挥部,实行一月一调度,一月一结账。2006年,投入50余万元,完成文艺路、五总新街、下东门街、老城区等2万米下水道清淤改造工程;投入30万元,完成城区2000平方米破损路面修补;投入200万元,拆除大鲸港大桥收费站,硬化、绿化大鲸港广场;投入450万元,完成大鲸港东河街改造、健康路路面改造和路灯安装、大鲸港新正街中段改造及亮化;投入150万元,检修城区路灯并进行节能改造,城区亮灯率达到95%;引资80万元,对大鲸港大桥路灯升级改造,铺装和修复深柳大道、洞庭大道、文艺路近6000平方米人行道板;投入600余万元,完成蔡家溪垃圾处理场建设,新建水冲式厕所20座,新置果皮箱510个、巷道垃圾容器137个、8吨压缩垃圾车1台、1.5吨压缩垃圾车6台、8吨垃圾车方斗68个、1.5吨垃圾车桶20个;完成党校沟2300平方米绿化带工程,城区绿地总面积达到40万平方米、人均6.1平方米。是年,卫生保洁、单位及居民区卫生、除“四害”、健康教育等创建工作实行属地管理,以块为主、条块结合的办法,城区107个责任单位的创建工作纳入全县“双文明”建设责任制,由所在社区考核,季度考核排名靠后的单位在电视台曝光,年度考核排名靠后的单位在“双文明”责任制考核时“一票否决”。与城区126个独立院落单位、7000个门店签订“门前三包”协议,聘请“门前三包”管理员50名,对14条主要街道24小时保洁,日清运垃圾150吨。整治城区经营秩序,取缔100余个小酒夜市临时摊担,拆除大市场、深柳大道、洞庭大道等主次干道搭接的雨阳蓬300余个,拆除违规广告牌100余块,取缔出店经营68家、占道经营200家。成立城区“牛皮癣(乱帖的小广告)”清洁公司,专人清除“牛皮癣”。2008年,县城区有省、市园林式单位53家、绿色学校6所、园林式小区3处。是年,获国家卫生县城。

2003年,投入近200万元,搬迁影响县城自来水厂取水点环境的排污电排。2004年始,先后投入近100万元,搬迁影响县城饮用水源质量的拾比佰公司修船厂及2个砂砾码头。2005年,投入250万元,对县城自来水厂取水点上游500米护坡、砌挡土墙,饮用水源环境全面改善。2006年,投入近1200万元,完成县城自来水厂取水点移址工程,自来水出厂水、末梢水达到国家饮用水标准。是年底,关停众鑫、桂华两家制浆造纸企业。2007年3月,关停日银等8家造纸企业,县属重点监管企业排放基本达标,县氮肥厂通过市环保局验收,蔡家溪垃圾处理场通过省环保局环评审批。2006年,投入70余万元,完成21台锅炉烟尘治理,烟控区扩至12.7平方公里,烟控区内37台锅炉、3台窑炉、17台大灶的烟尘排放浓度均在每标立方米250毫克以内,锅炉烟气林格曼黑度在一级以内,窑炉烟气林格曼黑度在二级以内,基本建成合格烟控区。噪声控制区也基本达到相应的环境功能区划要求。

二 除害防病

(一)灭 鼠

1990－1993年,县爱委会统一组织全县的灭鼠工作。城关镇政府负责县城区的灭鼠,县农委负责乡镇的灭鼠保粮,县卫生防疫站负责灭鼠技术指导、灭鼠药物供应与鼠密度测定。1990年,全县投放灭鼠药8万余包,实行春、秋两次统一时间灭鼠,春季鼠密度从28.3%降至6.4%,秋季鼠密度从17.8%降至4.9%。1991年,县城区投放灭鼠药4万余包,鼠密度从19.6%降至5.4%。1992年,按照统一药物、统一配置毒饵、统一投药方法、统一投放时间、统一考核验收和城镇不漏街、街不漏单位、单位不漏户、户不漏室及时间饱和、空间饱和、药量饱和的原则,投入4.5万余元,投放灭鼠药15万余包,鼠密度从12.8%降至4.6%。1994－1997年间,鼠密度再次升高,农村鼠源性疾病回升。县爱委会广泛宣传科学灭鼠知识,增强群众灭鼠意识,单位、居民自发灭鼠。同时,改用敌鼠钠盐、溴敌隆等高效低毒灭鼠药。1994年,鼠密度从37%降至1.9%,获全市灭鼠先进县。1995－1997年,鼠密度均控制在2%以内,钩端螺旋体病(简称钩体病)、流行性出血热等鼠源性疾病得到控制。

1998年7月,县境安造大垸溃决,10余万人栖息在垸堤上,老鼠亦向堤上或邻近乡镇迁移。为防止疫病发生,县爱委会组织50人的除害防病专业队,对灾民聚集点的水源和环境消毒,喷洒"奋斗钠"灭蚊蝇,灾区蚊蝇密度低于国家标准,在灾区近50公里垸堤上投放灭鼠药,灾区无一例鼠源性疾病发生。1999年,县政府制定"十五"除"四害"规划,灭鼠工作由卫生、城建、城关镇、粮食、农业等部门和单位牵头并明确辖区,实行"一票否决"制。2001年,举办灭鼠技术培训班23期、培训950人,县城区培训专(兼)职灭鼠员73人。1999－2004年,共投入灭鼠经费32万余元,治理环境卫生,清除积存垃圾,压缩老鼠繁殖场所,鼠密度均控制在2%以内,2004年仅为1.07%。2005－2008年,完善和新置灭鼠毒饵站1000余个,坚持春秋两季统一灭鼠,年投放鼠药12万包,县城区投药覆盖率100%,鼠密度均控制在2%以内,连续获全市灭鼠先进县。

(二)灭　蟑

2005年,投入10万元在县城区灭蟑螂。4－5月,县爱卫办举办灭蟑培训班4次、培训340余人,购灭蟑药块8.6万支、各种药剂650公斤,组成4个专业队,在城区3.3万户居民、7000余家商店、600余个重点行业和机关单位两次集中圈杀和喷杀蟑螂。7月,经省除"四害"专家委员会和市人大、市爱卫办等联合考核组检查,蟑螂侵害率0.21%、房间大蠊(蟑螂的一种)平均密度1.2只/间、蟑迹侵害率1.07%,均达到国家规定灭蟑先进县标准,获全省灭蟑先进县。2006－2008年,每年组织专业人员对县城区临街7000个门店、126个独立院落单位及公共场所、下水道、垃圾中转站、公厕等重点部位集中灭杀蟑螂,向城区居民发放灭蟑药块,蟑螂侵害率和密度均控制在国家规定标准以内。

三　改水改厕

(一)改　水

1985年,县内始进行农村改水,在乡镇码头推广集中式供水,农村居民户推广手压泵井。至1991年,投入289万元,其中上级拨款20万元,县财政投入、单位、乡镇和群众自筹269万元,建集中式供水工程47处,打手压泵井10752口、大口井35口,延伸供水管网22958米,受益人口27.71万人、占全县农村总人口数的62.1%。1990年5月,获全省农村改水先进县。

1992年4月,安乡被确定为农村改水与环境卫生世界银行(简称世行)贷款项目县。项目总投资1697.93万元,其中世行贷款1198万元,省、市、县三级财政分别配套62.37万元、31.19万元、62.37万元,受益单位和群众自筹344万元。至1998年,先后建成陈家嘴、芦林铺、下渔口、安裕、理兴垱、董家垱、黄山岗、长兴、张九台、官陵湖、唐家铺、大杨树、出口洲、三岔河、大湖口、官垱、北河口等17处集中式供水工程,受益人口10.5万人。1998年,县境遭遇特大洪涝灾害,安造大垸溃决,全县36座较大的改水工程遭受不同程度毁损,1.1万口手压泵井或淤塞或冲毁。10月,联合国儿童基金会、国家爱委会投入120万元及手压泵1000套、一体化净水器3台等物资器材,进行水损工程检修。

2001年6月,国家确定安乡为全国平垸行洪移民建镇试点县,安生、安昌、安宏乡和三岔河、官垱镇为试点乡镇,移民4524户。投入550万元,在移民建镇点建集中式供水工程31处,受益人口2.1万人。至2003年,全县农村改水受益人口29.5万人、占农村总人口数的64.3%,其中自来水受益人口11.5万人、其他改水受益人口18万人。

(二)改　厕

1992年,县城区建水冲式公厕3座,农村建无害化户厕600座。2005年,中央财政补助血吸虫疫区改厕工程,分配县内改厕5000户、补贴150元/户,共75万元。至8月,建成三格式无害化厕所2100座。2006年,国家投入30万元,县内农村改厕1200座。2007年,中央财政补助645.8万元、省财政配套129.16万元,县内15个乡镇、80余个村改厕1.7万座。

四 健康教育

1987年,成立县健康教育所,至1993年,出动宣传车42台次、组织卫生宣传咨询活动51次、举办卫生知识讲座326期、发放卫生知识读本1.1万册。1994年,按照国家《九亿农民健康教育行动》计划,县政府组织"三下乡(广播电视、卫生、科普下乡)"等健康教育活动28次。1995年,文明卫生县城创建工作启动,逐步形成政府领导、多部门合作、全社会参与的健康教育机制,大力普及基本卫生知识,倡导科学、文明、健康的生活方式。全县中小学健康教育开课率95%以上、家庭主妇卫生知识知晓率68%以上、居民卫生行为形成率70%以上。1995－2002年,发放《九亿农民健康教育读本》1万册、《居民健康教育读本》5000册、《抗灾防病知识问答题》1.1万册、健康教育宣传张贴画1万份。在"3·24"全国结核病日、"4·25"全国计划免疫日、"5·5"碘缺乏病日、"5·31"世界无烟日、"9·20"爱牙日、"12·1"世界艾滋病日开展科普一条街宣传,与县电视台联办《卫生与健康》专栏、制作卫生宣传电视专题片15部开展讲座、宣传。

2003年"非典"流行期间,举办县、乡"非典"防治学习班26期、培训3400余人,印发宣传资料55万份、编发简报316期、举办电视讲座15次。2004年,县爱卫办组织编印《生活方式与生命质量》《夫妻生活与生命质量》等健康教育教材,举办健康教育讲习班8场,千余人参加。2005年,举办灭鼠、灭蟑培训班6期,印发灭蟑宣传资料4万余份,县电视台滚动播放灭蟑知识14次。2006－2008年,每周或每月制作健康教育科普宣传片,在县电视台《卫生与健康》专栏播放《小街上的发廊》(艾滋病防治宣传片)、《农村乙肝防治》《预防人畜共患病》《亿万农民健康教育知识》等,每月向县电台、电视台投送健康教育宣传稿件8篇,在县办《新型农民报》开设健康教育专版。2006年,编写《健康教育知识应知应会》,在《新型农民报》上刊发2期共2万份,免费发放到农户;编发《乙肝防治知识》《乙脑防治知识》《疾病防治知识》等宣传单50万份,免费发放到每个家庭。2007年,按照《常德农民健康行活动方案》,编发农民健康教育读本1万册,建设健康教育示范点村20个。2008年,发放手足口病宣传单4.5万份,机关、医疗卫生单位、县城社区陆续建立常年性健康教育宣传栏。2007－2008年,结合创建国家卫生县城,加大健康教育力度,县健康教育所人员、经费、设备得到保障,居民基本卫生知识知晓率、卫生行为形成率分别达到70%和60%以上。

第四节 卫生监督

2003年12月,县疾病控制中心(简称县疾控中心)、县卫生监督所(简称县卫监所)成立,县卫生防疫站(简称县防疫站)卫生监督职能,县卫生行政部门医疗机构监督、医疗从业人员管理职能和县妇幼保健所母婴保健执法职能划入县卫监所。2004年4月,县卫监所正式挂牌,独立运行。乡镇卫生院防疫保健所随之变革为公共卫生服务与管理所,其职能与县卫监所相同。此后,县卫生局陆续制定《安乡县公共卫生管理办法》《安乡县卫生监督管理暂行办法》《安乡县医疗机构执业许可规范》《安乡县乡镇卫生监督工作规范》,规范卫生监督工作。2007年3月,省卫生监督工作会议上,县卫生局作典型发言。是年,县卫监所获全国卫生监督先进集体,成为全省获此殊荣的5家单位之一。

一 食品卫生监督

1993年,《中华人民共和国食品卫生法》颁布后,县防疫站设食品卫生科并配食品卫生监督员,乡镇卫生院配兼职食品卫生检查员,食品生产单位配兼职食品卫生管理员(简称"三员")。至2008年,每年组织"三员"学习、宣传《食品卫生法》和执法程序,对食品生产从业人员进行一次业务培训和健康检查，共培训51798人次、体检55802人次，将150名患有肝炎、结核、皮肤病、伤寒、痢疾（简称“五病”）的从业人员调离岗位；每年开展“十佳”文明卫生餐馆评比和食品卫生执法检查，对啤酒、饮料、白酒、糕点、米粉、冷饮、卤制品等重点消费食品和饮食、副食及食品加工行业卫生进行专项、综合整治73次，检查13580户次、警告并限期整改708户、停业整顿131家，收缴销毁食品11878公斤，处罚金1.09万元；开展大型执法检查78次，检查32474户次、停业整顿177家、限期整改781家，吊销食品卫生许可证1家，收缴销毁变质食品38338公斤，处罚金29506元。

1996年8月，县卫生局、城管委联合开展城区饮食经营单位综合整顿，监督改造炉灶231家、停业整顿34家，餐饮业卫生标准提高。1998年7月，安造大垸溃决后，县防疫站全体卫生监督员上门指导灾民饮水消毒，加强城区餐饮业卫生监督检查，禁止群聚性酒宴。2001年，查处城关农贸市场杨某在笋丝中违法添加“吊白块（次硫酸氢钠甲醛）”，销毁有毒笋丝1.2吨，处罚金5000元并收回已销售笋丝。1993－2001年间，抽检食品185种、合格率96.2%，抽检桶装纯净水8种30批次、合格率86.7%，抽检豆制品98种、合格率88.8%，抽检卤腊制品18种、合格率88.9%。2003年“非典”流行期间，县防疫站加强食品生产经营单位卫生整治和餐饮经营单位公共用具及空气消毒。是年7月，对米粉、豆制品、卤腊制品行业卫生整治，取缔2家、责令停业整顿3家，新建生产布局合理、卫生设施完善、卫生规范基本达标的粉厂、面厂。2004年始，执行卫生部《食品卫生监督量化分级指导标准》。至2006年，对222家单位的食品卫生量化分级，A级30家、B级79家、C级113家，监测各类食品样品1079种、合格率96.6%，抽检餐饮具公共用具消毒效果监测样品5445件、合格率73.1%，收缴销毁过期变质及不符合国家卫生标准的食品14.8吨。2005年，清理不符合要求的食品经营户117户，新办卫生许可证2124户，下达限期整改意见书103份，取缔不合格包装饮用水生产厂家2家，立案9起，督促健康体检1805人、体检率90%，从业人员卫生知识培训1763人、培训率100%，查出“五病”人员42人、调离率100%。2008年，新评量化分级管理单位46家，城区食品卫生量化分级管理率达100%。同年5月、9月，两次对全县学校及周边食品摊点专项整治，检查中小学食堂89家次、学校内部商店91家次、学校周边商店52家次、学校周边饮食摊贩（点）35家次，查获假冒伪劣和“三无”食品183公斤，查处学校食品生产经营违法违规行为12起、提出限期整改意见174条，查处学校周边食品生产经营违法违规行为46起、立案12起，取缔无照、无证食品生产经营摊点15个。2008年，食品抽检合格率为91.7%，比1993年上升26.2%。

二　环境卫生监督

（一）水质监测

县防疫站履行全县水质卫生监测职能。常年监测县城区自来水卫生，两次促成县自来水厂供水工程改造。1994年，在全省饮用水卫生检查中，县自来水公司获先进单位。2003年，县自来水公司二期改造工程完成，对自来水水质“四项指标（感官指标、游离余氯、菌落总数、大肠菌群）”样品检测144个、水质全分析样品6个、监测水质净化剂和涉水产品4个，合格率100%。2005－2006年，抽检县自来水厂水源水样4次、出厂水样37次，合格率100%；抽检管网末梢水122点次、合格118点次，合格率96.7%。2007年，两次专项执法检查县自来水厂，提出整改意见8条，督促其更换取水点和制水过程中的蜂窝斜板、过滤石英砂，两次仲促其清洗净水池，提高了末梢水水质。

2004年，全面调查全县工厂、学校、医院自备水源，登记建卡造册，监测水样18个、合格率42%。对县棉纺织厂发出行政建议书，要求完全分离工业用水和居民生活用水，该厂与县自来水公司协商，铺设自来水管道，确保了该地区居民饮水安全。2005－2007年，抽检纯净水110批次、合格率79.1%。

（二）公共场所卫生监督

1991年，县防疫站聘任经营单位主要负责人为公共场所卫生监督检查员，协助管理公共场所和化妆品卫生。执法检查全县化妆品批发零售单位，查出16家经营严禁销售的品种8个，货值8640元，全部收缴并公开销毁,对情节严重的5家各处罚金2400元;监测35家大、中型公共场所空气质量,包括候车(船)室、医院候诊室、宾馆旅店、茶楼、舞厅、商场、理发美容厅、公共交通工具等,监测覆盖率85%、合格率90%,责令限期整改6家。1995年,组织化妆品经营业主学习《化妆品卫生监督条例》,通过四次不定期突击检查和评议,评选出"化妆品卫生质量信得过单位"2家;预防性设计审查6家新建、改建、扩建的公共场所,红都歌舞厅未经预防性设计审查、未申办卫生许可证擅自开业经营,促其补办相关手续并处罚金5000元。1997年,配合创建文明卫生县城,开展"十佳文明卫生单位"评选活动,对窗口单位、文化娱乐场所、宾馆、美容美发等132家公共场所空气质量监测检查,从业人员体检、卫生知识培训365人,空气质量合格率75%、"五病"调离率100%。1998年,抽检公共卧具、理发刀具、美容美发毛巾样品141件,检测化妆品40件,公共场所空气质量监测28次,合格率86%。2003年,三次专项整治宾馆旅店、文化娱乐、美容美发场所,通报其公共用具及空气消毒监测结果,对违反《公共场所卫生管理条例》的10家经营者,处罚金3700元;两次专项治理整顿流通领域的化妆品卫生质量,收缴不符合卫生标准的化妆品5种、18类、875件并公开销毁。2004－2007年,查处公共卫生违法案件148起。共查出过期变质、假冒伪劣、无卫生许可证批件的化妆品23类、3500瓶,卫生筷、卫生纸等150余件,全部收缴并销毁。

三　职业卫生监督

1989年,卫生部发出《关于农村农药中毒卫生管理办法(试行)的通知》,县内大力宣传、普及农药中毒防护知识,生产性农药中毒事件逐年减少。2001－2003年,生产性农药中毒和服农药自杀542人,较往年明显减少。

1991－1993年,监督、监测全县厂矿企业有毒有害物质场所,监测粉尘样52个、合格率51.43%,噪声样15个,从业人员健康体检125人次,未检出相关职业病。1994－2002年,监测厂矿企业有毒有害物质场所,抽取粉尘样731份、合格率54.97%,噪声样80个,从业人员健康体检774人次,检出职业病1人;监测医疗卫生单位的X光机,督促防护条件不合格单位改造防护环境。1995－1997年,监测相关单位自备应用水源及其建筑的放射性物质。2002年,《职业病防治法》颁布后,对53名厂矿企业负责人进行《职业病防治法》培训,整顿厂矿企业,促其建立劳动卫生档案,对员工进行岗前体检和培训,岗前体检120人、职业工人体检112人。2003年,立案查处粉尘超标、员工未岗前体检的虎山、长山采石场,各处罚金3000元。2006年,职业工人健康体检1521人,未检出相关职业病;对金大地化工、仙桃纸业有限公司等存在职业危害的企业进行职业卫生专项检查,立案2起。

详情见表59－2－130。

安乡县2000－2004年厂矿企业职业病监测情况

表59－2－130　　单位:个、人、%

项目 年度	厂矿数	尘毒作业人数	主要危害	从业体检人数	体检率	查出职业禁忌人数
2000	23	1894	粉尘、噪音等	154	8.13	7
2001	23	1737	粉尘、噪音等	213	12.26	6
2002	23	1934	粉尘、噪音等	222	11.48	8
2003	30	2516	粉尘、噪音等	499	19.8	37
2004	28	2245	粉尘、噪音等	2245	100	58

四　学校卫生监督

1991年4月,县教委、卫生局联合制发《关于切实做好中小学生健康检查和生物制品预防接种工作的通知》,中小学生健康检查和预防接种工作始步入制度化轨道。

1994年3月,县防疫站与县教委协商确定,统一在中小学开展预防接种、口服驱肠虫药和健康体检,每期每生接种疫苗、口服驱肠虫药一次,每年健康体检一次。至2003年,接种乙脑、流脑、甲肝、乙肝、伤寒、钩体病、麻疹疫苗、破伤风类毒素、脊髓灰质炎糖丸9种疫苗150万人份,口服驱肠虫药阿苯达唑150万人次,健康体检10万人次,有效控制了中小学生传染病和肠道寄生虫病发生。

部分年度高考学生体检详情见表59-3-131。

安乡县1996-2004年高考学生体检情况

表59-3-131　单位:人

项目 年度	体检人数	合格人数	视力低下人数	受专业限制人数	不合格人数	乙肝表面抗原	
						阳性人数	%
1996	1526	466	1060	837	0	-	-
1997	1707	414	1239	1050	0	-	-
1998	1983	361	1621	1507	1	-	-
1999	1865	495	1370	1021	1	173	9.2
2000	1824	490	1334	1103	1	176	9.6
2001	2016	215	1801	692	1	141	6.9
2002	2177	315	1865	1631	1	141	6.4
2003	2506	495	2010	935	1	142	5.6
2004	3223	641	2582	2492	0	213	6.6

第五节　传染病预防与控制

一　预防接种

20世纪90年代后,成立县计划免疫协调领导小组,组织和协调全县计划免疫工作。县卫生局成立预防接种异常反应诊断小组,负责处理预防接种异常反应及抗种事故。规范冷链(疫苗运输全程均置于冷藏箱内)运转管理制度,确保生物制品效价可靠,提高计划免疫质量。逢双月11-14日冷链运转,固定疫苗下发日期、地点、接种时间、接种对象,确保接种率95%以上。

1993-2001年,连续对全县4周岁以下儿童进行脊髓灰质炎强化免疫,每轮脊髓灰质炎糖丸投服率均在98%以上。2003-2004年,全面检查4周岁以下儿童糖丸投服情况,补种2万人次。每年按世界卫生组织溶量比例概率方法抽取30个村、210名儿童调查,计划免疫建卡发证率100%,卡介苗、脊髓灰质炎糖丸、百白破、麻疹疫苗(简称"四苗")接种率分别为99.5%、99%、98.6%、98.7%,"四苗"全程覆盖率98.6%。2000年,全县麻疹发病率在10/10万以下、百日咳发病率在30/10万以下、白喉和脊髓灰质炎发病率平均在0.1/10万以下。2004年,全县传染病总发病率降至历史最低,仅101.01/10万。2005年后,新修订的《传染病防治法》增加了法定传染病种数,全县传染病总发病率增至132.17/10万,2006年147.5/10万,2007年190.34/10万,2008年271.06/10万与1994年相近。

二 传染病防控

(一)疟 疾

1989－2002年,县内落实疟疾疫情监测、发热病人血检、搜索残存传染源三项技术措施,发热病人血检88115人次,检出疟原虫176例,全部为间日疟,均全程足量根治。同时,对病人周围人群进行血检、预防服药并用"敌敌畏"灭蚊,加强疫区流入县内人口管理并全部血检,防止输入型疟疾。1994年后无病例报告。2002年11月,经省疾控中心验收,县内消灭了疟疾。2008年,"三热(临床诊断为疟疾发热、疑似疟疾发热和不明原因发热)"病人和疟疾血检3680人份,未发现阳性病人。

(二)病毒性肝炎

1989－1992年,县内出现新中国成立后第二次肝炎大流行,年均发病率143.4/10万,1990年发病率174.7/10万,达到峰值。1989年9月至1990年3月间,县防疫站首次在全县8万名中小学生中进行乙肝疫苗皮内微量接种。1990年5月,随机抽查其中315名学生,由省防疫站病毒实验室用放射免疫法检测乙肝表面抗原、乙肝表面抗体,抗体阳转率84.62%,抗体浓度为419.36mIv/ml。乙肝感染率从接种前的19.23%降至4.81%,证实皮内法与肌注法具有同样效果,且降低费用70%。是年,此项研究成果获县科技进步二等奖。1992年后,大规模开展甲型、乙型肝炎疫苗预防接种。2003年,乙肝疫苗预防接种纳入儿童计划免疫,加之一次性医疗用品广泛使用,饮水卫生状况不断改善,县内肝炎发病率明显下降,2005年后有小幅度回升。

(三)肺结核

肺结核又名结核病,俗称痨病。1989年,省卫生厅认定县内结核病防治、管理登记"双达标"。1990－1994年,县结核病防治机构合并,人员分流,防治工作滑坡,结核病发病率回升。1995年,成立县结核病防治领导小组,防治经费纳入县财政预算,县防疫站成立专业防治机构,乡村防痨网恢复。1995－2004年,县内查出活动性肺结核病人2256例,全部进行规范治疗管理,治愈1699例、占75%,因迁出中断治疗19例、死亡29例,患病率由1990年的1990/10万降至52.34/10万。2005年9月,在6所乡镇中心卫生院建立结核杆菌痰检点。2006－2008年,初诊可疑病人查痰率分别为81.14%、82.93%、88.8%,新发现肺结核病人956例,均纳入全程追踪管理。

(四)麻 疹

20世纪70年代,县内免费为儿童接种麻疹疫苗,至80年代,县内麻疹年发病率降至22.94/10万,病死率从7%降为零。1998年、2000年、2002年无病例报告,2004年后又有散在发病。此后,县内加强麻疹疫苗计划免疫,儿童麻疹疫苗接种率保持在98%以上。2008年10月,县疾控中心对6994人进行麻疹疫苗抗体检测,检出阳性6249人、阳性率89.35%。

(五)脊髓灰质炎

脊髓灰质炎俗称小儿麻痹症,为感染率高、发病率低、病死率低、致残率高的急性传染病。20世纪70年代始,县内对7岁以下儿童投服脊髓灰质炎糖丸,后纳入儿童计划免疫,1987年后无病例报告,达到消灭脊髓灰质炎的目标。2008年10月,县疾控中心对6994人进行脊髓灰质炎疫苗抗体检测,检出阳性6005人、阳性率85.86%。

(六)流行性乙型脑炎

1970年,县内始对7岁以下儿童普种乙型脑炎(简称乙脑)疫苗,1973年后,年接种数稳定在4万－6万人份之间,乙脑发病数明显减少。1973－1994年,年发病数均在两位数以内,最多年份为1981年98例,最少年份为1993年9例。随着居民防蚊条件的改善,乙脑发病率进一步降低。1995年后,年发病数均在个位数以内,2003年无病例报告。2006年后,采用精致乙脑疫苗接种,年接种万余人份。

(七)钩端螺旋体

1993年6－8月,全县钩体病发病622例、农民占91.6%，死亡15例、病死率2.4%，安猷、安生、安昌、安全、安裕等5个乡较为严重。1994年发病89例、死亡2例、病死率2.2%。经大面积灭鼠和钩体病疫苗接种，1995－1998年，年发病均在10例以下，1999年后无病例报告。

（八）艾滋病

艾滋病又名获得性免疫缺陷综合征，2001年，县内报告首例，至2005年11月，共报告艾滋病病人及感染者5例，死亡2例，处于带毒状态2例，均接受中医药治疗，1例因居无定所下落不明。1990年，县内始宣传艾滋病防治知识，并对重点人群进行艾滋病监测。2003年，县防疫站、人民医院先后建立艾滋病初筛实验室。2004年，安乡被列为全省防治艾滋病宣传项目县，每年用于发放宣传资料费用10万元以上。2005年1－3月，对既往有偿献血人群初筛，检测548人，未检出阳性；10月，对“两劳”人员进行抗体初筛，均为阴性。2006－2008年，对“两劳”人员中116名吸毒者初筛，均为阴性。开设VCT（艾滋病自愿咨询检测）门诊，对自愿来VCT门诊的214人初筛，均为阴性。对已掌握的艾滋病带毒者，配合市“红丝带”关爱中心进行中医治疗，由县民政局落实其“四免一关怀”政策。

（九）手足口病

2008年5月初，部分省、市发生手足口病，发病对象主要是儿童，县内亦有病例报告。5月4日，县卫生局召开全县手足口病防控救治工作会议，制定救治工作方案，确定县人民医院为定点救治医院，随后举办两期医疗救治学习班。发病高峰时，从县中医院、三人民医院、四人民医院抽调8名医务人员参与县人民医院的救治工作。至12月上旬，确诊病例291例，除2例仍在住院治疗外，其余均痊愈出院。为配合及时救治，县内提高手足口病住院费用补助标准，共110人获补助金额7.24万元。

三　疫情报告与管理

1989年9月，《中华人民共和国传染病防治法》实施，县内始利用农村三级卫生网，按传染病报告时限和程序逐级上报疫情。

1990－1993年，培训县直医疗卫生单位和乡镇卫生院法定责任疫情报告人，经考试合格上岗。1994－1996年，加强疫情报告的法制管理。1995年，随机抽查县人民医院、中医院和7所乡镇卫生院，疫情漏报率为0.77%。是年，某医院疫情责任报告人迟报疫情，县卫生局根据《传染病防治法》和《〈传染病防治法〉实施细则》，对该医院处以罚款并对疫情责任报告人作出相应组织处理。1997年后，实行疫情报告医疗单位“一把手”责任制，纳入年度责任制考核内容。县防疫站建立传染病报告卡签收、疫情报告考察和疫情漏报调查制度，疫情报告逐渐规范化、法制化。2004年后，县疾控中心逐步开通县、乡医院疫情网络直报，疫情报告更为及时、快捷。2007年、2008年，医院疫情漏报率均在1.5%以下。

第六节　突发公共卫生事件应急处理

20世纪90年代后，县内公共卫生事件应急处理列入县政府重要工作日程，事前制定预案，事发后按预案调度有关部门和单位协同应急处理。1995年，县卫生局制定《蓄洪救灾防病治病工作方案》，此后三年均制定相关应急预案，但此种预案属卫生行政部门单一的预案，若遇重大突发公共卫生事件，有捉襟见肘、不敷应对的局限。1998年，县境遭遇特大洪涝灾害后，县委、县政府对突发性公共卫生事件应急处理更为重视。1999年，成立县卫生防疫大行动指挥部，由县直相关部门负责人组成，县政府领导任指挥长，组建相关工作机构，制定《安乡县预防控制传染病工作预案》和《1999年卫生防疫大行动方案》。2003年，制定《安乡县突发公共卫生事件应急处理预案》，县内突发性公共卫生事件应急处理实现了整体联动、规范有序。

一　突发性水灾救灾防病应急处理

1993年7月，县境洪涝成灾，8月，钩体病在19个乡镇的96个村暴发流行。8月13日，成立县防疫治病领导小组,召开紧急电话会议全县总动员,各乡镇相应成立防病治病领导小组,组织力量防病治病;16日,县直医疗卫生单位抽调87名专业人员分赴疫区指导防治工作。全县接种钩体病疫苗21万余人份,预防服药7万余人次,灭鼠90余万只,搜索治疗病人100余例,至24日,疫情全部控制。此疫发病622例、总发病率112.6/10万,死亡15人、病死率2.4%。

1998年7月,县境安造大垸溃决,10余万名灾民或栖身于大堤,或蜗居于黄山头镇,数十万军民奋战在防洪大堤上,日晒水泡,蚊虫麇集,鼠蛇横行,疫病来袭。县委、县政府迅即组成救灾防病领导小组,统一领导灾区防病抗灾工作。县卫生局组成防病抗疫指挥部,以防病抗疫为中心,全力开展医疗救治和卫生防疫。每天四次在县电视台、黄山头电视差转台专题宣传,各乡镇设宣传牌、宣传栏、咨询台宣传防病抗疫知识,抗洪抢险工地广播全天候滚动播放卫生防病知识,出动宣传车沿防洪大堤、灾民临时安置区广播,发放宣传资料10余万份,群众卫生知识知晓率达到92%。7月28日始,上海市、湖南省、常德市及县内医疗卫生单位派出40支医疗队、16支防疫队共1308人,分赴抗洪抢险堤段、灾民安置点,各乡镇自行组织41支共千余人的巡回医疗队,免费医疗防病。共诊治病人20万人次,接受住院治疗1400余人次,支付住院医疗费用157.8万余元,免费发放420万元的救灾药品,卫生系统支出各种费用60余万元。县卫生局、防疫站出动全体干部职工,3人一组分赴灾民临时安置点,帮助、指导环境和饮水消毒,搭建临时厕所、建取水点、发放消毒药品,对乡、村防疫人员进行消毒方法培训。全县搭建临时厕所600余座,免费发放漂白粉71吨、84消毒液200箱、一片净251箱、万消灵98箱、漂白粉精片40箱、巴氏消毒片25箱、增效“奋斗钠”4箱、“敌敌畏”70箱、净水剂60箱、明矾10吨、灭鼠药8万包,饮水消毒受益灾民9.4万人、县城11.2万人。制订“霍乱防治十大措施”,防止霍乱传入。县卫生、公安、工商、城管、医药、广播电视等部门联合行动,广泛开展爱国卫生运动,加强卫生执法特别是饮食行业卫生执法,禁摆夜市摊担、禁止聚餐、禁卖卤制食品和冷饮;进行拉网式预防服药,实施外来人口入境服药管理;各医院设立肠道门诊,做到逢泻必检,逢疑必查;保证灾民和抗洪军民清洁饮水供应,加强水质、疫情监测和内外环境检测,实行疫情零报告制度(没有发生疫情也要每日报告)。进行大型食品卫生执法12次,查处、销毁不合格食品645公斤,取缔违法生产和销售食品的餐馆、糕点店15家,停业整顿5家;向食品经营单位发放消毒液2000瓶、粘蝇纸500条,抽查各类食品83个品种、覆盖率90%、监测合格率100%。投放预防服药四环素321.85万片、复方新诺明43.35万片,紧急接种钩体病、出血热疫苗35万人份。是年,全县无一例霍乱发生,传染病总发病率控制在140.6/10万以下,大灾之后无大疫。县卫生局局长周章林获卫生部抗洪抢险救灾防病先进个人。

二 突发性重大传染病应急处理

2003年春,全国流行“非典”。4月中旬,县成立防治“非典”指挥部及其工作机构,领导全县人民抗击“非典”。召开县、乡、村各级医疗卫生单位会议100余次,悬挂、张贴防治“非典”宣传标语、横幅5万余条、宣传挂图3000张,发放《非典型肺炎防治手册》3000册,印制《积极防治传染性非典型肺炎》《非典型肺炎防治基本常识》等宣传资料55万份;建立与完善村卫生室—乡镇防保所—县防疫站—县指挥部互联的信息网络;设立黄山头等6个检查站,检查入境车辆2703台次,检查登记入境人员20201人,查出发热病人29名,全部进行隔离观察;加强“三外”人员(外来人员、外出务工人员、出差返乡人员和返乡学生)监控管理,登记“三外”人员7198人;单位、村组明确专职信息监控员,实行包保“三对接”,严格体检、严格消毒、严格隔离、严格监控;投入230余万元,在各医疗机构开设发热门诊,开辟专用通道,设立隔离留观室,配备必需的医疗设备和医护人员;确定三岔河镇卫生院为“非典”隔离治疗定点医院,投入100余万元完成改建和添置医疗设备,并进行多次救治实战演练。

“非典”流行期间,全县出动流行病学调查组、医疗救护组112次、医务人员460人次,处置发热病人紧急事件112起,全部排除“非典”病例和疑似病例;对县内的营运车辆、入境车船、公共场所一日一消毒,出动消毒人员 8045 人次、消毒车辆 29212 台次、公共场所消毒 14333 场次、耗用消毒药品 90.61 吨;关闭网吧,禁止夜市摊点营业;开展以防"非典"为主题的爱国卫生运动,清运垃圾 5800 余吨、疏通沟渠 3000 余米、清除卫生死角 430 余处,整顿农贸市场 34 个,投放灭鼠药 11 吨、鼠密度从 21% 降至 1.85%。此间,全县未发现"非典"病例,亦无其他传染病流行。

三　突发性集体食物中毒应急处理

1998 年 1 月 9 日下午,下渔口镇中学发生学生集体食物中毒事件,103 名中毒学生送镇卫生院救治。县卫生局、防疫站主要负责人、卫生监督技术人员随即赶赴现场,组织技术力量救治中毒学生,同时查封现场,采样检测和现场调查,并向县政府、市卫生局、市防疫站报告。

县委、县政府即成立应急处理组织,协调各方面行动。晚 10 时,经县防疫站检验确认系氟乙酰胺中毒,需用乙酰胺解毒。但全市范围内无此解毒药,市、县领导即向省政府求援,副省长潘贵玉指示省卫生厅紧急援助。次日,省卫生厅派专家组携带一批乙酰胺注射液送达下渔口镇并参与中毒学生紧急抢救。中毒学生经救治后陆续出院,无一例死亡。

第七节　妇幼保健

一　妇女保健

(一)新法接生

20 世纪 80 年代,县内合作医疗解体,旧法接生回升,难产发生率、孕产妇死亡率、新生儿死亡率亦回升。尔后,将加强乡镇妇产科专业队伍建设,推行围产期保健,强调产妇住院分娩,纳入县、乡政府初级卫生保健目标责任制,新法接生率保持在 95% 以上。旧法接生 1990 年发生 1 例,1992 年发生 2 例,此后再无报告。

(二)孕产期保健

1989 年始,每年举办一期全县乡镇卫生院妇幼专干、妇产科医生业务培训班,各县直医院和乡镇卫生院成立高危孕产妇抢救小组,强化孕产妇抢救责任。1994 年,孕产妇死亡率降至 67.1/10 万。1995 年,《中华人民共和国母婴保健法》颁布,全县以乡镇为单位全面推行 10 种常见高危妊娠重点管理法、10 种配套的农村适宜围产期监测技术、10 项农村围产期管理制度,杜绝旧法接生。2000 年、2001 年,加强对高危孕产妇的筛查、监护,对孕妇实行"危险因素"评分,10 分以上者均送县级医疗保健机构住院分娩。医疗单位开通孕产妇抢救绿色通道,建立孕产妇死亡责任追究制度,交通便利的乡镇取消家庭接生。2001 年,孕产妇死亡率降至 63.6/10 万。

2002 年,全面取消家庭接生,严禁非法接生。2003 年,对非法进行家庭接生的接生员发出"停止非法家庭接生"通知书。是年,住院分娩率 93.02%,孕产妇死亡率降至 27.8/10 万。2008 年,加强乡镇卫生院产科建设,实行产科资质准入制度。是年,住院分娩率 100%,孕产妇死亡率降至 23.38/10 万。1992 年始,对育龄妇女、孕妇进行破伤风类毒素接种,1995 年,孕妇破伤风类毒素接种率 86.44%。1996 年始,对孕妇投服碘油丸,降低碘缺乏病发生率。1998 年始,全面开展新婚妇女和孕妇叶酸投服,预防胎儿神经管畸形,叶酸投服率达 41%。

2006 年,安乡被确定为"降低孕产妇死亡率和消除新生儿破伤风(简称'降消')"项目县,连续三年培训乡、村妇幼专干,组织乡镇妇幼专干向较贫困的农户发放"降消"救助申请单,经乡镇、村(居)、卫生院核实,县卫生局审核发放"降消"救助卡 600 个,并为 1 例严重产科并发症患者补贴住院费用 20% 的救助金。2008 年,救助贫困孕产妇 306 人,救助金总额 61.8 万元。

(三)妇科病查治

20 世纪 80 年代后期,县内妇科病查治逐步转向城乡已婚妇女以防癌为目的的妇科病普查。

1994 年,全县检查已婚妇女 11959 人,妇科病患病率 41.3%。1995 年,检查已婚妇女 25343 人,妇科病患病率27.7%,其中宫颈癌20例、治疗17例,Ⅱ度以上子宫脱垂68例、均予以治疗,尿瘘3例、治疗2例。1999年,妇科病查治扩大到全县所有已婚妇女。应查36033人、实查17404人、普查率48.3%,妇科病患病率32.62%,无新发子宫脱垂和尿瘘。并对县城区34个单位的927名已婚妇女进行以宫颈癌普查为主的妇科病检查,发现宫颈糜烂670例、宫颈肥大328例,对其中811人进行宫颈组织细胞学检查,可疑癌变4例、癌变2例,余为炎性改变。2003年,对工矿企事业单位、教育系统已婚妇女普查,实查25619人、普查率56.87%、妇科病患病率36.41%,其中滴虫性阴道炎占44.59%、宫颈糜烂占52.88%、淋病占0.31%,发现宫颈癌2例、乳腺癌2例,未发现子宫脱垂和尿瘘。2007－2008年,普查已婚妇女108654人次、普查率51.47%,妇科病发生率从高到低依次为宫颈糜烂、滴虫性阴道炎、淋病、尖锐湿疣、宫颈癌、乳腺癌和卵巢癌。

二　儿童保健

(一)健康检查

20世纪90年代,推行儿童保健系统管理。每年,1岁以内儿童体检4次、1－2岁儿童体检2次、3岁以上儿童体检1次,并进行健康评价。1990年,0－7岁儿童体检29574人、体检率58.17%。此后,体检率逐渐升至80%以上,体检质量亦逐渐提高。1993年体检率62.02%、2002年88.32%。

2000年,《湖南省儿童发展规划(2001－2010)》制定后,县内儿童保健从新生儿出生开始家庭访视,建立儿童保健系统管理卡。至7岁,每年定期体检结合健康评价、喂养指导、预防接种、常见病筛选与防治等综合性追踪管理。2007年、2008年,新生儿访视率分别为99.44%、98.69%,7岁以下儿童系统管理率均为90.51%,3岁以下儿童系统管理率分别为79.63%、87.27%。

(二)常见病防治

1990－1994年间,县妇幼保健院创办家长学校,举办幼儿家长、托儿所保育员、幼儿园教师幼儿卫生保健知识培训班,为儿童检测并治疗龋齿,发放驱虫药。1995－2000年,通过0－6岁儿童死亡情况回顾性调查,制定降低婴儿及5岁以下儿童死亡率控制方案,提高幼儿园教师、保育员对幼儿常见病防治与意外事故处理能力,幼儿常见病发病率下降。

1997年,全县调查2－6岁儿童夜盲症患病情况17487人、调查率82.52%、患病率0.39%,均予以治疗。2001－2003年,开展4－6岁儿童弱视、斜视防治和婴儿出生缺陷、新生儿死亡监测及5岁以下儿童中重度营养不良与贫血调查。儿童中重度营养不良发生率22.25%,以婴儿居多,贫血发生率14.15%。2006－2008年,全县儿童中重度营养不良患病率逐渐下降。详情见表59－4－132。

安乡县2006－2008年5岁以下儿童中重度营养不良患病率及死亡率

表59－4－132

项目 年度	中重度营养不良患病率(%)	新生儿死亡率(‰)	婴儿死亡率(‰)	5岁以下儿童死亡率(‰)
2006	2.17	8.13	10.64	15.2
2007	1.95	4.81	9.35	14.43
2008	0.97	6.55	8.65	12.86

(三)"爱婴医院"创建

1993年,国家响应世界卫生组织(WHO)和联合国儿童基金会(UNICEF)提出的"提倡母乳喂养,保护儿童健康"、2000年纯母乳喂养达到80%的目标,在全国开展"爱婴医院"创建。

1994年3月,县妇幼保健院派员参加省卫生厅举办的首批市、县"爱婴医院"创建培训班。4－10

月，在全县大规模宣传提倡母乳喂养、创建“爱婴医院”，举办“爱婴医院”创建培训班3期。县妇幼保健院新建业务用房56平方米，投入4.5万元添置仪器设备，设立奶库、康乐待产室、空调病房，购置婴儿床12张，开放家庭式病房3间。对入院产妇进行母乳喂养引导与技术指导，取消奶瓶、奶嘴及代乳品，指导、督促母婴早接触、哺乳早吸吮、早开奶、不定时、不限量。是年底，经省卫生厅、国家卫生部逐级验收，该院获“爱婴医院”。其后，县人民医院、中医院亦成功创建“爱婴医院”。

第八节　医疗与护理

一　中　医

（一）中医发展

1989年，全县有在职中医药技术人员276人（不含卫生系统以外和乡村医生中的中医药人员，下同），其中副主任中医师4人、副主任中药师1人。1994年后，高级技术人员逐渐增多。

随着人们对医疗保健需求的变化，中医药的某些传统优势不再突出，医疗保障、药品管理体制的变革也对中医药发展不利。为适应变化，20世纪80年代后期始，县中医院陆续引进现代医学检测、治疗设备，走中西医结合道路，以自救自存。但囿于资金、人才、观念的影响，虽经努力但进展甚微。乡镇中医药人员也逐渐减少，部分卫生院中医科名存实亡。由于强调中药饮片的机械化、标准化生产，中医院中成药制剂生产受到限制，中药队伍萎缩，中药饮片质量下降。老中医药人员感叹：走进中医院，听不到碾槽响，闻不到中药香。

2003年4月，国务院颁布《中医药条例》，2006年，国家中医药管理局制订《中医药发展“十一五”规划》，2007年1月，全国中医药工作会议召开。嗣后，国家出台系列中医药工作优惠政策，中医药列入国家医药发展的重要位置。县中医院趁势发展，深化内部改革，逐步走出困境。同时，部分乡镇卫生院返聘医术精湛的退休老中医，开设中医特色专科。2007年，安丰卫生院被省中医药管理局认定为乡镇卫生院中医兴院示范医院。至2008年，各乡镇卫生院均设中医科、中药房并有中医坐诊，有105个村卫生室备有常用中药和处方。中医发展整体呈上升态势，但仍不理想。中医药人员退休多、新增少，部分医疗机构只得返聘退休中医药人员。县、乡医疗机构在职中医药技术人员仅140人、比1989年（下同）减少136人，其中副高级6人，中级30人、减少72人，初级101人，中药人员56人、减少64人。

（二）中医临床

20世纪90年代，县内中医界较有名望的老中医李平权、郭绍金、黄守湘、刘汉成等陆续退休，陈运国、张梅友、易继兰、袁传爱、谢云安、曾翠华、郝远登、王新建、吴为学、李登明、戴国炎等各擅所长，是为县内中医界领军人物。

陈运国擅长高血压、冠心病、糖尿病、慢性肾炎的诊治，其慢性肾炎、慢性肾功能衰竭的中医治疗在县内颇有声望。张梅友擅长温病治疗，擅用攻下法，采用自制关格散治疗流行性出血热肾衰期，65例重症肾衰而尿闭者，西药大剂量利尿无效，用关格散治疗后肾衰解除，全部治愈。谢云安擅治疑难杂症，用药阴阳表里兼顾，一心肌大面积梗死患者，西医救治无效，经中医升阳回逆之法，5剂参附汤即好转出院；一肺炎病人中毒性休克、中毒性肠麻痹，伴有口腔霉菌感染，高烧、大便不通，危在旦夕，诊为热厥，用急下存阴之法，服10剂犀角地黄汤，半月后痊愈出院。易继兰擅用活血法治疗慢性肾炎、糖尿病、心血管病、心房纤颤、尿路结石等多种慢性病，其撰写的《自拟二子化瘀汤治疗尿路结石143例》《益肾活血法治疗慢性肾小球肾炎肾虚证举隅》《当归四逆汤加减治疗糖尿病末梢神经病变62例》分别在《河北中医》、《中国中医药科技》上刊载。以郝远登为组长的泌尿系结石课题组，在省中医药大学附属一院粟华魁教授指导下，采用中药安中排石汤加减治疗各型泌尿系结石533例，212例均顺利排出结石，其撰写的《清热豁痰化瘀治疗小儿热性哮喘疗效观察》在《湖南中医学院学报》上刊载。王新建擅长肠胃病治疗，其撰写的《安胃精治疗慢性胃炎45例疗效观察》《慢性胃炎兼挟证治验》《慢性胃炎癌前病变证治举隅》《抗糜散治疗慢性糜烂性胃炎42例》等分别在《时珍国药研究》《中华医药研究与创新》《湖南中医药导报》《中华当代医药》上刊载。曾翠华擅治老年病、妇科病及疑难杂症,用自拟验方健脾饮治疗慢性胃炎、胃窦炎、胃溃疡、十二指肠球部溃疡、糜烂性胃炎等150例,黄芪配地龙治疗慢性肾炎20例,均获痊愈。袁传爱擅取大方治新病,其撰写的《滋阴降火法治疗甲亢10例》《攻下逐水在肝硬化腹水中的应用》等20余篇论文在省级以上医学学术刊物发表。吴为学擅长中西医结合治疗中风,多例脑中风病人经其治疗后完全康复,无后遗症。李登明撰写的《阳和汤治验举隅》《自拟黄疸汤治疗急性黄疸型肝炎125例》《三拗汤加味治疗小儿支气管肺炎100例》分别在《陕西医学》《湖北中医》《中国医学荟萃·临床医学》上刊载。戴国炎撰写的《真人养脏汤加味保留灌肠治疗慢性结肠炎25例疗效观察》《失笑散治疗顽固性心绞痛探讨》分别在《湖南中医》《中国中医急诊》上刊载。

(三)中医护理

1991年始,县中医院尝试中医辨证施护,对原西医护理人员进行中医基本知识培训,掌握中医专业术语,运用中医诊疗方法观察病人,遵循中医宜忌,辩证制定护理方案,学习书写中医护理病历,中医护理逐渐规范。

2002年始,推行整体护理模式,“人性化、亲情式”护理取得满意效果,在每月一次的病友问卷调查中,问卷回收率、满意率均为100%。2003年,获市、县中医行业护理质量“两个第一”。2002－2008年,倪再湘、车德娥、胡喜华、彭春华的《手术室内细菌污染的处理》《肺癌患者临床常见的心理反应及相应护理措施》《大蒜煎液保留灌肠治疗小儿痢疾的施护体会》《甲亢次全切除术病人的术后护理》等11篇护理论文在省级以上医学杂志发表。

二　西　医

(一)西医发展

20世纪90年代后,县内医院相继引进新设备、新技术,西医分科逐渐细化,发展迅速。县人民医院成为全市县级医院中唯一具有两个市级重点学科(心血管内科、消化内科)的医院,是为县内医疗单位的龙头。

县内医疗机构内科有心血管、呼吸、消化、神经、内分泌、血液、肾、肿瘤、传染等9类学科,食道心房调搏、急性心梗早期溶栓、脑梗塞超早期溶栓、食道支架置入、血液透析、胃镜下高频电刀手术、血浆疗法治疗重症肝炎及呼吸峰流速仪使用等新设备、新技术陆续展开。外科有普通外科、肝胆、胸、泌尿、肛肠、甲状腺、乳腺、小儿及烧伤外科9类学科,进行过肺叶切除、心脏破裂修补、大脑凸面脑肿瘤切除、脑室腹腔内引流、食道癌根治及消化道重建、嗜铬细胞瘤切除、前列腺癌根治、全结肠切除、胃癌、直肠癌、乳腺癌、甲状腺癌等恶性肿瘤根治术等。90年代后,陆续开展腰椎骨折开放复位、胸椎椎管内肿瘤切除、上臂离断伤再植、邻指皮瓣转位及腹壁皮瓣修复、手外伤大面积皮肤缺损、胸腰椎骨折哈氏棒内固定、胫骨骨折骨连接、缺损骨髓炎取同侧腓骨带肌肉带血管植骨术、胸腰椎爆炸性骨折并脊椎损伤伴截瘫患者脊柱开放性复位及椎管探查、颈椎前路后路手术等。进入21世纪,外科引进腹腔镜等微创手术技术,骨科手术范围不断扩展。妇产科陆续引进胎儿监测仪、腹腔镜、子宫悬切镜、妇科膨宫机、子宫肌瘤粉碎机、电子阴道镜等,开展腹腔镜宫外孕、卵巢囊肿、不育症、子宫肌瘤等手术及经阴道子宫切除加三修术、子宫切除术、腹膜外剖宫产术等。

(二)西医临床

1991年,云昌继首次完成规则性肝叶切除并胆肠内引流术。1997年,刘绍广完成1例小脑肿瘤切除手术。2002年4月,杨万友为患者切除一重达3.5公斤的胸腔肿瘤,2004年4月,为一右心被刺伤、生命垂危的患者进行心脏修补。2000－2008年,杨万友、云昌继完成腹腔镜手术1500多台,无一例失败。王志英擅长心血管内科,在实践中积累了丰富经验,成为内科领域领军人物,先后获省“三八红旗手”称号和全国“五一”劳动奖章。其撰写的《十年间农村地区心脏病动态分析》《多发性硬化11例误诊分析》《经颅血肿碎吸术治疗脑出血32例临床分析》《血脂与中风关系探讨》《倍他乐克联合普罗帕本酮治疗室性早搏》等论文分别在《湖南医学》《中华临床荟萃》《中华现代内科》《当代医师》《中国现代医学》等省级以上刊物发表。2002年，其主持的心血管内科参加中国急性心肌梗塞临床研究，并率先在全省县级医院建立危重病及冠心病监测中心。颜昌贵擅长儿科常见病的诊疗，且精通儿童血液病，其在县内确诊第一例“川畸病”，2004年，获市“十佳医学专家”称号。周德再擅长内科急救，曾成功救治1名Q－T间期延长综合症、心脏停跳6次的患者，治愈1名服甲胺磷300毫升、严重呼吸衰竭的患者，对1名颅脑外伤致突然心跳停止的患者，实施2小时的胸外心脏按压，患者获救。杨承斌多次成功进行经皮肝穿刺胆道引流治疗急性化脓性胆管炎。1997年，一患者右肾粉碎性破裂、脾破裂、右肝后叶破裂、十二指肠穿孔、后腹膜血肿，导致失血性休克。经杨承斌6个小时手术，切除右肾、脾，修补右肝后叶、十二指肠，并胆总管T管引流、后腹膜引流，患者获救。

(三)西医护理

20世纪80年代中期，县人民医院始“以病人为中心”开展护理工作，尝试护理制度、程序改革。建立重症监护(CCU)病房，培训专业CCU护士。1997年，首批加入“整体护理协作网”，以病人为中心，以护理程序为框架，以现代护理观念为指导，健全护理管理系统，规范护理制度，护理质量明显提高。以“临床路线”、循环护理、门诊导诊服务、健康教育、电话回访等方式开展护理服务，得到社会认可，病人满意率从70%上升至95%。

进入21世纪，县内医院护理部门普遍开展血液透析、高压氧下荧光治疗、各种牵引治疗、五官科专科治疗，广泛使用输液泵、麻醉止痛泵、留置插管等护理技术，护理工作渗透到医疗各环节，护理水平明显提高。2000－2004年，龚道芬、任春华、蹇桂芝、齐国平、谢小红的《ARDS的护理新进展》《临床应用甘露醇的护理体会》《氧气瓶直立与斜放引起流量表读数变化》《量化管理在护理工作中的运用》《有机磷中毒患者的院前急救》等30余篇护理论文在省级以上医学杂志发表或学术会上交流。

第九节　医政管理

一　医疗护理质量管理

1982年、1992年，国家卫生部先后发布《全国医院工作条例》(简称《条例》)《医院工作制度》《医院工作人员职责》和《医院工作制度的补充规定》，县内医疗护理质量管理渐趋规范。

1990年始，将《条例》执行情况纳入全县医院目标管理责任制考核，开展多种形式的质量管理活动。1990－1994年，先后开展乡镇卫生院病历质量展评；争创“白求恩杯”十佳白衣战士活动；狠抓医院分级管理和医护质量管理，加强急诊科建设；清理整顿村卫生室，规范村卫生室建设和加强医护质量管理；以医疗安全为重点，开展医护质量管理活动，县、乡医院聘请医护质量社会监督员85人。1995－1997年，重点培训乡镇卫生院无学历卫生技术人员116人；宣传《献血法》，建立中心血库，严格控制临床输血质量，保证输血安全；开展等级医院创建工作。1996年、1997年，先后有安丰卫生院、县潺陵医院获一级甲等医院，陈家嘴、安康、安裕、焦圻、安福、安凝、安全、安造、安猷、安生等10所乡镇卫生院获一级乙等医院，安障、安昌、安宏等3所乡卫生院获一级丙等医院；县人民医院获二级甲等医院，安德、官垱等2所乡镇卫生院获一级甲等医院。

1998年，省卫生厅印发《湖南省全面医疗质量管理试行方案》，市卫生局推行“质量活动年”。1999年，县卫生系统开展’99质量年和行业作风整顿与建设活动，制定《关于加强医疗质量与医疗安全的十项规定》《安乡县’99质量管理年活动检查考核评分细则》，实行医疗质量管理“一票否决”。2000年，落实省卫生厅、省中医药管理局修改发布的《湖南省医院护理管理和工作质量评分标准》《湖南省中医医院护理工作质量及评分标准》，县内医院建立健全院、科两级负责制和医务人员岗位责任制，进行卫生法律法规和医学“三基(基础理论、基本知识、基本技能)”知识与技能考试考核，及格率98%；开展病历书写质量竞赛,县直医院、乡镇卫生院病历书写质量合格率分别达到90%、85%。

2001年,根据《湖南省各级综合医院手术分类及批准权限规范》,县卫生局制发《关于乡镇卫生院、血防、厂(场)职工医院手术范围审批的通知》,全县实行手术项目审定制度。2002年,经市卫生局验收,县人民医院、中医院被评为“百姓放心医院”。2004年,根据省卫生厅制定的《常用护理技术操作程序与考核评分标准》,全县医院开展技术操作大练兵活动。在护理技术操作比武中,县人民医院、官垱中心卫生院等12名护士分获无菌技术操作、皮内注射法、密闭式静脉输入法前三名;进行医疗机构执业大检查,清退无证执业人员11人、未及时变更注册的21人,县人民医院、中医院获全市甲类红旗单位;根据《乡村医生从业管理条例》,全县乡村医生理论知识培训279人、考试83人、合格79人,注册率97.5%。

2005年,按照卫生部开展“医院管理年”活动要求,县卫生局制定首诊负责、医师查房、疑难病例讨论、会诊、消毒隔离、查对等医疗质量与医疗安全制度和“医院管理年”活动考评细则,年终按考核结果计分排名。此后,全县每年开展医务人员“三基”知识考试、考核和病历书写质量检查、竞赛。2006年,县人民医院制定《关于进一步开展“医院管理年活动”的实施方案》,完善临床急救应急预案;县中医院护理部推行护理学分量化考核;5月,全市“医院管理年”活动工作会议在安乡召开,县人民医院、中医院作典型发言。2007年,落实卫生部《抗菌药物临床应用指导原则》,县人民医院率先制定和推行临床合理用药监督管理细则,有效遏制了滥用抗生素现象。是年,县中医院获二级甲等医院。2008年11月,县卫生局启动“乡镇卫生院管理年”活动,成立领导小组,制定《安乡县“乡镇卫生院管理年”活动方案》,将20个乡镇卫生院分为中心卫生院、防治结合型、防保型三类,根据不同特点及问题分类指导,开展“创满意卫生院”活动,从县直医疗卫生单位抽调部分业务骨干,组成专家组定期督查。是年,县中医院获省中医药管理局2005－2007年度“医院管理年”活动先进单位。

二　医疗市场管理

20世纪90年代初,县内医疗市场逐步开放。非营利性医疗机构中出现了部分科室承包、向外租赁及滥设性病科室等问题。各类医学院校毕业生逐渐增多,就业困难,个体诊所增多,导致医疗机构分布不合理,仅县城区就一度有个体诊所138家。90年代末,加强县内医疗市场清理整顿,医疗市场管理渐趋规范。至1999年,有各类医疗机构409家,其中县直医疗卫生机构7家、乡镇卫生院18家、村卫生室267家、个体诊所117家。

1997年2月,县卫生局制定《安乡县医疗机构整顿实施方案》,公安、卫生、医药、工商、物价等部门联合执法,取缔不具备条件、无执业资格的个体诊所,督促部分个体诊所完善制度,规范医疗行为。是年,处理游医药贩35人、取缔非法个体诊所42家。1990－2002年,打击药品传销事件5起,处理游医药贩68人,查处假冒伪劣药品51种次,销毁假、劣药品3247公斤,取缔非法个体诊所78家,拘留非法行医人员3人,受理行政处罚执行案件41起。2003年9月,成立县医疗市场整治工作领导小组,调整充实农村医疗机构助理监督管理员队伍,签订直接责任人“集中整治目标责任状”。出动宣传车19台次,宣传《医疗机构管理条例》《执业医师法》《关于清理整顿医疗市场,强化医疗市场管理,打击非法行医违法犯罪活动的通知》和《安乡县医疗服务集中整治月工作方案》;出动卫生执法人员157人次,对医疗机构进行拉网式检查,开展大型综合执法行动11次,取缔无证行医“钉子户”20家、游医药贩7人,拆除永久性非法医疗广告牌19个,销毁假、劣药品1329公斤,处罚金6.33万元。

2005年5－8月,对385家医疗机构进行校验,校验覆盖率100%、合格率89%。对32家不符合条件和标准的村卫生室下达暂缓校验通知书,并限期整改;查处无执业许可证行医的诊所或“坐堂行医”药店、超范围行医诊所58家,取缔无执业许可证或无执业医师资格证的诊所8家、“坐堂行医”12家、非法义诊8起,收缴药品15箱、医疗器械58件,总价值1.78万元,处罚金9.5万元。2006年,摸底澄清全县医疗服务机构350家，无证行医诊所48家（各乡镇均有分布），药品超市及零售店37家。全年开展打击非法行医专项整治行动9次，共立案112起、结案85起，处罚金16万余元；取缔无证行医诊所48家、非法义诊4起，收缴药品57箱、医疗器械105件，总价值54870元；查处非法游医2起，收缴器具15件，收缴药品、保健品价值2500元；药品超市“坐堂行医”立案5起，查处非法家庭接生2起、非法终止妊娠手术2起，注销“医疗机构执业许可证”9家。2007年，按《医疗机构管理条例》，全面整顿县内医疗机构。对城关、大鲸港镇33家个体诊所及各乡镇村级渔场、林场卫生室进行两轮整改和检查验收，达标率95%以上；注销不具备资质医疗机构150家，换发个体诊所“执业许可证”27家。2008年，加大县内农村医疗市场监管力度，与公安、工商等部门联合执法，取缔农村无证医疗机构8家；调查取证全县“坐堂行医”药品经营机构，下达行政处罚决定书12家；对城关、大鲸港地区无证行医诊所摸底调查3次，下达行政处罚决定书12家。

三 执业资格管理

1993年3月，卫生部发布《护士管理办法》（2008年5月修订为《护士执业注册管理办法》），规定护理工作者必须取得护理执业证书，注册后方可执业，未经注册者不得从事护理工作。1994年2月、8月，国务院先后颁布《医疗机构管理条例》及其《实施细则》，对医疗机构设置、基本标准、执业资格、执业范围和登记作出严格规定。1998年6月，国家颁布《执业医师法》，规定执业医师、执业助理医师经考试依法取得执业资格并注册后，方可在医疗、预防、保健机构中执业。2003年7月，国务院颁布《乡村医生从业管理条例》，实行乡村医生执业注册制度。

依据相关法律法规，加强县内医疗机构和从业人员执业资格管理。1998年，县卫生局制定《关于加强医疗机构及其内部人员管理的规定》，严禁卫生系统在职和离退休人员从事不正当医疗活动，具有医师以上职称者不得停薪留职，无医师职称者不得开办个体诊所。2000年，县卫生局出台《安乡县医疗机构分类管理实施方案》，审查认定营利性医疗机构38家，其中县城区33家、乡镇5家，非营利性医疗机构378家，其中享受政府补贴的25家。是年，全县有执业资格的医师552人、助理医师205人、护士325人。2001年始，国家每年组织执业医师、护士资格全国统一考试。是年，全县73人报考执业医师、44人获执业资格，其中执业医师、执业助理医师各22人。2002－2004年，184人报考执业医师、145人获执业资格，其中执业医师87人、执业助理医师58人，另有28人获执业护士资格。2004年9月，乡村医生资格认定工作在全县展开，凡符合认定条件、经考核合格者，发给乡村医生证书。其中直接认证176人、考试合格注册86人，获执业医师资格2人、执业助理医师资格20人。至2008年，全县卫生系统有执业医师441人、执业助理医师119人、执业护士392人。

四 医德医风建设

20世纪90年代，接受患者吃请、收受患者财物、收受药品回扣等问题在部分医务人员中时有发生。1988年12月，卫生部曾发布《医务人员道德规范及实施办法》，2004年、2007年，又先后出台《关于加强卫生行业作风建设的意见》《关于建立医务人员医德考评制度的指导意见（试行）》。

1990年10月，县卫生局召开全县医疗行业纠正不正之风动员大会，发出《关于加强医德医风建设，抵制医疗行业不正之风的通知》，要求各医疗单位在病房、门诊设立举报箱，专人负责举报内容的调查核实，对收受红包和索要财物者，经查实给予严厉处罚；大力表彰医德医风先进个人并将此作为年终评先的重要条件之一。1996年，县卫生局发出《关于在全县医疗卫生单位开展“四满意”竞赛活动的通知》，要求各医疗单位做到患者对服务态度、医疗质量、后勤供应和医疗收费满意。1997年，在全县医务人员中开展“创建文明行业”活动。县人民医院推行“整体护理”，县中医院制定“文明服务二十条”。1999年，全县卫生系统开展“以病人为中心，全方位为病人服务”活动。县中医院提出“亲近服务”；县人民医院政工科、医务科、护理部不定期对各临床科室和门诊部进行医德医风测评，纳入科室评优并与效益工资挂钩，在门诊部设咨询台、导诊护士、社区服务室、老干诊室等,每月召开住院病人及陪护人员座谈会,聘请医德医风监督员,接受群众监督。2000年,县中医院针对开单提成、开大处方、药品回扣等现象,采取药品集中采购、开放门诊药房等措施,减轻患者负担,倍受赞誉,测评满意率达95%。

2002年、2003年,在全县医疗单位创建“百姓满意医院”,各医院成立领导小组,制定规划,开展“三抓三提高(抓医疗质量、提高整体水平,抓服务质量、提高整体形象,抓医疗纪律、提高整体素质)”和“四个一(一张笑脸、一声问候、一把椅子、一份安慰)”活动。县中医院倡导用“心”服务、从我做起,要求医务人员对患者细心诊断、精心治疗、耐心解答、热心服务,获市“百姓满意医院”。2004年5月,县卫生局召开卫生系统行风建设动员大会,要求医疗单位从“外树形象,内抓整顿,从严治卫,诚信服务,争创满意”入手进行集中整治。县人民医院提出“病人的需求就是我的服务内容”,改善住院条件,狠抓医德医风建设,在市、县卫生局组织的病人问卷调查中,满意率达到97%,陈运国等25位医务工作者向全县医务人员发出《抵制回扣,拒收红包,合理用药,诚信服务,争创满意》倡议书。县中医院提出“将百姓满意变为百姓放心”创建目标,拓展服务内容,提高服务质量,测评满意率达到97%。是年,该两所医院均获市“百姓放心医院”,县人民医院外科获优秀医疗卫生工作者青年集体、颜昌贵获市“十佳医学专家”、刘芳琼获市“十佳医务工作者”、谢晓红获市“十佳护理工作者”。

2005年始,医德医风建设纳入“医院管理年”活动并成为重要评价指标。2006年,县人民医院制定《关于进一步开展“医院管理年”活动的实施方案》,坚持“病人第一,服务第一,质量第一”准则,开展“双整体(整体医疗、整体护理)”“三贴近(贴近病人、贴近临床、贴近社会)”“四满意”活动。县中医院开展“三个文明”劳动竞赛和“廉洁文化进医院”活动,先后举办“假如我是一个病人”大讨论、“树廉洁、诚信的天使形象,当患者贴心人”专题演讲、“廉洁文化进医院”文艺晚会,护理部开展“温馨病房”“微笑服务”活动,手术室为患者提供“全程无缝隙”服务。

第十节 药政管理

一 药品生产

20世纪80年代中期,县焦圻制药厂生产的焦圻膏药曾享誉一时,并有二天油、风油精、益母草膏等产品,年产值50余万元。1989年,成立安乡制药厂,主要生产赖氨酸制剂,1993年规模迅速扩大,生产品种30余个,主要有去痛片、维生素B1、维生素C、甲硝唑片、葡萄糖酸钙等。2004年,焦圻制药厂与安乡制药厂合并组建湖南华安制药有限公司,迁入县工业园。因经营管理不善,2005年停产。

1992年,由省湘雅一医院扶持,在县大鲸港镇建湘鲸制药厂,主要生产益母草膏、湘曲和中药饮片。因经营问题,2003年停产。2005年,引进药圣堂(湖南)制药有限公司,主要生产阿胶补血口服液、六味地黄丸等22个中成药品种及200余种中药饮片,2009年,产值达8000万元。2003年后,还先后引进津津、泽安、华阳等规模较大的制药企业。至2008年,全县制药业产值12972万元,为1989年的205.9倍。

二 药品经营

2001年前,县内药品经营单位仅有县药材公司(国营),设10个门市部,2001年经营额仅800万元,11月申请破产,次年8月破产终结,组建安乡县正兴医药有限责任公司。2003年10月,该公司被湖南德源医药有限公司收购,大公司的经营优势得到发挥,业务扩展到华容、南县、澧县、津市等周边县市,2009年销售额达2000余万元。

2001年,药品零售市场放开,允许民营资本进入并开架销售,县内药品超市迅速发展,康源大药房、仁和大药房、百姓大药房等一批药品超市在县民中树立了良好口碑,业务不断拓展。至2009年,全县药品超市发展到112家,极大地方便了广大群众购药。

三 药品监督

1979年7月，县药品检验所成立，负责全县药品行政和技术监督。1990年，全县核发“药品经营许可证”11家、“生产许可证”2家、“医院制剂许可证”2家、个体诊所“药品调剂许可证”85家。2001年8月，由县药品检验所、医药管理局、卫生局药政股组建常德市药品监督管理局安乡县分局。2003年8月，更名为县食品药品监督管理局，履行药品、医疗器械、保健品、化妆品及食品综合监管等职能。

（一）药品打假

2001年后，全县通过市场监管和打假，扭转了药品购销秩序，确保了药品质量。至2002年，共检查有药单位1156家次、覆盖率100%，查西药10万余种次、合格率98%，中药材、中成药8万余种次、合格率95%，台账登记率98%，办理案件525起；取缔非法药店7家，收缴招牌、广告牌100余块，查处假劣药品案110余起、没收假劣药品货值2万余元，处罚金7万余元。对胃炎丸、肠炎丸、安比先、天麻、五味子等大型假劣药品案予以严厉打击，从重处罚。2009年，检查涉药、涉医疗器械单位1365家、覆盖率100%，查处涉药、涉医疗器械案件225件，责令整改946家次，药品质量合格率达98.8%。

（二）药品监管

2001年，县内建立药品不良反应和医疗器械不良事件监测机制，至2002年，配合县医药行业整治办，对全县重点单位药品经营、购销不正之风进行专项整治，对其中3家医院的500余种药品来源及经营资格调查和审核，检查处方近万张，查实取消10余个提取处方费品种，立案查处违反药品和医疗器械管理的医疗单位10余家。至2009年，上报药品不良反应监测报表1091份、医疗器械不良事件监测报表103份；建立药品安全预警和快速反应机制，及时处置、查处了亮菌甲素、欣弗、鱼腥草、刺五加注射液和静脉注射人免疫球蛋白等药品突发事件，有效维护了群众用药安全，县内无一例药害事故发生。

第十一节 医学教育与科研

一 医学教育

20世纪80年代后，县卫生系统医学教育以自学、短期培训和业务进修为主，少数在职人员通过全国考试进入医学院校学习。1990年后，业余自学成为重要教育方式之一。实行全国自学考试后，此成为在职人员获得大专、本科学历的重要途径。2000年后，医学继续教育学分制度与职称晋升等挂钩，进一步提高了职工自学积极性。

1990－2005年，县卫生局举办各类医务人员培训班30余期，各医疗卫生单位派员参加全国、省、市各种业务学习班、提高班形成制度。1990－2004年，县内26家医疗单位先后选送719名医务人员到北京、上海、西安、武汉、广州、长沙、佛山、常德及县人民医院、中医院等医疗单位进修学习，涉及临床和医技等40余个专业，时间半年至一年不等。2005－2008年，全县举办各类医务人员培训班36期，各医疗单位派员参加省、市业务培训，共培训医务人员6000余人次，到医学院校和上级医院进修学习308人次。1990－2004年，全县有263名医务人员通过业余自学、函授学习、自学考试、远程教育等方式取得大、中专院校毕业文凭，其中本科41人、大专66人、中专156人，另有3人考取研究生。2007年－2008年，全县有800余人次参加医学继续教育学分考试，680余人次获继续教育学分证书。

县人民医院王志英到省湘雅医院进修后，1994年始主持建立冠心病监测中心和心血管危重病人监测室，开展体外心脏除颤、食道心房调搏、动态心电图、动态血压监测，配备心电工作站，至2004年，抢救心血管危重病人近千人次，抢救成功率由40.5%提高到86.3%，该院心血管内科成为市级重点学科。县人民医院刘汉成靠自学和实践摸索，在针灸治疗、研究上成果颇丰，获两项国家专利，被中国针灸学会吸收为会员，当选为省中医学会和省针灸学会理事、市中医学会针灸学组组长，县政府确认其为科技拔尖人才。其《点刺少商之临床经验与理论探讨》《针刺为主治疗颜面神经麻痹》等论文获县科技进步二等奖、常德地区科技进步三等奖、省科技优秀论文三等奖。

二 医学科研

20世纪80年代始,县内医疗卫生学术组织陆续成立,常年开展学术活动。1990－2004年,县、乡医疗卫生单位及其医务人员发表专业论文382篇,其中国家级刊物发表219篇,146人次出席全国各地举办的学术交流会。2006－2008年,在省级以上学术刊物发表论文165篇,各级学术会上交流64篇。

1989年9月至1990年3月,县防疫站解志平等在省防疫站指导下,首次在全县8万余名中小学生中进行乙肝疫苗皮内微量注射,1990年5月随机抽血检验315名学生的乙肝表面抗原、乙肝表面抗体,抗体阳转率84.62%、抗体浓度为419.36mlv/ml、乙肝感染率从接种前的19.23%降至4.81%、疫苗保护率75%,与肌内法免疫效果相同,与国内外报道结果一致。1991年,获县科技成果二等奖。1991－1992年,县妇幼保健院侯瑞云等参加省儿童医院牵头的湖南省儿童急性呼吸道感染标准病例管理应用研究,前瞻性研究1991－1992年儿童急性呼吸道感染标准病例干预管理的效果。1992年与干预指导前的1990年比较,5岁以下儿童死亡率下降36.74%、婴儿死亡率下降45.95%,5岁以下儿童肺炎死亡率下降38.96%、婴儿肺炎死亡率下降48.14%。1995年,获省科委科学技术研究成果奖、省医药卫生科技进步推广二等奖,并获国家科技成果证书。历年来,县内医学科研获市科技进步奖2项、县科技进步奖17项。

第六十章　血　防

安乡为血吸虫病严重流行区域，自1956年始进行血吸虫病防治工作，至1989年，除1乡、2镇基本消灭血吸虫病外，仍有20个乡镇（场）流行血吸虫病，疫区人口占全县总人口的86.6%。20世纪90年代，国家卫生部血防试点县、国家血防试点工程和世界银行贷款血防项目相继在安乡实施，垸内钉螺面积占全省1/4的状况得到改观。进入21世纪后，国家把血防工作列入公共卫生疾病控制体系，省委、省政府发布《湖南省血吸虫病防治条例》，县委、县政府制发《安乡县实施〈湖南省血吸虫病防治条例〉办法》，加强对血防工作的领导。2004年，按照省政府要求，血防部门机构改革，血防工作纳入大卫生统一管理。县血防办继续履行相应职责，撤销县血吸虫病预防队，设立血防股。县血防办所属4个基层血防站中，第一血防站改为血防专科医院，加挂县第四人民医院牌子，其余3个站改为防治一体的基层站。2006年，国家颁布《血吸虫病防治条例》后，县内的血防工作进一步走上法制化轨道。1990年以来，安乡四次获全国血防先进集体。2001－2009年，县血防办连续获省、市血防工作先进单位。由于县境属湖沼型疫区，至2009年，仍有22个乡镇（场）、236个村流行血吸虫病，疫区人口42.8万人，人、畜血吸虫病感染率分别为3.2%和0.64%，为全国血吸虫病重点流行县之一。

第一节　疫　情

一　螺　情

县境垸外钉螺主要分布在松滋河、澧水洪道、松虎洪道、虎渡河、藕池河沿岸及河洲上，垸内钉螺分布在湖泊、沟渠、草滩和洼地。钉螺密度以垸外芦杂洲、芦苇洲、草洲、林地、坑塘为高。

20世纪80年代，县境螺情大面积回升，尤以垸内为重。先后在安全乡董家垱村、下渔口镇竹林村、陈家嘴镇园林场等地活树上发现钉螺，上树高度达到5.84米，最多株362只。1990年，在20个乡镇、106个村、368处查出有螺面积151977亩，其中垸内26533亩、活螺全距0－126只、活螺平均密度0.85只/0.11平方米、最高阳性率2.66%。90年代，卫生部在县内实施综合防治血吸虫病试点，开展大规模灭螺运动，螺情大幅下降。2004年，第三次全国血吸虫病流行病源螺情调查中，查螺22个乡镇（场）、250个村。查出垸内有螺村54个、占村总数的20.5%，有螺面积3720亩，其中新发3.82亩（安福乡花林村）、复发面积1951.3亩，分布在安福乡南阳、杨树潭、东保村、安凝乡自治局村、安昌乡宝塔村、安全乡潘家溪村、焦圻镇北堤村和下渔口镇安惠村；查出垸内阳性螺3处、面积2.7亩，分布在安康乡虾叭垴村、下渔口镇竹林村，活螺平均密度最高0.14只/0.11平方米；垸外阳性螺点56处、面积560亩、感染螺66框，拾活螺23576只、其中感染螺89只。感染螺主要分布在澧水洪道的虾叭垴、松虎洪道的育成、松滋河的亿中、安凝园林场等10处外洲；感染率最高2.98%，分布在陈家嘴镇沙河口外洲，感染螺平均密度0.584只/0.11平方米。

2009年，全县钉螺面积10.84万亩。其中垸外洲滩10.41万亩，易感地带长152.7公里、面积73677.6亩，有感染性钉螺15处、225亩，主要分布在新码、永太废垸、南阳、同福、志中、亿中、沙河、蔡家滩、西河、同兴等10处外洲；垸内共调查94个村、10493亩，核实有螺面积4250亩，未见阳性钉螺。经省寄生虫研究所专家认定，有1816亩属近年新复发面积，涉及10个乡、12个村，其中安昌乡白粉嘴村16亩、宝塔村15亩，安生乡广福村127.7亩，焦圻镇青龙窖村41.7亩、三合村66.7亩，安福乡南阳村615亩，安疑乡双同村358.4亩，陈家嘴镇园林场420亩，下渔口镇成功村42.5亩，安德乡西河村13.5亩，安裕乡五一村16亩,安康乡育成村83.5亩。新增面积中,72.32%属引洪扩散、23.13%属残存扩散、4.55%属老螺点复发。

二 病 情

县境沿临洪大堤居住的居民发病率高,渔民、船民、农民发病率尤高。1989年6月,安康乡七星村120名劳动力上湖洲扫障,一次性感染急性血吸虫病95人。是年,按照《湖南省血吸虫病流行区划层分级方案》调查,全县共有病人26460人,其中第一层17749人、占该层总人口的10.1%、占病人总数的67.1%,第二层3632人、占该层总人口的6.3%、占病人总数的13.7%,第三层1864人、占该层总人口的4.6%、占病人总数的7.1%,第四层3215人、占该层总人口的4.1%,占病人总数的12.1%。1992年,世界银行贷款血防项目在县内实施,至1994年3年间,病情下降幅度分别为47.1%、63.3%、63.7%。1995－1999年,居民感染率上下波动,分别为8.7%、4.77%、3.2%、3.64%、5.44%。至2004年,共分层设病情监测点50个,其中第一层15个、检查7778人、阳性637人、阳性率8.19%,第二层22个、检查13402人、阳性646人、阳性率4.82%,第三层13个、检查3404人、阳性52人、阳性率1.53%。1989－2004年,累计发病人数(下同)30%以上的有安德、安丰、安福乡和下渔口镇,20%以上的有安康、安裕、安宏、安昌乡和陈家嘴镇,10%以上的有安猷、安全、安凝乡和黄山头、大鲸港、焦圻镇,10%以下的有安生乡和城关、官垱、三岔河镇及安民垸农场、原种场。

2004年后,县内推行传染源控制措施,病情明显下降。至2009年,236个疫情流行村中,达疫情控制的87个、达传播控制的122个、达传播阻断的27个,居民感染率降至3.2%。

第二节 预 防

一 预防宣传

1990年后,除继续强化疫情监测外,组建和完善县、乡、村、组四级防护网,开展常年性血防健康教育。每年培训一次血防健康教育宣传员,中、小学生每期两堂血防知识课,每月一次血防广播电视讲座,为疫区群众放映专题宣教片,每年5月血防宣传月开展学生查螺日、干部血防灭螺日、血防"一条街"宣传周和血防知识抢答赛等血防健康教育活动。

1998年防汛抢险、救灾期间,县血防部门组建20个血防宣教小分队,包乡镇、包堤段开展抗灾防疫宣教。1999年,县委宣传部、县血防办、电视台联合开办《安乡血防50年》专栏节目,在县城区举办建国50周年"血防铸辉煌一条街"展览,《大众卫生报》上刊载了安乡《昔日瘟神窝,今日鱼米乡》的长篇报道。2001年,血吸虫疫情普查后,全县开展血防警钟长鸣大宣传,县、乡、村层层召开血防疫情报告会。2004年,加大群防群控、科学防治宣教力度,在垸内有螺区域设置警示牌,举办血防图片、实物展览132场次,挂宣传条幅百余条,注重查螺灭螺、血吸虫病人畜化疗及急性控制效果,急性血吸虫病人减少到4人。2006年,国家颁布《血吸虫病防治条例》,县血防部门印发宣传资料、标语,树禁牌,举办讲座、培训,开展健康教育活动。2006－2009年,培训基层干部7000余人次、中小学师生血防知识教育35万人次,树警示牌2000余块、挂宣传标语500余条,疫区人口血防知识知晓率达90%以上。

二 查螺灭螺

1990年后,县内实行环境改造(生态)灭螺,对34座可能引进垸外钉螺的涵闸采取"封、拦、沉、延"的方法进行改造。1998年,安造大垸溃决后,以溃垸区为重点进行灾后螺情普查,澄清了螺情,对垸内、外有螺环境分类治理。垸内螺点每年春、秋两季用氯硝柳胺药杀,结合水利秋、冬修清淤土埋灭螺,对有螺沟渠作硬化灭螺处理。至2004年,垸内有螺村沟渠硬化长度60.8公里、面积626亩,清淤土埋沟渠长度629.4公里、面积16618亩,开新填旧沟渠长度34公里、面积623亩,治理精养鱼池11处、面积705亩;垸外易感地带治理堤线长度115公里、面积22027亩,护堤坡灭螺20公里,建平台隔离河2公里、面积45亩,兴林抑螺面积12682亩,翻耕垦种等其他处理长度104公里、面积20782亩。2005年，县内实施国家综合治理血吸虫病重点项目工程，至2009年，查螺34.8万亩、药物灭螺5.1万亩、消灭钉螺面积1343亩，结合水利和农业综合开发项目，硬化有螺沟渠50公里、水田改旱地5000亩、低洼地改精养鱼池2万亩。

钉螺面积变化详情见表60－1－133。

安乡县1990－2009年钉螺面积变化情况

表60－1－133 单位：千平方米

项目 / 年度	累计有螺面积	查灭螺处理面积	灭净钉螺面积	尚有钉螺面积		
				合计	垸内	垸外
1990	199206	89420	5073	118264	11859	106405
1991	199312	57711	3298	116000	9595	106405
1992	199312	37178	3500	112824	6419	106405
1993	199312	53144	805	112019	5614	106405
1994	199312	36266	2484	109535	4430	105105
1995	199312	21952	1514	109021	2916	106105
1996	199438	34084	1871	110160	4055	106105
1997	199438	21296	1979	107183	2078	105105
1998	199438	21296	425	108416	3311	105105
1999	199438	22827	450	107966	2861	105105
2000	199438	23925	0	113309	7219	106090
2001	199718	15605	75	108171	3066	105105
2002	199718	15089	327	107844	2739	105105
2003	199718	107903	215	107688	2583	105105
2004	199814	107785	252	107532	3468	104064
2005	133593	10849.9	388.1	71488.2	2091.6	69396.6
2006	133593	8747.6	501.7	70986.5	1589.9	69396.6
2007	133998.6	6980.7	392.3	70999.8	1603.2	69396.6
2008	135289.7	8135.7	60.5	72230.3	2833.2	69396.6
2009	134839.64	38842.28	14.2	72251.4	2854.8	69396.6

三 综合控制传染源

县境有垸外洲滩82处，总面积10.72万亩，在实施传染源控制项目工程前，多为天然草场，牛、羊粪便严重污染湖洲，成为主要传染源。

2005年，县政府选择全县养殖户最集中、养殖规模最大的安丰乡黄家台村外洲及其周边的8个村为禁牧试点项目区，遵照“因地制宜、分类指导、联防联控”的原则，政府主导、部门配合、社会参与，围绕农业产业结构调整，在试点区开展常规查治的同时，重点实施“以机代牛、封洲禁牧、引导转产、改水改厕、建沼气池、兴林抑螺、道路硬化”等以控制传染源为主的综合治理措施。淘汰牛羊，其他家畜圈养，杜绝有螺地带放牧，消除牛羊及其他家畜粪便对有螺地带的污染，建无害化厕所或沼气池。2005－2008年，以传染源控制为主的50个禁牧试点村总户数21631户、总人口66682人,养牛3294头、养羊1435只。4年间,共淘汰牛3212头、淘汰率97.5%,淘汰羊1435只、淘汰率100%,封洲禁牧堤线长度53.1公里,引导转产106户、占养牛户的15.38%。试点区补助购置大型旋耕机10台、耕整机615台,开发有螺草洲3300亩、发展网箱养鳝10亩、农户改厕835户、建沼气池5000户、安全用水受益农户20786户、在水上人口集中点建无害化公厕5座、围栏封洲禁牧9.73公里、兴林抑螺18140亩、硬化疫区村道路68公里。

试点区居民血吸虫病感染:试点前血检5161人、阳性1234人,粪检712人、虫卵阳性309人,感染率10.38%;试点后血检20805人、阳性1314人,粪检1218人、虫卵阳性269人,感染率1.4%,较试点前下降了86.51%。详情见表60－2－134。

安乡县2005－2008年禁牧试点区居民血吸虫病感染调查情况

表60－2－134　　单位:人、%

项目 时间	血检人数	血阳人数	血检阳性率	粪检人数	粪阳人数	粪检阳性率	居民感染率	居民感染下降率
禁牧前	5160	1234	23.91	712	309	43.4	10.38	–
2005年	8846	1748	19.76	1675	657	39.22	7.7	25.82
2006年	11956	1279	10.7	1244	433	34.81	3.74	63.97
2007年	21538	1766	8.2	1660	411	24.76	2.65	74.47
2008年	20805	1314	6.32	1218	269	22.09	1.4	86.51

试点区牛、羊血吸虫病感染:试点前检查牛2932头、阳性396头、阳性率13.5%,检查羊1293只、阳性217只、阳性率16.8%。试点后所检查牛、羊,感染率均为零。

试点区感染螺密度和钉螺感染:试点前垸内调查钉螺30896框、捕捉活螺28686只,其中阳性螺1只,阳性螺平均密度0.00003只/0.11平方米、钉螺感染率平均0.0035%。试点后调查钉螺56385框、捕捉活螺5738只,未发现感染性钉螺,阳性螺平均密度、钉螺感染率均为零。试点前50个村垸外洲滩调查钉螺29456框、捕捉活螺31583只,其中阳性螺215只,阳性螺平均密度0.0073只/0.11平方米、钉螺感染率平均1.072%。试点后调查钉螺59245框、捕捉活螺22370只,其中阳性螺12只,阳性螺平均密度0.002只/0.11平方米、钉螺感染平均0.38%,较试点前分别下降97.3%和92.7%。

禁牧试点区钉螺调查详情见表60－3－135、表60－4－136。

安乡县2005－2008年禁牧试点区垸内钉螺调查情况

表60－3－135　　单位:千平方米、框、只、%、只/0.11平方米

项目 时间	调查面积	调查框数	活螺框数	活螺只数	活螺平均密度	感染率			
						只数	螺框出现率	阳性率	平均密度
禁牧前	1425	30896	14662	28686	0.968	1	0.003	0.0035	0.00003
2005年	1402	30854	14461	28059	0.924	0	0	0	0
2006年	2399	55272	11022	14200	0.257	0	0	0	0
2007年	2234	51076	7018	8296	0.162	0	0	0	0
2008年	2351	56385	6126	5738	0.102	0	0	0	0

安乡县2005－2008年禁牧试点区垸外钉螺调查情况

表60－4－136　单位：千平方米、框、只、%、只/0.11平方米

项目 时间	调查面积	调查框数	活螺框数	活螺只数	活螺平均密度	感染率			
						只数	螺框出现率	阳性率	平均密度
禁牧前	18080	29456	13696	31583	1.072	215	0.47	0.68	0.0073
2005年	18080	46284	17718	39685	0.857	126	0.27	0.32	0.0027
2006年	19567	52886	15871	35163	0.665	102	0.16	0.25	0.0019
2007年	19567	52861	11434	24689	0.467	30	0.05	0.11	0.0006
2008年	19567	59245	13200	22370	0.378	12	0.02	0.05	0.0002

第三节　治　疗

一　查　病

1990－2000年，全县检查1019188人次、较20世纪80年代增长21.95%，查出病人53343人。2001－2009年，检查492813人次，查出病人35430人。1990－2009年，检查1512001人次，查出病人88773人。2009年，推算全县慢性血吸虫病人21865人。

二　治　病

1989－2009年，全县按照“送药到手，看服到口，服后再走，回访到户”的原则和血检、粪检查出病人后就地设点两日疗法的方式，实行人畜同步化疗。1989年，县内水上流动人群和易感地带居民普遍顿服“8440”药物，并设西河、虾叭垴、亿中、南阳四个化疗纵向观察点，全面开展人畜同步化疗。至2009年，共68万人次及7.8万头次家畜接受同步化疗，获较好效果。2004年始，治疗血吸虫病专用药品免费，晚期血吸虫病人住院治疗由国家给予3000－5000元医疗补贴，巨脾型晚期血吸虫病人自愿在定点医院切除脾脏，享受国家给予的5000－7000元手术、医疗费补助。2007年，县内全面启动设点治疗工作，对慢性血吸虫病人采用输液护肝疗法，效果明显。

1989－2009年，全县治疗病人90276人次、占实有病人总数的89.8%，其中急性病人198人、治疗率100%，晚期病人513人、治疗率100%，死亡328人、占晚期病人数的63.9%。

血吸虫病查、治详情见表60－5－137。

安乡县1990－2009年血吸虫病人查治情况

表60－5－137　单位：人、%

项目 年度	检查人数	查出病人数	阳性率	病人总数			治疗病人数	治疗率	年末未治疗病人数
				当年实有	其中				
					晚期	急性			
1990	77056	6584	8.54	7019	895	67	5480	78.07	1539
1991	30629	3280	10.7	4819	895	31	3152	65.41	1947
1992	91790	5035	5.5	6539	870	16	5370	82.12	1462
1993	93671	5413	5.78	6875	665	10	6386	92.89	620
1994	73545	4219	5.74	4839	318	9	4419	91.32	444

续表 60－5－137

1995	123612	6115	4.95	6559	332	7	5867	89.45	692
1996	115598	5509	4.77	6201	252	11	5650	91.11	639
1997	113469	4231	3.73	4870	231	5	4118	84.56	813
1998	97405	4227	4.34	5040	222	7	4644	92.14	427
1999	97275	4211	4.23	4638	215	13	4324	93.23	383
2000	105138	4519	4.3	4902	238	4	4324	88.21	728
2001	56345	4007	7.11	4735	245	9	4243	89.94	631
2002	54353	3696	6.8	4327	245	12	3805	97.94	654
2003	58109	3007	5.17	3661	183	28	3102	84.73	652
2004	85289	5184	6.08	5818	183	4	5202	89.94	631
2005	40567	5484	13.5	6136	183	6	5511	89.80	666
2006	43567	4070	9.34	4736	183	2	4185	88.37	665
2007	44729	3131	6.99	3796	183	0	3131	82.5	665
2008	60708	3273	5.39	3938	183	1	3273	83.1	665
2009	49146	3578	7.28	4269	250	2	3578	83.8	691

第六十一章　人口与计划生育

第一节　人口规模

一　人口数量

1949 年，全县总人口 267501 人。1955 年 307526 人、1968 年 409981 人、1978 年 500079 人。1990 年全国第四次人口普查(简称“四普”)，全县总人口 548438 人。42 年间，全县增加 280937 人、增长 1.05 倍。尔后，采取多种措施控制人口增长，稳定低生育水平。至 2009 年，全县总人口 598114 人。20 年间，全县增加 49676 人、增长 9.05%。人口变化详情见表 61－1－138。

安乡县 1990－2009 年人口变化情况

表 61－1－138　　单位：户、人

项目 年度	总户数	总人口	其中		项目 年度	总户数	总人口	其中	
			男性	女性				男性	女性
1990	139794	548438	280734	267704	2000	160269	577437	289676	287761
1991	141508	552168	282805	269363	2001	163426	577787	291814	285973
1992	142473	554972	283109	271863	2002	168094	578333	291748	286585
1993	142766	558595	283604	274991	2003	174602	579168	291441	287727
1994	142307	562397	285524	276873	2004	200792	581072	297371	283701
1995	142783	566296	288201	278095	2005	205017	582283	298020	284263
1996	142859	570855	289409	281446	2006	212322	590540	302023	288517
1997	144111	574368	292418	281950	2007	217300	597784	305474	292310
1998	144777	576141	293261	282880	2008	221998	587378	298698	288680
1999	144930	577379	293214	284165	2009	209333	598114	304148	293966

二　人口密度

全县总面积 1087.032 平方公里，1990 年总人口(下同)548438 人、人口密度(下同)每平方公里 505 人，2000 年 577437 人、每平方公里 531 人，2009 年 598114 人、每平方公里 550 人，人口密度在全省农业县及全市各区县(市)中居首位。1990 年人均耕地 1.21 亩、比 1949 年 2.63 亩减少 1.1 倍，2009 年人均耕地 1.33 亩、比 1990 年增加 0.12 亩。详情见表 61－2－139。

安乡县1990－2009年人口密度变化情况

表61－2－139　　单位:人、人/平方公里、亩

项目 年度	总人口	人口密度	耕地面积	人均耕地	项目 年度	总人口	人口密度	耕地面积	人均耕地
1990	548438	505	656783	1.21	2000	577437	531	625430	1.08
1991	552168	508	652337	1.18	2001	577787	532	640164	1.1
1992	554972	511	650379	1.17	2002	578333	532	630804	1.09
1993	558595	514	645068	1.16	2003	579168	533	629886	1.09
1994	562397	517	644285	1.15	2004	581072	535	677275	1.05
1995	566296	521	642802	1.14	2005	582283	536	697213	1.19
1996	570855	525	642575	1.13	2006	590540	543	659535	1.12
1997	574368	528	642365	1.12	2007	597784	550	691550	1.16
1998	576141	530	641739	1.11	2008	587378	540	666970	1.14
1999	577379	531	640164	1.1	2009	598114	550	794970	1.33

三　人口发展速度

1949年前,县内人口发展的总趋势为“高出生、高死亡、低增长”。1949－1977年,人口发展失控,出现“高出生、低死亡、高增长”,年均增长8179人。1978－1989年,为加强人口控制阶段,人口发展速度渐缓,年均增长4722人。1990－1999年,为严格控制人口增长阶段,人口发展速度更缓,年均增长3215人。2000－2009年,为稳定低生育水平阶段,年均增长1335.6人,实现了人口发展由“高出生、低死亡、高增长”向“低出生、低死亡、低增长”转型。

第二节　人口变动

一　人口自然变动

(一)人口出生

20世纪80年代后期,县内计划生育工作稍有放松,加之推行农业生产责任制和第二个人口生育高峰期影响,人口出生率回升。“四普”资料显示:全县0－4岁人口55017人,即1986－1990年上半年出生5万余人、年均出生近1.2万人、出生率高达22.87‰。1990年始实施《湖南省计划生育条例》,严格控制人口增长,人口出生率始逐年下降,1997年降至9.36‰、1999年降至7.57‰。2000－2009年,保持低生育水平,人口出生率稳定在9‰以下。

(二)人口死亡

20世纪90年代,人民生活水平提高,医疗卫生条件改善,全县人口死亡率大幅下降。1990－1994年,死亡16848人、年均死亡2808人、年均死亡率5.19‰;1995－2009年,死亡30239人、年均死亡2016人、年均死亡率3.56‰。

(三)人口自然增长

1989年后,全县人口出生率逐年下降,稳定在9‰以下,人口自然增长率逐年回落,稳定在4‰以下。1989年人口自然增长率为16.46‰、1990年为11.9‰、1991年为7.51‰;1992－1996年,最低年的1992年仅4.34‰、最高年的1996年仅6.2‰;1997－2009年,自然增长33046人、年均增长2542人、年均自然增长率3.53‰。

人口自然变动详情见表61－3－140。

安乡县1990－2009年人口自然变动情况

表61－3－140

年度	出生 人数	出生 ‰	死亡 人数	死亡 ‰	自然增长 人数	自然增长 ‰	年度	出生 人数	出生 ‰	死亡 人数	死亡 ‰	自然增长 人数	自然增长 ‰
1990	9697	17.68	3270	6.1	6526	11.9	2000	4518	7.86	1855	3.21	2685	4.65
1991	6859	12.46	2724	5.22	4135	7.51	2001	4127	7.15	1972	3.41	2155	3.73
1992	6382	11.5	2766	4.98	2409	4.34	2002	4898	8.48	1956	3.38	2949	5.1
1993	5458	12.18	2310	4.14	2856	5.13	2003	4368	7.57	1740	3.01	2664	4.6
1994	6642	11.81	2392	4.25	2856	4.95	2004	4282	7.47	1618	2.78	2673	4.6
1995	6477	11.51	2153	3.82	2982	5.28	2005	4677	8.11	2074	3.56	2603	4.47
1996	6447	11.38	2086	3.7	3539	6.2	2006	4842	8.45	2202	3.73	2640	4.47
1997	5342	9.36	2346	4.1	2642	4.6	2007	4733	8.63	2055	3.44	2678	4.48
1998	4836	9.44	2194	3.8	1774	3.08	2008	4861	8.27	2235	3.81	2626	4.47
1999	4361	7.57	2251	3.9	1542	2.67	2009	4917	8.22	1502	2.51	3415	5.71

二　人口机械变动

(一)迁　移

1990－2008年，全县迁入79707人，其中省内迁入71328人、省外迁入8379人，年均迁入4195人、迁入率0.74%；迁出54886人，其中迁出省内45903人、迁出省外8983人，年均迁出2889人、迁出率0.7%；年均总迁移8080人、总迁移率1.42%。

(二)流　动

20世纪90年代，随着城镇改革和农村生产力水平提高，大批分流下岗人员和农村富余劳动力外出求职，人口流动量增加。1997年，县内农村劳动力外出2.87万人，外地来县务工人员约5200人。2000年后，人口流动量进一步增加。2000年全国第五次人口普查(简称“五普”)数据显示：全县外出半年以上人口38494人、占总人口的6.93%，流入县内人口24067人。2008年，省流动人口服务管理网络监管平台开通。2010年流动人口信息显示：县内流出人口138636人、占总人口的23.6%，其中跨省流动52205人、省内流动83428人，已婚育龄妇女中的流动人口28561人。

第三节　人口构成

一　人口自然构成

(一)性别构成

1949年，全县男性人口占总人口(下同)的52.97%、女性人口占47.03%、男女性别比(以女性为100，下同)为112.56。随着经济发展和妇女地位提高，婴幼儿受到法律保护，重男轻女的旧观念逐步改变，男女性别比渐趋合理。1990年，男性人口占51.19%、女性人口占48.81%、性别比为104.87，比1949年下降7.69。2009年，男性人口占50.85%、女性人口占49.15%、性别比为103.46，比1990年下降1.41。详情见表61－4－141。

安乡县部分年度人口性别构成情况

表61－4－141 单位:人、%

项目 年度	总人口	其中				男女性别比 (以女性为100)
		男性	比例	女性	比例	
1949	267501	141706	52.97	125895	47.03	112.63
1960	333608	174181	52.21	159427	47.79	109.25
1970	432286	223249	51.64	209037	48.36	106.78
1980	506438	262307	51.79	244631	48.21	107.43
1990	548438	280734	51.19	267704	48.81	104.88
1995	566296	288201	50.89	278095	49.11	103.62
2000	577437	289676	50.17	287761	49.83	100.68
2005	582283	298020	51.18	284263	48.82	104.83
2009	598114	304148	50.85	293966	49.15	103.46

(二)年龄构成

第三至第六次全国人口普查数据显示:全县人口各年龄组占总人口的比重中,儿童少年组人口比重逐渐减少,成年、老年组人口比重逐渐增加,全县人口从年轻型向成年型、老年型转化。20世纪80年代始,全面开展计划生育工作,全县人口出生率不断下降,0－14岁儿童少年组人口比重亦不断下降,1982年为34%、1990年为25.6%、2000年为19.7%,2009年降至12%、比1982年下降了22%;15－64岁成年组人口比重逐渐上升,1982年为61.4%、1990年为68.9%、2000年为72.9%,2009年升至76.5%、比1982年上升了15.1%;由于人民健康水平不断提高,65岁以上老年组人口比重不断上升,1982年为4.6%、1990年为5.5%、2000年为7.4%,2009年升至11.6%、比1982年上升了7%。儿童少年组、老年组人口比重基本持平,人口再生产由增加型向稳定型过渡。详情见表61－5－142。

安乡县部分年度人口年龄构成情况

表61－5－142 单位:人、%

项目 年度	总人口	0至14岁		15至64岁		65岁及以上	
		人数	比例	人数	比例	人数	比例
1982	512652	174473	34	314905	61.4	23274	4.6
1990	548438	140400	25.6	377874	68.9	30164	5.5
2000	577437	113755	19.7	420951	72.9	42731	7.4
2009	598114	71774	12	457557	76.5	68783	11.5

二　人口区域构成

(一)自然区域人口

县境平原区人口多于山丘区人口,北部人口多于南部人口,陆地人口多于水上人口。1990年,平原区135877户、528759人,山丘区3128户、13088人,分别占总人口的97.58%、2.42%;北部75996户、304413人,南部63798户、244025人,分别占总人口的55%、45%;陆地137518户、535924人,水上1487户、5923人,分别占总人口的98.9%、1.1%。

2009年,县境平原区、山丘区及水上面积无变化,其人口分布比例亦变化不大。平原区218553户、570579人,山丘区3445户、16825人,分别占总人口的97.14%、2.86%;北部123192户、322647人,南部98929户、264731人,分别占总人口的54.93%、45.07%;陆地218658户、581844人,水上3340户、5534人,分别占总人口的99%、1%。

(二)行政区域人口

1990年,全县设8镇、13乡,辖41个居委会、263个村委会。城关镇16990户、57582人,大鲸港镇3061户、11075人,黄山头镇1760户、6796人,三岔河镇6504户、27620人,下渔口镇9132户、38015人,陈家嘴镇5804户、24794人,官垱镇6115户、23988人,焦圻镇5531户、21067人,安猷乡7693户、30038人,安宏乡5333户、20740人,安昌乡6132户、23922人,安生乡4587户、20172人,安造乡7877户、33175人,安全乡7136户、30877人,安障乡5137户、21109人,安福乡6644户、25929人,安凝乡6212户、24188人,安丰乡8656户、32216人,安裕乡6881户、26735人,安康乡6878户、26649人,安德乡4670户、17877人。另有县安民垸农场438户、1566人,县原种场417户、1595人,县养殖总场204户、713人。

1995年,安造乡并入黄山头镇。2008年,城关镇与安猷乡合并为深柳镇。至2009年,全县设8镇、11乡,辖31个社区居委会、256个村委会。深柳镇59578户、117897人,大鲸港镇7516户、15184人,黄山头镇14445户、39885人(含县养殖总场),官垱镇7769户、22070人,三岔河镇9021户、27070人,焦圻镇7233户、21560人,下渔口镇12258户、37811人,陈家嘴镇7919户、24380人,安障乡8270户、22989人(含县安民垸农场),安昌乡8517户、23098人,安宏乡6950户、20145人,安生乡7238户、20269人,安全乡9645户、30979人,安福乡8952户、26583人,安凝乡7701户、24716人,安丰乡11523户、34365人,安裕乡8614户、26980人,安康乡9304户、26196人,安德乡6305户、19665人(含县原种场)。另有县水上派出所管辖3340户、5534人。

(三)城乡人口

随着经济社会发展,小城镇建设加强,全县城乡人口中非农业人口逐年增长,农业人口逐年减少。1990年非农业人口99566人、占全县总人口的(下同)18.15%,1995年112691人、占19.9%,2001年125847人、占21.78%,2004年133486人、占22.97%,2007年151994人、占25.43%。1990－2007年,非农业人口净增52428人、比例增加7.28%,农业人口比例由81.85%降至74.57%。

三　社会经济成分

(一)民族构成

“四普”数据显示:全县共有14个民族人口,其中汉族541064人、占总人口的(下同)99.86%,少数民族人口796人、占0.14%。13个少数民族人口中,回族350人、土家族253人、苗族57人、蒙古族30人、藏族9人、满族6人、侗族7人、白族72人、壮族3人、朝鲜族2人、维吾尔族3人、傣族2人、黎族1人、外国人加入中国籍1人。

“五普”数据显示:全县共有21个民族人口,其中汉族576181人、占99.78%,少数民族人口1239人、占0.22%。20个少数民族人口中,回族247人、土家族504人、蒙古族186人、苗族85人、白族42人、藏族27人、彝族46人、维吾尔族15人、侗族18人、朝鲜族31人、布依族14人、土族10人、佤族4人、羌族3人、瑶族2人、水族1人、景颇族1人、塔吉克族1人、傈僳族1人、达斡尔族1人。

“六普”数据显示:全县共有23个民族人口,其中汉族525140人、占99.86%,少数民族人口704人、占0.14%。22个少数民族人口中,土家族290人、回族124人、苗族85人、哈萨克族65人、壮族29人、蒙古族14人、土族17人、布依族17人、黎族8人、维吾尔族8人、白族7人、侗族7人、仡佬族5人、彝族7人、瑶族5人、佤族4人、满族2人、朝鲜族1人、仫佬族5人、赫哲族1人、傣族1人、其他未识别民族2人。

(二)文化构成

新中国建立后,业余教育、扫盲教育、成人教育和学校教育迅速发展,特别是九年制义务教育的普及,全县文盲人口大幅度减少,文化人口的文化层次亦有明显变化。全县文化人口构成情况与第四至第六次全国人口普查全国、全省情况比较,每万人口平均占有数(下同)小学文化“四普”高于全国、低于全省,“五普”“六普”均低于全国、全省;初中文化“四普”“五普”均略高于全国、全省,“六普”均高于全国、全省;高中文化“四普”“五普”均略低于全国、全省,“六普”均高于全国、全省;大专及以上文化“四普”“五普”“六普”均低于全国、全省。

详情见表61－6－143。

安乡县部分年度6岁以上人口文化构成情况

表61－6－143　　单位:人、%

全国人口普查时间		“四普”(1990年)	“五普”(2000年)	“六普”(2010年)
文盲 半文盲	1岁及以上人口总数	403208	436736	462702
	文盲及半文盲人口数	73196	36803	18030
	占15岁及以上人口比例	18.15	8.43	3.9
小学	6岁以上总人口数	478988	516485	500480
	小学文化及在读人口数	223425	201401	136635
	占6岁以上人口比例	46.65	38.99	27.3
	每万人口平均占有数	4074	3488	2598
初中	初中文化及在读人口数	134417	206738	220975
	占6岁以上人口比例	28.06	40.02	44.15
	每万人口平均占有数	2451	3580	4202
高中 (中专)	高中文化及在读人口数	41781	59079	98249
	占6岁以上人口比例	8.72	11.44	19.63
	每万人口平均占有数	762	1023	1868
大学 (大专)	大学文化及在读人口数	2852	8104	24425
	占6岁以上人口比例	0.59	1.57	4.88
	每万人口平均占有数	52	149	469

(三)婚姻构成

随着新《婚姻法》实施和计划生育工作力度加大,县内早婚早育现象逐渐得到控制,婚姻解除量亦逐渐增多,婚龄人口中的婚姻状况也有微妙变化。

未婚　县内婚龄人口中的未婚人口,男性多于女性,且男性比重有上升趋势。“四普”资料显示:全县未婚人口98347人、占婚龄人口的24.39%,其中男性56745人、占未婚人口的57.7%,女性41602人、占未婚人口的42.3%,“五普”资料显示:全县未婚人口79575人、占婚龄人口的18.22%,其中男性50132人、占未婚人口的63%,女性29443人、占未婚人口的37%；“六普”10%抽样数据显示：全县未婚人口7352人、占婚龄人口的18.47%，其中男性4295人、占未婚人口的58.42%，女性3057人、占未婚人口的41.58%。

有配偶　包括初婚有配偶和再婚有配偶两种，“四普”至“六普”对此未予区分。“四普”资料显示：全县有配偶人口278334人、占婚龄人口的69%；“六普”10%抽样数据综合显示：全县有配偶人口29209人、占婚龄人口的73.39%。

离婚　20世纪90年代，县内离婚率上升。离婚后，县境城镇男性再婚容易，女性再婚困难，而农村女性再婚容易，男性再婚困难。“四普”资料显示：全县离婚人口2783人、占婚龄人口的0.69%，比1982年增加326人；“五普”资料显示：全县离婚人口4716人、占婚龄人口的1.08%，比1990年增加1933人；“六普”10%抽样数据显示：全县离婚人口713人、占婚龄人口的1.79%，比2000年增加0.71%。

丧偶　随着时代变迁，县内中青年丧偶后再婚视为正常，但部分丧偶者担心再婚后家庭关系处理问题而不愿再婚，亦有部分因未选择到合适对象未再婚。老年人丧偶后再婚尚未被社会普遍接受，部分遭到子女干涉或社会舆论指责。受诸多因素影响，丧偶人口占婚龄人口比例呈波动趋势。“四普”资料显示：全县丧偶人口23744人、占婚龄人口的5.9%；“五普”资料显示：全县丧偶人口28767人、占婚龄人口的6.59%；“六普”10%抽样数据显示：全县丧偶人口2523人、占婚龄人口的6.34%。

（四）劳动力资源构成

劳动力资源是一个区域具有劳动能力人口的总体体现，反映一个区域劳动力资源总量、结构、分布情况及利用程度。人口普查数据表明，县境属人口总量增长不快，农业人口比重大，劳动力资源较丰富的县。“六普”数据显示：全县劳动适龄人口370661人、占总人口的70.49%，比“五普”增长5.57%，但劳动力资源总量减少，是历年来控制人口总量增长的结果。从各年龄组劳动人口情况分析比较，低年龄组处于减少趋势，中年龄组处于增长趋势，劳动力比重中心值向大龄位移，与人口老龄化密切关联。“六普”全县劳动适龄人口中16－39岁年龄段194569人、占总数的52.49%，“五普”为247619人、占总数的66.06%，“六普”比“五普”下降了13.57%。虽然低年龄段劳动人口比例有所减少，仍占52.49%，处于轻型结构。丰富的劳动力资源，为县域经济社会可持续发展提供了可靠保证。详情见表61－7－144。

安乡县部分年度劳动力资源构成情况

表61－7－144　单位：人、%

项目／年龄	“四普”（1990年）		“五普”（2000年）		“六普”（2010年）	
	劳动适龄人口	占总人口	劳动适龄人口	占总人口	劳动适龄人口	占总人口
总计	357794	65.24	374849	64.92	370661	70.49
16至19岁	62442	11.39	34769	6.02	30760	5.85
20至24岁	67173	12.25	37519	6.5	43703	8.31
25至29岁	54155	9.87	54479	9.43	31088	5.91
30至34岁	37877	6.91	64464	11.16	36264	6.9
35至39岁	34300	6.25	56386	9.76	52754	10.03
40至44岁	33529	6.11	38020	6.58	59436	11.3
45至49岁	25398	4.63	31433	5.44	51077	9.71
50至54岁	23582	4.3	33411	5.79	35544	6.75
55至59岁	19338	3.53	24368	4.22	30035	5.71

(五)行业、职业构成

县境以农业为主。2009年,乡村人口468643人、占总人口的81.18%。乡村劳动力资源245623人,有从业人员217973人。其中农业172560人、占从业人员总数的(下同)79.17%,工业9592人、占4.4%,建筑业6383人、占2.9%,交通运输业3830人、占1.76%,信息传输、计算机服务业706人、占0.32%,住宿餐饮业2689人、占1.23%,其他行业16571人、占7.6%。全县有276个单位,其中企业79个、事业138个、机关59个。按国民经济行业分组为十八大行业,有从业人员25539人。其中农、林、牧、渔业278人、占1.09%,制造业3797人、占14.87%,电力、燃气及水生产供应业271人、占1.06%,建筑业7042人、占27.57%,交通运输、仓储和邮政业540人、占2.11%,信息传输、计算机服务业209人、占0.81%,批发、零售业244人、占0.96%,住宿餐饮业176人、占0.69%,金融业573人、占2.24%,房地产业275人、占1.08%,租赁和商业服务业349人、占1.37%,科研、技术服务业193人、占0.76%,水利、环境和公共设施管理业584人、占2.29%,居民服务和其他服务业57人、占0.22%,教育业4939人、占19.34%,卫生、社会保障和社会福利业1647人、占6.45%,文化、体育、广播、电视、娱乐业87人、占0.34%,公共管理和社会团体业4278人、占16.75%。

有专业技术人才6979人。按专业技术职务分,高级259人、中级3050人、初级3470人;按专业分,工程技术578人、农业技术513人、卫生技术1138人、教学4290人、经济103人、会计188人、统计30人、图书档案、文博35人、新闻、出版15人、律师1人、播音25人、体育6人、艺术15人、政工42人。

第四节 计划生育

一 计生管理

(一)计生行政管理机构

20世纪70年代初,县计划生育工作领导小组办公室(简称县计生办)成立,与县卫生局合署办公。1979年,全县各乡镇设计划生育专职干部(简称计生专干)。1984年,县计生办从县卫生局析出,置县计划生育委员会(简称县计生委)。是年,县、乡镇设计划生育工作领导小组,乡镇(场)设计划生育办公室(简称计生办)。1993年,县计生委更名为县计划生育局,1995年复名县计生委,2002年更名为县人口和计划生育局(简称县人口计生局),设办公室、政工股、财务股、计划统计股、信访办、网络信息中心、政策法规股、执法大队、流动人口管理站、宣传教育股、科技股、药具站、奖励扶助办等13个工作机构,辖县计生服务站。1991年,招聘、调配108人充实乡镇计生办队伍。至2009年,各乡镇计生办配主任、统计员、宣传法规员、药具员、技术员等5－7人,村(居)委会配计生专干,一般由村(居)委会妇女主任担任。

1988年2月,县计划生育协会(简称县计生协会)成立,乡镇、村(居)委会亦相继成立计生协会,计生协会配合计生行政管理机构工作。至2009年,全县计生协会会员发展到6.3万人,参与计划生育自我教育、自我管理、自我服务工作。

(二)计生依法行政

1990年前,县内主要靠行政手段和经济处罚约束生育行为。1990年,《湖南省计划生育条例》(简称《条例》)颁布实施,始用法律法规约束生育和计生行政管理行为,全县计生工作逐步走上法制化轨道。

1990年,县委、县政府抽调千名干部下基层,宣传落实《条例》,开展"五清两落实(清理计划外怀孕、超生处罚、早婚早育、非婚生育、生育领域里的不正之风,落实生育政策、人口计划)"工作。清出1987

年以来计外出生10802人并兑现处罚；清出计外孕妇7500余人，对其中近7000人采取了相应措施；清出计生不正之风24起，处理了相关责任人，收回不符规定的准生证85张。1994－2008年，处理违反《条例》的党员19人，其中2名科级干部被撤职。

对乡镇计生办班子和工作人员的选配，由县计生行政主管部门与乡镇党委、政府共同把关。20世纪90年代初，采取社会招聘、专业学校调配等方式，每个乡镇选配4－6人，形成108人的乡级计生专干队伍。为解决其后顾之忧，调动其工作积极性，此批专干后全部转为全民合同工。2009年，县委、县政府向社会公开招考录用全日制大专以上毕业生29人，充实乡镇计生办技术员、法规员、统计员队伍，乡镇计生办人员结构进一步优化。

2006年、2007年，县委、县政府相继制定《关于认真落实全县县乡村计生干部有关待遇的意见》《关于加强人口和计划生育工作奖惩考核的意见》，建立激励机制，落实、提高计生干部经济、政治待遇，稳定了计生队伍。计生队伍建设、管理引入竞争机制，实行定岗定责、优胜劣汰。同时，县、乡两级每年组织计生队伍业务和法律知识培训，提高其业务能力和执法水平。1992年，县内实行计生办事公开制度。1997年，依照法律法规程序，县内提出并执行计生执法“八个不准”，即不准非法关押、殴打、侮辱违反计划生育规定的人员及其家属，不准毁坏违反计划生育规定人员家庭的财产、庄稼、房屋，不准不经法定程序将违反计划生育规定人员的财物抵缴社会抚养费，不准滥设收费项目、乱罚款，不准因当事人违反计划生育规定而株连其亲友、邻居及其他群众，不准对揭发、举报的群众打击报复，不准以完成人口计划为由而不允许合法的生育，不准对未婚女青年进行孕情检查。2003年、2006年，县人口计生局相继制定《全县基层计生工作管理手册》《行政执法责任制》《行政执法过错追究制》《计划生育政务公开制及计划生育行风评议制度》，强化素质和作风建设，并加强民主监督，为依法行政提供了保证。至2009年，共处理违法、违纪计生干部28人，其中判刑1人。重点治理乱收费、乱罚款等行为，先后处理违纪计生干部12人。全县连续15年无一例计生恶性案件和计生行政复议案件。

（三）计生综合治理

20世纪90年代始，计生工作纳入全县各级党委、政府工作重要议事日程，计生工作的具体困难和问题得到及时有效解决。进入21世纪后，县、乡严格按规定将人口计生经费拨付到位，建立稳定增长的投入保障机制，落实计生优惠政策，为计生工作顺利开展提供了保证。建立计生工作党、政“一把手”亲自抓、负总责，分管负责人具体抓，县、乡、部门联农村工作点，村干部联组，党员、骨干联农户和计生专干联岗位职责的计生包干责任制，联系点的计生工作情况作为考核各级干部的重要依据。制定各级人口与计生目标管理规划，层层签订人口与计生工作责任状，实行计生工作“一票否决”制，评估并兑现奖惩。被否决的单位，其党、政“一把手”、计生领导小组组长、分管负责人、计生办主任一律实行诫勉并限期整改，其单位及上述人员当年一律不能评先、评优、晋级、调动和重用、提拔，整改不力再度被否决的单位，相关责任人一律免职。城关、官垱、大鲸港镇和安丰、安康、安生乡等乡镇连续多年获计生红旗单位，县委书记王先蒙、官垱镇党委书记雷光承、安生乡党委书记张烨、三岔河镇党委书记汤一平等先后获市委、市政府最重视计生工作领导奖。1995－2008年，86人获计生工作国家、省、市表彰和奖励。城关镇计生办主任向德元获国家计生委、人事部先进计生工作者。8个乡镇被“一票否决”，34名干部被取消评先和提拔资格，10名科级干部被免职。

1991年，全县计生综合治理责任单位由8个增至23个。每年初，县政府与责任单位签定计生综合治理责任状，年终考核兑现奖惩，形成了齐抓共管的局面。流动人口计生管理，各责任部门领导包片、干部包户，管理到人、服务到位。县公安、工商、房产、建设、劳动等部门联合，在流动人口办理证件、聘用或租赁房屋时，查验其婚育证明。历年来，全县流动人口持证率、查验证率、孕检率、合同签订率均达100％。2008年始，县内创新流动人口管理与服务模式，全面实行情感联系，亲情服务，让身在异乡的流动人口感受到“家”的幸福和温暖。其主要内容为“五个一”，即每周为留守儿童进行一次心理辅导，每旬走访一次留守老人，每月为流出已婚育妇发一条温馨短信,每季给流出人口打一个问候电话,每年春节前由乡镇政府为流出人口寄一张新年贺卡。“五个一”的工作经验由国家计生委向全国计生系统推介。社会抚养费征收,在县公安、法院等部门配合下,2007年、2008年,强制执行计生案件4起,社会反响良好。此间,全县征收社会抚养费300余万元。孕产妇管理,县计生、卫生部门配合,围绕生育、节育、不育共同做好技术服务,在接收孕产妇时查验其“生育证”。县计生综合治理责任单位联合组建打击“两非(非医学需要的胎儿性别鉴定、非医学需要的选择性别的人工终止妊娠)”办公室,宣传男女平等、关爱女孩、维护妇女儿童合法权益,建立综合治理出生人口男女性别比偏高问题案件查处长效机制。2005年以来,查处典型“两非”案件5起,对相关单位和责任人分别予以经济处罚和组织处理。2009年,全县人口男女性别比由2001年的111.38降至103.46。查处违法生育,清出1990年以来158名党员、干部和公众人物违法生育,纪检、监察部门查处34人次,10名县人大代表、6名县政协委员被取消候选人资格。加大投入,人口与计生工作经费按全县总人口年人均7.25元标准拨付到位,计生工作顺利开展。加快县、乡两级人口信息网络设施建设,1997年始均配备微机,2000年后换代升级,人口与计生工作实现了网络化、信息化管理与服务。2009年,全县人口与计生事业经费达到433.63万元。

(四)计生村民自治

20世纪90年代中期始,全县计生工作重心下移到村。1993年提出创村级“三无一好(无计外出生、早婚和早育,党群干群关系好)”;1994年始实施“三三金桥工程”试点,即通过“三个加强(加强基层基础工作、计划管理、法制建设)”,实行“三结合(与发展经济、农民勤劳致富、建设文明幸福家庭相结合)”和“三为主(宣传教育、经常工作、避孕节育为主)”架起“三座金桥(联系党群干群关系、群众勤劳致富、建设文明幸福家庭的金桥)”,提出以“村为主”管理计划生育工作;1996年,县政府《关于在全县广泛开计划生育“三三金桥工程”工作的意见》中提出,加强基层基础建设,全面落实计生“村为主”工作格局。至1997年,全县计生工作“县领导、乡负责、村为主、组配合、户落实”工作格局初步形成。

进入21世纪后,全县计生“村民自治”工作进一步发展和提高。2001年,在安康乡办点并向全县推广该乡安兴、安民、虾叭垴村发挥计生协会组织五个服务小组的作用和制定计生“村规民约”的经验。是年,全县175个村实现计生工作“村为主”、占行政村(居)总数的51.2%。2003年,采取“办点示范、以点带面,循序渐进、整体推进”的方式,发挥计生协会的优势和作用,村计生领导小组改村计生委,制定《村民自治章程》《计划生育公约》,村委会与计生对象家庭签订计生合同,强化村民自治。2005年,县政府发出《关于全面推进计划生育村(居)民自治工作实施意见》,在安裕乡安庆村、官垱镇安官村、三岔河镇长明村、安康乡大洲村办点,推进组织建设,发挥村级计生协会作用,村委会与育龄群众签订《生育节育管理协议》《流动人口管理协议》,建立“一二三四五(建好一支队伍、扣住两个环节、签好三份协议、坚持四项原则、开展五种服务)”的村(居)民自治模式并在全市推介。2007年,加强重点村管理,促进村民自治平衡发展,召开专项治理整治大会,逐村制订整改方案,县人口与计生领导小组与村支书签订整改责任书,县人口计生局与乡镇计生办建立重点村整治档案,县级领导明确重点村包干责任并加强督导。至2009年,全县246个村实现计生工作“村为主”,占行政村(居)总数的85.7%。

二 计生服务

(一)计生技术优质服务

1997年5月,县人口计生局出台《安乡县计划生育优质服务工作意见》,计生工作思路和工作方法转变,视广大育龄群众为主人,全县各级计生机构、组织及工作人员以育龄群众为服务对象,计生技术优质服务逐步发展完善。

设施设备标准化 县计生服务站始建于1984年,利用县计生委办公楼开展技术服务,设施设备简陋。1988年始兴建县计生服务大楼,1992年竣工,建筑面积400平方米,设15个床位,配B超、显微镜等。1997年,配优生遗传检测仪、红外线治疗仪、乳透仪等设备。2001年,重建县计生服务站,2003年竣工,建筑面积扩大到2480平方米,并配计生流动服务车1台。后通过改造升级,至2009年,设标准化手术室、接生待产室、婴儿游泳室、生化实验室、等离子妇科治疗室、B超和电子阴道镜检测室、门诊咨询室、门诊注射室、优生遗传检测室、药房、消毒室等技术服务部门。住院部设50个床位,另有家庭式康复室13个,且服务设施配备齐全。乡镇计生服务所建设始于1990年,至1991年全部建成,面积均达200平方米以上,大部分达到了省级“四优一满意”所标准。1993-1994年,乡镇计生服务所均配齐B超。1993年,村(居)委会“生殖健康监测室”基本建成,至2009年,服务设施不断改善,达到“卫生、整洁、适用、舒适”要求。

技术人员专业化 通过辅导、培训、公开招考录用产科专业毕业生,全县计生技术队伍专业水平逐步提高。县计生服务站有医学专业人员18人,妇产科执业医师6人,中级职称3人,技术力量达到《全国计划生育技术服务条例》要求。乡镇计生服务所有医学技术人员43名,每个乡镇有2名初级妇产科注册医师。2005-2008年,县、乡计生服务站(所)施行的计生手术无一例事故发生。

技术服务规范化 20世纪90年代中期,县内已婚育龄夫妇落实节育措施推广避孕药具,强化孕前管理与服务,每季一次查环查孕,控制意外怀孕率。1997年开始“避孕方法知情选择”,强化药具使用率和落实节育措施及时率,为已婚育龄夫妇采取安全、适用的节育措施。进入21世纪后,注重以人为本,技术服务更趋规范,有效地促进了县内育龄人群生殖健康水平提高。其主要措施为:已婚育龄人群“避孕方法知情选择”。让计生对象了解各种避孕知识、方法并进行必要的检测,推介适宜的避孕方法。术后随访。对随访的对象、时间、内容和随访人员严格要求,如发现异常立即报告乡计生服务所技术人员处理并专门随访。出生缺陷干预免费检测。对容易出生缺陷婴儿的孕妇进行B超或优生遗传检测,防止有缺陷的婴儿出生,避免造成家庭和社会负担。已婚育龄妇女不孕症诊治。县计生服务站每年组织1-2次不孕症诊治,共有100余名患不孕症的妇女接受技术人员的指导和医治而怀孕生育。免费“生殖健康村村行”和生殖健康监测。县计生服务站组织医疗骨干,常年下村免费咨询和普查,每年进行100个村以上就地低偿治疗。乡计生服务所每季到村开展一次生殖健康巡回监测,掌握节育措施落实情况并落实有效的避孕措施。2005-2008年,为育龄妇女提供生殖保健服务21万余人次、免费检查生殖疾病18.5万余人次、治疗各种妇科疾病6.5万余人次、为孕妇免费B超和产前检查1.5万余人次、查治不孕症980人次。

(二)计生利益导向服务

1994年后,全县人口与计生工作坚持“三结合”方针,立足计生利益导向为育龄群众服务。2003-2008年,县委、县政府先后出台《关于进一步落实计划生育若干优惠政策的通知》《关于落实农村计划生育家庭奖励扶助政策的通知》《关于人口与计划生育奖励优惠政策的暂行规定》等系列优惠政策,构建了少生奖励、特困救助、服务免费、政策优先、贫困扶助、奖励扶助“六位一体”计生利益导向体系。

2004年始,全县1748名计生奖扶对象享受国家720元/年生活补助,独生子女特别扶助对象391人,分别给予960元/年、1200元/年扶助金,农村、城镇居民计生各种节育服务全免费,农村居民计生各种办证全免费。2007年,县内启动“计生关爱行动”,投入30余万元,对一些受自然灾害、重大疾病、子女死亡、伤残等影响,生活贫困的计生对象家庭实施救助。县民政部门扶贫时,对重点村的独生子女家庭或两女户贫困家庭实施“四优先一提高”,即优先扶贫、安排项目、培训、提供技术,扶贫资金或实物发放数量比一般扶持户提高20%以上。2008年,县委组织部牵头,组织开展“关心流出已婚育妇,用乡情感召人;关爱留守学生儿童,用亲情感化人;关心困难留守老人,用温情感动人”为主题的“三关三情,温馨计生”活动,发挥流动党组织作用,解决当地流动人口的困难和问题并提供必要的服务。县人口计生局给每个“三关”对象户发放一张爱心卡,流出已婚育妇返乡后可凭卡到县、乡计生服务站、所免费进行B超、心电图、妇科等常规检查。全县287个村(居)为流出已婚育妇建服务卡,随访流出已婚育妇家庭38858户,流出已婚育妇电话登记率98%以上。县民政局对困难留守老人实施相关帮扶措施,相关单位为“三关”对象提供优质服务。2007－2009年,全县投入“三结合”项目资金110余万元,办“三结合”项目46个,受益计生对象户236户。全县各级计生协会配合开展计生优质服务和帮扶救助,2004年以来,帮扶、救助计生贫困对象1800余人、发放救助金185万元、308户独生子女贫困家庭脱贫。

(三)计生宣教服务

20世纪90年代初,县内计生宣传教育形成特色。1992年,全省计生宣传教育工作现场会在县内召开。进入21世纪,县内计生宣传教育形式在实践中不断创新,成为推动新农村建设,弘扬科学、文明、进步婚育观念,实现家庭文明幸福,稳定低生育水平的保证。实行计划生育逐步成为全县育龄夫妇的自觉行动,“少生优生、幸福一生”成为全民共识。

开展“婚育新风进万家”活动,发挥网络、媒体作用,加强县、乡、村人口学校等宣传阵地建设。县计生局联合文化、卫生、科技等部门,以“三下乡”为契机宣传婚育新风,促进育龄群众树立“科学、文明、进步”婚育观念。在人口学校举办5期教育培训班,播放计生科教片,县电视台和《县农业科技报》分别开办《生育—生活》《人口与计划生育》专栏,宣传计生政策法规、优生优育、避孕节育知识和典型模范事迹。2000年以来,先后组织开展“我为国策做贡献”万人签名、婚育知识读书竞赛、“婚育道德与家庭幸福”演讲赛等大型活动20余次、10万人次参与。县计生局与县电视台联合拍摄《跨越》《转折》《“村为主”之路》《和谐计生在安乡》等电视专题片。县计生协会与县文化局编印《国策新韵(计划生育演唱专集)》。县计生局、县委宣传部、县文化局联合举办“婚育新风进万家”文艺晚会3场并进行电视转播。20个乡镇组织婚育新风业余文艺宣传队,自编、自导、自演计生节目100余个,利用各种集会、节假日,为群众义务演出80余场。为育龄群众免费发放优生优育、节育避孕、生殖保健、婚育新风、“应知应会”知识等各类资料50万册(份)。2001年,县计生局投入10万元,在县境省道1804线建起“国策宣传长廊”,建计生宣传牌坊8座、永久性宣传标语300余条、永久性宣传牌100块,是为县内计生工作亮点。2008年,扩展到县内5条主要公路沿线、县直单位、乡镇集镇码头和村(居)委会周边,均布置永久性宣传标语、宣传栏、宣传画,县城繁华路口树起了大型计生公益广告画,营造了宣传氛围和新型生育文化氛围。2009年10月19日,县委、县政府在书院广场举办庆国庆60周年全县首届晚婚晚育集体婚礼,县委书记王先蒙为60对晚婚青年男女担任证婚人。

三 计生绩效

1990年后,计生工作纳入法制管理轨道,县内计生工作开创了新局面,绩效显著。至2009年,经历了两次大跨越。

1989－1999年,由全市末位到全省先进集体。克服了20世纪80年代后期生育秩序混乱和90年代生育高峰期双重压力影响,控制人口增长取得突破。人口出生率由22.87‰降至7.6‰、计划生育率由50%升至98.15%。自1991年始,安乡计生工作连续获市红旗单位、省先进单位,1993－1995年在全省评估排队中名列第二,先后七次在省计生工作会议上作典型发言、四次为省计生工作专题会议提供现场并介绍经验。1991－1997年,有6省、17地市的70余个团体到县参观考察计生工作。

2000－2009年,由省计生优质服务先进单位提升为全国计生优质服务先进县。自2001年始,连续8年省、市抽样调查结果显示:群众对计生工作满意率均达85%以上,人口出生率连续9年稳定在8‰低生育水平、计划生育率稳定在92%以上,获全市计生工作先进单位、红旗单位、全省计生优质服务先进县、模范县。2008年,获全国计生优质服务先进县。省、市计生工作现场经验交流会先后八次在县内召开,县内的计生工作先后十三次在省、市计生工作会议上作典型发言。2006年,全市执行的生育政策与省接轨(农村农民夫妇独女的可以生育二孩),至2009年,县内人口出生率连续4年稳定在低位,计划生育率和节育率均处于全省先进地位。

1990－2009年,按20世纪50、60年代平均出生率30.55‰比较,全县少生近24万人口,极大地缓解了人口增长过快给医疗、就业、教育、文化、保险、交通、治安等带来的压力,节约教育、抚养等费用近120亿元。计生绩效详情见表61－8－145。

安乡县 1990 －2009 年计生工作绩效分析

表 61 －8 －145

项目 / 年度	按平均出生率 30.55‰出生比较(人)					实际出生率(‰)	计划生育率(%)	节育率(%)
	应出生数	实际出生数	少生人数	应有总人口	实际总人口			
1990	16377	9697	6680	544706	548438	17.68	76.28	90.52
1991	16755	6859	9896	558334	552168	12.46	94.98	96.64
1992	17057	6382	10675	569009	554972	11.50	95.86	90.18
1993	17383	5458	11925	580934	558595	12.18	97.12	96.86
1994	17748	6642	11106	592040	562397	11.81	97.51	95.72
1995	18087	6477	11610	603650	566296	11.51	99.4	97.9
1996	18442	6447	11995	615645	570855	11.38	98.4	93.23
1997	18808	5342	13466	629111	574368	9.36	98.5	94.1
1998	19219	4836	14383	643494	576141	9.44	98.54	94.26
1999	19659	4361	15298	658792	577379	7.57	98.15	95.12
2000	20126	4518	15608	674400	577437	7.86	98.35	94.38
2001	20603	4127	16476	690876	577787	7.15	97.1	94.4
2002	21106	4898	16208	707084	578333	8.48	96.59	93.59
2003	21601	4368	17232	724316	579168	7.57	97.05	93.95
2004	22128	4282	17848	742164	581072	7.47	97.34	93.85
2005	22673	4677	17996	760160	582283	8.11	95.49	93.83
2006	23223	4842	18381	778541	590540	8.45	96.84	93.87
2007	23784	4733	19051	797592	597782	8.63	96.81	92.5
2008	24366	4861	19378	816970	587378	8.28	92.62	92.7
2009	24958	4917	20041	837011	598114	8.22	92.6	92.27

第五节　人口岁寿

一　人口平均预期寿命

1989 年,全县人口平均预期寿命为 68.3 岁(男性 66.3 岁、女性 70.3 岁),比 1981 年平均预期寿命提高 3 岁,年均增加 0.38 岁;2007 年,平均预期寿命为 71.4 岁,比 1989 年平均预期寿命提高 3.1 岁,年均增加 0.17 岁,接近全国人口平均预期寿命(72.5 岁)水平。

二　长寿人口

四普”资料显示:全县 90 岁及以上长寿人口 118 人、占总人口的(下同)0.02%,其中 100 岁及以上人口 3 人;“五普”资料显示:90 岁及以上长寿人口 306 人、占 0.05%,其中 100 岁及以上人口 2 人;“六普”资料显示:90 岁及以上长寿人口 1215 人、占 0.23%,其中 100 岁及以上人口 11 人。

2010 年,100 岁及以上寿星是:叶四婆,女,1908 年 2 月 7 日出生,住安凝乡东安村;朱凯云,男,1908

年2月12日出生,住深柳镇孟家洲村;周海秀,女,1908年4月20日出生,住安丰乡西台尾村;何端吉,女,1908年6月16日出生,住安凝乡新剅村;高永山,男,1908年8月8日出生,住安全乡两美村;腾桂英,女,1909年2月26日出生,住安全乡槐树村;杨二姑,女,1909年6月21日出生,住深柳镇文昌湾社区;文二婆,女,1909年9月15日出生,住黄山头镇白家岗村;王春英,女,1910年3月20日出生,住官垱镇兴隆村;丁少球,男,1910年9月1日出生,住安康乡泥剅口村;毛伏姑,女,1910年10月2日出生,住安障乡车家铺村。

第六十二章　民族　宗教

2005年前,县内民族、宗教工作由县委统战部管理。2005年3月,国务院颁布《宗教事务条例》,是年5月,成立县民族宗教事务局(简称县民宗局),机构、经费单列,编制独立。

第一节　民族工作

“六普”时,县内有22个少数民族,总人口700余人,以土家族、回族、苗族、哈萨克族为主,属散居型少数民族县域。1988年后,完成少数民族成分审查更改35人、大中专院校少数民族考生资格审查150人次;推荐12名少数民族干部进入党政职能部门任职;支持有困难的少数民族群众40人次,捐赠款物价值5万元;县政府对不食猪肉的回族、维吾尔族群众每人每月给予10元肉价补贴;为尊重回族、维吾尔族群众土葬风俗习惯,1991年5月,县政府、县委统战部与县城关镇协商,在城关镇围庵村划拨2亩土地作为回族、维吾尔族群众公墓用地;每年为清真寺2名年轻的阿訇解决生活补贴8000元;每奉县人大、政协换届,都推荐、安排2－3名少数民族代表或委员。

第二节　宗教工作

安乡属全市宗教派别组织和活动场所较多的县之一,有佛教、道教、伊斯兰教、天主教、基督教五大教派,佛教、道教、基督教成立了协会组织,基督教、天主教在相应地点均建起了具有一定规模的正规教堂,另有带宗教色彩的民间信仰活动场所。全县宗教工作按照独立自主、自办教会的方针和“自治、自传、自养”的原则,对已批准开放的宗教场所实行“定片、定点、定人”的管理模式。此外,帮助寺观、教堂建立完善学习、财务、教务、消防安全等八项规章制度,各活动场所的活动有序进行。县内佛教、基督教活动频繁,信徒活跃,尤以佛教事业发展较快。

1989年,首次开放下渔口镇基督堂、安造乡心福基督堂、官垱镇响水基督堂、黄山大顶忠济寺等4处宗教活动场所。后根据信教群众的要求和全县宗教信徒布局,又开放了一批宗教活动场所。1995年5月,全市宗教工作现场会在县内召开,安乡作典型发言。至2009年,经省民宗局批准开放的宗教活动场所42处,其中佛教13处、道教2处、伊斯兰教1处、天主教2处、基督教22处、民间宗教活动场所2处,分布在县境19个乡镇,宗教教职人员约1200人(以正一派道士居多)、信徒约3万人。历年来,县民宗局组织举办各种宗教团体学习班12期、500余人参学。按照“保护合法,制止非法,打击犯罪,抵御渗透”的工作方针,与县610办、县公安局国家安全保卫大队联手打击非法宗教活动点4个,制止筹建非法宗教活动场所3处。

一　佛教活动场所

县内已开放的活动场所13处,有信徒1300人,其中规模最大的属位于深柳镇的安乡观音寺。该寺始建于1997年,为满足广大信徒需求,2006年,县政府成立专门班子,组织社会各界力量捐资近千万元,扩建为湘西北最完善的佛教活动场所。2011年,获市级“和谐”寺观。

二　道教活动场所

县内已开放的活动场所2处,有信徒530人。2002年8月,将黄山头镇灵宝观划归县道教协会管理使用,定为道教活动场所。2004年5月,将官垱镇荷花观定为道教活动场所。

三 伊斯兰教活动场所

县内已开放的活动场所1处,即位于深柳镇下东门的清真寺,有信徒2000余人。

四 天主教活动场所

县内已开放的活动场所2处,有信徒220人。2005年7月,由澧县天主教堂和县内民间筹资,在县城关镇书院洲社区占地2亩,修建建筑面积约400平方米的教堂。同时,在县境安全乡两美村新建教堂1所。

五 基督教活动场所

县内已开放的活动场所22处,有信徒1800人。2000年12月,在城关镇城西北路占地2亩,修建建筑面积560平方米的教堂,是为全县基督教最大的活动场所。

宗教活动场所详情见表62－1－146。

安乡县2009年宗教活动场所情况

表62－1－146　　单位:人

界别＼项目	场所名称	场所所在地	信徒人数	负责人
佛教	观音寺	深柳镇	220	释广出
	南禅寺	黄山头镇	90	释演清
	忠济寺	黄山大顶	20	释元成
	水府寺	安丰乡汇口村	90	释演松
	观音阁	官垱镇	50	释海明
	极乐寺	大鲸港镇	150	贺修谱
	钟馗寺	下渔口镇	60	苏瑞林
	金龙寺	焦圻镇张家拐村	100	赵祖桃
	宫佛寺	焦圻镇新马村	40	潘耀法
	普光寺	深柳镇围庵社区	70	释常悟
	洪山庙	陈家嘴镇门板村	50	彭发松
	洪山庙	下渔口镇同心村	30	李翠英
	镇康寺	安康乡虾叭垴村	20	殷国荣
道教	灵宝观	黄山头镇	50	刘常春
	荷花观	官垱镇	480	曾永道
伊斯兰教	清真寺	深柳镇下东门街	2000	张连其
天主教	城关教堂	深柳镇书院洲社区	180	师国栋
	两美教堂	安全乡两美村	40	师国栋(兼)
基督教	城关教堂	深柳镇城西北路	210	刘元珍
	大鲸港教堂	大鲸港镇	60	宁桂珍
	双同教堂	安凝乡双同村	62	周玉双

续表 62－1－146

基督教	夹夹教堂	安福乡夹夹村	64	王关菊
	潭子口教堂	安福乡潭子口村	80	吴成秀
	兴福教堂	黄山头镇兴福村	98	李光秀
	丁堤教堂	黄山头镇丁堤村	126	蹇在林
	黄山头教堂	黄山头镇	128	席在珍
	官垱教堂	官垱镇	103	王洪高
	响水教堂	官垱镇响水窖村	100	刘经美
	大中教堂	安昌乡大中村	50	蔡金连
	董家教堂	安全乡董家垱村	45	金菊珍
	王家教堂	安全乡王家村	58	徐红娥
	安兴教堂	安康乡安兴村	30	宁兰珍
	杜家教堂	安康乡杜家村	50	王培兰
	夹口教堂	下渔口镇夹口村	95	尹阳春
	门板教堂	陈家嘴镇门板村	51	李雪贵
	重兴教堂	下渔口镇重兴村	83	高珍忠
	芦林铺教堂	安德乡芦林铺居委会	30	曾祥瑞
	大湖口教堂	安福乡大湖口村	114	张友新
	恒丰教堂	安全乡恒丰村	80	蔡连英
	沙堤教堂	黄山头镇沙堤村	68	张金枝
民间活动场　所	三清宫	深柳镇	70	黄明兰
	王爷庙	下渔口镇	50	余合光

第六十三章　风俗民情

古邑安乡，昔日之先古，多土著，俗尚简朴，民风敦厚。“水乡泽国”期间，屡遭洪泛，桑田沧海，民多逃亡。明万历元年(1573年)始修堤垸，以求安居。洞庭湖开始萎缩之后，堤垸修筑与岁俱增。清同治、光绪年间，泥沙淤阜，沧海桑田，移民涌入，风尚各异，杂然相存。新中国建立后，革旧倡新，旧俗多有改变，新风尚雏成相传。本章以土著和客土融汇一体的旧俗为主，新旧兼述。

第一节　生产习俗

古时，兴“丁日”播种，寓吉祥如意，人丁兴旺。后依时令演变成“清明泡种，谷雨下泥”。

古时，栽秧兴击鼓、唱歌。明洪武年间，知县吴申下乡督耕时，即景作《栽秧歌》，歌曰：“咏也呵，咏也呵，楚人竞唱栽秧歌。栽秧歌，时已及，闻得村村鼓声急……。”

栽秧首日，主家丰备酒菜，宴请本族本家尊长和栽秧帮工，谓“吃栽秧饭”。饭后，由主家或栽秧俚(好)手下田扯第一把秧，谓“开秧门”。

扯秧前，先用手向秧苗戽水，左三下，右三下，前三下，谓“赶秧风”，以免手腕中“秧风”红肿疼痛。若中“秧风”，即用扯下的秧苗擦拭。

使用机械排灌前，县人用脚踏龙骨水车车水，由一人或二人数数，谓“数水”，从一数到一百，再从一数到一百，或从一百倒数到一，数二百为一歌，或换班歇息，或停车歇息。“数水”象唱山歌一样，悦耳动听。

立春前栽树，俗语曰：“要想树成林，不让春晓得。”

入冬后，湖(河)主告示渔民，定期相聚，下湖(河)捕鱼，谓“开湖”或“开河”。“开湖(河)”时，挂红放鞭炮，异常热闹。

渔民捕鱼，如一地一次性捕鱼数量特多，视为不吉利，即将鱼放回一些，谓“放生”。

相传农历四月初八为牛王生日，不役牛，并喂给甜酒、鸡蛋等精饲料，以示“庆生”。

牛群放牧时，牧童多对歌相娱，方式为一逗一答。如一方逗唱：“什么水上打跟头？什么水上起高楼？什么水上撑洋伞？什么水上共白头？”一方答唱：“鸭子水上打跟头，大船水上起高楼，荷叶水上撑洋伞，鸳鸯水上共白头。”答唱不出，即遭嘲讽。对歌情趣横生，往往对得“太阳落山也不收”。

养猪，不养五爪猪、梅花猪、锅底猪。买仔猪曰“捉猪伢”，要勤快人捉，捉回后喂一瓢清水，寓勤吃、快长、不挑食。

养猪讲究栏干食饱。俗语曰：“养猪不为巧，只要栏干食饱。”

宰杀生猪时，要一刀杀死，不能补刀。

养鸡忌养五爪鸡、直腿鸡。

鸡生蛋季节，在鸡窝里放一个蛋，俗曰“引窝蛋”，以引鸡多生蛋。

造船不能用樟木。“樟”谐“张”，用樟木造的船易张头、易出海事。

新船造好后，披红庆典，祭祀鲁班与水神。

运输船只，船头供祖师灵位，船尾供杨泗菩萨。

船开航时不能讲话。

夜行船只，如有鱼跳上船，立即放生并丢钱物祭祀。

第二节　生活习俗

一　服饰习俗

县人极讲究穿戴，尤以青年男女为最，20世纪

80年代后为甚。其服装、巾帽、鞋袜、首饰的款式、花色等,因时代、性别、年龄、职业和时令、区域不同而异。本目仅记县城与农村青年男女的服饰习俗。

(一)服装习俗

清咸丰初年,城乡青年男女的服装无大的区别,男有长短之分,女为短装,上装短式,袖窄3寸。同治初年,上装长式,袖阔盈尺。光绪年间,复为咸丰款式。男以青、灰、蓝色为主,女喜红、绿相配。民国时期,县城男性公职人员喜着中山装、西装,女性喜着旗袍或裙,乡村仍旧。新中国建立后,服装长短有别,并逐渐改着新式短装,城乡基本一体。20世纪60、70年代,城乡青年男女喜着军装。80年代,县城青年男女喜着流行服装,长短相间,花色翻新,乡村青年男女大多亦是。

(二)头饰习俗

清末民国时期,女性戴耳环(富户)。冬季,县城男性喜戴帽,款式杂然相存,乡村男性喜裹长头巾,黑白相间。20世纪50年代无大的变化。60年代,乡村男性裹头巾者渐少,戴帽者渐多。60、70年代,城乡男性喜戴军帽。80年代,帽式多样,县城女性普遍戴耳环。

(三)脚饰习俗

20世纪50年代前,城乡青年男女均着布鞋,女青年多在鞋面绣花。60年代后,县城男女喜着凉鞋、拖鞋,且着袜。70年代末,乡村男女亦着凉鞋、拖鞋,但一般不着袜。80年代,城乡青年男女喜穿皮鞋,女青年始喜平底鞋,后多着中跟鞋、高跟鞋。

二　饮食习俗

县人以大米为主食,平常一日三餐。农闲季节,农村居民一般只吃两餐。

饭食,以干饭为主,穷苦人家亦有搭吃一餐稀饭的。

县人主食素菜,辅食荤菜。素菜以冬瓜、北瓜(南瓜)、丝瓜、辣椒、韭菜、苋菜、豆角、萝卜、白菜、豆腐为主,荤菜以猪肉、鱼、鸡、鸭、蛋为主。20世纪70年代前,乌龟、脚鱼(鳖)、狗肉极少作为食用,80年代始则成佳肴。

佐料,以辣椒、葱、蒜、姜为主。20世纪70年代后,渐添用酱油、味精等调味。

用餐时间,一般早餐八九点,中餐午后一二点,晚餐煞黑吃。

平常,家人用餐以素食为主,极简朴。但家里来客人后却非添荤菜不可,农村以自产的鸡、蛋为主,俗话说"来客杀鸡",城镇以肉、鱼为主,很少杀鸡待客。

宴请宾客,极为铺张排场,以荤菜为主,极少素菜,少则8碗、10碗,多则12碗、18碗,碗碗丰满,最忌客人将菜吃完。

平时用餐,不管人多人少,围坐一桌。但宴请宾客时,8人一桌,餐桌的摆置、客人的就座、出菜的顺序极为讲究。一般餐桌不对大门,尊客坐上座,头道菜为杂烩,第六道菜不出鱼,末道菜为汤。20世纪80年代,城镇多用圆桌摆宴,10人一桌,客人不分上席下席,随意就座。

时令饮食,有三月初三吃地米菜煮鸡蛋,五月初五吃粽子,八月十五吃月饼,春节打粑粑。俗谓"三月三,蛇出山",用地米菜煮蛋吃,或煎粑粑吃,以"塌蛇庵(洞)";吃粽子以凭吊屈原;粑粑团团圆圆,以贺家人团聚过新年。

三　居住习俗

县人喜分散居住,单家独院,极少连体建房。20世纪80年代末,始入住商品房。

房屋以坐北朝南为主,格式以两间(或三间)一偏一横屋见多,极少窗户。

修建房屋,俗谓"人生三件大事"之一,极为讲究。事先请风水先生选择宅基,择准吉日动工。建房期间,不能吵架、打架,不能讲不吉利的话,要和和气气,热热闹闹。上梁时,要抛发饼,唱《撒饼子歌》《上梁歌》《赞梁歌》。《上梁歌》曰:"脚踏云梯步步高,手执云斧摘仙桃。王母亲备蟠桃酒,庆贺贤东把梁套。"《赞梁歌》曰:"东方一朵紫云起,西方一朵紫云开,两朵紫云同合彩,张良鲁班下凡来。此日不是非凡日,乃是东家老板上梁之日。上梁日,上梁时,此刻上梁正当时……一根金线下海中,先钓鳌鱼后钓龙,先钓龙头出天子,后钓鳌鱼出将军。中间画的太极图,子子孙孙封王侯,兵书宝剑两边分,荣华富贵享不尽。"《撒饼子歌》曰:"一撒饼子福禄双全,二撒饼子鳌头独占,三撒饼子三星拱照,四撒饼子四季长春,五撒饼子状元及第,六撒饼子六合同春,七撒饼子毛兰七姊妹,八撒饼子八洞仙人.九撒饼子天长地久,十撒饼子十全十美。"安装大门时唱《安门歌》。歌曰:"一张门上安何宝?一举成名安一门。二张门上安何宝?和合二仙安二门。三张门上安何宝?桃源结义安三门。四张门上安何宝?四季招财安四门。五张门上安何宝?五子登科安五门。六张门上安何宝?六合同春安六门。七张门上安何宝?七仙神女安七门。八张门上安何宝?八洞神仙安八门。九张门上安何宝?九门安上摇钱树。十张门上安何宝?十门又安聚宝盆。左手开门金鸡叫,右手开门凤凰鸣,堂屋中门一门扇,某府万事不求人。"新房建成后,大摆酒席,宴请宾客,俗谓"贺新屋"。贺屋的宾客须放鞭炮,上贺礼,乃至唱《贺屋歌》。歌曰:"一进门来喜洋洋,主家修座好华堂。前有青龙并白虎,后有孔雀配凤凰。天口盖的琉璃瓦,地面又用宝石镶。左修库来右修仓,真龙地上起华堂。鲁班仙师来发墨,八洞神仙来踩脚。外雕一对金狮子,内雕双凤永朝阳。高屋大厦修得旺,荣华富贵万年长。"

第三节 礼仪习俗

一 生诞习俗

怀孕,俗谓"有喜了",举家高兴,看重孕妇,不让孕妇干重活,不让孕妇参与诸如婚嫁、丧葬等"冲喜"的活动。

临产前,不让孕妇回娘家,以免婴儿生在娘家,俗语曰:"生不在娘家。"

分娩时,由婆母或接生婆"捡生",他人不得进入产房,连丈夫也禁于房外。生男生女,不直说。生男曰"添了相公"或"大喜",生女曰"添了小姐"或"小喜"。婴儿呱呱坠地即鸣放鞭炮,以示庆贺。据说不放鞭炮,小孩长大后胆子(量)小。

婴儿降生后,其父须向亲戚"报喜"。向岳父母家"报喜"礼物为鸡、肉、蛋、酒、糖,生男备雄鸡,生女备母鸡。向其他亲戚"报喜"礼物为肉、蛋、酒、糖,每件礼品的数量为偶数,或1斤2两,或两斤。

婴儿降生3天既洗澡,谓"洗三",外婆家送来"毛衣"。

婴儿降生10天做"十朝",或满月做"满月酒",俗称"送祝米"。亲朋好友前来祝贺,主家设宴并备"红蛋"款待。

婴儿满月后,由娘舅接至家中小住,俗谓"出窝"。"出窝"时,在婴儿额头点一黑点.返回时则点一红点。

婴儿满一周岁时做"周岁",俗谓"送大祝米"。亲朋好友前来祝贺,主家设宴款待,做"周岁"时,在婴儿面前放置文房四宝、算盘等物什,由婴儿来抓,以测前程,谓抓晬俗称"抓周"。据说婴儿首先抓得何物,长大后就会从事何种职业。

婴儿降生时,如有人呼叫家里人,婴儿就没有奶(母乳)吃。呼叫者须给产妇送三天饭食,以"送回奶水(母乳)"。

婴儿出生后,第一个进屋的人曰"踩生",主家须煮"红蛋"给"踩生"者吃。据说不这样,婴儿长大后好(贪)吃。

二 婚姻习俗

(一)联姻方式

有指腹式、童养式、加亲式、转亲式、填补式、换亲式、买卖式、自由式等八种,20世纪50年代前以"老表开亲"的加亲式为最,俗语曰:"满山竹子根连根,亲上加亲亲又亲。"老表开亲又以姑舅老表居多。姑之女嫁给舅之子为妻,曰"回门亲",舅之女如同时嫁给姑之子曰"扁担亲"。新中国成立后,随着《婚姻法》贯彻实施,老表开亲渐少,至80年代基本无存。

(二)请　媒

旧时联姻,由父母包办,男家看中某家之女,即备礼物请合适人选为媒,俗谓“请媒”。俗语曰“有女千家求”,但亦有女家看中某家之男主动“请媒”的。20世纪80年代后,“请媒、提亲、合八字、看人家”等习俗在城镇基本杜绝,农村则有保留。

(三)提　亲

媒人受托之后,上女家说合,探视女家的意向,俗谓“提亲”。

(四)合八字

女家表示联姻的意愿后,男女双方即请算命先生合生辰八字,“八字”合,联姻程序继续进行,不合则中止。

(五)看人家

“八字”符合后,女家即选定日期,邀集至亲到男家去探视家境与婚姻当事人的相貌、人品,俗谓“看人家”。“看人家”时,男家热情招待,唯恐看不中。女家如看中男家,便接受男家的款待与馈赠,否则看完就回,婚联就此中断。

(六)发八字

人家看成后,男家即选定黄道吉日与女家交换婚姻当事人的生辰八字,俗谓“发八字”。“发八字”即表示婚姻已定。“发八字”时,男女双方均请至亲参加,以示祝贺。

(七)求　喜

结婚为人生第一大喜事,男方提出婚期,以求女方许嫁,俗谓“求喜”。

(八)过　门

女家许嫁之后,男方可到女家走动,第一次上门谓“过门”。女家热情款待,俗谓“新女婿过门”,唯恐招待不周。

(九)报　日

即男方将结婚的具体时日呈报女家。“报日”时,女家讲明嫁妆,向男家提出“水礼”。

(十)过　礼

结婚日子,女单男双,单日为女家正婚日,双日为男家正婚日。男家于女家正婚日的前一天,将“水礼”、新娘衣物等送至女家,俗谓“过礼”。礼品用专制的“抬箱”抬,抬箱愈多愈隆重,男家愈显气派,女家愈显荣耀。同时,女家将床、柜等大型嫁妆交男方带回。在城镇,家具等物件亦由男家购置。

(十一)迎　亲

男家正婚日,由新郎、媒人率“迎亲”人员到女家迎娶新娘。“迎亲”时,由一人携带鞭炮、糖果、香烟等物先至女家,俗曰“跑报名书”。女家于“迎亲”人员来到之前紧闭大门,“跑报名书”的人如被关在门外,即朝屋内放鞭炮,丢香烟、糖果,直至门开。

(十二)送　亲

陪送新娘出嫁曰“送亲”。“送亲”人谓“亲家”,新娘的长辈谓“老亲家”,新娘的同辈和晚辈谓“少亲家”。“亲家”为大,男方须请对等人员相陪,俗谓“陪亲家”。“亲家”返回时,男方要馈送礼物,俗曰“打发”。“亲家”动身回家时,男方鸣放鞭炮,俗曰“赶亲家”。

(十三)拜　堂

新娘进门后,要举行婚礼,俗谓“拜堂”,拜天地,拜父母,夫妻对拜,拜完后入洞房。

(十四)闹　房

新婚之夜,亲戚朋友,不分长幼,于新房内逗乐新郎新娘,俗谓“闹房”。“闹房”后,各尽其兴,新郎新娘羞于闹又乐于闹。

(十五)陪十兄弟

男家在正婚日的先天晚上,备10碗酒菜一桌,邀请9名未婚青年男子伴陪新郎,俗曰"陪十兄弟"。席间,父母多理喻训诫,伴陪者多尽兴祝贺。敬酒时多行《行酒令》。令曰:"一条黄龙过大江,口衔珍珠照四方。一照鸳鸯排成行,二照凤凰配成双,三照三元连及第,四照四海把名扬,五照五子齐登科,六照六国为臣相,七照七女下凡尘,八照太公遇文王,九照乌纱头顶戴,十照天宇拜玉皇。山中喜鹊朝凤凰,地下臣子拜君王,九位兄弟陪新郎。"酒一人一杯地敬,《行酒令》一人一句地唱,情趣横生。现"陪十兄弟""陪十姊妹"习俗在城镇基本无存,农村亦鲜见。

(十六)陪十姊妹

女家在正婚日的晚上,备10碗酒菜一桌,邀请9名未婚青年女子伴陪新娘,俗曰"陪十姊妹"。席间,父母多理喻训诫,伴陪者多祝贺。但更多的是哭,爹哭娘哭、兄哭嫂哭、弟哭妹哭,新娘尤哭,伴陪者也哭,俗谓"哭嫁"。新娘"哭嫁"有《哭嫁歌》,其内容为哭爹娘、哭哥嫂、哭媒人、哭姊妹、哭席、梳妆、辞祖、穿衣、上轿。

三　寿辰习俗

男女老少,每逢生日必庆贺。长辈生日,晚辈、亲友携礼品前往祝贺,主家设酒席相待。晚辈生日,长辈亦表祝贺,或送一礼品,或添食佳肴。

小孩兴做"十岁",青年兴做"三十六岁",均曰"做生"。五十岁后"做生"曰"做寿",男做进,女做满。"做寿"时,大宴宾客,鸣放鞭炮。

旧时"做寿"时,寿星端坐高堂,晚辈三拜九叩,曰"拜寿"。

"做寿"寿宴一般在上午开席,前往参加寿宴的宾客,需在上午赶到。

四　丧葬习俗

据旧县志载,安乡自建县以来,丧俗葬制单一,葬法为土葬,葬式为墓葬,葬具为棺木,葬制为单身葬。大姓旺族设有墓地,余皆散葬。1993年始,县内殡葬改革,推行火葬。就人生礼仪来说,丧葬的仪式规制因死者的辈分、年龄而别。享年60岁以上的男女俗称"老父老母",病、老而死谓"白喜事"。葬事极为讲究。因其繁琐,且多具有封建礼教与宗教迷信色彩,仅择要记之。

(一)送　终

养老送终谓第一大孝事。病人垂危之际,儿孙守护于前,静待仙逝。病人一死,儿孙即长跪床前,焚烧钱纸,俗谓"落气纸"(三斤六两),全家举哀。继而为死者净身整容,穿戴寿衣、寿鞋、寿帽,下榻(从床上移到地上),点长明灯,鸣放鞭炮"发丧"。

(二)报　丧

人死之后,孝子随即向亲友"报丧",即报告死讯、丧期、葬期等有关事宜。孝子登门"报丧"时,身穿孝服,或头戴孝帽,着草鞋,不遮天(即晴不戴笠,雨不打伞),于门外跪叩相告。登门"报丧"习俗,现城镇、乡村基本无存。

(三)入　殓

俗谓"装棺""进棺"。"发(报)丧"之后,亲友纷纷前来吊唁,待死者的至亲好友到齐之后,即行"入殓"仪式。"入殓"时,先将纸灰均匀撒在棺底,铺上"盖尸被",再将死者抬入棺内,按仰卧睡式放置,盖上"盖尸被",解开"绊脚线",揭除"盖脸纸",塞紧四周,然后斜盖棺材盖。

(四)封　棺

出殡前,道士擎幡引孝眷绕棺三周,盖棺,封纸口,钉子母钉,俗谓"封棺"。意此时为生离死别之时(再也看不到亲人了),丧眷大恸,号丧不止,满堂悲凄。

(五)出　殡

俗谓"出葬""出柩"。启灵时,孝子扛幡抱灵,跪于稻场(门前坪地),丧夫(抬棺之人)用丧绳托起棺材,一声吆喝,三进三退,抬至稻场,停于长凳之上,绑扎龙杠,丧家鸣放鞭炮,向外打扫灵堂。"出殡"队伍按序排列,一般是扛幡抱灵孝子、灵柩、孝子、其他孝眷、鼓乐班子、送葬亲友。“出殡”途中，鸣放鞭炮，抛丢钱纸（俗称丢买路钱）。中途歇息曰“落马”，孝子跪拜。柩至墓地，绕穴三周，随即安葬。葬毕，孝子沿“出殡”路线返回，安置灵位，俗谓“安灵”。至此，丧事结束。

（六）吊　唁

俗谓“作吊”。凭吊亲友先放鞭炮，后吊唁死者，长辈看视，平辈作揖，晚辈跪拜，孝子陪吊。

（七）超　度

俗谓“做道场”“做法事”。人死之后，孝子即请道士设置灵堂，超度亡灵。“法事”一般有迎神、开路、设灵、祭灵、开生方、破地狱、渡奈河桥、甩斋粑、祭孤魂野鬼、烧灵位、送神奠土等（女性亡者还有“破血盆”）。“法事”一般做 1－7 天不等，亦有做“七七四十九天”的。

（八）守　孝

死者安葬之后，孝子要居丧，俗谓“守孝”。一般守“五七”（35 天），做完“五七”为止，也有守一年的，做完“周年”结束。“守孝”期间，孝子不能艳装，不能饮宴，不能娱乐，以至不能外出。

第四节　岁时习俗

一　春　节

春节俗称“过年”，为一年内最重要的传统节日，自农历腊月二十三至正月十五元宵节，历时长，活动繁多，热闹非凡。

（一）送灶神

腊月二十三，相传为司命菩萨（灶神）上天向玉皇大帝汇报一家善恶之日，各家各户点锅灯，焚香祭拜，祈求灶神奏善事、驱火灾，同时祭送平时家中奉祀诸神。送神之后，诸神不在，百无禁忌，开始忙年。但家中如有丧事，当年不送神。

（二）过小年

腊月二十四，合家小宴，祭奠祖先，俗称“过小年”。民间各种游乐活动多从此日开始，俗曰“闹春”。又，相传此日高客子（老鼠）过年（亦有说过喜会，意即结婚），不宜吵闹，应早睡，保持安静。否则，“你吵它一天，它吵你一年。”

（三）忙　年

腊月三十前，“家家户户过年忙”，熬糖、打豆腐、打粑粑、打年货、贴春联、贴门神、贴年画、打扫卫生。打扫卫生一般在腊月二十八，俗语曰：“二十八，洗邋遢。”

（四）团　年

腊月三十为“大年”，在外行人皆赶回家中“团年”，俗称“鸦鹊老鸦都有个三十初一”。“团年”多在上午，亦有天亮前或晚上“团年”的。“团年”前，先用猪头、猪尾（猪嘴含猪尾）、大蒜敬菩萨，烧香鸣放鞭炮，然后闭门敬祀祖先，再合家入席“团年”。席上唯有鱼不能食用，留至来年吃，表示“年年有余”。吃“团年饭”的时间较平时吃饭的时间长，即使先吃完，也不能随便下席。吃完“团年饭”后，开门纳财，俗称“开财门”。傍晚时分，上祖坟送灯。

（五）守　岁

相传除夕夜晚，各路神仙下界巡视，清点人丁。为让神仙知道人丁兴旺，各家各户用大树蔸生旺火，合家通宵叙谈，俗谓“守岁”。即使小孩要睡，也要睡在渣窝（灶前放柴草的地方，灶神会奉告各路神仙，此家不缺人头）里。俗语曰：“三十的火，十五的灯”“你守菩萨爹爹一夜，菩萨爹爹守你一年。”

（六）出　行

正月初一拂晓，合家穿上新衣，洗净手脸，然后大开正门，选准方位祭拜天地，用柴蔸燃放鞭炮，俗谓“出行”。“出行”毕，带柴（财）蔸进屋，紧闭大门，俗称“紧财门”。进屋后，媳妇给公婆筛糖茶或蛋茶，长辈接受晚辈礼拜,亦给年幼儿孙“压岁钱”(‘岁’谐‘祟’,意压住邪气)。20世纪80年代始,城镇多零点“出行”,中央电视台午夜钟声响后,鞭炮烟花齐放,一片欢腾。

(七)拜　年

初一不出门,在家拜父母,但若有亲友先年仙逝,初一要前往拜祭,俗称“拜新年”。初二拜丈人。初三以后亲友邻里互拜,直到正月十五,俗语曰:“有心拜年,十五不迟。”此间,狮子、龙灯、三棒鼓、道情、说鼓、地花鼓、竹马等沿门“闹春”。

(八)送　年

正月十五,“过年”结束,城乡皆舞龙舞狮庆贺,家家户户吃元宵、点夜灯,又称“元宵节”或“灯节”。新中国成立后,农村仅点夜灯,显得较平淡。城镇(尤其是县城)较为热闹,烟花鞭炮,舞龙舞狮,张灯结彩,盛于新中国成立前。

二　其他节日

(一)社　日

农历二月初二,相传为土地神生日,俗谓“社日”。乡民多轮流做土地会,祭祀土地神,祈祷风调雨顺,五谷丰登。

(二)上巳节

三月上旬第一个巳日,又称“踏青节”,县人多在此日远足春游。

(三)清明节

正日的前三天或后四天,各家各户上祖坟祭扫,烧钱纸、挂幡、放鞭炮,谓之“挂山”或“挂清”。但清明节当天不祭扫。

(四)端午节

农历五月初五,又称“端阳节”。各家各户插艾蒿、挂苍蒲、包粽子、饮雄黄酒,城镇划龙船(赛龙舟)。未婚或新婚女婿尤重此节,皆在此日拜走岳父母家。

(五)中元节

农历七月十五前后,俗称“七月半”,或“亡人节”,或“鬼节”。县人甚重此节,俗语曰:“人小月半大。”初十前接新亡人,十二三日接祖宗,皆备丰盛的醮饭。十四前送亡人,包封钱纸,书写列祖列宗姓名,傍晚画圈放入各自圈内焚烧,并点燃香、烛,燃放鞭炮。十四或十五晚上做“盂兰会”,放河灯,点天灯,祭祀所有亡人。

(六)中秋节

农历八月十五,俗称“团圆节”,或“八月十五”。家家户户吃月饼,合家团圆会餐赏月。为人婿者皆在此日拜走岳父母家。

(七)冬至节

冬至后,气温下降,宜腌制腊肉腊鱼等腊菜,各家各户开始杀猪宰羊,腌制腊肉、腊鱼,准备“过年”。

第五节　信仰习俗

一　神灵信仰

旧时,县人多为泛神论者,相信万物在灵,自然神灵、人物神灵、阴间神灵、动植物神灵及其他神灵等,均能给人带来祸福。官府以祭祀自然神灵、人物神灵为主,民间则所有神灵皆祭。但除特定时间和特殊事件外,县人平时所祭统称为“菩萨”。新中国建立后,神灵信仰习俗逐渐淡化,一般只有民间祭祀,且种类减少。

(一)自然神灵

天象神灵　有太阳神、风神、雷神、雨神等。明、清时期,县内设有风云雷雨山川坛,每年春秋二仲上戊日,由县府官员登坛祭祀。

大地神灵　有土神，明、清时设有社稷坛，每年春秋二仲上戊日与风云雷雨山川坛同祭。地神，官、民皆祭。灶神，为家神，私祭为主。火神，有火神庙，民祭。水神，有水神庙、保堤庙、青龙宫、杨泗庙，前二者官、民皆祭，后二者民祭。

（二）人物神灵

神农氏　清代，县内设有神农坛，每年春秋二仲上戊日，由县府官员登坛祭祀。

孔子　有文庙，官祭、读书人祭。

关羽　有关帝庙，官、民皆祭。

谢公真人　有忠济祠，官、民皆祭。

赵公明　有财神庙，民祭。

岳飞　有白马庙，民祭。

妈祖　有天后宫，首为落籍县内的福建人祭，后县人亦祭。

鬼谷子　有鬼谷子庙，盲人祭。

赵子龙　有赵侯庙（俗名子龙庵），民祭。

观音　有观音庙，民祭。

独脚五显（灵官）　有五显庙，民祭。

马援　有伏波将军庙，民祭。

钟馗　有钟馗庙，民祭。

尉迟恭、秦琼　门神，家祭。

（三）阴间神灵

有阎君、鬼魂、无常等。明、清时期，县内设有邑厉坛，专祀厉鬼，乞不害人。民间尤信，民众每有灾病皆祀鬼魂。

（四）动植物神灵

有黄鼠狼精、高客子精、牛猖、都神（怪兽）、五通（驴神等）、鲇鱼精、黑鱼精、柳树精、莲花神等，其中都神、五通设有庙。动植物神灵以邪神为主，民众认为其作祟时祭之。

二　祖灵信仰

明、清及民国时期，县内旺族及富门皆立有祠堂或家庙，供祭同族祖先或曾给同族带来荣耀的先人。家庭皆设神龛，以供祭直系近祖为主。祭祀以“大年、中元节、清明节、忌日”最为隆重。一般为灵前祭或餐前祭。遇灾异时，求祖先保佑，重祭。

三　民间俗信

县内民间俗信极为普遍，且多具迷信色彩。新中国建立后，随着文化水平的提高和科学知识的普及，民间俗信逐渐淡化。

（一）天象俗信

正月看见太阳落土（山）多，则俗信年景好，反之则差。三月初三，若恶风陡雨大雷，则虫蛇不凶，反之则凶。七月初七夜半，未婚女子净身后躲在黄瓜棚里看牛郎织女银河相会，能乞巧。立秋落（下）雨或吹北风则秋天多雨凉爽（谓顺秋），晴或吹南风则秋天多旱炎热（谓斗秋），俗语曰：“顺秋十八暴，斗秋十八豹。”十月十六，寒婆婆打柴，晴则冬冷，雨则冬暖。除夕，天空亮则大水，哪方亮水在哪方；星辰多则棉花减产，俗称“有天花无地花。”月初，晴则晴日多，雨则雨日多。月食、日食皆主灾。陨星死人，俗称“天上一颗星，地上一个人。”陨扫帚星（彗星）主灾。陨拖尾巴星（俗称“火羊”），俗信定有大火灾。

（二）动植物俗信

狗哭、狗作揖、狗打洞均兆灾。鸟屎落身主孝。母鸡打鸣不吉。鸡上屋不吉。见蛇交合不吉。乌鸦叫兆灾。竹子开花兆灾。猪误投其家，其家必穷。狗、猫误投其家，其家必富，俗语曰：“猪来穷，狗来富，猫来了守仓库。”喜鹊叫，有客到。桃木能避邪。

（三）孕妇婴儿俗信

孕妇妊娠反应强烈，多为男孩，反之则为女孩。孕妇梦蛇多生漂亮女孩。扭伤之后，由孕妇按摩疼痛即除。婴儿脐带掉后，包好放于潲水缸底下，婴儿必能吃，不挑食。婴儿生下后要捆手脚，长大后做人规矩。婴儿第一次出门，在其额头上点一墨点，能避邪。婴儿第一次过河丢钱于水中，日后不怕水。

(四)其他俗信

梦青色有客来,梦白兆喜、红兆灾。梦男人哭退财。梦男人穿艳服、女人光身子兆灾,俗称“男怕穿,女怕脱”。梦掉牙齿兆喜、长牙齿兆灾。梦见牛有财喜。梦见鸡多口嘴(吵架)。梦家中唱戏兆灾。左眼跳兆福,右眼跳兆祸;早晨眼皮跳兆官司,晚上眼皮跳兆财喜,中午眼皮跳兆有客来。俗语曰:“早跳官司晚跳财,中午眼跳有客来。”眼中现蜘蛛、蚂蚁等幻影兆大灾(俗称“挂影子”或“挂镖”),可斋戒、讨百家米、行善化解。除夕、大年初一若有青年男子进门兆喜。年初办事顺心,一年办事顺心;早晨办事顺心,一天办事顺心。药渣子倒在大路上让人踩,病好得快。要得发,不离八。恶有恶报,善有善报。龙生龙,凤生凤,高客子生儿打地洞。

附:迷信

旧时,县内迷信活动极盛,流毒甚广。新中国建立后禁止,职业迷信人员得到改造,敬神拜菩萨和丧葬等迷信活动渐于20世纪50年代末期禁绝,但民间潜在的算命看相等迷信行为依然存在。80年代中期后,迷信蘖根滋生新芽。纵观古今,主要的迷信活动有以下十八种。

(一)打十保福

家人生病,神志不清,昏迷不醒,信为被吓掉了魂。即请巫师祈求神灵,收魂避邪,谓“打十保福”。20世纪50年代末禁绝。

(二)喊 魂

小孩昏迷不醒,或喋喋呓语,信为三魂七魄游离在外,即于晚上二三更时分为其“喊魂”。一人喊“某某伢儿,你回来哟,”一人答“回来了”,从外面喊至床前为止,连喊三晚。

(三)杀夜猪子

家人重病,信为鬼神顽固纠缠。即请巫师请神祈灵,鸣锣杀猪,亲朋聚食,谓“杀夜猪子”。20世纪50年代末禁绝。

(四)下马脚

家人患病,神经错乱,胡言乱语,信为妖精迷住心窍。即请巫师降妖捉怪,巫师装神弄鬼,谓“下马脚”。20世纪50年代末禁绝。

(五)烧 包

夜间梦见已故亲友,或偶尔头痛发烧,信为亡灵在阴间没有钱用,归家作祟,即购买纸钱,包成包封,写上亡灵姓名,备酒饭祭祀,然后装香叩头,到屋外化烧,祈祷亡灵保佑。20世纪50年代末禁绝,70年代后复兴。

(六)拜神敬神

老人祈长寿,妇女求子嗣,病人祈康复,即备香烛、供品、灯油,拜庙敬神,许愿还愿。20世纪50年代禁绝,80年代又露端倪。

(七)请神打醮

乡间若久晴不雨,或久雨不晴,禾苗干枯或水淹,即由地方绅士出面筹募捐款“打醮”,祈求菩萨降雨或止雨,秋收后,不管丰欠,均要酬谢神恩,唱戏还愿。20世纪50年代禁绝。

(八)做水陆道场

旧时成人亡故,即请道士“做道场”,超度亡灵。20世纪50年代末禁绝,但80年代后渐兴,以农村为甚。

(九)看相算命

县人信天命,生病、破财、遭灾,都是命中注定的,或出现心悸、眼跳、耳鸣、脸红等生理异常现象,或梦见已故亲友,都信为不祥之兆,即请职业迷信者“看相、算命、测字、卜卦”,测凶吉,定方度。20世纪50年代末禁绝,80年代复兴,且较为普遍。

(十)送关煞

县内妇女多为未出童关(未满12岁)的儿女算命,预测凶吉。若犯“关煞(阎王关、断桥关、落井关等)”,险有夭折,即用雄鸡、三牲、酒醴、包封、香、米、布、五色线等“送关煞”,祈祷神灵,化凶为吉。20世纪50年代末禁绝。

(十一)放河灯

县人信奉七月初一开“鬼门关”,孤魂野鬼游荡各处,找吃找喝找钱,即请道士开“盂兰会”,用三牲、水果普度各方孤魂野鬼,并在河上“放河灯”,以免溺水而亡的野鬼上岸干扰地方。20世纪50年代禁绝,20世纪末渐兴。

(十二)看风水

县人迷信“风水”,富豪人家修造房屋、选择墓地,均请阴阳先生观测“风水”。20世纪50年代禁绝,20世纪末渐兴。

(十三)放　生

农历四月初八(佛的生日),善男信女多买鱼、鳖抛入河湖中,“放生”积德。20世纪50年代禁绝,现在部分信教民众中盛行。

(十四)斋　戒

流行甚广,以妇女“吃斋”为最,以吃素食和不杀生为“斋戒”内容。多以初一、十三为“斋戒日”,亦有终年“斋戒”者。

(十五)躲摆子

疟疾俗称“摆子”,若患疟疾,信“摆子鬼”作祟,用泼冷水、桃树枝抽打驱鬼。患者跑到野外,取下裤带,捆在树上,以摆脱“摆子鬼”的纠缠。20世纪50年代禁绝。

(十六)讨百家钱

旧时,家长为儿女长大成人,“讨百家钱、千家衣”,制成项链、缝成衣裳,让儿女穿戴,祈望消灾免病,长命百岁。20世纪50年代禁绝。

(十七)安夜哭郎

婴儿夜间啼哭不止,信为鬼神作怪。即书写“天皇皇,地皇皇,我家有个夜哭郎,过路君子念一念,一觉睡到大天亮”的纸条若干,贴于路口,祈安神止哭。20世纪50年代禁绝,现城乡偶有所见。

(十八)赶产难鬼

妇女难产,信为“产难鬼”作祟。即烧“催生符”,敬“催生娘娘”,并甩掷碗盆以作大声,或向窗外放鞭炮、鸣铳,驱赶“产难鬼”。20世纪60年代禁绝。

第六节　民间禁忌

作为风俗习惯一类的较为低级形式的民间禁忌,安乡古已有之,而且涉及广泛,本节仅择要记述人事禁忌之大要。新中国建立后,特别是随着社会的进步,有些民间禁忌逐渐淡化乃至消失。

一　人体禁忌

男忌女相。

人体,忌上身短,下身长。俗语曰:“上身长,伴君王;上身短,福分浅。”又,“上身长,坐中堂;下身长,走忙忙。”

忌五官不正。俗谓五官配置主心,“五官不正心不正。”

忌人中过短、窄长。据说人中主寿、主子,人中短则寿命短,“人中窄又长,有子也难养。”

忌三角眼、水蛇眼、四白眼。俗谓三角眼主奸,水蛇眼好色,四白眼克夫。

忌鹰钩鼻,“鹰”谐“阴”。俗谓鹰钩鼻小气、阴险,“钩钩鼻子钩钩心。”

女子忌颧骨过高,俗谓高颧骨女子好色,“女人颧骨高,杀夫不用刀。”

忌张风耳。俗谓张风耳主浮,遇事慌张,办事不稳妥。

男子忌嘴小,女子忌嘴大。俗语曰:“男大吃八方,女大吃菜糠。”又,“嘴巴小而圆,衣食两难全。”

手指,男忌粗壮,女忌细长。俗语曰:“男指尖尖一支笔,女指尖尖无饭吃。”

手指并拢时忌间隙。据说无间隙聚财,有间隙漏财,间隙越大越漏财。

女子忌“断掌”。俗谓“断掌”克夫。

忌面部长痣。俗语曰:“面无善痣。”

忌面部无肉。俗语曰:“脸上无肉,做事挖启。

忌落发。

忌拔白发。据说拔一根长十根,越拔越多。

新生儿忌未满月剃胎发。

青年、老年忌身体发胖。俗语曰:“后生发福,棺材当屋。”又,“千金难买老来瘦。”

小孩掉落的牙齿要丢在屋顶上,忌丢在地上。据说丢在地上不长牙。

小孩长牙时,忌用舌头舔牙根,新牙长出后忌用舌头往外抵。据说舔了不长牙,抵了长凸牙。

忌别人踩自己的影子,为死人入殓时尤忌将自己的影子映进棺材。

二　性别禁忌

忌男女同坐一凳。

忌男女尤其是青年男女相互看视。

叔嫂、伯婶忌言谈。俗语曰:“叔嫂不通问,伯婶不交言。”

男女衣物忌同盆洗涤、同篙晾晒。

男子头,女子腰,忌异性触摸。俗语曰:“男子头,女子腰,只准看,不准捞。”

男子忌做女工。俗语曰:“男做女工,越做越穷。”

男子忌从凉晒的女人衣裤下穿过。

男子忌用女子的浴盆、浴巾。

男子忌穿女人的衣服。

女子忌高声说话,浪声大笑。俗语曰:“笑不露齿,话不高声。”

女子忌抬头挺胸走路。

女子忌参加社交活动。女子社交谓“疯”,谓“野”,谓“不正经”,谓“不守妇道”。

女子忌看戏。俗谓女子看戏有伤风化。

女子忌上屋面(顶)。

女子忌上果树。据说女子上了树树就不结果。

女子忌从正在修建的桥上走过。

女子忌跨扁担等生产工具。

女子忌踩船头。

女子的衣物忌晒在大门口、当路处,忌晒得过高。

女子忌坐在大门门槛上。

女子忌从男人的头上跨过,忌踩男人的帽子。

女子忌打男人的嘴巴,尤忌用月经带打男人的嘴巴。

女子忌打鼾。俗语曰:“男鼾田庄,女鼾空房。”

三　婚姻禁忌

忌同姓通婚。

忌异辈通婚。

忌门户不当通婚。

忌自由婚配。俗语曰:“男不亲求,女不亲许。”

忌无媒婚配。

未婚女子婚配忌“填房”,尤忌姨妹配姐夫。俗语曰:“好铁不打钉,好女不填房。”又,“哪有饭甑没得箍,哪有姨妹配姐夫。”

忌生肖相克,八字不合。

忌幼婚于长。

忌女家催嫁。

忌无春年婚嫁。俗谓无春年为“寡年”,寡年结婚,或无子,或夫早丧寡居。

忌服丧期婚嫁。

忌一年又娶又嫁。

忌经期结婚。俗语曰:“骑马拜堂,家败人亡。”

忌请寡妇或儿女不全的女人铺新床、做伴娘、送(迎)亲。

新娘哭嫁时忌不哭,迎亲途中忌啼哭。

新娘上轿时忌脚踩地。

新娘进门时忌踩门槛。据说新娘身带煞气,踩了门槛,夫家会威风扫地,家败人亡,断子绝孙。

迎亲队伍来回忌走现(老)路。

结婚之日忌人讨债、寻仇。

忌寡妇、戴孝者闹新房。

洞房花烛夜忌吹熄灯烛。据说谁吹熄谁死,谁先吹熄谁先死。

蜜月忌空房。

婚宴撤席时，忌将碗、盘重叠。据说犯“重”会导致重婚。

忌入赘。

忌寡妇再嫁。

忌在娘家同床共枕。

忌房事不节。

忌经期与分娩前后行房事。

忌在他人家里行房事。

忌婚外性行为，女子尤忌婚前的性行为。

四　生养禁忌

孕期忌动土。据说动土动胎气。

孕期忌钉钉子。据说会钉死胎儿。

孕期忌塞洞。据说会把胎儿塞成实屁俺（无肛门）。

孕期忌在门槛上砍东西。据说会砍缺胎儿的嘴唇。

孕期忌搬动房里的大型器物。据说动物则动胎气。

孕妇忌吃辣椒、生冷食物。

孕妇忌夜出，尤忌夜出不归。

孕妇忌与孕妇同床而眠。据说会换胎。

孕妇忌参与红白喜事。俗谓“喜冲喜，害自己。”

孕妇忌坐产妇的床头。

孕妇忌跨扁担、踩牛绳、肩披线绳。据说跨扁担会横生婴儿，踩牛绳会难产，线绳会缠死胎儿。

忌在娘家分娩。

产妇忌冷风、冷水。

产妇忌哭。

产妇忌未满月串门。

产房一月内忌生人进入，尤忌经期妇女、孕妇、新娘子、戴孝者进入。

婴儿出生时忌脐带缠绕脖子。据说这样的孩子难养。

婴儿忌农历七月十五、大年三十出生。据说七月十五出生的孩子是鬼胎，大年三十出生孩子是“尽头蠢宝。”

婴儿未满月忌串门。

婴儿入睡后，忌在脸上涂抹颜色。据说婴儿入睡后魂魄游离，涂了颜色，魂魄回来后不识归宿。

幼儿忌吃鱼籽。“鱼”谐“愚”，吃了鱼籽愚蠢。

幼儿忌数星星。据说数不明白，长大之后不明白（不聪明）。

幼儿忌玩火。据说玩火容易撒尿（尿床）。

五　服饰禁忌

中年妇女尤其是老年妇女忌穿花衣。

过年、过节、喜庆之日，忌穿纯白、纯黑衣服。

婚服忌白色。

丧葬期间忌穿红色、花色衣服。

守孝期间，丧眷忌穿艳服。

寿衣忌用缎面制作。“缎”谐“断”，据说缎面做寿衣会断子绝孙。

寿衣衣袖宜长忌短。据说手长衣袖短，儿孙要讨饭。

衣服破了忌不及时缝补。俗语曰：“小洞不补成大洞”“一尺不补二尺五”。

衣服破了忌穿在身上缝补。俗语曰：“穿起连，讨人嫌。”

忌穿戴不周。

忌趿鞋。

忌穿破烂衣服串亲、访友。

六　饮食禁忌

忌食生冷食物。

忌饮生水。

忌食秋茄子、秋子北瓜。据说吃了易得病。

忌喝滚汤，饮滚茶。据说滚汤、滚茶伤肝、伤肺。

忌吃茶泡饭。据说吃了长不胖。

忌食猪娘肉。据说吃了会得猪娘疯（癫痫病）。

忌食五爪鸡、五爪猪、“放生鱼”等不祥之物。

哺乳期女子忌吃腥物。据说吃了腥物奶水腥。

忌暴饮暴食。

忌饮空心酒(没吃食物而饮酒)。

忌蹲在地上吃饭。俗谓"叫花子体"。

忌端着饭碗串门。

忌用筷子敲打空碗。

吃饭时忌边吃边讲话,尤忌教训、打骂孩子。俗语曰:"雷公爹爹都不打吃饭人。"

忌用粘饭的筷子夹菜。

忌在别人夹菜时横筷夹菜。

忌用筷子将菜扒开吃。

忌浪费粮食。据说糟蹋了粮食遭雷打。

忌催人快吃。俗语曰:"催工不催食。"

忌筷子掉在地上,忌打破饭碗。

宴请忌迟到。俗谓"迟到罚三杯"。

吃团年饭时,忌敞开大门,忌先离席。

七 居住禁忌

忌在不祥之日动工建房。

忌房屋大门面对大路、水塘。

忌房屋前檐过高、过低。据说过高为望(旺),旺甚则家不兴;过低如帽遮眉,"眉"谐"霉",家亦不兴。

忌建房期间吵架斗殴。

建房时,忌女人从梁上跨过。

房屋建成后忌空房。据说无人住鬼就住。

忌大门常关闭。据说常关大门会导致"关门绝户"。

大门门槛忌坐、忌踩、忌砍。据说会招灾、破财。

忌常搬家。俗语曰:"人搬穷,火搬熄。"但在特殊情况下又忌不搬家。俗语曰:"树挪死,人挪活。"

忌屋前栽苦楝树。据说栽了受穷受苦。

忌屋后栽棕榈树、构树。据说棕榈树引鬼,构树引吊死鬼。

忌屋前屋后栽柳树。相传柳树神为邪神。

打扫堂屋(客厅)忌由里向外扫。据说向外扫会扫掉财喜。

八 行旅禁忌

忌"黑道日"出门。

忌刚出门就打转身。

忌不带雨具。俗语曰:"晴带雨伞,饱带饥粮。"

忌行夜路。据说易遇鬼。

忌行旅途中露财,以免破财、遭祸。俗语曰:"出门不露白。"

忌行旅途中游泳。俗语曰:"近处怕鬼,远处怕水。"

忌三月初三、九月初九在水边行走。俗语曰:"三月三,九月九,无事不在江边走。"

忌迎面撞着花轿(迎亲)。

忌迎面撞着出殡。

忌八月十五、大年三十不归家。

九 社交禁忌

忌人际交往不择对象。俗语曰:"跟着好人学好人,跟着狐狸学妖精。"又,"酒肉朋友一桌,不如患难之交一个。"

忌与寡妇交往。俗语曰:"寡妇门前是非多。"

忌客人来后打扫房屋。

忌用一只手为尊客递送物什。

作客时,忌先于主人进食,忌大吃大喝,忌站起身来夹菜,忌率先离席。

忌参加寿诞活动午后到场。

忌打人家的狗。俗谓"打狗欺主",易惹祸。

忌打人家的脸,忌当面拍桌子(拍桌子即打脸)。

忌打骂老人与无娘的孩子。俗语曰:"开口不骂老年人,抬手不打无娘子。"

忌与女人争吵、打架。俗语曰:"好男不跟女斗。"

忌言他人的是非。俗语曰:"病从口入,祸从口出。"

忌借用人家的东西久拖不还。俗语曰:"早借早还,再借不难。"

忌用红墨水给人写信。

忌晚辈拍打长辈的肩膀。

与长辈交谈忌用"你"。

忌与朋友之妻发生暧昧关系。俗语曰:"共得朋友的衣,共不得朋友的妻。"

忌钱物交往账目不清。俗语曰:“亲兄弟,明算账。”

忌随便接受他人的吃请与馈赠。俗语曰:“吃了人家的口软,拿了人家的手软。”

礼尚往来的馈赠,忌少于对方的馈赠。

婚姻纠纷忌言散。

十　丧葬禁忌

忌不得善终。相传暴死、枪杀、自缢、自溺等非善终之人是前世没做好事的。

死亡时辰忌大年三十。咒语曰:“你定要死在腊月三十的。”

寿衣忌双数。

寿鞋忌用皮鞋。据说死者穿皮鞋,来世要变牛马。

死者下榻时,忌从堂屋穿过。俗语曰:“死尸穿堂,家败人亡。”

死者下榻后,要在脚前点一盏灯,忌熄灭。相传此灯为引路灯,灯熄路黑,亡人在阴间无法行走,熄一次会摔一跤。

死者下榻后,忌猫(尤忌黑猫)从尸身上窜过。据说猫窜尸会“炸尸”。

死人忌撞“头七”,忌“无七”。相传撞“头七”主凶,“无七”谐“无吃”,后人要受穷。

哭丧时忌泪洒尸身、棺木。

忌凶煞日超度。

忌双日、凶煞日出殡。

出殡途中忌在别人屋前屋后“落马”。

亡人安葬后,送葬人返回时忌回头观望。

忌正月、三月、五月、七月、九月将亡人葬入祖坟地。俗语曰:“正三五七九,不入老祖。”

人死在家里,忌抬出室外办丧事;死在外边,忌抬进家里办丧事。

人忌死在楼上,据说死人不会下楼,来世要变猫。

吊唁死者,忌揭开盖脸纸。

忌生辰八字与死者相同的人和午时出生的人参加葬事。

服孝期间,春节忌贴红对联。

忌正清明(清明当日)祭坟。

十一　语言禁忌

忌直呼祖先、尊长的名字。

忌夫妻间直呼名字。

忌言凶祸字。如长辈死了忌言“死”,或说“过了”“老了”,或说“下世了”“去世了”“升天了”。

忌喜庆之日言不吉祥的字。如订婚时忌说“散”“重”等字;结婚时忌说“离”“重”“再”等字;春节期间忌说“死”“亡”“杀”“绝”等字。

早晨,忌言“龙”“蛇”“猴”“孟”(梦)“鬼”等字。龙姓、佘姓曰“溜”,侯姓曰“抓”,孟姓曰“醒”;蛇曰“长虫”。

忌言亵渎词语。如“月经来了”说“好事来了”“身上来了”;拉屎谓“解大手”,拉尿谓“解小手”;怀孕说“有了”,生孩子说“解怀”。

忌谈性器官。

十二　其他禁忌

忌得罪灶神。如忌脚踩灶,忌在灶上放置污秽之物,忌在灶前洗身子、洗女人的衣物,忌在厨房里吵架、打架。

忌将药物、祭品、猪肉提入别人家里。

忌挑空桶、背锄头进门。

忌正、腊月吵架、打架。

忌春节打破器物。打破了要连说“打发、打发”。

新女婿进门忌打破碗。

忌践踏字纸(写了字的纸)。据说践踏了来世会变瞎子。

忌深夜里答外人的呼叫。

忌流冷汗。

忌面无血色。

病人忌脸色发黑。俗语曰:“脸色发黑,不过半月。”又忌脸色发暗,呈土色就要“入土”。

患病期间,男忌脚肿,女忌头肿。俗语曰:“男怕穿靴,女怕戴帽。”

年龄忌三十六、七十三、八十四。俗谓这三个年龄都是生死关口。俗语曰:"三十六岁有一冲",又,"七十三、八十四,阎王不请自己去。"

忌在他人家里吵架、打架。

玩狮子忌在人家屋前、屋后、屋里停响器。

玩蚌壳精忌掉网于人家里。

第六十四章　方　言

安乡方言大体分为两种：属西南官话的“西边话”和属湘语区北片的“南边话”。

“西边话”主要分布在今深柳、大鲸港、安障、安全、黄山头、安生、官垱、焦圻、安福、安凝，安丰、安裕、陈家嘴、安德等乡镇的绝大部分地区及安昌、三岔河等乡镇的部分地区，约占全县人口总数的3/4。“西边话”内部还有一些差异。与湖北接壤的地带，杂有不少公安、石首话的特点，如没有声母[ʐ]，古日母字大多读成[1]声母，如“肉 1ou ˦˥、热 1∂˦˥、人 1∂n、燃˨˩˧、燃 lan ˨˩˧、软 lan ˨˩”等字；无[ɚ]音节，“儿、而、耳、二”等字说成[∂]或[o]；双唇音[P][P‘][m]后面的[o]韵母非圆唇化，如“钵、婆、摸”等字念成[p∂][p‘∂][m∂]。与澧县接界地带，带有澧县口音特点，最明显的是有[tʂ][tʂ‘][ʂ]声母，如“渣 tʂA ˥、茶 tʂ‘A ˨˩˧、沙ʂA ˥”。有些地方[tʂ][tʂ‘][ʂ]接近消失，仅在[u]韵母前带有卷舌色彩，如“猪 tʂu ˥、出 tʂ‘u ˦˥、书ʂu ˥”，表现出方言融合的过渡状态。陈家嘴、安德一带则具有安乡方言与常德方言交融的特点。典型的常德话只有阴平55、阳平13、上声21、去声35 四个声调，古入声与去声合流；典型的安乡话入声自成一类，有五个声调。陈家嘴、安德一带的人大多也有五个声调，但去分阴阳，阴去调值为35，阳去调值为33，古入声字大部分与阴去全流，如“尺、法、木、入、毒、局”与“众、宋、究、去”调值相同，只有少数古全浊入声字并入阳去，如“直、白、读”与“骂、字、饭”调值相同。“西边话”内部虽有这些差异，但对交际影响不大。

“南边话”主要分布在今安宏、安康、下渔口等乡镇的绝大部分地区及深柳、安昌、三岔河等乡镇的部分地区，约占全县人口总数1/4。操“南边话”的多为湘语区近百年来的移民。“南边话”内部虽有许多差异，有的接近益阳话，有的接近长沙话，但同大于异，于交际无碍。

由于历史传统、人口优势等方面的原因，“西边话”在县域一直居于主导地位。随着历史的演进，安乡方言逐步向共同语靠拢。一是以县城区为中心的语音同化明显，在公共场所，绝大多数人（包括操“南边话”的）都用县城区话交谈；二是青少年和中青年干部职工大多能说不太标准的普通话。

志内记述的安乡方言，仅为县城区老年人所说的“西边话”（简称“安乡话”）。记音用国际音标。

第一节　音系简介

一　声　母

安乡话有声母十九个，零声母在内。

p 巴抱　p‘怕盘　m 麻米　f 符胡

t 刀夺　t‘太同　1 来泥

ts 知深　ts‘耻次　s 沙岁　ʐ 人肉

tɕ 居猪　tɕ‘区处　ɕ 虚书

k 格规　k‘可敲　ŋ 哀恩　x 火花

ø 儿寅乌鱼

安乡话中，声母[1]和[n]可自由变读，无辨义作用，本志一律记作[1]；齐齿呼、合口呼、撮口呼韵母自成音节时，前面带有较明显的摩擦成分，尤其是[u]韵母单独构成音节时，开头的发音近似唇齿浊擦音[v]，本志一律作零声母处理。

二　韵　母

安乡话有三十九个韵母。

ʅ 知资是　i 衣低奇　u 屋铺妇　y 玉局猪

ɚ 儿耳二

A 巴拿怕　iA 押加恰　uA 挖瓜画　yA 抓瘸刷

o 多和婆　io 药脚学

ε 得哲北　iε 叶姐铁　uε 国或获　yε 月热缺
ai 排台盖　uai 外怪怀　yai 揣衰帅
ei 杯对最　uei 味规灰　yei 锐追水
ɑu 包刀超　iɑu 腰标交
ou 都六肉　iou 忧育九
an 丹端山　ian 烟边千　uan 弯官幻　yan 原全专
ən 跟能生　in 因林京　uən 问昆昏　yn 云君准
ɑŋ 帮张方　iɑŋ 秧降亮　uɑŋ 王光荒　yɑŋ 让床双
oŋ 东农朋　ioŋ 用穷胸

韵母[oŋ]出现在声母[p][p‘][m][f]之后时,唇形稍展,发音近似[əŋ],出现在[t][k][ts]三组声母后面时,唇形拢圆,二者形成互补,可归于同一音位,本志一律记作[oŋ]。

三　声　调

安乡话有五个声调。

阴平 ˥ 55　巴梯知丝栽哀飞包山芳中通

阳平 ˨˩˧ 213　娘麻鹅池茶池盘唐/锯债众宋

上声 ˨˩ 21　纸海手本马我老李

去声 ˧ 33　骂饿卖望字大饭洞/是坐待/直白读

入声 ˦˥ 45　黑急铁秃木目麦入毒局达敌/去究

在语流中,很多字都读轻声,其调值的高低与本字的声调有关系,为简明起见,本志一律记作[| ·]

四　儿化韵

安乡话的儿化有两种形式。

一为叠音式儿化,如:罩 tsɑu ˨˩˧→罩罩儿 tsɑu ˨˩˧ tsər| ·/牌 p‘ai ˨˩˧→牌牌儿 p‘ai ˨˩˧ p‘ər1| ·。此类儿化词很多,除卷舌韵母[ɚ]之外,其他 38 个韵母构成的音节均可儿化。其特点是:儿化的音节必须重叠,重叠后第一音节读音不变,第二音节读儿化轻声。第二节由于受轻声影响,不论原来是什么韵母,其主要元音都读央元音[ə],儿化后开齐合撮四类韵母分别归并为四个儿化韵母。开口呼韵母变为[ər],如:粑粑儿 p‘A ˨˩˧ p‘ər| ·/字字儿 ts ɿ˧ tsər| ·/袋袋儿 tai˧ tər| ·/根根儿 kən˥ kər| ·。齐齿呼韵母变为[iər],如衣衣儿 i˥ iər| ·/脚脚儿 tɕio ˦˥ tɕiər| ·/腰腰儿 iɑu˥ iər| ·/亮亮儿 liɑŋ ˧ 1iər| ·。合口呼韵母大多变为[uər],如屋屋儿 u ˦˥ uər| ·/花花儿 xuA˥ xuər| ·/块块儿 k‘uai ˨˩ k‘uər| ·,但[pu]、[p‘u]、[fu]三个音节,儿化后变为[ər],与开口呼儿化韵相同,如:铺铺儿 p‘u ˨˩˧ p‘ər| ·/壶壶儿 fu ˨˩˧ fər| ·。撮口呼韵母变为[yər],如:鱼鱼儿 y ˨˩˧ yər| ·/刷刷儿 ɕyA ˦˥ ɕyər| ·/锥锥儿 tɕyei˥ tɕyər| ·/桩桩儿 tɕyɑŋ˥ tɕyər| ·。

二为非叠音式儿化,如:烘笼儿 xoŋ˥ 1ər| ·/扣帽儿 k‘ou ˨˩˧ mər| ·。此类儿化词不多。其读音除不叠音外,语音变化与叠音儿化完全相同,如:脸盆 lian ˨˩ p‘ən ˨˩˧→脸盆儿 lian ˨˩ p‘ər| ·/手巾 sou ˨˩ tɕin˥→手巾儿 sou ˨˩ tɕiər| ·/媳妇 ɕi ˦˥ fu ˨˩→媳妇儿 ɕi ˦˥ fər| ·/顺序 ɕyn˧ɕy 埜→顺序儿 ɕyn˧ ɕyər| ·。

五　声韵配合

安乡话声母和韵母的配合关系见表 64－1－147。

表 64－1－147

声母＼韵母	开口呼	齐齿呼	合口呼	撮口呼
p p‘mf	＋＋＋＋	＋＋＋－	u u－u	－－－－
t t‘l	＋＋＋	＋＋＋	－－－	－－－
ts ts‘sz	＋＋＋＋	－－－－	－－－－	－－－－
tɕ tɕ‘ɕ	－－－	＋＋＋	－－－	＋＋＋
k k‘ŋx	＋＋＋＋	－－－－	＋＋－＋	－－－－
ø	＋	＋	＋	＋

此表声母按发音部位分为六组，韵母则分开、齐、合、撮四组。组中"＋"表示有配合关系，"－"表示无配合关系，"u"表示合口呼韵母中只有[u]能与[p]、[p‘]、[f]配合。

安乡话共有表义音节298个（不计声调），开口呼音节154个，齐齿呼80个，合口呼33个，撮口呼31个。四呼韵母配合详情见表64－2－148、表64－3－149、表64－4－150、表64－5－151。

开口呼韵母配合表

表64－2－148

例字 声母 韵母	p p‘m f	t t‘ l	ts ts‘s ʐ	k k‘ŋ x	ø
ɿ			知雌思		
ɚ					而
A	巴怕妈发	大他拉	渣叉沙	家搭丫虾	阿
o	波坡摸	多拖罗	左搓唆若	哥科鹅喝	鹅
ɛ	百拍麦	得特勒	遮车奢	格克额黑	
ai	拜排埋	呆胎来	灾猜腮	该开哀孩	
ei	杯批霉飞	堆推雷	最脆虽		
ɑu	包抛猫	刀滔劳	遭操烧扰	高敲熬蒿	
ou		都偷楼	租粗苏柔	勾抠欧侯	
an	班潘慢翻	丹贪南	沾餐三	甘刊安含	
ən	奔盆门纷	灯吞伦	针村森人	跟坑恩哼	
ɑŋ	邦旁忙方	当汤郎	张昌商瓤	刚康昂巷	
oŋ	绷朋蒙风	东通聋	中充松绒	公空　烘	翁

注：1. 声母按发音部位分组，凡与该呼各韵母均无配合关系的声母未列出。2. 字下有﹏者为文读音，△表示有音无字的声韵组合。3. 空白处表示无配合关系。

齐齿呼韵母配合表

表64－3－149

例字 声母 韵母	p p‘m	t t‘l	tɕ tɕ‘ɕ	ø
i	比皮谜	低楼泥	鸡基西	衣
iA	△△△	爹△△	假洽霞	鸦
io		虐	脚却削	约
iɛ	别撇灭	叠贴列	藉且写	也
iɑu	标飘瞄	刁挑辽	交锹消	腰
iou		丢　溜	纠秋休	优
ian	鞭篇棉	颠天研	尖千仙	烟
in	兵拼民	丁听林	金青心	音
iɑŋ	△	△△娘	江枪香	央
ioŋ			穷兄	勇

合口呼韵母配合表

表 64－4－150

韵母 / 例字 / 声母	u(注)	uA	uɛ	uai	uei	uan	uən	uɑŋ
k	姑	瓜	国	乖	规	官	棍	光
k‘	枯	夸		快	亏	宽	昆	狂
x		花	或	怀	灰	欢	昏	荒
ø	乌	蛙	喂	歪	威	弯	温	汪

注:韵母 u 还有以下配合关系:pu 布、p‘u 铺、fu 夫。

撮口呼韵母配合表

表 64－5－151

韵母 / 例字 / 声母	y	yA	yɛ	yai	yei	yan	yn	yɑŋ
tɕ	朱	抓	决	△	追	捐	军	庄
tɕ‘	区	瘸	缺	揣	吹	穿	春	窗
ɕ	须	刷	血	衰	税	宣	勋	双
ø	迂	△	热		锐	冤	晕	让

六　文白两读

安乡话中部分字有文白两读。就韵母而言,开口呼韵母[A][an][ɑŋ][ɑu][ei]的白读往往与齐齿呼韵母[iA][ian][iɑŋ][iɑu][i]的文读相对应;就声母而言,白读的[ŋ]声母与文读的零声母相对应,白读的[k][k‘][x]与文读的[tɕ][tɕ‘][ɕ]相对应,白读的撮口呼零声母与文读的[ʐ]声母相对应。还有其他的文白两读。现分类列举一些例字。

同调异声异韵(文读音先列,白读音后列,下同):

瓤 ʐaŋ ˨˩˧　yaŋ ˨˩˧

让 ʐaŋ ˧　yaŋ ˧

嚷壤 ʐaŋ ˨˩　yaŋ ˨˩

扔扔 ʐan ˧　yn ˧

家(搬－)tɕiA ˩　kA ˩

架驾嫁 tɕiA ˨˩˧　kA ˨˩˧

夹挟(－菜)tɕiA ˧˥　kA ˧˥

虾 tɕiA ˥　xA ˥

匣 ɕiA ˧　xA ˧

瞎 ɕiA ˧˥　xA ˧˥

丫桠 iA ˥　ŋA ˥

牙芽 iA ˨˩˧　ŋA ˨˩˧

哑 iA ˨˩　ŋA ˨˩

鸭压 iA ˧˥　ŋA ˧˥

胶 tɕiau ˥　kau ˥

敲 tɕ‘iau ˥　kɑ́u ˥

咬 iau ˨˩　ŋau ˨˩

鉴舰 tɕian ˨˩˧　kan ˨˩˧

简 tɕian ˨˩　kan ˨˩

眼 ian ˨˩　ŋan ˨˩

讲 tɕiaŋ ˨˩　kaŋ ˨˩

昨 ts‘o ˧　tɕ‘io ˧

桡 ʐɑu ˨˩˧　iau ˨˩˧

浮 fu ˨˩˧　p‘ɑu ˨˩˧

锯 tɕy ˨˩˧　kɛ ˨˩˧

去 tɕʻy ˥　tʻi ˥

同调同声异韵：

币毙 pi ˧　pei ˧

批披 pʻi ˥　pʻei ˥

斜 ɕiɛ ˨˦　ɕiA ˨˦

野 iɛ ˨　iA ˨

夜 iɛ ˧　iA ˧

淤 y ˥　uei ˥

曲 tɕʻy ˦　tɕʻiou ˦

遮 tsɛ ˥　tsA ˥

同调同韵异声：

窝倭蜗 o ˥　ŋo ˥

蛾鹅俄 o ˨˦　ŋo ˨˦

饿卧 o ˧　ŋo ˧

鄂恶握 o ˦　ŋo ˦

这 tsɛ ˨˦　tɛ ˨˦

航 xaŋ ˨˦　kʻaŋ ˨˦

鸟 liau ˨　tiau ˨

伏 fu ˧　pʻu ˧

第二节　方言词语例释

本志只列举最有安乡话特色的方言词语，按内容分为十三类。每条以安乡话说法作为标目，国际音标注音，有音无字用“□”表示，同音字代替者下标～，同条有两种以上说法者用“/”分开。破折号之后为普通话说法，普通话中无相应词语者则另加说明。多义词语只释其主要义项。

一

爷爷 iA ˨˦iA｜·/爹爹 tiɛ˥ tiɛ｜·——父亲。

姆妈 m ˨ mA｜·——母亲。

爹爹 tiA˥ tiA｜·——祖父。

婆婆 pʻo ˨˦pʻo｜·——祖母。

老爹爹 lau ˨ tiA˥ tiA｜·——曾祖父。

老婆婆 lau ˨ pʻo ˨˦pʻo｜·——曾祖母。

家公 kA˥ koŋ｜·——外祖父。

家家 kA˥ kA｜·——外祖母。

公公 koŋ˥ koŋ｜·——丈夫的父亲。

家娘 kA˥ liaŋ｜·——丈夫的母亲。

岳老子 io ˦ lau ˨ tsɿ｜·/丈人(家)老 tsaŋ˧ ʐən｜·(kA｜·)lau｜·——岳父。

岳母娘 io ˦ mo｜·liaŋ｜·/丈母娘 tsaŋ˧ mo｜·liaŋ｜·——岳母。

儿 ɚ ˨˦——儿子。

伢儿 ŋA ˨˦ɚ｜·——①泛指小孩儿；②专指儿子。

男伢儿 lan ˨˦ŋər｜·/儿伢儿 ɚ ˨˦ŋər｜·——男孩子。

姑儿 ku ˥ ɚ｜·/丫头 ŋA ˥ tʻou｜·——①泛指女孩子；②女儿。

女伢儿 y ˨ ŋər｜·——女孩子。

孙儿 sɛ ˥ ɚ｜·/孙伢儿 sən ˥ ŋər｜·——孙子。

姑娘 ku ˥ liaŋ｜·——妻女。

媳妇儿 ɕi ˦ fər｜·——(年轻男子的)妻子。

男子汉 lan ˨˦tsɿ｜·xan｜·——①泛指男人；②丈夫。

老倌子 lau ˨ kuan ˥ tsɿ｜·——①泛指老头子；②妻子称老年丈夫；③儿子在熟人间称父亲。

老妈子 lau ˨ mA｜·tsɿ｜·——①泛指老年妇女；②丈夫称老年妻子。

后生儿 xou ˧ sər｜·——男青年。

老二 lau ˨ ɚ｜·——弟弟。

二

告化子 kau ˨˦xuA｜·tsɿ｜·——乞丐。

抢犯 tɕʻiaŋ ˨ fan｜·——土匪。

强盗 tɕʻiaŋ ˨ tou｜·——窃贼。

拐子 kuai ˨ tsɿ｜·——拐骗财物的人。

痞子 pʻi ˨ tsɿ｜·——流氓或不正派的人。

盲浑 xuaŋ ˨˦xuən｜·——不会办事或办事不牢靠的人。

猛子 moŋ ˨˦tsɿ｜·——指特别冒失或蛮干的人。

佁宝 xɛ ˨˦pau｜·——蠢才。

木脑壳 mo ˦ lau ˨ kʻo｜·——指头脑极迟钝

的人。

尿桶系 liau ˧ t‘oŋ˩ ɕi˧ ——喻指无立场、无主见的人。

跰子 pai ˥ tsɿ| ·——跛子。

瘸子 tɕ‘yA ˩ tsɿ| ·——上肢残废的人。

驼子 t‘o ˩ tsɿ| ·——驼背的人。

剪巴 tɕian˩ pA| ·——结巴。

癫子 tian ˥ tsɿ| ·——疯子。

三

脑壳 lau˩ k‘o| ·——头。

额壳 ŋɛ ˥ k‘o| ·/额高 ŋɛ ˥ kau| ·——额头。

脸包 lian˩ pau| ·/脸拐 lian˩ kuai| ·——脸。

颈颈儿 kɛ˩ kər| ·——颈项。

膝头儿 sei ˥ t‘ər| ·/膝头鼓儿 sei ˥ tou| ·ku˩ ɚ| ·——膝盖。

罗耸骨儿 lo ˩ soŋ˩ ku ˥ ɚ| ·——踝子骨。

胳肘窝 kɛ ˥ tsou| ·o ˥ ——腋下。

肚脐儿 tou˧ tɕiər| ·/肚脐眼 tou˧ tɕi| ·ŋan˩ ——肚脐。

屁眼 p‘i ˩ ŋan| ·——肛门。

毛眼 mau ˩ ŋan| ·——毛孔。

手杆子 sou˩ kan˩ tsɿ| ·——胳膊。

腿杆子 t‘ei˩ kan˩ tsɿ| ·——腿。

指□儿 tsɿ ˥ ŋər| ·——指头。

指□儿壳 tsɿ ˥ ŋər| ·k‘o ˥ ——指甲。

鼻□pi˧ t‘ən| ·——鼻涕。

汁儿 tsɿ ˥ ɚ| ·——奶子或奶汁。

四

堂屋 t‘aŋ ˩ u ˥ ——正房中间的厅。

横屋 xuən ˩ u ˥ ——厢房。

偏屋儿 p‘ian ˥ uər| ·/磨角 mo˧ ko| ·——傍正房或厢房修建的屋顶朝一面倾斜的房子。

灶屋 tsau ˩ u ˥ ——厨房。

朝门 ts‘au ˩ mən| ·——院子的门

猪楼屋 tɕy ˥ lou ˩ u ˥ ——养猪的屋子，也可指猪栏。

茅厕 mau ˩ sɿ| ·/茅厕屋儿 mau ˩ sɿ| ·uər ·——厕所。

窗户儿 tɕ‘yaŋ ˥ xər| ·——窗户。

股皮 ku˩ p‘i| ·——木板墙壁。

阶基 kai ˥ tɕi| ·——台阶。

五

板凳 pan˩ t‘ən| ·——狭长形的木头凳子。

□凳儿 mA ˥ tər| ·——小板凳。

脚箱 tɕio ˥ ɕiaŋ˥ ——高大的木箱，下有支架，安有绳索，便于搬运。

脚盆 tɕio ˥ p‘ən| ·——洗澡用的木盆。

桶儿 t‘oŋ˩ ŋər˧ ——提水用的小木桶。

马桶 mA˩ t‘oŋ˩ ——净桶，上有盖。

篙子 kau ˥ tsɿ| ·——竹竿。

烘笼儿 xoŋ ˥ lər| ·——中间置火钵的竹笼，取暖用具。

摇窝 iau ˩ o˥ ——婴儿睡的摇篮。

枷椅儿 kA ˥ iər| ·——供婴儿练站立的椅子，周有扶手，内有活动座儿，婴儿可坐可立，可以向四周转动。

索索儿 so ˥ sər| ·——绳子。

火钳 xo˩ tɕ‘ian| ·——火剪。

火齿 xo˩ ts‘ɿ| ——木柴未燃烧尽的炭。

藕煤 ŋou˩ mei ˩ ——蜂窝煤。

把子 pA˩ tsɿ| ·——扎成小捆的烧柴。

催壶 ts‘ei ˥ fu| ·——烧水用的陶壶。

洋瓷缸缸儿 iaŋ ˩ tsɿ ˩ kaŋ˥ kər| ·——搪瓷杯子。

线车 ɕian ˩ ts‘ɛ ˥ ——自行车。

划子 xuA ˩ tsɿ| ·——小木船。

风篷船 foŋ ˥ p‘oŋ ˩ tɕ‘yan ˩ ——帆船。

㔣㔣儿 lei ˥ lər| ·——小轮子；小圆滚子。

叫叫儿 tɕiau ˩ tɕiər| ·——哨子

鞭子 pian ˥ tsɿ| ·——鞭炮。

炮总 pau ˩ tsoŋ| ·——炮竹。

信壳子 ɕin ˩ k‘o ˥ tsɿ| ·——信封。

擦擦儿 ts‘ei┤ ts‘ər│ ·——擦子。

钱纸 tɕ‘ian ┘ts1│ ·——纸钱(迷信用品)

木头 mo┐t‘ou│ ·/寿木 sou┤ mo┐/千年屋儿 tɕ‘ian ┐ lian ┘u┐ɚ│ ·——棺材。

灵屋儿 lin ┘u┐ɚ│ ·——纸扎的房子(迷信用品)。

六

饭 fan┤——大米饭。

面 mian┤——面条。

灰面 xuei ┐ mian┤——面粉。

米面 mi┘ mian┤——用大米浆做成的片状食品。

饺饵 tɕiau┘ɚ│ ·——馄饨。

糍粑 ts1 ┘pA ┐——将糯米蒸熟捣碎后做的食品。

发粑粑 fA ┐ pA┐ pA1 ·/娃儿糕 uA ┘ɚ1 · kau ┐——发糕。

阴米子 in ┐ mi┘ ts ┐1 ·——将糯米蒸熟后先阴后晒而成的一种食品。

泡儿 p‘au ┘ɚ1 ·——阴米子在铁锅中爆炒而成的一种泡松食品,也可用大米在泡儿机中制成。

豆□儿 tou┤ tɕiər1 ·——用荞麦粉制成的条状食品。

猫乳 mau ┐ y1 ·——豆腐乳。

干子 kan ┐ ts┐1 ·——豆腐:白-/香-。

盐菜 ian ┘ts‘ai1 ·——将青叶蔬菜晒干,加盐腌制而成。

小货 ɕiau┘ xo1 ·——多指猪肝、猪肚、猪心、猪肠、猪舌等。

下水 ɕiA┤ ɕyei1 ·——多指猪肠子,也可泛指其他牲畜的肠子。

冻冻儿 toŋ ┘tər1 ·——汤汁凝结成的胶状体,多指鱼冻子。

谷 ku┐——稻子。

包谷 pau ┐ ku1 ·——玉米。

豌豆 uan ┐ tou1 ·——蚕豆。

麻儿 mA ┘ŋər1 ·——豌豆。

荠米 tɕ‘i ┘mi1 ·——荸荠。

北瓜 pɛ┐ kuA ┐——南瓜。

包心白 pau ┐ ɕin ┐ pɛ┤/黄洋白 xuaŋ ┘iaŋ ┘pɛ┤——大白菜。

扯根菜 tsɛ‘┘ kən ┐ ts‘ai ┘——菠菜。

莴笋 o ┐ sən1 ·——莴苣。

蕻儿 xoŋ┤ ŋər1 ·——蔬菜将开花时长出的嫩茎。

秧儿 iaŋ ┐ ŋər1 ·——树木、蔬菜等的幼苗。

颠颠儿 tian ┐ tiər1 ·——植物的顶部。

蔸蔸儿 tou ┐ tər1 ·——植物的根部。

麦李儿 mɛ┐ liər1 ·——李子。

枹子 p‘au ┐ ts┐1 ·——柚子。

桑枣儿 saŋ ┐ tsau┘ɚ1 ·——桑葚。

七

肉猪 ʐou┐ tɕy ┐——已长膘的食用猪。

架子猪 kA ┘ts┐1 · tɕy ┐——尚未长膘的食用猪。

豮猪 fen ┘tɕy ┐——未阉的公猪。

草猪 ts‘au┘ tɕy ┐——未阉的母猪。

脚猪 tɕio┐ tɕy ┐——配种公猪。

猪娘 tɕy ┐ liaŋ ┘——生小猪的母猪。

牯牛 ku┘ liou ┘——公牛。

牸牛 sA ┐ liou ┘——母牛。

线鸡 ɕian ┘tɕi ┐——阉过的公鸡。

菢鸡母 pau┤ tɕi ┐ mo1 ·——正在孵小鸡或来菢的母鸡。

老鸦 lau┘ ŋA1 ·——乌鸦。

鸦雀儿 ŋA ┐ tɕ‘iər1 ·——喜鹊。

高客□儿 kau ┐ kɛ┐1ər1 ·——老鼠。

檐老鼠 ian ┘lau┘ ɕy┘——蝙蝠。

夜火儿 iA┤ xər1 ·——萤火虫。

丁丁儿 tin ┐ tiər1 ·/洋眯眯 iaŋ ┘ mi ┐ mi ┐——蜻蜓。

□□儿 tɕ‘iɛ ┘miər1 ·——蝉。

蛐□儿 tɕ‘iou┐ liər1 ·——蚯蚓。

偷油婆 t‘ou ┐ iou ┘p‘o1 ·——蟑螂。

蛇蚂 k‘ɛ ┘mA1 ·——青蛙。

绿头蚊子 lou┐ t‘ou1 · uən ┘ts┐1 ·——红头绿身

的粪蝇。

饭蚊子 fan┤ uən ˩˧ ts ʅ1 · ——家蝇。

疙蚤 kɛ ˥ tsau ˩ ——跳蚤。

八

埯 ŋan ˩ ——窟窿。

□□儿 k'uei ˥ k'uər1 · ——小坑。

□□儿 lA┤ lər1 · ——小缝。

巷巷儿 laŋ┤ lər1 · ——巷子。

陡□tou ˩ k'aŋ ˩ ——陡坡。

港儿 kaŋ ˩ ŋər1 · ——较小的内河沟。

凼儿 taŋ┤ ŋər1 · ——小水塘。

堰塘 iau ˩˧ t'aŋ1 · ——池塘。

衍塍 ian ˩ sən1 · ——田塍。

凌构儿 lin┤ kər1 · ——树枝、屋檐等处结的冰锥。

凌品 lin┤ p'in1 · ——水面上结的冰块。

岩头 ŋai ˩˧ t'ou1 · ——石头。

鹅卵拐 o ˩˧ lo ˩ kuai ˩ ——卵石。

淤泥巴 uei ˥˧ li ˩˧ PA1 · ——淤积的泥沙。

九

褂儿 kuA ˩˧ ɚ1 · ——单上衣。

小衣 çiau ˩ i1 · ——裤子。

褛衣 man ˥˧ i ˥˧ ——罩衣。

滚身儿 kuən ˩ sər1 · ——棉衣。

外套 uai┤ t'au1 · ——大衣。

汗褂子 xan┤ kuA ˩˧ ts ʅ1 · ——汗衫。

绳子衣 sən ˩˧ ts ʅ1 · i ˥˧ ——毛线衣。

丫裆裤 ŋA ˥˧ taŋ ˥˧ ku1 · ——开裆裤。

扣帽儿 k'ou ˩˧ mər1 · ——纽扣。

袱子 fu┤ ts ʅ 1 · /手巾 sou ˩ tçin1 · ——毛巾。

小手巾儿 çiau ˩ sou ˩ tçiər1 · ——手帕。

箍子 ku ˥˧ ts ʅ1 · ——戒指;金－。

卧单 o┤ tan ˥˧ · ——床单。

包单 pau ˥˧ tan ˥˧ ——包被,被里。

填心 t'ian ˩˧ çin ˥˧ · ——被面。

统子 t'oŋ ˩ ts ʅ1 · ——被套。

十

今日 tçi ˥˧ ɚ1 · /今朝 tçin ˥˧ tsau1 · ——今天。

明日 mo ˩˧ ɚ1 · /明朝 mən ˩˧ tsau1 · ——明天。

后日 xou┤ ɚ1 · ——后天。

外后日 uai┤ xou┤ ɚ| · ——大后天。

昨日 tç'io┤ ɚ1 · ——昨天。

前日 tç'iɛ ˩˧(或 tç'iA ˩˧)ɚ1 · ——前天。

上半天 saŋ┤ pan ˩˧ t'ian ˥˧ ——上午。

下半天 çiA┤ pan ˩˧ t'ian ˥˧ ——下午。

日里 ɚ ˥ li1 · ——白天。

夜间 iA┤ kan1 · ——晚上。

中间(时候)tsoŋ ˥˧ kai1 · (s ʅ ˩˧ xou1 ·)——中午。

清早 tç'in ˥˧ tsau ˩ /一黑早 i ˥ xɛ ˥ tsau ˩ ——清晨。

煞黑 sA ˥ xɛ ˥/煞黑黑儿 sA ˥ xɛ ˥ xər1 · ——黄昏。

一哈哈儿 i ˥ xA ˥˧ xər1 · ——一会儿。

中坎 tsoŋ ˥˧ k'an1 · /当中 taŋ ˥˧ tsoŋ ˥˧ ——中间。

高头 kau ˥˧ t'ou1 · /上头 saŋ┤ t'ou1 · /顶上 tin ˩ saŋ1 · ——上面,上边。

底下 ti ˩ xA1 · /脚下 tçio ˥ xA1 · /下头 çiA┤ t'ou1 · ——下面,下边。

里头 li ˩ t'ou1 · /里边 li ˩ pian1 · /肚里 tou┤ li1 · ——里面。

外头 uai┤ t'ou1 · ——外边。

前头 tç'ian ˩˧ t'ou1 · /头前 t'ou ˩˧ tç'ian1 · ——前边,前面。

后头 xou┤ t'ou1 · /后边 xou┤ pian1 · ——后面。

十一

我 ŋo ˩ /俺 ŋan ˩˧ ——我。

我俺 ŋo ˩ ŋan1 · /俺 ŋan ˩˧ ——我们。

你俺 li ˩ ŋan1 · ——你们。

他俺 t‘A ˥ ŋna1 ·——他们。

你二 li ˩ ɚ1 ·/你老儿 li ˩ lər1 ·——您。

他老儿 t‘A ˥ 1ər1 ·——第三人称敬称。

哪个 1A ˩ ko1 ·——谁？

么得 mo ˩ tɛ1 ·——什么？

哪门 1A ˩ mən1 ·——怎么？

哪门的 1A ˩ mən1 · til——怎么样？

么得路 mo ˩ tɛ1 · lou˧ ——什么事？

这门 tɛ √ mən1 ·——这么。

那门 lei ˥ mən1 ·——那么。

好 xau ˩ ——①疑问代词，相当于“多”：－大/－重？②程度副词，相当于“很”，带夸张感叹意味：－大的雨！

很 xɛ ˩ ——程度副词，修饰谓语：－卖力气/－用功。

很 xən ˩ ——作补语：蠢得－/笨得－。

尽打 tɕin ˩ tA1 ·——副词，总是、老是：－玩/－看。

伴子 pan˧ tsɿ1 ·——副词，专门、存心：我－留给你的。

偏子 p‘ian ˥ tsɿ1 ·——副词，偏偏：这门搞－也好。

两个 liaŋ ˩ kol ·——连词，和：我－你去。

十二

落雪 lo 1 ɕiɛ 1——下雪。

下凌 ɕiA˧ lin˧ ——下冻雨。

起风 tɕ‘i ˩ foŋ ˥ ——开始刮风。

扯闪 ts‘ɛ ˩ san ˩ ——闪电。

蒙斗 moŋ ˥ tou1 ·——用土埋住。

蒙斗 moŋ ˩ tou1 ·——用手遮住。

□斗 k‘uaŋ ˩ tou1 ·——用罩子盖住。

□斗 tɕ‘iA ˥ tou1 ·——躲藏起来。

睏斗 k‘uən √ tou1 ·——躺着。

□斗 tɕyai ˥ tou1 ·——蹲着。

徛斗 tɕi˧ tou1 ·——站着。

跶斗 tA 1 tou1 ·/扳斗 pan ˩ tou1 ·——跌倒。

□斗 kɛ˧ tou1 ·——踩着。

箍斗 ku ˥ tou1 ·——抱着。

揢 k‘A ˥ ——捉，抓：－斗他/把秤－稳。

巴斗 pA tou1 ·——①紧挨着：－他站；②粘着：把纸－。

蹽 liau ˥ ——把腿抬起来：－起木马腿。

□开 p‘iA ˩ k‘ai ˥ ——两腿分开。

□t‘iA ˩ ——①头奄拉下来；②手无力地垂下。

□k‘A √——跨：沟不宽，－过去/向前－两步。

号水 xau˧ ɕyei ˩ ——蹚水。

过身 ko √ sən ˥ ——经过：从门口－/他刚－，你就来。

打转身 tA ˩ tɕyan ˩ sən1 ·——返回。

歇气 ɕiɛ 1 tɕ‘i √——休息。

歇凉 ɕiɛ 1 liaŋ √——乘凉。

折火 tsɛ 1 xo ˩ /烘火 xoŋ ˥ xo ˩ ——烤火。

喝烟 xo ˥ ian ˥ ——抽烟。

讲话 kaŋ ˩ xuA˧ ——说话。

诼人 tɕyɛ˧ ʐən √——骂人。

狡嘴 tɕiau ˩ tsei ˩ ——狡辩。

扯谎 ts‘ɛ ˩ xuaŋ ˩ ——撒谎。

角觥 ko 1 liɛ 1——吵架，打架（多用于平辈人之间）。

当赖 taŋ ˥ lai ˥ ——耍赖、赖账。

□白话 k‘uA˧ pɛ˧ xuA1 ·/扯卵谈 ts‘ɛ ˩ lan ˩ t‘an| ·——聊天。

开官腔 k‘ai ˥ xuaŋ √ tɕ‘iaŋ ˥ ——不负责任地信口雌黄。

眼障 ŋən ˩ tsaŋ| ·——嫉妒。

□狠 k‘ɛ ˩ xən ˩ ——凭借某种优势使别人屈从自己。

搭帮 tA 1 pən| ·——托福、多亏：－党/－你救我。

丢打 tiou ˥ tA| ·——遗失了。

寻斗打 tɕ‘in √ tou| · tA| ·——找到了。

拐打 kuai ˩ tA| ·——糟了。

奈得何 lai˧ tɛ| · xo √——有能力做。

奈不何 lai˧ pu| · xo √——没有能力做。

没得 mei˧ tɛ 1——没有。

要得 iau √ tɛ| ·——可以、行：－，就这门搞/－，你去。

要不得 iau ˨pu˧ ·tɛ˧ ·——不可以、不行:你这门搞－。

晓得 ɕiau ˩ tɛ˧ ·——知道。

有打 iou ˩ tA˧ ·——够了:两个人就－。

则是 tsɛ ˥ Sɿ˧ ——①不要紧、没关系:－,你只管去;②还可以:这梨子的味道还－。

该 kai ˥ ——①应该:他－来;②欠:我－他两百块钱。

架时 kA ˨Sɿ ˨——开始。

劳慰 lau ˨uei˧ ·——感谢:－你帮了我的忙。

多谢 to ˥ ɕiɛ˧ ——受人招待后表示感谢的客气话。

十三

索里 so ˥ li ˩ ——①清洁:教室里还－;②干净、完:把饭吃－。

邋遢˧ A ˥ t'A˧ ·(又读˧ ai ˥ tai˧ ·)——肮脏。

□糊˧ A ˩ fu˧ ·——不修边幅,不讲整洁。

讲究 tɕiaŋ ˩ tɕiou˧ ·——①爱整洁:这个人蛮－;②精美:布置很－;③奥妙:这东西看起来简单,其实里面大有－;④重视、在意:我才不－这些礼节呢!

经实 tɕin ˥ Sɿ˧ ——结实、坚固:这块布－/脸盆儿不－。

乖致 kuai ˥ tsɿ˧ ·——漂亮、美观:她长得－/这个茶壶－。

□□儿 tsɛ ˥ mər˧ ·——漂亮(只形容青少年):这个姑儿长得－。

壮 tɕyaŋ ˨——肥、胖(可指人,也可形容动物)。

□˧ aŋ ˥ ——瘦(只形容人)。

矫健 tɕiau ˥ tɕin˧ ·——形容老人身体健康,精神好。

活泛 xo˧ fan˧ ·——灵活:他搞事蛮－。

佁 xɛ ˨——蠢。

怪气 kuai ˨tɕ'i˧ ·——聪明。

力量˧ i ˥ liaŋ˧ ·——能干。

乖巧 kuai ˥ tɕ'iau˧ ·——嘴甜、圆滑。

夹 tɕiA ˥——倔强。

尖 tɕian ˥ /小气 ɕiau ˩ tɕ'i˧ ·——吝啬。

宋 soŋ ˨——口馋:这个伢儿特别－。

讨嫌 t'au ˩ ɕian ˨——令人讨厌。

扬望 iaŋ ˨uaŋ˧ ·——办事注意力不集中。

㐌浑 xuaŋ ˨xuən˧ ·——不懂事,办事不牢靠或不知天高地厚。

里手˧ i ˩ sou˧ ·——内行。

死火 SI ˩ xo ˩ ——牢靠。

熨贴 Y ˥ t'iɛ˧ ·——完全办妥:把这事搞－。

唆 so ˨——说话啰嗦重复。

易得 i˧ tɛ˧ ·——容易。

㖩 tsau˧ ——错:你讲－打/记－打。

热乎 Yɛ ˥ fu˧ ·——暖和。

□人 kɛ ˥ ʐən ˨——水或物体冰凉,刺人肌骨。

□人 o ˥ ʐən ˨——水或物体烫人。

语法例句标音

他今年么得年纪? tA ˥ tɕin ˥ ˧ lian˧ ·mo ˩ tɛ˧ ·˧ ian ˨tɕi˧ ·?

他讲完打没有? tA ˥ kaŋ ˩ uan ˨tA˧ ·mei ˥ iou ˩ ?

这东西有好重啊? tɛ ˨toŋ ˥ ɕi˧ ·iou ˩ xau ˩ tsoŋ˧ ŋA˧ ·?

背不背得动? pei ˥ pu˧ ·pei ˥ tɛ˧ ·toŋ˧ ?

你看他糊不糊涂? ˧ i ˩ k'an ˨t'A ˥ fu ˨pu˧ ·fu ˨t'ou˧ ·?

他讲马上就走,哪门半天打还在家里呢? tA ˥ kaŋ ˩ mA ˩ saŋ˧ ·tɕiou˧ tsou ˩ ,˧ A ˩ mən˧ ·pan ˨t'ian ˥ tA˧ ·xai ˨tA˧ ·tɕiA ˥ ˧ i˧ ·˧ ə ˧ ·?

哥哥没得老二灵活。ko ˥ ko˧ ·mei˧ tɛ˧ ·˧ au ˩ ɚ˧ ·lin ˨xo˧ 。

你讲得他赢,我讲他不赢。˧ i ˩ kaŋ ˩ tɛ˧ ·t'A ˥ in ˨,ŋo ˩ kaŋ ˩ t'A ˥ pu˧ ·in ˨。

还早呢,等(一)哈哈儿再去吧! xai ˨tsau ˩ ˧ ə ˧ ·,tən ˩ (i ˥) xA ˧ xər˧ ·tsai ˨t'i ˥ pA˧ ·。

慢点点儿吃,不要急吵! man˧ tian ˩ tiər˧ ·tɕ'i ˥,pu ˥ iau ˨tɕi ˥ sA˧ ·!

坐斗看比站斗看好。tso┤ tou| ·k‘an ⩘ pi ↓ tsan ⩘ tou| ·k‘an ⩘ xau ↓ 。

俺两个人都姓李。ŋan ⩘ liaŋ ↓ ko| ·ʑən ⩘ tou ┐ ɕin ⩘| i ↓ 。

我两个人你先去,免得舅爷他俺望。ŋo ↓ liaŋ ↓ ko| ·| i ↓ ɕian ┐ t‘i 1, mian ↓ tɛ| ·tɕiou┤ iA| ·tA ┐ ŋan| ·uaŋ┤ 。

第三节　语法特点举要

一　儿化的作用和范围

安乡话的儿化现象很常见,能儿化的主要是名词(含名词性语素)和数量短语,少数形容词、动词、量词也可儿化。

儿化的作用主要有二:

一是构词作用,即将名词性语素或动词、形容词、量词等儿化成名词。名词性语素儿化成名词的如"码码儿、法法儿、渣渣儿、末末儿、篮篮儿";单音节动词儿化成名词的如"擦擦儿、锯锯儿、夹夹儿、刮刮儿、钉钉儿";单音节形容词儿化成名词的如"瞎瞎儿、矮矮儿、胖胖儿、尖尖儿、偏偏儿(偏房)";单音节量词儿化成名词的如"个个儿、本本儿、页页儿、块块儿、条条儿"。

二是增添一定的附加意义,或表小称,或增添喜爱的感情色彩,或加强口语色彩,有时三者兼而有之。大量的单音节名词可儿化,儿化后增添了明显的"小称"意味或喜爱的感情色彩,如"疤疤儿、芽芽儿、索索儿、车车儿"。不少双音节及多音节偏正式名词可儿化,如"钱包包儿、鞋带带儿、洋瓷缸缸儿、火柴盒盒儿"。少量并列式名词也可儿化,如"长短短儿(长度)、手腕腕儿(手段)、心肝肝儿(称最亲热最心爱的人)、分寸寸儿(说话或做事的适当限度)"。口语中常用的数量短语的量词部分,大多可儿化,儿化后句法功能不变,可是增添了"少量"的附加义,如"两张张儿、半两两儿、几钱钱儿、两三只只儿、七八斤斤儿"。

二　形容词的生动形式

安乡话中,形容词的生动形式较多,除 AABB 式(如清清楚楚)、A 里 AB 式(如古里古怪)、ABB 式(如气鼓鼓)之外,还有一种很有特色的"xA(的)"式。如:

焦干的 tɕiau ┐ kan ┐ ti| ·

喷香的 p‘oŋ ┐ ɕiaŋ ┐ ti| ·

浸甜的 tɕ‘in ┐ t‘ian ⩘ ti| ·

津咸的 tɕin ┐ xan ⩘ ti| ·

绷硬的 poŋ ┐ ŋən┤ ti| ·

□湿的 p‘A ┐ SI 1 ti| ·

□臭的 p‘aŋ ┐ ts‘ou ⩘ ti| ·

挖苦的 uA ┐ k‘u ↓ ti| ·

□淡的 p‘iA ↓ tan┤ ti| ·

□软的| oŋ ┐ yan ↓ ti| ·

"A"所代表的都是能独立成词的形容词,体现该词的基本意义,"x"音节主要是起加强形容词程度的作用,读音比第二音节重,有的虽有一定词汇意义,但已弱化,有的则完全虚化了,根本没有词汇意义,甚至连本字也难以考证,性质类似语缀。这类形容词都比原形的程度有所加强,前面不能再加表程度的修饰语。它们常作定语、谓语、补语。作谓语、补语时,有些可转化为"Ax"式。如:这谷焦干的→这谷干焦打/这谷晒得焦干的→这谷晒得干焦打。

三　几个助词的用法

(一)动态助词"斗 tou| ·"

表示动作或行为正在进行或持续,相当于普通话的"着 tʂə| ·"。如:坐－吃比站－吃好/莫歪－坐/你留－用吧。

表示将要发生的动作或行为的持续态,常用于祈使句,加强命令或嘱咐的语气,相当于普通话的"着 tʂə| ·"。如:快睏－,不要起来/你给我跪－/你仔细听－。

表示已经达到目的或有了结果,后常接语气词"打 tA| ·",相当于普通话的"着 tʂau 1"。如:猜－

打/拦－打。

(二)动态助词"起 tɕʻi| ·"

安乡话中的"起",其动词、趋向动词用法与普通话中的"起"基本相同。安乡话中的"起"还有动态助词的用法,它可以放在动词后表示动作还在进行,相当于普通话中的"着 tʂə| ·",可换用"斗 tou| ·"。如:到家打,你还把他抱－搞么得/背－比抱－舒服。用在动词后,还可表示动作或行为的完成,此用法不能换用"斗 tou| ·"。如:桌子打－打/文章抄－打/汽车开－走打。

(三)助词"打 tA| ·"

用在动词或形容词后,表示动作或变化已经完成,相当于普通话的动态助词"了| ə| ·"。如:买－三张票/通知－小王/看－电影去/听－一天报告/头发白－一多半。

用于句末,肯定事态出现了变化或即将出现变化,有成句作用,相当于普通话的话气词"了| ə| ·"。如:起风－/衣洗干净－/该歇气－/这办法最好－。

(四)动态助词"破 pʻo| ·"

安乡话中,"破"除作动词外,还可作动态助词,用在某些单音节动词后表示动作行为的结果,与普通话中的"掉"大致相当,但动词与"破"之间不能插入"得"和"不"。肯定式句末一定要用语气词"打",否定式则不用,如:有的人跑－打,他还没有跑－/他的钱早用－打,你的还没有用－。"破"前面如果是及物动词,后面还可带受事宾语,句末不用语气词"打",如:我一个月喝－三条烟。用介词"把"将宾语提前后,句末也不用语气词"打",如:你把这点钱用－不要紧。

(五)语气助词"啵 po| ·""吵 sA| ·""哒 tA| ·"

安乡话的是非问句语气词用"啵",不用"吗"。如:你吃得完啵/他姓高啵/你去啵/你相信他啵?

安乡话中表命令、催促的语气词用"吵"或"哒",不用"啊"或"吧"。如:快来吵(哒)/你快点写吵(哒)!

乡镇简况

xiangzhenjiankuang

乡镇建置简况

安乡,南北朝陈天嘉二年(561 年)建置。明洪武二十四年(1391 年)设 13 里。清宣统元年(1909 年)设1 坊、10 里。民国初期设9 乡,1928 年设5 区、9 乡,1933 年设5 区、27 乡,1936 年设1 镇、26 乡,1938 年设1 镇、15 乡,1947 年设1 镇、11 乡。1949 年7 月安乡和平解放后设1 镇、5 区、11 乡,1951 年设1 镇、7 区、153 乡,1953 年设1 镇、6 区、90 乡,1956 年设1 镇、15 乡。1958 年设 10 个人民公社,1961 年设1 镇、17 社,1977 年设2 镇、18 社。1984 年4 月撤社建乡,设城关、大鲸港2 镇和安猷、安障、安昌、安宏、安化、安文、安生、安全、安造、安金、安福、安凝、安丰、安裕、安康、安武、安成、安德 18 个乡;9 月,撤安金、安文、安化、安武、安成乡,分别建焦圻、官垱、三岔河、下渔口、陈家嘴镇;11 月,新建黄山头镇。共8 镇、13 乡。1995 年撤安造乡,与黄山头镇合并,共8 镇、12 乡。2008 年撤城关镇、安猷乡,组建深柳镇。至 2011 年,共 8 镇、11 乡,辖 31 个社区、234 个行政村、171 个居民小组、3384 个村民小组。

深　柳　镇

该镇位于县境中部,北与安障乡毗连,东倚虎渡河与安昌乡、安宏乡相望,西、南倚松滋河东支、松虎洪道与大鲸港镇、安裕乡、安康乡相望。辖区总面积 68.059 平方公里,折合 102088 亩,其中陆地 70492 亩、水域 31596 亩,分别为总面积的 69%、31%。

该镇属县直辖镇。其所辖之域为原城关镇、安猷乡。新中国成立初期,城关镇属一区、安猷乡属二区。1956 年撤区并乡,城关镇未变,长岭洲、新开口、西李家、官陵湖、子龙庵、蹇家渡、陆家渡合为安猷乡。1958 年,城关镇未变,撤安猷乡建安猷人民公社。1984 年撤社建乡,城关镇未变,撤安猷人民公社,重为安猷乡。2008 年 10 月,撤城关镇、安猷乡,组建深柳镇。2011 年,辖潺陵、五总、书院洲、西门口、长岭洲、保堤、文昌湾、深柳、官陵湖 9 个社区和蹇家渡、肖公嘴、白马庙、芝子湖、官保、孟家洲、子龙庵、下码头、新开口、桃花岭、南剅口、陆家渡、官陵湖 13 个行政村,共45 个居民小组、247 个村民小组。镇政府驻官陵湖社区。年末总户数 53618 户、总人口 121294 人、人口密度 1782 人/平方公里。其中:非农业人口 8.28 万人、城镇化水平 68.26%;女性人口 61013 人、为总人口的 50.3%;14 岁以下人口 14459 人、65 岁以上人口 13973 人,分别为总人口的 11.9%、11.5%。另有流动人口 1937 人。

2011 年,耕地面积 50463 亩、人均 0.42 亩,其中水田 41851 亩、旱地 8612 亩。粮食种植面积 58718 亩、总产量 25369 吨,棉花种植面积 5310 亩、总产量 510 吨,油料作物种植面积 39696 亩、总产量 5940 吨,水产品养殖总面积 15647 亩、总产量 5840 吨,农林牧渔业总产值 27896 万元(可比价,下同)。地方财政总收入 22719 万元,农民年人均纯收入 4549 元。

该镇村村通广播,有线与数字电视用户 41822 户、入户率 78%;幼儿园 23 所、小学 12 所、初中 3 所,入园幼儿和在校学生分别为 3090 人、6475 人、3645 人,九年义务教育覆盖率 100%;卫生机构 2 个、门诊部(所)19 个,新农合参合率 100%;城镇最低生活保障 3549 户、6987 人,月人均 163 元;农村最低生活保障 530 户、1147 人,月人均 63 元;城镇居民参加医疗保险 2.99 万人,参加社会养老保险 1.35 万人,参保率分别为 36%、16.3%。

该镇的公路交通,外向四通八达,镇内村村相通,镇、村公路总长 127 公里,其中水泥砼路 44 公里。

该镇为安乡县城所在地,为全县政治、经济、文化中心。唐贞观元年(627年)县治始设此地,南宋建炎四年(1130年)始垒土筑城,清康熙、雍正年间建主要街道8条,形成主轴东西走向近似“廿”形城区。民国二十七年(1938年)始大修街道,至民国三十一年(1942年)建成大小街道25条、主巷2条,总长3.23公里,形成主轴南北走向的“井”字形城区。新中国成立后,城区规模逐渐扩大,进入改革开放年代后速度加快。2002年获省级卫生县城,2008年获国家卫生县城。2011年,城区建成区面积22平方公里,主次街道61条、总长62公里。全国政协副主席钱正英、国务院副总理邹家华、中共中央政治局委员、国务院副总理田纪云、国务委员陈俊生、全国政协副主席王光英、全国人大常委会副委员长陈慕华、全国人大常委会副委员长廖汉生、中共中央政治局常委、国务院副总理朱镕基、中共中央政治局常委、全国政协主席李瑞环、中共中央政治局常委、国务院总理温家宝、中共中央总书记、国家主席、中央军委主席江泽民等党和国家领导人先后莅临县城,考察安乡。

该镇的子龙庵村域内有新石器时代遗址,书院洲社区域内有战国、东汉时期遗址与东汉、晋至宋时期古墓群。

大鲸港镇

该镇位于县境中部偏西,西、北与安丰乡接壤,南与安裕乡毗连,东倚松滋河东支与安障乡、深柳镇相望。辖区总面积34.09平方公里,折合51135亩,其中陆地31448亩、水域19687亩,分别为总面积的61.5%、38.5%。

该镇属县直辖镇。其所辖之域原为城关镇大鲸港社区,1977年析出建置。2011年,辖渔民、小湾、永乐、西城、丰凝港5个社区和屡丰、七家、偏湖洲、五合剅、安庆、新安、东南洲、永和垸8个行政村,共43个居民小组、111个村民小组。镇政府驻小湾社区。年末总户数14231户、总人口3.7万人、人口密度1085人/平方公里。其中:非农业人口7796人、城镇化水平21.07%;女性人口18226人、为总人口的49.26%;14岁以下人口4847人、65岁以上人口4251人,分别为总人口的13.1%、11.49%。另有流动人口6577人。

2011年,耕地面积20285亩、人均0.55亩,其中水田11051亩、旱地9234亩。粮食种植面积23636亩、总产量9718吨,棉花种植面积4300亩、总产量400吨,油料作物种植面积14835亩、总产量2005吨,水产品养殖总面积10206亩、总产量1723吨,农林牧渔业总产值10799万元;以食品加工、生物、建筑材料为主体的工业企业15家,生产总值4050万元;商业网点105个,社会商品零售总额2300万元。地方财政总收入285万元,农民年人均纯收入2211元。

该镇村村通广播,有线与数字电视用户3800户、入户率26.7%;幼儿园5所、小学3所、初中1所,入园幼儿和在校学生分别为683人、620人、228人,九年义务教育覆盖率100%;医疗卫生机构2个、门诊部(所)20个,新农合参合率100%;城镇最低生活保障户689户、1836人,月人均150元;农村最低生活保障户399户、747人,月人均78元;参加新型农村养老保险12839人,参保率34.7%。

该镇的公路交通,外向四通八达,镇内村村相通。

该镇的大鲸港、朱家洲间河床有东汉、唐、宋、清时期的古墓群与春秋、东汉、唐、宋时期的遗址,朱家洲以北河滩亦有春秋、东汉、唐、宋时期的遗址。

黄 山 头 镇

该镇位于县境北部,北与公安县毗邻(以黄山为界,山阳属安乡,山阴属公安),东、南与安全乡毗连,西倚松滋河东支与焦圻镇、安福乡相望。辖区总面积69.397平方公里,折合104095亩,其中陆地73719亩、水域30376亩,分别为总面积的70.8%、29.2%。

该镇为建制镇。其所辖之域,新中国成立初期属四区;1956年撤区并乡时,合高杨、白家岗、成福、军万嘴、黄湖、王家码头、高杨树、福临乡为安造乡;1958年撤安造乡建安造人民公社;1984年撤社建乡时重为安造乡;1995年撤安造乡,与1984年新建的黄山头镇合并。2011年,辖南禅、凤凰、理兴垱3个社区和界沟、军万嘴、长福、成福、福临、丁堤、白家岗、长山、长峰、虎山、马坡湖、傅家、沙堤、黄湖、心福、杨家16个行政村,共11个居民小组、284个村民小组。镇政府驻南禅社区,距县城33公里。年末总户数14290户、总人口40612人、人口密度585人/平方公里。其中:非农业人口5314人、城镇化水平13.08%;女性人口19909人、为总人口的49%;14岁以下人口5115人、65岁以上人口5410人,分别为总人口的12.6%、13.32%。

2011年,耕地面积52431亩、人均1.29亩,其中水田33300亩、旱地19131亩。粮食种植面积49105亩、总产量19826吨,棉花种植面积20300亩、总产量2000吨,油料作物种植面积41204亩、总产量6200吨,水产品养殖总面积9816亩、总产量3652吨,农林牧渔业总产值25451万元;小型工业企业和农副产品加工企业57家,工业总产值218万元;集贸市场9个,规模超市18家,商业经营网点389个,社会商品零售总额1亿元,黄山头码头商业网点成为周边五市五县商贸中心,辐射人口2300余万人。地方财政总收入330万元。

该镇有文化站、电视台、剧院各1个、广播站2个、文化活动中心19个、各类文化专业户18户,有线与数字电视用户2000户、入户率14%;幼儿园10所、中心小学2所、初中1所,入园幼儿和在校学生分别为658人、1173人、584人,九年义务教育覆盖率100%;医疗卫生机构42个,新农合参合率100%;城镇最低生活保障户245户、475人,月人均154元;农村最低生活保障户615户、950人,月人均79元;新型农村养老保险参保率100%。

该镇的公路交通,外向四通八达,镇内村村相通,镇、村公路总长98公里,其中水泥砼路85公里。

黄山头孤峰耸立,“雄居一方,壮观千古”。1992年,林业部批准设立黄山头国家森林公园;2006年,省政府批准设立安乡县黄山头国家森林公园管理局(副处级)。黄山头国家森林公园成为AAA级风景名胜区,年游观者20万人次。

该镇的南禅社区域内有战国、晋、唐时期古墓群,长峰村域内有春秋战国时期、唐代古墓群,白家岗村域内有新石器时代遗址与汉、唐、宋时期古墓群,长山村域内有新石器时代遗址,虎山村域内有战国时期古墓群,丁堤村域内有东汉、唐代古墓群,南禅社区东段有春秋战国时期遗址,黄山林场冲凤峪口有旧石器时代化石点,明塘湖渔场域内有商、周时期遗址,黄山主峰有南朝谢公墓及庙址。1991年,在南禅湾发掘西晋镇南大将军刘弘墓,出土文物79件,其中16件为国家级文物,5件属世界极品。

三 岔 河 镇

该镇位于县境东部,北与官垱镇毗连,东倚栗林河、藕池河中支与石首市、南县相望,西倚藕池河西支与安生乡、安昌乡、安宏乡相望,南与南县麻河口乡接壤。辖区总面积50.155平方公里,折合75233亩,其中陆地67032亩、水域8201亩,分别为总面积的89.1%、10.9%。

该镇为建制镇。其所辖之域,新中国成立初期属三区;1956年撤区并乡时,合庆丰垸、长明、沙嘴、春美垸、新口乡为安化乡;1958年撤乡建安化人民公社;1984年撤社建乡时重为安化乡,随之撤乡建三岔河镇。2011年,辖朝阳门社区和沙嘴、黄金、新口、天宝、驿码头、春美、长明、致惠、三多、罗洲、合家垸11个行政村,共3个居民小组、186个村民小组。镇政府驻朝阳门社区,距县城13公里。年末总户数9117户、总人口27519人、人口密度548人/平方公里。其中:非农业人口1767人、城镇化水平6.47%;女性人口13596人、为总人口的49.4%;14岁以下人口3457人、65岁以上人口3185人,分别为总人口的12.6%、11.6%。另有流动人口2005人。

2011年,耕地面积36700亩、人均1.33亩,其中水田27980亩、旱地8720亩。粮食种植面积40610亩、总产量17668吨,棉花种植面积7780亩、总产量719吨,油料作物种植面积26800亩、总产量3900吨,水产品养殖总面积9500亩、总产量4556吨,农林牧渔业总产值23546万元;以农副产品加工业、烟花鞭炮制造业为主的工业企业17家,生产总值5500万元;商业网点118个,镇、村集贸市场3个,社会商品零售总额7800万元,其中新口村级集贸市场成交额2500万元。地方财政总收入350万元。

该镇有文化、电视广播站各1个、村级文化活动中心12个,有线与数字电视用户1780户、入户率19.5%;幼儿园5所、小学3所、初中1所,入园幼儿和在校学生分别为374人、639人、394人,九年义务教育覆盖率100%;医疗卫生机构21个,新农合参合率100%;城镇最低生活保障户76户、76人,月人均280元;农村最低生活保障户385户、581人,月人均87元;新型农村养老保险参保率29%。

该镇的公路交通,外向四通八达,镇内村村相通。

官 垱 镇

该镇位于县境东北部,东、北倚栗林河与石首市相望,西倚藕池河西支与安生乡相望,南与三岔河镇接壤。辖区总面积43.727平方公里,折合65590亩,其中陆地40253亩、水域25337亩,分别为总面积的61.4%、38.6%。

该镇为建制镇。其所辖之域,新中国成立初期属三区;1956年撤区并乡时,合安官渡、致惠、新安、官垱、响水窖、护安垸乡(一半)为安文乡;1958年撤安文乡建安文人民公社;1984年撤社建乡时重为安文乡,旋即撤安文乡建官垱镇。2011年,辖窑垸社区和永兴、永安、安官渡、新建、团结、穆安、新乐、胡家、响水窖、紫金渡、五斗窖、兴隆、官垱13个行政村,共3个居民小组、163个村民小组。镇政府驻窑垸社区,距县城25公里。年末总户数5941户、总人口23009人、人口密度526人/平方公里。其中:非农业人口1599人、城镇化水平6.95%;女性人口11207人、为总人口的48.7%;14岁以下人口2665人、65岁以上人口2666人,均为总人口的11.6%。

2011年,耕地面积34380亩、人均1.49亩,其中水田16939亩、旱地17441亩。粮食种植面积32044亩、总产量12653吨,棉花种植面积12600亩、总产量1200吨,油料作物种植面积27310亩、总产量4231

吨,水产品养殖总面积12718亩、总产量4170吨,农林牧渔业总产值21971万元;以农副产品加工业、烟花鞭炮制造业为主的工业企业32家,生产总值1亿元;商业网点258个,社会商品零售总额1.3亿元,镇、村集贸市场4个,年成交总额2亿元。地方财政总收入341.5万元,农民年人均纯收入6793元。

该镇有文化、广播电视站各1个、村级文化活动中心14个,有线与数字电视用户600户、入户率7.6%;幼儿园2所、小学2所、初中1所,入园幼儿和在校学生分别为362人、558人、486人,九年义务教育覆盖率100%;医疗卫生机构14个,新农合参合率100%;城镇最低生活保障户152户、209人,月人均117元;农村最低生活保障户343户、686人,月人均83元;新型农村养老保险参保率97%。

该镇的公路交通,外向四通八达,镇内村村相通。

自然镇官垱已有159年历史。清咸丰二年(1852年)荆江藕池堤段溃决,安乡遭受水灾,知县常缮上书请求官帑,抢修垱坝,事成后取“官帑”之“官”、“垱坝”之“垱”名为“官垱”。清末至民国三十年(1941年)前为极兴时期,有上官垱、中官垱、下官垱、西官垱,街道总长1.5公里,人口6000余人,为湘鄂结合部工业产品贸易中心和农副产品集散地,其商会为上海商会会员单位。

20世纪30年代,贺龙及其部旷纪勋、段德昌4次率军攻占过官垱。

下 渔 口 镇

该镇位于县境西南部,北与安康乡接壤,南与陈家嘴镇毗连,东倚松虎洪道与南县相望,西倚澧水洪道与鼎城区相望。辖区总面积80.644平方公里,折合120966亩,其中陆地83622亩、水域37344亩,分别为总面积的69.1%、30.9%。

该镇为建制镇。其所辖之域,新中国成立初期属五区;1956年撤区并乡时,合成功埠、东夹、常安、万余、永南、竹林、天星乡为安武乡;1958年撤乡建社时属安成人民公社,1961年析出为安武人民公社;1984年撤社建乡时重为安武乡,旋即撤安武乡建下渔口镇。2011年,辖下渔口社区和三西、成功、东河、永富、康乐、夹口、东夹、西洲、常安、同兴、永南、安丰、和兴、国兴、天星洲、渔口、保安、联合、万余洲、重兴、竹丰、安惠22个行政村,共8个居民小组、336个村民小组。镇政府驻下渔口社区,距县城33公里。年末总户数12031户、总人口40272人、人口密度499人/平方公里。其中:非农业人口2493人、城镇化水平6.19%;女性人口19703人、为总人口的48.9%。另有流动人口1400人。

2011年,耕地面积69338亩、人均1.72亩,其中水田47639亩、旱地21699亩。粮食种植面积69808亩、总产量26584吨,棉花种植面积31900亩、总产量3000吨,油料作物种植面积54782亩、总产量8000吨,水产品养殖总面积28500亩、总产量3920吨,农林牧渔业总产值29421万元;有桂华纸业、金世纪米业、糊涂王子酒业、强农工贸等大型骨干企业,生产总值3.3亿元;商业网点745个,社会商品零售总额1.54亿元,农贸市场4个,成交额5280万元。地方财政总收入877万元。

该镇有文化、广播电视站各1个、村级文化活动中心22个,有线与数字电视用户2895户、入户率24.1%;幼儿园8所、小学3所、初中1所,入园幼儿和在校学生分别为880人、900人、1061人,九年义务教育覆盖率98%;医疗卫生机构21个,其中中心卫生院1所,新农合参合率100%;城镇最低生活保障户52户、85人,月人均175元;农村最低生活保障户464户、793人,月人均79元;新型农村养老保险参保率57%。

该镇的公路交通,外向四通八达,镇内村村相通。

该镇生产的32克有光纸,1986年获国家农牧渔业部优质产品证书;30克速写纸、35克文化纸均获省优质产品奖。

陈 家 嘴 镇

该镇位于县境西南部,北与下渔口镇毗连,南与安德乡接壤,东倚松虎洪道与南县相望,西倚澧水洪道与鼎城区相望。辖区总面积48.632平方公里,折合72948亩,其中陆地51806亩、水域21142亩,分别为总面积的71%、29%。

该镇为建制镇。其所辖之域,新中国成立初期,除自然镇陈家嘴属常德县十美堂区(1955年划归安乡)之外,属五区;1956年撤区并乡时,合德寿、仁友、洪福、连城、常福、沈家沟、门板洲、竹山坡乡为安成乡;1958年撤安成乡建安成人民公社;1984年撤社建乡时重为安成乡,旋即撤安成乡建陈家嘴镇。2011年,辖朝阳社区和仁寿、洪山、百富、双喜、永固、梅宝孚、南山、三湖、常福、连城、沙河口、联盟、门板洲13个行政村,共10个居民小组、163个村民小组。镇政府驻朝阳社区,距县城35公里。年末总户数7697户、总人口24832人、人口密度511人/平方公里。其中:非农业人口1906人、城镇化水平7.68%;女性人口11989人、为总人口的48.3%;14岁以下人口2783人、65岁以上人口1711人,分别为总人口的11.2%、6.9%。另有流动人口7811人。

2011年,耕地面积43167亩、人均1.74亩,其中水田33100亩、旱地10067亩。粮食种植面积54096亩、总产量20779吨,棉花种植面积11980亩、总产量1050吨,油料作物种植面积36299亩、总产量5113吨,水产品养殖总面积8646亩、总产量4099吨,农林牧渔业总产值20030万元;以烟花鞭炮制造业为主的工业企业2家,生产总值1325万元;个体商户400余家,盈利1000余万元。地方财政总收入643万元。

该镇有文化、广播电视站各1个、村级文化活动中心13个,有线与数字电视用户2965户、入户率38.5%;幼儿园3所、小学3所、初中1所,入园幼儿和在校学生分别为670人、732人、460人,九年义务教育覆盖率100%;医疗卫生机构16个,新农合参合率100%;城镇最低生活保障户97户、159人,月人均176元;农村最低生活保障户316户、467人,月人均78.5元;新型农村养老保险参保率75.3%。

该镇的公路交通,外向四通八达,镇内村村相通。

自然镇陈家嘴原属常德县,20世纪20年代中期形成集市,日趋兴旺,30年代末至40年代初,有商户250余家,农副产品上市旺季,客商云集,被誉为“小长沙”。1955年划归安乡。

焦 圻 镇

该镇位于县境西北部,东、北倚松滋河东支与公安县、黄山头镇相望,西倚松滋河中支与澧县相望,南与安福乡接壤。辖区总面积44.225平方公里,折合66338亩,其中陆地36694亩、水域29644亩,分别为总面积的55.3%、44.7%。

该镇为建制镇。其所辖之域,新中国成立前属湘鄂两省三县(安乡、澧县、公安)管辖;1950年属澧县七区;1956年名焦圻乡,1958年属澧县东风人民公社,1959年属澧县余家台人民公社;1960年划归安乡安澧人民公社,1961年析出建安金人民公社;1984年撤社建乡时为安金乡,旋即撤安金乡建焦圻镇。2011年,辖民主社区和永安、荷花山、长乐、张家拐、长兴、崔家岭、三合、北堤、青龙窖、新码头10个行政村,共7个居民小组、122个村民小组。镇政府驻民主社区,距县城30公里。年末总户数7134户、总人口21787人、人口密度493人/平方公里。其中:非农业人口2256人、城镇化水平10.35%;女性人口10898人、为总人口的50%。

2011年,耕地面积31606亩、人均1.45亩,其中水田18714亩、旱地12892亩。粮食作物种植面积

27446 亩、总产量 11369 吨,棉花种植面积 11975 亩、总产量 1200 吨,油料作物种植面积 18842 亩、总产量 2833 吨,水产品养殖总面积 3850 亩、总产量 1931 吨,农林牧渔业总产值 12261 万元;以彩印包装、农副产品加工业为主的工业企业 9 家,生产总值 1.2 亿元;商业网点 311 个、农贸市场 1 个,社会商品零售总额 9320 万元。地方财政总收入 455 万元。

该镇有文化、广播电视站各 1 个;幼儿园 10 所、小学 4 所、初中 1 所,入园幼儿和在校学生分别为 185 人、523 人、643 人,九年义务教育覆盖率 100%;医疗卫生机构 12 个,新农合参合率 98%;城镇最低生活保障户 70 户、118 人,月人均 183 元;农村最低生活保障户 353 户、538 人,月人均 95 元;新型农村养老保险参保率 98%。

该镇的公路交通,外向四通八达,镇内村村相通,8 个村修筑了水泥砼路,总长 25 公里。

自然镇焦圻有东汉时期、宋代的古墓和宋代建筑遗址(永兴寺)。东汉建武二十四年(48 年),东汉伏波将军马援征五溪时曾屯兵于此(今马坡湖);明崇祯十六年(1643 年),李自成派遣的安乡知县曾驻此镇。宋代,此镇小成,清嘉庆、道光年间兴旺至极,上街、中街、下街、西街总长 35 公里,商户 300 余家。1993 年 4 月 12 日,全国人大常委会副委员长廖汉生视察过该镇。

安 障 乡

该乡位于县境中部偏北,北与安全乡接壤,南与深柳镇毗连,东倚虎渡河与安昌、安宏乡相望,西倚松滋河东支与安凝、安丰乡、大鲸港镇相望。辖区总面积 42.655 平方公里,折合 63983 亩,其中陆地 41880 亩、水域 22103 亩,分别为总面积的 65.5%、34.5%。

该乡所辖之域,新中国成立初期属一区;1956 年撤区并乡时,合黄山岗、书院洲、岩剅口乡为安障乡;1958 年撤安障乡建安障人民公社;1984 年撤社建乡时重为安障乡。2011 年,辖黄山岗社区和会子庙、遵保、福昌桥、德兴、沙湖口、岩剅口、王家湾、新剅口、车家铺、黄山岗 10 个行政村,共 3 个居民小组、164 个村民小组。乡政府驻黄山岗社区,距县城 8 公里。年末总户数 8218 户、总人口 23757 人、人口密度 557 人/平方公里。其中:非农业人口 2073 人、城镇化水平 8.73%;女性人口 11882 人、为总人口的 50%;14 岁以下人口 2827 人、65 岁以上人口 2661 人,分别为总人口的 11.9%、11.2%。另有流动人口 220 人。

2011 年,耕地面积 33534 亩、人均 1.41 亩,其中水田 22284 亩、旱地 11250 亩。粮食种植面积 32128 亩、总产量 12254 吨,棉花种植面积 17000 亩、总产量 1500 吨,油料作物种植面积 29827 亩、总产量 4211 吨,水产品养殖总面积 9900 亩、总产量 3790 吨,农林牧渔业总产值 20351 万元;棉花、饲料加工企业 3 家,生产总值 5000 万元。

该乡有文化、广播电视站各 1 个、文化活动中心 6 个、业余演出团体 5 个,有线与数字电视用户 850 户、入户率 10.3%;幼儿园 4 所、小学 4 所、初中 1 所,入园幼儿和在校学生分别为 402 人、409 人、637 人,九年义务教育覆盖率 100%;医疗机构 16 个,新农合参合率 98%;城镇最低生活保障户 44 户、68 人,月人均 181 元;新型农村养老保险参保率 91%。

该乡的公路交通,外向四通八达,乡内村村相通,乡、村公路总长 125 公里,其中水泥砼路 53.2 公里。

该乡的古文化遗址甚多。黄山岗村域内有新石器时代遗址和战国、汉、晋、唐、宋时期古墓群;遵保村域内有新石器时代遗址和战国、宋时期古墓群;沙湖口村域内有新石器时代遗址和东汉、唐、清时期古墓群;王家湾村域内有汉、唐、宋时期古墓群;新剅口、车家铺村域内均有汉、晋、唐时期古墓群;蔡家溪湖滩有汉至唐时期古墓群,其西岸有东汉窑址;黄山岗村与会子庙村之间有东晋、南北朝时期作唐县城址。汉、唐时期,黄山岗为富庶市镇。1998 年 9 月 3 日,中共中央总书记、国家主席、中央军委主席江泽民、国务院总理温家宝等党和国家领导人一行到该乡小望角等处视察,看望因洪水受灾群众。

安 昌 乡

该乡位于县境东部,北与安生乡毗连,南与安宏乡接壤,东倚藕池河西支与三岔河镇相望,西倚虎渡河与安障乡、深柳镇相望。辖区总面积49.325平方公里,折合73987亩,其中陆地42472亩、水域31515亩,分别为总面积的57.4%、42.6%。

该乡所辖之域,新中国成立初期属二区;1956年撤区并乡时,合喻家渡、何家铺、金家渡、六合垸与同春局、格道湾、小河口、唐家铺乡为安昌乡;1958年撤安昌乡建安昌人民公社;1984年撤社建乡时重为安昌乡。2011年,辖三仙嘴社区和黄市嘴、大中、何家铺、南堤拐、白粉嘴、金家垱、宝塔、梅家洲、喻家渡、五福桥、六合垸、丁家渡12个行政村,共3个居民小组、170个村民小组。乡政府驻三仙嘴社区,距县城15公里。年末总户数8137户、总人口23529人、人口密度477人/平方公里。其中:非农业人口863人、城镇化水平3.67%;女性人口11346人、为总人口的48.2%;14岁以下人口2650人、65岁以上人口4501人,分别为总人口的11.26%、19.13%。另有流动人口39人。

2011年,耕地面积34750亩、人均1.48亩,其中水田21323亩、旱地13427亩。粮食种植面积29149亩、总产量11364吨,棉花种植面积18780亩、总产量1800吨,油料作物种植面积28139亩、总产量4162吨,水产品养殖总面积12310亩、总产量3500吨,农林牧渔业总产值20550万元。

该乡有文化、广播电视站各1个、群众文化团体4个,有线与数字电视用户1800户、入户率22.1%;幼儿园4所、小学3所、初中1所,入园幼儿和在校学生分别为457人、563人、363人,九年义务教育覆盖率100%;医疗机构15个,新农合参合率95.2%;城镇最低生活保障户22户、33人,月人均189元;农村最低生活保障户335户、653人,月人均96元。

该乡的公路交通,外向四通八达,乡内村村相通。

安 宏 乡

该乡位于县境东南部,北与安昌乡接壤,南与南县武圣宫镇相连,东倚藕池河西支与三岔河镇相望,西北倚虎渡河、西南倚松虎洪道与深柳镇、安康乡、下渔口镇相望。辖区总面积42.628平方公里,折合63942亩,其中陆地39170亩、水域24772亩,分别为总面积的61.3%、38.7%。

该乡所辖之域,新中国成立初期属一区;1956年属安昌乡;1958年属安昌人民公社,1961年析出,建安宏人民公社;1984年撤社建安宏乡。2011年,辖唐家铺社区和枞杨树、西李家、同春、潘田、和平、唐家铺、宏太、格道湾、小河口、八百弓10个行政村,共3个居民小组、169个村民小组。乡政府驻唐家铺社区,距县城10公里。年末总户数6922户、总人口20757人、人口密度487人/平方公里。其中:非农业人口899人、城镇化水平4.33%;女性人口10084人、为总人口的48.6%;14岁以下人口2387人、65岁以上人口2325人,分别为总人口的11.5%、11.2%。另有流动人口373人。

2011年,耕地面积34451亩、人均1.66亩,其中水田29395亩、旱地5056亩。粮食种植面积43818亩、总产量17471吨,棉花种植面积6567亩、总产量650吨,油料作物种植面积26280亩、总产量3861吨,水产品养殖总面积6650亩、总产量2608吨,农林牧渔业总产值17998万元;商业网点23个,社会商品零售总额345万元,集贸市场4个,成交额5000万元。地方财政总收入350万元。

该乡有文化、广播电视站各1个、村级文化活动中心11个,有线与数字电视用户6784户、入户率98%;幼儿园4所、小学4所、初中1所,入园幼儿和在校学生分别为220人、554人、296人,九年义务教育覆盖率100%;医疗机构12个,新农合参合率100%;城镇最低生活保障户39户、62人,月人均180元;农村最低生活保障户646户、690人,月人均113元;新型农村养老保险参保率100%。

该乡的公路交通,外向四通八达,乡内村村相通,乡、村水泥砼公路总长33公里。

安 生 乡

该乡位于县境东北部,北与公安县毗邻,南与安昌乡接壤,东倚藕池河西支与官垱、三岔河镇相望,西倚虎渡河与安全乡相望。辖区总面积40.442平方公里,折合60663亩,其中陆地39310亩、水域21353亩,分别为总面积的64.8%、35.2%。

该乡所辖之域,新中国成立初期属三区;1956年撤区并乡时,合广福寺、中兴、大杨树、护安垸(一半)、合兴乡为安生乡;1958年属安文人民公社,1961年析出,建安生人民公社;1984年撤社建乡时重为安生乡。2011年,辖大杨树社区和广福、莲花、蔡家垱、大杨树、星港、鄢中安、合兴、护安、官堰9个行政村,共3个居民小组、165个村民小组。乡政府驻大杨树社区,距县城20公里。年末总户数6994户、总人口20448人、人口密度506人/平方公里。其中:非农业人口773人、城镇化水平3.78%;女性人口10017人、为总人口的49%;14岁以下人口2474人、65岁以上人口2392人,分别为总人口的12.1%、11.7%。

2011年,耕地面积30186亩、人均1.48亩,其中水田16042亩、旱地14144亩。粮食种植面积23959亩、总产量9382吨,棉花种植面积16650亩、总产量1600吨,油料作物种植面积25928亩、总产量3900吨,水产品养殖总面积8700亩、总产量3460吨,农林牧渔业总产值17841万元;食品加工、轧花企业各1家,总产值200万元;商业网点46个、集贸市场1个,社会商品零售总额129万元。农民年人均纯收入4986元。

该乡有文化、广播电视站各1个、标准一体化村级“农家书屋”10个,有线与数字电视用户6945户、入户率99.3%;小学3所、初中1所,在校学生分别为452人、801人,儿年义务教育覆盖率100%;医疗机构11个,新农合参合率95.8%;新型农村养老保险参保率63.3%。

该乡的公路交通,外向四通八达,乡内村村相同,乡、村水泥砼公路总长50余公里。

安 全 乡

该乡位于县境北部,北、西北与黄山头镇毗连,西南倚松滋河东支与安凝乡相望,东倚虎渡河与安生乡相望,南与安障乡接壤。辖区总面积61.19平方公里,折合91785亩,其中陆地56648亩、水域35337亩,分别为总面积的61.5%、38.5%。

该乡所辖之域,新中国成立初期属七区;1956年撤区并乡时,合陈田、恒丰、团洲、茶窖、安利乡为安全乡;1958年属安造人民公社,1961年析出,建安全人民公社;1984年撤社建乡时重为安全乡。2011年,辖董家垱社区和董家垱、毛家刓、潭子头、协安、高杨、茶窖、恒丰、汤家岗、丁家洲、沙滩口、志中11个行政村,共7个居民小组、257个村民小组。乡政府驻董家垱社区,距县城18公里。年末总户数9574户、总人口31452人、人口密度508人/平方公里。其中:非农业人口1286人、城镇化水平4.1%;女性人口15506人、为总人口的49.3%;14岁以下人口

3865人、65岁以上人口3523人,分别为总人口的12.3%、11.2%。

2011年,耕地面积48602亩、人均1.55亩,其中水田32075亩、旱地16527亩。粮食种植面积40504亩、总产量17251吨,棉花种植面积18650亩、总产量1768吨,油料作物种植面积41156亩、总产量6386吨,水产品养殖总面积6450亩、总产量3670吨,农林牧渔业总产值20084万元;以轧花、蔬菜加工业为主的企业5家;商业网点168个,社会商品零售总额3200万元。地方财政总收入800万元,农民年人均纯收入6204元。

该乡有文化、广播电视站各1个、村级文化活动中心18个、群众文化团体7个,有线与数字电视用户8138户、入户率85%;幼儿园5所、小学5所、初中1所,入园幼儿和在校学生分别为604人、998人、629人,九年义务教育覆盖率100%;医疗机构19个,新农合参合率98%;城镇最低生活保障户69户、107人,月人均180元;农村最低生活保障户420户、836人,月人均78元。

该乡的公路交通,外向四通八达,乡内村村相通,乡、村公路均为水泥砼路。

该乡的汤家岗村域内古文化遗址极多。有新石器时代的汤家岗遗址和晋、元代的学士山墓群、清代的潘相族墓群、东汉、唐、宋、清代的肖家山墓群、晋、南北朝的曾家山墓群、东汉、晋代的邹家场墓群等遗址及东汉建武十六年(40年)建立的作唐县遗址(原槐树村域内)。汤家岗遗址发掘证实,7000年前即有人类在此生活。

安福乡

该乡位于县境西北部,北与焦圻镇毗连,南与安凝乡接壤,东倚松滋河东支与黄山头镇相望,西倚松滋河西支与澧县官垸乡相望。辖区总面积56.095平方公里,折合84143亩,其中陆地54470亩、水域29637亩,分别为总面积的64.7%、35.3%。

该乡所辖之域,新中国成立初期大部分属四区,靠松滋河西支的少部分属澧县七区;1956年撤区并乡时,合东保、滩湖、同福、夹夹、松凝乡为安福乡;1958年属安澧人民公社,1961年析出,建安福人民公社;1984年撤社建乡时重为安福乡。2011年,辖大湖口社区和松湖、大湖口、黄田湖、中岭、花林、潭子口、岩桥、东保、南阳、杨树潭、同福、夹夹、大罗、双合14个行政村,共5个居民小组、181个村民小组。乡政府驻大湖口社区,距县城20公里。年末总户数8734户、总人口26760人、人口密度477人/平方公里。其中:非农业人口1358人、城镇化水平5.07%;女性人口13124人、为总人口的49%;14岁以下人口4277人、65岁以上人口7217人,分别为总人口的16%、27%。另有流动人口8076人。

2011年,耕地面积42131亩、人均1.58亩,其中水田15981亩、旱地26150亩。粮食种植面积23775亩、总产量9038吨,棉花种植面积27410亩、总产量2500吨,油料作物种植面积27135亩、总产量4000吨,水产品养殖总面积13475亩、总产量3388吨,农林牧渔业总产值19338万元;以棉花初加工为主的企业19家;商业网点41个,其中“万村千乡市场工程”农家店9家、农贸市场2处,社会商品零售总额2.73亿元。地方财政总收入187万元,农民年人均纯收入6594元。

该乡有文化、广播电视站各1个、有线电视差转台2座、村级文化活动中心17个、农民文化活动中心户34个、群众文化活动团体23个,有线与数字电视用户8647户、入户率99%;幼儿园6所、小学3所、初中1所,入园幼儿和在校学生分别为456人、1103人、814人,九年义务教育覆盖率100%;医疗卫生机构18个,新农合参合率100%。

该乡的公路交通,外向四通八达,乡内村村相通,乡、村公路总长近百公里,其中水泥砼路35公里。

该乡为棉花种植的典型乡。先后出现了唐纯银、江从新两名全国植棉劳动模范。

安　凝　乡

该乡位于县境西部,北与安福乡接壤,西、南倚松滋河中支与官垸乡、安丰乡相望,东倚松滋河东支与安全、安障乡相望。辖区总面积52.278平方公里,折合78417亩,其中陆地47892亩、水域30525亩,分别为总面积的61.1%、38.9%。

该乡所辖之域,新中国成立初期属四区;1956年撤区并乡时,合张九台、自治局、夹洲、东安乡与复兴码头为安凝乡;1958年属安澧人民公社,1961年析出,建安凝人民公社;1984年撤社建乡时重为安凝乡。2011年,辖张九台社区和新兴堡、夹洲、小港、姚家、东安、望槐、保凝湖、天福、重阳、新剅、自治局、双同、亿中13个行政村,共3个居民小组、190个村民小组。乡政府驻张九台社区,距县城14公里。年末总户数7853户、总人口25118人、人口密度480人/平方公里。其中:非农业人口1242人、城镇化水平4.94%;女性人口12345人、为总人口的49.1%;14岁以下人口2335人、65岁以上人口3274人,分别为总人口的9.3%、13%。另有流动人口7319人。

2011年,耕地面积38860亩、人均1.55亩,其中水田14200亩、旱地24660亩。粮食种植面积19770亩、总产量8053吨,棉花种植面积25682亩、总产量2550吨,油料作物种植面积28440亩、总产量4234吨,水产品养殖总面积14350亩、总产量3007吨,农林牧渔业总产值22381万元;以加工业为主体的工业企业9家,生产总值1.28亿元。

该乡有文化、广播电视站各1个、村级文化活动中心13个、民间艺术团体11个;幼儿园4所、小学2所、初中1所,入园幼儿和在校学生分别为400人、500人、308人,九年义务教育覆盖率100%;医疗卫生机构14个,新农合参合率100%;城镇最低生活保障户28户、46人,月人均198元;农村最低生活保障户369户、925人,月人均93.5元;新型农村养老保险参保率95.8%。

该乡的公路交通,外向四通八达,乡内村村相通,乡、村公路总长100余公里,其中水泥砼路62.5公里,是全县率先实现“汽车开到家门口”的乡。

安　丰　乡

该乡位于县境西部,东北倚松滋河中支与安凝乡相望,西北倚五里河、七里湖与官垸乡相望,南与安裕乡、大鲸港镇接壤,东倚松滋河东支与安障乡相望,西倚澧水洪道与津市市保河堤镇相望。辖区总面积74.69平方公里,折合112035亩,其中陆地71478亩、水域40557亩,分别为总面积的63.8%、36.2%。

该乡所辖之域,新中国成立初期大部分属五区,极小部分属澧县;1956年撤区并乡时,合西台尾、澧阳、大鲸港、东南洲、沙河口、豆港(一半)、丰凝港(一半)、武局口、汇口乡为安丰乡;1958年属安保人民公社,1961年析出,建安丰人民公社;1984年撤社建乡时重为安丰乡。2011年,辖出口洲社区和功成垸、西台尾、澧阳垸、西南洲、千弓山、复兴、出口洲、武局口、永镇垸、铁路湾、汇口、欧家剅、白螺、新港、黄家台15个行政村,共5个居民小组、220个村民小组。乡政府驻出口洲社区,距县城9公里。年末总户数9682户、总人口30449人、人口密度379人/平方公里。其中:非农业人口1317人、城镇化水平4.33%;女性人口14815人、为总人口的48.7%;14岁以下人口3258人、65岁以上人口4201人,分别为总人口的10.7%、13.8%。另有流动人口8268人。

2011年,耕地面积49685亩、人均1.63亩,其中水田27164亩、旱地22521亩。粮食种植面积38390亩、总产量15317吨,棉花种植面积24160亩、总产量2000吨,油料作物种植面积42210亩、总产量6120

吨,水产品养殖总面积11300亩、总产量5798吨,农林牧渔业总产值27575万元。地方财政总收入120万元。

该乡有文化、广播电视站各1个、村级文化活动中心15个,有线与数字电视用户2421户、入户率25%;幼儿园7所、小学5所、初中1所,入园幼儿和在校学生分别为583人、766人、963人,九年义务教育覆盖率100%;医疗卫生机构20个,新农合参合率100%;城镇最低生活保障户33户、63人,月人均162元;农村最低生活保障户406户、785人,月人均95元;新型农村养老保险参保率95%。

该乡的公路交通,外向四通八达,乡内村村相通,乡、村公路总长92.6公里,其中水泥砼路71.64公里。

安 裕 乡

该乡位于县境西部,北与安丰乡、大鲸港镇接壤,南与安康乡毗连,东倚松滋河东支与深柳镇相望,西倚澧水洪道与津市市相望。辖区总面积53.99平方公里,折合80985亩,其中陆地46242亩、水域34743亩,分别为总面积的57.1%、42.9%。

该乡所辖之域,新中国成立初期属五区;1956年撤区并乡时,合槐圃垸、西城垸、七家垸、新河口、黄金垸、豆港(一半)、丰凝港(一半)、车家铺、一分局乡为安裕乡;1958年属安保人民公社,1961年析出,建安裕人民公社;1984年撤社建乡时重为安裕乡。2011年,辖羌口、双剅口、新河口、舞阳、一分局、同庆、三嘴、五一、槐西、槐圃、又新11个行政村,共160个村民小组。乡政府驻五一村,距县城7公里。年末总户数6835户、总人口21075人、人口密度328人/平方公里。其中:非农业人口758人、城镇化水平3.6%;女性人口10172人、为总人口的48.3%;14岁以下人口4109人、65岁以上人口1897人,分别为总人口的19.5%、9%。另有流动人口4275人。

2011年,耕地面积47561亩、人均2.26亩,其中水田26888亩、旱地20673亩。粮食种植面积40100亩、总产量15605吨,棉花种植面积22180亩、总产量2100吨,油料作物种植面积20150亩、总产量4500吨,水产品养殖总面积11115亩、总产量5470吨,农林牧渔业总产值23551万元。地方财政总收入700万元。

该乡有文化、广播电视站各1个、村级文化活动中心11个,有线与数字电视用户3759户、入户率55%;幼儿园5所、小学4所、初中1所,入园幼儿和在校学生分别为164人、613人、351人,九年义务教育覆盖率100%;医疗卫生机构16个,新农合参合率100%;城镇最低生活保障户14户、27人,月人均228元;农村最低生活保障户320户、649人,月人均89元;新型农村养老保险参保率100%。

该乡的公路交通,外向四通八达,乡内村村相通,乡、村公路总长60公里,其中水泥砼路46.47公里。

安 康 乡

该乡位于县境西部,北与安裕乡毗连,南与下渔口镇接壤,东倚松虎洪道与深柳镇相望,西倚澧水洪道与津市市相望。辖区总面积57.175平方公里,折合85763亩,其中陆地58748亩、水域27015亩,分别为总面积的68.5%、31.5%。

该乡所辖之域,新中国成立初期属五区;1956年撤区并乡时,合断流港、仙桃嘴、北河口、清安垸、安民、七星、虾叽垴乡为安康乡;1958年撤安康乡建安康人民公社;1984年撤社建乡时重为安康乡。2011年,辖北河口社区和新沙、福美、杜家、仙桃嘴、北河口、毕家山、正安、清安、永德、大洲、向阳、安民、安兴、虾叭垴、七星、泥刭口16个行政村,共4个居民小组、213个村民小组。乡政府驻北河口社区,距县城10公里。年末总户数9183户、总人口28271人、人口密度495人/平方公里。其中:非农业人口1347人、城镇化水平4.76%;女性人口13656人、为总人口的48.3%;14岁以下人口2971人、65岁以上人口4025人,分别为总人口的10.5%、14.3%。

2011年,耕地面积49003亩、人均1.73亩,其中水田37700亩、旱地11303亩。粮食种植面积61266亩、总产量22954吨,棉花种植面积15024亩、总产量1500吨,油料作物种植面积41355亩、总产量6116吨,水产品养殖总面积8800亩、总产量5628吨,农林牧渔业总产值26592万元;工业企业生产总值1.59亿元;商业网点301个,社会商品零售总额1132万元。

该乡有文化、广播电视站各1个、村级文化活动中心17个,有线与数字电视用户1837户、入户率20%;幼儿园5所、小学5所、初中1所,入园幼儿和在校学生分别为570人、787人、454人,九年义务教育覆盖率100%;医疗卫生机构20个,新农合参合率99.9%;城镇最低生活保障户47户、87人,月人均171元;农村最低生活保障户422户、747人,月人均78元;新型农村养老保险参保率85%。

该乡的公路交通,外向四通八达,乡内村村相通,乡、村公路总长180公里,其中水泥砼路56公里。

安德乡

该乡位于县境南部,北与陈家嘴镇毗连,东南倚松虎洪道与南县厂窖镇相望,西南倚澧水洪道与鼎城区相望。辖区总面积41.676平方公里,折合62514亩,其中陆地37683亩、水域24831亩,分别为总面积的60.3%、39.7%。

该乡所辖之域,新中国成立初期一部分属汉寿县德寿乡,一部分属常德县竹山坡乡、沈家沟乡;1955年划归安乡,1956年属安成乡;1958年属安成人民公社,1965年析出,建安德人民公社;1984年撤社建乡时重为安德乡。2011年,辖芦林铺社区和田家沟、和丰、中山、竹林、麻田岗、杨树、西河、四分局、民阜9个行政村,共4个居民小组、137个村民小组。乡政府驻芦林铺社区,距县城30公里。年末总户数6222户、总人口20029人、人口密度481人/平方公里。其中:非农业人口983人、城镇化水平4.91%;女性人口9684人、为总人口的48.3%;14岁以下人口2225人、65岁以上人口2543人,分别为总人口的11.1%、12.7%。

2011年,耕地面积33450亩、人均1.67亩,其中水田17450亩、旱地16000亩。粮食种植面积40421亩、总产量16143吨,棉花种植面积7120亩、总产量690吨,油料作物种植面积27353亩、总产量4037吨,水产品养殖总面积10450亩、总产量2852吨,农林牧渔业总产值18732万元;农副产品加工和建材企业各1家。地方财政总收入600万元。

该乡有文化、广播电视站各1个、村级文化活动中心9个,有线与数字电视用户5911户、入户率95%;幼儿园3所、小学2所、初中1所,入园幼儿和在校学生分别为286人、486人、285人,九年义务教育覆盖率100%;医疗卫生机构13个,新农合参合率98%;城镇最低生活保障户38户、69人,月人均187元;农村最低生活保障户316户、422人,月人均87元;新型农村养老保险参保率69.4%。

该乡的公路交通,外向四通八达,乡内村村相通,乡、村公路总长100余公里,其中水泥砼路50余公里。

附一:县属场简介

县安民垸农场

该场位于县境北部、松滋东支河旁,东、北与安全乡接壤,西与安凝乡隔河相望,南与县林科所相连。场部驻地距县城13公里。总面积3.67平方公里,折合5505亩,其中耕地3500亩。人口403户、1560人,其中农牧职工890人。

该垸系民国初年修筑,1954年溃废。1957年,县书院洲农场迁移至此,筑堤复垸。1958年更名为国营安乡第一农场,1981年更名为国营安乡县安民垸农场,为全县水稻良种提供基地,先后提供水稻杂交良种15万公斤。1978年、1979年获全国农垦系统先进单位。

1985年,随着农村经济体制改革的推进,该场土地采用承包经营方式划分给职工耕种。

县原种场

该场位于县境南部安德乡域内,周围分别为安德乡中河、杨树、和丰、竹丰村。场部驻地距县城30公里。总面积3.169平方公里,折合4754亩,其中耕地3825亩。人口322户、1557人,其中农牧职工940人。

新中国成立前,该场为省第一农事试验农场,新中国成立初期属省农业厅管辖;1953年改属常德专区,名常德专区第二农场;1959年划归安乡县管辖,名安乡县良种示范繁殖场,1980年更名为国营安乡县原种场,为安乡县水稻原种、良种繁殖单位。1990年经省农业厅批准为全省棉花良种繁育基地,先后为县内外提供常规水稻和杂交水稻良种300万公斤、常规棉种和杂交棉种57.5万公斤。

1985年,随着农村经济体制改革的推进,该场土地采用承包经营方式划分给职工耕种。

县畜牧场

该场位于县境北部、黄山东南麓下,东北与石首市隔水相望,西、南与黄山头镇、安全乡为邻。场部驻地距县城33公里。总面积2平方公里,折合3000亩,其中耕地450亩、水面270亩、芦苇1000亩。人口330户、1080人,其中农牧职工240人。

该场属地原为乐福、守安两垸,民国初年溃废,1952年荆江分洪工程节制闸建成后逐渐淤积成洲。1956年,幸福、光荣两个鸭业生产合作社在此立棚养鸭,1958年建立地方国营安乡县畜牧养殖场,1962年成为湖南省国营安乡县畜牧良种场,在册职工303人。1979年被省农业厅定为滨湖水牛繁殖基地。2002年更名为安乡县畜牧场。1998年,乐福垸溃决废弃,栽植芦苇1000亩,将垸内33户、115人分别迁移至安全、安猷乡和黄山头镇等地安置。

该场辖5个分场(厂)。畜禽良种繁育加工场:1984年建立,现有从业人员300人,累计为全县提供良种耕牛3000余头、良种仔猪4万余头、良种禽苗750余万羽,上交鲜蛋24万余吨、蜂蜜375吨。羽绒加工厂:1982年始建,1986年投产,总投资150万元。主要从事羽绒加工,年产值980万元。1997年因市场原因停产。羽绒制品厂:1982年始建,1986年投产,总投资400万元。主要从事羽绒服装制作,年产值400万元。1999年因市场、管理等原因停产。湘北贸易综合经营部:1975年建立,总投资100万元。主要从事商品贸易、餐馆、旅社、收购、加工等经营,年产值300万元。2006年转体分解为承包经营。农林养殖场:主要从事棉花种植和养殖业生产。

2007年,黄山头国家森林公园管理局成立,实行区域管理,该场纳入其管辖范围。

县水产养殖总场

该场1956年创建,属地方国营。场部原驻大鲸港镇,1986年迁至珊珀湖,距县城10公里。主要养殖基地为珊珀湖,养殖总水面24957亩,其中高标准精养池2800亩。人口296户、580人,其中职工168人。

该场逐步改天然养殖为人工养殖,改粗养为精养,鲜鱼总产量不断增加。1980年150吨、1989年

450 吨,1990 年达到 1250 吨,大水面养殖亩产突破 50 公斤大关,获农业部科技进步二等奖。2007 年,总产达到 1750 吨,单产突破 75 公斤。1969 年,始试养淡水珍珠,1970 年因技术原因停止。1986 年,投资 100 万元建珍珠养殖场,先后培训手术蚌专业人员 200 余人,逐步发展珍珠养殖水面 330 亩、吊蚌 61.3 万个,1992 年生产淡水珍珠 1.2 吨,1995 年因水域污染造成死蚌,珍珠场停办。1991 年,"珊珀湖增产养殖技术研究"获国家科委技术进步三等奖。1992 年,"RE 育珠技术"获国家科委发明三等奖。

1999 年,该场租赁给上市公司洞庭水殖进行水产养殖,租赁期 50 年。

县黄山头林场

该场位于县境北部、黄山南麓,北与公安县接壤,西南与黄山头镇相连。场部驻地距县城 33 公里。总面积 8 平方公里,折合 1.2 万亩。人口 80 户、348 人,其中职工 138 人。

该场属地原为荒山。1958 年建场,凿石开荒、垒土种树,现有林木 5848 亩、茶园 600 亩、苗圃 300 亩、竹林 150 亩、板栗 80 亩、水库 2000 亩,活立木蓄积量最高达 2.2 万余立方米,森林覆盖率 95%。

1970 年,该场引进种植茶树 50 亩,1972 年扩大到 200 亩,首次产茶 100 公斤。1975 年发展到 300 亩,产茶 1750 公斤。1985 年发展到 500 亩。1989 年后,常年产茶在 1.25 万公斤左右。2008 年,引进台资 300 余万元,建成荆凤乌龙茶园基地 300 亩。1987 年,其"黄山毛尖"获评湖南省名茶。

附二:安乡县的乡名为何均冠以"安"字

安乡,民国初期设乡。1946 年设 15 个大乡、1951 年设 153 个小乡、1955 年合为 96 乡,其间,其名多无"安"之冠。直到 1956 年 96 乡合为 15 乡时,才统一冠以"安"字。缘由何在?很简单,就是直接用垸名命乡名。如安障乡,以该乡所在的安障垸命名;安凝乡,以该乡辖区内的安凝垸命名。之所以直接用垸名命乡名,是因为国务院下达过区、镇、乡名均按地名命名的指令。

安乡是堤垸型地貌,明万历初年开始修筑堤垸,清末有堤垸 314 个,民国中期多达 508 个。垸名之多是安乡地名中的一大特点,用地名命乡名,安乡的最佳方案是直接使用垸名。值得深究的是,安乡那么多的堤垸,名称是否都冠以"安"字呢?回答是这样的:314 个堤垸时未均冠,508 个堤垸时也未均冠。垸名统一冠以"安"字,始于 1929 年。是年,醴陵县人何元桢任安乡县长,了解到安乡建县时因"诸水各安其流"而名"安乡",但自唐代以来,诸水不仅不安其流,而且频频泛滥,垸小堤弱,或被冲垮,或被浸没,安乡早已"不安"了。为求其"安",务必整合堤垸,固修堤防。于是何写下四言诗一首,言其志,绘其图,眺其景,抒其情,并主张将诗中的每一个字冠以"安"字作为堤垸之名,象征安乡人民生活家园的平安。诗曰:"滨湖丰裕,端资屏障;元公仁惠,肇造金汤;民生乐利,文化鼎昌;永徽瑞兴,宏猷武康。"自此,安乡开始大力整合堤垸,至新中国成立前,将 508 个小垸整合为 31 个大垸,并按何之主张命名(安生垸分上、下两垸,仅"元""汤"二字未用)。

由此,安乡的垸名均冠以"安"字。用冠"安"的垸名命乡名,安乡的乡名也均冠以"安"字。

人物

renwu

人 物 传 略

颜昌杰

(1905－1927)

颜昌杰,字经甫,号鸿卿,湖南省安乡县人,1905年5月出生于今安丰乡白螺湾村一富裕家庭。中共党员,大革命时期中共山西省委首任书记。

1912年入学就读,1919年考入长沙明德中学,1923年赴京考入中国大学,在三哥颜昌颐和陈毅的引导下参加革命活动,1925年下半年加入中国共产党。1926年9月,受中共北方区委的选派和李大钊的亲嘱下赴山西太原,10月任中共太原地委书记。1927年2月任中共太原执行委员会书记,并兼任中共太原地委书记,5月19日任中共山西省委首任书记。国共合作期间,全力投身革命,太原发展党员420余人,创建党支部、特别支部24个,全省发展党员1500余人,创建党组织40余个;恢复太原总工会和印刷、织布、鞋匠、成衣、缝纫、水夫等行业工会组织,开展工人运动;组建山西农民协会筹备委员会和静乐、柳林、赵城、水文、霍州、翼城、荣河、定襄、洪洞、临汾等县级农民协会,开展各种形式的抗税抗捐斗争。与此同时,与国民党右派斗争,维护国共双方共同开展国民革命运动大局。“四一二”政变后,阎锡山疯狂“清党”“清厂”“清校”,捕杀中共党员,颜昌杰被列首位。党组织与党员被迫转入秘密状态,或转移外地,继续进行革命活动。超强的工作负荷导致其“身罹重疾”,迫于医治。1927年6月3日,经中共北方区委批准,离晋返京治疗。

1927年12月7日,因“治疗罔效,沉疴莫起”,于德国医院(北京医院前身)逝世,终年22岁。

注:上部新编《安乡县志》未录入,补遗。

颜昌颐

(1900－1929)

颜昌颐,字夔甫,又名国宾,湖南省安乡县人,1900年10月29日出生于今安丰乡白螺湾村一富裕家庭。性温和,品端庄,少言语,智敏捷,从小跟从父亲诵读《岳阳楼记》,常以先贤范仲淹“先天下之忧而忧,后天下之乐而乐”勉励自己,立下“仁人志士,都应以天下为己任,我长大后要为老百姓做好事”的志向,19岁许身社会,29岁献身革命。中共早期工人运动活动家,中央军委委员,“八一”南昌起义前敌军委委员、起义部队第十一军二十四师党代表,中国工农革命军和中国第一个工农兵政权的创建者之一。

1919年“五四”运动爆发后,身为长沙明德中学学生会负责人之一的颜昌颐全力参与声援活动,组织学生罢课、游行,进行外争国权、内惩国贼的爱国宣传,同时满怀激情地阅读《新青年》《湘江评论》等进步刊物,接受科学、民主思想,了解俄国“十月革命”,心明情沸,写诗抒怀:“国步日艰难,生民似倒悬。青年应有责,破旧换新天。”是年秋即离别家乡,前往河北保定育德中学留法高等工艺预备班学习,12月与聂荣臻等人去法国勤工俭学,追求真理。他一边苦做工,一边苦学习,突破工学主义、无政府主义、空想社会主义等重重迷雾,于1921年秋确立“信仰马克思主义和实行俄国式的社会变革”“组织中国共产党”“实行无产阶级革命和无产阶级专政”的人生奋斗目标,走上献身共产主义的道路。在“誓死争回里昂中法大学入学权”的斗争中,与蔡和森、陈毅一道,带领“先发队”104名队员进行殊死斗争,被法国政府遣送回国,1921年11月26日经香港辗转到达上海。

1922年春(或夏)加入中国共产党,进入北京香山中法大学学习，担任中共香山地区支部书记。1924年9月被派往莫斯科中国劳动者中山大学(1928年改称中国劳动者共产主义大学，简称劳动大学)学习马克思列宁主义和苏联“十月革命”经验，1925年2月与聂荣臻、叶挺等人转入苏联红军学校中国班学习军事理论和军事技术。“五卅”运动后回国，9月上旬到达上海，在中共中央军事部(后称中央军委)工作。

1926年1月30日，针对国民党右派(特别是新右派)公开进行分裂活动，党内领导和共产国际代表妥协退让的局势，撰写《纪念二七》一文，宣传“资本主义发展的必然结果，就是无产阶级革命；帝国主义发展的必然结果，就是民族革命”“无产阶级与被压迫民族打成一片的时候，便是世界资本主义寿终正寝的时候”“就是世界人类解放的成功”，指出“民族革命的工作，不是散漫无组织的乌合群众可能担负”“不是徘徊妥协的资产阶级可能担负”“不是由浪漫的知识阶级可能担负”，而是落在“特别受压迫”“特别能革命”“特别能组织”的无产阶级肩上，号召中国的无产阶级“负担民族革命与无产阶级革命两种历史的使命”。3月，受中央军委派遣回长沙，负责中共湖南省委军事部的工作，为北伐军进军湖南、顺利北上做了大量工作，还通过留法勤工俭学好友贺果策动驻防安乡的宋湘涛部投入北伐，壮大了北伐的军事力量。9月调浙江区军委(即上海军委)，投入上海工人武装起义的组织工作。1926年10月上海工人举行第一次武装起义，1927年2月举行第二次武装起义。在这两次起义中，颜昌颐协助中共上海区委书记罗亦农、区委组织部长赵世炎从事军事准备工作。1927年3月，上海工人举行第三次武装起义，取得全部占领上海的胜利。颜昌颐身为负责起义军事领导的特别军委委员，不仅协助罗亦农进行周密的军事准备工作，并参与实战指挥。“四一二”政变后，白色恐怖笼罩整个上海，颜昌颐和聂荣臻在周恩来的领导下，将党组织和大批同志转入地下斗争后，回武汉中央军委。

1927年7月12日中共中央改组，决定组建由周恩来任书记的前敌委员会，在南昌举行武装起义，并指定颜昌颐、贺昌、聂荣臻组成前敌军委，到九江进行起义准备工作。“八一”南昌起义枪声打响后，身兼起义部队第十一军二十四师党代表的颜昌颐急赴南昌。8月3日，起义部队开始撤离，南下广东，经过江西瑞金苦战、会昌苦战和福建长汀苦战，于9月24日到达汕头，遵照中共“八七”会议精神，决定开往海陆丰，会合当地农民武装，改组为工农红军。行军途中，起义部队遭受粤军的追击与围剿。9月26日在揭阳西北部山湖地区与敌军苦战三昼夜，于30日被迫返回汕头。10月1日汕头陷入敌手，周恩来和前敌委机关撤离，于2日到达普宁县的流沙。3日下午敌军追至流沙，前敌委和起义部队急忙转移。行至莲花山时，被粤军三面包围，处于顿遭覆灭的险境。颜昌颐与团长董朗率领千余人拼死战斗，掩护前敌委撤出险境后冲出包围圈，集结起义部队余部一千二百余人转战东江，12日到达海丰、陆丰、惠阳、紫金边界的中峒根据地，将部队改编为中国工农革命军第四团，11月扩编为中国工农革命军第二师(即红二师)，董朗任师长，颜昌颐任党代表并兼任中共东江特委委员、东江军委主任。身负重任的颜昌颐按照周恩来在流沙前敌委会议上确立的“要做长期的革命斗争”的思想，在红二师加强党的组织建设和政治军事建设。建立连队党支部，强化党对军队的领导；组建调查委员会，实行军队经济公开；设立军人学校和军事俱乐部，提高军人的文化素质；实行官兵服装和薪饷平等，消除雇佣军队的等差影响；为革命烈士发放抚慰金、修建纪念亭，还修建红军兵工厂、红军被服厂、红军医院，写下了红军建军史上辉煌的一页。同时协助东江特委书记彭湃创建工农兵民主政权，在不到两个月的时间里，与董朗率部攻打、拿下紫金南岭、海丰黄羌，收复海丰县城和陆丰县城，协助地方武装攻克地主民团死守的捷胜城。1927年11月18日至20日召开海丰县工农兵代表大会，建立全国第一个工农兵民主政权——海丰县苏维埃政府，开创中国革命史上“没收封建地主土地，分配给贫苦农民”的土地革命。成立大会上，颜昌颐号召工农兵团结起来，“站在中国共产党旗帜下和敌人奋斗”“把苏维埃政府的势力扩大到全省、全中国、全世界”。

中共“八七”会议后，湖南、湖北、江西、广东等地的武装起义相继失败，坚持下来的起义部队退到山区。海丰苏维埃政权也随之失败。但广东省委、东江特委继续要求各地发动群众暴动，夺取广东政权。红二师与红四师奉命分别向西北与东南方向进攻，将以海陆丰为中心的东江西南部苏维埃根据地扩大，但部队伤亡很大，减员十分严重。震惊后的敌人派出十倍于我的兵力进行残酷围剿。颜昌颐率领红二师在海丰与强敌苦战七日，杀出重围，撤到普宁地区进行游击战争。在敌人重兵围剿下，颜昌颐两次负伤，被迫到后方红军医院治疗，但未停止工作，一面主持海丰、陆丰、惠阳、紫金四县暴动委员会的工作，一面在教导队进行整党、开展军训，培养军政干部。1928 年 7 月中旬，敌军反复搜山，残酷屠杀，红军被迫分散隐蔽在老百姓家里。颜昌颐因伤病沉重和语言障碍无法隐蔽下来，被迫送往香港。11 月辗转回到上海，回中央军委工作，兼任江苏省军委秘书，负责江苏省军委的日常工作。

1929 年 8 月 24 日，中央军委决定在上海英租界新闻路经远里 12 号白鑫家里开会。白鑫时任中央军委秘书，但已暗地投降国民党，并与国民党上海特务头子范金波计谋将中央军委和江苏省委一网打尽。下午，颜昌颐、彭湃、杨殷、邢士贞、张际春来到开会地点等待周恩来的到来。周恩来因事未到，白鑫向英租界武装巡捕和上海公安局的包探发出信号，将颜昌颐等五人拘捕，囚于英租界巡捕房，26 日引渡到上海公安局，羁押在小北门水仙庙侦缉队拘捕所，28 日转押到龙华警备司令部看守所，30 日下午，颜昌颐、彭湃、杨殷、邢士贞被秘密杀害。被捕后，颜昌颐受尽酷刑，手足俱折，体无完肤，也未暴露身份，直到 30 日庭审后知即将走到生命的尽头，在被押回囚车途中，高呼“共产党万岁”坦然昭示共产党人的身份。就义前，四烈士齐唱《国际歌》，高呼“打倒帝国主义”“打倒蒋介石”“中国共产党万岁”“中国红军万岁”“中国苏维埃革命万岁”等口号，慷慨激昂。“有些贫困而走入抢劫的盗犯，他们都感动而觉悟道：只有跟共产党走，才是我们穷人的正当出路！有些因革命嫌疑而下狱的群众乃更加坚决地说：我们今后只有革命的一条路了！有些被难的同志则说道：到底是我们的中央领袖，能做我们的表率(周恩来《彭杨颜邢四同志被敌捕杀经过》)！”9 月 14 日，周恩来撰文悼念四烈士：他们不可磨灭的光辉，将“照在千万群众的心中，熔成伟大革命的推动力”。

1984 年 5 月 26 日，聂荣臻为烈士的家乡题写碑名：颜昌颐烈士永垂不朽！2006 年 2 月 3 日，中央电视台新闻联播《永远的丰碑》播颂颜昌颐烈士的事迹。2 月 4 日，《人民日报》刊登了《为党牺牲垂青史——颜昌颐》。

注：上部新编《安乡县志》已录入颜昌颐传。其后，中共中央将其列入《永远的丰碑》在电视台播放和《人民日报》刊登，故重写。

李孝来

(1933－1990)

李孝来，湖南省澧县人，1933 年 2 月 20 日出生于澧县白衣乡灵泉村一普通农民家庭。初小文化，中共党员，中共安乡县委原常委、安乡县革委会原副主任。

少年时家境贫穷，只上过两年小学，1946 年至 1950 年在地主家放牛、帮工。1951 年冬参加土改工作，1953 年春加入共青团，1956 年 3 月加入中国共产党。1951 年至 1958 年先后任安乡第五区水府庙村村长、安丰信用联社主任，1959 年至 1960 年任安丰公社汇口大队党总支委员，1961 年至 1973 年 8 月任安丰公社铁路湾大队党支部书记，1973 年 9 月任安丰公社党委副书记，1975 年 4 月任县委常委、县革委会副主任，1977 年兼任铁路湾大队党支部书记，1977 年至 1979 年任县贫下中农协会副主任。1978 年 1 月录用为全民职工，1981 年 12 月转为国家干部，先后在县农校、县农机研究所、县农机站工作，历任党支部书记、纪检组长。

其垂世业绩为“立下愚公志，艰苦创大业”。1965 年冬，带领铁路湾群众艰苦奋斗，治水改土。苦战三年，铲平 230 余个土包、沙丘，填平 50 余条弯沟乱港，新开长达 75 公里的 4 条主渠、7 条分渠、25 条支渠，铺设长 60 公里的宽敞大道，共完成土(石)方 250 余万立方米，新建涵闸 121 处，营造林带树木 25 万余株，将“五堈、六沟、七眼、一片沙”的 4000 余块零乱土地改造成 25 大块、100 中块、400 小块的“棋盘式”农田，成为全县、全地区、全省“园田化”建设红旗单位。1969 年,李孝来受邀赴北京参加国庆观礼。1975 年,铁路湾大队"园田化"建设模型在首都全国农业学大寨展览馆展出。

1990 年 11 月 28 日因病逝世,终年 57 岁。

刘淑元

(1935－1991)

刘淑元,女,湖南省望城县人,1935 年 4 月出生于望城县新康乡梅树村一普通农民家庭。初中文化,中共党员,常德市人大常委会原副主任。

1952 年投身农村基层工作,任安乡县虾叭垴乡(小乡)副乡长、妇代会主任,发动群众搞土改、打土豪,同年加入共青团,转为国家干部,1954 年 9 月加入中国共产党。1955 年任六区团委副书记,1956 年至 1959 年在县妇联工作,先后任办事员、副主任,1959 年至 1969 年先后任安成公社、安裕公社党委副书记,1969 年至 1975 年 1 月先后在安全公社、县委机关工作,历任公社党委书记、县委常委、县革委会副主任、县委宣传部部长、县委副书记,1975 年 2 月任县委书记,1981 年 4 月调任常德地区妇联主任,1986 年 6 月任市人大常委会副主任。

在任安乡县委书记期间,以坚强的毅力,凭着坚定的党性,忠心耿耿,任劳任怨,带领县委一班人和广大干部群众艰苦奋斗,发扬"愚公移山"精神,大搞农田基本建设,全县基本建成"三百到五百亩一大片,五十到八十亩一中块,三到五亩一小丘""大小相等、方向一致""开一条沟,修两条路,栽四排树"和"排灌分渠,高低分流,田湖分家"的"棋盘式"大农田模式。安乡成为全国农业学大寨先进典型,被誉为"南方的大寨"。1975 年,全省农业学大寨经验交流会在安乡召开,刘淑元代表安乡在会上发言。在北京召开的第一次全国农业学大寨会议上,安乡获全国农业学大寨先进县。

1991 年 10 月因病逝世,终年 56 岁。

陈耀国

(1941－1991)

陈耀国,湖南省安乡县人,1941 年 8 月 16 日出生于今安福乡夹夹码头一小商家庭。大学文化,中学高级教师,安乡县政协原副主席。

1946 年入学,先后就读于夹夹小学、澧县官垸完小、津市一中。1959 年 9 月考入湖南师范学院中文科,1963 年毕业分配到安乡工作,先后在安乡三中、安乡五中(原向阳中学)任教。1975 年 9 月调任安全公社文教办教务主任,12 月调任县教研室语文教研员,1987 年 1 月获聘中学高级教师。在教研室工作期间,一直从事中学语文教学研究。创造实验"导向式"教学法,获全市教育科研二等奖;主编《金钥匙在哪里?》,开展学法教材研究,获全市教育科研二等奖;关于农村语文教学现状的教研论文在省《中学语文教研》上发表;参加《初中语文创造思维训练》一书的编纂工作;主编初中作文实验教材,在常德地区使用。曾任市中学语文理事会副理事长、名誉会长,市书法协会、文艺评论协会、文联会员,县书法协会主席。1988 年 1 月任县政协副主席,同年 6 月任县人民政府副县长,1990 年 11 月任县政协副主席 。曾当选为第六、七届省人民代表大会代表,第九届县人民代表大会代表、兼职常委。

1991 年 11 月因病逝世,终年 50 岁。

李才鉴

(1928－1993)

李才鉴,原名李士健,湖南省安乡县人,1928 年 6 月 7 日出生于今安昌乡白粉嘴村一普通农民家庭。高中文化,中共党员,中共安乡县委原书记。

1936 年春入私学,1937 年随家迁移而辍学,在家助父耕作。1941 年再入私塾就读,1943 年转入安障乡中心小学,后入县立初级中学,1948 年秋考入澧县九澧中学,1949年春因家庭困难辍学回家,经朋友介绍到县内驿码头私立小学任教。安乡解放后参加工作,1950年7月任四区助理员,1952年8月任一区秘书,同年11月任县委组织部干事,1954年3月任二区区委副书记,1956年6月任县委宣传部部长,1959年任安文公社党委书记,1960年任县委办主任,1963年1月任安武公社党委书记,1965年11月任县委副书记,1969年10月至1979年4月,先后任安猷公社、安全公社、贺家山原种场党委书记,1979年4月任县委副书记,1981年4月任县委书记,1983年12月任县委顾问,1988年6月退休。1990年,经市委同意,报省委批准享受副厅级待遇。

李才鉴从政近40年,忠于职守,一心为民。特别是担任县委主要领导后,勤政为民,体贴百姓疾苦,敢于为民代言,努力为群众办实事、办好事。为人正直、为官清廉。其执政理念、工作作风、为官为人受到全县人民一致好评。

1993年5月29日因病逝世,终年65岁。

严钦璋

(1936-1995)

严钦璋,湖南省南县人,1936年1月出生于南县牧鹿乡牧鹿村。中师文化,中学高级教师,安乡县政协原兼职副主席。

1952年考入桃源师范学校,1954年12月毕业分配到南县城关学区任教。1957年调安乡工作,曾在城南、城东、安康仙桃、城北小学和官垱中学、县教研室、县教师进修学校任教。1969年、1970年,在县"五七"干校劳动两年。1988年获聘中学高级教师。1990年参加全市小学教育教学比武获第一名,同时获全省一等奖。撰写的教学论文《迁移的桥梁》在《湖南教育》上发表,《改进教法提高质量》在市、县教研通讯上发表。1991年获聘县人民政府特约教育督导员。曾当选为市政协委员、县政协常委,1992年12月任县政协兼职副主席。

1995年6月2日因病逝世,终年59岁。

曾济民

(1902-1996)

曾济民,字昭麟,化名左晋安,湖南省安乡县人,1902年2月出生于今深柳镇。初中文化,中共党员,汉寿县人大常委会原副主任、湖南省人民政府参事室原参事。

1920年9月考入长沙兑泽中学,翌年因家庭经济困难肄业回家随舅父、表兄经商。1926年冬考入武汉国民革命军总司令部学兵团,集体加入国民党,次年春转入南京黄埔军校第六期工兵团,1929年秋毕业,任国民党陆军第九师排长。尔后相继升任连长、营长,奉命参加对中央苏区的第五次"围剿"。1935年夏入训练总监部教官训练班受训,其间加入复兴社,结业后先后任南京第七区和安徽五河县国民兵军训教官。1937年春任税警总团补充第三团营长,驻防长沙。抗日战争全面爆发后调任陆军第一九八师五九三团副团长,率部参加淞沪会战、南京保卫战、武汉会战,三次负伤并荣立战功。1941年奉命转入后方,先后任五十四军上校部员兼遵义团管区副司令、贵州安顺师管区上校主任部员。1944年冬回安乡组建县(国民)政府抗日自卫团,任副司令兼县政府军事科科长。抗战胜利后调任汉阳蔡甸第七军官总队中队长,1947年调任山东莱芜陆军第七十三师七十七旅主任参谋,不久返湘任安化县党部执行委员。1948年6月任安乡县自卫总队副兼南县、华容、安乡三县联防指挥官。次年5月,受湖南人民解放突击队司令陈采夫的影响,加入"湖南进步军人民主促进社"并成立安乡分社,受命用直接联系的方法,在县自卫总队、警察局及正副乡长中秘密发展成员,联络和保护中共地下党,密切配合中共组织开展活动。1949年7月29日,奉中共湘西工委书记方用之令,与县长吴铁铮发表《起义宣言》,并率县自卫总队、临时警察中队550余人起义。安乡和平解放次日,与中共安乡区工委领导金汉川、高云霞等人率万余人欢迎中国人民解放军进驻县城。新中国成立后,曾担任县土改委员会委员,协助解放军整编部队、剿匪。1951年起,先后任县人大常委会委员、县农林水利局副局长、县人民政府副县长,其间当选为省第一届各界人民代表会议代表。1958年6月任省人民委员会参事室秘书,并主动要求到基层工作,兼任洋淘湖农场副场长。1980年任汉寿县人大常委会副主任,1983年9月任省人民政府参事室参事。1986年6月加入中国共产党。

1996年4月因病逝世,终年94岁。

任保华

(1926－1996)

任保华,湖南省安乡县人,1926年10月出生于今下渔口镇联合村一普通农民家庭。初中文化,中共党员,安乡县人大常委会原主任。

少年时给地主放过牛,当过长工。1949年9月参加工作,1952年加入中国共产党。1950年至1951年6月在安武联合乡任征粮委员、土改队员,1951年7月至1952年8月任城关镇民政助理,1952年9月至1954年10月任城关镇镇长、党委副书记,1954年11月至1956年2月任城关镇党委书记,1956年3月至1957年1月任县委工交部部长,1957年2月至7月任安康乡党委书记。1957年8月赴常德文化干校学习,1960年毕业回安乡工作,历任县监察委员会书记、安丰公社、城关镇党委书记。1965年5月任县委常委、组织部部长,1980年12月任县人大常委会副主任,1981年任县委副书记,1983年9月任县人大常委会主任,1985年5月任县委顾问,1986年5月离休。1994年,经省委组织部批准享受副厅级待遇。曾先后当选为第一、四、七、八、九届县人民代表大会代表、第六届省人民代表大会代表。

1996年11月24日因病逝世,终年70岁。

何浴沂

(1938－2001)

何浴沂,湖南省益阳县人,1938年8月出生于益阳县堤卡子乡大塘村。大学文化,中共党员,安乡县政协原副主席。

1949年考入益阳县私立晨英中学,1950年转入益阳信义中学,1952年入益阳市一中读高中,1953年因家庭经济困难辍学。辍学后,迫于生计,做过小贩,当过制伞学徒。1954年考入湖南师范学院生物科,1958年毕业分配到安乡一中任俄语教员。“文化大革命”期间,被打成“黑帮”,开除工作。为了生计,曾当过砖厂窑工,做过上门木匠。1973年落实政策返校任教,1980年当选为常德地区生物学会理事长。1983年12月当选为县人民政府副县长,1988年任县政协副主席。走上领导岗位后,勤奋务实,坚持原则,追求真理,不迎合世俗。分管的工作无论巨细,事必躬亲。在担任副县长期间,分管文教、卫生、城管工作,为治理县城环境,他坚持铁的纪律、运用铁的手腕治理脏、乱、差,县城文明创建工作逐步走上正轨。

2001年7月因病逝世,终年63岁。

周兆平

(1919－2001)

周兆平,湖南省安乡县人,1919年4月出生于今大鲸港镇西城村(原属安裕乡)一普通农民家庭。大学文化,中共党员,中国人民解放军总参谋部装备部原副部长,大校军衔。

少年时就读于家乡私塾,后入长沙兑泽中学、衡湘中学学习。1936年因家庭经济困难辍学在家。1937年抗日战争暴发,次年8月,他奔赴延安投身革命,并加入中国共产党,1939年在延安抗日军政大学(简称“抗大”)总校毕业。1940年起先后任晋、冀、鲁、豫边区“抗大”总校政治部民运干事、特派干事和陕甘宁边区“抗大”总校直属队政治干事、政治部组织干事、二支队特派员及吉林省柳河县公安局长、东北民主联军航空学校政治部组织科长、战斗训练大队政治委员等职。1949年后历任中国人民解放军空军第一航空学校政治部副主任、第十师副师长、训练部处长、第一航空学校校长、中国人民解放军航空研究院副院长等职。1955年被授予上校军衔，并获“三级独立自由勋章”“二级解放勋章”，1960年被授予大校军衔。1976年调任中国人民解放军总参谋部装备部副部长，1979年赴英国考察皇家海军舰艇装备。1982年离休，享受正军级待遇，1988年被授予“独立功勋荣誉勋章”。曾受到毛泽东、刘少奇、朱德、周恩来等党和国家领导人接见。

2001年10月3日因病逝世，终年82岁。

张光彩

（1933－2001）

张光彩，原名张光裕，湖南省安乡县人，1933年4月11日出生于今三岔河镇长明村一普通农民家庭。初中文化，中共党员，安乡县人大常委会原副主任。

1940年入学，先后就读于治化乡（小乡）长明小学、北河口（南县）中心小学、治化乡中心小学、县立初级中学。1950年3月参加工作，先后任征粮工作队、农民协会、土改工作队队员、秘书，1952年7月加入中国共产党。1951年6月至1956年2月先后在二区、五区、出口洲区工作，历任干事、副区长、区长、区委副书记，1956年4月任县委文教部副部长，1957年2月至1972年8月先后任安福乡（小乡）党支部书记、安澧、安裕、安成公社党委书记、革委会主任，1972年11月任县委常委，1975年9月任县委常委、宣传部部长，1981年3月任县委常委、副县长，1984年4月任县人大常委会副主任，1990年3月任县委顾问，1993年12月退休。曾当选为第一、四、七、九、十、十一届县人民代表大会代表。

2001年12月7日因病逝世，终年69岁。

周玉清

（1910－2003）

周玉清，原名胡海清，湖南省安乡县人，1910年10月出生于今安裕乡。中共党员，中国人民解放军银川军分区原副司令员，上校军衔。

1934年9月参加红二方面军，1935年9月参加长征，任排长，同年10月加入中国共产党，1937年任大队长。1938年，受中共组织派遣，到国民党部队任连长，1939年新军和旧军事变后任营长。1942年入“抗大”学习，1943年入中央党校学习。1945年至1953年历任山西绥原丰镇县支队长、中国人民解放军三旅九团副团长、五旅二十四团团长、西北军区公安干校校长兼政委等职。1953年调任银川军分区副司令员兼参谋长，1956年入高干文化学校学习，被授予上校军衔。1957年至1958年因病带职休养（住银川），1970年离职回安乡休养，1973年离休。

周玉清战争年代屡立战功：1939年秋，活捉阎锡山的晋军旅长和参谋长；抗日战争中27次参加战斗，1941年，在山西吴城镇西北下冯村战斗中消灭日军一个小队，击毙日军小队长，缴获大量武器弹药，受到总队司令部嘉奖，同年，在丰镇县活捉国民党中将王明清和少将旅长王来根。1955年被授予“八一勋章”“三级独立自由勋章”“二级解放勋章”，1988年被授予“独立功勋荣誉勋章”。

2003年8月31日因病逝世，终年93岁。

张爱亲

（1934－2006）

张爱亲，湖南省安乡县人，1934年2月出生于今安丰乡千弓山村一贫穷家庭。中共党员，安乡县人大常委会原主任。

1949年7月30日安乡和平解放，即投身革命，参加筹粮征粮、土改工作。之后，相继任五区出口洲供销合作社、县供销合作社职员。1954年1月加入中国共产党，任五区区委委员、东南洲乡（小乡）农会主席，1956年任县监察委员会区级监督员、安裕乡党总支副书记，1958年任安保公社党委副书记，1961年任县委农村部干事、安成公社党委副书记，1968年4月任安全公社革委会主任，1968年9月任安福公社革委会主任，1969年12月当选为县委委员，1970

年9月任县革委会办事组组长、县农建站主任,1975年任县委办主任,1980年当选为县人民政府副县长,1984年任县委副书记,1986年任县政协主席,1990年任县人大常委会主任,1993年任县委顾问,1994年离休。

安乡为“北水涨,南水堵,西水一来就喝粥”之域,防洪保安、筑堤保垸为民生保安、经济发展的命脉。张爱亲毕生致力于水利建设,在任副县长、县委副书记期间,克服重重困难,坚定不移地按照湖南省洞庭湖区防洪大堤建设标准修筑防洪大堤,五个防洪大圈分别达到二十年、三十年一遇的防洪保安标准。每逢抗洪抢险,无不战斗在第一线,先后被省政府、全国防汛总指挥部授予抗洪抢险模范、全国抗洪模范称号。离休前后,全力投入安乡的公路建设。1987年至1989年,三次参与大鲸港大桥选址。1990年至1994年,先后任大鲸港大桥接线工程指挥部(县级)政委、大鲸港大桥建设指挥部(市级)副指挥长,满负荷地投身于大桥建设。与此同时,在“无计划、无设计、无资金”的情况下,克服“补偿拆迁任务大”“不少路段土源困难”“难工路段塌陷严重”“防护任务大”等重重困难,提前修筑大石公路,使穿境而过的湘北干线提前数年畅通,受到省交通厅嘉奖。“严于律己,为政清廉”是干部群众对张爱亲的评价,湖南电视台誉其为“清风俊杰”予以专题报道。

2006年1月20日因病逝世,终年72岁。

谭忠敏

(1928－2006)

谭忠敏,湖南省安乡县人,1928年7月出生于今官垱镇响水窖村一普通农民家庭。中共党员,安乡县人大常委会原主任。

1949年7月30日安乡和平解放,即参加征粮工作和知训班学习。尔后参加减租减息、土改、镇反等运动,逐渐成熟,走上领导岗位。1952年9月任城关镇副镇长,同年12月加入中国共产党,1953年4月任县人民法院副院长,同年10月任县人民政府民政科科长,1954年12月任县委宣传部副部长,1955年8月任县人民检察院副检察长,同年11月任县监察委员会副书记。1957年后,先后任安康、安成、安文、安生、安猷公社党委书记,1966年1月任县委常委,同年2月任县人民委员会副县长,1969年任安宏公社革委会主任,1970年任安丰公社党委书记,1973年任县农村办主任,1978年任县委常委、县革委会副主任,1981年当选为县委常委、县人民政府副县长,1984年当选为县人大常委会副主任,1985年当选为县人大常委会主任,1990年3月离休。

2006年1月22日因病逝世,终年78岁。

戴庭哲

(1932－2008)

戴庭哲,四川省会理县人,1932年8月22日出生于会理县。大学文化,高级工程师,安乡县造纸厂原副厂长、安乡县政协原兼职副主席。

1950年8月至1953年7月在四川西昌专业技术学校读书,1953年9月至1956年7月在四川化工学院读书,1956年7月至1957年9月在天津大学读书。1957年9月参加工作,曾在辽宁金城造纸厂、湖南岳阳造纸厂工作,1962年7月调安乡造纸厂工作,历任技术员、工程师、副厂长,1984年4月至1992年12月任县政协兼职副主席。戴庭哲对造纸技术研究成果颇丰,曾任中国造纸学会会员、省造纸学会常务理事、常德地区轻工业理事会主任、常德地区职工评级委员会委员、县机械学会副理事长,曾当选为第六届省人民代表大会代表。

2008年3月5日因病逝世,终年76岁。

李长青

(1942－2008)

李长青,湖南省安乡县人,1942年9月10日出生于今安全乡董家垱村一普通农民家庭。中共党员,安乡县人大常委会原副主任。

1958年8月参加工作,任安全公社信用社职员,1960年9月加入中国共产党。1970年调任县委宣传部干事,1975年7月至1985年2月先后任安德公社党委副书记、管委会主任、安造公社党委副书记、管委会主任、安造公社和安生公社党委书记,其后,先后任县委统战部副部长、县农委副主任、县人大常委会农工委副主任、办公室主任,1997年11月当选为县人大常委会副主任,2003年退休。

李长青从政期间,具有"忠于党和人民的赤子之心""勤奋工作的敬业精神""品格高尚的人格魅力""办事果断的工作作风",10余次受到县政府、市政府嘉奖、记功。1998年,安乡遭遇特大洪水灾害,安造大垸甚危。他不顾重病缠身,手拄拐杖,参加保护北大堤、保卫安乡的战斗。灾后又多方筹措款物,看望灾区的基层干部和群众。退休后学习古典诗词,成为中华诗词学会会员,辞世后其儿女编印的《长青韵》留传后世。

2008年3月27日因病逝世,终年66岁。

唐　斌

(1942－2010)

唐斌,曾用名唐金宝,湖南省安乡县人,1942年3月出生于今安凝乡姚家村一普通农民家庭。大专文化,中共党员,安乡县政协原副主席。

1954年毕业于四区复兴完小,1957年春由安凝乡工商联安排到综合商店工作,1958年10月被推荐到安澧公社供销社正式参加工作。1959年5月入常德行署商业干部学校学习,年末回供销社任统计员,1965年春转干后调任安文公社团委书记,1969年1月调任城关镇团委书记,1971年2月调县革委会宣传组工作,历任理论专干、秘书、副部长,1972年11月加入中国共产党。1985年7月于常德师专干部中文专修科毕业,任县政府办主任,1987年4月任县委常委、县委宣传部部长,1992年7月调任县人大常委会党组成员,同年12月任县政协党组副书记,后当选为县政协副主席,1995年9月任县委顾问,2002年3月退休。

分管全县计划生育工作期间,在基层工作网络建设上创立的计划生育工作体系在全省推广,安乡的计划生育工作多年名列全省先进,市计生委将其事迹编入《国策颂》。曾多次获市、县政府记功奖励。

2010年3月23日因病逝世,终年68岁。

刘运武

(1933－2010)

刘运武,湖南省安乡县人,1933年7月出生于今安丰乡复兴村一普通农民家庭。中共党员,常德市人大常委会原副主任。

1951年5月参加工作,1952年7月加入中国共产党,先后任县土改工作队队员、一区干部、组织委员。1955年2月至1956年7月任一区区委副书记,1956年7月至1964年9月历任县公安局局长、安猷公社、安城公社党委书记、县委办主任,1964年11月至1971年3月任县委副书记、县革委会副主任,1971年4月至1973年6月任临澧县委常委、临澧县革委会副主任,1973年7月调回安乡,任县委副书记、县革委会副主任,1977年3月至1986年3月任常德地区农村办副主任、地委农村工作部副部长,1986年4月至1988年6月任常德地区农经委党组书记(其间1987年8月任主任),1988年6月至1993年1月任市人大常委会副主任,1993年2月至1994年10月任市人大常委会特邀顾问,1994年10月退休。

任安乡县委副书记期间,主持推进"园田化"建设,农村田园布局形成"棋盘式"格局,安乡成为全国农业学大寨先进典型,被誉为"南方的大寨",全省农业学大寨经验交流会在安乡召开,时任省委书记张平化到会讲话给予肯定和表扬。

2010年4月29日因病逝世,终年77岁。

康长利

(1946－2010)

康长利,湖南省安乡县人,1946年12月4日出生于今深柳镇。大专文化,中共党员,安乡县人大常委会原副主任。

1954年启蒙在城北小学就读,初、高中就读于安乡一中和常德市一中。1967年1月参加工作,任城关镇东风居委会治安主任,1968年9月调任城关镇革委会办公室办事员,1978年11月加入中国共产党。1976年11月至1980年2月任县广播局办事员,1980年3月调县委办工作,历任办事员、秘书、副主任。1983年9月至1985年7月,入湘潭大学干训部秘书专业学习。1986年1月至1987年7月兼任县档案局局长,1988年3月至1989年1月兼任县委政研室主任,1992年7月至1997年5月任县委常委、县委办主任,1997年6月任县人大常委会党组副书记,11月任副主任,2006年12月退休。

从政期间,廉洁勤政、作风正派,经常深入基层,倾听群众意见和建议,帮助解决实际困难和问题。1988年8月获评全省党政机关先进秘书工作者,1990年8月获评全市抗洪三等功。曾当选为第六、七、八次县党代会代表、第十三届县人民代表大会代表、第三届市人民代表大会代表。

2010年7月因病逝世,终年64岁。

宋士俊

(1929－2010)

宋士俊,湖南省安乡县人,1929年6月出生于今深柳镇芝子湖村(属原安猷乡)一普通农民家庭。中共党员,安乡县人民政府原副县长。

少年读过私塾,后在二区笃睦小学毕业。曾放过牛,当过药店学徒,种过田。1949年9月参加工作,参加过征粮、土改工作,曾任农民协会青年委员、乡政府秘书,1951年8月转为国家干部,任二区粮食仓库会计、财经股干事,1952年12月加入中国共产党。1952年调喻家渡区,历任支书、区长、区委副书记,1956年6月至12月,先后任县委宣传部副部长、县委农村部副部长,1957年1月任安昌公社党委书记,1965年6月任县委办主任,1966年2月任县委宣传部部长,1968年12月至1975年5月,先后任安全、安武、安成公社党委书记,1975年5月任县工交办副主任,9月任县公安局局长,1981年9月任副县长,1985年1月任县政府顾问,1990年7月离休。1987年获市政府记大功奖励,1990年1月晋升为正处级。

2010年12月11日因病逝世,终年81岁。

孙立人

(1938－2013)

孙立人,湖南省安乡县人,1938年1月出生于今安宏乡唐家铺村一普通农民家庭。大专文化,中共党员,安乡县政协原主席。

少年时读过私塾、放过牛,1946年9月正式入学,在当地读完小学,1952年9月入安乡一中读初中,1956年9月考入南县一中读高中。1958年8月参加工作,先后在唐家铺小学、格道湾完全小学任教。1960年9月入常德师专读书,毕业后回县,先后在城东小学、函授师范学校任教。1969年7月起,先后在县文化馆、供销社、财办工作,曾任财办秘书,1978年12月加入中国共产党,1983年6月任县供销社主任,同年12月任县委常委、县委组织部部长,1985年2月任县委常委、常务副县长,1987年3月任县人大常委会副主任,1990年任县政协主席,1998年退休。

2013年2月4日因病逝世,终年75岁。

尹绍安

(1936－2014)

尹绍安,湖南省安乡县人,1936年1月14日出生于今深柳镇。高中文化,中共党员,安乡县人大常委会原副主任。

1941年入学,曾先后就读于县城南小学、邵阳双江村小学、县新生小学、县简易师范、常德明义中学、县一中。1960年3月加入中国共产党。1951年8月参加工作,历任县粮食公司会计、副股长、副组长,1956年调县委机关工作,历任县财办干事、县报社编辑、县委调研组副组长、县委办秘书、副主任、主任,1985年任县人大常委会办公室主任,1990年3月当选县人大常委会副主任,1993年任主任会议特邀顾问、党组副书记,1995年退休。曾在省级以上刊物发表文章300余篇,与人采访写作的报告文学《银花飞跃》《洞庭湖滨一新村》被多家报刊转载,前者由中国新闻社对国外发稿,与人合著的《用总路线精神建设湖区》《大寨红旗飘洞庭》均由中国农业出版社出版发行。退休后,任县老干部书法诗词学会会长、县诗词学会副会长,为安乡创建"中华诗词之乡"倾注了心血,曾出版发行个人诗集《劳影集》。

2014年3月25日因病逝世,终年78岁。

李德常

(1903－1967)

李德常,湖南省安乡县人,1903年出生于安乡县。全国劳动模范。

1950年参加工作,在县植物油厂当工人。在国家经济建设第一个五年计划期间,埋头苦干,创造了单机最高日产、月产记录;善动脑筋,改进操作方法,提高了出油率,成为增产节约标兵。1956年3月出席湖南省第二次先代会,被省政府授予劳动模范称号,同年,出席全国劳动模范代表大会,被国务院授予全国劳动模范称号。

1967年10月因病逝世,终年64岁。

注:上部新编《安乡县志》未录入,补遗。

谢世国

(1916－1986)

谢世国,四川省仪陇县人,1916年9月14日出生于仪陇县一普通农民家庭。初中文化,中共党员,省级劳动模范。

幼年家庭贫穷,15岁被抓壮丁,任国民党第五十七军后勤部军医。抗日战争时期,其所属部队途经安乡,谢因患伤寒病滞留于此,病逾后开一家个体诊所——安乡国太诊所,从此在安乡定居。新中国成立后,国太诊所在县城区颇具影响。1950年,县政府动员城区几家私营诊所联合办医院,走集体化道路。1951年,由谢牵头,联合宏济诊所张维汉、利民诊所蒋忠民、武汉诊所王里千和个体医生王汉成办起了安乡县联合医院,院长蒋忠民,院址位于县城东后街。1952年,谢加入中国共产党。1958年,县联合医院与县中医院、伤科诊所合并组建城关人民公社卫生院(1962年10月更名为城关医院,1983年改称潺陵医院),谢先后任院长、党支部书记。1960年获评省级劳动模范,曾当选为县人民代表大会代表。

1986年9月26日因病逝世,终年70岁。

注:上部新编《安乡县志》未录入,补遗。

于可效

(1935－1994)

于可效,湖南省慈利县人,1935年11月出生于今慈利县城关镇紫霞社区。中专文化,中共党员,高级工程师,安乡县政协原兼职副主席。

青少年时代靠助学金完成学业,在慈利一中读完中学,1952年考入武汉水利学校水工建筑专业学习。1955年毕业分配到安乡县水利水电局工作,历任水利股副股长、水利管理站站长、水利水电学会理事长,1983年评定为水利水电工程师,1988年晋升为高级工程师。1984年后,曾先后任县政协兼职副主席、政协常委、提案审查委员会主任、政协委员。

从事水利工作近40年,先后参加松澧分流工程的勘测设计和施工及东保煤气机机埠、唐家铺排水闸、周氏坡排灌闸、黄市嘴引水闸、官垱闸、新口引水闸、大鲸港双孔月围排水闸、西水东调四孔引水闸等22处涵闸的设计与施工。在工程施工中大胆革新,改柏油杉板为柏油砂板、用土模代替木拱模等技术的运用,为国家节约了大量物资和资金,并保证了工程质量。参加汛期水情预报20余年,积累了大量资料，摸索各河流的洪水规律，历次水情预报及时、准确，误差均在0.1米左右。1981年，长江大水，虎渡河堤防危急，由其提供准确的洪水预报，县防指决定加修子堤，确保了安全渡汛，避免了书院洲扒口分洪的损失，受到地、县领导赞许。任县政协兼职副主席期间，每年率政协委员专题视察和听取水利工作情况汇报，并督办水利建设相关提案、议案，办理率达100%。在水利水电学会理事长岗位上，组织并参与全县水利工程建设的调研，先后撰写《从澧水洪道围挽，看洪道变化及危害》等高质量的论文。其有生之年，为安乡水利事业作出了突出贡献，其工作业绩，得到县委、县政府和上级水利部门认可。

1994年11月16日因病逝世，终年59岁。

李建国

(1964－1998)

李建国，湖南省安乡县人，1964年4月20日出生于今安宏乡西李家村一普通农民家庭。高中文化，中共党员，安乡县环卫所原副所长。

1986年从安宏乡建筑队调县环卫所工作，1996年3月任副所长，1997年6月加入中国共产党。1998年7－9月，县境普降暴雨，洪水猛涨，境内400公里临洪大堤水位均超历史。7月22日，李建国奉命到安宏乡格道湾村堤段防汛，带领7名村民守护新涵闸。时值其刚治完血吸虫病不久，加之肾炎发作，身体极度虚弱，每天仍在高1.4米、宽1.2米、长64米的涵闸内查看5－6次。8月17日，藕池河水暴涨，他发现涵闸漏水，即组织200余名村民向闸门外投沙包、填土袋，至凌晨1时许化解险情。其间，他进涵闸查看五次，精疲力竭。26日晚，他再次爬进涵闸查看险情，27日凌晨3时许，因劳累过度和病情发作以身殉职，终年34岁。29日，在安乡指挥抗洪抢险的省、市领导郑培民、庞道沐、蔡家作、吴定宪、程海波、周用金等参加了李建国的追悼会。市委常委、市委宣传部部长周用金宣读市委、市政府《关于授予李建国同志“优秀共产党员”“抗洪功臣”光荣称号的决定》，1000余名干部群众为李建国遗体送行。9月2日，县委、县政府将其守护的涵闸命名为“建国闸”，14日，省政府追认其为革命烈士。

唐纯银

(1918－2002)

唐纯银，湖南省安乡县人，1918年12月22日出生于今安福乡双合村一贫穷农民家庭，生长在松湖村。中共党员，全国劳动模范。

8岁当放牛娃，10岁开始外出当长工，直到新中国成立前，家庭一贫如洗。新中国成立后，在党和政府的鼓励支持与技术人员的指导下，突破棉花传统种植方式方法，将撒播改为点播，点种改为条种，宽垅改为窄幅，产量快速增长，籽棉亩产量1950年160公斤，1951年210公斤，分别为新中国成立前的10倍、13.1倍，被评为省甲等植棉模范、特等劳动模范。1958年，籽棉亩产量达到220.3公斤，被国务院授予全国劳动模范称号。尔后，继续科学植棉，绩效与时俱进。1972年，其实验地皮棉亩产量达到131公斤。1997年，与徒弟钱本孝种植的棉花实验地，皮棉亩产量突破150公斤大关；“棉花王”试验地一株结果1100余个，被上海大世界吉尼斯总部批准为吉尼斯世界纪录。

唐纯银先后17次参加国务院召开的棉花生产会议，10次参加国务院召开的棉花科研会议，1次参加全国科学大会；两次受到毛泽东的接见，多次受到刘少奇、朱德、周恩来、邓小平、华国锋的接见；荣获国家级、省级奖章13枚(其中金质奖章3枚)、中南区、省、地、县锦旗20余面。近50年的“银花飞跃”，誉耀全国。20世纪60年代末至70年代，年均有7个省的参观者到卫星生产队和唐纯银的棉花生产实验地参观取经，《为革命种棉——全国植棉模范唐纯银经验介绍》由湖南人民出版社出版，印发12万册。

唐纯银1959年加入中国共产党，曾先后任松湖大队党支部书记、安福公社党委副书记、常德地区棉科所副所长，曾当选为中共常德地委委员、市、县人民代表大会代表、县人大常委会委员、第一至七届省人民代表大会代表。唐纯银善吟唱民歌，近百首传世,其《植棉歌》镌刻于“常德诗墙”。

2002年1月30日因病逝世,终年84岁。

纪宏志

(1935－2007)

纪宏志,湖南省安乡县人,1935年7月出生于今深柳镇长岭洲社区。初中文化,中共党员,全国水利先进工作者。

1952年12月参加工作,1955年5月加入中国共产党。1953年12月至1956年5月在六区工作,历任秘书、会计、文书、干事,1956年6月任县农林水利局人事干事,1964年10月任县安全监督委员会干事,1967年3月调县委组织部工作,1967年4月调安障乡工作,历任党委委员、党委副书记、书记,1969年11月任安造公社党委书记,1980年1月任县棉纺织厂党委书记,1984年1月调县经委工作,先后任副主任、主任,1990年底调县委政法委工作,先后任副书记、书记,1993年7月至1996年3月任县政府副调研员,1995年7月退休。1988年被评为全国水利先进工作者。

2007年11月9日因病逝世,终年72岁。

裴先林

(1930－2008)

裴先林,湖南省安乡县人,1930年6月15日出生于今黄山头镇丁堤村一贫穷农民家庭。初中文化,省级劳动模范。

幼年丧父,生活艰难,全靠母亲种田种地维持生活。1938年在理兴垱小学念书,1943年因家庭贫穷辍学一年半,后继续上学至小学毕业。1946年在县初级中学读书,1948年毕业回家务农,其间被选为当地征粮代表。1951年7月,由四区区公所介绍到县人民银行工作,先后任理兴垱、下渔口、县人民银行、安武、安造、安生、安猷营业所办事员、主任,其间担任过安造供销社副主任、理兴垱粮管站站长。1971年调任安全公社财会辅导员,1980年提前退休。

因工作成绩突出,1956年被评为省、地、县农村金融先进工作者,同年7月被评为全国农村金融先进工作者,7月19日受到毛泽东及其他中央首长接见。

2008年2月19日因病逝世,终年78岁。

刘崇恕

(1936－2008)

刘崇恕,湖南省安乡县人,1936年11月3日出生于今深柳镇。省级劳动模范。

1944年入学,1950年小学毕业。1951年参加工商联宣传队,1952年被推荐到县印刷厂工作,直到企业改制。虽其学历不高,但在工作中刻苦学习、钻研,1956年自行研究改造了红头白线印刷技术,1957年创新了两色一次印刷技术,印刷工效提高一倍。1958年5月出席省先进工作者代表大会并被授予省先进生产者称号,1959年出席省青年积极分子代表大会并被评为省级劳动模范。

2008年4月22日因病逝世,终年72岁。

姚本才

(1935－2008)

姚本才,湖南省慈利县人,1935年出生于慈利县。中专文化,中共党员,中学高级教师,全国教育系统劳动模范。

1955年8月湖南师范毕业分配到慈利县工作,曾在岩坡渡小学、县教育局办公室、官地坪联校工作。1960年1月调安乡县工作,先后在县师范、五一完全小学、三中、“五七”干校、张九台中学、七中、五中、一职中任教。历任教导主任、副校长、党支部书记兼校长,1988年获聘中学高级教师,1995年退休。1984年2月至1990年春任县五中校长期间,考生预选上线、高考上线、录取百分率在全县名列前茅，县五中被省教委授予省电化教学先进单位，其本人记大功。1989年获评全国教育系统劳动模范并授予人民教师奖章。

2008年6月9日因病逝世，终年73岁。

吴泽均

(1935－2009)

吴泽均，湖南省湘潭县人，1935年3月15日出生于湘潭县姜畲区一普通农民家庭。初中文化，中共党员，省级劳动模范。

1952年2月在常德专署二农场工作，曾历任原种一大队副大队长、场十一队队长、商店经理，1958年10月加入中国共产党，任党支部书记，1984年5月调安乡县农业局种子公司芦林铺种子站工作。其爱岗敬业、忠于职守、勤勤恳恳、任劳任怨的品格和强烈的事业心、责任感深受群众称道。1959年出席省第四次先进生产者代表大会并被授予省劳动模范称号。

2009年6月因病逝世，终年74岁。

胡中祥

(1938－1994)

胡中祥，湖南省道县人，1938年5月出生于道县。中共党员，中专文化，中学高级教师。

1960年7月毕业于湖南体校体育专业，分配到安乡一中任教。从教期间，一直从事体育教学与校队训练工作，1984年9月加入中国共产党。教学中，对中学教学大纲所提出的教学内容、目的要求、知识范围及纵横联系与衔接皆了然于心，精心设计课堂，深入浅出地组织教学，课堂效率高，历届学生体育考核成绩好、“达标率”高。其撰写的《怎样做 个合格的体育教师》两次在全县体育教师座谈会上作专题介绍。担任教练和教研组长期间，县一中在县级运动会各项比赛中均名列第一。1984年以前参加每年一次的地区中学生运动会，运动成绩均名列前茅，1973年、1974年所训练的排球队获地区女子排球比赛第一名，1973年参加全省中学生排球运动会获第三名。“文化大革命”后，担任辅导老师，全县中小学体育教师培训七届，效果良好。1984年担任由县总工会组织的职工排球队教练，参加地区排球赛获第三名，被县总工会记一等功。

1994年5月1日因病逝世，终年56岁。

朱金榜

(1943－1994)

朱金榜，湖南省长沙县人，1943年8月出生于长沙县，1949年随父母迁居安乡。大专文化，中共党员，中学高级教师。

1963年7月毕业于常德师专数学系，分配到县城东小学任教，1969年8月调入县一中。1977年至1982年，年年获评学校先进个人，多次获评优秀班主任，1985年7月加入中国共产党，1986年获评县级优秀教育工作者，1988年获聘中学高级教师。担任班主任工作20载，始终把德育放在首位，所带班级多次获评先进班级。运用启发式教学，调动学生学习积极性，1978年至1981年，担任高44班、高61班两届班主任并担任数学教学，班级高考上线人数多且数学成绩列全县第一。1981年至1983年任高83班班主任，其学生周红卫参加全国数学联赛，获全地区一等奖，本人参加全年地区组织的高中数学老师教学业务考核，获105分，位列全区前茅。其辅导的学生谭必诚在1981年高考中以487分获全县理科状元，考入清华大学电机工程系，赖四清在1983年高考中以576分获全县理科状元，考入清华大学经管系。1986年，其执教的高98、99、100三个班，高考数学平均成绩94.2分，居常德地区各县办一中之首，其中99班人平总分516分，考入重点大学的人数占全县的1/5以上，刘云中以高考600分获全县理科状元，考入北京大学。

1994年7月15日，在指导高中毕业班学生填写高考志愿时,因劳累过度突发脑溢血逝世,终年51岁。

何金初

(1928－1996)

何金初,湖南省安乡县人,1928年4月出生于今安昌乡宝塔村。中专文化,中学高级教师。

1936年至1949年完成中小学学业,任安乡更生小学教员。1950年2月始,先后担任更生小学、西李家完全小学校长,并任三岔河完全小学教员。1956年8月入长沙师专进修学习,1957年7月毕业后分配到南县三中任教。1958年8月调入安乡一中,1960年因故被开除。"文化大革命"结束后,曾在宝塔学校、三仙嘴中学、县八中短期任教,1981年10月落实政策,回县一中任教,1988年获聘中学高级教师。教学期间,较好地把握地理教学大纲和中学各年级教学目的、要求与重点、难点。1985年下学期,向全县中学地理老师作《中学地理难点质疑》讲座,1986年10月,撰文纠正《文萃报》上一篇地理知识文章之不当之处,1985年、1987年分别撰写《容易混淆的地理名称》和《怎样读日照图》,刊发于常德地区《教学研究》。在高三毕业班地理教学中,采用趣味记忆法、大课型教学法、地图分析法等教学方法,1984年、1986年、1987年高考中,其执教的班级地理成绩均居全县第一。从教期间,6次获评校级先进工作者,8次获学校特别嘉奖,有8篇教学论文在相关报刊发表或获奖,1985年至1987年获评县教育战线先进工作者。曾任常德地区地理学会理事。

1996年3月22日因病逝世,终年68岁。

杨仁戌

(1943－1996)

杨仁戌,湖南省安乡县人,1943年10月出生于今大鲸港镇。大学文化,中共党员,高级工程师。

1951年9月入学,先后在县内沙河口小学、黄山岗完全小学就读,1957年9月考入县一中,1963年9月考入武汉机械学院,1968年12月毕业分配到沈阳铸造厂任技术员,1974年5月调回安乡工作,1978年12月加入中国共产党。先后在县冷冻加工厂、棉纺织厂、经委、罐头食品厂工作,历任副股长、车间党支部书记、设备科长、党委委员、副厂长、科技科长、党总支书记、扩建指挥长,1987年10月任县标准计量局局长,1988年10月任县棉纺织厂总工程师。1980年12月获聘助理工程师,1983年9月晋升为工程师,1989年获聘制冷高级工程师。任职期间,其主持的项目多次获奖:1982年,梳棉除尘改造获县科研成果四等奖,1983年,锅炉消烟除尘改造获县环保科技成果奖,1984年,深井泵改造获县科研成果三等奖、麻棉混纺纱获县科技成果推广一等奖。曾任省制冷学会、常德地区轻工学会和锅炉压力容器学会会员、县工程机械学会理事、秘书长、常务理事。曾当选为县第六次党代会代表。

1996年10月因病逝世,终年53岁。

徐世新

(1940－1998)

徐世新,湖南省安乡县人,1940年6月10日出生于今安康乡七星村一普通农民家庭。大学文化,中共党员,高级工程师。

少年时代读过私塾,放过牛,1949年9月正式入学,先后在县内北河口完全小学、常德县蒿子港完全小学读书,1953年9月入常德私立白云中学读初中,1954年12月加入共青团,1956年7月入常德市一中读高中,1960年9月考入中南矿冶大学电气及自动化专业学习。1965年9月毕业分配到国家水电部电力总公司第一工程公司工作,1969年11月调大兴安岭电力局工作。1974年4月调回安乡,先后在县二农机厂、机械厂、氮肥厂、棉纺织厂、经委、标准计量局工作,历任二农机厂车间主任、机械厂技术科科长与总工程师、棉纺织厂、氮肥厂扩建指挥部及经委副主任、标准计量局局长等职,1977年加入中国共产党,1982年10月获聘电气工程师,1989年9月晋升为机电高级工程师。先后参加县氮肥厂二、三、四次扩建工程及棉纺织厂新建工程,是为县内电气设计与安装权威,1986年组织技术人员研制的县机械厂除焦塔获县科技进步奖。曾任常德化学化工学会理事、中国科协化学化工学会理事。

1998年7月因病逝世,终年58岁。

王恩兰

(1952－2002)

王恩兰,女,湖南省安乡县人,1952年1月18日出生于今深柳镇一小商家庭。中共党员,中学高级教师。

1967年初中毕业,1968年“知青下放”到安凝乡天福村,后任民办教师。1974年9月至1976年7月在常德师范学习,毕业后回安凝乡张九台中学任教。尔后,相继在县六中、理兴垱中学、城南中学、二职中任教,1989年9月调县教研室工作,1990年5月加入中国共产党,1992年获聘小学高级教师,2000年5月获聘中学高级教师。

王恩兰在县教研室工作期间,任小学思想品德教研员,坚持下乡下校指导,解决小学思想品德课教学中的实际问题,召开小学思想品德教研组长、学科带头人和骨干教师专题研讨会,带领教师学习外地先进经验、组织业务辅导和重点辅导,加强对教师的业务指导。其参与编写的《品德课教学板书设计精选》成为全市思想品德课的辅助教材,参与的小学思想品德系列教育实验课题研究获市科研成果三等奖、县科研成果二等奖。曾任省、市小学思想品德专业委员会会员、理事。

2002年2月4日因病逝世,终年50岁。

皮　健

(1935－2002)

皮健,湖南省长沙县人,1935年4月4日出生于长沙县福临铺镇古台村。中共党员,高级农艺师。

5岁时父母相继去世,被省第一保育院收养。新中国成立后,在党和国家的关怀及亲友资助下完成学业,1958年毕业于津市农校,1959年2月分配到安乡县农业局工作,1973年加入中国共产党。1959年至1976年,先后在安成、安造等公社从事社教、办农业示范点和农技推广工作,1977年调县农科所工作,1980年至1986年任县种子公司副经理,为杂交水稻的繁育与推广辛勤付出,全县水稻产量大幅提升,多次获评县农业生产先进工作者。1981年获聘助理农艺师,1983年晋升为农艺师,1988年晋升为高级农艺师。退休前,曾主编《安乡县农业志》。

2002年2月26日因病逝世,终年67岁。

舒阳春

(1953－2002)

舒阳春,湖南省安乡县人,1953年11月29日出生于今安康乡正安村一普通农民家庭。中共党员,高级农艺师。

1971年12月毕业于常德农校,1972年3月参加工作。自此,30多年一直从事粮油技术推广、油菜品种更新、高产示范和优质稻产业化开发等工作,绩效显著,获市级以上科技成果奖33项(次)。其中,早稻少耕分厢撒播技术推广获省科技进步三等奖、省农业丰收二等奖,早稻地膜春秋技术推广获省农业科技进步三等奖,油菜优质新品种及高产栽培技术与油料作物新良种及增产配套技术获全国农业丰收二等奖,油菜大面积综合丰收技术 获全国农业丰收一等奖。先后参加四川省农业大学本科函授班、全国优质油菜高产栽培技术培训班和省农业专业技术人员培训班学习,工作中撰写经验总结、农技推广等科技论文40余万字,在省、市级学术刊物上发表20余篇。2001年参与《湖南省农业新技术实用手册》编纂,其编写的《早稻少耕分厢撒播技术》入编。多次获评县先进工作者和优秀共产党员,4次荣立二等功。1996年获评省吨粮田开发先进工作者,1997年获评市十佳农业技术推广工作者,1999年获评县优秀科技工作者。曾任市作物学会、省作物学会和中国农学会会员。

2002年9月12日因公逝世，终年49岁。

唐文连

(1935－2004)

唐文连，湖南省会同县人，1935年7月28日出生于会同县城关镇。中专文化，中共党员，高级农艺师。

1955年毕业于湖南省安江高等农业学校，分配到安乡县农业局工作，先后在县内官垱、出口洲、安昌、安武农技站和县科协、原种场及农业局粮油股、科教股从事农业技术和科技管理工作，曾历任出口洲、安昌、安武农技站副站长和科教股副股长等职，1985年6月加入中国共产党，1988年晋升为高级农艺师。1956年被组织选派到湘西，参加山区扩种双季稻的技术援助工作，被评为优秀技术干部，受到湘西自治州政府和常德地区行署嘉奖。20世纪70年代，从事水稻种子生产的有关技术工作，特别是对水稻原种生产、杂交水稻制种等进行了大量研究工作，为全县水稻种子的提纯复壮、提高水稻的用种级别及杂交水稻制种产量，解决了多个技术难题，促进了水稻生产发展。80年代，从事粮油技术和科技管理工作，获国家农业部和省、市、县科技成果奖8项，先后在省级以上专业杂志上发表学术性论文6篇。曾任中国科协、中国作物学会会员。

2004年11月9日因病逝世，终年69岁。

谭瑞林

(1936－2005)

谭瑞林，湖南省安乡县人，1936年8月4日出生于今深柳镇芝子湖村。大学文化，中共党员，高级农艺师。

1960年毕业于华南农业大学，分配到海南省工作，曾任黟县农科所所长，1966年调安乡县农业局工作，历任县农业局办公室主任、《安乡农业科技报》主编、县农业局党委委员，1978年加入中国共产党，1988年晋升为高级农艺师，1996年退休。

谭瑞林长期从事农技推广工作，多次获省、市有关部门表彰，两次获评湖南省优秀科普工作者。20世纪80、90年代，主编《安乡农业科技报》，发行量达10万份，深受广大农村干部群众喜爱，得到国家农业部和省委、省政府认可。其主持的科研课题、项目，绩效显著，获省、市级科技成果奖17项。杂交水稻的选育与示范获农业部奖励、水稻省种栽培获省政府奖励，棉花营养钵肥泥浆穴施移栽技术、水生经济作物开发与应用、柑橘内膛腹接技术等研究成果，在全省、市产生了重大影响。在国家、省级学术刊物上发表论文10余篇。1997年，市委、市政府授予其有突出贡献的专家荣誉称号并入编《常德市名人录》。曾任县农学会、湘北鄂南科技报刊研究会理事长和省农学会、中国农学会会员，曾当选为县政协委员。

2005年7月7日因病逝世，终年69岁。

胡文斌

(1936－2005)

胡文斌，湖南省安乡县人，1936年5月出生于今深柳镇。大学文化，中共党员，中学高级教师。

1951年7月至1954年7月在县初级中学就读，1954年9月至1957年7月在南县中学高中部就读，1957年9月考入湖南师范学院中文系，1961年7月毕业，同年9月参加工作。1961年9月至1962年7月任南县一中语文教员。此后调回安乡工作，1962年9月至1973年4月任县一中语文教员，1973年5月调县教学辅导站工作，1976年9月至1978年10月任县教师进修学校语文教员，1978年10月至1984年4月任县一中语文教员并担任高中部党支部书记，1984年4月调县电大工作站工作并担任教务主任，1992年9月至1995年11月任县教师进修学校语文教员。1978年加入中国共产党，1988年获聘中学高级教师，1995年11月退休。

胡文斌古典文学造诣较深,1981年参与《高中语文复习资料》编写,1984年主编《安乡县成人高考语文复习资料》,1985年为县成人大学语文教材编译文言文和古典诗歌,被市教师进修学校聘为优秀函授辅导员,多次为全县、全市教师作专题讲座和专业辅导报告。曾多次获评先进工作者、优秀教师、优秀共产党员并记大功1次。曾任市教育研究会和省语言专业委员会会员、市语言学会常务理事,曾当选为县第五次党代会代表。

2005年8月5日因病逝世,终年69岁。

李登标

(1956－2008)

李登标,湖南省安乡县人,1956年4月13日出生于今官垱镇响水窖村一普通农民家庭。大专文化,中共党员,中学高级教师。

1977年8月高中毕业后在响水窖学校任教,1978年4月被选派到常德师范学习,1980年3月毕业参加工作,分配到官垱镇中学任教,1985年11月加入中国共产党,1991年12月通过自考取得华中师大教育管理专业大专学历,1993年12月获聘中学一级化学教师,2004年获聘中学高级教师。

在教学岗位上,李登标坚持以教研促业务水平的提升和教学质量的提高,多次获上级表彰,1998年获评市级优秀教师,2005年获市政府记三等功。其主持的课题《农村初中化学创新导学模式研究》获市级三等奖,有近20篇论文获奖或发表。1989年后,历任官垱中学教务主任、副校长、校长。任职期间,注重学校基础设施建设和学生素质教育,成效显著。学校建设采取自筹资金与引资相结合,修筑了水泥路、三用厅、学生宿舍楼等,学校面貌大为改观。全县素质教育评估,2003年官垱中学名列第一,2004年位居第三,此后连续六年综合评估获全县第二,2003年县田径运动会获第二名,2004年县排球运动会校女排获第一、县田径运动会获总评第一。

2008年5月因病逝世,终年52岁。

段敬尧

(1934－2008)

段敬尧,湖南省益阳市人,1934年5月出生于益阳市资阳区农村。中共党员,高级农艺师。

1954年12月毕业于津市农校,1955年2月分配到安乡县,先后在区、片农技站、县农科所、棉科所、农业局、农技推广中心工作,历任所长、股长、副局长等职。

段敬尧在长期的农技推广工作中,先后主持和参加省、市、县级棉花综合增产技术推广、新品种及其规范化栽培技术推广、宽行距配置方式研究、产量与苗情气候相互关系研究等12个项目,引进、运用棉花新品种、育苗移栽、塑膜覆盖栽培、植物激素在生产上的应用、配方施肥等科技成果,加速了科技成果的转化,促进了全县棉花生产持续发展和丰收计划项目完成,获科研成果奖8项,农业部丰收计划项目棉花综合增产技术推广1991年获农业农牧渔业丰收二等奖,安乡获全国棉花生产先进县,获农业部、纺织工业部表彰奖励。段敬尧懂几种外语,广泛阅读科技文献资料,多次参加省、市棉花学会年会学术交流。1988年参加人事部和农业部举办的全国棉花、油料专业高级研修班,其撰写的棉花营养钵薄膜覆盖育苗技术、稻田改种棉花的特点及增产栽培技术分别在《湖南棉花》《湖南农业》上刊登,棉花栽培技术规范等6篇论文,分别在省、市棉花学术年会上交流。多次受到表彰奖励,1990年、1991年分获县委、市委授予优秀共产党员,1990年获国家农业部全国农技推广年活动先进个人,1993年10月获准享受政府特殊津贴,1995年获农业部、科委、人事部授予全国农技推广先进工作者,同年12月获省委组织部、省科协授予全省农村党员、基层干部实用技术培训工作先进个人。退休后,参加县老科协,仍从事农技推广工作。曾任省棉花学会第二、三、四届理事。

2008年5月29日因病逝世,终年74岁。

肖国民

(1955－2008)

肖国民,湖南省安乡县人,1955年1月出生于今安康乡仙桃村一普通农民家庭。中共党员,中学高级教师。

1974年于安康乡北河口中学毕业,1986年入常德师范专科学校体育科学习,1989年任安康乡北河口中学体育教师,2005年任安障乡联校工会主席,1999年7月加入中国共产党,2005年获聘中学体育高级教师。

肖国民运用学习、掌握的现代化教育教学理论和运动心理学等专业知识,在教学中坚持理论与实践有效结合,其执教班级的体育合格率和国家体育锻炼标准达标率均达97%以上,执教的校女子排球队在县级比赛中五次获第二名,三次获第一名。其撰写的专业论文,分别在省、市、县、校专题研讨会上交流,《论篮球游戏在教育教学中的运用》在省级刊物《学校体育》发表,3篇论文分获市级一、二、三等奖,《如何开展快乐体育项目教学》在全县推广,多次执教市级、校级公开课,《中考体育生的训练指导方法》等受到听课教师好评并推广,多次获评全县优秀体育教师。

2008年9月6日因病逝世,终年53岁。

庞继元

(1968－2010)

庞继元,湖南省安乡县人,1968年6月12日出生于今下渔口镇联合村一知识分子家庭。大学文化,经济师,香港起凡投资发展有限公司原董事长、安乡香港路商业步行街开发有限公司原董事长。

1990年7月毕业于省轻工业学院。1990年8月至1992年7月在株洲玻璃厂厂长办公室工作,1992年8月至1996年9月任深圳巨安投资公司投资部经理,1996年10月至2000年9月任深圳宝安集团证券投资部经理,2001年1月至2002年9月任香港东港投资有限公司股东、执行董事,2002年5月任香港起凡投资发展有限公司董事长、安乡香港商业步行街开发有限公司董事长。1992年南下深圳创业,先后从事设计、金融证券、地产和贸易等工作和投资,2000年移民加拿大。1999年始回内地投资,与人合作成立湖南东港建设开发集团有限公司。2000年,东港公司与安乡县政府签订旧城改造、建设安乡香港商业步行街投资协议,该项目位于城关镇书院洲,占地150亩,建筑面积11万平方米,总投资6000万元,2003年底追加5000万元,在香港路商业步行街投资修建四星级长鹰国际大酒店。至2006年底,该公司在安乡总投资近2亿元,为扶贫、教育和修路、资助贫困学生及孤寡病残老人等捐款400余万元,并设立350万元教育基金。

2010年1月27日因病逝世,终年42岁。

符振泽

(1928－2011)

符振泽,湖南省华容县人,1928年1月出生。大学文化,中学高级教师。

1945年8月至1948年7月在湖南第一师范学习,1949年9月参加工作,先后在湖南醴陵醴泉镇完全小学、华容北景镇完全小学、华容南山中学和省第一师范附属小学任教,1950年获评乙等模范教师,1951年获评华容县青年优秀教师。1952年9月至1956年8月入武汉大学读书,1956年9月至1957年12月在中南矿冶学院任教,1958年1月至1963年8月在常德市一中任教。1963年9月调安乡一中任教,1975年至1976年在安乡师范任教。任教期间,克服高度近视、肾炎、肝炎、神经官能症等病痛,坚持工作,课堂上深入浅出,课后精心辅导,并帮助县城关日用化工厂、澧县预制品厂解决产品理论和生产技术上的问题,倍受好评。

2011年6月25日因病逝世,终年83岁。

覃正飞

(1932－2011)

覃正飞,原名覃翔云,湖南省石门县人,1932 年 1 月 30 日出生于石门县所市乡麻纳村一富裕家庭。中共党员,高级兽医师。

1941 年 1 月至 1951 年 12 月,先后在所市乡小学、石门一中、二中学习,1952 年 1 月考入津市农校畜牧兽医专业学习,1955 年 1 月毕业,分配到安乡县农业局工作,在县黄山头畜牧场从事畜牧兽医技术推广。1969 年 1 月,响应“知识分子到农村去”的号召,到安全、安成公社工作,1973 年 5 月调回县城,从事养殖业技术指导工作。1980 年 1 月任县动物防疫站站长,1983 年 8 月加入中国共产党,1987 年 1 月获聘高级兽医师,1997 年 1 月退休。1987 年 5 月获评全省防治牲畜五号病先进工作者,1990 年 4 月获评全省畜禽疫病普查工作先进个人,1992 年 6 月获评全省动物狂犬病防治工作先进个人。退休后,在县工作岗位上发挥余热,多次获评市、县优秀老科技工作者。

2011 年 12 月 23 日因病逝世,终年 80 岁。

邓业汉

(1939－2012)

邓业汉,湖南省安乡县人,1939 年 10 月出生于今焦圻镇。大学文化,中共党员,中学高级教师。

1961 年 7 月毕业于津市一中,应征入伍入广西桂林步兵学校,受训半年后考入中国人民解放军技术工程学院英语系英语专业学习,1966 年 1 月毕业,分配到中国人民解放军广州某部工作,1968 年 12 月复员回家务农。1969 年任焦圻中学民办教师,8 年间五次获评优秀班主任并出席县教育战线先代会。1978 年 8 月调县一中任教并加入中国共产党,1980 年转为公办教师,1988 年获聘中学高级教师。1979 年至 1987 年任英语教研组长,经常为教师解惑答疑,并在组内、校内上示范课、公开课,效果良好。1985 年至 1987 年,其执教的三届初中毕业班两届获全县第一名、一届获全县第二名,1986 年、1987 年,两度获评县级立功人员。

2012 年 1 月 31 日因病逝世,终年 73 岁。

廖松柏

(1934－2012)

廖松柏,湖南省安乡县人,1934 年 1 月出生于今官垱镇一富裕家庭。大学文化,中共党员,副主任医师。

1955 年考入甘肃兰州医学院医疗系,1960 年毕业,响应党和国家“到祖国最需要的地方去”的号召,留在甘肃,先后在阿克塞县人民医院、玉门市第一人民医院从事医疗工作。1980 年调回安乡,在县人民医院从事医疗工作,1983 年加入中国共产党。

廖松柏 40 多年的内科临床实践,心血管内科造诣较深,撰写专业论文 30 余篇,6 篇在国家、省级专业刊物上发表,20 余篇参加全国及省内外学术交流。其主持研制的“速效降压片”获省、市、县科技进步奖,多次获评市级以上先进科技工作者,两次获评县“科技拔尖人才”。担任大内科主任期间,多次发动全科医务人员向困难病人捐钱捐物,备受称赞。曾任县人民医院大内科主任、县医学协会副会长、县医疗事故鉴定专家组成员,曾当选为市人大代表。

2012 年 3 月 4 日因病逝世,终年 78 岁。

吴家林

(1957－2012)

吴家林,湖南省安乡县人,1957 年 4 月 17 日出生于今安福乡同福村。大专文化,中共党员,中学高级教师。

1974 年 2 月至 1976 年 2 月在同福村务农,1976

年3月参加工作,任同福完全小学民办教师,1984年参加函授学习,获中师文凭,1985年10月录用为公办教师,1988年9月至1991年8月参加市教育学院小教大专班学习,获大专文凭。1989年7月加入中国共产党,1993年8月获聘中学高级教师。先后任一线教师、成教专干、校长等职。他捐资、帮助安康乡向阳村一贫困学生完成了高中、大学学业,1988年、1990年、1995年获记县级三等功,1990年2月获评安福乡优秀干部,1994年获评市优秀教育工作者。其撰写的《理顺校长负责制与教代会制的关系,加强学校民主管理》《当前农村成人教育种种弊端及其对策》《略读研究性学习在新教材中的运用》的教学论文,分获市级一等奖、二等奖、市级一等奖和省级三等奖。曾任市教育学会中学语文、中学政治专业委员会会员。

2012年3月14日因病逝世,终年55岁。

刘运明

(1948－2012)

刘运明,湖南省安乡县人,1948年2月10日出生于今安凝乡。大专文化,中共党员,中学高级教师。

参加工作时只有高中文化水平,1970年9月调县一中任数学教员,1981年考入省教育学院离职进修学习两年,1983年7月回校任教,1984年9月加入中国共产党,1988年获聘中学高级教师。1987年9月至1993年7月,担任班主任、教研组长、主管高三教学工作期间,同时兼任高三数学教学,其执教班级年年会考合格率100%,与高三教师探索教学管理规律,改革课堂教学,期期获评优秀教研组,个人获多项荣誉。三次获评县级立功人员、一次获评市级记大功人员并上浮一级工资、三次获评县级优秀教育工作者并受到嘉奖、三次获评县级优秀党员。1994年任教务主任、副校长后,坚持深入教学一线,跟班督教、督学,听课、评课,开展教研活动和课题研究,每月组织毕业班学科备课组长会,专题研究教学工作,组织高考复习示范课,各学科平衡发展,高考成绩突出。

2012年12月因病逝世,终年64岁。

李平权

(1926－2013)

李平权,湖南省安乡县人,1926年3月出生于今安福乡一普通农民家庭。中共党员,副主任医师。

1940年始学中医,学徒期满即行医民间。1953年,由县卫生科派往常德中医进修班学习,返县后从医,先后任区卫生所所长、县卫校教导主任、县中医院党支部书记、县人民医院门诊部副主任、中医科主任和县中医进修班、县卫校、湖南中医学院安乡函授辅导站教师。

李平权中医临床中以内科、儿科、妇科见长,对乙脑和妇科羊水过多、早期妊娠呕吐、流产、宫外孕等疑难病症的治疗有独到之处。1964年至1971年,运用温病卫气营血辩证治疗乙脑病600余例,效果良好。1974年主持研制"抗毒一号",配合"紫血丹"治疗乙肝40例,达到了死亡率低、无后遗症的效果,在常德地区全面推广。其多篇临床经验总结和专业学术论文在省级医药刊物上发表。曾任县科协委员、市中医学会理事、县卫生工作者协会副主任、县中医学会理事长。

2013年5月25日因病逝世,终年87岁。

刘志文

(1933－2013)

刘志文,湖南省安乡县人,1933年12月7日出生于今安障乡福昌桥村一富裕家庭。中共党员,副研究馆员。

1951年初中毕业后参加工作,任小学教师,1956年,由县文教科选派到益阳师范学校学习,毕业后返县任中学教师,1981年7月加入中国共产党。从参加工作起,即热衷于文学艺术创作,常撰写诗歌、小型演唱作品。1977 年调任县文化馆文学专干，主编《安乡文艺》《安乡大观》等期刊，辅导、培养本土业余作者，同时，坚持个人业余创作。1981 年起，先后任县文化馆副馆长、文化局业务股长、文化馆助理员等职，1986 年任《安乡民间文学集成》主编，分类主编了民间故事、谚语、歌谣等资料集，同年被抽调到市群艺馆任《常德地区民间故事集成》责任编辑，业绩显著，获记县级三等功。20 世纪 80 年代末，主编《安乡县文学志》《安乡县文化志》，1989 年获聘副研究馆员，90 年代后，出版个人中篇小说《散落的珍珠》《神龙飞腾》和长篇小说《云梦》《无边的思绪》，一生共创作小说、散文、曲艺、戏剧等文学艺术作品 200 余部（件），其传略入编《中国文艺家传记》《世界名人录》《中华作家大辞典》等 10 余部名录、辞典和志书。曾任中国民间文艺家协会、省作家协会和曲艺家协会会员。

2013 年 9 月 4 日因病逝世，终年 80 岁。

曾桂香

（1938－2013）

曾桂香，女，湖南省沅江县人，1938 年 8 月出生于沅江县草尾镇。中共党员，副主任医师。

1958 年毕业于长沙卫校，分配到安乡县人民医院从事妇产科医疗临床工作，先后被选派到省妇幼保健院、湘雅一医院、北京妇产医院进修学习，1974 年加入中国共产党，1988 年获聘副主任医师。

在医疗临床中，各种妇产科手术、疑难病处置、雷佛诺尔引产等经验丰富，中西医结合治疗宫外孕 200 余例，效果显著，其撰写的《40 例分娩期子宫破裂临床分析和粗浅体会》《残角子宫足月妊娠剖宫产获活胎一例报告》等论文和个人传略入编《湖南医林大观》《高级科技人才》《中国专家名人辞典》，多次获评省、地（市）、县先进科技工作者。1979 年获评省计划生育先进代表，出席省计划生育先进工作者表彰大会并获计划生育手术万例无事故先进个人，1994 年获评卫生部、国家计生委万例计划生育手术无事故先进个人。曾任市医疗事故鉴定委员会专家库成员、中华医学会妇产科学会会员、县医疗技术鉴定专家组成员、县计划生育技术指导小组组长、县人民医院妇产科副主任。

2013 年 12 月 7 日因病逝世，终年 75 岁。

廖业精

（1935－2014）

廖业精，湖南省安乡县人，1935 年 3 月出生于今安凝乡小港村一富裕家庭。中共党员，小学特级教师。

1950 年 7 月毕业于县初级中学，1952 年 3 月参加工作，历任小学、中学教员、教研组长、教导主任和学区校长等职，1985 年加入中国共产党。1972 年至 1973 年参加《中学数学乡土教材》编写，1992 年至 1994 年主编《初中数学素质检测新编》，曾被市教师进修学校聘为中师函授辅导员，多次为全市、全县教师作专题讲座和专业辅导报告。在课题研究上推广《掌握数学教学法》和自学辅导法，效果显著，1997 年获评市级优秀教研员。组织全县初、高中数学奥林匹克竞赛，多次获市级优胜单位和优胜学校奖牌。曾任市中学数学学会常务理事、省中学数学专业委员会会员。

2014 年 1 月 2 日因病逝世，终年 79 岁。

颜家录

（1941－2014）

颜家录，湖南省安乡县人，1941 年 6 月出生于今安丰乡白螺湾村。中共党员，中学高级教师。

1957 年 7 月毕业于津市一中，1961 年 7 月毕业于常德师专数学科，分配到南县二中任教，1962 年 7 月调回安乡工作，先后任县四中、安裕五一中学、县一中教员，1988 年 8 月获聘中学高级教师，1990 年调任县教研室中学数学教研员。曾历任县一中教务处副主任、主任、县教研室副主任。1972 年至 1973 年参加《中学数学乡土教材》编写,1992年至1994年主编《初中数学素质检测新编》,曾被市教师进修学校聘为高师函授辅导员,多次为全市、全县教师作专题讲座和专业辅导报告,推广《掌握数学教学法》和自学辅导法,效果显著,1997年获评市级优秀教研员。组织全县初、高中数学奥林匹克竞赛,获市级优胜单位和优胜学校奖牌6个、省级优胜学校证书1个。曾任市中学数学学会常务理事、省中学数学专业委员会会员。

2014年4月4日因病逝世,终年73岁。

附录

fulu

文 件 辑 存

中共安乡县委 安乡县人民政府
关于科技兴县的决定
（1992年2月14日）

“坚持科学技术是第一生产力，把经济建设真正转移到依靠科技进步和提高劳动者素质的轨道上来。”这是党的十一届三中全会决定的工作重点转移的进一步深化，是一项伟大的战略决策，具有重大的现实意义和深远的历史意义。全县各级党政组织要站在时代的高度，充分认识这一战略决策的意义和作用。认真学习，大力宣传“科学技术是第一生产力”这一马克思主义基本观点，努力提高科技意识，从实现第二步战略目标的高度，牢固树立“科技兴县”的战略思想，增强向新科技革命进军的责任感和紧迫感，真正把科技摆在优先发展的战略地位，充分发挥科学技术的先导作用，促进我县国民经济和社会的全面发展。

我县科技工作总的指导思想是：继续坚持经济建设必须依靠科学技术，科学技术工作必须面向经济建设的基本方针，充分发挥科学技术作为第一生产力的作用，紧紧围绕提高经济效益、社会效益和生态（环境）效益，围绕开发更高的畅销、优质、高附加值的产品，围绕提高各个行业的综合技术水平，大力引进、推广、普及适应的科技成果，积极采用和吸收消化高新技术，努力提高全民科技素质，促进全县经济、科技、社会的协调发展，促进全县两个文明建设。

我县“八五”期间科技工作的主要目标是：力争农业和工业的生产技术达到省内同期先进水平。农业科技水平显著提高，主要农作物、水产及家畜家禽品种逐步更新。主要农作物良种覆盖率达90%以上。新的适用技术的入户率达80%以上。工业企业的生产技术水平有普遍的提高，主要工业产品的设备得到更新。工艺明显改善，新产品产值达12%以上。高新技术得到较为广泛的应用。科技进步因素在经济增长中的份额，农业达到50%－55%，工业力争达到36%－40%。社会发展领域要在引进和实施灾害性天气监测预报技术、灭螺和防治血吸虫病技术、安全高效避孕节育技术、常见多发性病预防治疗技术、防治大气水体污染技术等科技成果的基础上，使社会事业的面貌有较大的改观。

为落实科技兴县的战略思想，促进科技工作的发展，特作如下决定：

一、进一步推进科技兴农

1. 农村科技工作要紧紧围绕提高农业和农村经济的整体素质，提高农业的投入产出率，使我县的农业优势得到进一步巩固与发展，再登上一个新台阶的目标。坚持以“引进、示范、推广、培训”为重点，依靠科技进步，加强农业综合开发，要把应用传统技术与发展高新技术结合起来，把高产和优质、高效结合起来，把资源开发和技术开发、产业开发结合起来。“八五”期间，全县要推广重大农、林、牧、副、渔业科技成果50项。组织实施星火计划、丰收计划、成果推广计划60项以上，使主要农作物品种更新一次，使多种经营依靠科技进步得到进一步发展，使优质农产品的比例显著提高。培养10个500万至1000万元产值以上的农村科技支柱型企业。培养并扶植3000个科技示范户。同时，要围绕粮、棉、油主要农产品的综合利用开展深加工和精加工，实现多层次增值，在提高农产品附加值上取得一批成果。

2. 要建立和健全农村科技推广服务网络。县完善和提高各专业技术推广服务中心。乡镇建立农科教中心和建好“八站”。大力开展“五有”乡站（即有站房、有科技人员、有仪器设备、有试验示范基地、有推广经费)建设。村配备科技副主任,建立专业性科技服务组,组建科技示范户,形成以县技术推广服务中心为龙头、乡镇农科教中心和“八站”为骨干、村专业科技服务组和科技示范户为基础的农村科技推广服务体系。

3. 要完善农村科技工作的运行机制。大力推进农业技术集团承包,实行政技物相结合、产供销一条龙的全程服务。努力发展农村技术市场,加速实用技术的商品化,农村科技推广服务组织都要逐步办成经济实体,以不断提高自己的服务能力。

二、大力推动企业科技进步

4. 要大力加强企业科技工作。“八五”期间,我县主要骨干企业都要有计划有步骤地进行技术改造。企业的技术水平要普遍提高一个档次。要重点推广20项以上节能降耗、提高质量、增加品种、创汇节汇、提高效益、治理“三废”的新技术、新成果。努力提高科技成果的转化率。要集中力量对工业生产中关键科学技术课题组织科技攻关计划和新产品试制计划。开发50项技术含量高、附加值大、国内外市场前景好的科技新产品,提高市场占有率。同时,根据我县实际,要抓好电子信息技术、生物工程、精细化工和新材料等领域的技术引进和系列产品开发,积极采用高新技术逐步改造传统产业。

5. 要切实把工业科技开发和推广服务网络建立起来,形成县、厂、车间三级工业技术开发和推广服务组织。经委要加强科技科的建设,配足人员,改善条件,除负责日常技术管理工作外,要有2－3人专门从事技术改造的前期调研工作和新产品新技术开发工作。到“八五”期末,经委要在科技科的基础上发展形成工业技术服务中心。凡50万元以上产值的企业,要配齐技术副厂长,有条件的骨干企业设总工程师,统筹和管理企业的技术进步工作。企业要建立专门的技术开发机构或厂办科研所,选配10%－30%的优秀的有实践经验和开拓精神的科技人员,使用企业的科技开发基金,从事新产品和新技术的开发工作。车间成立科研小组开展以小改小革为中心的群众性技术革新活动。

6. 要完善工业技术开发和推广服务组织的运行机制。厂办科研和开发机构可单独核算或独立核算。在确保完成企业下达任务前提下,可对外承接技术开发和技术服务业务,采用对外有偿服务对内课题承包的方式,积极投入技术市场,享受各项优惠政策,以搞活企业的科技工作。

7. 要建立企业技术进步指标体系。开展创建科技型企业的活动,把技术攻关、新产品开发、产品创优、新技术推广、固定资产更新和职工素质提高等指标,纳入企业承包责任制、厂长任期目标责任制和企业上等级的考核指标,进行严格考核。

三、进一步加强科研机构,充分调动科技人员的积极性

8. 要切实加强科研所建设。为了适应新科技革命的挑战,为经济发展添后劲,我县还要发展一批县办和厂办民办科研机构。在办好现有农科所、林科所、微生物所、情报所、化工所的基础上,1992年由县经委组建食品研究所、县农委组建水产研究所、县科委组建微电子应用所。棉纺厂、工业缝纫机厂和造纸厂要成立厂办科研所。到“八五”期末,我县将形成2个技术推广服务中心(农业技术推广服务中心、工业技术推广服务中心)、8个科研所(农科所、林科所、微生物所、水产所、化工所、食品所、电子所、情报所)和一批厂办、民办科研机构,为科技人员创建活动舞台,集中一批科技人员专心从事科技引进、推广和开发工作。

9. 要鼓励和支持科研机构以多种形式介入经济。鼓励和支持科技机构创办科工(农)贸一体化的技术经济实体,走自负盈亏、自主开发、自我积累的路子。科研与开发机构的科技开发获得的收入,应保证50%用于科研,其余部分由单位自主分配使用。积极扶持集体、个体、民办科技机构的发展,保护和支持他们从事科技开发、咨询服务的积极性。要继续推动各类科技机构进入技术市场,繁荣技术贸易,促进技术成果的商品化,加速科技成果的推广应用。

10. 要充分调动广大科技人员的创造性和积极性。进一步放活科技人员的政策,广泛发动科技人员深入基层,到第一线去推广科技成果,开展技术承包、技术咨询、技术服务、技术培训,对下乡下厂搞科研推广的人员,原单位不改变他们的工资福利、职称等方面的待遇。同时,可以从推广科技成果的直接受益单位新增的税后利润中,连续三年提取5%－

10%的金额,按一定比例分配给为推广厂方和受益方做出贡献的有关科技人员。科技人员由单位组织或单位同意到乡镇企业或农村进行技术开发和技术服务所得报酬与单位分成时,个人所得不应低于30%,业余兼职全部归己。

11. 进一步完善科技奖励机制。建立健全拔尖人才和各类优秀专家的选拔管理制度。对有突出贡献的科技人员,除在政治上给予荣誉外,还要在经济上给予重奖。县委、县政府从1992年起,设立"科技兴县奖",作为全县最高的综合奖,以奖励在振兴安乡经济中从事技术引进、技术改造、产品开发、技术推广工作做出突出贡献的科技人员。凡获得科技兴县奖的科技人员,家属是农村户口的转为城镇户口,并解决一个子女的招工就业指标。凡获得国家科技进步奖的科技人员,享受专家待遇,发给特殊津贴。凡获得省科技进步奖的前三名获奖人员,晋升一级工资。凡开发一项国家级和省级新产品,产值率在40%以上的科技人员,分别发给2000元和1000元奖金。

四、逐步增加全社会对科技的投入

12. 要逐步建立起政府拨款、金融信贷、企业和社会自筹、引进外资相结合的多渠道、多形式的科技投入新机制,千方百计增加科技投入。科技部门要把有限的资金用好、用活,并进一步抓好科技经费的有偿回收,以建立科技发展基金,努力提高资金使用效率。

13. 各级财政要进一步增强对科技的投入。县、乡财政要确保三项经费按财政总支出的0.5%落实到位。1992年达到1%,1995年达到1.5%。科技事业费拨款的增长要按高于财政经常性收入增长的速度的原则安排,要落实人平3分的科学普及费列入本级财政预算,拨给科协作为科学普及的专项经费。

14. 所有企业都要落实从年销售收入总额中提取1%的经费(科技型企业和从事高新技术产品开发的企业可按2%提取),建立企业科技开发基金,专项用于新技术、新产品的开发,不准挪作他用。凡不提取或不使用科技开发基金的企业,由企业主管单位强制收缴交给同行业或上一级技术开发机构作为专项开发基金合作。

15. 各专业银行和金融机构要把支持科技开发作为资金投放的重点,优先解决科技开发贷款。每年新增的科技开发贷款主要用于新技术和新产品的开发,并继续执行税前还贷和其他优惠政策。每年用于技术开发的流动资金贷款的增长幅度要高于贷款总额的增长幅度。同时,要以优惠政策吸引国内外资金来安乡兴办企业,从多方面增加对科技的投入。

五、加强和改善对科技工作的领导

16. 各级党委和政府要把科技工作列入重要议事日程,层层落实领导责任制,并从政策、物资等方面给予实际的支持保证。

17. 逐步建立强有力的科技进步政策保证体系。根据国家颁布的《专利法》《技术合同法》和国务院、省委、省政府颁布的一系列科技法规和政策,继续制定一些具有本地特色的科技政策,为各行业应用科技创造宽松的环境。

18. 继续做好科技副县长、副乡镇长的选配和跟踪服务工作,充分发挥他们的作用。要改进科技副乡镇长的选配方法,建立科局与乡镇长期挂钩的稳定格局。由科局直接向挂钩乡镇选派任期一届的科技副乡镇长,由县委组织部门审批,乡人大任命,形成县城科技人员长期下乡镇开展技术示范的人才交流模式。乡镇要配齐科技专干,其编制从乡镇机关干部编制中调剂解决,有条件的地方可以成立乡科委,要认真选配好科技副村主任,并加强培训,提高他们的技术素质。

19. 要实现决策的民主化和科学化。计划部门在制订年度和长期计划(规划)和新上项目立项前,要广泛听取各行业科技专家的意见,认真进行技术经济论证,以避免重大失误。企业技术改造中,要执行总工程师或工程师技术负责制,避免经济建设中不必要的损失。各部门各企业要积极支持学会、厂办科协、乡镇科协等科普组织,开展群众性科普工作,维护科技人员的合法权益,努力提高劳动者的科学文化素质。

20. 为保证科技兴县战略的顺利实施,县委、县政府决定成立"科技兴县"领导小组,实行定期例会制度。其办公室设在县科委,领导小组的主要职责:负责对"科技兴县"工作的宏观指导,研究制订"科技兴县"发展规划;组织并督促各项规划的实施;研究制订“科技兴县”有关政策规定；协调部门工作；抓好一批科技兴业的试点，总结推广典型经验；检查督促已出台的科技政策或有关规定的落实。

中共安乡县委 安乡县人民政府
关于县城规划区土地管理的暂行规定
(1995年4月4日)

为了加强县城规划区土地管理，根据《城市规划法》《中华人民共和国土地管理法》和《城市房地产管理法》等有关法律、法规，结合我县实际，现就县城规划区土地管理的有关问题作如下规定：

一、强化统一管理，实行分级负责

县城规划区包括城关镇、大鲸港镇全域和安猷乡、安障乡、安丰乡、安裕乡的部分地域，全区共27.54平方公里。县国土局代表县政府对县城规划区的土地实行统一管理。其主要职责是：贯彻执行土地的法律、法规和政策；会同有关部门拟定土地利用总体规划和年度建设用地计划；管理土地的调查、统计、登记和发证工作；办理征用、划拨土地和规划区内所有公私建设项目用地的审批、报批手续；依法办理国有土地使用权出让工作；监督检查国有土地使用权转让、出租抵押和终止活动；查处违反土地管理法律法规的行为，调处土地权属纠纷；指导检查和考核各乡镇的土地管理工作。

县城规划区内乡镇人民政府负责管理本行政区域内的集体土地，其主要职责是：贯彻落实有关土地管理的法律、法规，节约用地，保护耕地；支持国家建设，帮助搞好征地拆迁安置工作；申报乡(镇)、村建设和村民建房用地；加强集体土地的流转管理；监督征地补偿费、安置补助费的合法使用；查处村民非法占地建房和破坏耕地的行为。

县城规划区城关镇和大鲸港镇的土地管理由镇长主管，其他乡镇由一名副乡长主管，各村要由主任主管。所属乡镇的土地管理工作列入该乡镇物质文明建设目标责任制，实行年终考核评比。县政府对城关镇、大鲸港的土地管理工作实行“一票否决”制。

二、垄断土地一级市场，实行建设用地“五统一”

县城规划区内土地，由县国土局代表县政府垄断一级市场，实行建设用地统一规划、统一征用、统一开发、统一出让、统一管理。

县建设局必须编制出县城规划区内城市建设总体规划、控制性详细规划和修建性详细规划。县国土局据此编制土地利用总体规划。单位和个人在县城规划区内进行投资建设和修建住宅，都必须服务统一规划，不准自行选址、私下协议、违法占地和违章建设。

县城规划区内的一切项目的建设用地，一律由县国土局供应。县国土局要根据建设需要，依法统一征用、预征或控制集体土地，进行统一开发、统一出让。除法律规定必须采取划拨方式供地外，其他用地一律通过出让方式提供，而且尽量采取招标、拍卖等出让方式供地。凡受让国有土地进行建设的单位和个人，必须与县人民政府签订受让合同，按县政府新出台的地价交足税金，获得建设规划许可证和土地使用许可证后方可建设用地。所有税费减免权归县政府常务会议，任何单位和个人无权减免。单位和个人未经县国土局同意，与乡(镇)、村、组或村民私自协议占用的土地，都属违法占地行为。预征控制地块在被正式征用前继续由村民耕种，但不得从事非农建设。预征的原则是“依法定价，分期付款，用时报批，地款付清；当年不用，农民照耕，被征村组，用地优惠”。

县城规划区内土地依法出让后，可从收取的土地出让金中返给土地所在乡镇一定比例的经费，用于小城镇基础设施建设和土地开发。

县城规划区内土地，经过依法出让后，有开发资格的单位可以进行开发，鼓励搞活土地二、三级市场，繁荣区域经济。

县城规划区内村民使用集体土地建私房，必须按照计划、控制面积，严审资格，“四长”（即村主任、乡镇长、建设局长、国土局长，以下同）签字后，方可建房。县国土局要会同有关部门拟定各乡镇年度村民建房用地计划，公开建房指标，接受群众监督，不突破计划，不跨年结转。使用耕地建设的面积不超过134平方米，使用村内空闲地建房的每户面积不超过180平方米。村民申请建房必须具备下列条件之一：①服从国家建设需要的拆迁户；②村民的已婚子女分家独立门户后，无住房者；③1990年6月30日以前在村、组居住的农业人口，且无私卖土地、出卖私房、转让出租房屋行为的住房困难户。

县城规划区内符合建房条件的村民需要使用集体土地的，必须填写由县国土局统一印制的“四长”审批表并实行“一表”制度。首先应向所在村民委员会申请，由乡、镇人民政府审核并张榜公布，经“四长”审核签字同意，再报县人民政府审批后，方可到规划的地点修建。竣工后，要由“四长”派员到现场检查验收，并编号造册、记入台账。非县城规划区的村民等一律不能在县城规划区征用土地修建私房；居民和干部职工的住房只能通过具备房地产开发资格的单位开发住宅小区，营建成套住房来解决。

三、加强国有土地管理，实行有偿使用

县城规划区内国有土地所有权属于国家，用地单位只有使用权。

凡依法无偿取得国家划拨土地使用权的（未向国家交纳使用一定年限的土地出让金）土地使用者（包括单位和个人），必须进行土地使用权登记，接受年检，按规定标准交纳土地使用费。

行政划拨的国有土地使用权在经济活动中凡涉及下列经济行为的，必须申请县国土局进行土地估价：①土地使用权依法买卖、交换、赠予；②土地使用权抵押、担保；③土地使用权出租；④土地使用权入股或联营；⑤企业兼并、分立、清算、联建、股份经营、破产拍卖等；⑥从事涉外房地产活动；⑦其他依照国家法律、法规规定需要进行土地估价的行为。

划拨土地使用权转让、出租、抵押时，必须经县国土局批准，办理土地使用权出让手续，按评估的标定地价补交土地使用权出让金。

划拨土地使用权的土地使用者，因迁移、解散、撤销、破产或者其他原因停止使用土地的，由县人民政府无偿收回其划拨土地使用权，然后依法予以出让。

划拨土地使用权的土地使用者，其征而未用、闲置荒芜的土地，由县人民政府依法收回，予以出让。

划拨土地使用权的土地使用者，如果改变土地用途的，必须按新征地审批，并补交土地出让金。

划拨土地使用权的土地使用者，以划拨土地使用权为条件，作为入股或者与他人联营、联建或者兴办经济实体的，属于划拨土地使用权转让行为，必须办理出让手续，补交土地使用权出让金。

县城规划区内部分村组“农转非”后剩余土地，由县国土局统一办理征用手续，收归国有，再予以出让。

县城规划区内，1986年底以前非农建设用地未办理征用手续和1987年以来违法占地建房未作处理的，要认真清理。对查出未办手续的要补办，有违法行为的要作严肃处理。

四、严明法纪，从严执法

凡未经县国土局批准，或者采取欺骗手段骗取批准，非法占用土地的，要责令退还非法占用的土地，限期拆除或者没收在非法占用的土地上新建的建筑物和其他设施，并对当事人处以罚款。非法占用耕地和国有土地的，每平方米罚款15元，非法占用其他土地的，每平方米罚款10元。同时，对主要责任人由其所在单位或上级机关给予行政处分。

凡超过批准用地面积的，多占的土地按非法占地处理。

凡买卖或者以其他形式非法转让土地的没收非法所得，限期拆除或者没收在买卖或者以其他形式非法转让的土地上新建的建筑物和其他设施，并对当事人处以非法所得50%的罚款。当事人是村民的，取消该户“农转非”资格，并对主管人员由其所在单位或上级机关给予行政处分。

凡划拨国有土地使用权未经批准，非法转让、出租、抵押或改变用途的，依照法律规定处理。

凡在承包经营的土地上从事取土、挖沙等经营活动，未依法办理手续的，责令停止作业，按占地面积每平方米处10元罚款。其中，严重毁坏耕地种植条件的,责令限期治理。

凡国家建设征用土地,在依法办理审批手续并给予补偿后,原用地单位或者个人拒不腾地的,由县国土局发出限期腾地通知书,逾期不执行的由县国土局申请人民法院强制执行。

凡土地管理人员玩忽职守,徇私舞弊、收受贿赂、敲诈勒索、贪污私分的,由其所在单位或上级机关给予行政处分,构成犯罪的依法追究其刑事责任。

以上规定从发文之日起执行。过去有关规定凡与此文件不相符的,以此文件为准。

中共安乡县委　安乡县人民政府
关于进一步促进我县工业发展的若干规定
(1995 年 8 月)

为了促进我县工业持续、协调、健康发展,实现“兴工、强农、富县”的战备目标,特制定以下规定:

一、深化企业改革,增强企业活力

1. 积极稳妥地推行企业产权制度改革。骨干企业要创造条件,组建有限责任公司,逐步建立起符合现代企业制度的运行机制。小型企业要重点推行租赁经营、股份合作、国有民营、合资、嫁接、产权转让等项改革。少数长期亏损、资不抵债的企业要依法破产,重组产权。

2. 鼓励打破所有制、行业、城乡界限,优势企业兼并、租赁微利、劣势、亏损企业,并通过行政划拨取得被兼并企业占用的土地使用权。为其办理产权变更的工商注册等手续的部门不收取任何费用;银行对被兼并企业所欠的贷款,按国家有关政策规定,在报请上级银行批准后,实行停、减、缓息或冲免等优惠政策。优势企业租赁劣势、亏损企业,在交纳足额租赁费、保证租赁设备完好率达到行业标准的前提下,出租企业前三年按实现利润所缴纳的所得税,由财政全额返还给承租企业,计入承租企业的实收资本。

3. 破除集体企业国营化管理的做法,建立健全企业全员盈亏责任制,切实实行自主经营、自我积累、自负盈亏、自我发展的经营机制。

4. 鼓励企业盘活呆滞资金。凡收回两年以上拖欠贷款、处理两年以上产品积压盘活的资金,银行不扣贷,继续留给企业使用。对企业弥补历年亏损、消化潜亏盘活的资金,银行除继续留给企业使用外,并给予“活一贷一”的特别鼓励。在同等条件下,银行对积极盘活呆滞资金成绩显著的企业,优先给予贷款支持。

5. 采取多种措施补充企业生产经营资金。企业按规定提取的10%的盈余公积金可作为生产经营资金使用;在清产核资中资产重估增值所增提的折旧费、机器设备加速折旧的增提部分,主要用于生产经营。

6. 企业进一步深化内部三项制度改革。在劳动用工方面,建立起“双向选择、能进能出”的机制;在干部使用方面,建立起“平等竞争、能上能下”的机制;在分配方面,建立起“以产量定工资、以效益定奖金、以分配定上交”的机制。

7. 国有企业要普遍推行企业后勤服务社会化。企业生活服务以及生产辅助车间,应当逐步从企业主体剥离出来,单独组建公司,面向社会,实行独立核算、自负盈亏,使这些公司与企业的关系最终转变为商业关系。脱钩后的头三年,政府给予免收地方税的优惠照顾。

8. 坚持企业职工养老保险统筹。国有企业仍由县社会劳动保险站负责统筹,集体企业仍由县保险公司负责统筹。要强化收缴力度,企业应收缴的养老统筹费由保险机构委托企业开户银行代为扣缴,银行要认真履行职责,积极配合保险机构作好统筹基金的划拨、扣缴工作,以保障企业职工老有所养。

9. 选择部分企业实行先征后返的税收目标管理办法。在确保全县税收入库逐年增长的前提下,对历史包袱重、发展潜力大的税源大户，实行先征后返的税收目标管理，即税务部门按规定征收，超目标部分由财政返还。返还的资金主要用于企业的技术改造或补充自有流动资金，也可消化企业的历史包袱。实行这一办法的企业，每年初由经委、财政、税务部门拟订方案，报政府批准。

二、注重特困企业，维护社会稳定

10. 关停已久、确需破产又难以拍卖的国有企业，政府可以筹资购买，重组企业实体，以安置破产企业的工人重新就业。破产后无重组价值的，对退休职工可作一次性安置，对在职职工一次发给生活费，自谋职业，不再保留企业职工身份。具体方案由劳动局与经委共同拟定，报政府批准后实施。

11. 提倡特困企业职工自谋职业。特困企业职工在县城从事政府鼓励的且符合城管规定的第三产业，有关部门凭县经委出具的特困企业职工证明，为其优先办理注册登记手续，免收所有办证费用；特困企业职工个人或合伙外出承包，除缴纳社会劳动保险费外，可免交承包费；鼓励和支持特困企业职工合伙或个人租赁本厂的厂房、设备办企业。

12. 特困企业一时难以整体搞活的，可以分块搞好，分立成为新的经济实体，各个部门免交国有资产占用费，财政全额返还三年征缴的所得税。

13. 大力开展"扶困"工作。从1995年开始，有计划地组织经济实力较强的骨干工业企业，对口扶持特困企业，帮助开发产品，提供技术和加工业务，改善企业管理，使其尽快走出困境。"扶困"有关费用，可计入工厂成本。扶困的具体工作由各企业主管部门组织实施。

三、加速技术改造，增强企业后劲

14. 把企业技术改造和企业改组结合起来，本着"治散、治小、治差"和"调优、调高、调大"的原则，高起点进行技术改造，形成一批支柱产业、优势企业和拳头产品。符合上述原则的技术改造，免征投资方向调节税，并对利用自有资金进行技术改造或补充流动资金所形成的资产，三年免征国有资产占用费。

15. 建立以国有资产占用费及部分所得税返还为主要来源的工业发展基金。从1995年起，每年由县财政安排100万元工业发展基金，由县经委择优安排有偿使用，或经政府批准解决个别企业生产经营中的特殊困难。重点用于发展支柱产业和拳头产品，扶持当年扭亏有望的企业开发新产品和上短平快技改项目，或补充短期急需流动资金，还可用于贷款贴息。有关工业发展基金的具体管理办法由县经委拟定，报县政府批准后实施。财政、审计部门对工业发展基金的使用与管理实施监督。

16. 建立技改项目专门班子，实行项目责任制。项目专门班子按期按质完成新项目的建设及试产任务后，按项目资金总额的0.1% –1%奖励项目专门班子。

四、加强外引内联，兴办"三资"企业

17. 支持和鼓励企业引进外资，兴办"三资"企业。各有关部门要紧密配合，简化手续，提高办理效率，政策规定收费的，按最低标准收取，没有政策规定的，不得收费。"三资"企业投产后，其地方税收给予适当优惠。

18. 对引进外资的有功人员，按市人民政府办公室常政办发〔1995〕3号文件《关于引进外资的奖励规定》计发奖金。

19. 对引进内资有功的人员，由受益单位企业比照市人民政府办公室常政办发〔1995〕3号文件《关于引进外资的奖励规定》计发奖金。

五、建立激励约束机制，狠抓企业扭亏增盈

20. 健全扭亏增盈工作机构。从经委、财政、工商银行各抽调1名工作人员组成县扭亏增盈办公室，办公室设在县经委。

21. 继续推行工业企业厂长经济目标责任制。县直工业企业由县经委一年一定，严格考核，兑现奖罚，以调动企业厂长扭亏增盈的积极性。其他工业由各自的主管部门参照执行。

22. 把扭亏增盈的目标任务纳入工效挂钩的指标体系一并考核。凡当年完成扭亏增盈目标任务的企业，根据职工实际平均工资增长应低于本企业劳动生产率增长幅度的原则，相应增提效益工资；凡当年完不成目标任务的，效益工资相应下浮。亏损企业不得发放奖金。由劳动局会同企业主管部门制订实施方案，严格审批手续。

23. 有计划地从党政群机关和骨干企业选派年轻干部到亏损企业任职。凡自愿申请，按干部管理权限经组织人事部门与经委共同考察，批准到亏损企业任职的机关干部,可保留机关编制。选派到亏损企业任职的机关干部和骨干企业干部,均可享受原单位工资福利待遇,并在任职企业领取职务津贴。对任职期间成绩突出的,年终应优先考虑将其评为优岗,给予奖励,对其中特别优秀的人才应破格提拔。

24. 对在企业工作、生产中成绩突出的管理人员、科技人员、工人,给予重奖。每年评选一批县级以上的劳动模范,除当年发给荣誉证书和奖金外,还按劳模的级别享受相应的政治、经济待遇。

六、完善培育制度,造就厂长队伍

25. 继续推行县直工业多年实施的厂长年薪制,挂钩指标、考核标准由县经委一年一定,国有企业厂长(经理)年薪中的奖金部分,由县经委考核评定后,由县财政列支。

26. 通过省政府有关部门联合认定的中一型、中二型企业,定为正副处级单位;其他工业企业年销售收入达到1000万元以上的定为副局级单位,年销售收入达到2000万元以上的定为正局级单位,由编制部门下文有效。以上单位的正、副职干部由组织部门按干部管理权限报批后下文。

27. 要逐步建立厂长(经理)的培养、选聘、考核、资格认证制度,要培育厂长(经理)人才市场,通过竞争,造就适应市场经济要求、有敬业精神、相对稳定、职业化的企业家队伍。具体实施细则由组织部门协商经委后拟定,报县委、县政府批准后实施。

28. 建立厂长(经理)养老保险金、待业保险基金全县统筹的制度,以解除他们的后顾之忧。由县保险公司协商经委后拟订方案,报政府批准后实施。

七、强化兴工意识,改善外部环境

29. 认真贯彻执行中央、省、市政府有关制止“三乱”的一系列文件精神,切实减轻企业负担。任何部门和单位不得以任何理由向企业乱收费、乱集资、乱摊派。企业对各种摊派和不合理收费、罚款、集资有权抵制,并可向纪检、监察机关举报。对不加抵制,为“三乱”开方便之门,给企业造成经济损失的厂长要追究其行政责任,对利用职权乱摊派、乱收费、乱集资的部门和单位,一经查实,除由财政从拨给该单位的行政经费中全额扣除外,还要对情节严重、影响很坏的直接责任人给予行政处分,构成犯罪的,依法追究其行政责任。

30. 组织、人事部门要有计划地进行工业和其他部门干部的横向交流,以增强“工业富县”的意识,加强相互理解,支持工业的发展。

31. 实行部门支工包厂制度,由县政府办协商经委后拟订方案实施。

八、发挥政治优势,加强工业领导

32. 建立统管全县工业(含县直工业、部门工业、乡镇工业、“三资”工业等)的县工业领导小组,规划、协调全县的工业。

33. 县级几大家领导继续坚持联系盈亏大户的责任制度,由县委办协商政府办、经委后拟订方案,报批后实施。

34. 县委常委每季或半年召开一次议工会,研究、解决工业发展中的重大问题。

以上规定从发文之日起执行。县委、县政府过去制定的有关促进工业发展的政策措施,如与上述内容不一致的,以本规定为准。

中共安乡县委　安乡县人民政府
关于切实保护耕地深化土地使用制度改革的决定

（1995年9月4日）

为了进一步贯彻“十分珍惜和合理利用每一寸土地，切实保护耕地”的基本国策，深化土地使用制度改革，促进我县经济发展，特作如下决定：

一、提高认识，加强领导。土地问题既是经济问题，也是政治问题和社会问题。关系到改革发展、稳定大局。各级政府一定要高瞻远瞩，正确处理经济发展与保护耕地、宏观调控与盘活土地资产、放开搞活与依法管理的关系，真正把土地既作为一种资源又作为一种资产管住管好；要把土地管理列入党委政府的重要议事日程，建立定期“议土”制度，研究解决土地管理和深化土地使用制度改革中的重大问题；要把贯彻土地基本国策，深化土地使用制度改革当作党委政府的重要任务，并作为考核领导政绩的重要内容，重点考核四个方面：㈠是否稳定了现有耕地面积，满足了农业发展的需要；㈡是否全面开展了土地使用制度改革，土地市场规范有序；㈢是否实行了城乡土地统一管理，使土地纠纷和违法行为不断减少；㈣是否抑制了土地资产的流失，土地收益成为政府财政的主要支柱。要运用多种形式，广泛宣传土地国情、国策、国法，深入开展全民国土观念教育，提高人民的土地意识；要严格执法，依法行政，强化统一管理，严肃查处土地违法案件，加快土地使用制度改革步伐，运用行政、法律、经济相结合的手段，确保土地基本国策落实，确保土地使用制度改革的顺利进行。

二、切实保护耕地，稳定现有耕地总量。切实保护耕地，是贯彻土地基本国策的中心环节。各级人民政府要认真贯彻《基本农田保护条例》和湖南省《基本农田保护条例实施办法》，严格控制用耕地进行非农业建设。不准擅自在耕地上葬坟、烧砖、挖土、取沙。农村内部产业结构调整要严格控制占用耕地，坚决纠正靠大量占用耕地来换取眼前利益的短期行为。要优化建设用地配置方案，能用劣地的不要占用好地，能用非耕地的不要占用耕地，单位闲置、荒芜土地的，不准新批建设用地。在切实节约，保护现有耕地的同时，要因地制宜，合理开发复垦宜农土地，加大开发投入，县政府将收取土地出让金的20%－25%用于土地开发和复垦造地，力争保持现有耕地总量的相对稳定。

要建立保护耕地的领导责任制。凡下达的耕地保护指标和年度用地计划，必须严格执行。各级人民政府要经常检查耕地保护和用地计划的执行情况。凡任期内对耕地保护地成绩突出的要给予表彰和奖励，对完不成耕地保护指标或严重超计划用地，造成耕地资源浪费的，必须追究主要领导人的责任。

三、深化土地使用制度改革。改革土地使用制度，是我国社会主义经济体制改革的重要组成部分，是发展经济、维护土地公有制的迫切需要，是实施节约用地、优化资源配置的重要手段，也是增加地方财政收入的重要途径。今后，用地都必须以改革的手段合理配置，加强宏观调控，实施有偿、有限期、依法“流动”的土地使用制度。

一是规范土地市场，强化土地的统一管理。县人民政府高度垄断土地出让权（一级市场），并严格坚持政府统一规划、统一征用、统一开发、统一出让、统一管理。“集体讨论”，一支笔审批土地。县国土管理局代表人民政府行使土地出让权，任何部门和单位都不得插手土地出让，任何单位和个人都不得与乡镇、村组私自协议占用土地。凡单位建设、居民建房未经国土部门批准的用地，均属违法占地。严禁炒买炒卖土地。

二是加大改革力度，扩大国有土地有偿使用范围。对城镇国有土地，要全面实行有偿使用。除国家法律规定的外，新征建设用地（包括居民建房），一律以出让方式供地,凡商业、旅游、娱乐和豪华住宅用地,原则上以招标、拍卖出让供地,乡镇企业建设用地,要逐步实行出让方式供地,有条件的全部纳入出让轨道;农村村民建房用地,要实行计划,控制面积,审查资格,严格把关;对城镇重要地段,交通要道沿线(1804线、黄安线),要先预征控制,后实施出让。临街面和有条件的地段一律实行招标、拍卖。1995年,全县土地出让面积要占建设用地面积的50%,拍卖招标出让的土地要占整个出让面积的8%。"九五"期末,土地出让面积要占建设用地面积的80%以上,拍卖、招标出让的要占整个出让面积的40%以上。

三是要加强对原划拨土地使用权管理。划拨土地使用权的处置权属于国家,划拨土地必须由国有土地的产权代表——国土部门进行监督管理。原行政划拨的土地征而未用的,由县人民政府依法收回;需转让、出租、抵押的,必须经国土管理局批准,补交土地使用权出让金,办理许可证;改变土地用途,必须按新征地审批权限报批,交足土地出让金;企业以土地作价入股合资的,必须先由县地价评估事务所评估地价,视企业情况,采取一次性补交出让金,或按年度交纳地租;因迁移、解散、撤销、破产或者其他原因停止使用土地的,由县政府依法收回,实行出让。各类经营用地和居民宅基地一律按年度收取土地使用费(税)。

四是要加强土地监察。严肃查处土地违法行为,对1986年底以前"清非"遗留问题,要查处兑现,补办手续;对1987年1月以来各类未批准的建设用地,要依法查处,补办手续;对非法转让的土地,土地使用权变动后不进行变更登记的,要先进行调查处罚,再补办手续。要全面清理土地隐形市场,规范土地市场行为,防止土地资产流失。

五是要加强地价归口管理,健全土地登记制度。土地价格是土地市场的核心,要建立包括基准地价,标定地价和出让最低限价在内的土地价格体系。严格执行政府批准的新地价,地价管理归口国土物价部门。不允许价出多门。办理土地出让、转让、抵押以及企业清产核资兼并、联营、入股、解散、破产等必须先进行地价评估。土地登记是明晰产权、维护土地使用者和所有者合法权益的重要手段,要通过土地登记、年检,审核监督房地产市场交易行为,掌握土地使用权变更情况。

六是要加强对农村集体土地依法流转管理,要建立农用土地使用权流转制度,提高农用土地利用效率。农村集体土地必须先征为国有后,才能进入市场,否则,不准出让、转让、抵押。在不改变土地所有权和土地用途的前提下,农村集体土地可以转包、出租、合股联营,使土地向种田能手集中,形成规模经营。

四、搞好机构队伍建设。建立健全国土管理机构,调整充实土地管理力量,是落实土地基本国策,深化土地使用制度改革的组织保证。县国土部门要健全机构,充实力量,提高素质,勤奋廉洁,秉公执法,适应土地管理事业发展的需要。各乡镇要明确一名乡(镇)长分管国土工作,选配国土员,做到专职专责,逐步实行县乡国土工作垂直领导的管理体制。

中共安乡县委　安乡县人民政府
关于促进全县乡镇企业全面进步与发展的意见
(1997年9月8日)

为全面贯彻实施《中华人民共和国乡镇企业法》,促进我县乡镇企业持续、快速、健康发展,经县委、县政府研究,提出今后五年(1997－2001)全县乡镇企业发展意见如下:

一、解放思想,进一步深化对发展乡镇企业的认识

1. 必须肯定乡镇企业在发展农村经济中的巨大作用。

——是增加农民收入的有效途径。1996年,全县乡镇企业支付职工工资达2亿元,农民人均纯收入的三分之一来自乡镇企业。发展乡镇企业既是增加农民收入的有效途径,也是减轻农民负担的治本之策。

——是转移农村富余劳力的主要渠道。1996年,全县乡镇企业从业人员达6.1万人,占农村劳动力总数的28.6%,极大地缓解了全县的就业压力。

——是增强县、乡财政经济实力的有力手段。1996年,全县乡镇企业实现总产值22.8亿元,完成增加值10亿元,占国民生产总值的45.6%;上缴国家税金2836万元,占全县工商各税的62.7%;上交乡村两级利润和管理费3113万元,乡镇企业已成为县乡财政的台柱子,县域经济重头戏。

2. 必须正视我县乡镇企业存在的问题。当前,我县乡镇企业存在的问题表现在:企业整体规模狭小,缺乏龙头和骨干企业;产业发展不配套,产品结构不合理,科技含量不高,市场竞争力不强;企业产权不明晰,内部管理粗放,整体效益欠佳;企业发展外部环境不优,"三乱"现象还较为严重等等,这些问题,严重阻碍了乡镇企业的进一步发展,必须引起高度重视。

3. 必须增强发展乡镇企业的紧迫感。当前,世界经济正处于高速发展时期,全国各地乡镇企业蓬勃发展,特别是周边县市乡镇企业的迅速崛起,对我们提出了严峻的挑战。同时,香港的回归,沿海经济发展中心的内移,为我们提供了良好的发展机遇。我们各级领导必须增强紧迫意识,要把乡镇企业当作县域经济的主体,强县富民的"牛鼻子"来抓。要进一步解放思想,更新观念,善于用改革的观念来观察、分析和解决问题。要进一步强化机遇意识,增强开放观念,努力抢抓机遇,扩大开放,加快乡镇企业的超常发展。

二、明确目标,进一步强化发展乡镇企业的措施

4. 未来五年,我县乡镇企业发展总的指导思想是:以邓小平建设有中国特色社会主义理论为指导,以改革和发展总揽全局,积极深化企业内部改革,推进两个根本性转变。以市场为导向,以科技为动力,以投入为手段,积极调整产业结构,加速技术改革,强化内部管理,扩大招商引资,努力提高企业经济效益,推动全县乡镇企业再上一个新台阶。

5. 未来五年全县乡镇企业的奋斗目标:

(1)乡镇企业总产值保持年均25%的增长速度,期末达到75亿元,占全县国内生产总值的65%,其中乡办工业产值保持年均25%以上的增长速度,期末达到16亿元;

(2)工业企业增加值以25%的年均速度递增,期末达到15亿元;

(3)上缴税金按照25%的年均速度递增,期末达到6700万元;

(4)期末乡镇企业从业人员由现在的6.1万人增加到10万人;

(5)农民人均纯收入的二分之一来自乡镇企业;

(6)乡村两级集体企业固定资产原值按25%的年均速度递增,期末达到7.63亿元;

(7)乡村两级资本金由现在的农业人口人平330元增加到1000元;

(8)民营企业由现在的1.6万户增加到3.5万户。

6. 实现上述目标的主要措施:

——抓改革,在产权制度上实现突破。要以股份制改革为重点,建立起一整套产权明晰、权责分明、管理科学的现代企业制度。现有乡镇骨干企业和市场前景好、科技含量高、经济效益佳的乡村集体企业在1-2年内全部改造成股份制或股份合作制企业。今后,凡新建企业原则上实行股份制或股份合作制。现有小型微利或亏损集体企业,要积极推行租赁、转让、拍卖、兼并、破产等各种形式的体制改革,努力盘活资产存量,发挥资产效益。要放手发展个体私营企业,突出发展民营企业,加快发展外向型企业,力争到2001年,全县乡镇企业的出口供货额占营业收入的10%以上。

——抓投入,在发展规模上实行突破。全县每年对乡镇企业要确保有1个亿以上的资金投入,其中70%投于工业企业;近五年内,各乡镇都要新建1-2个产值在1000万元以上的龙头企业,全县要建成8个产值过亿元的企业或企业集团,建成100个企业产值在1000万元以上的村或居委会,要加速城南工业小区的建设,力争五年后企业产值过10亿元。

——抓技改,在产品质量上实行突破。各级政府、各企业单位要切实强化科技意识,搞好科学技术的引进、示范与推广，要积极开展与科研院所经济技术协作，加速技术转化，加快技改步伐，努力创造一批名牌，一批精品。力争到2001年，全县乡镇企业有3－5个省级名优产品，1－2个国家级名优产品。同时，要切实加大技术培训力度，积极选派有发展前途的中青年技术骨干到大专院校学习、培训和深造，以不断提高企业员工的科学文化素质，力争期末全县乡镇企业员工队伍中，具有大中专水平人员占企业员工总数的10%以上，各类技术人员占80%以上。

——抓管理，在提高效益上实行突破。要进一步强化企业内部管理，积极推行模拟市场管理，切实把质量、成本、财务、销售、现场等管理工作抓落实，最大限度地提高企业经济效益。把加强企业家队伍建设放在重要位置，努力造就一批高素质的乡镇企业厂长(经理)。

——抓引进，在招商引资上实行突破。招商引资要成为今后五年全县乡镇企业新上项目、筹措资金的重要渠道。全县每年至少要引进1－2个合资或独资项目，各乡镇每年引进县外资金要占投入资金总额的40%以上。

三、重点倾斜，进一步落实发展乡镇企业的优惠政策

7. 要认真落实常办通字〔1997〕25号文件精神，重奖发展乡镇企业的有功之臣。对乡镇企业总产值过10亿元、税收过1000万元的乡(镇)党委书记和乡(镇)长要在政治上、经济上给予重奖。每年对固定资产投入和上缴税收人均在全县前5名的，乡镇党政班子实行年度奖励，并以此作为提拔重用乡镇干部的重要依据。

8. 产值过亿元、税收过500万元的乡镇企业，连续在该企业任职两年以上的厂长(经理)，可享受中一型国有企业厂长(经理)同等待遇；产值过1000万元、税收过100万元的乡镇企业，连续在该企业任职两年以上的厂长(经理)，可享受中二型国有企业厂长(经理)同等待遇。对年入库税收在50万元以上的盈利企业，奖入库税金的5%，给企业法人，其中法人代表个人可得3%，其余2%由法人代表奖给其他人员。奖金在本企业税后利润中列支。

9. 引进县外资金办企业，企业投产后，由开办企业拿引进资金总额的5%奖给引进者个人。引进资金在1000万元以上的，由县政府颁发特别奖，给予树碑立传。

10. 鼓励在职行政事业单位工作人员领办乡镇企业或分流到乡镇企业协助工作，对领办和分流人员除享受原单位待遇外，还享受所在企业同等人员的待遇，连续两年以上成绩突出者，在政治上、经济上给予一定奖励。

11. 鼓励发展民营企业，各级要把它作为新的经济增长点来抓，凡税收入库在50万元以上的大户可视同外资企业对待，并授予相应的荣誉称号。特别优秀者，可推荐到参政议政机构任职。

12. 当年建成一个固定资产投入在300万元以上、年产值在1000万元以上工业企业的乡镇党委书记和主管企业负责人，在政治上、经济上给予重奖。

13. 对获省级以上认可的新产品，且当年创产值占企业总产值的10%以上的企业厂长和参与该产品研究开发的人员，由县政府颁发奖金5000－8000元。

14. 对经省级以上外贸部门认可，出口供货额在100万元人民币以上的企业，由县政府颁发奖金5000元。

15. 建立发展乡镇企业奖金和项目资金。县财政每年预算安排一定数额的资金作为乡镇企业专项奖金，用于奖励发展乡镇企业的有功之臣。县财政每年安排一定数额的资金，设立乡镇企业项目基金，作为新上项目县级领导参与考察所需费用，并实行滚动使用，项目考察成功后，所花费用转入项目总投入中，由企业列支，项目考察不成功则在基金中列支。

四、保驾护航，进一步改善发展乡镇企业的外部环境

16. 各级政府、各部门单位要积极支持乡镇企业的发展，切实加强工作配合，努力为乡镇企业的发展创造良好的外部环境。

17. 规范部门对乡镇企业的收费和罚款。凡依据上级规定对乡镇企业收取规费和实施罚款的，必须在乡镇企业主管部门登记备案，经县乡镇企业领导小组同意后，方能持卡收费和罚款。

18. 乡镇企业在实行税收目标管理期间，不得额外加收，特殊情况需加收的，由县政府常务会讨论决定。

19. 执法部门要为乡镇企业发展保驾护航，切实保护企业的合法权益。乡镇企业法人代表在经济上违纪违规应将情况及时通报乡镇党委、政府主李负责人，取得乡镇党委、政府支持，进行依法处理。

20. 乡镇企业的常规审计项目，只接受乡镇企业行政主管部门的内部审计，因特殊情况需国家审计部门审计的，经县长同意，由国家审计部门与乡镇企业行政主管部门一并审计。

五、集中精力，进一步加强乡镇企业的领导

21. 必须坚持党委书记、党委一班人和党员干部"三上"乡镇企业主战场。党委书记为乡镇企业的第一责任人，主管负责人必须专职专责，实行只包企业不包村的专项目标责任制。

22. 建立党委书记发展乡镇企业的政绩档案，并把其政绩作为提拔重用的主要依据。对任期内确属能力有限或者工作不力，发展乡镇企业无明显政绩的，要给予降职调整。对完不成年度投入计划、税收上交任务和在乡镇企业三分之一出勤目标的，要按缺口比例，扣除个人年终奖金，否决当年评优、晋级资格。

23. 加强乡镇企业自身队伍的建设。各个乡镇企业管理站必须切实履行规划、协调、监督、服务职能。各乡镇政府要积极为企管站配备精干力量，做到按编上岗。各乡镇企业主管部门的工作人员要加强自身学习，不断提高政策和业务水平。

中共安乡县委　安乡县人民政府
关于加快发展个体私营经济的意见
（1998年3月25日）

为进一步促进个体私营经济的发展，根据国家有关法律、法规和政策，结合我县实际，特提出以下发展个体私营经济的意见：

一、解放思想，转变观念

十五大报告指出："公有制可以而且应该有多种实现形式，一切反映社会化生产规律的经营方式和组织形式都可以大胆利用。"这对于打破传统思想束缚，在所有上突破"公"、"私"界限，推动个体私营经济的发展奠定了坚实的理论基础。个体私营经济与公有制经济是公平竞争、互相促进和共同发展的关系。发展个体私营经济有利于改善单一的所有结构和产业结构，有利于经济向多元化方向发展，是深化改革和解放生产力的重大举措。按照国家"抓大放小"的政策，县域经济都将向民营化方向发展。个体私营经济不再是"补充"，也不仅仅是一个"增长点"，而将真正成为县域经济主体和重头。个体私营经济能否迅猛发展，直接决定我县能否保持社会稳定，决定我县经济战略目标能否实现，决定我县经济能否腾飞。因此，个体私营经济应该也必须得到快速发展。

近年来，县委、县政府把发展个体私营经济作为深化经济体制改革，促进国民经济发展和财政收入增长的重大举措来抓，使个体私营经济得到了迅速发展。目前，全县个体工商户达到13608户，从业人员45020人；私营企业202家，从业人员5320人；1997年个体私营经济创产值5.2亿元，占全县工农业总产值近1/3，形成了三分天下有其一的格局；提供就业岗位5万余个，已成为安置再就业人员的主要基地；交纳各种税费2000万元以上，是县级财税的支柱之一。与1993年比较，个体私营企业户数增长145%，从业人数增长276%，各种税费增长345%。

在肯定成绩的同时，应该清醒地认识到，我县个体私营经济还存在着一些问题和不足，距"主体经济"的要求差距太远。一是规模不大。尽管这两年发展较快，但却是低水平的增长，不能与别人比，也不能与本县的其他经济类型比。二是气候不浓。我县的个体私营经济还处在小打小闹的阶段，大户寥寥无几,龙头企业和形象企业还是空白。三是后劲不足。个体私营业主中缺乏有雄厚资本的“实力派”和有高新技术的“技术派”,且工业型、科技型、外向型比例太小。造成这种状况的原因既有历史的和客观的因素,也有主观上的不足。一是认识不够,起步太晚。过去受传统思想的影响,抱着个体经济是“有益补充”的观念,不敢放开手脚;二是重视不够,政策不优。个私经济没有得到足够的重视,在政治、经济待遇上不能平等对待;三是保护不够,环境欠佳。针对个体私营业主的“三乱”现象和“索、拿、卡、要”行为仍很严重。要解决这些问题,就要解放思想,提高认识,加大工作力度,切实提高个私经济的地位,迅速把经济工作的重点转到个私经济上来。

二、理清思路,明确目标

按照“放宽政策、放手发展”的方针,以工业型、科技型、外向型为重点,抓规模,抓大户,抓效益,优化环境,强化服务,严格管理,加强保护,力争在3年时间内确立个体私营经济在我县的主体地位。到2000年底的3年内,个体工商户和私营企业的户数按每年15%的速度递增,期末达到2万户,从业人数达到8万人;个体私营经济总产值按25%的速度递增,期末达到11亿元,占到工农业总产值的36.7%;上缴税收按20%的速度递增,期末达到2500万元(以上产值、税费均不含改制企业);各乡镇每年要培植1－2个纳税5万元以上或产值(营业额)100万元以上的龙头企业和形象企业,期末全县个体私营大户达到100户;各乡镇在加强现有集镇码头建设的同时,要重点发展1－2个新的农村集镇市场,并使其年交易额达到4000万元;重点发展工业型、科技型、外向型个体私营企业,其占总户数的比例达到25%。

三、放宽政策,重点倾斜

1. 进一步放宽经营范围。

(1)除国家法律、法规明文规定不准经营的行业、商品外,其他一律不得限制。严禁利用行政手段、行业管理等方法限制、阻碍个体工商户和私营企业的正常经营活动。允许一业为主,兼营他业,鼓励跨行业、跨地区经营。

(2)鼓励个体工商户和私营企业承包、租赁、兼并或购买国有集体企业。

(3)鼓励个体工商户和私营企业发展股份合作制企业。其股份和股金不受数量多少的限制。允许以实物、场地和技术等折价入股;允许试办企业集团。

(4)鼓励个体工商户和私营企业与外商(包括港、澳、台)合资、合作、合伙办企业,可以通过与有外贸进出口权的企业采取联营、委托代理的办法开展外贸业务,具备条件的,可申请外贸进出口权。

(5)按照“谁建设、谁受益”的原则,鼓励个体私营业主以合伙、合资、独资和参股等形式参与交通运输、集镇市场等基础设施的建设,其受益期可长达20年。

2. 进一步简化登记注册手续。

(1)城镇待业人员、下岗职工、停产半停产企业职工、党政机关和企事业单位分离出来的富余人员以及农村富余人员,只需持居民身份证或原单位证明(农村流动人员包括计生证明),即可向工商局申请办理营业执照。

(2)个体工商户、私营企业申请登记注册时,除国家法律、法规有明文规定实行专项审批和许可证的以外,其他部门规定的审批及许可证一律不作登记注册依据。对综合经营的个体工商户或私营企业允许只办主业的许可证。

(3)新发展的个体工商户和私营企业,可先生产经营,一个月内办理营业执照。兴办生产型、科技型、外向型企业办证只收工本费。凡调整产业结构、开发新产品,允许试产、试销,待产品正式定型后办理变更登记手续。

(4)个体工商户注册资金多少不受限制。私营企业担保资金、贷款资金都可作注册资金登记。取得专利权的项目和经过鉴定的科技成果可以作为技术入股,在申办私营企业时不受注册资金多少的限制。

(5)从业人员在8人以上,注册资金在5万元以上的科技型、生产型、外向型私营企业和注册资金在10万元以上的私营企业,可以核发企业法人营业执照。

(6)个体工商户和私营企业增加分支机构和招聘、雇佣人员,不受数量限制。

(7)个体工商户和私营企业可以选择与行业和规模相适应的名称、字号。具有条件的,可以冠县名和上报审批市名、省名,可以刻制与国有、集体企业同样规格的图章。生产型的个体工商户和私营企业可以使用工业企业统一发票,任何单位不得拒绝作为报销凭证。

⑻外地来我县投资的个体工商户和私营企业,工商部门上门优先办理登记手续。

3. 进一步落实优惠政策。

⑴引进外地个体私营大户来我县生产、经营,当年创税收8万元以上的,按实际纳税额的10%奖励引进者;连续3年纳税8万元以上的,引进者可连续3年享受实际纳税额10%的奖金。

⑵下岗职工从事个体生产经营的从开业之日起,免收6个月的所得税和一切管理费;私营企业一律不收管理费;对新开业的生产型、加工型、科技型和外向型的私营企业,免收半年的所得税。凡外地来我县新开业的个体工商户和私营企业,免收一年的地方税费。生产型的私营企业,所得利润继续用于扩大再生产的,经税务部门核实,可再免征1－2年的所得税。对年初实行税收目标管理的个体工商户和私营企业不得在年中、年底和日后追加。

⑶个体工商户和私营业主及其从业人员在参军、招工、升学、评先选模、参与政治生活方面享有与国营、集体职工同等待遇。对诚实劳动、合法经营,并确有较强的组织才能和经营才能,为全县经济做出了卓越贡献的个体私营业主,通过考察符合条件的可以提拔重用,并按法律程序竞争上岗,担任局长、厂长(经理)、乡长、村(居委会)主任等职务。参政议政能力强的,可以推选当人大代表、政协委员。

⑷个体私营企业的企业评级、产品鉴定、技术人员职称评定等,由县技术监督局、乡镇企业局、工商联、个协等单位申报,有关部门要一视同仁,及时审批。

⑸个体工商户和私营企业生产经营所需场地、能源,城建、国土、电力等部门应纳入城乡建设规划,统筹安排。国土部门要划出开发区,对个体工商户和私营企业实行优价用地,并按照国有和集体企业同样政策办理用地手续。机关、企事业单位的闲余场地,可直接租借给个体工商户和私营企业作为生产经营用地,租借场地的手续视同租借门面。经依法批准使用和租借的生产经营场地,不得随意收回、拆除或侵占。因建设需要拆迁时,有关部门应按照"先安置、后拆迁"的原则妥善处理,并按有关规定给予补偿。

⑹对年纳税超过4万元(暂定)的个体户和私营企业实行挂牌保护,除税收外免收一切管理费。对以加工、经营农副产品为主的个私企业,授牌标准还可以适当放宽。

⑺从政策出台之日起,凡新发展1个纳税5万元以上的个体私营大户,按实际纳税额的10%奖励给所在乡镇。

⑻从政策出台之日起,凡连续2年纳税在8万元以上的个体私营大户,其子女读书升高中时,其考分在公费录取分数线以下60分内,可录取到县一中读书,并免交就读赞助费;解决经营业主本人或家属"农转非"指标1个。

⑼连续3年纳税在10万元以上的大户,如果其子女从大中专院校毕业,可以安排到事业单位工作。

⑽凡个体私营企业年纳税在8万元以上的大户,奖给5000元现金;5万元－8万元之间的大户奖给3000元现金。

⑾农民到城镇码头从事个体私营生产和经营的,根据要求可以保留其责任田地;纳税在1万元以上的,免除其生产经营期间的义务工。

⑿鼓励大中专毕业生从事个体私营经济。待分配的大中专毕业生和已分配的大中专毕业生辞职从事个体私营经济的,由劳动人事部门保留其相应身份、职级。其从事个体私营期间,在档案上同样享受国家工资调整政策。

⒀国有企业、集体企业和乡镇企业进行股份制或股份合作制改造,转为民营经济的,工商、国土、劳动、金融、审计、财政等职能部门要大力支持,予以优惠。

⒁金融部门要加强对个体工商户和私营企业的金融服务,对个体私营经济贷款累放、累收、净放,均要做到年初有计划,年末有检查,并作为责任目标之一进行考核。要逐年扩大个体私营经济的信贷规模。

⒂《安乡县人民政府关于加快招商引资步伐,促进外向型经济发展的决定》《安乡县招商引资优惠试行办法》和《关于促进全县乡镇企业全面进步与发展的意见》中的各项规定和优惠政策,均适用于发展个体工商户和私营企业。

四、优化环境，加强管理

1. 要运用各种宣传媒介，向广大干部群众，向个体工商户和私营企业从业人员进一步宣传党和国家以及县委、县政府大力发展个体私营经济的方针、政策，宣传发展个体私营经济的先进典型。通过宣传，使广大干部，特别是各级领导干部进一步提高对大力发展个体私营经济的认识，积极主动地做好工作，使广大个体私营企业从业人员消除顾虑，放手经营，大胆致富。

2. 各单位特别是工商、国土、公安、税务、物价、金融、城建、城管、交通卫生防疫、畜牧水产、文化和技术监督等职能部门要围绕促进个体私营经济发展做文章，简化办事手续，强化服务功能，为个私经济的发展大开绿灯，大开方便之门。

3. 加强交通通讯、供电供水和码头及集贸市场等基础设施和公共设施建设，改善硬环境，并积极引导个体私营业主集中开发，成片发展。

4. 纪检、监察、工商、公安、物价、检察、法院及其他职能部门要强化保驾护航作用，切实保护个体私营经济从业人员的正当利益和合法权利。对他们的报案、申诉要及时受理，依法查处；每年要经常开展针对骚扰个体私营业主行为的专项打击，对侵犯个体私营业主利益的行为要严加追究；对个体户中的各类纠纷要及时调查处理。

5. 职能部门的执法人员在执行公务时，必须佩戴或出示有关证件。对无证执法者，个体私营业主有权拒绝执行其指令，并有权向有关部门举报。

6. 严格实行凭卡收费。坚决执行市政府制定的“两卡”制度，对超出《项目卡》规定的收费有权拒交和举报。《项目卡》第3页“收费项目的说明”第一条所列项目及标准，须报县个体私营经济领导小组集体审批，并加盖“个体私营经济领导小组收费审批专用章”，方可收费。

7. 收费、收税要严格执行财政“两项改革”的有关规定，除已明文规定的项目外，严禁直接向个体私营业主收取现金。一切收费项目必须由个体私营业主凭收费通知单到指定的统一缴费地点缴费。直接向个体私营业主收取现金的，一经查实，以贪污论处。

8. 任何单位的收费项目均不能委托他人或其他单位、团体代收。对迟缴或拒不缴费的业主，只能按有关规定予以惩罚或依法申请法院强制执行，不准擅自组织执法队上门催收。

9. 严禁向个体私营业主索拿卡要，严禁利用手中的权力向个体私营业主搭车收费、收受好处、推销和办理保险业务。严禁强迫个体私营业主订阅报纸杂志。有关职能部门必需的抽检取样，只能按规定标准提取样品。

10. 个体私营业主的营业执照是合法经营的凭证，除工商行政管理部门外，其他任何单位和个人都无权收缴或吊销。因乱收执照而造成的经济损失要承担赔偿责任。

11. 对违反以上规定的单位和个人，县纪检监察部门要按《关于坚决制止“三乱”歪风，促进个体私营经济发展的几项规定》从严查处。触犯刑法的，要移交司法部门立案查办。县委办、政府办、监察局、个私办、物价局都要设立保护个体私营经济举报电话，并将电话号码公布于众。

12. 单位或个人违规向个体私营业主收取税费、其他物资好处的，除给予个人纪律处分外，按违规的实际金额或折价的2倍扣减所在单位的财政拨款。

13. 进一步加强对个体私营业主的教育管理，切实搞好对私营企业和个体工商户的年检、验照工作；加强对交通运输、饮食、旅馆、文化娱乐、废旧物资收购等重点行业和特种行业的监督管理；继续查处和打击生产销售“假冒伪劣”产品的行为，加强对欺行霸市、贿赂拉拢、掺杂使假等各种不正当竞争行为的监督和查处，充分利用经济、行政、法律的手段，规范个体工商户和私营企业的经营行为，保护正当经营。

五、强化责任，加强领导

1. 县个体私营经济领导小组要加强力量，配齐配足办事人员，建立定期工作报告制度。各乡镇、村(居委会)要建立主头挂帅、分管企业的负责人具体抓的个体私营经济领导班子。各乡镇在每年一季度要对本乡镇个体私营经济的发展情况进行一次全面分析，制定切实可行的发展规划和措施，并将情况向县个体私营经济领导小组汇报。

2. 为推动个体私营经济的发展，建立县领导包乡镇、乡镇领导包村(居委会)和大户、村(居委会)领导包户的领导联系制度。联系点个体私营经济发展的好坏,与本人的政绩和奖惩挂钩,并作为干部考察、晋级的重要依据。

3. 全县每年发展个体私营经济的目标任务,要分项分解到乡镇,实行目标管理,奖优罚劣。县委督查室会同有关部门对各单位和各乡镇的贯彻落实情况进行定期和不定期地全面检查,以推动各项工作的开展。

本文件从颁布之日起生效。

中共安乡县委　安乡县人民政府
关于提高对外开放水平促进外向型经济发展的意见
(1999 年 2 月 9 日)

为了贯彻落实党的十五大精神,进一步加大招商引资力度,现就提高利用外资水平,促进我县外向型经济持续、快速、健康发展提出以下意见:

一、认清形势,抢抓机遇,强化外向型经济发展意识

长期以来,由于历史、地理等原因,安乡一直是比较典型的农业大县、工业小县,经济总量小,发展速度慢,因而综合实力比较弱,在市场经济条件下缺乏竞争力和应变力。因此,加大对外开放力度,抢抓机遇,大力发展外向型经济是安乡县域经济发展的首选战略。随着恒安纸业、穗安纸品、安都纺织、拾比佰航运等一批项目的投产与扩张,一个科技含量高、经济实力较强,在相关产业中起龙头作用的合资群体初具规模,为我县的外向型经济注入了新的活力。国家将逐步增加对中西部地区的财政支持和建设投资,优先在中西部地区安排资源开发和基础设施建设项目等等,将为我县外向型经济发展提供良好的发展机遇。因此,我们必须认清形势,把握机遇,加大外向型经济的发展力度,形成发展外向型经济的强大合力。多渠道、多形式吸引外商投资,努力开创对外开放和利用外资工作的新局面。

二、加强领导,创新机制,建立一支高素质的招商引资队伍

招商引资、发展外向型经济是一项系统工程,涉及整个经济体制和经济增长方式的根本性转变,涉及国际国内两个市场、两种资源的有效利用。全县各级党政组织必须把招商引资、发展外向型经济列入重要议事日程。

1. 建立领导机构。县里成立安乡县外经工作领导小组,由县长任组长,县委、县人大、县政府、县政协各派一名县级领导任副组长,有关经济主管部门负责人为成员。领导小组下设办公室,负责处理招商引资工作的日常事务。领导小组要定期研究外经工作,及时协调解决外经工作中的矛盾和问题。各乡镇、县直各单位要有一名熟悉外经工作、善攻关、会协调的负责人专抓外经工作。

2. 建立招商引资责任制。从 1999 年起,全县每年计划引进县外资金人民币 1 亿元以上。引资任务要分解到各乡镇和县直各单位。要把外经工作纳入全县两个文明建设责任制内容进行考核,并以此作为考核各级领导政绩的重要内容。

3. 建立项目调度会议制。县外经工作领导小组要定期召开招商引资调度会,听取各单位引资情况汇报,负责项目的上报、更新、筛选和督促落实。

三、建立健全激励机制,鼓励全民招商

为动员全社会的力量,实行全方位、多层次、宽领域的全民招商,县政府决定在年度财政预算方案中安排专项经费设立招商引资专项奖励基金,专门用于奖励招商引资有功人员。具体奖励办法如下:

1. 凡从县外引进资金兴办实业,用于项目的固定资产投资,总额达人民币 60 万元以上者;凡引进县外无偿资金者(含捐赠款);向上争取重点工程项目资金者。对以上对象均根据引资额大小给中介人予以重奖。

2. 凡从县外引进新技术、新产品并为企业创造了效益的,从产生效益的第 1 年到第 3 年,按该项目

者收取行政事业性费用,收费人员必须将所收项目和标准如实填写"税外费登记卡"上,不填写登记卡的,生产、经营者有权拒付和举报。

4. 必须使用正规票据按规定程序实施收费和罚款。各收费单位要严格按照规定,使用财政部门统一制发的收款收据和罚款缴款凭证。未使用规定票据和持合法有效证件的,被罚(收)对象有权拒付。要严格执行罚(收)缴分离制度,所有收费、罚款一律列入财政预算管理、实行专户储存,坚持收支两条线制度。

五、全面改善办事环境

要进一步完善、规范部门行为,提供优质服务。各部门要改进工作作风,转变工作职能,提高办事效率,建立健全面向社会公开承诺办事制度。对企业和个体工商户办证、办照、年检,要随到随办,特殊行业的证照办理一般不超过10天。企业在实施改革中需办的有关手续,有关职能部门要公开办事程序,承诺办理期限。外商投资企业审批,要实行"一站式审批,一条龙服务"的联合办公制度。凡外商在我县投资办企业的,所有手续均由县外经办负责代办。对因服务不周,造成项目流失和经济损失的,对责任者要调离岗位,并追究工作责任。

六、坚持依法办事,努力提高执法人员队伍素质

1. 行政部门要全面落实行政执法责任制,严格按照法定职权和程序处理行政事务,不得以权代法、越权执法。司法部门要坚持秉公执法,提高办案质量,严禁办人情案、关系案等徇私枉法行为。对违法行政和司法不公的,实行错案责任追究制度和国家赔偿制度。

2. 禁止在公路上乱设卡、乱收费、乱罚款、乱拦车检查,确保我县境内车辆畅通无阻,建立一条以运输农副产品为主的"绿色通道"。

3. 切实保护生产、经营者的合法权益和企业法人代表的人身权益。如有对企业法定代表人作出行政拘留的处罚决定,应自作出决定之日起24小时内报县人民政府法制办备案。

4. 加强对行政执法人员的教育,严肃执法纪律。要认真落实县委、县政府《关于加强党风廉政建设的十项规定》(安发〔1999〕7号),切实加大反腐倡廉的力度。要不断教育执法人员树立为人民服务的指导思想,努力学习政策、法规,加强纪律约束,坚持持证上岗、亮证执法,做到文明执法。对不适合从事执法工作的人员,要坚决予以调离。

七、加大对危害经济发展环境行为的惩处力度

1. 要下大力清理整顿"皮包"公司,严厉打击欺诈行为,维护安乡商业信誉。对欺行霸市,强买强卖,操纵价格的行为,要依法惩处。对职能部门利用特权所办的经济实体和挂靠企业,要认真清理整顿,与部门彻底脱钩。

2. 打击"假冒伪劣"。要实行打假工作行政首长负责制,加强部门配合,重点打击关系国计民生、危及人身健康安全和地方名优产品等方面的制假售假。要集中力量查处一批影响大、危害大的大要案件。对因地方保护主义、部门保护主义、打假不力造成重大事故的,要追究当地党政"一把手"和部门负责人的责任,情节严重、构成犯罪的,要追究刑事责任。

3. 严惩地痞恶霸。县内基建工程和企业的周边单位(包括居委会或乡、村、组),一律不准向基建工程和企业"敲竹杠",牟取非法利益。对那些在工程建设和企业生产经营中强收费用、强揽工程、强卖原辅材料、阻工者、民间扣车、敲诈勒索、盗窃哄抢建设物资和器材者,要发现一个,惩处一个。基层干部纵容、包庇地痞恶霸的,要坚决撤换;组织参与敲诈活动、克扣群众应得补偿费用的要依法严惩。政法部门要把地痞地霸列为打击重点,每年进行两三次专项治理。

4. 对不经批准擅自设立收费项目、提高收费标准、扩大收费范围的;对乱摊派、乱拉赞助、乱检查的;对徇私舞弊、中饱私囊的以及乱罚款、滥用行政执法权以及违反本决定条款的单位和责任人,要视其情节分别给予党纪、政纪处分和经济处罚。触犯刑律的,要依法追究刑事责任。其中,对乱拉赞助的,一经查实,县解困办要收缴被赞助单位同等额度的解困资金。

八、严格控制检查评比活动

要坚决取消增加基层负担的各种升级、达标、评优及奖励活动。各职能部门按规定对企事业单位进行财税、物价、审计、安全、卫生防疫等监督和检查时,要精减人员,简化程序,避免重复。其他确有必要进行的全县性检查,要经县委、县人民政府批准后,方可进行。严禁强制企业参加不必要的会议、培训、学术研讨、技术考核和学会、协会、研究会等。

九、进一步建立健全监督机制

县委、县政府每年开展一次部门服务质量社会评议活动,通过推选民意代表、组织行风评议、舆论评介等方式,对评议结果好的单位要大力表彰,对评议结果差的单位,要通报批评和新闻曝光,限期整改。县政府办以及物价、监察等部门要设立举报电话和举报箱,聘请一批责任感强、敢说真话的监督员,动员和依靠全社会力量共同治理我县经济发展环境。

十、切实加强对治理经济发展环境工作的领导

1. 县委、县政府成立县治理经济发展环境工作领导小组。龙晓清任组长,张开松任常务副组长,李承武、余斌、杨庆武、张树武为副组长,成员由县直有关职能部门主要负责人组成。领导小组下设办公室,办公室由县委办、县政府办、县纪检监察部门各明确一名负责同志组成,负责日常工作,办公地点设在县政府办。

2. 建立行政执法单位"一把手"负责制。各部门、各单位要充分认识治理经济发展环境的紧迫性和重要性,针对本单位存在的问题,认真加以解决。今后,哪个单位再发生危害经济发展环境的行为,要坚决追究其单位"一把手"的责任。

3. 建立严格的部门责任制。县委、县政府要将各项整治工作内容和目标分解到各部门各单位,并纳入其年度目标量化管理考核。各级各单位要把治理工作列入重要议事日程,制定实施细则,精心组织,周密部署。全县每年将开展几次大的整治活动,解决一两个突出问题。

4. 加强督促检查,搞好情况反馈。各乡镇和县直有关单位,每季度要向县治理经济发展环境领导小组报告一次情况,确保治理工作落到实处。

中共安乡县委　安乡县人民政府
关于全面开展依法治县的决定

(1999 年 8 月 24 日)

为了认真贯彻落实党中央确定的依法治国,建设社会主义法治国家的基本方略,根据市委《关于深入开展依法治市的决定》(常发〔1999〕5 号)文件精神,进一步加强我县社会主义法制建设,确保法律和法规的正确实施,县委决定,在全县范围内有组织、有计划地全面开展依法治县。

一、依法治县是贯彻落实党中央依法治国方略的重大举措

依法治国,建设社会主义法治国家是邓小平理论的核心内容之一,是党领导人民治理国家的基本方略。依法治县是依法治国的基础,是落实依法治国的重大举措。全面开展依法治县,对于实现全县政治、经济、文化、社会生活法制化,进一步加大改革开放力度,加快社会主义民主制度化、法制化建设进程,发展社会生产力,建立健全社会主义市场经济体制,推动经济发展,促进社会主义精神文明建设,维护政治稳定,确保社会长治久安,都具有十分重要的现实意义和深远的历史意义。我县的普法依法治理工作,经过十多年的实践,已经初步形成了以地方治理为主体,以行业依法治理为支柱,以基层依法治理为基础的工作格局,为全面开展依法治县打下了良好基础。各级党组织一定要高举邓小平理论伟大旗帜,坚持"一手抓建设、一手抓法制",认真组织开展依法治乡(镇),依法治村(居委会)和依法治厂、治校、治店等各项治理工作,不断提高依法治县整体水平。

二、更新思想观念、转变工作方式,充分运用法律手段管理经济和社会事务

依法治县,要抓住普法、执法、司法、法律监督、法律服务等关键环节,不断更新观念,转变工作方式,善于运用法律手段来管理社会事务。

1. 认真抓好法制宣传教育,增强全体公民的法律意识和法制观念。各级各部门要完成"三五"普法规划所确定的普法任务。各级领导干部要带头学法用法,坚决反对制止以权压法,以言代法。要重点抓好领导干部、执法人员、政法干警、经营管理人员和广大青少年的普法宣传和学习,要组织好一般干部和村(居)民的普法教育,把普法工作不断引向深入。

2. 坚持依法决策,严格依法行政。各级党政组织,必须牢固树立在宪法和法律规定的范围内行使权力的观念,坚持依法决策和依法办事。要建立健全办事公开制度,严格执行执法责任制和评议考核制,坚决清除行政消极腐败现象,努力实现行政行为的规范化,切实保障公民的合法权益。

3. 坚持公正司法,严格依法办案。人民法院和人民检察院要坚持依法行使职权和履行法定职责,严明司法纪律,严格依法办事,实行冤案、错案责任追究制度。坚决克服地方保护主义,严惩司法腐败,切实做到执法必严,违法必究,保证司法公正,坚决维护国家法律尊严。

4. 加强法律中介组织建设,做好法律服务工作。切实加强律师事务所、公证处、会计师事务所、审计师事务所、基层法律服务所、仲裁委员会等中介组织建设。所有中介组织工作人员都要严格依照国家法律规定执行公务,提供高效优质的法律服务,做到实事求是,客观公正,保证在法律面前人人平等。

5. 完善执法制约机制,加大监督力度。要进一步完善执法制约机制,加大监督力度,把党内监督、法律监督、行政监督、舆论监督和群众监督有机结合起来,重点抓好行政监督和司法监督工作。充分发挥纪检机关、国家权力机关、行政监察部门、人民检察院、人民政协和新闻媒体、人民群众的监督作用。认真纠正有法不依、执法不严、违法不究的现象,保障各项法律法规实施到位,推动依法治县工作的健康发展。

三、切实加强对依法治县工作的组织领导

依法治县是一项宏大的社会系统工程,综合性强、涉及面广、任务艰巨。各级党组织必须把依法治理工作作为一项长期的战略任务,列入重要议事日程,纳入工作规划,切实加强领导,常抓不懈。乡镇党委要作出依法治乡(镇)的决定,制定依法治乡(镇)工作方案。县法院、县检察院也要制定依法治院方案。党委宣传部门和司法行政部门是普法依法治理的主管机关,应积极当好参谋。各新闻媒体要加强对依法治县工作的宣传报道,坚持正确舆论导向,使依法治县工作形成浓厚的社会氛围。县、乡普法依法治理领导小组要充分发挥组织、指导、协调、综合作用。各级党组织要建立健全"一把手"负总责、目标管理考核、干部普法合格证、监督评议人员经费保障等各项制度,确保依法治县工作落到实处。

中共安乡县委　安乡县人民政府
关于加快企业改革和发展的决定

(2000 年 3 月 29 日)

为了认真贯彻落实《中共中央关于国有企业改革和发展若干重大问题的决定》和《中共湖南省委关于贯彻〈中共中央关于中有企业改革和发展若干重大问题的决定〉的实施意见》,进一步加快我县的企业改革和发展,结合我县实际,经中共安乡县委第八届第三次全体会议通过,特作出如下决定:

一、充分认识加快企业改革和发展的重大意义

1. 改革开放以来,特别是党的十四大以来,我县认真贯彻执行中央、省、市关于企业改革的指示和部署,积极推进企业改革,为全县经济发展,社会稳定做出了重大贡献。

2. 当前,我县企业改革已进入攻坚阶段,发展处于关键时期,一些长期积累的深层次矛盾和问题已集中暴露出来,主要表现为企业整体素质不高,适应市场经济能力不强,发展后劲不足。导致这些问题的根本原因是企业产权不清、权责不明、机制老、管理落后。

3. 改革中的矛盾只能用深化改革来解决,发展中的困难只能靠加快发展来克服。只有采取切实有效的措施,才能从整体上改革搞活全县所有企业,加快社会主义市场经济体制的建立,促进我县国民经济持续快速健康发展,保持社会政治稳定。各级各部门要切实增强责任感和紧迫感,抓住有利时机,大力推进我县的企业改革和发展。

二、加快企业改革和发展的指导思想、总体要求

4. 国有、集体工商企业改革必须以党的十五大精神为指针,认真贯彻落实《中共中央关于国有企业改革和发展若干重大问题的决定》和省、市实施意见,坚定不移地改革企业产权制度、用工制度和分配制度,创新企业经营管理机制,增强企业发展活力;调整结构,扩大投入,推广科技,加强改造,促进发展;大力发展第二产业,加快发展第三产业,努力促进我县由农业大县向工业强县、财政富县的转变。

5. 企业改革必须全面部署、整体推进,精心组织、规范运作,突出重点。今年国有、集体工商企业的改制面要达到70% –80%,明年彻底到位。

三、企业改革的对象、重点和主要内容

6. 这次企业改革的对象是所有国有、集体未改制的企业以及企业化管理的事业单位。

7. 改革的重点是国有工商企业。

8. 改革的主要内容:

①改革产权制度。要通过破产重组、产权转让、兼并联合、股份制和股份合作制改造等多种形式更新产权制度,建立起一套适应市场经济的崭新体制,让企业真正做到产权明晰、管理科学、自主经营、自负盈亏、对出资者负责。

②改革用工制度。一是对现有职工实行工龄补偿以后解除劳动合同,企业在给予职工工龄补偿时,可根据企业实际一次性买断或部分买断,可以变现资产买断或量化资产买断。二是推行全员劳动合同制,企业与员工签订新的劳动合同,为员工按时足额缴纳养老保险金,废除员工终身制。

③改革分配制度。企业按有关规定自主决定工资分配制度和办法,使员工报酬与其工作好坏、贡献大小紧密挂钩,鼓励探索多种分配形式,实行按劳分配与按资本、技术及其他生产要素分配有机结合。逐步推行员工最低保证工资制,逐步推行企业经营者"年薪制"。

④创新管理机制。努力完善法人治理结构,切实转变政府职能,实行政企分开,政府有关部门要把工作重点从指导企业生产经营活动转移到为企业发展提供良好环境上来,使企业真正按现代企业制度规范运作。

四、实施企业改革的法律法规、政策依据和方法步骤

9. 指导企业改革的法律法规主要是《中华人民共和国破产法(试行)》《中华人民共和国公司法》《中华人民共和国劳动法》等。

10. 指导企业改革的政策主要是《中共中央关于国有企业改革和发展若干重大问题的决定》《中共湖南省委关于贯彻〈中共中央关于中有企业改革和发展若干重大问题的决定〉的实施意见》《中共湖南省委、湖南省人民政府〈关于放开放活国有小型企业的意见〉》(湘发〔1996〕14号)《湖南省人民政府〈关于进一步深化国有企业改革的通知〉》(湘政发〔1997〕21号)《中共常德市委、常德市人民政府〈关于国有企业实行股份合作制度改革的暂行规定〉》(常发〔1998〕2号)以及县委制定的本决定。

11. 企业改革应紧紧依靠企业的党组织和干部职工,企业的主要负责人要高瞻远瞩,胸怀全局,充分发动群众,由下而上,反复论证,寻找出切合本单位实际的可行办法。

12. 企业改革应坚持"三个有利于"的标准,因企施策,大胆改革。要采取股份经营、兼并联合、拍卖出售、嫁接改造、租赁承包、分立经营、破产重组、跨地域经营等多种改革形式,搞活现有企业。只要能把企业搞活,促进企业发展,什么合法形式都可以用。

13. 企业改革分四个阶段进行:一是宣传发动阶段。企业要召开职工大会或职工代表大会,广泛宣传发动,让群众了解改革的政策和方法。二是制订方案阶段。企业改革方案必须经职代会讨论通过,由主管部门审查,分管县级领导同意后交到县企业改革领导小组办公室,由方案审查委员会审查。三是具体实施阶段。企业改革方案经审查委员会审查同意,企业改革领导小组办公室批复后进入实质性改革程序。四是总结完善阶段。处理好善后事宜。

五、落实好企业改革和发展的配套措施

14. 加快社会劳动保障体系建设,继续实施下岗职工再就业工程,进一步转变就业观念,扩大就业渠道。认真落实"三条保障线"的政策,大力推行医疗保险统筹,加大解困资金的筹集范围和力度,依法扩大社会保险的覆盖面,积极推进个体私营企业和事业单位养老保险,提高养老保险金的上缴率。逐步实行退休养老金的社会化发放。

15. 各部门各单位要积极支持企业改革,为改制企业制定相应的优惠政策,提供优质服务。人民法院在处理企业破产、债权清收等问题时,要根据企业不同情况及法律政策规定,减收或免收有关费用;资产评估机构在为企业进行资产评估时,要按最低标准收取相关费用;企业因兼并收购或出售破产财产(含股份合作制形式收购),所需办理产权变更登记、工商、税务登记及水、电、土地、房屋、交通工具、通信设施过户等手续,免收除证照工本费以外的各种费用。

16. 改制后的企业享受下列优惠政策:①不再收取改制企业的国有资产占用费,国有资产(含土地资产)已经折股的实行按股分红,未折股的实行有偿使用。②国有企业在买断职工工龄时,如可变现资产不能满足职工最低安置标准时,可以将出让土地收益用于弥补。③企业愿意购买国有土地使用权,可以优惠转让,收入归财政所有。④对实行股份制改造的企业,三年内所得税依法定程序给予减收或免收。

17. 县里成立国有资产拍卖公司(挂靠国资局)。各主管战线要分行业成立相应的国有资产经营管理机构(内部设置),负责本行业国有资产的管理(含股权管理)以及拍卖变现、协议转让等有关事宜。

18. 组织、人事、劳动和社会保障部门要制定妥善安置改制企业干部、职工的相关办法。对那些工作表现好,积极支持参与改革,为企业的改革和发展做出了突出贡献的企业领导班子成员,要根据有关政策和干部管理权限,给予妥善安排;对企业主要骨干,在股权配置、资产量化、工龄买断时可考虑给予一定的经济补偿。

19. 加强企业党组织建设,积极探索在现代企业制度条件下发挥企业党组织政治核心作用的新途径、新办法。企业党组织要切实保证、监督党和国家方针政策在本企业的贯彻执行,参与企业重大问题决策,支持法人依法行使职权。

20. 加强企业思想政治工作和精神文明建设,发展积极向上的企业文化。坚持以人为本,积极倡导和弘扬改革开放和现代化建设的时代精神,努力培养具有较高文化品位和鲜明个性的企业精神。

六、正确处理改革和稳定的关系,加速工商经济发展

21. 改革是手段,其目的在于促进企业发展,要正确处理改革和稳定的关系,要把企业改革与抓好企业生产经营统筹进行,把企业改革与盘活资产有机结合。

22. 加速工商经济发展的方向和重点是:转型搞活现有企业,重点发展私营企业,大力发展外资企业。

23. 抓调整,优化重组促发展。根据我县实际,企业调整优化的工作目标是治散治小治差,坚持实施开放带动战略,以全方位开放为驱动,以资源开发为依托,以调整优化为手段,加快我县企业向规模化、科技化、特色化方向发展。要调整产品结构,大力发展高、精、尖、新等高科技产业,力争在电子、新型建材和农产品深加工等方面培植一批高新技术企业,提高产品档次和市场占有率;要进一步拓宽开放领域,"不图所有,只图所在",敢于用市场、资源、产权换资金、技术和项目,通过外资独资、入股嫁接、兼并联合等形式,引进一批大公司、大财团、大厂商,培植和发展一批支柱企业、科技企业和特色企业;要调整产业结构,重点发展造纸、纺织、建材、橡胶、机械和医药产业,形成我县的六大支柱产业。同时,在优化重组的过程中,要注意把企业结构调整与产业化建设结合起来,大力发展农副产品加工业,特别是粮、棉、油、猪、鱼五大主要农产品的精加工和深加工,努力发展资源优势型产业。

24. 抓改造,引进投入促发展。一是加大技改力度,促进企业升级发展。要突出重点,稳步推进。对现有产品质量高、销路好的骨干企业、龙头企业,要进一步加大投入,扩大生产,发挥规模效益,最大限度地抢占市场;对现有发展较快,市场潜力较大的优势企业,要在资金和政策上给予重点扶持,加快技术改造,提高发展水平。二是借“四力”,加大引进投入。在借国力方面,要紧紧抓住国家扩大内需启动消费,开发中西部和治理洞庭湖的有利机遇,积极争取国家项目、资金和政策支持,在借外力方面,要进一拓宽引资领域,改进引资方式,努力把安乡建成外来投资者的乐园,创业者的天地,不断提高招商引资水平;在借内力方面,要进一步盘活现有企业存量资产,实行资产重组,发挥资产经营效益;在借民力方面,要进一步优化环境,完善服务,大力发展个体私营经济,最大限度地把民间闲散资金吸引到创办企业、发展生产上来,要通过组建行业协会等形式,加强行业管理,坚决制止各种不正当的竞争行为,保护私营企业主的合法利益。三是抓科技投入。要进一步加大传统产业和企业的技术改革,提高市场竞争能力;要鼓励和支持企业与科研院所、高等院校联合,实行产学研一体化,提高科技成果的转化率,提高科技发展水平;要千方百计加大技术创新投入,积极引进高新技术、高科技管理人才,认真抓好各类技术和管理人才的培养选拔和管理,建立健全人才激励机制,对有突出贡献的科技管理人员要实行重奖,以激发他们的创业积极性。

25. 创品牌,营造优势促发展。抓品牌就是抓市场,抓品牌就是抓经济效益,抓品牌就是抓企业发展。品牌不多,产品市场竞争力不强,是目前我县企业发展缓慢的一个重要原因。因此,我们必须牢固树立品牌观念,实施品牌战略,进一步加大创品牌力度。要进一步明确目标,强化责任,为创品牌、出精品给予最大的支持和服务,力争多产精品,多创品牌。

26. 上项目,开发资源促发展。企业改造升级的关键是抓项目,招商引资的重点是抓项目,资金的主要来源也是上项目。因此,在项目建设上,我们要充分利用基础优势、资源优势和环境优势,拿出一批有市场、有效益、有分量的项目。要建立项目库,县里要有县里的项目,乡镇要有乡镇的项目,企业要有企业的项目,要采取一切办法,想尽千方百计,把项目建设抓出成效来。

七、营造良好的企业改革和发展环境

27. 全县各级各部门要以大局为重,以县域经济发展为重,真心实意地参与改革,支持改革,服务改革,对各级出台的企业改革优惠政策要用活、用够,坚决落实到位;对在企业改革过程中出现的一些与部门行业政策不一致的实际问题,要灵活变通,妥善处理,尽量帮助解决。

28. 宣传部门要为企业改革营造良好的舆论环境。特别是广播电视部门要开辟企业改革和发展报道专栏,认真宣传中央、省、市关于企业改革和发展的有关政策,及时宣传本地和外地企业改革的先进典型,以形成社会共识,减少阻力,确保改革成功。

29. 执纪执法部门要为企业改革和发展保驾护航,特别是要维护法定代表人和改革者的合法权益。纪检、监察、信访等部门在处理因企业改革而引发的各种矛盾和问题时,一定要旗帜鲜明地支持改革,同时也要坚持正面引导、疏导,避免矛盾激化。

30. 金融部门要充分利用国家增加银行核销呆坏账准备金的政策,积极争取核呆指标,支持企业依法破产,同时要为改制后的企业给予必要的资金扶持。

31. 加大经济发展环境治理力度,杜绝“三乱”行为发生。对制造“三乱”的直接责任人,要严肃处理,决不姑息。

32. 各级党政组织、企业主管部门要充分发动群众,正确引导群众,帮助他们消除顾虑,增强风险意识,使广大干部职工自觉参与改革,积极投身改革,从而形成全社会支持改革的良好氛围。

八、切实加强对企业改革和发展的领导

33. 全县企业改革工作在县委、县政府的统一领导下进行。县里成立了由几大家领导牵头,相关部门单位主要负责人为成员的县企业改革工作领导小组,领导小组下设办公室,负责企业改革的日常工作。

34. 全县各级各部门要自觉树立企业改革和发展的责任感、紧迫感,要指导企业制订切实可行的改革方案,帮助企业协调解决改革过程中的困难和问题。党政“一把手”要亲自挂帅抓改革,并组建专门班子具体抓。

35. 企业法定代表人是企业改革的第一责任人,必须积极投身改革,确保改革的顺利进行。企业党组织要发挥政治核心作用,认真做好企业职工的思想政治工作。工会、共青团等群团组织及职工代表大会要依照法律和各自章程,围绕搞好改革积极开展工作。

36. 为了加快我县企业改革进度,县委决定从有关部门和单位抽调精干人员组成企业改革工作指导小组,帮助企业开展工作。各部门、各单位要积极支持抽调人员从事企业改革工作,原单位不得安排其他事情。工作指导小组人员要坚守工作岗位,全力以赴抓紧抓好企业改革,在所负责的企业改革工作未完成以前,不得回原单位工作。

37. 为使本决定落到实处,切实推进企业改革,县委办、县政府办和县企改办要加大督查力度,定期组织督查并将企业改革工作纳入年度“双文明”责任制的考评。

38. 县企业改革领导小组办公室要根据本决定,制订相应的实施细则,以便于操作。

中共安乡县委　安乡县人民政府
关于加快农业经济结构调整的若干规定
(2001 年 7 月 8 日)

为了切实加快我县农业经济结构调整(以下简称结构调整)步伐,促进我县农村经济发展,根据国家有关法律、法规和政策,结合我县实际,按照“政府引导、市场主导、群众自愿、部门服务、效益优先”的原则,特制定以下规定:

一、建立适应结构调整的土地流转机制

1. 允许试点“两田制”(指口粮田和经营田)。以行政村为单位,经过村民大会或村民代表大会通过,在保证农户一定口粮田的前提下,将大量的土地集中连片,采取多种形式共同开发。

2. 村级集体经济组织可成立土地信托服务站。按照土地使用权依法自愿、有偿转让的原则,受土地承包者的委托,将其拥有的土地使用权在一定期限内(一般 3 年以上)转让给其他单位或个人。

3. 对未发生流转的农村抛荒土地,抛荒期间要按承包合同(负担卡)收取税费;对于连续两年抛荒的耕地应当依法终止承包合同,由村民委员会收回其发包耕地,并重新发包用于农业结构调整经营开发。

4. 鼓励田土向农村大户集中。乡(镇)、村、组各级根据大户对田土的需要,要认真做好工作,积极主动的帮助大户调整土地,并建立完善配套激励优惠政策。

5. 村民委员会要与集中连片承包土地的大户签订承包合同,承包期限由合同双方协定;并要与让出土地的农户签订合同(或协议),防止用地纠纷的发生。

6. 对荒山、荒湖、荒田、荒地以及非基本口粮田的使用权,可以竞价拍卖给单位或个人从事农业开发。

7. 农民承包的土地可以转包、租赁、入股。但必须经村民大会或村民代表大会通过,签订相关合同,并依法缴纳税费,不得损害国家、集体的利益。

二、鼓励社会力量参与结构调整

8. 鼓励机关干部离岗参与结构调整。离岗参与结构调整必须和单位签订合同。合同期内保证其职级不变、基本工资不变、正常调资不变,合同期满后应允许其返岗。同时,允许在职机关干部职工在不影响正常工作的前提下,可以采取参股、领办农业企业等方式参与结构调整。

9. 允许机关干部职工参与结构调整先富起来。除应上缴的税费外所得的利润属个人财产,任何单位和个人不得侵占。

10. 机关干部职工参与结构调整,必须与农民或村级集体经济组织签订好相关合同，严格依法办事，防止侵农、伤农现象发生。必须合法经营，依法纳税，不得低价和无偿占用村级集体经济组织的土地和农民承包的土地；不得无偿或低价占用农村劳动力；不准把经营风险转嫁或变相转嫁给其所在单位和农民。

11. 凡在结构调整中有突出贡献的机关干部职工，可在原单位优先评优，优先记功，优先破格提拔重用。

12. 各部门单位视其情况，可为参与结构调整的本部门单位干部职工提供适当的借款。

13. 鼓励行政企事业单位参与结构调整。所有行政企事业单位向上争取的资金，在不违反国家政策规定的前提下，都可用于投入或扶持结构调整；参与结构调整所获利润归单位所有。

14. 鼓励科技人员特别是农业科技人员采取技术入股的形式直接参与结构调整，或为结构调整提供有偿科技服务。

15. 各乡镇、县直农口各部门对农业科技人员实行动态管理。对为结构调整提供优质服务的或直接参与结构调整有突出贡献的，优先评聘职称，可以低职高聘、重用或提拔。

16. 国有、集体企业下岗职工到农村参与结构调整的，除按其与村级集体经济组织所签协议缴纳相关税费外，县里免收其他任何税费。

三、进一步改善投资环境，吸引外商投资农业开发

17. 凡引进和争取县外无偿资金（含捐赠款）用于结构调整的，经严格审定，根据引资额度给予2%的奖励。

18. 凡从县外引进结构调整新技术、新产品并为企业创造了效益的，受益企业从产生效益的第1年到第3年，按该项目上缴税金的5%对引进中介人给予奖励。

19. 凡引进外资来我县参与结构调整的，其奖励按中共安乡县委安发〔1999〕4号文件精神办理。

四、加强部门单位对结构调整的服务

20. 农村信用社和各商业银行对于结构调整所需资金的小额贷款，要优先发放，一般要达到30%以上的发放面。

21. 由县农办牵头，组织各类农业科技人员成立各种类别的生产技术指导小组，加强对农民和其他生产经营者的科技培训和指导；并与县人民政府信息中心联合开办结构调整信息网页，与县广播电视台联合开设专栏，及时收集、整理、发布结构调整的有关信息。

22. 县直有关部门单位要切实发挥流通主渠道作用，积极为结构调整提供产后服务；各乡（镇）、村要明确专人，成立专班，充分发挥流通大户的作用，搞好农副产品流通。

23. 所有涉及结构调整所需办理的有关证照，有关部门单位必须在接到申请后10个工作日内办结，且只收办证工本费。

24. 切实改善结构调整的外部环境。执法部门对制售假农药、假化肥、假种子的“坑农害农”行为要依法严厉打击；对盗窃、哄抢农副产品和欺行霸市的地痞地霸、黑恶势力，要依法从重从快予以惩处。

25. 开通县境内农副产品运输的“绿色通道”，对农副产品的运输设关堵卡、乱收乱罚的，要严厉查处。

五、落实结构调整的有关税费政策和奖励政策

26. 在计税田土上从事结构调整的，凡需要征收农业特产税的，前三年只征收农业税，三年后农业特产税查实征收，农业税和农业特产税不重复征收；在非计税土地上实施结构调整的，凡需征收农业税收的应税产品，2－3年内减半征收。

27. 所有参与兴办农副产品加工的，按《安乡县工业园区的优惠政策》办理。

28. 县财政建立结构调整风险基金、种子种苗基金、奖励基金的发放使用，由县财政等有关部门制定具体实施细则。

本规定自发布之日起实施。

中共安乡县委　安乡县人民政府
关于大力推进我县城镇社区建设工作的意见
(2002年10月28日)

大力推进城镇社区建设,是新形势下推动城镇改革与发展、维护社会稳定的一项重大举措。抓好这项工作,对于加强基层政权建设,提高人民生活水平,促进城镇经济、社会协调发展,加快城镇化进程,具有十分重要的意义。根据中共中央办公厅、国务院办公厅《关于转发〈民政部关于在全国推进城市社区建设的意见〉的通知》精神和中共湖南省委办公厅、湖南省人民政府办公厅《关于大力推进城市社区建设的意见》以及中共常德市委办公室、常德市人民政府办公室《关于推进城市社区建设的意见》的要求,结合我县实际,现就大力推进我县城镇社区建设工作提出如下意见:

一、社区建设的指导思想和发展目标

1. 社区建设的指导思想。

以邓小平理论和江泽民同志"三个代表"重要思想为指导,从我县实际出发,改革城镇基层管理体制,强化社区功能,强化党在城镇工作中的组织基础和群众基础,加强城镇基层政权建设和群众自治组织建设,提高城镇居民的生活质量和文明程度,扩大基层民主,密切党群关系,维护社会政治稳定,促进我县经济和社会协调发展。

2. 今后三年社区建设的发展目标和工作步骤。

发展目标:⑴合理调整合并居委会,建立起以地域为特征、以居民的认同感和归属感为纽带的新型社区。⑵建立起新型的社区组织体系。⑶转变政府职能、理顺社区关系、完善城镇管理体制。⑷完善社区服务基础设施,建立街道、社区服务网络。

工作步骤:2002年年底前,在城关镇潺陵、城北、书院洲居委会进行试点,2003年6月份前完成全县社区调整和组织建设工作。力争在2005年前,在全县逐步建立起"有利于管理、便于自治、以块为主、条块结合"的城镇社区管理体制。

二、明确社区定位、合理划分调整社区

1. 明确社区定位。社区是指聚居在一定地域范围内的人们新组成的社会共同体,是经过调整后的居民委员会,其完整名称为"××社区居民委员会",由所在地乡、镇管理。

2. 合理调整划分社区。对原居民委员会的调整,应按照有利于服务管理、有利于开发社区资源,以自然地域为社区构成要素,以主要街道为界线,以资源配置情况和发展趋势为相关依据进行。其规模原则上按1000－3000户居民组成社区(特殊区域不受居户的限制),调整合并后的居委会改称"××社区居民委员会"。组建社区时,要对原居委会资产进行清理、登记、移交,确保国有和集体资产不流失。

3. 社区调整合并程序。由所在乡镇根据划定社区的原则和标准,在广泛征求当地居民和驻社区单位意见的基础上提出方案,报县民政局审核,县政府审批,市民政局备案。

三、社区建设的主要内容

1. 社区基础建设。搞好背街小巷路面硬化、亮化,社区下水道整治以及辖区内旧城、旧房的合理改造与规划。

2. 社区就业。做好社区居民的待(失)业登记管理,就业培训、就业推荐工作。

3. 社区治安。全面按照"一中心五网络"的要求建设社会治安综合治理新体系。公安部门要按上级要求和结合社会治安状况,配齐配强社区民警(4000人以下配备一名社区民警,4000人以上配备两名以上民警),并设立社区警务室。实行群防群治,加强社区内的治安保卫、人口管理、治安调解、帮教刑释解教人员、防火防盗、禁毒等工作。

4. 社区卫生。开展疾病预防、医疗、保健、康复、健康教育和计划生育技术服务。逐步建立和完善社区服务网络,促进医疗服务向居民小区和家庭延伸。

5. 社区文化。加强思想文化阵地建设,开展各种群众性的社区文化娱乐、体育、教育、科研活动和文明社区创建活动,努力提高居民素质和文化程度。

6. 社区环境。按照绿化、亮化、硬化、净化的要求,积极配合建设、环保、城管、卫生等部门开展工作,确保社区卫生整洁,环境优美。

7. 社区保障。加强面向社区的退休、失业人员、低收入家庭、优抚对象、五保户、残疾人等社会困难群体的社会最低生活保障服务和社会救助服务。

8. 社区家政服务。建立社区家政服务网络中心,下大力做好社区托老、托幼、托病服务推介、家庭钟点工服务推介。最大限度地开发社区家政服务潜力。

四、建设和完善新型社区组织体系

1. 加强社区党的组织建设。社区党组织是社区各种组织和各项工作的领导核心,按照湘办发〔2000〕37号《关于加强和改进城市街道、社区党的建设工作的意见》,根据社区党员人数,由党员大会或党员代表大会选举产生社区党的支部委员会或党的总支委员会,每届任期3年。社区党组织在所在乡、镇党委领导下开展工作。其主要职责是:宣传贯彻执行党的路线、方针、政策和国家法律法规,执行上级党组织的决议决定,带领区内党员和群众完成本社区担负的各项任务;加强自身建设,搞好党员教育、管理;支持社区居民委员会依法履行职责;做好社区干部的教育、培养、考核和监督工作;加强对群团组织的领导和指导工作;密切联系群众,做好群众工作,搞好各项服务等。

2. 加强社区居民委员会建设。社区居民委员会是基层群众性自治组织,实行自我管理、自我教育、自我服务、自我监督,是社区居民会议或社区居民代表会议的执行机构。社区居民委员会成员经民主选举产生,由主任副主任和委员3-5人组成,每届任期3年。社区居民委员会在县政府及县有关部门和乡、镇政府指导下开展工作,其主要职责任务是:召集和主持社区居民代表大会,并负责向代表大会报告工作;执行社区居民代表大会的决定、决议;执行《社区居民自治章程》;努力履行社区担负的各项服务职能。

3. 加强社区居民代表会议建设。社区居民代表会议是社区群众性民主决策机构,由社区居民代表、社区单位代表、社区居民委员会成员和居住在社区内的各级人大代表、政协委员共同组成。社区居民代表由社区居民推选产生,社区单位代表由所在单位推荐。社区居民代表会议讨论研究社区的公共事业和公益事业,同时对社区居民委员会和社区内其他组织的工作进行民主监督。

4. 加强社区工作者队伍建设。县社区工作主管部门要适应社区工作的新需求,不断强化社区工作者的管理。一是做好党务干部的选配工作;二是要改革社区居民委员会干部制度,要采取公开选聘、民主选举、竞争上岗等办法,注意从下岗职工、大中专毕业生和复员退伍、转业人员中选聘政治素质好、文化程度高、工作能力强,又热爱社区工作的优秀人才,经过法定程序,充实到社区工作者队伍中去;三是要积极引导社区成员自觉加入志愿者队伍行列,为社区建设贡献力量,同时还要注意发挥社会中介组织作用,引导区内中介组织积极参与社区活动,充分发挥他们在社区建设中的作用。社区工作者要适应时代要求,与时俱进,不断增强自身素质,提高管理水平与服务水平。

五、加强组织领导,提供保障,确保社区建设见实效

为了切实加强对城镇社区建设工作的领导,县里成立县城镇社区建设工作领导小组,负责全县的城镇社区建设工作。各乡镇也要成立相应的领导机构和办事机构。在社区建设具体工作中,县各有关单位党政主要负责人要亲自抓,经常给予指导;分管负责人要切实负起责任,将工作落到实处。社区建设是一项较为复杂的社会整体工程,全县各级各部门要形成合力,大力配合所在社区开展各项工作,帮助所在社区解决实际问题,共同做好社区建设工作。今后城区新建小区,社区居民委员会办公用房及社区服务场所要纳入建设规划,开发商须无偿提供50-80平方米的社区办公用房和社区服务用房。企业改制后,要严格按照常政办发〔2001〕20号文件要求,为所在社区党组织、居民委员会提供场地、办公用房、办公设备等条件,有条件的企业还可向社区无偿移交一些经营项目。对社区基础设施配置问题,如下水道、公厕、路灯、垃圾中转站等,相关部门要积极予以解决。从今年起,县财政每年对城关镇各个社区居民委员会将补助一定数额的基础整改费用,并纳入县财政年度预算。要通过全县各级各部门的齐抓共管,在全县努力形成由党委和政府领导,民政部门牵头,有关部门配合,社区居民委员会主办,社会力量支持,群众广泛参与的推进社区建设的工作新格局,确保我县城镇社区建设出实效。

中共安乡县委　安乡县人民政府
关于加强农村卫生工作的决定
(2003年11月4日)

农村卫生工作关系到农村的发展、农业的繁荣和农民的健康,关系到全面建设小康社会目标的实现,是党的农村工作的重要组成部分。为贯彻落实《中共中央、国务院关于进一步加强农村卫生工作的决定》(中发〔2002〕13号)和《中共湖南省委、湖南省人民政府关于加强农村卫生工作的决定》(湘发〔2003〕3号),加快我县农村卫生事业发展,促进农村现代化和农村全面小康建设,现作出以下决定。

一、农村卫生工作的目标

1. 到2010年,基本建立起适应社会主义市场经济体制要求和农村经济社会发展水平的农村卫生服务体系和合作医疗制度,达到初级卫生保健第二个十年规划目标,农村卫生和农民健康的主要指标达到全省中等以上水平。

——建立基本设施齐全的农村卫生服务网络。到2010年,基本完成县、乡医疗卫生机构的改造和建设任务,每千人口拥有病床和执业医师数达到全省中上水平。

——建立具有较高专业素质的农村卫生服务队伍。到2005年,乡镇卫生院临床医疗服务人员要具备执业助理医师及以上执业资格,其他卫生技术人员要具备初级以上专业技术资格;到2010年,乡村医生都要具备执业助理医师及以上执业资格。

——建立精干高效的农村卫生管理体制。县卫生行政部门对农村卫生工作实施全行业管理,2003年起乡镇卫生院的人员、业务、经费等划归县级卫生行政部门按职责管理;到2005年,全面实行乡村卫生服务管理一体化。

——建立以大病统筹为主的新型合作医疗制度和医疗救助制度。到2010年,在全县范围内普遍实行新型合作医疗,农村人口覆盖率达到80%以上。对贫困农民实行不同形式的医疗救助。

——改善农村居民生产、生活卫生条件。到2010年,农村自来水普及率达到70%,农户卫生厕所普及率达到65%,创建一批文明卫生村镇。

——提高农民健康水平。到2010年,农村孕产妇死亡率、婴儿死亡率比2000年分别下降25%和20%;传染病总发病率控制在110/10万以下;人均期望寿命提高到74岁。

二、切实加强农村卫生服务体系建设

2. 根据初级卫生保健和农民的卫生服务需要,原则上每个乡镇设一所乡镇卫生院,在全县范围内设7所中心卫生院,每个村设一个村卫生室。县级医疗卫生机构和中心卫生院、乡镇卫生院由政府举办。村卫生室按"一村一室"设置,邻近的行政村也可联合设置,可以由乡镇卫生院举办或乡、村联办,也可村办或乡村医生个体承办。

3. 县、乡(镇)、村根据省政府制定的县、乡、村卫生机构基本设施配置标准,到2010年,完成县级医院、预防保健机构、中心卫生院、乡镇卫生院的改造建设任务,到2005年完成村卫生室的达标建设。特别是要加强中心卫生院和乡镇卫生院建设,着力改善乡镇卫生院预防保健、产科和急救服务能力,保证县、乡卫生机构开展公共卫生和基本医疗服务所需的基础设施和条件。

4. 政府举办的县级卫生机构是全县农村预防保

健和医疗服务的业务指导中心，承担农村预防保健基本医疗、基层转诊、急救以及基层卫生人员的培训及业务指导职责。乡镇卫生院以公共卫生服务为主，综合提供预防保健和基本医疗等服务。乡镇卫生院要改进服务模式，深入农村社区、家庭、学校，提供预防保健和基本医疗服务，一般不得向医院模式发展。村卫生室承担卫生行政部门赋予的预防保健任务，提供常见病的初级诊治。要注重发挥农村卫生网络的整体功能，继续推进乡村卫生服务管理一体化。

5. 深化农村卫生院的改革。严格控制乡镇卫生院规模，按照服务范围、服务人口和功能任务核定人员编制。要在县内或更大范围内公开招聘卫生院院长，竞争上岗，实行院长任期目标责任制。要积极推进卫生院运行机制改革，探索搞活卫生院的多种运营形式，实行卫生院内部全员聘用制，形成有生机活力的用人机制和分配激励机制，提高乡镇卫生院效率。

6. 按照卫生资源配置标准，继续加强县中医院建设和卫生院中医药建设，培养一批农村中医骨干。发挥中医医疗技术和中药优势，大力开发特色疗法和特色制剂。

7. 乡镇卫生院要加强对村卫生室的业务指导，形成有机统一的整体。逐步推行农村卫生机构药品集中采购，也可由乡镇卫生院为乡村医生统一代购药品，但代购方不得谋利。

三、努力提高农村卫生队伍素质

8. 健全和落实继续教育制度，加强农村在职卫生技术人员的培训。县卫生行政部门要制订培训计划，选择医学院校和符合条件的医疗卫生机构建立培训基地，采取脱产学习、在职函授、临床进修等多种途径，提高农村卫生技术人员的业务知识和实际技能，为乡镇卫生院和中心卫生院培训实用型技术骨干。鼓励有条件的农村卫生人员接受医学学历教育。对卫生技术岗位上的非卫生技术人员要有计划地清退，对达不到执业标准的人员要转岗分流。

四、全面落实农村公共卫生工作

9. 在乡镇卫生院人员、业务、经费全部上划到县卫生局统一管理后，乡镇人民政府对本行政区域的卫生工作要继续承担起领导责任，认真抓好农村卫生、爱国卫生、学校卫生、改水改厕、灭鼠和创建文明卫生集镇等工作。在继续巩固卫生县城创建成果的同时，各乡镇要成立乡镇爱卫办，从乡镇机关、城建、卫生等单位抽调人员组成，乡镇分管卫生工作的负责人兼任爱卫办主任。加强农村改水改厕工作力度，将改水改厕工作纳入村镇建设规划，提高农村自来水和无害化卫生厕所普及率。大力推进“亿万农民健康促进行动”。采取各种形式宣传疾病预防和卫生保健知识，引导和帮助农民形成良好的卫生习惯和科学、文明、健康的生活方式。

10. 坚持预防为主的方针，提高处理农村重大疫情与公共卫生突发事件的能力，重点控制严重危害农民健康的传染病、地方病、职业病和寄生虫病等重大疾病。卫生行政部门要完善各种应急方案、预案，各乡镇要根据《突发公共卫生事件应急条例》制定相应的应急预案。到2010年，农村儿童计划免疫接种率以乡镇为单位达到90%以上；全面实施现代结核病控制策略；80%以上的乡镇能够为艾滋病病毒感染者和病人提供预防保健咨询服务；全面实现消除碘缺乏病的目标；以乡镇为单位实现血吸虫病疫情控制标准。采取综合措施，积极开展慢性传染性疾病的防治。

11. 加强农村妇幼保健工作。加强县、乡医疗卫生机构产科建设，保证乡镇卫生院具备处理孕产妇顺产、难产应急处理和紧急转送能力，县级医疗机构、农村中心卫生院具备处理孕产妇难产的能力，逐步普及住院分娩。依法规范婚前医学检查和产前诊断等重点干预措施，有效降低出生缺陷发生率，提高出生人口素质。实行村妇女主任、计划生育专干、妇幼保健员“二合一”的管理办法，健全村级妇幼保健队伍。

五、建立和完善新型农村合作医疗制度和医疗救助制度

12. 各乡镇、各行政村要加强组织引导，把建立和完善以大病统筹为主的新型农村合作医疗制度，作为加强农村卫生工作、促进农村全面小康建设的一件大事来抓。农村合作医疗制度要与地方经济社会发展水平、农民经济承受能力和医疗费用需要相适应，坚持自愿原则，实行农民个人缴费、集体扶持和政府资助相结合的筹资机制。农民个人缴纳的合作医疗经费由合作医疗管理部门统一管理。新型农村合作医疗经费实行全县统筹,由县卫生局管理。县财政和审计部门要加强对合作医疗经费的审计和监督,严禁侵占挪用。要建立由政府有关部门、农民代表、医疗机构和有关专家参加的合作医疗监督委员会,对农村合作医疗资金进行社会监督。

13. 新型合作医疗实施后,县财政对参加新型合作医疗的农民给予配套补助经费,其标准按照省财政厅、省卫生厅与我县协商的配套比例执行,并按年度发展需要列入财政预算。

六、加大农村卫生投入

14. 按照公共财政的要求,县财政要逐年增加卫生投入。从2003年起至2010年,县财政每年增加的卫生事业经费主要用于发展农村卫生事业,包括卫生监督、疾病控制、妇幼保健和健康教育等公共卫生经费、农村卫生服务网络建设。

15. 县财政要根据国家和省确定的农村公共卫生基本项目,安排公共卫生的人员经费和业务经费,保证农村公共卫生工作的需要。

16. 县财政负责安排政府举办的农村卫生机构开展公共卫生和必要的医疗服务经费和发展建设资金,以及乡镇卫生院和中心卫生院院长、防保专干的工资及其社会保险单位缴费部分;对承担预防保健任务的村级卫生人员视财力情况给予适当补助。

17. 按照《决定》要求,对农村疾病控制、妇幼保健、卫生监督等公共卫生机构和非营利性医疗机构的收入,免征地方政府性基金;禁止在国家规定之外向农村医疗卫生机构征收任何税费。

七、加强卫生扶贫与对口支援工作

18. 县级卫生行政部门要组织县级医疗卫生机构支持乡镇卫生院的建设,重点解决人员培训、技术指导、学科建设、基础设施建设和技术装备等实际问题。严格执行城市医务人员在晋升主治医师或副主任医师职称前到农村累计服务一年的制度。

八、依法加强农村医药卫生监管

19. 县卫生行政部门要依法实施全行业管理,严格农村医疗机构、从业人员、医疗技术应用等的准入审批和监管。要加强医疗服务质量的评估和监管,重点规范医疗技术操作规程、消毒和一次性医疗用品的管理,保证农民就医安全。要充实卫生监督执法队伍,加大农村公共卫生的执法力度,强化食品卫生、职业病防治、生产销售健康相关产品和医疗服务市场的监管,严厉打击非法行医和其他危害公共卫生的违法行为。

九、加强对农村卫生工作的领导

20. 各乡镇要把农村卫生列入重要议事日程,定期研究农村卫生改革与发展工作,全面贯彻中央关于农村卫生工作方针政策,把农村初级卫生保健纳入国民经济和社会发展规划,落实各项保障措施,保证各项规划目标的实现。

21. 建立定期研究卫生工作制度。县委、县政府每年1－2次专题研究卫生改革与发展、初级卫生保健等工作。县卫生行政部门要充分发挥主管部门的职能作用,加强农村卫生的建设和管理。县宣传、计划物价、人事、教育、民政、财政、农业、建设环保、药监、计划生育、扶贫等有关部门要明确在农村卫生工作中的职责和任务,加强协调配合,落实相关政策措施,支持农村卫生事业的发展。各群众团体要在农村卫生工作中发挥积极作用。

22. 从2004年起,县委、县政府将初级卫生保健和农村卫生工作纳入乡镇和县直单位年度“双文明”岗位责任制考核内容,以保证各项工作任务的贯彻落实。

中共安乡县委　安乡县人民政府
关于进一步加快农业产业化建设步伐的意见
（2004年2月10日）

为了进一步提高全县农业产业化水平，优化农村经济结构，促进农村经济快速健康发展，加速农村小康建设步伐，现就2004年全县农业产业化建设提出如下意见。

一、指导思想

以"三个代表"重要思想为指针，深入贯彻落实党的十六届三中全会、全国农村工作会议和县委经济工作会议精神，加快农业结构调整，深度推进"五个百万亩工程"；围绕优质高效，突出水产、珍珠、水禽、畜牧、杨树、亚麻、蔬菜、粮棉油等八大重点产业，加速产业基地建设；突出招商引资，发展、建强产业龙头；突出农产品加工，抓好品牌建设，实现财税增长，农民增收和农村经济的协调发展。

二、工作目标

2004年，全县农业产业化建设的目标：水产养殖面积稳定在30万亩以上，其中高效水产养殖面积达到20万亩，珍珠养殖面积达到12万亩；杨树种植面积达到28万亩，其中新发展5万亩以上；水禽养殖达到200万羽，其中发展肉鹅100万羽；稳定优质稻种植面积25万亩，优质棉种植面积30万亩，优质油种植面积40万亩；草食牲畜养殖20万头（只）以上；优质蔬菜面积达到10万亩；亚麻面积达到5万亩；农业订单生产面积达到60%以上，农产品优质率和农产品商品率均达80%以上，农产品加工企业达到30家以上；争创1家省级农业产业化龙头企业，2家市级农业产业化龙头企业，农产品加工量达到60%以上；新创1－2个名牌农产品。

三、工作措施

1. 突出规模扩张，培育壮大产业基地。

一是培育壮大高效水产养殖产业基地。今年，继续加大退田还水力度，原则上海拔30米以下的要退田还水。要切实抓好低产低效养殖水面的改造升级，要大力推广甲鱼、黄鳝、名贵鱼等特种高效水产的养殖，哑河、湖泊等大水面要大力推行围栏精养和网箱养殖。要大力推广应用"猪—沼—鱼—珠"、"猪—沼—鱼—鸭"等多种立体生态养殖模式。

二是培育壮大珍珠产业基地。积极动员社会各方面力量投资珍珠生产，大力发展珠鱼混养，确保完成全县全年新扩珍珠养殖面积。

三是培育壮大肉鹅产业基地。大力推行"公司＋农户"的"林—草—鹅"的养殖模式，发动千家万户开展种草养鹅，做大做强洞庭草鹅品牌。

四是培育壮大优质畜牧产业基地。要依傍外洲大堤，种植人工牧草，实行半牧半饲，发展种草养畜。形成具有较好影响和辐射作用的牛羊养殖带。全县要以大鲸港富田畜业有限公司为依托，发动农户种草养猪，扩大加工能力和规模，把草食猪产业做大做强。

五是培育壮大杨树产业基地。抓住国家大力支持林业发展和我县与外商合作造林的大好机遇，突出更新改造，优化结构，充分利用宜林面积种植杨树。

六是培育壮大亚麻产业基地。全县要大力推广冬季亚麻，积极示范双季亚麻，把我县建成全省最大的亚麻生产基地。

七是培育壮大蔬菜产业基地。积极引导农民发展设施农业，推广蔬菜的温室栽培、大棚栽培、反季栽培、区域规模种植，逐步建立一批万亩蔬菜乡镇、千亩蔬菜村和百亩大棚生产基地。积极推广以莲藕为主的水生蔬菜，形成具有我县特色的水生蔬菜产业。

八是提升改造粮棉油产业。要下大力加速粮棉油等传统产业品种改良，推广先进种植技术，实行优质化生产，提升产品质量，增强市场竞争力。

2. 培植产业龙头,不断提高农业产业化水平。

农业产业化建设,关键在建强龙头,大力培育发展一批规模大、科技含量高、辐射面广、竞争力强的农产品加工龙头企业,是全县各级各部门的重要任务。已建成的肉鹅、草食猪、蔬菜、亚麻等农产品加工企业,要抢抓新的机遇,争取国家政策扶持,加大投入,扩大生产规模。要兴办水产、珍珠、杨树等产业的加工企业,力争年内建成一家外向型企业。要积极探索先进科学的经营模式,建立产供销、种养加、农工贸、农科教一体化经营体系。要加强各种专业协会的建设,肉鹅、杨树、亚麻等新型农业产业县里要成立专业协会,大力推行以“公司＋基地”“公司＋农户”为主要形式的产业化模式,加大产业链的整合力度,提高农业产业的组织化程度和外向度。通过产业化运作,促进龙头主动找市场,农户主动联龙头,逐步形成相互联系、相互促进的农业产业化经营新格局。

3. 大力推行标准化生产,增强农产品竞争力。

要改良农业生产模式,大力推广蔬菜、花卉的无土栽培、水果的套袋技术、农作物的设施栽培和病虫害生物防治等无公害先进农业栽培技术,改进加工工艺,提高农产品科技含量。要大力推行品牌战略。进一步扩大“娥皇”牌烤鹅、“富田”牌草食猪肉产品、“李业”牌系列蔬菜等三大省农博会金奖产品的市场,提高产品的知名度。同时,狠抓新品牌开发,新创知名农产品品牌。要搞好无公害食品和绿色食品申报工作,争取省级以上绿色食品质量认证项目,全面提高我县农产品的出口创汇能力和市场竞争力,增加农业经济效益。

4. 加大投入,推进农业产业化建设步伐。

要切实加大资金投入。县有关部门要加大对农业产业化建设的扶持力度,切实加大资金投入。各专业银行和信用部门要为全县农业产业化建设,特别是向产业龙头实行信贷倾斜。要鼓励社会各界人士投资参与农业产业化建设。县里将农业发展资金、农业结构调整资金、农业综合开发资金以及国家用于发展农业产业化的各类资金,捆绑用于农业产业规模的扩张和产业龙头的建设。要切实加大科技投入,大力开展农业新技术、新品种的研究和开发利用,不断完善科技推广体系,要大力鼓励和引导集体民营企业围绕八大农业产业开展农产品加工,通过政府扶持,龙头企业拉动,促进农业产业化建设的快速发展。

5. 优化环境,为农业产业化建设提供保障。

进一步完善发展农业产业化的各种优惠政策,凡是从事农业产业生产加工流通的单位、企业和个人,同等享受我县已经出台的工业上项目相关的各种优惠政策。对达到一定种养规模的企业和大户,免征除农业税之外的其他税费。新办的农业产业化企业,自开业之日起三年内,根据企业纳税情况,对企业上交所得税按比例实行先征后返。企业或个人投资新建的农产品专业市场,集贸市场三年内免征市场管理费,对农业龙头企业出口创汇按核实创汇金额由县财政按比例实行现金奖励。进一步优化职能部门的服务质量,县有关部门要为全县农业产业化建设提供优质服务。县直有关部门单位要按照县“五线一圈”农业结构调整示范带县直单位包村责任制要求,配合乡镇围绕八大农业产业办好高标准示范点,特别是抓好“林—草—鹅”和高效水产的办点示范,引导和带动广大农户大力调整优化农业产业结构,发展高效农业产业,壮大优势产业,不断提高全县农业产业化水平。坚决杜绝职能部门乱收费、乱设卡、乱罚款,坚决纠正行业不正之风,促进农业产业化的健康发展。

6. 切实加强对农业产业化工作的领导。

全县各级各部门要把农业产业化工作纳入重要议事日程,切实抓紧抓好全县农业产业化建设工作。县里对农业八大产业实行“五个一”管理模式,即:一大产业、一位县级主要领导、一套工作班子、一个责任单位、一套工作方案。水产产业由徐超文、田华主管,县畜牧水产局牵头抓。珍珠产业由张开松、田华主管,县农村办牵头抓。水禽(肉鹅)产业由樊明雪、田华主管,县畜牧水产局牵头抓。畜牧产业由唐汇元、田华主管,县畜牧水产局牵头抓。杨树产业由毕家生、魏邦发主管,县林业局牵头抓。亚麻产业由龚德湘、宋凡华主管,县农业局牵头抓。蔬菜产业由莫汉桃、曾文波主管,县农业局、县蔬菜办牵头抓。粮棉油产业由戴作凡、魏邦发主管,县农业局牵头抓。各乡镇也要建立相应的工作班子,明确专人专责,抓好农业产业化建设。

中共安乡县委　安乡县人民政府
关于全县高中阶段学校办学体制改革的决定

（2004年8月12）

为贯彻落实《中共中央、国务院关于深化教育改革全面推进素质教育的决定》和《国务院关于基础教育改革与发展的决定》以及省政府《关于中小学办学体制改革的意见》，积极、稳妥地推行以政府办学为主体、公办学校与民办学校共同发展的办学体制改革，切实增强高中教育发展活力，加快我县高中教育事业的发展，现就我县高中阶段学校办学体制改革作如下决定：

一、充分认识高中阶段学校办学体制改革的重要意义，营造良好的改制氛围

1. 开展高中阶段学校办学体制改革，形成以政府投入为主，多渠道筹措资金，公办学校和民办学校共同发展的格局，是化解教育资源不足同人民群众教育需求日益增长的矛盾的重要途径，是教育改革形势发展的迫切需要。

2. 县有关部门和单位要加强对这项改革的统筹规划和监督管理，及时研究解决改革中出现的问题，形成配合协调、齐抓共管的改制工作合力，营造“县委、县政府高度重视，职能部门积极配合，社会各界大力支持，教职员工积极参与”的良好氛围，确保高中阶段学校办学体制改革顺利推进。

3. 全县各级各部门要维护改制学校及师生的合法权益，确保改制学校在征用土地、报建立项、税收减免、用水用电及在招生、教师职务评聘、教研活动、表彰奖励等方面与公办学校一视同仁。严禁任何部门和单位向改制学校乱收费、乱摊派、乱罚款。学校不得以改制为名，滥发钱物，违规收费。要切实加强对学校周边环境的整治，维护好学校正常的教学秩序。

二、明确改制的任务和目标，积极稳妥地推进高中阶段学校办学体制改革

4. 高中阶段办学体制改革，必须有利于巩固和发展高中教育成果；有利于改革学校运行机制，增强办学活力，全面推进素质教育，提高教育教学质量；有利于吸收社会资金投入教育，多渠道增加教育投入，改善办学条件，确保国有资产保值增值；有利于加强薄弱学校建设，调整学校布局，促进教育资源的合理配置，提高办学效益。

5. 推进体制创新，增强改制学校办学自主权。通过改制，进一步深化学校“三制”改革，逐步形成“人员能进能出，职务能上能下，待遇能高能低”的用人机制和“校长公开竞聘”的竞争机制。

6. 积极探索多种办学形式。一切有利于增加高中教育资源、满足人们教育需求的办学形式，一切有利于提高人口素质、发展县域经济的教育模式，一切有利于实现教育“三个面向”的改革探索，都可以大胆地尝试。积极发展民办公助、公办民助、国有民办、股份制等多种办学模式，鼓励通过个人领办、教职工合股、引资等方式盘活资产，搞活机制。

7. 改制工作按照“先试点，后推广”的原则，在保证规模和质量的前提下，选择相对薄弱的高中阶段学校进行“国有民办”的改制试点，在总结完善试点经验的基础上逐步推开。

8. 在坚持政府办学为主的前提下，努力实现投资主体多元化。在开展办学体制改革试点的同时，必须按照“两个比例”“三个增长”的要求，继续加大财政对教育的投入，确保财政投入主渠道不变，数额不减。财政投入资金主要用于学校清偿旧债，剩余部分用于学校基本建设。教职工工资、福利及养老保险、医疗保险、住房公积金和其他应由集体出资的部分概由改制学校负责，改制学校每年要拿出一定资金投入学校，改善办学条件。要制定优惠政策，吸引民营资本和社会资金发展民办高中教育，允许投资者取得合理回报。通过出租、出让等方式，盘活原三中、一职中校产,壮大高中教育事业规模。

三、加强对改制工作的领导与管理,促进高中教育健康发展

9. 成立县高中改制工作领导小组,领导小组负责对全县高中改制工作进行指导、协调。唐汇元任组长,汤祚国、戴红兵、李绍源、何国荣为副组长,县委办、县政府办、县委组织部、县人大教工委、县人事局、县财政局、县公安局、县建设环保局、县国土资源局、县劳动和社会保障局、县广电局、县农经局、县委编委办、县计划物价局、县教育局等部门负责人为成员。领导小组下设办公室,卢炳南任办公室主任,办公地点设县教育局。县教育主管部门要组建相应的工作小组,深入到改制学校扎扎实实地开展工作。

10. 公办高中改制,必须坚持按程序向县教育局和县委、县政府及市教育局、市政府申报审批。改制学校收费标准要严格执行国家政策规定,并报县计划物价部门审核批准。

11. 进一步加强改制学校国有资产管理。要对改制学校国有资产、债权债务进行清产核资,明晰产权。改制期间,学校的国有资产性质不变,任何单位和个人无权处置变卖;改制学校每年向教育主管部门上交一定比例的国有资产占用费。县教育主管部门派出驻校督导,明确改制学校校长责权利,参与学校监督管理,严格财会、审计制度,确保国有资产保值增值。

12. 进一步加强改制学校教职工聘任管理。除县委管理的干部外,改制学校校长可自主聘任副校长及学校二层骨干和教职员工,但聘用原校教职工比例必须达到85%以上,所聘用人员的人事、工资关系保留在县教育局,改制后原由县委管理的干部级别不变。改制学校的教职工职称评定、晋级调资手续由学校先申报,再按程序办理。落聘教职工由改制学校和县教育局按有关文件精神安排。要充分发挥教职工民主管理和民主监督的作用,依法保障改制学校教职工的合法权益,改制学校教师工资和其他福利待遇不得低于同类公办学校教师的标准。

13. 加强对改制学校离退休教职工的管理。各改制学校离退休教职工的工资发放及其他待遇由现渠道、现方式继续执行。其组织人事关系、老干活动等事宜由县教育主管部门派出的驻校督导员统筹安排落实。

14. 进一步加强改制学校教育教学管理。县教育主管部门要加强业务指导与督导管理,严格督促改制学校全面贯彻党的教育方针,全面推行素质教育,严格执行国家教学大纲和课程计划,正确引导和帮助青少年学生健康成长,使他们德、智、体、美、劳全面和谐发展。

15. 县教育主管部门要根据本《决定》拟定切实可行的方案,报县政府批准实施。

中共安乡县委　安乡县人民政府
关于促进民营经济发展的决定
(2005年2月17日)

为了切实加快民营经济发展,推动我县工业化、农业产业化和城镇化建设进程,实现“兴工强县,民营富民”的县域经济发展目标,加速建设小康安乡,根据上级有关精神,结合我县实际,特作如下决定:

一、放宽民营经济的准入限制

1. 放开投资经营范围。除法律、法规明确禁止或限制的行业外,所在竞争性领域和对外开放领域都允许民营经济进入;放开注册资本限制条件,允许新办民营企业注册资本金分步到位;允许跨行业经营,推行无经营范围登记制。

二、优化民营经济的发展环境

2. 设立民营经济投诉中心。由县优化办具体负责,向社会公布办公地址、举报电话和投诉受理承诺。

3. 实行挂牌保护。县政府对外资企业、工业新区的企业、市以上农产品加工龙头企业以及上年度纳税额达50万元以上的企业实行挂牌保护。

4. 优化政务环境。对挂牌保护的民营企业,实行"一站式"服务,"一条龙"审批,在企业自愿的前提下,实行多家费一家收的"一卡制"收费,简化办事程序,提高行政效率。申报材料完备合格的新办企业的审批,县内必须在5个工作日内办结。改进行政事业收费办法,公开收费项目和标准;建立民营企业"负担明白卡",实行亮卡、亮证收费。

5. 实行许可、备案制度。所有职能部门对挂牌保护企业和规模以上民营企业作出的重大行政行为,必须报联系该企业的县领导同意,并报县民营办备案。除刑事侦查、治安检查、安全检查、税务稽查外,其他行政执法执纪部门未经许可,严禁对民营企业擅自进行检查;严禁任何单位和个人非法侵占、破坏、查封、扣压、冻结或没收企业资产;严禁向企业强行摊派、索要或推销任何物品;严禁无偿占用企业人财物;严禁行政不作为和乱收费、乱罚款、乱摊派行为;严禁违反规定强制企业参加学会、协会,参加评比、竞赛、联谊等活动。违反上述"六个严禁"者,要严格追究责任单位主要领导和直接责任人的责任。

6. 优化舆论环境。县委、县政府每年表彰和奖励一批发展快、贡献大、业绩突出的优秀民营企业和民营企业家。逐步扩大县人大代表和政协委员中民营企业家的比例,鼓励和支持民营企业家参政议政。县新闻舆论部门要加大对民营经济的宣传力度,深入宣传国家关于发展民营经济的方针政策,宣传民营经济的地位和作用,宣传发展民营经济的突出典型,并及时曝光有损民营经济发展的人和事,形成全社会理解、关心、支持民营经济发展的良好氛围。切实提高民营经济的经营者和从业者的政治社会地位。

三、建立发展民营经济的激励机制

7. 鼓励招商引资。凡引进县外资金,固定资产投资在500万元(经审计核实,下同)以上的新办工业企业,落户在工业新区内的,县财政按投资总额的1%对其引资者给予一次性的奖励;落户在工业新区外的,县财政按投资总额的0.5%对其引资者给予一次性的奖励。县直部门单位招商引资兴办的工业企业,除按上述标准给予一次性的奖励外,还在企业投产后连续三年按该企业上缴税金县财政分成部分的20%的标准再次给予奖励,可直接用于干部职工的福利性开支。

8. 鼓励企业投入。对年技改投入500万元以上1000万元以下的企业,县财政一次性给予企业法定代表5000元的奖励;对年技改投入1000万元以上的企业,县财政一次性给予企业法定代表人10000元的奖励;凡固定资产投资500万元以上,开发农产品资源的食品加工企业,不论建厂地址,均可享受工业新区的优惠政策。

9. 鼓励企业创品牌。对获得国家级、省级、市级名牌产品称号的,且市场效益好,年销售额达到1000万元以上的产品,县财政按每个产品分别一次性给予3万元、2万元、1万元的奖励。

10. 鼓励企业推行标准化管理。鼓励广泛推行ISO9000质量体系认证,有条件的企业推行ISO14000环保管理体系认证和HACCP管理(危害分析关键控制点)体系认证,县直相关部门要积极为其做好上报等服务工作。

11. 鼓励企业纳税。凡年纳税50万元以上且保持增长水平的民营工业企业,县财政按其年上缴税金总额的1%对企业法定代表人给予奖励。从2004年起乡镇新办的民营企业其税收的县财政所得部分全部奖励给相关乡镇,用于解决乡镇的实际困难和问题。

四、拓宽民营经济的融资渠道

12. 拓宽银信部门贷款渠道。县银信部门要调整信贷结构,提高对民营企业的信用贷款比重。对为民营企业融资做出突出贡献的金融机构要给予奖励。中央、省、市支持民营经济发展的各项专项资金,县财政专户储存,专款专用。

13. 拓宽政府项目资金的支持渠道。将民营企业纳入政府支持产业发展各项资金扶持范围,县有关职能部门要积极为民营企业向上争取农业产业化龙头企业贴息资金、乡镇企业发展资金、工业技术改造资金、高新技术产业引导资金、中小企业创业资金等各类政策性扶植资金。

14. 拓宽直接融资渠道。鼓励和支持民营企业创造条件上市融资和发行债券。凡符合上市条件且有上市安排的民营企业,县财政提供100万元的上市扶持资金,待企业上市成功后由企业逐年偿还。鼓励民营企业与外商合资合作,支持民间投资项目申请利用国外政府和国际金融机构贷款。

五、提供发展民营经济的人才保障

15. 鼓励民营企业引进人才。破除人事管理中的身份和所有制界限,鼓励各类人才到民营企业就业。对民营企业引进符合我县人才引进政策规定的技术、管理人员,县有关部门减半收费为其建立个人管理档案,公安部门为其本人及配偶、子女、父母在企业所在地办理入户手续,并享有当地居民的待遇。对重点企业引进的中、高级管理和专业技术人才,其中副高以上技术职称或硕士(全日制)以上学历的人才,县财政给予年度特殊津贴。

16. 鼓励干部创业。党政机关、事业单位在岗人员,在县内兴办民营企业,愿辞去公职的,经本人申请,主管部门批准,按有关规定一次性发给辞职补助费;三年内要求回原单位的,原职级不变,工龄连续计算(但辞职补助费须全额退还);不愿辞去公职的,保留基本工资。三年内或三年期满,要求回原单位的,工龄连续计算,职级不变。积极鼓励党政机关、事业单位在岗人员以资金、专有技术入股参办民营企业。

六、完善工业新区的优惠政策

17. 实行土地优惠。在县工业新区内,凡固定资产投资在500万元以上的企业所需生产性用地和生产性辅助用地的土地征用费,每亩不超过3.5万元,其超过部分由县财政负担;其土地出让使用年限为40年。

18. 减免收取规费。县工业新区的企业在建过程中免收行政事业性规费和相关增容费,有偿服务收费优惠收取。

19. 设立工业新区企业发展基金。工业新区企业前三年内所交增值税的20%、所得税县财政分成部分的100%由县财政作为工业新区企业发展基金奖励给企业,用于扩大再生产。

20. 工业新区以外固定资产投资在1000万元以上的新建工业企业,享受除土地优惠政策以外的工业新区的其他优惠政策。

本决定自公布之日起实施,县委、县政府以及县相关部门原出台的文件与本决定不符的一律废止。

中共安乡县委　安乡县人民政府
关于创建“平安安乡”的意见

(2005年3月3日)

为全面贯彻落实“三个代表”重要思想和党的十六大、十六届三中全会、四中全会精神,进一步提高党的执政能力,确保全县社会大局持续稳定安全,根据党中央、国务院和省委、省政府、市委、市政府关于开展平安创建活动的总体部署,结合我县实际,县委、县政府就全县创建“平安安乡”的问题,提出如下意见。

一、充分认识创建“平安安乡”的重要意义

没有稳定就没有发展。维护社会稳定安全,确保人民群众安居乐业,是经济社会发展的根本保证,是各级党委、政府的首要任务。创建“平安安乡”,是实践“三个代表”重要思想和坚持执政为民的重大举措,是落实科学发展观和正确政绩观的具体行动,是提高党的执政能力的重要方面,是实现全面建设小康社会目标的基本保证,是新形势下维护社会稳定安全的创新选择。它能够有效地整合各种治安资源,充分调动社会各方面与广大人民群众维护社会治安的主动性,集中坚持党政总揽、综治领导、部门共管、基层主抓、全员参与、社会联动、目标管理、责任包保、长效保安,形成大创安格局。全县各级各部门要站在推进经济社会全面、协调和可持续发展的战略高度,充分认识创建“平安安乡”的重要性、必要性和紧迫性，作为事关全局的大事，真抓实管，抓出实效。

二、进一步明确创建“平安安乡”的目标任务

（一）指导思想

以党的十六大精神和“三个代表”重要思想为指针，认真贯彻中央关于安全创建活动和省委关于创建“平安湖南”的有关精神，坚持“稳定为首、基层为重、管人为本、预防为主”的综治方针，运用“一中心五网络”的综治机制，全面推行目标包保化、体系网络化、机制长效化、管理动态化、考核规范化的目标管理机制，建强体系、用活机制、创新方式、包创平安，确保安乡大局稳定安全，构建和谐社会，为全县改革发展创造良好的治安环境。

（二）基本内涵

创建“平安安乡”的基本内涵是：在党委、政府的统一领导下，由综治机关组织调度，全县各级各部门各负其责，以“一中心五网络”体系为载体，采取目标管理、分级创建、责任包保、动态考核、奖优罚劣的措施，全面创建平安乡（镇）、平安单位、平安社区、平安学校、平安企业、平安村组、平安家庭，从而实现“平安安乡”的总体目标。

创建“平安安乡”的总体目标是：为我县经济发展、政治稳定、文化繁荣、社会和谐、人民安康创造一个更加平稳安定的社会环境，按照省委、省政府创建“平安湖南”“六个增强”的工作目标，具体做到：“六个到位”“九个确保”“六个领先”。“六个到位”，即普法实施到位、综治体系到位、防控机制到位、基础功能到位、执法规范到位、稳安责任到位；“九个确保”，即确保不发生重特大群体性闹事，不发生重特大越级集访，不发生黑恶犯罪，不发生恶性案件，不发生重特大可防性案件，不发生重特大民转刑案件，不发生枉法执法，不发生重特大黄、赌、毒等丑恶现象，不发生重特大安全事故；“六个领先”，即稳定安全、防控犯罪、执法质量、综治功能、队伍形象、公安安全在全市居领先位置。

创建“平安安乡”的量化目标是：全县境内机关、团体、学校、企业、事业单位、乡（镇）、社区、村（居）组、家庭开展基层创安活动的覆盖率达到100%，今年要确保平安家庭的合格率达到90%以上，平安村组的合格率达到90%以上，平安乡（镇）的合格率达到80%以上，平安社区的合格率达到90%以上，平安企业的合格率达到90%以上，平安单位的合格率达到95%以上，平安学校的合格率达到90%以上。今后两年内，巩固率达到90%以上，新增率达到5%以上，在不断调整提高平安标准的情况下，保持高覆盖率与高实现率，实现全县社会总体动态稳定安全。

（三）工作措施

1. 建强基层班子。建强乡（镇）和县直部门单位综治维稳管理中心，配齐配强乡（镇）分管综治稳定的党委副书记和县直部门单位分管维稳工作负责人，建强乡（镇）综治办、派出所、司法所，狠抓综治和群防群治队伍建设，为基层创安工作提供坚强的领导与组织保障。

2. 确立正确政绩导向。全县各级各部门要牢固树立稳定是政绩的理念，充分认识创建“平安安乡”在稳定安全中的治本功能，真正把综治安全稳定工作摆上重要议事日程，作为头等大事来抓，坚持常抓不懈。

3. 主要领导挂帅。创安工作由各级党委、政府统一组织领导，党政主要领导为平安创建工作的第一责任人，对创安工作要亲自决策、亲自调度、亲自督查、亲自包保。

4. 配套体系机制。按照“一中心五网络”体系建设要求，补强人员，完善设备，提升功能。重点建立健全领导调度、队伍管理、目标考核、责任包保、功能调控、部门协同、体系保障、考评奖惩机制。全面创建人民调解新机制、执法流程全程监管新机制、警务快速反应新机制。

5. 综治部门具体调度。由各级综治部门负责工作的专业调度、跟踪调度、包保调度。

6. 分级分类包保。以责任包保为机制，对创安工作按照“属地管理”和“谁主管，谁负责”的原则，实行分级包创、分块包创、分线包创、分岗包创、分人包保、分时包保，确保创安措施全面落实。

7. 动态管理调控。对创安活动一年一考评，一年一授牌。对已经授牌的单位，每年进行一次复查，合格的保留称号，不合格的取消称号，予以摘牌。对发生严重影响稳定、治安、安全问题的地方与单位及时予以摘牌，视情况给予通报批评、“一票否决”预告、“一票否决”等处理，确保创安工作有序推进。

8. 评估考核奖惩。严格按照评价标准,分类评估,定期考核,逐级验收,兑现奖惩,确保各项创建措施落实见效。

三、政策保障

(一)全县各级党委、政府要把创建"平安安乡"工作作为重要的政绩导向和领导干部执政能力的重要评价标准,从制度上固定稳定安全的领导职责,严格量化年度目标和任期目标,严格政绩考核评价,建立政绩档案,真正实现褒优责劣。

(二)全县各级各部门要根据中央、省、市关于加强乡(镇)社会治安综合治理基层组织建设的精神,建立健全综治领导机构和专门工作班子,加强力量保障。(1)乡镇综治维稳管理中心(综治委)由乡镇党委书记任主任,配备1名党委副书记专抓政法综治工作。综治办配备专职主任,由副科级以上干部担任,派出所所长、司法所所长、武装部部长等可兼任副主任。综治办要根据工作任务配齐配强专职干部,一类乡(镇)配备3名左右,二、三类乡(镇)1－2名。专职干部从现有乡(镇)行政编制总额内调整解决,分管党委副书记、综治办主任、专干作为特殊岗位对待,可享受政法岗位津贴。(2)县城区派出所不少于35人,重点镇派出所不少于5人,其他派出所不少于3人。城关派出所要加强改革,逐步建立健全"三队一室"(巡警队、刑侦队、社区民警队和综合办公室)。城区各社区设立社区警务室,配备1－2名社区民警。每个乡镇设立司法所,配备2－3名司法员。每个基层法庭不少于5人。积极推进"三官两员"进社区工作。(3)城镇组建20人规模的专业治安巡逻队,城区各社区在低保人员中组织治安巡逻队,农村乡(镇)、村(居)组建适当规模的义务巡逻队。(4)机关、企事业单位、物业管理小区、大型商场、文化娱乐场所等按比例配备保安、经警。

(三)全县各级各部门要保证必需的综治经费。县综治专项经费按湘财行〔2003〕1号文件落实,乡(镇)综治经费按实有人口人均1－1.5元安排到位。各个单位每年要安排一定的综治经费,保障工作开展。专业治安巡逻队经费按人均每年1万元的标准纳入财政预算予以保证。暂住人口的管理费用采取从出租房租的税费中按一定比例提取解决。群防群治经费按"受益出资"原则解决,并不断引入市场机制,采取有偿承包、财物保险等措施,进一步拓宽群防群治经费筹措渠道。

(四)在加强人防的同时,各单位要强化物防、技防建设。城区治安防范设施、消防安全设施和政法基层单位建设要纳入城建规划,一并安排解决;城区主要街道、重要部位、复杂区域的电视监控设施,纳入城区智能交通系统;新建住宅小区安全防范设施建设纳入住宅小区的建设规划,做到同设计、同施工、同验收、同使用;社会部门单位重点部位的红外线报警系统与"110"全面联网。建立治安信息局域网,形成全县信息网络平台;"110、122、119"三台合一,实行综合接警处警;加强350兆公安集群通讯专网建设。同时,有计划、有步骤、有重点地加强警务打防设施建设,提高综合治理的现代化、科技化水平,增强打击防范效果。

(五)全面组建警务快速反应新机制。全县按照警务一体化快速反应机制,建成反恐防暴、刑事侦查、治安防控、交通监管的实战体系和机制,以应对不断变化的治安新形势。

中共安乡县委　安乡县人民政府

关于创建国家卫生县城的决定

(2005年8月25日)

为促进我县县域经济的高速发展,着力改善人居生态环境,根据全国爱卫会《关于开展创建国家卫生城镇活动的通知》精神,经县委、县政府研究,现就全面启动创建国家卫生县城工作决定如下:

一、统一认识，明确创建国家卫生县城的重大意义

（一）争创国家卫生县城，是加快安乡发展的必然要求，是一项重要的民心工程。加快安乡发展是全县人民群众的迫切愿望，而创建国家卫生县城，能够提高县城的知名度和美誉度，改善安乡的形象，推动招商引资，促进县域经济的快速发展。要充分认识抓创建就是抓环境、就是抓经济、就是抓发展。

（二）争创国家卫生县城，是改善人居环境的现实需要，是一项重要的德政工程。倡导健康文明的生活方式，营造文明卫生的人居环境，是创建工作的主要任务，是人民群众的现实需要，也是一项人民群众得实惠的“德政工程”。

（三）争创国家卫生县城是执政为民，忠实践行“三个代表”重要思想的具体体现。城市是经济社会发展的载体，城市的发展水平和管理水平可以全面反映社会经济发展成果、政府管理能力、党风政风建设和社会事业发展的和谐程度。

二、量化职责，明确创建国家卫生县城工作任务

（一）加大基础设施建设投入，进一步完善城市功能。县城建设是创建工作的物质基础，根据现行财政体制和城镇管理体制，抓好城建投资体制改革；按照“谁投资、谁受益”的原则，鼓励社会力量，采取集资、股份、合办、拍卖或出让经营权等形式，盘活城市的存量资本，扩充资金来源。当前县城建设主要完成以下工作。1. 加快县城控制性详规修编工作。今年，完成北哑河、县工业园、大鲸港出城口等3平方公里控制性详细规划。2. 全面启动北哑河的开发工程。3. 继续抓好香港步行街、紫珑花园、金安花园等重点工程的续建。4. 完成县委党校主排水沟潺陵东路到天嘉东路主下水道疏通和路面硬化工程。5. 完成县工业园区大道向南延伸200米的路面硬化、绿化、亮化、人行道彩板以及下水道配套等方面的工程建设工作。6. 完成围庵北路路面硬化工作。7. 完成蔡家溪垃圾处理场工程，力争9月份投入运行。垃圾中转站要按照一个服务半径1.5平方公里范围高标准配套建设到位；公厕要按每平方公里不少于3座、居民区每百户1座的标准建设到位，其中建成区水冲式公厕达到100%，非建成区及近郊区农户无害化卫生厕所覆盖率达到80%以上；主次干道果皮箱要按照每50米1个的标准足额设置到位；城区所有敞口垃圾围要全面进行密闭式改造；垃圾的储存、清运要实行袋装化、密闭化和无害化处理，清扫清运垃圾的车辆要足量配套到位。8. 城关镇和大鲸港镇要完成市下达的年度12条总投资120万元的小街小巷建设任务。

（二）大力抓好环境卫生，建立长效保洁机制。县环卫部门要从清扫、保洁、清运这三个环节入手，在提高大面积清扫质量的基础上，抓好县城区保洁队伍的稳定和人员到岗到位。主要街道实行全天候保洁，每天从早上4点到晚上24点安排保洁员和环卫监察人员执勤。清运工作要认真按照日产日清的要求，做到清运及时彻底，不允许县城区有积存垃圾。城关镇各社区和县环卫所要坚持推行垃圾袋装化工作，做到垃圾袋装、摇铃收集、定时投放、封闭运行等程序化操作。县城区各单位要按要求添置符合标准的密闭垃圾容器，教育广大干职自觉维护公共卫生。城管局要组建环卫综合监察大队解决好城市污染源问题，凡在城区范围内的基建、拆迁和其他建设施工工地，一律实行施工现场围挡，封闭作业，从严管理，对不符合要求的要下发停业整改通知书，并限期改进。

（三）加强市容市貌的管理，规范好城区经营秩序。县城区主要街道一律不准出店经营，不准流动摊担沿街兜售，不准随意占道举办庆典、促销、展览以及其他游艺活动。主要街道的临街建筑，应整体协调、外形美观，新建（含扩、改建）的建筑要统一规划、统一设计，严禁安装和搭建规划设计以外的各种附属设施，严禁在临街建筑物的阳台、窗外、门外吊挂或堆放有碍市容观瞻的物品。各类机动车辆和非机动车辆在县城区必须按规定行驶，严禁乱停乱靠。同时，要规范县城经营行为。1. 全面启动农贸批发市场和建材市场的划行规市工作，取缔一环南路占街农贸市场，加强潺陵市场周边环境的整治，把大桥中路、一环中路建材门店转移至建材城经营；2. 清理整顿城区户外广告招牌，加强户外广告设置管理，逐步达到标准统一；3. 坚决取缔任意占用道路和人行道、街头空地和公共通道的摊点和市场，加强对流动摊点、甘蔗市场及其他小商小贩的管理，要切实加强临街单位和门面的经常性管理，使临街单位和门面

时时刻刻做到物品摆放不出墙体,人行道上时时处处无乱堆乱放物品。对违反规定,通过反复教育,仍不听劝阻的,要依法采取强制措施予以处置。

(四)切实抓好食品卫生监管工作。要着重抓好以下几方面工作。1. 切实抓好宾馆、食品加工经营店、饮食店、冷饮、糕点加工厂和学校、机关、医院等单位的食堂卫生管理,确保达标。2. 严把"卫生许可证"发证关。申办食品生产,经营者经核发卫生许可证后,才能领取工商营业执照。餐厅与厨房达到规定的面积并经卫生审查合格后,才能发放"卫生许可证"。对无证生产、经营食品的单位或业主,要坚决依法取缔,未取得健康证、卫生知识培训合格证者,不能上岗。3. 抓好餐饮具消毒,特别是抓好中、小餐馆(饮食店)的餐具消毒,直接入口的食品不准露天制作。4. 按"六个三(即三证有效、三间分设、三件齐全、三防到位、三池合理、三制上墙)"的标准,彻底整顿好饮食店,不留卫生死角,对不符合卫生规定要求的,要依法吊销卫生许可证和工商营业执照。

(五)全方位开展除害防病活动。要建立健全除害防病管理网络,保证"四害"密度控制达标,确保县城区内无甲、乙类传染病的暴发疫情,医院无交叉感染引起暴发疫情和死亡事故,"四苗"接种率及新生儿乙肝疫苗接种率分别达到100%和95%以上。

(六)加强环境保护工作。加强县城区各项环保指标监测,完善城区污水处理系统,狠抓环境综合整治,确保饮用水源水质达标;努力提高管道燃气入户率。要关停城区所有排烟超标的小锅炉,使烟尘控制区覆盖率达到100%;要逐步取消塑料餐具,一次性餐具的销售使用,减少白色污染;加强城区噪音和大气污染治理,进一步落实建成区禁放烟花爆竹工作。加强城区医疗单位垃圾和废水处理,下半年正式启动自来取水点转址改扩建工程,保证饮用水达标。

(七)全面推进城区绿化工作。县城区所有独立院落单位要做好庭院绿化工作,要落实庭院绿化方案,安排一定资金做好庭院绿化、亮化、美化工作。

(八)大力做好城区交通秩序整顿工作。1. 完善交通标志标线(设施)。2. 实行分线进站管理。3. 11月份取缔人力慢慢游。4. 强化对两轮、三轮摩托车非法营运管理。5. 加大对城区乱停乱靠的处罚力度。

三、强化责任,落实创建卫生县城的工作措施

(一)要切实加强领导。县里成立创建工作总指挥部,指挥长由王先蒙兼任,杨天生任常务副指挥长,傅勇、刘光明、李绍源、潘勇、宋凡华、王红霞、周章林、熊斌任副指挥长,全面负责创建工作的指导、协调。县委常委会每半年度专题研究一次创卫工作,县长办公会每季度专题研究一次创卫工作,县各有关部门单位都要把创卫工作列入重要议事日程,配备强有力的领导,集中人力、物力、财力抓,确保完成各自的创建任务。

(二)要加大宣传的力度。创建国家卫生县城工作是一项社会系统工程,需要全社会的参与。县宣传部门要加强舆论宣传,大张旗鼓地宣传创建工作的战略意义,及时宣传报道创建工作的先进典型,对不文明、不卫生、破坏环境的突出问题和创建工作行动迟缓、工作不落实、问题较多的要曝光。要采取各种手段,形成强大声势,营造"人人参与创建,共建美好家园"的浓厚社会氛围。通过大力宣传,使创建工作深入人心,得到人民群众的大力支持。

(三)要加强部门配合。县创建工作总指挥部和创建办要切实加强组织领导,做到每月组织一次讲评,半年度进行一次全面的综合讲评。全县各级各部门要切实加强配合,要按照县创建工作总指挥部的统一部署,将创建工作的各项指标落实到具体的单位和责任人,做到各司其职、各负其责。特别是城关镇各社区要担负起本社区创建工作的组织督导责任,社区内所有部门、单位和居民小区都要服从社区居委会的管理。要多方筹措创建经费,确保必要的资金投入。

中共安乡县委　安乡县人民政府
关于加快工业经济发展的意见
（2006年2月2日）

为全面贯彻落实科学发展观，加快工业经济发展，促进县域经济持续健康快速协调发展，全面建设小康安乡，根据我县实际，现就进一步加快工业经济发展提出如下意见：

一、深化加快工业经济发展的认识

在工业化、农业产业化和城镇化建设中，工业化始终处于主导核心地位。近些年来，我县的工业经济虽然得到了长足的发展，但工业的规模偏小，支柱企业不多，产业的开放性与外向度偏低等问题仍十分突出。全县各级各部门要牢固树立工业强县意识，进一步解放思想，树立"不论哪种形式，能搞活就行；不论归谁所有，有贡献就行；不论规模大小，能发展就行；不论业主是谁，有作为就行"的发展工业经济新理念，增强紧迫感，把加快工业经济发展作为全县经济工作的重中之重，作为推进农业产业化、城镇化和建设社会主义新农村的重要举措，作为财政走出困境和群众增加收入的最佳途径，采取切实有效的措施加速工业经济发展。

二、明确加快工业经济发展的目标

经过全县上下的共同努力，到"十一五"末，二产业在三个产业中的比重力争提高8个百分点，工业总产值力争达到80亿元，规模工业企业力争达到80家。努力形成1个产值过10亿元的产业，3个产值过5亿元的产业，8个产值过2亿元的企业；年缴纳税收100万元以上的企业达到25家；实现1家企业上市。2006年，力争新上固定资产投入500万元以上的工业项目达到20个，其中1000万元以上的工业项目10个，新增工业固定资产投入2亿元，其中企业技改投入1亿元以上，新增规模工业企业6－8家，工业企业税收增长达到30%，新增年缴纳税收过100万元的工业企业3－4家，500万元－1000万元的工业企业2－3家。

三、强化加快工业经济发展的措施

（一）加强组织领导，提供工作保证。全县各级各部门要把加快工业经济发展作为一项中心任务摆上重要议事日程，加强领导，切实抓好。

1. 建立县发展工业经济领导小组。县里建立以县长为组长，县委、县人大、县政府、县政协有关领导为副组长和县有关职能部门主要负责人为成员的县发展工业经济领导小组，加大对加快全县工业经济发展工作的组织协调力度。县直各单位、各乡镇"一把手"要负总责，并成立专门班子，安排专项经费，明确一名领导专职专抓，常抓不懈，确保抓出实效。

2. 集中精力招商引资。全县各级各部门要有三分之一以上的干部抓招商，县级领导和各级"一把手"要拿出三分之一以上的时间抓招商，工业主管部门和分管县级领导要全力以赴抓招商。从2006年起，两年内每名县委常委、副县长、每个县直牵头单位和乡镇要分别引进或培育1家规模以上的工业企业。

3. 健全县级领导联系企业制度。对全县重点工业企业（项目）实行县级领导定点联系制度，重点帮助企业理清思路，谋划长远发展，及时协调解决企业（项目）发展中的困难和问题，县级领导每个月要到所联系的企业（项目）现场办公一次，了解企业生产经营情况，并明确一名联络员负责做好情况综合工作。县委、县政府将不定期组织县优化办召开联络员座谈会，了解情况，发现问题，抓好整改。

4. 实行后备干部服务制度。对产值过亿元的企业派驻后备干部，具体负责协调、衔接企业与各职能部门的所有工作；负责协调处理企业周边矛盾纠纷；负责向县发展工业经济领导小组和县优化办反映影响企业发展的人和事。

（二）推进工业区建设，构筑发展平台。要加大力度,加快工业新区建设步伐。要按照新调整的新区规划,加大工业新区建设力度。2006 年,要利用国家开发银行支持中西部发展县域工业经济的机遇,争取信贷投资 3000 万元拉通 4 条主干道,确保通电、通水、通信、通路,搞好硬化、绿化、亮化、美化建设,高起点规划,高标准建设,高效能管理,增强工业新区的吸引力、发展力,力争新区每年引进新上投资过千万元的工业项目 2－3 个。要按照"政府引导,市场运作"原则,不断创新工业新区建设与管理模式,把县工业新区建设成具有一定规模和特色、产业关联度高、辐射带动力强的工业新区,形成工业聚集发展的洼地效应。今后,凡新建工业企业,按"聚集"原则纳入新区管理。制定措施,鼓励现有企业向新区靠拢。同时,要筹措资金搞好大鲸港老工业区的建设,完善各种配套措施,创造良好发展环境。

(三)立足长远开发,加强项目库建设。我们要立足县情,认真研究国家产业政策,要立足本地资源优势,围绕农副产品加工增值,围绕优势产业做大做强,围绕传统产业升级换代,精心筛选一批优质的招商项目进入国债支持笼子,积极推荐一批重点工业项目得到省高新技术产业引导资金和省技术改造基金支持,开发储备一批有前景的项目。

(四)依靠科技进步,加快技改创新

1. 强化企业改革,大力推进体制创新和机制创新。要建立现代企业制度目标,规范企业管理,健全企业法人治理结构,完善企业运行机制。要不断更新发展观念,抓住企业改制机遇,运用资本营运手段,鼓励优势企业大胆收购和兼并县内外改制企业和弱势企业,实现资本总量的低成本、快速度扩张。企业要讲求诚信,正确处理税企、银企关系,培育忠诚客户群。

2. 大力推进技术进步和信息化建设。建立和完善企业技术创新体系,鼓励扶持重点骨干企业加强技术合作和技术开发,提高企业的技术水平和产品的科技含量。规模工业企业每年要制定新产品、新技术的发展规划。要加强信息化建设,注重项目、人才、技术、资金、市场等企业信息资源的建设和配置,走新型工业化和可持续发展的路子。

(五)落实优惠政策,完善激励机制

继续落实县委、县政府安发〔2005〕1 号文件精神,重点奖励落户工业新区或新区外固定资产投资在 1000 万元以上的企业、纳税大户企业、争创品牌企业。

(六)实行目标管理,严格考核奖惩

1. 引进工业项目与年度目标考核挂钩。对引进固定资产投资在 500 万元以上的工业企业,除按原有规定给予奖励外,另对其引资单位领导班子或直接引资人奖励 5 万元－10 万元。从 2006 年起,对没有完成年度招商引资、引进工业项目任务的单位,年度考评单位及其党政"一把手"不得评先评优,对连续两年没有完成任务的,实行当年度目标管理责任制"一票否决"。

2. 引进工业项目与干部使用挂钩。对没有完成招商引资、引进工业项目任务的单位,其领导班子成员原则上不得提拔重用和异动工作单位。

四、优化工业经济发展的环境

全县各级各部门要创新服务思维,创新服务方式,创新评价机制,不断优化工业经济发展的环境。

(一)推行机关效能建设,建立行政效能保障机制。进一步建立健全岗位责任制、服务承诺制、首问责任制、限时办结制、行政过错责任追究制,加强机关行政效能建设,改善机关作风,增强服务意识,提高行政效能,降低行政运行成本,从根本上确保各项优化经济发展环境工作任务的顺利完成。各职能部门要明确效能建设的目标,根据本部门管理职责权限,建立一整套反映客观规律及其要求的合法、合理、科学、高效的工作程序和工作制度,逐步建立机关效能保障机制。

(二)规范执法行为,营造良好法制环境。各级行政执法部门和司法机关要正确处理好"执法"与"服务"的关系,坚决摒弃部门利益驱动执法、徇私枉法、执法不公和不按程序执法的行为。对企业的执法检查,必须按法律法规规定的程序和为市场主体服务、创造良好发展环境的原则进行。

(三)规范面向企业的检查、收费等行政行为,切实减轻企业负担。规范非税收入管理,落实收费公示制度,进一步规范收费行为。严禁乱收费、乱罚款、乱摊派、乱集资,切实保护生产经营者和企业的合法权益。继续清理收费项目,取消不合理、不合法的收费项目,降低收费。凡是没有法律法规和规章依据的行政事业性收费项目,一律取消。所有依法保留的行政事业性收费项目、收费标准、收费依据必须向社会公开,接受社会监督。未向社会公开的收费项目,企业有权拒绝缴纳,并可向行政监察机关、优化办和财政、物价等部门举报。

(四)加强制度建设,构建长效机制。要建立健全高效协调的工作机制和年度总结通报制度;完善优化经济发展环境测评制度;建立案件查处快速反应联动机制,健全案件投诉、受理情况考评制度和损害经济发展环境黄牌警告制度;建立健全优化经济发展环境律师援助和优化投资环境"绿色通道"制度,建立专项舆论监督制度,巩固经济发展环境治理成果。

本《意见》实施中的具体问题,由县发展工业经济领导小组和县工业局负责解释,县相关部门负责实施。

中共安乡县委　安乡县人民政府
关于对重大负面情况责任人员实行备案登记和组织处理的暂行规定

(2006年4月21日)

第一章　总　则

第一条　为了加强对领导干部和一般公务人员的有效监督,促进执法和行政行为公正、规范,特制定本规定。

第二条　本规定所称重大负面情况,专指因领导干部和一般公务人员行政不作为和不规范作为而引发、导致上级机关和公众评价极差,社会反响特别强烈,影响极坏的情况。

第三条　备案登记和组织处理由县委组织部与县其他相关职能部门具体承办。

第四条　备案登记必须与组织处理相结合,坚持有案必登,登记必查,查实必究。

第二章　对象范围

第五条　县相关执纪执法部门已经立案办结,被公认已经形成重大社会负面影响的具体个案所涉及的相关责任人员,包括责任单位直接分管领导、科(股)室负责人和直接经办责任人员。

第六条　发生重特大交通安全、火灾、水灾、安全生产事故责任单位的主要负责人、分管领导及其他相关责任人员。

第七条　由于接访不及时,处访不负责,导致信访人越级上访或者导致信访人自杀、自残、游行示威,并造成重大社会负面影响的责任单位主要负责人、分管信访工作的负责人、信访专干等。

第八条　计划生育、农民负担监督管理、防汛抗灾、社会治安综合治理等省市年度目标管理责任制考核"一票否决"的重要工作在检查考核中出现重大失误扣分,影响省、市对本县年度目标管理责任制考核评估排名的县对口督查考核责任单位的主要负责人、分管领导、二层单位负责人以及具体责任人员。

第九条　县执纪执法部门当年已经查处的副科级以上的领导干部和一般公务人员。

第十条　违反民主集中制原则,因个人决策造成集体重大经济损失或者造成重大工作失误的主要领导干部。

第十一条　领导干部经济责任审计定为"较差"类的被审计对象及该责任单位分管财务负责人。

第十二条　县委、县政府组织的经济发展环境治理年度测评倒数第一名的责任单位主要负责人。

第十三条　县人大、县政协组织的民主评议定为"较差"的领导干部。

第十四条　领导班子年度考察民主测评倒数第

一名的单位党政主职，不称职票超过30%的班子成员，降职票超过20%的班子成员。

第十五条 干部形象监督员集体评定的年度内工作或"八小时以外"形象最差对象。

第三章 登记程序

第十六条 根据本规定所列对象范围，重大负面情况一经出现便作及时登记。

第十七条 备案登记必须经县相关职能部门呈报，县相关主管部门鉴别，并报县分管领导审批签字。

第十八条 每年年末，县委组织部应对一年来的备案登记情况进行一次集中搜集和整理，形成专门的备案和组织处理综合报告。

第四章 组织处理

第十九条 凡被备案登记的领导干部两年内不得在党内提拔重用，也不得向党外推荐提拔，并相应取消其个人当年度评先评优资格，县人事部门不得给其个人评定为称职岗。

第二十条 凡被备案登记并报组织处理的单位二层骨干和一般公务人员两年内不得列为后备干部或提拔为领导干部，当年个人不得评先评优，不得评定为称职岗。

第二十一条 凡被备案登记的责任人员，县委组织部以书面形式通知其单位党组织，并由其单位党组织告知被登记者本人。

第二十二条 凡被备案登记的领导干部，由县委主要负责人对其诫勉谈话，其他责任人员委托所属单位主要负责人对其诫勉谈话。

第二十三条 凡两年内被备案登记两次以上者，视为情况特别严重对象。列为情况特别严重对象的领导干部，班子调整时，由县委常委会议决定给予调离原工作岗位或者给予降免职处置。列为情况特别严重对象的一般公务人员，县委、县政府责成单位党组织给予调离原工作岗位和其他相关处置。

第二十四条 凡属垂直管理部门或者双重管理部门的单位领导干部和一般公务人员被备案登记的，由县委以书面形式通知其单位的上级主管部门，建议给予相应的组织处理。

第五章 附 则

第二十五条 本规定由县委组织部负责解释。

第二十六条 本规定自发文之日起施行。

中共安乡县委 安乡县人民政府
关于实施科教兴县战略建设科技创新型安乡的意见

(2006年7月18日)

为深入贯彻党的十六届五中全会和中央、省、市科技大会精神，全面落实科学发展观，进一步增强自主创新能力，加快建设科技创新型安乡，实现"兴工强县，民营富民"发展目标，促进全县经济社会全面、协调和可持续发展，特提出如下意见.

一、充分认识实施科教兴县战略、建设科技创新型安乡的重大意义

1. 加快建设科技创新型安乡，是贯彻中央、省、市科技大会精神的必然要求。今年1月，党中央、国务院召开了新世纪第一次全国科技大会，作出了增强自主创新能力、建设创新型国家的重大战略决策，动员全党全社会坚持走有中国特色自主创新的道路，为建设创新型国家而努力奋斗。省、市相继召开了科技大会，都作出了增强自主创新能力的重大决定。目前,我县正处在兴工强县、民营富民,加快推进"三化"进程和全面建设小康社会的关键时期,实施科教兴县战略、建设科技创新型安乡,是贯彻落实党中央、国务院以及省委、省政府、市委、市政府战略决策的必然要求,也是自身发展的迫切需要,对推进和谐安乡建设具有深远意义。全县上下必须进一步统一思想,深刻认识加快建设科技创新型安乡的重要性和紧迫性。

2. 加快建设科技创新型安乡,是应对激烈竞争形势的必然选择。当今时代,世界新科技革命迅猛发展,科技竞争日益成为综合国力竞争的焦点。世界各国尤其是发达国家纷纷把推动科技进步和创新作为国家战略,力求在国际经济、科技竞争中取得主动权和保持领先地位,发达国家还以知识、技术壁垒等新的贸易手段对其他国家实施压制或进行技术控制。面对日趋激烈的市场竞争,我们只有不断推进科技的自主创新,加速科技成果转化,才能把握先机、赢得发展的主动权,有效建设社会主义新农村,增强综合竞争力和抗风险能力。

3. 加快建设科技创新型安乡,是落实科学发展观的重要途径。当前和今后一段时期我们面临着经济社会快速发展与能源资源环境约束的矛盾的重大挑战。目前,我县造纸、纺织、化工、建材等相当一部分企业,大多存在能源消耗高、资源消费大、污染治理难等问题。要改变这一现状,必须坚持以科学发展观为指导,依靠科技进步与创新,加强"三废"治理和技术改造,降低资源能源消耗,提高经济效益,更好地保护生态环境,缓解能源资源、环境的瓶颈制约,逐步建立以人为本、人与自然和谐相处的新型安乡。

二、实施科教兴县战略、建设科技创新型安乡的总体要求

4. 建设科技创新型安乡的指导思想。根据国家、省、市科技发展纲要,结合我县实际,建设科技创新型安乡的指导思想是:坚持以邓小平理论和"三个代表"重要思想为指导,全面落实科学发展观,认真贯彻中央提出的"自主创新,重点跨越,支撑发展,引领未来"的科技发展指导方针,大力实施科技创新推动战略,积极有效开展创造创新,强化高新技术引进消化吸收和再创新,提高自主创新能力,加大科技投入,努力提升科技实力和水平,把科技优势、资源优势转化为经济优势,实现经济增长由资源要素驱动向自主创新推动的转变,促进全县经济又快又好发展。

5. 建设科技创新型安乡的工作要求。我县实施科教兴县战略、建设科技创新型安乡的具体要求是:创新引领,科技支撑,跨越发展,惠及民众。

创新引领。既把科技自主创新作为我县发展的战略重点,作为调整经济结构、转变经济增长方式的中心环节,贯穿到各个产业、行业、企业和单位,使科技创新成为经济社会发展的内在动力和主导力量。要通过技术、产品、机制、管理等创新,引领全县经济社会发展。

科技支撑。既从现实的紧迫需求出发,着眼于解决工农业发展和人民生活面临的突出问题,着力突破自动控制、新药创制、农产品精深加工、重大疾病防治、清洁生产、循环经济、环保节能等关键技术和共性技术瓶颈问题,为全面建设小康安乡提供强有力的科技支撑。

跨越发展。既选择凯斯机械、日银纸业、金大地化工、锦豪纺织、洞庭牧业、来得富食品及机械电子、生物医药、生态农业、高效种养与加工等具有一定基础和优势的主要企业和产业,集中力量,重点突破,开发新产品、应用新工艺,抢占科技发展制高点。通过这些优势企业和产业的科技跨越,带动全县经济的跨越发展。

惠及民众。既坚持科技为经济发展服务、为人民群众服务,把科技创新与提高群众生活水平和质量紧密结合起来,与提高群众科学文化素质和健康素质紧密结合起来,与建设社会主义新农村紧密结合起来。充分尊重群众的首创精神,充分调动广大人民群众投身于建设科技创新型安乡的积极性,让人民群众充分享受到科技发展的成果。

6. 建设科技创新型安乡的主要目标。力争通过5－10年的努力,基本建成以企业为主体、民营科技为重点、产学研相结合的适应市场经济体制和科技发展规律的具有安乡特色的自主技术创新和科技成果转化体系,使企业自主创新能力显著增强,传统产业技术水平和产品科技含量明显提高,高新技术产业发展有大的突破,造就一批具有创新精神和能力的创新型科技人才，形成一批拥有自主知识产权的名牌产品和核心技术，涌现一批产品科技含量高、市场竞争能力强、经济效益显著的明星创新企业。到2010年，科技进步对经济增长的贡献率达到50%以上，高新技术产品增加值占工业增加值的比重达到20%以上，十万人专利申请量达到10件以上，科技成果的转化率达到85%以上。

三、大力推进科技自主创新

7. 集中力量研究开发重点产业关键技术。立足安乡实际，按照企业技术化、技术企业化的发展要求，以集成创新和引进消化吸收再创新为重点，主要在机械、造纸、纺织、化工、农产品精深加工、生物医药等重点产业实现关键技术突破，努力掌握一批核心技术，拥有一批自主知识产权，造就一批具有较强市场竞争能力的企业和品牌。以县工业园为依托，全县重点建设机械电子、生物医药、精细化工、生物饲料、生物质能利用、特种水产繁育、优质林果、特优珍珠养殖与加工、生态农业、营养方便食品等十大特色产业基地，扶持3－5家省级重点高新技术企业，培育1－2家年产值过亿元的高新技术标志性企业。

8. 大力提高农业科技创新与转化能力。切实提高农业科技水平和农民应用科技的本领，加大先进适用技术推广力度。大力发展现代农业，加强农业动植物优质高产引种育种、高产高效种养，农业生态、农业资源的高效利用，以及农产品精深加工等现代农业技术的引进开发，重点创新优质农产品、名特优水产品、猪沼鱼珠等立体生态农业、避灾农业和特色农业、沃土工程和测土配方施肥等关键技术，推动农业产业化经营。加快农业科技示范园建设，进一步建立健全农业科技示范推广体系，加速农业科技成果转化，转变农业增长方式，提高农业综合生产和抗灾能力，加快推进传统农业向现代农业转变。

9. 推进社会发展领域的科技进步与创新。加强资源节约和综合循环利用技术、清洁生产技术、造纸治污技术、二氧化碳回收利用技术、环境保护与污染控制技术的应用开发，为建设资源节约型、生态安全与环境友好型社会提供技术支撑。在优生优育、重大疾病防治、食品安全、生产安全、环境安全等关键技术应用创新上取得突破，切实提高人民群众生活质量和健康水平。

10. 加强创新型科技人才队伍建设。科技创新，人才为本，必须紧紧抓住人才这个第一资源，深入实施人才强县战略，加大创新人才培养使用力度。要大力培养人才，抓好义务教育、素质教育、职业技能培训和在职人员再教育，定期选派在职科技骨干和企业家到高等院校、科研院所进行培训深造，重点突出农产品精深加工、先进制造技术等专业人才和复合型人才的培养；要积极引进人才，与高等院校、科研院所进行技术协作，引智引技，重点引进高科技人才、高级管理人才和本地急需的人才来安创业兴办实体；用政策激活人才，实施颁发科技进步奖、选拔学术和技术带头人等激励政策，重奖在科技自主创新中做出突出贡献的科技人员，努力营造尊重知识、尊重人才、人才辈出的社会环境；注重合理使用人才，要为科技人员科技自主创新工作提要求、定目标、压担子，经常为他们解忧难，为人才成长构筑一个良好的事业发展空间，努力营造鼓励创造创新、宽容失误失败的良好氛围，做到人尽其才、才尽其用。

四、着力创新体制机制

11. 强化企业在技术创新中的主体地位。积极构建以企业为主体、市场为导向、产学研相结合的技术创新体系。开展创建科技创新型企业活动，把技术攻关、新产品开发、产品创优、设备更新、创造发明、专利申请和职工素质提高等作为企业技术创新能力的重要指标进行考核，把技术要素纳入分配内容，增强企业技术创新的内在动力。引导企业技术创新投入，企业用于科研与开发的经费要达到销售收入的2%以上，高新技术企业要达到5%。鼓励企业加快技术研发机构建设，支持有条件的企业独立或联合高等院校、科研院所创建企业技术中心。通过科技计划、税收、金融等政策支持，促使企业真正成为研究开发投入的主体、技术创新活动的主体和创新成果应用的主体。

12. 健全科技创新服务体系。积极争取高等院校、科研院所来安创建产学研示范基地或科技“孵化器”，并在政策上给予大力支持，促进科技成果转化。加快培育技术咨询、技术转让、无形资产评估、知识产权代理等科技服务中介机构，为企业技术创新提供良好服务和支撑。加快科技信息资源库、科学数据共享平台、“96318”科技互联网服务热线等科技基础条件平台建设，促进科技资源优化配置。加强科技合作与交流，积极鼓励和支持具有自主知识产权、自主知识品牌的高新技术产品出口。

13. 完善科技计划管理。改革完善科技计划管理方式，建立健全绩效优先、鼓励创新、竞争向上、协同发展、创新增值的评价制度和资源分配机制。增强科技项目实施、经费分配、科研成果评定等方面的公开透明和公平公正，提高科技自主创新效率和效益。科技计划要反映企业重大科技需求、吸纳更多的企业参与、解决企业发展关键技术问题。

五、完善和落实相关政策

14. 加大财政科技投入。认真落实中央、省、市关于大幅度增加科技投入的有关规定，建立财政性科技投入稳定增长机制。县、乡财政部门要把科技投入作为预算保障的重点，确保财政对科技投入增长速度明显高于财政经常性收入增长速度。2006年县财政科技投入增加到50万元，到2010年县科技三项经费占县财政收入的比例不低于1.2%。县里还要落实启动高新技术产业发展引导资金，专项支持重大科技创新项目。逐步推进以政府投入为引导、企业投入为主体、社会投入为补充的社会化、市场化、多元化投入体系建设，发展创业风险投资，引导和鼓励社会资金更多地投向科技自主创新，积极争取国家投资和其他创新资源。

15. 落实税收激励政策。积极落实上级有关科技创新税收激励政策，加大对企业自主创新投入的所得税前抵扣力度；允许企业加速研究开发仪器设备折旧；支持企业加强科技自主创新能力建设的税收优惠政策；支持创业风险投资企业的发展；扶持科技中介服务机构；鼓励社会资金支持创新活动。

16. 重视和加强知识产权保护。提高全社会的知识产权意识，加强知识产权保护，把获取知识产权特别是发明专利作为科技项目立项、科技奖励评审以及高新技术企业认定的重要条件。加快建设知识产权信息服务平台，发展知识产权服务机构。加大对知识产权保护和市场监管力度。支持产学研和行业协会参与行业标准、国家标准、国际标准的研制。加快发展自主品牌。

六、营造科技进步和创新的良好环境

17. 切实加强对科技工作的领导。全县各级各部门要把实施科教兴县战略、建设科技创新型安乡作为事关全局的大事抓紧抓实抓好。党政主要负责同志要高度重视科技工作，提高驾驭现代科学技术工作的能力和水平，确保科技自主创新取得实效。建立“一把手抓第一生产力”的科技进步监测机制，把科技进步作为落实科学发展观和正确政绩观的重要内容，建立促进科技自主创新和科技进步的工作机制，形成全县各级各部门推进科教兴县、建设科技创新型安乡的合力。

18. 营造科技自主创新的良好氛围。加强对科技自主创新典型的宣传，大力弘扬以改革创新为核心的时代精神，鼓励敢于创新、敢为人先、敢冒风险，在全社会形成崇尚创新、支持创新和追求创新的良好氛围。全县各级领导干部要带头学习科技知识，掌握科技动态，主动热情地为科技发展服务。加强科普工作，广泛开展技术咨询、学术交流、送科技下乡、农村实用技术培训等科普活动，普及科学知识，提高公众科学素养。

中共安乡县委　安乡县人民政府
关于建立新型农村合作医疗制度的决定

（2006年11月5日）

为贯彻落实中共中央、国务院《关于进一步加强农村卫生工作的决定》（中发〔2002〕13号），完善农村医疗保障制度，减轻农民医疗负担，推动全县新型农村合作医疗工作，促进农村经济发展和社会稳定，根据上级有关精神，现就我县建立新型农村合作医疗制度作出如下决定：

一、建立新型农村合作医疗制度的指导方针和目标任务

1. 指导方针:新型农村合作医疗是由政府组织、引导、支持,农民自愿参加,个人、集体和政府多方筹资,以大病统筹为主、设立家庭门诊账户、适当兼顾特殊病种门诊补助的农民医疗互助共济制度。建立新型农村合作医疗制度应遵循"政府牵头、部门负责、自愿参与、多方筹资、县办县管、保障适度"的原则,旨在提高农民健康保健水平,防止农民因病致贫、因病返贫,促进农村经济发展和社会稳定。

2. 目标任务:2007年1月1日,在全县范围内全面启动新型农村合作医疗制度。通过扎实工作,力争各乡镇以户为单位自愿参加新型农村合作医疗的农民达到农业总人口的90%以上。建立并逐步完善适应我县经济发展水平、农民经济承受能力、医疗服务供需状况的新型农村合作医疗政策措施、运行机制、服务体系和监管方式,提前实现《湖南省农村初级卫生保健实施规划(2002－2010年)》的相关目标。

二、广泛宣传发动,动员和引导农民群众积极参与

各乡镇要层层召开村、组负责人和村民大会,大力宣讲新型农村合作医疗的相关政策及建立新型农村合作医疗制度的重大意义,并通过设立宣传橱窗或专栏、张贴宣传标语、发放宣传资料、出动宣传车等形式,营造开展新型农村合作医疗的浓厚舆论氛围。县有关部门要印制新型农村合作医疗宣传资料,充分利用电视、广播、网络等舆论工具,广泛深入地开展宣传发动工作,使新型农村合作医疗的重要作用、基本政策和实施办法家喻户晓,帮助农民增强互助共济意识,组织、引导广大农民积极参与新型农村合作医疗。

三、建立健全运行机制,确保合作医疗工作良性发展

1. 建立合作医疗筹资机制。新型农村合作医疗严格实行农民个人缴费、集体扶持和政府资助相结合的筹资机制。中央财政通过专项转移支付对参加合作医疗的农民每人每年资助20元,省、市、县财政按12 : 4 : 4的比例,对参加合作医疗的农民每人每年资助20元;我县农民个人缴费标准为每人每年10元,农民在参加时以户为单位按规定时限一次性缴清下年费用,以后每年由农户按期足额续交。农民参加合作医疗所履行的缴费义务,不能视为增加农民负担。农村五保户、特困户参加新型农村合作医疗的个人缴纳资金由县民政部门解决。鼓励集体经济组织、社会团体、企业和个人捐资扶持新型农村合作医疗,但集体捐资部分不得向农民摊派。

乡镇是个人合作医疗基金筹集责任单位,负责代收农民个人缴纳资金和辖区内集体经济组织、社会团体、企业和个人的扶持资金,并及时足额将农民个人合作医疗基金上缴县财政农村合作医疗基金专户,严禁挤占和挪用。县财政的补助资金按参合人数每人每年4元列入年度预算,及时拨付到位。

2. 建立合作医疗服务机制。对为参加新型农村合作医疗的农民提供医疗服务的机构,实行定点管理制度。要从实际出发,根据医疗机构的服务功能和方便农民就近就医的要求,择优选择农村合作医疗的服务机构,并加强监管考核,实行动态管理。要制定和完善违反新型农村合作医疗管理规定的处罚措施,严肃查处徇私舞弊、弄虚作假的行为。各定点医疗机构要加强基础设施和业务建设,努力提高服务质量和效率,控制医疗费用,为农民提供优质的医疗服务。

3. 建立合作医疗补助机制。新型农村合作医疗补助坚持以大病统筹为主、设立家庭门诊账户、适当兼顾特殊病种门诊补助的原则。家庭门诊账户以户为单位设立,大病统筹要通过深入调查、科学测算和综合平衡,合理设立不同级别医院住院费用补助的起付线、补助比例等。同时要制定和完善合作医疗的病种范围、病种限额、大额封顶、除外责任(即不予补助的部分)等补助办法及发放程序,努力提高参加合作医疗农民的受益面和受益程度。

四、强化监督管理,保证基金运转安全

1. 加强资金管理。新型农村合作医疗基金由合作医疗管理机构按照公开、公平、公正和专款专用、专户储存、以收定支、收支平衡的原则进行管理,在金融机构设立合作医疗基金专用账户,并建立健全基金管理规章制度,严格管理,及时审核、支付合作医疗基金。根据合作医疗筹资总额与补助办法,科学确定基金支付范围、标准和额度,规范支付补助的

审核程序，防止合作医疗基金超支或过多节余，年度结余资金全部结转下年度。对参加合作医疗的农民，以户为单位由县新型农村合作医疗经办机构发给合作医疗证，由农民保管，作为农户缴费、补助登记的凭据。

2. 健全合作医疗监督制度。成立县新型农村合作医疗监督管理委员会，负责监督县、乡镇两级新型农村合作医疗经办机构、定点医疗机构以及基金的使用和管理情况。县新型农村合作医疗管理机构要定期向县新型农村合作医疗监督管理委员会汇报，主动接受监督；纪检监察和审计部门要定期对合作医疗基金收支、管理情况进行审计，确保基金安全。

3. 建立三级报告公开制度。县新型农村合作医疗经办机构要定期向县新型农村合作医疗管理机构汇报合作医疗基金的收支、使用情况，并及时向社会公布；各乡镇要将合作医疗费用补助纳入政务公开内容，定期张榜公布；各村（居）委会要将本村（居）委会参加合作医疗农民的医疗费用补助情况纳入村务公开内容，定期向群众公开，维护参加合作医疗农民参与、知情、监督的权利。

五、加强组织领导，强化责任目标考核

建立新型农村合作医疗制度是一项“民心工程”“德政工程”，是各级党委、政府义不容辞的责任。各乡镇要制定新型农村合作医疗的规划目标，把合作医疗工作列入重要议事日程实行目标管理。乡镇主要负责人作为新型农村合作医疗组织发动、基金筹集的第一责任人，要把建立新型农村合作医疗制度作为实践“三个代表”重要思想，建设社会主义新农村的大事来抓，切实履行工作职责。

1. 加强组织领导。成立县新型农村合作医疗管理委员会（即管理机构，以下简称县合管委），负责全县新型农村合作医疗的组织、协调、管理和指导工作。县合管委下设办公室（即经办机构，以下简称县合管办），负责具体日常工作，其人员经费和工作经费由县财政列入预算，不得从合作医疗基金中提取。各乡镇要相应成立新型农村合作医疗领导小组，负责本辖区新型农村合作医疗的宣传发动、基金筹集和监督管理等工作。各村（居）委会要协助做好本村（居）委会的合作医疗工作。

2. 明确部门职责。卫生行政部门要认真做好调查研究、方案测算等基础工作，切实加强运行管理，并推进农村卫生改革与发展，提高医疗服务水平；财政部门要落实合作医疗配套资金和经办机构的人员、工作经费，加强对基金使用的监管；民政部门要完善农村合作医疗救助制度，重点资助农村五保户、特困户参加新型农村合作医疗；宣传部门要积极开展新型农村合作医疗的宣传报道，提高新型农村合作医疗政策的知晓率和增强农民参合的主动性；纪检监察和审计部门要加强对合作医疗资金运行过程中的监督；审计、物价、计划、农村办、教育、公安、药监等相关部门也要结合各自职责，积极配合支持新型农村合作医疗工作的开展。

3. 强化目标考核。县委、县政府将新型农村合作医疗工作纳入全县各乡镇、县直各单位年度目标管理责任制考核内容予以考核，并建立和实行新型农村合作医疗督查制度。对领导重视、措施有力、群众参与率高、基金收缴快、管理运行好的单位要给予表彰奖励；对工作不力、效果不佳的，要追究有关人员责任，保证新型农村合作医疗制度的顺利实施，促进全县农村经济和社会发展。

中共安乡县委　安乡县人民政府
关于推进社会主义新农村建设的实施意见

（2006 年 4 月 20 日）

为了全面贯彻落实党的十六届五中全会和 2006 年中央一号文件精神，按照“工业反哺农业、城市支持农村”和“多予少取放活”的方针，统筹城乡经济社会协调发展，稳步推进安乡新农村建设，特提出如下实施意见：

一、明确建设社会主义新农村的总体要求

1. 指导思想。坚持以“三个代表”重要思想和科学发展观为指导，按照“生产发展、生活宽裕、乡风文明、村容整洁、管理民主”的总体要求，紧紧围绕“发展农村经济、改善基础设施、兴办社会事业、建设新型村庄、改善村容村貌、促进乡风文明”六个重点，始终把提高农业综合生产能力和增加农民收入作为落脚点，全面推进社会主义新农村建设，加快小康安乡的建设步伐。

2. 基本原则。建设社会主义新农村，必须坚持全面统筹，科学规划，加强领导，各方参与，稳步推进；既要重视生产发展，又要重视基础设施建设；既要坚持以农民为建设主体，又要加大政府扶持力度；既要重视物质文明，又要重视乡风文明与基层民主政治建设；既要搞好新农村新貌建设，又要因地制宜防止大拆大建；既要量力而行，又要积极作为。

3. 目标任务。通过推进社会主义新农村建设，初步建立起具有市场竞争力的现代农业，具有基础设施完善，具有水乡特色的宜居村庄，具有较高综合素质的新型农民队伍。到2010年，全县农民人均纯收入达到4800元，具体实现“十个一”的目标：①每个乡镇新培植一家规模以上的农产品加工龙头企业；②每个村有一个效益良好、特色鲜明的农产品生产基地；③每个村有一个配套的党员活动室、文化娱乐室、远教站点等设施的多功能村部；④每个村有一条以上高标准的村级公路；⑤每个村有一个沼气池建设的集中样板点，50%的行政村修建高标准沼气池100个以上，并实现改水、改厕、改厨、改圈、改浴等“五改”配套；⑥每个村有一条样板沟渠，全县所有的毛沟斗渠常年通畅；⑦每个乡镇新建一所功能齐全、设施配套的敬老院，全县五保户集中供养率达到80%以上；⑧每个乡镇建成一所九年一贯制寄宿学校；⑨每个乡镇有一个规模较大的农民职业技术培训基地；⑩每个村建立一套村务公开和民主议事的制度，制订切合实际的村规民约。

4. 责任主体。在社会主义新农村建设过程中，政府是基础设施建设投入的主渠道，农民是建设的主体。要本着自愿互利、注重实效、控制标准、严格规范的原则，鼓励引导广大农民充分发挥主力军作用，采取“一事一议”等办法，积极投工投劳，保证村内各项建设的配套性用工需要。但不准加重农民负担。

二、突出社会主义新农村建设的工作重点

5. 突出发展农村经济。一是发展优势经济。积极实施全市“五个百万亩工程”，突出抓好棉麻、林木、粮食、油料、鲜鱼、珍珠、蔬菜、禽类、草食牲畜和水果等优势产业的发展，重点兴办农产品加工龙头企业。“十一五”期间，每个乡镇培育和新办1家规模以上龙头企业。全县每年要新增5－7家县级农产品加工龙头企业，新增2－3家市级龙头企业，新增1家省级龙头企业，力争在建设亿元龙头企业上取得新的突破，力争新创1－2家国家级龙头企业，通过5年的努力，使全县农产品加工率提高到45%以上。二是发展特色经济。根据我县产业特色，按照一乡一品、一村一品的基本思路，创出乡村发展经济的新路子，建设水产之乡、蔬菜之乡、亚麻之乡。三是发展合作经济。就是大力发展农民专业合作组织，提高农民的组织化和农业的市场化程度。完善现有合作组织，积极引导组建新的合作组织，争取让农民都能进入合作组织；探索快捷、便利、高效的现代农产品流通模式，使全县农产品的商品率提高到86%以上。

6. 突出增加农民收入。“十一五”期间，要保证农民人均纯收入年递增8%以上，期末实现农民人均纯收入4800元。2006年，主要抓好四个方面的工作。一是调整产业结构，积极发展二、三产业提高农民收入。认真实施“阳光工程”，切实提高农村劳动力的务工技能。二是调整农业结构，发展农村经济增加农民收入。调整种养结构，依靠高效养殖增加农民收入；调整品种结构，大力发展优质农产品，依靠高产优质增加农民收入；调整种养规模，大力发展专业村，依靠规模效益增加农民收入。三是发展农产品加工流通业。通过农产品加工增值、流通增值、品牌增值，使我县农产品商品率提高5个百分点，农产品加工率提高10个百分点。四是落实农村政策，直接和间接为农民增收。始终做到不折不扣地执行上级各项惠农政策，确保各种政策补贴资金发放到位，确保农民负担不反弹。

7. 突出改善基础设施。在交通建设方面：重点是搞好通村公路建设,彻底扭转我县交通状况仍然较差的局面。在水利建设方面:重点是解决好水利设施老化、排灌不畅的问题。“十一五”期间,对全县机电设施进行彻底的维修与改造;对全县的沟渠进行全面疏洗,使沟渠的畅通率达到95%以上;示范村的沟渠硬化率达到50%以上;认真解决好农村16万人口的安全饮水问题。在电力建设方面:电力网改未煞尾的42个村,今年力争全面完成。在通信建设方面:重点抓好移动通信村村通工程的建设,力争“十一五”期末全县移动电话用户比现在翻一番,达到12万户左右。

8. 突出兴办社会事业。卫生事业方面:继续加大投入,提高诊疗水平,逐步建立起以大病统筹为主的农村合作医疗制度,基本解决农民看病难、看病贵的问题。继续加大力度推进血吸虫病综合防治工程,在2008年达到疫情控制标准。通过不懈努力,早日达到传播控制或传播阻断标准。民政事业方面:重点抓好农村低保、农村五保户集中供养、农村大病医疗救助和农村养老保险等方面的工作,不断完善社会保障体系。劳动和社会保障方面:重点抓好富余人员的就业。加大“阳光工程”培训力度,完善农民职业技能培训制度,培养高素质高技能的农民工。教育事业方面:大力调整农村中小学校布局,积极推进农村中小学寄宿制学校建设和信息化建设,认真落实“两免一补”政策,大力开展助学活动,使每个农村孩子都能接受九年义务教育。文化广播电视事业方面:每个乡镇都着手扩建1个文化站,完善农村文化阵地,积极组织开展健康向上的文体活动。加快广播电视村村通建设进程。今年,每个乡镇要结合新农村示范村的建设,搞好数字微波电视样板示范,示范村的入户率争取达到80%以上。

9. 突出培育新型农民。始终坚持以人为本,把培育新型农民当作一项根本措施来抓;注重层次性,加强学生义务教育、学生职业教育、产业农民教育、务工型农民技能培训;注重多争取上级项目,依托项目工程进行培育;积极整合农村教育资源。同时开展以遵纪守法、移风易俗为主要内容的思想道德教育,着力提升广大农民的思想道德水平,逐步建立与社会主义市场经济相适应的道德体系,造就一批既有较高科学文化素质和道德素质,又有一定专业技能、文明守法、移风易俗的新型农民。

10. 突出建设新型村庄。村庄建设要坚持规划先行。安排专项经费,组织专门力量,请有资质的规划设计部门做好县域村庄布点和建制村村庄整治规划,村庄整治规划要与乡(镇)总体规划及土地利用、基本农田保护、交通、水利、环境保护等专业规划相衔接,注意科学性和可行性。规划要经村民代表大会讨论通过后执行。严格按照规划控制引导农民建房和村庄基础设施建设,制止乱占乱建。2006年底以前要完成县域村庄布点规划和21个村(片)的村庄整治规划。“十一五”期间,完成所有建制村的规划编制。

11. 突出改善村容镇貌。开展以“三清五改”(三清:清垃圾、清污泥、清路障;五改:改水、改厕、改厨、改圈、改浴)为主要内容的农村清洁卫生大行动。2006年,“三清”工作在全县所有乡村全面铺开,明年内所有乡镇和90%以上的村做到辖区内无成片暴露垃圾、污泥和路障,彻底改变农村“脏乱差”现象。“十一五”期间基本实现道路硬化、庭院净化、环境美化。加强农村面源污染治理,建立农业投入品包装物回收箱;县能源部门要加大争资争项的力度,“十一五”头两年,21个示范村都必须修建100个以上高标准的沼气池,“十一五”期末,50%的村建有沼气池样板点。

12. 突出促进乡风文明。在全县认真开展社会公德职业道德、家庭美德教育,组织农民开展“除陋习、树新风”活动,大力整治打牌赌博、封建迷信,引导群众看书读报,组织开展有益身心健康的文体活动,倡导科学、健康、文明的生活方式。要借助“创建学习型村镇”这一活动载体,积极引导农民学文化、学科技、学实用技术。同时,县、乡两级有关部门要积极扶持、引导、指导村级自治组织经常性地开展“卫生庭院”“星级文明户”“文明村庄”“信用村”“信用户”等多种形式的群众性评比活动。

三、强化建设社会主义新农村的工作措施

13. 全面谋划,分步实施。我县推进新农村建设初步制定三步走的战略,也就是实施三个五年规划。第一步:“十一五”期间,主要是科学规划,示范启动。今年要全面完成示范村的建设规划。要通过21个村的示范为面上推进新农村建设提供经验,基本解决全县农村交通、产业发展、事业发展等问题。第二步:"十二五"期间,主要是整体推进,掀起高潮。这个时期是推进新农村建设的重要时期,要力争完成新农村建设任务的80%以上。第三步:"十三五"期间,巩固成果,完善提高。这5年是新农村建设在"十二五"基础上再上新台阶的时期,力争到2020年,农村的整体面貌大为改观,城乡之间的差距明显缩小,农民的素质明显提高,广大农民群众共享改革发展的成果,与城市居民同等地享受国民待遇。

14. 办点示范,打造亮点。今年,每个乡镇要办1个示范点,全县办好21个示范点,县里重点抓好示范片的建设。示范村(片)的建设主要是突出五个方面的示范:一是在发展经济上的示范。每一个示范村都将形成自己的产业特色,做到一乡一品、一村一品、各具特色,乃至发展到"多乡一业"。二是在基础设施建设上的示范。包括道路、沟渠、电网等各个方面的设施都要配套完善。三是在新型村庄建设上的示范。做到布局合理,突出水乡特色,方便人民的生产生活。四是在村容村貌建设上的示范。重点是推进"三化",即道路硬化、村庄绿化、环境美化。五是在管理民主上的示范。实现村级组织协调运转,村务管理民主规范,各项工作有序推进。21个示范村(片)要有县级领导联系,要抽调骨干到示范村兼任党支部第一书记,具体指导新农村建设;各科局要大力支持示范村建设,每个示范村(片)要安排一至两个责任单位,责任单位要抽调一名班子成员和一名骨干任示范村工作队员,一定三年不变。

15. 完善机制,加大投入。一是要建立健全财政政策投入机制。除了积极争取上级财政的支持,本级财政要逐步调整支出结构,加大投入力度。2006年,县财政支农资金总量要高于上年,预算内资金用于农村建设的比重要高于上年,直接用于改善农村生产生活的资金高于上年。二是要建立健全群众自主投入机制。主要是完善一事一议制度,鼓励农民投工投劳。三是要建立健全社会联动投入机制。要积极动员社会力量投入新农村建设,要动员企业在自愿的基础上对口支持;要努力争取安乡籍在外的老乡和老板支持家乡的新农村建设;要争取金融机构的支持,扶持龙头企业,发展农村经济。

16. 攻克难点,关注热点。在交通建设方面,目前全县还有162个村未通水泥路(油路),占村级总数的62.8%,总里程1321公里,通乡公路还有18.35公里待建;有49个村未通客运车,交通状况仍然较差。省市初步核定我县"十一五"规划建设通村公路水泥路460公里。年内要完成70公里通村公路的建设;完成好通乡公路的煞尾,要尽快完成大杨树大桥的立项,并争取年内开工建设。在水利建设方面,全县198座设施中,还有113座设施未改造达标,要争取在"十一五"期间逐步解决好。同时,还要妥善解决好农民就医难、就学难、就业难、土地纠纷和债务化解难等困难和问题。

17. 强化职责,形成合力。全县各级各部门要各司其职,各尽其责,齐心协力抓好推进新农村建设工作。县社会主义新农村建设领导小组负责统筹、协调、指导、督促全县新农村建设;县委组织部负责农村现代远程教育;县发展改革物价局负责新农村建设重大项目衔接争取与监督管理;县财政局负责按政策投入;县金融部门负责支农贷款;县建设局负责村庄规划、无偿提供农村住房设计图;县国土资源局负责按照土地利用总体规划和村庄规划作好建设用地审批及土地开发整理;县水利局负责农村水利与安全饮水工作;县交通局负责乡村道路建设;县电力局负责农村电网改造;县电信局负责农村通电话与宽带网建设;县广电局负责村村通电视;县教育局负责农村义务教育;县文化局负责农村文化建设;县卫生局负责合作医疗体系建设与改厕工作;县民政局负责农村社会保障;县劳动社保局负责农村劳动力转移;县环保局负责农村污染治理;县农业局负责农业实用技术培训;县林业局负责农村生态建设;县农教办负责农民素质培训;县能源办负责农村沼气建设。其他部门都要根据各自职能抓好新农村建设工作。从今年起,新农村建设将作为县委、县政府对乡镇和县直单位年度目标责任制考评的重要内容。

18. 严格管理,规范运作。一是把严格管理落实到总体建设上。要本着节约的原则,通过严格管理避免重复性建设,避免造成浪费。二是把严格管理落实到资源整合上。要积极整合农业综合开发、国土整理、以工代赈、农产品加工龙头企业贷款贴息等支农项目和资金,按照"规划引导、项目带动、分工负责、各计其功、各计其账"的管理办法进行科学管理。

三是把严格管理落实到村庄规划建设上。要坚持"规划一张图、审批一支笔、建设一盘棋、管理一个法"的管理原则。四是把严格管理落实到村民自治上。要进一步完善民主理财制度、财务公开制度、"一事一议"筹资筹劳制度，建立健全新农村建设农民理事会，充分发挥农民自我管理、自我服务的功能，要鼓励、引导、支持农民理事会对新农村建设的具体事务进行严格的管理。同时要合理地引导村民建立健全村规民约，通过这些村规民约，规范农村环境卫生、农村治安秩序、农村乡风民俗。

中共安乡县委　安乡县人民政府
关于加强全县科级领导班子和领导干部思想作风建设的意见

（2007年1月5日）

为了切实增强各级领导班子和领导干部建设和谐社会的本领，为经济建设和社会事业发展提供坚强有力的组织保证，加快推进新型工业化、建设和谐安乡的步伐，现就加强我县科级领导班子和领导干部思想作风建设提出如下意见：

一、加强和改进学习

在新的形势下，必须进一步加强和改进学习，不断提高理论素养和执政水平。

加强学习的针对性。认真学习邓小平理论、"三个代表"重要思想、科学发展观与构建社会主义和谐社会等基本理论；认真学习党的方针政策和法律法规；认真学习社会主义市场经济、公共管理和必备的科技知识；认真学习领导科学、电子政务等基本技能。力求掌握理论、吃透政策、熟悉法规、精通业务。

坚持理论联系实际。领导干部的学习要着眼于对理论的运用，着眼于对实际问题的理论思考，着眼于新的实践和新的发展，着重在学以立德、学以增智、学以致用上下功夫，提高学习的实效性。要紧密联系思想实际，努力改造主观世界，坚定理想信念，树立正确的人生观和价值观；要紧密联系改革发展的实际，分析和解决本地本部门单位工作中出现的新情况新问题；要紧密联系当前的形势和任务，以党的十六届六中全会精神为指导，为构建社会主义和谐社会、促进经济社会协调发展创造性地开展工作。

创新和完善学习机制。进一步落实党委（党组）中心组学习制度、党校轮训干部制度、对口交流学习制度、专题培训制度、科级后备干部任职资格理论水平考试制度，提倡和鼓励领导干部加强自学，开展读书活动，争创学习型领导班子，争当学习型领导干部；严格学习考核，强化促学手段，按照"述学""考学""评学"的要求，全面考核和检查领导干部的学习状况和效果，尤其是运用理论解决实际问题和主观世界的情况，并把考核结果作为评价使用干部的重要依据。

二、维护领导班子团结

领导班子的团结是领导班子凝聚力与战斗力的重要基础，必须倍加珍惜和维护。

完善运行机制。要建立集体领导下的个人分工负责制，形成职责清晰、层次简化、运转高效、配合有序的领导班子运行机制。重点完善领导班子运行规则、班子成员分工轮换制度、领导干部个人重大事项报告制度。建立健全部门领导班子工作制度，认真探索党委（党组）发挥作用的途径和方法。

加强配合沟通。县直各单位、各乡镇"一把手"要强化带班意识、带头做坚持原则、严守纪律、维护大局、加强团结的模范，要虚怀若谷，善于集纳群言，充分发挥班子成员的作用，形成工作合力。班子成员之间要互相尊重、互相理解、互相支持、互相配合，遇到意见分歧，要坦诚相见，及时沟通，不要听"小话"，不要斤斤计较个人得失、搞背后"小动作"，努力营造精诚合作、和谐有序的局面。

健全民主生活。坚持民主生活会制度，县直各单位、各乡镇"一把手"要带头开展批评和自我批评。领导班子成员对个人和班子中存在的问题要敢于批评,特别是要敢于向“一把手”提出批评意见。健全谈心谈话制度,主要负责人与班子成员之间每年至少进行两次谈心谈话,班子成员之间要经常交心通气,以增进了解,促进和谐。

三、坚持民主集中制

民主集中制是党的根本组织原则,是党内生活必须遵循的基本准则。坚持民主集中制,重点是领导班子和领导干部要确立民主理念,增强民主意识,坚持民主程序,培养民主习惯。

实行民主科学决策。遵循集体领导、民主集中、个别酝酿、会议决定的原则建立健全领导班子议事规则。按照会前协调、准备材料、提前通知、会议讨论、逐项表决、作出决策的议事决策程序,规范领导班子集体决策行为。凡属重大事项,决策前要周密论证,广泛听取各方面的意见和建议;决策时要充分讨论,坚持少数服从多数,不搞个人专断。不断完善决策听证、决策咨询和决策失误责任追究制度。

坚持用人的民主程序。以扩大干部人事工作中的民主为重点,进一步推进和完善民主推荐、组织考察和讨论决定等各个环节的科学化、规范化、程序化。民主推荐要注重党代表、人大代表、政协委员和群众参与,广泛听取群众意见,注重群众公认;组织考察要注重公开性和广泛性,防止考察失实失真;讨论决定干部要严格按照《党政领导干部选拔任用工作条例》办事,决不允许搞个人或少数人说了算。

推行民主理财。凡属地方和部门单位大额资金的使用,要集体讨论决定,并在适当范围内公开;单位财务的收支情况要在机关内部公开,接受干部职工监督;严格财经纪律和财务管理程序,县直各单位、各乡镇“一把手”不得直接管理财务。

四、大兴调查研究之风

调查研究是发现问题、认识问题和解决问题的基本工作方法,也是密切联系群众的重要途径。全县各级领导班子和领导干部要高度重视,身体力行,进一步加强调查研究。

坚持深入实际。领导干部要保证每年有2－3个月时间到基层调查研究,每月至少有4－5天时间到乡(镇)村、企业和社区进行调研。要确立基层联系点,建立调研日志。要多到问题突出、条件艰苦的地方去研究和解决实际问题。要到基层特别是贫困村办点,与贫困户、科技示范户、经济大户结对子、交朋友,及时了解群众的所思、所急、所盼、所需。

努力掌握实情。要紧紧围绕县委工作中心,针对各自的工作职责和任务,在确立经济发展思路、推进改革创新、重点建设项目和主要投资事项、广大干部群众普遍关心的重大问题等方面开展调查研究,努力了解真实情况,掌握第一手材料。通过发现新情况,揭示新问题,研究新对策,促进重大问题的科学决策和民主决策,促进具体工作的及时推进和具体问题的稳妥解决,促进制度创新和方法创新。

调查研究工作要坚持实事求是原则,一切从实际出发。不唯上、不唯书,真实、客观地反映事物的本来面目;要坚持群众原则,善于反映群众的意愿,集中群众的智慧,总结群众的经验,尊重群众的首创精神;要坚持辩证原则,以发展的、联系的观点研究问题,防止就事论事,以偏概全。

五、狠抓工作落实

求真务实是党的思想路线的核心内容,是领导干部应该具备的政治品格。领导班子和领导干部要弘扬务实精神,增强执行能力,提高行政效能,狠抓各项工作的推动和落实。

坚持真抓实干。要始终保持奋发有为的精神状态,将全部精力倾注在本职工作上,在其位、谋其政、尽其责。要脚踏实地,多办实事,不搞花架子,把工作的着力点真正放到引进和发展工业项目、建设社会主义新农村等各项工作的落实上,放到研究解决群众生产生活中的紧迫问题上。要勇于创新,敢于负责,创造性地开展工作,不怕担风险、不怕担责任、不怕得罪人、不怕遭非议。要顾全大局、着眼长远,按客观规律办事,不急功近利,一切工作都要经得起历史、实践和人民的检验。激励和保护创新型、实干型干部,鼓励和支持创造性地开展工作。

确保政令畅通。对县委、县政府的重大决策和工作部署,要不折不扣地贯彻落实。对重要工作、重点项目、群众反映的重点问题和为群众办实事的承诺,要实行目标分解,明确责任单位和责任人,规定办结时限,并加强督促检查。对涉及群众切身利益的重要事项的落实情况,要向社会公布。因特殊原因不能按时办结的事项,责任单位和责任人要写出书面报告说明情况。对阳奉阴违、推诿扯皮、久拖不办、弄虚作假，造成工作失误和不落实的责任单位和责任人要通报批评并实行备案登记，作为使用干部的重要依据。对造成严重后果的，要视情况作出组织、法律处理。

改进会风文风。要注重会议和文件的实效性、针对性。反对以会议落实会议、以文件落实文件的不实之风。要精简会议，可开短会的不开长会，可由部门召开的会议不以县委、县政府的名义召开，一个人可以讲清楚的问题不安排两个人讲。严格控制会议的数量、规模、时间和经费。要精简文件，已作布置或能当面议定的事项不再发文，上级文件已经明确的事项不再发文，可在新闻媒体公开的事项不再发文，需要发文的要严格控制发文范围和份数。

严格规范检查、评比、办班等活动，从严控制检查评比项目和办班收费标准，县直部门单位组织的涉及全县性的检查、评比和办班活动由县委办、县政府办交相关领导审批。

六、提高化解社会矛盾的能力

化解社会矛盾、维护社会稳定，是领导班子和领导干部重大的政治责任和工作责任，是新形势下的新要求。要把提高化解社会矛盾的能力作为思想作风建设和执政能力建设的重要内容。

坚持预防矛盾。在作出关系群众切身利益的重大决策前，要广泛听取群众的意见；在制定重要政策时，要进行稳定风险评估，充分考虑社会的承受能力，把握好政策出台的时机与节奏。要坚持依法行政，尤其是直接面向社会的行政管理和执法部门在土地征用、房屋拆迁、城市管理、交通运管等敏感性强的工作领域实施行政行为时，必须严格按照有关法律法规办事，多做深入细致的思想工作。党政领导机关要坚持“一把手”接待日制度，拓宽群众表达利益的渠道。对反映问题的群众要耐心接待，对群众反映的问题要速办速决。属于政策范围内的、能够当场解决的要当场解决，能够当面答复的要当面答复，一时不能答复的要作出承诺、限期答复。

有效化解矛盾。要动态分析稳定形势，按照“抓早、抓小、抓苗头”的工作要求，抓紧解决影响稳定的突出问题，把矛盾化解在基层，把问题解决在萌芽状态。要通过及时约访、主动下访、跟踪走访等形式，及时了解社情民意和矛盾动向，主动协调利益冲突，超前化解社会矛盾。要把人民调解、行政调解和司法调解有机结合起来，综合运用经济、政策、法律、行政等手段和教育、协商、疏导等办法统筹化解矛盾纠纷。对于群体性事件，所在乡镇和县直部门单位的党政“一把手”必须第一时间赶到现场，靠前指挥，主动协调，快速、依法、果断、妥善进行处置，有效善后，避免事态扩大和恶化。

落实维稳责任。坚持维护稳定“领导责任制”和“工作责任制”，按照“属地管理”和“谁主管、谁负责”的原则，全县各级各部门和领导干部必须切实履行好维护稳定的工作职责，决不能把本级应解决的问题推给上级，决不能把本单位应化解的矛盾推给社会，决不能把自己分管的工作推给集体。继续实行维护稳定工作“一票否决”和责任人工作述职制度。严格实行责任追究，对由于政策落实不到位、不认真对待和处理群众反映的问题、处置群体性事件方法不当、措施不力，造成工作被动的领导班子和领导干部，要提出批评和整改意见；造成失误的，要进行组织处理；造成严重后果的，要依法依规严肃处理。

七、坚持廉洁自律

要增强反腐倡廉的自觉性，既要廉洁自律、以身作则，又要坚持原则，抓好职责范围内的党风廉政建设和反腐败工作。

进一步落实廉洁自律的各项规定。禁止领导干部插手工程招投标、经营性土地使用权出让、房地产开发、产权交易和政府采购等市场经济活动；禁止领导干部利用职权和职务影响，支持和操纵配偶、子女、亲友从事经营开发活动，从中谋取私利；禁止领导干部在干部选拔任用上跑官要官、封官许愿、超越权限插手干部任免；禁止领导班子和领导干部利用行政资源谋取不正当的小团体利益，私设“小金库”，滥发福利补贴；禁止领导干部接受下属单位和个人以各种名目赠送的红包礼金、有价证券.贵重物品。

严格控制公款消费。严格接待费管理，按照“总量控制、严格审批、群众监督”的原则，减少接待费额度，控制接待标准和档次。接待费用要在一定范围内作出说明和公示，接待费总额要严格按照县财政部门规定的行政经费额度执行。狠刹外出学习考察期间宴请之风和公费旅游风，组织专项督导检查，摸清情况,查处违纪典型。外出学习考察实行计划管理,科级领导干部出国(境)要控制次数和地区,严格按照程序审批把关。禁止用公款娱乐、休闲、钓鱼等活动。

加强对领导干部廉洁从政的教育,增强拒腐防变的能力。加强对领导干部工作圈、生活圈、交际圈的监督,防微杜渐。领导干部要加强思想道德修养,培养健康向上的生活情趣,树立社会主义荣辱观,自觉抵制低俗的生活情趣和庸俗的生活方式。党员领导干部要及时、如实、全面向党组织报告个人的重要事项。狠刹打牌赌博、红色名片、搞婚外情等不良风气。认真落实党风廉政建设责任制,对违反党的纪律和廉洁自律各项规定的行为,必须严肃查处。

八、健全科学有效的监督机制

坚持民主原则,进一步建立健全多层次、多功能、多元化的监督体系,确保领导班子和领导干部思想作风建设取得实效。

建立健全党内监督机制。要拓展和疏通党内信息渠道,创造透明度高的信息环境,使广大党员能够及时、经常、便利地掌握和了解领导班子和领导干部的活动和工作。要保障党员充分有效地行使监督权利,对权力行使形成最直接、最经常的制约。要认真受理党员信访举报,做到不拖、不压、不瞒,发现问题及时公正地处理。县纪检监察机关要认真履行监督职能,切实加强对领导班子和领导干部思想作风建设的监督和检查。

充分发挥人大的法律监督和政协及民主党派的民主监督作用。积极支持人大代表行使法律监督职能,对依法行政、勤政廉政和群众反映的热点问题开展监督。积极开展政协委员视察和对口协商活动。

充分发挥社会监督的作用。认真办理群众举报事项,保障举报人的合法权益。建立和完善党政领导干部任期经济责任审计、民意测验、民主评议制度,完善和落实群众对干部选拔任用的知情权、参与权、选择权和监督权。积极推行党务公开、政务公开,强化群众对权力运行和政务活动的监督。充分发挥新闻舆论监督的作用,对滥用职权、影响改革稳定发展的问题要抓住典型,予以公开披露。

中共安乡县委　安乡县人民政府
关于建设教育强县的决定
(2007年12月4日)

为了进一步加快教育事业发展,建设教育强县,加快富裕文明和谐安乡建设步伐,根据省、市关于建设教育强省、教育强市的精神和我县教育发展实际,作如下决定。

一、建设教育强县的基本原则

1. 坚持教育优先。进一步落实教育优先发展战略,做到经济社会发展规划优先安排教育发展,财政资金优先保障教育投入,公共资源优先满足教育需求,确保教育事业健康稳定快速发展。

2. 坚特科学发展。统筹城镇和乡村教育,统筹学前教育、义务教育、普通高中教育、中等职业教育、成人教育等各类教育协调发展,统筹教育发展的规模、结构、质量和效益。全面实施素质教育,促进人的全面发展。努力促进教育公平,满足群众需求,构筑覆盖全社会、充满活力的国民教育体系。

3. 坚持整体推进。构建以政府为主导、学校为主体、社会广泛参与的教育发展格局,全面改善办学条件,全面提高教育质量,全面推进教育各项工作。实施"强校——强县"推进战略,确保城乡所有九年一贯制学校达到规范化要求。不断扩大优质教育规模、提升优质教育水平,满足人民群众日益增长的对优质教育的需求。

二、建设教育强县的总体目标和任务指标

4. 总体目标。教育发展环境优良,形成全社会关心支持教育发展的大好局面;相互衔接、结构合理、均衡协调、机制灵活、与地方经济社会发展相适应的教育体系基本建立;教育保障能力显著提高;学校布局更加合理,办学条件大幅改善,教育公平得到有效促进;教育质量稳步提升,学生综合素质明显提高。到2015年,基本实现教育现代化,全县教育综合实力保持全市领先水平,基本建成教育强县。

5. 任务指标。到2010年,确保全县3－5岁幼儿毛入园率达90%以上,小学、初中适龄人口入学率分别达100%和99%以上,确保九年义务教育完成率达98%以上,确保残疾儿童少年入学率达95%左右,确保高中阶段毛入学率达90%左右,确保中等职业教育招生规模达到高中阶段招生总数的50%左右。确保中等职业学校毕业生就业率达到80%以上。2012年普及高中教育,就业人员受教育年限达12年以上。

三、促进教育均衡协调发展

6. 实行义务教育均衡发展。按照义务教育公共资源均衡配置原则,重点加强农村教育基础设施建设,将农村学校建设纳入新农村建设范畴,加大对农村学校特别是偏远地区学校的政策支持力度,改善农村中小学办学条件,重点抓好道路、饮水、厕所、学生食堂和课桌椅改造。按照相对集中的原则,打破乡镇行政区划限制,抓好农村中小学寄宿制学校建设和学校布局调整。为适应县城居住人口北移、东移的发展,按照学校建设与城市建设同步的原则,扩大整合城镇教育资源,在2010年前,以县教师进修学校为主体建设一所高标准的九年一贯制学校。学校基建经费必须纳入开发计划,由规划、建设、教育部门负责落实。

7. 大力发展职业教育。根据我县经济发展和产业结构需求,以县职业中专为主体,整合县教师进修学校、县成人中专、县电大工作站及其他部门的就业培训机构等职教资源,成立县职教中心,努力创建成省级职教中心,大力发展以创维电脑学校为龙头的民办职业教育,提升职业学校办学的基础能力,建立稳定的职业教育发展经费筹措机制,由财政统筹:将城市教育费附加的30%以上用于发展职业教育;企业按国家规定足额提取职工培训经费;按辖区年人均1元的标准设立职业教育专项资金。县教育主管部门、人事、编制部门要制定优惠政策,大力加强职业学校“双师”型教师队伍建设,设立专业技能课教师特聘岗位,支持职业学校面向社会聘请专业技能课教师。实施重点专业建设计划,把县职业中专现有优势专业纳入省级精品专业建设范围,形成办学特色。加强校企合作,职业学校要积极为县内企业定向培养、培训员工,各类企业应积极为职业学校学生见习、实习提供场所和条件,优先聘用本县职业学校毕业生。

8. 加快幼儿教育发展。进一步加强对全县幼儿教育的统筹与管理,切实规范幼儿园办园行为,建立和维护良好的幼儿教育管理秩序。进一步加强社会力量办园资格审批,调整优化城区幼儿教育布局。加强幼儿教育师资培训,大力实施幼儿园园长、幼儿教师资格准入制度。

9. 努力打造高中教育品牌。大力整合高中教育资源,重点抓好示范高中、农村普通高中和职业高中等学校的分类规划。立足长远,分步实施,多方筹措资金,2012年前完成安乡一中原址扩建工程,扩大办学规模;转变管理理念、教育观念和学习方法,面向全体学生,全面提升办学水平,促进教学质量不断提高,努力打造精品学校,积极创建国家级重点高中学校。根据事业发展规模,科学整合农村高中教育资源,调整布局,加大安乡五中创牌步伐,努力形成办学特色,积极创建省级示范性普通高中学校。

10. 加快教育信息化建设。制定和完善教育信息化发展规划,加强信息化基础设施建设。所有城区学校、乡镇中学建立校园网,提高教师、学生运用信息技术的能力,应用信息技术改革教育内容和方法,推进信息技术与学科教学的有机结合。加强教育信息资源开发和整合,到2010年,建好全县教育信息局域网,实现全县信息共享。

四、努力促进教育公平

11. 继续实施助学工程。完善政府主导、学校联动、社会参与的扶困助学机制,坚持开展“9·8助教日”活动,严格落实“两免一补”政策,确保义务教育阶段贫困学生应助尽助。做好贫困大学生助学工作,保证每个考上大学的学生不因贫失学。开展对中等职业学校贫困生的救助工作,落实国家助学政策,使中等职业学校一、二年级90%以上的学生获得国家资助。鼓励和支持企事业单位、社会团体和个人建立非营利性助学基金或设立各种奖学金。

12. 满足进城务工人员子女教育需求。把进城务工人员子女义务教育纳入经济社会发展规划，统筹安排，按照以公办学校为主、以流入地为主的原则，保障进城务工人员子女享受城镇学生同等待遇。

13. 认真抓好特殊教育。按照国家有关政策，制定特殊教育发展规划，进一步加大经费投入，办好县特殊教育学校。采取特教学校教育与随班就读相结合的方式，最大限度吸纳残疾儿童入学，保证残疾儿童平等的受教育权利。充实特教师资队伍，提高办学水平。

五、扎实推进素质教育

14. 加强和改进青少年思想道德教育。坚持育人为本、德育为先，实施"德育整体建设工程"，把社会主义核心价值体系融入国民教育全过程，加强学生爱国主义、集体主义和社会主义教育，引导学生树立正确的世界观、人生观、价值观和荣辱观。加强德育队伍建设，改进德育方式方法，把德育贯穿于教育教学的各个环节，着力培养学生良好的品德和行为。社会各方面要为素质教育创造良好的条件和舆论氛围，形成学校.家庭、社会紧密配合，全员育人、全程育人、全方位育人的格局。

15. 注重培养学生创新精神和实践能力。以促进学生全面发展为目标，优化课程结构，重视综合实践课程建设，加强教育教学研究，创新教育教学模式，提高课堂教学质量。加强学生用书管理，切实减轻学生过重的课业负担。实行课堂教育与社会实践活动有机结合，注重实践教育、体验教育、养成教育，围绕学习与动手、交流与合作、运动与健康、审美与表现等内容，开展形式多样的实践活动。大力开展校园文化活动，发展各具特色的校园文化社团，营造浓厚的校园文化氛围。加强县青少年校外活动中心的管理和配套建设，使其功能逐步齐全，在节假日、休息日为中小学生提供免费或优惠服务。充分挖掘社会教育资源，支持中小学生开展丰富多彩的校外教育活动。尊重学生的个性与特长，鼓励创新，促进学生全面发展。

16. 大力加强学校体育，增强学生体质。全面贯彻落实《中共中央国务院关于加强青少年体育增强青少年体质的意见》，进一步树立健康第一的指导思想，把增强学生体质作为学校教育的基本任务之一，健全学校体育工作机制，完善学校、社区、家庭相结合的体育工作网络，培养青少年良好的体育锻炼习惯和健康的生活方式。加强体育课程管理和基础设施建设，广泛开展疾病预防、科学营养、卫生安全、禁毒控烟教育和"阳光体育运动"，确保学生每天锻炼一小时，确保学生休息睡眠时间，降低青少年近视率。建立健全学生体质健康监测制度，定期监测并公告学生体质健康状况。加快体育考试评价制度改革，逐步加大体育成绩在学生综合素质评价和中考成绩中的分量，逐步在高中阶段学校毕业学业考试中增加体育科目。

17. 推行科学的教育评价制度。以素质教育为导向，把教育实效作为评价教育质量的核心指标，建立全面、公正、权威的教育质量评估体系和监控机制。实行中小学教育教学质量年度报告制度，分层次对高中、初中、小学教学常态进行监测，对学生发展状况进行评估，定期向社会公布，引导社会和学校树立正确的教育观和质量观。探索升学考试成绩与综合素质评价相结合的办法，进一步完善公办小学和初中免试就近入学制度。逐步推广将公办优质高中招生指标分配到初中学校的做法，逐步取消普通高中择校费。

六、建设高素质教师队伍

18. 提高教师职业道德水平。加强教师职业道德和行为规范教育，大力弘扬爱岗敬业、严谨笃学、厚德载物、诲人不倦的良好风尚，不断增强广大教师教书育人、无私奉献的责任感和使命感。严格执行教师职业行为准则，建立和完善教师职业道德评价、考核和奖惩机制。

19. 提高师资队伍专业水平。建立适应各级各类教师专业发展需要的继续教育制度，促进教师转变教育观念，更新专业知识，增强教育教学能力。进一步完善教师专业知识考试制度。教师继续教育经费由县财政按教师工资总额的1.5%安排。到"十一五"末，全县小学教师专科率达85%以上，初中教师本科率达80%以上，高中教师学历合格率达98%以上。实施人才强教、人才强校战略，完善名教师、名校长和学科带头人的培养、评选表彰和管理制度，增加名优校长、特级教师、学科带头人的津补贴。到2010年，全县培养国家级骨干教师5名、省级骨干教师40名、市级骨干教师150名、县级骨干教师300名,培养5名在全市乃至全省有影响的名优校长。

20. 提高教师队伍管理水平。严格实行由县级以上教育行政部门归口管理教师的体制。教师资格认定、招聘录用、职务评聘、培养培训、调配交流、档案管理、考核奖罚均由教育部门负责。进一步深化教育人事制度改革,实行全员聘任制度,允许跨类别、跨学校招聘,逐步实行教师交流制度,促进教师资源合理配置。继续按照"减一补一"的原则,建立完善教师队伍补充机制,不断优化教师队伍结构。采取优惠政策,鼓励初、高中毕业生报考师范院校,做好农村小学教师定向培养工作、落实专项计划,重点解决农村教师年龄断层和学科结构不合理的问题。教育、人事部门要按年度规划,严格施行城镇学校教师、示范学校教师支援农村薄弱学校制度,鼓励城镇教师和优秀大学毕业生到农村学校任教,评先、评优、晋升教师职务向农村一线教师倾斜,到偏远贫困地区任教的教师,由财政给予适当津贴补助,

七、加大教育事业投入

21. 全面落实政府对教育的投入责任。按照财政性教育经费增长幅度明显高于财政性收入增长幅度的原则,今后5年,财政预算内教育经费支出占财政支出的比例每年提高1个百分点,逐年提高财政性教育经费支出占全县生产总值的比例。建立和完善义务教育经费保障机制,按规定落实县级财政应分担的各项资金,并及时足额拨付到位。确保"两免一补"资金落实,将贫困寄宿生补助经费纳入财政预算。确保教师工资及政策性津补贴及时足额打卡发放。财政必须确保以下经费全部用于教育基础设施建设、改善办学条件和公用经费:一是农村税费改革转移支付资金的7%-8%;二是地方新增一般性转移支付资金的25%;三是按"三税"总额的3%足额征收的城市教育费附加;四是从城市基础设施建设配套费中提取的教育设施配套费;五是城市维护税的15%-20%;六是新开征的地方教育附加。以上经费不能挪作教师工资和津补贴。学校"两基"达标和建设形成的债务必须有效剥离,2008年偿还完毕。

22. 积极拓展教育筹资渠道。认真落实国家对从事教育服务的免税政策和鼓励社会对教育事业捐赠的政策,动员和鼓励社会团体、企事业单位和公民个人捐资助学、出资办学。利用金融信贷、教育服务、科技开发等渠道筹措教育经费。城镇公办学校易地建设新校区,其老校区土地依法进入土地市场挂牌上市,所得收益全部返还用于新校区建设。农村学校布局调整后的闲置校舍可优先用于发展学前教育或开展农民培训。确需置换变卖的,应经县级以上(含县级)教育行政部门和国有资产管理部门批准,置换变卖所得,应全部用于改善义务教育阶段学校办学条件。任何组织不得以任何借口侵占。

23. 完善教育管理体制。进一步深化乡镇中学校的管理体制,试行打破乡镇行政区划、对教育划片管理的体制。加强教育行政管理干部队伍建设,选拔有教育工作经历、有较强教育管理工作能力的优秀干部担任教育行政部门和学校的主要负责人。对促进本区域基础教育发展做出重大贡献的优秀教育管理工作者和引资办学的有功之臣,分别按有关政策给予一定的奖励,并落实相应的政治待遇。

24. 积极发展民办教育。进一步落实促进民办教育发展的各种政策,构建多元化办学格局。以发展非义务教育和扩大优质教育资源为重点,积极发展民办学前教育和高中阶段教育,重点发展中等职业教育,加大对民办教育的扶持力度,鼓励民办学校自建校园校舍,改善办学条件。加强民办学校教师队伍建设,促进公办、民办学校教师融通,鼓励公办学校在教师交流、学校管理、教学科研上对口支援民办学校发展,确保民办教师在评优评先、培训晋职等方面与公办教师享有同等待遇。在民办学校中推行品牌战略,鼓励和帮助民办学校找准特色定位,形成品牌。重点扶持民办职业教育,特别是在特色专业建设资金投入上给予大力支持。

25. 深化学校内部管理改革。将管理重心放到学校,明确和落实各级各类学校的法律地位,完善学校法人制度,规范和落实学校办学自主权。建立健全学校内部管理制度,端正办学方向,规范办学行为。深化分配制度改革,形成重能力、重实绩、重贡献的激励机制,使分配向关键岗位和优秀教师倾斜。

八、优化教育发展环境

26. 大力推进依法治教。落实教育法律法规,加强教育法制队伍建设,加大教育执法力度,坚决查处各种涉及教育的违法事件。全面实行教育政务、校

务公开，推进教育决策科学化、民主化和规范化。加强教育督导工作，健全教育督导体系，坚持督政为主、督学为本，逐步建立对教育实施状况的监控体系，努力形成政府依法行政、社会依法参与、学校依法办学、学生依法受教的良好局面。

27. 优化教育社会环境。进一步规范部门行政行为，除法律、法规有明确规定的以外，任何单位和个人不准擅自对学校进行检查、收费、罚款。处罚学校违规的罚没收入，必须全额上缴财政，并由财政部门落实全额拨付给教育捐赠中心，用于资助贫困学生。对有令不行、有禁不止、向学校搞“三乱”的单位和个人，依照优化经济环境的有关规定，从重处理。公安、工商、教育、卫生、文化、环保等部门要密切配合，加强对校园周边环境的综合治理，维护正常的教育教学秩序。

28. 营造教育强县的浓厚氛围。全县各级各部门要依据工作职能，积极研究和制定支持建设教育强县的具体措施。国土资源部门要按规定及时办理中小学校新建、扩建校舍和生产劳动实践基地所需土地的划拨手续。规划部门要在城镇规划编制和建设项目选址定点时，按照“先学校用地、后开发用地”的原则，对规划确定的学校建设用地予以控制和预留，保证学校用地不受挤占。编制、人事部门要按照总额控制、动态管理的办法，加强对教师队伍的宏观调控，促进教师队伍结构不断优化。宣传部门要正确把握舆论导向，坚持正面宣传、正面引导，努力营造有利于教育发展的舆论环境。强化部门履行教育职责考核制度，纳入县年度目标管理责任制进行考评。

九、加强对建设教育强县工作的组织领导

29. 加强对建设教育强县工作的领导。全县各级党委、政府要从落实科学发展观、构建社会主义和谐社会的高度，充分认识建设教育强县的重要性和紧迫性，切实加强对建设教育强县工作的组织领导。县里成立建设教育强县工作领导小组，建立健全建设教育强县的目标责任制度和责任追究制度，继续完善党委、政府定期研究教育工作，党政领导、部门单位联系学校等制度，及时研究和解决建设教育强县工作中的重大问题。全县每年组织一次建设教育强县工作督查，将乡镇党委、政府以及相关部门主要领导重视教育、关心、支持教育的情况，纳入领导干部年度考核内容，由县委组织部、县政府教育督导室、县教育局联合进行考评。

30. 充分发挥教育行政部门的主体作用。教育行政部门要认真履行职责，切实担负起综合协调责任，加强调查研究，加强政策指导，及时发现并妥善处理建设教育强县过程中出现的新情况、新问题，为各级党委、政府当好参谋。要加强教育内部管理，把握正确办学方向，规范各种教育行为，切实解决好人民群众关心的热点难点问题，不断提高教育教学质量。继续加强教育行风建设，改进工作作风，提高工作效率，维护教育形象，不断提高人民群众对教育的满意程度。

中共安乡县委　安乡县人民政府
关于加速推进新型工业化的若干意见
（2008年4月23日）

为适应工业发展的新形势，加速推进新型工业化进程，发展县域经济，全面建设小康安乡，根据我县实际，特提出如下意见：

一、明确工业发展目标

1. 五年内，全县规模工业企业销售收入年均增长20%，其中工业园区企业年均增长30%；全县规模工业企业入库税金年均增长20%，其中工业园区企业入库税金年均增长30%；通过五年努力，力争使纳税过3000万元的工业企业达2家以上；2000万元以上，3000万元以下的工业企业2家以上；1000万元以上,2000万元以下的工业企业3家以上;500万元以上,1000万元以下的工业企业5家以上;100万元以上,500万元以下的工业企业10家以上。全县工业企业税收总额达1.6亿元以上。全县规模工业企业每年新增8家以上,其中园区6家以上,使全县规模以上工业企业总数达100家以上;工业园区每年引进新上固定资产投资额1000万元以上的工业项目5个以上,其中5000万元以上的工业项目1个以上;凯斯机械公司成功上市;柏力科技园工业项目完成投资10亿元以上;做大做强机械制造业、电子产业、纺织服装业、造纸纸品业、生物药品业、化工业、饲料加工业、食品加工业等八大产业,并重点扶持1－3个主导产业,逐步培育成产业集群;县工业园成功申报成为省级经济开发区,并进入国家县级经济开发区名录;鼓励企业创名品名牌,争创五个以上省级、一个国家级名品名牌。

二、加快工业园区发展

2. 科学编制发展规划。按照企业向园区集中、用地向工业倾斜的原则,以城关镇和大鲸港镇城市总体规划和土地利用总体规划为依据,按照整体规划、分期开发、产业集聚、布局合理的方针,科学编制工业园区发展规划。五年内,园区面积达到4.6平方公里,其中河东片2.7平方公里,河西片1.9平方公里。2020年,园区面积达到10.3平方公里,其中河东片6平方公里,河西片4.3平方公里。河东片以原规划的深柳公园选址为中心,建成占地面积800亩的综合服务区,带动工业园区发展。

3. 加大基础设施投入。县城区建设要以工业园区建设为重点。要切实加大园区基础设施建设力度,确保每年投入不少于3000万元。

4. 提高土地利用效率。项目引进要坚持工业园区内以项目带动扩张用地为主,园区外以资产盘活为主,园区外不再新批、新增工业项目用地。要严格按照省国土资源厅确定的工业项目用地控制指标分项目类别进行管理,确保园区项目投资强度在每亩60万元以上,项目建筑容积率在0.6以上,建筑密度在30%以上,绿化用地控制在8%以内。投资者在签订项目入园协议并办理土地审批手续后,半年内必须动工建设。固定资产投资额在5000万元(经审计核实,下同)以下的项目应在一年半内建成投产,5000万元以上的两年内建成投产。固定资产投资额特别大、建设期确需延长的项目,最迟在三年内建成投产。对超过期限未开工建设的项目,依法对其所占用土地进行调整或收回。因特殊情况不能按期动工或投产的,项目业主应提前申请批准延期.并缴纳土地闲置费。凡享受土地优惠政策的项目,土地使用证在项目建成投产后发放。

5. 大力引进和新上工业项目。按照“三高一无”(高投入、高科技、高税收、无污染)的原则加大项目引进力度。对于直接进入工业园区的项目,原则上其固定资产投资不得低于2000万元且综合税率在3%以上,固定资产投资低于2000万元的项目进入中小企业创业园建设。积极发动各乡镇、县直有关单位和部门,特别是具有经济主管职能的部门,加强项目引进工作力度。在项目招商工作中,要突出本地资源抓招商,突出本地企业抓招商,突出本地市场抓招商,争取引进包括世界500强和华商500强的战略投资者。

6. 加强工业项目库建设。县工业局、县工业园管委会、县发改局、县招商局等相关单位要加强工业项目的开发、储备和信息发布工作。精心筛选一批招商项目进入国债支持笼子,积极推荐一批重点工业项目得到省高新技术产业引导资金和省技术改造基金支持,开发储备一批有前景的成长型工业项目。

三、实施激励扶持政策

7. 鼓励企业向园区聚集。一是实行土地优惠政策。在县工业园区内凡固定资产投资在2000万元以上的企业,所需生产性用地和生产性辅助用地的土地征用费每亩不超过3.5万元,其超过部分由县财政负担;其土地出让使用年限为40年;对固定资产投资额特别大且对本地经济带动性较大的,适用更加优惠的土地政策。二是鼓励企业纳税。凡年纳税50万元以上且保持本企业增长水平的民营工业企业,县财政按其年上缴税金总额的1%,对企业法定代表人给予奖励。三是减免收取规费。县工业园区的企业在建过程中免收行政事业性规费和相关增容费,有偿服务收费优惠收取。

8. 鼓励技术创新。要大力推进技术进步,建立和完善企业技术创新体系,鼓励扶持重点骨干企业加强技术合作和技术开发,提高企业的技术水平和产品的科技含量。规模工业企业每年要制定新产品、新技术的发展规划。要加强信息化建设,注重项目、人才、技术、资金、市场等企业信息资源的建设和配置,走新型工业化和可持续发展的路子。对获得国家级技术创新项目、国家中小企业创新基金项目、国家级新产品、省级技术创新项目、省级新产品,年销售总额1000万元以上,市场效益好的企业(项目),按国家级、省级每个产品(项目)分别一次性给予2万元、1万元的奖励。

9. 鼓励创名品名牌。对新获得国家驰名商标、中国名牌产品、国家地理标志产品、省著名商标、省名牌产品称号的企业,按国家级、省级每个称号分别一次性给予2万元、1万元的奖励。

10. 设立园区项目引进奖。凡引进入园2000万元以上的项目在建成投产后,按固定资产投资总额的1%给予其引资者一次性的奖励。凡引进项目固定资产投资在5000万元以上且经济效益好、带动作用强、综合税率在3%以上(对带动作用强的农副产品深加工项目其综合税率可适当放宽)的,对其引资者奖励1个事业单位就业岗位。凡公务员引进项目固定资产投资在2000万元以上且项目经济效益好、带动作用强、综合税率在3%以上(对带动作用强的农副产品深加工项目其综合税率可适当放宽)的,是一般干部的享受副科级待遇,是副科级的享受正科级待遇,是正科级的予以重用、并给予相应的精神和物质奖励。

11. 鼓励企业做大做强。凡县内小型工业企业发展成为规模工业企业的,经申报审定后,对企业法定代表人奖励3万元,分三年到位,每年奖励1万元。但对1年后退出规模企业的,终止奖励。退出后再次进入的不重复奖励。对设备技改投入500万元以上的项目(可跨年),经审计认定后,给予该企业法定代表人项目技改投入(剔除设备折旧)总额0.5%的资金奖励。

12. 鼓励引进高层次专业技术人才。凡引进到我县重点工业企业工作,且与用人单位签订三年以上正式合同的高层次专业技术人才,由县政府一次性发放安家补助费;引进到我县工作的正高职称人才,由县政府发给生活津贴;对引进上述人才的单位和个人一次性给予奖励。

四、优化工业发展环境

13. 建立行政效能保障机制。进一步建立健全岗位责任制、服务承诺制、首问责任制、限时办结制、行政过错责任追究制,加强机关行政效能建设。建立科学、高效的工作程序和工作制度,健全机关效能保障机制。

14. 营造良好执法环境。各级行政执法部门和司法机关要正确处理好"执法"与"服务"的关系,坚决摒弃部门利益驱动执法、徇私枉法、执法不公和不按程序执法的行为。对企业的执法检查,必须按法律法规规定的程序和为市场主体服务、创造良好发展环境的原则进行。成立园区治安经警队,充实园区治安力量,严厉打击阻工、扰工等影响企业正常生产经营的行为,净化园区治安环境。

15. 切实减轻企业负担。规范非税收入管理,落实收费公示制度,推行"多家费、一家收、分头拨"的收费方式,严格规范收费行为。严禁乱收费、乱罚款、乱摊派、乱集资,切实保护生产经营者和企业的合法权益。继续清理收费项目,取消不合理、不合法的收费项目,降低收费标准。凡是没有法律法规和规章依据的收费项目,一律取消。所有依法保留的行政事业性收费项目、收费标准、收费依据必须向社会公开,接受社会监督。未向社会公开的收费项目,企业有权拒绝缴纳,并可向行政监察机关和财政、物价部门举报。

16. 构建制度长效机制。要建立健全高效协调的工作机制和年度总结通报制度;完善优化经济发展环境测评制度;建立案件查处快速反应联动机制,健全案件投诉、受理情况考评制度和损害经济发展环境黄牌警告制度;建立健全优化经济发展环境律师援助和优化投资环境"绿色通道"制度;建立专项舆论监督制度,巩固工业经济发展环境治理成果。

五、强化目标管理考核

17. 引进工业项目与年度评先评优目标考核挂钩。凡引进了工业项目的单位及其党政"一把手"优先考虑评先评优,分管负责人年度考评可以评为优岗。

18. 引进工业项目与干部使用挂钩。凡引进了工业项目的单位,对其领导班子中做出主要贡献的成员予以重用,并给予相应的精神和物质奖励。

六、加强工业经济领导

19. 集中精力抓招商引资。在招商工作力度上，县委、县政府主要领导要拿出主要精力抓，分管县级领导和工业主管部门要全力以赴抓。县委每两个月研究一次工业园区工作，县政府每月调度一次工业园区项目，并建立主要县级领导联系引进工业园区重大工业项目制度。要进一步充实工业园管委会的力量，切实做好园区建设、项目招商、管理服务等工作。

20. 理顺工业管理体制。县工业企业工作领导小组总揽工业经济工作全局，协调各相关部门的工作，提出全县工业经济发展目标和计划，调度重点项目建设，实施工业发展责任制考核。

21. 建立县级领导联系企业制度。实行县“四大家”主要领导和县分管工业领导联重点产业、联重点企业（项目）制度，县委常委、副县长联系成长型企业制度，帮助企业谋划长远发展，及时协调解决重点工业企业（项目）、成长型企业发展中的困难和问题。有任务的县级领导每个月要到所联系的企业（项目）现场办公一次，了解企业生产经营情况，并明确一名联络员负责做好情况综合工作。县委、县政府将不定期组织县优化办召开联络员座谈会，及时了解情况，发现问题，及时整改。

22. 实行后备干部服务制度。对产值过亿元的企业派驻后备干部，具体负责协调、衔接企业与各职能部门的所有工作；负责协调处理企业周边矛盾纠纷；负责向县工业企业工作领导小组和县优化办反映影响企业发展的人和事。

本《意见》从发文之日起实行。并由县工业企业工作领导小组牵头，县相关部门制定考核细则和负责实施。县委、县政府原出台的有关文件与本《意见》不符的，以本《意见》为准。

中共安乡县委　安乡县人民政府
关于加强社会治安综合治理专业化建设的意见

（2008 年 11 月 6 日）

为进一步加强社会治安综合治理工作，大力推进“平安安乡”建设，努力创造稳定和谐的社会环境，根据中央、省委、市委有关文件精神和工作部署，结合安乡实际，现就加强社会治安综合治理专业化建设，提出如下意见。

一、充分认识社会治安综合治理专业化建设的意义

加强社会治安综合治理专业化建设，是指进一步健全综治专业体系，配足专业人员，明确专业职能，执行专业制度，创新专业措施，严格专业责任，提升综治工作专业化、责任化、规范化、长效化水平，推动社会治安综合治理深化与发展。

1. 加强专业化建设是推动社会治安综合治理深化发展的必然选择。社会治安综合治理是中国特色社会主义事业的一项伟大创举，是解决中国社会治安问题的根本出路，它必定随着中国特色社会主义事业发展而发展。实践证明，专业化是综合治理工作发展的方向，是综合治理走向成熟的标志，符合时代发展的要求，符合社会治安综合治理工作由粗放到精细、由分散到集约、由普遍化到专业化的发展规律。加强社会治安综合治理专业化建设是综治工作深化发展的必然选择。

2. 加强专业化建设是破解社会治安综合治理困局的迫切要求。当前，基层社会治安综合治理不同程度存在力量不专、能力不强、结构断层、工作粗放、运行失范、效能不长的问题，这与新形势、新任务、新要求很不适应，严重妨碍综合治理工作的深入发展。实践证明，只有加强专业化建设，才能破解这一困局，才能实现综治工作突破性飞跃。

3. 加强专业化建设是夯实社会治安综合治理基层基础的重要举措。社会治安综合治理工作关键在基层，重点在基础，加强基层基础工作是社会治安综

合治理永恒的主题。当前,社会治安综合治理基层基础工作尽管取得了长足进展,但是,基层基础工作不稳固的问题依然存在。加强专业化建设,能够有效充实基层工作队伍,能够明晰基层工作责任和措施,实现综治工作在基层有人抓有人管,有条件抓有条件管,并且会抓会管,从而有效夯实基层基础工作。

二、严格落实社会治安综合治理专业化建设的任务

加强社会治安综合治理专业化建设要集中以"一中心五网络"建设为主体,围绕专业化、责任化、规范化、长效化,重点抓好5个方面的工作:

1. 建强专业组织。建强以"一个中心"(综治维稳管理中心)、"五大网络"(人口管理、治安防控、调解转化、信访办理、帮教矫正网络)为主体的专业组织体系。

建强县综治维稳管理中心。中心与县综治委和维护稳定工作领导小组为两个组织一套人员,中心办公室设县委政法委,由政法委书记兼任办公室主任,综治办主任、稳定办主任、联席办主任、社会安全防控办主任、三调联动办主任、人口动态管理办主任、社会帮教矫正办主任为成员,日常工作由中心办公室统一调度,具体工作由综治办和综治办主任承担,综治办配齐4名专业工作人员。

建强县级五大工作网络。稳定办主任由1名政法委副书记兼任,由1名科级干部任专职副主任,按市委有关要求配齐专干。三调联动办主任由县联席办主任兼任,县司法局局长任副主任,配齐5名以上专干。社会安全防控办主任由县委政法委分管综治工作的副书记兼任,县综治办1名副主任、县公安局1名副局长任副主任,配齐3名以上专干。人口动态管理办主任由县委政法委分管副书记兼任,县综治办、县公安局、县人口计生局、县民政局分管副职任副主任,配齐5名以上专干。社会帮教矫正办主任由县司法局局长兼任,县教育局、县公安局、团县委、县妇联分管副职任副主任,配齐3名专干。

建强乡镇党委政法委。由乡镇分管综治政法工作的党委委员任政法委书记,武装部长、综治维稳办专职副主任、派出所所长、司法所所长、民政助理、信访专干等为委员,加强对乡镇政法工作的统一领导,充分发挥政法委员会在整合基层政法队伍、统一调度指挥方面的职能作用,形成协调一致的工作体系。

建强乡镇综治维稳管理中心。中心与乡镇综治委和维稳领导小组为两个组织一套人员,由党委书记任中心主任,乡镇长、人大主席、政法委书记、武装部长、分管副乡镇长、政协联络处主任为副主任,中心下设办公室(综治维稳办),政法委书记兼任办公室主任,1名副科级以上干部任专职副主任,派出所所长、司法所所长、信访专干、民政助理为成员,一类乡镇配备专干5名以上,二、三类乡镇配备专干3名以上。派出所、司法所、信访室专门力量分别达到5人、3人、3人以上。派出所、司法所力量不足的,由乡镇调剂干部,配齐配强。乡镇要建强"五站",信访办理站由乡镇分管信访负责人任站长,调解转化站由综治办副主任任站长,治安防控站由派出所所长任站长,帮教矫正站由司法所所长任站长,人口管理站由派出所分管负责人任站长。

建强专职治安巡逻队伍和保安护卫队。县城区专职治安巡逻队员今年要达到30人,2009年增加到40人,2010年增加到50人。城区专职治安巡逻队的经费由县财政全额保障。其他乡镇也应建立由政府出资(筹资)的专职治安巡逻队伍,不少于10人。同时,组建好党员干部义务巡逻队和治安巡逻志愿者等队伍。

建强村(居)"一中心五网络"。村(居)综治维稳管理中心主任由党支部书记担任,由村组干部担任五个工作网络的专干,组建5－10人的护村(居)专业联防队。

建强机关、团体、企事业单位"一中心五网络"。中心办由一名分管副职任主任,配齐2－3名专干,按照五个工作网络配齐专(兼)职力量,具体负责五个网络工作任务的完成。有独立院落的单位、封闭型住宅小区和大型商场、文化娱乐场所都要根据规模大小,配备一定数量的专业保安护卫力量。其他单位根据防控任务配强保安队伍。

2. 明确专业目标。要围绕发案少、秩序好、社会平安、群众满意、建设"平安安乡"的总体目标,根据"中心"和各"网络"的职能职责,分线、分岗、分人细化、量化专业目标。

综治维稳管理中心的工作目标是:综治专业组

织健全，网络专业体系建设到位；制度规范，执行到位；日常调度有力有效，各项措施具体落实；人、财、物保障到位，考评考核奖惩兑现。

人口管理网络的工作目标是：对辖区（单位）内常住人口、重点人口、流动人口等知底数、知住址、知去向、知社会关系，知现实表现，出租房屋管理到位；重点人口、暂住人口和出租房屋内违法犯罪现象得到有效控制；流动人口的合法权益得到有效保护。

治安防控网络的工作目标是：社会治安形势平稳，刑事发案总体下降，严打控罪能力明显提高；不发生重特大治安案（事）件和治安灾害事故，不发生重特大可防性案件，不出现倾向性犯罪和危害一方的黑恶势力犯罪，不出现黄、赌、毒等治安热点问题；群众安全感提高，对社会治安状况的满意率达到全市先进水平。

调解转化网络的工作目标是：民转刑案件、行政复议案件、信访案件不断下降；人民调解成功率、民事诉讼调解结案率、行政信访案件调解成功率不断提高；一般性矛盾纠纷不出村（居），大纠纷不出乡镇，疑难纠纷不出县；确保不发生群体性事件，不发生民转刑命案，不发生跨区域、跨行业的重大矛盾纠纷。

信访办理网络的工作目标是：非正常上访逐年下降，信访秩序持续好转；不发生因信访工作不到位引发的非法集访事件和群体性事件；不发生非法集访组织活动，不发生到市赴省进京非法集访组织活动，不发生到市赴省进京非法越级集访，不发生恶性缠访、闹访和极端访。

帮教矫正网络的工作目标是：各类帮教矫正对象底数清楚，信息完整、准确；对每名帮教矫正对象按要求落实帮教人和具体帮教矫正措施，不出现脱管、失控现象；帮教矫正对象犯罪率明显下降，不出现恶性重新犯罪。

3. 落实专业措施。在逐步提高综治队伍人员素质的基础上，严格落实“一个中心”和“五大网络”的职责任务，强化运用各种专业措施，推进社会治安综合治理和平安建设深入开展。

综治维稳管理中心要定期研究治安形势，对一个地方、系统或单位的综治工作进行总体部署，对工作开展情况进行跟踪督导和调度，组织实施目标管理考核，强化奖惩激励措施，充分运用“一票否决”权制，确保综治工作各项措施落实到位。

人口管理网络要健全人口管理的专业队伍，抓好常住人口、暂住人口、重点人口、流出人口、出租房屋等的登记、办证与管理、服务工作。建立人口网络信息平台，定期开展排查，实时登录人口信息。强化重点人口特别是高危违法犯罪群体的监控，从源头上减少违法犯罪。

治安防控网络要整合人防、物防、技防资源，健全城乡“一体化”的社会治安防控体系。落实“三防”高效协同，专群密切配合，责任分块划段定人包保等措施，加强社会面的巡防控制。指导内部单位、重点部位开展自防自守，预防可防性案件的发生。加强公共娱乐场所、特种行业、危爆物品的治安管理及交通、消防安全管理，减少治安安全隐患和漏洞。定期开展治安混乱地区和治安重点问题的排查，对重点地区和重点问题进行挂牌整治。

调解转化网络要组织开展矛盾纠纷的定期排查，对跨区域、跨行业的矛盾纠纷进行分流、协调、调度、指导和化解。建立健全人民调解、行政调解、司法调解“三调联动”机制，提高矛盾纠纷的调处水平，化解社会不稳定因素，促进社会和谐。

信访办理网络要分行业、分部门、分层级落实信访工作责任，对信访反映的问题进行合理分流指派，重大问题进行交办督办。对问题突出的重点地区和重点单位、重点群体，组织工作组帮助做好信访办理工作。落实主要领导定期挂牌接访制度。健全社情民意收集反馈机制，准确掌握群体性事件苗头，及时化解和上报情况。

帮教矫正网络要强化以社区为平台，基层党政组织和自治组织为基础，政法专门机关力量为骨干，群众帮教小组为主体的教育挽救、转化等措施，切实加强对刑释解教人员、监外法管人员、吸毒人员、“法轮功”等邪教组织人员的帮助教育、监管等工作，预防和减少犯罪。

4. 保障专业必需。“平安”是人民群众的基本需求，是极其重要的民生问题，各级应进一步加大投入，保障专业必需。

保障工作经费。县级要随着财力的增长，逐年增加政法综治经费。严格执行好政法队伍“最低保障线”措施,确保政法单位正常运转。从2009年开始,乡镇综治经费按照人平1元标准纳入财政预算,由县级财政实行转移支付。县级根据工作的实际情况每年安排一定的维稳准备金。各乡镇也要安排一定的维稳专项准备金。各单位都要把综治维稳经费和平安创建经费列入预算,足额保障支出。进一步提高基层综治维稳工作人员的经济待遇,乡镇综治维稳办工作人员享受特殊岗位津贴。

保障办公条件。加强乡镇综治维稳办、派出所、司法所建设。综治维稳办要落实专门的办公场所。派出所、司法所要按照公安部、司法部的建设要求达标,今年重点解决好无房、危房派出所问题,明年全县所有派出所和司法所必须达标。

保障装备设施。有计划、分步骤地改善政法综治队伍的装备设施。今后要把改善县级公安机关的刑侦、防暴、处突、消防等设备作为重点。进一步加强技防设施建设,今年,全面完成城区电子防控系统公共区域建设任务,明年,启动单位、社区、住宅小区的电子防控系统建设。有条件的乡镇也要逐步建设电子防控系统。

5. 严格专业考评。社会治安综合治理和平安建设的成效是检验各级党政领导班子和领导干部执政能力和执政水平的重要标准,各级综治部门要切实加强专业考评。

健全综治考核评估体系,制定全县各级各部门到单位、到岗位、到个人的责任目标。县、乡综治部门按照考核管理权限,制定具体的目标管理考核办法,客观真实地评价奖惩。加强考评结果的运用。把综治工作绩效考核列入干部考核评价的重要内容,将考核结果作为对干部晋职晋级和实施奖惩的重要依据。加强日常督查和综合性考核,对工作扎实、成效显著的地方、单位和个人予以表彰奖励;对因工作失职、渎职造成工作被动、出现重大治安和影响稳定问题的,实行责任倒查和“一票否决”,严肃追究有关领导和相关人员的责任。

建立民意测评机制。把民意作为衡量政法综治工作的重要标准之一,建立专业性强的民意调查、测评机制,加强分析研究,根据人民群众的反映发现问题,改进工作。

三、全面加强社会治安综合治理专业化建设的组织领导

1. 严格责任。全县各级各部门要把社会治安综合治理专业化建设纳入本地经济社会发展总体规划,把专业化建设作为保一方平安、维护一方稳定的基础性工作来抓。要研究制定专门工作方案,由党政一把手亲自安排,分管领导具体组织落实。要按照“谁管辖、谁负责”和“谁主管、谁负责”的原则,层层建立领导责任制、部门责任制和单位责任制,把专业化建设的任务落实到乡镇、村(居)、部门单位和责任人。

2. 真抓细管。县各有关部门、单位在社会治安综合治理专业化建设中,要充分发挥职能作用,推动专业化建设不断深入。县组织、编制、人事部门要全力支持,具体解决综治专业队伍专业人员的调配问题。县宣传部门要加强舆论引导,加大综治专业化建设的宣传力度,为综治工作营造良好的舆论氛围。县政法部门要集中具体督促落实综治专业化建设,具体落实基层专业组织人、财、物的全额配置。县财政部门要为综治专业化建设具体调度落实必需的财政保障。各有关单位都要联系实际,在发挥职能作用的同时,落实好本单位综治专业化建设。

3. 确保落实。建立健全社会治安综合治理专业化建设长效机制,确保专业化建设取得实效。建立目标管理制度,把专业化建设的目标实现情况纳入社会治安综合治理考评体系;建立决策调度制度,各乡镇党委、政府要定期研究、调度综治专业化建设工作,及时解决问题;建立联点指导制度,县综治委成员单位都要分别确定一个联系乡镇,指导基层开展综治专业化建设;建立督查讲评制度,县委、县政府督查部门和综治部门要定期组织开展综治专业化建设督导活动,进行工作讲评,表彰先进,鞭策后进,推动工作平衡发展。

中共安乡县委　安乡县人民政府
关于开展“诚信安乡”创建活动的意见

（2009 年 3 月 12 日）

为树立“诚信安乡”新形象，塑造“诚信安乡人”，经县委、县政府研究，决定从 2009 年起，利用 3 年左右的时间，在全县范围内广泛开展“诚信安乡”创建活动。特提出如下意见：

一、指导思想

以党的十七大精神为指导，以科学发展观为统领，以建设优质高效法治政府、优良服务行业、重合同守信用企业和诚实守信公民为目标，以倡导诚信理念、解决诚信缺失问题为重点，进一步培育诚信环境，树立诚信形象，力争通过创建活动的开展，在全县范围内逐步建立健全诚信机制，促进全县经济建设和社会各项事业协调发展。

二、工作安排

创建“诚信安乡”是个系统工程、合力工程，必须全方位动员、全民参与、循序渐进。重点要抓好以下三个方面的工作：

1. 宣传发动，营造浓厚氛围。一是抓好会议发动。2009 年 3 月份，县委、县政府召开创建“诚信安乡”动员大会。各乡镇、县直各单位、各个企业要按照县里的要求把诚信教育与创建学习型机关结合起来，作为本单位干部职工抓学习的重要内容来对待。特别是单位班子成员，要把诚信教育作为民主生活会的主要内容之一，单位主要领导要带头作辅导报告。班子成员人人要发言，个个要撰写心得体会。二是抓好媒介宣传。从 2009 年 4 月份起，县电视台要开辟创建“诚信安乡”活动电视专栏；县信息化办要在县政府网站制作创建“诚信安乡”活动网页；《常德日报·新农村周刊》要开辟版面专门宣传报道创建“诚信安乡”的各项活动。三是抓好阵地建设。各个单位要做到宣传有载体、活动有场所、学习有平台。各乡镇和有院落的县直机关、企事业单位要以“公民诚信守则”为内容，制作永久性宣传标语。四是抓好主体活动。（1）举办诚信建设主题报告会，聘请专家、学者作专题辅导。（2）组织开展“讲诚信从我做起”征文和演讲活动。（3）组织有关职能单位在县电视台、《常德日报·新农村周刊》开展“优化经济发展环境公开承诺”活动。（4）组织开展诚信文化“三进”（进乡村、进社区、进企业）活动。（5）在中小学校举办“诚信教育”主题班会，把“诚信教育”作为中小学德育教学的重要内容。（6）开展“三看三比，争做诚信干部，创优服务环境”竞赛活动。在县直职能部门中开展“看是否按要求履行了岗位职责、比业务能力强不强；看是否兑现了服务承诺、比群众满意度高不高；看是否做到了令行禁止，比工作作风硬不硬”的活动。（7）开展好“十佳诚信人物”“十佳诚信单位”评选活动。

2. 突出重点，着力整治失信问题。一是明确总体目标。要通过开展“诚信安乡”创建活动，教育引导广大党员干部群众讲实话重实干，办实事求实效。把“诚信安乡”建设与改进领导干部作风、优化政府服务环境结合起来，反对说假话汇假报，力戒欺上瞒下、阳奉阴违、弄虚作假。要通过努力，确保今年年底，社会诚信意识明显提升，诚信环境明显优化，明后两年，社会诚信制度基本完善，社会诚信体系基本建立，到 2012 年左右，诚信安乡建设取得重大成效。二是突出工作重点，有针对性地解决失信问题。政府管理部门要着重完善行政审批制度、政务公开制度、首问责任制度、服务承诺制度、限时办结制度等，重点解决好行政效率低下、相互推诿扯皮、有令不行有禁不止等方面的问题，提高政府管理部门的公信力，取信于民。执收执罚部门要在文明执法、依法办事上下功夫，重点整治随意执法、粗暴执法、多头执法以及乱收乱罚的行为。城建交通部门要实施“透明工程”“阳光工程”，重点解决好串标、围标、人情工程、面子工程、豆腐渣工程等方面的问题。教育部门要加强诚信教育，培育学生形成诚实守信的思想观念和道德行为准则，进一步落实中央惠民政策，重点解决好中、小学校教育乱收费问题，解决好师德师风建设的问题。卫生部门要监督医疗机构对药品的集中采购，规范药品、医疗器械采购的招投标机制，重点解决好“收红包”“乱加价、乱收费”“欺瞒和误导患者”的问题。银信部门要重点解决好惜贷、缓贷、层层设卡等方面的问题，进一步畅通融资渠道。保险行业要在规范和提质上下功夫，重点解决好投保容易理赔难的问题。政法部门要重点解决好队伍形象、服务意识、办关系案、人情案、以权代法等方面的问题，确保司法公正。公共服务部门要在提速提质强服务上下功夫，重点整治门难进、脸难看、事难办的问题。全县规模以上工业企业要启动信用管理机制，积极实施企业信用信息披露制度，建立企业诚信守则。各个乡镇要坚决实现农民零负担，打造诚信计生，妥善处理各类社会矛盾，进一步规范新农村建设过程中的争资争项行为，确保政务村务公开透明。三是强化对失信责任的追究。充分发挥各级人大、政协对“诚信安乡”建设的依法监督和民主监督作用，充分发挥新闻媒体、广大群众的舆论监督和社会监督作用。通过强有力的监督，凡发现政府和有关部门因失信造成其他法人和自然人合法权益受到损害的，除依法赔偿外，要对相关责任人予以相应处罚；行政机关及工作人员执行公务不作为和乱作为，在履行法定职责中出现的严重不讲诚信的行为，严格依纪依法予以追究；企业制假售假、经济诈骗、恶意逃废银行债务、偷逃税款、做假账以及中介机构出具虚假报告的，实行“黑名单”制度，触犯法律的要提交司法机关处理。

3. 循序渐进，逐步形成诚信安乡建设的长效机制。一是要建立政府信用评估体系。制订完善以政府信用信息的征集、管理、审查申请、发布和政府信用评价等为主要内容的政府信用评估体系，制定《安乡县政府信用信息管理办法》。二是要建立公众评判体系。今后.要将行政事业单位、企业及其党员干部是否讲诚信纳入作风评议的重要内容。并逐步探索大众参与评判的途径、渠道、方式、方法，更广泛地吸引公众参与诚信评判。三是要健全党员干部考核体系。各级组织人事部门要建立健全党员干部诚信档案系统，既包括干部履行职责中的成绩、行使职位权力中的守法行为，也包括政令不畅、作风不正、工作不力、形象不佳、纪律不严、说假话汇假报等不良行为记录。今后，要把党员干部是否讲诚信纳入年度工作绩效考核，并作为干部使用的重要参考和依据。

三、组织领导

1. 成立工作机构。县里成立创建“诚信安乡”活动领导小组。县委常委、县纪委书记唐俊武任组长，县委常委、宣传部部长万勇、县人大副主任戴红兵、县政府副县长汤平、县政协副主席华云泽、县人武部副部长高少文任副组长，县委办、县政府办、县纪委监察局、县委组织部、县委宣传部、县委政法委的分管负责人为成员。领导小组下设办公室，办公地点设在县纪委监察局，县纪委副书记李军兼任办公室主任。各乡镇和县直各单位都要组建专门的工作机构，具体负责“诚信安乡”活动的组织、宣传、协调、检查、验收等工作。各部门各单位工作机构的组建情况要及时报县创建“诚信安乡”活动领导小组办公室备案。

2. 制定活动实施方案。全县各部门各单位要根据县创建“诚信安乡”活动领导小组的要求，结合本部门本单位的实际，围绕创建“诚信安乡”，研究制定切实可行的实施细则，2009 年 3 月底前报县创建“诚信安乡”活动领导小组办公室备案。

3. 明确领导责任。各部门各单位党政主要领导作为“诚信安乡”创建活动的第一责任人要牵头抓，分管领导具体抓。特别是各个单位的领导班子成员，单位二层骨干要带头强化诚信意识，说实话、办实事、求实效；带头强化服务意识，提高服务本领，以实际行动和效果取信于民；带头强化自律意识，保持良好的个人信用记录，以风清气正的党风政风带出明礼诚信的民风社风。

4. 强化责任考核。从今年起，各部门各单位创建“诚信安乡”的工作，要与其他工作同部署、同落实。创建工作要纳入全县目标管理责任制考评内容进行考核。

中共安乡县委　安乡县人民政府
关于进一步加强扶贫开发工作的意见

（2009年5月12日）

根据常德市委、市政府《关于进一步加强扶贫开发工作的意见》（常发〔2009〕4号），为了搞好我县农村扶贫济困，构建和谐安乡，结合我县农村实际情况，现就在新农村建设中加强扶贫开发工作提出如下意见。

一、全县扶贫开发工作的总体要求

1. 指导思想：以科学发展观为指导，以消灭绝对贫困现象、缓解相对贫困问题、全面改善贫困村的基础设施状况、推进贫困村社会事业长足发展为基本目标，坚持开发式扶贫方针，加快贫困村、贫困户脱贫致富的步伐。

2. 目标任务：对全县47个贫困村实行扶贫攻坚总体战，从2009年开始，用十年的时间，大力改善贫困村的基础设施状况，大幅提高贫困村农民的收入水平，在我县农村基本消除绝对贫困现象，到2013年，通村公路硬化率达到100%，贫困村沼气入户率达到50%以上，“三改”配套率达到80%左右。至2018年，所有贫困村村内道路基本硬化，沟渠基本硬化，贫困村的生产生活条件得到大幅改善，农民年人均收入达到5000元以上。

3. 基本原则：坚持以消除绝对贫困现象，实现贫困村民“学有所教、劳有所得、病有所医、老有所养、住有所居”的“五有”为工作重点；坚持“生活宽裕”与“生态良好”和谐共进的工作方针；既要重视向贫困群众输血，更要重视造血功能的培养。因地制宜，分级负责，整体规划，分步实施，确保特困人口彻底脱贫，确保贫困人口不反弹。

二、抓好我县扶贫开发的关键环节

实现我县扶贫开发战略目标，必须根据我县农村贫困人口的实际情况，按照科学发展观的要求，在以下几个关键环节上取得突破。

1. 强化基础设施建设。把贫困村的水、电、路等基础设施建设作为扶贫开发的重点来抓，整体规划，分步实施，解决好贫困村交通不便，沟渠年久失修等问题。确保2018年前贫困村村内道路基本硬化，大力推广户用沼气池，加快改水、改厨、改厕、改圈，不断改善人居环境。

2. 加强产业扶持。要扶持、引导贫困村民开展水产养殖，进一步强化地区农业特色，特别是要以我县的名、优、特鱼种繁育基地为依托，大力推广名、优、特鱼的套养，以增加贫困村民的经济收入。同时在安排产业开发资金项目时，要确保对贫困村实行倾斜。

3. 强化教育培训。对贫困村村干部和科技示范户免费开展农业适用科技培训，并要加大贫困村农民素质培训力度。同时要加强对贫困家庭子女的务工技能培训，增强他们外出打工创业的能力。县扶贫办每年安排一定的培训经费对贫困村贫困家庭子女进行3－6个月的免费技能培训。

4. 倡导社会扶贫。在全县大力倡导和鼓励社会各界开展扶贫济困活动。组织开展私营企业主与贫困村及城镇富裕家庭与农村特困家庭的结对扶贫等活动。营造良好的社会氛围。

三、加强扶贫开发工作的组织领导

1. 健全扶贫开发工作机制。县里根据市委、市政府的工作部署，调整充实县扶贫开发领导小组，负责全县扶贫开发工作的综合管理和统筹协调。县委副书记陈彰波任组长，县人民政府副县长魏邦发任副组长，项文渊、曾宪孝、潘文华、瞿宏辉、周海云、唐志平、潘能仲、张炼平、黄翔、李伯泉、廖可华为成员，领导小组下设办公室，廖可华兼任办公室主任。办公室要进一步强化职能，抓好扶贫开发工作的日常工作与综合协调，并要开展扶贫调研及组织督导。

2. 实行扶贫开发工作分级负责制。市、县对47

个贫困村实行共同扶持,以县为主。市里重点抓15个村,县里抓32个村,按每两年一轮,每轮抓9－10个村。其中市里每轮抓3个重点村,县里抓6－7个村。乡镇主要负责扶贫开发工作的具体衔接和项目落实。

3. 完善扶贫资金筹措机制。为强化扶贫资金保障,根据市委、市政府的要求,从2009年起,我县按农业户籍人口年人均2元的标准,建立扶贫开发工作专项资金,纳入本级财政预算。各涉农部门,定点扶贫部门及扶贫开发领导小组成员单位,也要安排一定资金用于扶贫开发工作。

4. 县扶贫开发领导小组对全县各项扶贫资金,实行统一调度,集中使用。县扶贫开发办要加强对扶贫开发资金的调度、整合资金、整合项目力度,加强监管,切实提高扶贫开发资金的使用效益。县纪检、监察、审计等部门,要定期对扶贫资金的使用情况进行监督检查,以杜绝违纪、违规问题的发生。

人 物 名 录

安乡籍在世名人不少，有副县（处）级以上党政军界人员、高级专业技术职务人员、商界精英，散布祖国各地，为家乡经济建设做出了卓越贡献。这里记载的（778 人，按姓氏笔画排列），是县志开印前已得知的信息，一定有不少缺漏。

姓 名	工 作 单 位	职 务
卜功元	广东省深圳市某律师事务所	主 任
卜功富	湖南省人民防空办公室	主 任
丁仁义	湖南省长沙经济开发区	工会主席
丁世云	湖北省武汉工业学院	副教授
丁国旗	广东省珠海市国煜发展公司	总经理
丁泉明	湖南省常德市人力资源和社会保障局公务员管理局	局 长
马成军	广东省深圳市兴城百货有限公司	总经理
马金兵	广东省深圳市景源化工有限公司	董事长
马建章	中国人民解放军海南军区 187 医院	主 任
马学斌	广东省深圳市云龙兴贸易有限公司	董事长
马承华	广东省广州武警医院医务处	主 任
马承斌	湖南省常德市交通局	调研员
马 锋	上海立心建筑科技有限公司	总经理助理
马 毅	中共湖南省纪律检查委员会干部室	主 任
万全名	广东省深圳市电力局财务部	部 长
万 波	中国国家航天部第二研究院	研究员
万 辉	福建省厦门市万辉医疗器械有限公司	总经理
万 智	湖南省交通科学研究院	副研究员
卞 鹰	中共湖南省纪律检查委员会	副书记
车生兵	中南林业科技大学（湖南长沙）图形图像研究所	所 长
车富美	广东省珠海市拱北恒南公司	经 理
车德莲	湖南中烟集团常德卷烟厂	党委副书记
车德斌	湖南省常德市交通局	局 长
邓长辉	广东省中人集团（广州）	原副总经理
邓建平	湖南省地方志编纂委员会	副主任
邓昌明	胜利油田建筑有限公司	总经理
邓 勇	陕西省西安宝岛咖啡茶艺	总经理
方向亮	中共湖北省武汉市江夏区委办公室	副主任、教授

孔介夫	湖南省人民政府参事室	参　事
孔和平	中共湖南省委宣传部	副部长
孔泽平	湖南省远景科技责任有限公司	总　裁
毛伟民	湖南省公安厅指挥中心	主　任
毛国平	湖南省机关事务局	副巡视员
毛明星	湖南省德客隆置业投资有限公司	总经理
水佑民	湖南省信息产业集团	总经理
王　丰	湖北丰德商贸有限公司	总经理
王天佑	湖南省贸易促进委员会	正厅级干部
王丰奇	海南省商务厅	副厅长
王代平	湖南省民政厅	处　长
王东京	中共中央党校	副校长、教授
王永忠	湖南省株洲市交通局	纪检组长
王本勋	江西省上饶机务段	书　记
王红云	湖南长沙环境保护职业技术学院	副院长
王成铁	四川省成都百姓酒业有限公司	经　理
王　芳	四川安信证券	市场总监
王志力	海南省边防总队后勤处	处　长
王克文	湖南省常德市财政局	副局长
王芳仁	广东省深圳铁道医院	院　长
王兵兵	湖南省核工业地质局办公室	副主任
王进忠	四川汇鑫涂料厂	总经理
王志春	国防科技大学(湖南长沙)计算机系	主任、大校
王昌元	湖南省常德市西洞庭管理区	副厅级巡视员
王明东	湖南省常德市汉寿县委办公室	县委常委、主任
王国华	广东广州亿迅科技有限公司	总经理
王征兵	中国人民解放军3303厂军代室	主　任
王泽宙	广东省深圳市公安局刑侦处	处　长
王国勋	湖南省画院	画　家
王国富	湖南省科学技术厅外事中心	主　任
王国强	湖南工学院后勤处	处　长
王春林	湖南省地方税务局	巡视员
王海云	北京京石宾馆海利府酒楼	总经理
王　野	湖北省武汉市纵横科技	总　裁
王喜枝	海南省测绘局	处　长
王智祥	上海森汉广告策划有限公司	总经理
王黎明	湖南省常德市人力资源和社会保障局	纪检组长
文良安	中共湖南省委宣传部新闻处	副处长

文新民	湖南省电力设计院	党委书记
尹正锡	湖南省常德市财政局	局　长
尹　健	中国人民解放军空军第八研究所(北京)	主　任
尹跃明	湖南省常德市社会科学界联合会	主　席
包万郑	湖南省株洲市移动公司	总经理
龙月元	高化学(上海)国际贸易有限公司	董事、总经理
龙佑云	湖南省广播电视局	副巡视员
龙宗党	中国工商银行湖南省分行	副行长
龙秋云	湖南省电广传媒(长沙)	董事长
皮　唐	中国光大银行珠海分行(广东)	行　长
卢海林	湖北省武汉工程大学建筑学院	院　长
石　刚	中国中央财经大学(北京)	教　授
石　岩	广东省深圳市友亿成照明有限公司	教　授
石柏林	湖南大学(长沙)法学院	教　授
石海林	湖南海佳食品有限公司	总经理
石铁流	中国科学院上海生命科学信息中心	主任助理、副教授、博士
石　锋	广东省深圳市电子有限公司	经　理
史开卷	中国农业银行湖南省分行	处　长
史正文	上海市农科院林果研究所	所　长
史精荣	湖南省交通厅规划设计院	副院长
司马朝新	中国民生银行(北京)	博　士
田方斌	湖南省新闻出版集团办公室	主　任
田铜海	湖南省政府驻海南办事处	副主任
田燕飞	湖北省武汉天星裕固贸易有限公司	总经理
叶华文	中南大学(湖南长沙)信息科学与工程学院	博　士
左雄中	湖北省人大常委会	处　长
安立才	广西壮族自治区桂林炮校	教授、大校
毕人芳	中国人民解放军空军工程学院(北京)	副教授
毕家志	海南省某建筑公司	总经理
成协南	湖南省常德市人民防空办公室	副主任
成孝安	湖南省测绘产品质量监督检验站	副站长
关振宏	西南交大(四川)电气工程学院	书记、教授
关　蕾	湖南省常德市妇女联合会	副主席
江来登	湖南第一师范(长沙)	副教授
江　勇	中国航天科工集团二院(北京)	总工程师
江　涛	湖南省质量技术监督局	总工程师
刘卫东	广东省广州制药集团公司	总经理
刘卫东	广东省广州大兴投资有限公司	总经理

刘少云	广东省深圳市电信局福田分局	局 长
刘少安	中国中央电视台十二演播室	主 任
刘少军	湖南省科学技术厅农业处	处 长
刘月华	同济大学(上海)附属口腔医院	副院长
刘少武	湖南省常德市广播电视台	副调研员
刘云武	中国远洋广州公司	副总经理
刘少斌	湖南省建四公司	总经理
刘仁福	中国医疗器械进出口公司(北京)	总经理
刘龙刚	湖南涉外经济学院(长沙)	副校长
刘世友	中国人民解放军郑州测绘学院	教 授
刘玉平	湖南省株洲市人民政府	副秘书长
刘玉岩	广东省深圳市顺博宾馆集团有限公司	副总经理
刘四林	湖北省武汉宏盛漆业有限公司	总经理
刘仕英	中共湖南省常德市委农村工作部	副部长
刘正前	湖南省长沙市雨花区人民政府	副调研员
刘北宪	中国新闻社	社 长
刘 宇	上海幸运星展示设计制作有限公司	总经理
刘再田	湖南省水利设计院	副院长
刘兴华	湖南省常德市城市管理局	局 长
刘庆建	广东省广州某房地产公司	董事长
刘伟林	湖南省人大常委会研究室办公室	主 任
刘仲林	广东省深圳市皇岗边检站	队 长
刘兴跃	湖南高信置业有限公司	董事长
刘 足	湖南省总工会办公厅	副处长
刘志军	湖南省常德市第一中医院	副院长
刘志刚	海南省工商学院(海口)	教 授
刘丽君	湖北省武汉九欣烨盛能源科技有限公司	副总经理
刘宏波	广东省广州市人事和社会保障局	调研员
刘利国	海南省海口经济学院后勤集团	副院长、总经理
刘克建	广东省珠海红海工业公司	总经理
刘进康	中南大学(湖南长沙)湘雅附属一医院放射科	主任、教授
刘国元	陕西省西安市国土资源局	副局长
刘定昌	中国人民解放军南京空军政治学院(江苏)	副院长
刘泽武	广东省广州市国际贸易监管委员会办公室	主任、博士
刘国炳	中国人民解放军534医院(河南洛阳)	院 长
刘建跃	湖南省常德市国土资源局	局 长
刘明耀	华东师范大学(上海)生命医学研究所	所长、博士
刘荣中	中国国务院发展研究中心	研究员、博士后

刘革安	湖南省总工会	党组书记、副主席
刘　艳	广东省广州电视台节目部	主　任
刘晓阳	北京中建工程顾问有限公司成都分公司	总经理
刘　清	湖北省武汉白沙洲农副产品大市场有限公司	副总经理
刘雪平	广东省深圳万国公司	总经理
刘理安	广东省黄埔海关	处　长
刘　斌	中国人民解放军空军94630部队	处　长
刘　斌	广东省深圳市金石堂文化传播有限公司	总经理
刘　雄	上海雄略实业公司	总经理
刘敦新	中国人民解放军军事经济学院	教　授
刘　蒙	中共北京市委机关工委	处　长
刘新华	美国德克萨斯州大学	教授、留美博士
刘　毅	中共海南省海口市纪律检查委员会	副调研员
刘德民	海南省海事局巡查执法支队	书　记
刘德明	海南省海口市海事局	党委书记
刘德清	广东深圳市武警总队后勤处	处　长
乔光福	中华新韵学会	副会长
全泽远	湖南省湘潭市金信物资有限公司	总经理
齐兴国	广东省广州市干休所	原所长
齐淑兰	湖南同德职业技术学院(常德)	董事长
任正清	海南省海口市公安局	处　长
任宏波	广东省深圳市迪赛装饰设计工程有限公司	经　理
任　婧	长岭炼油厂(湖南岳阳)医院	副主任医师
任爵一	中国人民解放军海南军区预备役师政治部	副主任
孙月光	中国人民解放军通讯指挥学院	教授、大校
孙元贞	湖南省长沙市规划局综合处	处长、党组成员
孙元喜	湖南师范大学(长沙)	教　授
孙业华	湖南省监狱管理局	工会主席
孙兴军	李文锁城武汉公司	副总经理
孙学良	中国原子能研究院(北京)	研究员
孙险峰	湖南省国家税务局	总经济师
孙新民	湖南省常德市经济和信息工作委员会	调研员
汤　宁	湖南省财政厅统计处	调研员
汤圣保	广东省新理想置业发展公司	总经理
汤厚松	湖南省文化艺术基金会	副秘书长
汤厚松	湖南省常德市农业局	副调研员
汤海军	中国人民解放军空军91287部队	处　长
伍贤松	广东省广州市人保公司培训中心	原副主任

伍佰洲	重庆大学后勤集团	总经理
向才焰	中共湖南省常德市委	副秘书长
向世华	美国哈佛大学医学院	教　授
向世雄	深圳市博系统工程有限公司上海分公司工程部	经　理
许宏涛	湖南省常德市住房和城乡建设局	副调研员
许　辉	北京师范大学	博　士
吕北回	中国人民银行湖南省常德分行	调研员
吕北琼	湖南省公安厅后勤装备部计财处	副处长
朱少云	海南省人民检察院	处　长
朱方清	湖北省武汉宏盛漆业有限公司	总经理
朱东屏	艾普科技有限公司(北京)	博　士
朱业新	中共湖南省委党校	副巡视员
朱　林	湖南省长沙市公路管理局	局　长
朱金生	湖南省常德师范学校	书　记
朱明翰	福建省厦门航空有限公司党委办公室	主　任
朱　振	海南省三亚海艺会展演出设备租赁公司	总经理
朱德庆	中南大学(湖南长沙)科技处	副处长、博士
陈日东	湖北省人民政府办公厅	正处级调研员
陈日红	湖北省美术学院	副教授
陈长明	湘潭(湖南湘潭)大学	教　授
陈礼云	《年轻人》杂志社	常务副社长
陈龙军	湖北省武汉市松野智能仪表有限公司	总经理
陈玉华	四川大学华西保健医院医学整形美容中心	主　任
陈玉其	北京小汤山医院康复中心	副主任、医学博士
陈世举	广东省深圳市交通频道	副总编
陈　华	湖南省儿童医院(长沙)放射科	主任、副主任医师
陈　华	湖南省长沙华泰涂料有限公司	董事长
陈　江	中国人民解放军蚌埠(安徽)坦克学院院务部	副部长
陈　刚	四川省锦竹什地贵龙沙场	董事长
陈安生	湖南省常德市水利局	局　长
陈兴国	广东省深圳市大金伟业技术有限公司	董事长
陈宏章	广东省广州铁路局东站	原党委书记
陈芳辉	中共湖南省长沙市纪律检查委员会	副书记
陈学贵	湖南省常德市经济技术开发区	副调研员
陈　科	湖南省政府政策研究室	处　长
陈　星	上海星盛投资有限公司	董事长
陈树良	广东省广州市知而行文化传播有限公司	董事长
陈祖林	美国纽约医学院	医学博士

陈思南	湖北省武汉宜鑫广告工程有限公司	总经理
陈祖斌	广东省广州创想科技股份有限公司	总经理
陈　浩	上海文峰(国际)集团	董事长
陈海博	广东省广州市地方税务局天河分局	副局长
陈银生	上海巍森船务代理有限公司	总经理
陈章斌	广东省深圳广播电视集团广告部	主　任
陈湘滨	湖南省长沙市国土资源局	财务总监
陈新军	中国人民解放军海军十一支队	处　长
陈彰华	湖南省建工集团	董事长
陈　巍	上海文峰(国际)集团	总　裁
杜万红	中国人民解放军163医院(湖南长沙)内四科	主　任
杜振富	广东省人民防空办公室指挥通信处	处　长
但德池	湖南省人民政府外事办公室	原主任
何一平	广东省建工集团	总经理
何义斌	中铁十一局集团	董事长
何书元	湖南省常德市住房和城乡建设局	副局长
何平安	广东省广州市广电物业有限公司	总经理
何名松	湖南省常德市档案局	副局长
何名森	广东省深圳市西丽人民医院	主任医师
何明军	广东省广州南方医院	党委副书记
何国祥	湖南省岳阳市地方税务局	副局长
何　玲	复旦大学(上海)外文学院	英语语言文学博士
何清正	中国建设银行湖南省分行基建处	处　长
何德元	湖北省武汉硚口区银濠制冷器经营部	总经理
李一平	中国人民解放军总后装备部066基地军代室	总代表、大校
李一翔	上海东华大学人文学院	教　授
李　文	湖南李文锁城投资管理有限公司	董事长
李少夫	湖南同德职业技术学院(常德)	院　长
李少武	广东省深圳市	师级干部
李立之	广东省广州市仲裁办公室	副主任
李巧兰	中山大学(广东广州)第三附属医院	党委书记
李永华	湖南省星城监狱	副监狱长
李发明	美国施乐公司	研究员
李汉秋	中国人民解放军徐州(江苏)空军后勤学院	教　授
李正秋	广东省深圳市北方公司	总经理
李仕祥	中共湖南省委政法委稳定办	副主任
李　军	中共海南省委	副书记
李　旭	湖南未来投资发展有限公司	董事长

李设球	湖南省常德市澧县人民法院	院　长
李　兵	贵州省武警总队军需处	副处长
李声山	广东省深圳市东景盛公司	总经理
李连友	湖南大学(长沙)金融学院	教　授
李应生	广东省广州市萝岗区环境保护局	副局长
李志平	广东省东莞市环境保护局	处　长
李秀成	湖北省公安厅	处　长
李志明	中国人民解放军广西桂林陆军学院一大队	政　委
李　虎	上海市第一中级人民法院	庭　长
李　欣	北京奥美国绣服装有限公司	总经理
李　忠	广东省深圳市委、市政府接待办公室	副主任
李佩兰	中共湖南省常德市委党校	副校长
李绍波	广东省广州市珠江医院	党委副书记
李绍武	香港兴华半导体工业有限公司	副总经理
李绍学	北京市国土资源局	处　长
李绍新	国防科技大学(湖南长沙)学生部	部　长
李祖兰	广东省广州市农商银行风险控制部	主　任
李秋华	贵州师范大学(贵阳)	教授、博导
李海云	中国第二汽车制造公司	副厂长
李曼华	中国中央电视台十频道	处　长
李梓固	湖北省武汉北崎传感器仪表	总经理
李象玉	湖南省气象局	处　长
李鹏舟	中国人民解放军广州军区联勤部司令部	参谋长、大校
李新安	湖南省人民政府驻上海办事处	原主任
李新忠	湖南省株洲市卫生局	副局长
李碧波	中共湖南省常德市委统战部	工会主席
李耀武	湖南电视台宣管办	副主任
陆　戎	上海保利房地产开发有限公司	总经理助理
冷新平	重庆市建设工程公司	董事长
冷德贵	中国人民解放军总参谋部管理保障部	部　长
邱正安	上海长鹰印刷厂	总经理
沈友军	北京师范大学工会	副主席、博士、工程师
沈冬生	湖南德成建设工程有限公司	董事长
沈汉波	上海欧佰嘉有限公司	总经理
沈　杨	湖南德成建设工程有限公司	副总经理
沈良波	山东省潍坊市恒安公司	经　理
沈建国	广东省惠州市漆友实业有限公司	总经理
沈　洋	北京丰源投资公司	董事长

沈富春	湖南省长沙市国土资源局	调研员
宋凡华	湖南省常德市残疾人联合会	副理事长
宋冬春	中共湖南省常德市委	副书记
宋光泉	广东省仲凯农学院	教 授
宋光辉	湖南省株洲市城市管理监督指挥中心	主 任
苏美妮	湖南大学广播影视学院	讲师、文学博士
苏春模	湖南省长沙鼓风机有限责任公司	董事长
汪学鑫	中国人民解放军四川省军区	原副政委、少将
佘顺健	湖南省人民政府外事办公室	办公室主任
吴卫民	湖南省常德市武陵区政协	主 席
吴开宏	广东省深圳市南山区中科院研发大酒店	总经理
吴让晓	中共湖南省常德市委机构编制委员会办公室	副巡视员、主任
吴世锦	湖南尊升商贸发展有限公司	总经理
吴 华	湖北省电玩城	总经理
吴 昊	上海昌兴工贸有限公司	总经理
吴金槐	湖南省常德市住房公积金中心	主 任
吴德安	广东省深圳市百乐宝纯净水公司	董事长
肖月桃	中央电视台电视剧制作中心	主 任
肖文彬	湖南省常德市农业机械化局	调研员
肖汉友	湖南省常德市人力资源考试院	院 长
肖本权	湖南天心集团(长沙)	原副董事长、副厅级
肖本林	湖北工业大学土建学院	教授、博士
肖 军	中铁第四勘察设计院集团	处 长
肖昌荣	四川省某油漆专卖	总经理
肖建章	湖北省武汉市公安局戒毒所	所 长
肖昌辉	湖北省涂料有限公司	总经理
肖政云	中国建设银行海南省分行	副行长
肖剑春	湖南省常德市公路局	副局长
肖德良	中共福建省厦门市雨花区纪律检查委员会	书 记
辛长庚	湖南德成建设工程有限公司	总经理
辛长明	湖南省常德市市政公用事业管理局	书 记
应国华	湖南省电信公司财务部	部 长
杨才贵	中国电力总公司设计院(北京)	副院长
杨月华	湖南省食品药品监督局药品质检处	处 长
杨业新	中石油海南分公司	总经理
杨 刚	湖南商学院(长沙)	教 授
杨光明	湖南省担保有限责任公司	总经理
杨百顺	海南省商业厅	厅 长

杨　纲	湖南省浏阳市政协经科委	主　任
杨志刚	湖南省常德市农业机械化局	副局长
杨建平	中国人民解放军二炮司令部通信部	参　谋
杨建华	中国科学院《科技日报》社	书　记
杨其楚	广东省深圳市公安消防大队后勤处	副处长
杨宪文	湖南省常德市国土资源局	副局长
杨南安	中国国家水电二局	局　长
杨柳清	伸振木业(广东深圳)有限公司	总经理
杨　祥	姜仔鸭集团(北京)	董事长
杨陵安	湖南省株洲市司法局	纪检组长
杨琪军	湖南长沙海关稽私局法制处	副处长
杨瑞忠	湖南省高级人民法院政治部	主　任
杨瑞香	湖南省武警总医院(长沙)	副政委、上校
杨慧怡	广东省高级人民法院民一庭	副庭长
余扬波	广东省质量技术检验局	副处长
余江树	中国人民解放军广州军区通讯大队	大队长
余志来	上海湘创机电科技有限公司	董事长
余克俭	北京中建建筑设计院	副院长
余学初	湖南省高级人民法院法警总队	原政委
余　俞	湖南省常德市西湖管理区	主　任
余静波	广东省社会科学界联合会宣教处	处　长
余　霞	北京蒙纺商贸中心	总经理
严也舟	湖北省武汉工程大学	副教授
严立群	中共湖南省委宣传部机关党委	副书记
严志明	广东省广州市萝岗区人民政府	副区长
张之伟	湖南省长沙县人大常委会	副主任
张友军	中国农业科学院(北京)	教　授
张少青	广东省深圳市公安局福田分局经侦大队	副大队长
张双春	国防科技工业局(湖南长沙)	党组成员、纪检组长
张方银	中国人民解放军总后勤部航务培训基地	所　长
张世明	湘财证券(湖南长沙)	总　裁
张必胜	百宜佳洁有限公司(四川成都)	总经理
张扬军	湖南省人大常委会联工委代表联络处	处　长
张全灵	广东省公安消防总队	博　士
张　岚	湖南农业大学工学院(长沙)	副教授
张芳华	广东省物通实业投资有限公司	副总经理
张运华	广东省五邑大学	校　长
张志初	中共湖南省委党史研究室	主　任

张孝高	中国人民解放军海南省军区东方市人武部	部　长
张岚清	湖北省长航电机厂营销公司	总经理
张佑新	上海环创软件有限公司	总经理
张松柏	中国农业发展银行湖南省分行	副行长
张幸贵	辽宁省人民政府接待办辽宁大厦	副总经理
张庭波	广东省公安厅宣传处	处　长
张修林	广东省教育出版社	原社长
张承柏	湖南省贸易促进委员会	原纪检组长
张承贵	《湖南日报》社	纪检组长
张贻瑞	湖南省结核病防治院	院　长
张晓华	中共广东省广州市越秀区委政法委	副处长
张振荣	广西北海市粮食局	局　长
张能峰	中共湖南省邵阳市大祥区委	书　记
张　彬	湖南省长沙市会展办公室	副主任
张绪林	湖南省长沙市金雨实业公司	总经理
张　斌	湖南省长沙市规划局	副局长
张智勇	湖南省公路运输管理局	局　长
张献习	中国人民解放军广州军区19分部	政委、大校
张新民	中南工业大学(湖南长沙)	教　授
张新民	湖南省常德市政协	副主席
张新明	广东省科技情报所	高级研究员
张献红	中国人民解放军南海舰队某驱逐舰	舰长、上校
张献环	广州大学(广东)	原副校长
张献炳	新疆边疆宾馆	原办公室主任
张　磊	上海湘财实业有限公司	董事长
张　磊	江西省诺德医疗器械有限公司	总经理
张澜珊	中国国家财政部国库司	处　长
张耀华	广东省广州市环耀贸易有限公司	总经理
邹永新	湖南省长沙亚韩医学美容医院	董事长
邹永霞	湖南省农业厅	副厅长
邹菲依	广东省广州市国信信扬律师事务所	主　任
邹照国	天津市高级人民法院执行庭	庭　长
范小安	中国人民解放军海军十一支队装修部	副部长
采振祥	广东省深圳大学教研处	处　长
毕则勇	湖南省长沙市食品安全管理办公室	副主任
金冬云	广东省广州市天虹宾馆	总经理
金可元	湖南农业大学(长沙)资源环境学院	书　记
金可青	湖南湘杂种业有限公司(长沙)	博　士

金　冰	广西广播电视信息网络股份有限公司桂林分公司	副书记
金则斌	上海市海关浦东口岸	处　长
金　纯	湖南省人力资源和社会保障厅	副厅级干部
金志刚	湖南省农业厅	处　长
金宏武	湖南(长沙)警察学院	副教授、二级警督
金庭怀	湖南省长沙市人民检察院办公室	副主任
罗　弘	清华大学(北京)生命科学院	教授、博士、博导
罗平波	湖南省常德市人力资源和社会保障局	副局长
罗先友	湖南省常德市人民政府外事侨务办公室	主　任
罗安和	中南地勘局湖北华亚建设工程有限公司	总经理
罗安武	中国人民解放军广西军区司令部军志办公室	主　任
罗成明	湖南省怀化市供电公司	副总经理
罗先照	上海海兹思光电科技有限公司	总经理
罗英碧	中共湖南省常德市委机构编制委员会办公室	调研员
罗贻林	湖南省常德市农业开发办公室	主　任
罗贻鹏	湖南省建设厅工程招标办公室	书　记
罗爱静	中南大学(湖南长沙)湘雅附属三医院	党委书记
罗跃群	湖南省常德市贸易促进委员会	纪检组长
罗碧野	湖南省工商业联合会	纪检组长
罗　慧	中共湖南省常德市澧县县委宣传部	部　长
罗　璇	上海高人得实业有限公司	董事长
罗德龙	湖南省安全监督局	副局长
罗德春	陕西省长安大学(西安)	教　授
林兴元	广东省广州铁路局检察院	原副检察长
林继武	中共湖北省纪律检查委员会	副厅级主任
孟林涛	湖南省常德市粮食局	副调研员
孟祥康	南京大学	教　授
孟静雯	海南太阳城酒店	总经理
孟德宝	湖南省地质调查院	总工程师
欧阳忆清	湖南省常德市人大常委会	副秘书长
欧松青	武警湖北总队黄石支队	政　委
庞盛月	湖南省长沙市人民检察院检务督察处	副处长
庞清平	广东省广州市京溪街道办事处	副书记
易发明	中共湖北省委办公厅	处　长
易发银	陕西省西安市解放门街道办事处	副书记
易军祥	湖北省武汉市龙泰石材公司	总经理
易松之	湖南商学院教务处	处　长
易银珍	湖南女子大学	党委书记

易　琳	湖南省常德市交通警察支队	副支队长
易耀平	湖南省常德市人民政府	副秘书长
周乃钧	湖南省常德市交通运输处	书　记
周三红	广东省惠州市消防支队	副支队长
周文平	中国人民解放军广州军区中南花园酒店(湖北武汉)	党委书记
周　平	中国天辰化学工程公司	高级工程师
周立民	中共海南省委巡视组	组　长
周用安	中国人民解放军湖南省军区战勤处	处　长
周业华	北京中绿汇金投资管理有限公司	董事长
周功克	清华大学(北京)	博士后
周玉志	湖南省株洲市招商办公室	主　任
周功表	湖南省常德市津市市人民政府	常务副市长
周用金	湖南省新闻出版局	局　长
周永裕	中国国家航空部300厂(湖南长沙)	党委书记
周功德	湖南省旺湘科技产业投资有限公司	董　事
周　军	上海瀚翎国际物流有限公司业务部	经　理
周　行	上海环创软件有限公司	副总经理
周华安	湖南大学(长沙)	教　授
周安芝	广东省深圳市大金伟业技术有限公司	董事长
周先国	湖北省武汉蓝方格窗帘厂	总经理
周志华	湖南省常德市文化广播新闻出版局	副调研员
周宏军	湖北省武汉市弘辉工贸	总经理
周　杰	上海市第二中级人民法院政治部	副主任
周　林	陕西省西安中交高新科技产业发展有限公司	副总经理、高级工程师
周诗文	广东省广州市毛家湾饭店	总经理
周国平	广东省深圳市神州通	副总经理
周罗生	中国人民解放军海南省预备役师后勤部	部　长
周国良	广东省广州医学院附属二医院心脑血管科	教　授
周坤炉	中国国家杂交水稻工程技术研究中心	研究员
周松青	湖南省郴州市教育局	副局长
周金城	中国国际金融有限公司(北京)投资银行部	执行总经理
周诗勇	中国人民解放军广州军区技术处九处	政　委
周松涛	湖南省长沙女子学院	副院长
周明清	香港贵联控股深圳公司	总经理
周国斌	广东省无线电管理委员会办公室	处　长
周国斌	湖南省常德市人民政府	副秘书长
周秋花	中国人民解放军装甲兵工程学院(北京)	副师长
周秋和	北京清华博特电子公司	总经理

周鸿翔	湖南省长沙市建设指挥部	常务副指挥长
周　辉	广东省广州市人力资源和社会保障局岭头疗养院	副院长
周　毅	中国科学院生态环境研究中心(北京)	主任、博士后
周碧华	《常德日报》社	副调研员
周赛保	湖南省湘西自治州人民政府	副州长
周德芳	湖南省中思律师事务所(长沙)	主　任
周德荣	中国液化空气投资有限公司(上海)	总　监
周德峰	中国人民解放军吴忠(宁夏)军分区	政　委
郑文春	长驰集团	董事长
郑志强	国防科技大学(湖南长沙)自动控制系	主　任
郑　勇	四川省民政厅	处　长
段国华	中国人民解放军潍坊(山东)空军基地	师　长
段国祥	湖南省报业集团印刷公司	副总经理
封红卫	中国人民解放军海南军区后勤部综合仓库	政　委
贺一波	湖南省长沙楚天房地产公司	董事长
贺家富	湖南华天集团(长沙)	副总经理
贺福初	中国人民解放军军事医学科学院(北京)	院长、中科院院士
胡一兵	湖北省人力资源和社会保障厅纪委监察室	主　任
胡长学	湖北省纪律检查委员会	副处级调研员
胡长炳	湖北省黄石边防检查站	站　长
胡立志	中建混凝土公司	副总经理
胡　安	中共湖南省委党校对外合作处	处　长
胡运良	湖南省保险职业学院(长沙)	院　长
胡吉祥	广东省深圳市百利祥泰实业发展有限公司	总经理
胡励君	湖南省长沙市警令部综合处	处　长
胡　非	中国科学院大气物理研究所(北京)重点实验室	主任、博导
胡昌元	中国兵器装备集团公司人力资源部	主　任
胡国清	四川省成都韩丹卫浴有限公司	总经理
胡　浩	中国工商银行总行机构业务部	副总经理
胡继波	广东省环保公司	总经理
胡彬彬	湖南省常德市鼎城区人民政府	副区长
胡　锋	上海英业达集团	RD 工程师
胡鹏举	湖北省武汉市电信工程公司	总经理
胡德富	广东省深圳市富凤建筑装饰工程有限公司	总经理
侯安平	北京高等工程学院	副院长
洪振坤	湖南省常德市鼎城区公安局	局　长
郝金海	湖南省常德市移民局	副调研员
姜　龙	广东省中人集团加拿大投资公司	总经理

姜正安	湖南省常德市水利局	副局长
姜　彬	湖南省常德新亚阀门有限公司成都分公司	总经理
骆志平	中共湖南省望城县委统战部	部　长
钦　松	广东省深圳贵联集团	总　裁
荣建清	中共福建省福州市静安区委	副书记
饶福民	湖南省长沙市工商业联合会	主　席
俞云林	广西壮族自治区委组织部	部　长
施新明	海南省农业科学院	副院长、教授
姚大年	上海嘉好胶粘制品有限公司	总经理
姚正先	湖南省人民政府参事室	主　任
姚利民	湖南大学教育科学研究院(长沙)	教授、硕导
姚青松	广东省东莞市诚鑫家私制造有限公司	总经理
姚国栋	四川省成都明旺乳业有限公司	经　理
姚德权	《湖南大学》期刊社	主编、教授
赵凤英	中拓国际经贸集团公司(北京)	总经理
赵先桃	湖南省常德市国有资产管理委员会	主　任
赵克松	湖南省常德市澧县人大常委会	副主任
赵　钢	武警湖北总队黄冈支队	支队长
赵　星	湖南省常德市科学技术局	局　长
赵　勇	中共河北省委	副书记
赵精华	中国国家开发银行	处　长
钟文君	德国	博士后
钟　扬	广东省广州恒福物流有限公司	总经理
钟吉湘	中南林业科技大学(湖南长沙)	教授、博士、硕导
钟志慧	湖南省经济和信息化工作委员会	副主任
党朝荣	湖南省长沙市人民政府教育督导室	主　任
郭先林	国防科技大学(湖南长沙)炮兵学院	教　授
郭光明	上海明硕机械有限公司	总经理
郭泽健	北京市农业科学院	教授、博士
郭　亮	北京市人民政府外联服务办公室	处　长
郭爱生	海南省交通警察总队	副队长
高正华	广东省珠海市消防支队	支队长
高和平	中国人民解放军上饶(江西)空军94863部队	政　委
高金华	湖南卫视新闻中心要闻部	副主任
高其海	湖北省武汉丰铭物业服务有限公司	董事长
高　勇	湖南省统计局	副局长
高雄辉	湖南省国土资源局测绘处	处　长
贾再安	中共湖南省常德市委	副秘书长

聂冬华	香港联升电业有限公司	副董事长
聂其旺	江苏省南京市白下区人民政府办公室	主　任
钱正海	湖南省长沙黄花机场	党委副书记
秦汉昌	中国人民解放军广西军区凤山县人武部	副部长
唐光明	湖南省常德市武陵监狱	副监狱长
唐希文	湖北省武汉得隆商贸有限公司	总经理
唐　妮	广东省广州市萝岗区劳动就业培训中心	部　长
唐国文	湖南凯乐建设工程有限公司	董事长
唐　慧	广东省广州市萝岗区工商业联合会	秘书长
唐德良	广东省广州市梅园山庄	原总经理
谈文翔	湖南省发展和改革委员会长株潭办公室	副主任
陶凤霞	广东省深圳市富凤家私木门制品有限公司	总经理
陶宏智	湖北省武汉凯鑫工贸公司	总经理
徐方贵	中国原子能研究院	研究员
徐世民	湖南省常德市交通局	副局长
徐礼美	中共湖南省常德市委宣传部新闻办	主　任
徐兆林	中国人民解放军湛江(广东)海军医院	副政委、大校
徐军美	中南大学(湖南长沙)湘雅附属二医院	副院长
徐志荣	广东省广州市经济技术协作办公室	处　长
徐学文	湖南省贵太太茶油科技有限公司	董事长
徐祥飞	广东省农业厅办公室	主　任
徐雪飞	湖南省地质矿产局开发处	处　长
徐新安	中国华电工程集团公司	副总经理
徐新华	湖北省武汉新楚光金属材料	总经理
徐德胜	中共广东省广州市委政法委研究室	主　任
夏立秋	湖南师范大学生物科学院	院　长
夏东海	上海习良橡胶材料科技有限公司	总经理
夏晓波	中南大学(湖南长沙)眼科研究所、湘雅医院	所长、眼科主任、博士
席先全	湖北省武汉中铁伊通物流有限公司	总经理
席在芳	湖南科技大学信息与电气工程系	硕　士
席道盛	广东省广州市天河区城管大队	大队长
袁大斌	湖南省常德市邮政局	局　长
袁亚琴	厦门理工大学(福建)党委办公室	主　任
袁建良	中国农业发展银行湖南省分行	副行长
袁理宏	上海市闵行区联通公司	副总经理
袁翠兰	湖南省常德市政协环境委员会	主　任
袁鹤龄	湖南大学(长沙)	教　授
晏　子	北京市苗乡楼	副总经理

曹安伟	中共湖北省武汉市公安局纪律检查委员会	副处长
曹军良	福建省计划生育委员会	纪检组长
曹传声	湖南省地方税务局监察处	处　长
曹　建	中国农业银行广东省深圳市福田区支行	副行长
曹　佳	华侨银行中国有限公司(上海)	经　理
曹金生	湖南省长沙市地方税务局	副局长
崔月九	湖北省老崔车木公司	总经理
崔泽富	广东厚和投资有限公司(广州)	董事、总经理
常家平	湖南仁康医药有限公司	董事长
谌中和	复旦大学(上海)	教　授
符亚妮	中共湖南省常德市委党校经济学研究室	主　任
龚伦福	广东省人民防空办公室工程处	处　长
龚作奇	湖南文理学院(常德)	副院长
龚佑宾	湖南省长沙市地方税务局	工会主席
龚明金	湖南大学(长沙)	工会主席
龚艳德	中国兵器集团公司(北京)	副总经理
龚道荣	湖南省常德市公路局	副调研员
龚　辉	广东省广州市白云区人民政府	副区长
龚德安	中国人民解放军空军后勤部	副参谋长
黄大兵	西安公路交通大学(陕西)	博　士
黄元秋	湖南师范大学数学系(长沙)	主　任
黄玉华	福建省司法厅老干处	处　长
黄立伟	中国移动通信集团福建有限公司	董事长、总经理
黄正秋	国家林业部	司　长
黄　伟	武汉大学(湖北)中国边界与海洋研究院	博　士
黄　阳	中共湖南省浏阳市纪律检查委员会	书　记
黄兆贵	海南省海口市国土资源局	局　长
黄阳辉	湖南省常德市广播电视台	副调研员
黄守湘	广东省湛江市霞江岭南社区服务站	站长、主任医师、博士
黄佑文	广东省深圳市文化局	副局长
黄宏斌	湖北省武汉市天濠宾馆	总经理
黄泽华	广东省高速公路管理局办公室	主　任
黄继烨	中共广东省开平市委宣传部	原部长
黄道中	广东省深圳市人民政府	处　长
黄道安	中共湖南省委政法委员会执法监督室	主　任
黄道望	湖南省人民政府驻深圳办事处	主　任
黄湘云	中国人民解放军广州军区空军后勤部	原副部长
黄新国	湖南报业集团办公室	主　任

黄辉涛	中国人民解放军成都军区空四军	副师级、大校
黄照贵	海南省海口市水务集团	党委副书记、纪委书记
黄毅峰	北京民航总局安全室	主　任
梁先明	湖南省农村工作办公室综合处	副处长
梅元喜	中共湖南省委老干部局	副局长
梅金言	中国人民解放军南海舰队后勤部	部　长
梅金炎	广西壮族自治区北海市公路局	局　长
梅映新	中船重工712研究所(湖北武汉)	所　长
章龙其	广东省东莞市勾机船运公司	经　理
章　武	全国人大常委会教科文卫委员会秘书处	处　长
章　磊	中国人民解放军广州军区通讯团	副团长
程运先	天远房地产综合开发公司	董事长、总经理
程良贵	湖南省供销合作社	副巡视员
程武霞	湖北省武汉汉立成窗帘厂	总经理
程道来	上海交通大学	教　授
傅义兵	英国基尔大学	教　授
傅方全	广东省高级人民法院政治部	副处长
傅华伶	香港大学法学院法律系	主任、教授、博士
葛　飞	湘潭大学(湖南)化工学院	副院长
蒋卫华	海南省海口市海关	处　长
蒋　军	姜仔鸭集团(北京)	总　裁
蒋志刚	上海向旭工贸有限公司	总经理
蒋建国	中国健康扶贫工程开发中心	主　任
蒋　勇	广东省广州海承信息技术有限公司	副总经理
蒋首超	同济大学(上海)	副教授
焦成军	中国工商银行湖南省永州市分行	行　长
焦贵年	湖南省常德市公安局	副局长
鲁炳宏	湖北省烟草局财务处	处　长
鲁晓平	广东省惠州市健民药业有限公司	总经理
彭一平	北京汉戈公司	总经理
彭兰英	湖北省武汉沃尔工业地板厂	总经理
彭永胜	湖南省长沙市鼎新房产开发有限公司	董事长
彭石柱	湖南省常德市公安局西湖分局	局　长
彭进忠	湖南省广播电视局办公室	主　任
彭行荣	湖北生态工程职业技术学院	副院长
彭进清	湖南商学院(长沙)	副院长
彭启云	湖南省常德市人大常委会	副巡视员
彭学云	湖南省常德市西湖管理区	副主任

彭国安	湖南省建设厅	副处长
彭　罡	上海彭旺餐馆管理有限公司	总经理
彭　涛	鹏博士(北京)	副总经理
彭海波	广东省广州市穗华房地产公司	原总经理
彭银华	中国人民解放军二炮指挥学院(武汉)	教授、大校
彭德华	广东省广州市天河区人力资源和社会保障局	局　长
舒立凡	湖南省农村信用合作联社	副主任
温国良	广东省惠州市百货集团	总经理
谢圣元	中投证券广州公司	总经理
谢圣明	上海高人得实业有限公司	总经理
谢承益	《常德日报》传媒集团	董事长
谢朝军	海南省海口市湘安贸易有限公司	总经理
游松柏	湖南云锦集团	总　裁
喻云林	中共中央组织部机关管理局	局　长
曾小勤	上海交通大学	教授、工学博士
曾介华	湖南省人大常委会办公厅	处　长
曾召平	中国人民解放军63698部队	副团长
曾庆文	广州大学(广东)	纪委书记
曾华明	湖南省公安厅经侦总队	政　委
曾坤生	湖南师范大学(长沙)经济与管理学院	教　授
曾　勇	广东省广州味道制衣有限公司	总经理
曾昭仁	中共陕西省省直机关纪工委	书　记
曾昭咏	湖南省文化研究馆	馆员、工笔画家
曾顺佳	金湘福有限公司	总经理
曾祥永	中共湖南省常德市委	督办专员
曾　群	中国人民解放军北京军区总装备指挥技术学院	团级干部
曾德清	广东省深圳市大金伟业技术有限公司	总经理
雷云洲	湖北省武汉金英源科技有限公司	总经理
雷光承	湖南省常德经济技术开发区	副主任
雷志炎	广东省广州市房改办	原巡视员
雷志钦	湖南省常德市房地产管理局	书　记
雷志富	湖南省人力资源和社会保障厅教育培训处	处　长
雷鸣强	湖南省社会主义学院(长沙)	院　长
雷明国	中国保险监督管理委员会	博　士
雷　杰	湖北省武汉五鸿工贸有限公司	经　理
雷　亮	中国人民解放军武汉军事经济学院	教授、大校
雷祥彩	广西壮族自治区南宁市旅游局	局　长
赖四清	中非发展基金(北京)	副总经理

鄢利民	中共湖南省纪律检查委员会办公室	副主任、副厅级
鄢炳成	湖南省常德市国有资产管理委员会	副主任
鄢爱莲	北京世方投资公司	总经理
鄢梅芳	北京世纪华天	总经理
鄢朝晖	上海唯尚餐饮管理有限公司	总经理
碧　云	《年轻人》杂志社	副社长
蔡立军	湖南大学(长沙)教务处	处　长
廖可元	中共湖南省常德市武陵区委	副书记
廖可斌	北京大学中文系、中国古文献研究中心	教授、主任、博士
廖有钱	湖北省武汉钱通食品公司	总经理
廖建华	湖南省常德市公安局	副局长
廖明球	首都经济贸易大学经济学院(北京)	教　授
黎耕夫	广东省广州市某公司	总经理
蔺　杨	湖南省长沙市公安局网络安全与技术侦查支队	副大队长
裴义杰	广东省广州市歌柏依服饰有限公司	总经理
裴　毅	湖南省老干部局财务处	处　长
谭山平	湖南省湘潭市人大常委会	副主任
谭弘发	中共湖南省常德市委组织部	副部长
谭　杰	中国共产主义青年团广东省委办公室	主任兼研究室主任
谭卿平	湖南省常德市经济和信息委员会	副主任
谭媛芝	景湘缘餐饮有限公司(上海)	总经理
谭静波	中共湖南省长沙市委组织部	副调研员
谭　震	广东省深圳市电力设计院	副院长
熊友良	湖南省财政厅	处　长
熊　伟	西安建筑科技大学(陕西)	博　士
熊兴和	广东省广州海承信息技术有限公司	总经理
熊和平	广东省深圳市华实高实业发展有限公司	总经理
熊宜佳	湖北省武汉电信公司	总经理
熊明涛	中共福建省厦门市委办公厅接待办	党组副书记
熊荣安	中国人民解放军蚌埠(安徽)空军13航校通讯处	处　长
熊冠宇	上海泰科集团有限公司	董事长
熊　健	湖南省有色金属矿管局	纪检组长
熊彩云	湖南省财政厅	处　长
熊道衍	湖南省长沙市国家税务局	工会主席
虢兴明	上海市浦东新区东明路街道办事处党政办公室	主　任
蓢新春	中南大学(湖南长沙)湘雅附属一医院	教　授
潘庆儿	湖南省涉外经济学院(长沙)	党总支书记
潘宏伟	中共湖南省长沙市纪律检查委员会案件一室	副主任

潘济文	广东省建筑科学院	教　授
潘贵玉	中华全国妇女联合会	原副主席
潘　莉	中共湖南省常德市纪律检查委员会党风廉政室	主　任
潘道波	湖南省常德市第一人民医院	副院长
潘喜华	和合世纪科技有限公司(北京)	董事长
潘喜华	上海长岛终端设备公司	总经理
颜永盛	湖南省人大常委会	原副主任
颜学军	湖南省有色金属研究院	副院长
薛开武	广东省深圳市齐信设计技术有限公司	总经理
戴亚平	广东省惠商律师事务所	所　长
戴先志	湖南省众立建设工程有限公司	总经理
戴军勇	湖南省水利厅	厅　长
戴宏兰	中共湖南省常德市纪律检查委员会	副处级纪检员
戴和平	广东省惠州市房地产开发总公司	总经理
戴　晴	北京协和医院	教　授
蹇在金	中南大学(湖南长沙)湘雅附属二医院高干病室	主　任
蹇在炎	湖南省公安厅监管总队	副总队长
蹇宗银	广东省中人集团(广州)	副师级干部
蹇斯勇	《常德日报》社	社　长
蹇斯猛	中共湖南省委接待办公室	副主任
魏开华	中国国防大学	教　授
魏宗明	陕西省电子工业厅	处　长
魏周明	国家电子工业部809库办公室	主　任
瞿　辉	广东省广州市惠华动物保健品有限公司	总经理

第一部新编县志编修纪实

熊兴炎

第一部新编《安乡县志》,1994年12月出版发行,1995年10月荣获湖南省地方志优秀成果一等奖。我是1986年上半年领受县志编修使命的,“八年修一志”,何其艰辛!

艰难曲折的过程

《安乡县志》的编修始于1986年5月,止于1994年12月,历时8年零8个月,大致可分为以下8个阶段:

一是筹划准备阶段(1986年5月至12月)。5月中旬开始选调人员,组建班子。7月31日正式成立安乡县志编纂委员会,组建常设局级事业机构安乡县志编修办公室(定编5人),讨论通过《安乡县志编纂委员会暂行工作条例》和《安乡县志编纂方案》。县志办正式开始运作,年前完成《安乡县志篇目》《安乡县志资料征集大纲》《志书编写行文通则》《志书编写质量要求》的拟订工作,同时进行了编修社会主义时期第一代新方志的宣传发动,开创了修志工作全面开展的基础。

二是收集整理资料阶段(1987年1月至1989年12月)。共收集档案资料、口碑资料2800多万字,并按照县志初定篇目进行了初步归类整理。考订了安乡县的建置时间与沿革、县名由来、李自成农民起义军是否占据过安乡、范仲淹是否客居过安乡以及安乡的解放时间、筹粮支前、清匪反霸、土地改革、三大改造、“文化大革命”等10个或存有争议或史料残缺难以定性记述的问题,基本上完成了志稿编写的史料准备工作。同时,组织、指导81个单位开展了部门志、专业志和工厂志的编修工作。

三是初稿编写阶段(1990年)。这一阶段做了三件事:其一,修订县志篇目,将6个部类、41章的大篇结构改为13个部类、71章的中篇结构。其二,编写志稿。先试写、讨论,定型写法,再分工编写,形成150万字的初稿。其三,收集增补资料,考订知识青年上山下乡、农业学大寨、“整风反右”等史料。同时,组织了文学志等3部志书的评审与出版工作。

四是二稿编写与初审阶段(1991年)。从总结实践经验入手,修订了《志书编写质量要求》,并按此要求对初稿进行了自审、互审、会审、修改,形成了130万字的二稿。同时,组织了物价志等4部志书的评审与出版工作。

五是志稿总纂阶段(1992年1月至5月)。1至2月,再次调整篇目,将中篇结构改为独具一格的“形似大篇、实为小篇”的体式,由地理环境、政治军事、经济建设、文化社会、古今人物五大部类统辖所记之事,按一事一章的原则设60章。从3月1日开始,至5月31日,我足未出户,日夜连轴,除很少的睡眠时间外,全部时间和精力都用到了总纂工作上,每天编、写一万多字,将130万字的二稿纂成100万字的送审稿。其辛苦程度很难表述。

六是志稿评审修改阶段(1992年6月至1993年2月)。1992年6月11日至13日,召开志稿评审会,省、市方志委的领导、专家,全市主管修志工作的领导和志办负责人,市直有关单位的修志主笔,曾在安乡任过主要领导职务的老同志以及县委、县人大、县政府、县政协的领导参加了评审会,138名与会人员对志稿给予了充分肯定和很高的评价,同时也提出了不少修改意见与建议。评审会结束之后,我组织全体编修人员对评审会议上所提的意见与建议进行梳理,制订修改方案,采取“总纂统筹安排,编纂分头修改,总纂最后定稿”的程序,对志稿进行精雕细刻。与此同时,还筹划了县志的出版发行事宜,组织了财政志等5部志书的评审与出版工作。

七是停顿阶段(1993年3月至1994年4月)。1993年3月,县委实施县级机构改革方案,县志办、党史办、档案局撤销,工作与人员合在一起,归到新组建的安乡县档案馆。我因年龄超过改革方案所规定的任职界线,内退(提前离岗)回家,县志的修改、定稿、出版、发行工作全部停了下来。

八是修改定稿与出版发行阶段(1994 年 5 月至 12 月)。1994 年 5 月中旬,县长、县志编纂委员会第四任主任李金城找到我,要我以责任承包的方式完成县志的定稿、出版工作。我应允而为,8 月完成修改定稿工作,9 月办完省市方志委的终审验收手续和新华出版社的出版手续,10 月开机印刷,12 月成书发行。

未辱使命的成果

编修社会主义时期第一代新县志,是新的历史时期安乡区域文化建设的一项重要工程。这届修志,基本上完成了工作任务,取得了未辱使命的成果。

一是出版发行了《安乡县志》。县志 110 万字,还有两个印张的彩色照片。由新华出版社出版,湖南娄底湘中地质印刷厂印装,是省内少数几部由国家一级出版社出版的志书之一。新华出版社的终审意见是:"内容充实,资料翔实,繁简适度,文笔简练,对历史的看法比较客观,有的篇章(如风土人情)可读性较强。同意出版。"省、市方志委的验收意见是:"体例完备统一,结构科学合理,地方特色鲜明,记述客观公正"(市方志委评语)。"文风端正,语言简练,行文规范,风格一致""卷首彩色插页色彩鲜明,设计美观,印刷精美,文中配有较多的、很有价值的历史照片,图文并茂,相得益彰,是一部思想性、科学性、资料性、可读性都比较强的志书"(省方志委评语)。南京海军学院教授颜家桃致书县志办,说是"不凡之作"。北京图书馆、中国国际图书贸易总公司、湖南图书馆等 30 多家图书馆予以收藏。1995 年 10 月获湖南省地方志优秀成果一等奖。

二是编修出版了文学志、军事志、人事志、民政志、物价志、粮食志、煤炭志、水利志、地方国家权力机关志、财政志、公安志、罐头食品厂志等 12 部部门志书。《安乡县文学志》为全国第一部县级文学志,中国《文化报》给予了很高的评价并向全国推介。《安乡县军事志》是全省第一部县级军事志,省新闻媒体向全省推介。这两部志书对全国、全省同类志书的编修起到了一定的导修作用。编写了农业、农机、农经管理、工商、税务、文化、广播电视、工业、二轻、标准计量管理、邮电、交通、司法、检察、法院、国土、保险、工商联、工会、城建、环保、人口、审计、乡镇企业、气象、工业缝纫机厂、印刷厂、棉纺织厂等 33 部志稿。还编写了《中国县情大全》《常德风物大全》《常德小城镇建设》《湖南修志概览》《常德市乡镇简志》《湖南工商大全》等书关于安乡部分的条目。

三是撰写了 6 篇修志论文和 14 篇评志文章。《试论新方志的定量记述》获省首届修志论文一等奖,收入《湖南方志文集》第一集,《史志文萃》等多家刊物转载。

四是完成了省方志委交办的旧县志资料分类整理工作。

铭刻心扉的体验

八年的修志实践,我的体验不谓不多,也不谓不刻骨铭心。

历代修志,有官修和私修两种,官修是主体。我所从事的这届修志是"党委领导、政府修志",当然是官修。官修的主体在"官","官"之重视、"官"之支持、"官"之亲躬,是成志的前提。县委、县政府对这届修志是重视的,成立了机构,组建了班子,在财力困难的情况下支付了 21 万元的修志经费(其中编修费 10 万元,评审、终审费 5 万元,出版费 6 万元),大体上满足了修志的需要。如果没有县委、县政府的领导,本届修志任务是不可能完成的。

历史上的修志,多是由少数几个文人搞的。本届修志有两种形式:一种是专修县志,不修部门志;一种是先修部门志再修县志,或者是编修县志与编修部门志同步进行。我们采取的是"同步式"。实践结果表明,采取这种方式编修地方志,既有利于各个部门对本部门历史的了解,更有利于丰富县志的内容,提高县志的质量。《安乡县志》之所以"内容充实,资料翔实",在很大程度上得益于部门修志所提供的史料。2800 万字的资料,光靠编修县志的几个人在不长的时间内收集来,是不可想象的。还有,能节省县财政开支。编志之初，我曾到湖北松滋县取过经。《松滋县志》采取的是专修县志的方式，集中30多个人，搞了三四年，100万字的志书，耗资100万元，我认为我们不能采用这种方式。当然，采取“同步式”修志有较大的难度，其关键是部门是否同步。从实践情况来看，只要发动得好，组织得好，绝大多数部门单位是能同步的。

历代修志，常用“冷凳青灯”来形容。编修社会主义时期第一代新方志，是一项继承传统、开拓未来的工作，是一项轰轰烈烈的事业，是不能用“冷凳青灯”来形容的。但是，它要求编修人员必须具备甘守清贫、勤于笔耕、乐于奉献的精神。这一点，无论是县志编修人员，还是部门志编修人员都做到了，对我的教育很深。周仲元、熊运宗、熊师让、吴致远等聘请的老同志，不计报酬微薄，不管条件艰苦，不忌年事已高，勤勤恳恳，兢兢业业，一干就是五六年。李秋安、龚道荣、熊慧琴等年轻同志，不慕名，不计利，全身心地投入工作。周敬祺同志为了编修水利志，可谓任劳任怨、不计一切。李世俊同志在收集文学志资料时，赶车赶船，常常一天只吃一餐饭，为了节省开支，下榻于澡堂。可以这样说，毕其力于志业的那些同志，我是永远不会忘记的。

还有，对于一部志书的总成来说，我认为总纂的素质是很重要的。为了把这个体验说得深透一些，我不忌“王婆卖瓜”之嫌，说说我自己。我在县志《后记》中写过这样一段话“我这个总纂，在受命之时，既不知方志理论和纂修之法，也没接触过任何一部志书，是在完全不知其然的情况下起步工作，在实践中苦心探索，逐渐熟知其所以然的。”为了入志道，精志业，我在那几年里，攻读了近30本方志理论和方志纂修专著，订阅了20多种方志期刊，参加了3次修志业务培训和10多次志稿评议会，渐由无知到知之，由知之不多到知之较多，并熟练地运用到工作之中，在体例上、撰写方法上还有所创新。志载百科，为了获得百科知识，不说外行话，我阅读了志书所含事类的所有专业书籍。比如，人口类读了4本，民俗类读了8本，政治类读了20多本，这些增识补拙之举，粗俗一点说是“三十晚上壮年猪”，文雅一点说是临阵磨枪，不过对于工作还是大有裨益的。我不敢说《安乡县志》的获奖与我这个总纂有多大的关系，但可以这样说，总纂素质的优劣必然影响志书质量的优劣。

无法挽回的遗憾

实话实说，我在编修县志过程中是尽了力、费了心的，但工作并不是完美无缺的。现在有人常说这样一句话，叫作“不问过程，只看结果”。《安乡县志》的结果总起来说是好的，但也存在着无法挽回的遗憾。

一是志书内容存有缺憾。志书的内容应囊括百科，载述百业，横不缺项，纵不断线，留给后人“一方之全史”。《安乡县志》却未能做到。因种种不可直言的原因，在横括事项上，缺少了芦苇生产、电力供应、姓氏、家庭等内容；在纵述内容上，有些节、目有断线之病。这个遗憾的造成，有些是外界条件所致，有些是自身致力不够，问心是有愧的。

二是志书质量存有疵点。全书的整体构架和篇目设置未达到尽善尽美的程度；某些编纂方法与技巧的运用还不成熟，方志界存有不同的看法；文字的运用还未达到“惜墨如金”“文约事丰”的程度；文风还未达到首尾一致、全志一格的程度；校对方面还存在错字、别字等问题。这个遗憾的造成，责任不在他人，全在我这个总纂。

三是成书时间过长。一般而言，一部百万字左右的县志，4年左右的时间可完成编修、出版、发行工作，而《安乡县志》则用了8年多的时间。造成此的主要原因有三个方面。一是有主修者认为编修县志不是十万火急的事情，今年修不成明年再修，没有真正把编修县志放在全县文化建设的第一件大事的位置上；二是财力困难，修志经费没有按需拨足、及时拨付，白白耽误了两年时间；三是机构改革中机构撤销，又耽误了一年多时间。

地方志是中国传统文化的重要组成部分，是一地之全史，国史之补益，具有“存史、资治、教化”三大功能。中国地方志指导小组规定，地方志20年一修。新编《安乡县志》的下限是1989年，到2009年，安乡又要续修县志了。我以为，上述遗憾应为后事之鉴。

后　记

《安乡县志(1989－2009)》历时六载编纂出版发行,是安乡人民政治生活中的一件大事。

此次《安乡县志》的续修,是社会主义时期第二轮新方志编修。2007年,县委、县政府根据《中华人民共和国地方志工作条例》和湖南省委、省政府办公厅《关于续修省、市、县三级志书的通知》及常德市委、市政府《关于续修县级志书的通知》,决定启动《安乡县志》续修工作。11月8日,时任县长王先蒙签发了《关于续修安乡县志的通知》并成立安乡县志编纂委员会;同月,先后召开县委常委会议和《安乡县志》续修动员大会,确定编纂人员,续志工作正式启动。2008年4月,县委、县政府批准《安乡县志》续修立项,续志工作全面展开。

《安乡县志》编纂之初,篇目设置采用大篇结构,在初稿撰写过程中,结合具体情况对篇目进行过四次调整、修改,2010年改为"形似大篇,实为小篇"结构;县方志办工作人员与各单位撰写人员讨论提纲和入志资料,对初稿进行审核,及时提出补充资料和修改的意见,各单位主要领导对志稿严格审查把关;在志稿总纂过程中,注重解决交叉重复、相互矛盾、特色鲜明、文风文体等问题,使志书尽量反映县域改革开放以来取得的成就、时代特色和地方特色,既反映成果,也不回避失误。至2011年10月形成《安乡县志》初稿,历时三年半。此后,初稿分送有关人员广泛征求意见后,经修改、补充形成评审稿,历时又一年。

在《安乡县志》编纂过程中,常德市方志办的领导、专家多次来县指导修志工作并审定篇目和志稿。2013年1月7日,《安乡县志》评稿会召开,40多位省、市、县方志界专家学者到县参加评审,为《安乡县志》进一步修改完善提供了诸多帮助。据此,全体编纂人员博采众长,对志书的结构、史实、记述、语言文字等进行了充分的调整、补充、修改。至《安乡县志》的出版发行,又历时近两年时间。

《安乡县志》经编纂、评审人员的辛勤劳作,亦不可能毫无遗漏和瑕疵以达到尽善尽美,所存不足之处,望各位读者不吝赐教。

编　者

2015年10月